TRAITÉ

DES DROITS

D'ENREGISTREMENT

DE GREFFE, D'HYPOTHÈQUES

ET DE TIMBRE.

Imprimerie LANGE LEVY et Comp., 16, rue du Croissant.

JOURNAL DU PALAIS.

(EXTRAIT DU RÉPERTOIRE GÉNÉRAL.)

TRAITÉ

DES DROITS

D'ENREGISTREMENT

DE GREFFE, D'HYPOTHÈQUES

ET DE TIMBRE,

PAR F. NOBLET,

AVOCAT A LA COUR ROYALE DE PARIS ET L'UN DES PRINCIPAUX COLLABORATEURS DU *Journal du Palais*.

PUBLIÉ PAR F.-F. PATRIS,

PROPRIÉTAIRE DU JOURNAL DU PALAIS,

Rue des Grands-Augustins, 7, à Paris.

1846
1847

AVERTISSEMENT.

Les matières de l'*Enregistrement* et du *Timbre* sont d'un usage tellement fréquent que nous avons cru devoir, pour la commodité de quelques lecteurs, les extraire de notre RÉPERTOIRE GÉNÉRAL, et en faire un volume séparé.

Nous y avons joint quelques mots qui sont ordinairement traités avec ces deux matières, parce qu'ils s'y rattachent, soit pour la perception des droits, tels que *Décime de guerre, Lettres patentes*, et *Transcription (Droits de)*, soit relativement aux obligations des officiers ministériels, et au droit de contrôle des employés de la régie, tels que les mots *Registre de protêts* et *Répertoire*.

Enfin, nous y avons joint aussi les *Droits de Greffe* et les *Droits d'Hypothèques*. Pour donner ces derniers droits au complet, nous avons dû comprendre le mot *Conservateur des hypothèques*. D'un autre côté, ce même mot se rattachait à l'enregistrement, puisqu'il concerne un des employés de son administration.

Ces différentes matières ont été traitées selon les règles posées dans notre programme et fidèlement suivies dans notre Répertoire général, c'est-à-dire, qu'elles offrent un ensemble complet de la législation, de la doctrine et de la jurisprudence. Mais elles ont en outre un avantage qui résulte de leur nature particulière, c'est de renfermer un tarif pour tous les actes soumis aux droits; de sorte que, si cet ouvrage peut être consulté pour l'intelligence des principes et leur application, soit par les tribunaux, soit par la régie de l'enregistrement, il peut aussi être journellement feuilleté pour l'utilité pratique.

Afin de rendre plus facile l'usage du tarif, comme toutes les recherches en général, on a, dans chaque division, suivi l'ordre alphabétique, toutes les fois que l'application des principes l'a permis. C'est ainsi, par exemple, que sous les sect. 1re et 2me du chap. VI du mot *Enregistrement* se trouvent classés alphabétiquement tous les actes soumis, soit au droit fixe, soit au droit proportionnel.

De plus, après le mot *Enregistrement*, les différens autres mots qui font partie de ce Traité sont également rangés dans l'ordre alphabétique.

Si à cette disposition dans l'ordre des matières, on ajoute les tables alphabétiques des mots de renvoi qui se trouvent en tête des articles, on voit qu'il est facile d'arriver promptement à ce que l'on cherche dans ces matières qui s'appliquent à tous les objets du droit. Ainsi, à l'avantage d'un traité méthodique, cet ouvrage réunit la commodité du dictionnaire.

Nous devons ajouter que dans ces matières, toutes de droit étroit et où la lettre de la loi joue un si grand rôle, on s'est astreint à la plus rigoureuse exactitude possible dans les citations. — C'est là une justice que nous aimons à rendre à M. Noblet, l'un de nos anciens et principaux collaborateurs à qui nous devons de si excellens travaux insérés dans nos six premiers volumes, et qui nous en a fourni d'autres non moins importans, que renfermeront les volumes qui nous restent à publier.

Nous avons la confiance que cet ouvrage justifiera la bonne opinion que nous avons depuis long-temps de M. Noblet, dont le moindre mérite est l'extrême exactitude.

Ce traité, d'une utilité vraiment journalière, convient à tous et ne sera pas moins nécessaire aux personnes qui n'ont pas la collection du *Journal du Palais* qu'à celles qui possèdent ce recueil.

F.-F. PATRIS.

Décembre 1846.

TABLE DES MATIÈRES.

TRAITÉ

DES

DROITS D'ENREGISTREMENT

DE GREFFE, D'HYPOTHÈQUES

ET DE TIMBRE.

(Journal du Palais. — Extrait du Répertoire général.)

ENREGISTREMENT. — ENREGISTREMENT (Droits d').

Table alphabétique.

Abandon de biens, 1433, 1479, 1824 s., 1859, 1914, 1936, 2053, 2123, 2127, 2248 s., 2306 s., 2309, 2437, 2460, 2551, 2620, 2999, 3135, 3234, 3280, 3285, 3299, 3310 s., 3318, 3381, 3447, 3451, 3483, 3938, 4196, 4198, 4206, 4276, 4364. — de jouissance, 2459. — de succession, 4179 s. — d'usufruit, 2456, 2645.

Abandonnement, 1876 s., 2052, 2408, 3364. — de biens, 4408 s.

Absence (déclaration d'), 2822.

Absent, 779, 948, 2881 s., 2942, 3200 s., 4024, 4427 s., 4949. — (militaire), 3942.

Abstention, 1747, 3473, 4173, 4175 s., 4183.

Abus de confiance, 2780.

Acceptation, 1452, 1573, 1655, 1840, 1869, 1879, 1998, 2018, 2161, 2187, 2244, 2601 s., 2610, 3440, 3585, 4192, 4194, 4448, 4573. — de délégation, 1411 s., 2074, 2082 s. — de donation, 116 s. — de legs, 1410. — d'offres, 469. — de succession, 1410, 1443, 1717, 3104, 4176. — de transport, 1410 s., 1854.

Acceptilation, 2220.

Accessoire, 3700 s., 3765 s., 3799 s., 3802.

Achalandage, 3000, 3643, 3745, 3817, 3859.

A-compte, 3442, 4120, 4123, 4127, 4130.

Acquéreur, 578, 1639, 2013, 3520, 3623 s., 4006, 4059, 4071, 4076 s., 4080, 4129 s., 4236, 4272 s., 4289 s., 4293, 4308.

Acquêts, 2464, 2539, 3029.

— (société d'), 3309.

Acquiescement, 1443 s., 4439, 3003, 4638 s., 4758 s., 4807.

Acquisition, 711, 713, 715 s., 729 s., 3001, 3026 s., 3030 s., 3033, 3037, 3039, 3043, 3046 s., 3075. — antérieure, 4254. — collective, 4715. — d'immeubles, 3328 s.

Acquit, 842, 883, 885, 979.

Acte, 94, 134, 138 s., 657, 664, 666 s, 972, 2232 s., 4003 s., 4207.

Actes (nature des), 242.

Acte administratif, 41, 1086 s., 1097, 1286, 4333, 4599, 4179. — de l'administration publique, 800 s. — authentique, 652 s., 895, 980 s., 3974, 4163 c. — des autorités administratives, 903. — civiles, 54, 350, 1169, 3386, 3637, 4262. — de complément, 4257, 1416 s., 1781, 1936, 2060, 2257, 2283, 2551 s., 3381. — en conséquence, 136, 660, 808, 978, 985, 989, 998, 1002, 1116, 1238 s., 2148, 3641, 3884, 4240 s., 4633, 4976. — conservatoire, 1440, 4946. — du corps législatif, 799. — correspectif, 3766 s. — de dépot, 1345 s. — de l'état civil, 774, 781, 852 s., 1181, 1619, 2704 s., 4909 s., 4915, 4918, 4934, 4940 s. — d'exécution, 1416, 1429. — extrajudiciaire, 54, 1169, 2081, 4064, 4066, 4070, 5003. — de formalité, 1140. — du gouvernement, 799. — imparfait, 411 s., 1046, 1449. — incomplet, 210. — innommé, 1447 s. — judiciaire, 54, 350, 658, 660, 782, 1170 s., 1464, 1670, 1672, 3386, 3637, 4262. — notarié, 88, 205, 628 s., 658, 660, 812, 820, 892, 984, 991, 1031 s., 1138 s., 1312 s., 2660, 2662, 4178, 4231 s., 4645, 4987. — de notoriété, 777 s., 781, 918, 1436 s., 4371, 4915. — de pays étranger, 4257. — de procédure, 781. — public, 3533 s., 3556 s. — refait, 1465. — respectueux, 1453. — séparé, 2069. — sous seing-privé, 71 s., 112, 124 s., 135, 137, 438, 628 s., 654, 658, 660, 695; 973, 1034, 1100 s., 1164, 1182, 1244, 1271, 1707, 2326, 2566, 2660, 2986, 3278, 3423, 3427 s., 3519, 3536, 3556 s., 3620 s., 3883, 4090, 4165, 4178, 4257 s., 4270 s., 4304. — 4787, 4973 s. — séparé, 2616, 2639, 3333. — subséquent, 2585. — successif, 3482. — de suscription, 4056. — synallagmatique, 2325.

Action, 3181, 3215, 5002. — de la banque, 301, 2036, 2047, 2969. — commerciale, 2949, 2971. — de compagnie, 839 s., 1291, 2033 s. — de société, 1822, 3644.

Action criminelle, 4993. — en restitution, 4483 s. — en revendication, 3249. — de société, 1823, 3644.

Adhésion, 1423 s., 1835 s.

Adiré (acte), 1295 s.

Adjudicataire, 1065 s., 2804, 4156, 4291.

Adjudication, 411 s., 761 s., 1132 s., 1466 s., 2216, 2400, 3001, 3291, 3450 s., 3508 s., 3638, 4011, 4015, 4126, 4129, 4169, 4277, 4835, 4837, 4843 s., 4868 s., 4877. — de construction, 1881 s. — définitive, 3108 s. — immobilière, 350, 1343, 3316, 3386, 3388. — à jours différens, 3344 s. — en justice, 2789 s., 2828, 3579, 3788, 4348 s., 4423. — mobilière, 3637. — préparatoire, 1459, 3109, 3843. — séparée, 3777 s. — volontaire, 4351, 4394.

Administrateur, 28 s., 34, 3180, 3183, 3200.

Administration centrale, 33 s., 40, 4255. — départementale, 33, 38 s. — de l'enregistrement, 23 s, 4505 s. — forestière, 645. — locale, 1890 s., 1893. — de la marine, 1098, 1379. — militaire, 1091. — municipale, 4255. — publique, 3642, 3827.

Adoption, 2700 s., 2857 s., 3065, 3101.

Affectation, 2726. — hypothécaire, 1262, 1419, s., 1690, 1956 s., 1975 s., 2004, 2007, 2015 s., 2019 s., 2143 s., 2148, 2150 s., 2186.

Affiche, 853, 4843.

Affirmation, 4522. — de créance, 1328, 1483, 1701. — de procès-verbal, 879 s. — de voyage, 1439.

Affouage, 920.

Agent, 4839. — de change, 825, 3686. — diplomatique, 2903 s., 2912. — des douanes, 1083, 1776. — de faillite, 1800, 2699. — forestier, 683 s., 804, 920, 1017, 1152, 1730. — des ponts et chaussées, 689. — rural, 1730. — voyer, 691.

Agréé, 1790.

Agré, 2334.

Aïeul, 2599.

Algérie, 18, 1008 s.

Alimens, 406, 2759.

Altération, 3849.

salutoire, 4104.

Clôture du procès-verbal, 3854. — de registre, 3845.

Code de procédure, 562 s., 4631, 4637.

Codicille, 4847.

Cohabitation, 3486.

Cohéritier, 1414, 1635, 1709, 1717, 2202, 2219, 2277, 2305, 2763, 3107, 3209 s., 3284, 3325, 3337, 3946 s., 4024, 4029 s., 4362, 5001.

Cointéressé, 1635, 1638 s., 1709, 3838.

Colicitant, 3329, 3332, 3335.

Collatéraux, 2844, 2880, 3061, 3197.

Collation d'actes, 1323 s.

Collège, 1393.

Collocation, 318, 1388 2059, 2075, 4214. — (droit de), 2716. — amiable, 1526 s., 2060. — de sommes et valeurs, 55. — verbale, 130.

Collusion, 1229.

Colon de Saint-Domingue, 964 s., 2867 s.

Colonies, 47, 883, 972, 1117 s., 1439, 1458, 1463, 1310 s., 2115, 2130, 2945, 2938 s., 4340, 4860 s., 4913, 4940 s.

Command, 2792, 4249, 4278. — déclaration de), 1146, 1208, 1256, 1287, 3505 s. — (notification de), 1146, 1569 s., 2068, 3560 s., 3589, 3594 s., 3610 s. — (seconde déclaration de), 3520 s., 3602.

Commandement, 1653, 4800, 4997.

Commencement de preuve par écrit, 656, 1334, 3569, 4327.

Commerçant, 1683 s.

Commis, 937, 2025. — greffier, 931, 1777 s. — d'ordre, 35 s. — principal, 35 s.

Commissaire, 936. — de la marine, 1696, 3665. — de police, 640, 665, 674, 861, 935, 1016, 1450.

Commissaire-priseur, 1373, 3686, 3859, 3861.

Commission, 801, 4063. — rogatoire, 789.

Commissionnaire, 1475.

Communauté, 422, 452 s., 464, 1431, 1546, 1548 s., 1989, 2197 s., 2499, 2536, 2538 s, 2589, 2650, 3005, 3023 s., 3041, 3088, 3103, 3287 s., 3296, 3312, 4473, 4495 s., 4430, 4836, 4853. — (renonciation à), 4431. (rétablissement de), 4454. — religieuse, 2436, 2446, 3327, 4531.

Commune, 82 s., 165, 680, 685, 698, 700 s., 729 s., 748 s., 769, 806 s., 914, 1038 s., 1094, 1307, 1893 s., 2144, 2429, 2444, 2147, 2869, 3408, 3609 s., 3617 s., 3821, 3925, 4261. — (habitans de), 1839.

Communication aux employés, 1374, 1376, 1387 s., 4520, 4645. — au ministère public, 4677. — de pièces, 950, 1356, 1737. — des registres, 1920.

Communiste, 357 s., 4008

s , 4041, 4052.

Compensation, 204, 240, 281, 285, 2202, 2387, 2864, 3112, 3224, 3307, 3353, 4128, 4310 s.

Compétence, 566, 579, 591, 1235, 2833, 4578 s., 4786, 4804, 4998 s. — administrative, 1472. — territoriale, 4585 s.

Complément d'acte, 2630 s.

Complice, 1648.

Compromis, 4531 s., 2818 s.

Comptabilité, 4993.

Comptable, 714, 940, 1585. — public, 1584, 2023 s , 2030, 2292.

Compte, 803 s., 1905 s., 2211, 2347, 2736 s., 2768, 3181, 3183, 3188 s., 3474 s., 4407. — (reddition de), 1325. — courant, 2769 s. — de tutelle, 1278 s., 1739, 1910 s., 1918, 2381.

Compulsoire, 1670.

Concession de terrain, 2321, 2373.

Conciliation, 1333, 4018. — (procès-verbal de), 1068, 2182, 2712, 4061, 4060.

Conclusion, 105, 2826, 4515, 4628 s., 4664 s., 4668, 4712 s., 4717, 4771, 4820.

Concordat, 244, 1533, 1934, 1936 s., 1997 s., 4369.

Concours de droit, 201.

Condamnation, 233, 257, 318 s., 4784. — (droit de), 1990, 2061, 2716 s., 2758 s. — (jugement de), 2718. — alternative, 2834. — de somme et valeurs, 55.

Condamné, 2944 s., 2947.

Condition, 144 s. — 1109, 1128, 1538, 2051, 2184, 2623, 2623, 2644, 2651, 2656, 3299, 3319, 3540, 3550, 3693 s., 4135, 4137, 4147, 4166, 4401, 4449, 4871, 4882 s., 4956 s., — (inexécution), 4120, 4140 s., 4168. — casuelle, 482. — potestative, 166 s., 3074, 3436. — résolutoire, 163, 184 s., 2110, 3698, 3926, 4334, 4460, 4464. — suspensive, 99, 143, 4559, 4961, 4987, 2378, 3409, 3422, 3431 s., 3434, 3445, 3740, 4072, 4332, 4464 s., 4478. — tacite, 473.

Confiscation, 787, 4860, 2672, 2745, 2864 s., 4927.

Confusion, 1832.

Congé, 884, 1653, 1673, 3947.

Congé-défaut, 1069.

Congrégation, 3408.

Connaissance, 4810 s., 4815, 4824, 4929, 4932, 4940, 4983.

Connaissement, 4534.

Connexité, 4595, 4632.

Conquêt, 2538, 3080 s., 3313.

Conseil d'administration, 28, 34.

Conseil d'état, 808, 1624, 1630, 2679, 2689. — d'état (recours au), 849.

Conseil de famille, 1285, 1486, 1633, 2156 s., —

(délibération de), 949.

Conseiller de préfecture, 931.

Consentement, 227, 781, 1455, 1535 s., 1596, 1836, 2230, 2278, 2809, 3421 4152. — (acte de), 282.

Conservateur des hypothèques, 38, 46, 49, 846 s., 1507, 4612.

Consignation, 3056. — d'amende, 4534. — des droits, 1200 s., 4245.

Consistoire, 3408.

Consolidation, 406, 412.

Consorts, 3955.

Constatation, 4653.

Constitution d'avoué, 1650. 2821.

Constitution de rente, 3524.

Construction, 326, 357 s., 543, 721 s , 1407, 1473, 1476 s., 1729, 1881 s., 1897 s., 2009, 2774 s., 3545, 3651, 3752 s., 3759, 3769.

Consultation, 4778.

Contestation, 1087.

Contiguïté, 90, 2099 s.

Contrainte, 252 s., 482, 3205 s., 3244, 3267, 4099, 4211, 4300, 4524 s., 4556, 4736, 4798, 4848, 5013.

Contrat, 1162, 4095. — de mariage, 173 s., 974, 1204, 1362, 1428, 4542 s., 1576, 1611, 1738, 1752, 2020, 2062, 2160 s., 2193, 2222, 2556 s., 2573, 2575 s., 2824, 3244, 3344, 3385, 3472 s., 3689, 3749, 4370 s., 4840 s., 4881 s. — (extrait de), 4790. — pignoratif, 103, 4112, 4114. — synallagmatique, 1182, 2050, 2190. — à titre onéreux, 4795.

Contravention, 4519 s., 4538, 4569, 4789.

Contre-lettre, 2109, 3620 s., 4053 s.

Contribution aux dettes, 2730.

Contributions, 1626. — (paiement des), 1128. — directes, 848, 4513. — directes (paiement des), 4964. — foncières, 324, 378 s., 414 s., 1387, 2662, 4367. — foncières (inscription au rôle des), 4821, 4927, 4964, 4970, 4978. — indirectes, 771, 937, 1020, 1308, 3652, 3827, 3862. — locales, 764 s., 768, 843, 850, 1624. — de portes et fenêtres, 325. — publiques, 764 s., 843, 850, 1624 s., 2318, 2670.

Contrôle, 6, 8, 1278, 2347, 4886.

Contrôleur des contributions, 1220.

Contumax, 2892.

Convention contraire, 4144 s. — écrite, 3880. — de mariage, 3044 s. — particulière, 4279. — verbale, 132 s., 974, 1211, 2661, 2761 s., 2764, 3884, 3899, 3972, 4073, 4399, 4845.

Coobligé, 2222.

Copartageant, 2214, 2214, 3283, 3303, 3318, 3321, 4292.

Copie, 635, 781, 968, 1180, 1211, 1239, 1241, 1387, 3835, 3846, 4060. — certi-

fiée, 3847. — collationnée 863, 1181, 1210, 1212 s. 1278, 1323.

Copropriétaire, 1635, 1641, 1709, 1743, 1820, 2309, 2793, 3275, 3284, 3325, 4048, 4839.

Copropriété, 2046.

Corse, 3402 s.

Cote et paraphe, 854, 3845.

Coupe de bois, 896, 2334 s., 2970, 3031, 3637, 3653 s., 3729 s., 3778, 3780, 3809, 3828, 3868, 3918.

Cour d'assises, 2755.

Cour de Cassation, 793, 1621, 1630, 2679, 2689, 4621, 4762.

Cour royale, 1441 s., 1624, 1629, 1672, 1781, 2678, 2688, 4579.

Cours de la bourse, 300 s.

Courtier, 1373, 3686. — de commerce, 3665, 3868 s., 3849.

Coutume de Liége, 2878 s. — de Luxembourg, 3007, 3095. — de Normandie, 3077 s., 3128, 3147.

Créance, 269, 803, 2907, 2913, 2975, 2978 s., 3052, 3183, 3321. — active, 3050 s. — à terme, 268.

Créancier, 792, 1635, 1640, 1643, 1934 s., 2048, 2208, 2214, 2277, 2722, 2741, 2796, 2799, 2860, 3184, 3188, 3216, 3229, 3297, 4156, 4180, 4195, 4596, 4873. — hypothécaire, 2049 s. — inscrit, 2230, 2271, 2281, 2286, 2232. — saisissant, 4268.

Crédit ouvert, 152 s., 164 s., 1964 s., 2144.

Cumul de sommes, 3865 s.

Curateur, 1613, 3262, 3274. — (nomination de), 1867. — à succession vacante, 2898, 2989, 3187.

Date, 636, 653, 658, 1043 s., 1065, 1111, 1128, 1436, 1178, 1183 s., 1242, 1401, 2820, 3772, 3835, 3916, 3984, 4011, 4073, 4564, 4898. — certaine, 125 s., 654, 895 s., 980, 2262 s., 2566, 2795, 3268, 3629, 3743, 3882, 3937, 4084, 4787, 4841, 4791 s. — multiple, 1137.

Dation en paiement, 206, 272, 1589, 2107, 2463, 2550, 2552, 3298, 3436, 3459, 3481.

Débet, 4887 s. — (enregistrement en), 664 s., 4024, 4744 s., 4870, 4226, 4248.

Débiteur, 1635, 2210, 2283 s., 2796, 2799, 3165, 4262.

Décade, 570, 4601.

Décadi, 1430.

Décès, 127, 174, 254, 2474 s., 2478 s., 2482, 2501, 2503, 2506, 2888, 3105, 3199, 3209, 4909 s., 4916 s., 4929, 4933, 4927, 4975. — (acte de), 4437, 2994.

Décharge, 701, 864, 950, 1028, 1273, 1552 s., 4573, 1602 s., 1727, 1911, 2092, 2198, 2206, 2216, 2249, 3468. — de prix, 3863 s.

Déchéance, 3456 s.

Décime de guerre, 63, 1189.

Décision administrative

2902, 2945, 3033, 3406 s., 4484 s., 4276, 4310 s., 4920, 4922 s., 4925.

Emploi, 1918, 2175, 3119. — (obligation d'), 4427.

Employé, 36 s., 677, 1694, 1730, 1765, 1797 s.

Empreinte de marteau, 4446.

Emprisonnement, 4652.

Emprunt, 4984 s.

Enchère, 1439, 4837, 3851.

Endossement, 842, 883, 885 s., 979, 1910.

Endosseur, 1646, 2291.

Enfant, 797, 2593, 2595, 3100, 3185, 4426, 4436. — naturel, 2597, 2847, 2849 s., 2880, 3214, 3466. — unique, 2596.

Engagement d'immeubles, 348 s., 973, 1105, 2121 s., 4085.

Engagement militaire, 790, 881.

Enonciation, 1101, 1111, 1185, 1187 s., 1242, 1264 s., 1317, 1428, 1635, 1906, 1908 s., 2149 s., 2210 s., 2347, 2587, 3293 s., 3890.—de dette, 2077 s.

Enquête, 1134, 1674, 3873, 4631, 4650. 4916.

Enregistrement, 2984. — (droit d'), 3 s — sur minute, 4263. — simultané, 1242 s., 1246.

Entrepreneur, 1463. — des ponts et chaussées, 3525. — de transport, 2776.

Envoi en possession, 2796, 4939.

Epoux, 2813, 2847 s., 2899, 2932, 3024, 3029, 3034, 3274, 4185, 4191.

Erreur, 483, 609, 793, 1065, 1229, 1232, 1354, 2043, 2813, 3244, 3265, 3268, 3542, 3965, 3978, 3980 s., 3984, 3990, 4006, 4169, 4172, 4344 s., 4356, 4377, 4381, 4383 s., 4386, 4425, 4445, 4461, 4561, 4857, 4864, 4875. — de calcul, 3256. — de fait, 3254, 3257, 3271, 4424, 4495.

Escroquerie, 2779.

Etablissement public, 680, 685, 698, 700, 702, 729, 769, 807, 930, 1041, 1307, 1391 s., 1890 s., 2319, 2429, 2670, 2869, 2920 s., 3408, 4959.

Etat, 240, 711, 713 s., 1728, 2670 s., 2744, 2746, 2944, 3187, 3215, 3412, 3637, 4313.

Etat descriptif de meubles, 1760. — détaillé, 1661. — des dettes, 2512, 2523 s. — estimatif, 219 s., 295, 1451, 2980, 2996, 3782 s. — des frais, 1248.

Etranger, 810, 827, 883, 2673, 2903 s., 2938, 2940, 2974 s., 2978. — (pays), 231, 543, 893, 972 s., 1117, 1129, 1164, 1241, 1310, 1312, 1339, 1853, 2130, 2751, 3323 s., 4257, 4936, 4938 s.

Evaluation, 210 s., 211 s., 245, 398, 443 s., 467 s., 485, 494, 502, 505 s., 524 s., 3262, 3367, 4422, 4432 s. — erronée, 89. — (fausse), 554, 4785, 4808. — insuffisante, 482, 2056, 2997, 5013.

Evêché, 4392.

Excédant de prix, 3487 s.

Exception, 2663, 4566, 4568, 4597, 4617, 4675 s.

Excuse, 1087, 4221.

Exécuteur testamentaire, 1048, 2215, 2918.

Execution, 1172, 2780, 4554, 4780, 4783. — (acte d'), 2551 s. — de jugemens, 40, 987.

Exécutoire, 2717, 4253 s., 4492, 4546 s., 4579. — de dépens, 1301, 1435.

Exemption, 679. — d'enregistrement, 64, 980, 1002, 4276, 4489, 4578, 4587, 4677, 4746, 4886, 2713, 3839.

Exigibilité des droits, 64 s.

Exoine, 865.

Expédient (jugement d'), 4148, 4150 s.

Expédition, 781, 903, 968, 970, 1170, 1176, 1180, 1190 s., 1239, 1241, 1595, 1619, 2705 s., 4718, 4985.

Expéditionnaire, 35 s.

Experts, 566, 572, 574 s., 579, 593, 605, 607, 1501, 1635, 1730 s., 1763, 1794 s., 2827, 3437. — (avis des), 587 s., 594 s. — (nomination d'), 4068, 1620 s., 1794.

Expertise, 58, 248, 343, 345 s., 350, 362, 375, 392, 398, 436, 440 s., 469 s., 943, 1168, 1204, 3204, 3246, 3252, 3261, 3266, 3423, 3441, 3785, 4587, 4647, 4749, 4795. — (conséquence de l'), 640. — nouvelle, 589, 598 s., 609.

Exploit, 632 s., 638, 658, 660, 768, 862, 1012 s., 1131, 1147 s., 1210 s., 1240, 1623 s., 1627, 1629 s., 1724, 1808, 4218, 4252, 4839, 4930, 5006.

Expropriation, 1643, 2079, 3931 s. — forcée, 2773, 2786 s., 2804, 3110, 3225, 3587, 3599, 4082. — pour utilité publique, 727 s., 3123, 3415, 4387.

Extrait, 1, 635, 781, 848, 852 s., 968, 971, 1180, 1217 s., 1241, 1387. — d'actes, 1096. — 1369, 1377. — de demande, 1070, 1362. — de jugement, 1070, 1077, 1085, 1302, 1362, 1377 s., 4243 s., 4247, 4562.

Fabrique, 930, 1394, 2445, 2449, 3408, 3750, 3764, 3822.

Facteur, 1585, 1801.

Failli, 271, 1932, 1934, 2218, 4364, 4480, 4583.

Faillite, 951 s., 1072 s., 1080, 1328, 1359, 1399, 1483, 1495, 1659, 1704, 1726 s., 1759, 1930, 1937, 2735 s., 3052, 3243, 3656 s., 3844, 4481.

Fait de police, 664.

Faute, 4275, 4284.

Faux, 1193, 1344.

Femme, 1573 s., 1988 s., 2154 s., 2198, 2290, 2306, 2803, 3007, 3030, 3032 s., 3053, 3075 s., 3131, 3483 s., 4354, 4543. — normande, 1971, 3077 s., 4101.

Fermage, 327, 436.

Fermier, 326, 1566, 1714, 2185, 2343 s., 2351, 2354, 2357, 2362, 3020 s., 3224 s., 3959 s., 3969, 3998, 4038, 4085, 4321.

Fin de non-recevoir, 203, 206, 424, 436, 3085, 3182, 4550, 4567, 4593, 4630, 4767.

Fol appel, 4990.

Folle enchère, 1007, 1466, 3002 s., 3388, 3458, 3487 s., 3638, 3930, 3941, 4214, 4277, 4360, 4363, 4365, 4846.

Fonctionnaire administratif, 4150.

Fondation pieuse, 2449.

Fonds, 3543 s., 3645. — de commerce, 2225, 3660 s., 3804, 3817.

Force majeure, 4206 s.

Forcement en recette, 1230 s.

Forêt, 683 s., 699 s., 703, 723, 769, 912 s., 1048, 3775, 3827, 4606.

Formalité, 565, 4518, 4569, 4898. — de l'enregistrement, 1138 s.

Forme de procéder, 4602 s., 4610 s., 4631, 4688, 4719, 4780 s.

Foudre, 3787.

Fournisseur, 1584.

Fourniture, 1475, 1728, 1902.

Fraction de centime, 211.— de somme, 211.

Frais, 381 s., 385 s., 389, 611, 614 s., 617, 619, 621 s., 627, 698, 860, 1673, 2256, 2838, 3246, 3354, 3869, 4226, 4503, 4616, 4703 s., 4774, 4960, 4962. — criminels, 4510 s., 4516, 4605.

Fraude, 58, 404, 434, 578, 620, 1305, 2104, 3289, 3488, 3595, 3632, 3763 s., 3766, 3770, 3773 s., 3778, 3785, 3800, 4219.

Fruits, 3106, 3766, 3803.

Fumier, 3663.

Gage, 1566.

Gain de survie, 3004, 3006, 4032.

Garantie, 153 s., 1417, 1913, 1919 s., 2007 s., 2034, 2155, 2171, 2228, 2725, 4042 s., 4309, 4744. — éventuelle, 1963, 4987.

Garde, 879, 1017, 1694, 1706, 1716, 1730. — des barrières, 1773. — champêtre, 644, 647, 675 s., 679 s., 862, 1153, 1764, 1771, 4581. — à cheval, 1017. — du commerce, 1149. — des douanes, 1764. — forestier, 643, 675 s., 679 s., 801, 862, 1152, 1764, 1774. — du génie, 688, 705, 788. — juré, 793. — messier, 1801. — nationale, 783, 796, 934, 1161. — 676, 687, 880, 910, 921, 1772 s., 4063. — pêche, 686. — vente, 1801.

Gardien judiciaire, 4611. — de saisie, 1647, 1697. — de scellés, 1762.

Garnisaire, 863.

Gendarme, 642, 676, 678, 773, 861 s., 936, 1155.

Gendarmerie, 1474.

Gens de mer, 881.

Gérant, 2019.

Gestion de biens, 1933.

Glace, 3803.

Grâce, 4229.

Grains, 264 s., 290, 317, 429.

Gratis (enregistrement), 678, 710 s., 907. 1024.

Greffe, 4173, 4177. — (actes du), 1439 s., 1578 s., 3600. — (dépôt au), 3832, 3874. — (droit du), 12, 955 s., 1460, 1578, 1674, 2692, 3356, 3565, 3608. — criminel, 1603, 1744 s.

Greffier, 247, 857, 875, 877, 953, 1076 s., 1157 s., 1191, 1239 s., 1280, 1284, 1287 s., 1329, 1345, 1356 s., 1364, 1372, 1377, 1396, 1400, 1513 s., 1764 s., 2686, 3861, 4242 s., 4562, 4696, 4846.

Grosse aventure, 1876. — 2135 s.

Guadeloupe, 1006.

Guerre, 427, 1469, 1481, 1510, 1877, 1880.—(temps de), 427.

Guyane, 1006.

Habitation (droit d'), 2935.

Haras, 1471.

Héritier, 306, 1048, 1051, 1112, 1389, 1593 s., 1915, 2260, 2442, 2739 s., 2854, 2886, 3054, 3147 s., 3151, 3155 s., 3165 s., 3194 s., 3210, 3259, 3297, 3534, 3635, 3688, 3695, 3703, 3706, 4177 s., 4183 s., 4187, 4198, 4238, 4295 s., 4311, 4752, 4903, 4905, 4922, 4934. — apparent, 4930. — bénéficiaire, 1916, 2729, 2888, 2894, 3175 s., 3238, 3331, 4179, 4484. — collatéral), 4874 — légitime, 3211, s. — présomptif, 2882 s., 2943, 2947.

Heure, 1195 s., 1403, 1750, 3560, 3580 s., 3598, 3641.

Homologation, 4919. — (jugement d'), 778, 2695, 2728.

Honoraire, 381 s., 384, 2157, 2165.

Hospice, 670, 729, 807, 930, 1041, 1089, 1646, 1841, 2113, 2429, 2871, 2873, 3408, 3822, 4959.

Houille (extraction de), 3727.

Huissier, 632, 658, 676, 773, 862, 872, 876, 1012, 4024, 1147, 1239 s., 1304, 1372, 1375, 1396, 1399, 1764 s., 1780 s., 3576, 3861 s., 3874, 4218, 4252, 4321, 4555, 4565, 4633. — (acte d'), 1623 s., 1629 s. — commis, 873.

Hypothèque, 183, 274, 631, 812 s., 820, 1418, 1984 s., 2478, 2503, 2506, 2673, 2945, 3374, 3626, 3933, 3936, 3940, 3994, 4031, 4047, 4049 s., 4051 s., 1055, 4254, 4552, 4829 suiv.

Ignorance, 3954, 3982.
Immatricule, 4565.
Immeuble, 322 s., 473, 1105, 2042 s, 2047, 2448 s., 2842 s., 2964 s., 2976, 2991, 3119, 3127, 3133, 3228, 3277, 3742 s., 3877. — par destination, 3798 s. — détaillé, 2993.
Impense, 512.
Impôt, 4 s., 20.
Imprimeur, 962, 1803.
Imputation, 986, 996, 3010, 3056, 3071, 3126, 3135, 3144 s., 3154, 3244, 4416.
Incompétence, 2721.
Indemnité, 283, 1949 s., 1953 s., 2005 s., 2773, 3708 s., 3730, 3744, 4155. — de Saint Domingue, 2035.
Indication de paiement, 1530, 2084, 2166.
Indigent, 709, 775 s., 781.
Indignité, 2031.
Individualité, 1581.
Indivis, 2064, 2309, 2608, 2635, 2992, 4032, 4040 s., 4055.
Indivisibilité, 569, 3205, 3210, 4288, 4290. — de perception, 233 s.
Indivision, 113, 157, 234, 1641, 2267, 2627, 2644, 2654, 2914, 3020, 3107, 3197, 3282, 3284, 3292, 3318, 3334, 3426, 4465.
Inexécution, 3714. — des conditions, 2814, 3630.
Inscription de faux, 1068, 1319 s.
— hypothécaire, 984, 2207 s., 3233, 4553, 5016.
— au rôle des contributions, 3879, 3881, 3887, 3889, 3909 s., 3998, 4034, 4051, 4062, 4085, 4236.
Insinuation, 2, 6, 8, 900, 1107, 1119, 4886.
Insolvabilité, 1228, 3547.
Inspecteur, 38, 42, 49, 797. — de l'enregistrement, 4195. — de la salubrité, 677.
Instance, 40, 3871, 4493, 4497.
Institution contractuelle, 2519 s., 3082 s., 4854. — d'héritier, 2533, 3124.
Instruction, 4600, 4702. — par écrit, 4723.
Interdiction, 668, 1302, 1362, 2707.
Interdit, 2336, 3117, 4103.
Intérêt, 118, 273, 278, 380, 479, 812 s, 820, 1126, 1128, 1233, 2071, 2186, 2188, 2223, 2387, 2480, 2503, 2505, 2738, 4128, 4320 s., 4498 s. — (droit), 480.
Interprétation, 2563, 3124, 3718 s, 4772 s. — des actes, 96 s.
Interprète, 1802.
Interrogatoire, 4113. — sur faits et articles, 4081, 1673, 4067.
Intervention, 2006, 2230, 4634, 4745.
Invalide, 930.
Inventaire, 293, 1072 s., 1080, 1099, 1101, 1107, 1135, 1112, 1268 s., 1897, 1428, 1432, 1501, 1621, 1657 s., 1673, 1917, 2210, 2587 s., 2980, 2993, 3166, 3251, 3263,

3253, 3478, 3790, 3792, 3856, 4028, 4059, 4072, 4823, 4831, 4853, 4935. — (supplément d'), 4662.
Jouissance, 266, 1898 s., 2740, 3020. — (entrée en), 2311, 2527, 2806, 3427, 3488, 3898 s., 3903 s., 4123 s., 4131 s. — (transmission de), 903. — immobilière, 53, 994, 2345. — mobilière, 55, 438.
Jour, 3590 s., 3596. — férié, 1130, 1199, 1403, 2962, 3583 s., 3596 s., 3844.
Journal, 1251 s., 4845. — (éditeur de), 2031. — (propriétaire de), 2031.
Juge, 651, 932, 1316, 1318, 1321, 1587, 4223, 4695, 4718.
Juge-commissaire, 943 s., 951, 1673 s.
Juge de paix, 581, 584 s., 654 s., 672, 874 s., 876, 932, 1084, 1159, 1484, 1532, 1578, 1587, 1624, 1626 s., 1633 s., 1666, 1764, 1780, 1870, 2675, 2683 s., 2690, 2716, 2818 s., 3845, 4546 s. — (acte du), 1664 s.
Juge suppléant, 4651, 4691 s.
Jugement, 94, 155, 232, 233 s., 318 s., 646, 650, 696, 781, 858, 867, 944, 951, 987 s., 1170, 1312, 1317, 1322 s., 1462, 1595, 1663, 1666, 1879, 2339, 2669 s., 3001, 3453, 3491, 3629, 3632, 3995, 4093 s., 4097, 4115 s., 4122 s., 4147, 4243, 4246, 4255, 4263, 4266, 4298, 4317, 4371, 4640 s., 4690 s., 4802, 4846 s., 4944, 4947, 4982 s., 5015. — (énonciation de), 4653 s., 4638, 4662, 4664, 4670, 4690, 4699 s., 4709 s. — d'adjudication, 1063 s., 1278. — arbitral, 4110, 4117. — contradictoire, 573, 2716, 2747 s., 4264, 4728 s. — correctionnel, 1177. — criminel, 417, 1319. — par défaut, 1069, 1171, 1324, 2717, 2747 s., 2785, 2806 s., 4264, 4388 s., 4394, 4307, 4642, 4719 s. — définitif, 2683 s., 2690. — en dernier ressort, 2693 s. — interlocutoire, 2675, 4751 s. — de police, 693, 1177, 1319, 1321. — en premier ressort, 2693 s. — préparatoire, 2675 s., 4749 s., 4753.
Juré, 791, 865.
Juridiction, 4507.
Justification, 3705.
Langue française, 1202 s.
Lecture, 1272.
Légalisation, 874, 4490.
Légataire, 1048, 1052, 1556, 1590, 1593 s., 2180, 2215, 2298 s., 2742, 2886, 2916, 2919, 2990, 3163, 3212, 4180, 4184 s., 4295, 4436 s., 4412, 4878, 4956. — particulier, 3147 s., 3155, 3214, 3270. — à titre particulier, 3106. — à titre universel, 3106, 4186. — universel, 3145

s., 3148, 3453 s., 3170, 3213 s., 3688, 4187.
Légion-d'honneur, 747, 922, 938, 3416.
Légitimaire, 3315.
Légitimation d'enfant, 781.
Légitime, 2442, 2502, 2949, 3080.
Legs, 303, 749, 1049, 1052, 1207, 1429, 1843, 2303, 2739, 2814, 2848, 2916, 2918, 2923, 3314, 3944, 4173, 4183, 4435, 4953, 4957 s., 4981. — caduc, 2924, 2927. — conditionnel, 2922. — conjoint, 3089. — particulier, 3140, 3143, 3145 s., 3149 s., 3152 s., 3156, 3213. — pie, 2920 s., 3102 — de sommes, 2973. — successif, 2923. — à titre universel, 3144, 2852, 3072, 3143 s., 4959. — d'usufruit, 3163, 3227, 3238, 4438, 4954.
Lésion, 2117, 4105, 4151.
Lettre de change, 883 s., 891, 979, 1032, 1289 s., 1367, 1945, 1994, 2130, 2150 s.
Lettre-missive, 917, 1669 s., 3836 s., 4062.
Lettre-patente, 775, 2131.
Lettre de voiture, 1669.
Libellé, 4560.
Libéralité, 2904, 4181 s. — (acte de), 145, 1059, 1610 s.
Libération, 55, 281, 1649, 2279, 2338, 3296, 3494, 3719, 4205, 4262. — (acte de), 277, 2194 s. — (droit de), 1557 s., 1564 s., 1568, 1589, 1601, 1635 s., 1903 s., 2092, 2270, 2783.
Libraire, 1803.
Librairie, 3810.
Licitation, 1848, 1824, 2132, 3328 s., 3564, 3482, 3542 s., 3867 s., 4110 s. — en justice, 3333. — de meubles, 3337 s. — volontaire, 3338.
Liège (pays de), 902.
Liquidation, 318, 387, 418, 2459, 2174, 2350, 2372, 2580, 2733, 3288 s., 3296, 3338, 4414, 4825. — (acte de), 1271. — (droit de), 2716. — de communauté, 1662. — des droits, 209, 2315, 2331 s., 2871, 3120 s., 3421 s., 3350, 3504. — de reprises, 1425 s., 1428, 1530, 1904, 2155. — de société, 2777 s. — de sommes, 2133. — de sommes et valeurs, 55.
Liste civile, 721.
Litigieux (objet), 271, 2992, 3051, 3053.
Litispendance, 4572.
Livre-journal, 1200 s.
Locataire, 2345, 3754 s.
Locatairie perpétuelle, 3623.
Location, 267, 3626. — verbale, 430, 2327 s.
Lods et ventes, 146, 469, 4204.
Logement, 2320.
Loi ancienne, 1043, 1406. — antérieure, 1100, 1119, 1170, 1178, 1331, 1768, 2840, 2870 s., 5121 s., 3389, 3881 s. — de Belgique, 3213. — rétroactive, 1768.

Lot, 1639, 2645, 2828, 3291, 3300 s., 3305, 3317 s., 3472, 3549, 3615, 3866.
Louage, 2404 s., 4392. — d'industrie, 1719.
Loyer, 363 s.
Lyon (ville de), 724 s.
Machine, 3750, 3801 s.
Main-levée, 747, 1540, 2207 s. — d'inscription, 1434.
Maire, 861, 917, 1305, 1386, 1516.
Majorat, 2118, 2131, 2455, 2861, 2949, 3193, 3260, 3417, 4863.
Mandant, 3118.
Mandat, 1706, 1716, 1933, 1936, 2081, 2091, 2170, 2763, 2779 s., 2834, 2941, 3506, 3516, 3536, 3548, 3595, 3954, 4473, 4038 s. — de paiement, 842, 1939, 2758, 4513. — de vendre, 4042 s., 4047, 4049.
Mandataire, 247, 1564 s., 1077, 2021, 2754, 2986, 3270 s., 3547, 3839, 3919, 3973, 4042, 4307, 4559.
Manufacture, 797, 1836, 3765, 3800 s.
Manuscrit, 3664.
Marchandises, 355, 2972. — (vente de), 3656 s., 3680, 3803. — avariées, 3665 s., 3825.
Marché, 283, 326, 763, 903, 962, 1467 s., 1510, 1719, 1890 s., 2134, 2137, 2335, 3637, 4161, 4251, 4421. — (cession de), 3670 s. — administratif, 1086, 1088 s. — entre particuliers, 1881 s.
Mari, 1315, 1427, 1572 s., 1988 s., 2014 s., 2175 s., 2179, 2197, 2199, 2290, 2795 s., 2732, 2803, 3030, 3032 s, 3483 s., 3943, 4825.
Mariage, 781, 1501, 1619, 2556 s.
Marin, 3824.
Marine, 1469, 1473, 1481, 1510, 3823.
Martinique, 1006.
Matelot, 881.
Matériaux, 1882 s., 3125, 3797, 3816, 3843.
Matrice cadastrale, 1389.
Maximum, 994.
Médecin, 796, 861.
Mémoire, 4237, 4600, 4606 s., 4618.
Mention, 136, 655, 1107, 1136, 1143, 4810, 4819, 4824, 4897, 4933. — d'acte, 985. — de l'enregistrement, 1183 s., 1190 s., 1317, 1339 s. — de non comparution, 2743.
Mercuriale, 262 s., 290, 347, 329 s., 336, 429, 1224.
Mérinos, 3673.
Messagiste, 3833.
Meubles, 266, 315, 2043, 2119, 2368, 2418 s., 2842 s., 2904, 2913, 2967, 3123, 3123 s., 3129, 3144, 3509.
Militaire, 923, 2336, 2889, 2893. — absent, 918, 1057, 3942, 4928 s., 4932 s.
Mine, 2043, 3737, 3740 s., 3781. — (extraction du), 3546.

ENREGISTREMENT. — ENREGISTREMENT (droit d').

═ 1. — L'enregistrement est l'action d'enregistrer, ou de mettre une chose sur un registre en entier ou par extrait, soit pour la rendre plus authentique ou lui donner plus de force, soit seulement pour constater la perception d'un impôt.

2. — L'enregistrement diffère de l'ancienne formalité appelée *insinuation*, et de la formalité actuelle de la *transcription*, en ce que, dans ces deux formalités, l'acte est transcrit ou copié littéralement sur le registre public, tandis que dans l'enregistrement, on se borne, sauf quelques exceptions, à inscrire une simple notice sur le registre public. — Toullier, *Droit civil*, t. 5, n° 230.

3. — Le droit d'enregistrement est le droit qui se perçoit lors de l'enregistrement des actes et des déclarations des mutations de biens immeubles.

4. — Le droit d'enregistrement est tout à la fois un impôt et le salaire de l'enregistrement.

CHAPITRE Ier. —*Historique.—Organisation de l'administration.*

Sect. 1re. — *Historique.*

5. — L'établissement des impôts sur les actes et sur les mutations remonte à plusieurs siècles. Ils avaient été successivement établis par des édits, des déclarations du roi et des arrêts du conseil.

6. — Les principales branches des impôts sur les actes et mutations étaient le *contrôle*, l'*insinuation* et le *centième denier*. —V. RÉP. PAL. ces mots.

7.—Il y avait encore d'autres droits, tels que les *droits réservés sur les procédures*, le *droit de sceau* ou *de scel*, le *droit d'amortissement*, le *droit de nouvel acquêt* et le *droit de francfief*, dont quelques-uns se rattachaient plus spécialement à la féodalité.

8. — La multiplicité des impôts sur les actes donnait lieu à des difficultés sans nombre. Dans des remontrances, faites en 1773, la cour des aides disait que les droits de contrôle, d'insinuation, de centième denier, etc., étaient établis par des lois si obscures et si incomplètes, que celui qui payait ne pouvait jamais savoir ce qu'il devait, et que le fermier ne le savait guère mieux, de sorte que tout était arbitraire. — *Dict. de l'enreg.*, v° *Enregistrement*, n° 20.

9. — Tous ces droits ont été abolis par la loi du 5-19 déc. 1790, qui a établi à leur place les *droits d'enregistrement*.

10. — D'après cette loi, les actes et titres soumis à l'enregistrement étaient divisés en trois classes : le droit de la première classe était *proportionnel* à la valeur des objets stipulés; celui de la seconde était payé en raison du *revenu présumé* des contractans; enfin, le droit de la troisième consistait en une *somme fixe* suivant le degré d'utilité de l'acte soumis à la formalité. — Masson Delongpré, *Cod. de l'enreg.*, n° 5.

11. — Le nouveau système établi par cette loi pour la perception des droits opérait une grande amélioration. Aussi, l'assemblée constituante s'est-elle applaudie de son ouvrage. Ces taxes, disait-elle dans son adresse aux Français, sur les contributions du 24 juin 1791, n'exigent pas que le percepteur aille troubler la paix du citoyen. Elles donnent, au contraire, à celui-ci motif et intérêt d'aller chercher le percepteur dont il reçoit un service public. Elles unissent à une imposition une fonction de magistrature que l'on paie seulement plus qu'elle ne vaudrait par elle-même, afin d'établir sur l'excédant du salaire des agens une recette nationale qui atteigne les capitalistes et qui ne porte point sur les citoyens indigens, et qui diminue d'autant les autres contributions publiques.—*Dict. des dr. d'enreg.*, v° *Enregistrement*, n° 21.

12. — Les événemens de la révolution, les besoins de l'état, peut-être même d'anciens préjugés, ou des idées politiques, ont fait rendre, depuis 1790 jusqu'à ce jour, un grand nombre de lois qui ont successivement amélioré ou affaibli le système des droits d'enregistrement, et qui ont rétabli des droits que la loi de 1790 avait supprimés, tels que les *droits de greffe*, les *droits de sceau des titres*, ou en ont créé de nouveaux, tels que ceux perçus pour la transcription des contrats aux *hypothèques*.—V. RÉP. PAL., v^is *Dict. de l'enreg.*, *Enregistrement*, n° 22.

13.— La loi du 5-19 déc. 1790 fut d'abord suivie de plusieurs autres dispositions législatives, entre autres des lois des 29 sept.-9 oct. 1791, 9 pluv. et 14 thermid. an IV, 9 vendém. an VI, et de l'arrêté du directoire du 5 fructid. an VII.

14. — Mais toutes les dispositions des lois précédentes furent abrogées par la loi du 22 frim. an VII, art. 73, qui a établi l'enregistrement sur de nouvelles bases, et sert encore aujourd'hui de base à la perception des droits, sauf quelques modifications introduites principalement en ce qui concerne le taux des droits.

15. — Depuis la loi du 22 frim. an VII, les lois rendues sur l'enregistrement et contenant des dispositions d'un intérêt pour ainsi dire plus général sont : LL. 22 pluv. an VII, 6 prair. an VII; 27 vent. an IX; 15 nov. 1808; 28 avr. 1816; 25 mars 1817; 15 mai 1818; 16 juin 1824; 8 sept. 1830; 18 avr. 1831; 21 avr. 1832; 24 mai 1834; 18 juill. 1836; 25 juin 1841. — La plupart de ces lois font partie des lois de finances ou budgets.

16. — Indépendamment de ces lois, il existe une foule d'autres dispositions législatives qui s'appliquent à des cas particuliers. Nous les citerons chacune en son lieu.

17.—L'enregistrement a été établi aux colonies, savoir : à la Martinique, à la Guadeloupe et à la Guiane, par une ordonnance royale du 31 déc. 1828, et à l'île Bourbon par une autre ordonnance du 19 juill. 1829. — Ces ordonnances ont été complétées par deux autres des 1er juill. 1831, 22 sept. 1832.

18. — Les lois, décrets et ordonnances sur l'enregistrement ont été, sauf quelques modifications, déclarés exécutoires en Algérie par deux ordonnances des 19 oct. 1841 et 10 janv. 1843. — V. au surplus *infrà* n°s 1008 et suiv.

19. — Quant à ce qui concerne l'administration de l'enregistrement en elle-même, il y a lieu de remarquer principalement 1° le décr. du 23 mai 1810, qui fixe la remise ordinaire des receveurs des droits d'enregistrement, de timbre, de greffe, d'hypothèques, des amendes et des domaines et bois; — 2° les ordonnances des 12 janv. 1821 et 17 déc. 1844, relatives à l'organisation de l'administration de l'enregistrement et des domaines.

20. — Les impôts sur les actes et mutations, d'abord vendus ou affermés étaient perçus, en 1790, par une *régie intéressée*. Ce mode d'administration était le plus avantageux qu'il parût alors possible d'établir. L'intérêt des administrateurs dans les produits n'était pas assez grand pour qu'ils missent dans la perception toute la rigueur dont on avait accusé les fermiers, et il l'était assez pour qu'ils veillassent à ce que le trésor ne perdît rien des droits qui lui étaient acquis.—*Dict. des droits d'enreg.*, v° *Enregistrement*, n° 84.

21. — Aussi, l'assemblée constituante fit-elle peu de changemens à ce mode de perception. Une loi du 27 mai 1791 confia également la perception à une régie. Une remise générale lui fut accordée, et cette remise était répartie entre tous les préposés.

22. — Quelques modifications, cependant, furent apportées à la loi de 1791 par une autre loi du 14 août 1793, et un arrêté du comité des finances de la convention du 4 brum. an IV. Néanmoins, des remises générales furent conservées aux administrateurs et employés supérieurs. Mais elles furent supprimées par le gouvernement en 1817 (ord. 17 mai 1817), et les administrateurs comme les employés, autres que les receveurs, n'eurent plus qu'un traitement fixe. — *Dict. des droits d'enreg.*, v° *Enregistrement*, n° 85.

23. —Bien que la perception des droits d'enregistrement et de timbre ne soit plus confiée à une régie intéressée, on n'a pas moins continué, dans l'usage, de donner le nom de *régie* à l'administration de l'enregistrement.

Sect. 2e.—*Organisation de l'administration de l'enregistrement.*

24. — En maintenant provisoirement l'ancienne organisation de l'enregistrement, l'art. 74, L. 22 frim. an VII, avait dit qu'il serait établi de nouvelles bases pour cette administration par une loi particulière. — Mais cette nouvelle organisation a été faite par le pouvoir exécutif seul, suivant un arrêté du 3 complémentaire et des ord. des 25 déc. 1816, 17 mai 1817, 3 janv. 1821, 12 janv. 1831 et 17 déc. 1844.

25. — L'administration de l'enregistrement et des domaines est dirigée et surveillée sous l'autorité du ministre des finances, par un directeur-général. — Ord. 17 déc. 1844, art. 26.

26. —La dénomination de *directeur général* créée par l'arrêté des consuls du 3 complém. an IX, et maintenue par les ordonnances subséquentes, fut changée en celle de *directeur* par l'ordonnance du 12 janv. 1831; mais elle a été rétablie par l'ordonnance du 17 déc. 1844.

27. — Le directeur général dirige et surveille, sous les ordres du ministre des finances, toutes

les opérations relatives à la perception ; il travaille seul avec le ministre des finances ; il correspond seul avec les autorités militaires, administratives et judiciaires ; il a seul le droit de recevoir et d'ouvrir la correspondance ; il signe seul les ordres généraux de service.—Ord. 3 janv. 1821, art. 2.

28. — Des administrateurs placés chacun à la tête d'une division forment, avec le directeur général, et sous sa présidence, le conseil d'administration. — Ord. 17 déc. 1844, art. 28.

29. — Le nombre des administrateurs a varié suivant que d'autres branches d'administration ont été jointes à celles de l'enregistrement et des domaines ou en ont été détachées ; il est aujourd'hui de quatre. — Ord. 12 janv. 1831 et 17 déc. 1844. — Leur ancienne dénomination d'*administrateurs*, changée en celle de *sous-directeurs* par l'ordonnance du 12 janv. 1831, a été rétablie par l'ordonnance du 17 déc. 1844.

50. — Le directeur général peut, en cas d'empêchement, déléguer la présidence du conseil d'administration. En cas d'absence du directeur général, le ministre des finances désigne celui des administrateurs qui en remplira les fonctions ; il appelle aussi près de lui, dans les occasions où il le trouve convenable, le conseil d'administration. — Ord. 3 janv. 1821, art. 4.

31. — Le conseil d'administration délibère, sur le rapport qui lui est fait par l'un des administrateurs : 1° sur le budget général des dépenses de l'administration sur lequel il donne son avis motivé ; — 2° sur le contentieux administratif et judiciaire ; — 3° sur le contentieux de la comptabilité, les débets des comptables, les contraintes à exercer contre des redevables ; — 4° sur les demandes en remboursement, remise ou modération de doubles droits et amendes de contraventions ; — 5° sur la liquidation des pensions de retraite de tout grade ; — 6° sur les suppressions, divisions et créations d'emplois ; — 7° sur les projets, devis, marchés et adjudications à passer pour le service de la régie ; — 8° sur les révocations, destitutions et mises à la retraite des employés ; — 9° sur les questions douteuses dans tous les cas d'application des lois, ordonnances et réglemens, dans tous ceux qui ne sont pas prévus ou qui ne sont pas suffisamment définis par lesdites lois, ordonnances et réglemens, et sur les instructions générales relatives à leur exécution ; — 10° sur les autres affaires sur lesquelles le ministre des finances juge convenable d'avoir son avis, et sur celles qui lui sont aussi, à cet effet, renvoyées par le directeur général. — Ord. 3 janv. 1821, art. 5.

32. — Les délibérations du conseil d'administration sont prises à la majorité des voix ; en cas de partage d'opinions, la voix du directeur général est prépondérante ; il peut, lorsqu'il le juge nécessaire, suspendre l'effet d'une délibération pour en référer au ministre des finances, qui statue ; mais, dans ce cas, il fait préalablement part de ses motifs au conseil, pour le mettre à même de modifier sa délibération, s'il y a lieu, ou de l'appuyer de nouvelles observations qui soint jointes par le directeur général à son rapport au ministre. — Ord. 3 janv. 1821, art. 6.

33. — L'administration de l'enregistrement se divise en centrale et départementale.

34. — Le travail de l'administration centrale est partagé entre deux bureaux placés sous les ordres immédiats du directeur général, et quatre divisions. Le bureau du personnel et celui du contentieux restent sous les ordres immédiats du directeur général. Un administrateur est placé à la tête de chaque division composée chacune de quatre bureaux. — Ord. 17 déc. 1844, art. 32.

35. — Le personnel de l'administration centrale se compose, outre le directeur général et les administrateurs, de chefs et sous-chefs de différentes classes, d'un archiviste, de commis principaux, de commis d'ordre et d'expéditionnaires également de différentes classes. — Art. 33.

36. — Ce personnel est divisé en deux catégories ; la première comprend, indépendamment du directeur général, les quatre administrateurs, les chefs et les sous-chefs ; la deuxième comprend l'archiviste, les commis principaux, les commis d'ordre, les expéditionnaires et les surnuméraires expéditionnaires ; les employés de la deuxième catégorie ne peuvent passer dans la première. — Art. 34.

37. — Le mode d'avancement et de recrutement est réglé ainsi qu'il suit, savoir : 1° pour les employés de la première catégorie : les administrateurs sont choisis parmi les chefs de première classe de l'administration centrale et parmi les directeurs de première et de deuxième classe des départemens ; les chefs de troisième classe sont choisis parmi les sous-chefs de première classe ; les sous-chefs ne peuvent être pris que parmi les employés supérieurs des départemens ; et, quel que soit leur grade antérieur, ils ne peuvent entrer à l'administration centrale qu'en qualité de sous-chef de quatrième classe ; — 2° pour les employés de la deuxième catégorie : l'archiviste, les commis principaux et les commis d'ordre sont choisis dans les employés du grade immédiatement inférieur ; à mérite égal, l'ancienneté prévaut. — Art. 35.

38. — L'administration départementale de l'enregistrement se compose de quatre-vingt-sept directeurs de première, deuxième, troisième et quatrième classe ; cent cinquante inspecteurs de première, deuxième et troisième classe ; trois cent dix vérificateurs de première, deuxième, troisième, quatrième et cinquième classe ; trois cent soixante-trois conservateurs des hypothèques ; deux mille deux cent trente-un receveurs de première, deuxième et troisième classe ; quatre-vingt-sept premiers commis de direction ; un archiviste ; quatre-vingt-six gardes-magasins, contrôleurs du timbre ; cinquante-un timbreurs ; vingt-quatre tourne-feuilles, et enfin quatre cent cinquante surnuméraires. — Inst. gén. 1465, 1470 et 1805.

39. — Les directeurs, chefs de service dans les départemens, sont chargés, en cette qualité, du maintien des règles de l'administration et des principes de la perception. A ce sujet, ils s'assurent de l'exactitude et de la régularité des opérations des receveurs, vérificateurs et inspecteurs ; ils émargent de leurs observations les rapports que ces employés fournissent périodiquement à l'administration ; ils font connaître leurs droits à l'avancement, et provoquent, au besoin, leur changement ou révocation.

40. — Les directeurs instruisent, d'après les ordres et sous la direction de l'administration, les instances et réclamations qu'elle forme ou auxquelles elle défend ; ils assurent l'exécution des jugemens et décisions, et ils en rendent compte. — Circ. 73; inst. gén. 491, 970, 1304, 1358.

41. — En ce qui concerne le domaine, les directeurs font tous les actes d'administration, et ils fournissent aux préfets, avec leur avis motivé, tous les renseignemens possibles pour défendre les intérêts de l'état devant les tribunaux. De plus ils sont délégués par le ministre des finances, lorsqu'il s'agit de conserver aux départemens la propriété d'immeubles domaniaux. — V. RÉP. PAL., Vᵒ DOMAINES.

42. — Les inspecteurs se transportent, sur l'ordre des directeurs, partout où le besoin du service l'exige, et au moins une fois par an dans tous les bureaux de leur division ; ils s'assurent de l'exactitude de toutes les opérations des receveurs et des vérificateurs ; ils procèdent même, s'il y a lieu, à des contre-vérifications, et ils rendent compte du tout à l'administration par des rapports sur lesquels les directeurs consignent leurs observations. On ne peut être nommé inspecteur qu'après avoir franchi les différentes classes de la vérification.—Inst. gén. 1298, 1304, 1305, 1360 et 1392.

43. — Les vérificateurs vérifient chaque année tous les bureaux et les dépôts publics ; ils s'assurent de la régularité des perceptions et relèvent celles qui sont vicieuses ; ils examinent les répertoires, les actes des notaires, les actes et registres des greffiers et des huissiers, et ils constatent les contraventions échappées aux receveurs. Ils dressent du tout des procès-verbaux de vérification qui sont transmis à la cour des comptes, et des rapports détaillés qui sont soumis, quand il y a lieu, au conseil d'administration. Les vérificateurs commencent la série des employés supérieurs, et on ne peut parvenir à ce grade qu'après avoir été cinq ans au moins receveur ou premier commis. — Inst. gén. 309, 1304, 1351.

44. — Les premiers commis de direction sont établis auprès de chaque direction pour préparer, sous les ordres du directeur, le travail de la correspondance et du contentieux; ils surveillent aussi la tenue des sommiers. Cet emploi est un de ceux qui exigent les connaissances les plus générales. Les premiers commis, créés par une décision du ministre des finances du 14 août 1815, sont nommés sur la présentation des directeurs; ils sont choisis parmi les receveurs et suivent la même ligne d'avancement qu'eux. — Circ. 17 août 1815: inst. gén. 745, 759, 769, 1504.

45. — Les receveurs sont chargés de donner la formalité aux actes, de percevoir les droits et de constater les contraventions dans certains cas (V. *infrà* nos 1169 et suiv., 1194 et suiv.). Obligés d'analyser les actes pour apprécier l'effet des conventions et initiés aux secrets des familles, ils doivent justifier d'une instruction solide, d'un travail consciencieux et d'une conduite sans reproche. Les receveurs passent, à titre d'avancement, des bureaux de chefs-lieux de canton à ceux de chefs-lieux d'arrondissement et de département, ou aux emplois de premier commis de direction, de vérificateur ou de conservateur des hypothèques. — Ord. 25 déc. 1816, art. 7, 8 et 9; inst. gén., 759.

46. — Relativement aux fonctions des conservateurs des hypothèques et des employés du timbre, V. RÉP. PAL., vis CONSERVATEUR DES HYPOTHÈQUES, TIMBRE.

47. — Les surnuméraires doivent être bacheliers ès lettres; pour être nommés receveurs, ils doivent justifier d'un surnumérariat d'au moins trois ans dans les bureaux des receveurs et avoir subi trois examens sur les principaux titres des Codes civil, de procédure et de commerce, sur les lois dont l'exécution est confiée à l'administration, et sur les règles de la manutention et de la comptabilité. — Inst. 1465, 1470. — Les conditions d'admission au surnumérariat sont réglées par un arrêté du ministre des finances du 8 janv. 1846. — Inst. 22 du même mois.

48. — Sont nommés par le roi, sur la proposition du ministre des finances : le directeur général de l'administration, les administrateurs, le directeur du timbre de Paris, les directeurs des départemens. — Ord. 17 déc. 1844, art. 36.

49. — Sont nommés par le ministre des finances : les chefs de toutes classes de l'administration centrale, les inspecteurs de l'enregistrement et des domaines, les conservateurs des hypothèques, les receveurs de l'enregistrement et des domaines, conservateurs des hypothèques. — Art. 37.

50. — Les titulaires de tous les autres emplois inférieurs sont nommés par le directeur général, en vertu de la délégation du ministre des finances. — Art. 38.

51. — Les commissions délivrées par le directeur général le sont au nom du roi et en vertu de la délégation du ministre des finances. — Art. 34.

52. — Le directeur général révoque, destitue et met à la retraite les employés dont la nomination lui est attribuée, après avoir pris l'avis du conseil d'administration. — Il peut aussi suspendre les autres employés, sauf à en rendre compte immédiatement au ministre des finances qui statue. — Ord. 3 janv. 1821, art. 9.

CHAPITRE II. — *Nature, exigibilité et liquidation des droits.*

Sect. 1re. — *Nature des droits.*

53. — Les droits d'enregistrement se divisent en deux classes; les uns sont *fixes;* c'est-à-dire, qu'ils n'augmentent ni ne diminuent de quotité; les autres sont *proportionnels,* c'est-à-dire qu'ils sont en proportion des valeurs sur lesquelles ils sont assis.

54. — Le droit fixe s'applique aux actes soit civils, soit judiciaires ou extrajudiciaires qui ne contiennent ni obligation, ni libération, ni condamnation, ni collocation ou liquidation de sommes et valeurs, ni transmission de propriété, d'usufruit ou de jouissance de biens meubles ou immeubles. — L. 22 frim. an VII, art. 3.

55. — Le droit proportionnel est établi pour les obligations, libérations, condamnations, collocations ou liquidations de sommes et valeurs, et pour toute transmission de propriété, d'usufruit ou de jouissance de biens meubles et immeubles, soit entre-vifs, soit par décès. — L. 22 frim. an VII, art. 4.

56. — Le droit proportionnel ne pouvait être assis que sur les valeurs. — L. 22 frim. an VII, art. 4. — Mais comment déterminer ces valeurs? — La loi du 22 frim. an VII a admis implicitement deux bases. Pour tous les contrats qui portent transmission à titre onéreux, c'est sur le prix convenu ou sur la *valeur vénale* des choses que s'établit la perception, et c'est le *revenu* des biens qui lui sert de base pour tout ce qui est transmis à titre gratuit ou par décès. — Cependant, il y a des exceptions à ces règles générales. Ainsi, bien que l'échange soit un contrat à titre onéreux, c'est sur le revenu des biens échangés que s'établit la perception. Ainsi, les transmissions de meubles à titre gratuit donnent lieu au droit sur la valeur vénale. — *Dict. de l'enreg.*, vo *Enregistrement*, nos 42 et 43.

57. — Après avoir assis les droits sur les valeurs, il fallait encore établir une différence sur ces valeurs, en raison du mode de transmission et de la nature des biens transmis. C'est là l'objet du tarif. On verra plus loin à quel droit donne lieu chaque espèce de mutation, et chaque nature de biens. — V. *infrà* nos 469 et suiv.

58. — Les droits proportionnels étant assis sur les prix ou sur les valeurs, il peut arriver que l'on veuille se soustraire à une partie de ce qui est dû, en ne mentionnant pas dans les actes la totalité du prix ou des valeurs. La loi, pour prévenir ou punir cette fraude, accorde à la régie la voie de l'expertise. — V. *infrà* nos 469 et suiv.

59. — De plus, pour assurer le paiement des droits, il fallait frapper d'une sorte d'amende ou de peine ceux qui se soustrairaient à ce paiement. Cette amende ou peine consiste dans l'impôt du *droit en sus.* Il y a le demi droit en sus, le droit en sus ou double droit, et le triple droit.

60. — Le demi droit en sus ne se perçoit que dans un cas, celui de défaut de déclaration des successions dans les six mois du décès. — V. *infrà* nos 3236 et suiv.

61. — Le droit en sus ou double droit se perçoit sur les actes non enregistrés dans les délais, sur la valeur des biens omis dans les déclarations, sur le supplément d'évaluation en cas d'expertise ou autrement, sur les actes produits au cours d'instance et non enregistrés avant l'ajournement.

62. — Enfin, le triple droit est exigible sur les contre-lettres sous signature privée qui ont pour objet une augmentation du prix énoncé dans des contrats précédemment enregistrés. — V. *infrà* nos 3620 et suiv.

63. — En sus des droits d'enregistrement soit fixes, soit proportionnels, il doit être perçu un décime par franc à titre de subvention extraordinaire de guerre. — L. 6 prair. an VII, art. 1er. — Cette subvention qui n'avait été établie que provisoirement a été maintenue par les lois annuelles des finances. — V. DÉCIME DE GUERRE.

Sect. 2e. — *Exigibilité des droits.*

64. — Tout acte soumis à la formalité doit nécessairement acquitter un droit d'enregistrement, s'il n'en est expressément affranchi.

65. — Le droit fixe est la règle générale de la perception, et tout acte doit être enregistré moyennant celui de 1 fr., à moins qu'il ne soit formellement exempté de tout droit, ou expressément tarifé, soit à un autre droit fixe, soit à un droit proportionnel. — Championnière et Rigaud, *Tr. des dr. d'enreg.*, t. 1er, nos 57 et 371.

66. — L'exigibilité du droit proportionnel est soumise à quatre règles fondamentales auxquelles se rattachent toutes les perceptions : 1o le droit n'est dû sur une disposition qu'autant que la quotité en est expressément déterminée par la loi; — 2o le droit n'est exigible que d'une convention parfaite; — 3o il n'est dû que pour une stipulation dont l'effet est actuel; — 4o enfin, une même disposition ne peut donner ouverture qu'à un seul droit. — Championnière et Rigaud, t. 1er no 31. — Le plus souvent ces règles sont également applicables pour l'exigibilité du droit fixe.

67. — *Première règle.* — *Le droit n'est dû sur une disposition qu'autant que la quotité en est expressément déterminée par la loi.* — Championnière et Rigand, t. 1er, n° 33.

68. — Toute chose, tout avantage ou toute convention, dont le nom n'est point textuellement inscrit dans le tarif échappe à la perception. — Championnière et Rigand, t. 1, n° 3581.

69. — Le tarif applicable est en général celui du jour où la convention ou la mutation se sont opérées. — Championnière et Rigand, t. 1er, n° 45 et suiv.

70. — Aussi, l'art. 73, L. 22 frim. an VII, en abrogeant pour l'avenir toutes les lois et dispositions de loi sur les droits d'enregistrement, avait-il dit qu'elles continueraient néanmoins d'être exécutées à l'égard des actes faits et des mutations par décès effectuées avant sa publication.

71. — Jugé, en conséquence, que c'est d'après le taux fixé par la loi du 14 messid. an IV que doivent être perçus des droits d'enregistrement sur un acte sous seing-privé translatif de propriété d'immeubles, passé avant la loi du 19 déc. 1790, mais qui n'a été enregistré que depuis la loi du 22 frim. an VII. — *Cass.*, 4 niv. an X, Castillon.

72. — ...Qu'un acte de vente sous seing-privé, dont la date est antérieure à la publication de la loi du 28 avr. 1816, mais qui n'a été présenté que depuis à l'enregistrement, est soumis, pour la perception du droit, non à la loi nouvelle, mais à celle du 22 frim. an VII. — *Cass.*, 13 (et non 23) janv. 1818, Cerf.

73. — ...Que les droits d'enregistrement dus à raison des mutations par décès doivent être perçus d'après la loi existante au moment de la déclaration, et non d'après la loi en vigueur lors de l'ouverture de la succession. — *Cass.*, 26 frim. an XIII, Chevalier.

74. — ...Que les droits d'enregistrement d'un acte de mutation antérieur à la loi du 28 avr. 1816, mais qui n'a été enregistré que depuis, doivent être perçus, non d'après les bases nouvelles établies par cette loi, mais d'après la loi du 22 frim. an VII. — Un tribunal a pu l'ordonner ainsi d'office, et à plus forte raison sur la demande de la partie, quoique cette exception n'eût point été signifiée à la régie. — *Cass.*, 6 (et non 7) juill. 1818, Godin.

75. — ...Que la liquidation des droits de mutation doit, comme celle de tous autres impôts, être faite conformément à la loi existante à l'époque où le droit s'est ouvert et a été acquis au fisc et non conformément à la loi existante au moment de la perception, les lois sur l'enregistrement n'ayant pas dérogé d'une manière générale au principe absolu de non retroactivité consacré par l'art. 2, C. civ. — *Cass.*, 4 fév. 1834, hospices de Cambrai; 4 fév. 1834, Institut. des sourds-muets; 4 fév. 1834, hospices de Lyon; — Solut. 21 mars 1834, instr. 1454.

76. — Cependant l'opinion contraire avait prévalu pendant quelque temps; elle se fondait sur l'art. 1er, L. 27 vent. an IX, ainsi conçu : « A compter du jour de la publication de la présente, les droits d'enregistrement seront liquidés et perçus suivant les fixations établies par la loi du 22 frim. an VII et celles postérieures, quelle que soit la date ou l'époque des actes et mutations à enregistrer, sauf les modifications et changemens ci-après. »

77. — Par suite, la régie proclamait comme règle qu'un tarif faisait loi, du jour de sa promulgation, pour toutes les perceptions, sans exception. — Instr. 1362; — *Dict. des droits d'enregistr.*, v° *Enregistrement*, n° 37.

78. — Et la cour de Cassation avait jugé en principe que l'art. 2, C. civ., sur la non rétroactivité des lois, ne s'appliquait qu'au droit privé, et était étranger aux matières d'enregistrement. — *Cass.*, 13 déc. 1809, Giequeau; 11 sept. 1811, Mangin.

79. — ...Qu'en conséquence, les tribunaux devaient se conformer à l'art. 1er, L. 27 vent. an IX, qui ordonne que les droits d'enregistrement seront perçus suivant les fixations établies par la loi du 22 frim. an VII, même pour les actes et mutations antérieurs à cette loi. — *Cass.*, 13 déc. 1809, Giequeau.

80. — ...Qu'ainsi un acte de vente sous seing-privé antérieur à la loi du 14 thermid. an IV n'en était pas moins passible des droits fixés par cette loi s'il n'avait été enregistré que depuis sa publication. — *Cass.*, 14 flor. an IX, Ricœur.

81. — Mais cette disposition de la loi du 27 vent. an IX, contraire au principe de la non-rétroactivité, a été modifiée par la législation subséquente. — L. 28 avr. 1816, art. 59; 24 avr. 1832, art. 33.

82. — Comme une commune ne peut acquérir qu'après avoir été autorisée par ordonnance du roi, c'est la loi en vigueur à l'époque de l'autorisation qui règle le droit à percevoir.

83. — Ainsi, décidé : 1° pour une promesse de vente faite en oct. 1830 et réalisée en vertu d'une autorisation du 29 avr. 1831. — Déc. min. fin. 13 janv. 1832; avis comm. fin. 14 déc. 1831, appr. le 20 janv. 1832.

84. — ...2° Pour une donation du 8 nov. 1830, acceptée le 22 juin 1831, en vertu d'une autorisation du 2 juin précédent. — Mêmes décision et avis.

85. — Comme le supplément de droit à payer, pour insuffisance de perception, n'est que le complément des droits résultant de l'acte, il doit être liquidé d'après la loi en vigueur lors de son enregistrement. — Solut. 2 germ. an X.

86. — Le tarif d'un contrat ne peut être appliqué qu'à la convention, qui est précisément le contrat; il ne peut l'être à une autre, sous prétexte de similitude ou d'analogie dans le caractère ou les effets. — Championnière et Rigaud, t. 1er, nos 39 et suiv.

87. — Jugé, en conséquence, qu'en matière fiscale il n'est pas permis, sous prétexte d'interprétation ou d'analogie, d'induire d'une disposition de la loi sur des cas explicites et déterminés, pour l'appliquer à d'autres non prévus. — *Cass.*, 11 déc. 1820, Kohlaas; 1er mars 1825, notaires de Lyon; 26 déc. 1826, Carmoy; 3 janv. 1827, Audé; 25 janv. 1827, Doneau.

88. — Ainsi, la loi du 28 avr. 1816, qui porte à 2 fr. le droit dû sur les actes des huissiers, étant muette sur les protêts faits par les notaires, ces actes doivent rester passibles du droit fixe de 1 fr., comme ils l'étaient sous l'empire de la loi du 22 frim. an VII. — *Cass.*, 1er mars 1825, notaires de Lyon. — Déc. min. fin. 11 janv. 1822; — Championnière et Rigaud, t. 1er, n° 42, et t. 4, n° 3738

89. — De même, le double droit d'enregistrement est une peine qui ne peut s'étendre d'une espèce à laquelle la loi l'applique à une autre contre laquelle elle n'en prononce pas; dès-lors, il ne peut être exigé pour erreur dans l'évaluation qui est faite des dettes d'une communauté, dans la cession à forfait à laquelle donne lieu, puisque la loi ne le prononce point dans ce cas, mais seulement en matière de déclaration à faire de la part des héritiers, donateurs ou légataires. — *Cass.*, 14 déc. 1812, Lenglu.

90. — La crainte de quelques inconvéniens qui pourraient résulter de la stricte exécution de la loi fiscale ne peut être, pour les magistrats, un motif de s'en écarter; tel était le cas de la loi du 16 juin 1824, qui dispensait du droit proportionnel les échanges d'immeubles ruraux contigus. — *Cass.*, 18 déc. 1828, Talmier et Pontier.

91. — Tout droit proportionnel suppose une convention; l'exigibilité et la quotité en sont déterminées par la nature de la convention et le nom qui lui convient, dès lors, au moyen des règles distinctives des contrats et des signes caractéristiques de leurs espèces. — Championnière et Rigaud, t. 1er, n° 58.

92. — Le droit fixe doit également être appliqué aux différens actes, suivant leur nature et la dénomination qui leur convient. — Championnière et Rigaud, t. 4, n° 3738.

93. — La perception du droit d'enregistrement des actes doit être basée sur la nature de ces actes et l'effet que la loi leur attribue au moment où ils sont présentés à la formalité, à moins de dispositions expresses contraires. — *Cass.*, 19 juin 1826, Dumaine.

94. — Et d'abord, que faut-il entendre par *actes*? — Dans la loi du 22 frim. an VII, le mot *acte* est un terme générique par lequel la loi désigne non seulement les conventions des parties, mais en outre les arrêts et jugemens.—*Cass.*, 14 avr. 1834, Stacpoole.

95. — Hors le cas d'inscription de faux, la régie est obligée de prendre les actes notariés tels qu'ils sont définitivement rédigés, et non tels qu'ils étaient projetés, c'est-à-dire qu'elle doit les prendre avec leurs renvois et leurs ratures dûment approuvés.—*Cass.*, 19 déc. 1837 (t. 1er 1838, p. 139), Erhardt.

96. — Ce n'est pas seulement dans la qualification donnée à un acte par les parties qu'il faut chercher son véritable caractère, mais surtout dans les stipulations elles-mêmes de l'acte, et dans la nature des choses qui en font l'objet. — *Cass. belge*, 25 fév. 1835, de Renesse ; *Cass.*, 22 août 1842 (t. 2 1842, p. 329), Higonet ; 17 janv. 1844 (t. 1er 1844, p. 171), Albert ; 19 mars 1845 (t. 1er 1845, p. 406), Rondolphi.

97. — Ainsi, un acte, bien que qualifié d'amodiation du droit d'extraire de la houille, doit être considéré non comme bail, mais comme vente mobilière, s'il réunit les caractères de cette dernière espèce de contrat.—*Cass.*, 17 janv. 1844 (t. 1er 1844, p. 171), Albert.

98. — Lorsque les dispositions d'un acte impliquent contradiction avec la qualification qui lui a été donnée par les parties, les tribunaux doivent notamment, en ce qui concerne la perception des droits d'enregistrement, rendre à cet acte sa qualification véritable. — *Cass.*, 3 déc. 1832, Simon.

99. — En pareil cas, les dispositions des actes doivent être appréciées d'après les effets qu'ils peuvent produire plutôt que par le sens littéral des termes dont les parties se sont servies. Ainsi, lorsque, par un acte qualifié de donation entre-vifs, les donateurs se sont obligés de remettre à leurs enfans une somme déterminée lors de l'établissement, de leur vivant, de chacun de leurs petits-enfans, une pareille donation, bien que renfermant la stipulation d'un droit de retour au profit des donateurs en cas de prédécès de chacun de leurs petits-enfans, doit être considérée comme une simple promesse de payer en cas d'événement de la condition prévue, et non comme ayant opéré un dessaisissement actuel de la part des donateurs. Il n'y a pas lieu dès-lors de percevoir le droit proportionnel pour mutation. — *Cass.*, 14 déc. 1840 (t. 1er 1841, p. 60), Norès.

100. — C'est alors qu'on dit que la substance de l'acte doit l'emporter sur sa qualification. Toutefois, la règle que les actes doivent être interprétés et les droits perçus d'après la qualification donnée à ces actes, à moins que leur substance ne résiste à leur qualification, donne lieu à beaucoup de difficultés dans l'application. Il n'est pas trop facile de préciser ce qui résiste à la qualification d'un acte. Pour être fondé à dire qu'un contrat dégénère véritablement de la dénomination qui lui est donnée, il faut que son exécution paraisse en général être subordonnée aux règles établies pour une autre espèce, et que les parties l'aient voulu ainsi. — Prou thon, *De l'usufruit*, n° 107.

101. — Mais une fois que la substance des actes se trouve d'accord avec leur qualification, les droits doivent être perçus, abstraction faite des conventions secrètes des parties. Et ce n'est pas le cas d'appliquer l'art. 416, C. civ., d'après lequel on doit dans les conventions rechercher quelle a été la commune intention des parties plutôt que de s'arrêter au sens littéral des termes.

102. — Jugé en ce sens que la perception des droits d'enregistrement se détermine d'après la substance des actes et leur forme extrinsèque, abstraction faite des intentions secrètes des parties.— Dès-lors, la simulation même de ces intentions ne peut faire obstacle à la perception. — *Cass.*, 23 fév. 1824, Lamazère ; 26 mai 1836, Allut ; 9 juill. 1839 (t. 2 1839, p. 381), Gentils.

103. — Ainsi un acte qualifié de vente à réméré par les parties, qui en contient tous les élémens, qui a été exécuté comme tel, et à ce titre donné lieu au droit de vente, ne peut être représenté comme ne constituant, dans l'intention des parties, qu'un contrat pignoratif, passible seulement du droit de 2 %. — *Cass.*, 9 juill. 1839 (t. 2 1839, p. 381), Gentils ; 8 nov. 1843 (t. 1er 1844, p. 256), Lojarthe de Saint-Amand.

104. — Toutefois les tribunaux peuvent et doivent rechercher s'il n'y a pas eu simulation dans le but de faire fraude à la loi fiscale.—*Cass.*, 9 juill. 1839 (t. 2 1839, p. 381), Gentils.

105. — Mais, pour cela, il faut que la régie réclame ; les tribunaux ne peuvent point, dans les actes soumis à leur examen, rechercher s'il n'y a pas des clauses sujettes à des droits autres que ceux que le receveur a réclamés, et sur lesquels il n'a pas même fait de réserves expresses.—*Bruxelles*, 29 juin 1830, Coppens.

106. — Les tribunaux étant maîtres d'apprécier les faits et les actes, il n'y a pas lieu de casser un jugement qui, après avoir déclaré invraisemblable une transmission dont la régie argumente, refuse de lui appliquer la loi. — *Cass.*, 14 nov. 1809, Revel.

107. — Le caractère des actes étant bien constant, il ne s'ensuit pas que ces actes doivent toujours, en matière d'enregistrement, produire les mêmes effets que dans le droit civil. — Pour asseoir les bases du tarif de la perception de l'impôt, le législateur n'a pas pris en considération les théories et les définitions du droit civil, et les caractères que ce droit imprimait aux divers actes. Par exemple, en matière de libéralité, il ne considère pas, pour l'exigibilité du droit proportionnel, si, d'après l'ordre civil, il y a droit acquis et irrévocable pour le donataire ; il ne s'arrête qu'à ces deux grandes circonstances : la transmission actuelle et définitive des objets donnés, ou la transmission éventuelle subordonnée à l'événement du décès d'une des parties. Au premier cas, il a appliqué la perception immédiate du droit proportionnel sur l'acte même de donation, et d'après les règles qu'il a fixées à cet égard. Pour le deuxième cas, il a établi un droit de mutation qui ne doit être perçu qu'à l'époque du décès à l'éventualité duquel la transmission définitive de propriété est subordonnée, et d'après les règles propres aux mutations par décès. — *Cass.*, 23 mars 1840 (t. 1er 1840, p. 520), Bellaton de Beaumont et Hardouin.

108. — C'est en ce sens qu'il faut dire, avec MM. Championnière et Rigaud, n° 1358, que les droits d'enregistrement sont établis sur les contrats à raison de leur nature, et non pas à raison des effets qu'ils produisent.

109. — En un mot, la loi du 22 frim. an VIII sur l'enregistrement, est une loi spéciale à laquelle les principes du droit commun ne peuvent être opposés que dans les cas non prévus par cette loi. — *Cass.*, 2 août 1843 (t. 2 1843, p. 421), Béchaud.

110. — *Deuxième règle. — Le droit n'est exigible que d'une convention parfaite.* — Championnière et Rigaud, n° 110.

111.—La loi n'a tarifé que des conventions parfaites ; et dès-lors celle à laquelle il manque un des élémens de sa perfection échappe nécessairement au droit proportionnel. — Championnière et Rigaud, n° 110.—*Consuetudo*, dit Dumoulin (*Des fiefs*, § 33, nos 32 et suiv.), *loquens de renditione vel mutatione, intelligitur de validâ.* — V. conf. d'Argentré, *Des droits du prince*, art. 59, n° 2.

112.— Ainsi, un acte sous seing-privé, non signé de l'un des contractans qui ne sait pas écrire, mais certifié à sa place par deux témoins, ne saurait donner lieu à des poursuites pour droits de vente. — *Cass.*, 30 oct. 1809, Bénard. — En effet, avant la signature, l'acte ne peut être considéré que comme un projet qui n'a point encore reçu sa perfection. — Toullier, t. 8, n° 260.

113. — De même est imparfaite, même à l'égard de la régie, la vente qui a pour objet un immeuble appartenant par indivis à plusieurs propriétaires, et qui est verbalement faite par un seul d'entre eux, sans le consentement des autres. — *Cass.*, 12 juill. 1836, Weber.

114. — Par conséquent, lorsqu'il est constant, par acte authentique, qu'un quart seulement d'un domaine a été l'objet d'une mutation, la perception du droit d'enregistrement ne saurait être faite sur la totalité. — *Cass.*, 22 fév. 1831, Chaliès.

115. — Quant aux projets de vente et aux promesses de vente, V. *infrà* nos 3430 et suiv.

116. — A la différence des vices purement relatifs donnant lieu simplement à la rescision des actes, on peut opposer à la régie les vices radicaux résultant de l'inaccomplissement des formalités constitutives des actes, tel que le défaut ou l'irrégularité d'acceptation d'une donation. — Délib., 29 nov. 1837.

117. — Ainsi, la donation entre-vifs faite à une femme mariée qui accepte sans autorisation de son mari ni de justice n'est point passible du droit proportionnel. — *Cass.*, 1er août 1836, Barnier.

118. — Cependant il ne peut être au pouvoir des parties, en se dispensant de remplir les formalités prescrites par le Code civil pour la validité d'un acte de donation, de se soustraire au paiement des droits fiscaux. — *Cass.*, 12 fév. 1844 (t. 1er 1844, p. 337), Cotlin.

119. — La femme mariée qui prend dans un acte une qualité qui la rend passible d'un droit d'enregistrement, ne peut prétendre que le droit n'est pas dû, par cela seul qu'elle n'a pas été autorisée par son mari à prendre la qualité dont s'agit. — *Cass.*, 30 avr. 1821, Renous.

120. — Valide ou non, il suffit qu'un acte existe pour donner ouverture aux droits d'enregistrement. — *Cass.*, 3 vent. an VIII, Renault.

121. — Jugé également qu'il suffit pour la perception du droit de mutation d'un immeuble, qu'il existe un acte translatif de propriété, sans qu'il soit nécessaire d'examiner la validité du titre, et sauf la restitution du droit perçu, en cas de rescision pour cause de nullité absolue. — *Cass.*, 9 fév. 1814, Cagnien.

122. — ... Que la perception des droits est établie sur les dispositions matérielles des actes judiciaires, indépendamment des motifs qui ont pu déterminer les parties à les provoquer, ou à faire prononcer ultérieurement leur annulation. — *Cass.*, 15 nov. 1828, Hélie de Combray.

123. — ... Que la perception doit avoir lieu suivant la teneur des actes transmissifs de propriété et d'usufruit, sans qu'il puisse être question entre la régie et les redevables des droits, du mérite des actions appartenant à ces derniers pour faire annuler les actes ou en faire restreindre les effets. — *Cass.*, 19 nov. 1835, Regnault-Bretel.

124. — Réciproquement la régie de l'enregistrement n'a point qualité pour critiquer la validité des formes des actes; par exemple, elle ne peut exciper de ce qu'une donation portant partage d'ascendans serait faite sous seing-privé, au lieu de l'être par acte authentique. — *Cass.*, 21 déc. 1831, Rouard; 9 août 1836, c. Kail.

125. — Mais les actes sous seings-privés doivent-ils, à l'égard de la régie, être considérés comme des actes parfaits, soit quant à leur date, soit quant à la vérité des signatures? — Oui; car ils ont toujours pour eux l'*apparence des actes*, jusqu'à ce qu'ils aient été jugés faux; et cela suffit pour autoriser la perception des droits. — *Dict. des dr. d'enreg.*, v° *Actes sous seing-privé*, §3, n° 17.

126. — Ainsi la perception des droits d'enregistrement peut avoir lieu sur des actes sous seing-privé, bien que ces actes n'aient pas été préalablement reconnus par leur auteur ou vérifiés en justice. L'art. 1322, C. civ., est ici inapplicable. — On ne peut d'ailleurs se faire un moyen de cassation du prétendu défaut de reconnaissance, lorsque la signature n'a pas été déniée devant le tribunal de première instance. — *Cass.*, 28 mars 1810, Despagnac.

127. — Mais la date des actes sous seing-privé peut être opposée à la régie pour la prescription des droits et peines encourues, à moins que ces actes n'aient acquis une date certaine par le décès de l'une des parties ou autrement. — L. 22 frim. an VII, art. 62.

128. — Dans ce cas, les actes sous seing-privé font foi de leur date. — *Cass.*, 12 sept. 1810, Gramond.

129. — Lorsqu'un acte de vente sous seing-privé, n'ayant point de date certaine, est présenté pour recevoir la formalité, on doit, pour juger si la chose vendue est meuble ou immeuble, consulter uniquement la législation existante au moment où l'acte est présenté à l'enregistrement, sans égard à la législation en vigueur à la date que porte ce même acte. — *Cass. belge*, 16 avr. 1825, N...

130. — Quant aux conventions verbales donnant lieu à des droits, leur date ne peut résulter que des circonstances judiciairement établies ou

de la déclaration de bonne foi des contribuables. — *Cass.*, 12 juill. 1836, Weber.

131. — De même que le droit proportionnel, le droit fixe d'une convention ne peut être appliqué que si la convention est parfaite. — Championnière et Rigaud, t. 4, n° 374c. — Toutefois, il y a lieu d'admettre les restrictions établies *suprà* n°s 118 et suiv.

132. — Pour une mutation de biens immeubles en propriété ou en usufruit, le droit est exigible sur toute convention écrite ou verbale, produite ou dissimulée; il suffit que la preuve soit faite par la régie. — Championnière et Rigaud, t. 1er, n° 124.

133. — Les dispositions législatives concernant les simples et doubles droits pour mutation immobilière s'appliquent aux conventions verbales comme aux conventions écrites. — *Cass.*, 12 juill. 1836, Weber.

134. — Sous l'empire de la loi du 19 déc. 1790 et avant la loi du 9 vendém. an VI, les mutations d'immeubles n'avaient d'existence vis-à-vis de la régie qu'autant qu'elles étaient constatées par un acte. — *Cass.*, 12 brum. an IX, Arnaut.

135. — Dans l'ancienne province de Lorraine, les actes de vente sous seing-privé étaient nuls et ne produisaient aucune translation de propriété des immeubles, s'ils n'étaient suivis d'un acte authentique passé dans les quinze jours de leur date. — Cette contravention à la loi civile était punie d'une forte amende; mais le droit de mutation n'était point dû sur l'acte annulé. — Ce droit n'est pas dû non plus depuis les lois des 17 déc. 1790 et 22 frim. an VII, parce que ces lois n'ont pas soumis aux droits des actes qui, suivant la loi civile de tel ou tel pays, n'opéraient pas de mutation. — *Cass.*, 27 nov. 1815, Viriot.

136. — Les actes sous seing-privé translatifs de propriété ou d'usufruit, quoique passés avant la loi du 5 déc. 1790, doivent être enregistrés, encore bien qu'ils ne soient ni produits ni relatés dans un acte public. Ce n'est qu'aux actes passés dans l'intervalle des lois des 5 déc. et 9 vendém. an VI que s'applique l'exception prononcée par cette dernière loi, et cette exception ne saurait être étendue aux actes antérieurs, attendu que la déclaration du 20 mars 1738 les soumettait à l'insinuation. — *Cass.*, 19 juin 1809, Merland-Laguichardière.

137. — Les actes sous seing-privé portant mutation d'immeubles d'une date antérieure à la loi du 22 frim. an VII sont passibles du double droit. — Décis. min. fin. 6 et 8 juill. 1806; Instr. 366, n° 2.

138. — Pour une mutation de biens immeubles en jouissance seulement, le droit n'est exigible que si la convention a été rédigée par écrit; cette circonstance doit être prouvée; mais il n'est pas nécessaire que l'acte soit représenté. — Championnière et Rigaud, t. 1er, n° 124.

139. — Pour toute autre convention, quel qu'en soit l'objet, le droit n'est exigible que si la convention a été rédigée par écrit et l'acte représenté. — Championnière et Rigaud, *ibid*.

140. — Les droits devant être perçus suivant la nature, le caractère et les effets des actes, et le receveur étant le premier juge de la perception, c'est à lui qu'il appartient d'apprécier la nullité ou la validité de l'acte, en tant que ces circonstances doivent influer sur le droit à percevoir. — Championnière et Rigaud, t. 1er, n° 263.

141. — 3e règle. — *Le droit n'est dû que sur une stipulation dont l'effet est actuel.* — Championnière et Rigaud, t. 1er, n° 685.

142. — Une convention n'a pas d'effet actuel lorsqu'elle n'existe pas encore, ou lorsqu'elle n'existe plus. — Championnière et Rigaud, *ibid*.

143. — La convention dont l'effet n'est pas actuel est celle que les parties subordonnent à une condition suspensive. — Championnière et Rigaud, n° 686.

144. — Tant que la condition n'est pas accomplie, le contrat n'existe point; il n'y a ni obligation, ni mutation. Le droit proportionnel n'est donc pas exigible sur un acte dont l'effet est soumis à une condition suspensive, tant que cette condition n'est pas accomplie. — Championnière et Rigaud, n°s 688 et suiv.

145. — La loi du 22 frim. an VII ne contient pas de disposition explicite sur les effets de la condition suspensive à l'égard de la perception. Cependant il résulte d'un de ces articles que l'effet de la condition est de suspendre la perception du droit jusqu'à l'événement prévu. C'est la disposition de l'art. 68, § 3, n° 3, qui n'assujétit qu'au droit fixe les actes de libéralité qui ne contiennent que des dispositions soumises à l'événement du décès. — La loi du 5-19 déc. 1790 (sect. 4°, n° 3, 13e classe) avait une disposition semblable.

146. — « Il était également de principe autrefois, disent MM. Championnière et Rigaud (n° 693), que les droits seigneuriaux ne pouvaient être exigés sur un contrat soumis à une condition suspensive » — « *In renditione conditionali*, dit Dumoulin (§ 78, glos. 1, n° 40), *non incipiunt deberi laudimia, nisi conditione extante.* » — « D'Argentré, ajoute Henrion de Pansey (*Analyse*, p. 170, à la note), et tous ceux qui ont écrit depuis, se sont conformés à la doctrine de notre auteur. » — « Dans les ventes conditionnelles, dit Sudre (*Des lods*, § 11, n° 17), il n'est dû des lods qu'après la condition arrivée, parce que jusque-là il n'y a point encore de vente. » — Faber (*in Cod.*, lib. 4, tit. 43, définit. 28) assimile entièrement, à l'égard des droits de mutation, le contrat conditionnel, *pendente conditione*, au contrat nul. — V. aussi Poquet de Livonnières, liv. 3, chap. 4, sect. 4e; Foumaur, n° 357; Pothier, *Des fiefs*, chap. 5, sect 3e, § 1er.

147. — Ainsi, il faut dire que la condition stipulée agit à l'égard de la régie comme à l'égard des parties : de même que le contrat conditionnel ne rend pas le stipulant créancier ou propriétaire, mais lui attribue seulement l'espérance de le devenir : de même il ne rend pas la régie créancière de l'impôt, mais il lui donne l'espoir de l'être plus tard : *Spes debitum iri*. L'événement change son droit *d'espérer* en celui *d'exiger* le paiement; mais l'acte est également la source de l'un et de l'autre; il forme le titre de la régie pour demander l'impôt, comme il est celui du contractant pour obtenir l'exécution du contrat. — Championnière et Rigaud, n° 696.

148. — Si la condition suspensive vient à manquer, alors, d'après la maxime *Actus conditionalis, defectâ conditione, nihil est* (L. 8. ff., *De peric. et comm. rei vendit.*; — Toullier, t. 6, n° 547), la régie voit s'évanouir l'espérance de percevoir le droit auquel l'accomplissement de la condition aurait pu donner lieu. — Championnière et Rigaud, n° 697.

149. — Jugé, en conséquence, que lorsque des stipulations ne renferment que des obligations subordonnées à un événement incertain, et par conséquent à une condition suspensive, il n'y a pas lieu jusqu'à cet événement de percevoir le droit proportionnel. — *Cass.*, 19 juin 1826, Dumaine; 12 juill. 1832, Berthelin.

150. — Tel est le cas où le vendeur d'un immeuble qui en a été reconnu propriétaire par un arrêt de la cour royale s'engage, si cette propriété lui est enlevée par suite de la cassation de l'arrêt, à rembourser à l'acquéreur le prix de son acquisition et une somme déterminée pour ses impenses et pour dommages-intérêts. — *Cass.*, 12 juill. 1832, Berthelin.

151. — Jugé également que si la cession du droit d'exploiter une mine, est soumise à la condition d'obtenir l'autorisation du gouvernement, elle n'est passible jusque-là que du droit fixe. — *Cass.*, 19 juin 1826, Dumaine.

152. —.. Qu'une promesse de crédit de banque et d'acceptation au profit d'une maison de commerce, pour une somme déterminée, et soumise à la condition suspensive de l'émission des traites, ne donne pas lieu, quant à présent, à la perception du droit proportionnel. — Le droit n'est dû que lors de la réalisation du crédit. — *Cass.*, 10 mai 1831, Beulé; 9 mai 1832, Beulé; 29 avr. 1844 (t. 1er 1844, p. 680), Beaudenom de la Mare; — Décis. min. fin. 16 janv. 1822 et 21 juill. 1824, solut. 18 oct. 1832, délib. 23 juill. 1831; instr. 1410 § 10.

153. —.. Qu'il en est de même de la livraison de valeurs par le crédité en garantie du crédit qui lui est ouvert, cette garantie étant subordonnée à la même éventualité que l'obligation principale et devant en suivre le sort. — *Cass.*, 29 avril 1844 (t. 1er 1844, p. 680), Beaudenom de Lamaze.

154. — Par la même raison, si l'acte ultérieur qui constate la réalisation du crédit jusqu'à concurrence d'une somme déterminée donne lieu à la perception du droit d'obligation, et même, par supposition, à celle du droit de garantie sur cette somme, il n'est dû aucun droit proportionnel sur la remise consentie par le crédité, dans le même acte, de nouvelles valeurs pour garantie d'un nouveau crédit. — Même arrêt.

155. — Lorsqu'un jugement prononce la résolution d'une vente, mais sous la condition expresse que le vendeur remboursera à l'acquéreur son prix ainsi que les frais et loyaux-coûts du contrat, faute de quoi il demeurera déchu du droit de reprendre les biens, il n'y a pas lieu de percevoir immédiatement le droit proportionnel de mutation; et ce n'est qu'au moment de l'accomplissement de la condition que la régie est recevable à l'exiger. — *Cass.*, 27 mai 1823, Vidal.

156. — C'est une clause suspensive que celle qui est apposée à l'adjudication volontaire d'un fonds de commerce, que cette adjudication ne produira son effet et qu'il n'y aura transmission qu'autant que les frais auront été payés dans un délai déterminé et que l'adjudicataire aura fourni caution. — *Cass.*, 8 juill. 1822, Chapuis.

157. — Lorsque dans un contrat de vente d'immeubles indivis, la vente n'est parfaite qu'à l'*égard* de l'un des copropriétaires vendeurs, et qu'à l'égard des autres elle n'a lieu que sous une condition suspensive, le droit de mutation ne doit être perçu que sur la portion de la vente qui est parfaite et définitive. — *Cass.*, 13 juin 1827, Anthoine.

158. — Quand un tribunal estime, d'après les faits de la cause, qu'une vente n'a été que conditionnelle ou imparfaite, il s'ensuit qu'elle n'est point passible du droit proportionnel. — *Cass.*, 6 janv. 1813, Allaguies; 24 juill. 1815, Fabre; 13 nov. 1815, Caston; 4 fév. 1839 (t. 1er 1839, p. 245), Thiébaut.

159. — Comme autres exemples de ventes faites sous une condition suspensive, soit quant à la perfection du contrat, soit quant à la perfection de l'acte, il faut de plus consulter les décisions rapportées *infrà* n°s 3422 et suiv.

160. — La stipulation faite en faveur d'un tiers n'a d'effet à son égard qu'autant qu'il a manifesté l'intention d'en profiter. Ainsi, s'il est décédé sans avoir accepté une acquisition faite en son nom, l'immeuble ne fait point partie de la succession, et le droit de mutation par décès ne doit point être perçu. — *Cass.*, 15 mai 1827, Ligny; — Merlin, *Quest.*, v° *Stipulation pour autrui*, § 8; *Dict. des dr. d'enregistr.*, v° *Succession*, n° 385; Roland et Trouillet, *Dict. d'enregist.*, v° *Succession*, § 6, n° 24; Championnière et Rigaud, n° 213.

161. — Lorsque dans un acte de vente l'acquéreur s'oblige à payer une rente à des créanciers du vendeur désigné, et à la charge par eux de justifier de leurs titres, il y a là une condition suspensive, qui ne permet pas de percevoir le droit proportionnel de 1 p. 100, sous prétexte que les titres des créanciers ne seraient pas énoncés dans l'acte. — Solut. 19 déc. 1832.

162. — Mais l'acte par lequel un tiers s'engage envers le débiteur à payer le montant d'une obligation contractée par un acte antérieur, sous la condition qu'il sera subrogé à tous les droits et hypothèques du créancier, ne peut être considéré comme renfermant une condition suspensive. En conséquence, cet acte donne immédiatement ouverture au droit de 1 p. 100. — *Cass.*, 2 mars 1835, Giraud.

163. — L'acte de prêt par lequel l'emprunteur s'est engagé à faire assurer les propriétés hypothéquées au prêteur, et à justifier de l'extinction des hypothèques préexistantes, renferme une condition résolutoire, et non une condition suspensive. En conséquence il est actuellement passible du droit proportionnel d'enregistrement. — *Cass.*, 2 avr. 1845 (t. 1er 1845, p. 712), Ribeyrol.

164. — Il suit donc de tout ce qui précède que lorsqu'un négociant ouvre un crédit de banque et d'acceptations à un autre négociant, qui affecte ses biens par hypothèque, pour sûreté des sommes qui pourront lui être avancées, le droit proportionnel n'est exigible qu'après que l'on a fait usage du crédit ouvert, par l'émission et l'acceptation des lettres de change. — *Cass.*, 10 (et non 31) mai 1831, Naegely. — V. d'ailleurs *supra* n° 152.

163. — L'acte qui par l'effet de la clause suspensive qui s'y trouve renfermée, n'est passible, au moment de l'enregistrement, que du droit fixe de 1 fr., donne ouverture au droit proportionnel de 1 p. 100 réglé par l'art. 69 . § 3 , n° 3 , L. 22 frim. an VII, aussitôt l'événement de la condition, et la régie, pour établir sa réclamation, peut se fonder sur des actes qui sont affranchis de la formalité de l'enregistrement, si , étant soumis au timbre, il y avait nécessité de les lui représenter. — Spécialement, l'emprunt fait par une commune, mais qui n'a d'abord pu autoriser que la perception appliquée à l'acte simple, parce que le débiteur s'était réservé la faculté de n'en pas user et de faire connaître sa volonté à cet égard durant une certaine époque, est néanmoins soumis au droit proportionnel, lorsque, par la vérification des registres du receveur municipal, par l'inspection de ses comptes et des quittances à l'appui, la régie a acquis la preuve que la somme empruntée doit être réalisée. — *Cass.*, 5 août 1840 (t. 2 1840, p. 295), ville de Tours.

166. — La condition potestative de la part de celui qui s'oblige empêche toute obligation de prendre naissance ; il n'y a rien de fait et aucun droit proportionnel ne peut être perçu. — Championnière et Rigaud, n° 706.

167. — Dans ce cas, l'accomplissement de la condition potestative n'a pas d'effet rétroactif et le contrat ne prend naissance que du jour de l'événement. Il en résulte que, s'il s'agit d'un droit d'acte, la régie ne pourra percevoir qu'autant qu'un nouvel acte formant titre de la convention sera soumis à la formalité, et que, s'il s'agit d'un droit de mutation , elle devra faire les preuves que la loi l'autorise à faire, pour établir l'existence d'une transmission immobilière. — Championnière et Rigaud, n° 707.

168. — Dans les contrats synallagmatiques, la condition potestative suspensive de la part de l'une des parties empêche nécessairement le contrat de se former ; la convention n'est pas conditionnelle , mais nulle. Il en résulte que le droit proportionnel ne doit pas être perçu sur l'acte qui contient la stipulation. — Cependant une solution du 17 mars 1832 (Contr n° 2482) porte à penser que la régie restreint le principe appliqué par elle à la donation à la seule espèce de ce contrat ; elle a du moins refusé d'en faire l'application au cas d'une vente sous condition potestative de la part de l'acheteur « attendu qu'une convention nulle est sujette aux mêmes droits d'enregistrement que si elle n'était entachée d'aucun vice. » — Championnière et Rigaud, n°s 718 et 719.

169. — La règle d'après laquelle la régie ne peut pas toujours percevoir, à titre de supplément, sur l'acte enregistré , le droit de la convention à laquelle l'accomplissement de la condition donne naissance, est applicable dans plusieurs cas, par exemple aux acceptations d'offres réelles, aux ratifications d'actes nuls. — Championnière et Rigaud, n° 724.

170. — Il faut en dire autant des actes qui ne forment que de simples projets. Le droit proportionnel n'en est point exigible, parce que les parties n'y manifestent point la volonté de contracter actuellement et que l'existence de la convention est subordonnée à une condition purement potestative de la part des deux contractans. — Lorsque ultérieurement , les parties réalisent leur projet soit verbalement , soit par écrit , l'acte contenant le projet ne devient pas le titre de l'obligation ; dès-lors il n'est passible d'aucun supplément et demeure soumis au droit fixe qu'il a subi.—Championnière et Rigaud, n° 722.

171. — La même raison de décider s'applique aux promesses de faire un contrat ; comme elles ne sont pas le contrat lui-même, elles ne donnent pas ouverture au droit proportionnel. — Championnière et Rigaud, n° 723.

172. — La promesse de prêter , est passible du droit proportionnel, quand les termes de paiement de l'obligation sont fixés d'une manière formelle. — Solut. 18 oct. 1832. — Toutefois cette décision ne doit pas être suivie d'une manière absolue. Il faudrait que la promesse de prêter constituât une véritable obligation , et ne dépendît pas pour sa réalisation de la volonté d'une des parties.

173. — Les conditions tacites suspendent la perception , comme les conditions expresses. — Cependant la régie perçoit presque constamment le droit proportionnel sur les contrats soumis à des conditions de cette espèce , par exemple sur les contrats de mariage , sauf restitution, s'il y a lieu. Mais ce système est arbitraire ; rien dans la loi ne l'autorise. — Championnière et Rigaud, n° 727.

174. — Décidé cependant qu'il n'est point dû de droit d'enregistrement pour la donation, par contrat de mariage, d'un trousseau livrable au jour de la célébration , et d'une pension payable durant la vie de la donatrice, si celle-ci est décédée avant la célébration du mariage. — Délib., 6 avr. 1841.

175. — De ce que toute condition d'une chose impossible, ou contraire aux bonnes mœurs, ou prohibée par la loi est nulle et rend nulle la convention qui en dépend (C. civ., art. 1172), il en résulte nécessairement l'affranchissement du droit proportionnel ; car si l'acte n'est pas nul, il ne peut être considéré que comme portant condition suspensive. — Quant à la condition de ne pas faire de chose impossible, comme elle ne rend pas nulle l'obligation contractée (C. civ., art. 1173), mais qu'elle la suspend , ce qui revient à peu près au même dans l'intérêt des contractans, la perception est également suspendue. — Championnière et Rigaud, n° 728.

176. — « La mauvaise rédaction des actes, disent MM. Championnière et Rigaud (n° 732), laisse souvent incertaine la volonté des parties ; de là la difficulté de reconnaître la condition suspensive et de distinguer des clauses qui, comme elles, peuvent se rencontrer dans les contrats et les modifier. — Pour arriver à la bien discerner, il est utile de la comparer avec certaines stipulations, telles que la démonstration, l'assignat, le mode et le terme.

177. — La *démonstration* est la désignation, par une circonstance ou une qualité, soit de la partie avec laquelle on contracte, soit de la chose qui fait l'objet de la stipulation. On la distingue en : 1° *abondante*, quand elle consiste dans l'indication superflue d'une circonstance, à l'égard d'une personne ou d'une chose suffisamment désignée ; 2° et *nécessaire*, quand elle tombe sur la substance de la chose et la fait connaître, ou sur la désignation de la personne. — Dans le premier cas, la démonstration diffère essentiellement de la condition et ne suspend pas le contrat ; c'est le contraire dans le second cas. — Il en résulte que l'existence d'une démonstration nécessaire suspend la perception, comme la condition suspensive qu'elle constitue ou dont elle est l'équivalent, tandis que la démonstration abondante ne suspend ni l'obligation, ni la perception du droit. — Championnière et Rigaud, t. 1er, n° 735.

178. — Le relatif *qui* ou *que* ne forme ordinairement qu'une démonstration abondante quand il se rapporte à un temps présent ou passé. — Toullier, t. 6, n° 521. — Mais lorsque le relatif *qui* se rapporte à un temps futur, il forme condition suspensive : *relativum qui adjectum verbo futuri temporis facit conditionem et perindè est atque si dictum fuisset.*—D'Argentré, sur l'art. 221, glos. 4, n° 7 ; Merlin, *Rép.*, v° *Qui* ; Championnière et Rigaud, t. 1er, n°s 736 et 737.

179. — Quand la démonstration de l'objet doit servir à l'acquittement de l'obligation, elle prend le nom d'*assignat*. — L'assignat est *démonstratif* lorsque le relatif joint à un verbe futur se rapporte à l'exécution du contrat ; alors il ne forme pas condition et n'empêche pas l'ouverture de la perception. — L'assignat est *limitatif* quand on limite la chose à un objet désigné, sans entendre obliger les autres biens du débiteur. Dans ce cas, l'obligation est conditionnelle et la perception suspendue. — Championnière et Rigaud, t. 1er, n°s 738 et 739.

180. — Le *mode* est un pacte nécessaire ou une clause ajoutée à la convention principale, ou pour imposer aux contractans certaines obligations, certaines charges qui modifient le contrat ; par exemple, en vous vendant, je stipule qu'outre le prix du contrat, vous paierez 300 fr. à Titius. — Le mode ne suspend point, comme la condition, l'accomplissement ni l'exécution de la convention. — Merlin, *Rép.*, vo *Mode*, no 4. — Il en résulte qu'il n'est point un obstacle à la perception du droit proportionnel. — Il importe donc beaucoup de distinguer si une clause est modale ou conditionnelle. En règle générale, toutes les fois que la convention ne doit être exécutée qu'après la charge, la clause est conditionnelle ; mais toutes les fois que l'exécution de la convention doit précéder celle de la charge, la disposition est modale. — Merlin, *ibid.* ; Toullier, t. 6, no 315 ; Championnière et Rigaud, t. 1er, no 740.

181. — Le *terme* ne suspendant point l'engagement (C. civ., art. 1185) ne suspend point par conséquent non plus la perception. — Championnière et Rigaud, no 741.

182. — Lorsque la condition est casuelle, c'est-à-dire qu'elle dépend du hasard et qu'elle n'est nullement au pouvoir du créancier ni du débiteur (C. civ., art. 1169), ou bien encore lorsqu'elle dépend de la volonté d'un tiers, la perception du droit proportionnel est nécessairement suspendue. — Championnière et Rigaud, no 702.

183. — Ainsi, la stipulation qui ne contient aucun engagement actuel, mais seulement des prévisions sur un événement futur, incertain et indépendant de la volonté des parties, ne peut, avant l'événement de la condition, être considérée comme opérant une obligation passible de droits proportionnels d'enregistrement. Telle est l'obligation de garantie avec hypothèque, consentie au profit d'un individu, pour le cas où un tiers exercerait une action en répétition contre lui. — Cass., 10 janv. 1833, Aumont.

184. — La condition résolutoire ne suspendant pas l'exécution de la convention (C. civ., art. 1183) ne suspend pas non plus la perception du droit proportionnel. — Championnière et Rigaud, no 459 et 747.

185. — La condition résolutoire diffère de la nullité radicale en ce que la nullité, infectant la convention d'un vice originaire, fait supposer qu'elle n'a jamais existé, tandis que la condition résolutoire ne l'empêche pas d'avoir subsisté valablement. — Championnière et Rigaud, no 460.

186. — Dans le contrat sous condition résolutoire, il y a deux conventions, l'une pure et simple, et dont le droit est immédiatement exigible ; l'autre qui est la résolution, laquelle est soumise à une condition suspensive. L'exigibilité actuelle du droit proportionnel est donc suffisamment justifiée. — Championnière et Rigaud, no 747.

187. — C'est, au reste, ce qu'enseignaient les anciens auteurs. — « La condition, dit Boutaric, (*Des lods*, chap. 11, no 1er), ne tombe point sur la vente, c'est-à-dire qu'il dépend de l'événement de la condition, non point que la vente soit nulle ou valable, mais que la vente soit résolue ou non : *magis est sub conditione resolvi empto, quam sub conditione contracta videatur.* » — L. 1, ff., *De leg. commis.* — Autrefois, les droits de mutation étaient perçus sur les transmissions soumises à des conditions résolutoires sans espoir de répétition, et il ne paraît pas que cette décision ait jamais fait difficulté. — Tiraqueau, *Du retrait conventionnel*, § 6, glos. 2, no 19 ; Dumoulin, § 20, glos. 5, no 24 ; d'Argentré, art. 64, note 1re, no 12 ; Championnière et Rigaud, no 747.

188. — Toutefois, il y a exception à cette règle : 1o quand l'événement pris pour condition n'est point futur, mais présent ou passé ; 2o quand la condition est potestative de la part de celui qui s'oblige. — Championnière et Rigaud, nos 748 et 749.

189. — Mais, dans ce dernier cas, il faut qu'il s'agisse d'un contrat unilatéral ; car alors, l'obligation étant nulle, le droit proportionnel ne saurait être exigible. — Il n'en est plus de même à l'égard des contrats synallagmatiques ; si l'on ne peut pas faire dépendre de la volonté future de l'une des parties la naissance actuelle du contrat, on peut en faire dépendre la résolution, qui alors se trouve future comme la volonté. Tel est le cas de la clause de réméré. En ce cas, les droits d'enregistrement sont actuellement exigibles ; mais ils ne le seront point sur la résolution, quoique

résultant de la volonté des parties. — Dumoulin, § 78, glos. 1er, no 98 ; Sudre, *Des lods*, § 10, no 23 ; Championnière et Rigaud, t. 1er, no 750.

190. — La faculté de résoudre un contrat ne doit point être confondue avec la faculté de ne point l'exécuter. Leur signe distinctif, assez difficile à saisir, consiste le plus souvent dans l'exécution ; ainsi, l'obligation est-elle actuellement exécutée, la condition sera résolutoire et n'empêchera point l'existence du contrat, ni la perception du droit proportionnel. Mais si la convention n'est pas immédiatement suivie d'exécution, elle est nulle ; car la condition résolutoire consiste dans la faculté de ne pas exécuter le contrat. — Championnière et Rigaud, no 751.

191. — Dans les obligations alternatives, il faut distinguer le cas où le choix des choses promises appartient au créancier de celui où il appartient au débiteur. — Championnière et Rigaud, no 756.

192. — Dans le premier cas, toutes les choses sont dues, mais elles ne le sont toutes et chacune que sous une condition suspensive ; d'où il suit que le droit proportionnel n'est point actuellement exigible. — Vainement, on ferait observer que le créancier peut exiger celle des deux choses qu'il lui convient de demander, comme si l'obligation était pure et simple. Cette objection n'aurait rien de concluant : 1o parce que c'est ce qui a lieu toutes les fois que la condition est purement potestative de la part du créancier, et qu'il n'en résulte ni suspension de l'obligation, ni suspension du droit proportionnel ; 2o parce que la demande d'une des choses suppose nécessairement le choix fait et arrêté, et par conséquent la condition accomplie, ce qui rend pure et simple l'obligation du débiteur, mais n'empêche pas qu'elle ait été conditionnelle jusque-là. — Championnière et Rigaud, no 756.

193. — Les mêmes principes doivent s'appliquer à tous les actes où une option est laissée à un créancier ; car toute option est nécessairement suspensive de l'obligation jusqu'à ce qu'elle soit exercée. — Championnière et Rigaud, no 737.

194. — Dans le cas où le choix appartient au débiteur, l'ouverture de la perception est subordonnée à la question de savoir si toutes les choses comprises dans la stipulation le sont également dans l'obligation, de sorte que le débiteur doit chacune d'elles sous la condition suspensive qu'il ne donnera pas les autres. — Si la question est résolue affirmativement, la perception devra être la même que pour le cas où le choix appartient au créancier. Mais si la question est résolue négativement, la perception ne dépend plus des effets de la condition suspensive ; car, dans ce système, l'obligation est pure et simple. Il n'y a rien d'incertain quant à son existence ; le droit proportionnel est donc actuellement exigible, sauf toutefois la difficulté dans la fixation de la quotité du droit. — Championnière et Rigaud, no 758 et 759.

195. — Au surplus, quel que soit le système qu'on adopte, le droit proportionnel devient incontestablement exigible aussitôt que l'obligation cesse d'être alternative. Ainsi, la régie peut réclamer le droit dès que le débiteur ou le créancier ont manifesté le choix. — Championnière et Rigaud, no 760.

196. — Les obligations facultatives diffèrent des obligations alternatives, en ce que dans celles-ci l'obligation est indéterminée, et qu'on ne peut pas dire qu'une chose soit due plus que l'autre ; tandis que dans les obligations facultatives une seule chose est due, et la dette est certaine. D'où il suit que dans les obligations facultatives le droit proportionnel est actuellement exigible sur l'obligation principale, mais qu'il ne l'est point sur celle qui est stipulée *in solutionis causâ*. — Championnière et Rigaud, no 762.

197. — Dans les obligations avec clause pénale, il y a deux obligations, l'une actuelle et certaine, l'autre éventuelle, mais dont la condition est telle que le créancier a le droit d'en empêcher l'accomplissement autant que sa nature le permet. Il suit de là que le droit proportionnel n'est actuellement exigible que sur l'obligation principale. — Championnière et Rigaud, nos 763 et 765.

198. — Lorsque l'obligation principale n'est pas exécutée, la condition de l'obligation secondaire s'accomplit ; par conséquent celle-ci prend naissance. Il existe alors deux obligations ; mais l'exigibilité du droit sur la seconde n'en est pas la conséquence nécessaire. En effet, 1° ou la peine a été stipulée pour simple retard, et alors le créancier peut exiger à la fois et le principal et la peine (C. civ., art. 1229) : dans cette hypothèse, le droit est actuellement exigible sur l'obligation qui constitue la peine ; — 2° ou la clause pénale n'a été ajoutée que pour servir de dommages-intérêts, et dans ce cas le créancier ne peut réclamer à la fois la peine stipulée et l'exécution de l'obligation ; il faut qu'il choisisse entre l'une ou l'autre. La perception sur l'obligation accessoire est donc subordonnée au choix du créancier. Si celui-ci renonçait à l'obligation principale et à la peine, il n'y aurait remise qu'à l'égard de la première, à moins qu'il n'eût précédemment opté pour la seconde. —Championnière et Rigaud, t. 1er, n° 764.

199. — ... 4e *Règle.* — *Une même disposition ne peut donner ouverture qu'à un seul droit.* — Championnière et Rigaud, t. 1er, n° 772.

200.—Une convention qui, dans un acte, a subi le droit proportionnel, ne peut plus, dans un nouvel acte, donner ouverture à ce droit. — Championnière et Rigaud, n° 946.

201. — Dans le concours de plusieurs droits à percevoir sur des mutations dont les unes sont la conséquence des autres, c'est le droit le plus élevé qui doit être perçu. — Solut. 1er déc. 1831.

202.—Mais MM. Championnière et Rigaud (t. 1er, n° 38) rejettent une pareille décision par ces motifs : — 1° que le droit d'une convention est perçu selon sa nature, qui ne peut être double ; — 2° et que la perception des droits n'est point pour l'administration une faculté, mais un devoir, et l'exécution de la loi dont les dispositions rigoureuses ne laissent rien à l'arbitraire des employés du fisc. Or, en supposant qu'un acte fût susceptible de donner également ouverture à deux droits, un seul étant exigible, on pourrait dire tout au plus qu'il y a doute. Mais alors on devrait prononcer en faveur des contribuables, c'est-à-dire ordonner la perception la moins élevée. L'administration, dans les solutions qu'elle doit prendre, n'est point dispensée de suivre cette règle, parce qu'aux termes de l'art. 63 de la loi de frimaire elle est juge des difficultés ; elle cesserait de l'être si, agissant comme partie intéressée, elle se prononçait pour une perception, par cela qu'elle est plus avantageuse au trésor.

203. — De ce que la régie n'aurait, dans le principe, perçu que le droit simple sur une donation par contrat de mariage qui était passible du double droit, il n'en résulte pas contre elle une fin de non-recevoir pour exiger ce double droit. —*Cass.*, 2 mai 1820, Chrestien de Chanteloup.

204. — La perception irrégulière d'un droit de mutation sur des immeubles qui n'avaient pas changé de main, et encore bien que l'action en restitution du droit indûment perçu soit prescrite, ne fait pas obstacle à la perception régulière d'un nouveau droit, lorsque la transmission réelle des mêmes immeubles vient à avoir lieu. — Dans ce cas, la régie n'est pas tenue de souffrir la compensation du droit indûment perçu et non restitué avec celui qui fait l'objet d'une perception régulière. —*Cass.*, 5 juill. 1820, Dihars.

205.—Dans le cas où une vente d'immeuble, faite d'abord par acte sous seing-privé, moyennant un prix déterminé, a été, avant l'expiration des trois mois accordés pour l'enregistrement, réitérée pour un prix moindre, par un acte notarié, sur lequel les droits ont été perçus, la régie n'est pas fondée à exiger l'enregistrement du premier de ces actes, qui se trouve anéanti par le second. — Seulement la régie pourrait, dans les deux ans de la présentation de l'acte notarié à l'enregistrement, demander une expertise à l'effet d'exiger un supplément, dans le cas où le prix énoncé lui semblerait dissimulé et inférieur à la valeur vénale des immeubles. — *Cass.*, 12 août 1829, Noirot.

206. — Par cela que la régie a faussement qualifié un droit par elle réclamé, sa demande ne saurait être rejetée, si d'ailleurs le taux du droit réellement dû est le même que celui exigé. Tel est le cas où la régie réclame, sur la clause d'un acte de partage, le droit de 2 °/₀ à titre de soulte mobilière,

tandis que la clause contient une dation en paiement qui est passible du même droit. — *Cass.*, 31 juill. 1833, Romanet.

207. — Lorsque les dispositions accessoires ou les conséquences se trouvent dans le même acte que la convention principale, il n'est dû que le droit de cette convention, et les dispositions dépendantes ne donnent ouverture à aucun droit fixe ou proportionnel. — Championnière et Rigaud, t. 2, n° 947. — V. le paragraphe suivant.

208. — Dans tout contrat synallagmatique le droit n'est dû que sur l'engagement principal ; les obligations corrélatives ne peuvent donner ouverture à un droit proportionnel. En d'autres termes, les divers engagemens des contrats synallagmatiques sont compris sous l'application du droit auquel le contrat est tarifé, et ne peuvent être séparés pour qu'un droit soit perçu sur chacun d'eux. — Championnière et Rigaud, t. 2, n° 1534, et t. 3, n° 2362 et 2364.

Sect. 3°. — *Liquidation des droits.*

209. — Il ne suffit pas qu'une chose ait une valeur pour être soumise au droit ; il faut encore que cette valeur soit connue et susceptible d'être exprimée en une somme d'argent, sinon elle échappe à l'impôt. — Championnière et Rigaud, t. 2, n° 3143.

210. — Lorsqu'un acte présenté à la formalité ne contient pas les indications suffisantes pour asseoir la perception des droits, les parties doivent compléter par une déclaration ce défaut d'indication. — V. *infrà* n° 243.

211. — D'après l'art. 5, L. 22 frim. an VII, il n'y avait point de fraction de centime dans la liquidation du droit proportionnel, et lorsqu'une fraction de somme ne produisait pas un centime de droit, le centime était perçu au profit de la république.

212. — Mais cette disposition a été modifiée par l'art. 2, L. 27 vent. an IX, qui porte que « la perception du droit proportionnel suivra les sommes et valeurs, de 20 fr. en 20 fr., inclusivement et sans fraction. »

213. — Sous la loi du 19 déc. 1790, le droit proportionnel, assis sur chaque série de 100 liv., était dû pour toute la série, par cela seul qu'elle était commencée. — *Cass.*, 16 fév. 1793, Carlet.

214. — Il ne peut être perçu moins de 25 centimes pour l'enregistrement des actes et mutations dont les sommes et valeurs ne produiraient pas 25 centimes de droit proportionnel. — L. 27 vent. an IX, art. 3.

215. — Et cela s'applique non à chaque disposition d'un même acte, mais à l'acte pris dans son ensemble. Ainsi, un bail aux enchères et par lots peut ne donner ouverture sur chaque lot, au taux de 20 cent. par 100 fr., qu'à 4 ou 8 cent. de droit ; il suffit que la perception sur l'acte entier produise au moins 25 cent. — Solut. 5 oct. 1825 ; inst. 1187, § 3.

216. — Les droits des actes dont le prix est stipulé payable en monnaie étrangère, doivent être liquidés et perçus sur le pied du change au jour de la passation des actes. — Déc. min. fin., 21 mai 1793 ; circ. 27 mai 1793, n° 416.

217. — Si la valeur des monnaies étrangères relativement aux monnaies nationales a été réglée par le gouvernement, c'est cette valeur légale qui sert pour la perception des droits et non la valeur ou cours de la bourse ou du commerce. — Déc. min. fin., 27 juill. 1812.

218.—Lorsque, d'après la loi du 9 vendém. an VI, le tribunal a déterminé le montant d'une contrainte pour droit de mutation à raison de l'acquisition d'un domaine soumissionné, il a dû déclarer en même temps que cette somme devait être réduite d'après la valeur des mandats à l'époque de la mutation. — *Cass.*, 25 niv. an XII, Desgoutin.

219. — Lorsqu'un acte translatif de propriété ou d'usufruit comprend des meubles et immeubles, le droit d'enregistrement est perçu sur la totalité du prix, au taux réglé pour les immeubles, à moins qu'il ne soit stipulé un prix particulier pour les objets mobiliers, et qu'ils ne soient désignés et estimés, article par article, dans le contrat.

— L. 22 frim. an VII, art. 9. — Nous verrons l'application de cette disposition *infrà* nos 3782 et suiv.

220. — Toutefois, il est à remarquer que l'art. 9 de la loi du 22 frimaire n'a pour objet que les transmissions à titre de *vente*, comme l'indique le mot *prix* dont il se sert. Ainsi une donation de meubles et d'immeubles n'est assujétie qu'aux droits fixés pour chaque nature de biens sur l'évaluation en masse des uns et des autres. — Délib. 1er juill. 1837.

221. — Dans le cas de transmission de biens, la quittance donnée ou l'obligation consentie par le même acte, pour tout ou partie du prix entre les contractans, ne peut être sujette à un droit particulier d'enregistrement. — L. 22 frim. an VII, art. 10.

222. — Ainsi, lorsque dans un contrat de vente il est stipulé que, pour s'acquitter du prix, l'acquéreur a déposé entre les mains du notaire des billets à ordre souscrits par lui, lesquels doivent être remis au vendeur après l'accomplissement des formalités hypothécaires, il n'y a pas de droit à percevoir sur le montant de ces billets qui forment un mode de paiement du prix de la vente. Il n'est dû que le droit fixe de 2 fr. à raison du dépôt. — Solut. 30 nov. 1825; instr. 1187, § 13.

223. — Mais lorsque, dans un acte quelconque, soit civil, soit judiciaire ou extrajudiciaire, il y a plusieurs dispositions indépendantes ou ne dérivant pas nécessairement les unes des autres, il est dû, pour chacune d'elles et selon son espèce, un droit particulier. — L. 22 frim. an VII, art. 11.

224. — Pour qu'une disposition dérive nécessairement de la disposition principale et ne soit point passible d'un droit particulier, il faut qu'elle tienne essentiellement à sa nature et à sa validité, en sorte qu'elle en soit une conséquence nécessaire et indispensable; qu'on ne puisse, en un mot, scinder les deux dispositions sans détruire la contexture même de l'acte. — Masson de Longpré, *Code de l'enregistr.*, no 96.

225. — Lorsque les diverses stipulations d'un même acte ont le même caractère et sont passées entre les mêmes parties, elles ne doivent être considérées comme ne formant qu'un seul objet pour l'enregistrement. — Championnière et Rigaud, t. 4, no 3152.

226. — La ratification donnée par trois cohéritiers parvenus à leur majorité à un acte de partage fait pendant leur minorité avec d'autres héritiers n'est passible que d'un seul droit, attendu que les ratifians n'ont qu'un droit unique. — Solut. 8 oct. 1841.

227. — Lorsque des enfans interviennent dans un acte de vente consenti par leur père à leur frère, ce consentement ne donne pas lieu à un droit particulier, attendu qu'il se lie intimement à la vente, et forme une clause inhérente au contrat. — Solut. 23 avr. 1830, Roland et Trouillet, *Dict. d'enregistr.*, vo *Vente d'immeubles*, § 3, no 21.

228. Les valeurs doivent être séparément soumises à la perception, lorsque les stipulations d'un même acte ont une nature diverse et relativement à l'impôt, ou sont passées entre des parties différentes. — Championnière et Rigaud, *ibid.*

229. — Ainsi, lorsque l'héritier de divers testateurs fait la délivrance d'une somme déterminée par le montant de différens legs qu'ils ont faits à la même personne, il doit être perçu autant de droits fixes qu'il y a de legs ou de testateurs. Car la délivrance de chaque legs étant indépendante de celle des autres, elle peut avoir lieu par acte séparé. — Délib. 7 fév. 1831.

230. — L'acte qui contient tout à la fois une vente d'immeubles et donation du tiers du prix de ces immeubles à l'acquéreur, n'est pas réputé contrat de vente jusqu'à concurrence seulement des deux tiers, et donation d'immeubles pour l'autre tiers. — Au contraire, cet acte renferme tout à la fois une vente pour la totalité, et puis une donation mobilière du tiers du prix, de telle sorte qu'il est d'abord passible, pour le total du droit d'enregistrement établi sur les ventes, et, pour la donation du tiers, du droit établi sur les donations mobilières. — *Cass.*, 14 (et non 19) mai (et non mars) 1817, Moreau.

231. — Dans les cas où les immeubles situés en pays étrangers sont vendus en France par lots, il doit être perçu autant de droits qu'il y a d'acquéreurs. — Solut. 27 oct. 1836.

232. — Quant à ce qui concerne l'application de l'art. 11, L. 22 frim. an VII, aux dispositions contenues dans des jugemens. — V. *infrà* nos 2817 et suiv.

233. — On ne peut syncoper la perception des droits d'un acte, c'est-à-dire percevoir ceux d'une disposition, et laisser en suspens ceux des autres. — Arg. L. 22 frim. an VII, art. 11 et 57.

234. — La perception des droits d'enregistrement est indivisible; en conséquence l'un des acquéreurs de biens indivis, acquis par un même contrat mais sans solidarité, peut être valablement poursuivi en paiement de la totalité des droits. — *Cass.*, 7 nov. 1821, Decoucy.

235. — Ainsi encore depuis la loi du 28 avr. 1816, les droits d'enregistrement et de transcription auxquels donne ouverture une mutation immobilière sont tellement indivisibles qu'ils doivent supporter simultanément le double droit encouru par le redevable, qui n'a pas rempli la formalité de l'enregistrement dans le délai légal. — *Cass.*, 11 juill. 1836, Cousin-Joly; 21 nov. 1836, Berton; — instr. 1528, § 16, et 1539, § 19.

236. — Une perception peut n'être que provisoire, c'est lorsque les droits perçus ne sont pas liquidés définitivement, et qu'ils peuvent être diminués ou augmentés par suite de circonstances prévues. — *Dict. des dr. d'enreg.*, vo *Perception*, no 1er.

237. — Mais la perception n'est pas provisoire, quoique les droits puissent être restituables, lorsque l'acte contient tout ce qui est nécessaire pour le réglement de ces droits. Ainsi, bien que l'on restitue les droits perçus sur un contrat de mariage, lorsque ce contrat devient caduc par le défaut de célébration du mariage, la perception n'était pas provisoire; elle était définitive. — *Dict. des dr. d'enregistr.*, vo *Perception*, no 1er.

238. — Les perceptions résultent des actes qui sont présentés aux receveurs, et les droits sont acquis à l'instant même, tels qu'ils ressortent des conventions du contrat, et sans pouvoir être subordonnées à la réalisation éventuelle et plus ou moins éloignée de stipulations renvoyées à des actes postérieurs. — Ainsi, lorsqu'un partage contient inégalité de lots entre les copartageans, le droit de soulte est exigible, nonobstant la clause que l'égalité sera rétablie au moyen de compensation sur le prix de vente d'immeubles indivis. — *Cass.*, 12 nov. 1844 (t. 1er 1845, p. 192), Roger.

239. — Une perception est régulièrement faite, toutes les fois que le receveur a fait une exacte application du tarif et de la loi aux actes présentés ou aux déclarations faites par le contribuable. — *Cass.*, 7 avr. 1840 (t. 1er 1840, p. 730), de Gouttes et de Rozières.

240. — En général les droits d'enregistrement ne peuvent se compenser avec les sommes que peuvent avoir à réclamer contre l'état les débiteurs de ces droits, sauf ceux-ci à se pourvoir auprès du gouvernement pour se faire payer. — V. *infrà* nos 4310 et suiv.

CHAPITRE III. — *Évaluation pour l'assiette du droit proportionnel.*

Sect. 1re. — *Valeurs sur lesquelles le droit proportionnel est assis.*

241. — En règle générale, le droit proportionnel est assis : 1o pour toutes les transmissions à *titre onéreux* de propriété, d'usufruit ou de jouissance soit de meubles, soit d'immeubles (l'échange excepté), sur le *prix* et le montant des *charges* qui y ajoutent; 2o et pour toutes les transmissions à *titre gratuit* ou par *décès*, sur une *évaluation* de la chose transmise *sans distraction des charges*.

242. — La quotité de l'évaluation varie, comme on va le voir plus bas, suivant la nature des actes et mutations, et le droit est perçu d'après les sommes et valeurs déterminées dans les actes et jugemens, sans préjudice de la faculté qu'a la régie de provoquer une expertise pour insuffisance des sommes et valeurs énoncées.

243. — Si les sommes et valeurs ne sont pas

déterminées dans un acte ou jugement donnant lieu au droit proportionnel, les parties sont tenues d'y suppléer, avant l'enregistrement, par une déclaration estimative certifiée et signée au pied de l'acte. — L. 22 frim. an VII, art. 16.

244. — Ainsi la somme que par un concordat le failli s'oblige à payer à ses créanciers étant indéterminée, le droit doit être perçu sur la déclaration des parties. — Solut. 26 avr. 1830.

245. — Les parties ne sont plus obligées de déclarer dans tous les actes translatifs de propriété la valeur des biens, et si elles le font, il ne leur est pas interdit d'exprimer que l'estimation a pour objet l'établissement du droit. — Championnière et Rigaud, *Tr. des dr. d'enregistr.*, t. 4, no 3268.

246. — Lorsque le prix convenu est moindre que la valeur vénale, les parties doivent être admises à déclarer cette dernière valeur pour servir de base à la liquidation du droit. — Championnière et Rigaud, t. 4, no 3265.

247. — La déclaration doit être faite par celle des parties qui présente l'acte à l'enregistrement, par un mandataire, par les notaires rédacteurs des actes, par les greffiers et secrétaires qui ont reçu le montant des droits, par les avoués qui requièrent l'enregistrement du jugement et des actes de procédure. — Championnière et Rigaud, t. 4, no 3267.

248. — La déclaration faite par une partie ne saurait lier la régie. — Jugé dès-lors que l'évaluation faite par les parties d'une charge de vente, même éventuelle, est susceptible du recours à l'expertise. — *Cass.*, 24 juin 1811, Carles.

249. — En cas de refus par les parties de faire et de signer la déclaration dans les cas où elle est prescrite, le receveur peut refuser la formalité. — Délib. 24 mars 1824.

250. — Le receveur pourrait encore, s'il le jugeait préférable, donner la formalité en percevant le droit le plus élevé d'après la nature de l'acte présenté. Tel serait par exemple le cas où un récépissé de sommes n'énonçant pas à quel titre il a été donné, les parties refusaient de déclarer si c'était à titre de prêt ou à titre de libération. Le receveur devrait percevoir le droit d'obligation. — *J. de l'enregistr.*, art. 1897.

251. — Jugé, en ce sens, qu'à défaut de déclaration des parties, la régie peut fixer le montant des droits qu'elle réclame sur des immeubles transmis par décès. — *Cass.*, 19 nov. 1835, Regnauld-Bretel.

252. — A défaut d'évaluation, par les parties, d'une revente même éventuelle, la plus-pétition de la part de la régie ne donne pas lieu d'annuler la contrainte qu'elle a décernée. — *Cass.*, 24 juin 1811, Carles.

253. — Les contraintes signifiées par la régie, et les évaluations par elles faites de la valeur des biens qu'elle soutient être l'objet de mutations secrètes, peuvent servir de base à une condamnation définitive lorsque cette condamnation n'est prononcée que sauf aux parties à passer dans la huitaine du jugement les déclarations exigées par les art. 16 et 17, L. 22 frim. an VII, et 4 de celle du 27 vent. an IX. — *Cass.*, 18 nov. 1835, Furet.

254. — Il suit de là, ajoutent MM. Championnière et Rigaud (t. 4, no 3400), que les contraintes dans lesquelles le montant du droit est fixé, et même les jugemens prononçant une condamnation au paiement du montant de la contrainte, n'enlèvent pas aux parties le droit de faire une déclaration sur laquelle le droit sera de nouveau liquidé, sauf à la régie à faire la critique par les voies légales.

255. — Par la même raison, quand la perception des droits faite sur un jugement n'a été que provisoire, faute par les parties d'avoir fait, avant l'enregistrement, la déclaration estimative prescrite, la régie peut exiger dans les deux ans du jour de l'enregistrement, la déclaration nécessaire pour établir définitivement les droits dus. — *Cass.* 4 mars 1823, N...

256. — En tout cas, l'évaluation ne saurait émaner que des parties, ou au moins de la régie, et à titre provisoire ; les tribunaux seraient sans qualité pour la faire.

257. — Jugé, en ce sens, qu'un tribunal ne peut pas, pour fixer la quotité du droit proportionnel, évaluer d'office un immeuble non estimé par la partie poursuivie en paiement du droit, et qu'il doit simplement ordonner l'exécution de la contrainte décernée par la régie, sauf à la partie à se pourvoir en restitution de droits, s'il y a lieu. — *Cass.*, 24 juill. 1810, Labarre.

258. — ...Qu'un jugement doit être cassé pour avoir évalué arbitrairement les prestations annuelles stipulées dans un bail d'immeubles, et déterminé, d'après cette basse arbitraire, la quotité du droit de mutation par décès. — *Cass.*, 22 fév. 1831, Chaliès.

259. — Jugé également, sous l'empire de la loi du 5 déc. 1790, que lorsqu'un acte énonçait des valeurs déterminées donnant ouverture à un droit proportionnel, et en outre des valeurs indéterminées, les juges ne pouvaient fixer pour le tout un droit provisoire, surtout lorsque le montant de cette évaluation était moindre que le droit à percevoir sur les valeurs déterminées. — *Cass.*, 2 vent. an II, Corsange.

260. — Sous l'empire de la même loi du 5 déc. 1790, le délai d'un an accordé pour faire à l'enregistrement la déclaration de la vraie valeur d'objets donnés par contrat de mariage, et qu'on avait omis d'estimer, ne s'appliquait pas au cas d'une évaluation inexacte. Alors il y avait lieu au double droit. — *Cass.*, 11 vent. an VII, Pidal.

261. — Une autre difficulté se présentait pour la liquidation du droit ; c'est quand les valeurs qui doivent servir de base à cette liquidation, se trouvent consister non en une somme d'argent, mais en une quantité de grains ou de denrées.

262. — Des décisions du ministre des finances, des 10 messid. an X et 3 vendém. an XIII, établirent que pour les rentes perpétuelles ou viagères, et pour les baux à loyer ou à ferme, lorsque ces rentes ou baux étaient stipulés payables en nature, ainsi que pour les transmissions, par décès, des biens dont les baux étaient également stipulés payables en nature, l'évaluation, soit du montant des rentes, soit du prix des baux, devait être faite d'après le taux commun résultant des mercuriales des trois dernières années. — Ces décisions furent depuis approuvées et maintenues par un décret du 26 avr. 1808.

263. — Puis est venue la loi du 15 mai 1818, dont l'art. 75 porte : — « Pour les rentes et baux stipulés payables en quantité fixe de grains et denrées dont la valeur est déterminée par des mercuriales, et pour les donations entre-vifs et les transmissions par décès de biens dont les baux sont également stipulés payables en quantité fixe de grains et denrées dont la valeur est également déterminée par des mercuriales, la liquidation du droit proportionnel d'enregistrement sera faite d'après l'évaluation du montant des rentes ou du prix des baux résultant d'une année commune de la valeur des grains ou autres denrées, selon les mercuriales du marché le plus voisin. — On formera l'année commune d'après les quatorze dernières années antérieures à celle de l'ouverture du droit : on retranchera les deux plus fortes et les deux plus faibles ; l'année commune sera établie sur les dix années restantes. »

264. — A défaut de mercuriales dans un marché, ou s'il y avait des lacunes, il faut y suppléer en faisant constater par l'autorité locale des appréciations, soit sur le rapport des marchands de chaque espèce de denrées, soit d'après tout autre renseignement, et faire approuver ces appréciations par le préfet. — Délib. 31 mai 1820. — Cette décision est applicable au paiement des rentes dues au domaine. — *Dict. des dr. d'enreg.*, vo *Valeur*, no 38.

265. — Quand les biens affermés sont situés hors de l'arrondissement du bureau où la perception est faite, et que les parties ne justifient pas des mercuriales du lieu, on doit prendre provisoirement pour base de la perception les mercuriales en usage dans le bureau. — Circul. 926 ; — Roland et Trouillet, *Dict. d'enreg.*, vo *Mercuriales*, no 10.

§ 1er. — *Meubles.*

266. — La valeur de la propriété, de l'usufruit et de la jouissance des biens meubles, est déter-

minée, pour la liquidation et le paiement du droit proportionnel, ainsi qu'il suit : — L. 22 frim. an VII, art. 14.

267. — ... 1° Pour les baux et locations, le droit est dû sur le prix annuel exprimé en y ajoutant les charges imposées au preneur. — L. 22 frim. an VII, art. 14, n° 1er.

268. — ... 2° Pour les créances à terme, leurs cessions et transports, et autres actes obligatoires, le droit est dû sur le capital exprimé dans l'acte. — L. 22 frim. an VII, art. 14, n° 2.

269. — La perception du droit proportionnel sur une créance s'effectue sur le capital exprimé dans l'acte, quelle que soit la valeur intrinsèque de ce capital, et sans qu'il soit permis de rechercher si la créance se compose de billets de caisse dont le taux est au-dessous du prix. — Cass., 3 nov. 1807, Francq.

270. — Le droit d'enregistrement sur une cession de créance doit être perçu, non sur le prix de la cession, mais sur le capital transporté. — déc. min. fin. 8 germin. an VIII ; délib. 16 juin 1829 et 16 avr. 1833.

271. — Il en est de même de la cession d'une créance litigieuse. — Délib. 2 oct. 1829. — Toutefois, relativement à la cession d'une créance sur un failli, il a été statué que la perception serait provisoirement établie sur l'intégralité de la créance, sauf réduction ultérieure, s'il était justifié qu'elle a été diminuée par suite de la liquidation de la faillite. — Délib. 25 sept. 1829.

272. — Lorsqu'une créance est cédée en paiement d'un prix de vente, bail à nourriture ou autre convention, comme la cession n'est alors qu'un mode de paiement, il en résulte que si le capital de la créance cédée est supérieur au prix, ce n'est cependant que sur ce prix que le droit doit être perçu, et non pas sur le capital. — Solut. 14 mars 1837.

273. — Si la cession d'une créance comprend les intérêts échus, le droit se liquide sur le capital et sur ces intérêts. — Décis. min. fin. 1er fév. 1822.

274. — Le droit de 1 °/₀ à percevoir sur l'hypothèque supplémentaire doit être liquidé sur le capital entier de la créance, lors même que les immeubles affectés seraient d'une valeur inférieure à ce capital. — Délib. 11 fév. 1834.

275. — Lorsque la nue-propriété d'une créance forme seule l'objet du transport, c'est encore sur le capital de la créance et non sur le prix de la cession que le droit doit être perçu. — Délib. 9-17 mai 1834.

276. — Le droit de la cession de l'usufruit d'une créance doit être liquidé sur un capital formé de dix fois la rente ou l'intérêt, quel que soit le prix du transport. — Délib. 10 mai 1833.

277. — ... 3° Pour les quittances et tous autres actes de libération, le droit est dû sur le total des sommes ou capitaux dont le débiteur se trouve libéré. — L. 22 frim. an VII, art. 14, n° 3.

278. — Bien que la quittance d'un capital donnée sans réserve des intérêts en fasse présumer le paiement, cependant le droit n'est point exigible sur ces intérêts, attendu qu'une simple présomption n'exclut pas la preuve contraire, et qu'ensuite en supposant que la libération existe, elle ne vient pas de la quittance ; or, le droit ne saurait être perçu au-delà de ce que le titre exprime. — Journ. de l'enreg., art. 179 ; Décis. min. fin., 28 juin 1808, Solut. 27 mars 1827 ; Instr. 390, n°ˢ 11 et 1229, § 9.

279. — La quittance particlle mise au dos d'un billet n'est passible du droit d'enregistrement qu'autant que les parties réclament la formalité pour cette quittance même ; car l'enregistrement des actes non translatifs de propriété ou d'usufruit d'immeubles est toujours facultatif. Mais si l'enregistrement est requis, il n'y a pas lieu, comme on le faisait autrefois, de ne percevoir le droit proportionnel que sur ce qui reste dû. — Délib. 29 prair. an VII.

280. — La déclaration d'un créancier que le montant d'un billet ne lui est plus dû équivalant à quittance, il s'ensuit que le droit est exigible sur ce montant. — Solut. 16 janv. 1833 ; Délib. 27 août 1833.

281. — La libération qui s'opère par compensation (C. civ., art. 1289 et suiv.) est passible du droit de quittance sur le montant d'une seule des dettes éteintes. — Délib. 8 sept. 1821.

282. — Lorsqu'il résulte d'un consentement à radiation que la cause de l'inscription ne subsiste plus, sans qu'il soit fait mention d'une quittance enregistrée, il y a lieu de percevoir le droit de quittance, mais point de droit fixe sur le consentement qui n'est qu'une suite de la libération. — Décis. min. fin. 25 sept. 1827 ; Instr. 1229, § 9.

283. — ... 4° Pour les marchés et traités, le droit est dû sur le prix exprimé ou l'évaluation des objets qui en sont susceptibles. — L. 22 frim. an VII, art. 14, n° 4.

284. — ... 5° Pour les ventes et autres transmissions à titre onéreux, le droit est dû sur le prix exprimé et le capital des charges qui peuvent ajouter au prix. — L. 22 frim. an VII, art. 14, n° 5. — Il en est de même pour les transmissions à titre onéreux des offices. — L. 25 juin 1841, art. 7.

285. — Si, dans une vente aux enchères d'objets mobiliers faite à terme, le procès-verbal porte que les acquéreurs qui ne se libéreront pas dans le délai indiqué, paieront une indemnité de 5 p. 0/0 de la somme par eux due, ces 5 p. 0/0 ne doivent pas être ajoutés au montant de la vente pour la perception du droit ; car c'est là une sorte de compensation du retard apporté dans le paiement, et non une charge qui ajoute au prix de la vente. — Délib. 19 janv. 1837.

286. — Tout ce qui excède cinq centimes par franc pour droits, honoraires et frais de vente, dans les ventes de meubles, objets mobiliers, récoltes et coupes de bois, doit être ajouté au prix. — Solut. 19 avr. 1826 ; instr. 1200, § 21. — En ce qui concerne les ventes d'immeubles, V. infrá n°ˢ 350 et suiv.

287. — La réserve d'usufruit, dans une vente d'immeubles, ne donne lieu à aucune addition au prix stipulé pour la perception. — Décis. min. fin. 11 août 1812.

288. — Le droit proportionnel sur l'abandon par suite de sinistre, que l'assuré fait à l'assureur maritime pour obtenir le paiement de la somme convenue par la police d'assurance, est liquidé, non sur la valeur de la chose assurée, mais seulement sur celle des objets abandonnés. — Délib. 11 déc. 1832.

289. — ... 6° Pour les créations de rentes, soit perpétuelles soit viagères, ou de pensions, aussi à titre onéreux le droit est dû sur le capital constitué et aliéné. — L. 22 frim. an VII, art. 14, n° 6.

290. — Lorsqu'une rente stipulée remboursable en argent ou en grains à la volonté du prêteur, est constituée moyennant un capital déterminé, le droit doit être liquidé sur ce capital, bien que la valeur des grains, d'après les mercuriales, excède le capital en argent. — Décis. min. fin. 5 fév. 1830.

291. — La retenue faite par le débiteur sur le paiement des arrérages d'une rente ne diminue pas le capital nominal de la rente, et par conséquent ne peut être déduite pour la perception des droits. — Solut. 16 mars 1822 ; — Dict. des dr. d'enreg., vᵒ Valeur, n° 33.

292. — ... 7° Pour les cessions ou transports des rentes ou pensions constituées à titre onéreux, ou pour leur amortissement ou rachat, le droit est dû sur le capital constitué, quel que soit le droit stipulé pour le transport ou l'amortissement. — L. 22 frim. an VII, art. 14, n° 7.

293. — La valeur d'une rente aliénée par vente forcée en justice, après expertise, sur la tête d'un curateur à une succession vacante, est déterminée pour la liquidation du droit proportionnel, par le prix d'adjudication et non par le capital de la rente. — Cass., 1er avr. 1816, Mathieu. — Car alors on ne peut supposer une dissimulation de prix. — Dict. des dr. d'enreg., vᵒ Rente, n° 23. — Décidé de même quand la cession est faite par adjudication devant un notaire commis. — Délib. 29 mars 1823, et 16 mai 1837 ; Solut. 8 déc. 1829 ; Instr. 1307, § 1er.

294. — ... 8° Pour les transmissions entre-vifs, à titre gratuit, et celles qui s'opèrent par décès, le droit est perçu sur la déclaration estimative des parties, sans distraction des charges. — L. 22 frim. an VII, art. 14, n° 8.

295. — Le plus souvent on considère comme déclaration estimative : 1° dans le cas de transmission entre-vifs à titre gratuit, l'état estimatif annexé à l'acte de donation entre-vifs; 2º et dans le cas de mutation par décès, l'inventaire fait à la requête des héritiers ou ayant-droit.

296. — Lorsque la déclaration d'objets mobiliers transmis après décès n'a lieu qu'après qu'ils ont été vendus aux enchères, le droit de succession se règle sur le prix de la vente, et non sur le montant de leur estimation dans l'inventaire. — Délib. 5 nov. 1833. — V. *contrà* jug. trib. de la Seine, 45 janv. 1835; — délib. 12 mai 1835.

297. — Lorsque, par transaction avec le débiteur, l'époux survivant, donataire en usufruit d'une rente viagère, renonce à son usufruit moyennant un prix moindre que le capital, il doit payer le droit de mutation par décès sur ce capital et non sur le prix de la renonciation. — Délib. 19 nov. 1833.

298. — Le droit de mutation par décès sur les rentes constituées doit être réglé d'après les capitaux de constitution, et non sur la déclaration estimative de l'héritier. — *Cass.*, 28 messid. (et non 23 ni 27) an XIII, Stalpaert.

299. — ... Ni d'après leur prix vénal ou d'estimation. — *Cass.*, 4 mai 1807, Stréobault.

300. — Lorsque, d'après la loi du 18 juill. 1836, il y a lieu à la perception du droit proportionnel sur la donation entre-vifs de rentes sur l'état, le droit est liquidé sur la valeur réelle de la rente d'après *le cours moyen de la bourse de Paris au jour de la donation* (art. 6).—Ce cours moyen de la rente doit être formé du cours le plus bas et du cours le plus élevé de la bourse de Paris, selon le *Moniteur* au jour de la donation. — Instr. 18 juil. 1836.

301. — Relativement aux actions de la banque de France, on avait d'abord pensé que leur valeur devait être déterminée, 1º par le capital primitif de ces effets; 2º et par le montant des accroissemens résultant, lors du décès, du droit accordé à chaque action sur les fonds de réserve.— Déc. min. fin., 21 sept. 1810; instr. 520, nº 1er. — Mais décidé depuis qu'on devait prendre la valeur de ces actions d'après le cours moyen de la bourse de Paris au jour du décès ou la veille de ce jour, s'il n'y avait pas eu de bourse. — Et ce même mode est applicable aux transmissions de ces effets par acte entre-vifs. — Décis. min. fin., 27 août 1816; instr. 747.

302. — Lorsque des valeurs mobilières, soumises à la jouissance de l'usufruit, ne se retrouvent pas en nature dans la succession de celui-ci, le montant de ces valeurs réclamé par le nu-propriétaire est une charge de la succession; il ne peut être distrait des valeurs héréditaires et doit être compris dans les biens à déclarer par les héritiers de l'usufruitier. — Délib., 8 fév. 1831.

303. — De même, quand une créance a été léguée à la charge d'un usufruit dont la grevait en même temps le testateur, le droit de mutation doit être perçu sur le capital intégral de cette créance, sans distraction de la valeur de l'usufruit; cet usufruit est une charge de la créance léguée.—*Cass.*, 4 août 1842 (t. 2 1843, p. 20), Bourgeois.

304.—Mais un fonds social ne pouvant être évalué que déduction faite des dettes dont la société est grevée, il en résulte qu'en cas de dissolution d'une société commerciale par le décès de l'un des associés, les droits de mutation pour la part revenant à cet associé dans le fonds social, ne doivent être calculés et perçus que déduction faite des dettes de la société. — *Cass.*, 3 (et non 6) mars 1829, Rabot.

305. — Dans le cas de transmission d'un office et des objets en dépendant par suite de disposition gratuite entre-vifs ou à cause de mort, le droit est perçu sur l'acte ou écrit constatant la libéralité, d'après une évaluation en capital. — L. 25 juin 1841, art. 8.

306. — Lorsque l'office transmis par décès passe à l'un des héritiers, le droit est évalué d'après le prix exprimé dans l'acte de cession et le capital des charges qui peuvent s'ajouter au prix.— L. 25 juin 1841, art. 9. — Quand l'office passe à l'héritier unique du titulaire le droit est perçu d'après une déclaration estimative de la valeur de l'office et des objets en dépendant. — *Ibid.*

307. — Décidé, avant la loi du 25 juin 1841, que bien qu'un office ait été vendu par les héritiers à un prix supérieur au montant de l'estimation portée dans la déclaration qu'ils en ont faite après le décès du titulaire, la régie ne peut réclamer à cet égard un supplément de droit. — Décis. min. fin., 13 août 1832.

308. — ... 9º Pour les rentes et pensions créées sans expression de capital, leurs transports et amortissemens, le droit est perçu à raison d'un capital formé de vingt fois la rente perpétuelle, et de dix fois la rente viagère ou la pension, et quel que soit le prix stipulé pour le transport ou l'amortissement. — Il n'est fait aucune distinction entre les rentes viagères et pensions créées sur une tête et celles créées sur plusieurs têtes, quant à l'évaluation. — Les rentes et pensions stipulées payables en nature sont évaluées aux mêmes capitaux, d'après l'estimation des objets suivant les dernières mercuriales du canton de la situation des biens ou de celles du canton où l'acte a été passé. — L. 22 frim. an VII, art. 14, nº 9.

309. — Ainsi, c'est sur le capital au denier dix, et non sur le prix stipulé, que doit être assis le droit de cession ou transport d'une rente viagère, lorsque le capital n'en est pas indiqué. — Délib. 15 mai 1838.

310. — Le droit dont est passible la cession de l'usufruit d'une rente viagère, doit être perçu sur un capital formé de dix fois la rente, quel que soit le prix de la cession. — Délib., 10 mai 1833.

311. — Lors même que le transport d'une rente constituée a eu lieu avec réserve d'usufruit au profit du cédant, le droit proportionnel n'en est pas moins dû sur le capital entier, sans aucune distraction pour la valeur de l'usufruit réservé.— *Cass.*, 1er sept. 1806, Lallier.

312. — Une pension annuelle constituée par le père dans le contrat de mariage de sa fille, avec réserve et faculté par le paiement d'un capital exprimé, et stipulation de retour dans le cas de prédécès de la donataire et de ses enfans sans postérité, doit être considérée, non comme une rente personnelle, mais comme une rente viagère dont la valeur doit être déterminée, pour le paiement du droit proportionnel, à raison d'un capital formé de dix fois la rente. — *Cass.*, 22 fév. 1832, Vachin. — Délib. 8 mai 1833; — Rigaud et Championnière, *Dict. des droits d'enregist.*, t. 4, nº 3653.

313. — La donation d'une rente annuelle de 500 fr. payable pendant la vie des donateurs, sans expression de capital, mais pouvant être éteinte par le paiement d'une somme de 10,000 fr., rapportable à la succession des donateurs, est passible du droit proportionnel sur cette dernière somme. — Délib., 26 déc. 1834.

314. — Le droit dû sur une constitution de pension par un père à son fils pour le temps qu'il sera auditeur au conseil d'état, ne doit être assis que sur un capital formé de six fois cette pension, attendu que le stage des auditeurs ne peut se prolonger au-delà de six ans. — Délib., 18 mai 1825.

315. — La valeur d'une rente créée pour prix d'immeubles est réputée meuble, et doit être déterminée, pour la liquidation du droit proportionnel d'enregistrement, à raison d'un capital formé de vingt fois la rente, quel que soit le prix stipulé pour son amortissement. — *Cass.*, 19 mai 1834, Martel.

316. — Le droit d'enregistrement pour rente perpétuelle créée sans expression de capital est dû à raison d'un capital formé de vingt fois cette même rente, quel que soit d'ailleurs le prix stipulé entre les contractans, en cas de rachat ou amortissement. — *Cass.*, 17 déc. 1834, Benazech et Carayon. — V. les observations de MM. Championnière et Rigaud (*Tr. dr. d'enreg.*, nº 3208) sur cet arrêt et le précédent.

317.—Lorsque les rentes et pensions consistent en grains et denrées, l'évaluation doit s'en faire d'après les mercuriales, suivant le mode tracé *suprà*, nºs 262 et suiv.

318.—... Pour les actes et jugemens portant condamnation, collocation, liquidation ou transmission, le droit est dû sur le capital des sommes et des intérêts et dépens liquidés. — L. 22 frim. an VII, art. 14, nº 10.

319. — Le droit d'un jugement qui condamne des enfans au paiement d'une pension alimentaire, doit être réglé sur le capital au denier dix de la pension allouée. — Décis. min. fin. 14 juin 1808; Instr. 890, no 7.

320. — Il en est de même du droit dû sur un jugement qui condamne un mari à payer à sa femme une provision annuelle pendant la durée du procès en séparation. — Solut. 13 nov. 1830.

321. — ... 11o L'usufruit de biens meubles transmis à titre gratuit s'évalue à la moitié de la valeur entière de l'objet. — L. 22 frim. an VII, art. 14, no 11. — Il faut de plus consulter ce qu'on dit, *infrà*, nos 466 et suiv., au sujet des immeubles.

§ 2. — *Immeubles.*

322. — La valeur de la propriété, de l'usufruit et de la jouissance des immeubles, est déterminée, pour la liquidation et le paiement du droit proportionnel, ainsi qu'il suit. — L. 22 frim. an VII, art. 15.

323. — ... 1o Pour les baux à ferme ou à loyer, les sous-baux, cessions et subrogations de baux, le droit est dû sur le prix annuel exprimé, en y ajoutant les charges imposées au preneur. — L. 22 frim. an VII, art. 15, no 1er.

324. — Le paiement de la contribution foncière par le fermier ou locataire constitue une charge qui doit être ajoutée au prix. A défaut de justification, la quotité de cette contribution s'évalue au quart du prix annuel, sauf restitution, s'il y a lieu, dans les deux ans de la perception. — Délib., 9 brum. an VII, et 19 juin 1825.

325. — Mais les réparations locatives, la contribution mobilière et celle des portes et fenêtres constituant une obligation personnelle au preneur ne doivent point être ajoutées au prix du bail. — Masson de Longpré, *Code de l'enreg.*, no 293.

326. — Lorsqu'un fermier s'est obligé, indépendamment du prix de son bail, d'élever à ses frais des constructions sur les biens affermés, sans que le bailleur se soit engagé à rembourser aucune portion du prix à l'expiration du bail, cette clause doit être considérée, non comme un marché, mais comme un accroissement réel du prix du bail pour le preneur. En conséquence, la valeur de ces constructions doit être ajoutée au montant du loyer. — Solut. 21 mars 1833 ; délib. 14 mars 1834.—Mais si un prix devait être payé pour ces constructions, il y aurait là un marché passible d'un droit proportionnel particulier, indépendamment du droit de bail. — Délib. 19 oct. 1827 et 17 avr. 1829.

327. — Lorsque de deux individus associés pour l'exploitation d'un bail à ferme, l'un cède à l'autre, moyennant une somme, ses droits dans l'association, le droit proportionnel de cession doit être perçu, non seulement sur l'indemnité stipulée, mais encore sur la portion de fermages que le cédant aurait été tenu de payer pendant tout le restant du bail. — *Cass.*, 30 juin 1806, Giacomotti.

328. — Lorsque la cession d'un bail à domaine congéable est faite moyennant une somme d'argent et à la charge d'une rente convenancière due par le cédant, le droit proportionnel d'enregistrement doit être perçu tant sur la somme à payer que sur la charge d'acquitter la rente convenancière. — *Cass.*, 13 (et non 8) nov. 1836, Mazurié.

329. — Si le bail est stipulé payable en nature, il en est fait une évaluation d'après les dernières mercuriales du canton de la situation des biens à la date de l'acte, à l'appui duquel il doit être rapporté un extrait certifié des mercuriales. — L. 22 frim. an VII, art. 15, no 1er. — En ce qui concerne les mercuriales. V. *suprà*, nos 262 et suiv.

330. — Les dispositions ci-dessus sont également applicables aux baux à portion de fruits, pour la part revenant au bailleur, dont la quotité doit être préalablement déclarée, et sur la valeur de laquelle le droit d'enregistrement sera perçu. — L. 22 frim. an VII, art. 15, no 1er.

331. — Le décret du 26 avr. 1808 et la loi du 15 mai 1818 n'ont pas modifié la législation antérieure en ce qui concerne l'évaluation des denrées dans les baux à portions de fruits. On doit donc prendre pour base de l'estimation, dans ce cas, l'art. 15, L. 22 frim., qui prescrit de s'arrêter aux dernières mercuriales du canton de la situation des biens, et non celles des trois dernières années. — Roland et Trouillet, *Dict. d'enreg.*, vo *Mercuriales*, no 5.

332. — Toutefois, comme la loi du 22 frim. an VII ne détermine pas le nombre de mercuriales à consulter, un jugement a pu, sans encourir la cassation, décider que le droit d'enregistrement dû sur les baux à colonage ou portion de fruits devait être liquidé en prenant pour base seulement les mercuriales des trois années précédentes, conformément à l'art. 15, L. 22 frim. an VII, et au décret du 26 avr. 1808, et non d'après l'année commune des quatorze années antérieures, suivant l'art. 75, L. de finances 15 mai 1818. — *Cass.*, 9 mai 1826, Deyres et Fourcade.

333. — Le droit d'enregistrement d'un bail à portion de fruits ne doit être assis que sur la valeur de la portion de fruits à revenir au propriétaire. — Délib. 14 avr. 1832.

334. — Enfin, s'il s'agit d'objets dont la valeur ne puisse être constatée par les mercuriales, les parties en doivent faire une déclaration estimative. — L. 22 frim. an VII, art. 15, no 1er.

335. — ... 2o Pour les baux à rentes perpétuelles et ceux dont la durée est illimitée, le droit est dû sur un capital formé de vingt fois la rente ou le prix annuel et les charges aussi annuelles, y compris les autres charges en capital, et les deniers, s'il en est stipulé. Les objets en nature s'évaluent comme ci-dessus. — L. 22 frim. an VII, art. 15, no 2.

336. — Quant à ce qui concerne l'évaluation des rentes payables en grains, V. ce qu'on a dit *suprà* nos 262 et suiv., au sujet des mercuriales.

337. — L'évaluation à vingt fois la rente n'a lieu que pour le cas où le bail n'exprime point de capital; mais si ce capital est exprimé, comme le preneur n'est tenu que de le rembourser, c'est ce capital qui forme le prix et qui doit servir de base à la perception. — Solut. 22 messid. an VIII.

338. — ... 3o Pour les baux à vie, sans distinction de ceux faits sur une ou plusieurs têtes, le droit est dû sur le capital formé de dix fois le prix et les charges annuelles, en ajoutant les deniers d'entrée et autres charges, s'il s'en trouve d'exprimées. Les objets en nature s'évaluent pareillement comme il est prescrit ci-dessus. — L. 22 frim. an VII, art. 15, no 3.

339. — Doivent être réputés baux à vie les baux stipulés pour un nombre d'années déterminé, et ensuite pour autant d'années qu'il plaira aux parties, suivant les conditions exprimées dans l'acte, parce qu'alors ils sont censés n'avoir pour terme de leur durée que le décès de l'une des parties. — Solut. 22 pluv. an VIII.

340. — ... 4o Pour les échanges, le droit est dû sur l'évaluation en capital d'après le revenu annuel multiplié par 20, sans distraction des charges. — L. 22 frim. an VII, art. 15, no 4.

341. — Lorsque, dans un contrat d'échange fait sans soulte ni retour, les immeubles échangés sont déclarés de la même valeur, toutes charges comprises, et que, néanmoins, l'un est grevé de plus de charges que l'autre, on doit percevoir le droit proportionnel sur l'excédant, indépendamment de celui dû sur le prix déclaré. — *Cass.*, 14 vent. an XIII, Roques et Berseilles.

342. — Lorsque les parties déclarent, dans un contrat d'échange, que le revenu des immeubles échangés est de valeur égale, attendu qu'on n'a point distrait de l'un des revenus la charge de payer un créancier hypothécaire, le receveur de l'enregistrement n'est pas obligé de s'en rapporter à cette déclaration ou de demander une expertise. Dans ce cas, la combinaison des diverses clauses de l'acte établissant qu'il y a eu soulte ou retour, le receveur peut, sans égard pour la déclaration des parties, percevoir sur cette soulte un droit proportionnel de 5 1/2 %. — *Cass.*, 28 avr. 1830, Boissard.

343. — En matière d'échange d'immeubles, le droit proportionnel d'enregistrement relatif à la plus-value composée en argent doit être liquidé d'après une évaluation en capital du revenu, multiplié par 20, lequel, en cas d'expertise, doit seul servir de base. — *Cass.*, 29 avr. 1811, Morlet.

344. — La plus-value des biens compris dans un acte d'échange se constate d'après le revenu annuel multiplié par 20, et non d'après le prix exprimé au contrat. Ces mots : *comme pour vente,* qu'on lit dans le no 3, § 5, art. 69, L. 22 frim. an VII, veulent dire que l'échange doit être assimilé à la vente, quant à la fixation seulement des droits en cas de retour, mais non quant au mode d'évaluation des biens; à cet égard, l'art. 69 ne déroge pas à l'art. 15, n° 4, même loi. — *Cass.*, 22 fév. 1843 (t. 2 1843, p. 31), de Lorge.

345. — Pour fixer le montant du droit de mutation sur un échange fait avec retour ou plus-value, la régie ne peut être forcée de recourir à l'expertise, dans le cas où elle prétend qu'il y a eu dissimulation de prix. — *Cass.*, 13 déc. 1809, Quentin; 29 avr. 1812, Morlet.

346. — Dans ce cas, elle peut fonder son évaluation sur un bail courant, sans être obligée de recourir à l'expertise. — *Cass.*, 13 déc. 1809, Quentin.

347. — ...Ou bien faire l'évaluation d'après la comparaison du revenu des deux immeubles multiplié par 20. — *Cass.*, 29 avr. 1812, Morlet.

348. — ...5° Pour les engagemens. le droit est dû sur les prix et sommes pour lesquels ils sont faits. — L. 22 frim. an VII, art. 15, n° 5.

349. — L'antichrèse, telle que la définit l'art. 2085, C. civ., est un engagement; toutefois il n'y a antichrèse que jusqu'à concurrence de la valeur des biens dont la jouissance est accordée au créancier. — Déc. min. fin. 3 nov. 1820.

350. — ... 6° Pour les ventes, adjudications, cessions, rétrocessions, licitations et tous autres actes civils ou judiciaires portant translation de propriété ou d'usufruit à titre onéreux, le droit est dû sur le prix exprimé, en y ajoutant toutes les charges, en capital, ou par une estimation d'experts dans le cas autorisé par la loi. — L. 22 frim. an VII, art. 15, n° 6.

351. — Une charge même éventuelle imposée à un acquéreur, doit être évaluée et ajoutée au prix pour la perception des droits. — *Cass.*, 24 juin 1811, Carles.

352. — Le droit de mutation pour une vente doit se percevoir sur la totalité du prix exprimé au contrat, et non sur ce qui en reste dû au moment où l'acte est présenté à l'enregistrement. — *Cass.*, 6 (et non 8) frimaire an XII, Zimmermann.

353. — Le droit proportionnel sur une vente étant dû dès le jour du contrat, en raison de la valeur réelle et vénale de l'objet vendu, et non pas seulement d'après le prix porté dans l'acte, il en résulte que si, sur la poursuite de la régie, il est constaté que la valeur de cet objet excède le prix stipulé, la régie peut exiger un supplément de droit pour plus-value, lors même qu'à cette époque la vente aurait été rescindée pour lésion de plus de sept douzièmes. — *Cass.*, 18 fév. 1829, Goll.

354. — Lorsque la régie ayant formé, comme créancière hypothécaire, une surenchère sur un immeuble vendu amiablement, l'acquéreur a transigé avec elle et s'est obligé de payer le supplément du prix résultant de la surenchère, il y a lieu de percevoir sur ce supplément le droit proportionnel de vente. — *Cass.*, 17 mars 1806, Lacis.

355. — Le droit proportionnel pour vente doit être perçu, non seulement sur le prix stipulé en argent, mais encore sur la valeur donnée dans l'acte aux marchandises faisant partie de ce prix. — *Cass.*, 14 mai 1823, Dufour et Salabert.

356. — Lorsque l'acte de vente contient un prix d'achat plus considérable en raison de réparations que le vendeur s'est obligé à faire à l'immeuble, ces réparations faisant corps avec cet immeuble, en augmentant la valeur; par conséquent le droit proportionnel de vente doit être également perçu sur la portion du prix correspondant à ces réparations. — Avis cons. d'état, 12 fév. 1811, app. le 27; instr. 542.

357. — Lorsque des constructions ont été élevées sur un immeuble appartenant à plusieurs communistes, il y a présomption que ces constructions ont été faites par tous et qu'elles leur appartiennent. Et cette présomption ne saurait être détruite, à l'égard de la régie, par la simple déclaration des communistes que les constructions ont été faites pour le compte d'un seul et payées par lui. — *Cass.*, 26 juin 1837 (t. 2 1837, p. 84); 22 avr. 1840 (t. 2 1840, p. 65), Ledoux.

358. — En conséquence, c'est eu égard à l'augmentation de valeur que ces mêmes constructions ont donnée à l'immeuble que doit être perçu le droit de mutation sur la vente que l'un des communistes a faite de sa part dans l'immeuble à celui qu'on déclarait avoir fait les constructions. — *Cass.*, 26 juin 1837 (t. 2, 1837, p. 84), Ledoux.

359. — Toutefois la présomption que les constructions ont été faites par tous les communistes, cesse si indépendamment de la déclaration des communistes que les constructions ont été faites pour le compte d'un seul, il est reconnu en fait, 1° que le communiste acquéreur a seul payé les fournisseurs et ouvriers, qui n'ont traité qu'avec lui et ne se sont adressés qu'à lui; — 2° qu'il a soutenu seul un procès à l'occasion d'une fourniture de matériaux; — 3° qu'il a seul demandé et obtenu un alignement; — 4° qu'enfin des registres et extraits délivrés par le percepteur des contributions constatent aussi qu'il était seul intéressé dans les constructions. — *Cass.*, 22 avr. 1840 (t. 2, 1840, p. 65), Ledoux.

360. — Lorsque le propriétaire d'un terrain sur lequel des constructions ont été élevées par un tiers n'a pas exercé le droit de rétention consacré par l'art. 555, C. civ., la vente ultérieure qu'il fait du terrain à ce tiers n'est pas réputée comprendre les constructions élevées par celui-ci. — Par suite, le droit de mutation n'est exigible que sur la valeur du sol vendu, sans y ajouter la valeur des constructions. — *Cass.*, 31 janv. 1842 (t. 1er 1842, p. 543), Périer.

361. — La réserve que fait à son profit le vendeur d'un immeuble d'une somme d'argent que doit lui compter le fermier de cet immeuble, aux termes du bail qu'il en avait précédemment consenti à ce dernier, ne peut être considérée comme *une charge de la vente*, et comme formant un supplément du prix qui doive servir à fixer la valeur vénale sur laquelle le droit doit être perçu. — *Cass.*, 8 fév. 1832, Allaine.

362. — Dans le cas où la régie supposerait que cette réserve a été un motif entre le vendeur et l'acquéreur de ne porter l'immeuble vendu qu'à un prix inférieur à celui qui lui appartient, elle n'a qu'à requérir une expertise pour faire constater la véritable valeur qu'elle lui attribue. — Même arrêt.

363. — Lorsque dans une vente d'immeubles il est dit que le vendeur a sur le prix stipulé tenu compte à l'acquéreur d'une somme déterminée pour loyers payés d'avance par les locataires, le droit de vente doit néanmoins être perçu sur la totalité du prix exprimé. sans avoir égard à la somme retenue, laquelle n'est véritablement qu'un à-compte payé par l'acquéreur sur son prix. — *Cass.*, 19 fév. 1845 (t. 1er 1845, p. 220), Aubry.

364. — De même s'il est stipulé, indépendamment du prix, que l'acquéreur laissera jouir pendant la dernière année de son bail le locataire, qui se trouve avoir payé une année d'avance, sans exiger de lui de loyer pour raison de cette jouissance, et sans aucune répétition contre le vendeur, le montant de cette dernière année de loyer doit être ajouté au prix exprimé pour la fixation de la valeur vénale de l'immeuble et la perception du droit de vente. — *Cass.*, 19 fév. 1845 (t. 1er 1845, p. 221, Pain.

365. — L'acquéreur de droits successifs étant passible des dettes de la succession, le montant de ces dettes doit être ajouté au prix de la vente pour la liquidation du droit d'enregistrement. — *Cass.*, 20 niv. an XII, Daumont et Grimaldi-Monaco.

366. — D'où il suit que toutes les fois qu'une cession de droits successifs est présentée à la formalité, le receveur doit exiger la déclaration des dettes lors même que le contrat n'en fait pas mention. — Instr., 30 déc. 1825, 1180, § 2, et 9 juin 1827-1209, § 1er.

367. — Mais lorsqu'il résulte des stipulations d'un acte de cession de droits successifs que le cessionnaire n'est tenu qu'en qualité de mandataire des héritiers d'acquitter les dettes de la succession avec les deniers provenant de l'aliénation des biens, pour profiter ensuite de la cession limitée au reliquat effectif après ladite libération, ces dettes ne pouvant être considérées comme charges de la cession, il n'y a pas lieu d'en ajouter le montant au prix exprimé dans l'acte pour la perception du droit. — *Cass.*, 5 mars 1833, de Rohan.

368. — Lorsque, après avoir acquis plusieurs biens meubles et immeubles, un individu troublé dans sa possession par les héritiers de son vendeur, se rend acquéreur de leurs droits successifs moyennant un prix plus élevé que celui stipulé dans le premier contrat, il doit être perçu un droit de mutation sur le second prix, surtout lorsqu'il apparaît que les prix stipulés par l'un et l'autre des deux titres sont inférieurs à la valeur vénale des seuls immeubles aliénés. — *Cass.*, 4 flor. an XIII, Isnard.

369. — Les rentes, même foncières, dont est grevé l'immeuble vendu, doivent être ajoutées au prix pour la perception du droit d'enregistrement de la vente. — *Cass.*, 9 fructid. an XII, Fierlundts; même jour, Gobiert.

370. — A plus forte raison en est-il de même quand l'acquéreur a été chargé d'acquitter ces ventes. — *Cass.*, 12 (et non 18) niv. an XII, Fouache; 9 vendém. au XIII, Vaudercappen et Vancools; 20 messid. an XIII, Rullier : 7 fév. 1827, Rivière.

371. — De même le prix proportionnel de vente doit être perçu sur le prix, et les cens et rentes dont l'immeuble est grevé, sans qu'il y ait lieu de faire aucune distinction entre les charges actives et passives. — *Cass.*, 14 messid. an XIII, Hauzen Baudinet.

372. — ... Et il n'y a pas lieu de distraire les charges, lors même qu'elles se composent de redevances que l'on prétend supprimées comme féodales. Cette question de suppression ne se présentant que subsidiairement au procès, n'est pas de nature à changer la forme dans laquelle il doit être suivi, et, fût-elle même jugée en faveur du débiteur des redevances, la perception n'en devrait pas moins être maintenue au profit du trésor comme lui étant légitimement acquise. — *Cass.*, 25 avr. 1813, Lassale de Louis End'hal.

373. — Jugé cependant que la rente foncière dont est grevé un immeuble vendu ne doit point être ajoutée au prix principal pour la perception des droits d'enregistrement, si l'acquéreur n'a pas été chargé par le contrat d'acquitter cette rente.— *Cass.*, 4 vent. an X, Jacquier et Lacroix.

374. — Il est dû un supplément de droit sur l'acte par lequel un adjudicataire, pour éviter l'effet de la surenchère, consent à servir une rente viagère dont le capital est supérieur au prix d'adjudication. — Délib., 17 fév. 1832.

375. — Lorsqu'avant toute exécution d'une vente d'immeubles faite par acte sous seing-privé depuis moins de trois mois, cette vente est réalisée par un acte public énonçant un prix inférieur à celui mentionné dans le premier acte, la régie ne doit percevoir le droit proportionnel que sur le prix exprimé dans l'acte authentique, si elle ne préfère recourir à une expertise pour vérifier la sincérité de ce prix. — Délib., 24 déc. 1836.

376. — Lorsque, indépendamment du prix stipulé dans un contrat de vente, l'acquéreur est chargé de servir à un tiers étranger au contrat une rente viagère à lui due par le vendeur, le droit proportionnel d'enregistrement doit être perçu, non sur le capital de la constitution, mais sur le capital auquel la charge est évaluée par les parties.—*Cass.*, 24 déc. (et non 31) 1829, Delafond. — Instr., 27 mars 1830, 1307, § 13.

377. — Si cette évaluation n'est pas exprimée dans le contrat, le receveur doit requérir la déclaration estimative des parties. — Instr., 24 déc. 1836.

378. — La contribution foncière n'ajoutant rien au prix de l'immeuble, n'est point une charge qui doive être ajoutée pour la liquidation du droit de mutation.

379. — Toutefois la charge imposée à l'acheteur d'acquitter une portion de l'impôt échue au moment du contrat, constitue une augmentation du prix de la vente, donnant lieu à une augmentation proportionnelle du droit. — *Cass.*, 19 mai 1819, Wengler.

380. — Il en est de même quand l'acquéreur est obligé de payer les intérêts du prix antérieurement à la date de la vente. — Délib., 19 mars 1823.

381. — Les émolumens de l'avoué ou du notaire enchérisseur doivent toujours être ajoutés au prix

comme faisant partie essentielle des charges de l'adjudication soit volontaire, soit judiciaire ; il en est de même que le notaire rédacteur de l'acte reçoit à tout autre titre que pour ses honoraires, telles que les sommes destinées à payer les frais d'affiches et de publication ; mais les honoraires ne doivent pas entrer dans la liquidation des droits. — Déc. min. instr., 22 mai 1809.

382. — Décidé depuis que les frais, droits et honoraires du notaire enchérisseur, dont les adjudicataires sont tenus d'après le cahier des charges, ne donnent lieu au droit proportionnel de vente qu'en ce qu'ils excèdent de dix pour cent ce prix. Il en est de même à l'égard de l'avoué enchérisseur. — Solut. 28 juill. 1824 et 16 sept. 1833; Instr. 1150, § 2, et 1200, § 21.

383. — Lorsque les frais d'une adjudication à payer par l'acquéreur sont fixés en masse à un nombre déterminé de centimes par franc, il y a lieu de faire déclarer le montant de ceux de ces frais qui forment charge. — Délib., 22 fév. 1823.

384. — Jugé également que si, dans un acte d'adjudication, la somme allouée pour honoraires au notaire et mise à la charge de l'adjudicataire paraît exorbitante, la régie de l'enregistrement peut la faire réduire par le président du tribunal à ce qui est légitimement dû, à l'effet de percevoir sur l'excédant les mêmes droits que sur le prix principal de la vente.—*Cass.*, 10 déc. 1816, Rodriguez.

385. — Lorsque l'acquéreur, en rétrocédant à son vendeur l'immeuble acquis, s'oblige, en outre, à lui rembourser une certaine somme pour les frais de vente, le droit proportionnel doit être également perçu sur cette somme comme faisant partie du prix. — *Cass.*, 14 brum. an X, Gougy.

386. — Mais si les droits d'enregistrement pour les ventes doivent être fixés par le prix exprimé et le capital des charges qui peuvent ajouter au prix, il ne s'ensuit pas qu'ils doivent être fixés par les charges qui peuvent le diminuer ; en conséquence, il faut retrancher du prix énoncé dans un contrat de vente les sommes dues, tant pour enregistrement que pour transcription, lorsqu'il est déclaré que ces sommes doivent être supportées par le vendeur et venir en déduction du prix.—*Cass.*, 9 pluv. an XIII, Fouchard ; 25 germin. an XIII, Dinglemaré et Bachelier.

387. — Pour parvenir à la liquidation du droit proportionnel sur les charges faisant partie d'un contrat de vente, et consistant en une somme évaluée en assignats, il n'est besoin de recourir ni à une expertise ni à une déclaration de l'acquéreur. Il suffit d'opérer la réduction d'après les tableaux de dépréciation du papier-monnaie. — *Cass.*, 12 messid, an XIII, Selis et Louhienne.

388. — Si l'acquéreur est chargé de payer cette même somme en assignats, à la décharge du vendeur, la réduction devra se faire pour la perception du droit, non au cours du jour où l'obligation a été contractée par le vendeur, mais à celui du jour où l'acquéreur s'est engagé à payer la dette en l'acquit de ce même vendeur. — Même arrêt.

389. — Le jugement qui, dans la liquidation des droits dus sur la résolution d'une vente d'immeubles, n'ajoute pas au prix les charges auxquelles cette vente est assujétie, viole les art. 15 et 60, L. 22 frim. an VII. — *Cass.*, 14 mai 1813, Dufour et Salibert.

390. — Lorsqu'un acte de vente avec faculté de rachat contient la condition d'un supplément de prix, dans le cas où la faculté ne serait pas exercée, le droit doit être acquitté tant sur le prix que sur ce supplément. — Décis. min. fin. 7 juin 1808; instr. 386, n° 40.

391. — Mais si le vendeur à pacte de rachat s'oblige à rendre à l'acquéreur, dans le cas de l'exercice du réméré, une somme plus forte que le prix stipulé, le droit ne doit pas moins n'être assis que sur ce prix, sauf expertise, s'il y a lieu. — Délib. 5 germin. an X.

392. — Quand le prix n'est pas énoncé dans un contrat de vente et que le montant de la somme à payer au vendeur, pour la véritable valeur vénale, doit être ultérieurement réglé par des experts, la perception doit être assise sur la valeur effective des biens, d'après une déclaration estimative dûment certifiée, sauf double droit en cas d'inexactitude dans cette déclaration. — Décis. min. fin. 10 et 11 janv. 1812; instr. 566.

395. — Mais si la vente est faite à tant la mesure, avec la clause que d'après l'arpentage le prix sera augmenté ou diminué dans la proportion du moins de contenance constaté, le droit de vente doit être perçu provisoirement sur le prix exprimé; et la restitution, sur la somme qui sera ultérieurement diminuée de ce prix, doit être demandée dans les deux ans de l'enregistrement. — Solut. 10 juin 1834; instr. 1467, § 9.

394. — Si l'usufruit est réservé par le vendeur, il est évalué à la moitié de tout ce qui forme le prix du contrat, et le droit est perçu sur le total; mais il n'est dû aucun autre droit pour la réunion de l'usufruit à la propriété : cependant, si elle s'opère par un acte de cession, et que le prix soit supérieur à l'évaluation qui en aura été faite pour régler le droit de la translation de propriété, il est dû un droit, par supplément, sur ce qui se trouve excéder cette évaluation. Dans le cas contraire, l'acte de cession est enregistré pour le droit fixe. — L. 22 frim. an VII, art. 15, n° 6.

395. — La clause par laquelle le vendeur se réserve la jouissance de la superficie des immeubles vendus, pour en user et en jouir comme il croira bon être, sauf à donner aux acquéreurs les facilités qui seront reconnues nécessaires pour jouir et profiter du fonds, ne doit pas être considérée comme transmettant seulement la nu-propriété du fonds aliéné, avec réserve de la propriété de la superficie pour le vendeur et ses héritiers. — Elle exprime plutôt une réserve d'usufruit simulée et donnant lieu à la perception totale des droits sur la nu-propriété, en même temps que sur l'usufruit. — *Cass.*, 24 juin 1829, Jacquot.

396. — Lorsque le vendeur du fonds et de la superficie d'un bois se réserve une certaine quantité de coupes, en stipulant qu'elles ne sont pas comprises dans la vente, cette clause ne doit pas être regardée comme une réserve d'usufruit, imposant une charge à l'acquéreur, et donnant ainsi ouverture à la perception d'un droit proportionnel. — *Cass.*, 1er fév. 1831 (et non 1830), Gailly. — Délib. 27 août 1833.

397. — La vente faite avec réserve d'usufruit donne lieu, sans exception ni distinction, au droit proportionnel, tant sur le prix stipulé pour la nu-propriété que sur l'usufruit évalué à la moitié de ce prix. — *Cass.*, 25 niv. an XII, Dumolard.

398. — Dans un contrat de vente avec réserve d'usufruit, le prix de la nu-propriété vendue est celui exprimé au contrat ou celui de cette nu-propriété exprimée par des experts, et l'on ne peut dire que le prix de ce contrat se compose du prix de l'usufruit, puisque cet usufruit n'est pas vendu. — Dès-lors, si la régie a fait ordonner une expertise pour la fixation du prix seul de la vente, le droit de mutation devra être perçu sur la valeur donnée à la nu-propriété et sur une moitié en sus pour l'estimation de l'usufruit, et non point sur la valeur intégrale de la pleine propriété. — *Cass.*, 10 juill. 1810, Prevost de Borde.

399. — Lorsqu'un acte de vente contient réserve de l'usufruit, l'acquéreur est tenu d'acquitter le droit de mutation non seulement sur la nu-propriété qu'il acquiert, mais encore et par anticipation sur l'usufruit qui se réunira plus tard à sa propriété. Alors l'usufruit ne s'évalue pas, comme dans le cas de transmission de la nu-propriété à titre gratuit, à la moitié de la valeur entière de l'immeuble, mais à la moitié de tout ce qui forme le prix du contrat, c'est-à-dire à la moitié du prix stipulé pour la nu-propriété. · Décis. min. fin. 8 août 1818.

400. — Le droit pour la vente de la nu-propriété d'un immeuble, grevé d'un bail emphytéotique de quatre-vingt dix-neuf ans, doit être perçu, non sur la valeur entière de l'immeuble, mais sur sa valeur vénale, c'est-à-dire dans le cas où l'estimation de l'immeuble est ordonnée, en ayant égard, pour en déterminer la valeur, à la dépréciation résultant de la privation de jouissance pendant quatre-vingt-dix-neuf ans. — *Cass.*, 26 (et non 23) nov. 1833, Petit Bergons.

401. — Le droit de mutation pour vente de la nu-propriété d'un immeuble dont, par un acte séparé, on a cédé à un tiers le domaine utile et jouissance pour quatre-vingt-dix neuf ans, est dû uniquement à raison du prix de nu-propriété. En d'autres termes, l'expertise ordonnée pour fixer ce droit de mutation ne doit pas porter sur la valeur vénale de cet immeuble, sans distraction de la jouissance qui est l'objet du bail emphytéotique. — *Cass.*, 30 (et non 14) avr. 1834, de la Fresnaye.

402. — La perception d'un droit particulier pour la réunion de l'usufruit à la nu-propriété n'est autorisée qu'au cas de vente avec réserve d'usufruit au profit du vendeur. — *Cass.*, 8 janv. 1822, Barge; 20 mars 1826, Girard-Duclos; 26 déc. 1826, Carmoy; 3 janv. 1827, Audé; 11 août 1835, Vassal de Sineuil.

403. — Jugé, dès lors, que si par un seul et même acte, la nu-propriété est vendue à une personne et l'usufruit à une autre, et que les droits proportionnels ont été perçus, tant sur le prix de la nu-propriété que sur le prix de l'usufruit, il n'y a pas lieu à la perception d'un autre droit pour la réunion future de l'usufruit à la nu-propriété. — *Cass.*, 8 janv. 1822, Barge; 20 mars 1826, Girard-Duclos; 26 déc. 1826, Carmoy.

404. — ... Que lorsque le propriétaire de la nu-propriété d'un immeuble dont l'usufruit appartient à un tiers a vendu sa nu-propriété, et que le droit proportionnel a été perçu sur le prix stipulé, il n'y a pas lieu à la perception d'un autre droit pour la réunion future de l'usufruit à la nu-propriété. — *Cass.*, 3 janv. 1827, Audé.

405. — ... Que lorsque la nue-propriété et l'usufruit ont été vendus par le même acte à des acquéreurs différens, et qu'un droit proportionnel a été perçu sur la vente de la nu-propriété, et un autre sur celle de l'usufruit, la régie ne peut, lors de la réunion de l'usufruit à la nu-propriété, par suite, soit du décès, soit de la renonciation de l'usufruitier, exiger un autre droit. — *Cass.*, 11 août 1835, Vassal de Sineuil.

406. — Jugé cependant que, lorsque la nu-propriété et l'usufruit d'un immeuble ont été vendus à deux personnes distinctes pour des prix séparés et que, depuis, l'acquéreur de la nu-propriété s'est engagé envers l'usufruitier, pour lui tenir lieu de l'usufruit, à lui payer une pension viagère ou à lui fournir des alimens, il y a là une véritable transmission à titre onéreux et entre-vifs de cet usufruit, et non pas seulement une simple cessation de l'usufruit ayant pour effet de consolider la propriété sur la tête du nu-propriétaire. En conséquence, l'acte donne ouverture à un droit proportionnel de cession, bien que ce droit ait déjà été perçu lors de la première vente. — *Cass.*, 27 août 1844 (t. 2 1844, p. 598), Castéra.

407. — Lorsqu'en cas de vente ou donation de la nue propriété d'un immeuble, avec réserve d'usufruit, un droit a été perçu par anticipation pour la réunion future de l'usufruit à la nu-propriété, il n'y a pas lieu de percevoir un nouveau droit pour cette réunion, soit qu'elle s'opère au profit de l'acquéreur ou donataire lui-même, soit qu'elle s'opère en faveur d'un tiers, devenu concessionnaire de ses droits. — *Cass.*, 29 mai 1832, Mille.

408. — Jugé néanmoins qu'encore bien que, lors de la vente de la nu-propriété d'un immeuble à une personne et de l'usufruit à une autre, le droit proportionnel ait été perçu tant sur la valeur de la nu-propriété que sur celle de l'usufruit, cependant le nu-propriétaire doit un nouveau droit de mutation, lors de la consolidation ou réunion de l'usufruit à la nu-propriété, par le décès de l'usufruitier. — *Cass.*, 25 nov. 1829, Cottais.

409. — La cession d'un usufruit, consentie par l'usufruitier au profit du nu-propriétaire, mais postérieurement à l'aliénation que celui-ci a faite de la nu-propriété, donne ouverture au droit proportionnel. — *Cass.*, 17 mars 1835, de Lussac.

410. — Le paragraphe 17 de l'instruction générale (n° 1200), portant que celui qui remet la nu-propriété de l'usufruit ne paie le droit de mutation que sur la moitié du prix de la valeur de la propriété entière, ne s'applique pas à l'acte par lequel le donataire de la nu-propriété d'un immeuble rétrocède ses droits au donateur qui s'était réservé l'usufruit; dans ce cas le droit de rétrocession ou de donation est dû sur vingt fois le revenu des biens. — Solut. 11 avr. 1836.

411. — Dans le cas où l'usufruitier de la moitié d'immeubles indivis se rend adjudicataire d'une partie de ces biens, si, pour la perception du droit de mutation qu'il doit il y a lieu de déduire du montant de son adjudication, la valeur de son usufruit sur la moitié des biens qu'il a acquis, c'est-à-dire le quart, il n'en est pas de même à l'égard du prix des autres biens adjugés à des étrangers. L'usufruitier étant réputé vendeur relativement à ces biens, il ne peut déduire le quart de ce prix sur le montant de son adjudication pour ne payer de droit proportionnel que sur le reste. — *Cass.*, 30 mars 1841 (t. 1er 1841, p. 682). Delaremanichère.

412. — L'adjudication par suite de saisie de la nu-propriété d'un immeuble dont l'usufruit est laissé ou saisi, est passible du droit proportionnel non seulement sur le prix de l'adjudication, mais encore sur la moitié en sus pour l'usufruit réservé. Il en serait autrement si l'usufruit appartenait à un tiers, ou s'il lui était vendu par le même acte. En pareil cas, le droit ne serait exigible pour cet usufruit, qu'au moment de sa consolidation à la propriété. — Inst. 24 déc. 1836, art. 1528, § 18.

413. — Lorsque dans le cas de transmission d'un immeuble grevé d'usufruit au profit d'un tiers le droit d'enregistrement a été acquitté sur la valeur de la nu-propriété et celle de l'usufruit, il n'est plus dû, en cas de transmission postérieure de la nu-propriété par décès ou autrement, mais avant l'extinction de l'usufruit, un nouveau droit sur celui-ci.—*Cass.*, 9 avr. 1843 (t. 2 1843, p. 640), Lallart.

414. — Lorsqu'un acte de vente de la nu-propriété dont l'usufruit est réservé par le vendeur, n'est passible du droit proportionnel que sur le prix de l'immeuble vendu, la régie ne peut exiger le droit de mutation pour l'usufruit lors de sa consolidation à la nu-propriété s'il s'est écoulé plus de deux ans depuis que l'acte de vente de cette nu-propriété a été présenté à l'enregistrement. — Délib. 12 fév. 1836 ; inst. 1528, § 18.

415. — L'acquéreur de la nue-propriété d'un immeuble qui n'a payé le droit que sur le prix porté au contrat, doit acquitter un nouveau droit lorsque l'usufruit s'éteint. Ce droit est dû, non au taux fixé pour les successions, mais comme supplément à la perception sur l'acte de vente de la nu-propriété. — Solut. 5 juin 1829; instr. gén., 1307, § 12.

416. — Lorsque l'acquéreur de la nu-propriété d'un immeuble n'a payé le droit d'enregistrement que sur le prix de cette nu-propriété, la prescription des droits dont est passible la réunion de l'usufruit à la nu-propriété ne court que du jour de cette réunion. — Solut. 24 déc. 1831.

417. — L'acquéreur de la nu-propriété d'un immeuble qui n'a payé le droit que sur le prix de la vente n'est pas tenu d'acquitter un supplément de droit au décès de l'usufruitier, si le vendeur a lui-même payé le droit sur la totalité comme donataire ou légataire. — *Cass.*, 12 août 1834, Pelletier.

418. — En cas de vente de la nu-propriété d'un immeuble, moyennant la nu-propriété d'une somme d'argent, le droit proportionnel doit être liquidé comme si le prix consistait dans la toute propriété de cette somme. — *Cass.*, 30 avr. 1839 (t. 1er 1839, p. 566), Blain.

419. — ...7° Pour les transmissions de propriété entre-vifs, à titre gratuit, et celles qui s'effectuent par décès, le droit est dû sur l'évaluation portée à vingt fois le produit des biens, ou le prix des baux courans, sans distraction des charges.—L. 22 frim. an VII, art. 15, n° 7.

420. — Le droit se perçoit non sur la valeur vénale déclarée par les parties, mais sur le montant du denier vingt du revenu, quoique plus faible que le capital attribué, sauf à requérir l'expertise s'il paraît insuffisant (Solut. 19 germin. an XII, 19 nov. 1812 et 28 juill. 1815). Ainsi, quoiqu'un immeuble déclaré à 1,800 fr. de revenu, soit évalué 68,000 fr. dans l'acte de donation, le droit ne peut toujours être assis que sur le capital au denier vingt de ce revenu (délib. 20 mars 1817). Seulement, il y aurait lieu à demander l'expertise, si le revenu paraissait insuffisamment évalué. — Délib. 1er sept. 1824.

421. — Jugé, en conséquence, que lorsqu'il s'agit de liquider et de payer le droit de mutation sur des biens transmis par décès, la valeur de la propriété ne peut être indéterminée que d'après le produit même des biens, calculé à raison de vingt fois le produit, ou d'après le prix des baux courans. — *Cass.*, 23 (et non 25) mars 1812, Wanden-Plassche.

422. — ... Que pour la perception du droit de mutation ouvert par le décès de l'un des époux les immeubles dépendant de la communauté et soumis au prélèvement des reprises du survivant, doivent être évalués, non d'après leur valeur vénale, mais d'après un capital formé de vingt fois leur revenu. — Délib. 5 mars, 1835.

423. — ...Que l'évaluation pour la perception du droit proportionnel d'immeubles transmis à titre de donation, doit être faite, non en capital seulement, mais par le produit annuel ou le prix des baux courans multiplié par vingt.—*Cass.*, 19 déc. 1809, de Laurens.

424. — Le vice de la perception ne saurait être couvert par cela que le receveur se serait contenté de l'estimation donnée par les parties. — Et lors même que la déclaration aurait été régularisée depuis le jugement, cette décision n'en devrait pas moins être cassée comme contraire à la loi. — *Cass.*, 19 déc. 1809, de Laurens.

425. — Pour évaluer le revenu annuel d'un bois non aménagé sur lequel il s'agit de percevoir le droit de mutation par décès, il faut supposer ce bois arrivé à l'âge auquel on le coupe dans la localité, puis répartir le produit qu'on trouve entre les années d'intervalle entre chaque coupe. — On ne saurait prétendre qu'il y a évaluation, non en revenus, mais en capital, en ce que les produits annuels du bois, successivement accumulés, se trouveraient à la fin capitalisés. — *Cass.*, 24 mai 1843 (t. 2 1843, p. 732), Rozet.

426. — Comme on doit considérer comme donation en ligne directe tout acte par lequel des pères et mères abandonnent leurs biens à leurs enfans, à la charge par ceux-ci de les nourrir ou de leur payer une rente viagère, ou sous d'autres conditions, la perception doit porter non sur le capital de la rente ou des stipulations onéreuses qui grèvent les donataires, mais sur la valeur des biens résultant soit de l'évaluation portée à vingt fois le produit des immeubles ou le prix de baux courans sans distraction des charges, soit de la déclaration des parties s'il s'agit d'effets mobiliers. — Décis. min. fin. 8 mai 1810; instr. 476; délib. 1er sept. 1824.

427. — Lorsqu'un bail fait au temps de paix contient deux prix, l'un pour le temps de paix, l'autre pour le temps de guerre, c'est le prix du temps de paix qui représente la valeur. Il en serait de même si le bail était fait et enregistré en temps de guerre. — *Dict. de l'enregistr.*, v° *Valeur*, n° 47.

428. — Si le prix du bail pour les dernières années était supérieur au prix des premières, il faudrait prendre pour base l'année commune, d'après la cumulation du prix de toutes les années du bail. — Solut. 18 fév. 1836.

429. — Si le bail a été stipulé payable en grains et denrées, l'évaluation du revenu doit être faite sur une année commune prise d'après les mercuriales du marché le plus voisin. — *Cass.*, 22 fév. 1831, Chaliès.

430. — L'évaluation des biens ne saurait avoir pour base des locations verbales, lesquelles ne présentent rien de certain; il faut des baux écrits. — *Cass.*, 30 mars 1808, Poulain.

431. — ... Il faut de plus que ce soient des *baux courans*. — Le bail expiré ou non encore commencé n'est pas le bail courant; il en est de même du bail résilié. — Championnière et Rigaud, t. 4, nos 3426 et 3429.

432. — Ainsi on ne peut prendre pour bases d'évaluation des immeubles soumis au droit de mutation par décès, un bail qui ne doit plus être regardé comme bail courant, non plus qu'une ventilation qui avait eu lieu dans un autre but surtout lorsque depuis ces actes il y a eu augmentation ou diminution dans l'importance des biens. — *Cass.*, 9 vendém. an XIII, Gehard.

433. — Les baux courans doivent servir de base

à l'évaluation lors même qu'ils pourraient être présumés fictifs. — *Cass.* 9 déc. 1835, Duprat.

434. — Cependant lorsqu'un bail d'immeubles fait *in extremis* est argué de dol et de fraude par la régie, les tribunaux ont pu déclarer, d'après les circonstances, que ce bail ne saurait être considéré comme bail courant. — *Cass.*, 1er déc. 1835, Naucaze.

435. — Bien plus, des baux écrits peuvent servir de base à l'évaluation lors même qu'ils ne seraient pas, au moment de la mutation, des baux *courans*, si cependant ils commencent à une époque très rapprochée du décès. — *Cass.*, 30 mars 1808, Poulain.

436. — Toutefois une simple quittance de fermages, qui ne renferme ni les époques de durée ni toutes les conditions du bail, ne peut être assimilée à un bail même et par suite motiver une fin de non-recevoir contre la demande en expertise. — *Cass.*, 12 fév. 1835, Millochau.

437. — Le bail courant une fois bien constant, il fait la loi des parties. D'où il suit :

438. — ... Que lorsque des immeubles ont été affermés par un bail sous seing-privé enregistré, qui se trouve être bail courant lors du décès du propriétaire, on ne peut pas être admis à prouver contre la régie que ce bail avait été depuis long-temps interrompu. — *Cass.*, 21 janv. (et non 11 mars) 1812, Rame.

439. — ... Que comme les droits de succession sont acquis au trésor au moment même du décès, la perception doit être réglée d'après les baux courans à cette époque, quelle que soit d'ailleurs celle de la déclaration des héritiers et du paiement des droits. — Déc. min. fin. 12 germin. an XIII; instr. 290, no 69.

440 — ... Que les juges ne peuvent écarter un bail courant dont se prévaut la régie, sous prétexte que le prix en est supérieur au véritable revenu de l'immeuble, et prendre pour base d'évaluation le revenu de l'immeuble, induit soit d'une expertise faite pour en opérer la vente en justice, soit du produit de cette vente. — Dans ce cas, le tribunal ne peut refuser de prendre le bail pour base d'évaluation en se fondant sur le consentement donné par le redevable à ce que la régie fasse procéder à une expertise, afin de déterminer le revenu de l'immeuble. — *Cass.*, 19 (et non 18) août 1829, Kayser.

441. — A défaut de représentation d'un bail des immeubles dépendant d'une succession, la régie ne peut attaquer la déclaration faite par les héritiers du produit annuel ou de la valeur locative en opposant une déclaration contraire que le fermier de ces biens aurait faite contre le gré et à l'insu de l'une des parties. Cette déclaration, ne faisant pas connaître le véritable revenu des biens, ne forme pas contre le bailleur un titre suffisant. Dans ce cas, si la déclaration des héritiers paraît irrégulière, la valeur des immeubles ne peut être constatée que par une expertise. — *Cass.*, 21 janv. 1812, Auchemin.

442. — A défaut de baux courans, la régie peut exiger une expertise pour fixer le revenu d'immeubles soumis au droit de mutation par décès encore qu'il soit représenté d'autres actes à l'appui d'une évaluation qui lui paraît insuffisante. — *Cass.*, 6 déc. 1836 (t. 1er 1837, p. 466), Chamblain. — V. *infrà* nos 469 et suiv.

443. — Lorsqu'à défaut de déclaration des parties, la régie fixe le montant des droits qu'elle réclame sur les immeubles transmis par décès, elle peut prendre pour base les évaluations contenues dans les actes d'acquisition de ces biens; elle n'est pas tenue légalement pour évaluation que d'après le prix des baux et en cas d'insuffisance d'après une expertise. — *Cass.*, 19 nov. 1835, Regnauld.

444. — A défaut de baux courans et de demande en expertise de la part de la régie de l'enregistrement, les juges peuvent, pour fixer la quotité du droit de mutation à percevoir sur un immeuble dépendant d'une succession, prendre pour l'évaluation telle autre base que d'autres actes ou une loi analogue leur indiquent. Ainsi s'agissant d'un bois, ils ont pu l'arrêter à la valeur, en capital, donnée à ce bois par un partage antérieur au décès et au revenu tel qu'il est déterminé pour les bois non aménagés par la loi du 3 frim. an VII pour l'assiette de la contribution foncière. — *Cass.*, 31 déc. 1823, de Beaumarchais.

445. — A défaut de justification du montant réel de la contribution à laquelle est assujéti un immeuble objet d'une donation entre-vifs dont l'acte est présenté à l'enregistrement, le receveur peut ajouter le quart du revenu déclaré, sauf aux parties à produire un extrait en forme du rôle de la contribution pour faire réduire la perception si elle est exagérée. Peu importe que l'évaluation de cette contribution ait été faite dans l'acte séparément de celle du revenu. — Solut. 27 juill. 1837.

446. — De ce que l'évaluation a lieu sur le produit des biens transmis *sans distraction des charges*, il suit :

447. — ... Que le droit de mutation par décès doit être payé sur la valeur entière des immeubles de la succession sans distraction du capital des rentes foncières dont ces immeubles sont grevés. — *Cass.*, 19 prair. an XI, Maigue.

448. — Décidé de même sous l'empire de la loi du 5 déc. 1790. — *Cass.*, 13 niv. an XI, Bacon.

449. — ... Que le droit de mutation dû sur les biens d'une succession vacante doit être acquitté sans déduction des dettes. — *Cass.*, 4 flor. an XIII, Bauwens.

450. — ... Que lorsque la veuve renonce à la communauté, le droit de mutation par décès doit être payé, par les héritiers du mari, sur la totalité de la communauté, sans distraction des reprises de la femme, qui doivent être considérées comme des charges de la succession, dans le sens de l'art. 15, no 7, L. 22 frim. an VII. — *Cass.*, 10 août 1830, Thurmann.

451. — ... Que lors de la liquidation des droits de mutation par décès dus par une veuve comme héritière de son mari, il ne doit point être fait distraction de ses reprises sur la succession de ce dernier. — *Cass.*, 2 oct. 1810, Chambré, Décis. min. just. et fin. 24 sept. 1808; Instr., 403, no 3.

452. — « Toutefois depuis, dit M. Masson-Delongpré (*C. de l'enreg.*, no 697), d'autres principes ont prévalu : il a été reconnu que, lors de la dissolution de la communauté, l'époux survivant et les héritiers du prédécédé se trouvent respectivement investis d'un droit de propriété dans les biens communs, et non d'une simple créance sur ces biens; que ce droit, consacré par l'art. 1474, C. civ., ne peut être confondu avec les *charges* dont parle l'art. 15, L. 22 trim.; que dès-lors la propriété des héritiers du prédécédé dans la communauté ne se compose que de la portion qui leur revient après les reprises du survivant, et que les droits de mutation ne doivent être acquittés que sur la portion ainsi déterminée; d'où il résulte que, dans les déclarations de biens de la communauté après le décès de l'un des conjoints, il y a lieu d'admettre, sur la masse commune, la distraction des reprises de l'époux survivant, et de ne percevoir les droits de succession que sur la portion des biens de la communauté qui revient aux héritiers après ces prélèvemens. — Décis. min. just. et fin. 18 juill. 1817; Instr., 809.

453. — Jugé néanmoins que si les art. 1436 et 1472, C. civ., accordent à la femme commune en biens, lors de la dissolution de la communauté, et en cas d'insuffisance des biens immeubles de cette communauté, un recours subsidiaire sur les biens personnels de son mari, pour la remplir de ses reprises, ce recours ne constitue pas dans sa main un droit de propriété sur les biens personnels du mari, mais une simple action hypothécaire qui ne peut donner lieu à aucune distraction dans l'évaluation des biens à déclarer par les héritiers du mari, pour le paiement des droits de mutation. — *Cass.*, 18 mai 1824, de Cotignon.

454. — Mais à la différence des charges imposées au donataire, les réserves faites par le donateur sur les biens donnés doivent être déduites du montant de la donation, pour déterminer la perception du droit. — *Cass.*, 28 janv. 1818, Harnepont.

455. — Ainsi, lorsque le donateur par contrat de mariage s'est réservé la faculté de disposer de quelques uns des biens donnés, il doit être fait distraction de la valeur de ces biens pour la perception du droit. — *Cass.*, 15 juin 1808, Grac.

456. — Ainsi, encore, lorsque le donateur d'un immeuble par contrat de mariage avec réserve de disposer d'une somme à prendre sur cet immeuble, a effectivement disposé de cette somme en faveur d'un tiers, les droits de mutation à payer par le donataire à raison de cet immeuble ne sont dus que déduction faite de la somme dont le donateur a disposé.—*Cass.*, 17 août 1831, Régnier.

457. — De ce que la perception doit se faire sur la valeur des biens, sans distraction des charges, il suit encore que l'héritier qui recueille seulement la nu-propriété d'un immeuble ne doit pas moins le droit de mutation par décès sur la valeur entière des biens. D'ailleurs, en pareil cas, l'héritier recueille non seulement la nu-propriété, mais encore l'expectative de l'usufruit.—Délib. 24 sept. 1830.

458. — Jugé, en ce sens, que, dans toute transmission de propriété à titre gratuit entre-vifs ou par décès, le droit de mutation est dû sur la valeur entière des biens à l'instant du contrat ou du décès, encore bien que l'usufruit soit séparé de la propriété. — *Cass.*, 31 juill. 1815, Harostegny.

459. — Ainsi, lors d'une déclaration de mutation par suite de décès, la propriété doit être évaluée à vingt fois le produit des biens, sans égard à la charge de l'usufruit. — *Cass.*, 18 déc. 1811, Lambrechtz.

460. — Jugé également, sous l'empire de la loi du 19 déc. 1790, que lorsqu'un immeuble grevé d'usufruit est constitué en dot, le droit d'enregistrement est dû sur la pleine propriété, sans qu'on puisse réserver la moitié des droits pour être perçus à l'époque de la consolidation de l'usufruit. — *Cass.*, 21 flor. an VIII, Duchateau; — L. 19 déc. 1790, art. 1er, sect. 2e.

461. — Il n'est rien dû pour la réunion de l'usufruit à la propriété, lorsque le droit d'enregistrement a été acquitté sur la valeur entière de la propriété. — L. 22 frim. an VII, art. 15, no 7.

462. — Cette disposition est applicable, soit que la réunion ait eu lieu au profit du donataire ou légataire, soit qu'elle ait eu lieu au profit d'un tiers cessionnaire de leurs droits. — *Cass.*, 27 mai 1834, Dupuis.

463. — ... Et cela quand même la perception aurait été faite sur une déclaration reconnue depuis insuffisante, mais à l'égard de laquelle on peut invoquer la prescription acquise. — *Cass.*, 19 avr. 1809, Vandeuvielle.

464. — Mais la réunion de l'usufruit à la nu-propriété n'est affranchie du droit de mutation qu'autant que le droit a été acquitté par anticipation sur la *valeur entière* de la propriété.—Dès-lors, si, par un partage entre un père et ses enfans, sur lequel il n'a été perçu qu'un droit fixe, tous les biens de la communauté ont été attribués en usufruit au père et en nu-propriété aux enfans, ces derniers sont tenus, au décès de leur père, d'acquitter le droit de mutation à raison de la cessation de l'usufruit. — *Cass.*, 2 août 1841 (t. 2 1841, p. 308), Darblay.

465. — Lorsque, dans le cas de transmission d'un immeuble grevé d'usufruit au profit d'un tiers, le droit a été perçu sur la valeur entière de la propriété, à raison de vingt fois le revenu des biens, il n'est dû sur les transmissions ultérieures soit par décès, soit autrement, de cette nu-propriété, avant sa réunion à l'usufruit, qu'un droit proportionnel calculé sur la valeur de la nu-propriété, c'est à-dire à raison de dix fois le revenu seulement.—*Cass.*, 30 mars 1841 (t. 1er 1841, p.673), Decoineau.

466. — Pour les transmissions d'usufruit seulement soit entre-vifs à titre gratuit, soit par décès, la valeur est déterminée par l'évaluation portée à dix fois le produit des biens ou le prix des baux courans, sans distraction des charges. — Lorsque l'usufruitier qui a acquitté le droit d'enregistrement pour son usufruit acquiert la nu-propriété, il paie le droit d'enregistrement sur sa valeur, sans qu'il y ait lieu de joindre celle de l'usufruit. — L. 22 frim. an VII, art. 15, no 8.

467. — Quand l'usufruit est conféré à vie à titre gratuit, il est évalué à la moitié de la valeur de l'objet, quel que soit l'âge ou l'état de santé de celui sur la tête de qui cet usufruit repose. — Proudhon, *De l'usuf.*, t. 4, p. 337.

468. — Quand l'usufruit est conféré à temps, il faut distinguer : s'il est légué pour dix ans ou plus, le droit est exigible sur moitié de la valeur du fonds ; si l'usufruit est légué pour un moindre espace de temps, il ne doit être évalué que sur le revenu du fonds multiplié par le nombre d'années pour lequel il est légué.—Proudhon, *De l'usuf.*, t. 4, p. 337. — Les rédacteurs du *Journal de l'enreg.* (art. 758) pensent, et à tort, ce nous semble, qu'il n'est dû en pareil cas que le droit de bail.

Sect. 2e. — *Expertise.*

469. — Autrefois, quand un immeuble vendu valait réellement plus qu'on ne l'estimait, les seigneurs en faveur de qui existaient les droits de *lods* et *ventes* pouvaient se le faire adjuger ; c'est ce qu'on appelait le droit de *retrait*. Cette mesure a été proscrite en matière d'enregistrement ; on a pensé que l'expertise suffisait pour atteindre la fraude. — *Dict. des dr. d'enreg.*, vo *Expertise*, no 2.

470. — L'expertise n'était point autorisée par la loi du 5-19 déc. 1790 ; elle l'a été par celle du 9 vendém. an VI, art. 22, mais seulement par les fausses évaluations d'immeubles dans les transmissions à titre gratuit ou par décès. — Un nouvel état de choses a été établi par la loi du 22 frim. an VII, comme on va le voir.

§ 1er. — *Quand et par qui l'expertise peut être requise. — Mode d'évaluation.*

471. — Si le prix énoncé dans un acte translatif de propriété ou d'usufruit de biens immeubles, à titre onéreux, paraît inférieur à leur valeur vénale à l'époque de l'aliénation, par comparaison avec les fonds voisins de même nature, la régie peut requérir une expertise, pourvu qu'elle en fasse la demande dans l'année, à compter du jour de l'enregistrement du contrat. — L. 22 frim. an VII, art. 17.

472. — Il y a également lieu à requérir l'expertise des revenus des immeubles transmis en propriété ou usufruit, à tout autre titre qu'à titre onéreux, lorsque l'insuffisance dans l'évaluation ne peut être établie par actes qui puissent faire connaître le véritable revenu des biens. — L. 22 frim. an VII, art. 19.

473. — Les mesures de vérification prescrites par les art. 17, 18 et 19, L. 22 frim. an VII, sont exclusivement relatives aux transmissions de biens immeubles.—*Cass.*, 1er fév. 1832, Gendron.—V. conf. Championnière et Rigaud, t. 4, nos 3422 et 3270.

474. — L'expertise ne saurait donc être employée relativement aux objets mobiliers. — *Dict. des dr. d'enreg.*, vo *Expertise*, no 11; Championnière et Rigaud, t. 4, no 3270.

475. — Ainsi, pour liquider le droit d'une obligation, ni la régie, ni les tribunaux ne pourraient recourir à l'expertise, ni se livrer à aucune opération ou calculs équivalens. — Championnière et Rigaud, t. 4, no 3603.

476. — De plus, comme l'expertise n'est accordée qu'en cas de transmission de propriété ou d'usufruit des immeubles, il s'ensuit qu'elle ne l'est pas en cas de simple transmission de jouissance.— *Dict. des dr. d'enregist.*, vo *Expertise*, no 11.

477. — Ainsi, l'expertise ne peut être requise pour constater la fausse évaluation dans un bail à portion de fruits qui n'est qu'une simple transmission de jouissance. — Délib. 2 oct. 1806 ; — Championnière et Rigaud, t. 4, no 3549.

478. — Mais si le bail était translatif de propriété, l'expertise serait admissible; la valeur vénale serait alors établie en une rente. — Championnière et Rigaud, t. 4, no 3550.

479. — L'expertise ne peut jamais être requise que par la régie et dans son intérêt.—*Cass.*, 27 (et non 7) avr. 1807, Colin.

480. — Jugé également que l'expertise à l'effet de régler la valeur du revenu des immeubles transmis par décès, n'a été introduite qu'en faveur de la régie et pour le cas seulement où elle ne voudrait pas se contenter de la déclaration des héritiers. En conséquence, ceux-ci sont non-recevables à réclamer l'expertise, après avoir fait une déclaration que la régie veut bien prendre pour base de la perception du droit. — *Cass.*, 1er avr. (et non 30 mars) 1829, Briant de Laneuville.

481. — D'un autre côté, la régie ne peut établir la plus-value d'un immeuble sur le prix exprimé, que par la voie de l'expertise; tout autre genre de preuves lui est interdit. — Championnière et Rigaud, t. 4, n° 3279.

482. — Décidé également qu'en cas d'insuffisance présumée dans l'évaluation des revenus d'immeubles donnés, la régie n'a que la faculté de requérir l'expertise dans les formes tracées par la loi; la contrainte qu'elle décernerait en pareil cas serait nulle. — Délib. 13 fév. 1844.

483. — L'allégation d'une erreur non prouvée légalement, ni l'offre du droit simple sur un supplément d'évaluation, ne peuvent arrêter l'expertise. — *Dict. des dr. d'enregist.*, v° *Expertise*, n° 74.

484. — Les tribunaux ne peuvent surseoir à une expertise demandée par la régie, sous prétexte qu'un partage à faire avec un mineur nécessitant lui-même une autre expertise, il y aura lieu de procéder à une seule expertise pour le tout. — *Cass.*, 4 fév. 1807, Sarton.

485. — *Mode d'évaluation.* — On a vu que la loi a établi deux modes de perception pour les transmissions de propriétés foncières. Pour les transmissions à titre onéreux la valeur vénale sert de base à l'assiette des droits; pour les transmissions à titre gratuit, c'est le revenu annuel. C'est également le revenu qui sert de base pour les échanges. — Puisqu'il y a deux modes de perception, il y a nécessairement deux modes d'évaluation, en raison du mode de perception; il y a donc lieu de rechercher et d'apprécier soit la valeur vénale des biens, soit leur revenu. — *Dict. des dr. d'enregist.*, v° *Expertise*, n°s 9 et 10.

486. — *Transmissions à titre onéreux.* — L'expertise peut être provoquée pour constater l'insuffisance de la fixation provisoire du prix d'une vente à déterminer ultérieurement par des experts. — Solut. 24 juill. 1828; Instr. 566 et 4537, sect. 2, n° 253.

487. — Les dispositions de la loi du 22 frim. an VII étant générales, sont par conséquent applicables aussi bien au cas où les biens dont la propriété est transférée sont litigieux, qu'à celui où ils ne le sont pas, lors de l'acte qui en transfère la propriété. — *Cass. belge*, 21 mars 1827, Goffin.

488. — Si avant une expertise ou pendant l'instance, le contrat de vente est rescindé ou annulé par jugement, la demande ne doit pas être abandonnée; car il y avait droit acquis pour le trésor. — *Dict. des dr. d'enregist.*, v° *Expertise*, n° 47. — V. *contrà* Journ. de l'enregist., art. 1950.

489. — L'expertise pour fixer la véritable valeur d'un immeuble vendu, doit être ordonnée, encore bien qu'il soit survenu une surenchère susceptible d'entraîner l'adjudication de l'immeuble. — *Cass.*, 3 mai 1809, Riquebourg; 27 juin 1809, David; 6 juill. 1812, Dumet.

490. — La régie a le droit de demander l'expertise des ventes d'immeubles faites avec réserve d'usufruit, aussi bien que de celles faites en toute propriété. — *Cass.*, 6 juill. 1843 (t. 2 1843, p. 727), Imbert; — instr. 26 sept. 1829, n° 1293, § 11.

491. — Toutefois, l'estimation d'une nu-propriété devant être appréciée d'après les probabilités du plus ou moins de durée de l'usufruit, le calcul de ces probabilités doit aussi déterminer ou empêcher les propositions d'expertise relatives aux ventes sous réserve d'usufruit. — Solut. 1er avr. 1835.

492. — Lorsqu'un acte de vente d'un immeuble porte que la vente est consentie moyennant une somme déterminée et une rente viagère, avec mention que l'acquéreur a consenti que cette rente fût constituée au denier douze, la régie peut, sans être tenue de mettre l'acquéreur en demeure de fournir une nouvelle déclaration estimative, provoquer l'expertise de l'immeuble à l'effet d'en faire connaître la valeur vénale. — *Cass.*, 3 (et non 23) août 1836, Legenvre.

493. — Lorsque, dans une cession de droits successifs moyennant une rente viagère, le prix paraît inférieur à la valeur vénale, la régie peut, comme dans le cas de vente pour un prix déterminé, requérir l'expertise pour fixer le montant des droits. — *Cass.*, 1er juin 1808, Lanteri. — V. conf. Délib. 17 sept. 1807.

494. — En cas d'insuffisance de déclaration des dettes, dans une cession de droits successifs immobiliers, on ne peut constater que par la voie de l'expertise si la valeur des droits immobiliers cédés est supérieure au prix total composé du prix stipulé et du montant des charges, lors même qu'il aurait été découvert des créances sur la succession supérieures à celles déclarées. — Décis. min. fin. 7 déc. 1814; solut. 6 mars 1827; instr. 1150, § 2; 1210, § 10; 1537, sect. 2e, n° 254.

495. — Lorsqu'il y a contestation sur le droit de mutation de deux ventes successives du même domaine, un jugement a pu décider que la régie de l'enregistrement était fondée à invoquer contre le second acquéreur le procès-verbal d'expertise qui établit la valeur de cet immeuble à l'égard du premier acquéreur, et qu'il n'y a pas lieu de recourir à une nouvelle expertise, si le second acquéreur a garanti le paiement des droits dus pour la première vente, et qu'il a été à ce titre appelé dans l'instance où l'expertise a été ordonnée; si la seconde vente a eu lieu peu de temps après la première, s'il n'a été procédé à l'expertise qu'après la seconde vente et toutes les parties dûment appelées; et enfin si le second acquéreur ne prouve ou même n'articule aucun préjudice résultant du refus d'une double expertise. Peu importerait que la seconde vente ne comprît pas certains objets qui faisaient partie de la première, si l'estimation du domaine ayant été faite article par article, il y a eu ainsi évaluation distincte pour les objets exceptés. — *Cass.*, 5 avr. 1831, Ridray.

496. — La déclaration faite devant un juge de paix par un acquéreur qu'il a payé un prix supérieur à celui porté au contrat autorise la régie à exiger un supplément au droit perçu, sans avoir recours à une expertise. — Solut. 18 avr. 1835.

497. — En matière de vente à réméré, comme en matière de toute transmission des biens à titre onéreux, la régie peut demander l'expertise, si le prix énoncé au contrat lui paraît inférieur à la valeur réelle de l'immeuble. — *Cass.*, 5 nov. 1814, Chesnel.

498. — Mais alors les experts doivent rechercher la valeur vénale de l'immeuble dans les conditions du contrat. — Championnière et Rigaud, t. 4, n° 3277.

499. — Une expertise peut être demandée par la régie lors même qu'aucun prix n'est énoncé dans l'acte reconnu vente. — *Cass.*, 20 mars 1839 (t. 1er 1839, p. 464), Lobgeois et Thuret.

500. — Dans les différentes espèces qui précèdent nul doute qu'il ne s'agisse que de transmissions à titre onéreux. — Mais une donation ne peut-elle être elle-même à titre onéreux? — V. à cet égard n° 537 et suiv.

501. — Jugé à ce sujet qu'on doit réputer contrat à titre onéreux, plus qu'à titre gratuit, une démission de biens faite par une mère au profit de ses enfans, mais avec réserve d'une jouissance viagère qui s'étend sur les biens personnels de ceux-ci; que dès-lors, la régie n'a que la voie de l'expertise pour établir la prétendue insuffisance d'évaluation des biens compris dans une pareille démission. — *Cass.*, 2 (et non 27) sept. 1812, Rigault.

502. — ...Qu'un tribunal fait une juste application de l'art. 1106, C. civ., lorsqu'il décide qu'une donation est à titre onéreux, quand les biens qui y sont évalués à un produit de 250 fr. sont donnés moyennant une rente de 400 fr. à fournir au donateur. Si la régie de l'enregistrement pense que cette évaluation est inférieure à leur véritable valeur, elle n'a pour la constater que la voie de l'expertise, suivant l'art. 17, L. 22 frim. an VII, et si cette évaluation a pour objet, tant des biens affermés que d'autres qui ne le sont pas, il ne lui est pas permis de la porter sur les premiers seulement, et de restreindre son expertise sur les seconds. — *Cass.*, 18 juill. 1821, Dumaret.

503. — Un partage d'immeubles étant translatif de propriété, lorsqu'il est fait avec soulte, et étant comme tel soumis aux règles et aux mêmes droits que les autres mutations à titre onéreux, il y a lieu à l'expertise pour connaître la véritable valeur de cette soulte, si elle n'est pas constante. — *Cass.*, 8 fév. 1813, Sabatier.

504. — L'estimation d'un immeuble vendu doit, pour la fixation du droit de mutation, être faite, non à raison des revenus, mais d'après sa valeur vénale par comparaison aux fonds voisins.—*Cass.*, 28 mars 1831, Boscaff.— Championnière et Rigaud, t. 4, nᵒ 3284.

505.—Les experts chargés de l'estimation d'un domaine considérable doivent, s'il y a lieu, estimer séparément chaque partie de nature différente dans l'immeuble à apprécier, et comparer chacune de ces parties avec les fonds voisins de même nature. — *Cass.*, 8 brum. an XIV (et non 9 niv. an IX), Mayer Leroux et Barbier.

506.—Lorsque les tribunaux ordonnent une expertise pour déterminer la valeur vénale d'un immeuble vendu, dont le prix paraît avoir été dissimulé, ils ne peuvent prescrire que l'estimation sera faite d'après le revenu de l'immeuble multiplié par vingt. En pareil cas, l'estimation ne peut avoir lieu que par comparaison avec les fonds voisins de même nature. — *Cass.*, 23 mars (et non 27 mai) 1812, Bonnecarère.

507. — Lorsqu'une vente est faite avec réserve d'usufruit, l'expertise ne peut avoir lieu qu'à l'égard du prix de la nue propriété vendue; il n'en est pas de même à l'égard du prix de l'usufruit, puisque cet usufruit n'est pas vendu.— *Arg. Cass.*, 10 juill. 1810, Borde.

508. — Dans les transmissions à titre onéreux, l'estimation d'un usufruit n'a pas pour base nécessaire le revenu multiplié par dix. Les experts doivent apprécier le produit des biens et la durée présumable de l'usufruit, et sur cette base asseoir une valeur vénale. — Championnière et Rigaud. t. 4, nᵒ 3480.

509.—Si les juges chargent des experts d'estimer la valeur vénale d'une nue propriété d'immeuble, ils peuvent leur prescrire d'estimer d'abord la valeur vénale de l'immeuble en pleine propriété, et de déduire ensuite de cette valeur celle de l'usufruit d'après sa durée présumée.— *Cass.*, 24 janv. 1844 (t. 1ᵉʳ 1844, p. 590), Marais.

510. — La valeur vénale d'un immeuble vendu n'étant que celle dont profite le vendeur, il y a lieu, en cas d'expertise pour la fixation du prix, de faire déduction des impôts, des frais d'acte et des droits d'enregistrement payés par l'acquéreur. — *Cass.*, 7 mars 1833, Brunet.

511. — Les experts doivent également tenir compte des charges dont l'immeuble est grevé et qui en diminuent la valeur, telles que les servitudes, les baux, l'usufruit, etc. — Championnière et Rigaud, t. 4, nᵒ 3287.

512. — Dans l'estimation requise par la régie pour fixer le juste prix d'un immeuble vendu et la quotité du droit proportionnel dont il est passible, les experts sont tenus de déduire, sur ce prix estimatif, les impenses de l'acquéreur et de prendre en considération sa valeur vénale à l'époque de l'aliénation.—Le procès-verbal d'expertise où cette constatation de la valeur vénale serait omise est nul, et les juges ne pourraient se borner à ordonner aux experts de déduire de leur estimation la plus-value acquise à l'immeuble. — *Cass.*, 15 (et non 16) mai 1832, Brontin.

513.—Lorsque, sur la demande de la régie à fin d'expertise d'un terrain vendu et des constructions qui y sont élevées, il n'y a de contestation de la part de l'acquéreur que relativement aux constructions, qu'il prétend ne pas faire partie de la vente, les juges ne peuvent, en accueillant ce dernier système, et en déclarant, par suite, la demande d'expertise non recevable quant aux constructions, se dispenser de l'ordonner relativement au terrain.—*Cass.*, 31 janv. 1842 (t. 1ᵉʳ 1842, p. 543), Périer.

514.—*Transmissions à titre non onéreux.* — L'expertise autorisée par l'art. 19, L. de frim., n'a pas pour objet de prouver l'insuffisance des évaluations établies par les baux, mais celle des déclarations estimatives seulement. Les premières sont une base légale qu'il n'est pas permis de critiquer, sauf le cas de fraude. — Championnière et Rigaud, t. 4, nᵒ 3425.

515. — La régie peut requérir l'expertise, pour l'évaluation des immeubles soumis au droit de mutation par décès, lors même que ces immeubles sont évalués par quinze fois la valeur du revenu établi au rôle de la contribution foncière.— *Cass.*, 4 août 1807, Bogaert.

516.—Lorsqu'à l'époque du décès il y a un bail courant pour les immeubles assujétis au droit de mutation, les héritiers ne peuvent prendre aucune autre base pour la déclaration du revenu des immeubles, et il n'y a pas lieu d'ordonner que ce revenu soit constaté par une expertise. — *Cass.*, 7 germin. an XII, Assaguel-Laborde; 5 avr. 1808, Garnier.

517. — Le bail courant doit donc servir de base à la perception du droit de mutation par décès, sans que les héritiers puissent, sous prétexte que la prestation est excessive, demander une estimation par experts. — *Cass.*, 18 fév. 1807, Lascaris; 13 fév. 1809, Baron ; 14 juin 1809, Target.

518. — Lorsque, pour fixer le droit à percevoir sur une donation, la régie produit un bail authentique et courant, elle ne peut être obligée de subir l'expertise, ou de prouver par titres ou par témoins que ce bail existait de fait au moment de la donation, par cela que l'adversaire produirait de son côté un jugement rendu entre lui et un tiers, postérieurement à l'action de la régie, et duquel il résulterait que celui-ci était fermier des immeubles donnés en vertu d'un bail verbal, et par conséquent, que le bail authentique invoqué par la régie avait cessé d'exister. — *Cass.*, 7 fév. 1821, Vallée.

519.—Les héritiers d'une veuve qui, dans la déclaration faite après le décès de celle-ci, ont compris un immeuble provenant de la communauté qui avait existé entre cette veuve et son mari, ne peuvent opposer à la demande qui leur est faite du double droit d'enregistrement pour fausse évaluation, que le bail courant d'où résulte la preuve de cette fausse évaluation leur était inconnu lors de la déclaration, qu'il n'était pas signé de leur auteur, et n'avait pas date certaine à son décès, et enfin que la régie devait procéder par voie d'expertise. — *Cass.*, 3 mars 1840 (t. 1ᵉʳ 1840, p. 703), Hacquet.

520. — Les baux courans ne sont pas les seuls actes qui forment obstacle à l'expertise, mais encore tous ceux qui peuvent faire connaître le véritable revenu. — Championnière et Rigaud, t. 4, nᵒ 3435.

521. — Au cas d'une déclaration d'immeubles dépendant d'une succession, l'expertise faite à l'égard de ces immeubles avec l'auteur de celui qui fait la déclaration peut, à défaut d'un bail courant et à la demande d'une nouvelle expertise, être prise pour base de l'évaluation des droits et comme acte établissant l'insuffisance de la déclaration. — *Cass.*, 1ᵉʳ déc. 1835, Naucaze.

522. — De même, l'insuffisance du revenu des biens, objet d'une donation ou d'une déclaration de succession, peut être constatée à l'aide d'une expertise faite pour parvenir à une licitation ou à un partage. — Solut. 25 nov. 1807. — *Contrà* délib. 8 nov. 1833.

523. — La régie ne peut demander l'expertise partielle d'un domaine dont les revenus sont déclarés en bloc. — Championnière et Rigaud, t. 4, nᵒ 3431.

524.—La loi n'a point tracé de règles aux experts pour constater le revenu; elle s'en remet dès-lors à leurs lumières et à leur appréciation, sans qu'ils soient tenus de se conformer aux prescriptions de la régie à l'égard de certains biens. — Championnière et Rigaud, t. 4, nᵒ 3443.

525.—Jugé, en ce sens, que la loi n'ayant point déterminé d'une manière précise les bases d'évaluation des immeubles, les experts peuvent choisir celles que leurs lumières et leur conscience leur suggèrent, sauf aux juges à les apprécier. — *Cass.*, 9 (et non 7 ou 8) juill. 1815, N...

526. — Si dans le cas d'une expertise autorisée par l'art. 19, un jugement ordonne que les experts évalueront un fonds sans distraction des arbres de bordure, le but de l'art. 15 qui veut que le droit soit perçu d'après tous les revenus de tous les biens composant la succession se trouve atteint ; car, en vertu du jugement, le produit des arbres doit entrer dans l'évaluation des experts, tout aussi bien que celui du sol auquel ils sont attachés. — *Cass.*, 15 juill. 1812, Freté.

527. — En un mot, tout ce qui compose l'immeuble et peut en augmenter le revenu doit en-

trer dans l'évaluation. — Championnière et Rigaud, t. 4, no 3444.

528. — Il n'y a pas lieu de déduire du revenu fixé par les experts le cinquième pour les impositions. — *Dict. des dr. d'enreg.*, v° *Échange*, n° 71.

529. — *Échanges.* — Bien que l'échange soit un contrat à titre onéreux, comme les droits se liquident par un capital formé du revenu, c'est là une exception à la règle générale. Le revenu seul peut donc faire l'objet de l'expertise, lorsqu'il s'agit de constater une plus-value. — *Dict. des dr. d'enreg.*, v° *Expertise*, n° 30.

530. — Lorsque le retour stipulé dans un contrat d'échange, est inférieur à la valeur réelle de l'objet qui donne lieu à la soulte, la régie peut fonder son évaluation sur un bail courant, sans être obligée de recourir à l'expertise. — *Cass.*, 13 déc. 1809, Quentin ; — instr. 5 juin 1837, 1537, sect. 2e, n° 259.

531. — Un tribunal a pu, sans violer la loi, ordonner une expertise afin de constater le revenu de biens échangés, quoique ces biens fussent affermés par bail produit. — *Cass.*, 12 niv. an XIII, Linard et Lacoste.

532. — De même, dans le cas où la régie prétend qu'il y a déclaration insuffisante du revenu d'un immeuble cédé en échange, le tribunal peut ordonner l'expertise pour déterminer le véritable revenu de cet immeuble, nonobstant l'existence d'un bail courant. Ce n'est pas comme lorsqu'il s'agit de transmission de propriété à titre gratuit ou par décès, cas auxquels la loi n'autorise l'expertise qu'à défaut de baux courans ou autres actes constatant le véritable revenu des biens. — *Cass.*, 27 déc. 1820, François.

533. — Lorsque la régie requiert l'expertise de l'un des immeubles, elle ne peut se refuser à l'expertise de l'autre. — Championnière et Rigaud, t. 4, n° 3458 ; — *Trib. de la Seine*, 24 fév. 1830.

§ 2. — *Délai dans lequel l'expertise doit être requise.*

534. — Le délai accordé à la régie pour provoquer l'expertise varie suivant qu'il s'agit de transmission à titre onéreux ou à titre non onéreux.

535. — *Transmissions à titre onéreux.* — Le délai est d'une année à partir du jour de l'enregistrement du contrat, s'il s'agit d'immeubles transmis à titre onéreux. — L. 22 frim. an VII, art. 17.

536. — Ainsi, la régie n'est pas recevable à demander l'expertise pour l'évaluation d'un immeuble, après l'année de l'enregistrement de l'acte d'aliénation à titre onéreux. — *Cass.*, 7 germ. an XI, Cezeau.

537. — Mais que doit-on entendre par transmission à titre onéreux ? — La cour de cassation a décidé en dernier lieu que pour être réputé translatif de propriété à titre onéreux en matière d'enregistrement, il ne suffit pas qu'un acte puisse être qualifié tel d'après les principes du droit civil ; il faut encore que la transmission de propriété ait été faite moyennant un prix énoncé au contrat ; qu'ainsi ne peut être considéré comme contrat à titre onéreux un partage anticipé fait par un père à ses enfans, encore bien qu'il ait lieu à charge par ceux-ci de payer une pension au donateur, et d'acquitter ses dettes. — *Cass.*, 15 janv. 1844 (t. 1er 1844, p. 167), Molère. — Championnière et Rigaud, t. 3, n° 2248.

538. — En cela elle est revenue sur une jurisprudence qu'on pouvait croire établie, car elle avait plusieurs fois décidé qu'on devait considérer comme translatif de propriété à titre onéreux, et par conséquent comme ne pouvant être l'objet d'une expertise que dans l'année :

539. — ...Une donation entre vifs, faite par un père à ses enfans, à la charge par ceux-ci de le nourrir et entretenir. — *Cass.*, 22 nov. 1808, Liège.

540. — ...L'acte par lequel un père ou une mère abandonne ses biens à ses enfans, à la charge par ceux-ci de lui payer une pension viagère qui, comparativement à la valeur des biens, est modique. — *Cass.*, 1er mars 1809, Diot.

541. — ...L'acte de démission de biens consenti par une mère au profit de ses enfans, à la charge par ceux-ci de lui payer une rente viagère. — *Cass.*, 20 janv. 1817, Sabouret.

542. — La régie doit requérir l'expertise dans l'année de la vente à réméré. — Solut. 2 juill. 1807.

543. — Lorsqu'une ventilation du prix est nécessaire pour déterminer les droits dus sur un acte de vente comprenant des biens situés en France et d'autres situés en pays étranger, le délai pour provoquer l'expertise ne court que du jour où cette ventilation a été constatée ou du jour de la déclaration qui en a tenu lieu. — Délib. 10 mars 1827.

544. — La prescription annale contre la demande à fin d'expertise n'est pas interrompue par la seule présentation de la requête par la régie ; il faut de plus que cette requête ait été signifiée au redevable dans l'année. — *Cass.*, 7 germ. an XI, Davan ; 18 germ. an XIII, Guyet. — Merlin, *Quest.*, v° *Enregistrement* (droits d'), § 10.

545. — Quand la requête de la régie a été notifiée au défendeur dans l'année, celui-ci ne peut prétendre que l'action de la régie est prescrite, par le motif qu'il n'a été assigné qu'après l'expiration de l'année. — *Cass.*, 5 déc. 1820, Simon.

546. — De même, il suffit que la régie ait dans l'année notifié sa requête, avec indication de l'expert qu'elle a choisi, et sommation au défendeur de nommer le sien. Il n'est pas nécessaire que le jugement qui ordonne l'expertise ait encore été notifié dans le même délai. — *Cass.*, 21 (et non 22) fév. 1809, Carné.

547. — Jugé que l'action de la régie n'est interrompue par la signification de la requête, qu'autant que cette signification renferme sommation à la partie de nommer son expert ou citation devant le tribunal. — *Cass.*, 29 (et non 27) nov. 1833, Guibal.

548. — *Transmissions à titre non onéreux.* — Le délai accordé à la régie pour requérir l'expertise en cas d'insuffisance d'évaluation dans une transmission d'immeubles à tout autre titre qu'à titre onéreux est de deux ans. — L. 22 frim. an VII, art. 61, § 1er.

549. — Jugé en ce sens que le délai d'un an accordé à la régie pour requérir l'expertise ne concerne que les contrats à titre onéreux ; mais pour les actes à titre gratuit le délai est de deux ans. En d'autres termes l'expertise peut être requise tant que dure l'action en recouvrement du droit. — *Cass.*, 26 fév. 1812, Montesquiou de la Bouronne ; 12 fév. 1835, Millochau.

550. — Par conséquent la régie a deux ans pour requérir l'expertise en cas d'insuffisance de déclarations lors de la transmission d'un immeuble à tout autre titre qu'à titre onéreux. — *Cass.*, 12 fév. 1835, Millochau.

551. — ...En cas de fausse évaluation des biens dans une déclaration de succession. — *Cass.*, 10 déc. 1806, Wanloo.

552. — ...En cas d'une donation entre vifs d'immeubles faite par contrat de mariage. — *Cass.*, 7 août 1844 (t. 2 1844, p. 635), Bonfil-Cambournac.

553. — ...Ou de biens formant l'objet d'une donation entre vifs faite à la charge de payer une rente viagère au donateur. — *Cass.*, 19 fév. 1845 (t. 1er 1845, p. 250), Duhazé.

554. — Jugé également qu'un partage anticipé fait par un père à ses enfans ne pouvant être considéré comme un contrat onéreux, bien que les enfans soient chargés de payer une pension au donateur et de payer ses dettes, la régie qui prétend qu'il y a eu fausse évaluation du revenu des biens abandonnés, peut demander l'expertise dans les deux ans, et non pas seulement dans l'année. — *Cass.*, 15 janv. 1844 (t. 1er 1844, p. 167), Molère.

555. — Le délai de deux années court à partir du jour du contrat. — *Cass.*, 26 fév. 1812, Montesquiou de la Bouronne ; 7 août 1844 (t. 2 1844, p. 635), Bonfil-Cambournac ; 19 fév. 1845 (t. 1er 1845, p. 250), Duhazé.

556. — Par la même raison, bien qu'une déclaration de succession ait été postérieurement rectifiée par les héritiers, le délai de deux ans pour requérir l'expertise, court du jour de la déclaration et non de celui de la rectification. — Délib. 23 oct. 1816.

557. — On ne doit point appliquer au délai fixé à la régie pour demander l'estimation des biens d'une succession, la disposition de l'art. 25, L. 22

frim. an VII, qui porte que le jour de la date de l'acte ou celui de l'ouverture de la succession n'est point compté dans les délais fixés pour l'enregistrement des actes et des déclarations.—*Cass.*, 12 (et non 11) oct. 1814, Lelièvre de Lagrange.

558.—Il y aurait lieu au surplus d'appliquer, au délai de deux ans, pendant lequel la régie peut requérir l'expertise au sujet de transmissions à titre non onéreux, les décisions que nous avons rapportées plus haut relativement à l'interruption de la prescription au sujet des transmissions à titre onéreux.

559. — *Echanges*. — Comme l'art. 17, L. 22 frim. an VII, relatif seulement aux actes à titre onéreux, sur lesquels le droit est perçu d'après le prix exprimé au contrat, ne concerne point les échanges, sur lesquels le droit est perçu d'après le revenu annuel des biens, il s'ensuit que le délai accordé à la régie pour requérir l'expertise relativement à un échange d'immeubles, est de deux ans, conformément à l'art. 61, no 1er. — *Cass.*, 1er juill. 1840 (t. 2 1843, p. 740), de Poudeux. — Arg. *Cass.*, 13 déc. 1809, Quentin.

560. — Cependant la régie avait antérieurement décidé : 1o qu'elle n'avait qu'un an, à partir de l'enregistrement, pour provoquer une expertise tendant à obtenir un supplément de droit sur un acte d'échange, par le motif que l'arrêt de cassation du 27 déc. 1820 (V. *suprà* no 352), avait regardé l'art. 17, de la loi de frimaire, comme également applicable aux ventes et aux échanges.— Délib. 27 juill. 1822 ;—Roland et Trouillet, *Dict. de l'enregist.*, vo *Expertise*, § 2, no 7. — V. *contrà Dict. des dr. d'enreg.*, vo *Expertise*, no 30.

561. — ... 2o Que lorsque plus d'un an s'était écoulé depuis l'enregistrement d'un échange, l'aveu fait dans le testament de l'une des parties que la soulte n'avait pas été portée dans le contrat à sa véritable valeur, ne pouvait faire revivre l'action éteinte de la régie. — Délib. 11 mai 1836.

§ 3. — *Procédure en expertise.*

562. — Si le Code de procédure est la loi commune à suivre en matière d'expertise, on sent que cela ne peut être que dans les différends entre simples particuliers. Mais dans les affaires qui intéressent le gouvernement, il a toujours été regardé comme nécessaire de s'écarter de la loi commune par des lois spéciales, soit en simplifiant la procédure, soit en prescrivant des formes différentes. Or, le Code de procédure ne renferme aucune disposition qui puisse suppléer ou remplacer ces réglemens spéciaux. — Il y aurait donc nécessité de rétablir ces réglemens spéciaux et de leur rendre force de loi, si on pouvait supposer qu'ils l'eussent perdue.—Avis cons. d'état, 12 mai 1817 (approuvé le 1er janvier suivant).

563.— Mais jugé que l'art. 1041, C. procéd., portant abrogation de toutes lois, usages et réglemens antérieurs relatifs à la procédure, ne s'applique pas aux règles de l'expertise en matière d'enregistrement. — Ainsi, ce sont les formes spéciales établies par l'art. 18, L. 22 frim. an VII, et non celles tracées dans les art. 303 et suiv.. C. procéd., qu'il faut suivre en pareil cas. — Avis cons. d'état, 1er juin 1807 ;—Cass., 25 oct. 1808, Calvière ; 30 janv. 1809, Monteillet ; 9 oct. 1809, Siau ; 2 mai 1810, de Langeac ; 24 juill. 1810, Raygot la Gouillère.

564. — Toutefois, les dispositions du Code de procédure sont applicables pour toutes les formalités qui sont compatibles avec les lois spéciales sur la matière. — *Cass.*, 16 juill. 1822, Garret ; *Bruxelles*, 26 juin 1828, Crombez-Lefèvre.

565. — Et même les dispositions spéciales de la loi du 22 frim. an VII n'excluent l'application des règles de la procédure ordinaire que dans les cas prévus par cette loi. — Dès-lors, comme il est de la nature des expertises que les parties connaissent le jour, le lieu et l'heure des opérations, et qu'elles y soient présentes, ou dûment appelées, ainsi qu'à la rédaction du procès-verbal pour faire tels dires et observations que de besoin, une expertise doit être déclarée nulle, si ces formalités n'ont pas été observées. — *Bruxelles*, 30 janv. 1821, N...

566. — La demande en expertise est portée devant le tribunal civil de l'arrondissement dans lequel les biens sont situés, par une pétition portant nomination de l'expert de la nation. — L. 22 frim. an VII, art. 18.

567. — La requête présentée au nom de la régie à fin d'expertise des biens compris dans une déclaration de succession n'est pas nulle pour avoir été signée par un inspecteur, en l'absence du receveur, la loi n'attribuant pas exclusivement à ce dernier le droit de donner cette signature.—*Cass.*, 29 fév. 1832, Paussine.

568. — Lorsque la régie demande l'expertise dans l'année de la présentation d'un acte à l'enregistrement, cette expertise doit être ordonnée dans le délai fixe de dix jours sans qu'aucune contestation puisse s'engager sur cette demande et ans qu'il soit besoin d'appeler les parties intéressées pour présenter leurs moyens. — *Cass.*, 11 fév. 1835, de Préfort.

569. — Lorsqu'il y a plusieurs coacquéreurs, la demande est indivisible ; par conséquent, la requête à fin d'expertise n'a besoin d'être signifiée qu'à un seul d'entre eux. — Inst. 1282, § 10 ; 1537, sect. 2e, no 279.

570. — L'expertise doit être ordonnée dans la décade de la demande. — L. 22 frim. an VII, art. 18.

571. — Toutefois, ce délai n'est pas prescrit à peine de déchéance ; ce n'est là qu'une disposition purement réglementaire. — *Cass.*, 24 nov. 1841 (t. 1er 1842, p. 529), Colin.

572. — En cas de refus par la partie de nommer son expert, sur la sommation qui lui a été faite d'y satisfaire dans les trois jours, il lui en est nommé un d'office par le tribunal. — L. 22 frim. an VII, art. 18.

573. — S'il y a empêchement de la part de l'expert nommé d'office par un jugement par défaut, il peut être remplacé également d'office par le jugement contradictoire qui ordonne l'exécution du précédent, sans qu'il soit nécessaire de faire sommation à la partie de nommer son expert, car alors le remplacement d'office n'est que la continuation ou le complément de la nomination d'office. — *Cass.*, 6 juill. 1843 (t. 2 1843, p. 727), Imbert.

574. — Mais lorsque le tribunal a agréé l'expert choisi par la régie, il ne peut, sans violer la chose jugée, en nommer un autre d'office. — *Cass.*, 27 (et non 7) avr. 1807, Colin.

575.—MM. Championnière et Rigaud (t. 4, p. 1020) pensent même que le tribunal n'a pas le droit de choisir l'expert de la régie en cas de refus par celle-ci et qu'il peut seulement refuser d'ordonner l'expertise si la requête ne contient pas la nomination exigée par la loi.

576. — Chaque partie ayant le droit de nommer son expert, ce n'est qu'en cas de refus par l'une d'elles, après sommation, que le tribunal peut lui en nommer un d'office. — Ainsi, lorsque la régie a fait choix d'un expert contre lequel des moyens de récusation ont été proposés, le tribunal ne peut, sans juger ni admettre ces moyens, nommer d'office un autre expert à la place de celui qui a été récusé. — *Cass.*, 26 oct. 1813, Boileau.

577. — Lorsque, sur la demande en expertise formée par la régie, la partie adverse a nommé elle-même son expert, il n'est pas nécessaire qu'un jugement ordonne l'expertise.—*Cass.*, 8 août 1836, Karcher.

578. — Lorsque la régie veut obtenir l'expertise d'une propriété dont l'évaluation, dans un acte de vente, lui paraît frauduleuse, elle n'est pas obligée d'appeler l'acquéreur au jugement qui doit l'ordonner. Il suffit qu'elle ait fait à l'acquéreur sommation de nommer un expert. — *Cass.*, 6 juill. 1825, Daure.

579. — Dans les cas autres que ceux où il s'agit de l'expertise d'immeubles dont la mutation s'opère par décès (L. 15 nov. 1808, art. 2), lorsque les immeubles sont situés dans le ressort de plusieurs tribunaux, la demande doit être portée au tribunal dans le ressort duquel se trouve le chef-lieu de l'exploitation, ou à défaut de chef lieu, la partie des biens qui présente le plus grand revenu d'après la matrice du rôle. Ce même tribunal ordonne l'expertise partout où elle est jugée nécessaire, à la charge néanmoins de nommer pour experts des individus domiciliés dans le ressort des tribunaux de la situation des biens, et il pro-

nonce sur leur rapport. — L. 15 nov. 1808, art. 1er.

580. — Les juges ne sont tenus de choisir l'expert parmi les personnes domiciliées dans l'arrondissement de la situation des biens qu'autant qu'il s'agit de biens situés dans le ressort de plusieurs tribunaux ; il n'en est pas de même quand les biens sont situés dans le ressort du même tribunal. — *Cass.*, 6 juill. 1843 (t. 2 1843, p. 727), Imbert.

581. — Les experts doivent être renvoyés pour la prestation de serment devant le juge de paix du canton où les biens sont situés. — L. 15 nov. 1808, art. 1er.

582. — Mais il en est autrement lorsque l'expertise ne doit porter que sur un seul immeuble. — *Cass.*, 8 août 1836, Karcher.

583. — Il y a nullité de l'expertise toutes les fois que l'une des parties n'a pas été assignée pour assister à la prestation de serment des experts. — *Cass.*, 14 thermid. an XIII, de Caigny. — V. aussi *suprà* (n° 565) *Bruxelles*, 30 janv. 1824.

584. — Les experts, en cas de partage, appellent un tiers-expert : s'ils ne peuvent en convenir, le juge de paix du canton de la situation des biens y pourvoit. — L. 22 frim. an VII, art. 18.

585. — Le choix du tiers-expert à faire par le juge de paix ne saurait être circonscrit dans une liste particulière d'experts dressée par les juges de paix de l'arrondissement. — *Cass.*, 30 déc. 1822, Gueniveau-Delaraye.

586. — Lorsque la partie n'a pas assisté à la visite des lieux contentieux par le tiers expert, et que le procès-verbal est rédigé ailleurs que sur les lieux, il n'est pas nécessaire, à peine de nullité, que le procès-verbal indique ce changement, ni que la partie défaillante en soit avertie par un acte extrajudiciaire. — *Cass.*, 19 juin 1838 (t. 1er 1838, p. 664), Lentz.

587. — Aucune disposition de loi n'obligeant le tiers expert nommé, en cas de partage des deux premiers experts, à adopter l'estimation de l'un ou de l'autre, les juges commettraient un excès de pouvoir et violeraient l'art. 18, L. 22 frim. an VII, s'ils annulaient l'estimation du tiers expert sous prétexte qu'au lieu de se ranger à l'avis de l'un ou de l'autre des deux experts, il avait émis un nouvel avis qui concilierait leur opinion ou même qui en différerait. — *Cass.*, 18 fév. 1806, Verts.

588. — De même, le tiers expert, nommé dans le cas de discord de deux premiers experts chargés de l'estimation des immeubles dont la mutation donne lieu à un droit proportionnel, n'est pas tenu d'adopter l'estimation de l'un ou de l'autre de ces experts, au lieu d'énoncer son opinion personnelle. — *Cass.*, 18 août 1823, Thibert.

589. — Lorsqu'un tiers expert a été nommé pour lever le dissentiment des deux premiers, s'il ne s'est pas formé un seul avis à la pluralité des voix, il n'est pas nécessaire qu'une nouvelle expertise soit ordonnée.—Les dispositions de l'art. 18, C. procéd., ne sont point applicables en matière d'enregistrement. — *Cass. belge*, 19 fév. 1833, Guilmot.

590. — La régie ne peut récuser l'expert nommé par elle, pour des causes existant à l'époque de sa nomination et qu'elle pouvait connaître. — *Cass.*, 18 juill. 1822, Garret.

591. — C'est le juge de paix seul qui est compétent pour statuer en premier ressort sur la récusation formée contre le tiers expert qu'il a nommé dans le cas prévu par l'art. 18, L. 22 frim. an VI. — *Cass.*, 30 déc. 1822, Gueniveau-Delaraye.

592. — Le procès-verbal d'expertise doit être rapporté, au plus tard, dans le mois qui suivra la remise faite aux experts de l'ordonnance du tribunal, ou dans le mois après l'appel d'un tiers expert. — L. 22 frim. an VII, art. 18.

593. — En matière d'enregistrement, les juges ne peuvent se dispenser de suivre l'avis des experts sur les estimations. — *Cass.*, 7 mars 1808, Elsberg ; 17 avr. 1816, Chaléat ; 28 mars 1831, Boscaff ; 17 déc. 1844 (t. 1er 1845, p. 54), Gérard.

594. — Toutefois cela suppose que les deux experts sont d'accord. En cas de partage des deux experts, les juges ne peuvent adopter arbitrairement l'avis isolé d'un des deux experts. — *Cass.*, 17 déc. 1844 (t. 1er 1845, p. 54), Gérard.

595. — Cependant, en cas de dissentiment entre l'expert de la régie et celui de la partie, le tribunal n'est pas tenu de nommer un tiers expert, alors qu'une expertise nouvelle est devenue impossible par le fait de la partie qui a changé les lieux. — *Cass.*, 24 mai 1843 (t. 2 1843, p. 732), Rozet.

596. — Lorsqu'il y a eu partage et par suite nomination d'un tiers expert, les juges sont obligés de suivre l'avis de la majorité des experts.—*Cass.*, 17 déc. 1844 (t. 1er 1845, p. 54), Gérard.

597. — Dans aucun cas et sous aucun prétexte, les juges ne peuvent faire par eux-mêmes l'évaluation des immeubles litigieux. — Même arrêt.

598. — Lorsque les juges pensent que l'estimation d'un immeuble faite par des experts, à l'effet d'en vérifier la valeur vénale, est fautive ou incohérente, ils peuvent ordonner une nouvelle expertise. — *Cass.*, 17 avr. (et non août) 1816, Chaléat.

599. — Il en est de même quand le rapport des premiers experts leur paraît défectueux ou insuffisant. — *Cass.*, 24 juill. 1815, de Varicourt.

600. — ... Ou bien encore quand l'expertise ordonnée n'a pas été faite de manière à éclairer suffisamment leur religion. — *Cass.*, 18 juill. 1815, Beguin.

601. — Et cette nouvelle expertise, les juges peuvent l'ordonner, même d'office.—*Cass.*, 17 déc. 1844 (t. 1er 1845, p. 54), Gérard.

602. — Mais lors même que les experts, dans l'estimation qu'ils ont été chargés de faire d'un immeuble, n'ont pas déclaré avoir opéré par comparaison avec les fonds voisins de même nature, il n'y a pas lieu d'ordonner une nouvelle expertise, si le tribunal juge sa religion suffisamment éclairée par la première. — *Cass.*, 6 avr. (et non 18 juill.) 1815, Demangeon.

603. — Le refus fait par les juges d'ordonner une nouvelle expertise demandée ne donne pas lieu d'attaquer leur jugement, surtout lorsqu'il est établi que la première expertise suffisait pour que le tribunal pût prononcer en connaissance de cause. — *Cass.*, 9 juill. 1815, N...

604. — Dans le cas où des procès-verbaux d'experts en matière d'enregistrement, sont déclarés irréguliers ou nuls ou bien les opérations irrégulières ou insuffisantes, le tribunal doit ordonner que l'expertise sera recommencée par de nouveaux experts. — *Cass.*, 29 fév. 1832, Saussine ; *Cass. belge*, 6 mai 1833, Duval de Beaulieu.

605. — Mais les juges ne pourraient pas, pour cette nouvelle expertise, nommer *d'office* les experts qui doivent y procéder. L'art. 18, L. 22 frim. an VII, est applicable à ce cas, et non l'art. 322, C. procéd.— *Cass.*, 16 juin 1823, Finet ; 16 avr. 1845 (t. 1er 1845, p. 602), Marcou-Tixier ; — *Contrà Cass. belge*, 6 mai 1833, Duval de Beaulieu.

606. — Pour cette seconde expertise, comme pour la première, ce n'est qu'en cas de refus par chaque partie de désigner son expert, que le tribunal le nomme d'office ; et, s'il y a lieu de recourir à un tiers expert, ce dernier doit être désigné par les experts eux-mêmes, ou, en cas de partage, par le juge de paix. — *Cass.*, 16 avr. 1845 (t. 1er 1845, p. 602), Marcou-Tixier ; — Inst. 436, §§ 23 et 1537, nos 247 et 306.

607. — Cependant, le tribunal qui reconnaît quelque irrégularité dans un rapport d'experts peut, s'il croit un supplément de rapport nécessaire pour réparer ces irrégularités, charger les mêmes experts de dresser et de lui transmettre ce supplément. — *Cass.*, 3 (et non 23) août 1836, Legenvre.

608. — De même, bien qu'au sujet d'une vente avec réserve d'usufruit, des experts aient, en vertu d'un précédent jugement, constaté seulement la valeur vénale de la nue propriété, sans faire connaître ni celle de la pleine propriété ni celle de l'usufruit, les juges peuvent, sans leur prescrire d'estimer d'abord la valeur vénale de l'immeuble en pleine propriété et de déduire ensuite de cette valeur celle de l'usufruit d'après sa durée présumée.—En cela, ils ne violent ni l'autorité de la chose jugée, ni la règle qu'en matière fiscale les juges ne peuvent substituer leur opinion propre à celle des experts.—*Cass.*, 24 janv. 1844 (t. 1er 1844, p. 590), Marais.

609. — Par cela que l'expert de la partie contre laquelle la demande était formée, aurait procédé à l'expertise sur une base erronée et différente de

celle adoptée par l'expert de la régie, le tribunal n'est pas autorisé à remplacer ce premier expert par un expert nommé d'office. Il doit, en ce cas, se borner à ordonner une nouvelle expertise, en fixant la base qui doit être adoptée par les experts. — *Bruxelles*, 26 juin 1828, Crombez-Lefebvre.

§ 4. — *Conséquences de l'expertise.*

610. — L'expertise a nécessairement pour résultat de constater ou qu'il n'y a point de plus-value ou qu'il y en a une.

611. — Dans le premier cas, la régie succombant dans sa demande, doit être condamnée aux frais.

612. — S'il résulte de l'expertise qu'il y a plus-value, il faut distinguer entre les transmissions à titre onéreux et les transmissions à titre non onéreux.

613. — *Transmissions à titre onéreux.* — Lorsque, dans une transmission à titre onéreux, une plus-value est constatée par le rapport des experts, les frais de l'expertise sont à la charge de l'acquéreur si l'estimation excède d'un huitième au moins le prix énoncé au contrat. — Dans tous les cas, l'acquéreur est tenu d'acquitter le droit sur le supplément d'estimation. — L. 22 frim. an VII, art. 18.

614 — Ainsi, aucune peine n'était établie pour le cas où le prix d'une vente d'immeuble était au-dessous de la valeur vénale. Les parties n'étaient tenues qu'aux frais de l'expertise (et encore seulement au cas d'excédant d'un huitième) et au paiement d'un supplément de droit simple.

615. — Delà cette disposition de l'art. 3, L. 27 vent. an IX. portant que, dans tous les cas où les frais de l'expertise tombent à la charge du redevable, il y a lieu au double droit sur le supplément de l'estimation.

616. — Jugé en conséquence que lorsqu'il est reconnu par le résultat d'une expertise que l'estimation d'un immeuble vendu excède d'un huitième ou plus le prix stipulé dans le contrat, l'adversaire de la régie doit être condamné au paiement du double droit sur le supplément, indépendamment des frais. — *Cass.*, 7 mars 1808, Elsberg; 2 oct. 1810, Vanderstockt ; 23 déc. 1817, Charrein.

617. — Lorsque, pour rectifier un acte de vente immobilière, les parties déclarent, dans un acte postérieur un prix plus élevé que celui énoncé dans le premier contrat, on ne peut exiger le double droit, non plus que les frais de l'expertise provoquée par la régie, si la valeur de l'immeuble fixée par les experts n'excède pas d'un huitième le prix indiqué dans l'acte rectificatif. Il importe peu que cet acte n'ait été dressé qu'après la demande d'un supplément de droits et du double droit, s'il a d'ailleurs précédé la demande en expertise formée par la régie. — Délib. 19 août et 18 sept. 1837.

618. — Si une expertise provoquée par la régie a constaté une plus-value dans une vente d'immeubles, l'acquéreur doit être condamné à payer le supplément de droits, bien que la vente ait été rescindée pour lésion de plus de sept douzièmes. — *Cass.*, 18 fév. 1829, Goll.

619. — Lorsque aucun prix n'est énoncé dans l'acte reconnu vente, le contribuable, quelle que soit l'évaluation faite par les experts, doit être condamné aux dépens. — *Cass.*, 20 mars 1839 (t. 1er 1839, p. 464), Lobgeois et Thuret.

620. — Si les immeubles, objet de l'expertise, avaient été vendus en justice, l'acquéreur ne pouvait en pareil cas être soupçonné de fraude, il n'y aurait pas lieu à appliquer la peine du double droit, quel que fût le résultat de l'expertise. — Solut. 17 fév. 1829 ; — Roland et Trouillet, *Dict. d'enregistr.*, v° *Expertise*, § 5, n° 5.

621. — *Transmissions à titre non onéreux.* — Comme l'art. 18, L. 22 frim. an VII, qui met à la charge de la régie les frais d'expertise lorsque l'estimation excède d'un huitième au moins la valeur déclarée au contrat, ne parle que des transmissions à titre onéreux, il s'ensuit que cet article n'est pas applicable aux transmissions à titre non onéreux. — *Cass.*, 11 mai 1821, Bourgois ; 20 déc. 1837 (t. 1er 1838, p. 28), Schnetz ; — Circ. 17 germin. an IX.

622. — De plus, il résulte de l'art. 39 de la même loi que les insuffisances constatées dans les esti-

mations des biens déclarés donne lieu à une peine d'un droit en sus de celui qui se trouvera dû sur l'insuffisance d'estimation ; et que si l'insuffisance est établie par un rapport d'experts, les contrevenans doivent payer en outre les frais de l'expertise.

623. — Enfin, l'art. 5, L. 27 vent. an IX, porte que dans tous les cas où les frais de l'expertise autorisée par l'art. 19, L. 22 frim. an VII (c'est-à-dire pour les transmissions à titre non onéreux), tomberont à la charge du redevable, il y aura lieu au double droit sur le supplément de l'estimation.

624. — Jugé en conséquence qu'en matière de transmissions à *titre gratuit* (par exemple, de donation entre-vifs par contrat de mariage), il suffit qu'il y ait insuffisance dans la déclaration, pour qu'il y ait lieu, par le donataire, au paiement des frais d'expertise ; indépendamment du droit et du double droit sur la valeur non déclarée. — *Cass.*, 20 déc. 1837 (t. 1er 1838, p. 28), Schnetz ; — Circ. 17 germin. an IX.

625. — ... Que les héritiers qui, dans la déclaration de succession qu'ils ont faite, ont donné aux biens une valeur démontrée insuffisante par une expertise, sont passibles du double droit sur l'excédant, ainsi que des frais d'expertise, encore bien que l'insuffisance n'excède pas un huitième de la valeur déclarée. — *Cass.*, 11 mai (et non mars) 1824, Bourgois ; 9 mai 1826, Deyres et Fourcade.

626. — En cas d'insuffisance dans une déclaration de succession, l'offre d'augmenter les valeurs déclarées ne peut écarter la peine du double droit, lorsque cette offre n'est faite que postérieurement au jugement qui ordonne l'expertise, et qu'elle n'a d'ailleurs pour objet que le tiers de l'immeuble précédemment déclaré pour la totalité. — *Cass.*, 4 déc. 1821, Beaumarchais.

627. — *Échanges.* — Dans les échanges d'immeubles à l'égard desquels la régie a requis l'expertise, les échangistes sont passibles des frais d'expertise et du double droit, dès qu'une différence d'estimation est constatée, de même que par suite d'une expertise en matière de transmission à titre gratuit ; il n'est pas besoin que la différence de valeur excède d'un huitième celle qui a été déclarée. — Délib. 3 sept. 1841.

CHAPITRE IV. — *Nécessité et effets de l'enregistrement.*

628. — Les anciens édits, et notamment l'édit du contrôle de juin 1581 refusaient tout effet obligatoire aux actes non enregistrés ; et l'art. 9. L. 5-19 déc. 1790, portait qu'à défaut d'enregistrement dans les délais prescrits un acte passé devant notaire ne pouvait valoir que comme acte sous seing-privé. D'où l'on concluait qu'il ne pouvait en cet état conférer hypothèque.

629. — La loi du 22 frim. an VII n'ayant pas reproduit ces dispositions, il s'ensuit que les actes notariés et sous seings-privés tirent toute leur force et tous leurs effets d'eux-mêmes. D'ailleurs, et en ce qui concerne les actes notariés, du moment que l'enregistrement est à la charge du notaire, on ne saurait punir les parties de sa négligence ou de son infidélité, en privant leur convention de l'authenticité qu'elles ont voulu lui donner. — *Dict des dr. d'enreg.*, v° *Enregistrement.* n° 68.

630. — Aussi a-t-il été constamment jugé que le défaut d'enregistrement d'un acte notarié dans les délais ne privait nullement l'acte de son effet, sauf amende contre le notaire. — V. RÉP. PAL., v° ACTE NOTARIÉ, n°s 552 s. — V. aussi ACTE, n° 102.

631. — Par conséquent, bien qu'un acte notarié n'ait point été enregistré, l'hypothèque qui y est consentie est valable et prend rang du jour même de l'acte. — *Toulouse*, 12 déc. 1835, Bezy c. Calusse.

632. — Toutefois l'art. 34, L. 22 frim. an VII, déclare nuls, à défaut d'enregistrement dans les délais, les exploits ou procès-verbaux émanés des huissiers ou de tous autres ayant pouvoir de les faire, à l'exception des procès-verbaux de vente de meubles et autres objets mobiliers, et de tout autre acte du ministère des huissiers sujet au droit proportionnel.

633. — Ainsi, jugé que l'exploit de signification

d'un arrêt d'admission est nul à défaut d'enregistrement, et que cette nullité entraîne la déchéance du pourvoi.—*Cass.*, 23 flor. an IX (et non an VI), Malhevot c. Brachet.

634.—Est nul l'exploit d'appel enregistré plus de quatre jours après sa date, lors même qu'il l'aurait été bien avant l'expiration des trois mois dans lesquels il devait être signifié. — *Riom*, 6 déc. 1830, Jurie c. Mercier.

635. — ... Et l'exploit non enregistré dans le délai fixé par la loi, lors même que le retard proviendrait du fait du receveur de l'enregistrement. — *Bourges*, 23 déc. 1816, Ferrand c. Grangier.

636. — Si, d'après la date énoncée à la copie d'un exploit, cet exploit n'a pas été enregistré dans le délai de quatre jours, la partie peut en proposer la nullité, lors même qu'en consultant la date donnée à l'original, on voit que l'enregistrement a eu lieu dans le délai de rigueur.—*Caen*, 25 avr. 1826, Barbel c. Jean.

637. — Mais la nullité des procès-verbaux pour défaut d'enregistrement n'est prononcée que dans le cas où il s'agit de jugemens à rendre en faveur des particuliers ; et la loi a voulu leur conserver toute leur force quand ils intéressent l'ordre et la vindicte publique.—*Cass.*, 27 juill. 1827, Loyson (V. la note sous cet arrêt.); 4 janv. 1831, Mazantès ; — Mangin, *Des procès-verbaux*, n° 24.

638. — En conséquence, ont été déclarés n'être pas nuls à défaut d'enregistrement, les exploits faits en matière correctionnelle ou criminelle à la requête du ministère public. — *Cass.*, 23 vent. an XIII, Maugré ; 1er fév. 1816, Maisonneuve.

639. — ... Par exemple, l'exploit de notification de la liste du jury.—*Cass.*, 4 janv. 1826, Tranchant.

640. — ... Les procès-verbaux des commissaires de police constatant des contraventions de police. —*Cass.*, 3 sept. 1808, Saumade; 31 mars 1809, Devos ; 10 mai 1810, N...; 5 mars 1819, Taillandier ;—Legraverend, t. 1er, chap. 5, § 4, p. 215 ; Merlin, *Rép.*, v° *Procès-verbal*, § 2.

641. — Mais ils ne peuvent servir de base à la poursuite qu'après avoir été enregistrés. — *Cass.*, 3 sept. 1808, Saumade ; — Legraverend, t. 1er, chap. 4, p. 215.

642. — ... Les procès-verbaux de la gendarmerie qui intéressent l'ordre et la vindicte publique. —*Cass.*, 23 fév. 1827, Fain ; 2 août 1828, Gary.

643. — ... Le procès-verbal d'un garde forestier constatant un délit de chasse.—*Cass.*, 27 juill. 1827, Loyson.

644. — ... Le procès-verbal d'un garde champêtre constatant un délit de chasse, lorsqu'il est produit dans l'intérêt de la vindicte publique. — *Cass.*, 16 janv. 1824, Trocme.

645. — Un procès-verbal de récolement fait à la requête de l'administration forestière.—*Cass.*, 1er sept. 1809, Dugier.

646. — Par suite, les jugemens rendus sur de pareils procès-verbaux ne sont pas nuls. — *Cass.*, 1er mai 1818, habit. de Charleville.

647. — Jugé, au contraire, que les procès-verbaux dressés par les gardes champêtres sont nuls à défaut d'enregistrement dans le délai fixé par la loi, sans qu'il y ait lieu de distinguer à cet égard entre ceux qui n'intéressent que les particuliers et ceux qui doivent servir de base à l'action publique. — *Metz*, 20 mars 1820, Parant; *Bourges*, 12 mai 1837 (t. 2 1837, p. 401), Logeron.

648. — Un arrêt de la cour de Cassation du 18 fév. 1820 (Souilland) fait une distinction. Il décide que la nullité pour défaut d'enregistrement dans le délai n'est applicable qu'aux procès-verbaux qui font foi en justice jusqu'à inscription de faux, et non à ceux qui tendent uniquement à constater une contravention de simple police.

649. — Au surplus, toutes ces questions ne pourraient s'agiter qu'à l'égard des actes et mutations soumis à l'enregistrement. Et l'on va voir qu'il y a exception de la formalité à l'égard de beaucoup.

650. — Quant aux jugemens rendus en conséquence d'un acte non enregistré, ils ne sont pas nuls pour cela.—V. *infrà* n°s 1318 et suiv.

651. — Mais, ainsi qu'on le verra *eod. loc.*, si les jugemens ne sont pas nuls, les tribunaux sont responsables des droits pour n'avoir pas sursis à statuer jusqu'à ce que les actes aient été enregistrés.

652. — Les actes ou mentions émanés des agens de l'administration de l'enregistrement dans l'exercice de leurs fonctions, constituent des actes authentiques relativement à ce qu'ils constatent. — Toullier, t. 8, n° 54. — V. REP. PAL., v° ACTE AUTHENTIQUE, n°s 13 et 87.

653. — Ainsi la date de l'enregistrement d'un acte fait foi que cet acte a été présenté à la formalité le jour même où il a été enregistré.—*Cass.*, 23 déc. 1835, Bidault c. Texier et Ernoult.

654. — Ainsi encore l'enregistrement donne aux actes sous seing-privé une date certaine contre les tiers. — C. civ., art. 1328.

655. — Mais les mentions ou transcriptions faites par les préposés ne sauraient avoir aucune authenticité quant à la sincérité des actes en eux-mêmes. Les copies ou extraits de ces mentions et transcriptions délivrés par les préposés ne peuvent donc suppléer aux actes eux-mêmes ou aux copies par lesquelles ces actes peuvent, dans certains cas, être remplacés. — C. civ., art. 1335.

656. — Cependant la transcription en tout ou en partie d'un acte sur les registres de l'enregistrement peut-elle au moins servir de commencement de preuve par écrit? — C. civ, art. 1336. — V. à ce sujet REP. PAL., v° COMMENCEMENT DE PREUVE PAR ÉCRIT, n°s 74 et suiv.

Sect. 1re. — *Actes et mutations soumis à l'enregistrement.*

657.—La loi du 22 frim. an VII ne contient point de règle générale à l'égard des actes et mutations sujets à l'enregistrement.

658. — La loi du 5-19 déc. 1790 était plus explicite à cet égard. Elle porte, art. 4 : « Les actes des notaires et les exploits des huissiers seront assujétis, dans toute l'étendue du royaume, à un enregistrement pour assurer leur existence et constater leur date. Les actes judiciaires seront soumis à la même formalité, soit sur la minute, soit sur l'expédition. Les actes passés sous signature privée y seront pareillement sujets, dans tous les cas prévus par l'art. 11. Enfin le titre de toute propriété ou usufruit de biens immeubles, réels ou fictifs, sera de même enregistré. — A défaut d'actes en forme ou sous signature privée contenant translation de nouvelle propriété, il sera fait enregistrement de la déclaration que les propriétaires et usufruitiers seront tenus de fournir de la consistance et de la valeur de ces immeubles, soit qu'ils les aient recueillis par succession ou autrement, en vertu des lois et coutumes, ou par l'échéance des conditions attachées aux dispositions éventuelles. — A raison de cette formalité, il sera payé un droit dont les proportions seront déterminées suivant la nature des actes et les objets des déclarations. »

659. — Or ces dispositions, si elles ne sont textuellement reproduites dans la loi du 22 frim. an VII, s'y retrouvent néanmoins dans le rapprochement des titres 1, 2 et 3.

660. — Il en résulte que tous les actes des notaires, huissiers et autres ayant le droit d'instrumenter, ainsi que ceux des administrations, tous actes judiciaires, tous actes sous seing-privé, toutes mutations d'immeubles en propriété, usufruit ou jouissance, entre vifs ou par décès, doivent être soumis à l'enregistrement, les uns dans un délai déterminé, les autres avant qu'il puisse en être fait usage, soit en justice, soit par acte public, soit devant toute autorité constituée. — *Dict. des dr. d'enreg.*, v° *Enregistrement*, n° 70.

661. — Cependant cette règle a reçu de nombreuses exceptions, soit quant à la nécessité de l'enregistrement, soit relativement aux paiemens des droits. — V. les paragraphes qui suivent.

662. — Un acte produit en justice donne ouverture au droit d'enregistrement, quand bien même il s'agit d'en prononcer la nullité.—*Cass.*, 19 germ. an VI, Durousseau.

663. — Lors même qu'un acte peut n'être considéré que comme un projet, s'il est produit en justice, l'enregistrement est obligé. — *Dict. des dr. d'enreg.*, v° *Projet*, n° 3.

§ 1er. — *Actes à enregistrer en débet.*

664. — Doivent être enregistrés en débet : 1° les actes et procès-verbaux des juges de paix pour faits de police. — L. 22 frim. an VII, art. 70, § 1er, n° 1.

663. — Décidé de même au sujet des procès-verbaux dressés par les juges de paix et commissaires de police pour constater les morts violentes ou présumées telles et contenant l'inventaire des effets trouvés sur les personnes décédées. — Décis. min. fin. 18 niv. an X ; inst. 72. — Ainsi qu'on le verra plus bas, ces procès-verbaux seraient exempts de l'enregistrement, s'ils avaient uniquement pour objet de constater la mort violente. — V. infrà n°s 858 et suiv.

666. — ... 2° Les actes et procès-verbaux faits à la requête des procureurs du roi près les tribunaux. — L. 22 frim. an VII, art. 70, § 1er, n° 2.

667. — Cette disposition est applicable aux actes de poursuite d'office, en matière civile. — Inst. 24 vendém. an XII, 169.

668. — Ainsi sont enregistrés en débet les actes et procédures de poursuite d'office par le ministère public : 1° en demande d'interdiction (C. civ., art. 491); — 2° En condamnation pour défaut des formes légales en matière d'actes de l'état civil et en rectification de ces mêmes actes ; — 3° pour contravention à la loi sur le notariat; — 4° et généralement dans tous les cas où le ministère public agit dans l'intérêt de la loi. — Décr. 18 juin 1821 ; instr. 531.

669. — Par la même raison, l'ordonnance du président relative à une dispense de parenté ou d'âge pour mariage s'enregistre en débet, sauf à recouvrer le droit sur les parties. — Décis. min. just. et fin., 25 mars 1829; inst. 1282.

670. — Mais il n'y a lieu d'enregistrer en débet que les seuls actes dans lesquels les procureurs du roi agissent comme partie publique, et non ceux dans lesquels ils représentent une partie civile. Tel est le cas où la loi du 4 vent. an IX les charge de faire des poursuites pour la rentrée des rentes et domaines nationaux usurpés, affectés aux hospices. — Avis cons. d'état 5 niv. an XII; inst. 201.

671. — La faveur de la disposition a été étendue même aux juges de paix dans de certains cas où la loi les considère en quelque sorte comme les délégués du ministère public.

672. — Ainsi, peuvent être enregistrés en débet, les actes d'apposition et de levée des scellés dans lesquels les juges de paix agissent d'office (C. proc., art. 911), quand des successions sont ouvertes au profit d'héritiers absens et non représentés ou de mineurs qui n'ont ni tuteur ni curateur. — Décis. min. fin. 20 fructid. an X, et 1er prair. an XIII; inst. 290, n° 3.

673. — ... Ou bien encore quand le juge de paix agit d'office soit pour une nomination de subrogé-tuteur dans une tutelle antérieure au Code, soit pour provoquer le retrait de la tutelle dans le cas de l'art. 421, C. civ. — Déc. min. fin. 28 juin 1808 ; inst. 28 juill. 1808, 390, n° 1er.

674. — ... 3° Les actes et procès-verbaux des commissaires de police. — L. 22 frim. an VII, art. 70, § 1er, n° 3.

675. — ... 4° Ceux des gardes établis par l'autorité publique pour délits ruraux et forestiers. — L. 22 frim. an VII, art. 70, § 1er, n° 4.

676. — Ces deux dispositions ont été complétées par l'art. 74, L. 25 mars 1817, portant que les actes et procès-verbaux des huissiers, gendarmes, préposés, gardes champêtres ou forestiers (autres que ceux des particuliers), et généralement tous actes et procès-verbaux concernant la police ordinaire, et qui ont pour objet la poursuite et la répression des délits et contraventions aux réglemens généraux de police et d'impositions, doivent être enregistrés en débet, lorsqu'il n'y aura pas de partie civile poursuivante, sauf à suivre le recouvrement des droits contre les condamnés.

677. — Les inspecteurs de la salubrité publique se trouvent compris sous les dénominations de préposés et d'employés dont se sert la loi; en conséquence leurs procès-verbaux sont assujélis à l'enregistrement en débet. — Cass., 22 juin 1842 (t. 2 1842, p. 588), Rieux et Sège.

678. — Les procès-verbaux des sous-officiers de gendarmerie et gendarmes pouvant donner lieu à des poursuites judiciaires sont préalablement enregistrés en débet ou gratis, suivant les distinc-

tions établies par la loi du 22 frim. an VII et l'ordonn. du 22 mai 1816. — Ordonn. 29 oct. 1820, art. 308.

679. — Avant la loi du 22 frim. an VII, les procès-verbaux des gardes champêtres et forestiers n'étaient pas assujélis à l'enregistrement. — L. 23 thermid. an IV ; circ. 7 fructid. an IV, 940.

680. — Aujourd'hui, ils doivent être enregistrés en débet, lorsque les délits et contraventions intéressent l'état, le domaine de la couronne, ou les communes et les établissemens publics. — C. for., art. 170;—solut. 28 oct. 1828 ; décis. min. fin. 13 oct. 1829 ; instr. 44, 58, 1265 § 9, et 1409.

681. — Jugé en ce sens que les procès-verbaux des gardes champêtres, constatant des délits ruraux ou forestiers, sont, comme tous les actes ayant pour but la poursuite et la répression des délits et contraventions, soumis au visa pour timbre et à l'enregistrement en débet, et le coût de ce visa et de cet enregistrement doit être compris dans la liquidation des frais. — Cass., 24 juin 1842 (t. 2 1842, p. 461), Bourge et Rouault.

682. — Doivent également être enregistrés en débet les procès-verbaux de délits commis dans les bois vendus par l'état, lorsque ces procès-verbaux sont dressés par les agens forestiers, avant que le prix en ait été soldé ; car l'adjudicataire n'est propriétaire incommutable qu'après le paiement intégral de son prix. — Solut. 2 août 1832.

683. — ... Les procès-verbaux d'assiette, d'arpentage, de balisage, réarpentage et récolement des coupes de bois de l'état et des coupes de bois communaux, sauf le recouvrement des droits contre les adjudicataires. —Décis. min. fin. 19 germin. an XIII ; instr. 281 et 475.

684. — ... Les procès-verbaux des agens forestiers relatifs aux délivrances en nature dans les forêts de l'état ; mais le recouvrement des droits doit, dans tous les cas, se faire sur les usagers. — Décis. min. fin. 7 nov. 1834 ; solut. 7 juill. 1835 ; instr. 1481, § 11, et 1504, § 5.

685. — ... Les actes et procès-verbaux relatifs aux coupes et arbres délivrés en nature dans les bois des communes et des établissemens publics, parce qu'il n'y a lieu à la perception des droits que dans le cas de poursuite devant les tribunaux. — C. forest., art. 104 ; instr. 10 févr. 1836, 1504, § 5.

686. — Les garde-pêche sont assimilés aux agens forestiers pour la formalité d'enregistrement de leurs actes et procès-verbaux. — Instr. 63 et 246.

687. — Les procès-verbaux des gardes des particuliers, lors même qu'ils ont pour objet des délits poursuivis d'office par le ministère public, ne peuvent être enregistrés en débet ; à cet égard la prohibition de la loi du 25 mars 1817 est formelle. — Décis. min. fin. 2 mai 1828.

688. — Doivent aussi être enregistrés en débet les procès-verbaux des gardes du génie pour contraventions relatives aux servitudes imposées à la propriété pour la défense de l'état, sauf recouvrement ultérieur des droits sur les contrevenans. — L. 29 août 1806 ; ordonn. 1er août 1821 ; instr. 998.

689. — ... Les procès-verbaux des agens des ponts-et-chaussées, lesquels sont, relativement à leurs fonctions, assimilés aux gardes forestiers et ruraux.—Décis. min. fin. 16 frim. an XI, et 15 déc. 1812.

690. — ... Ceux pour contravention en matière de grande voirie, sauf recouvrement des droits sur les parties condamnées ou par lesquelles les délits auront été reconnus. — Décis. min. fin. 11 frim. et 4 germin. an XI; instr. 290, n° 61, et 445, n° 1er.

691. — ... Ceux des agens voyers (L. 21 mai 1836, art. 11), et de tous autres officiers de police judiciaire, constatant des délits ou contraventions commis sur les chemins vicinaux. — Décis. min. fin. 3 juill. 1837 ;instr. 18 juin 1838, 1562. — Contrà instr. 27 janv. 1841.

692. — ... En matière de roulage, tous les actes postérieurs aux procès-verbaux de contravention ainsi que les poursuites faites dans les tribunaux ; et les droits sont recouvrés sur les condamnés. — Ordonn. 30 déc. 1822 ; décis. min. fin. 14 mai 1835 ; instr. 345 et 1498, § 8.

693. — ... 5° Les actes et jugemens qui inter-

viennent sur les actes et procès-verbaux ci-dessus énoncés. — L. 22 frim. an VII, art. 70, § 1er, no 5.

694. — Sont aussi enregistrés en débet les déclarations d'appel de tous jugemens rendus en matière correctionnelle, lorsque l'appelant est emprisonné. — L. 25 mars 1817, art. 74.

695. —... Les cautionnemens ou soumissions de représenter à justice, lorsqu'il n'y a pas de partie civile. — Délib. 6 nov. 1822.

696. — Autrefois, les actes de poursuites, jugemens et autres actes ayant pour objet le recouvrement des droits, revenus et capitaux dont est chargée l'administration de l'enregistrement et des domaines, s'enregistraient en débet.—Instr. 15 niv. an XI, 115.

697. — Mais à partir du 1er janv. 1838 ce mode a cessé et les droits sont acquittés au moment de la formalité par les receveurs, sur les fonds de leur caisse, à titre d'avance à la charge de recouvrement ou de régularisation. — Décis. min. fin. 24 nov. 1837 ; instr. 1551.

698. — Les actes de poursuites afin de recouvrement, soit d'amendes et de frais dus à l'état, soit de restitutions et dommages-intérêts prononcés au profit des communes et des établissemens publics pour délits commis dans leurs bois doivent être enregistrés en débet. Le droit est de 4 fr. (en débet) lorsque les sommes à recouvrer s'élèvent au-dessus de 100 fr. — Décis. min. fin. 7 mars 1828 ; instr. 1265, § 4.

699. — Les significations des jugemens par défaut en matière forestière sont toujours et sans distinction soumises à la formalité en débet. — Solut. 13 mars 1832 ; instr. 1401, § 6.

700. — Les actes de signification des arrêtés des préfets relatifs à la délimitation des bois des communes et des établissemens publics (C. forest. art. 10), peuvent être enregistrés en débet, sauf le recouvrement des droits contre les communes et les établissemens propriétaires des bois. — Décis. min. fin. 7 nov. 1828 ; instr. 1265, § 1er.

701. — Lorsque les maires ou autres fonctionnaires poursuivent seuls et d'office, et dans l'intérêt de la commune, on avait pensé que celle-ci était censée partie civile, et qu'elle devait faire l'avance des droits. — Instr. 30 sept. 1808, art. 400, n° 2.

702. — Mais décidé que la formalité devait être donnée en débet, attendu que, dans la poursuite des délits qui intéressent leurs propriétés, les communes et les établissemens publics, bien que considérés comme parties civiles, sont néanmoins dispensés de consigner le montant des droits et frais. Ces frais sont acquittés à titre d'avance sur les caisses de l'administration. — Décis. min. fin. 31 janv. et 29 août 1821 ; instr. 1001.

703. — Doivent être encore enregistrées en débet : les délibérations des conseils municipaux portant nomination d'entrepreneurs pour l'exploitation des coupes affouagères délivrées aux communes, lorsqu'elles ne contiennent aucune autre convention arrêtée entre la commune et l'entrepreneur. Elles seraient assujéties au paiement immédiat des droits si elles renfermaient, en outre, une convention de salaire accordée à cet entrepreneur. — Décis. min. fin. 17 avr. 1843 ; instr. 1697, § 1er.

704. —... Les actes de poursuites en matière de pêche à la diligence de l'administration des forêts. — Instr. 16 thermid. an XII, 246 ; circ. 36 sept. 1812.

705. —... Les notifications des procès-verbaux des gardes du génie, ainsi que les significations des jugemens de condamnation faites par les mêmes gardes. — Ord. 1er août 1821 ; instr. 998.

706. —... Les actes de poursuite et les arrêtés de condamnation en matière de grande voirie, sauf répétition des droits contre les condamnés. — Décis. min. fin. 20 déc. 1808 ; instr. 413, nos 1er et 3.

707. — La régie avait d'abord décidé que les jugemens en matière de douanes devaient être enregistrés en débet dans les vingt jours de leur date. — Décis. min. fin. 1er juill. et 17 sept. 1816, et 13 janv. 1817 ; instr. 766, n° 3. — Mais cette jurisprudence a été depuis modifiée. — V. infrà n° 2672.

708. — Les actes des procédures suivies dans l'intérêt de l'université ne peuvent être admis à

l'enregistrement en débet.— Décis. min. fin. 2 fév. 1813 ; instr. 621.

709. — Il en est de même des actes des procédures suivies dans l'intérêt des indigens. — Décis. min. fin. 16 mai 1812, et 18 août 1829 ; instr. 1303, § 2.

§ 2. — *Actes à enregistrer gratis.*

710. — En règle générale, les actes qui doivent être enregistrés gratis sont tous ceux dont les droits tomberaient à la charge de l'état.—*Dict. des dr. d'enreg.*, v° *Acte judiciaire en mat. civile*, § 13, art. 1er, n° 1er.

711. — Doivent être enregistrés gratis : *Premièrement* les acquisitions et échanges faits par l'état, les partages de biens entre lui et des particuliers, et tous autres actes faits à ce sujet.—L. 22 frim. an VII, art. 70, § 2, n° 1er.

712. — La disposition de la déclaration du 13 août 1766 portant, en faveur de tous ceux qui défricheraient des terres incultes, exemption du droit proportionnel de contrôle sur tous les actes passés par eux relativement à ces biens, a cessé d'être applicable depuis la loi organique du 22 frim. an VII. — *Cass.*, 2 avr. 1806, Société Perache.

713. — L'acte d'acquisition d'un immeuble dont l'état est, à défaut d'enchérisseurs, resté adjudicataire sur l'expropriation poursuivie par lui-même doit être enregistré gratis.— Instr. 21 pluv. an XII, 202.

714. — Décidé dans le même sens à l'égard de l'acte de cession, consentie au profit de l'état, d'une créance pour éteindre le débet d'un comptable. — Décis. min. fin. 17 mai 1808 ; instr. gén. 28 juill. 1808, 390, n° 3. — Il en est de même de l'acte par lequel un comptable consent à ce qu'une partie de son cautionnement soit retenue au profit du trésor. — *Dict. des dr. d'enreg.*, v° *Acquisition*, § 1er, nos 6 et 7.

715. — Doivent également être enregistrées gratis les acquisitions pour le compte du domaine militaire, ainsi que tous les actes de procédure.—Ord. 1er août 1821 ; instr. 998.

716. — ... Les acquisitions d'immeubles par l'administration des douanes pour l'établissement des bureaux de ses préposés. — Décis. min. fin. 13 janv. 1807.

717. — ... Les acquisitions et échanges par la Légion d'honneur. — Circ. 11 sept. 1807.

718. — Il en était de même des acquisitions et échanges par le sénat. — Décis. min. fin. 28 mars 1806 ; circ. 1er avr. 1806.

719. — ... Les actes d'échange entre les particuliers et le domaine de l'état. Toutefois la soulte, si elle est payable à l'état, est passible du droit de 2 % établi sur les aliénations de biens du domaine, et ce droit est à la charge de l'échangiste. — Ord. 12 fév. 1827 ; instr. 1233.

720. — ... L'enregistrement d'un contrat d'échange avec le domaine de la couronne. — Décr. 11 juill. 1812 ; instr. 598.

721. — Il faudrait décider de même en ce qui concerne la liste civile.—Masson de Longpré, *C. de l'enreg*, n° 3362.

722. — ... Les baux d'immeubles dans lesquels l'état est preneur et dont le prix est payé avec les fonds du trésor public ; cette disposition est particulièrement applicable aux baux passés pour le compte du ministre de la guerre.—Décis. min. fin. 24 juin 1814, 5 déc. 1821, 17 sept. 1823 et 13 août 1829 ; instr. 1425, § 3.

723. — Les procès-verbaux d'estimation des bois de l'état, dont l'aliénation a été autorisée par les lois des 23 sept. 1814, 25 mars 1817 et 25 mars 1831, ont dû être enregistrés gratis.— Décis. min. fin. 27 mars 1831 ; instr. 663, 819 et 1361.

724. — Une loi du 9 mai 1806 a exempté la ville de Lyon des droits d'enregistrement dus pour la première vente des terrains non bâtis et pour la première vente des maisons qu'elle aurait fait reconstruire sur la place Bellecour.

725. — Jugé que cette exemption ne concerne que les ventes consenties à la ville de Lyon par les anciens propriétaires et les reventes par elle faites des mêmes terrains bâtis et non bâtis ; qu'elle ne s'applique pas aux ventes de constructions élevées par un individu sur le terrain que la ville lui aurait concédé. — *Cass.*, 7 fév. 1814, Hotelard, Anglacier et Yvon; 10 oct. 1814, Hotelard; 29 juin et 27 août 1816, Hotelard, Anglacier et Yvon; 27 (et non 26) janv. 1818, Hotelard.

726. — Et il en serait de même, encore bien que l'acte émané de la ville n'eût pas, à proprement parler, le caractère de vente, en tant qu'il n'emporterait stipulation d'aucun prix, si du reste il renfermait des conditions qui en fissent évidemment une transmission à titre onéreux. — *Cass.* 7 fév. 1814, Hotelard, Anglacier et Yvon; 10 oct. 1814, Hotelard.

727. — D'après l'art. 26, L. 8 mars 1810, sur les expropriations pour cause d'utilité publique, toutes les fois qu'il y avait lieu de recourir au tribunal, soit pour faire ordonner la dépossession, soit pour faire statuer sur les conséquences, l'enregistrement des actes qui y étaient sujets devait avoir lieu gratis.

728. — Jugé en conséquence que le jugement portant condamnation de sommes à titre de supplément d'indemnité par suite d'expropriation pour travaux militaires, doit être enregistré gratis. — *Cass.*, 31 mai 1836, Harnegaray.

729. — Mais s'élevait la question de savoir s'il y avait expropriation pour utilité publique toutes les fois qu'une acquisition pouvait, en raison de la qualité de l'acquéreur et de la destination qu'on se proposait pour l'objet acquis, être réputée faite dans un intérêt public. — Un avis du conseil d'état du 12 fév. 1811 a reconnu que les acquisitions faites pour le compte des départemens, arrondissemens et communes, étaient passibles du droit proportionnel comme les ventes entre particuliers. — Puis vint la loi du 16 juin 1824, dont l'art. 7 n'assujétit qu'à un droit fixe les acquisitions faites à titre onéreux ou gratuit par les départemens, communes, hospices, séminaires, etc., et tous autres établissemens légalement autorisés, lorsque les immeubles acquis devaient recevoir une destination d'utilité publique et ne pas produire de revenu. — En 1831, cette disposition a été abrogée par l'art. 17, L. 18 avr., qui a déclaré ces acquisitions soumises aux droits proportionnels ordinaires.

730. — L'acquisition d'une maison, faite par une ville, afin de la démolir pour l'embellissement d'une place et l'agrandissement des rues adjacentes, est passible du droit proportionnel. — Il en doit être ainsi quand bien même la démolition de la maison se lierait à un plan plus étendu, ayant pour objet de faciliter l'accès et le passage d'une voie publique à la charge de l'état, si la destination principale et immédiate de cette mesure n'intéresse directement que la ville qui a fait l'acquisition. — Seulement dans ce cas la ville peut faire rejeter, s'il y a lieu, sur l'état une partie du droit proportionnel à l'intérêt qu'il peut avoir dans l'acquisition. — *Cass.*, 18 nov. 1823, ville de Lyon.

731. — Relativement aux acquisitions de terrains pour l'alignement et le prolongement des routes départementales, on avait d'abord décidé que les actes passés dans l'intérêt des départemens étaient assujétis au droit d'enregistrement, et que si la formalité n'avait point eu lieu, les départemens ne seraient tenus de faire enregistrer que ceux de ces actes qui avaient été passés depuis le 1er janv. 1824, sans amende. — Décis. min. fin. 29 mars et 10 oct. 1825; instr. 1249, § 1er.

732. — Depuis il a été reconnu que ces actes devaient être enregistrés gratis. — Décis. min. fin. 7 janv. et 21 mai 1828; instr. 1249, § 1er.

733. — Ces dispositions n'ont point été modifiées par l'art. 17, L. 18 avr. 1831, relativement aux acquisitions faites au profit des départemens; les décisions qui précèdent ont été motivées sur ce que les routes départementales font partie du domaine public. — Décis. min. fin. 6 août 1834; instr. 1460.

734. — Par cela que les entrepreneurs d'un chemin de fer ont été subrogés par l'état dans son droit d'exproprier pour cause d'utilité publique les terrains sur lesquels ce chemin devra être établi à leurs frais, il n'en résulte pas qu'ils aient été subrogés dans le privilège accordé à l'état de faire enregistrer gratis ses actes d'acquisition ou d'échange, pour éviter un inutile circuit dans les opérations de comptabilité. — Dès-lors, ils ne sauraient être affranchis du paiement du droit proportionnel sur le prix de leurs acquisitions, et n'être tenus que du droit fixe. — *Cass.*, 18 (et non 17) janv. 1831, Séguin; — avis. cons. d'état 31 août 1829; instr. 29 déc. 1829, 1303, § 1er, et 25 juin 1831, 1370, § 1er.

735. — L'art. 58, L. 7 juill. 1833, sur l'expropriation pour cause d'utilité publique, porte : « Les plans, procès-verbaux, certificats, significations, jugemens, contrats, quittances et autres actes faits en vertu de la présente loi, seront enregistrés gratis, lorsqu'il y aura lieu à la formalité de l'enregistrement. » — L'art. 58 de la nouvelle loi du 3 mai 1841 reproduit textuellement cette disposition.

736. — La disposition de la loi du 7 juill. 1833 est générale; elle ne fait aucune distinction entre les actes de procédure et contrats qui ont lieu à la requête de l'état ou des concessionnaires de l'état, et ceux qui sont faits à la requête des propriétaires dont on poursuit l'expropriation. L'exemption des droits s'applique donc aux uns comme aux autres. — Instr. 28 janv. 1834, 1448; délib. 25 oct. 1836; instr. 7 juin 1837, 1539, § 4.

737. — Toutefois, l'exemption des droits ne s'applique qu'aux actes nécessaires pour entreprendre et compléter l'expropriation pour utilité publique, et non à ceux qui sont en dehors de l'expropriation ou faits uniquement dans l'intérêt des parties. — De là les décisions suivantes :

738. — Lorsqu'un entrepreneur de travaux publics achète, sans y être contraint, une quantité de terrain plus considérable que celle nécessaire à son entreprise, le droit de mutation est exigible sur la totalité du prix. Il n'y a lieu d'appliquer la loi du 7 juill. 1833 que quand il est passé deux actes, l'un pour le terrain nécessaire aux travaux et l'autre pour l'excédant. — Décis. min. fin. 29 juin 1836.

739. — L'exemption des droits est applicable aux actes d'acquisition amiable de bâtimens et terrains faits dans les circonstances prévues par l'art. 50, L. 7 juill. 1833. — Toutefois il faut, outre la réunion des circonstances exigées par cet article, qu'on justifie de la déclaration adressée au magistrat directeur du jury dans le délai énoncé en l'art. 24 de cette loi. — Décis. min. fin. 17 août 1838; instr. 34 août 1838, 1571, no 3.

740. — Mais l'exemption de droits n'est point applicable aux actes d'acquisition de terrains voisins du tracé des travaux publics et sur lequel des fouilles ont été pratiquées pour se procurer les matériaux de remblais nécessaires à ces travaux. — Décis. min. fin. 13 oct. 1837; instr. 10 août 1838, 1571, no 4.

741. — Il n'y a lieu à exemption des droits que pour les contrats d'acquisition passés postérieurement à l'arrêté du préfet, prescrit par les art. 2 et 11, L. 7 juill. 1833, et ayant pour objet des immeubles expressément désignés dans cet arrêté, lequel seul consomme la déclaration d'utilité publique. — Si le droit proportionnel avait été perçu sur une acquisition consentie avant cet arrêté, il ne serait point restituable par suite de l'arrêté, qui est un événement ultérieur ne pouvant rétroagir sur la perception. — Délib 17 août 1838; instr. 31 août 1838, 1571, no 1er.

742. — Les seules acquisitions exemptées des droits ou admises, conformément à l'art. 58, L. 3 mai 1841, à la restitution de ceux qui ont été précédemment payés, sont celles qui se réfèrent aux propriétés désignées dans l'arrêté préfectoral pris en vertu des art. 2 et 11, L. 3 mai 1841. — Instr. 14 mars 1842, 1660.

743. — Les contrats d'acquisition passés amiablement par une compagnie de chemins de fer relativement à des immeubles qui sont, quant à présent, en dehors du tracé et des dépendances indiquées dans l'arrêté du préfet comme soumises à l'expropriation, mais qui serviront ultérieurement à l'établissement de travaux se rattachant au chemin de fer, doivent-ils profiter de l'exemption des droits de timbre et d'enregistrement accordée par l'art. 58, L. 7 juill. 1833? — V. la discussion de cette question sous *Cass.*, 16 août 1843 (t. 1er 1844, p. 179), comp. du chemin de fer de Versailles (rive droite).

744. — L'exemption de droits n'est pas applicable aux procurations données à des tiers par les propriétaires contre lesquels on poursuit l'expropriation, non plus qu'aux certificats de propriété constatant leurs droits aux prix de l'expropriation. — Décis. min. fin. 20 janv. 1835 ; instr. 1539, § 3.

745. — Elle ne l'est pas non plus au transport ou à la cession par le vendeur exproprié, au profit d'un tiers, du prix à recevoir et de ses droits et privilèges résultant de l'expropriation, encore bien que le maire de la commune au profit de laquelle l'expropriation a lieu interviendrait pour consentir. — Délib. 26 oct. 1838.

746. — Mais l'exemption est applicable : 1° aux actes relatifs à une expropriation pour cause d'utilité publique, autorisée par une ordonnance royale antérieure à la loi de 1833 ; 2° aux transactions amiables entre l'état ou la compagnie qui le représente et les fermiers des terrains sujets à l'expropriation, par lesquelles est fixée l'indemnité de dépossession. — Solut. 13 nov. 1835 ; instr. 1513, § 2.

747. — Il en est de même des quittances et des main-levées données aux concessionnaires par les créanciers inscrits sur les terrains objets de l'expropriation. — Solut. 3 fév. 1838.

748. — L'exemption des droits est même applicable à l'acquisition faite par une commune pour l'élargissement d'une place publique, bien que l'ordonnance royale qui a autorisé cette acquisition n'ait pas été précédée des formalités prescrites par la loi. — Solut. 24 mars 1837.

749. — Décidé de même à l'égard des acquisitions faites par les départemens pour des travaux d'utilité publique ; mais les acquisitions faites dans une autre forme et pour une autre cause, dans l'intérêt des départemens, et les legs et donations à leur profit, demeurent régis par la loi du 18 avr. 1831. — Décis. min. fin. 15 déc. 1835 ; instr. 1502.

750. — Décidé que l'exemption s'applique aux acquisitions faites par les communes à l'amiable, pour des travaux d'utilité publique, et relatant la loi spéciale ou l'ordonnance d'autorisation de ces travaux, et la poursuite en expropriation des propriétaires. — Décis. min. fin. 24 mai 1835 ; instr. 1485.

751. — ... Qu'il en est de même au sujet des acquisitions amiables que fait une ville, pour l'exécution immédiate de son plan d'alignement précédemment arrêté et dûment autorisé, alors que, les propriétaires des bâtimens sujets à retranchement voulant les reconstruire, la ville se voit ainsi obligée d'acheter le terrain délaissé. — Cass., 19 juin 1844 (t. 2 1844, p. 104), ville d'Evreux.

752. — ... Ou encore à l'égard des acquisitions faites par une ville des terrains de propriétaires qui démolissent volontairement ou sur injonction faite par suite de vétusté, quand le plan d'alignement a été approuvé par ordonnance royale. Si le propriétaire vendait avant le temps où la vétusté l'obligerait à démolir, il faudrait, pour que l'acquisition jouît de l'exemption des droits, qu'une ordonnance royale antérieure eût autorisé l'acquisition pour cause d'utilité publique. — Délib. 20 sept. 1844 ; instr. 1720.

753. — Jugé cependant que, bien que les acquisitions amiables faites pour les communes, départemens et établissemens publics, aient pour cause une utilité publique, et qu'elles soient autorisées par une ordonnance royale, elles ne jouissent pas de l'exemption des droits d'enregistrement accordée par la loi du 7 juill. 1833 aux contrats faits en vertu de cette loi. — Cass. 23 août 1844 (t. 1er 1842, p. 279), préfet de la Dordogne.

754. — De même, il y aurait lieu à la perception du droit proportionnel, si la ville, dans une vue d'embellissement et d'agrandissement de la voie publique, avait, volontairement et sans y être obligée, acheté une maison dont l'ordonnance royale approbative du plan d'alignement admettait bien l'achat et la démolition, mais n'emportait pas le droit de l'exiger immédiatement. — Cass., 19 juin 1844 (t. 2 1844, p. 104), villes d'Evreux, de Montpellier et de Saint-Etienne.

755. — Il en serait spécialement ainsi dans le cas où une ville se rendrait adjudicataire d'une maison vendue sur licitation entre héritiers bénéficiaires, afin d'opérer l'agrandissement d'un marché. — Cass., 19 juin 1844 (t. 2 1844, p. 104), ville de Montpellier.

756. — ... Et dans le cas où les acquisitions faites par la ville n'ont pas été précédées de la déclaration d'utilité publique. — Cass., 19 juin 1844 (t. 2 1844, p. 104), ville de Saint-Etienne.

757. — Les acquisitions à l'amiable faites par les départemens, telles que des terrains nécessaires pour les routes départementales, sont soumises aux droits ordinaires d'enregistrement, lorsqu'elles sont antérieures à l'arrêté du préfet qui détermine les propriétés soumises à l'expropriation, sauf la restitution de ces droits, si, dans le délai de deux ans, à partir de l'acquisition, les immeubles acquis se sont trouvés compris dans ces arrêtés. — L. 3 mai 1841, art. 58 ; décis. min. fin. 20 nov. 1843 ; instr. 1698.

758. — Les communes n'ont pas droit à l'enregistrement en débet ou gratis, pour des actes relatifs aux chemins vicinaux. — Décis. min. fin. 8 janv. 1841 ; instr. 1627.

759. — L'exemption de droits en matière d'expropriation pour utilité publique, n'est point applicable aux acquisitions, significations et autres actes qui sont le résultat d'une procédure en expropriation concernant les chemins vicinaux ; ces actes restent sujets au droit fixe de 1 fr. — L. 21 mai 1836, art. 26 ; décis. min. fin. 12 janv. 1843 ; instr. 1681.

760. — La donation entre-vifs faite à une commune d'un immeuble pour une destination d'utilité publique ne peut être assimilée à une vente par un propriétaire qui ne pourrait s'opposer à l'expropriation. Par conséquent, elle n'est point exempte de droits. — Délib. 19 déc. 1837.

761. — L'exemption de droits ne s'applique pas à un jugement d'adjudication, par suite d'une saisie immobilière faite à la requête d'un particulier, d'une maison destinée au logement d'un instituteur communal et à la tenue de l'école, l'expropriation n'ayant point alors une cause d'utilité publique et étant faite d'ailleurs dans les formes ordinaires. — Décis. min. fin. 29 juin 1837 ; instr. 1562, § 5.

762. — Décidé de même au sujet de l'adjudication à une commune de biens provenant d'un bureau de bienfaisance autorisé par ordonnance royale à *vendre* (sans autres conditions), attendu que cette ordonnance est spéciale pour le bureau de bienfaisance, qui pouvait vendre à tout autre qu'à la commune. Une seconde ordonnance approuvant l'adjudication ne peut avoir pour effet de faire rentrer l'acte dans l'application de la loi du 7 juill. 1833. — Délib. 9 fév. 1838.

763. — Le marché fait avec une ville pour opérer l'achèvement d'une rue, est soumis au droit de 1 % sur la somme que la ville doit payer, et ce droit n'est pas restituable, encore que les travaux aient été déclarés d'utilité publique, et qu'une partie de cette somme ait servi à acquérir les immeubles nécessaires à l'achèvement de la rue. — Cass., 12 nov. 1838 (t. 2 1838, p. 573), Pêne.

764. — ... *Secondement.* Les actes de poursuites et tous autres actes, tant en action qu'en défense, ayant pour objet le recouvrement des contributions publiques et de toutes autres sommes dues à l'état, ainsi que des contributions locales ; le tout, lorsqu'il s'agira de cotes, droits et créances non excédant en total la somme de 100 fr. — L. 22 frim. an VII, art. 70, § 2, n° 2 (elle ne fixait les cotes et droits qu'à 25 fr.) ; L. 16 juin 1824, art. 6.

765. — Cette disposition a été déclarée applicable aux sommes dues pour mois de nourrices. — L. 16 juin 1824, art. 6.

766. — Lorsqu'il s'agit de sommes au-dessus de 100 fr., il y a lieu à la perception du droit fixe de 1 fr. — LL. 22 frim. an VII, art. 68, § 4, n° 30 ; 28 avr. 1816, art. 43, n° 13.

767. — Le chiffre de 100 fr. ne se rapporte qu'à la qualité de la cote, et non à celle du terme échu ou du reliquat. Dès-lors, toutes les fois qu'une cote s'élève à plus de 100 fr., le droit de 1 fr. est exigible, quelque modique que soit la somme réclamée. — Décis. min. fin. 5 germ. an XIII ; instr. 290, n° 8.

768. — Doivent être enregistrés gratis les exploits pour le recouvrement des rôles dressés pour les travaux de curage et d'entretien des canaux et rivières non navigables, et des digues et ouvrages d'art qui y correspondent, bien que les cotisations à recouvrer ne soient pas dues à l'état et ne se rapportent pas à des contributions locales proprement dites. — Solut. 18 déc. 1824; instr. 1456, § 5.

769. — Il en est de même des actes de poursuites pour recouvrement soit d'amendes forestières et de frais dus à l'état, soit de restitutions et de dommages-intérêts prononcés au profit des communes et des établissemens publics, à raison de délits dans leurs bois. — Décis. min. fin. 7 mars 1828; instr. 1265, § 4.

770. — Comme la loi ne distingue point entre la défense qui a lieu à la requête du trésor et celle qu'exige la partie, il s'ensuit que l'opposition à une contrainte ayant pour objet le recouvrement d'une somme au-dessous de 100 fr. doit être enregistrée gratis, et moyennant 1 fr. si la somme excède 100 fr. — Solut. 2 sept. 1831.

771. — Doivent être enregistrées gratis les significations de procès-verbaux dressés par les préposés de la régie des contributions indirectes. — Lettre direct. gén. 11 déc. 1828. — Mais l'enregistrement ne peut avoir lieu gratis si l'amende encourue est éventuellement supérieure à 100 fr. — Solut. 13 août 1831.

772. — ... Les ventes de meubles auxquelles il est procédé pour le recouvrement des contributions directes ou de toute autre somme due à l'état, lorsque la créance est au-dessous de 100 fr., à quelque somme d'ailleurs que s'élève la vente. — Délib. 2 avr. 1823.

773. — ... *Troisièmement.* Les actes des huissiers et gendarmes dans les cas spécifiés par le § 3, n° 9, art. 70, L. 22 frim. an VII (même article, § 2, n° 3). — V. *infrà* nos 868 et suiv. — C'est-à-dire tout ce qui a rapport à la police générale de sûreté et à la vindicte publique, ce qui comprend tous les actes de ces agens en matière criminelle, correctionnelle ou de police, notamment les notifications des mandats d'amener, d'arrêt ou de dépôt, faites par les gendarmes. — Décis. min. fin. 20 frim. an XIII, et 5 avr. 1808; instr. 290, n° 7; 386, n° 3; 400, n° 2, et 613.

774. — Doivent de plus être enregistrés gratis les actes de procédure et les jugemens à la requête du ministère public, ayant pour objet : — 1° de réparer les omissions et faire les rectifications sur les registres de l'état civil, d'actes qui intéressent les indigens; — 2° de remplacer les registres de l'état civil perdus ou incendiés par les événemens de la guerre, et de suppléer aux registres qui n'auraient pas été tenus. — L. 25 mars 1817, art. 75.

775. — ... Les lettres patentes de dispense d'âge pour mariage, délivrées aux personnes reconnues indigentes. — L. 15 mai 1818, art. 77.

776. — ... Les actes de reconnaissance d'enfans naturels appartenant à des individus notoirement indigens. — L. 15 mai 1818, art. 77.

777. — Par la même raison, on doit enregistrer gratis, lorsqu'ils concernent des individus qui justifient par un certificat du maire de leur commune, légalisé par le sous-préfet, qu'ils sont dans l'indigence : 1° l'acte de notoriété rédigé dans la forme prescrite par les art. 70 et 71, C. civ., pour remplacer l'acte de naissance de chacun des futurs époux. — Décis. min. fin. et just. 11 nov. 1824, 4 oct. 1839, 24 fév. 1840 et 23 août 1841; inst. 1699.

778. — ...2° Le jugement d'homologation de cet acte de notoriété, exigé par l'art. 72, C. civ., ainsi que les actes de procédure auxquels le jugement peut donner lieu, à la requête du ministère public. — Mêmes décis. et inst.

779. — ...3° L'acte de notoriété prescrit par l'art. 255, C. civ., dans le cas d'absence des pères et mères des futurs époux. — Mêmes décis. et inst.

780. — ...4° La délibération du conseil de famille portant consentement au mariage des fils ou filles mineurs de vingt-un ans, conformément à l'art. 160, C. civ. — Mêmes décis. et inst.

781. — Les différentes dispositions qui précèdent concernant les indigens ont été consacrées par l'art. 8, L. 3 juill. 1846, qui déclare devoir être enregistrés gratis les extraits des registres de l'état civil, les actes de notoriété, de consentement, de publication, les délibérations des conseils de famille, les actes de procédure, les jugemens et ar-

rêts dont la production est nécessaire pour la célébration du mariage des personnes indigenes, et pour la légitimation de leurs enfans, lorsqu'il y a lieu à l'enregistrement. Les actes, extraits, copies ou expéditions ainsi délivrés ne peuvent servir que pour les causes ci-dessus indiquées. — L. 3 juill. 1846, art. 8.

782. — Sont également enregistrés gratis les actes judiciaires auxquels peut donner lieu la révision annuelle des listes électorales. — L. 2 juill. 1828; circul. 8 juin 1830; L. 19 avr. 1831.

783. — ...En matière de garde nationale, tous actes de poursuite devant les conseils de discipline, tous jugemens, recours et arrêts rendus en vertu de la loi d'organisation. — L. 22 mars 1831, art. 121; inst. 1337. — Cette disposition concerne tous les actes de procédure tant en action qu'en défense. — Décis. min. fin. 5 janv. 1832; inst. 1442.

784. — ...Les actes de procédure et les jugemens rendus dans toutes les causes portées devant les juges des droits de navigation du Rhin. — Les parties n'ont à supporter d'autres frais que ceux portés aux art. 21 à 25, décr. 16 fév. 1811. — L. 21 avr. 1832, art. 2.

785. — Il y a lieu d'enregistrer gratis comme ayant pour objet l'intérêt général : les certificats de dépôt de dessins délivrés par le conseil des prud'hommes (décis. min. fin. 20 juin 1809) et les procès-verbaux de contraventions qu'ils dressent. — Inst. 437.

786. — ...Le certificat contenant les pouvoirs nécessaires pour assurer et exiger le service des rentes aliénées par la caisse d'amortissement, et délivré à l'acquéreur par le directeur des domaines. — Décr. 9 déc. 1809; circul. 11 janv. 1810.

787. — ...Les arrêtés pris par les préfets pour réintégrer, en exécution de la loi du 5 déc. 1814, les anciens propriétaires dans les biens non vendus. — Décis. min. fin. 10 sept. 1816; inst. 765.

788. — ...Les notifications faites, par les gardes du génie, de l'extrait du plan et de l'état descriptif des terrains soumis aux servitudes pour la défense des places de guerre, quand on veut leur donner une date certaine. — Ord. 1er août 1821; inst. 998.

789. — ... Les actes du ministère public ayant pour objet l'exécution des commissions rogatoires émanées des tribunaux étrangers et transmis par les voies diplomatiques. — Décis. min. fin., 27 mars 1829; inst. 1274.

790. — ...Les délibérations des conseils de famille ayant pour objet d'autoriser les tuteurs à consentir à l'engagement volontaire des mineurs âgés de moins de vingt ans. — Décis. min. fin. 9 nov. 1832; inst. 1422, § 3.

791. — ...Les actes contenant purement et simplement quittance et décharge de la part des parties, en faveur de la caisse des dépôts et consignations; mais si ces actes contenaient des dispositions particulières étrangères à la caisse, le droit serait exigible d'après la nature de ces dispositions. — Décis. min. fin. 4 août 1836; inst. 1519.

792. — ...Les décharges données à la caisse des consignations par les créanciers des déposans ou de leurs héritiers. — Décis. min. fin. 14 août 1843; inst. 1712.

793. — ...Les arrêts rendus par la cour de Cassation dans l'intérêt de la loi pour rectifier une erreur de jurisprudence. — *Dict. des dr. d'enregist.*, v° *Acte judiciaire* (mat. civ.), § 13, art. 1er, n° 4.

794. — ...Les prestations de serment de membres du jury créé près le ministère de l'intérieur pour vérifier l'origine des tissus saisis dans l'intérieur du royaume. — Décis. min. fin. 27 janv. 1817.

795. — ...Celles des gardes jurés institués à Alençon pour vérifier la qualité et la dimension des toiles exposées en vente. — Délib. 6 nov. 1824.

796. — ...Celles des médecins nommés pour exercer les fonctions gratuites auprès d'un conseil de recensement de la garde nationale. — Solut. 5 déc. 1831.

797. — ...Celles des inspecteurs chargés de la surveillance du travail des enfans dans les manufactures. — Déc. min. fin. 11 oct. 1841.

798. — ...Les procès-verbaux, jugemens et actes de prud'hommes, lorsqu'ils constatent que l'objet du litige n'excède pas en total la somme de 25 fr. — Décision minist. fin. 20 juin 1809; inst. 437.

§ 3. — *Actes et mutations exempts de l'enregis-*
trement.

799. — Sont exempts de la formalité de l'enregistrement : 1° les actes du corps législatif et ceux
du gouvernement. — L. 22 frim. an VII, art. 70,
§ 3, n° 1er.

800. — ... 2° Les actes d'administration publique non désignés nommément dans la loi du 22
frim. an VII. — Même loi, art. 70, § 3, n° 2.

801. — On doit considérer comme actes d'administration publique : les commissions des préposés de l'enregistrement et des domaines et des
agens et gardes forestiers.—Circul. 3 vent. an VII,
art. 1500.

802. — ... Les actes et procès-verbaux des porteurs de contrainte. — Arrêté du gouv. 46 therm.
an VIII ; instr. 363.

803. — ... Les procès-verbaux d'établissement
des garnisaires. — Décis. min. fin. 7 frim. an VI ;
circ. 1160 ; L. 13 mai 1818, art. 80.

804. — ... Les paraphes des registres tenus en
vertu des réglemens de police, par les logeurs,
brocanteurs, maîtres d'hôtels garnis et autres. —
Solut. 17 janv. 1834.

805. — ... Les diplômes de sages-femmes et leur enregistrement au secrétariat des préfectures. —
Décis. min. fin. 17 déc. 1811 ; instr. 204 et 558.

806. — ... Les autorisations de plaider contre
une commune, accordées en conformité de l'arrêté du 27 vendém. an X. — Instr. 8 brum. an X,
art. 2. — Il en est de même des autorisations données par les préfets aux communes, hospices et
autres établissemens publics, pour recevoir des
remboursemens de rentes. — Décis. minist. fin.
9 juin et 8 sept. 1812 ; instr. 605.

807. — ... Les pièces produites par les parties
dans une instance devant le conseil d'état. — Mais
la dispense ne s'étend pas aux pièces dont il serait en outre fait usage ailleurs, non plus qu'aux
actes produits devant le conseil, contenant des
dispositions soumises par leur nature à l'enregistrement dans un délai fixe. — Décr. 22 juill. 1806,
art. 48 ; instr. 366, n° 3, et 542.

808. — ... 3° Les inscriptions sur le grand-livre
de la dette publique, leurs transferts et mutations,
les quittances des intérêts qui en sont payés, et
tous les effets de la dette publique inscrits ou à
inscrire définitivement. — L. 22 frim. an VII, art.
70, § 3, n° 3.

809. — Les créances des fournisseurs de l'état,
pour les années VI, VII et VIII, devant, d'après la
loi du 30 vent. an IX, être acquittées en inscriptions sur le grand-livre de la dette publique, la
cession qui en était faite ne pouvait être considérée comme une cession ordinaire, et, par suite,
donner lieu à un droit proportionnel : elle en était,
au contraire, exempte, comme étant un transport d'effets publics. — Cass., 27 niv. an XI, Hubert.

810. — L'acte par lequel un étranger cède la
portion qui doit lui revenir dans la répartition
d'une inscription de rente inscrite sur le grand-
livre de la dette publique en France, et attribuée
au gouvernement de cet étranger, par le traité du
25 avr. 1818, pour acquitter les dettes contractées
par les princes français durant leur émigration,
contient un véritable transfert de rentes sur l'é-
tat, et à ce titre est exempt de la formalité de
l'enregistrement, alors surtout qu'à l'époque du
transfert le gouvernement de cet étranger était
nanti des rentes à distribuer, et que rien ne jus-
tifiait qu'il en eût autrement disposé. — Cass., 14
déc. 1820, Marceaux.

811. — L'exemption du droit proportionnel établie en faveur des inscriptions de rente sur le
grand-livre de la dette publique, leurs mutations
et transferts, n'est pas applicable à des stipulations
qui ne seraient pas la conséquence naturelle et
nécessaire des transferts, mais qui auraient un
caractère particulier. Il y a lieu, dans ces cas, de
percevoir l'un des droits proportionnels établis
par l'art. 69 de la loi du 22 frim. an VII. — Décis.
minst. fin. 14 sept. 1825 ; instr. 1180, § 4 ;—Roland
et Trouillet, *Dictionn. d'enregistr.*, v° *Transfert*,
n° 4.

812. — Jugé, en ce sens, qu'il y a lieu au droit
proportionnel lorsqu'à l'occasion d'un transfert

de cette nature passé devant notaire, il est accordé au cessionnaire terme et délai soit pour payer
le prix, soit pour restituer une rente de pareille
quotité ; et que, de plus, on stipule des intérêts
payables annuellement, et une garantie hypothécaire de la part du cessionnaire. — Cass., 29 juin
1835, Perregaux.

813. — ... Que le droit proportionnel d'obligation de sommes est régulièrement perçu sur un
acte notarié contenant transfert d'une inscription
de rente moyennant un prix payable à terme,
soit en argent, soit en rentes, au choix du cédant,
avec stipulation d'intérêts jusqu'à l'expiration du
terme, et garantie hypothécaire. Ces sortes de
conventions donnent à l'acte le caractère d'un
prêt hypothécaire, et non d'un simple transfert
de rentes. — Cass., 24 avr. 1839 (t. 1er 1839, p. 575),
Perregaux ; — Délib. 6 déc. 1833.

814. — ... Que la même perception a été régulièrement faite sur un acte notarié contenant transfert d'une inscription de rente moyennant un prix
payable à terme, avec stipulation d'intérêts, garantie hypothécaire, subrogation dans une hypothèque légale. — Cass., 5 mai 1840 (t. 1er 1840,
p. 682), de Sassenay.

815. — ... Que si, pour prix d'un transfert, le
cessionnaire transmet au cédant un immeuble,
ou lui constitue une rente, la mutation de cet immeuble ou la constitution de cette rente ne sera
pas, à la faveur du transfert, exempte des droits
dont la loi frappe les actes de cette nature.—Cass.,
7 nov. 1826, Chrétien ; — instr. 1205, § 12.

816. — ... Que la cession de rentes sur l'état
en paiement d'une dette préexistante est passible
du droit proportionnel, attendu qu'une pareille
cession ne peut être considérée comme un simple
transfert exempt de la formalité de l'enregistrement. — Cass., 31 (et non 30) déc. 1834, Puy du
Roseil.

817. — Décidé, cependant, qu'il n'y a pas lieu
de percevoir le droit de quittance sur l'acte contenant le paiement d'une dette, au moyen d'un
transfert de rentes sur l'état. — Solut. 2 oct. 1830.

818. — Lorsque des objets mobiliers ou immobiliers et des rentes sur l'état sont vendus moyennant une rente viagère, il y a lieu de percevoir le
droit de mutation mobilière pour la partie de la
rente formant le prix du mobilier, celui de mutation immobilière pour celle formant le prix des
immeubles, et le droit de constitution de rente
pour celle formant le prix des rentes sur l'état
dont le transfert est exempt du droit. — Cass.,
20 févr. 1839 (t. 1er 1839, p. 292), Langevin ;—Délib.
21 janv. 1834.

819. — Cependant, en ce qui concerne cette
dernière espèce surtout, on peut dire que la jurisprudence de la cour de Cassation n'est pas à
l'abri de la critique. — La constitution de la rente
n'est point une disposition indépendante du transfert de la rente sur l'état ; il y a vente d'inscription. Or, il ne peut y avoir de vente sans prix ; ce
prix peut consister en une somme payée comptant, à terme ou par fractions annuelles. Le prix
payé comptant ou au moyen d'une rente viagère
est donc dépendant de la vente, dont il forme
une partie nécessaire. — L'art. 10 de la loi du 22
frim. an VII l'a reconnu lorsqu'il a dit que « dans
le cas de transmission de biens la quittance donnée ou l'obligation consentie par le même acte
pour tout ou partie du prix entre les contractans ne peut être sujette à un droit particulier
d'enregistrement. » Or, la loi ne contient point
exception à cet article pour le cas où le bien vendu est une rente sur l'état.

820. — Jugé, en ce dernier sens, que la disposition
de la loi qui exempte des droits les transferts de
rente sur l'état s'applique aux stipulations qui
sont une conséquence naturelle de ces transferts ;
que, dès-lors, il n'y a pas lieu au droit proportionnel, lorsqu'à l'occasion d'un transfert de cette
nature, passé devant notaire, il est accordé terme
et délai pour le paiement du prix, avec stipulation d'intérêts payables annuellement, et garantie
hypothécaire de la part du cessionnaire. —Cass.,
28 août 1837 (t. 2 1837, p. 216), Ligier.

821. — Jugé encore que la cession d'une rente
sur l'état, bien que faite moyennant une somme
payable dans un délai déterminé, sans intérêts,

est exempte de tout droit de mutation. — Délib. 17 avr. 1838.

822. — Un prêt en rentes sur l'état, remboursable en mêmes valeurs, est-il passible du droit proportionnel? Non. — Solut. 12 oct. 1832; délib. 23 mai 1833. — Oui. — Délib. du 6 déc. 1833.

823. — Relativement aux cessions de rentes faites par les émigrés à leurs créanciers pour obtenir leur libération, il faut distinguer: 1o si la dette est antérieure à la confiscation, le droit n'est pas dû sur le transfert, attendu que, dans cette hypothèse, l'art. 18, L. 27 avr. 1825, accorde aux émigrés la faculté de se libérer en rentes. — Décis. du direct. gén. 22 mai 1826; délib. 30 janv. et 13 avr. 1827; solut. 2 oct. 1830; — 2o si la dette est postérieure, le droit proportionnel est exigible, parce qu'il n'y a pas de motif de s'écarter du droit commun. — Délib. 27 juill. 1827, 31 juill. 1829; solut. 16 août 1830). — Ces deux principes résultent aussi d'une délibération du 2 août 1831 prise en thèse générale.—Instr. 1388, §8.—Mais MM. Roland et Trouillet pensent que cette distinction n'est pas fondée. —*Dict. d'enregistr.*, vo *Transfert*, no 8.

824. — On ne peut considérer comme transfert, exempt du droit proportionnel, une collocation de sommes dues par un émigré et payables en rentes sur l'état. — Délib. 26 avr. 1833.

825. — Les transferts de rentes sur l'état sont exempts de l'enregistrement alors seulement qu'ils sont faits par l'intermédiaire d'un agent de change. S'ils sont passés devant notaires, ils ne donnent pas ouverture au droit proportionnel; mais l'acte doit être enregistré moyennant le droit fixe. — Décis. minist. fin. 18 août 1820.

826. — On ne peut assimiler aux effets publics remboursables par le trésor les actes de prêts faits par la caisse des dépôts et consignations sur dépôts d'effets publics; ces actes sont donc assujétis au droit proportionnel comme les transactions de même nature faites entre particuliers. — Déc. min. fin. 1er fév. 1832.

827. — Une délib. du 3 juin 1817 avait décidé que les transferts de rentes ou effets publics étrangers étaient passibles du droit proportionnel, non sur le prix de la cession, mais sur le cours légalement constaté des effets cédés. Aujourd'hui, d'après l'art. 4, L. 16 juin 1824, ces transports ne sont passibles que d'un droit fixe. — Roland et Trouillet. *Dict. d'enreg.*, vo *Transfert*, no 12.

828. — L'exemption de tout droit d'enregistrement a été appliquée aux mutations par décès de rentes sur l'état, antérieures à la loi du 22 frim. an VII. — Déc. min. fin. 10 fructid. an XII; inst. 290.

829. — Quant à la manière dont les rentes sur l'état transmises par décès doivent être considérées, relativement à la liquidation des droits de succession sur les autres biens, V. *infrà* nos 3140 et suiv.

830. — Avant la loi du 18 juill. 1836, on avait décidé que la donation d'une somme payable en une inscription de rente sur l'état, devait, pour être dispensée du droit proportionnel, constater que l'inscription était en la possession du donateur au moment du contrat. — Solut. 24 oct. 1828; délib. 8 oct. 1830; instr. 1272, §6.

831. — Jugé également que si le futur faisait, par son contrat de mariage, donation à sa future épouse de l'usufruit d'une rente sur l'état pour la livraison et l'immatricule de laquelle il lui conférait l'action nécessaire, une pareille stipulation ne pouvait être considérée comme un transfert de rente affranchi de tous droits d'enregistrement. — *Cass.*, 14 juill. 1830, Ferrand.

832. — En cet état a été rendue la loi du 18 juill. 1836, dont l'art. 6 porte: « A compter du 1er janv. 1837, les donations entre-vifs de rentes sur l'état ne seront exemptes du droit proportionnel qu'autant que l'inscription de la rente donnée existera sous le nom du donateur ou de celui auquel il a succédé, depuis plus d'un an, et que l'acte de donation en indiquera le numéro, la date et le montant. Le droit proportionnel sera perçu si, lors de la donation, la rente donnée est déjà inscrite sous le nom du donataire, à moins qu'il ne soit énoncé dans l'acte et dûment justifié qu'elle était précédemment inscrite depuis plus d'un an sous celui du donateur. Ce droit sera liquidé sur

la valeur réelle de la rente, d'après le cours moyen de la Bourse de Paris au jour de la donation.

833. — Cette loi de 1836 est applicable, alors même que la date de l'inscription n'est pas énoncée dans l'acte, si, d'ailleurs, un certificat du directeur de la dette inscrite constate que l'inscription existe depuis plus d'un an sous le nom du donateur ou de l'auteur de celui-ci. — Délib. 18 mai 1838.

834. — Décidé de même que la donation entre-vifs faite par contrat de mariage d'une rente sur l'état inscrite depuis plus d'un an sous le nom du donataire, sans l'avoir jamais été sous celui du donateur, donne lieu au droit proportionnel. — Délib. 1er oct. 1841.

835. — Mais n'est pas soumise au droit proportionnel la donation entre-vifs d'une inscription de rente sur l'état faite sous le nom du donateur depuis moins d'une année, mais provenant de la réunion de plusieurs inscriptions acquises par lui depuis plus d'une année. — Délib. 21 nov. 1837.

836. — Le droit proportionnel perçu sur la donation d'une rente sur l'état, parce que la date de l'inscription n'était pas énoncée dans le contrat, est restituable dans le délai de deux ans, lorsqu'il justifie que, lors du contrat, cette donation était dans les conditions exigées par la loi du 18 juill. 1836, pour être exempte de ce droit proportionnel. — Délib. 18 mai 1838.

837.—Sont encore exempts de l'enregistrement: les actes sous seing-privé tendant uniquement à la liquidation de la dette publique et en tant qu'ils servent aux opérations de la liquidation; il en est de même des actes des administrations et commissaires liquidateurs, relatifs auxdites liquidations.—L. 26 frim. an VIII, art. 1er et 2.

838. — ...La procuration donnée par les sous-officiers et soldats en retraite à l'effet de toucher pour eux à la caisse du payeur les arrérages de pension qui leur sont dus, pourvu qu'elle ne concerne pas d'autres intérêts à régler. — Décr. 21 déc. 1808; instr. 419, no 1er.

839. — ...Les actions de la tontine ou caisse Lafarge, leurs cessions et mutations.—Décr. 18 pluv. an X; instr. 604.

840. — ..Les actions des salines de l'Est et leurs transferts au profit de la compagnie par ses employés comptables et ses traitans. — Décis. min. fin. 17 mars 1840.

841.—...Les titres constitutifs des rentes et obligations que la ville de Paris a été autorisée à créer en vertu des ord. des 13 sept. 1815 et 14 mai 1817.

842. — ...4o Les rescriptions, mandats et ordonnances de paiement sur les caisses nationales, leurs endossemens et acquits. — L. 22 frim. an VII, art. 70, §3, no 4.

843. — Sont rangées dans cette classe: les obligations souscrites par les receveurs généraux. — Elles peuvent donc être protestées, signifiées ou produites en justice, sans être enregistrées; mais les protets sont soumis à la formalité et au droit.—Délib. 25 prair. an XIII; instr. 290, no 40.

844. — ... Les obligations souscrites par les directeurs des droits réunis à l'ordre du receveur général de leur régie.— Décis. min. fin. 4 thermid. an XIII; instr. 290, no 41.

845. — ... 5o Les quittances de contributions, droits, créances et revenus payés à la nation; celles pour charges locales, et celles des fonctionnaires et employés salariés par l'état, pour leurs traitemens et émolumens. — L. 22 frim. an VII, art. 70, §3, no 5.

846. — Tels sont tous les certificats que délivrent les conservateurs des hypothèques relativement aux formalités.—Déc. min. fin. 21 mars 1809; instr. 433, no 5.

847. — Tels sont encore les registres que ces mêmes conservateurs doivent tenir sur papier timbré, et faire coter et parapher par un des juges du tribunal. —C. civ., art. 2201; déc. min. fin. 14 déc. 1816; instr. 758, §6.

848. — ...6o Les ordonnances de décharge ou de réduction, remises ou modération d'impositions, les quittances y relatives, les rôles et extraits d'iceux.—L. 22 frim. an VII, art. 70. §3, no 6.

849. — Les recours dirigés contre les arrêtés des conseils de préfecture en matière de contributions

directes, ne sont soumis qu'au droit de timbre, lorsque ces recours sont transmis par l'intermédiaire des préfets. — LL. 26 mars 1831, art. 29; 21 avr. 1832, art. 30; *Cons. d'état*, 2 janv. 1835, Fage; 3 fév. 1835, Teulade; 27 fév. 1835, Leclerc c. Durieu de Souzy; 17 mars 1835, de Fenouillet.

850. — ...7° Les récépissés délivrés aux collecteurs, aux receveurs de deniers publics et de contributions locales, et les comptes de recettes ou gestions publiques. — L. 22 frim. an VII, art. 70, § 3, n° 7.

851. — L'exemption a lieu lors même que le versement a été fait par un tiers au nom du receveur. — Déc. min. fin. 30 nov. 1821; 4 sept. 1824; délib. 16 fév. 1825; solut. 8 fév. 1837.

852. — ... 8° Les actes de naissances, sépultures et mariages, reçus par les officiers de l'état civil, et les extraits qui en sont délivrés. — L. 22 frim. an VII, art. 70, § 3, n° 8.

853. — L'exemption est applicable: — Au procès-verbal d'affiche de la promesse qui précède le mariage, rédigé par l'officier de l'état civil, et à l'extrait qui en est affiché. — Circ. 27 brum. an VIII, art. 1692.

854. — ... Aux procès-verbaux de cote et paraphe des registres de l'état civil. — C. civ., art. 41; déc. min. fin. 16 déc. 1816; instr. 738, § 6.

855. — ... Aux actes de dépôt au greffe des registres de l'état civil (déc. min. fin. 24 sept. 1808; instr. 405, n° 5), ainsi qu'aux certificats de dépôt délivrés aux maires. — Délib. 1er mai 1822.

856. — ... Aux certificats des maires constatant la non-existence des actes sur les registres de l'état civil ou l'absence même des registres, lors même qu'ils sont délivrés aux parties et produits par elles dans le cours d'une instance. — Délib. 30 sept. 1815; décis. min. fin. 4 juill. 1820.

857. — ... Aux certificats que les greffiers, en qualité de dépositaires des registres de l'état civil, peuvent avoir à délivrer pour constater soit la non-inscription d'actes sur ces registres, soit l'absence même de ces registres. — Décis. min. fin., 23 juin 1823; inst. 1086, n° 2.

858. — ... 9° Tous les actes et procès-verbaux (excepté ceux des huissiers et gendarmes, qui doivent être enregistrés, ainsi qu'il est dit *suprà* n°s 773 et suiv.) et jugemens concernant la police générale et de sûreté et la vindicte publique. — L. 22 frim. an VII, art. 70, § 3, n° 9.

859. — Ainsi, le procès-verbal d'un adjoint au maire constatant un délit de vol, n'est pas soumis à la formalité de l'enregistrement. — *Cass.*, 4 janv. 1834. Mazantès.

860. — En disposant que tous les frais avancés par l'état pour la recherche, poursuite et punition des délits seront remboursés par ceux contre qui les condamnations ont été prononcées, la loi du 18 germin. an VII n'a pas dérogé à l'exemption des droits d'enregistrement pour les actes concernant la police générale et de sûreté et la vindicte publique, sauf l'enregistrement gratis des actes et procès-verbaux des huissiers et gendarmes. — Décis. min. fin. 5 avr. 1808; circ. min. just. 8 avr. 1808; inst. 386, n° 3.

861. — Ont été reconnus exempts de l'enregistrement: — Les procès-verbaux, actes et jugemens, soit en matière de crimes, soit en matière de délits, lorsqu'il n'y a pas de partie civile. Cette exemption comprend les procès-verbaux des procureurs du roi, des juges d'instruction, des juges de paix, des commissaires de police, des maires et de leurs adjoints, des officiers de gendarmerie et autres officiers de police judiciaire; les rapports des médecins, chirurgiens et autres personnes chargées par le ministère public d'apprécier la nature du crime ou du délit; les procès-verbaux d'enquête, les mandats d'amener et de dépôt, les ordonnances du juge d'instruction, celles rendues en la chambre du conseil, y compris celle qui détermine la nature de la poursuite et qui règle la compétence des tribunaux, soit qu'il s'agisse de crimes ou de délits. — Circ. min. just. 24 sept. 1823; inst. 1102.

862. — ... Les procès-verbaux et actes destinés à constater et réprimer simultanément un délit et une contravention de simple police. Toutefois, en matière de délit, restent maintenues les dispositions spéciales qui ont assujéti à la formalité de l'enregistrement en débet ou gratis les jugemens correctionnels, les procès-verbaux des gardes ruraux et forestiers, et les exploits des huissiers et gendarmes. — Décis. min. fin. 13 fév. 1829; inst. 1271.

863. — ... Les copies collationnées et le procès-verbal de vérification de ces copies, dressés conformément à l'art. 453, C. inst. crim., lors même qu'il y a partie civile en cause, à moins qu'ils n'aient été faits à la requête spéciale ou personnelle de cette partie civile. — Décis. min. fin. 26 août 1842; inst. 1723.

864. — ... Les décharges de pièces de conviction données par des particuliers en matière criminelle, et lorsqu'il n'y a pas de partie civile en cause. — Décis. min. fin. 11 août 1820; inst. 952.

865. — ... Les exoines ou certificats attestant que des citoyens cités comme témoins ou appelés à remplir les fonctions de jurés, se trouvent dans l'impossibilité de comparaître ou de se rendre, par empêchement admis par la loi. — Déc. min. fin. 7 niv. an VIII; circ. 17 niv. an VIII. 1740.

866. — Il en est autrement quand ces certificats sont produits dans des affaires civiles, où les parties agissent en leur nom. — Décis. min. fin. 4 juill. 1820.

867. — Suivant la loi du 9 flor. an VII, les rapports en matière de douanes ont été dispensés de l'enregistrement, lorsqu'il n'y a pas de bureau dans la commune du dépôt de la marchandise, ni dans celle où est placé le tribunal qui doit connaître de l'affaire. Le droit pour ces procès-verbaux ne doit pas même être perçu sur les jugemens ultérieurement rendus. — Décis. min. fin. 1er sept. 1820.

868. — Les procès-verbaux de saisie relative à l'octroi, sont dispensés de l'enregistrement lorsque la valeur des objets saisis est présumée de 10 fr. et au-dessous. — Déc. min. fin. instr. 5 juin 1809, art. 432, n° 6.

869. — ... 10° Les cédules pour appeler au bureau de conciliation, sauf le droit de la signification. — L. 22 frim. an VII, art. 70, § 3, n° 10.

870. — On avait d'abord pensé que l'exemption ne comprenait pas les cédules ayant pour objet de citer en justice. — Déc. min. fin. 28 germin. an VII; circ. 11 flor. an VII, art. 1363.

871. — Mais la loi du 18 therm. an VII a exempté généralement de l'enregistrement les cédules délivrées par les juges de paix pour citer, soit devant la justice de paix, soit devant le bureau de conciliation. — Sauf le droit sur la signification desdites cédules. — Circul. 27 therm. an VII, art. 1639.

872. — Est exempt de l'enregistrement, l'avertissement imprimé adressé par le juge de paix et remis par l'huissier, mais non signé par lui. — Délib. 7 flor. an X.

873. — Dans le cas où, par suite de l'empêchement de l'huissier ordinaire, la citation devant le juge de paix est notifiée par un huissier commis par le juge, la mention de cette commission ne donne ouverture à aucun droit. — Décis. min. just. et fin., 13 juin 1809; instr. 436, n° 1er.

874. — ... 11° Les légalisations de signature d'officiers publics. — L. 22 frim. an VII, art. 70, § 3, n° 11.

875. — On a par suite considéré comme n'étant pas soumis à l'enregistrement: — Le visa du greffier sur l'original de la signification de l'acte par lequel le juge de paix est récusé (C. procéd., art. 45), non plus que le dépôt au greffe de la copie de cette signification, s'il n'en est pas dressé acte. — Décis. min. just. et fin., 13 juin 1809; instr. 436, n° 8.

876. — ... Les visa donnés sur des actes d'huissiers, en exécution des Codes civil et de procédure, par les maires, les juges de paix, les procureurs du roi, etc., en leur qualité de magistrats ou fonctionnaires, ayant pour but de prévenir toute inexactitude de la part des huissiers, et prescrites dans l'intérêt des absens, des mineurs, du public ou du trésor de l'état. — Mêmes décision et instruction.

877. — ... Le visa du greffier, sur l'exploit des demandeurs en partage (C. procéd., art. 967), pour constater quelle a été la partie la plus diligente. — Mêmes décisions et instructions.

878. — ... Le visa du greffier sur le pouvoir écrit de celui qui se présente en justice pour un autre. — Déc. min. fin. 2 nov. 1813.

879. — ... 12° Les affirmations de procès-verbaux des employés, gardes et agens salariés par l'état, faits dans l'exercice de leurs fonctions.—L. 22 frim. an VII, art. 70, § 3, n° 12.

880. — Cette exemption est applicable aux affirmations des procès-verbaux rédigés par les gardes ou agens des particuliers. — Déc. min. fin. 9 mai 1809 ; instr. 432, n° 1er.

881. — ... 13° Les engagemens, enrôlemens, congés, certificats, cartouches, passe-ports, quittances de prêt et fourniture, billets d'étape, de subsistance et de logement, tant pour le service de terre que pour le service de mer, et tous autres actes de l'une et l'autre administration, non compris dans les articles précédens ; les rôles d'équipages et les engagemens de matelots et gens de mer de la marine marchande et des armemens et en course. — L. 22 frim. an VII, art. 70, § 3, n° 13.

882. — ... 14° Les passe-ports délivrés par l'administration publique.—L. 22 frim. an VII, art. 70, § 3, n° 14.

883. — ... 15° Les lettres de change tirées de place en place ; celles venant de l'étranger ou des colonies françaises ; les endossemens et acquits de ces effets, et les endossemens et acquits des billets à ordre et autres effets négociables. — L. 22 frim. an VII, art. 70, § 3. n° 15. — Les lettres de change ont été assujéties au droit de 25 c. pour 100 fr. par l'art. 50, L. 28 avr. 1816, quand elles sont protestées faute de paiement.—V. infrà n° 2130.

884.—Comme on avait donné la forme de lettres de change aux traites souscrites par les adjudicataires des bois de l'état pour l'exercice de 1813, il a été décidé, avant la loi du 28 avr. 1816, que ces traites, étant de véritables lettres de change, devaient, en cas de protêt, être exemptées de l'enregistrement. — Déc. min fin. 1er juin 1813 ; instr. 640.

885. — Sont exempts de l'enregistrement les endossemens et acquits des lettres de change, billets à ordre et autres effets négociables, soit qu'ils résultent de la mention de paiement faite dans les protêts, soit qu'ils aient été mis sur les effets eux-mêmes.—Déc. min. fin. 28 sept. 1821.

886. — L'endossement d'un billet à ordre n'énonçant pas la valeur reçue n'est pas moins exempt de l'enregistrement.—Solut. 17 juill. 1838 ; instr. 1577, § 1er.

887. — Il en est de même de l'endossement en blanc bien qu'il ne vaille que comme procuration. — Décis. min. just. et fin., 10 et 18 mai 1813.

888. — Mais la disposition de la loi n'est pas applicable à l'endossement d'une obligation notariée, quoique stipulée payable à ordre et entre négocians.—Cass., 5 pluv. an XI, Leroux-Guaissière.

889.—L'endossement d'une police d'assurance, alors surtout qu'elle n'est point à ordre, constituant non une cession, mais un simple pouvoir, n'est point passible du droit proportionnel de cession. — Solut. 20 sept. 1830.

890. — L'aval donné sur un effet de commerce est dispensé de l'enregistrement. — Décis. min. fin. 7 août 1810 ; inst. 488.

891. — Il en est de même depuis la loi du 28 avr. 1816, bien qu'elle ait assujéti à l'enregistrement les lettres de change, qui en étaient autrefois exemptes. — Délib. 21 déc. 1830. — En pareil cas l'aval n'est point soumis au droit de cautionnement, ni à aucun autre droit particulier. — Délib. 21 janv. 1834.

892. — L'aval apposé sur des lettres de change passées devant notaire n'est point soumis comme celles-ci au droit de 25 cent. p. 100 ; attendu que l'aval n'est tarifé par aucune loi, et qu'il peut d'ailleurs, quant à la garantie solidaire qui en résulte, être comparé à l'endossement des effets négociables. — Délib. 20 mars 1835.

893.—Les quittances des fournisseurs, ouvriers, maîtres de pension et autres de même nature produites comme pièces justificatives d'un compte sont dispensées de l'enregistrement.—C. procéd. art. 537.

894. — Comme la disposition de la loi est conçue en termes généraux, il s'ensuit qu'il n'y a pas lieu de distinguer entre les comptes judiciaires et ceux rendus à l'amiable devant notaires. — Décis. min. fin. 22 sept. 1807 ; décis. min. just. et fin. 13 juin 1809 ; instr. 346 et 436, n° 42.

895. — ... 16° Les actes passés en forme authentique avant l'établissement de l'enregistrement dans l'ancien territoire de France, et ceux passés également en forme authentique, ou sous signature privée, dans les pays réunis, et qui ont acquis une date certaine suivant les lois de ces pays, ainsi que les mutations qui se sont opérées par décès avant la réunion desdits pays. — L. 22 frim. an VII, art. 70, § 3, n° 16.

896. — Jugé en conséquence que les actes sous seing-privé passés dans les pays réunis ne sont dispensés de la formalité de l'enregistrement qu'autant qu'ils ont acquis date certaine avant l'établissement de l'enregistrement dans ces pays. — Cass., 6 (et non 8) frim. an XII, Zimmermann.

897. — Ainsi, les actes sous seing-privé passés dans la Belgique n'ont été exempts de la formalité qu'autant qu'ils avaient acquis une date certaine lors de la réunion. — Cass., 12 janv. 1814, Boone.

898. — En pareil cas, l'art. 70, § 3, n° 16, L. 22 frim. an VII, exige une certitude de date absolue et opposable même aux tiers.—Cass. belge, 19 mars 1833, Rapsaet et de Cooman ; même arrêt, Chaboceau.

899. — Un acte passé avant l'ouverture des bureaux d'enregistrement dans les pays réunis n'en doit pas moins des droits s'il est postérieur à la publication des lois sur l'enregistrement. — Cass., 14 niv. an VIII, Leveaux ; 23 flor. an VIII, Jacquinet ; même jour, Lions.

900. — Les anciennes constitutions du Piémont n'accordant les effets de l'authenticité aux actes sous seing-privé qu'autant qu'ils seraient insinués et munis du sceau de l'insinuation, on n'a pu poursuivre la reconnaissance ou l'exécution d'un tel acte qu'après l'avoir fait enregistrer. Si l'instance a été introduite après la publication de la loi sur l'enregistrement, ce n'est pas le cas d'appliquer l'exception de l'art. 70, § 3, n° 16, L. 22 frim. an VII. — Cass., 5 sept. 1808, Carles.

901. — Mais lorsque les actes sous seing-privé ont acquis une date certaine avant l'établissement de l'enregistrement dans les pays réunis, ils peuvent être produits en justice sans être préalablement soumis à la formalité. — Cass., 29 brum. an XII, Auffschenejder.

902. — Un acte authentique passé à Liége en 1794 n'est pas exempt de la formalité de l'enregistrement, en vertu de l'art. 70, L. 22 frim. an VII, lorsqu'on veut en faire usage en France postérieurement à l'époque où le pays de Liége a cessé de faire partie de la France. — Cass., 26 mai 1830, O'Heguerty.

903. — Tous les actes, arrêtés et décisions des autorités administratives qui ne contiennent : 1° ni transmission de propriété, usufruit ou jouissance ; — 2° ni marché de toute nature aux enchères, au rabais ou sur soumission ; — 3° ni cautionnement relatif à ces mêmes actes, sont exempts de l'enregistrement, tant sur la minute que sur l'expédition. — L. 15 mai 1818, art. 80.

904. — Ces dispositions sont applicables aux actes antérieurs à la publication de la loi. — L. 15 mai 1818, art. 81.

905. — Les arrêtés en matière de grande voirie avaient été d'abord déclarés assujétis à l'enregistrement en débet. — Déc. min. fin. 20 déc. 1808 ; instr. 415.

906. — Mais, décidé que l'exemption résultant de l'art. 80, L. 15 mai 1818, leur est applicable. — Décis. min. fin. 4 fév. 1825 ; instr. 1166, § 2.

907. — Les arrêtés d'alignement ne sont point assujétis à l'enregistrement sur la minute, lorsque les constructions doivent être faites sur les mêmes fondations ; mais si le propriétaire acquiert une portion de terrain, ces arrêtés doivent le droit de 2 ou de 5 1|2 p. 0|0, selon que la concession concerne un terrain national ou une propriété communale. Il y a même lieu à enregistrement gratis, s'il y a ou concession au profit de l'état, ou expropriation pour cause d'utilité publique. — Décis. min. fin. 5 sept. 1818 ; instr. 860.

908. — Sont dispensés également de l'enregistrement : l'arrêté par lequel un préfet consent à la radiation d'inscriptions hypothécaires prises dans l'intérêt du trésor contre un comptable ou ses héritiers. — Décis. min. fin. 29 nov. 1827 ; instr. 1236, § 1er.

909. — ...Les procès-verbaux dressés aux secrétariats des préfectures pour constater : 1° le dépôt
des pièces concernant les demandes de brevet d'invention, de perfection et d'importation ; — 2° la
présentation d'actes passés devant notaires et contenant cession ou transport des droits attachés à
ces brevets. — Décis. min. fin. 20 oct. 1828 ; instr.
1272, § 11.

910. — ...Les minutes des arrêtés par lesquels les
sous-préfets agréent les gardes champêtres nommés ou présentés par des particuliers. — Décis.
min. fin. 2 sept. 1830 ; instr. 1357, § 7.

911. — ... L'acte de dépôt au greffe de l'empreinte des marteaux des agens forestiers. — Mais
l'exemption ne s'étend pas à l'acte de dépôt des
empreintes des marteaux des adjudicataires de
coupes de bois ou des gardes des particuliers. —
Solut. 8 juin 1830 ; instr. 1336, § 4.

912. — ... Le procès-verbal contenant, d'après
l'art. 89 de l'ordonnance pour l'exécution du Code
forestier, remise de la vente des coupes qui n'ont
pu être adjugées. — Solut. 2 juin 1829 ; instr 1293,
§ 8.

913. — ...Les cahiers des charges pour les ventes
des forêts de l'état. — Décis. min. fin. 30 sept.
1831 ; instr. 1388, § 10.

914. — ... Les procès-verbaux dressés par les
gardes, dans l'intérêt des communes pour constater l'existence de chablis, lorsqu'ils n'ont pour
objet ni contraventions ni délits : car, alors, ils
constituent des actes administratifs.—Décis. min.
fin. 28 juin 1822.

915. — ... En matière de roulage, les procès-
verbaux de contravention des préposés et les décisions des maires et conseillers de préfecture. —
Ord. 22 fév. 1838.

916. — ... Les déclarations de changement de
domicile, faites aux municipalités. — C. civ., art.
104.—Toutefois, elles doivent être sur papier timbré. — Déc. min. fin., 5 mai 1812 ; instr. 579.

917. — Une lettre écrite par un maire dans
l'exercice de ses fonctions ne peut pas être considérée comme un acte privé ; elle a date certaine,
fait foi de son contenu, et peut être produite en
justice, sans qu'il soit besoin qu'elle ait été présentée à l'enregistrement. — Cass., 26 mars 1825,
Quennesson.

918. — ... Les actes de notoriété et les procès-
verbaux rédigés par les juges de paix pour constater la disparition des militaires et la privation
des moyens d'existence de leurs veuves et orphelins. — Décis. min. fin., 26 janv. 1821 ; instr. 1124.

919. — ... Les procès-verbaux de vérification
de régies des préposés de l'enregistrement et des
domaines. — Déc. min. fin., 22 août 1821 ; instr.
995.

920. — ... Les actes des agens forestiers portant
simplement délivrance ou permis d'exploiter et
ayant pour objet les coupes ordinaires des bois
communaux délivrées aux habitans pour leur affouage. — Décis. min. fin., 3 déc. 1825 ; instr. 1187,
§ 11.

921. — Mais les procès-verbaux des gardes des
propriétés particulières sont seuls assujétis au
paiement immédiat du droit d'enregistrement. —
Décis. min. fin., 26 germin. an VII.

922. — ... Les certificats de service produits par
les membres de la Légion-d'Honneur, mais seulement lorsqu'ils concernent des militaires.—Décis.
min. instr. et fin. 16 oct. 1816.

923. — ... Les certificats de propriété délivrés
aux veuves ou héritiers des militaires. — Décis.
min. fin. 15 janv. 1823 ; instr. 1073.

924. — Ceux à produire par les héritiers des
pensionnaires de l'état pour le recouvrement des
arrérages échus. — Décis. min. fin., 29 oct. 1812 ;
instr. 1679.

925. — ... Les certificats de vie, indiquant leur
destination en tête ou dans le corps de l'acte,
quand ils sont délivrés : 1° aux rentiers viagers
et pensionnaires de l'état. — Décr. 24 août 1806,
art. 40.

926. — ... 2° aux actionnaires de la caisse
d'épargne dite Lafarge. — Décis. min. fin. 6 oct.
1812 ; instr. 1604.

927. — ... 3° aux actionnaires de la tontine perpétuelle d'amortissement et autres légalement autorisées et dont les fonds sont employés en achats

de rentes sur l'état. — Décis. min. fin. 8 fév. 1822 ;
instr. 1020.

928. — ... 4° aux pensionnaires des divers ministères, directions et administrations publiques.
— Décis. min. fin. 14 août 1822 ; instr. 1051.

929. — ... 5° aux employés en non activité, pour
être payés de l'indemnité qui leur est accordée
jusqu'à leur remplacement. — Décis. min. fin. 31
oct. 1817.

930. — ... 6° Aux pensionnaires des invalides de
la guerre et de la marine, des hospices, des fabriques et autres établissemens publics.—Décis. min.
fin. 7 mars 1818 et 28 fév. 1822.

931. — ... La prestation de serment des préfets, sous-préfets, membres des conseils de préfecture et secrétaires généraux de préfecture. —
Décis. min. fin. 8 pluv. an IX.

932. — ... Les prestations de serment des juges
de paix, des juges et des membres du parquet
près les cours et tribunaux. — Décis. min. fin. 28
vent., 8 germin., 28 flor. et 19 prair. an X ; instr.
290, n° 43.

933. — ... Le renouvellement annuel du serment des avocats à la rentrée des cours royales.
— Décis. min. fin. 2 juin 1812.

934. — La prestation de serment des commis-
greffiers nommés pour remplacer temporairement
le greffier en chef le jour où il fait le service de la
garde nationale, pourvu que la cause soit mentionnée dans l'acte de prestation. — Roland et
Trouillet, Dict. d'enreg., v° Serment, § 1er, n° 4,
et § 2, nos 7 et suiv.

935. — ... La prestation de serment des commissaires de police. — Décis. min. fin. 4 thermid.
an XIII ; instr. 290, n° 43.

936. — ... Celle des membres du corps de la gendarmerie devant les tribunaux, en exécution de
l'ordonnance du roi du 29 oct. 1820. — Décis. min.
fin. 21 sept. 1821 ; instr. 995.

937. — ... Celle des commis et des contrôleurs
temporaires, chargés de procéder aux inventaires des vins et autres boissons pendant la durée des vendanges. — Circul. 5 fructid. an X ;
décis. min. fin. 10 fructid. et 1er complém. an XII ;
instr. 290, n° 51.

938. — ... Celle des membres de la Légion-
d'Honneur. — Instr. 290, § 56.

939. — ... La prestation du serment purement
politique, consistant dans celui de fidélité au gouvernement établi, lorsqu'il se prête indépendamment de celui d'exactitude et de probité dans
l'exercice des fonctions. — Décis. min. fin. 3 flor.
an XIII ; instr. 290, nos 56 et 1331.

940. — Mais l'exemption ne s'applique pas aux
prestations de serment des comptables justiciables de la cour des comptes, reçues par l'autorité
administrative. — Décis. min. fin. 18 fév. 1820 ;
instr. 922.

941. — Ont été déclarés non susceptibles d'enregistrement, comme n'étant que des actes d'ordre intérieur : — les jugemens qui ordonnent un
délibéré.—Décis. min. fin. 28 nov. 1821 ; —Dict. des
dr. d'enreg., v° Acte judiciaire en matière civile,
§ 13, n° 8.

942. — ... Les ordonnances du juge, statuant sur
les oppositions formées aux qualités pour la rédaction des jugemens. — Décis. min. fin. 15 nov.
1816 ; instr. 758, n° 5 ; — Dict. des dr. d'enreg.,
v° Acte judiciaire en matière civile, § 13, art. 2.

943. — ... La nomination d'un juge-commissaire
pour recevoir le serment des experts. — Dict. des
dr. d'enreg., v° Acte judiciaire en matière civile,
§ 13, n° 8.

944. — ... La désignation par le président du
tribunal d'un juge commis, soit pour une distribution par contribution (C. procéd., art. 658), soit
pour une adjudication (C. procéd., art. 751), non
plus que le réquisitoire précédant cette désignation. — Décis. min. just. et fin. 13 juin 1809 ; instr.
436, nos 48 et 58.

945. — ... La note écrite en marge du registre
tenu par le greffier pour la réquisition de la nomination d'un juge-commissaire qui devra procéder
à l'ordre. — Il en est de même de la mention de
la nomination de ce juge.—Décis. min. just. et fin.
13 juin 1809 ; instr. 436, § 58 ; décis. min. fin. 8 déc.
1843 ; instr. 1704, § 1er.

946. — L'ordonnance du juge-commissaire, qui

autorise à faire sommation aux créanciers de produire leurs titres, rendue sur la requête du poursuivant (C. procéd., art. 752 et 753), est passible du droit fixe de 3 fr. — Si l'ordonnance était contenue dans le procès-verbal d'ordre, ce procès-verbal serait alors soumis au même droit. — Décis. min. fin. 8 déc. 1843 ; instr. 1704, § 2

947. — ... La mention de la remise des titres produits par les créanciers dans un ordre. — C. procéd., art. 754 ; décis. min. fin. 8 déc. 1843 ; instr. 1704, § 3.

948. — ... L'ordonnance qui commet un juge sur la requête des parties intéressées à faire statuer sur une absence. — C. procéd., art. 859 ; même décision ; instr. n° 65.

949. — ... L'ordonnance qui, au bas d'une délibération du conseil de famille sujette à l'homologation (C. procéd., art. 883), prescrit la communication au ministère public, et commet un juge pour faire le rapport à un jour indiqué, ainsi que les conclusions à la suite. — Même décision ; instr. n° 69.

950. — ... L'émargement par l'avoué qui retire les pièces déposées au greffe pour être prises en communication par l'avoué de la partie adverse, bien que servant de décharge au greffier. — Même décision ; instr. n° 16.

951. — ... Les jugemens des tribunaux de commerce qui, en matière de faillite, nomment un nouveau juge-commissaire par suite de l'empêchement du juge précédemment désigné par un jugement enregistré. — Solut. 12 mai 1824 ; instr. 1146, § 7.

952. — ... Les rapports faits, en matière de faillite, par le juge-commissaire au tribunal de commerce (C. comm., art. 458) ; il n'y a pas lieu non plus à en dresser acte de dépôt au greffe. — Décis. min. fin. 10 mai 1822 ; instr. 1410, § 7.

953 — ... Les requêtes présentées au président du tribunal et les ordonnances rendues (Ord. 22 fév. 1829) à fin de remise par les greffiers aux préposés du domaine et, pour être vendus, des effets déposés dans les greffes, attendu que ces actes ont un but d'ordre et d'intérêt public. — Déc. minis. fin. 3 déc. 1820.

954. — On a encore considéré comme actes d'ordre intérieur, et par conséquent non susceptibles d'enregistrement : l'ordonnance qui autorise le simple changement de résidence d'un notaire sans augmentation de classe. — Solut. 25 janv. 1834.

955. — ... Les actes de dépôt annuel des doubles des répertoires des notaires ; mais ils sont passibles du droit de greffe. — Décis. min. just. et fin. 24 et 30 juin 1812 ; instr. 590.

956. — Même décision à l'égard des commissaires-priseurs. — Délib. 15 avr. 1817.

957. — ... L'acte de dépôt, en vertu de l'art. 11, L. 25 vent. an XI, soit par le procureur du roi, soit par chaque notaire, de la signature et du paraphe dont ces officiers publics font usage : mais le droit de greffe est dû. — Déc. min. fin. 17 oct. 1821 ; instr. 1008.

958. — ... Les délibérations des chambres des notaires, les actes relatifs à la police intérieure, et ceux constatant le dépôt d'extraits des contrats de mariage entre commerçans et des jugemens de séparation de biens. — Arrêté du gouvern. 2 niv. an XII ; Délib. 10 mai 1832.

959. — ... Les délibérations des chambres d'avoués, non plus que les pièces y relatives. — Arrêté 13 frim. an IX.

960. — ... Celles des chambres des commissaires-priseurs. — Arrêté 29 germin. an IX.

961. — ... Les actes de la chambre de discipline des huissiers, soit en minute, soit en expédition, à l'exception des certificats et autres pièces à délivrer aux candidats ou à d'autres, dans leur intérêt personnel. — Décr. 14 juin 1813, art. 89 ; instr. 639.

962. — Les adjudications au rabais ou marchés passés entre les tribunaux et les imprimeurs, bien qu'ils ne présentent que peu d'avantage à ceux qui les souscrivent, ne peuvent être considérés comme des actes d'administration intérieure ; ils étaient sujets à l'enregistrement sous la loi de l'an VII. — Décis. min. fin., 7 juill. 1812. — Depuis la loi du 15 mai 1818, ils ne sont sujets à la forma-

lité qu'autant qu'ils sont faits par adjudication ou sur soumission. — Roland et Trouillet, *Dict. d'enregist.*, v° *Acte administratif*, n° 36.

963. — Les actes sous seing-privé tendant uniquement à la liquidation de l'indemnité accordée par la loi du 27 avr. 1825, ont été dispensés de l'enregistrement. — Ord. 1er mai 1825 ; instr. 1161.

964. — Il en est de même des titres et actes de tout genre produits par les réclamans de l'indemnité attribuée aux anciens colons de Saint-Domingue ou par leurs créanciers pour justifier de leurs qualités et de leurs droits. — L. 30 avr. 1826, art. 10 ; ord. 9 mai 1826 ; instr. 1190.

965. — Cette exemption s'étend aux procurations données par les anciens colons ou par ceux qui les représentent, pourvu qu'elles soient spéciales pour suivre les demandes en liquidation de l'indemnité. — Décis. min. fin., 11 janv. 1827 ; instr. 1210, § 7.

966. — Les procès-verbaux de ventes par les monts-de-piété sont exempts de l'enregistrement. — Décr. 8 thermid. an XIII, mont-de-piété de Paris ; 30 juin 1806, id. Bordeaux ; 10 mars 1807, id. Marseille ; 31 mai 1807, id. Versailles ; ord. 6 mars 1828, id. Nimes ; ord. 5 mai 1833, id. Saint-Quentin ; ord. 19 mars 1834, id. Nancy.

967. — Et l'exemption est applicable, soit que des ventes aient lieu avant la surannation des objets engagés, soit qu'elles aient lieu postérieurement, pourvu qu'il soit constant que la vente s'est faite conformément aux réglemens du mont-de-piété. Décis. min. fin., 4 juin 1811.

968. — Il n'est dû aucun droit d'enregistrement pour les extraits, copies ou expéditions des actes qui doivent être enregistrés sur les minutes ou originaux. — L. 22 frim. an VII, art. 8.

969. — Par conséquent, ne sont point assujétis à l'enregistrement : les bordereaux de collocation délivrés dans un ordre, attendu que le procès-verbal d'ordre a dû être enregistré avant leur délivrance. — Décis. min. fin. 8 déc. 1843 ; inst. 436, n°s 61 et 1704, § 9.

970. — ... Les expéditions des minutes d'un notaire décédé, qui sont délivrées par le notaire à qui le tribunal a confié ces minutes, en l'autorisant à faire les expéditions. — Décis. min. fin. 22 juin 1813.

971. — ... Les extraits des contrats de mariage entre commerçans que les notaires doivent déposer aux greffes et aux secrétariats des chambres de notaires et d'avoués, conformément à l'art. 67, C. comm. — Déc. min. fin. 12 juin 1829 ; inst. 1293, § 2.

Sect. 2e. — *Actes et mutations passés aux colonies ou en pays étranger.*

972. — La loi du 5-19 déc. 1790 ne contenant aucune disposition expresse en ce qui concerne les actes et mutations passés dans les colonies ou dans les pays étrangers, la loi additionnelle du 29 sept.-9 oct. 1791 disposa, dans son art. 11, que les actes passés en pays étranger ou dans les colonies étaient sujets à la formalité de l'enregistrement dans tous les cas où les actes sous signatures privées y étaient assujétis, et dans les mêmes délais et sous la même peine.

973. — L'art. 22, L. 22 frim. an VII, porte : « Les actes sous signature privée passés en pays étranger ou dans les iles ou colonies françaises où l'enregistrement n'est pas encore établi, qui portent transmission de propriété ou d'usufruit de biens meubles, ainsi que les baux, cessions et subrogations de baux et les engagemens de biens de même nature également sous seing-privé doivent être enregistrés dans les six mois de leur date s'ils sont faits en Europe, d'une année si c'est en Amérique, et de deux années si c'est en Asie ou en Afrique.

974. — Cette disposition a été complétée par l'art. 4, L. 27 vent. an IX, qui déclare l'art. 22, L. 22 frim. an VII, applicable applicable au cas où les nouveaux possesseurs prétendraient qu'il n'existe pas de conventions écrites entre eux et les précédens propriétaires ou usufruitiers. A défaut d'actes, il doit y être suppléé par des déclarations détaillées et estimatives, dans les trois mois de l'entrée en possession, à peine d'un droit en sus.

975. — Quant aux dispositions relatives aux mutations par décès il faut consulter ce qui est dit à cet égard *infrà* n°s 2903 et suiv.

976. — L'enregistrement est nécessaire avant qu'on puisse faire, en France, usage d'un acte sous seing-privé translatif de propriété passé dans les colonies, même antérieurement aux nouvelles lois. — *Cass.*, 14 août 1813, Descourts.

977. — Les actes passés en pays étranger dénommés dans l'art. 22, L. frim., qui n'ont pas été enregistrés dans les délais déterminés sont passibles du double droit. — L. 22 frim. an VII, art. 38.

978. — Il n'y a point de délai de rigueur pour l'enregistrement de tous autres actes que ceux mentionnés dans l'art. 22, qui sont passés en pays étranger et dans les îles et colonies françaises où l'enregistrement n'est pas encore établi; mais il ne peut en être fait usage soit par acte public, soit en justice, soit devant tout autre autorité constituée, qu'ils n'aient été préalablement enregistrés. — L. 22 frim. an VII, art. 23; délib. 28 nov. 1843, 1703.

979. — Relativement aux lettres de change venant de l'étranger ou des colonies françaises, aux endossemens et aux acquits de ces effets, V. *suprà* n° 883.

980. — Mais, dans tout cela, la loi ne parlait pas des actes authentiques. Y avait-il lieu, dès-lors, de leur appliquer l'art. 70, § 3, n° 16, qui exempte de l'enregistrement (V. n° 895) les actes passés en forme authentique avant l'établissement de l'enregistrement dans l'ancien territoire de France et ceux passés également en forme authentique ou sous signature privée dans les pays réunis, et qui ont acquis une date certaine suivant les lois de ce pays, ainsi que les mutations qui se sont opérées avant la réunion desdits pays?

981. — Jugé que l'exemption du droit d'enregistrement prononcée par l'art. 24, L. 5 déc. 1790 et l'art. 70, § 3, n° 16, L. 22 frim. an VII, ne s'applique pas aux actes authentiques des îles et colonies, contenant transmission de propriété ou d'usufruit d'immeubles situés en France. — *Cass.*, 17 mai 1808, Litière.

982. — Jugé cependant qu'un acte authentique passé dans les colonies françaises avant l'établissement de l'enregistrement, n'est pas soumis au droit proportionnel, quand bien même il serait mis à exécution sur le territoire continental de la France. — *Cass.*, 20 (et non 29) juin 1810, Perdreau.

983. — Toutefois, et en admettant qu'il y eût exemption pour les actes authentiques des îles et colonies françaises, ce n'était qu'autant que la loi du 5-19 déc. 1790 et celle du 22 frim. an VII y avaient eu leur exécution, et pourvu que ces actes ne continssent point de transmission de propriété ou d'usufruit de biens immeubles situés en France. — Décis. min. fin., 29 prair. an XII; Circ. 20 flor. an XII; instr. 240.

984. — Un acte notarié passé aux colonies où la formalité de l'enregistrement n'est usitée, n'a pu autoriser à prendre en France une inscription hypothécaire avant d'avoir été enregistré sur le continent. — *Cass.*, 7 déc. 1807. Lanon c. Gauthier; délib. 5 nov. 1823. — Merlin, *Rép.*, v° *Enregistrement*, § 4; Grenier, *Des hypothèques*, t. 1er, n° 17.

985. — Il ne pourra, porte l'art. 58, L. 28 avr. 1816, être fait usage, en justice, d'aucun acte passé en pays étranger ou dans les colonies, qu'il n'ait acquitté les mêmes droits que s'il avait été souscrit en France et pour des biens situés dans le royaume; il en sera de même pour les mentions desdits actes dans des actes publics. — Délib. 28 nov. 1843; instr. 1703.

986. — Les actes faits dans les colonies et sujets seulement au droit fixe, doivent acquitter ce droit en principal et décime, d'après le tarif de la métropole, mais sous l'imputation du droit perçu pour le même acte ou la même disposition, lors de l'enregistrement dans les colonies. — Délib. 28 nov. 1843; instr. 1703.

987. — Les arrêts et jugemens des tribunaux étrangers, dont l'exécution serait poursuivie sur des biens situés en France, à la requête des parties intéressées, sont passibles des mêmes droits que s'ils eussent été rendus par les tribunaux français. — Décis. min. fin., 5 déc. 1828 et 27 mars 1829; instr. 1274.

988. — Ainsi les jugemens rendus en pays étranger et produits en France, sont soumis au droit proportionnel de 50 cent. p. 100 fr. sur le montant des condamnations qu'ils prononcent. — *Cass.*, 14 avr. 1834, Stacpoole.

989. — La circonstance qu'un acte aurait été enregistré et les droits acquittés en pays étranger ne saurait être d'aucune considération. Ainsi l'enregistrement d'actes dans les Pays-Bas, ou dans d'autres royaumes où l'enregistrement est établi, ne dispense point ces actes, lorsqu'il en est fait usage en France, de la formalité qui est ordonnée par les lois des 22 frim. an VII, 28 avr. 1816 (et 16 juin 1824). Ces mots: *où l'enregistrement n'est pas établi*, ne se rapportant qu'aux colonies françaises. — Délib. 10 oct. 1818.

990. — Relativement aux actes passés en pays étranger ou dans les colonies, qui transfèrent la propriété ou l'usufruit d'immeubles situés en pays étrangers ou dans les colonies où l'enregistrement n'est pas établi, il a été décidé que le droit proportionnel ne pouvait pas être exigé sur ces actes, attendu que ce droit est un impôt qui ne peut atteindre des propriétés situées hors du territoire où il est en usage. — Avis cons. d'état 6 vendém. an XIV, appr. le 10 brum.; circ. 4 niv. an XIV.

991. — Et cette règle a été déclarée applicable aux actes portant mutation d'immeubles situés en pays étranger ou dans les colonies où l'enregistrement n'est pas établi, passés devant notaires et autres officiers publics en France. — Déc. min. fin. 4 fév. 1806; circ. 11 mars 1806; avis cons. d'état, 15 nov. 1806, appr. le 12 déc. suiv.; circ. 28 janv. 1807. — *Contrà* avis cons. d'état, 21 nov. 1818; déc. min. fin. 18 sept. 1818; instr. 859.

992. — Jugé, en conséquence, que les ventes et adjudications faites en France, d'immeubles situés en pays étranger, ne sont pas assujéties aux droits de mutation et de transcription établis par les lois françaises. — *Cass.*, 11 déc. 1820, Kohlaas.

993. — Des actes passés et enregistrés en France, sous l'empire de l'avis du conseil d'état, 16 nov. 1806, ne peuvent être soumis à de nouveaux droits dans les colonies où les parties en font usage, sur le prétexte qu'il n'a été perçu en France qu'un droit fixe, au lieu du droit proportionnel dont les actes étaient passibles. — *Cass.*, 24 (et non 21) janv. 1827, Desauray.

994. — Alors est venue la loi du 16 juin 1824 dont l'art. 4 porte : « Les actes translatifs de propriété, d'usufruit ou de jouissance de biens immeubles situés, soit en pays d'étranger, soit dans les colonies françaises où le droit d'enregistrement n'est pas établi, ne seront soumis, à raison de cette transmission, qu'au droit fixe de 10 fr., sans que, dans aucun cas, le droit fixe puisse excéder le droit proportionnel qui serait dû s'il s'agissait de biens situés en France. »

995. — Les actes passés en France, contenant transmission de propriété, d'usufruit ou de jouissance d'immeubles situés dans les colonies où l'enregistrement est établi, ne doivent être assujétis qu'au droit fixe de 1 fr. lors de leur enregistrement dans le royaume. — Arg. L. 22 frim. an VII, art. 68, § 1er, n° 51; délib. 3 oct. 1838 et 28 nov. 1843; instr. 1703.

996. — Quant aux actes passés dans une colonie où l'enregistrement est établi, et qui, contenant transmission de propriété, d'usufruit ou de jouissance d'immeubles en France, ont été enregistrés dans la colonie, ils sont passibles, lorsqu'il en est fait usage en France, du supplément de droit résultant de la supériorité du tarif. En effet, comme la perception a été faite pour le compte du gouvernement français, il est juste que cette perception soit imputée sur celle à faire. — Délib. 30 nov. 1822 et 8 oct. 1833; solut. 28 août 1832.

997. — Mais l'avis du conseil d'état, 6 vendém. et 10 brum. an XIV, ne parle que des *immeubles*. Que décider relativement aux actes concernant des *meubles*? — Une solution du 1er juin 1822 avait décidé que les actes étaient alors passibles des mêmes droits que s'il s'agissait de biens meubles existant dans le royaume: qu'ainsi une obligation devant notaires à Paris de sommes payables, dans une ville des Pays-Bas, en espèces et monnaies ayant cours dans ce royaume, était assujétie au droit de 1 fr. p. 100 fr. — Instr. 1156, § 2.

998. — Jugé au contraire qu'avant comme depuis la loi du 16 juin 1824 les actes passés en France, et portant transmission de biens meubles situés en pays étranger (notamment de rentes sur le grand-livre de la dette publique d'un état voisin), ne sont pas assujétis à un droit proportionnel, lorsque d'ailleurs il n'en est fait aucun usage en France, soit en justice, soit dans d'autres actes publics. — *Cass.*, 21 avr. 1828, Grassière.

999. — Les actes passés en pays étranger, translatifs de biens meubles situés hors de France, ne sont passibles que du droit fixe de 10 fr. — Délib. 12 juin 1829.

1000. — Les actes passés, soit aux colonies, soit à l'étranger, soit en France, en forme authentique ou sous seing-privé, et contenant des stipulations relatives à des biens mobiliers et immobiliers situés à Saint-Domingue, n'avaient été provisoirement assujétis qu'au droit fixe de 1 fr. — Ord. 8 janv. 1817; déc. min. fin. 22 déc. 1823; instr. 762 et 1187, § 2.

1001. — Mais depuis les actes de souveraineté qui ont séparé cette colonie de la métropole, les actes dont il s'agit rentrent dans la classe de ceux relatifs à des biens meubles ou immeubles situés en pays étranger, et sont soumis aux mêmes règles de perception. — Av. com. fin., 26 fév. 1828; déc. min. fin., 23 déc. 1832; instr. 1242 et 1418.

1002. — Toutefois, la loi du 30 avr. 1826 a déclaré (art. 10) qu'il ne serait perçu aucun droit de succession sur l'indemnité attribuée aux anciens colons de Saint-Domingue, et a exempté de l'enregistrement les titres et actes de tout genre qui seraient produits par les réclamans ou leurs créanciers, soit devant les tribunaux, pour justifier de leurs qualités et de leurs droits.

1003. — Cette disposition a été déclarée par la loi du 18 mai 1840 (art. 10) applicable aux sommes versées où à verser par le gouvernement d'Haïti à la caisse des dépôts et consignations, ainsi qu'aux titres produits soit devant les tribunaux, soit devant la caisse, pour l'exécution de ladite loi.

1004. — Un acte contenant des stipulations relatives à des biens mobiliers et immobiliers, situés à Saint-Domingue, n'est toujours passible que d'un droit fixe, en vertu de l'ordonnance du 8 janv. 1817, quoiqu'il ait été passé depuis la loi du 30 avr. 1826, qui ne dispense de l'enregistrement que les titres et actes produits par les anciens colons ou leurs créanciers pour justifier de leur qualité et de leur droit à l'indemnité accordée. — *Cass.*, 20 avr. 1831, Dumoustier.

1005. — L'ordonnance coloniale du 1er mars 1818, qui soumet les actes passés et enregistrés en France, mais contenant vente d'immeubles situés à l'île Bourbon, à un supplément de droit, avant qu'il en soit fait usage dans la colonie, ne peut être appliquée aux actes passés et enregistrés avant sa promulgation. — *Cass.*, 24 (et non 21) janv. 1827, Desaunay.

1006. — On a vu (*supra* n° 17) que l'enregistrement a été établi à la Martinique, à la Guadeloupe et à la Guyane par une ordonnance royale du 31 déc. 1828, et à l'île Bourbon par une autre ordonnance royale du 19 juill. 1829.

1007. — Jugé que l'art. 92, §§ 6 et 8, ord. 31 déc. 1828, d'après lequel les adjudications sur folle enchère faites dans les colonies ne sont assujetties au droit proportionnel pour l'excédant seulement du prix nouveau sur celui de la première adjudication qu'autant que le droit proportionnel aura été perçu sur cette précédente adjudication, est applicable aux adjudications sur folle enchère par suite d'adjudications faites avant cette ordonnance, et alors même que l'enregistrement n'était pas établi dans la colonie. — En conséquence, l'adjudication sur folle enchère faite depuis cette ordonnance par suite d'une adjudication antérieure à cette même ordonnance, et sur laquelle aucun droit n'a été perçu, est passible du droit proportionnel sur la totalité du prix. — *Cass.*, 5 juin 1844 (t. 2 1844, p. 594), Tandou.

1008. — Les lois, décrets et ordonnances qui régissent en France les droits d'enregistrement sont exécutoires en Algérie (*V. supra* n° 18), sauf les exceptions et modifications y exprimées. — Ord. 19 oct. 1841, art. 1er. — Ces exceptions et modifications consistent principalement dans les suivantes:

1009. — Les droits d'enregistrement perçus en France, soit comme droits fixes, soit comme droits proportionnels, sont réduits de moitié en Algérie, décime non compris. Toutefois, le minimum du droit à percevoir ne peut descendre au-dessous de 25 cent. — Art. 2.

1010. — Les mutations par décès de biens, meubles ou immeubles, ne sont assujetties à aucun droit, ni soumises à aucune déclaration. — Art. 4.

1011. — Les ordonnances qui seraient rendues en France relativement aux droits d'enregistrement ne seront exécutoires en Algérie qu'en vertu d'ordonnances spéciales. — Art. 7.

CHAPITRE V. — *Obligations des officiers publics, des parties et des agens de la régie relativement à l'enregistrement.*

Sect. 1re. — *Délai pour l'enregistrement des actes et mutations.*

1012 — Les délais pour faire enregistrer les actes publics sont : *Exploits et procès-verbaux.* — 1° De quatre jours, pour les actes des huissiers et autres ayant pouvoir de faire des exploits et procès-verbaux. — L. 22 frim. an VII, art. 20.

1013. — Le procès-verbal de *chaque* séance d'une saisie immobilière doit être enregistré dans les quatre jours de sa date, ce qui ne fait aucun obstacle à l'accomplissement des formalités prescrites par le Code de procédure. — Décis. min. just. et fin. 17 mai et 21 juin 1808; inst. 390, n° 43.

1014. — La signification pour appeler en conciliation celle des parties qui n'a pas volontairement comparu devant les prud'hommes doit être enregistrée dans les quatre jours de sa date, soit qu'elle émane d'un officier public ou d'un agent spécial. — Décis. min. fin. 20 juin 1809; inst. 437.

1015. — Les significations d'avoué à avoué, dans le cours des instructions des procédures devant les tribunaux, doivent être enregistrées dans les quatre jours de leur date, à peine de 5 fr. d'amende pour chaque contravention, outre le paiement du droit. — L. 27 vent. an IX, art. 15.

1016. — Les procès-verbaux des commissaires de police pour faits de police doivent, sous peine de l'amende portée par l'art. 34, L. 22 frim. an VII, être enregistrés dans les quatre jours de leur date, comme ceux des huissiers et autres fonctionnaires ayant pouvoir de rédiger des procès-verbaux. — *Cass.*, 22 juill. 1813, Pernot.

1017. — Doivent être enregistrés dans les quatre jours qui suivent celui de l'affirmation, les procès-verbaux des gardes à pied, et dans les quatre jours de sa date les procès-verbaux rapportés par les agens forestiers (dénomination qui comprend les arpenteurs forestiers), les gardes généraux et les gardes à cheval, soit isolément, soit avec le concours d'un garde, ces procès-verbaux étant dispensés de l'affirmation. — C. forest., art. 170; solut. 28 oct. 1828; inst. 1265, § 6.

1018. — L'art. 170, C. forest. qui fixe un délai pour l'enregistrement des procès-verbaux de contravention ne s'applique point aux procès-verbaux de récolement. — *Cons. d'état*, 17 mai 1833, Ferras.

1019. — Les procès-verbaux des employés des douanes doivent être enregistrés dans les quatre jours de leur date et non dans le délai de vingt-quatre heures fixé par l'art. 9, tit. 4, L. 9 flor. an VII. — *Cass.*, 12 août 1835, Douanes c. Leuck.

1020. — Les actes extrajudiciares des employés des contributions indirectes doivent être enregistrés dans les quatre jours. — Décis. min. fin. 22 août 1806; inst. 366, n° 10; 390, n° 10.

1021. — Les secrétaires de mairies, chargés de significations d'arrêtés ou autres actes intéressant les communes, doivent faire enregistrer ces notifications dans les quatre jours de leur date, sous peine de supporter personnellement l'amende, attendu qu'ils remplissent alors les fonctions des huissiers. — Décis. min. fin., 11 thermid. an XIII; Instr. 290, n° 68.

1022. — Les procès-verbaux dressés par les membres de l'Université, hors des limites de la discipline, de la juridiction et de l'administration intérieure, doivent être rédigés sur papier timbré et enregistrés dans les quatre jours de leur date, avec paiement du droit. — Décis. min. fin., 17 juill. 1822.

1023. — La peine portée contre un huissier ou autre ayant pouvoir de faire des exploits ou procès-verbaux est, pour un exploit ou procès-verbal non présenté à l'enregistrement dans le délai, d'une somme de 25 fr. (aujourd'hui 5 fr., L. 16 juin 1824, art. 10), et de plus une somme équivalente au montant du droit de l'acte non enregistré. — L. 22 frim. an VII, art. 34.

1024. — Est passible de l'amende l'huissier qui n'a pas fait enregistrer, dans le délai de quatre jours un exploit susceptible d'être enregistré en débet ou même gratis. — Déc. min. fin. 2 déc. 1806.

1025. — L'exploit ou procès-verbal non enregistré dans le délai est déclaré nul, et le contrevenant responsable de cette nullité envers la partie. — L. 22 frim. an VII, art. 34. — Pour l'application de cette disposition par la jurisprudence, V. *suprà* nos 632 et suiv.

1026. — Mais ces dispositions de la loi, relativement aux exploits en procès-verbaux, ne s'étendent pas aux procès-verbaux de vente de meubles et autres objets mobiliers, ni à tout autre acte du ministère des huissiers. — L. 22 frim. an VII, art. 34.

1027. — Les délais dans lesquels ces procès-verbaux doivent être enregistrés suivant la qualité de l'officier ministériel qui les a reçus, sont indiqués *infrà* nos 3860 et suiv.

1028. — Les décharges de prix de ventes publiques, mises à la suite des procès-verbaux de vente, doivent être enregistrées dans le délai fixé par l'art. 20, L. 22 frim. an VII. — Avis cons. d'état, 21 oct. 1809.

1029. — Les dispositions de l'art. 34 ne s'étendent pas non plus à tout autre acte du ministère des huissiers sujets au droit proportionnel. — L. 22 frim. an VII, art. 34.

1030. — Dans ces différens cas d'exception, le défaut d'enregistrement des procès-verbaux et actes dans le délai donne lieu à une peine d'une somme égale au montant du droit sans qu'il puisse être au-dessous de 50 fr. (aujourd'hui 10 fr., L. 16 juin 1824, art. 10). — De plus, le contrevenant est tenu de payer le droit dû pour l'acte, sauf son recours contre la partie pour ce droit seulement. — L. 32 frim. an VII. art. 34.

1031. — *Actes notariés.* — .. 2o De dix jours, pour les actes des notaires qui résident dans la commune où le bureau d'enregistrement est établi, et de quinze jours pour ceux des notaires qui n'y résident pas. — L. 22 frim. an VII, art. 20.

1032. — Les lettres de change passées devant notaire doivent être enregistrées dans le même délai que tout autre acte notarié. — *Cass.*, 29 juin 1835, Amade; — Déc. min. fin., 19 mars 1819; instr. 883.

1033. — Il en est de même des billets à ordre passés devant notaires. — *Cass.*, 10 fév. 1834, Pigalle; 28 janv. 1835, Fisson-Jaubert.

1034. — Ce n'est qu'autant qu'ils sont sous seing-privé, que les effets négociables peuvent n'être présentés à l'enregistrement qu'avec les protêts. — *Cass.*, 10 fév. 1834, Pigalle; 28 janv. 1835, Fisson-Jaubert; 29 juin 1835, Amade. — Conf. déc. min. fin. 19 mars 1849 et 3 juill. 1837; solut. 12 avr. et 13 juin 1832.

1035. — Depuis la loi du 24 mai 1834 les actes de protêts faits par les notaires doivent être enregistrés dans le même délai, et sont assujétis aux mêmes droits d'enregistrement que ceux faits par les huissiers. L'art. 43 de la loi du 16 juin 1824 a été abrogé en ce qu'il pouvait contenir de contraire à cette loi. — L. 24 mai 1834, art. 23.

1036. — Les notaires commis par le tribunal pour procéder à la vente des biens de mineurs, agissent toujours en leur qualité de notaires; par conséquent ils ne peuvent jouir des délais accordés aux greffiers des tribunaux. — Décis. min. fin., 2 juin 1807; instr. 866, n° 11.

1037. — Si un notaire a procédé à une vente publique de meubles en remplacement d'un commissaire-priseur absent, l'acte doit être enregistré dans le délai des actes notariés. — Déc. min. fin., 5 fév. 1834.

1038. — Le cahier des charges dressé par un notaire pour la vente aux enchères d'un immeuble appartenant à une commune doit être enregistré dans le délai ordinaire et non dans les vingt jours de son approbation par le préfet. — Délib., 14 mars 1834.

1039. — Le délai pour l'enregistrement de l'acte notarié d'une vente d'immeubles appartenant à une commune court du jour de la date de cet acte et non du jour de l'approbation de l'autorité administrative; toutefois le double droit peut être remis à raison de la bonne foi du notaire. — Décis. min. fin., 30 juin 1837.

1040. — Jugé, au contraire, que les actes notariés soumis à l'approbation administrative tels que les ventes par les communes, ou les acquisitions à leur profit n'étant parfaits qu'après cette approbation qui leur imprime le caractère d'actes administratifs, il s'ensuit que le délai dans lequel ils doivent être enregistrés, est de dix ou quinze jours, à compter de l'arrivée de cette approbation à la mairie, constatée par le maire en marge de l'acte. — Déc. min. fin., 4 août 1838; instr. 1577, § 6.

1041. — De même, le délai pour l'enregistrement des baux à ferme des hospices et autres etablissemens publics de bienfaisance ou d'instruction publique, passés devant notaires, est de quinze jours à compter du jour où l'approbation du préfet est parvenue au maire, qui le constate en marge de l'acte. — Décr. 12 août 1807, art. 2; instr. 386, nos 6 et 561.

1042. — Lorsqu'un acte est rédigé à plusieurs dates, le délai pour l'enregistrement court de la date des premières signatures, attendu que par le seul fait de leur apposition sur l'acte, le contrat revêtu légalement des signatures du notaire et des témoins est parfait à l'égard des parties qui ont signé et que les parties qui signeraient postérieurement ne font que ratifier l'acte en ce qui les concerne. — Décis. min. fin. et just. 27 avr. et 9 mai 1809; instr. 432, n° 3; solut. 19 mai 1832.

1043. — Quelle que soit la date d'un acte notarié qui n'a été ni contrôlé ni enregistré, on ne peut exiger du notaire ou de ses héritiers que les droits de l'enregistrement résultant des dispositions de cet acte d'après les lois actuelles. S'il a été passé sous l'empire du tarif du 22 sept. 1722, aucune amende n'est exigible. Il en est de même de toutes les autres contraventions commises par les notaires avant la publication de la loi du 19 déc. 1790. — Décis. min. fin. 1er sept. 1807, art. 340.

1044. — L'acte notarié portant deux dates différentes, dont la plus ancienne a été rayée avec les formalités prescrites par la loi du 25 vent. an XI, peut être présenté à l'enregistrement dans les dix ou quinze jours de la date conservée sans donner ouverture au double droit qui serait exigible avec la date rayée, et la régie qui, pour percevoir ce double droit, prétend que c'est la date qui est la seule véritable doit s'inscrire en faux, sinon elle est non-recevable. — *Cass.*, 23 mars 1836, Gittard.

1045. — Les notaires ne sont pas tenus de faire enregistrer les actes qu'ils n'ont pas signés, encore bien que ces actes soient signés par les parties et les témoins. — *Cass. belge*, 2 avr. 1833, Van-Overschelde.

1046. — De même, les notaires ne sont pas tenus de présenter à l'enregistrement les actes restés imparfaits par défaut de signature du notaire en second ou des témoins. — Dès-lors ces actes ne sont pas soumis au droit et double droit d'enregistrement lorsqu'ils sont découverts par la régie dans l'étude du notaire rédacteur. — *Cass.*, 27 août 1806, Bernard; 25 mars 1834, Chaulin. — *Contrà* instr. 21 frim. an XIII, art. 263.

1047. — Les notaires qui n'ont pas fait enregistrer leurs actes dans les délais prescrits sont tenus personnellement de payer à titre d'amende et pour chaque contravention une somme de 10 fr. (autrefois 50 fr.) s'il s'agit d'un acte sujet au droit fixe, ou une somme égale au montant du droit s'il s'agit d'un acte sujet au droit proportionnel, sans que dans ce dernier cas la peine puisse être au-dessous de 10 fr. (50 fr.). — L. 22 frim. an VII, art. 33; L. 16 juin 1824, art. 10.

1048. — Cependant il est certains actes à l'égard desquels les délais pour l'enregistrement ne sont plus les mêmes que ceux ci-dessus indiqués; ce sont les testamens. — Les testamens déposés chez les notaires ou par eux reçus doivent être enregistrés dans les trois mois du décès des testateurs, à la diligence des héritiers, donataires, légataires ou exécuteurs testamentaires. — L. 22 frim. an VII, art. 21. — Les testamens qui ne sont pas enregistrés dans le délai sont passibles du double droit. — Art. 38.

1049. — Jugé en conséquence que le droit fixe dû sur un testament, indépendamment du droit proportionnel perçu sur les legs, doit être perçu dans les trois mois du décès. — *Cass.*, 24 oct. 1810, Ducazeau.

1050. — Les testamens ne peuvent recevoir la formalité pendant la vie des testateurs, à moins que ceux-ci ne la requièrent. — Instr. 432, no 3.

1051. — Mais le testateur une fois décédé, le testament doit toujours être enregistré, à défaut de renonciation expresse des légataires, contre lesquels les préposés sont fondés à poursuivre le recouvrement des droits. — Circul. 21 fév. 1792, p. 229.

1052. — L'obligation imposée par l'art. 21, L. 22 frim. an VII, à tout légataire, de faire enregistrer, dans les trois mois du décès du testateur, le testament contenant quelque libéralité à son profit, est absolue et nullement subordonnée à la preuve que ce légataire a connu ce testament, et qu'il en a fait usage. Par rapport à l'enregistrement de l'acte, le légataire est également présumé vouloir en profiter, jusqu'à renonciation formelle de sa part. En conséquence, à défaut d'enregistrement du testament dans les trois mois, il est passible du double droit. Il en est de même en ce qui concerne l'exigibilité du droit dû à raison du legs. — *Cass.*, 26 févr. 1823, Saunal.

1053. — En présentant un testament par lui reçu un notaire n'est pas tenu de représenter un certificat d'existence et d'individualité du testateur, s'il est vivant, ou l'acte de décès s'il est mort. Il suffit de sa déclaration, dont les employés de l'enregistrement ont à vérifier l'exactitude. — Déc. min. fin. 16 nov. 1812.

1054. — Les préposés de l'enregistrement n'ont pas le droit de provoquer l'ouverture des testamens mystiques. — Instr. 30 sept. 1826, 1290, § 14.

1055. — Décidé au contraire que les receveurs sont autorisés à provoquer devant les tribunaux l'ouverture des testamens clos et inscrits sur les répertoires des notaires, en prouvant que les testateurs sont décédés depuis plus de trois mois. — Délib. 26 vendém. an VII, et 17 déc. 1832.

1056. — Les actes de souscription des testamens mystiques reçus par les notaires, ne sont assujétis à l'enregistrement que dans les trois mois du décès des testateurs. — Délib. 12 germ. an XIII; Instr. 290, no 73.

1057. — Le délai de trois mois pour l'enregistrement des testamens des militaires en activité de service, décédés soit hors du territoire français, soit seulement hors de leur département, ne court que du jour de l'inscription du décès sur les registres de l'état civil de leur dernier domicile. — Déc. min. fin. 29 janv. 1811; solut. 17 oct. 1823.

1058. — Une révocation de testament ne doit, comme le testament lui-même, être enregistrée que dans les trois mois du décès du testateur. — Délib. 14 niv. an XIII.

1059. — La disposition de la loi du 5-19 déc. 1790, qui affranchissait le testament de la formalité de l'enregistrement pendant la vie du testateur, était applicable à toute espèce de libéralité à cause de mort. En conséquence, une donation mutuelle entre époux, faite sous cette loi, n'est pas nulle parce que l'acte notarié qui la renferme, n'a été soumis à l'enregistrement qu'après le décès de l'époux prémourant. — *Cass.*, 20 juill. 1826, Pellegrin.

1060. — Les donations faites entre époux avant le mariage, étant, quoique qualifiées entre-vifs, essentiellement révocables ne sont point assujéties à l'enregistrement pendant la vie des donateurs. — *Cass.*, 22 janv. 1838 (1. 1er 1838, p. 120), Guillaume. — *Contrà* instr., p. 432, no 3.

1061. — Dès-lors elles ne sont sujettes à l'enregistrement que dans les trois mois du décès de l'époux donateur, et non dans les dix jours du contrat qui les contient. — Décis. min. fin, 26 mars 1838; délib. 9 et 21 mai, 14 août, 3 sept. 1838.

1062. — *Actes judiciaires et du greffe.* — ... 3° De vingt jours pour les actes judiciaires et pour ceux dont il ne reste pas de minute au greffe, ou qui se délivrent en brevet. — L. 22 frim. an VII, art. 20.

1063. — Le jugement portant adjudication d'immeubles dont il a été interjeté appel, n'est pas moins passible du droit proportionnel dans les vingt jours de sa date, sauf restitution, si le jugement est infirmé. — Décis. min. just. et fin. 13 juin 1809; instr. 436, no 57.

1064. — Jugé en ce sens que le paiement des droits de mutation auxquels un jugement donne ouverture, et qui doivent être acquittés dans les vingt jours, ne peut être provisoirement suspendu, sous prétexte que ce jugement est attaqué par la voie de l'appel. — *Cass.*, 21 nov. 1827, Cassaigne.

1065. — L'adjudicataire d'un immeuble vendu en justice ne peut se faire relever du double droit qu'il a encouru, en justifiant qu'une lettre de son avoué l'a induit en erreur sur la date de l'adjudication. — *Cass.*, 25 mai 1808, Fabre.

1066. — L'adjudication d'un immeuble vendu sur saisie immobilière, qui est dépossédé, dans les vingt jours de son adjudication par suite d'une surenchère, n'est point passible du droit simple et du double droit proportionnel lors même que la seconde adjudication n'a été présentée à l'enregistrement qu'après les vingt-jours depuis la première adjudication. — *Cass.*, 23 fev. 1820, Bels.

1067. — En pareil cas, il n'est dû que le droit et le double droit fixe. — Délib. 24 juill. 1819.

1068. — Sont assujétis à l'enregistrement dans les vingt jours : 1° Le procès-verbal de conciliation, — 2° la déclaration faite par le demandeur qu'il s'inscrit en faux (C. procéd., art. 218; — celle faite par les parties qui se sont accordées pour la nomination d'experts (C. procéd., art. 306); — 4° l'acte du greffe par lequel le renvoi est proposé à un autre tribunal pour cause de parenté; — 5° les ordonnances sur requête; — 6° les procès-verbaux dressés par les greffiers en matière de faux et de vérification d'écriture, — Décis. min. just. et fin., 13 juin 1809; Instr. 436, nos 9, 19, 21, 22, 26, 29 et 31.

1069. — Le délai est également de vingt jours pour les présentations et les défauts et congés faute de comparoir, défendre ou conclure qui doivent se prendre au greffe. — L. 27 vent. an IX, art. 16.

1070. — Les certificats des secrétaires des chambres de discipline des notaires, constatant le dépôt et l'insertion au tableau des extraits de contrats de mariage des commerçans, des demandes en séparation de corps, etc., doivent être enregistrés dans les vingt jours (L. 22 frim. an VII, art 20), et sont passibles du droit fixe de 2 fr. (L. 28 avr. 1816, art. 43, no 8.) — Délib. 1er août 1834.

1071. — Les rapports d'experts dressés par des particuliers commis en justice ou choisis à l'amiable ne sont pas assujétis à l'enregistrement dans un délai déterminé; mais il ne peut en être fait aucun usage public, qu'ils n'aient été préalablement enregistrés. — Décis. min. fin. 24 sept 1808; Instr. p. 406, no 1er; Décis. min. just. et fin. 13 juin 1809; Instr. 436, no 37.

1072. — La faillite ayant pour effet de mettre sous l'autorité de la justice l'administration des biens du failli, et l'inventaire étant fait non par les syndics isolément, mais par tous, en présence et avec la signature du juge de paix, cet inventaire a le caractère non d'un acte sous-seing privé, mais d'un acte authentique, d'un acte judiciaire. Dès-lors, il est soumis à l'enregistrement et il doit être présenté à la formalité dans les vingt jours de sa date. — Délib. 23 nov. 1832.

1073. — Jugé en ce sens, que l'inventaire des effets mobiliers du failli, fait par les syndics provisoires, même sans le secours d'un officier ministériel, devant être revêtu à chaque vacation de la signature du juge de paix, a le caractère d'un acte judiciaire; et, par conséquent, il doit être enregistré dans les vingt jours de sa date, et il est passible du droit d'enregistrement de 2 fr. par chaque vacation. — *Cass.*, 20 août 1834, Baudron; — Délib. 23 nov. 1832.

1074. — L'ordonnance du juge commissaire à

l'effet de faire sommer les créanciers de produire, soit qu'elle soit donnée au bas de la requête de l'avoué poursuivant, ou sur la minute même du procès-verbal doit être enregistrée dans les vingt jours de sa date. — Décis. min. fin., 47 janv. 4820.

1075. — Il suffit que le procès-verbal d'ordre soit présenté à l'enregistrement avant la délivrance des bordereaux de collocation, bien qu'après les vingt jours de sa date. — Décr. 16 févr. 4807, art. 434; Décis. min. fin., 8 déc. 4843; Instr. 436, § 60 et 4704, § 8.

1076. — Les greffiers qui ont négligé de soumettre à l'enregistrement, dans le délai fixé, les actes qu'ils doivent présenter à la formalité, sont tenus personnellement de payer à titre d'amende, et pour chaque contravention, une somme égale au montant du droit. — Ils acquittent en même temps le droit, sauf leur recours pour ce droit seulement contre la partie. — L. 22 frim. an VII, art. 33.

1077. — Néanmoins, l'art. 35, L. 22 frim., reçoit exception quant aux jugemens rendus à l'audience qui doivent être enregistrés sur les minutes lorsque les parties n'ont pas consigné aux mains des greffiers, dans le délai prescrit pour l'enregistrement, le montant des droits fixés par la loi. Dans ce cas, le recouvrement en est poursuivi contre les parties par les receveurs, et elles supportent en outre la peine du droit en sus. — Pour cet effet les greffiers fournissent au receveur de l'enregistrement dans la décade (V. REP. PAL., vo DÉCADE) qui suit l'expiration du délai des extraits par eux certifiés des jugemens dont les droits ne leur ont pas été remis par les parties (V. infrà nos 1377 et suiv). — L. 22 frim. an VII, art. 37.

1078. — Aucune peine n'est encourue en cas d'enregistrement tardif des ordonnances sur requête, attendu que la formalité doit être requise par les parties et non par les greffiers. — Solut., 42 sept. 1828.

1079. — Il en est de même, à défaut d'une disposition précise de la loi, des ordonnances sur référé, bien qu'elles soient, pour le droit de greffe, assimilées aux jugemens. — Masson Delongpré, *Code de l'enregistr.*, no 958.

1080. — A défaut par les syndics d'une faillite d'en avoir fait enregistrer l'inventaire dans les vingt jours de sa date, ils ne sont pas tenus personnellement, comme le serait un officier public, du paiement d'une amende ou d'un double droit. — *Cass.*, 20 août 1834, Baudron.

1081. — L'exception écrite dans l'art. 27 de la loi de frimaire ne s'applique point aux interrogatoires sur faits et articles et autres actes dont les droits doivent être acquittés par le greffier. — Délib. 8 août 1829.

1082. — Les actes de prestation de serment sont soumis à l'enregistrement sur les minutes dans les vingt jours de leur date, sous les peines prononcées par l'art. 35 de la loi du 22 frimaire contre les greffiers qui peuvent remettre des extraits aux receveurs d'enregistrement quand les droits ne leur ont pas été avancés (art. 37). — L. 27 vent. an IX, art. 14.

1083. — Les actes de serment des agens des douanes ne sont sujets à l'enregistrement que dans le délai fixé pour les actes judiciaires. L'art. 65, L. 21 avr. 1818 sur les douanes, qui porte que l'acte de serment sera enregistré dans les cinq jours, ne doit s'entendre que de l'enregistrement au greffe du tribunal, formalité qui avait été prescrite par la loi du 22 août 1791, mais sans indication d'un délai fixe. — Décis. min. fin. 27 janv. 1827; Instr. 830 et 1208.

1084. — Un greffier de justice de paix n'a pas la faculté de remettre au receveur d'enregistrement, pour que celui-ci poursuive le recouvrement des droits, extrait d'un procès-verbal de conciliation ou non conciliation dont les droits ne lui ont pas été consignés par les parties. — Solut. 23 mars 1831.

1085. — Le secrétaire du conseil des prud'hommes est admis, comme les greffiers, à fournir des extraits des jugemens dont les droits n'ont pas été avancés par les parties. — Instr. 4 juill. 1809, art. 437.

1086. — *Actes administratifs.* — ... 4o De vingt jours pour les actes des administrations centrales et municipales assujétis à l'enregistrement (L. 22

frim. an VII, art. 20), c'est-à-dire pour ceux contenant transmission de propriété, d'usufruit ou de jouissance, les marchés de toute nature et les cautionnemens relatifs à ces actes. — L. 15 mai 1818, art. 78.

1087. — L'adjudicataire sur vente administrative qui a encouru le double droit faute d'avoir acquitté le droit principal dans le délai voulu, ne peut être relevé de cette peine par le motif qu'avant l'expiration du délai il aurait élevé des contestations sur l'exécution du titre, la loi, en pareille matière, n'admettant aucune excuse. — *Cass.*, 14 mars 1837 (t. 1er 1840, p. 525), Ducros.

1088. — Doit être considéré, non comme acte sous seing privé, mais comme marché sur soumission, et comme tel assujéti à l'enregistrement dans les vingt jours de l'approbation, un marché pour travaux publics fait entre un maire et un particulier en un seul original resté entre les mains du maire, autorisé à en délivrer expédition au soumissionnaire et qui porte, d'ailleurs, qu'il ne sera exécutoire qu'après l'approbation du préfet. — *Cass.*, 12 (et non 14) mai 1830, de Chazournes. — V. conf., décis. min. fin. 10 sept. 1823; instr. 1336, § 10.

1089. — Doivent être enregistrés dans les vingt jours, les marchés faits de gré à gré avec les hospices, comme les adjudications ou marchés aux enchères publiques. — Délib. 12 mars 1833.

1090. — Il en est de même des marchés faits de gré à gré par acte sous seing privé entre une administration publique et un particulier. — *Cass.*, 22 janv. 1845 (t. 1er 1845, p. 249), compagnie de Londres.

1091. — Les marchés et adjudications concernant l'administration militaire qui n'ont d'effet que par l'approbation du ministre de la guerre, doivent, dans les vingt jours de cette approbation, être soumis à l'enregistrement aux frais de l'adjudicataire. — Décis. min. fin., 30 sept. 1830; instr. 1347, § 10.

1092. — L'acquéreur d'un domaine national qui a encouru la déchéance, n'est pas moins assujéti au paiement des droits et doubles droits de mutation, s'il n'a pas fait enregistrer son acte d'acquisition dans les délais; et cela, encore bien qu'une instruction de la régie dispenserait, en pareil cas, du paiement des droits. — *Bruxelles*, 20 juill. 1821, Chevalier.

1093. — L'amende du dixième du prix encourue par l'adjudicataire de biens nationaux déchu de son adjudication ne le relève pas de l'obligation de payer les droits de mutation dans les vingt jours de l'acte. — *Cass.*, 14 mars 1837 (t. 1er 1840, p. 525), Ducros.

1094. — Le délai pour l'enregistrement des baux des biens communaux, qui ne sont pas nécessaires à la dépaissance des troupeaux, est de vingt jours après l'approbation du préfet. — Ord. 7 oct. 1818.

1095. — Les secrétaires des administrations centrales et municipales qui ont négligé de soumettre à l'enregistrement, dans le délai fixé, les actes qu'ils doivent présenter à la formalité, sont passibles des mêmes droits et amendes que les greffiers. — L. 22 frim. an VII, art. 35 et 36. — V. suprà nos 1076 et suiv.

1096. — Néanmoins, il y a exception à l'égard des actes d'adjudication passés en séance publique des administrations, lorsque les parties n'ont pas, dans le délai de l'enregistrement, consigné les droits entre les mains des secrétaires. Ceux-ci en font poursuivre le recouvrement contre les parties par les receveurs, en leur remettant des extraits de ces actes, comme les greffiers le font pour les jugemens. — L. 22 frim. an VII, art. 37. — V. suprà nos 1077 et 1377.

1097. — Tous les actes de prestation de serment n'ayant pas d'objet politique, reçus par les autorités administratives, préfets, sous-préfets ou maires, doivent être enregistrés sur les minutes dans les vingt jours de leur date. — Décis. min. fin., 18 déc. 1821; instr. 1025.

1098. — Les actes et procès-verbaux de vente de prises et de navires ou bris de navires faits par les officiers d'administration de la marine doivent être soumis à l'enregistrement dans les vingt jours de leur date, sous les peines et avec les exceptions portées aux art. 35, 36 et 37, L. 22 frim. an VII, relativement aux greffiers des tribunaux et aux secrétaires des administrations centrales et municipales. — L. 27 vent. an IX, art. 7. — V. *suprà* nos 1076 et suiv.; 1095 et suiv.

1099. — Les inventaires et recolemens d'inventaires de cargaisons naufragées, qui ont lieu devant des commissaires de la marine ou toute autre autorité publique, doivent être écrits sur papier timbré et présentés à l'enregistrement dans les vingt jours de leur date. — Décis. min. fin., 28 juin 1808; instr. 390, § 6.

1100. — *Actes sous-seing privé.* — Sous la législation antérieure à la loi du 19 déc. 1790, les mutations d'immeubles, quoique opérées par des actes sous seing-privé, étaient soumises aux droits d'insinuation et de centième denier, dans un délai de rigueur. — Edit déc. 1703; décl. 19 juill. 1704, art. 20 et 22. — *Cass.*, 16 (et non 19) nov. 1813, Sévin; 8 juin 1814, Mermot.

1101. — Lorsque des actes translatifs de propriété passés sous la loi du 5-19 déc. 1790 se trouvent relatés dans un acte authentique, par exemple dans un inventaire, ils sont passibles du double droit s'ils n'ont pas été enregistrés dans les six mois de leur date. — *Cass.*, 31 août 1808, Perrot.

1102. — Sous la loi du 9 vendém. an VI, tout acte sous seing-privé translatif de propriété immobilière devait être enregistré dans les trois mois de sa date, à peine de triple droit. — L. 9 vendém. an VI, art. 30, § 1er. — *Cass.*, 24 germin. an IX, Lajugie; 4 (et non 11) niv. an X, Billot et Freset.

1103. — Peu importait à cet égard que l'acte eût été ou n'eût pas été produit en justice.—*Cass.*, 4 (et non 11) niv. an X, Billot et Freset.

1104. — ...Ou bien qu'il eût été déposé chez un notaire avant l'expiration du délai.—*Cass.*, 24 germin. an IX, Lajugie.

1105. — Aujourd'hui, les actes sous seing-privé portant transmission de propriété ou d'usufruit de biens immeubles, et les baux à ferme ou à loyer et les engagemens aussi sous signature privée de biens de même nature, doivent être enregistrés dans les trois mois de leur date. — L. 22 frim. an VII, art. 22. — Si ces actes ne sont pas enregistrés dans le délai, ils sont soumis au double droit. — Art. 38.

1106. — Un acte sous seing-privé contenant cession des droits mobiliers et immobiliers dépendant d'une succession doit être enregistré dans les trois mois de sa date. — *Cass.*, 28 août 1809, Jouvard.

1107.—L'arrêté du directoire du 22 vent. an VII, qui permet de mentionner dans un inventaire des actes sous seing-privé non enregistrés, ne s'oppose pas à l'application de l'art. 22, L. 22 frim. an VII, qui ordonne l'enregistrement, dans les trois mois, sous peine du double droit, des actes sous seing-privé contenant transmission d'immeubles. On ne peut opposer à la régie que ces actes sont nuls comme ayant pour objet la vente d'immeubles appartenant à des mineurs, qu'ils sont antérieurs à la loi du 19 déc. 1790, puisque alors ils étaient assujétis aux droits d'insinuation et [de centième denier. — *Cass.*, 21 août 1811, Truol et L'Epine.

1108. — L'acte sous seing-privé par lequel l'acquéreur d'un immeuble s'est obligé de payer un supplément de prix, est soumis non seulement au droit proportionnel, mais encore à la peine du droit en sus, s'il n'a pas été enregistré dans les trois mois de sa date. — *Cass.*, 23 fructid. an XII, Fabre et Martin.

1109. — On ne peut pas considérer comme un simple projet un acte sous seing-privé contenant toutes les choses nécessaires pour la perfection d'un contrat de vente, mais avec cette clause qu'il sera rédigé devant notaire à la première réquisition. En conséquence, il est passible d'un double droit, faute d'enregistrement dans les trois mois de sa date, encore bien qu'il ait été depuis réalisé devant notaire. — *Cass.*, 12 thermid. an XIII, Duston.

1110. — ...Et cela, quand bien même l'acte de vente ne serait pas fait en double. — Roland et Trouillet, *Dict. de l'enreg.*, vo *Acte sous seing-privé*, § 1er, no 2.

1111. — Le défaut de date dans un acte trans-latif de propriété n'est point un obstacle à la perception des droits de mutation, lorsqu'il résulte des autres énonciations de l'acte que les parties n'étaient plus dans le délai utile pour le faire enregistrer. — *Cass.*, 9 fév. 1814, Cagnien.

1112. — La disposition de l'art. 38 de la loi du 22 frim. étant absolue, la perception du double droit ne saurait dépendre de l'existence des contractans. Dès-lors ce droit peut être exigé, lorsque les actes sont soumis à l'enregistrement par les héritiers ou représentans de celui qui a contracté. — Avis cons. d'état 3 fév. 1810, appr. le 9; instr. 470.

1113. — Le dépôt d'un acte sous seing-privé entre les mains du receveur de l'enregistrement avant l'expiration des trois mois de sa date, ne suffit pas pour qu'on soit dispensé de payer le double droit, faute d'enregistrement dans ce délai, si l'on n'a pas remis en même temps au receveur le montant des droits.—*Cass.*, 21 flor. an VIII, Ségui.

1114. — Lorsqu'un acte sous seing-privé contient, plusieurs dispositions dont quelques-unes seulement sont passibles d'enregistrement dans les trois mois, le double droit ne doit être perçu que sur celles-là; il n'est exigible ni sur les autres, ni sur celles qui sont seulement soumises au droit fixe. — Délib. 26 niv. an XII; 15 brum. an XIII, et 2 août 1836.

1115. — Pour jouir du bénéfice de l'art. 6 de l'ordonn. du 8 nov. 1830, qui a accordé trois mois pour faire enregistrer sans droits en sus tous actes non soumis à la formalité, il a suffi de présenter l'acte ou de déclarer la mutation secrète, encore que le droit dû n'ait pas été payé par suite d'offres insuffisantes. — *Cass.*, 25 nov. 1839 (t. 2 1839, p. 601), de Jarnac.

1116. — Il n'y a point de délai de rigueur pour l'enregistrement de tous actes sous seing-privé autres que ceux portant transmission de propriété ou d'usufruit d'immeubles et que les baux de toute espèce. Mais il ne peut en être fait aucun usage, soit par acte public, soit en justice, ou devant toute autre autorité constituée qu'ils n'aient été préalablement enregistrés. — L. 22 frim. an VII, art. 23.

1117. — Il en est de même pour les actes passés en pays étranger ou dans des îles et colonies françaises. — L. 22 frim. an VII, art. 23.

1118. — Mais les actes passés dans les colonies et translatifs d'immeubles situés en France doivent être soumis à l'enregistrement dans le royaume, dans les délais de la loi du 22 frim. an VII, art. 22. — Délib. 28 nov. 1843; instr. 1703.

1119. — *Mutations verbales.*—Sous la législation antérieure à la loi du 19 déc. 1790, les mutations d'immeubles, quoique opérées par des conventions verbales, étaient soumises, comme celles opérées par des actes authentiques, aux droits d'infirmation et de centième denier dans un délai de rigueur. — Edit. déc. 1703; décl. 19 juill. 1704, art. 20 et 22. — *Cass.*, 16 (et non 19) nov. 1813, Sévin; 8 juin 1814, Mermot.

1120. — Doivent être enregistrés dans les trois mois, comme les actes sous seing-privé, toutes mutations entre vifs de propriété ou d'usufruit de biens immeubles, lors même que les nouveaux possesseurs prétendraient qu'il n'existe pas de conventions écrites entre eux et les précédens propriétaires ou usufruitiers. — A défaut d'acte, il doit y être suppléé par des déclarations détaillées et estimatives dans les trois mois de l'entrée en possession, à peine d'un droit en sus.—L. 27 vent. an IX, art. 4.

1121. — Ainsi, soit que la vente d'un immeuble ait été faite sous seing-privé, soit qu'elle ait eu lieu verbalement, le défaut de déclaration de la part de l'acquéreur, dans le délai de trois mois, le rend passible du double droit. — *Cass.*, 22 mars 1808, Colasson.

1122. — Lorsqu'il résulte d'un acte notarié qu'antérieurement à la vente qu'il constate, l'acquéreur était en possession de l'immeuble par lui acquis en vertu d'une convention verbale qui l'en rendait propriétaire, et qui n'a pas été déclarée à la régie dans les délais, il est passible du double droit —*Cass.*, 21 oct. 1811, Brandin.

1123. — Lorsqu'on prouve qu'une vente passée

devant notaire existait plus de trois mois auparavant par acte sous seing-privé, on est fondé à demander le double droit d'enregistrement.—*Cass*, 19 juill. 1815, N...

1124. — Lorsqu'il est reconnu dans un acte de vente que l'acquéreur est en jouissance depuis plus de trois mois, le double droit est exigible, bien que les parties déclarent dans le même acte que les droits de l'acquéreur à la propriété ne commencent que du jour où l'acte de vente est passé. —Délib. 15 sept. 1837.

1125. — Lorsqu'un acte constate l'existence d'une convention antérieure, de laquelle résulterait une transmission d'usufruit des biens immeubles, et qui n'aurait pas été enregistré dans les trois mois de sa date, il y a lieu au double droit. —*Cass.*, 7 avr. 1823, Duvivier.

1126. — Le double droit n'est point dû sur une vente d'immeubles avec la condition pour l'acquéreur de payer l'intérêt du prix à partir d'une époque antérieure de plus de trois mois au contrat, bien qu'il soit dit qu'à cette époque la vente a été consentie verbalement, s'il est d'ailleurs établi que la prise de possession n'a eu lieu qu'au jour de l'acte.—Solut. 12 nov. 1832.

1127. —Quand la mutation est constatée par un acte non présenté à l'enregistrement, c'est à partir du jour où la mutation a réellement eu lieu, et non pas seulement à partir de la prise de possession des biens transmis, que court le délai de trois mois pour l'acquittement du droit proportionnel.—*Cass.*, 20 août 1839 (t. 2 1839, p. 293), Seillière.

1128. — Il n'y a pas lieu au double droit de mutation, lorsque l'acte de vente porte une date, et que la régie ne prouve pas qu'elle a eu lieu plus tôt, encore bien que l'acte mette à la charge de l'acquéreur les contributions antérieures, et que l'intérêt du prix remonte à une autre époque.—*Cass.*, 3 juill. 1810, Macquard.

1129. —*Mutations par décès.* — Les délais pour l'enregistrement des déclarations de mutations par décès sont à partir du jour du décès du défunt: 1º de six mois, s'il est décédé en France; 2º de huit mois, s'il est décédé dans toute autre partie de l'Europe; 3º d'un an, s'il est mort en Amérique; 4º et de deux ans, si c'est en Afrique ou en Asie (L. 22 frim. an VII, art. 24), sous peine d'une amende d'un demi droit en sus, et même d'un droit en sus, relativement aux omissions faites dans les déclarations (art. 39).— V. à cet égard *infrà* nº 2938 et suiv.

1130. — Dans les délais fixés pour l'enregistrement des actes et des déclarations le jour de la date de l'acte ou celui de l'ouverture de la succession ne doit point être compté.—Si le dernier jour du délai se trouve être un décadi (dimanche) ou un jour de fête national (jour férié), ce jour-là ne compte point. — L. 22 frim. an VII, art. 23 ; 18 germin. an X. — V. RÉP. PAL., v^{is} DÉCADI, JOUR FÉRIÉ.

1131. — Le jour de l'expiration du délai est compris dans le délai accordé pour l'enregistrement d'un exploit. En conséquence, est nul l'exploit du 9, enregistré le 14. — *Cass.*, 23 flor. an IX (et non an VI), Mathevot c. Brachet.

1132. — Le délai de vingt jours pour l'enregistrement d'un acte d'adjudication court du lendemain du jour de l'acte, inclusivement, jusqu'à l'expiration du vingtième ensuivant. — *Cass.*, 1er fructid. an VIII, Lauwereins.

1133. — Lorsqu'une opération, telle qu'une adjudication, exige plusieurs séances ou vacations, il n'est pas nécessaire que le notaire fasse enregistrer le procès-verbal de la précédente séance, avant de procéder à une autre. — Il suffit que les séances successives, dont se compose le procès-verbal, soient présentées à l'enregistrement, dans le délai de la loi par rapport à chacune d'elles. — *Cass.*, 11 sept. 1811, Malo.

1134. — Le délai pour l'enregistrement d'un procès-verbal d'enquête en plusieurs vacations ne commence à courir que du jour où le procès-verbal a été régulièrement et définitivement clos. — Décis. min. fin. 22 juill. 1825; instr. 1150, 7.

1135. — Lorsque l'apposition ou la levée des scellés ou l'inventaire en matière de faillite dure plus de vingt jours, la première vacation doit être

enregistrée dans le délai légal (vingt jours), moyennant le droit de 2 fr. ; les vacations ultérieures ne donnent plus lieu à la perception d'aucun droit pour leur enregistrement (L. 24 mai 1834, art. 11), dans lequel doit être rappelée la formalité donnée en premier lieu. — Délib. 22 janv. 1836 ; instr. 1528, § 7.

1136. — A l'égard des actes que le même officier a reçus, et dont le délai d'enregistrement n'est pas encore expiré, il peut en énoncer la date, avec la mention que ledit acte sera présenté à l'enregistrement en même temps que celui qui contient ladite mention ; mais, dans aucun cas, l'enregistrement du second acte ne peut être requis avant celui du premier, sous les peines de droit. — L. 28 avr. 1816, art. 56.

1137. — Mais, de quel jour court le délai pour les actes qui ont plusieurs dates? Cela arrive lorsque plusieurs parties, dans un même acte, le signent à des dates différentes. Il semblerait que le délai ne devrait courir que du jour de la dernière date, c'est-à-dire de la dernière signature, parce que, jusque là, l'acte n'est pas parfait, puisque ce n'est que par le concours de toutes les parties que se forme un contrat. Cependant il a été reconnu (Décis. min. fin. et just. 27 avr. et 9 mai 1809) que le délai pour l'enregistrement court de la première date ou de la première signature. — Rolland de Villargues, *Rép. du notar.*, v^o *Enregistrement*, n°s 96 et 153.

Sect. 2e.—*Formalités pour l'enregistrement.*

§ 1. — *Bureau où la formalité doit être donnée.*

1138. — Les notaires ne peuvent faire enregistrer leurs actes qu'aux bureaux dans l'arrondissement duquel ils résident. — L. 22 frim. an VII, art. 26.

1139. — Il en est de même aux colonies. — Ord. 1er juill. 1834, art. 1er.

1140. — Le notaire qui a reçu un acte est tenu de le faire enregistrer au bureau de sa résidence, encore bien qu'il n'ait point passé l'acte dans son étude et qu'il ait été assisté par un autre notaire domicilié dans le ressort d'un autre bureau. — *Cass.*, 14 brum. an XIV, Soujet.

1141. — Lorsqu'un notaire remplace son confrère, l'acte doit contenir la mention que la minute est restée au notaire suppléé, lequel demeure responsable du préjudice de la substitution, et cet acte doit recevoir la formalité au bureau de ce dernier notaire. — Décis. min. just. et fin.; inst. 11 nov. 1819, 909.

1142. — Les notaires résidant dans des villes où il y a cour royale peuvent faire enregistrer leurs inventaires au bureau des lieux où ils ont instrumenté, dans les dix ou quinze jours de chaque vacation, suivant que la commune où l'opération a été faite est ou non chef-lieu de bureau, à la charge néanmoins : 1º de soumettre la séance de clôture à la formalité au bureau de leur résidence, dans les quinze jours de sa date ; 2º de porter les inventaires sur leur répertoire, avec mention des jours qu'ils ont duré, des divers enregistremens dans chaque bureau, de leur date et de leur désignation de ces bureaux. — Déc. min. fin., 12 thermid. an XII ; inst. 290, nº 32.

1143. — Les actes passés en double minute doivent être enregistrés, tant sur la première que sur la deuxième minute, au bureau de la résidence de chacun des notaires, et les droits acquittés par le plus ancien, lorsqu'ils sont l'un et l'autre domiciliés dans l'arrondissement du même bureau, ou que la résidence de chacun d'eux est étrangère au bureau dans le ressort duquel l'acte a été passé ; mais le paiement doit être effectué par celui des deux notaires attaché au bureau d'où dépend le lieu où l'acte a été passé, si l'un des deux seulement est domicilié dans le ressort. Les minutes doivent faire mention expresse de celui des deux notaires qui, d'après ces règles, est tenu du paiement, et l'enregistrement dans le bureau où il n'y a pas lieu à la perception, se fait *pour mémoire*, avec désignation du bureau où les droits ont été payés et du notaire chargé de les acquitter. — Décis. min. fin., 13 août 1808 ; inst. 400, nº 1er.

1144. — Toutefois ces règles sont subordonnées au cas où les conventions diffèrent s'ensuivent intervenues entre les parties et insérées dans l'acte. — Décis. min fin., 12 déc. 1832; inst. 1422, § 11.

1145. — Dès-lors, bien que l'un des notaires réside dans le ressort du bureau du lieu où l'acte a été passé, un acte reçu en double minute doit être enregistré au bureau de l'autre notaire, si telle a été la convention des parties. — Solut. 27 nov. 1832.

1146. — La déclaration de command doit être présentée à l'enregistrement au bureau du notaire qui la reçoit. Mais si ce notaire se trouvait, au moment de la passation de l'acte, à une grande distance de sa résidence, il pourrait notifier ou faire enregistrer *pour notification* la déclaration de command au bureau de l'arrondissement duquel il se trouve. —*Dict. des dr. d'enreg.*, v° *Bureau des droits d'enregistrement*, n° 11.

1147. — Les huissiers et tous autres ayant pouvoir de faire des exploits, procès-verbaux ou rapports doivent faire enregistrer leurs actes soit au bureau de leur résidence, soit au bureau du lieu où ils les ont faits. — L. 22 frim. an VII, art. 26.

1148. — Les procès-verbaux et exploits ne sont pas nuls pour avoir été enregistrés dans un bureau autre que ceux dont parle l'art. 26, L. 22 frim. an VII, s'ils l'ont été dans le délai prescrit. — *Cass.*, 14 nov. 1835, Forêts c. Dulom. — V. décis. min. fin, 28 nov. 1809: 12 juill. 1822 ; inst. 458, n° 1er, 1050, n° 2.

1149. — Les gardes du commerce doivent faire enregistrer leurs actes, soit au bureau dans l'arrondissement duquel se trouve leur établissement, qui est leur domicile légal, soit au bureau du domicile des personnes auxquelles les actes sont signifiés. — Décis. min. fin., 17 janv. 1809.

1150. — Les procès-verbaux des commissaires ou autres fonctionnaires pour fait de police judiciaire ou administrative s'enregistrent soit au bureau de leur résidence, soit à celui de l'arrondissement dans lequel ils procèdent. — Déc. min., 3 pluv. an VIII; circ. 1807.

1151. — Les procès-verbaux et rapports pour fait de police judiciaire ou administrative par les procureurs du roi peuvent être enregistrés, soit au bureau de leur résidence, encore à celui dans l'arrondissement duquel ils font ces actes. — Déc. min. just. et fin., 38 pluv. an VIII; circul. 24 germin. suiv.

1152. — Les procès-verbaux de délits et tous actes de poursuite des gardes et autres agens forestiers doivent être enregistrés au bureau de la résidence ou au plus voisin de la résidence de l'agent, quoique ce bureau ne soit pas celui de son arrondissement. — Décis. min. fin., 28 nov. 1809 et 12 juill. 1822; instr. 458, nos 1 et 1050, n° 2.

1153. — Mêmes décisions à l'égard des gardes champêtres. — Décis. 27 août 1823; instr. 1090.

1154. — ...A l'égard des préposés des douanes. — Décis. min. fin., 30 mars 1836.

1155. — ...Et à l'égard des gendarmes. Il leur est en outre permis, lorsqu'il n'existe pas de bureau dans le lieu de leur résidence, de transmettre leurs procès-verbaux non enregistrés au ministère public, qui est chargé, dans ce cas, de les présenter à la formalité. — Ord. 29 oct. 1820; — décis. min. fin. 2 avr. 1830; instr. 1313.

1156. — Les procès-verbaux des vérificateurs des poids et mesures peuvent être enregistrés au bureau le plus voisin, soit de la résidence de ces agens, soit du lieu où ils ont été rédigés, quel que soit l'arrondissement d'où ce bureau dépend. — Déc. min. fin. 20 août 1833 ; instr. 1434.

1157. — Les greffiers et les secrétaires des autorités administratives doivent faire enregistrer les actes qu'ils sont tenus de soumettre à cette formalité, aux bureaux dans l'arrondissement desquels ils exercent leurs fonctions. — L. 22 frim. an VII, art. 26.

1158. — Il en est de même aux colonies. — Ord. 1er juill. 1831, art. 1er.

1159. — Quel que soit le lieu de la résidence des juges de paix et de leurs greffiers, les actes relatifs aux justices de paix doivent toujours être enregistrés au bureau dans l'arrondissement duquel se trouve le chef-lieu de leur territoire.—Décis. min. fin., 3 pluv. an VIII; circul. 1807.

1160. — Les actes émanés des préfectures et sous-préfectures, assujétis à l'enregistrement, doivent recevoir la formalité au bureau du siège de

l'administration.— Décidé ainsi relativement à un procès-verbal d'adjudication de coupe de bois nationaux, pour lequel le sous-préfet qui l'avait reçu s'était transporté dans le ressort d'un bureau autre que celui de son domicile. — Décis. min. fin., 15 déc. 1807 ; instr. 366, n° 5.

1161. — Les actes de poursuite devant les conseils de discipline de la garde nationale, et les jugemens de ces conseils, peuvent recevoir gratis la formalité à laquelle ils sont assujétis, soit au bureau du canton dont dépend la commune où siège le conseil de discipline, soit aux bureaux des cantons voisins. — Déc. min. fin. 14 nov. 1832 ; instr. 1422, § 3.

1162. — La déclaration préalable à faire par l'officier public qui veut procéder à une vente publique et par enchères d'objets mobiliers, doit être faite au bureau dans l'arrondissement duquel la vente doit avoir lieu.—L. 22 pluv. an VII, art. 2.— V. infrà n° 3814.

1163. — Les procès-verbaux de ventes publiques de meubles ne peuvent être enregistrés qu'au bureau où les déclarations ont été faites.—L. 22 pluv. an VII, art. 6. — V. *infrà* nos 3857 et suiv.

1164. — Les actes sous signature privée et ceux passés en pays étranger peuvent être enregistrés dans tous les bureaux indistinctement. — L. 22 frim. an VII, art. 26.

1165. — Les actes passés dans des îles et colonies peuvent être enregistrés dans tous les bureaux, comme les actes sous seing-privé. — *Dict. des droits d'enreg.*, v° *Bureau des droits d'enregistrement*, n° 9.

1166. — Les déclarations de biens immeubles transmis par conventions verbales sont faites au bureau de la situation des biens.—*Dict. des droits d'enreg.*, v° *Bureau des droits d'enregistrement*, n° 26.

1167.— Quant au bureau où doivent se faire les déclarations de mutation par décès, V. *infrà* n° 2964 et suiv.

1168. — Les supplémens de droits dus par suite d'expertise sont payables au bureau de la situation des biens, encore bien que l'acte ait été enregistré dans un autre bureau. — *Dict. des droits d'enreg.*, v° *Bureau des droits*, n° 17.

§ 2. — *Mode et preuve de la formalité.*

1169. — Les actes civils et extrajudiciaires doivent être enregistrés sur les minutes, brevets ou originaux. — L. 22 frim. an VII, art. 7.

1170. — Avant la loi du 28 avr. 1816, les actes judiciaires recevaient la formalité, soit sur les minutes, soit sur les expéditions (L. 22 frim. an VII, art. 7), d'après des distinctions qu'il est inutile de rapporter, comme étant sans importance aujourd'hui.—Nous nous contenterons de rappeler quelques décisions rendues sous la législation de l'époque.

1171. — Les jugemens par défaut contenant transmission de propriété immobilière étaient sujets à l'enregistrement sur la minute, de même que s'ils eussent été contradictoires. — *Cass.*, 24 thermid. an XIII, Lemeunier-Hagirardière; 7 mai 1806, Saint-Agnan.

1172.—Lorsque, par le rapprochement de titres enregistrés, il intervenait une condamnation qui avait pour objet l'exécution de ces derniers, le jugement était susceptible d'être enregistré sur la minute. — *Cass.*, 23 déc. 1807, Gobert.

1173. — Il n'y avait pas lieu de soumettre à l'enregistrement sur minute un jugement qui contenait la disposition alternative, ou de payer une somme déterminée, ou d'abandonner une portion de fonds équivalente, parce que cet enregistrement n'était exigé que sur les décisions judiciaires qui emportaient transmission de propriété, ou prononçaient des condamnations sur des conventions sujettes à l'enregistrement, sans énonciation de titre déjà soumis à cette formalité. — *Cass.*, 12 thermid. an XIII, Jouine.

1174.—Les jugemens d'adjudication de récoltes sur pied n'étaient point soumis à l'enregistrement sur la minute. Dès-lors, le double droit n'était pas encouru, à défaut d'enregistrement de ces jugemens, dans les vingt jours de leur date. — *Cass.*, 8 fév. 1813, Jousselin.

1175. — Une décision arbitrale qui ne prononçait, ni sur une transmission d'immeubles, ni sur des conventions non enregistrées, n'était pas dispensée de l'enregistrement sur la minute, comme les autres jugemens émanés de l'autorité publique. — On devait, en cette matière, se régler sur les art. 42, 43 et 47, L. 22 frim. an VII, et non sur l'art. 7, même loi. — *Cass.*, 3 août 1813, Darou.

1176. — Relativement aux actes judiciaires qui n'étaient assujétis à l'enregistrement que sur les expéditions, chaque expédition devait être enregistrée, savoir : la première pour le droit proportionnel, s'il y avait lieu, ou pour le droit fixe, si le jugement n'était pas passible du droit proportionnel ; et chacune des autres pour le droit fixe. — L. 22 frim. an VII, art. 8.

1177. — Aujourd'hui, tous les actes judiciaires en matière civile, tous les jugemens en matière criminelle, correctionnelle ou de police, sont, sans exception, soumis à l'enregistrement sur les minutes ou originaux. — L. 28 avr. 1816, art. 38.

1178. — Quant aux actes judiciaires d'une date antérieure à la loi du 28 avr. 1816 non susceptibles d'être enregistrés sur la minute d'après les dispositions de la loi du 22 frim. an VII, ils ont dû continuer à recevoir la formalité sur les expéditions. — Décis. min. fin. 6 déc. 1816 ; instr. 758, n° 1er.

1179. — Les actes des administrations centrales et municipales qui sont assujétis à la formalité, doivent être enregistrés sur la minute. — LL. 22 frim. an VII, art. 20 ; 15 mai 1818, art. 78.

1180. — Il n'est dû aucun droit pour les extraits, copies ou expéditions des actes qui doivent être enregistrés sur les minutes ou originaux. — L. 22 frim. an VII, art. 8.

1181. — Cependant il y a encore quelques exceptions, par exemple : 1° pour les copies collationnées (L. 22 frim. an VII, art. 68, § 1er, n° 48) ; 2° pour certains actes de l'état civil, tels que les reconnaissances d'enfant naturel.

1182. — Lorsque les actes sous seing privé, même synallagmatiques, sont soumis à l'enregistrement en même temps que les actes qui constatent leur dépôt au rang des minutes d'un notaire, ou leur annexe au rang des minutes de cet officier public, les receveurs sont dispensés, à l'avenir, de les transcrire littéralement sur leurs registres. Mais ils doivent indiquer en marge de l'enregistrement par extrait de ces actes le folio et la case de l'enregistrement, soit de l'acte de dépôt, soit de l'acte sous seing-privé, soit de l'acte auquel il est annexé. Quant aux actes sous seing-privé synallagmatiques présentés isolément à l'enregistrement, ils continueront d'être transcrits littéralement. — Instr. 25 fév. 1839.

1183. — La quittance de l'enregistrement doit être mise sur l'acte enregistré ou sur l'extrait de la déclaration du nouveau possesseur. — L. 22 frim. an VII, art. 57.

1184. — Dans le cas de l'enregistrement d'un acte notarié en double minute ou d'un acte sous seing-privé fait double, la mention d'enregistrement sur l'une des minutes ou des originaux doit énoncer qu'elle n'est mise que par *duplicata*. — Instr. 30 sept. 1808, art. 400, n° 1er.

1185. — Le receveur exprime en toutes lettres, dans la quittance qu'il délivre, la date de l'enregistrement, le folio du registre, le numéro et la date des droits perçus. — L. 22 frim. an VII, art. 57.

1186. — Lorsque l'altération matérielle de la date dans une mention d'enregistrement apposée sur un exploit est prouvée par un acte authentique, et avouée d'ailleurs par les parties, une cour royale a eu le droit de décider que la véritable date de l'enregistrement était celle primitivement écrite. — *Cass.*, 6 fév. 1844 (t. 1er 1844, p. 758), Revel c. de Faudoas.

1187. — Lorsque l'acte renferme plusieurs dispositions opérant chacune un droit particulier, le receveur doit les indiquer sommairement dans sa quittance et y énoncer distinctement la quotité de chaque droit perçu à peine d'une amende de 40 fr. (aujourd'hui 5 fr. seulement, L. 16 juin 1824, art. 10) pour chaque omission. — L. 22 frim. an VII, art. 57.

1188. — Les amendes encourues par les receveurs pour défaut d'énonciation *distincte et en tou-*

les lettres, dans leurs quittances, de chacun des droits perçus sur les actes renfermant plusieurs dispositions ont dû être relevées et exigées à partir du 1er mars 1832. — Instr. 24 janv. 1832.

1189. — Les receveurs de l'enregistrement doivent donner quittance du décime pour franc en le distinguant du droit principal. — Circ. 11 prair. an VII, art. 1574.

1190. — Mention doit être faite, dans toutes les expéditions des actes publics, civils ou judiciaires à enregistrer sur les minutes, de la quittance des droits par une transcription littérale et entière de cette quittance, à peine d'une amende de 10 fr. (aujourd'hui 5 fr., L. 16 juin 1824, art. 10) par chaque contravention. — L. 22 frim. an VII, art. 44.

1191. — D'après l'art. 45, L. 22 frim. an VII, les greffiers qui délivrent des secondes et subséquentes expéditions des actes et jugemens assujétis au droit proportionnel, mais qui ne sont pas dans le cas d'être enregistrés sur les minutes, sont tenus de faire mention, dans chacune de ces expéditions, de la quittance du droit payé pour la première expédition, par une transcription littérale de cette quittance. Ils doivent faire également mention, sur la minute de chaque expédition délivrée, de la date de l'enregistrement et du droit payé. Toute contravention à ces dispositions est punie par une amende de 10 fr. (aujourd'hui 5 fr., L. 16 juin 1824, art. 10).

1192. — Mais il y a lieu de regarder la seconde disposition de l'art. 45 comme abrogée par l'art. 38, L. 28 avr. 1816 (Délib. 24 juill. 1821). — Quant à la première, elle ne peut être que d'une application fort rare, relativement aux jugemens rendus avant la même loi du 28 avr. 1816. — Masson Delongpré, *C. de l'enreg.*, n° 1133.

1193. — Dans le cas de fausse mention d'enregistrement dans une expédition, le délinquant est poursuivi par la partie publique, sur la dénonciation du préposé de la régie, et condamné aux peines prononcées pour le faux. — L. 22 frim. an VII, art. 46.

§ 3. — *Obligations et responsabilité du receveur.*

1194. — Outre les obligations que nous avons vu, dans le paragraphe précédent, imposées au receveur de l'enregistrement, il en est d'autres encore dont il est tenu soit vis-à-vis des parties, soit vis-à-vis de l'administration.

1195. — D'après l'art. 41, tit. 2, L. 27 mai 1791, les receveurs doivent être assidus à leurs bureaux quatre heures le matin et quatre heures l'après-midi ; les heures de séance doivent être affichées à la porte du bureau, et les registres arrêtés jour par jour.

1196. — Cette disposition est toujours en vigueur, et il n'y a été dérogé ni par les art. 33 et 50, L. 22 frim. an VII, ni par l'art. 1037, C. procéd. civ., qui n'est relatif qu'aux significations faites par les huissiers. — *Cass.*, 28 fév. 1838 (t. 1er 1839, p. 396), Marchant.

1197. — Jugé, dès lors, que les bureaux d'enregistrement ne doivent être ouverts au public que quatre heures le matin et quatre heures le soir, et que, lorsqu'une affiche placée à la porte extérieure d'un bureau annonce qu'il est ouvert depuis huit heures du matin jusqu'à quatre heures du soir, le receveur peut et doit, après l'expiration de ce temps, arrêter ses registres et refuser tout enregistrement. — Même arrêt.

1198. — En pareil cas, l'acte ne peut être enregistré que le lendemain avec toutes les conséquences de ce retard. — Décis. min. fin., 15 janv. 1834 ; Instr. 1166, § 18 ; et 1458, § 5.

1199. — Les bureaux doivent être ouverts tous les jours, excepté les dimanches et les jours fériés. — Déc. min. fin. 1er juill. 1816, et 2 mars 1839 ; Instr. 730.

1200. — Lorsqu'un notaire ou autre officier public apporte au bureau de l'enregistrement des actes qui ne peuvent être enregistrés de suite, le receveur doit exiger la consignation du montant approximatif des droits des actes. Il porte alors sur un livre-journal le nombre et la date des actes déposés, ainsi que la somme consignée. — Décis. min. fin. 24 sept. 1836 ; Instr. gén. 14 oct. 1836.

1201. — Lorsque l'officier public retire les actes déposés, il est fait mention sur le livre-journal de la somme payée ou à payer pour complément des droits. Le montant de ces droits doit être complétement soldé avant les époques de versement des receveurs. En cas de vérification de la caisse du receveur, les sommes dues par les officiers publics pour complément des actes déposés sont admises par tolérance, comme valeurs en caisse. Mais il n'en est pas de même des droits des actes non portés au livre-journal, ni des sommes dues par les officiers ministériels au receveur pour les droits d'actes retirés du bureau. — Instr. gén., 14 oct. 1836, 1523.

1202. — Les receveurs ne peuvent enregistrer aucun acte, même sous seing-privé, s'il n'est écrit en langue française. — L. 2 thermid. an II; circ. 6 thermid. an II, 636.

1203. — La partie qui requiert l'enregistrement d'actes ou de jugemens venant de l'étranger, et écrits en langue étrangère, est tenue d'y joindre une traduction faite par un traducteur assermenté. La mention de l'enregistrement et la quittance des droits sont apposées sur cette traduction authentique, et une mention correspondante sur l'original ou l'expédition de l'acte ou du jugement, fait connaître que la formalité a été donnée sur la traduction. — Décis. min. fin. 7 mars 1833; instr. 1425, § 1er.

1204. — Les receveurs ne peuvent sous aucun prétexte, lors même qu'il y aurait lieu à l'expertise, différer l'enregistrement des actes et mutations dont les droits ont été payés aux taux réglés par la loi. — L. 22 frim. an VII, art. 56.

1205. — Si un receveur refuse ou néglige d'enregistrer les actes qui lui sont présentés dans le délai prescrit par la loi, le notaire doit, dans ce délai, faire constater le refus ou la négligence. — Cass., 26 (et non 27) mai 1807, Capion; 3 oct. (et non nov.) 1810, Cami.

1206. — Il en est de même en cas d'obstacles réels éprouvés par le notaire. — Cass., 3 oct. (et non nov.) 1810, Cami.

1207. — A défaut par le notaire de justifier légalement et dans le délai utile du refus ou de l'obstacle prétendu, le tribunal ne peut, quels que soient les faits d'excuse allégués, se dispenser de condamner le notaire personnellement au double droit, et encore moins suspendre le recouvrement du droit principal non contesté. — Même arrêt.

1208. — L'individu poursuivi en paiement d'un droit proportionnel à raison d'une déclaration de command, enregistrée plus de vingt-quatre heures après l'adjudication, ne peut être admis à prouver par témoins que l'acte a été déposé dans le délai de vingt-quatre heures, et que conséquemment le retard apporté à son enregistrement est la suite d'une négligence qui, de la part du receveur, constitue un quasi-délit. — Cass., 23 déc. 1815, Bidault c. Texier et Ernoult.

1209. — Lorsque les renseignemens pris par la régie donnent lieu de croire que, si un acte notarié, présenté à temps à la formalité, n'a pas été enregistré dans le délai, c'est par la faute du receveur, le ministre des finances peut faire remise au notaire du double droit encouru, et prononcer contre le receveur une peine disciplinaire. — Déc. min. fin. 29 juin 1836.

1210. — Les receveurs ne peuvent non plus suspendre ou arrêter le cours des procédures, en retenant des actes ou un exploits : cependant, si un acte dont il n'y a pas de minute ou un exploit contient des renseignemens dont la trace puisse être utile pour la découverte des droits dus, le receveur a la faculté d'en tirer copie, et de la faire certifier conforme à l'original par l'officier qui l'a présenté. En cas de refus, il peut réserver l'acte pendant vingt-quatre heures seulement pour s'en procurer une collation en forme, à ses frais, sauf répétition s'il y a lieu. — Cette disposition est applicable aux actes sous signature privée qui sont présentés à l'enregistrement. — L. 22 frim. an VII, art. 58.

1211. — Lorsque des exploits indiquent des conventions verbales pour transmission de propriété, usufruit ou jouissance d'immeubles, les receveurs doivent en faire copie de l'exploit à l'effet de former la demande des droits résultant de ces con-

ventions. — Décis. min. fin., 16 brum. an VIII.

1212. — Le refus fait par la partie qui a présenté l'acte à la formalité de l'enregistrement, de certifier conforme à l'original la copie tirée par le receveur, doit être constaté par un procès-verbal de celui-ci. Ce procès-verbal doit contenir l'interpellation à la partie de se trouver, dans les vingt-quatre heures, en l'étude d'un notaire désigné pour y voir procéder à la collation en forme de l'acte retenu. Dans le cas où la partie refuserait d'acquiescer à cette interpellation, ou d'attester son adhésion par sa signature au bas du procès-verbal, le receveur devrait lui faire signifier immédiatement et avant de se dessaisir de l'acte, une sommation extrajudiciaire d'être présent à la collation. L'acte rédigé par le notaire, pour la délivrance de la copie collationnée, rappellera l'interpellation à la partie faite dans le procès-verbal, la sommation qui l'a suivie, et constatera la comparution du receveur, la présence ou l'absence de la partie. — Instr. 30 déc. 1833, 1446, § 2 ; — Masson Delongpré, Cod. de l'enreg., n° 1248.

1213. — Comme il n'y a, en droit, d'autre collation en forme que celle qui est faite par un officier public, parties présentes ou dûment appelées (C. civ., art. 1335, § 1er), il faut, pour que la collation d'actes dont parle l'art. 56, L. 22 frim. an VII, soit régulière, non-seulement qu'elle soit faite devant notaire, mais encore que les parties intéressées y aient été présentes ou dûment appelées. — Cass., 13 août 1833, Proal.

1214. — Quand un individu contre qui le paiement des droits d'enregistrement est ou peut être réclamé, fait sa soumission d'acquitter ces mêmes droits, le receveur doit recevoir cette soumission dans la forme prescrite par les instructions qu'il a reçues.

1215. — Jugé à cet égard que la déclaration souscrite par un particulier sur les registres d'un receveur de l'enregistrement, de payer les droits pour lesquels il est poursuivi, n'est point un acte qui, contenant des conventions synallagmatiques, ait besoin d'être fait double. — Cass., 26 oct. 1808, Collin.

1216. — Depuis, il a été réglé que cette soumission serait écrite, non plus sur le registre ou sur le procès-verbal, mais sur une feuille séparée, et que le directeur de l'enregistrement, en l'adressant à l'administration, devait entrer dans des détails propres à fixer l'opinion des administrateurs. — V. Lettr. administr. 10 mai 1813; — Roland et Trouillet, Dict. de l'enreg., v° Soumission, n° 11.

1217. — Les registres sur lesquels les actes sont enregistrés ne sont pas publics. — Dès-lors il n'y a pas lieu de leur appliquer la disposition de l'art. 853, C. procéd., qui autorise les dépositaires des registres publics à en délivrer des extraits à tous requérans sans ordonnance de justice. — Déc. min. just. et fin. 13 juin 1809 ; Inst. 436, n° 64.

1218. — Lorsque les extraits de ces registres ne sont pas demandés par quelqu'une des parties contractantes ou leurs ayant-cause, les receveurs ne peuvent les délivrer que sur une ordonnance du juge de paix. — L. 22 frim. an VII, art. 58.

1219. — Il est payé aux receveurs 1 fr. pour recherche de chaque année indiquée et 50 cent. par chaque extrait outre le papier timbré ; ils ne peuvent rien exiger au-delà. — L. 22 frim. an VII, art. 58.

1220. — Les receveurs de l'enregistrement doivent laisser prendre, sans déplacement, aux contrôleurs des contributions directes communication des registres de formalité, des tables alphabétiques et autres renseignemens relatifs à la valeur des propriétés foncières. — Décis. min. fin. 17 prair. an IX et 5 nov. 1805 ; circ. 17 messid. an IX et 22 fév. 1806, instr. 423.

1221. — Chaque année, le receveur doit faire, dans chacune des mairies de son arrondissement, le relevé des mercuriales, le tenir au courant et l'afficher dans un endroit apparent de son bureau (art. 88 des ordr. gén.; circ. 783 et 926). Comme les mercuriales doivent exister dans chaque commune où il existe un marché, il est plus régulier de demander au maire un certificat constatant le taux moyen des mercuriales de chaque denrée pour l'année écoulée. On adresse un extrait de ce relevé aux receveurs des bureaux voisins qui sont privés de marchés. — Roland et Trouillet, *Dict. d'enreg.*, v° *Mercuriales*, n° 8.

1222. — Les receveurs et généralement les préposés de l'enregistrement sont chargés de donner des avertissemens aux redevables pour les inviter à payer dans la huitaine. Les avertissemens doivent précéder les poursuites, à moins que la prescription ne soit acquise dans un moindre délai. — Ord. gén. de la Régie, art. 91.

1223. — Ces avertissemens ne peuvent être considérés comme des actes assujétis à l'enregistrement. — *Dict. des droits d'enreg.*, v° *Avertissement*, n° 2.

1224. — Les receveurs de l'enregistrement, étant les mandataires salariés de la régie, doivent nécessairement être responsables envers elle des perceptions qu'ils auraient dû faire et qu'ils n'ont pas faites.

1225. — Jugé en ce sens que le préposé de la régie, qui ne perçoit pas un droit évidemment exigible, est censé en avoir fait remise; par conséquent il en est personnellement responsable.— *Cons. d'état*, 31 janv. 1817, Lançon.

1226. — Un tribunal n'a pu, sans contrevenir aux art. 12, L. 12 vendém. an IV, et 95 de celle du 9 vendém. an VI, allouer au compte d'un receveur d'enregistrement une perception de droits, faite en coupons de l'emprunt forcé, le 14 brum. an VI, lorsqu'il est constant en fait que la dernière de ces deux lois a été enregistrée avant cette époque au chef-lieu de l'arrondissement où se trouve le bureau du receveur. — *Cass.*, 16 août 1809, Grenier.

1227. — Les préposés de la régie peuvent être rendus responsables des non-valeurs occasionnées par leur négligence à prévenir les effets de la prescription. — Circ. 16 niv. an VIII, 1739, Inst. 208.

1228. — Cependant le principe rigoureux de la responsabilité doit fléchir en cas d'insolvabilité des redevables. Les directeurs sont chargés, sous leur responsabilité personnelle, de donner l'autorisation d'abandonner les poursuites faites contre les redevables d'amendes, de frais de justice et de tous droits ou sommes dus à l'état, tombés en non valeur, et de déterminer les frais à rembourser ou à allouer en dépense aux receveurs. Avant d'autoriser l'abandon des poursuites et le remboursement des frais, les directeurs doivent vérifier si l'insolvabilité des redevables est suffisamment constatée; et si les poursuites ont été régulièrement faites, ils refuseraient d'allouer les frais dont la perte pourrait être imputée à la négligence des receveurs. — Décis. min. fin. 18 nov. 1829; instr. 1302.

1229. — Les vices de perception consistant en erreurs matérielles, ainsi que ceux qui pourraient résulter de collusion avec les parties, sont mis à la charge des receveurs, lors même que la prescription serait acquise. — Instr. 9 fév. 1822.

1230. — Les préposés doivent être immédiatement forcés en recette du montant des droits en sus et des amendes qu'ils ont négligé de faire acquitter. — Instr. 10 mai 1833.

1231. — Lorsque la régie a forcé en recette son receveur pour insuffisance de perception sur l'enregistrement d'un acte, et que ce receveur a délégué son cautionnement jusqu'à due concurrence, la régie peut néanmoins continuer de poursuivre le redevable, si la délégation n'a été ni acceptée, ni suivie d'aucun paiement effectif.— *Cass.*, 16 mai 1821, Roussel.

1232. — Le receveur d'enregistrement forcé en recette, par suite d'une perception insuffisante, a son recours tant que la prescription n'est pas acquise contre le redevable auquel il n'a, par erreur, fait payer qu'une partie du droit réellement dû. — Ce recours est permis, encore bien que le receveur ne produise pas l'acte, objet du supplément de perception, ou un procès-verbal constatant l'état de l'acte présenté à l'enregistrement, si le droit a été payé sur-le-champ, et sans réclamation. — *Cass.*, 17 messid. an XI, Brette c. Manceau.

1233. — Les préposés de l'enregistrement sont passibles d'intérêts à courir du moment où ils auraient dû faire leur versement pour tous les déficits résultant de soustractions ou omissions, et existant lorsqu'ils rendent leurs comptes Et ce n'est que sur les déficits provenant d'erreurs de calcul que les intérêts ne sont dus que du jour de la signification du procès-verbal de vérification. — *Cons. d'état*, 20 janv. 1819. Jouvencel.

1234. — Le receveur d'enregistrement démissionnaire n'a contre la régie d'action directe, pour les avances qu'il a faites pour frais de poursuites, que lorsque les objets pour lesquels ces avances ont eu lieu sont tombés en *non valeur*.—Quand les avances ont été faites pour des objets *bons à recourrer*, il ne peut en demander le remboursement qu'au receveur qui doit lui succéder. — *Cass.*, 7 mars 1809. Caplane.

1235. — Si l'autorité judiciaire est seule compétente pour prononcer sur les contestations entre la régie et les redevables relativement à la perception des droits, il n'en est pas de même s'il s'agit de la responsabilité encourue par un préposé pour défaut de perception. — La question doit, dans ce cas, être soumise au ministre des finances, sauf recours au conseil d'état. — *Cons. d'état*, 31 janv. 1817, Lançon.

1236. — Lorsque la régie de l'enregistrement a été poursuivie en la personne de l'un de ses préposés, et qu'il est intervenu des condamnations contre lui en cette qualité, sans qu'aucune d'elles fût personnelle, on ne peut le poursuivre directement, une fois qu'il se trouve dépouillé de sa qualité. — *Cass.*, 9 avr. 1806, Mallet-Desmarault.

1237. — Un receveur de l'enregistrement a le droit d'enregistrer les différens actes faits à sa requête. — *Riom*, 12 mai 1808, Bourgoin c. Montal; — Carré, t. 2, p. 546, note 2e; Berriat-Saint-Prix, p. 577, n° 32 ; Huet, p. 108, n° 2.

Sect. 3e. — *Actes passés en conséquence d'autres actes.*

1238.—S'il n'y a point de délai de rigueur pour l'enregistrement de tous actes sous seing-privé autres que ceux portant transmission de propriété ou d'usufruit d'immeubles, et les baux de toute espèce, il n'en peut néanmoins être fait aucun usage, soit par acte public, soit en justice, ou devant toute autorité constituée, qu'ils n'aient été préalablement enregistrés. — L. 22 frim. an VII, art. 23.

1239. — D'après l'art. 41, L. 22 frim. an VII, les notaires, huissiers, greffiers, et les secrétaires des administrations centrales et municipales ne peuvent délivrer en brevet, copie ou expédition d'aucun acte soumis à l'enregistrement sur la minute ou l'original, ni faire aucun autre acte en conséquence, avant qu'il ait été enregistré, quand même le délai pour l'enregistrement ne serait pas encore expiré, à peine de 50 fr. d'amende (aujourd'hui 10 fr., d'après la loi du 16 juin 1824, art. 10), outre le paiement du droit.

1240. — Le même article excepte les exploits et autres actes de cette nature qui se signifient à partie ou par affiches et proclamations, et les effets compris sous l'art. 69, § 2, n° 6 de la loi.

1241. — L'art. 42 de la même loi ajoute qu'aucun notaire, huissier, greffier. secrétaire ou autre officier public, ne peut faire ou rédiger un acte en vertu d'un acte sous signature privée, ou passé en pays étranger, l'annexer à ses minutes, ni le recevoir en dépôt, ni en délivrer extrait, copie ou expédition, s'il n'a été préalablement enregistré, à peine de 50 fr. d'amende (10 fr., L. 16 juin 1824, art. 10), et de répondre personnellement du droit, sauf l'exception mentionnée dans l'art. 41.

1242. — Ces dispositions ont été modifiées par l'art. 56, L. 28 avr. 1816, ainsi conçu : « L'art. 41, L. 22 frim. an VII, continuera d'être exécuté : néanmoins, à l'égard des actes que le même officier aurait reçus, et dont le délai d'enregistrement ne serait pas encore expiré, il pourra en énoncer la date, avec la mention que ledit acte sera présenté à l'enregistrement en même temps que celui qui contient ladite mention ; mais dans aucun cas l'enregistrement du second acte ne pourra être requis avant celui du premier, sous les peines de droit. »

1243.—Le défaut de mention que les deux actes seront enregistrés simultanément n'autorise pas à réclamer une amende, si le premier est revêtu de la formalité en même temps que le second ; mais l'amende est encourue lorsque le dernier acte est enregistré avant le premier. — Décis. min. fin. 17 fév. 1819.

1244. — Enfin, l'art. 13, L. 16 juin 1824, porte que les notaires peuvent faire des actes en vertu et par suite d'actes sous seing-privé non enregistrés, et les énoncer dans leurs actes, mais à la condition que chacun de ces actes sous seing-privé demeurera annexé à celui dans lequel il se trouvera mentionné, qu'il sera soumis avant lui à la formalité de l'enregistrement, et que les notaires seront personnellement responsables, non seulement des droits d'enregistrement et de timbre, mais encore des amendes auxquelles les actes sous seing privé se trouveront assujétis. — Il est dérogé à cet égard seulement à l'art. 41, L. 22 frim. an VII.

1245. — Ces différentes dispositions législatives ont donné lieu aux décisions suivantes :

1246. — Lorsque deux actes ont été reçus par deux notaires différens, et que l'un a été rédigé en vertu de l'autre non encore enregistré, le notaire qui a reçu le dernier acte est passible de l'amende, encore bien que les deux actes aient été présentés en même temps à l'enregistrement. — *Cass.*, 22 (et non 28) oct. 1814, Colombié.

1247. — Une convention ou obligation sous seing-privé n'a pas besoin d'être préalablement enregistrée pour être reproduite dans l'acte notarié qui a pour objet sa réalisation en un contrat authentique. — Solut. 11 juill. 1835.

1248. — Un notaire peut recevoir une obligation pour le montant des frais non taxés sans que l'état de ces frais dressé par l'avoué ait d'abord été enregistré ; car cet état non rendu exécutoire ne constitue qu'un simple renseignement sans force obligatoire pour la partie. — Décis. min. fin. 11 juin 1818.

1249. — L'énonciation d'une police d'assurance dans un acte soit d'affectation d'hypothèque, soit de vente des immeubles assurés, impose l'obligation de faire enregistrer cette police avant l'acte où elle est relatée. — Délib. 19 déc. 1834 ; solut. 24 juin 1835. — V aussi dans le même sens *Cass.*, 22 nov. 1846 (1. 2 1846), Gautron.

1250. — Un acte de vente n'étant point la conséquence d'un plan levé pour en faciliter la rédaction, le notaire qui joint ce plan à son acte, sans le signer, n'encourt point d'amende. — *Cass.*, 2 août 1808, Gleize.

1251. — Pour qu'il y ait lieu à l'application de l'art. 42, L. 22 frim. an VII, il n'est pas nécessaire que l'acte sous seing-privé soit la cause unique et immédiate de l'acte public reçu par le notaire ; il suffit qu'il en soit un des élémens. — Dès-lors, est passible d'une amende de 10 fr. le notaire qui mentionne dans un procès-verbal d'adjudication des certificats d'un maire légalisant la signature d'un imprimeur, apposée au journal annonçant cette adjudication, si ces certificats ne sont pas enregistrés. — *Cass.*, 26 janv. 1831. Détourbet.

1252. — Mais si le notaire se contente de faire mention des publications insérées dans un journal et n'annexe point à la minute un exemplaire de ce journal, il ne commet pas de contravention, attendu que la signature de l'imprimeur légalisée par le maire constitue seule l'acte susceptible d'être enregistré. — Délib. 23 fév. 1836.

1253. — Il n'est dû aucun droit sur un cahier des charges qui fait partie intégrante du procès-verbal d'adjudication rédigé à la suite et par le même officier public, quand même ce cahier des charges serait signé séparément. — Solut. 5 juin 1833.

1254. — Un notaire peut, sans contravention, énoncer, dans un acte de vente, que les biens appartiennent au vendeur en vertu de diverses acquisitions sans mention de leur enregistrement, alors qu'il ne cite pas les actes qui constatent ces acquisitions. — Solut. 15 oct. 1807.

1255. — Il peut également, sans contravention, énoncer dans une vente la remise à l'acquéreur de titres non enregistrés, attendu que la vente n'est pas la conséquence de cette remise des titres, cette remise étant, au contraire, la conséquence de la vente. — Délib. 28 fév. 1834.

1256. — Une déclaration de command peut être reçue par un notaire avant l'enregistrement de l'acte sur lequel elle intervient. — *Cass.*, 26 messid. an XIII, Hectvelot ; 23 janv. 1809, Cayre ; — instr.

1755, § 2. — En ce qui concerne les greffiers, V. conf. *infra* nº 1287. — V. aussi nº 3582.

1257. — Un notaire ne peut, avant d'avoir fait enregistrer un acte de vente, recevoir la ratification de cette même vente. — En conséquence, il est passible de l'amende prononcée par l'art. 41, L. 22 frim. an VII, encore bien qu'il prétende que cette ratification était, non la conséquence, mais la suite et le complément de la vente. — *Cass.*, 12 déc. 1808, Halot.

1258. — Un notaire peut recevoir une procuration donnée à l'effet de ratifier une adjudication qui n'est pas encore enregistrée, passée devant un autre notaire, attendu qu'elle ne saurait être considérée comme faite en conséquence de cette adjudication. — Solut. 8 sept. 1832.

1259. — Jugé, avant la loi du 28 avr. 1816, que l'acte d'échange d'immeubles acquis la veille n'est pas tellement la conséquence de la vente, qu'il ne puisse être reçu par le même notaire, avant l'enregistrement du contrat, sans qu'il y ait lieu à l'amende prononcée par l'art. 41, L. 22 frim. an VII. Il est permis de supposer que l'acte d'échange est intervenu lorsque la vente n'était encore que verbale. — *Cass.*, 24 juill. (et non janv.) 1815, Pradier.

1260. — Un notaire ne peut, sans encourir l'amende, recevoir l'acte de résiliement d'un bail à rente avant d'avoir fait enregistrer le bail lui-même. — *Cass.*, 11 nov. 1812, Polge.

1261. — L'exception que fait l'art. 41, L. 22 frim. an VII, à la règle générale qu'il renferme, ne doit pas, quant aux effets négociables, être restreinte au cas de protêt de ces mêmes effets. — Spécialement, le notaire qui fait un acte en conséquence d'effets négociables non protestés avant qu'ils aient été enregistrés, n'encourt point les peines portées par le même art. 44, L. frim. an VII. — *Bruxelles*, 4 juin 1826, Consement.

1262. — De même un notaire peut recevoir un acte contenant soit une affectation hypothécaire, soit une obligation pour cause d'effets négociables en circulation non enregistrés, tant à cause de l'impossibilité matérielle de joindre ces billets à l'acte notarié, que par une conséquence de l'art. 69, § 2, nº 6, L. 22 frim. an VII, et art. 50, L. 28 avr. 1816. — Solut. 9 juill. 1830, et 19 mars 1832.

1263. — Un notaire peut, sans contravention, recevoir une procuration à l'effet de céder un billet non enregistré, parce que la procuration n'est pas faite en conséquence et en vertu de ce billet. — Solut. 27 janv. 1833.

1264. — On peut énoncer dans un contrat de mariage un billet non enregistré faisant partie de l'apport de l'un des futurs (Délib. 13 oct. 1835) ; car une semblable énonciation peut être assimilée à la mention des actes sous seing privé dans les inventaires. — Délib. 30 janv. 1833.

1265. — ... On relater dans un contrat de vente des billets non enregistrés dont le montant est compensé avec le prix de la vente. — Délib. 5 mars 1824 ; solut. 15 oct. 1835.

1266. — ... On mentionner dans une quittance une autre quittance sous seing-privé se confondant avec celle actuellement donnée, et déclarer que les deux actes ne feront qu'une seule et même chose. — Délib. 16 fév. 1822 ; décis. min. fin. 5 juill. 1822 ; solut. 3 avr. 1835.

1267. — Il y a contravention de la part d'un notaire qui reçoit la quittance d'un legs fait par un testament non enregistré et rédigé par un autre notaire, lors même que les parties lui ont déclaré que le testament a été enregistré. — Décis. min. fin. 10 mars 1819.

1268. — Un notaire peut, sans contravention, énoncer dans un inventaire, le testament non encore enregistré du défunt dont la succession est l'objet de l'inventaire. — Solut. 8 nov. 1834. — Car alors ce n'est pas en conséquence de ce testament qu'il est procédé à l'inventaire ; et lors même que l'inventaire aurait lieu en conséquence du testament, il suffit, si le délai de trois mois n'est pas expiré, de faire enregistrer le testament en même temps que l'inventaire. — V. *Dict. des dr. d'enregist.*, vº *Inventaire*, nº 25.

1269. — Le notaire qui dresse l'inventaire des biens d'un mineur, en présence du subrogé tuteur, avant l'enregistrement de l'acte de nomination de ce dernier, n'est point passible de l'amende

prononcée par l'art 44, L. 22 frim. an VII. — En ce
cas, l'inventaire ne peut être considéré comme un
acte fait en conséquence de la nomination du subrogé tuteur. — *Cass.*, 3 janv. 1827, Erard.

1270. — Les officiers publics ou autorités constituées quelconques peuvent, sans contravention,
énoncer dans un inventaire les actes sous seing-
privé appartenant à la succession, avant qu'ils
soient enregistrés. — Arr. gouv. 22 vent. an VII;
circ. 9 flor. an VII.

1271. — Les notaires peuvent, sans encourir
l'amende, mentionner dans un acte de liquidation
ou de partage, aussi bien que dans un inventaire,
des titres de créance, avant que ces actes aient été
enregistrés. — *Cass.*, 24 août 1818, Courmont. —
« Cet arrêt, ajoutent les auteurs du *Dict. des droits
d'enreg.*, v° *Acte passé en conséquence d'un autre*,
§ 2, art. 1er, n° 24, ne nous parait pas devoir servir
de règle, 1° parce qu'il étend une exception prononcée par un acte du gouvernement; 2° parce
que cette extinction n'avait aucune utilité, tandis
que celle énoncée pour les énonciations dans les
inventaires était indispensable : 3° enfin, parce
qu'elle nous parait contraire aux lois sur l'enregistrement. »

1272. — Lorsqu'un notaire dépositaire d'un
testament authentique est requis par les héritiers
d'en donner lecture, il ne peut dresser un acte de
cette lecture si le testament n'a été enregistré. —
Dict. des dr. d'enreg., v° *Acte passé en conséquence*,
§ 2, art. 5, n° 5.

1273. — Un notaire qui se borne à énoncer,
dans un compte de tutelle, un acte privé dont la
propriété appartient au pupille, ne faisant d'une
part que constater un fait et d'autre part n'établissant que la simple décharge du tuteur sans
créer un titre nouveau ni élever l'acte privé au
rang des actes authentiques, ne contrevient point
à l'art. 42, L. 22 frim. an VII. — *Cass.*, 16 mai
1821, Wengler.

1274. — Un notaire peut, dans un compte de
tutelle, faire mention du projet de compte remis
au mineur dix jours avant, suivant récépissé enregistré, sans avoir fait préalablement enregistrer le
projet de compte lui-même; car ce projet pouvant n'être qu'un écrit informe et sans signature,
ne constitue pas un acte dans le sens légal de ce
mot. — Délib. 10 nov. 1829; solut., 18 mai 1830 et
29 mars 1831.

1275. — Le notaire qui, dans un acte de reddition de compte, énonce que la dépense résulte de
pièces, mémoires et notes, n'est pas tenu, vis-à-vis
du receveur, de justifier de pièces régulières. —
Solut., 21 avr. 1832; — Roland et Trouillet, *Dict.
d'enreg.*, v° *Compte.* § 2, n° 9.

1276. — Un notaire peut, sans contravention,
mentionner, dans un acte qu'il reçoit, tous les
actes exempts de l'enregistrement, sans les soumettre préalablement à la formalité. Tel est le
cas d'un récépissé délivré par un receveur particulier des finances au percepteur d'une commune.
— Solut. 8 fév. 1837.

1277. — De même, une adjudication passée devant l'autorité administrative ne pouvant être
enregistrée qu'après l'approbation de l'autorité supérieure, un notaire ne contrevient point
à l'art. 41 en rédigeant un acte de cautionnement en conséquence de cette adjudication non
encore approuvée. — Solut. 11 mai 1838.

1278. — L'édit du mois de mars 1693,
ni aucune des lois rendues depuis soit sur le contrôle, soit sur l'enregistrement, n'ont soumis à la
formalité les jugemens antérieurs à l'établissement du contrôle. Dès-lors un notaire peut, sans
contravention, délivrer copie collationnée d'un
jugement d'adjudication non contrôlé, rendu
avant que le contrôle ne fût établi. — Déc.
min. fin., 4 sept. 1824; instr. 1150, § 1er; — Roland et Trouillet, *Dict. d'enreg.*, v° *Acte ancien*,
n° 42.

1279. — Lorsque plusieurs actes sous seing-
privé non enregistrés sont mentionnés dans un
acte authentique, le notaire n'est passible que
d'une seule amende, et non d'autant d'amendes
qu'il y a d'actes. — Solut. 11 juill. 1835; déc. min.
fin., 21 mai 1836.

1280. — Un greffier peut recevoir, sans enregistrement préalable des pièces déposées, le dépôt
du bilan, des livres et de tous titres actifs fait par
le débiteur réclamant le bénéfice de la cession judiciaire (C. civ., art. 1268; C. procéd., art. 898),
sauf aux préposés à poursuivre le recouvrement
des droits des actes portant mutation de propriété
ou de jouissance d'immeubles. — Déc. min. fin.,
7 juin 1808; instr. 386, n°s 48 et 436, n° 71.

1281. — On avait d'abord pensé qu'une sentence
arbitrale devait être enregistrée avant son dépôt
au greffe. — Décis. min. just. 30 germin. an XI;
instr. 141.

1282. — Mais décidé depuis que les greffiers
peuvent recevoir en dépôt, sans enregistrement
préalable, les jugemens rendus par des arbitres.
Les droits de l'acte de dépôt et ceux du jugement
arbitral, qu'il contienne ou non transmission d'immeubles, ne doivent pas être avancés par le greffier, qui reste seulement soumis à l'obligation de
fournir au receveur l'extrait de ces deux actes,
pour qu'il suive le recouvrement des droits contre
les parties. — Décis. min. just. et fin. 13 juin 1869;
instr. 436, n° 77.

1283. — Ainsi jugé qu'une sentence arbitrale
peut être déposée avant d'avoir été enregistrée.—
Cass., 3 août 1813, Darou.

1284. — Décidé avant la loi du 28 avr. 1816, que
lorsqu'un greffier procède, à la requête d'un tuteur, à une levée de scellés et en dresse procès-
verbal, avant que celui de la nomination du tuteur ait été enregistré, il se rend passible de l'a-
mende prononcée par l'art. 41, L. 22 frim. an VII.
— *Cass.*, 11 nov. 1841, Lanisson.

1285. — ... Qu'un greffier se rend passible de
l'amende prononcée par l'art. 41, L. 22 frim. an
VII, lorsque, dans un procès-verbal de délibération
du conseil de famille convoqué à l'effet de suppléer au consentement du père absent, il relate,
avant qu'il ait été enregistré, le certificat délivré
par le maire pour constater l'absence de cet individu. — *Cass.*, 20 oct. 1813, Fraiche.

1286. — Mais, ajoutent les auteurs du *Dict. des
droits d'enreg.* (v° *Certificat*, n° 4), si l'on considère
un certificat de cette espèce comme un acte de
l'autorité administrative, les art. 78 et 80, L. 18
mai 1818 lui sont applicables, et il n'est plus assujéti qu'au timbre.

1287 — Une déclaration de command faite dans
le délai utile et par suite d'une réserve expresse,
peut être reçue par le greffier avant l'enregistrement du procès-verbal d'adjudication. — *Cass.*, 13
brum. an XIV, Castel. — Instr. 1755, § 2. — En ce
qui concerne les notaires, V. conf. *suprà* n° 1256.
— V. aussi n° 3582.

1288. — Un greffier qui, d'après les dires respectifs des parties, transcrit sur son plumitif d'audience une quittance invoquée par l'une d'elles,
sans qu'il en ait été fait aucune production à l'appui de leurs aveux, ne contrevient pas à l'art. 42,
L. 22 frim. an VII, et ne peut encourir la peine
portée par cet article.—*Cass.*, 16 juill. 1806, Fugneau.

1289. — Les lettres de change peuvent n'être
présentées à l'enregistrement qu'avec l'assignation. — Dans le cas de protêt faute d'acceptation,
elles doivent être enregistrées seulement avant
que la demande en remboursement ou en cautionnement puisse être formée contre les endosseurs
ou le tireur. — L. 28 avr. 1816, art. 50.

1290. — Depuis la loi du 28 avr. 1816, les lettres
de change ont dû être présentées à l'enregistrement avec l'assignation donnée pour en obtenir
le paiement; il ne suffit point qu'elles soient présentées à cette formalité avant la prononciation
du jugement. — *Cass.*, 7 nov. 1820, Clarenc.

1291. — Les billets à ordre, cessions d'actions
et coupons d'actions mobilières des compagnies
et sociétés d'actionnaires et tous autres effets négociables de particuliers ou de compagnies peuvent n'être présentés à l'enregistrement qu'avec
les protêts qui en auront été faits.—L. 22 frim.
an VII, art. 69, § 2, n° 6.

1292. — Lorsqu'il y a protêt d'un billet simple
ou d'une promesse de payer, ce billet ou cette
promesse peuvent, comme le billet à ordre, n'être
enregistrés qu'avec le protêt. — Décis. min. fin.
31 août 1813; instr. 648.

1293. — Les assignations à fin de paiement de
billets à ordre protestés peuvent être données avant
que les billets aient été enregistrés, pourvu qu'ils

soient présentés à l'enregistrement en même temps que le protêt et l'assignation.—*Cass.*, 19 nov. 1834, Roux.

1294. — L'huissier qui donne une assignation en paiement d'un billet à ordre, avant l'enregistrement de ce billet, est passible de l'amende prononcée par l'art. 42, L. 22 frim. an VII.—*Bruxelles*, 20 juill. 1824, V...

1295. — L'art. 42, L. 22 frim. an VII, est applicable même au cas où l'on allègue que l'acte sous seing-privé est adiré, si l'on n'en rapporte pas la preuve légale. — Spécialement, lorsqu'un exploit fait en vertu de deux billets énonce qu'ils sont adirés, il est passible néanmoins des droits proportionnels dus sur ces billets, si leur enregistrement n'est pas mentionné. — *Cass.*, 23 nov. 1825, Maingonnat.

1296. — Mais il n'y a pas lieu de percevoir le droit de timbre parce que la fraude ne se présumant pas, on suppose que les billets étaient faits sur papier timbré.—Décis. min. fin. 12 nov. 1819; instr. 548, nº 2 et 1187, § 1ᵉʳ.

1297. — L'huissier qui relate dans un exploit d'assignation une sommation non enregistrée, ne peut être affranchi de l'amende, sous prétexte que la sommation relatée n'était point nécessaire pour la validité de l'assignation.—*Cass.*, 31 janv. 1814, Pigeon.

1298. — Comme on peut former opposition à un jugement ou en interjeter appel sans que ce jugement ait été enregistré, un huissier n'encourt pas l'amende pour avoir signifié un acte contenant déclaration d'appel d'un jugement non enregistré.—Décis. min. fin. 1845.

1299. — La réponse du tiers saisi énoncée sur l'exploit d'une saisie-arrêt et portant qu'il doit une somme déterminée, sans énoncer de titre enregistré, n'est point passible du droit proportionnel.—Solut. 13 fév. 1832.

1300. — Dans le cas de deux déclarations de surenchère, l'huissier peut dresser l'exploit de notification de la seconde, sans avoir fait enregistrer la première, car ces deux actes n'ont entre eux aucune connexité.—Délib. 30 mai 1848.

1301. — Un exécutoire de dépens ne peut être signifié avant d'avoir été soumis à la formalité de l'enregistrement. — *Cass.*, 1ᵉʳ messid. an XII, Delsart.

1302. — Les extraits des jugemens de séparation et des jugemens d'interdiction étant exempts de l'enregistrement, le secrétaire d'une chambre de discipline n'a point encouru d'amende pour contravention à l'art. 42 pour avoir reçu le dépôt de ces extraits sans les avoir fait enregistrer.—Délib. 28 avr. 1837.

1303.—Les art. 41 et 42, L. 22 frim. an VII sont applicables aux avoués, sauf toutefois la réduction des amendes prononcées par la loi du 16 juin 1824. —Même loi, art. 11.

1304.—L'avoué qui insère dans une requête une reconnaissance sous seing-privé, non enregistrée, dont il demande le paiement, encourt l'amende prononcée par les art. 23 et 42, L. 22 frim. an VII. — L'huissier qui a signifié la requête n'est pas responsable de la contravention ni passible de la même peine.—*Cass.*, 8 août 1809, Tortat et Chapelain.

1305. — Un avoué n'encourt aucune amende, pour avoir fait une demande en justice, à fin de paiement d'une rente dont le titre n'est pas enregistré, s'il ne parle en aucune manière de ce titre dans l'exploit introductif d'instance et dans les requêtes signifiées à l'appui. Peu importe que, plus tard et à l'époque du jugement de l'affaire, ce titre soit retrouvé et représenté ; il ne peut s'élever aucune présomption de fraude contre l'avoué qui est censé avoir ignoré dans le principe un acte aussi important, dès l'instant qu'il n'en a tiré aucun des argumens qu'il aurait pu lui fournir.—*Cass.*, 1ᵉʳ fév. 1815, Leblanc.

1306. — Les maires agissant en qualité d'officiers de l'état civil ne peuvent annexer aux actes de l'état civil aucun acte, même passé en pays étranger, sans qu'il ait été préalablement à cette annexe revêtu de la formalité de l'enregistrement, s'il n'en est pas exempt par sa nature. — Avis com. fin. 20 sept. 1833, appr. le 17 oct.

1307. — L'obligation de faire enregistrer préala-

blement à tout usage public les actes sous seing-privé existe pour les communes et établissemens publics, comme pour les particuliers. Toutefois, comme l'approbation de ces actes par le préfet ou toute autre autorité est le complément de l'acte, l'enregistrement n'est point exigé avant cette formalité. — Décis. min. fin. 17 oct. 1809; instr. 45.

1308. — Les procurations notariées données pour recevoir une somme d'une caisse d'épargne n'étant pas formellement exemptées par une loi du timbre et de l'enregistrement, ne peuvent être produites devant une autorité constituée, si elles n'ont été préalablement soumises à ces deux formalités. — Instr. gén. 31 juill. 1835.

1309. — Tout traité ayant pour objet la transmission, à titre gratuit ou onéreux, en vertu de l'art. 91, L. 28 avr. 1816, d'un office, de la clientèle, des minutes, répertoires, recouvremens et autres objets en dépendant doit être constaté par écrit et enregistré avant d'être produit à l'appui de la demande de nomination du successeur désigné. — L. 25 juin 1841, art. 6.

1310.—Il ne peut être fait usage en France, soit par acte public, soit en justice, ou devant toute autre autorité constituée, d'actes passés dans les colonies, qu'ils n'aient été préalablement enregistrés dans le royaume.—L. 22 frim. an VII, art. 23 et 28 avr. 1816, art 58; délib. 28 nov. 1843; instr. 1703.

1311. — En conséquence les notaires et autres officiers publics qui rédigent des actes en vertu d'actes passés dans les colonies ou les reçoivent en dépôt sans les avoir préalablement fait enregistrer en France, contreviennent à l'art. 42, L. 22 frim. an VII, sauf la faculté accordée aux notaires par l'art. 13, L. 16 juin 1824. — Délib. 28 nov. 1843 ; instr. 1703.

1312. — Lorsque les droits auxquels sont sujets des actes passés en pays étranger, ont été perçus sur un jugement qui relate ces actes, on peut ensuite les mentionner dans un acte notarié, sans qu'ils donnent ouverture à aucune perception, et sans qu'il y ait contravention à l'art. 42, L. 22 frim. an VII. — Délib. 27 août 1825 ; — Roland et Trouillet, *Dict. d'enreg.*, vº *Acte passé hors du territoire*, § 2, nº 15.

1313. — Un notaire de France peut annexer à un acte qu'il reçoit les actes passés dans l'île Bourbon, laquelle est régie par des réglemens particuliers, sans acquitter préalablement le supplément de droit auquel ils sont assujétis, parce qu'il se trouve ainsi dans le cas prévu par l'art. 13, L. 16 juin 1824. — Délib. 30 nov. 1832, art. 1833 ; — Roland et Trouillet, *Dict. d'enreg.*, *ibid.*, § 2, nº 11.

1314. — Les art. 41 et 42, L. 22 frim. an VII, ne sont applicables qu'aux fonctionnaires publics ; dès lors les simples particuliers ne sont point passibles d'amendes dans les mêmes cas. Le receveur peut seulement réclamer les droit et double droit, s'il y a lieu, de l'acte dont il est fait mention. — Instr. 436, nº 43.

1315. — Les peines attachées à l'usage public d'actes sous seing-privé non enregistrés, n'étant pas prononcées contre ceux qui auraient agi dans un intérêt qui ne leur est pas personnel, sauf l'exception portée par les art. 41 et 42, L. 22 frim. an VII, au sujet de certains officiers ministériels, il en résulte que, si dans une instance où un mari n'a figuré que pour autoriser son épouse, il a été fait usage par les époux d'actes non enregistrés, la femme est seule passible de l'amende et des droits encourus pour cette infraction, sans que le mari puisse être assujéti à aucune responsabilité. — *Cass.*, 6 nov. 1827, Badereau.

1316. — Il est défendu aux juges et arbitres de rendre aucun jugement, et aux administrations centrales et municipales de prendre aucun arrêté, en faveur de particuliers, sur des actes non enregistrés, à peine d'être personnellement responsables des droits. — L. 22 frim. an VII, art. 47.

1317.—Toutes les fois qu'une condamnation est rendue ou qu'un arrêté est pris sur un acte enregistré, le jugement, la sentence arbitrale ou l'arrêté doit en faire mention, et énoncer le montant du droit payé, la date du paiement et le nom du bureau où il a été acquitté : en cas d'omission, le receveur doit exiger le droit, si l'acte n'a pas été enregistré dans son bureau ; sauf restitution, dans le délai prescrit, s'il est ensuite justifié de l'enregistrement de l'acte sur lequel le jugement a été prononcé ou l'arrêté pris. — L. 22 frim. an VII, art. 48.

1318. — En défendant aux juges de rendre aucun jugement sur des actes non enregistrés, la loi du 22 frim. an VII restreint sa prohibition aux jugemens qui pourraient être rendus en faveur des particuliers. — *Cass.*, 5 mars 1819, Taillandier.

1319. — En matière criminelle ou de police, les actes qui constituent le corps de délit et dont la justice se saisit comme élément du procès, n'ont pas besoin d'être préalablement enregistrés ; tel est le cas de l'énonciation d'une quittance ou autre pièce arguée de faux ou de soustraction frauduleuse et nécessaire pour la poursuite dans l'intérêt de la vindicte publique. Si le jugement de condamnation constate que la convention n'a réellement point été consommée, l'énonciation de l'acte ne peut donner ouverture à aucun droit proportionnel. — Solut. 26 avr. 1826 ; instr. 1200, § 7.

1320. — Ainsi, le jugement qui admet une inscription de faux contre un procès-verbal en matière de douanes n'est pas nul pour avoir été rendu avant l'enregistrement de l'acte par lequel la partie a déclaré s'inscrire en faux. — *Cass.*, 19 nov. 1807, Douanes c. Lemment.

1321. — De même, le jugement de simple police rendu sur un procès-verbal non enregistré n'est pas nul, mais le tribunal est responsable des droits pour n'avoir pas sursis à statuer jusqu'à l'accomplissement de cette formalité. — *Cass.*, 1er mai 1818, habitans de Charleville.

1322. — Un jugement n'est pas nul quoiqu'il ait été rendu sur un acte non enregistré. — *Rennes*, 13 janv. 1810, Luneau Richardeau c. Gourand.

1323. — Un jugement fondé sur un acte non enregistré ne peut pas être annulé dans l'intérêt des parties, à l'égard desquelles les actes font toujours foi de leur contenu, lorsqu'ils ne sont pas contestés ; mais il doit l'être dans l'intérêt de la loi. — *Cass.*, 1er pluv. an X (int. de la loi), Villeneuve.

1324. — Comme il ne dépend ni des avoués, ni des parties, de considérer comme non avenus les jugemens par défaut, sous prétexte qu'il y a été formé opposition, les tribunaux en statuant sur l'opposition, sont tenus de prononcer sur les mêmes objets, soit pour infirmer des jugemens par défaut, soit pour en ordonner l'exécution : ils ne peuvent donc statuer sur ces jugemens, s'ils n'ont été enregistrés. — Décis. min. fin., 17 vendém. an XIII ; instr. 290, n° 67.

1325. — Un compte ne peut sans contravention être présenté au juge et affirmé (C. proc. art. 535) s'il n'a pas été enregistré. — Décis. min. just. et fin., 13 juin 1809 ; instr. 436, n° 41.

1326. — L'acte de production des titres de chaque créancier, signé de son avoué, et contenant demande en collocation dont la remise est mentionnée sur le procès-verbal du juge commissaire (C. procéd., art. 754), doit être préalablement enregistré. — Décis. min. fin., 21 janv. et 2 fév. 1813 ; instr. 620.

1327. — Lorsque le pouvoir spécial donné pour soutenir une contestation devant un tribunal de commerce est écrit, le tribunal ne peut rendre aucun jugement en conséquence de la procuration qu'elle n'ait été préalablement enregistrée ; et si, tout en constatant qu'il a été justifié d'une procuration écrite, le jugement n'en rappelait pas l'enregistrement, il pourrait être perçu un droit particulier pour le pouvoir. — Déc. min. just. et fin., 13 fruct. 1809 ; instr. 436, n° 35.

1328. — Le juge commissaire nommé en vertu de l'art. 454, C. comm., peut faire les vérifications et recevoir les affirmations de créances sur un failli dans les cas prévus par les art. 503 et 507 (L. 28 mai 1838, art. 491 et suiv.) sans que les titres représentés et sur lesquels les créances sont établies aient été préalablement enregistrés : sauf la perception ultérieure du droit exigible pour le concordat, ou de celui de l'obligation préexistante si, à défaut de traité, il est rendu un jugement de condamnation. — Décis. min. fin., 28 juin 1808 ; instr. 390, n° 17.

1329. — Lorsque la partie qui a produit une pièce refuse de la faire enregistrer, et que l'autre partie veut s'en prévaloir, les tribunaux peu-

vent ordonner d'office que le greffier la présentera à l'enregistrement. — *Cass.*, 6 therm. (et non messid.) an XIII, Malot c. mines de charbon de la Boule.

1330. — Si un jugement est fondé sur un acte dont rien ne constate l'enregistrement, la régie est fondée à réclamer le paiement des droits. — *Cass.*, 17 janv. 1814, Haslay.

1331. — Sous la loi du 19 déc. 1790, la production devant l'autorité administrative d'un acte sous seing-privé, non enregistré, donnait lieu aux droit et double droit, tout comme si cet acte était produit en justice, ou énoncé dans un acte authentique. — *Cass.*, 19 thermid. an V, Leblanc.

1332. — Lorsqu'après une sommation extrajudiciaire ou une demande tendant à obtenir un paiement, une livraison, ou l'exécution de toute autre convention dont le titre n'a point été indiqué dans lesdits exploits, ou qu'on a simplement énoncée comme verbale, on produit, au cours d'instance, des écrits, billets, marchés, factures acceptées, lettres, ou tout autre titre émané du défendeur, qui n'ont pas été enregistrés avant ladite demande ou sommation, le double droit est dû et peut être exigé ou perçu lors de l'enregistrement du jugement intervenu. — L. 28 avr. 1816, art. 57.

1333. — Cette disposition de la loi n'est point applicable au cas où l'enregistrement n'a eu lieu qu'après une citation en conciliation, un pareil acte ne pouvant être assimilé ni à une sommation de payer, ni à une demande ou assignation. — *Cass.*, 25 janv. 1827, Douceau.—*Contrà* Délib. 3 mars 1824, par le motif qu'une citation en conciliation, suivie d'ajournement, était introductive d'instance.

1334. — L'art. 57, L. 28 avr. 1816, n'est applicable qu'au cas où l'acte forme titre complet par lui-même, et non au cas où il ne constitue qu'un commencement de preuve par écrit. — *Cass.*, 26 août 1834, Larcher.

1335. — Ainsi, le droit de la convention n'est pas exigible lorsque l'écrit présenté à l'enregistrement ne produit pas, au profit de celui qui le porte, tout ce qui lui est nécessaire pour justifier de la convention, et qu'il a besoin, à cet effet, d'une autre espèce de preuve quelle qu'elle soit, même d'un simple raisonnement ou d'une induction. — Championnière et Rigaud, t. 1er, n° 139.

1336. — La peine du double droit, établie par l'art. 57, L. 28 avr. 1816, n'est applicable qu'au cas où la production est faite par le demandeur. — Il n'en est pas de même quand une production est faite par le défendeur, dans l'intérêt de sa défense ; et il suffit alors, pour éviter le double droit, que l'acte ait été enregistré avant que le défendeur en excipe. — *Cass.*, 9 fév. 1832, Dardel.

1337. — Ainsi, des quittances sous seing-privé, produites par le défendeur pour justifier de sa libération, ne sont point passibles du double droit. — Délib. 22 avr. 1831.

1338. — Lorsqu'un avoué énonce dans un acte de production le titre non enregistré de la créance dont il demande la collocation, il n'y a lieu qu'à la demande du droit simple et d'une amende pour contravention à l'art. 42, L. 22 frim. an VII, encourue par l'avoué, aux termes de l'art. 41, L. 16 juin 1824. — Délib. 22 mars 1836.

1339. — Lorsque des actes publics, civils, judiciaires ou extrajudiciaires se font en vertu d'actes sous seing-privé, ou passés en pays étranger et qui sont soumis à l'enregistrement, mention doit être faite, dans les minutes, de la quittance de ces droits, par une transcription littérale et entière de cette quittance, à peine d'une amende de 10 fr. (aujourd'hui 5 fr., L. 16 juin 1824, art. 10) par chaque contravention. — L. 22 frim. an VII, art. 44.

1340. — Il n'y a pas contravention de la part du notaire pour défaut de transcription littérale de la quittance des droits d'enregistrement, si les indications qu'il fait suffisent pour mettre les préposés à même de vérifier si la formalité a été remplie. — Solut. 23 avr. 1830.

1341. — Un notaire peut sans contravention mentionner dans une quittance par lui reçue un testament olographe déposé dans son étude sans transcrire littéralement la relation de l'enregistrement de ce testament. — Solut. 14 oct. 1835.

1342. — Le notaire qui dresse acte de dépôt

d'un acte sous seing-privé n'est pas tenu de transcrire littéralement la quittance de l'enregistrement, puisque l'annexe de l'acte met les préposés à même de consulter la quittance. — Décis. min. fin. 17 sept. 1830.

1543. — Il n'y a point contravention de la part d'un notaire qui a reçu un acte d'adjudication d'immeubles pour n'avoir point transcrit littéralement la quittance de l'enregistrement des certificats d'annonces qui y demeurent annexés et dont il fait mention, car du moment que l'acte sous seing-privé est annexé à l'acte public, la mention littérale de la quittance est sans objet. — Délib. 19 avr. 1833.

1544. — Dans le cas de fausse mention d'enregistrement dans une minute, le délinquant est poursuivi par la partie publique, sur la dénonciation du préposé de la régie, et condamné aux peines prononcées pour le faux. — L. 22 frim. an VII, art. 46.

Sect. 1re. — Actes de dépôt.

1545. — Il est défendu, sous peine d'une amende de 50 fr. (aujourd'hui 10 fr.; L. 16 juin 1824, art. 10, à tout notaire ou greffier de recevoir aucun acte en dépôt sans dresser acte du dépôt. — L. 22 frim. an VII, art. 43.

1546. — Un notaire encourt l'amende s'il néglige de dresser un acte de dépôt d'un acte par lui délivré en brevet et qui lui est rapporté pour minute. — Délib. 6 janv. 1837.

1547. — Le notaire qui après avoir fait et délivré une procuration en brevet, à l'effet de consentir une donation, la met au rang de ses minutes et en délivre expédition pour annexer à la donation sans en dresser un acte de dépôt, commet bien une contravention qui le rend passible de l'amende prononcée par l'art. 43 de la loi du 22 frim. an VII; mais l'absence de cet acte de dépôt n'entraîne pas la nullité de la donation.— Cass., 21 juin 1837 (t. 1er 1837, p. 609), Lajonie c. Hubert.

1548. — Le notaire doit dresser acte du dépôt du procès-verbal de partage et licitation dont il est parlé dans l'art. 977 C. procéd. — Décis. min. just. et fin. 13 juin 1809; instr. 436, no 75.

1549. — Mais lorsque le cahier des charges pour une adjudication est dressé par le notaire qui doit procéder à cette adjudication, il n'y a point d'acte de dépôt à rédiger de ce cahier des charges dont il garde minute. — Délib. 12 déc. 1826.

1550. — Les notaires peuvent recevoir, comme personnes privées, des actes en dépôt sans que la régie puisse exiger qu'il soit dressé acte public au dépôt ni que l'enregistrement des pièces déposées ait lieu préalablement. — Délib. 11 mai 1822.

1551. — Dès-lors, le notaire, à l'honneur plutôt qu'à la fonction duquel un acte sous seing-privé a été déposé, n'est point tenu, sous peine d'amende, de rédiger un acte de dépôt. — Solut. 26 avr. 1837.

1552. — De même, lorsqu'un acte sous seing-privé est remis à un notaire, non pour être annexé à l'une de ses minutes ou pour rester déposé dans son étude, mais seulement pour servir de base à la rédaction ultérieure d'un acte authentique, il n'est tenu ni d'en dresser un acte de dépôt, ni de le faire enregistrer, ni de le communiquer aux préposés de la régie. — Solut. 27 août 1838.

1553. — Lorsqu'un notaire n'a pas rédigé de dépôt, contrairement à ce que prescrit l'art. 43 L. 22 frim., il n'y a pas lieu d'exiger les droits d'enregistrement et de timbre dont le dépôt aurait été passible. — Délib. 26 août 1818.

1554. — Lorsqu'il est constant qu'un acte sous seing-privé n'a été laissé que par mégarde sur le bureau d'un notaire, il n'est point passible des amendes résultant des art. 42 et 43 L. 22 frim., et personnellement responsable des droits, comme si cet acte avait été classé parmi ses minutes. Le recouvrement des droits doit être poursuivi contre les parties. — Solut. 28 oct. 1827; Instr. 1249, § 2.

1555. — Ne peut être considérée comme le résultat d'une mesure illégale pour l'exigibilité des droits d'enregistrement, la découverte, dans l'étude d'un notaire, et par suite d'une vérification faite par le préposé de la régie, d'un acte sous seing-privé non enregistré, et dont il n'a point

été dressé acte de dépôt. — Cass., 11 mai 1825, Guyel.

1556. — En ce qui concerne les greffiers, toutes les fois que la communication des pièces d'une procédure n'a pas lieu sur récépissé, et qu'elle se fait par dépôt au greffe, conformément à l'art. 189 C. procéd., le greffier est tenu de dresser de ce dépôt un acte particulier qui doit être enregistré dans les vingt jours de sa date. — Décis. min. just. et fin. 13 juin 1809; Instr. 436, no 48.

1557.—Un greffier ne peut, sans rédiger un acte de dépôt, admettre au nombre de ses minutes les procès-verbaux ou rapports d'experts, ou arbitres rapporteurs qui doivent être déposés au greffe aux termes des art. 319 et 431, C. procéd.— Décis. min. just. et fin. 13 juin 1809; Instr. 436, nos 28 et 38.

1558. — Un acte de dépôt n'est pas nécessaire pour constater la production de chaque créancier dans un ordre, attendu qu'il y a constatation suffisante par l'acte de produit et par la mention dans le procès-verbal d'ordre; mais si l'acte de dépôt était rédigé, il serait dû un droit d'enregistrement pour chaque acte.—Décis. min. just. et fin. 13 juin 1809; décis. min. fin. 21 janv. et 2 fév. 1813; Instr. 426, nos 59 et 620.

1559. — Un acte de dépôt n'est pas non plus nécessaire pour les titres dont les créanciers d'un failli font le dépôt au greffe du tribunal de commerce, d'après l'art. 502 C. comm. (aujourd'hui art. 492, L. 28 mai 1838), attendu que cet article dit qu'il leur en sera simplement donné un récépissé. — Instr. 9 mars 1809.

1560. — Le greffier peut ne pas rédiger d'acte de dépôt pour la copie signifiée de l'acte portant récusation d'un juge, et, en cas d'appel, de pièces remises à l'appui. — C. procéd., art. 45 et suiv., 384 et 392.—Décis. min. just. et fin. 13 juin 1809; Instr. 436, nos 8, 32 et 33.

1561. — Il doit être rédigé un acte de dépôt séparé pour chaque notaire qui remet au greffe soit un double de son répertoire (L. 16 flor. an IV), soit sa signature et son paraphe. (L. 25 vent. an XI, art. 49).—Déc. min. fin. 17 oct. 1821; instr. 590 et 1008.

1562. — Relativement aux extraits des demandes et jugemens de séparation ou d'interdiction, ainsi que des contrats de mariage entre deux personnes dont l'une est commerçante, on avait d'abord pensé que la remise de chacun de ces extraits aux chambres des avoués et des notaires, et la publication de ces extraits par ces chambres, devaient être constatées au moyen d'un acte de dépôt rédigé par le secrétaire de la chambre. — Déc. min. just. 5 mai 1813; instr. 637.

1563.—Mais il a été décidé depuis qu'il suffisait, pour constater ces remise et publication, d'un certificat du secrétaire de la chambre.—Déc. min. fin. 19 oct. 1828 et 12 juin 1829; instr. 637, 1261 et 1293, § 2.

1564. — Quant au dépôt de ces extraits aux greffes, les greffiers ne sont pas tenus de dresser acte de dépôt; toutefois, la publication doit être constatée par un acte en forme, soumis au droit fixe d'enregistrement de 1 fr. et au droit de greffe de 1 fr. 25 c.; et pour justifier de l'accomplissement de la formalité, les avoués peuvent se faire délivrer par le greffier un simple certificat passible à l'enregistrement du droit de 1 fr. et du même droit de greffe de 1 fr. 25 c. — Déc. min. fin. 19 oct. 1828 et 12 juin 1829: instr. 1261 et 1293, § 2.

1565. — Ces mêmes dispositions sont applicables à la publication des jugemens portant interdiction ou nomination d'un conseil judiciaire (C. civ., art. 501), avec cette différence toutefois que la publication n'est prescrite qu'à l'auditoire du tribunal de première instance et au secrétariat de la chambre des notaires de l'arrondissement.— Déc. min. fin. 12 juin 1829: instr. 1293, § 2.

1566.—Sont exceptés de la disposition de l'art. 43, L. 22 frim. an VII, les testamens déposés chez les notaires par les testateurs.

1567. — Ainsi, un testament peut être déposé chez un notaire sans que celui-ci soit tenu d'en dresser un acte de dépôt. — Cass., 14 juill. 1823, Amy.

1568. — Mais si le testateur exige un acte de dépôt, cet acte doit être enregistré moyennant un droit fixe de 2 fr., comme tous les dépôts d'actes et pièces chez les officiers publics.—Même arrêt.

1569.—Les notaires peuvent également recevoir en dépôt, sans enregistrement préalable, les testamens et pièces qui s'y trouvent renfermés, lorsque la remise leur en est faite par ordonnance du juge, en exécution de l'art. 1007, C. civ. Les droits de ces testamens doivent être payés directement par les héritiers ou légataires; seulement, les notaires à qui les droits n'ont pas été remis doivent, dans les dix jours qui suivent l'expiration du délai de trois mois, fournir aux receveurs des extraits certifiés des testamens. — Déc. min. fin. 29 sept. 1807; instr. 359.

1570.—Il n'y a pas lieu non plus de dresser un acte notarié du dépôt, attendu que ce dépôt est établi par un procès-verbal dont la minute reste au greffe du tribunal, et dont l'expédition est remise au notaire avec le testament déposé. Mais les testamens sont portés sur le répertoire du notaire dépositaire. — Déc. min. just. 9 sept. 1812.

Sect. 5e. — *Moyens de contrôle et de renseignemens.*

1571. — Pour mettre les employés de la régie à même de percevoir les droits d'enregistrement toutes les fois qu'ils sont dus, la loi a prescrit certaines dispositions qui leur donnent des moyens de contrôle, ou peuvent leur fournir les renseignemens nécessaires. Ces dispositions consistent dans les suivantes :

1572. — *Répertoires.* — Les notaires, huissiers, greffiers et les secrétaires des administrations centrales et municipales doivent tenir un répertoire à colonnes, sur lequel ils inscrivent jour par jour, savoir : les premiers, les actes et contrats qu'ils reçoivent, les deuxièmes, les actes et exploits de leur ministère; les troisièmes, les actes et jugemens dans la plupart des cas; et enfin, les quatrièmes, les actes d'administration passibles de l'enregistrement. — L. 22 frim. an VII, art. 49. — V. RÉPERTOIRE.

1573. — La même obligation a été imposée aux commissaires-priseurs et aux courtiers de commerce pour les procès-verbaux de ventes de meubles et de marchandises et les actes faits en conséquence. — L. 16 juin 1824, art. 11.

1574. — Ces officiers sont tenus de faire viser tous les trois mois leur répertoire par le receveur d'enregistrement de leur résidence (L. 22 frim. an VII, art. 51 , et ils sont obligés de les communiquer à toute réquisition aux préposés de l'enregistrement qui se présentent chez eux pour les vérifier. — Art. 52. — V. RÉPERTOIRE.

1575. — *Registre des protêts.* — Indépendamment de l'obligation pour les notaires et les huissiers de porter sur leur répertoire, avec leurs actes ordinaires, les protêts qu'ils reçoivent, ils sont tenus de les inscrire jour par jour et par ordre de dates, sur un registre particulier. — C. comm., art. 176. — V. REGISTRE DES PROTÊTS.

1576 —Ce registre des protêts doit être communiqué aux préposés de l'enregistrement sur leur réquisition. —Cass., 3 juill. 1839 (t. 2 1839. p. 141), Flesselle.

1577. — *Extraits des jugemens et actes.* — Les greffiers et secrétaires d'administration sont, ainsi qu'on l'a vu (*suprà* nos 1077 et 1096), tenus de fournir aux receveurs. dans la décade qui suit l'expiration du délai d'enregistrement (V. RÉP. PAL., V° DÉCADE). des extraits par eux certifiés des actes et jugemens dont les droits ne leur ont pas été remis par les parties, à peine d'une amende de 10 fr. (aujourd'hui 5 fr., L. 16 juin 1824, art. 4), pour chaque décade de retard et pour chaque acte et jugement, et d'être, en outre, personnellement contraints au paiement des doubles droits. — L. 22 frim. an VII, art. 37; 27 vent. an IX. art. 46; 15 mars 1818, art. 79. — V. aussi *infrà* nos 4243 et suiv.

1578. — Le receveur délivre aux greffiers, sur papier non timbré. des récépissés de ces extraits de jugement; et ces récépissés doivent être inscrits sur leurs répertoires.—L. 28 avr. 1846, art. 58.

1579. — Les mêmes dispositions sont applicables aux officiers d'administration de la marine, relativement aux actes et procès-verbaux de vente de prises et de navires ou bris de navires. — L. 27 vent. an IX, art. 7.

1580. — ...Et aux secrétaires des conseils des prud'hommes. — Instr. 5 juill. 1809.

1581. — La présentation faite au receveur de l'enregistrement par le greffier, de son répertoire sur lequel sont inscrits les jugemens rendus, ne supplée pas à la remise qu'il doit faire des extraits de ces mêmes jugemens. — Cass., 22 juill. 1807, Vernet.

1582. — La peine prononcée contre les greffiers pour n'avoir pas fourni aux receveurs de l'enregistrement des extraits certifiés des actes et jugemens, dont les droits ne leur ont pas été remis par les parties, n'est pas exclusive des poursuites à diriger contre les parties elles-mêmes pour le recouvrement de ces mêmes droits. — Cass., 11 sept. 1809, Micard-Perrin.

1583. — *Notices des actes de décès* — D'après l'art. 55, l. 22 frim. an VII, les notices des actes de décès que les officiers publics ou les agens des communes ont à remettre pour chaque décade au chef-lieu de canton doivent être transcrites sur un registre particulier tenu par les secrétaires des administrations municipales.

1584. — Ces mêmes secrétaires doivent fournir par quartier, aux receveurs de l'enregistrement de l'arrondissement, les relevés par eux certifiés desdits actes de décès. Ces récépissés sont délivrés sur papier non timbré. et doivent être remis dans les mois de nivôse, germinal, messidor et vendémiaire, à peine d'une amende de 30 fr. (aujourd'hui 5 fr. L. 16 juin 1824, art. 10) par chaque mois de retard. Ils en retirent récépissé, aussi sur papier non timbré. — L. 22 frim. an VII, art. 55.

1585. — Ces notices des actes de décès sont données sur des feuilles disposées en formes d'états et par colonnes que les receveurs de l'enregistrement doivent remettre à tous les maires de leur arrondissement dans les dix derniers jours de chaque trimestre. Ces colonnes indiquent : 1° les noms et prénoms des personnes décédées; 2° leur profession; 3° — leur âge; — 4° le lieu de leur domicile; — 5° la date du décès; — 6° l'indication de la commune où est né le décédé; — 7° son état de célibataire, veuf ou marié; — 8° les noms de ses père et mère, avec mention si l'un ou tous les deux sont décédés; — 9° les noms et prénoms du survivant des époux; — 10° les noms, demeure et degré de parenté des héritiers; — la 11e colonne est destinée aux observations.—Circ. 2 vendém. an X, 2045.

1586. — Cependant, dans la pratique, la disposition de la loi ne reçoit pas toujours son exécution. Par égard pour les maires qui depuis la loi du 28 pluv. an VIII (art. 43) ont été chargés des fonctions précédemment exercées par les administrations municipales de canton, il a été prescrit de se borner à faire constater par procès-verbal les contraventions de l'espèce, et à en référer au préfet, en l'invitant à donner les ordres nécessaires pour assurer l'exécution de la loi. — Circ. 18 flor. an VIII, 1811. — Et à plus forte raison, les mêmes ménagemens sont-ils prescrits quand les maires n'ont pas de secrétaire. — Inst. 1er fructid. an X, 70.

1587. — *Communication aux employés des registres et actes.* — Les dépositaires des registres de l'état civil, ceux des rôles des contributions et tous autres chargés des archives et dépôts de titres publics, sont tenus de les communiquer, sans déplacement, aux préposés de l'enregistrement à toute réquisition, et de leur laisser prendre sans frais les renseignemens, extraits et copies qui leur sont nécessaires pour les intérêts de l'état, à peine d'une amende de 50 fr. (aujourd'hui 10 fr., L. 16 juin 1824, art. 10 pour refus constaté, ainsi qu'on le verra *infrà* nº 4404. — L. 22 frim. an VII, art. 51.

1588. — Cette disposition a été complétée par le décret du 4 messid. an XIII, qui porte que les receveurs de droits et revenus des communes et de tous autres établissemens publics, les dépositaires des registres et minutes d'actes concernant les biens des hospices, fabriques des églises, chapitres et de tous autres établissemens publics, sont tenus de communiquer, sans déplacer, à toute réquisition, aux préposés de l'enregistrement leurs registres et minutes d'actes, à l'effet par lesdits préposés de s'assurer de l'exécution des lois sur l'enregistrement. — Inst., 293, 395, 1351 et 1413, § 2.

1389. — Les employés peuvent exiger la communication, sans déplacement, des matrices cadastrales, dans les mairies où elles sont déposées. — Déc. min. fin. 30 nov. 1813.

1390. — Les sociétés d'assurances contre les incendies étant dans la classe des sociétés particulières (déc. min. fin., 19 janv. 1813), elles ne doivent pas communication de leurs registres. — Délib. 16 oct. 1819; — Roland et Trouillet, *Dict. d'enreg.*, n° 11.

1391. — La communication des actes de *discipline intérieure* ne peut être exigée des secrétaires des chambres de discipline, attendu que ces chambres ne sont pas des établissemens publics. — Délib. 17 juin 1834.

1392. — Décidé de même relativement aux secrétariats des évêchés. — Décis. min. fin. 22 avr. 1806.

1393. — Il en est autrement des registres des colléges tenus pour le compte des villes et des petits séminaires, attendu que ce sont des établissemens publics. — Décis. min. fin. 7 nov. 1825; instr. 1187, § 16.

1394. — La communication des registres des trésoriers des fabriques ne peut être exigée qu'à l'égard de ceux qui sont soumis au timbre. — Décis. min. fin. 12 mars 1827.

1395. — Les receveurs de l'enregistrement sont autorisés à prendre, tous les trois mois, au bureau des douanes des ports, le relevé des propriétaires de navire inscrits sur les registres de francisation, pour en faire usage relativement aux omissions qui pourraient avoir été commises dans les déclarations de succession. — Décis. min. fin. 10 juill. 1837; instr. 1343.

1396. — Les dispositions de l'art. 54, L. 22 frim. an VII, c'est-à-dire l'obligation de communiquer, sans déplacement, aux préposés de l'enregistrement, à toute réquisition, et de leur laisser prendre sans frais tous renseignemens, extraits et copies nécessaires, à peine d'une amende de 50 fr. (10 fr., L. 16 juin 1824, art. 10) par chaque refus constaté, sont également applicables aux notaires, huissiers, greffiers et secrétaires d'administrations centrales et municipales, pour les actes dont ils sont dépositaires. — Toutefois, sont exceptés les testamens et autres actes de libéralité, à cause de mort, du vivant des testateurs. — L. 22 frim. an VII, art. 54.

1397. — Le notaire qui, dans un inventaire, a été établi dépositaire des titres et papiers, est tenu de les communiquer aux préposés de la régie comme ses propres actes. — Délib. 2 janv. 1835. — *Contrà Trib. Metz*, 2 mai 1837.

1398. — Mais lorsqu'un notaire a été chargé, à titre de dépôt, d'un paquet cacheté pour n'être ouvert qu'en présence des parties, il n'est point tenu de l'ouvrir et de le communiquer aux préposés de l'enregistrement, sous prétexte que ce paquet renfermerait des actes sur lesquels des droits devraient être perçus. — En pareil cas, le notaire ne peut être considéré que comme un dépositaire particulier et confidentiel. — *Cass.*, 4 août 1811 (et non 1813), Perignon. — V. conf. arg. délib. 11 mai 1822, — Rolland de Villargues. *Rép.*, v^is *Communication*, n°s 18 et suiv., et *Dépôt de pièces*, n°s 23 et suiv.

1399. — Les préposés n'ont pas le droit de vérifier les papiers d'une faillite qu'un huissier aurait en dépôt comme agent de cette faillite. — Décis. min. fin. 11 août 1820.

1400. — Les greffiers doivent communiquer aux employés le registre sur lequel ils inscrivent les actes sujets aux droits de greffe et les expéditions qu'ils délivrent. — L. 21 vent. an VII, art. 13; circ. 1695; instr. 398.

1401. — L'officier ou le dépositaire de titres publics doit communiquer généralement tous les actes et registres dont il a la garde à raison de ses fonctions, sans qu'il puisse assigner de bornes à l'examen, sous prétexte que, par la date de certains actes, toute recherche contre lui serait atteinte de prescription ou autrement, attendu que la loi ne fait aucune restriction pour l'époque. — Décis. min. fin. 16 mai 1819.

1402. — La marche à suivre par les préposés de la régie dans les vérifications qu'ils doivent faire dans les études et la chambre de discipline des notaires, est tracée dans un règlement annexé à une instruction générale du 15 mars 1831 (1351).

1403. — Les communications à faire aux préposés de l'enregistrement ne peuvent être exigées les jours de repos: et les séances dans chaque autre jour ne peuvent durer plus de quatre heures, de la part des préposés, dans les dépôts où ils font leurs recherches. — L. 22 frim. an VII, art. 54.

1404. — En cas de refus, de la part des dépositaires, de communiquer leurs répertoires et les actes qui leur ont été déposés, le préposé de l'enregistrement requiert l'assistance d'un officier municipal, ou de l'agent ou adjoint de la commune du lieu, et il dresse en sa présence procès-verbal du refus qui lui a été fait. — L. 22 frim. an VII, art. 52 et 54.

CHAPITRE VI. — *Fixation des droits.*

1405. — Les droits à percevoir pour l'enregistrement des actes et mutations, sont fixes ou proportionnels.

1406. — Les tarifs établis par la loi du 22 frim. an VII ont subi dans certains cas des modifications en vertu de lois ultérieures. — Tout en rapportant les dernières lois qui fixent les tarifs actuellement en vigueur, nous avons cru devoir toujours indiquer les tarifs originairement établis par la loi de frimaire : 1° parce que l'indication de ces tarifs est souvent nécessaire pour comprendre quelques unes des décisions rapportées; — 2° et parce que, sauf la différence des chiffres, la loi du 22 frim. an VII est restée toujours la loi fondamentale en matière de perception.

Sect. 1re. — *Actes soumis aux droits fixes.*

1407. — On a vu que le droit fixe s'appliquait généralement à tous les actes soit civils, soit judiciaires ou extrajudiciaires qui ne contiennent ni obligation, ni libération, ni condamnation, ni collocation ou liquidation de sommes et valeurs, ni transmission de propriété, d'usufruit ou de jouissance de biens meubles ou immeubles. — L. 22 frim. an VII, art. 3. — Il est perçu aux taux suivans :

1408. — *Abandonnemens de biens.* — Les abandonnemens de biens, soit volontaires, soit forcés, pour être vendus en direction, 5 fr. — L. 22 frim. an VII, art. 68, § 4, n° 1er.

1409. — Le droit fixe est seul exigible toutes les fois qu'il résulte de l'acte que les créanciers n'ont pas la faculté de disposer à leur gré des biens abandonnés, et qu'ils sont tenus de les faire vendre dans les formes indiquées, de quelque nature, d'ailleurs, que soient ces biens. — Décis. min. fin. 18 mai 1833. — Mais le droit de vente serait exigible, si l'abandon avait le caractère d'un traité à forfait. — Délib. 28 juin 1836.

1410. — *Acceptations de successions, etc.* — Les acceptations pures et simples de successions, legs ou communauté : 1 fr., L. 22 frim. an VII, art. 68, § 1er, n° 2.

1411. — *Acceptations de transports, etc.* — Les acceptations de transports ou délégations de créances à terme, faites par actes séparés, lorsque le droit proportionnel a été acquitté pour le transport ou la délégation; et celles qui se font dans les actes mêmes de délégation de créances aussi à terme : 1 fr., L. 22 frim. an VII, art. 68, § 1er, n° 3.

1412. — La disposition par laquelle le débiteur d'une créance ou d'une rente transportées à un tiers, déclare avoir le transport pour signifié, est une acceptation de transport ou de délégation passible de 1 fr. — Délib. 17 avr. 1822; 12 oct. 1825.

1413. — *Acquiescemens.* — Les acquiescemens purs et simples quand ils ne sont pas faits en justice : 3 fr., L. 28 avr. 1816, art. 43, n° 1er. — (Autrefois 1 fr., L. 22 frim. an VII, art. 68, § 1er, n° 4.)

1414. — Il ne doit être perçu qu'un seul droit fixe pour les acquiescemens de plusieurs cohéritiers à l'exécution d'un testament ou à la délivrance d'un legs, parce qu'ayant de fait accepté la succession, ils agissent dans un intérêt commun. — Délib. 10 août 1822.

1415. — L'acquiescement à un procès-verbal de bornage résultant de la simple signature de ce procès-verbal par les propriétaires riverains, ne donne ouverture à aucun droit particulier, cet acte ne constituant qu'un arpentage et bornage contradictoire. — Délib. 27 janv. 1835.

1416. — *Actes de complément et d'exécution.* — Les actes qui ne contiennent que l'exécution, le complément et la consommation d'actes antérieurs enregistrés : 1 fr., L. 22 frim. an VII, art. 68, § 1er, n° 6.

1417. — Ainsi, lorsque après un acte de cautionnement ou de garantie qui a été frappé du droit proportionnel, des individus étrangers à cet acte consentent un supplément de garantie pour le même objet, et jusqu'à concurrence de la même somme, il n'est dû sur ce second acte, comme complément du premier, que 1 fr. — Solut. 25 mars 1828; instr. 1249, § 6.

1418. — L'hypothèque spéciale, consentie par le vendeur dans un acte particulier, n'ajoutant rien au droit légal de l'acquéreur et n'étant que le complément de l'acte de vente, ne donne lieu qu'au droit fixe de 1 fr. — Solut. 16 nov. 1815.

1419. — De même, l'affectation d'hypothèque consentie, soit à titre de supplément à une hypothèque déjà stipulée, soit comme remplacement de l'hypothèque sur un immeuble vendu par le débiteur n'est passible que de 1 fr. — Délib. 11 mars-15 avr. et 16 mai 1834.

1420. — L'affectation d'hypothèque consentie sur leurs propres biens, par les héritiers présomptifs d'un absent envoyés en possession, pour garantie de leur gestion et jusqu'à concurrence d'une somme déterminée n'est passible que de 1 fr. — Solut. 21 oct. 1830.

1421. — Lorsque après une donation faite par contrat de mariage, à charge de rapport à la succession du donateur, un acte ultérieur a dispensé de ce rapport, ce n'est là qu'une même donation ; dès-lors, le second acte est seulement passible d'un droit fixe. — Solut. 19 sept. 1825; délib. 6 oct. 1826; — *Dict. des dr. de l'enregist.*, v° *Donation*, n° 176.

1422. — Lorsque après avoir fait donation par acte entre-vifs d'une somme à prendre sur ses biens, le donateur a, par testament, assigné au donataire des immeubles pour le remplir de cette somme, la délivrance de ces immeubles par l'héritier ou le légataire universel, au donataire ou légataire particulier n'est passible que de 1 fr. — Délib. 27 mai 1836.

1423. — En cas de stipulation, dans un acte de société, que ceux qui, dans un délai fixé, donneront leur adhésion à cet acte, feront partie de la société, l'acte subséquent n'est passible que de 1 fr. — Solut. 2 juin 1830.

1424. — Le droit fixe de 1 fr. est dû pour la même raison, sur les adhésions des pères de famille aux associations d'assurance ou de garantie pour l'exécution de la loi sur le recrutement. — Délib. 17 mai 1823.

1425. — N'est passible que du droit fixe de 1 fr., l'acte de liquidation des reprises de la femme sur la succession de son mari, lorsque, ne contenant aucune obligation nouvelle au profit de la femme, il ne fait que rappeler les sommes qu'elle a le droit de répéter, aux termes de son contrat de mariage précédemment enregistré. — *Cass.*, 6 juin 1811, Delaplace.

1426. — La reconnaissance faite dans un acte de liquidation par les héritiers du mari, en faveur de la femme, du douaire constitué à celle-ci par son contrat de mariage, ne saurait être considérée comme le titre d'une obligation nouvelle donnant ouverture au droit proportionnel. Un pareil acte n'est évidemment que la suite et l'exécution inévitable d'un titre antérieur, et n'est passible dès-lors que du droit fixe. — *Cass.*, 10 déc. (et non octobre) 1817, Witt.

1427. — Lorsque, d'après un contrat de mariage, le mari est garant envers sa femme de l'emploi des fonds appartenant à celle-ci, s'il est vendu une rente propre à la femme, l'acte par lequel le mari se déclare comptable envers elle du prix provenant de la vente, et s'oblige à en faire emploi,

donne lieu, non à un droit proportionnel, mais à un simple droit fixe, attendu que la reconnaissance du mari se rattache à une obligation préexistante dérivant du mariage. — *Cass.*, 1er avr. 1822, Puissan.

1428. — Lorsque les reprises, droits et créances énumérés dans un acte de liquidation ont été antérieurement énoncés dans des actes enregistrés, tels que contrats de mariage, inventaires de communauté ou de succession, il n'y a pas lieu de percevoir le droit d'obligation sur le reliquat établi par la liquidation, alors même que le droit n'aurait point été perçu sur les actes antérieurs. Il en est autrement si les créances reconnues et liquidées n'ont point été mentionnées dans des actes antérieurement enregistrés. — Inst. de la régie, 8 mai 1839.

1429. — Lorsque, dans une constitution de dot faite par un père à sa fille, il a été compris une somme provenant d'un legs fait précédemment à la future, alors sous la tutelle de son père, l'engagement pris par celui-ci d'acquitter cette somme ne constitue pas de sa part une obligation personnelle donnant ouverture à un droit proportionnel d'enregistrement. C'est là seulement une déclaration d'exécution d'un acte antérieur enregistré, pour laquelle il n'est dû qu'un droit fixe. — *Cass.*, 10 pluv. an XIII, Delmas et Lachaze.

1430. — La somme dont un père s'est reconnu débiteur envers ses enfans, par l'acte de liquidation des reprises de leur mère qu'ils représentent, n'est pas passible du droit proportionnel, lorsque ce droit a déjà été perçu sur le contrat de mariage, pour toutes les sommes constitutives de la dot. — *Cass.*, 13 oct. (et non août) 1813, Hussenot.

1431. — La liquidation par suite de laquelle un père s'oblige à payer à ses enfans les sommes qui leur reviennent dans les bénéfices de la communauté qui a existé entre lui et leur mère décédée ne donne pas ouverture à un droit proportionnel. — Cet acte, malgré la réserve de droits hypothécaires qu'il contiendrait, ne doit être considéré que comme l'exécution ou le complément d'un acte antérieur déjà enregistré (le contrat de mariage), et dès-lors il n'est passible que d'un droit fixe. — *Cass.*, 16 mai 1832, Javal.

1432. — L'acte de liquidation par lequel un père s'engage à payer à ses enfans la dot qui avait été constituée à leur mère ne doit pas être considéré comme un arrêté de compte ou comme une obligation nouvelle, mais comme l'exécution et le complément d'un acte antérieur dûment enregistré ; par suite, il n'est passible que du droit d'un franc. — Il en est de même à l'égard des sommes échues à la mère par voie de succession durant le mariage et dont le père se reconnaît débiteur, lorsque ces valeurs ont été constatées par un acte quelconque, notamment par un inventaire régulièrement dressé. — *Cass.*, 11 déc. 1838 (t. 2 1838, p. 594), Benoist.

1433. — Lorsque le droit proportionnel d'enregistrement a été perçu sur un arrêt qui accorde à un détenteur de biens revendiqués l'option de délaisser ces biens ou de payer une somme déterminée, l'acte qui constate que ce dernier parti a été adopté, n'étant que l'exécution de l'arrêt, n'est soumis à aucun droit proportionnel. — *Cass.*, 24 août 1841 (t. 1er 1842, p. 310), Carré et Gamelin.

1434. — Lorsque les créanciers hypothécaires procèdent amiablement à la distribution du prix de l'immeuble hypothéqué à leurs créances, et que tous, même ceux qui ne viennent pas en ordre utile, donnent main-levée de leurs inscriptions, il n'est pas dû un droit fixe de 2 fr. pour la main-levée donnée par chacun des créanciers ; car ces main-levées ne sont que la conséquence et le complément du règlement. — Délib. 1er août 1834.

1435. — Un exécutoire de dépens étant le complément du jugement, dont il fait en quelque sorte partie, n'est passible que d'un droit fixe. — Décis. min. fin. 16 fév. 1809.

1436. — *Actes de notoriété.* — Les actes de notoriété : 2 fr., L. 28 avr. 1816, art. 53, n° 2. — (Autrefois 1 fr., L. 22 frim. an VII, art. 68, § 1er, n° 5).

1437. — N'est passible que d'un seul droit, l'acte de notoriété qui constate : 1° le décès des pères et mères; — 2° l'existence de leurs enfans et leurs droits d'héritiers, attendu que cet acte ne constate qu'un seul fait, l'hérédité des enfans résultant du décès de leur père et mère. — Délib. 22 fév. 1833.

1438. — Mais il doit être perçu deux droits sur un acte de notoriété énonçant la date de la naissance de deux personnes non constatée au registre de l'état civil, parce qu'il y a là attestation de deux faits indépendans l'un de l'autre, et ayant pour objet un double intérêt individuel et non un intérêt collectif indivisible. — Solut. 13 déc. 1825.

1439. — *Actes du greffe.* — Les actes faits ou passés aux greffes des tribunaux civils, portant acquiescement, dépôt, décharge, désaveu, exclusion de tribunaux, affirmation de voyage, opposition a remise de pièces, enchères, surenchères, renonciation à communauté, succession ou legs, reprise d'instance, communication de pièces sans déplacement, affirmation et vérification de créance, opposition à délivrance de jugement : 3 fr., L. 28 avr. 1816, art. 44, n° 10. — (Autrefois 2 fr., L. 22 frim. an VII, art. 68, § 2, n° 6).

1440. — Les actes passés aux greffes des tribunaux de commerce, portant dépôt de bilan et registres, opposition à publication de séparation, dépôt de sommes et pièces, et tous autres conservatoires ou de formalité : 3 fr., L. 28 avr. 1816, art. 44, n° 10. — (Autrefois 2 fr., L. 22 frim. an VII, art. 68, § 2, n° 7).

1441. — Pour les mêmes actes (des greffes de tribunaux soit civils, soit de commerce) en cour royale : 5 fr., L. 28 avr. 1816, art. 45, n° 6.

1442. — Dans les renonciations à communauté, succession ou legs, il est dû un droit pour chaque renonçant. — L. 22 frim. an VII, art. 68, § 2, n° 6.

1443. — Les acceptations de succession sous bénéfice d'inventaire sont assujéties au droit de 3 fr. — Décis. min. fin. 13 juin 1823 ; instr. 1086, n° 1. — Il est dû un droit par chaque acceptant, soit que l'acceptation soit faite par des majeurs, soit qu'elle ait lieu de la part d'un tuteur, ou au nom de ses mineurs. — Solut. 30 nov. 1829.

1444. — L'acte de dépôt au greffe des titres constatant la solvabilité d'une caution présentée (C. procéd., art. 517 et 518), doit être enregistré indépendamment de la formalité du jugement qui a ordonné de fournir caution. — Décis. min. just. et fin. 13 juin 1809 ; instr. 436, n° 40.

1445. — L'acte de présentation au greffe d'un diplôme de médecin, chirurgien, officier de santé ou sage-femme, n'est passible d'un droit d'enregistrement que s'il est rédigé au greffe. — Décis. min. fin. 14 pluv. an XII ; 17 déc. 1811 ; instr. 204 et 558.

1446. — L'acte de dépôt de l'empreinte du fer servant à la marque des bestiaux des usagers (C. forest., art. 74), rédigé sur papier timbré, est passible du droit de 3 fr. — Décis. min. fin. 15 juill. 1828 ; inst. 1251, § 4.

1447. — *Actes innommés.* — On entend généralement par actes innommés tous actes civils, judiciaires ou extrajudiciaires qui ne se trouvent dénommés dans aucune des dispositions de la loi, et qui ne peuvent donner lieu au droit proportionnel : 1 fr., L. 22 frim. an VII, art. 68, § 1er, n° 51.

1448. — Ont été considérés comme actes innommés, et par conséquent comme n'étant passibles que du droit fixe de 1 fr. :

1449. — ...L'acte resté imparfait et dont une des parties contractantes veut obtenir copie (C. procéd., art. 841), à moins qu'il ne résulte de cet acte, même dans son imperfection, quelque obligation qui doive avoir son exécution, et qui soit en conséquence passible du droit proportionnel. — Décis. min. just. et fin. 13 juin 1809 ; inst. 436, n° 62.

1450. — ... Les états détaillés que les tiers saisis sont tenus d'annexer à leurs déclarations. — C. procéd., art. 578 ; — décis. min. just. et fin. 13 juin 1809 ; décis. min. fin. 6 août 1823 ; instr. 436, n°s 46 et 1097.

1451. — ... Les états estimatifs d'effets mobiliers qui sont annexés aux actes de donation (C. civ., art. 948), soit qu'ils aient été certifiés par le donateur ou le donataire, soit que les parties ne sachant pas signer, ils aient été signés par le notaire et les témoins. — Instr. 19 oct. 1807, § 51.

1452. — ... Le titre clérical qui ne contient pas l'acceptation du donataire, attendu qu'un décret du 28 fév. 1810 ayant formellement abrogé l'art. 26 de la loi du 18 germ. an X, l'ordination même du clerc-minoré à qui un titre clérical a été constitué,

ne peut plus être regardée comme une preuve de son acceptation. — Délib. 18 août 1835 ; solut. 19 oct. et 10 nov. 1838.

1453. — ... L'acte respectueux au moyen duquel l'enfant devenu majeur demande le consentement de ses père et mère ou autres ascendans à l'effet de contracter mariage. — Solut. 10 janv. 1822.

1454. — ... L'acte par lequel deux époux séparés de biens usant de la faculté accordée par l'art. 1451, C. civ., rétablissent la communauté dissoute. — Délib. 22 pluv. an XI et 11 juin 1807.

1455. — ...L'acte de prorogation de délai dont l'un des effets est réglé par l'art. 2039, C. civ. ; car il n'est point un consentement pur et simple, et par conséquent il n'est pas nommément tarifé par les lois des 22 frim. an VII et 28 avr. 1816. — Solut. 7 janv. 1830 ; Délib. 7 avr. 1830 et 20 juin 1832.

1456. — ... La prorogation de délai pour l'exercice d'une faculté de rachat, sans préjudice de la perception à asseoir sur l'acte de retrait qui pourra être opéré en vertu de cette prorogation. — Délib. 23 déc. 1834.

1457. — ... Le cahier des charges dont parle l'art. 958, C. procéd. — Cet acte est distinct de l'acte de dépôt qui donne lieu à un droit particulier, et il doit être enregistré avant ce dépôt. — Déc. min. fin. 16 août 1808 ; instr. 400, n° 4 et 436, n° 74.

1458. — ... L'acte de production mentionné dans l'art. 754, C. procéd. — Déc. min. fin. 24 janv. et 2 fév. 1813 ; instr. 620.

1459. — ... Les procès-verbaux de dires, ceux d'adjudication préparatoire et tous autres rédigés par les notaires, à la requête des parties, soit en vertu d'une commission du tribunal. — Solut. 26 sept. 1830, 28 juin et 29 août 1831.

1460. — ... Les arrêtés de la chambre des huissiers pour subvenir aux besoins de ceux qui se sont retirés pour cause d'infirmité, et des veuves et orphelins d'huissiers. — Décr. 14 juin 1813, art. 462 ; instr. 659.

1461. — ... L'acte par lequel une veuve consent que les contributions assises sur ses biens soient comptées à son fils ou à son gendre, pour lui assurer le droit d'élection ou d'éligibilité. — Solut. 10 juill. 1834 ; instr. 1150, § 3.

1462. — ... Les plans, procès-verbaux, certificats, significations, jugemens, contrats et autres actes ayant pour objet exclusif la construction, l'entretien et la réparation des chemins vicinaux. — L. 21 mai 1836, art. 20.

1463. — Le traité consenti par un corps d'état tels que des charpentiers, stipulant non individuellement, mais comme communauté, pour régler le tarif de leurs salaires avec les entrepreneurs qui les emploient est sujet à un seul droit fixe de 1 fr. ; et non à autant de droits fixes qu'il y a d'adhésions à l'acte. — Délib. 23 déc. 1845.

1464. — *Actes judiciaires.* — V. *infrà* n° 1670, *Ordonnances du juge.*

1465. — *Actes refaits.* — Les actes refaits pour cause de nullité ou autre motif, sans aucun changement qui ajoute aux objets des conventions ou à leur valeur : 2 fr., L. 28 avr. 1816, art. 43, n° 3. — (Autrefois 1 fr., L. 22 frim. an VII, art. 68, § 1er, n° 7).

1466. — *Adjudications à la folle-enchère.* — ... Les adjudications à la folle-enchère, quand le prix n'est pas supérieur à celui de la précédente adjudication, si elle a été enregistrée : 3 fr., L. 28 avr. 1816, art. 44, n° 1er. — (Autrefois 1 fr., L. 22 frim. an VII, art. 68, § 1er, n° 8).

1467. — *Adjudications et marchés pour le trésor.* — Les adjudications et marchés pour constructions, réparations, entretien, approvisionnemens et fournitures dont le prix doit être payé directement ou indirectement par le trésor : 1 fr., L. 15 mai 1818, art. 73.

1468. — Ces adjudications et marchés étaient auparavant soumis au droit proportionnel (50 cent. p. 100 fr., L. 22 frim. an VII, art. 69, § 2, n° 3 ; puis 1 fr. p. 100 fr., L. 28 avr. 1816, art. 51, n° 3), comme le sont encore les adjudications et marchés pour les administrations locales et les établissemens publics, ou autres particuliers. — V. *infrà* n°s 1890 et suiv.

1469. — Cependant, dès avant la loi du 15 mai

1818, des dispositions spéciales avaient réduit le droit proportionnel au droit fixe de 1 fr. pour les marchés et adjudications concernant la guerre et la marine et pour l'intérieur, à raison des ponts-et-chaussées, écluses, dessèchemens, travaux dans les ports et pavage de ville, lorsque le prix de ces travaux était à la charge du trésor, à moins qu'une clause expresse ne soumît ces marchés et adjudications au droit de 50 cent. pour 100 fr. — Décis. min. fin. 9 niv. an VII; circul. 1er flor. an VII, 1546; arrêté 6 fruct. an XI et 15 brum. an XII; instr. 160 et 186.

1470. — Ainsi, décidé que les adjudications des travaux aux digues de mer faites à la diligence des propriétaires des polders, sont assimilées aux actes de l'administration des ponts et chaussées, et assujéties au seul droit fixe de 1 fr. — Délib. 3 niv. an XI.

1471. — ... Que les adjudications pour les fournitures et entretiens de haras ne sont passibles que du droit fixe. — Déc. min. fin. 6 fév. 1810.

1472. — La question de savoir si les marchés passés avec un entrepreneur étaient passibles du droit fixe ou du droit proportionnel d'enregistrement, d'après la loi du 28 avr. 1816, n'est pas de la compétence administrative. — Cons. d'état, 26 août 1824, Dolfus.

1473. — Lorsque le gouvernement fait, après estimation préalable, marché avec un entrepreneur de constructions maritimes, pour lui délivrer extraordinairement des bois des forêts de l'état, une pareille délivrance est assujétie à un droit proportionnel. — Cass., 2 nov. 1807, Parent.

1474. — Décidé toutefois que sous l'empire de la loi du 28 avr. 1816, les tribunaux n'ont pas pu, en raison des circonstances plus ou moins favorables, déclarer seulement passibles du droit fixe de 1 fr., les adjudications et marchés dont le prix devait être payé par le trésor royal, par exemple, pour fournitures des fourrages destinés à la gendarmerie d'un département, et qui étaient assujétis par cette loi au droit proportionnel de 1 %. — Cass., 21 mars 1825, Nicolas.

1475. — Sous l'empire de la loi du 28 avr. 1816, le traité par lequel des individus s'engagent à fournir au directeur des subsistances militaires une certaine quantité d'avoine, à prendre dans les magasins des soumissionnaires, est passible du droit proportionnel de 1 %, établi par l'art. 51, n° 3 de cette loi, sur les marchés pour fournitures dont le prix doit être payé par le trésor royal. — Il n'y a pas lieu de distinguer entre le cas où le commissionnaire ne possédait pas la chose à livrer, et celui où il en était propriétaire, et de prétendre qu'en ce dernier cas, il y avait une véritable vente, passible du droit fixe. — Cass., 4 avr. 1827, Lallier.

1476. — L'adjudication de constructions et réparations de ponts sur des grandes routes, faites moyennant un droit de péage, n'est passible que du droit fixe, parce que les péages perçus sont une sorte de contribution. — Décis. min. fin. 9 janv. 1822; — Roland et Trouillet, Dict. d'enreg., v° Acte administratif, n° 47.

1477. — L'adjudication au rabais de la construction d'un port sanitaire, dont le prix doit être payé avec des fonds de souscription, versés dans une caisse de commerce, n'est passible que du droit fixe de 1 fr., parce que la construction intéresse la société entière. — Décis. min. fin. 26 juill. 1822; — Roland et Trouillet, Dict. d'enreg., v° Acte administratif, n° 32.

1478. — Lorsque, dans une adjudication au rabais, consentie par une commune pour la construction d'un pont, il est dit que l'adjudicataire recevra en paiement d'une partie du prix le produit d'un péage précédemment abandonné à la commune par l'état, ou même des travaux déjà confectionnés, un pareil produit doit être considéré comme une subvention fournie par le trésor, donnant lieu au droit fixe de 1 fr. et non au droit proportionnel. — Délib. 15 mars 1833; décis. min. fin. 4 avr. 1833.

1479. — Mais l'engagement de construire un pont moyennant l'abandon de deux pièces de terre et de matériaux, est passible du droit de 5 1/2 % sur la valeur des pièces de terre, à cause de la mutation de ces immeubles et de 1 % sur la valeur des matériaux. — Délib. 9 avr. 1830.

1480. — Est seulement passible du droit fixe, l'adjudication au rabais de travaux sur une vente, moyennant une somme payable, partie en prestation en nature, et le surplus en fonds départementaux. — Décis. min. fin. 12 oct. 1829.

1481. — L'exemption du droit proportionnel ne peut être étendue aux sous-traités, ni aux actes de cession, subrogation ou association, par les adjudicataires ou entrepreneurs ayant traité directement avec les départemens de la guerre, de la marine ou de l'intérieur. — Instr. 25 frim. an XII et 186; décis. min. fin. 21 déc. 1807; instr. 366, n° 7. — Il en serait ainsi, en cas même de substitution, dans le marché, en vertu d'un arrêté administratif. — Délib. 12 sept. 1828; décis. min. fin. 16 avr. 1832; instr. 1410, § 2, et 1444, § 1er.

1482. — Les marchés et les adjudications de travaux ayant pour objet exclusif la construction, l'entretien et la réparation des chemins vicinaux, sont passibles du droit fixe de 1 fr. — L. 21 mai 1836, art. 20.

1483. — Affirmations de créances. — ... Les procès-verbaux d'affirmation de créances, faits en exécution de l'art. 507, C. comm. (art. 497, L. 28 mai 1838), quel que soit le nombre des déclarations affirmatives: 3 fr. — L. 24 mai 1834, art. 13.

1484. — Appels. — ... Les déclarations et significations d'appel des jugemens des juges de paix aux tribunaux civils: 5 fr. — L. 22 frim. an VII, art. 68, § 4, n° 3.

1485. — ... Les déclarations et significations d'appel des jugemens des tribunaux civils, de commerce et d'arbitrage: 10 fr. — L. 22 frim. an VII, art. 68, § 5.

1486. — La disposition générale de la loi comprend les appels des jugemens rendus sur délibération du conseil de famille dont parle l'art. 889, C. procéd. — Décis. min. just. et fin. 13 juin 1809; instr. 436, n° 70.

1487. — Si un acte d'appel, fait à la requête d'un seul demandeur contre un seul défendeur, est successivement signifié à plusieurs domiciles, la première signification est seule passible du droit fixe de 10 fr.; chacune des autres est seulement soumise au droit de 2 fr. — Délib. 2 déc. 1831.

1488. — Les significations contenant appel incident, pendant le cours des procédures sur un appel principal, même lorsqu'elles ont lieu par acte d'avoué à avoué, sont passibles de 10 fr. — Solut. 29 janv. 1828; instr. 1249, § 4.

1489. — Les déclarations d'appel des jugemens de police correctionnelle, qui ne sont pas tarifées nommément dans la loi, doivent 1 fr. — A l'égard de la déclaration d'appel du ministère public, sa notification est exempte de l'enregistrement comme acte concernant la police générale. — Circul. 9 frim. an VIII, art. 1704; L. 25 mars 1817, art. 74.

1490. — Dans tous les actes d'appel, il est dû un droit pour chaque appelant ou intimé, en quelque nombre qu'ils soient, excepté dans les cas spécifiés dans la dernière disposition du n° 30, § 1er, art. 68 de la loi 22 frim. an VII, à laquelle il est renvoyé. — (V. infra nos 1655 et suiv.; L. 27 vent. an IX, art. 13; circul. 9 frim. an VIII, 1704; 17 germin. an IX, 1992.

1491. — Dès-lors, si l'on ne se trouve dans un des cas d'exception prévus, un exploit d'appel signifié à la requête de quatre demandeurs contre quatre défendeurs est passible de seize droits. — Délib. 22 sept. 1829.

1492. — Arbitres (nomination d'). — ... Les nominations d'arbitres: 3 fr. — L. 28 avr. 1816, art. 44, n° 8. — (Autrefois 1 fr., L. 22 frim. an VII, art. 68, § 1er, n° 32).

1493. — Assurances maritimes. — ... Les polices d'assurances maritimes: 1 f. — L. 16 juin 1824, art. 5.

1494. — Le droit proportionnel n'est dû que lorsqu'il est fait usage de ces actes en justice. — Même loi; avis com. fin. 16 avr. 1822, appr. le 25 oct. suiv. — V. au surplus infra n° 1922.

1495. — Atermoiemens. — ... Les atermoiemens après faillite: 3 fr. — L. 24 mai 1834, art. 14.

1496. — Quant aux autres atermoiemens, ils sont soumis au droit proportionnel. — V. infra nos 1928 et suiv.

1497. — Attestations. — ... Les attestations pures et simples: 1 fr. — L. 22 frim. an VII, art. 68, § 1er, n° 10.

1498.—*Autorisations.*—...Les autorisations pures et simples : 2 fr. — L. 28 avr. 1816, art. 43, n° 5. — (Autrefois 1 fr., L. 22 frim. an VII, art. 68, § 1er, n° 12).

1499. — *Avis de parens.* — ... Les avis de parens, autres que ceux contenant nomination de tuteurs et curateurs : 4 fr.—L. 16 juill. 1845, art. 5. — (Autrefois 1 fr., L. 22 frim. an VII, art. 68, § 1er, n° 11. — Puis 3 fr., L. 28 avr. 1816, art. 43, n° 4).

1500.—Dans tout avis de parens, il ne peut être perçu un second droit qu'à raison d'une disposition réellement indépendante de l'objet principal de l'acte. Ainsi, il n'est dû qu'un droit sur une délibération du conseil de famille conservant la tutelle à la mère, et nommant pour cotuteur le mari, sous la puissance duquel elle va passer.— Déc. min. fin. 20 juin 1809 ; instr. 449, n° 2.

1501. — De même, il n'est dû qu'un seul droit : 1° sur un avis de parens qui autorise le mariage d'une mineure et nomme un curateur pour assister au contrat, ou qui nomme un subrogé-tuteur et autorise la veuve tutrice à provoquer le partage des biens de son mari prédécédé ; 2° — sur une délibération portant nomination d'un subrogé-tuteur, et désignation d'un notaire et de deux experts appréciateurs pour l'inventaire du mobilier ; mais dans ce dernier cas, la prestation de serment des experts devant le juge de paix qui préside le conseil de famille forme une disposition indépendante passible de 1 fr. — Solut. 29 janv. 1825 ; instr. 1166, § 4.

1502.—Les délibérations des conseils de famille qui, en exécution de l'art. 454, C. civ., se bornent à fixer la dépense annuelle d'un mineur ou d'un interdit, ne peuvent être considérées comme renfermant un bail à nourriture, et ne donnent ouverture qu'au droit fixe.—Delib. 22 brum. an XIII ; instr. 290, n° 23.

1503. — Les attributions que la loi confère au conseil de famille étant bornées par elle à délibérer sur la nomination et la destitution des tuteur et subrogé-tuteur, à régler les dépenses de la tutelle, a autoriser les emprunts à faire par les mineurs, les aliénations de leurs biens, leur émancipation et leur mariage, sans lui conférer nulle part le droit de les représenter directement, il s'ensuit que la simple autorisation donnée par le conseil de famille à l'épouse survivante, pour la remplir de ses reprises, de toucher, d'un tiers, des fonds appartenant aux mineurs issus de son mariage, n'étant pas valable à l'effet d'opérer la transmission de ces fonds en sa faveur, n'est point non plus assujétie à la perception du droit proportionnel.—*Cass.*, 2 sept. 1812, Bertone.

1504.—*Bilans.*—... Les bilans : 1 fr.—L. 22 frim. an VII, art. 68, § 1er, n° 13.

1505. — *Brevets d'apprentissage.* — Les brevets d'apprentissage ne contenant ni obligation de sommes et valeurs mobilières, ni quittance : 1 fr. ; L. 22 frim. an VII, art. 68, § 1er, n° 14.

1506.—*Cautionnemens.*—...En règle générale, les cautionnemens sont soumis au droit proportionnel.—V. *infrà* n°s 1949 et suiv.—Cependant il existe quelques exceptions.

1507. — L'acte de cautionnement d'un conservateur des hypothèques n'est passible que de 1 fr. fixe. — L. 21 vent. an VII, art. 5.

1508. — Les cautionnemens contenus dans les procès-verbaux de saisies faites par les préposés des contributions indirectes, portant obligation de représenter les objets saisis ou d'en payer la valeur, ne sont passibles que du droit fixe de 1 fr. —Déc. min. fin. 25 nov. 1806 ; instr. 323.

1509. — Il en est de même en matière de douanes. — Déc. min. fin. 18 juin 1811.

1510.—... Des cautionnemens, des adjudications et marchés pour la guerre, la marine et les ponts et chaussées. — Décr. 25 germ. an XIII ; avis cons. d'état, 28 brum. an XIV, appr. le 21 frim. ; inst. 286 et 386, n° 9.

1511. — ... Des cautionnemens relatifs aux adjudications au rabais, et marchés pour constructions, entretien, approvisionnemens et fournitures dont le prix doit être payé directement ou indirectement par le trésor. — L. 15 mai 1818, art. 7...

1512. — *Certificats.* — ...Les certificats purs et simples, ceux de vie de chaque individu, et ceux de résidence : 1 fr.—L. 22 frim. an VII, art. 68, § 1er, n° 17.

1513. — Sont susceptibles d'enregistrement, et comme tels passibles du droit fixe de 1 fr., les différens certificats délivrés par les greffiers, en matière de communication de pièces, opposition aux jugemens par défaut de vente sur folle-enchère, de lecture de jugement de séparation de biens, etc. —Déc. min. just. et fin. 13 juin 1809 ; instr. 436, n° 45 ; solut. 8 fév. 1831.

1514. — Les certificats délivrés par les avoués (C. procéd., art. 548) pour l'exécution des jugemens prononçant une main-levée, une radiation hypothécaire, etc., ne sont susceptibles d'enregistrement que dans le cas où on en fait usage. Mais l'attestation du greffier, nécessaire dans le même cas, doit être enregistrée au droit de 1 fr.—Déc. min. just. et fin. 13 juin 1809 ; instr. 436, n° 44.

1515.—La signature de l'imprimeur du journal où a été faite l'insertion prescrite par l'art. 638, Cod. procéd., constitue un certificat qui doit être enregistré au droit fixe de 1 fr. avant la légalisation du maire.—Déc. min. just. et fin. 13 juin 1809 ; instr. 436, n° 51.

1516.—Le certificat délivré par un maire à l'effet de constater l'absence d'un individu dont la fille devait obtenir le consentement pour se marier, est soumis au droit fixe de 1 fr.—*Cass.*, 20 oct. 1813, Fraiché.

1517. — Les certificats que le secrétaire général du conseil d'état délivre aux parties, pour leur faire connaître la situation des affaires qui les intéressent, ne sont sujets à l'enregistrement comme actes sous seing-privé qu'avant d'être produits en justice ou devant une autorité constituée. —Délib. 4 mars 1831.

1518. — Les certificats de propriété produits par des héritiers, pour faire opérer des mutations au grand-livre (L. 28 flor. an VII), ou pour toucher des valeurs données en paiement de l'arriéré (ord. 20 mai 1818), sont assujétis au droit de 1 fr. soit que ces certificats se délivrent par un juge de paix, par un notaire ou par un greffier. Il n'est dû qu'un seul droit sur chaque certificat, quel que soit le nombre d'héritiers y dénommés. —Déc. min. fin. 27 août 1823 ; instr. 1094, n° 1er.—Il en est de même des certificats de propriété pour le remboursement des cautionnemens versés au trésor. —Décr. 18 sept. 1806 ; circ. 11 déc. suiv.

1519. — Le certificat délivré par les fonctionnaires publics, pour remplacer la déclaration du tiers-saisi et indiquer quelle est la somme due au saisi, est passible du droit fixe de 2 fr. C'est là, en effet, une véritable déclaration qui n'a de certificat que le nom. — Déc. min. fin. 6 août 1823 ; instr. 1097.

1520. — Les certificats d'individualité sont également passibles du droit de 1 fr. — L. 22 frim. an VII, art. 68, § 1er, n° 46.

1521. — Quant aux certificats de vie et autres qui sont exempts de l'enregistrement, V. *suprà* n°s 922 et suiv.

1522. — *Certifications de cautions.*— ...Les certifications de cautions et de cautionnemens : 2 fr. —L. 28 avr. 1816, art. 43, n° 6. — (Autrefois 1 fr., L. 22 frim. an VII, art. 68, § 1er, n° 16.)

1523.—*Collations d'actes.*—...Les collations d'actes et pièces ou des extraits d'iceux, par quelque officier public qu'elles soient faites : 1 fr. — L. 22 frim. an VII, art. 68, § 1er, n° 18.

1524. —Le droit est dû pour chaque acte, pièce ou extrait collationné. — Même loi.

1525.—Les expéditions des minutes d'un notaire décédé, faites par un autre notaire avec cette mention : *expédié sur la minute représentée et ensuite rendue*, sont des copies collationnées assujéties à l'enregistrement.—Délib. 7 flor. an X.

1526. — *Collocations amiables.* — A la différence des collocations par jugement, qui sont soumises au droit proportionnel (V. *infrà* n°s 2716 et suiv.), les collocations amiables ne sont considérées que comme actes de compliment ou d'exécution, et, par conséquent, ne donnant lieu qu'au droit de 1 fr. — L. 22 frim. an VII, art. 68, § 2, n° 6.

1527. — Ainsi, n'est point passible du droit proportionnel la collocation amiable ou l'acte par lequel le débiteur convient avec ses créanciers de l'ordre dans lequel ceux-ci seront payés sur le prix de ses biens vendus. — Solut. 5 oct. 1832.

1528. — Les distributions par contribution faites à l'amiable, entre créanciers, par actes passés devant notaire ou sous seing-privé, ne sont point soumises au droit proportionnel de 50 c. p. 100 fr., comme les expéditions des jugemens portant collocation. Il n'y a lieu de percevoir sur ces distributions que le droit de 1 fr. — *Cass.*, 17 (et non 13) mars 1830, duc d'Orléans.

1529. — Il en est de même des collocations faites à l'amiable devant notaire, quoique dans l'état de répartition les intérêts soient ajoutés au principal. — Solut. 5 oct. 1832.

1530. — L'acte fait en vertu de cette convention des parties, que le prix d'une vente sera versé entre les mains de l'un des créanciers du vendeur pour être distribué aux autres sans qu'ils interviennent, est moins une collocation amiable, une distribution de deniers, qu'une indication de paiement, qui dès-lors n'est point sujette au droit proportionnel. — *Cass.*, 31 janv. 1815, Fischer.

1531. — *Compromis.* — ... Les compromis ne contenant aucune obligation de sommes et valeurs donnant lieu au droit proportionnel : 3 fr. — L. 28 avr. 1816, art. 44, n° 2. — (Autrefois 1 fr., L. 22 frim. an VII, art. 68, § 1er, n° 19.)

1532. — Est passible du droit de 3 fr., comme compromis, l'acte distinct du jugement, qui proroge la compétence du juge de paix. Mais si les parties et la cause sont justiciables du juge de paix, il n'est dû que le droit de 1 fr., parce qu'alors il n'y a pas compromis, mais simple comparution tenant lieu de citation. L'acte et le jugement peuvent n'être soumis qu'en même temps à l'enregistrement. — Si la prorogation de juridiction est constatée par le jugement même, il n'y a pas lieu de percevoir, indépendamment du droit dû à raison de cette prorogation, un semblable droit pour le compromis. — Décis. min. just. et fin. 13 juin 1809; instr. 4 juill. 1809, 436, n° 3; et 19 mai 1824, 1132, § 4.

1533. — *Concordats.* — ... Les concordats ou atermoiemens consentis conformément aux art. 519, 507 et suiv., C. comm. (L. 28 mai 1838) quelle que soit la somme que le failli s'oblige de payer : 3 fr. — L. 21 mai 1834, art. 14.

1534. — *Connaissemens.* — ... Les connaissemens ou reconnaissances de chargemens de mer : 3 fr. — L. 28 avr. 1816, art. 44, n° 6. — (Autrefois 1 fr., L. 22 frim. an VII, art. 68, § 1er, n° 20.)

1535. — *Consentemens.* — ... Les consentemens purs et simples : 2 fr. — L. 28 avr. 1816, art. 43, n° 7. — (Autrefois 1 fr., L. 22 frim. an VII, art. 68, § 1er, n° 21).

1536. — Les consentemens par les bailleurs de fonds des cautionnemens des préposés des administrations financières, à l'effet d'affecter ces cautionnemens à la garantie de la gestion des titulaires, quel que soit le lieu où ils exercent leurs fonctions, sont passibles de 2 fr. — Ord. 25 sept. 1816 et 25 juin 1835 ; instr. 1491.

1537. — Le consentement pur et simple donné par des enfans à l'exécution du testament de leur père n'est passible que du droit fixe, bien que le père ait disposé au-delà de la quotité disponible ; mais si ce consentement était accordé moyennant une somme d'argent, il constituerait une cession. — Délib. 24 flor. an XIII.

1538. — Le consentement donné par l'un des enfans à la vente que fait le père à un autre enfant, n'est passible d'aucun droit ; car c'est là une condition de la vente, et non une disposition qui en soit indépendante. — Délib. 23 avr. 1830.

1539. — Doit être considéré comme simple consentement, et non comme délégation ou transport de créance sujet au droit de cession, l'acte par lequel un créancier hypothécaire cède sans bourse délier à un autre créancier postérieur en hypothèque son rang de priorité. En effet, une pareille convention ne transmet aucune créance nouvelle, et ne dispense pas ce cessionnaire, pour obtenir paiement, de justifier d'un titre régulier de créance. — Déc. min. fin. 7 juin 1808 ; instr. 386, n° 11.

1540. — Une main-levée n'est qu'un consentement donné par la partie qui a requis l'inscription ou formé l'opposition ; cet acte est donc passible de 2 fr. — Déc. min. fin. 17 août 1816 ; instr. 758, n° 8.

1541. — N'est passible que d'un seul droit fixe l'acte qui constate le consentement collectif de propriétaires à ce que le droit de chasse sur leurs propriétés soit affermé pour le compte de la communauté. En effet, il y a en pareil cas un but et un intérêt communs. — Instr. 30 mars 1844.

1542. — *Contrats de mariage.* — Les contrats de mariage qui ne contiennent d'autres dispositions que des déclarations, de la part des futurs, de ce qu'ils apportent eux-mêmes en mariage, et se constituent sans aucune stipulation avantageuse entre eux : 5 fr. — L. 28 avr. 1816, art. 45, n° 2. — (Autrefois 3 fr., L. 22 frim. an VII, art. 68, § 3, n° 1.)

1543. — La reconnaissance y énoncée, de la part du futur, d'avoir reçu la dot apportée par la future, ne donne pas lieu à un droit particulier. — L. 22 frim. an VII, art. 68, § 3, n° 1er.

1544. — Le droit fixe doit toujours être perçu, quels que soient les droits proportionnels auxquels les dispositions du contrat donnent ouverture. — Délib. 9 pluv. an VII.

1545. — Ne donnent ouverture à aucun droit particulier les clauses qui sont de l'essence même du contrat de mariage ; telles sont :

1546. — ... La déclaration des futurs qu'ils se marient sous le régime de la communauté ou sous le régime dotal. — Instr. 3 fruct. an XIII, 290, n° 16.

1547. — ... La stipulation, dans un contrat de mariage sous le régime dotal, portant que les futurs seront associés pour les acquêts. — Délib. 15 juin 1827.

1548. — ... La stipulation qui assure la totalité de la communauté au survivant. — C. civ., art. 1525 ; — Masson-Delongpré, *C. de l'enreg.*, n° 2330.

1549. — ... La clause qui accorde, à titre de forfait, à la future, après la dissolution de la communauté, une somme fixe pour tous ses droits. — Délib. 20 déc. 1825.

1550. — ... La clause d'ameublissement. — Délib. 15 mars 1823 ; déc. min. fin. 3 oct. 1828 ; inst. 1272, § 3.

1551. — La stipulation d'un contrat de mariage, en vertu de laquelle la future donne pouvoir à son mari d'aliéner les biens qu'elle se constitue en dot, sans qu'il soit astreint à faire emploi du prix (C. civ., art. 1557), n'est passible d'aucun droit. Cette clause, irrévocable de sa nature, ne peut être considérée comme un pouvoir et forme une des conventions dont l'ensemble constitue le contrat de mariage. — Solut. 17 nov. 1826 ; instr. 1205, § 4.

1552. — *Décharges.* — Les décharges pures et simples : 2 fr. — L. 28 avr. 1816, art. 43, n° 8. — (Autrefois 1 fr., L. 22 frim. an VII, art. 68, § 1er, n° 22).

1553. — On avait d'abord considéré comme passible du droit de quittance la décharge donnée au survivant des père et mère des meubles dont il paie la valeur, conformément à l'art. 453, C. civ. — Instr. 12 nov. 1811, 548, n° 3. — Mais décidé depuis qu'une pareille décharge n'est passible que du droit fixe de 2 fr. — Solut. 29 mars 1838.

1554. — N'est passible que du droit fixe de décharge l'acte qui constate la remise au nu-propriétaire d'une somme dont l'usufruit appartenait à un tiers après l'extinction de cet usufruit. — Délib. 21 avr. 1837.

1555. — Lorsque, par suite d'un testament contenant institution fiduciaire, la remise de la succession est faite à l'héritier élu par l'institué, conformément au vœu du testateur, à la charge par lui de désintéresser ses cosuccesseurs de la manière également voulue par le testateur, l'acte qui réalise ces dispositions n'est passible que du droit de décharge. — Décis. min. fin. 19 avr. 1819 ; — Roland et Trouillet, *Dict. d'enregistr.*, v° *Décharge*, n° 27.

1556. — Les légataires étant saisis de la propriété de leurs legs en vertu d'un testament qui la leur confère, il s'ensuit que l'acte de remise de la part d'un exécuteur testamentaire, aux héritiers ou légataires, des sommes qu'il a touchées par suite de sa gestion, ne constitue qu'une simple décharge, passible du droit fixe. — *Cass.*, 30 août 1826, Chibout.

1557. — Lorsque le débiteur d'une rente a vendu les biens qui y sont affectés, à la charge par l'acquéreur de la payer, et que par un autre acte le créancier de cette vente déclare décharger le débiteur primitif de l'obligation personnelle par lui contractée, cette décharge, ne pouvant être considérée que comme une renonciation pure et simple à l'une des deux actions personnelles appartenant au créancier, sans qu'il y ait pour cela substitution d'un débiteur à un autre, n'est passible que d'un seul droit fixe.—La rente ne se trouvant point éteinte, il n'y a pas lieu non plus de percevoir le droit de libération de 50 c. par 100 fr. —*Bruxelles*, 29 janv. 1824, Vanesschen.

1558. — Si, d'après un contrat de vente, le prix a été déposé entre les mains du notaire rédacteur, l'acte subséquent par lequel le vendeur donne décharge au notaire n'est passible que du droit de 2 fr., bien que le dépôt en ait été fait aux risques et périls de l'acquéreur, attendu que la libération de celui-ci a été effectuée par le dépôt, et que la remise s'en fait entre les mains des vendeurs par le dépositaire, sans l'intervention de l'acquéreur. —Délib. 25 mai 1825.

1559. — Mais le droit de libération est exigible, indépendamment du droit fixe de décharge, sur l'acte de remise d'argent et de billets à ordre formant le prix d'une vente, et déposé entre les mains du notaire, à l'effet de ne s'en dessaisir que dans le cas où il ne surviendrait aucune opposition avant l'époque indiquée pour le paiement. La libération de l'acquéreur est alors suspendue jusqu'à cette époque.—Délib. 16 août 1827.

1560. — Décidé de même, relativement à la remise au remplaçant du prix d'un traité pour service militaire, déposé chez un notaire, pour n'être délivré qu'après justification de l'affranchissement légal du remplacé. — Délib. 1er oct. 1830.

1561. — Il n'est dû que le droit fixe sur un acte par lequel un individu reconnaît qu'un notaire entre les mains duquel il a déposé une somme, pour être distribuée à ses créanciers, a réellement fait cette distribution, et le tient quitte de toute responsabilité; ce n'est là qu'une décharge donnée par le déposant au dépositaire. — *Cass.*, 13 mai 1818, Raverot.

1562. — Lorsque les héritiers du déposant donnent un reçu notarié au trésorier d'une caisse d'épargne, à l'occasion du remboursement des sommes déposées par leur auteur, il y a lieu de percevoir le droit de décharge et non le droit de quittance. Car le déposant, étant toujours demeuré propriétaire de son dépôt, n'acquiert pas ce que lui restitue le dépositaire.—L. 17, ff., *De depos.*—Ce dernier n'est pas libéré dans le sens juridique de ce mot, mais seulement déchargé. — Délib. 18 déc. 1840.

1563. — Le procès-verbal de vente de meubles qui fait mention de la décharge donnée au gardien, n'est passible que d'un seul droit; il en serait autrement si la vente n'était point achevée, parce qu'alors elle ne serait plus une conséquence forcée de la vente.—*J. ds l'enreg.*, n° 2243.

1564. — Le paiement fait par le mandataire au mandant des sommes qu'il a reçues pour ce dernier ne donne lieu à aucun droit proportionnel, mais seulement au droit fixe de décharge.—*Cass.*, 18 fév. 1833, Renaud.— Conf. délib. 5 oct. 1829.

1565. — Jugé au contraire, que l'acte par lequel le mandant reconnaît avoir reçu de son mandataire une somme déterminée touchée pour son compte par celui-ci, doit être considéré comme une quittance et est soumis comme tel au droit proportionnel. — *Cass.*, 28 mars 1827, Overstyns.

1566. — Le remboursement d'une somme consignée à titre de gage par un fermier entre les mains du bailleur donne ouverture au droit fixe de décharge et non au droit de quittance.—Délib. 24 juill. 1835.

1567. — N'est passible que du droit fixe de décharge l'acte par lequel le porteur d'une lettre de change déclare dispenser l'endosseur de la garantie résultant de son endossement. — Délib. 3 mai 1818.

1568. — Sur les questions de savoir quand les décharges ou quittances donnent lieu au droit proportionnel de libération, V. *infrà* n°s 2194 et suiv.

1569.—*Déclarations de command.* — ... Les déclarations ou élections de command ou d'ami, quand la faculté d'en élire a été réservée, et que la déclaration est faite par acte public, notifié dans les vingt-quatre heures de l'adjudication ou du contrat : 3 fr.—L. 28 avr. 1816, art. 44, n° 3.—(Autrefois 1 fr., L. 22 frim. an VII, art. 68, § 1er, n° 24.)

1570. — Pour tout ce qui concerne la question de savoir quand le droit fixe cesse d'être applicable à une déclaration de command et doit être remplacé par le droit proportionnel, V. *infrà* n° 2063.

1571.—*Déclarations pures et simples.* — ... Les déclarations pures et simples en matière civile et de commerce : 2 fr. — L. 28 avr. 1816, art. 43, n° 9. — (Autrefois 1 fr., L. 22 frim. an VII, art. 68, § 1er, n° 23). — Sauf les exceptions ci-après indiquées.

1572. — Lorsque dans le cas prévu par l'art. 1434, C. civ., le remploi est consommé en faveur du mari par le seul fait de sa déclaration que l'immeuble qu'il acquiert lui en tiendra lieu, le droit fixe de déclaration est exigible par cette clause particulière comme indépendante de la mutation. — Décis. min. flu. 28 juin 1808; instr. 392.

1573. — La simple déclaration du mari non acceptée par la femme, n'opérant pas le remploi (C. civ., art. 1435), ne donne ouverture à aucun droit; mais il serait dû un droit fixe sur la déclaration acceptée, parce qu'elle constituerait un consentement ou une décharge de remploi.— Décis. min. flu. 28 juin 1808; instr. 392. — Peu importe d'ailleurs que la déclaration ait lieu dans l'acte même d'acquisition ou postérieurement. — Délib. 3 juill. 1827.

1574. — Ainsi jugé qu'il est dû un droit fixe sur la déclaration faite par la femme, dans le contrat même de vente, pour constater qu'elle a accepté l'immeuble acquis par son mari à titre de remploi de sa dot.—*Cass.*, 18 fév. 1833, Renaud.

1575. — Il est dû seulement le droit fixe de déclaration, et non pas un second droit de cession immobilière sur la déclaration d'un mari, dans l'acte de vente d'un immeuble propre à sa femme portant qu'il en remplace le prix sur tous ses biens, et spécialement sur une propriété qu'il désigne, cette clause n'étant qu'une affectation sans dessaisissement de la part du mari. — Délib. 22 sept. 1824.

1576. — La déclaration que l'un des enfans du testateur a reçu en dot une somme moindre que celle exprimée dans son contrat de mariage, qui porte cependant quittance de cette somme, n'est passible d'aucun droit, attendu qu'il n'en résulte qu'une donation par préciput ou hors part, ou une dispense de rapport du montant de la différence entre les deux sommes.—Délib. 12 fév. 1828.

1577. — La déclaration du tiers-saisi doit être enregistrée, dans les vingt jours de sa date, au simple droit fixe de 5 fr., sans préjudice des droits proportionnels qui pourraient résulter ultérieurement de la condamnation; et il n'y a lieu d'exiger l'enregistrement des quittances ou autres titres mentionnés dans la déclaration que si, en cas de contestation sur l'objet, la date ou le montant des paiemens, le tiers saisi était tenu de les produire en justice. — Décis. min. fin. 18 avr. 1809; instr. 436, n° 45.

1578.—Les déclarations de changement de domicile, en matières électorales, avaient été déclarées exemptes de l'enregistrement.—Instr. 34 mai 1817, 779. — Mais depuis elles y ont été expressément soumises.—L. 19 avr. 1831, art. 10. — La formalité doit avoir lieu dans les vingt jours. La loi du 22 juin 1833 n'a rien changé à cette disposition, qui est applicable aux déclarations de changement ou d'option de domicile faites aux greffes des justices de paix. — Décis. min. fin. 14 oct. 1833; instr. 1451, § 1er.

1579. — Les déclarations de changement de domicile politique, faites aux greffes des tribunaux civils sont assujéties au droit fixe de 2 fr., indépendamment du droit de greffe. — Solut. 16 mai 1833, et 27 janv. 1834; délib. 19 sept. 1837; instr. 1562, § 8.

1580.—La déclaration de cessation de fonctions, faite au greffe par un officier public, est passible du droit fixe de 2 fr., et non de celui de 3 fr. applicable aux actes du greffe. — Solut. 30 sept. 1843.

1581. — Ne sont passibles que du droit fixe de 1 fr. les déclarations faites par les rentiers qui ont perdu leurs extraits d'inscription, devant le maire de la comune de leur domicile, et en présence de deux témoins attestant leur individualité. — Décr. 3 messid. an XII; Instr. 237.

1582. — Les déclarations devant notaires des titulaires de cautionnemens, conformément au décret du 22 déc. 1812, pour faire acquérir à leurs bailleurs de fonds le privilége de second ordre, ne sont passibles que de 1 fr. (Décr. 22 déc. 1812, art. 3; décis. min. fin. 21 déc. 1813; instr. 657), qu'elles aient été précédées ou non d'un acte d'emprunt enregistré au droit proportionnel. — Décis. min. fin. 23 mars 1822; Instr. 1030.

1583. — Ces déclarations ne peuvent être soumises au droit proportionnel, sous prétexte qu'elles contiennent implicitement, de la part du titulaire, une obligation de sommes au profit de son bailleur de fonds. — *Cass.*, 4 déc. 1821, Rozier ; même jour, 1821, Lyon.

1584. — La déclaration faite par un fournisseur d'armée, qu'une partie de son cautionnement provient des deniers d'un tiers, doit jouir de l'exception établie par l'art. 1er, décr. 22 déc. 1812, au profit des comptables publics, et par conséquent elle n'est sujette qu'au droit fixe. — *Cass.*, 27 mai 1829, Moulins ; — instr. 1293, § 3.

1585. — Mais cette faveur n'est applicable qu'aux déclarations d'origine des fonds d'un cautionnement versé dans les caisses du trésor public. — Délib. 10 nov. 1826. — Elle ne le serait pas aux déclarations relatives aux cautionnemens versés à la caisse des dépôts et consignations par les facteurs des halles et marchés, les employés du mont-de-piété, et les préposés comptables des mairies à Paris. — Délib. 10 juill. 1835.

1586. — N'est passible que du droit fixe de 1 fr. la déclaration faite par le titulaire que partie des fonds par lui versés au trésor pour fournir son cautionnement appartient à un tiers, encore bien qu'il s'oblige envers celui-ci à rembourser à une époque déterminée les fonds prêtés, avec intérêts jusqu'alors. — Solut. 30 oct. 1835.

1587. — La déclaration par laquelle le juge de paix ou un autre juge acquiesce à une récusation ou refuse de s'abstenir (C. procéd., art. 46, 47 et 386) n'est pas assujétie à l'enregistrement. — Décis. min. just. et fin. 13 juin 1809; instr. 436, nos 8 et 32.

1588. — *Délivrances de legs.* — ... Les délivrances de legs pures et simples., 1 fr. — L. 22 frim. an VII, art. 68, § 1er, no 25.

1589. — Le droit fixe de simple délivrance ne peut s'appliquer qu'à la remise de l'objet légué, soit que cet objet ait été trouvé dans la succession, soit que l'héritier se le soit procuré d'une manière ou d'autre. — Ainsi, le paiement par l'héritier *d'une somme* au légataire d'une rente pour lui tenir lieu de cette rente non existante dans la succession est passible du droit de libération. — Délib. 25 août 1835.

1590. — Lorsque le légataire d'une somme est rempli en créances même dépendantes de la succession, ce n'est plus une remise réelle et effective de la chose léguée qui lui est faite. L'acte de délivrance constate dans ce cas une cession de créances passible de 1 fr. — Délib. 28 fév. 1824. — Au contraire, il y a délivrance pure et simple du droit fixe, dans l'acte par lequel un héritier ou un légataire universel paie en créances des legs particuliers qui avaient été stipulés payables soit en créances, soit en numéraire *à son choix.* — Délib. 30 déc. 1828.

1591. — Si l'individu à qui une rente a été léguée avec faculté d'en exiger le service ou le remboursement, donne quittance du capital et des arrérages échus de cette rente, l'acte est passible non du droit de quittance, mais d'un simple droit fixe de 1 fr. comme délivrance de legs. — Délib. 7 août 1835.

1592. — Lorsque le légataire déclare avoir reçu une somme d'argent pour tenir lieu d'une rente sur l'état léguée par le testateur, mais qui n'existe pas dans la succession, l'acte est passible du droit de libération comme éteignant une dette devenue personnelle à l'héritier institué. — Délib. 1er oct. 1835.

1593. — Lorsque les héritiers déclarent que le légataire des billets et obligations de la succession, à qui un immeuble a été aussi légué pour servir une rente annuelle à un établissement public, doit profiter de la portion de cette rente que cet établissement n'a pas été autorisé à accepter, l'acte est passible du droit fixe et non du droit proportionnel de quittance — Ce dernier droit eût été exigible si l'acte eût porté que la rente appartenait aux héritiers. — Délib. 8 sept. 1835.

1594. — L'acte par lequel un seul héritier délivre à un légataire quatre legs provenant de quatre successions échurs à cet héritier, contenant en réalité quatre délivrances, est passible de quatre droits. — Délib. 7 fév. 1834.

1595. — De même, l'acte portant quittance de plusieurs legs reçus de l'exécuteur testamentaire est passible d'autant de droits fixes qu'il y a de legs distincts, encore bien que la délivrance de ces legs ait été précédemment ordonnée par un jugement. — *Cass.*, 22 avr. 1823, Buchère.

1596. — L'acte contenant tout à la fois et la délivrance d'un legs universel et le consentement immédiat donné par des héritiers à l'exécution du testament ne renferme pas deux dispositions indépendantes. Il n'est donc passible que du droit fixe de 1 fr. pour la délivrance. — Délib. 7 fév. 1837.

1597. — *Dépôts d'actes et pièces.* — ... Les dépôts d'actes et de pièces chez des officiers publics : 2 fr. — L. 28 avr. 1816, art. 43, no 10. — (Autrefois 1 fr., L. 22 frim. an VII, art. 68, § 1er, no 26).

1598. — Il ne faut pas confondre le dépôt avec l'annexe. Celle-ci, qui se fait à un autre acte auquel elle est relative, qui est passé en conséquence et dont elle devient partie intégrante, ne donne ouverture à aucun droit. — Solut. 14 niv. an XIII.

1599. — Lorsque l'original d'une assignation en séparation de biens a été enregistré, il n'est pas dû de nouveau droit d'enregistrement pour l'extrait de cette assignation déposé au greffe et affiché dans l'auditoire du tribunal. — *Cass.*, 5 déc. 1822, Boulangier.

1600. — Le dépôt d'une seule pièce, par exemple, d'une procuration donnée par plusieurs personnes ayant un intérêt distinct, est passible d'autant de droits fixes qu'il y a de personnes intéressées. — Solut. 12 oct. 1830 ; délib. 8 mars 1833.

1601. — Pour ne donner ouverture qu'au droit fixe, un acte de dépôt ne doit rien contenir qui ajoute aux stipulations de l'acte déposé. Ainsi le droit de quittance serait dû, indépendamment de celui de 2 fr., sur l'acte de dépôt d'une vente sous seing-privé, si cet acte constatait la libération partielle ou totale de l'acquéreur. — Délib. 7 juin 1836.

1602. — *Dépôts de sommes et effets.* — ... Les dépôts et consignations de sommes et effets mobiliers chez des officiers publics, lorsqu'ils n'opèrent pas la libération des déposans ; et les décharges qu'en donnent les déposans ou leurs héritiers, lorsque la remise des objets déposés leur est faite : 2 fr. — L. 28 avr. 1816, art. 43, no 11. — (Autrefois 1 fr., L. 22 frim. an VII, art. 68, § 1er, no 28).

1603. — *Dépôts et décharges en matière criminelle.* — ... Les dépôts et décharges aux greffes des tribunaux correctionnels et criminels dans les poursuites où il y a une partie civile : 1 fr., L. 22 frim. an VII, art. 68, § 1er, no 48.

1604. — *Désistemens.* — ... Les désistemens purs et simples : 2 fr. — L. 28 avr. 1816, art. 43, no 12. — (Autrefois 15 fr., L. 22 frim. an VII, art. 68, § 1er, no 28.

1605. — Est seulement passible du droit fixe de désistement l'acte par lequel le bailleur des fonds d'un cautionnement fourni pour un emploi public déclare se désister purement et simplement du privilége de second ordre, qui lui était assuré par une précédente déclaration notariée. En effet, le désistement d'un privilége ou d'une garantie n'emporte point extinction de la créance. — Délib. 19 janv. 1825.

1606. — *Devis.* — ... Les devis d'ouvrages et entreprises qui ne contiennent aucune obligation de somme et valeur, ni quittance : 1 fr., L. 22 frim. an VII, art. 68, § 1er, no 29.

1607. — *Divorces.* — ... Les actes de divorce : 5 fr. — L. 28 avr. 1816, art. 43, no 8. — (Autrefois 15 fr., L. 22 frim. an VII, art. 68, § 6, no 1er).

1608. — De plus, s'il n'y a pas d'appel du jugement prononçant définitivement sur une demande en divorce, il doit être perçu le droit d'arrêt de 100 fr. sur l'acte de l'officier de l'état civil. — L. 28 avr. 1816, art. 49, nᵒ 2.

1609. — Quant aux droits exigibles sur les jugemens et arrêts rendus en matière de divorce, V. *infrà* nᵒˢ 2702 et suiv.

1610. — *Donations à cause de mort.* — ... Tous les actes de libéralité qui ne contiennent que des dispositions soumises à l'événement du décès, et les dispositions de même nature qui sont faites par contrat de mariage entre les futurs ou par d'autres personnes : 5 fr.—L. 28 avr. 1816, art. 43, nᵒ 4. — (Autrefois 3 fr., L. 22 frim. an VII, art. 68, § 3, nᵒ 5).

1611. — Le droit pour ces dispositions par acte de mariage est perçu indépendamment de celui du contrat. — L. 22 frim. an VII, art. 68, § 3, nᵒ 5.

1612. — Sur la question de savoir quand une donation doit être réputée à cause de mort, et relativement aux décisions rendues à ce sujet, V. *infrà* nᵒˢ 2414, 2471 et suiv.

1613. — *Émancipation (Actes d').* — ... Les actes d'émancipation : 10 fr., L. 19 juill. 1845, art. 5. — (Autrefois 5 fr., L. 22 frim. an VII, art. 68, § 4, nᵒ 2).

1614. — Le droit est dû par chaque émancipé.— Mêmes lois.

1615. — La nomination d'un curateur aux causes, étant une conséquence de l'émancipation, n'est point passible d'un droit particulier, quand elle est faite par le même acte. Mais la nomination d'un curateur spécial n'étant pas prescrite par la loi et ne tenant qu'à des circonstances ou à la volonté des parties, le droit de 2 fr. est exigible, indépendamment de celui de 5 fr. pour l'émancipation.—Décis. min. fin. 20 juin 1809 ; instr. 449, nᵒ 3.

1616. — L'acte d'émancipation des enfans admis dans des hospices, fait sur l'avis des membres de la commission administrative par celui d'entre ceux que le tuteur a désignés, est assujéti à l'enregistrement et doit être fait sur papier timbré. — L. 15 pluv. an XIII, art. 4 ; décis. min. fin. 8 fév. 1836.

1617. — *Enfans naturels (Reconnaissances d').* — ... Les reconnaissances d'enfans naturels par actes de célébration de mariage : 2 fr. — L. 28 avr. 1816, art. 43, nᵒ 22. — Autrement que par acte de mariage : 5 fr., L. 28 avr. 1816, art. 45, nᵒ 7.

1618. — Mais, ainsi qu'on l'a vu *suprà* nᵒˢ 776 et suiv., l'enregistrement a lieu gratis, quand il s'agit d'enfans naturels appartenant à des individus notoirement indigens. — L. 15 mai 1818, art. 77.

1619. — *Expéditions d'actes de l'état civil.* — ... Les expéditions des ordonnances et procès-verbaux des officiers publics de l'état civil contenant indication du jour ou prorogation de délai pour la tenue des assemblées préliminaires au mariage ou divorce : 2 fr. — L. 22 frim. an VII, art. 68, § 2, nᵒ 8.

1620. — *Experts (Nomination d').* — ... Les nominations d'experts, hors jugement : 2 fr.—L. 28 avr. 1816, art. 44, nᵒ 2. — (Autrefois 1 fr., L. 22 frim. an VII, art. 68, § 1ᵉʳ, nᵒ 32).

1621. — La nomination, dans un inventaire, d'un expert pour faire la prisée, est de l'essence de l'inventaire, et ne donne point ouverture à un droit particulier.—Décis. min. fin. 2 fructid. an IX ; délib. 21 déc. 1809.

1622. — Mais la nomination d'experts dans un partage pour faire l'estimation des biens, formant une disposition particulière, qui n'est pas de l'essence de l'acte, est passible du droit fixe de 2 fr.— Solut. 10 juill. 1838.

1623. — *Exploits.*— ... Les exploits en général et autres actes du ministère des huissiers qui ne peuvent donner lieu au droit proportionnel : 2 fr., L. 28 avr. 1816, art. 43, nᵒ 13. — (Autrefois 1 fr., L. 22 frim. an VII, art. 68, § 1ᵉʳ, nᵒ 30).

1624.—Toutefois ont été exceptés du tarif fixé par la loi de 1816 : les exploits relatifs aux procédures devant les juges de paix, les prud'hommes, les cours royales, la cour de Cassation et le conseil d'état, jusques et compris les significations des jugemens et arrêts définitifs ; les déclarations d'appel ou de recours en cassation ; les significations d'avoué à avoué, et les exploits ayant pour objet le recouvrement des contributions directes ou indirectes, publiques ou locales. — L. 28 avr. 1816, art. 43, nᵒ 13.

ENREGISTREMENT, ch. 6, sect. 1ʳᵉ.

1625. — Bien que cet article ne parle que de *contributions*, l'exception qu'il contient embrasse les exploits faits pour le recouvrement de toutes les sommes dues à l'État à quelque titre que ce soit, à l'égard desquels continuent d'être en vigueur les dispositions des art. 68, § 1ᵉʳ, nᵒ 30, et 70, § 2, nᵒ 2, L. 22 frim. an VII. — Avis com. fin. appr. 24 nov. 1821 ; instr. 1012, nᵒ 1.

1626. — Ainsi, il n'y a plus de tarifé à 1 fr. que : 1ᵒ les exploits en matière de simple police et en matière correctionnelle ou criminelle devant les cours royales, soit entre parties, soit avec parties civiles ; 2ᵒ les exploits relatifs aux procédures devant les juges de paix jusques et y compris les jugemens définitifs ; 3ᵒ et les exploits pour le recouvrement des contributions. Les droits pour les autres exploits sont gradués suivant le tribunal ou la cour devant lesquels il est procédé.. — Délib. 25 oct. 1817).

1627. — Mais depuis, le droit de 1 fr. établi pour les exploits relatifs aux procédures en matière civile devant les juges de paix, jusques et y compris les significations des jugemens définitifs, a été porté à 1 fr. 50 c. en principal.— L. 19 juill. 1845, art. 5.

1628. — L'élévation du droit s'applique par conséquent aux significations des jugemens préparatoires ou interlocutoires, de même qu'à celles des jugemens définitifs. — Instr. 8 août 1845, nᵒ 1736.

1629. — ... Les exploits et autres actes du ministère des huissiers relatifs aux procédures devant les cours royales (autres que l'appel et les significations d'avoué à avoué), jusques et y compris la signification des arrêts définitifs : 3 fr.—L. 22 frim. an VII, art. 44, nᵒ 7.

1630. — Les exploits et autres actes du ministère des huissiers relatifs aux procédures devant la cour de Cassation et le conseil d'état, jusques et y compris la signification des arrêts définitifs (le premier acte de recours excepté) : 5 fr. — L. 28 avr. 1816, art. 45, nᵒ 1ᵉʳ.

1631.—Les protêts faits par les notaires ne sont passibles que du droit fixe de 1 fr. Ils ne se trouvent pas soumis au droit de 2 fr. établi par la loi du 28 avr. 1816, pour les actes des huissiers.—*Cass.*, 1ᵉʳ mars 1825, notaires de Lyon. — Conf. décis. min. fin. 11 janv. 1822 ; — Rigaud et Championnière, *Tr. des droits d'enregistr.*, t. 1ᵉʳ, nᵒ 42, et t. 4. nᵒ 3738.

1632. — De même, en cas de protêt des traites souscrites par les adjudicataires des coupes de bois de l'État, il n'est dû que le droit fixe de 1 fr. — Délib. 13 oct. 1835.

1633. — Les exploits de citation devant le juge de paix pour concourir à un conseil de famille ne sont sujets qu'au droit de 1 fr.— Solut. 8 déc. 1831.

1634. — Le droit de 1 fr. est seul exigible pour la signification d'un jugement de juge de paix, rendu du consentement des parties, hors de la compétence ordinaire de la justice de paix. — Solut. 9 mars 1830.

1635. — Un exploit donne lieu à un droit pour chaque demandeur ou défendeur, en quelque nombre qu'ils soient dans le même acte, excepté les copropriétaires et co-héritiers, les parens réunis, les cointéressés, les débiteurs ou créanciers associés ou solidaires, les séquestres, les experts et les témoins, qui ne sont comptés que pour une seule et même personne, soit en demandant, soit en défendant, dans le même original d'acte, lorsque leurs qualités y sont exprimées.— L. 22 frim. an VII, art. 68, § 1ᵉʳ, nᵒ 30.

1636. — S'il s'agit de plusieurs demandeurs et de différens défendeurs, ayant tous des intérêts distincts, il doit être exigé autant de droits qu'il se trouve de demandeurs, eu égard au nombre des parties contre lesquelles chacun poursuit, de la même manière que si chaque demandeur agissait séparément contre chaque défendeur, par autant d'actes distincts.—Décis. min. just. et fin. 31 juill. et 16 août 1808 ; instr. 40, nᵒ 5.

1637.—Ainsi, il est dû pour un exploit autant de droits qu'il y a de demandeurs et de défendeurs non solidaires, multipliés les uns par les autres. — Solut. 26 août 1831.

1638. — Par *cointéressés* il faut entendre des individus ayant un seul et même intérêt par sa nature indivisible. On n'est pas cointéressé, si les intérêts peuvent être divisés, si l'un des demandeurs ou des défendeurs peut agir indépendamment de l'autre sans que leurs intérêts réciproques en éprouvent de modification. On ne l'est pas même lorsqu'ayant des intérêts analogues contre les mêmes personnes on s'est réuni pour agir en commun. Il faut que la communauté d'intérêts dérive des actes qui donnent lieu à l'action en demande ou défense. Ainsi la signification d'appel faite, à la requête d'un héritier, à quarante-trois acquéreurs attaqués en délaissement de biens vendus par son auteur, est sujette à quarante-trois droits fixes. — Avis com. fin. appr. 31 mars 1824; instr. 1347, § 3; *Dict. des droits d'enregistr.*, vo *Cointéressé*, no 2.

1639. — La loi du 22 frim. n'ayant pas déterminé les caractères auxquels on devait reconnaître la qualité de coïntéressés, un jugement a pu considérer comme tels plusieurs défendeurs réunis pour l'exercice d'une action ayant le même but et procédant d'un titre commun. Spécialement, on a pu considérer comme coïntéressés les acquéreurs de divers lots d'un même immeuble vendus par le même acte, qui, prétendant avoir, en vertu de cet acte, un droit de passage sur le lot d'un autre acquéreur, se sont réunis pour intenter simultanément leur action contre ce dernier.—*Cass.*, 11 janv. 1842 (t. 1er 1842, p. 357), Petignot.

1640. — On doit considérer comme des coïntéressés plusieurs créanciers d'un défunt qui se réunissent pour former la demande en séparation de patrimoines par un seul et même exploit. — *Cass.*, 2 juin 1832, Guiber.

1641. — Décidé de même lorsque plusieurs propriétaires par indivis par portions inégales de terrains et pâturages ont fait déclarer à deux autres individus propriétaires également par indivis d'autres portions des mêmes terrains, qu'ils eussent à nommer des experts pour opérer à l'amiable les partages de la propriété particulière de chacun d'eux. — Délib. 13 sept. 1823.

1642. — ... Quand par un même exploit plusieurs membres d'une société d'assurance mutuelle signifient au directeur qu'ils n'entendent plus faire partie de cette société. — Délib. 12 juin 1827.

1643. — ... Lorsque plusieurs créanciers se réunissent afin de poursuivre en commun l'expropriation de leur débiteur. — Délib. 26 sept. 1828.

1644. — ... Quand plusieurs électeurs se réunissent pour attaquer la confection des listes électorales. — Solut. 24 janv. 1832.

1645. — ... Lorsque plusieurs propriétaires agissent de concert pour faire valoir leurs droits à la propriété d'un droit de pêche dans une rivière. — Solut. 18 mars 1837.

1646. — Une signification de billet ou protêt avec assignation ne donne ouverture qu'à un seul droit, quel que soit le nombre des endosseurs, attendu la solidarité des signataires (C. comm., art. 140 et 187). — Délib. 28 janv. 1817.

1647. — Des gardiens de saisie sont considérés comme séquestres, et ne doivent être comptés que pour une seule personne. — Solut. 29 août 1831.

1648. — Lorsque plusieurs individus sont assignés en police correctionnelle pour se voir condamner, comme complices d'un même fait, même solidairement, à des dommages-intérêts, l'assignation donne ouverture à autant de droits fixes qu'il y a d'individus assignés, attendu qu'en matière de délits tout est individuel et spécial. — Décis. min. fin. 19 avr. 1814; délib. 3 nov. 1829.

1649. — Lorsqu'un exploit contient plusieurs dispositions indépendantes, il est passible de plusieurs droits quand ces dispositions ne sont pas la conséquence nécessaire de l'exploit lui-même. Il peut même donner lieu au droit proportionnel s'il constate une obligation ou une libération de somme. — V. *infra* nos 2187 et suiv.

1650. — L'exploit qui contient constitution d'avoué n'est passible que d'un seul droit fixe (circ. 16 vendém. an X, art. 2050). — Mais dans les tribunaux de paix, de police et autres devant lesquels il n'existe point d'avoué, et où les parties peuvent comparaître en personne, si la citation contient pouvoir à un individu qui y est dénommé de représenter celui à la requête duquel elle est donnée, il est dû deux droits, l'un pour l'exploit et l'autre pour le pouvoir. — Décis. min. just. et fin., 7 vent. et 22 germ. an VI; circ. 27 flor. an VI, art. 1271.

1651. — Il est dû deux droits sur le procès-verbal de saisie-exécution contenant remise au gardien d'une copie du procès-verbal. — Décis. min. fin. 2 fruct. an VII et 31 mai 1830; circ. 28 fruct. an VII, art. 1655; instr. 1336, § 7.

1652. — Il est également dû deux droits sur les procès-verbaux d'emprisonnement, contenant commandement au débiteur et signification au geôlier. — Décis. min. fin. 4 juill. 1809.

1653. — Un congé suivi de commandement n'est passible que d'un seul droit, attendu que les deux dispositions dépendent naturellement l'une de l'autre. — Délib. 16 mars 1822.

1654. — Il n'est dû qu'un seul droit de 2 fr. sur un exploit de saisie-exécution, quel qu'ait été le nombre d'heures employé à sa rédaction. — Délib. 26 mars 1823.

1655. — Lorsque, sur un procès-verbal d'offres, ces offres sont acceptées, il résulte de là une quittance passible du droit de 50 cent. par 100 fr. — Si les offres sont refusées et que l'acte ne fasse pas mention de titres de créances enregistrés, le droit d'obligation est dû sur la somme offerte. Dans l'un et l'autre cas, le droit fixe ne saurait être perçu cumulativement avec le droit proportionnel. Ce droit fixe ne serait seul exigible que dans le cas où les offres non acceptées dériveraient d'un titre enregistré. — Solut. 28 juin 1833; inst. 1437, § 7.

1656. — Décidé, au contraire, que les exploits d'offres réelles sont passibles d'un droit d'enregistrement distinct des droits dus sur le titre de libération ou de créance qui peut en résulter. — Solut. 28 janv. 1831.

1657.—*Inventaires*: — ... Les inventaires de meubles, objets mobiliers, titres et papiers: 2 fr. — L. 22 frim. an VII, art. 68, § 2, no 1er.

1658. — Il est dû un droit pour chaque vacation. — Même loi.

1659. — Les inventaires dressés après faillite (C. comm., art. 449, 450 et 486), quel que soit le nombre des vacations: 2 fr. — L. 24 mai 1834, art. 11.

1660. — La vacation est, en règle générale, de trois heures, et toute fraction d'une ou de deux heures doit être comptée pour une vacation; néanmoins les notaires peuvent faire des vacations de quatre heures (Décr. 10 brum. an XIV) en ayant soin de l'indiquer. Dans tous les cas, le nombre des vacations de trois ou de quatre heures doit être calculé par journées, pour la perception. — Décis. min. fin. 25 oct. 1808; solut. 25 mai 1830; inst. 406, no 2, et 1336, § 8.

1661. — L'état détaillé du mobilier d'un moulin fait par un notaire à la suite d'un bail n'est qu'un acte simple, et ne doit pas être considéré comme inventaire. — *Dict. des dr. d'enreg.*, vo *Inventaire*, § 2, no 28.

1662. — L'acte par lequel un individu déclare s'être marié sous le régime de la communauté, et avoir apporté ou reçu des îles une certaine somme provenant de sa femme, ne changeant rien à sa qualité d'époux et de père, ne peut pas être considéré comme la liquidation des droits à lui revenant, ou appartenant aux enfans provenus de son mariage. C'est simplement un supplément d'inventaire qui ne peut être assujéti qu'à un droit fixe, parce qu'il ne contient aucune obligation, et qu'il est tel en lui-même, que ses résultats peuvent toujours être contestés par les enfans ou par leur tuteur. — *Cass.*, 9 déc. 1807, Léotard.

1663. — *Jugemens et arrêts.* — Tous les jugemens et arrêts sont, en raison de leur nature et du tribunal dont ils émanent, passibles d'un droit fixe indépendamment du droit proportionnel auquel leurs dispositions peuvent donner ouverture. — V. *infra* nos 2674 et suiv.

1664. — *Juges de paix (actes des).* En général, les actes (les cédules exceptées) des juges de paix, les certificats d'individualité, procès-verbaux d'avis de parens, *visa* de pièces et poursuites préalables à l'exercice de la contrainte par corps; les oppositions à levée de scellés, par comparence personnelle dans le procès-verbal; les ordonnances et mandemens d'assigner les opposans à scellés et tous autres actes non classés dans des dispositions spéciales : 1 fr. — L. 22 frim. an VII, art. 68, § 1er, n° 46.

1665. — La réquisition pour levée des scellés (C. proc., art. 931) n'est pas assujétie à l'enregistrement. L'ordonnance seule doit être enregistrée au droit de 1 fr. — Décis. min. fin. 20 avr. 1813 et 1er juill. 1814 ; instr. 634.

1666. — Quant aux jugemens des juges de paix, V. infrà nos 27 et suiv.

1667. — *Lettres missives.* — ... Les lettres missives ne contenant ni obligation, ni quittance, ni aucune autre convention donnant lieu au droit proportionnel : 2 fr. — L. 28 avr. 1816, art. 43, n° 14. — (Autrefois 1 fr., L. 22 frim. an VII, art. 68, § 1er, n° 31).

1668. — La lettre missive contenant promesse de vente d'une coupe de bois n'est passible que du droit fixe à défaut du consentement réciproque exigé par l'art. 1589, C. civ. — Délib. 5 oct. 1821.

1669. — *Lettres de voiture.* — ...Les lettres de voiture : 1 fr. — L. 22 frim. an VII, art. 68, § 1er, n° 20.

1670. — *Ordonnances du juge, actes judiciaires.* — ... Les ordonnances des juges des tribunaux civils, rendues sur requêtes ou mémoires, celles de référé, de compulsoire et d'injonction ; celles portant permission de saisir-gager, revendiquer ou vendre, et celles des officiers du ministère public, dans le cas où la loi les autorise à en rendre ; les actes de ces tribunaux et des arbitres : 3 fr. — L. 28 avr. 1816, art. 44, n° 10. — (Autrefois 2 fr., L. 22 frim. an VII, art. 68, § 2, n° 6).

1671. — ... Les ordonnances sur requêtes ou mémoires, celles de réassigné, et tous actes des tribunaux de commerce : 3 fr. — L. 28 avr. 1816, art. 44, n° 10. — Autrefois 2 fr. (L. 22 frim. an VII, art. 68, § 2, n° 7).

1672. — Pour les mêmes ordonnances et actes en cour royale : 5 fr. — L. 28 avr. 1816, art. 45, n° 6.

1673. — En matière d'interrogatoire sur faits et articles, les ordonnances rendues soit par le président pour commettre un juge, soit par celui-ci pour indiquer les jour et heure, doivent être enregistrées avant d'être signifiées. — Décis. min. just. et fin. 13 juin 1809 ; instr. 436, n° 29.

1674. — L'ouverture des procès-verbaux d'enquête n'est point assujétie à un enregistrement particulier (Délib. 24 juill. 1819) et il ne doit être perçu qu'un seul droit de 3 fr. (outre les droits de greffe) sur l'ensemble d'un procès-verbal d'enquête, en plusieurs vacations. — Décis. min. fin., 22 juill. 1825 ; inst. 1180, § 7.

1675. — L'ordonnance du juge-commissaire à l'effet de faire sommer les créanciers de produire, est passible du droit de 3 fr., soit qu'elle ait lieu sur la requête de l'avoué poursuivant, ou sur la minute même du procès-verbal d'ordre ; mais il n'est rien dû sur l'ordonnance de renvoi à l'audience, en cas de contestation, parce qu'elle forme une partie intégrante du procès-verbal d'ordre. — Décis. min. fin. 17 janv. 1820.

1676. — L'ordonnance du président qui, sur le refus du mari d'autoriser sa femme pour la poursuite de ses droits, permet, sur la requête de celle-ci, de citer le mari à la chambre du conseil pour déduire les causes de son refus (C. procéd., art. 931) doit être enregistrée. — Décis. min. just. et fin. 13 juin 1809; instr. 36, n° 466.

1677. — Mais l'ordonnance de communication au ministère public, qui commet un juge pour le cas de l'absence présumée ou déclarée du mari, n'étant que de forme, est exempte de l'enregistrement. — Mêmes décis. et instr.

1678. — N'est passible que d'un seul droit l'ordonnance de référé qui autorise l'héritier : 1° à faire inventorier et vendre le mobilier de la succession ; — 2° à donner congé de l'appartement qu'occupait le défunt ; — 3° à payer tous les frais privilégiés et à verser ensuite le restant du prix de la vente à la caisse des consignations, attendu que, ces diverses autorisations ayant toutes pour cause le décès de l'auteur de la succession, on ne saurait les considérer comme indépendantes. — Solut. 17 mai 1830.

1679. — L'ordonnance d'*exequatur* d'une sentence arbitrale est soumise à l'enregistrement au droit fixe de 3 francs, comme les ordonnances des juges de première instance (L. 28 avr. 1816, art. 44), et non au droit fixe qui se perçoit sur les senten-

ces arbitrales elles-mêmes. — Solut. 26 sept. 1833.

1680. — *Paraphes.* — ...Le paraphe qui doit précéder l'usage d'un registre : 1 fr. — L. 28 avr. 1816, art. 73.

1681. — *Partages.* — ... Les partages de biens meubles et immeubles entre copropriétaires. — V. *infrà* nos 3275 et suiv.

1682. — *Prêts sur dépôts et consignations.* — ...Les actes de prêts sur dépôts ou consignations de marchandises, fonds publics français, et actions des compagnies d'industrie et de finance, dans le cas prévu par l'art. 95, C. comm. : 2 fr. — L. 8 sept. 1830.

1683. — Le bénéfice de la loi du 8 sept. 1830 doit être restreint aux cas de prêts faits à des commerçans, et il ne s'applique pas aux prêts purement civils. — Cass., 17 nov. 1834, Gellinacher ; même jour, Fabre ; 5 déc. 1837 (t. 2 1837, p. 590), Assurances générales.

1684. — Toutefois, la loi du 8 sept. 1830 est applicable aux actes de dépôt de marchandises, fonds publics ou actions de compagnies, conclus entre personnes non commerçantes. — Délib. 14 déc. 1830 ; instr. 1332.

1685. — Mais il faut que l'emprunt soit fait sur place, l'application de la loi étant restreinte aux prêts sur dépôts entre commerçans domiciliés dans la même ville. — Solut. 31 juill. 1835 ; délib. 12 juin 1837 ; instr. 1504, § 4.

1686. — Décidé, au contraire, que la loi est applicable alors même que les prêts ont lieu entre commerçans ne résidant pas dans la même commune. — Cass., 26 mai 1845 (t. 2 1845, p. 198), Lacarrière et Hervé.

1687. — La loi du 8 sept. 1830 doit recevoir son application, bien que le nantissement soit donné hors du chef-lieu de l'établissement ou maison commerciale, mais dans un dépôt secondaire de cette maison et pour cause de commerce. — Solut. 24 oct. 1832.

1688. — En cas de prêt sur dépôt, et pour l'exemption du droit proportionnel établi par la loi du 8 sept. 1830, le privilége du prêteur peut être établi entre commerçans, en suivant les formalités prescrites par le Code civil, quels que soient le domicile du commettant et celui du commissionnaire. — Solut. 17 avr. 1837.

1689. — Le droit proportionnel n'est pas exigible par cela qu'il y a autorisation de vendre les objets déposés pour le compte du déposant à l'effet d'en appliquer le prix à l'extinction de la dette. — Solut. 23 oct. 1830.

1690. — Si, après un acte de prêt sur dépôt, l'emprunteur hypothéquait des immeubles pour garantie de sa dette, cette affectation hypothécaire changeant la nature du prêt, qui devient alors obligation ordinaire, il y a lieu de percevoir 1 p. % sur l'acte. — Instr. 10 sept. 1830, art. 1332 ; — Roland et Trouillet, *Dict. de l'enreg.*, v° *Prêt*, n° 9.

1691. — Les actes de prêts faits par la caisse des dépôts et consignations sur nantissement d'inscriptions de rentes sur l'état sont passibles du droit proportionnel. Une décision ministérielle du 6 fév. 1817 avait établi pour ces actes la faveur du droit fixe ; mais d'après nouvel examen, fait le 11 nov. 1832 par le comité des finances, le ministre a décidé, le 1er déc. 1832, qu'il y avait lieu de rentrer dans le droit commun. — V. conf. autre décision min. fin. 29 mai 1833 ; — Roland et Trouillet, n° 11.

1692. — *Prises de possession.* — ...Les prises de possession en vertu d'actes enregistrés : 1 fr. — L. 22 frim. an VII, art. 68, § 1er, n° 33.

1693. — *Prisées de meubles.* — ... Les prisées de meubles : 1 fr. — L. 22 frim. an VII, art. 68, § 1er, n° 34).

1694. — *Procès-verbaux.* — ...Les procès-verbaux et rapports d'employés, gardes, commissaires, etc. : 2 fr., L. 28 avr. 1816, art. 43, n° 16. — (Autrefois 1 fr., L. 22 frim. an VII, art 68, § 1er, n° 35).

1695. — Les procès-verbaux de contravention rédigés par les employés de l'enregistrement dans tous les cas où une simple contrainte ne suffit pas, sont passibles du droit de 2 fr., sans égard à la quotité des condamnations ou des recouvremens auxquels il est conclu ou qui doivent en résulter. — Délib. 18 août 1824 ; Instr. 1150, § 17.

1696. — Les procès-verbaux de sauvetage dressés par les commissaires ou administrateurs des classes de la marine ne sont passibles que d'un seul droit de 2 fr., sans égard au nombre des vacations.—Décis. min. fin. 12 juin 1827; Instr., 1212, § 2.

1697. — Les procès-verbaux de saisie faits par les préposés des douanes n'étant des actes parfaits que lorsqu'ils sont clos, ils ne doivent être assujétis qu'à un seul droit, quel que soit le nombre de leurs vacations (Instr. 29 juin 1808, 386, n° 26). Mais ils sont passibles d'un second droit fixe, s'il est établi un gardien étranger à l'administration des douanes. — Décis. min. fin. 18 juin 1814.

1698. — Les plans dressés à la suite des procès-verbaux d'arpentage de coupes de bois constituent des actes assujétis à un droit séparé et indépendant de celui perçu sur le procès-verbal. — Délib. 29 mars 1833; Décis. min. fin. 13 avr. 1833.

1699.—Il n'est dû qu'un seul droit de 2 f. pour le procès-verbal d'arpentage et bornage de plusieurs pièces de terre appartenant au même individu; et l'acquiescement des propriétaires voisins, constaté par leur signature, ne donne lieu à aucun droit, car c'est une suite nécessaire de l'opération. — Délib. 4 août 1837.

1700. — Décidé, au contraire, que l'acte constatant les adhésions données par plusieurs propriétaires à un procès-verbal d'arpentage et de délimitation de leurs biens, est soumis à autant de droits particuliers qu'il y a d'adhésions distinctes; car le procès-verbal, exact pour quelques uns des propriétaires, peut être inexact à l'égard des autres, et l'opération ne peut être réputée faite dans un intérêt commun. — Délib. 21 juin 1833.

1701. — Si dans une faillite il a été dressé à des dates différentes plusieurs procès-verbaux de vérification et d'affirmation de créances, il n'est dû sur l'ensemble de ces procès-verbaux qu'un seul droit fixe de trois francs; car ces procès-verbaux faisant suite les uns aux autres, ne constituent véritablement qu'un seul acte. Dès-lors, si chacun des procès-verbaux est soumis séparément à l'enregistrement, le droit ne doit pas être perçu sur les derniers.—Solut. 11 fév. 1831;—Roland et Trouillet, *Dict. d'enreg*, v° *Faillite*, n° 9.

1702. — Sont passibles seulement du droit fixe de 1 fr., et non de celui de 2 fr., les procès-verbaux dressés par un notaire, lorsque ce notaire n'est pas connu par la justice, seul cas où s'applique l'art. 43. n° 16, L. 28 avr. 1816. — Solut. 28 juin et 29 août 1831.

1703. — ...*Procès-verbaux de délits et contraventions* aux réglemens généraux de police ou d'impositions : 1 fr., L. 22 frim. an VII, art. 68, § 1er, n° 50.

1704. — ... *Procurations.* — Les procurations et pouvoirs pour agir ne contenant aucune clause ou stipulation donnant lieu au droit proportionnel : 2 fr. — L. 28 avr. 1816, art. 43, n° 17. — (Autrefois 1 fr., L. 22 frim. an VII, art. 68, § 1er, n° 36).

1705. — Les procurations en brevet ou sous seing-privé, pour opérer le transfert de rentes sur l'état, au-dessous de 60 fr., soumises par l'ord. 5 mars 1823 au minimum du droit déterminé par la loi, ne peuvent être enregistrées qu'au droit de 2 fr. — Décis. min. fin. 26 mars 1823 ; instr. 1076.

1706. — Les actes, quelle que soit leur forme, par lesquels des particuliers nomment ou proposent à l'autorité des individus pour gardes de leurs propriétés, constituent un mandat ou pouvoir.—Décis. min. fin. 2 sept. 1830; instr. 1347, § 7.

1707. — Les procurations notariées pour retirer des caisses d'épargne les sommes y déposées sont soumises aux droits de timbre et d'enregistrement ; mais celles sous seing-privé peuvent être produites sans être enregistrées. — Décis. min. fin. 11 oct. 1834; instr. 1490, § 11.

1708. — Les autorisations verbales données devant le tribunal de commerce, et mentionnées dans le jugement, conformément à l'ord. du 10 mars 1825 ne sont pas soumises au droit de 2 fr., comme s'il s'agissait d'un pouvoir civil. — Décis. min. just. et fin. 13 juin 1809 ; avis com. fin., 15 fév. 1826, appr. le 7 mars; instr. 436, n° 35 et 1189, § 4.

1709. — Les procurations sont, comme les exploits, passibles d'autant de droits fixes qu'il y a de constituans non associés, cohéritiers, copro-

priétaires, cointéressés ou solidaires. — Délib., 16 janv. 1829.

1710. — Dès lors il n'y a pas lieu à pluralité de droits dans la procuration donnée collectivement, 1° par plusieurs individus qui prennent part à une association d'assurance mutuelle contre la grêle, à l'effet de former la société. — Décis. min. fin., 2 déc. 1821.

1711. — ... 2° Par plusieurs boulangers d'une ville, à l'effet de provoquer le rapport de différens arrêtés relatifs au réglement du prix du pain. — Délib., 5 oct. 1822.

1712. — ... 3° Par plusieurs membres d'une compagnie d'assurance mutuelle contre l'incendie, à une personne chargée d'opérer la résiliation de leurs engagemens envers leurs cosociétaires. — Délib., 19 mai 1826.

1713. — ... 4° Par plusieurs propriétaires riverains à l'un d'eux, pour soutenir leurs droits à la propriété de la pêche dans une rivière et des terrains qui la bordent. — Délib., 18 mai 1837.

1714.—...5° Par plusieurs fermiers de biens communaux, à l'effet de former pour eux, conjointement, une demande en remise ou modération de prix de leurs baux, même distincts et séparés. — Solut. 17 oct. 1838.

1715. — De même, la procuration donnée par plusieurs individus, dans le but d'acquérir un immeuble pour le compte commun des constituans, n'est passible que d'un seul droit fixe.—*Cass. belge*, 19 fév. 1833. Rallgand et Hamelinckx.

1716. — Mais l'acte par lequel des particuliers nomment ou proposent à l'autorité des individus pour gardes de leurs propriétés (V. *suprà* n° 1706) est passible d'autant de droits de 2 fr. que le mandat énonce de propriétaires différens et ayant un intérêt distinct. — Décis. min. fin. 2 sept. 1830; Instr. 1347, § 7.

1717. — La procuration donnée par des cohéritiers pour administrer et régler les affaires d'une succession, est passible d'un seul droit fixe. Mais elle est assujétie à autant de droits qu'il y a de constituans, si elle contient pouvoir d'accepter purement et simplement ou sous bénéfice d'inventaire, ou de renoncer. — Délib., 26 mai 1829 et 22 fév. 1833; solut. 20 oct. 1832.

1718. — La clause du cahier des charges d'une vente de meubles qui charge l'officier public instrumentaire de recevoir le prix de cette vente, n'est pas passible d'un droit particulier comme procuration; car le droit de toucher le prix appartient à l'officier public en vertu de la loi, et n'est point la conséquence du mandat qu'on lui donne. — Solut. 19 mars 1831.

1719.— Les procurations avec salaires donnent lieu au droit proportionnel, soit de bail, si l'industrie ou les services du mandataire se trouvent engagés au profit du mandant pour un temps déterminé plus ou moins long : soit de marché, s'il s'agit de quelques opérations, ou d'une gestion confiée au mandataire. — Masson de Longpré, *Code de l'enreg.*, n° 2128.

1720. — Une procuration peut même donner lieu au droit proportionnel de mutation, si la nature du mandat conféré est telle qu'il en résulte la preuve d'une mutation au profit du mandataire.

1721. — Ainsi, une procuration est passible du droit proportionnel, lorsqu'elle est donnée à un individu à l'effet de vendre différens immeubles et d'en recevoir le prix fixé à une somme convenue et payable par le mandataire, avec stipulation que si le produit de la vente dépassait cette fixation, l'excédant appartiendra, à titre d'indemnité, à celui-ci.—Décis. min. fin., 4 sept. 1829; instr. 1303, § 13.

1722. — De même, on doit considérer comme acte de vente l'acte par lequel un individu donne à un autre pouvoir d'administrer, de vendre ou échanger ses immeubles, selon les conventions qui conviendront à ce dernier, renonçant d'honneur à révoquer ce pouvoir avant la consommation de la vente des biens, et sous la condition que si le prix excède une somme déterminée, l'excédant appartiendra au mandataire à titre de salaire; en conséquence, cet acte est passible du droit proportionnel de mutation. — Solut. 6 avr. 1838. — *infrà* chap. 7, *Mutations secrètes*, n°s 3876 et suiv.

1723.—*Promesses d'indemnité.* —...Les promesses

d'indemnités indéterminées et non susceptibles d'estimation : 2 fr. —L. 28 avr. 1816, art. 43, n° 18. —(Autrefois 1 fr., L. 22 frim. an VII, art. 68, § 1er, n° 37).

1724.—*Prud'hommes (exploits devant les).*—...Les assignations et tous autres exploits devant les prud'hommes: 50 c. — L. 28 avr. 1816, art. 41, n° 2.

1725. — *Quittances.* — ... Certaines quittances ne sont passibles que d'un simple droit fixe, par dérogation spéciale à la disposition de la loi qui les soumet au droit proportionnel. —V. n°s 2194 s.

1726. —Ainsi, sont seulement passibles du droit fixe de 2 fr. les quittances de répartition données aux syndics ou au caissier de la faillite, en exécution de l'art. 561, C. comm. (aujourd'hui art. 569, L. 28 mai 1838), quel que soit le nombre d'émargemens sur chaque état de répartition. — L. 24 mai 1834, art. 15. — Il en est autrement des quittances délivrées au failli personnellement par suite d'un concordat. — Délib. 30 août 1836.

1727. — Antérieurement à la loi du 24 mai 1834, il avait été décidé que l'acte par lequel les syndics d'une faillite rendaient compte de leur gestion au failli et aux créanciers, ne donnait lieu qu'à un droit fixe de 2 fr., relativement à la disposition qui donnait décharge aux syndics de leur administration; mais que le droit proportionnel était dû sur la disposition qui concernait la libération du failli, à raison des sommes déjà touchées par les créanciers. — *Cass.*, 26 nov. 1821, Deville.

1728. — N'est passible que du droit fixe de 1 fr., la quittance notariée consentie par un particulier qui ne sait pas signer d'une somme au-dessus de 150 fr. pour fournitures faites à l'état ; toutefois, elle est assujétie au timbre, et l'expédition doit être également sur papier timbré ; le tout aux frais de la partie prenante. — Décis. min. fin., 20 janv. et 12 sept. 1835 ; instr. 1504, § 6.

1729. — Les quittances ayant pour objet exclusif la construction, l'entretien et la réparation des chemins vicinaux doivent être enregistrées moyennant le droit fixe de 1 fr. — L. 21 mai 1836, art. 20.

1730.—*Rapports d'experts*, etc.—... Les rapports d'employés, gardes, commissaires, séquestres, experts, arpenteurs et agens forestiers et ruraux : 2 fr.—L. 28 avr. 1816, art. 43, n° 16.—(Autrefois 1 fr., L. 22 frim. an VII, art. 68, § 1er, n° 35).

1731. — Si les arbitres ou experts se bornaient à énoncer verbalement leur avis à l'audience, on ne pourrait, à raison de la mention qui en serait faite dans le jugement, percevoir de droit particulier. —Décis. min. just. et fin., 13 juin 1809 ; instr. 436, n° 37.

1732. Les procès-verbaux et rapports d'experts ne sont passibles que d'un seul droit fixe, bien qu'on ait employé plusieurs jours à leur confection, pourvu toutefois qu'ils ne contiennent aucune disposition ne dérivant pas nécessairement de l'expertise.—Décis. min. fin., 24 sept. 1808 ; instr. 406, n° 1er.

1733.—*Ratification.* — ... Les ratifications pures et simples d'actes en forme: 1 fr. — L. 22 frim. an VII, art. 68. § 1er, n° 38.

1734. — Un acte contenant ratification de plusieurs autres actes est passible d'autant de droits fixes qu'il y a d'actes ratifiés. — *Cass.*, 20 fév. 1839 (t. 1er 1839, o. 314), Colin.

1735. — Tel est le cas où un majeur ratifie plusieurs actes passés en son nom pendant sa minorité. — Délib. 12 juill. 1836.

1736.—*Récépissés.* — ... Les récépissés de pièces: 2 fr.—L. 28 a.. r. 1816, art. 43, n° 8.—(Autrefois 1 fr., L. 22 frim. an VII, art. 68, § 1er, n° 22).

1737. — Les récépissés donnés par les avoués, dans les cas de communication de pièces dont parlent les art. 106 et 189, C. procéd., ne sont passibles de l'enregistrement que dans le cas où l'on en ferait usage en justice. — Décis min. just. et fin., 14 juin 1809 ; instr. 436, n°s 14 et 18.

1738. — Le récépissé délivré par le secrétaire de la chambre des notaires, pour constater le dépôt d'un extrait de contrat de mariage ou de jugement de séparation entre époux dont l'un est négociant, est passible d'un droit d'enregistrement de 2 fr., dès-lors qu'aucun acte enregistré ne constate le dépôt dont il s'agit. — *Cass.*, 16 fév. 1824, Barazer,

1739. — Les projets de compte de tutelle devant notaires ou sous seing-privé suivis du récépissé donné par l'oyant-compte, sont passibles du droit de 2 fr. comme récépissés de pièces. Il est dû un droit pour chaque oyant, lorsqu'un seul acte renferme plusieurs comptes particuliers par un tuteur à des mineurs devenus majeurs et ayant des intérêts distincts, soit à cause des recettes, soit à cause des dépenses. — Délib. 1er mars 1836; instr. 1528, § 4.

1740.—*Reconnaissances pures et simples.*—... Les reconnaissances pures et simples ne contenant aucune obligation ni quittance: 2 fr.—L. 28 avr. 1816, art. 43, n° 19. — (Autrefois 1 fr., L. 22 frim. an VII, art. 68, § 1er, n° 39).

1741. — *Recours en cassation et devant le conseil d'état.* — ... Le premier acte de recours, 1° soit en cassation, par requête, mémoire ou déclaration, en matière civile, de police ou correctionnelle ;— 2° soit devant le conseil d'état : 25 fr., L. 28 avr. 1816, art. 47, n° 1er. — (Autrefois 15 fr., L. 22 frim. an VII, art. 68, § 6, n° 3).

1742. — Tout premier acte de recours en cassation, quel qu'en soit l'objet, étant passible du droit (arrêté gouvern. 21 pluv. an XI; instr. 124), il s'ensuit que le droit doit être perçu sur l'exploit s'il constitue ce premier acte, et par conséquent, au bureau où cet exploit est présenté à la formalité (solut. 29 août 1831 et 1 janv. 1832), sinon, a perception est faite par le receveur établi près la cour de Cassation. — Circ. 9 frim. an VIII, 1704.

1743. — Il en est de même pour les dénonciations de recours au conseil d'état. — Solut. 4 janv. 1832.

1744. — Pour les déclarations de recours en matière de police simple ou correctionnelle faites aux greffes des tribunaux et en matière de prises maritimes, le droit doit être perçu par le receveur près de ces tribunaux qui enregistre aussi en *débet* les déclarations du ministère public.—Circ. 9 frim. an VIII, 1704.

1745.—La déclaration que fait au greffe un condamné en matière correctionnelle, lorsqu'il se pourvoit en cassation, doit être enregistrée *en débet* toutes les fois qu'il n'y a pas de partie civile.—Décis. min. fin. 24 mars 1825; instr. 1166, § 12.

1746. — Les déclarations de recours en cassation en matière criminelle, sont exemptes de l'enregistrement, comme comprises dans le n° 9, § 3, art. 78, L. 22 frim. an VII. — Circ. 9 frim. an VIII, 1704 ; arrêté gouvern. 21 pluv. an XI; instr. 124.

1747.—*Renonciations.*—...Les abstentions, répudiations et renonciations pures et simples à successions, legs ou communautés, si elles ne sont pas faites en justice : 1 fr. — L. 22 frim. an VII, art. 68, § 1er, n° 1er.

1748. — Il est dû un droit par chaque renonçant et pour chaque succession à laquelle on renonce. — Même loi.

1749. — Il n'est dû qu'un seul droit de 1 fr. sur l'acte par lequel le légataire particulier de tout le mobilier d'une succession et de l'usufruit d'un domaine, renonce purement et simplement à ce legs d'usufruit, et se réserve le legs du mobilier. Si ce mobilier lui est délivré, il est dû un autre droit fixe de 1 fr. — Délib. 14 avr. 1837.

1750.—*Résiliemens.*— ... Les résiliemens purs et simples faits par actes authentiques dans les vingt-quatre heures des actes résiliés : 2 fr. — L. 28 avr. 1816, art. 43, n° 20. — (Autrefois 1 fr., L. 22 frim. an VII, art. 68, § 1er, n° 40).

1751. — N'est passible que du droit fixe la résolution, même volontaire, d'une vente à rente viagère restée sans effet (C. civ., art. 1975), par suite du décès du vendeur dans les vingt jours du contrat. — Délib. 27 mai 1828.

1752. — Le résiliement pur et simple d'un contrat de mariage, même passé après les vingt-quatre heures du contrat, n'est passible que du droit fixe de 2 fr. — Délib. 28 août 1824.

1753.—*Réunions d'usufruit.*— ... Les réunions de l'usufruit à la propriété, lorsque la réunion s'opère par acte de cession, et qu'elle n'est pas faite pour un prix supérieur à celui sur lequel le droit a été perçu lors de l'aliénation de la propriété : 3 fr. — L. 28 avr. 1816, art. 44, n° 4. — (Autrefois 1 fr., L. 22 frim. an VII, art. 68, § 1er, n° 42).

1754, — Le droit fixe de 3 fr. est exigible pour

la renonciation à un usufruit, comme pour un acte de cession ; toutefois, il faut que la renonciation soit expresse. — Délib. 5 janv. 1835.

1755.—*Révocations.*— ... Les rétractations et révocations : 2 fr. — L. 28 avr. 1816. art. 43, n° 21. — (Autrefois 1 fr., L. 22 frim. an VII, art. 68, § 1er, n° 41).

1756. — La révocation pure et simple d'un testament n'est passible que du droit fixe de 2 fr. lorsqu'elle ne contient que la déclaration de vouloir mourir *ab intestat.* — Délib. 14 niv. an XIII.

1757. — *Scellés (procès-verbaux relatifs aux).* — ...Les procès-verbaux d'opposition, de reconnaissance et de levée de scellés : 4 fr.—L. 19 juill. 1845, art. 5.—(Autrefois 2 fr., L. 22 frim. an VII, art. 68, art. 2, n° 3).

1758. — Il est dû un droit pour chaque vacation. — Mêmes lois.

1759. — Les mêmes procès-verbaux d'apposition, de reconnaissance et de levée après faillite, quel que soit le nombre des vacations : 2 fr.—L. 24 mai 1834, art. 11.

1760. — Est passible de 2 fr. par vacation le procès-verbal descriptif des meubles trouvés au domicile du défunt, que le juge de paix dresse au lieu d'apposer les scellés. — Solut. 10 fév. 1831.

1761. — Les procès-verbaux de carence dressés par le juge de paix en cas d'apposition de scellés après décès (C. procéd., art. 924) ne sont soumis qu'au droit fixe de 1 franc, quel qu'ait été le temps employé à leur rédaction. — Décis. min. fin. 8 oct. 1823 ; instr. 1104.

1762. — L'établissement d'un gardien aux scellés (C. procéd., art. 914), étant un accessoire nécessaire de leur apposition, ne donne point ouverture à un droit particulier. — Décis. min. fin. 25 avr. 1809 ; instr. 436, n° 72.

1763. — La prestation de serment des experts dans le cas prévu par l'art. 935, C. procéd., donne ouverture à un droit particulier, si elle est constatée dans le procès-verbal de levée des scellés. — Décis. min. fin. 25 juill. 1810. — Mais la simple nomination des experts n'est passible d'aucun droit. — Masson de Longpré, *Code de l'enregistr.,* n° 2261.

1764.—*Serment (prestations de).*—... Les prestations de serment des greffiers et huissiers des juges de paix, des gardes des douanes, gardes forestiers et gardes champêtres pour entrer en fonctions : 3 fr. — L. 22 frim. an VII, art. 68, § 3, n° 3.

1765. — ... Les prestations de serment des notaires, des greffiers et huissiers des tribunaux civils, criminels, correctionnels et de commerce, et de tous employés salariés par l'état autres que ceux compris sous le § 3, n° 3, L. 22 frim., également pour entrer en fonctions : 15 fr. — L. 22 frim. an VII, art. 68, § 6, n° 4.

1766.—... Les actes de prestation de serment non tarifés par la loi doivent être enregistrés au droit fixe de 1 franc.—Délib. 23 juill. 1830 ; — Roland et Trouillet, *Dict. d'enregistr.,* v° *Serment,* § 2, n° 54.

1767. — Il en est de même quand un préposé, sans changer de grade ni d'attributions, ne fait que renouveler un serment par suite d'un changement de résidence. — Décis. min. fin. 17 fév. 14 mai 1817, 12 déc. 1821 ; instr. 1025 ; solut. 4 fév. 1830.

1768. — Les dispositions de la loi de frimaire concernant les prestations de serment des employés, fonctionnaires et officiers publics s'appliquent aux emplois qui existaient lorsque cette loi a été rendue et à ceux qui ont pu être créés depuis. — Décis. min. fin. 14 niv. an XIII ; instr. 290, n° 42.

1769. — Les actes de prestation de serment sont assujétis à l'enregistrement, soit que le serment ait été reçu par un préfet, ou un sous-préfet, ou un maire, soit qu'il ait été prêté devant un tribunal civil ou un juge de paix. — Décis. min. fin. 12 thermid. an XII et 14 niv. an XIII ; instr. 248 et 290, n° 42.

1770. — Les prestations de serment des porteurs de contraintes sont passibles de 3 fr. par assimilation de leurs fonctions à celles des huissiers des juges de paix. — Décis. min. fin. 3 flor. an XIII ; instr. 290, n° 55.

1771. — La prestation de serment d'un individu

nommé en même temps garde champêtre et préposé de l'octroi n'est passible que d'un seul droit de 3 francs ; mais s'il est rédigé deux actes séparés, chacun est passible d'un droit particulier de 3 francs. — Décis. min. fin. 28 nov. 1809.

1772. — La prestation de serment d'un garde nommé ou présenté par plusieurs particuliers en vertu d'une commission collective ne donne ouverture qu'à un seul droit de 3 francs. — Décis. min. fin. 2 sept. 1830 ; instr. 1347, § 7. — Roland et Trouillet, *Dict. d'enregistr.,* v° *Serment,* § 2, n° 37.

1773. — Décidé au contraire qu'il est dû autant de droits que le procès-verbal constate d'individus assermentés. — Décis. min. fin. 7 pluv. an VIII ; circul. 14 germin. an VIII, 1798.

1774. — Les prestations de serment des gardes à cheval des forêts sont assujétis au droit de 3 fr., sans égard à la quotité de traitement. — Décis. min. fin. 11 nov. 1818.

1775. — Les actes de prestation de serment des gardes des barrières sont compris sous le n° 3, § 3, art. 68, L. 22 frim. an VII ; — L. 27 vent. an IX, art. 14.

1776. — Les actes de prestation de serment des agens des douanes, commissionnés par les directeurs dans les départemens et révocables par eux, sont assimilés à ceux des gardes mentionnés dans la loi et passibles de 3 francs. — Décis. min. fin. 20 vendém. an XI, 23 oct. 1816 et 7 juin 1833 ; instr. 290, n° 47, 366, n° 17 ; 754 et 1429.

1777. — L'acte de prestation de serment des commis-greffiers est assujéti au même droit d'enregistrement que celui des greffiers en chef. — *Cass.,* 17 fév. 1806, Ferrier.

1778. — L'acte de prestation de serment d'un commis-greffier doit être enregistré au droit fixe de 15 francs, encore bien que le même individu viendrait à prêter postérieurement un second serment en qualité de greffier. — *Cass.,* 21 janv. 1806, Malbec.

1779. — Est passible du droit fixe de 1 fr., la prestation de serment d'un commis-greffier de tribunal de première instance temporairement nommé, quel que soit le nombre d'actes ou de jugemens dans lesquels sa prestation de serment a été exprimée. — Décis. min. fin. 11 vendém. an XII, 26 sept. 1817 ; solut. 8 mai 1830 ; — Roland et Trouillet, *Dict. d'enregistr.,* v° *Serment,* § 2, n° 14.

1780. — Les huissiers choisis par les tribunaux de commerce et les juges de paix, n'acquérant pas un nouveau caractère, n'ont pas de nouveau serment à prêter. Ils ne doivent le droit de 15 fr. que sur leur prestation de serment en qualité d'huissiers d'un tribunal de première instance. — Décis. min. fin. 22 mai 1824 ; instr. 1133.

1781. — Il n'est dû que 1 franc, comme acte de complément, sur la prestation de serment d'un huissier désigné pour faire le service des audiences d'une cour royale, quand il a déjà acquitté le droit de 15 francs sur l'acte de sa prestation de serment comme huissier près un tribunal de première instance. — Délib. 3 janv. 1822.

1782. — Il est dû un droit de 15 francs pour chaque prestation de serment, lors même qu'il n'a été rédigé qu'un seul acte du serment de plusieurs notaires admis sur un seul appel nominal. — Décis. min. fin. 24 vendém. an XIII ; Instr. 204 et 290, n° 49. — Roland et Trouillet, *Dict. d'Enreg.,* v° *Serment,* § 1er, n° 8.

1783. — L'acte de prestation de serment des avocats et avoués, en vertu de la loi du 22 vent. an XII, a été soumis à la formalité de l'enregistrement ; et quelque difficulté qu'il ait pu s'élever sur la quotité du droit, les juges n'ont pu décider qu'il n'en était dû aucun. — *Cass.,* 19 thermid. an XIII, avocats et avoués de Civrai.

1784. — Les actes de prestation de serment des avoués sont assujettis au droit de 15 francs. — L. 27 vendém. an IX, art. 14 ; Décis. min. fin. 14 vendém. et 30 brum. an XIII ; 20 mai et 8 juill. 1806 ; décr. 31 mai 1807 ; instr. 290, n°s 57, 311 et 330.

1785. — Si l'acte de prestation de serment par des avoués, non pour entrer en fonctions, mais pour se conformer à la loi du 22 vent. an XII, ne donne pas lieu au droit fixe de 15 francs ; il est au moins sujet au droit fixe de 1 franc comme tout autre acte judiciaire non dénommé. — *Cass.,* 24 févr. 1808, Frogerais; 18 juill. 1808, Prugnat et Sartin; 31 août 1808, Begen.

1786. — Les actes de prestation de serment des avocats n'étant point désignés dans la loi du 22 frim. an VII, avaient paru ne devoir être assujettis qu'à 1 franc. — Décis. min. fin. 20 mai et 8 juill. 1806; Instr. 311.

1787. — Mais depuis ils ont été assimilés aux actes de prestation de serment des avoués et soumis au droit de 15 francs. — Décr. 31 mai 1807; Instr. 330 et 555.

1788. — Le décret du 31 mai 1807, qui assujétit à un droit fixe de 15 francs les actes de prestation de serment des avocats, s'applique même aux prestations antérieures à sa publication. — Cass., 11 (et non 1er) septemb. 1811, Mangin.

1789. — L'acte de prestation de serment prescrit aux avocats par les décrets des 31 mai 1807 et 6 juill. 1810, n'est pas assujéti au droit fixe de 15 francs, lorsque l'avocat, entré antérieurement en fonctions, avait déjà prêté un premier serment. Cet acte n'est passible que du droit fixe de 1 franc. — Cass., 17 avr. 1816, Roy.

1790. — La prestation de serment d'agréé au tribunal de commerce n'est assujétie qu'au droit de 1 franc. — Décis. min. fin. 17 août 1813.

1791. — Si plusieurs experts prêtent serment par le même acte, il y a lieu à la pluralité de droits, quand la prestation de serment est dans l'intérêt de ceux qui l'ont faite et qu'elle n'est pas relative à une seule contestation. — Solut. 16 nov. 1814.

1792. — Mais il n'est dû qu'un seul droit fixe de 3 francs sur le procès-verbal de prestation de serment de trois experts nommés pour procéder collectivement. — Décis. min. fin. 25 juill. 1821; Délib. 10 oct. 1826 et 22 fév. 1828, appr. le 5 avr. suiv. — Roland et Trouillet, *Dict. d'Enreg.*, v° *Serment*, § 2, n° 32.

1793. — La prestation de serment des experts et le rapport de l'expertise qui ont lieu devant le juge ne constituent qu'un acte judiciaire passible d'un seul droit d'enregistrement, celui du rapport. — Roland et Trouillet, *ibid.*, § 2, n° 33.

1794. — La nomination et la prestation de serment d'un expert, dans un inventaire, ne donnent pas ouverture à un droit particulier. — Délib. 21 déc. 1809.

1795. — Le surnuméraire de l'enregistrement qui est appelé à l'emploi de receveur, est tenu de prêter serment et d'acquitter le droit fixe de 15 francs, bien qu'un droit égal ait déjà été perçu sur la prestation de serment faite par le même employé, à l'occasion de l'intérim d'un bureau vacant par mort ou destitution. — Solut. 10 oct. 1818. — Roland et Trouillet, *ibid.*, § 2, n° 31 et § 3, n° 18.

1796. — La prestation de serment d'un surnuméraire chargé de l'intérim d'un bureau d'enregistrement, n'est assujétie qu'au droit de 1 franc. — Délib. 26 fructid. an XI; Décis. min. fin. 11 nov. 1836; Instr. 1539, § 8.

1797. — Tous les actes de prestation de serment des employés ne sont pas réglés par la disposition du n° 4, § 6, L. 22 frim. an VII. — Ainsi, il n'est dû que 3 francs pour le serment des préposés de l'administration et de toutes autres personnes recevant un salaire de l'état, quand les traitemens, salaires et remises n'excèdent pas 500 francs par année. Pour prévenir toute erreur à cet égard, la quotité du traitement doit être mentionnée dans la commission et rappelée dans l'acte de prestation de serment. — Décis. min. fin. 9 mai 1817; Instr. 783.

1798. — La mention de la prestation de serment des employés peut être mise en marge de leur commission. — Décis. min. fin. 21 mai 1811; Instr. 534.

1799. — Ne sont assujéties qu'au droit fixe de 1 franc les prestations de serment :

1800. — ... Des agens provisoires d'une faillite. — Solut. 22 sept. 1832.

1801. — ... Des gardes-messiers et des gardes-ventes ou facteurs. — Circ. 12 sept. 1808 et 28 sept. 1812.

1802. — ... Des interprètes jurés des langues étrangères près les tribunaux de commerce. — Décis. min. fin., 12 thermid. an XII et 23 juill. 1830; Inst. 290, n°s 48 et 1347, § 8.

1803. — ... Des imprimeurs et des libraires. La

ENREGISTREMENT, ch. 6, sect. 1re.

prestation de serment peut être mentionnée sur le brevet. — Décis. min. fin. 10 août 1813; Instr. 645.

1804. — ... Des préposés aux droits de place attribués aux villes. — Solut. 19 nov. 1832.

1805. — *Significations d'avocat à avocat.* — ... Les significations d'avocat à avocat dans les instances en cassation et devant le conseil d'état : 3 fr. — L. 28 avr. 1816, art. 44, n° 11.

1806. — *Significations d'avoué à avoué.* — ... Les significations d'avoué à avoué dans le cours des instructions des procédures (autrefois 25 c., L. 27 vent. an IX, art. 15), aujourd'hui, savoir ; devant les tribunaux de première instance : 50 c. — L. 28 avr. 1816, art. 44, n° 1er. — Devant les cours royales : 1 fr. — L. 28 avr. 1816, art. 42.

1807. — Il est dû un droit pour chacun des avoués demandeurs ou défendeurs, en quelque nombre qu'ils soient. — Circ. 9 messid. an IX, n° 2018.

1808. — Il faut distinguer entre les significations qui doivent être faites d'avoué à avoué, lesquelles sont seules passibles de 50 c., et les significations à personne ou à domicile, sujettes au droit fixe des exploits ordinaires, bien que faites aux avoués. — Décis. min. fin., 12 vendém. an XI, inst. 290, n° 66.

1809. — Comme les tribunaux réputent valables les significations d'opposition aux jugemens par défaut, faites par acte d'avoué à avoué, il n'y a pas lieu d'en exiger d'autres, et elles ne peuvent donner ouverture qu'au droit fixé pour les actes d'avoué à avoué. — Décis. min. just. 17 vendém. an XIII; inst. 290, n° 67.

1810. — L'acte de produit qui ne consiste que dans la connaissance que l'avoué donne à l'avoué adverse de la remise des pièces au greffe (C. procéd. art. 96, 97, 102 et 754) ne donne ouverture qu'au droit de 50 c. pour la signification entre avoués. La simple mention sur le registre des productions remises n'est susceptible d'aucun droit. — Décis. min. just. et fin., 13 juin 1809; inst. 436, n°s 13 et 59.

1811. — Les dénonciations de l'état de collocation d'un ordre, faites par acte d'avoué à avoué, ne sont passibles que du droit fixe de 50 c. — Solut., 10 août 1834.

1812. — La signification d'un jugement en matière d'ordre, faite par le même exploit, à la requête d'un avoué et de son client, à cinq autres avoués et à leurs cliens, est passible de cinq droits de 50 c. et d'autant de droits de 2 fr. — Délib. 19 janv. 1830.

1813. — *Société (actes de).* — Les actes de formation ou de dissolution de société ne portant ni obligation, ni libération, ni transmission de biens meubles ou immeubles entre les associés ou autres personnes : 5 fr. — L. 28 avr. 1816, art. 45, n° 2. — (Autrefois 3 fr., L. frim. an VII, art. 68, § 3, n° 4.)

1814. — Ne sont passibles que d'un simple droit fixe de 1 fr. : 1° l'acte de société pour le perfectionnement du canal de Saint Quentin, et les actes nécessaires à la formation de cette société. — L. 29 mai 1827.

1815. — ... 2° Les actes d'association pour la réunion des fonds nécessaires à l'entreprise du canal des Pyrénées. — L. 20 fév. 1832.

1816. — ...3° Les actes relatifs à la formation de la société pour l'exécution du canal latéral à la Garonne. — L. 22 avr. 1832.

1817. — Doit être considéré comme constituant une société, et passible par conséquent du droit de 5 fr., l'acte par lequel un individu s'engage à faire à une société des avances dont elle a besoin moyennant une part dans les bénéfices, sans pouvoir réclamer son remboursement contre les actionnaires, mais seulement sur les fonds de l'établissement. — Délib. 2 mai 1828.

1818. — De même, il y a seulement société donnant ouverture au droit fixe dans l'acte passé entre plusieurs particuliers où l'un d'eux annonce son projet d'acquérir des immeubles et s'engage à en céder une portion déterminée aux autres, à condition qu'ils contribueront pour une somme relative au paiement du prix. La résiliation réciproque de cette convention après l'acquisition constitue une cession d'immeubles indivis, passible de 4 %. — Délib. 23 sept. 1826.

1819. — Un tribunal a pu considérer comme un acte, non de vente, mais de société, celui qui, déclaré tel par les parties, impose à l'une d'elles l'obligation de fournir l'intégralité de la chose sociale, et qui, l'affranchissant de toute participation tant aux frais qu'aux pertes de l'association, lui assigne pour sa part de bénéfices une somme fixe, payable sans plus ni moins, à toute éventualité, surtout si le caractère de l'acte est attaqué par la régie et non point par la partie lésée. En conséquence, cet acte ne donne ouverture qu'au droit fixe de 5 fr. — Cass., 7 janv. 1833, Roccasserra.

1820. — L'acte par lequel des propriétaires s'associent pour se garantir mutuellement, soit contre la grêle, soit contre l'incendie, sans aucune fixation de primes, est une société passible du droit de 3 fr., et non pas un acte d'assurance. — Déc. min. fin. 21 déc. 1821.

1821. — Il en est de même de l'acte par lequel plusieurs jeunes gens contribuent chacun pour une somme déterminée à l'effet d'être répartie seulement entre ceux qui seront atteints par le sort, en vertu de la loi sur le recrutement. — Déc. min. fin. 1er juin 1822.

1822. — Les actes de société par lesquels les associés promettent de verser à une époque déterminée le montant de leur mise, et les actes subséquens dans lesquels il conviennent d'ajouter à leur première mise et stipulent l'époque du versement de ces supplémens de fonds, restent assujétis au droit fixe. — Déc. min. fin. 29 thermid. an XII; instr. 290, n° 9.

1823. — Ainsi, il n'est dû que le droit fixe de 3 fr. pour l'enregistrement d'un acte de société dont le fonds social est divisé en actions, si en représentation d'un immeuble apporté par les fondateurs, il leur est attribué un certain nombre de ces actions, avec stipulation que le surplus du fonds social sera fourni par les souscripteurs d'actions. — Délib. 13 nov. 1838.

1824. — L'acte de société par lequel l'un des associés, pour tenir lieu de sa mise fixée en numéraire, abandonne un immeuble, n'est assujéti qu'au droit fixe, attendu que cet associé n'est pas dépouillé de sa propriété, dans laquelle il conserve une part indivise, et que, lors de la dissolution par suite de la licitation, il peut rester propriétaire définitif. — Délib. 30 oct. 1822.

1825. — Jugé en ce sens que la mise en société d'un immeuble appartenant à l'un des associés n'opérant point alors mutation au profit des autres associés individuellement, il n'y a lieu de percevoir sur l'acte qu'un droit fixe. — Cass., 29 janv. 1840 (t. 2 1842, p. 173), Véron.

1826. — L'acte par lequel un associé cède pour sa mise de fonds des meubles ou des immeubles à la société, ne donnant lieu qu'à une mutation éventuelle, n'est passible que du droit fixe, quelles que soient les clauses et les mises en commun de biens fonds, de mobilier ou d'industrie. — Déc. min. fin. 8 déc. 1807; instr. 360; délib. 14 sept. 1838.

1827. — Jugé, en ce sens, qu'il ne doit pas être perçu de droit de mutation immobilière sur l'acte par lequel l'un des associés apporte des immeubles dans la société et l'autre des valeurs mobilières. Ce droit n'est dû que lorsque, par l'effet du partage de l'actif social, l'immeuble est attribué à l'associé qui n'en avait point fait l'apport. — Cass., 13 juill. 1840 (t. 2 1840, p. 585), Grillon.

1828. — Mais le droit proportionnel est exigible quand, dès le moment même de l'apport de valeurs quelconques, la propriété ne reste pas en suspens, et que l'associé s'en dessaisit actuellement en faveur de la société qui lui donne l'équivalent. Le droit proportionnel est également exigible sur les obligations ou quittances par un ou plusieurs des associés en faveur d'un ou de plusieurs des coassociés individuellement et non dans l'intérêt général de la société. — Déc. min. fin. 29 thermid. an XII; instr. 290, n° 9.

1829. — Ainsi, le droit de vente est exigible si le gérant d'une société en commandite, dans l'acte même qui la constitue, verse et cède à la société des immeubles dont la valeur sera imputée sur le montant des actions qui lui sont attribuées, ou lui sera payée de manière que lui seul et non la société en profite. — Délib. 23 janv. 1835.

1830. — Ainsi, la cession d'un immeuble faite par un associé à la société qui le paie de ses deniers, même d'après une clause de l'acte social, est passible du droit de vente de 5 1/2 %. Spécialement, dans le cas où le fondateur d'une société en commandite par actions a stipulé que les immeubles par lui apportés lui seraient payés en argent par la société, l'exécution de cette clause ayant eu pour effet de rendre la société propriétaire de ces immeubles par voie d'acquisition, il s'est opéré une transmission immobilière qui donne ouverture au droit de 5 1/2 %. Peu importe que l'associé fondateur ait déclaré par un acte postérieur qu'il a reçu la valeur de ses immeubles en actions : cet acte, qui déroge aux conventions primitives, n'est point opposable à la régie. — Cass., 8 mars 1842 (t. 1er 1842, p. 566), de Masin.

1831. — Ainsi encore lorsqu'il a été reconnu, en fait, qu'un associé a fait, comme tiers, l'apport d'immeubles par destination, tels que machines, etc., dont il s'est fait rembourser la valeur des deniers de la société, c'est avec raison qu'on a considéré cette convention comme constituant une vente immobilière, passible en conséquence du droit proportionnel. — Cass., 18 août 1842 (t. 2 1842, p. 716), Giroud.

1832. — Par la même raison, lorsqu'un associé, propriétaire exclusif d'un immeuble, le loue à la société dont il est membre, le droit proportionnel doit être perçu sur la totalité du prix du bail, comme si le bailleur était étranger à la société. — L'associé bailleur ne peut demander que le droit d'enregistrement soit réduit proportionnellemnt à son intérêt dans la société, sous prétexte qu'il s'est opéré en sa personne une confusion des deux qualités de débiteur et de créancier. — Cass., 3 janv. 1827. Boilleau.

1833. — En un mot, un acte relatif à une société n'est soumis au droit fixe que dans le cas où il se borne à établir la société ou à en constater la dissolution; il en est autrement, s'il déclare l'un des associés débiteur des autres. — Cass., 25 mars 1812, Lambert.

1834. — Les caractères d'un contrat de société ne sont point changés par cela que les associés sont convenus de répartir inégalement les bénéfices de l'association, soit à titre de prélèvement pour indemnité ou traitement, soit dans toute autre forme. — Décis. min. 30 juill. 1819; Délib. 26 janv. 1825.

1835. — L'acte d'adhésion à une société ou à une association d'assurance mutuelle forme une nouvelle société dont l'acte est passible du droit fixe de 5 fr., quel que soit le nombre de ceux qui acquiescent. — Décis. min. fin. 28 frim. an VIII; délib. 6 mars 1822 et 22 fév. 1828.

1836. — L'acte d'adhésion à une dissolution de société constitue un consentement passible de 2 fr. — Solut. 21 janv. 1832.

1837. — *Soumissions et enchères hors justice.* — Les soumissions et enchères, hors celles faites en justice, sur des objets mis ou à mettre en adjudication ou en vente, ou sur des marchés à passer, lorsqu'elles sont faites par actes séparés de l'adjudication : 1 fr. — L. 22 frim. an VII, art. 68, § 1er, n° 43.

1838. — Ainsi, sont passibles du droit de 1 fr., les soumissions par des manufacturiers et les traités passés avec eux pour le travail à fournir aux détenus dans les prisons et pour le salaire de ce travail. — Décis. min. fin. 27 nov. 1815.

1839. — N'est également passible que du droit de 1 fr., l'acte par lequel les habitans d'une commune font soumission pure et simple de contribuer, pendant un certain nombre d'années, à la dépense du rétablissement du presbytère. — Délib. 24 fév. 1816.

1840. — La soumission d'un entrepreneur de travaux publics et l'acceptation du préfet du département, bien que portant des dates différentes, ne sont point des actes séparés et ne donnent ouverture qu'à un seul droit. — Décis. min. fin. 2 mai 1818; délib. 5 août 1819.

1841. — N'est passible que du droit fixe de 1 fr., la demande d'admission dans un hospice d'aliénés, formée avec soumission de pourvoir aux dépenses d'entretien, en vertu de la loi du 30 juin 1838. — Décis. min. fin. 2 avr. 1845; inst. 22 mai suivant.

1842. — *Testamens.* — ... Les testamens : 5 fr. — L. 28 avr. 1816, art. 45, no 4. — (Autrefois 3 fr., L. 22 frim. an VII, art. 68, § 3, no 5.)

1843. — Les testamens ne sont passibles que du droit fixe, à moins qu'ils ne contiennent obligations ou reconnaissances de sommes (V. *infrà* nos 2139 et suiv.), et sauf le paiement des droits de mutations des legs (V. *infrà* no 3164). — Décis. min. fin. 2 frim. an XIII ; inst. 290, no 1er.

1844. — Ainsi , bien que le droit proportionnel ait été perçu sur les legs contenus dans un testament, il est dû un droit fixe sur le testament lui-même. — *Cass.*, 24 oct. 1810, Ducazeau.

1845. — On ne peut exiger l'enregistrement d'un testament caduc, par exemple, de celui qui contient uniquement un legs de la portion disponible, si lors du décès du testateur le légataire était son seul héritier naturel, parce qu'un tel testament n'a plus d'objet. — Solut. 13 juin 1832 ; — Roland et Trouillet, *Dict. d'enregistr.*, vo *Testament*, no 10.

1846. — Le partage anticipé contenu dans un testament en fait partie inhérente, et ne donne point ouverture à un droit particulier. — Solut. 14 fév. 1818.

1847. — Un codicille est passible du droit fixe de 5 fr., lorsqu'il contient libéralité, soit qu'il se trouve à la suite d'un testament, soit qu'il ait été rédigé séparément. — Délib. 11 juin 1823.

1848. — *Titres nouvels.* — ...Les titres nouvels ou reconnaissances de rentes dont les contrats sont justifiés en forme : 3 fr. — L. 28 avr. 1816, art. 44, no 5. — (Autrefois 1 fr., L. 22 frim. an VII, art. 68, § 1er, no 44.)

1849. — Si l'on ne justifie pas d'un contrat de constitution en forme, le titre nouvel est passible du droit de 2 o/o ; mais ce droit proportionnel est seul exigible, lors même qu'il ne s'élèverait pas à 3 fr. — Délib. 29 mars 1836 ; instr. 1528, § 15.

1850. — Le titre nouvel contenant reconnaissance d'une rente constituée depuis plus de trente ans, n'est passible que du droit fixe de 3 fr. — Solut. 6 janv. 1837.

1851. — Lorsqu'il n'existe qu'un seul créancier et un seul débiteur, il n'est dû qu'un seul droit fixe, bien que l'acte contienne reconnaissance de plusieurs parties de rentes créées à diverses époques et par différens titres. — Solut. 9 frim. an VIII.

1852. — Le titre nouvel contenant reconnaissance d'une vente créée par acte authentique, il y a plus de quarante ans, dans un pays où l'enregistrement ni le contrôle n'étaient établis, n'est passible que du droit fixe, s'il est fait entre les mêmes créanciers et pour la même créance. — Délib. 25 juill. 1806.

1853. — Le droit fixe n'est exigible sur un acte qualifié titre nouvel, qu'autant que cet acte a pour objet de confirmer seulement une obligation préexistante en vertu d'un titre en forme ; mais toute stipulation non insérée dans le titre primordial constituerait une nouvelle convention donnant lieu, selon sa nature , au droit proportionnel réglé par la loi. — Avis com. fin., appr. 29 sept. 1821 ; instr. 1027, no 2.

1854. — L'acte par lequel le débiteur d'une rente transportée à un tiers déclare avoir le transport pour signifié et n'avoir aucune opposition entre les mains, n'est soumis qu'au droit de 1 fr. et non à celui de 3 fr., attendu qu'il tel acte n'a pour objet que l'acceptation du transport et non la reconnaissance du titre de la rente. — Délib. 12 oct. 1825.

1855. — En cas de vente d'un immeuble hypothéqué à une rente, et dont le prix est délégué au créancier hypothécaire, il n'est pas dû de droit proportionnel sur l'acte par lequel l'acquéreur passe titre nouvel au créancier qui n'a point accepté la délégation. — Solut. 13 juill. 1830.

1856. — De ce que la cession d'un bail à domaine congéable, qui impose au cessionnaire l'obligation d'acquitter la rente convenancière due par le cédant, n'indique pas autrement le titre constitutif, il ne s'ensuit pas que la règle soit autorisée à considérer cette obligation comme une constitution nouvelle, soumise au droit proportionnel d'enregistrement, alors d'ailleurs qu'il est produit un acte récognitif du bail, acte qui a été dûment enregistré à sa date. — *Cass.*, 13 (et non) 8 nov. 1826, Mazurié.

1857. — *Transactions.* — ...Les transactions, en quelque matière que ce soit , qui ne contiennent aucune stipulation de sommes et valeurs, ni dispositions soumises à un plus fort droit : 3 fr. — L. 28 avr. 1816, art. 44, no 8. — (Autrefois 1 fr., L. 22 frim. an VII, art. 68, § 1, no 45.)

1858. — Lorsque pour éteindre un procès existant entre l'héritier légitime et l'héritier testamentaire sur la validité d'un testament, il intervient une transaction qui attribue une part de la succession à l'héritier institué et l'autre part à l'héritier légitime, qui doit prélever, en outre, sur la masse des rentes et obligations jusqu'à concurrence d'une valeur déterminée, une pareille transaction laissant indécise la question de validité du testament ne saurait donner ouverture à un droit proportionnel. — *Bruxelles*, 3 oct. 1817, Cardon.

1859. — On doit considérer comme une véritable transaction n'opérant aucune transmission soit à titre gratuit, soit à titre onéreux, tout acte par lequel le possesseur d'une chose litigieuse consent à en abandonner une partie à celui qui la lui conteste. — Dès-lors, il n'y a lieu de percevoir, sur cette transaction, qu'un droit fixe, si d'ailleurs l'abandon qu'elle renferme n'est entremêlé d'aucune valeur étrangère à l'objet en litige. — *Bruxelles*, 4 oct. 1817, Demoor de Mentock. — V. au surplus *infrà* nos 4201 et suiv.

1860. — Les transactions faites avant jugement au sujet d'amendes et de confiscations de marchandises, en matière de douanes, sont, comme les jugemens de condamnation en cette même matière, exemptes du droit proportionnel. — Décis. min. fin. 6 avr. 1833 ; instr. 1428. — Ces transactions ne sont passibles non plus, comme les jugemens, que du droit fixe de 1 fr. — Solut. 12 sept. et 30 nov. 1833.

1861. — Est passible du droit fixe de 3 francs, comme transaction, l'acte par lequel plusieurs individus se concèdent réciproquement le droit de passer sur les terres qu'ils possèdent dans la même commune. — Solut. 13 sept. 1830.

1862. — Lorsque la transaction renferme une disposition soumise à un plus fort droit fixe que 3 fr., tel, par exemple, qu'un partage sans soulte, c'est le droit le plus fort qui doit être exigé. — Délib. 10 sept. 1830 ; Instr. 1347, § 9.

1863. — Quant aux transactions qui donnent lieu au droit proportionnel, V. *infrà* nos 2293 et suiv. — V. aussi nos 4201 et suiv.

1864. — *Transmissions de propriété, d'usufruit et de jouissance.* — Il y en a quelques unes qui, d'après des lois spéciales, ne donnent ouverture qu'à un simple droit fixe. Nous les indiquerons en parlant des transmissions soumises au droit proportionnel.

1865. — *Tutelle officieuse (Actes de).* — ...Les actes de tutelle officieuse : 50 fr. — L. 28 avr. 1816, art. 48, no 1er.

1866. — Comme la tutelle officieuse emporte avec soi, sans préjudice de toutes stipulations particulières, l'obligation d'élever le pupille et de le mettre en état de gagner sa vie (C. civ., art. 364), il en résulte que l'acte qui contient la promesse du tuteur de pourvoir aux besoins du mineur ne fait que rappeler une condition imposée à cette tutelle, et ne donne lieu dès-lors à aucun droit particulier. — Décis. min. fin. 20 juin 1809 ; Instr. 449, no 4.

1867. — *Tuteurs et curateurs (nomination de).* — ...Les procès-verbaux de nomination de tuteurs et curateurs : 4 fr. L. 19 juill. 1815, art. 5. — (Autrefois 2 fr., L. 22 frim. an VII, art. 68, § 2, no 4.)

1868. — La nomination d'un tuteur dans un testament ne donne point ouverture à un droit particulier, attendu qu'elle est de l'essence du testament et qu'elle résulte de la faculté accordée par les art. 392, 397 et 398, C. civ. — Délib. 5 juin 1816.

1869. — Est passible d'un simple droit fixe de 2 fr. l'acte notarié par lequel un père, dans la vue de la mort, nomme un tuteur à ses enfans et fixe l'indemnité que celui-ci devra recevoir pour ses peines et soins. L'acceptation de cette tutelle n'est point non plus passible du droit d'obligation. — Délib. 29 sept. 1835.

1870. — Les actes de tutelle dressés d'office par les juges de paix lors de l'ouverture de successions échues à des mineurs n'ayant ni tuteurs ni curateurs, sont visés pour timbre et enregistrés en débet. — Décis. min. just. et fin. 20 fructid. an X et 1er prair. an XIII ; Instr., 290 no 3.

1871. — *Unions de créanciers.* — Les unions et directions de créanciers : 3 fr.—L. 22 frim. an VII, art. 68, § 3, no 6.

1872. — S'il y a obligations de sommes déterminées par les cointéressés envers un ou plusieurs d'entre eux, ou autres personnes chargées d'agir pour l'union, il doit être perçu un droit particulier comme pour obligation. — Même loi.

Sect. 2e. — *Actes et mutations soumis au droit proportionnel.*

1873. — On a vu (no 35) que le droit proportionnel était établi pour les obligations, libérations, condamnations, collocations ou liquidations de sommes et valeurs, et pour toute transmission de propriété, d'usufruit ou de jouissance de biens meubles ou immeubles, soit entre-vifs, soit par décès. — L. 22 frim. an VII, art. 4.

1874. — Les quotités du droit proportionnel sont fixées ainsi qu'on va le voir ; il est assis sur les valeurs. — L. 22 frim. an VII, art. 4.

1875. — Dans tous les cas où les actes sont de nature à être transcrits au bureau des hypothèques, le droit proportionnel est augmenté de 1 1/2 °/o, et la transcription ne donne plus lieu à aucun droit proportionnel. — L. 28 avr. 1816, art. 54. — V. TRANSCRIPTION (droit de).

1876. — *Abandonnemens pour assurances ou grosse aventure.* — Les abandonnemens pour fait d'assurance ou grosse aventure : 50 cent. par 100 fr. — L. 22 frim. an VII, art. 69, § 2, no 1er.

1877. — Le droit est perçu sur la valeur des objets abandonnés. — En temps de guerre, il n'est dû qu'un demi-droit. — L. 22 frim. an VII, art. 69, § 2, no 1er.

1878. — Par *valeur des objets abandonnés* il faut entendre la valeur au jour de l'abandon. — Décis. min. fin. 29 déc. 1832 ; Instr. 1422, § 1er.

1879. — Ce droit est exigible, non sur l'exploit de signification de l'abandonnement, lequel est insuffisant pour transmettre la propriété à l'assureur, mais seulement sur l'acte d'acceptation ou sur le jugement qui déclare l'abandonnement valable. — Décis. min. fin. 4 janv. 1819 ; Instr. 876.

1880. — Dans le cas où un acte d'abandonnement pour fait d'assurance maritime a été passé en temps de guerre, et qu'il est enregistré en temps de paix, le droit doit être perçu d'après la loi en vigueur au moment de la formalité, mais suivant la quotité fixée pour le temps de guerre. — Délib. 5 avr. 1823.

1881. — *Adjudications et marchés entre particuliers.* — Les adjudications au rabais et marchés autres que ceux pour le trésor, les administrations locales et les établissemens publics pour constructions, réparations et entretien, et tous autres objets mobiliers susceptibles d'estimation, faits entre particuliers, qui ne contiennent ni vente, ni promesse de livrer des marchandises, denrées ou autres objets mobiliers : 1 fr. par 100 fr. — L. 22 frim. an VII, art. 69, § 3, no 1er.

1882. — Le droit de 1 p. °/o est seul exigible : 1° sur les marchés par lesquels l'entrepreneur s'oblige à fournir les matériaux, attendu les dispositions de l'art. 1787, C. civ. — Solut. 14 déc. 1809.

1883. — ...2° sur les marchés de construction où il est stipulé que les matériaux provenant de la démolition appartiendront à l'entrepreneur, attendu que celui-ci peut y trouver une partie de ceux nécessaires à la reconstruction, et que dès-lors cette condition est inhérente à la stipulation du prix. — Délib. 20 juin 1828.

1884. — Sont passibles de 1 p. °/o les cessions et subrogations de marchés relatifs au service des ponts et chaussées que peuvent consentir à des tiers les entrepreneurs qui ont précédemment traité avec l'autorité administrative. — Décis. min. fin. 21 déc. 1807 ; 13 janv. 1826 ; 16 sept. 1831 et 16 avr. 1832 ; Instr. 366, no 7, 1410 § 2, et 1444 § 1er.

1885. — Les actes de remplacement militaire contenant des conditions pécuniaires sont, comme marchés, passibles du droit de 1 p. °/o. même quand ils sont passés devant les préfets et sous-préfets.— Décis. min. fin. 24 pluv. an XII ; instr. 207.

1886. — Mais quand l'acte de remplacement, passé devant l'autorité administrative, n'est que la substitution pure et simple d'un individu à la place d'un autre, il est exempt du timbre et de l'enregistrement. — Décis. min. fin. 3 flor. an XIII ; instr. 207 et 290, no 74 ; L. 15 mai 1818, art. 80.

1887. — Le droit de marché est exigible à l'exclusion du droit de pouvoir : 1° sur la procuration qui contient don et remise au mandataire d'une partie de la somme qu'il est chargé de recouvrer. — Décis. min. fin. 20 janv. 1818.

1888. — ...2° Sur la disposition d'une vente par laquelle le notaire est chargé de recouvrer le prix, moyennant une remise déterminée. — Solut. 8 déc. 1831.

1889. — La cession de l'autorisation de construire une usine propre à traiter le fer est sujette au droit de 2 p. °/o et non à celui de 1 p. °/o.—*Cass.*, 12 fév. (et non janv.) 1829, Lebon.

1890. — *Adjudications et marchés pour administrations locales et établissemens publics.* — Les adjudications au rabais et marchés pour constructions, réparations, entretien, approvisionnemens et fournitures dont le prix doit être payé par les administrations locales ou par des établissemens publics : 1 fr. p. 100 fr., L. 28 avr. 1816, art. 51, no 3. — (Autrefois 50 c. p. 100 fr., L. 22 frim. an VII, art. 69, § 2, no3.)

1891. — Le droit est dû sur la totalité du prix. — Mêmes lois.

1892. — Les adjudications et marchés pour le trésor, d'abord soumis à ces droits, ne sont plus passibles que du droit fixe. — L. 15 mai 1818, art. 73. — V. supra no 1467 et suiv.

1893. — Doivent être considérées seulement comme administrations *locales*, celles des communes proprement dites, et non celles des départemens, dont toutes les dépenses sont à la charge directe ou indirecte de l'état, puisqu'elles sont acquittées au moyen des centimes additionnels ou facultatifs. Dès-lors il ne doit être perçu que le droit fixe de 1 franc sur les adjudications ou marchés dont la dépense est imputable soit sur les fonds généraux du trésor, soit sur les centimes additionnels des départemens, ce qui comprend les allocations des budgets des dépenses fixes ou communes et des dépenses variables ou facultatives. — Décis. min. fin. 22 juin 1818 ; instr. 844.

1894. — Lorsque le prix d'une adjudication est payable en partie sur les fonds du trésor public et en partie sur ceux d'une commune, la perception du droit fixe n'est applicable qu'à la première partie, et le surplus est passible du droit de 1 p. °/o. — Délib. 4 avr. 1828.

1895. — Les adjudications et marchés pour constructions et réparations des églises et presbytères autres que les églises cathédrales et métropolitaines, étant à la charge des communes, sont passibles du droit de 1 p. °/o. — Décis. min. fin. 22 juill. 1822.

1896. — Le même droit de 1 p. °/o est exigible sur l'adjudication des travaux de construction d'un hôtel de ville, d'une sous-préfecture ou d'autres édifices dont la dépense est à la charge de la commune. — Décis min. fin. 27 oct. et 17 nov. 1826.

1897.— Il y a deux conventions différentes, et par conséquent autre chose qu'un échange avec soulte, dans un contrat où, après échange fait de deux terrains d'égale valeur, un des co permutans s'oblige d'élever des constructions sur le terrain qu'il a cédé, à la condition par lui de jouir de ce même terrain et d'en percevoir les revenus pendant un certain nombre d'années. — *Cass.*, 1er juill. (et non juin) 1835, Corbin.

1898. — La convention par laquelle un individu s'oblige à faire des constructions pour un marché public à la condition de jouir pendant un certain nombre d'années du terrain, des constructions et du produit des taxes, peut être considérée non comme bail, mais comme marché relativement à la perception des droits. — Même arrêt.

1899. — De même, on doit pour la perception des droits considérer comme marché et non comme bail le traité par lequel un individu se charge d'élever des constructions sur les terrains qu'une ville vient d'acquérir, à la condition par lui de jouir, à titre de bail emphytéotique, des terrains acquis ainsi que du droit exclusif à l'exploitation des constructions projetées. — Même arrêt.

1900. — Le traité passé entre le maire d'une ville et un particulier pour le nettoiement et l'arrosement des rues et places publiques de cette ville ne peut être assimilé à aucune des espèces de baux dont parlent les lois des 22 frim. an VII et 27 vent. an IX, et par suite donner lieu à la perception de droits établie pour ce genre de contrat. Il doit être rangé dans la classe des marchés pour construction, réparation, ou entretien, passés par les administrations municipales dont parlent les art. 69, § 2, n° 3, L. frim., et 51, L. 28 avr. 1816, et auxquels s'applique le droit proportionnel de 1 %. — *Cass.*, 8 fév. (et non 7 juin) 1820, Dubost.

1901. — Les marchés et adjudications passés dans l'intérêt de la régie des salines de l'Est sont passibles du droit proportionnel. — Délib. 21 juin 1826.

1902. — Le droit proportionnel est exigible sur les adjudications au rabais pour fournitures dans les maisons de détention. Lorsque les adjudications ont lieu à raison d'une quotité déterminée de centimes par détenu ou d'une part dans le produit de leurs travaux, la perception qui s'établit d'après la déclaration des parties n'est que provisoire, et elle se règle définitivement à la fin de chaque trimestre sur les sommes ou portions de produits allouées au fournisseur d'après la connaissance officielle donnée par le préfet au directeur. — Décis. min. fin. 5 thermid. an XII; instr. 290, n° 10.

1903. — *Arrêtés de compte.* — Les arrêtés de compte contenant obligation de somme : 1 fr. p. 100 fr. — L. 22 frim. an VII, art. 69, § 3, n° 3.

1904. — Doit être considéré comme arrêté de compte tout acte de liquidation (autre que ceux contenus dans les partages de succession, communauté ou société) qui renferme l'énumération et la récapitulation des reprises à exercer. Dès-lors le reliquat emporte obligation, quand même cette obligation ne serait pas expressément stipulée, attendu qu'elle est de droit, et dans le cas même où les créances reconnues et liquidées résultent d'actes antérieurement enregistrés. — Décis. min. fin. 8 déc. 1807; instr. 366, n° 4.

1905. — Lorsque, dans un compte rendu à l'amiable, le comptable énonce des paiemens sans indiquer ni rapporter les quittances, la régie avait d'abord pensé qu'il y avait lieu de percevoir le droit de libération tant sur le total des sommes dont le comptable était déchargé que sur le reliquat. — Circul. 11 niv. an IX, n° 1934; instr. 436, § 2; délib. 3 mars 1824; — Roland et Trouillet, *Dict. d'enregistr.*, v° *Jugement*, § 5, n° 16.

1906. — Mais jugé que les sommes qui figurent en recette et en dépense dans un compte, sans énonciation de quittances données aux débiteurs, ne peuvent être assujéties à un droit proportionnel d'enregistrement, sous prétexte que l'indication faite par le comptable des sommes par lui reçues constitue un titre de libération au profit des débiteurs. — *Cass.*, 8 mai 1826, Robillard; 11 fév. 1828, Villetard; — instr. 1239, § 8.

1907. — C'est le résultat seul du compte qui est soumis au droit proportionnel d'obligation. — *Cass.*, 8 mai 1826, Robillard; 1er mars 1836, Courtois.

1908. — Dès-lors, l'arrêté de compte dont la dépense et la recette se balancent ne donne ouverture qu'au droit fixe de 2 fr. pour décharge du comptable, lors même qu'il énonce dans ses articles des remboursemens précédemment faits au comptable par l'oyant compte, sans quittances enregistrées. — *Cass.*, 1er mars 1836, Courtois; — instr. 24 déc. 1836.

1909. — Toutefois, si dans le compte il était fait mention de quittances ou autres pièces non enregistrées, qui ne seraient pas de la nature de celles dont parle l'art. 537, C. procéd., il y aurait ouverture au droit proportionnel sur ces pièces. — *Cass.*, 8 mai 1826, Robillard. — V. circul. 1964; instr. 1200, § 10.

1910. — En ce qui concerne spécialement les comptes de tutelle, la régie avait d'abord décidé que les projets des comptes de tutelle dressés de-

vant notaires ou par actes sous-seings privés, et qui présentaient un excédant de recette sur la dépense, étaient passibles du droit proportionnel de 1 % sur cet excédant, qui se trouvait constituer une véritable obligation de la part du rendant compte au profit de l'oyant. — Décis. min. 26 nov. 1823; instr. 1132, § 2.

1911. — Mais décidé depuis 1° que les projets de comptes de tutelle non débattus ne sont passibles que du droit fixe, soit qu'ils offrent ou non un excédant de la recette sur la dépense; — 2° que les arrêtés définitifs de ces comptes peuvent seuls donner ouverture au droit d'obligation, lorsque le montant du reliquat ou de l'avance n'est pas soldé immédiatement; — 3° que lorsque le paiement du reliquat du compte est constaté par l'arrêté définitif, il n'est dû que le droit fixe de décharge. — Décis. min. fin. 10 déc. 1827; instr. 1236, § 2; — Masson-Delongpré, *C. de l'enreg.*, n° 2861.

1912. — Lorsqu'un tuteur assigné en reddition de compte par un seul de ses pupilles a rendu un compte général de son administration à l'effet de déterminer la part revenant au demandeur dans le reliquat, le droit d'enregistrement est dû non sur le reliquat total, mais seulement sur la part qui revient au demandeur et qui lui a été adjugée. — *Cass.*, 3 janv. 1827, N...

1913. — Lorsqu'une créance mobilière est remise à titre de garantie du reliquat éventuel d'un compte de gestion, c'est d'après la fixation faite par les parties, de ce reliquat, que doit être perçu le droit proportionnel et non pas sur le montant de la créance remise en nantissement. — *Cass.*, 1er fév. 1832, Gendron.

1914. — Si, pour se libérer du reliquat d'un compte, on crée une rente, le droit sera de 2 p. 100; s'il y a abandon de meubles ou d'immeubles en paiement de la somme due, il y aura lieu d'exiger 2 ou 5 1/2 p. 100, suivant que la vente sera mobilière ou immobilière. — Circul. 1934; — Roland et Trouillet, *Dict. d'enreg.*, v° *Compte*, § 2, n° 27.

1915. — Le reliquat résultant d'un compte arrêté par des enfans, après le décès de leur père, avec un créancier de celui-ci, est passible du droit proportionnel de 1 p. 100, comme obligation, encore bien que les enfans n'aient point fait acte d'héritier, et se soient réservé de prendre qualité. — *Cass.*, 13 (et non 12) avr. 1830, Varnier.

1916. — MM. Championnière et Rigaud (t. 2, n° 1062) pensent qu'il en serait autrement s'il s'agissait d'un compte rendu par un héritier bénéficiaire aux créanciers de la succession. Car si par là l'héritier reconnaît que l'actif de la succession se compose de la somme déterminée par le réglement, il ne s'ensuit pas qu'il soit tenu d'en délivrer le montant à ceux à qui il rend compte, s'ils ne justifient pas de leurs créances par les voies ordinaires. L'arrêté de compte ne pourrait nullement leur servir de titre à cet effet. — Délib. 16 juill. 1825.

1917. — On ne peut considérer comme arrêté de compte, ni comme promesse de payer, ou autre acte sujet au droit proportionnel, la déclaration faite par un tiers dans un inventaire, qu'il est détenteur d'une certaine somme, comme restant de celles qu'il a reçues pour le défunt, à titre de mandataire. Cette déclaration ne deviendrait susceptible du droit proportionnel que dans le cas où l'on en ferait usage en justice. — *Cass.*, 22 mars 1814, Congouilhe.

1918. — On doit considérer comme formant arrêté de compte de tutelle la clause d'un contrat de mariage portant que la future se constitue en dot : 1° une somme déterminée à laquelle s'élèvera, d'après le calcul fait entre les parties, le reliquat du compte de tutelle qui sera dû à la future par son père à l'époque de la célébration du mariage; — 2° et les fruits et revenus à partir de cette époque jusqu'à la majorité de la future, lesquelles sommes ne seront remboursables par le tuteur que lorsqu'il en sera fait emploi en biens-fonds et après avertissement. — Délib. 5 mars 1830; — Roland et Trouillet, *Dict. de l'enreg.*, v° *Compte*, § 2, n° 20.

1919. — Si, à raison de la position des oyans, le compte présenté n'est qu'un projet soumis à l'homologation de la justice, laissant le comptable dépositaire au même titre du reliquat, il n'y a lieu de percevoir le droit d'obligation. Pour que ce droit soit exigible, il faut encore qu'après le jugement d'homologation il intervienne une convention par laquelle le comptable se reconnaisse personnellement débiteur du reliquat.—Délib. 19 mai 1837.

1920.—*Assurances.*— Les actes et contrats d'assurance : 1 fr. p. 100 fr. (L. 28 avr. 1816, art. 51, n° 2. — (Autrefois 50 cent. p. 100 fr., L. 22 frim. an VII, art. 69. § 2, n° 2).

1921.—Le droit est dû sur la valeur de la prime. — En temps de guerre il n'y a lieu qu'au demi-droit. — Mêmes lois.

1922. — Pour les assurances maritimes, le droit n'est dû que lorsqu'il est fait usage des actes en justice.—L. 16 juin 1824, art. 5.—V. *suprà* n°s 1493 s.

1923. — Il n'est dû que 1 fr. °/₀ sur les contrats d'assurance, quel qu'en soit l'objet, tels que ceux relatifs à l'incendie ou à la grêle, et ce droit se règle sur le montant des primes. — Décis. min. fin. 9 mai 1821 ; instr. 983, n° 2.

1924. — Cette décision est applicable à tous les contrats par lesquels les assurés, moyennant une prime payable comptant ou à terme, font garantir leurs propriétés, récoltes, etc., des risques de l'incendie, de la grêle et des autres dangers auxquels ils peuvent être exposés. — Délib. 24 nov. 1821, appr. le 20 déc. suiv

1925. — Quant aux assurances mutuelles, la régie les considère comme des sociétés ordinaires, passibles, par conséquent, du droit fixe de 5 fr. — Délib. 24 nov. 1821, appr. le 20 déc. suiv.

1926. — Est passible du simple droit fixe de 1 f. l'acte notarié par lequel on déclare prendre intérêt dans l'institution de secours mutuel de recrutement, au moyen du versement de la somme convenue, et dont l'administration de cet établissement, conformément à ses statuts, se reconnaît chargée par le même acte.—Décis. min. fin. 3 sept. 1819; — Roland et Trouillet, *Dict. d'enreg.*, v° *Assurance*, n° 5.

1927. — Pour prévenir toute méprise, les receveurs doivent, dans leur relation sur chaque police d'assurance enregistrée au droit fixe, faire la réserve d'un nouvel enregistrement au droit proportionnel, avant que l'acte puisse être produit en justice. D'un autre côté, ils doivent faire attention si les polices d'assurance produites en justice sont revêtues de l'enregistrement proportionnel, indépendamment de la formalité donnée moyennant le droit fixe. — Instr. 1136; — Roland et Trouillet, *Dict. d'enreg.*, v° *Assurances*, n° 4.

1928. — *Atermoiemens.* — Les atermoiemens entre débiteurs et créanciers : 50 c. p. 100 fr. — L. 22 frim. an VII, art. 69. § 2, n° 4.

1929. — Le droit est perçu sur les sommes que le débiteur s'oblige de payer. — Même loi.

1930. — Depuis la loi du 24 mai 1834, les atermoiemens, après faillite, ne sont plus passibles que d'un simple droit fixe. — V. *suprà* n° 1495.

1931. — La stipulation qu'une somme due et exigible ne sera payée qu'après une certaine époque peut être considérée comme un atermoiement, et ne donner ouverture qu'au droit dont sont passibles ces sortes d'actes. — *Cass.*, 15 juin 1808, Grac.

1932. — Ce n'est que relativement aux *sommes à payer* par le débiteur failli à ses créanciers que le contrat d'atermoiement n'est soumis qu'au droit de 50 c. p. 100 fr. — Dès-lors, la cession de biens meubles faite par un failli à ses créanciers, même dans un contrat d'atermoiement, est passible du droit de vente mobilière de 2 °/₀. — *Cass.*, 30 janv. 1809, Perlet.

1933 — On peut, pour la perception des droits, considérer comme un contrat d'atermoiement et non comme un simple mandat, l'acte par lequel les créanciers d'une faillite en confient la gestion et la liquidation au fils du failli et à deux commissaires, sans fixation du délai pour rendre le compte, et sans les soumettre, pour leurs opérations, à aucune surveillance ni contrôle. — Dans tous les cas, le jugement qui, par appréciation de l'acte, a rangé un pareil traité dans la classe des contrats d'atermoiement assujétis au droit proportionnel de 50 c. p. 100 fr. échappe à la censure de la cour de Cassation.—*Cass.*, 18 janv. 1830, Thibault.

1934. — L'acte par lequel le failli cède à ses créanciers la totalité de son actif pour en faire le recouvrement et la répartition entre eux, sans aucune participation du cédant, au moyen de quoi les créanciers tiennent le failli quitte de toutes ses dettes, renferme, non pas un simple contrat d'union, mais un véritable concordat, passible du droit proportionnel. — La déclaration faite par les créanciers, qu'ils entendent *s'unir*, pour agir en nom collectif dans toutes les opérations de la faillite, ne peut pas changer le caractère d'un pareil traité, et le soustraire à l'application du droit proportionnel. — *Cass.*, 3 janv. 1820, Magnin.

1935. — Est passible seulement du droit de 50 c. p. 100 fr. la transaction notariée par laquelle un grand nombre de créanciers d'un commerçant consentent à réduire leurs créances au taux de 25 °/₀, que le débiteur contracte l'obligation de payer dans un délai fixe, s'engageant, pour sûreté de ce paiement, à faire procéder à la vente de ses biens meubles et immeubles en présence de commissaires choisis par les créanciers. — Solut. 5 juin 1824 ; instr. 1146, § 1er.

1936. — Le concordat par lequel un débiteur abandonne ses biens à ses créanciers pour être vendus par des commissaires salariés choisis entre eux, est passible, outre le droit fixe sur l'abandonnement des biens et sur le mandat donné aux commissaires, du droit de 50 cent. p. 100 fr. comme atermoiement sur l'objet du dividende assuré aux créanciers, et de celui de 1 °/₀ sur le salaire accordé aux commissaires. — Délib. 3 mai 1833.

1937.—L'acte d'atermoiement fait, avant faillite, entre un débiteur et ses créanciers, est passible du droit de 50 c. p. 100 fr., et non du droit fixe de 3 fr. comme le concordat après faillite, ni du droit proportionnel de 2 °/₀ comme vente de marchandises, ou de 1 °/₀ comme obligation. — Délib. 7 fév. 1837.

1938. — *Baux.* — Pour les baux de toute espèce, V. *infrà* n°s 2312 et suiv.

1939. — *Billets.* — Les billets ordinaires et mandats contenant obligation de sommes : 1 fr. °/₀. — L. 22 frim. an VII, art. 69, § 3, n° 3.

1940. — Le droit de 1 °/₀ est exigible pour le billet simple ou l'obligation non négociable et pour chaque transport, cession ou endossement, quelle qu'en soit la forme. — Décis. min. fin. 31 août 1813 ; instr. 648.

1941. — *Billets à ordre et effets négociables.*—Les billets à ordre, et tous autres effets négociables de particuliers ou de compagnies, à l'exception des lettres de change : 50 c. p. 100 fr. — L. 22 frim. an VII, art. 69, § 2, n° 6.

1942. — Les billets à ordre causés pour valeur fournie en marchandises ne sont passibles que de 50 c. p. 100 fr.— Solut. 14 oct. 1831.

1943. — Bien qu'un billet à ordre qui n'énonce pas la nature de la valeur fournie doive n'être considéré que comme simple promesse (C. comm., art. 188), il n'en reste pas moins effet négociable et transmissible par voie d'endossement; il est par conséquent assujéti seulement au droit de 50 c. p. 100 fr. — Solut. 17 juill. 1838; instr. 1577, § 1er.

1944. — Un billet à ordre causé pour vente de terrain n'est passible que de 50 c. p. 100 fr., bien qu'endossé par le vendeur dont la signature avec celle de l'acquéreur souscripteur du billet donne à cet écrit la force d'un acte synallagmatique. Ce document peut seulement servir pour constater la mutation et autoriser la demande des droits. — Solut. 11 juin 1830.

1945. — Les traites souscrites par les adjudicataires de bois de l'état dans la forme de billets à ordre, ne sont assujéties, en cas de procès, qu'au droit fixe de 1 fr., comme se rattachant à des adjudications au titre desquelles le droit proportionnel a été acquitté. — Déc. min. fin. 1er juin 1813; délib. 13 oct. 1835; inst. 640.

1946. — Les billets au porteur étant essentiellement négociables puisque leur simple remise à un tiers en opère le transport, il s'ensuit qu'ils ne sont passibles que de 50 c. p. 100 fr. — Décis. min. fin. 10 mai 1808; instr. 386, n° 8.

1947. — Ne sont soumises qu'au droit de 50 c. p. 100 fr. comme effets négociables, les obligations à ordre passées devant notaire, alors même que les parties contractantes sont des non commerçans et que l'acte est signé par tous. — Solut. 4 fév. 1836.

1948. — *Brevets d'apprentissage.* — Les brevets d'apprentissage, lorsqu'ils contiennent stipulation de sommes ou valeurs mobilières payées ou non : 50 c. p. 100 fr.—L. 22 frim. an VII, art. 69, § 2, nº 7.

1949. — *Cautionnemens de sommes et objets mobiliers.* — Les cautionnemens de sommes et objets mobiliers, les garanties mobilières et les indemnités de même nature : 50 cent. p. 100 fr.—L. 22 frim. an VII, art. 69, § 2, nº 8.

1950. — Cependant il y a certains cautionnement qui ne sont assujétis qu'à un droit fixe. — V. *suprà* nºs 1506 et suiv.

1951. — Le *cautionnement* diffère de la garantie et de l'indemnité, en ce qu'il forme une obligation accessoire, tandis que ces dernières conventions sont principales. — Championnière et Rigaud, t. 2, nº 1396.

1952. — Le mot *garantie,* improprement appliqué à une foule de conventions, n'a qu'un sens restreint dans la loi fiscale. La garantie ne consiste ni à donner, ni à payer, mais à défendre ou à maintenir : c'est une obligation de faire.—Championnière et Rigaud, t. 2, nºs 1378, 1381 et suiv., 1892.

1953. — La garantie diffère de l'indemnité en ce qu'elle n'a pas pour objet une somme ni un effet, mais le fait de défendre, tandis que l'indemnité consiste à donner. — Championnière et Rigaud, t. 2, nº 1395.

1954. — L'*indemnité,* dans le sens de la loi fiscale, est l'acte ou le contrat par lequel on constate la dation de l'indemnité ou la promesse de donner à ce titre une somme déterminée ou susceptible de l'être. — Championnière et Rigaud, t. 2, 1.º 1383.

1955. — Le droit de cautionnement ou de garantie est perçu indépendamment de celui de la disposition que le cautionnement, la garantie ou l'indemnité, a pour objet, mais sans pouvoir l'excéder. — L. 22 frim. an VII, art. 69, § 2, nº 8.

1956. — Le droit de garantie n'est pas dû sur l'acte par lequel la caution affecte séparément des immeubles ou des créances pour sûreté de son engagement, parce que la garantie ayant été promise, le nouvel acte n'est que le complément du premier. — Solut. 4 et 20 oct. 1832 ; Roland et Trouillet, *Dict. d'enreg.,* vº *Cautionnement,* § 3, nº 8.

1957.—Depuis, on a décidé que l'affectation hypothécaire, lorsqu'elle est consentie par le débiteur dans un acte postérieur à l'obligation et sans que l'hypothèque ait été promise dans l'acte constitutif de la dette, était passible, soit comme cautionnement, soit comme garantie mobilière, du droit de 50 cent. p. 100 fr. — Solut. 16 juill. 1833; instr. 1437, § 3.

1958. —...Qu'il y a ouverture au droit proportionnel sur l'acte postérieur à l'obligation par lequel le créancier accorde une prorogation de délai à son débiteur, et celui-ci consent un supplément d'hypothèque pour plus grande sûreté de la créance. C'est là une garantie mobilière sur laquelle doit être perçu le droit de 50 cent. p. 100 fr. — Délib. 11 févr. 1834.

1959. — Décidé, au contraire, que, lorsque le débiteur qui a vendu l'immeuble hypothéqué donne une nouvelle hypothèque, ou bien que, pour plus de sûreté, il donne un supplément d'hypothèque, le droit fixe est seul exigible, attendu que le créancier peut demander son remboursement ou un supplément d'hypothèque quand l'immeuble hypothéqué a péri ou est détérioré. — Délib. 11 mars et 20 août 1834.

1960. — ... Que l'acte dans lequel un débiteur donne hypothèque sur ses immeubles à son créancier pour sûreté de l'obligation qu'il a contractée en faveur de celui-ci par un acte antérieur, est passible, non du droit de cautionnement ou garantie de 50 cent. par 100 fr., mais seulement du droit fixe de 1 fr. — *Cass.,* 20 fév. 1837 (t. 1ᵉʳ 1837, p. 122), Lillette — V. conf. solut. 4 nov. 1830 et 20 oct. 1832.

1961. — Quand le cautionnement engendre une obligation actuelle dont l'exécution seule est éventuelle, le droit est exigible. Mais quand le

cautionnement est subordonné à une condition suspensive et ne prend pas naissance actuellement, il ne peut donner ouverture au droit proportionnel qu'après l'accomplissement de la condition. — Championnière et Rigaud, t. 2. nº 1423.

1962. — Ainsi, le cautionnement consenti pour une obligation future, n'est passible que du droit fixe. — Délib. 3 juill. 1832 et 25 nov. 1834.

1963. — Par la même raison, on enregistrera au droit fixe de 1 fr. le cautionnement fourni par un armateur de bâtimens armés en course, parce que ce cautionnement n'a pour objet qu'une garantie éventuelle. — Instr. 28 vendém. an XII, nº 172; — Roland et Trouillet, *Dict. d'Enreg.,* vº *Cautionnement,* § 3, nº 25.

1964. — De même encore, l'acte portant ouverture d'un crédit par une maison de banque ne constituant, même avec la stipulation de garantie qu'il renferme, qu'une obligation conditionnelle, le droit proportionnel ne saurait être actuellement exigible. — *Cass.,* 9 mai 1832, Beulé. — V. au surplus *suprà* nºs 152 et 164.

1965. — Peu importe, pour la perception du droit fixe, que le crédit soit ouvert en marchandises ou en argent. — Délib. 27 avr. 1838.

1966. — L'acte d'ouverture de crédit par lequel le crédité délègue au créancier une créance pour le garantir est passible, non du droit de garantie de 50 cent. p. 100 fr., mais seulement du droit fixe de 1 fr.—Délib. 24 mars 1837.

1967.—Bien que le créditeur, après avoir formé opposition entre les mains du débiteur de la créance déléguée par le crédité, ait donné main-levée de son opposition jusqu'à concurrence d'une somme déterminée, il ne résulte pas de là la preuve que le crédit et la délégation comme garantie ont été réalisés, et qu'ainsi le droit proportionnel est devenu exigible. — Délib. 24 mars 1837.

1968. — Lorsqu'un acte contenant garantie hypothécaire pour sûreté d'un crédit énonce que des sommes peuvent être dues antérieurement audit acte, un tribunal a pu considérer cet acte comme contenant, pour partie, une obligation actuelle, et, par suite, ordonner une déclaration estimative certifiée et signée au pied de l'acte avant son enregistrement. — *Cass.,* 21 fév. 1838 (t. 1ᵉʳ 1838, p. 376), Labbé.

1969. — Le cautionnement fourni par un tiers pour garantie d'un crédit ouvert dans une maison de banque n'est passible que du droit de 1 franc, bien que l'acte d'ouverture du crédit n'ait point été enregistré. — Délib. 3 juill. 1838.

1970. — L'obligation de garantie avec hypothèque, consentie au profit d'un individu pour le cas où un tiers exercerait une action en répétition contre lui, n'est point, avant l'événement de la condition, passible du droit proportionnel.—*Cass.,* 10 janv. 1833, Aumont; — Championnière et Rigaud, t. 2, nº 1433.

1971. — Bien qu'il soit de l'essence du contrat de cautionnement et de garantie de ne donner ouverture à l'exercice des droits qui en résultent que dans le cas d'inexécution de l'obligation principale, cependant la disposition de l'art. 69, § 2, nº 8, L. 22 frim. an VII, étant absolue, il y a lieu de percevoir le droit de 50 cent. p. 100 fr. sur l'acte par lequel des tiers intervenans garantissent de toute éviction l'acquéreur d'un immeuble appartenant à une femme normande.—Ce droit doit être perçu tout à la fois et sur le prix de la vente, et sur la somme que les garans s'obligent, en cas de dépossession de l'acquéreur, de lui payer tant à titre d'indemnité qu'à titre de dommages-intérêts. —*Cass.,* 17 mai 1841 (t. 2 1841, p. 93), Mallet de Gravilie.

1972. — L'acte par lequel une personne déclare cautionner une autre jusqu'à concurrence d'une somme déterminée, que celle-ci se propose d'emprunter, n'est qu'une simple promesse sujette au droit fixe. — Délib. 25 nov. 1834.

1973.—Le renfort de caution est assimilé, pour la perception, au certificateur de caution, et il n'est dû pour une stipulation de cette nature que 2 francs. — Solut. 21 juill. 1807; délib. 23 avr. 1823.

1974. — Sous la loi du 19 déc. 1790, lorsqu'une obligation renfermait le cautionnement d'un tiers, il était dû un droit particulier sur le cautionnement, indépendamment de celui dû sur l'obligation. — *Cass.*, 12 pluv. an II, Truc.

1975. — La disposition par laquelle un tiers intervient dans un acte de vente d'immeubles pour garantir l'acquéreur de toutes recherches, ne l'assujétissant pas à faire jouir ce dernier des biens vendus, ni à lui en donner d'autres en remplacement, ne constitue point une garantie immobilière. Comme l'obligation doit se réduire, en cas d'éviction, au remboursement du prix de la vente et au paiement de dommages-intérêts, il y a là une garantie mobilière, soumise par conséquent au droit proportionnel de 50 cent. p. 100 fr.—*Cass.*, 31 mai 1813, Charret.

1976. — L'affectation d'hypothèque consentie par un tiers sur un immeuble qui lui appartient, pour sûreté du paiement d'une dette qui lui est étrangère, constitue, de la part de ce tiers, un cautionnement pour sommes et objets mobiliers qui donne lieu à la perception du droit proportionnel établi de 50 cent. p. 100 fr. — *Cass.*, 10 août 1836, d'Héricourt; 7 août 1837 (t. 2 1837, p. 163), Salmon.

1977.—De même, le droit de cautionnement est dû sur l'affectation hypothécaire d'un domaine consentie pour garantie de recouvrement d'un prêt par l'emprunteur, tant en son nom qu'en celui d'un tiers dont il est mandataire. Vainement on dirait que, celui-ci ne s'étant pas obligé à payer, il n'y avait pas cautionnement ; car celui qui affecte ses biens propres à la garantie de la dette d'un tiers est obligé de payer à défaut du débiteur principal. — Délib. 7 juin 1833.

1978. — De même encore, lorsqu'un fils vend, comme mandataire, un bien appartenant à ses père et mère, et se porte garant comme héritier, le droit de cautionnement est dû. Et, en pareil cas, le droit proportionnel serait encore exigible sur la garantie hypothécaire donnée par un tiers de la garantie du fils, avec fixation d'une indemnité en cas d'éviction. — Délib. 6 déc. 1833.

1979. — C'est le droit de cautionnement et non celui d'obligation qui est exigible sur l'acte par lequel un tiers, en l'absence du débiteur principal, se porte caution pour des sommes dues, sans énonciation de titres enregistrés. — Délib. 30 oct. 1833.

1980. — Le cautionnement solidaire n'est pas un cautionnement, mais une obligation solidaire, et ne donne pas ouverture au droit de 50 cent. p. 100 fr.—Championnière et Rigaud, t. 2, n° 1264.

1981. — Ainsi, il n'est dû aucun droit, outre celui résultant de l'adjudication, lorsqu'un adjudicataire de travaux publics chargé de fournir caution, fait agréer, au lieu d'une caution, un associé solidaire. — Délib. 12 juin 1822.

1982. — Bien que des débiteurs qui s'obligent solidairement ne doivent pas une somme égale, il n'y a pas lieu de percevoir un droit particulier de cautionnement, sous prétexte que l'un des coobligés poursuivi par le créancier pour la totalité, a son recours contre ses codébiteurs. Car ce recours s'exerce en vertu des principes sur les obligations solidaires, et non par l'effet d'un cautionnement. — Délib. 24 sept. 1830 ; solut. 27 oct. 1832. — Des coobligés solidaires ne sont considérés comme cautions qu'autant qu'ils sont sans intérêt dans l'objet de l'obligation. — Solut. 27 oct. 1832.

1983. — Mais le droit de 50 cent. p. 100 fr. est exigible, outre celui qui résulte de l'obligation principale, sur l'obligation solidaire dont la cause est déclarée dans l'acte n'intéresser qu'un seul ou plusieurs des codébiteurs, de même que sur l'obligation consentie avec stipulation expresse de cautionnement solidaire.— Déc. min. fin. 26 oct. 1831 ; instr. 1384, § 2, 1403.

1984. — Lorsqu'il résulte d'un acte d'obligation dans lequel figurent deux emprunteurs solidaires que l'un d'eux ne prend qu'une faible part dans la somme empruntée, et que néanmoins il donne hypothèque pour le tout, le droit de cautionnement est exigible. — *Cass.*, 27 janv. 1840 (t. 1er 1840, p. 290), Flan.

1985. — De même, bien qu'un emprunt ait été contracté solidairement par plusieurs individus, s'il résulte des clauses de l'acte que l'emprunt n'est en réalité fait que dans le seul intérêt de quelques uns des emprunteurs, qui prennent la presque totalité de la somme, tandis que l'un d'eux, tout en ne prenant qu'une part minime, s'engage solidairement et hypothèque ses biens pour le tout, il y a un véritable cautionnement de la part de ce dernier, et il est dû un droit particulier d'enregistrement pour ce cautionnement. — *Cass.*, 21 fév. 1838 (t. 1er 1838, p. 379), de Valors.

1986. — De même encore, bien qu'une obligation ait été souscrite solidairement par plusieurs débiteurs, s'il apparaît qu'elle n'a réellement été contractée que dans le seul intérêt de l'un deux : par exemple, s'il est dit que le montant de l'obligation est destiné à solder le prix d'une acquisition par lui faite, et dont il a seul payé les intérêts, que ses codébiteurs seraient, en cas de paiement, subrogés aux hypothèques du prêteur, enfin que ces codébiteurs ne prenaient qu'une faible part dans la somme prêtée, un tribunal a pu déclarer que ces codébiteurs n'étaient que des cautions solidaires, et que, dès lors, la régie était fondée à percevoir le droit de cautionnement. — *Cass.*, 21 fév. 1838 (t. 1er 1838, p. 376), Labbé.

1987. — L'acte par lequel une personne s'engage, même comme caution solidaire du vendeur, à garantir les ventes immobilières faites par celui-ci, pour quelques causes qu'elles puissent être attaquées par la suite, renferme une garantie mobilière, et donne lieu au droit proportionnel de 50 cent. p. 100 fr. — L'éventualité, qui est inséparable de tout cautionnement, de toute garantie, ne constitue pas une condition suspensive quant à l'existence de l'obligation et à la perception du droit. — *Cass.*, 10 avr. 1838 (t. 1er 1838, p. 514), Cheneveux, Verdier et Gratry.

1988.— On avait d'abord pensé que la femme qui vend solidairement avec son mari un bien propre à celui-ci ou dépendant de la communauté ne contracte pas un cautionnement ordinaire ; que son intervention n'a pour objet qued'éviter tout recours contre les acquéreurs ; qu'il n'est donc dû ni droit proportionnel ni droit fixe. — Déc. min. fin. 19 avr. 1814 ; délib. 9 juill. 1825 ; 16 janv. 1827 et 5 mars 1830.

1989. — Depuis, il fut décidé que le droit de 50 p. 100 fr. était exigible sur les ventes sans garanties, faites par le mari et la femme ensemble, des biens propres à l'un ou à l'autre, et sur les obligations consenties solidairement par le mari et la femme pour les affaires de la communauté ou pour le mari. — Déc. min. fin. 14 déc.1830 ; instr. 1384, § 1er.

1990. — Mais enfin il a été prescrit de suspendre la perception du droit de cautionnement jusqu'à ce qu'il soit intervenu une disposition législative. — Avis com. fin. 27 juin 1832 ; décis. min. fin. 14 juill. 1832 ; instr. 1403.

1991. — Il y a lieu à la perception du droit de cautionnement sur l'obligation contractée solidairement par un mari et sa femme, et dans laquelle celle-ci s'oblige comme caution de son mari. La régie n'a pas alors à examiner si, d'après l'art. 1431, C. civ., l'effet de l'obligation solidaire est le même que celui du cautionnement, ou si, en d'autres termes, la stipulation du cautionnement n'ajoute rien à l'obligation solidaire. — Délib. 15 juill. 1836 ; — *Contrà Journ. de l'enregistr.*, art. 3856.

1992. — Le nantissement qui a lieu par acte séparé du contrat, qui n'en contenait pas la promesse, est passible du droit de 50 cent. p. 100 fr. Roland et Trouillet, *Dict. d'enreg.*, v° *Nantissement*, n°s 4 et 5.

1993. — Mais lorsque le nantissement de valeurs mobilières stipulé dans une obligation notariée est réalisé par un acte subséquent, ce dernier acte est seulement passible du droit fixe de 1 fr., et non de celui de 50 cent. p. 100 fr. comme garantie mobilière.—Décis. min. fin. 25 juill. 1827 instr. 1229, § 6.

1994. — Lorsque, pour garantir le paiement de lettres de change acceptées, le débiteur donne en nantissement, à titre de cautionnement, une créance hypothécaire et autorise à cet effet son créancier à prendre au bureau des hypothèques un émargement à l'inscription existant à son profit, et à y faire mentionner la priorité consentie, c'est là non une affectation hypothécaire, mais un simple nantissement d'une chose mobilière. Ainsi, il n'est dû que le droit de 50 cent. p. 100 fr. — Solut. 22 août 1825. — Roland et Trouillet, *Dict. d'enreg.*, v° *Novation*, n° 17.

1995. — Lorsque, dans un acte de société, une des parties contractantes, en s'engageant à verser dans la société qu'elle établit une somme déterminée pour garantir l'exécution d'une obligation personnelle, consent à ce qu'elle y soit employée pour les besoins et entreprises communes, mais à la condition qu'en cas de perte ce capital lui sera remboursé sans aucune déduction, un pareil acte doit être considéré, sous ce rapport, comme ayant pour objet un nantissement, et non une mise de fonds sociale, et donne, à ce titre, ouverture au droit de 50 cent. p. 100 fr. — *Cass.*, 26 déc. 1832, Montgolfier.

1996. — La soumission faite au greffe pour le cautionnement d'une condamnation mobilière donne ouverture au droit proportionnel, indépendamment du droit proportionnel déjà perçu sur le montant de la condamnation. — *Cass.*, 3° prair. an XII, Expert.

1997. — Le cautionnement fourni dans un concordat pour sûreté de paiement du dividende promis par le failli à ses créanciers est passible du droit proportionnel sur les sommes dues aux créanciers tant hypothécaires que chirographaires, quoique, d'après l'art. 520, C. comm., les premiers n'aient pas concouru au concordat et ne l'aient pas accepté. — *Cass.*, 29 mai 1833, Cagniard.

1998. — MM. Championnière et Rigaud (t. 2, n° 1419) critiquent cette décision, par le motif que les stipulations au profit des tiers ne sont admises qu'autant qu'elles sont acceptées par ces tiers; mais que jusque-là elles sont essentiellement révocables. — C. civ., art. 1121.

1999. — Lorsque, dans un contrat de mariage, le père du futur se réserve un droit de retour qui ne s'exercera que sous la garantie de la restitution immédiate de la dot de la future, en cas de prédécès et sans postérité, cette garantie fournie par le père personnellement doit être considérée comme un cautionnement soumis au droit de 50 c. p. 100 fr. — Délib. 10 sept. 1833.

2000. — Le cautionnement ou la garantie par le père du futur, pour le cas où il y aurait lieu à restitution de la dot constituée à la future et reçue par le futur, est passible du droit de 50 c. p. 100 fr., sans toutefois que ce droit puisse excéder 5 fr., montant du droit fixe du contrat qui comprend également la reconnaissance de la dot. — Délib. 13 janv. 1837.

2001. — Cependant, la reconnaissance du futur qu'il a reçu la somme constituée en dot par la future n'étant soumise à aucun droit, il n'en peut être perçu aucun sur le cautionnement que donne le père du futur dans le contrat de mariage, à raison de la restitution de cette dot. — Délib. 7 oct. 1836.

2002. — N'est passible que du droit fixe de 1 fr. le cautionnement consenti par un père, dans le contrat de mariage de son fils, pour les sommes dotales reçues par celui-ci; car ce n'est là que la garantie d'une reconnaissance qui n'est pas elle-même sujette à un droit particulier. — Solut. 30 avr. 1844.

2003. — Le cautionnement donné par un père à sa belle-fille, par acte postérieur au contrat de mariage de son fils, pour sûreté de la dot touchée par celui-ci, est passible du droit de 50 c. p. 100 fr. — Délib. 13 sept. 1842.

2004. — Le droit de 50 c. p. 100 fr. est exigible sur le cautionnement pour le paiement du prix d'un office. — Délib. 24 juill. 1837. — Il en est de même de l'affectation hypothécaire consentie à ce sujet. Toutefois, le droit de cautionnement ou de garantie ne peut excéder le droit acquitté ou à acquitter sur l'ordonnance de nomination et augmenté de celui de transport exigible sur l'acte de cession de l'office. — Instr. gén. 27 juin 1836, 1514.

2005. — Le droit de 50 c. p. 100 fr. doit être remplacé par celui d'obligation lorsque le titre du créancier n'est pas indiqué dans l'acte de cautionnement, et que la caution renonce au bénéfice de discussion, parce qu'un cautionnement ainsi conçu se confond avec une obligation réelle. — Délib. 23 sept. 1825; — Roland et Trouillet, *ibid.*, § 3, n° 66.

2006. — Mais le droit de 50 c. p. 100 fr. est seul exigible si le cautionnement a seulement pour objet une obligation dont le titre n'est pas enregistré, et alors que le débiteur n'intervient pas. — Délib. 23 janv. 1827; — Roland et Trouillet, *Dict. d'enregistr.* v° *Cautionnement*, § 3, n° 67.

2007. — Lorsqu'un père, en vendant un domaine appartenant à ses enfans mineurs, s'est porté fort pour eux, et s'est engagé, en cas d'éviction provenant de leur fait, à rembourser le prix de la vente et à payer des dommages-intérêts, avec stipulation d'hypothèque pour garantir ces paiemens, un pareil acte ne contient pas deux obligations distinctes, une vente et un cautionnement sortant des termes de la garantie ordinaire des contrats de vente; et, par suite, il n'est pas soumis tout à la fois à un droit de vente de 5 1/2 p. 100 fr., et à un droit pour cautionnement de 50 c. p. 100 fr. — *Cass.*, 18 avr. 1831, de Courion.

2008. — « Quoi que porte cet arrêt, disent les auteurs du *Dict. des dr. d'enregistr.* (v° *Vente d'immeubles*, n° 487), la nature de la garantie se trouve changée. D'une garantie de droit qu'elle était, elle devient une garantie conventionnelle. Le vendeur n'est pas seulement garant; il s'oblige au paiement d'une indemnité. Or, les indemnités sont tarifées comme les garanties par la loi du 22 frim. an VII. »

2009. — Lorsqu'en vertu des clauses d'un bail le propriétaire rembourse à son locataire la valeur des constructions élevées par celui-ci, il y a là non pas vente, mais seulement indemnité passible du droit de 50 c. p. 100 fr. C'est une conséquence de l'art. 555 du Code civil. — Solut. 23 nov. 1830; instr. 1354, § 3.

2010. — Le droit de cautionnement n'est pas dû sur le jugement qui nomme un individu administrateur d'une succession, à la charge de déposer au trésor, conformément à ses offres, des inscriptions de rente sur l'état; car cette disposition n'est que secondaire, et l'art. 69, § 2, n° 8, de la loi de frimaire ne s'applique qu'au cautionnement fourni par un tiers. — Délib. 4 mars 1828; — Roland et Trouillet, *Dict. d'enregistr.*, v° *Cautionnement*, § 3, n° 22.

2011. — Le cautionnement d'une obligation de faire qui n'emporte pas la livraison d'un objet mobilier n'est pas passible d'un droit proportionnel. — Championnière et Rigaud, n° 1373.

2012. — Le cautionnement d'une vente immobilière ne donne ouverture qu'au droit fixe. — Championnière et Rigaud, n° 1483.

2013. — Le cautionnement donné par le vendeur d'un immeuble n'est pas passible du droit proportionnel; mais ce droit est dû sur le cautionnement donné par l'acquéreur pour assurer le paiement de son prix. — Championnière et Rigaud, n° 1375.

2014. — N'est passible d'aucun droit particulier la garantie donnée par le mari de la venderesse seule propriétaire de l'immeuble aliéné. — Délib. 26 août 1834.

2015. — La disposition d'une quittance par laquelle le mari qui reçoit une somme faisant partie des deniers dotaux de sa femme affecte ses immeubles à la sûreté de cette somme, n'est passible d'aucun droit particulier. Cette reconnaissance de dot est essentiellement dépendante de la quittance. — Solut. 23 nov. 1831; — Roland et Trouillet, *Dict. d'enreg.*, v° *Quittance*, n° 44.

2016. — L'acte par lequel un usufruitier dispensé de donner caution hypothèque les biens à la restitution du produit de la vente du mobilier de la succession qu'il a touché, ne constitue point un cautionnement, puisque la garantie fournie est de droit, et qu'il est de principe qu'on ne peut se cautionner soi-même pour l'exécution d'une obligation dont on est tenu en vertu d'un titre antérieur. — Délib. 19 juill. 1823; — Roland et Trouillet, v° *Cautionnement*, § 3, n° 14.

2017. — Lorsque l'usufruitier et le nu-propriétaire garantissent solidairement la vente de l'immeuble, et promettent la ratification d'un tiers encore mineur, l'acte n'est passible que du droit proportionnel de mutation et non de celui de garantie. — Délib. 26 août 1834.

2018. — Lorsque, dans une obligation contenant hypothèque d'un immeuble grevé d'usufruit, l'usufruitier consent à ce que le créancier puisse exercer son droit hypothécaire, nonobstant l'usufruit, cette disposition, alors d'ailleurs qu'elle n'est pas formellement acceptée par le nu-propriétaire, ne donne lieu ni au droit de réunion d'usufruit, ni à celui de cautionnement. — Solut. 25 fév. 1836.

2019. — L'affectation hypothécaire fournie par le gérant d'une société en commandite à la garantie d'un emprunt qu'il contracte au nom de la société, n'est passible que de 1 fr. fixe, attendu qu'en sa qualité de gérant il répond indéfiniment des dettes de la société et que l'affectation hypothécaire n'ajoute rien à cette obligation. — Délib. 10 juill. 1838.

2020. — La garantie hypothécaire est également affranchie du droit proportionnel, lorsque, sans avoir été promise, elle résulte de la loi; par exemple, lorsqu'elle a pour but d'assurer le paiement d'une dot constituée par un contrat de mariage qui ne promettait aucune garantie ultérieure. — Solut. 4 oct. 1832; — Roland et Trouillet, *Dict. d'enreg.*, v° *Cautionnement*, § 3, n° 9.

2021. — L'acte dans lequel un mandataire, en vendant un immeuble du mandant seul, au nom du mandant et aussi en son nom personnel, se soumet expressément à la garantie solidaire, ne contient pas une obligation de garantie distincte et indépendante de la vente, passible d'un droit proportionnel de 50 c. p. 100 fr. — En pareil cas, la régie ne peut prétendre que, de ce qu'en fait le mandataire n'avait aucun droit à la propriété de la chose vendue, son obligation de garantie ne soit pas une suite de sa qualité de covendeur, surtout lorsque les parties intéressées n'ont pas contesté la validité de la vente. — *Cass.*, 7 mai 1834, Quinsonnas.

2022. — L'acte de vente dans lequel un individu, sans justifier d'un pouvoir régulier, acquiert un immeuble au nom d'un tiers pour lequel il se fait fort et garant, ne donne pas ouverture au droit de garantie. — Solut. 21 déc. 1836.

2023. — Il n'est perçu qu'un demi droit pour les cautionnemens des comptables envers l'état. — L. 22 frim. an VII, art. 69, § 2, n° 8.

2024. — L'acte de cautionnement qu'un comptable de deniers publics consent sur ses propres biens est passible du droit proportionnel. — *Cass.*, 14 (et non 24 frim.) an XII, Gibert.

2025. — L'acte par lequel le commis d'une administration particulière hypothèque un immeuble pour sûreté de sa gestion est passible du droit de cautionnement. Vainement l'art. 2011, C. civ., suppose le concours de trois personnes; un comptable peut se cautionner lui-même. — L. 24 nov. 1790, art. 7; Délib. 24 déc. 1829.

2026. — Les cautionnemens des payeurs de la guerre sont assimilés à ceux des comptables publics. — Décis. min. fin. 31 oct. 1809 et 10 avr. 1810.

2027. — Il en est de même de ceux des receveurs des octrois. — Déc. min. fin. 20 juill. 1813.

2028. — Les cautionnemens fournis par les préposés aux recettes municipales des villes et communes sont assujétis au droit de 50 c. p. 100 fr. — Délib. 2 frim. an XIII; instr. 290, n° 14.

2029. — Il en est de même des cautionnemens en immeubles des receveurs des hospices et des établissemens de bienfaisance. Ces receveurs ne peuvent invoquer le bénéfice accordé aux comptables envers l'état. — Décis. min. fin. 2 mars 1833; instr. 1425, § 4.

2030. — L'acte par lequel un particulier qui s'oblige à fournir le cautionnement d'un comptable public est lui-même garanti par un tiers de l'effet de ce cautionnement est passible de deux droits de 25 cent. l'un pour le cautionnement et l'autre pour la garantie; mais ce dernier droit ne peut excéder le premier concernant la disposition principale. — Solut. 30 juill. 1812.

2031. — Les cautionnemens fournis par les propriétaires ou éditeurs de journaux ne sont point assujétis au droit proportionnel. — Décis. min. fin. 31 oct. 1820.

2032. — *Cautionnemens de personnes à représenter en justice.* — ... Les cautionnemens de se représenter ou de représenter un tiers, en cas de mise en liberté provisoire, soit en vertu d'un sauf-conduit dans les cas prévus par le Code proc. et par le

Code comm., soit en matière civile, soit en matière correctionnelle ou criminelle : 50 cent. p. 100 fr. L. 22 avr. 1816, art. 50. — (Autrefois simple droit fixe de 1 fr.. L. 22 frim. an VII, art. 68, § 1er, n° 45).

2033. — *Cessions d'actions.* — Les cessions d'actions et coupons d'actions mobilières des compagnies et sociétés d'actionnaires, et tous autres effets négociables de particuliers ou de compagnies à l'exception des lettres de change; 50 c. p. 100 fr., L. 22 frim. an VII, art. 69, § 2, n° 6.

2034. — Jugé en conséquence que les cessions d'actions ou de coupons ou intérêts d'actions dans des compagnies ou sociétés industrielles ou commerciales ne sont passibles que du droit de 50 c. p. 100 fr., et non du droit de 2 % comme ventes mobilières. — *Cass.*, 8 fév. 1837 (t. 1er 1837, p. 99), compagnie des mines d'Anzin; 6 juin 1837 (t. 1er 1837, p. 547), Marthiou; 21 août 1837 (t. 2 1837, p. 493), Royer; 27 janv. 1841 (t. 1er 1841, p. 370), Desormeaux; 16 juill. 1845 (t. 2 1845, p. 604), de Campredon.

2035. — ... Et cela lors même que les cessions ont lieu non par endossement, mais par acte particulier soit authentique, soit sous seing-privé. — *Cass.*, 8 fév. 1837 (t. 1er 1837, p. 99), comp. des mines d'Anzin; 6 juill. 1837 (t. 1er 1837, p. 547), Marthiou; 27 janv. 1841 (t. 1er 1841, p. 370), Desormeaux; 16 juill. 1845 (t. 2 1845, p. 604), de Campredon.

2036. — Si, après avoir placé en actions de la banque une somme appartenant à sa fille mineure pour éviter qu'elle ne souffrît de la baisse des fonds, un père remet à celle-ci la somme placée et est autorisé par un jugement à transférer les actions sur sa tête, il est dû sur ce jugement un droit de mutation de 50 c. p. 100 fr., parce que l'intérêt des actionnaires de la banque ne consiste que dans le produit annuel des actions. — Décis. min. fin. 31 janv. 1845; — Roland et Trouillet, *Dict. d'enreg.*, v° *Jugement*, § 4, n° 44.

2037. — Les cessions d'actions ou coupons d'actions mobilières des sociétés ne donnent lieu au droit de 50 c. p. 100 fr. qu'autant qu'il s'agit de sociétés divisées en actions transmissibles par voie de négociation. — *Cass.*, 27 janv. 1841 (t. 1er 1841, p. 370), Desormeaux; 14 déc. 1842 (t. 2 1843, p. 11), Demerle; 11 janv. 1843 (t. 2 1843, p. 11), Boggio.

2038. — Quant à la cession d'une part d'intérêt dans une société ou compagnie non divisée par actions, elle reste soumise au droit proportionnel de 2 fr. p. 100 fr. comme vente mobilière. — *Cass.*, 27 janv. 1841 (t. 1er 1841, p. 370), Desormeaux; 11 janv. 1843 (t. 2 1843, p. 11), Boggio.

2039. — Par la même raison, l'adjudication devant notaire de tous les droits afférens à un associé dans une société se composant de valeurs, usines, machines, et autres objets, constitue une vente d'objets mobiliers passible du droit de 2 %, et non une simple cession d'actions soumise seulement au droit de 50 c. p. 100 fr. — *Cass.*, 14 déc. 1842 (t. 2 1843, p. 11), Demerle.

2040. — Jugé également que, le capital d'une société en participation ne pouvant être divisé en actions négociables, la cession à titre onéreux faite par l'un des associés de sa part dans l'acte social doit être considérée, non comme un transfert d'actions passible seulement du droit proportionnel de 50 cent. p. 100 fr., mais bien comme une transmission ou vente de valeurs mobilières donnant ouverture au droit de 2 %. — *Cass.*, 12 juill. 1842 (t. 2 1842, p. 740), Grulé.

2041. — ... Qu'à l'égard d'une société en commandite qui n'a point émis d'actions, la cession, par un commanditaire, de partie de la somme par lui versée dans la société doit être considérée comme une cession de créance passible du droit de 1 % et non comme une cession d'action soumise seulement au droit de 50 c. p. 100 fr. — Délib. 16 avr. 1833.

2042. — Mais, alors même qu'il s'agit d'actions non négociables, les actions dans une compagnie qui possède des immeubles sont meubles tant que dure l'association. Dès-lors, la cession de ces actions n'est passible que du droit d'enregistrement de 2 %. — *Cass.*, 14 avr. 1834, Lechanteur.

2043. — Jugé de même que, des actions dans des mines ne pouvant être considérées que comme des biens meubles par la détermination de la loi, lors même que la société à laquelle ces actions se rattachent posséderait des immeubles, l'acte de cession de ces actions n'est passible que du droit de 2 %, fixé pour les ventes de meubles, encore bien que de quelques énonciations de l'acte on puisse induire que les parties ont considéré ces actions comme formant à leur égard une propriété en partie immobilière, l'erreur des contractans ne pouvant avoir pour effet, en pareil cas, de changer la nature des objets cédés.— *Cass.*, 7 avr. 1824, Humann.

2044. —... Que des immeubles indivis, et mis en commun pour former le fonds d'une société en participation, étant meubles par la détermination de la loi, à l'égard de chaque associé, tant que dure la société, le legs fait par l'un des associés, durant la société, de ses droits sur les immeubles dont il s'agit, constitue la transmission d'une action ou intérêt dans une compagnie de commerce ou d'industrie, qui ne doit donner lieu qu'à la perception d'un droit de mutation mobilière.— *Cass.*, 14 août 1833, Bruyn.

2045. — S'il est vrai qu'une société d'industrie ou de commerce continue sous certains rapports, même après sa dissolution juridique, à subsister entre les anciens associés pendant sa liquidation et jusqu'au partage des valeurs, les actions de cette société prennent néanmoins le caractère immobilier du moment même de sa dissolution lorsque des immeubles dépendent de son actif. — On doit le décider ainsi, alors surtout qu'il s'agit de déterminer la nature de ces actions relativement à la fixation du droit d'enregistrement à percevoir sur la cession qui peut en être faite.— *Cass.*, 6 août 1845 (t. 1ᵉʳ 1846, p. 219), Formon.

2046. — Il est des cas où une cession d'action peut donner ouverture au droit proportionnel de mutation immobilière de 5 1/2 p. 100. Ainsi est passible de ce droit la cession d'une part dans la propriété d'une usine appartenant à plusieurs personnes et exploitée en commun, car il n'y a pas là une société proprement dite à l'égard de laquelle on puisse appliquer la disposition de l'art. 529, C. civ., relativement aux intérêts dans les compagnies de commerce ou d'industrie. — Solut. 29 janvier 1830.

2047. — De même, la vente d'actions de la banque de France, immobilisées conformément au décret du 16 janv. 1808, est soumise au droit proportionnel de 5 1/2 %, comme les ventes de biens immeubles, lorsque le cahier de charges ne porte pas que ces actions seront adjugées pour devenir meubles. — *Cass.*, 22 mai 1833, Lacoste; — instr. 1422, § 2, et 1437, § 2. — Ainsi, les actions conservent leur nature immobilière tant que les parties n'ont pas manifesté l'intention de les mobiliser. — Championnière et Rigaud, t. 4, n° 3700.

2048. —*Cessions de créances.*—...Les transports et cessions de créances à terme : 1 fr. p. 100, L. 22 frim. an VII, art. 69, § 5, n° 3.

2049. — Le paiement d'un créancier hypothécaire par un autre créancier inscrit à une date postérieure, lequel est ainsi subrogé dans ses droits, actions et hypothèques, constitue une cession ou transport de créances; car la subrogation est alors conventionnelle.—Délib. 1ᵉʳ juin 1834; instr. 1272, § 2.

2050. — Jugé au contraire qu'un transport de créances étant un contrat synallagmatique qui ne peut exister qu'autant qu'il y a volonté et convention de transporter, on ne saurait considérer comme tel, pour la perception du droit d'enregistrement, l'acte par lequel un créancier hypothécaire se borne à donner quittance du paiement à lui fait par un autre créancier hypothécaire, paiement que, d'ailleurs, il n'avait pas le droit de refuser. — *Cass.*, 27 juin 1842 (t. 2 1842; p. 190), Scillière.

2051. —Lorsque le débiteur cède définitivement à son créancier une créance qu'il lui avait déjà transportée comme garantie par l'acte d'obligation, avec stipulation de n'en toucher le montant qu'autant que le débiteur aurait été par un commandement, mis en demeure de payer, cette cession est passible du droit de 1 %, alors surtout que la condition exigée pour saisir définitivement

le créancier ne s'était pas encore réalisée.—Délib. 3 juill. 1834.

2052. — La clause d'un partage par laquelle il est abandonné à l'un des héritiers, en sus de sa part héréditaire, des créances exigibles ou le prix de vente d'immeubles de la succession, pour une somme égale au montant des dettes qu'il est chargé d'acquitter, n'est point passible du droit proportionnel de transport de créance à 1 %. — Délib. 4 avr. 1834.

2053.— De même, le droit de cession de créance n'est pas exigible sur la clause d'un acte de partage par laquelle la veuve fait abandon aux héritiers de son mari des créances de la communauté, à la charge de payer les dettes. — *Cass.*, 12 fév. 1840 (t. 1ᵉʳ 1840, p. 752), Baudin; — conf. délib. 24 juill. 1838; instr. 31 déc. 1838, n° 1577, § 15.

2054. — La cession des droits d'auteur, consistant dans la rétribution allouée à un auteur de pièces de théâtre pour chaque représentation est une cession de créances passible de 1 %. — Décis. min. fin. 2 nov. 1821.

2055. — Les actes contenant cession par les anciens colons de Saint-Domingue, leurs héritiers ou ayant-cause, de leurs droits à l'indemnité consacrés par la loi du 30 avr. 1826, et les actes de transport de l'indemnité déjà liquidée, sont soumis au droit de 1 %. — Avis com. fin. 26 fév. 1828, appr. le 27; instr. 1242.

2056. — En cas d'insuffisance d'évaluation du capital cédé, comme la loi n'a prononcé aucune peine, il n'y a lieu de répéter qu'un supplément de droit simple. — Solut. 19 sept. 1832.

2057. — *Cessions de droits successifs.* — Suivant que ces cessions ont pour objet des objets immobiliers ou mobiliers, V. *infrà Ventes immobilières*, nᵒˢ 3339 et suiv., et *Ventes mobilières*, nᵒˢ 3637 et suiv.

2058. — *Cessions de rentes.* — V. *infrà* n° 2236, *Rentes et pensions.*

2059. — *Collocations de sommes et valeurs.* — Pour les droits à percevoir sur les actes et jugemens portant collocation, V. *infrà* nᵒˢ 2716 et suiv.

2060. — Quant aux collocations amiables qui ne sont considérées que comme des actes de complément ou d'exécution, V. *suprà* n° 1434.

2061. — *Condamnations de sommes et valeurs.* — Pour les droits à percevoir sur ces condamnations, V. *infrà* nᵒˢ 2716 et suiv.

2062. — *Contrats de mariage.* — Si les futurs sont dotés par leurs ascendans, ou s'il leur est fait des donations par des collatéraux ou autres personnes non parentes, par leur contrat de mariage, les droits, dans ce cas, sont perçus suivant la nature des biens, ainsi qu'il est dit *infrà*, sect. 4ᵉ, *Donations.* —V. nᵒˢ 2414 et suiv.

2063. — *Déclarations de command.* — Pour les déclarations ou élections de command, par suite d'adjudication ou de vente d'immeubles, faites après les vingt-quatre heures de l'adjudication ou du contrat, ou quand la faculté d'élire un command n'a pas été réservée, V. *infrà* nᵒˢ 3609 et suiv.

2064. — *Délégations de rentes.*—V. *infrà* n° 2236, *Rentes et pensions.*

2065. — *Délégations de sommes.* — Les délégations de créances à terme; les délégations de prix stipulées dans un contrat, pour acquitter des créances à terme envers un tiers, sans énonciation de titre enregistré, sauf, pour ce cas, la restitution dans le délai prescrit, s'il est justifié d'un titre précédemment enregistré : 1 fr. p. 100 fr. — L. 22 frim. an VII, art. 69, § 3, n° 3.

2066. — Sous la loi du 5-19 déc. 1790, lorsqu'un acquéreur s'obligeait, dans l'acte de vente, à payer une partie de son prix à un créancier indiqué, il y avait là une déclaration, une reconnaissance qui donnait ouverture à un droit provisoire d'enregistrement, jusqu'à ce qu'il fût prouvé que le droit avait été réellement perçu sur le titre de créance. — *Cass.*, 28 fructid. an 11, Frondière.

2067. — Lorsqu'un acte de vente contient délégation de partie du prix au profit de créanciers dont les titres de créance sont à terme, la régie ne peut exiger le droit proportionnel, s'il n'est pas allégué que ces titres n'ont pas été enregistrés. — *Cass.*, 21 juill. 1828, Debruges-Dumesnil.

2068. — La délégation que fait le vendeur dans le contrat de vente de partie du prix en faveur d'un des acquéreurs son créancier donne ouverture à un droit de transport. — *Cass.*, 14 messid. an XIII, Hauzen et Baudinet.

2069. — Il en est de même en cas de délégation du prix d'une vente, faite dans un acte séparé du contrat de vente. — *Cass.*, 26 mai 1834, Van-Yseghem.

2070. — Lorsqu'à la suite d'une obligation passible du droit proportionnel, le débiteur délégué, pour le service des intérêts, des loyers ou arrérages dus par un tiers, et se trouve ainsi dessaisi de la faculté de les toucher lui-même, et déchargé de l'obligation personnelle du service de ces intérêts, le droit de 1 % est exigible pour cette délégation. — Solut. 31 janv. 1824 et 4 juin 1826; instr. 1205, § 5.

2071. — Le droit de délégation n'est pas dû, indépendamment du droit d'obligation, sur l'acte par lequel un individu se reconnaît débiteur envers un autre d'une somme productive d'intérêts, et, pour éviter tout retard dans le service, délègue et abandonne au prêteur les loyers d'une portion désignée de bâtimens, en expliquant que cette délégation n'aura d'effet qu'autant que l'emprunteur ne paierait pas les intérêts aux époques fixées et après avoir été mis en demeure. — Solut. 18 oct. 1826; — instr. 1205, § 5.

2072. — Il n'est point dû non plus lorsque, dans une obligation pour sûreté et garantie du paiement des intérêts de la somme prêtée, le débiteur délégue, soit les arrérages d'une rente, soit les fermages des biens hypothéqués ou autres, sans que d'ailleurs il soit déchargé formellement de servir lesdits intérêts. — Solut. 8 janv. 1831 et 18 oct. 1832.

2073. — Enfin aucun droit n'est dû pour la délégation contenue dans une obligation à l'effet d'assurer le paiement même de l'obligation. — Décis. min. fin. 7 avr. 1817; Délib. 20 déc. 1823.

2074. — Il n'y a pas lieu de percevoir le droit proportionnel d'obligation indépendamment de celui de cession sur l'acte de transport dans lequel le tiers-débiteur intervient et, acceptant la délégation, déclare devoir au cédant la somme transportée comme provenant du prix d'un office dont la transmission a donné lieu à la perception du droit de 10 % sur le cautionnement. — Solut. 12 mars 1838.

2075. — Mais il y a lieu de percevoir le droit de délégation sur l'acte postérieur au contrat de vente par lequel le vendeur, employant les termes de *collocation*, détermine que le prix de la vente suffisant pour payer intégralement ses créanciers hypothécaires leur sera distribué. Ce n'est que dans le cas d'insuffisance du prix que cette distribution par ordre de rang d'inscription des créances est passible seulement du droit fixe. — Délib. 21 avr. 1835.

2076. — La charge imposée au donataire dans l'acte de donation, et acceptée par les créanciers, soit d'acquitter différentes créances inscrites sur l'immeuble donné, soit de servir sur les fermages une pension due par le donateur, ne peut, comme faisant partie du prix, et alors que les titres constitutifs des sommes déléguées ont été énoncés dans l'acte et enregistrés, donner ouverture au droit proportionnel de délégation. — *Cass.*, 2 avr. 1828, de Beaufremont.

2077. — L'énonciation dans un partage anticipé fait dans un acte entre-vifs par des ascendans de dettes passives dont les titres n'ont pas été enregistrés, et qui sont mises à la charge des donataires, ne constitue pas une délégation passible du droit d'enregistrement. — *Cass.*, 28 avr. 1829, Adam.

2078. — De même, l'énonciation des dettes de l'ascendant donateur mises à la charge du donataire, dans un acte de partage rédigé en conformité des art. 1075 et 1076, C. civ., et dans lequel les tiers-créanciers ne sont point intervenus, ne donne point ouverture à un droit d'enregistrement, bien que l'acte n'indique point que les titres constitutifs des créances soient enregistrés. Il n'y a point là de délégation, dans le sens de l'art. 69, § 3, n° 3, L. 22 frim. an VII. — *Cass.*, 21 juin 1832, de Merens; même jour, Mialhe.

2079. — Lorsqu'un immeuble est vendu amiablement pendant le cours d'une poursuite en ex-

propriation, à la charge par l'acquéreur de désintéresser les créanciers inscrits, et que le poursuivant intervient à l'acte pour déclarer qu'il renonce à sa saisie, il n'y a point là de délégation qui donne lieu à un droit proportionnel. — *Cass.*, 17 fév. 1806, Thiébault.

2080. — En un mot et en règle générale, le droit proportionnel n'est dû sur les stipulations de délégation de prix contenues dans des contrats de vente qu'autant que la délégation y est actuellement et expressément convenue. Il n'est dû que le droit fixe quand l'acte contient seulement promesse de délégation réalisable par un acte ultérieur. — Instr. 30 déc. 1844, 1723, § 2.

2081. — Lorsque, dans le transport d'une créance à terme, le cessionnaire a été chargé de payer sur le prix une somme déterminée à des créanciers du cédant, sans cependant être assujéti à aucune obligation ou responsabilité envers ces créanciers, une pareille stipulation, quoique ne constituant pas une délégation parfaite, n'en doit pas moins être considérée comme une délégation dans le sens de la loi du 22 frim. an VII, et comme passible, en conséquence, du droit proportionnel. — On ne saurait la considérer comme mandat dans le sens de l'art. 68 de la même loi. — *Bruxelles*, 3 nov. 1815, de Volder.

2082. — L'art. 69, § 3, n° 3, L. 22 frim. an VII, qui assujétit indistinctement les délégations de créances à terme au droit de 1 %, s'applique aux délégations non acceptées comme à celles qui le sont. — *Cass*, 11 nov. 1822, Batardy; même jour, Ernouf; même jour, Legrand; même jour, Devalons.

2083. — De même, toutes les délégations de créances à terme faites dans un autre acte que dans un contrat de vente sont passibles du droit de 1 %, sans aucune distinction entre les délégations acceptées par le délégataire et celles qui ne le sont pas. — *Cass.*, 31 (et non 30) déc. 1823, de la Trémoille.

2084. — Lorsque, après une vente d'immeubles par suite de conversion, le débiteur, comme propriétaire du prix, en fait lui-même la distribution à ses créanciers avec des délégations, acceptées par ceux-ci, de ce qui est dû à terme par les adjudicataires, cet acte est passible du droit de délégation ou transport; on ne saurait le considérer comme un ordre en justice contenant une simple indication de paiement. — *Cass.*, 19 avr. 1843 (t. 2 1843, p. 420), Meunier.

2085. — De même encore, le droit de délégation est dû sur l'acte par lequel le vendeur d'un immeuble désigne les créanciers que l'acquéreur sera tenu de payer, lors même que ni l'acquéreur, ni les créanciers délégataires ne sont présens à cet acte, et que l'acquéreur se serait déjà obligé, dans l'acte de vente, de payer son prix aux créanciers inscrits qui lui seraient désignés. — *Cass.*, 7 janv. 1839 (t. 1ᵉʳ 1839, p. 11), Rœderer.

2086. — L'acte par lequel des vendeurs déclarent autoriser un acquéreur, hors de la présence de ceux-ci, et sans leur acceptation, à toucher le prix suivant le montant de leur créance, doit être considéré comme une délégation passible du droit de 1 %. — Si des créanciers interviennent à l'acte et acceptent, il est dû autant de droits fixes qu'il y a d'intervenans. — *Cass.*, 27 fév. 1839 (t. 1ᵉʳ 1839, p. 462), Bourdeau.

2087. — Lorsque, dans l'acte de liquidation et de partage d'une succession, les acquéreurs chargés par le jugement d'adjudication de payer leur prix aux vendeurs ou aux créanciers inscrits, abandonnent à la veuve et à des créanciers nommément désignés, des sommes déterminées à prendre sur le prix, il y a là une délégation formelle, qui, bien qu'imparfaite, à défaut d'acceptation de la part des créanciers non présens, n'emporte pas moins dessaisissement ou transport des créances au profit des créanciers délégués. Ce transport est donc passible du droit proportionnel de 1 %. — Délib. 16 août 1833.

2088. — Pour que la délégation de la totalité ou partie du prix d'un immeuble aux créanciers inscrits soit réputée faite par le contrat de vente lui-même, et ne donne, par suite, ouverture à aucun droit particulier d'enregistrement, il n'est pas nécessaire que l'acte de vente contienne la désignation nominative des créanciers et le montant des sommes dues à chacun d'eux ; il suffit qu'il exprime que la délégation est faite aux créanciers inscrits, sauf à désigner par un acte postérieur leurs noms et la quotité de leurs créances respectives. — En conséquence, l'acte postérieur qui, *expliquant* ou *rappelant* le contrat de vente sans le modifier, désigne nominativement les créanciers délégataires, et énonce le montant des sommes déléguées, ne doit être considéré que comme réglant l'exécution du contrat de vente, et il ne donne pas dès-lors ouverture au droit de délégation. — *Cass.*, 27 avr. 1840 (t. 1er 1840, p. 639), Rousset ; — Délib. 1er mai 1827.

2089. — Le droit fixe est seul exigible, lorsqu'à la suite d'un contrat de vente qui charge l'acquéreur de servir une rente viagère due à un tiers suivant un acte régulier, le créancier de la rente accepte la délégation par acte séparé. — Délib. 13 sept. 1836.

2090. — *Dépôts de sommes.* — Les dépôts de sommes chez des particuliers : 1 %. — L. 22 frim. an VII, art. 69, § 3, n° 3.

2091. — Lorsque le dépôt est fait à la charge par le dépositaire, soit d'employer les fonds, soit de les placer d'une manière indiquée, il ne constitue qu'un simple mandat, et le droit fixe est le seul exigible. — Délib. 3 mars 1819 ; décis. min. fin. 23 sept. 1825.

2092. — Le dépôt d'une somme d'argent fait à un notaire sans acte authentique est, comme reconnaissance de sommes d'argent, passible du droit de 1 % ; dès-lors la décharge de ce dépôt donne, comme acte ordinaire de libération, ouverture au droit de 50 c. p. 100 fr. — Délib. 30 janv. 1829 ; 8 déc. 1835.

2093. — *Dommages-intérêts.* — Les dommages-intérêts prononcés par les tribunaux criminels, correctionnels et de police : 2 %. — L. 22 frim. an VII, art. 69, § 5, n° 8.

2094. — Il en est de même en matière civile. — L. 27 vent. an IX, art. 11.

2095. — Quant à la manière dont le droit doit être perçu, V. *infrà* n°s 2752 et suiv.

2096. — *Donations entre-vifs.* — Pour les donations entre-vifs de biens soit meubles soit immeubles, en propriété ou en usufruit, entre toutes personnes, V. *infrà* n°s 2414 et suiv.

2097. — *Échanges.* — Les échanges d'immeubles : 1 fr. p. 100; plus 1 fr. 50 cent. p. 100 pour droit de transcription. L. 16 juin 1824, art. 2. — (Autrefois 2 fr. p. 100 fr., L. 22 frim. an VII, art. 69, § 5, n° 3).

2098. — Le droit est perçu sur la valeur de l'une des parts, lorsqu'il n'y a aucun retour. S'il y a retour, le droit est payé comme pour vente sur le retour ou la plus-value. — L. 22 frim. an VII, art. 69, § 5, n° 3.

2099. — La loi du 16 juin 1824 avait modéré les droits sur les échanges d'immeubles par son art. 2, ainsi conçu : « Les échanges d'immeubles ruraux ne paieront qu'un franc fixe pour tous droits d'enregistrement et de transcription, lorsque l'un des immeubles échangés sera contigu aux propriétés de celui des échangistes qui le recevra. — A l'égard de tous les autres échanges de biens immeubles, quelle que soit leur nature, le droit de 2 %, fixé par l'art. 69, L. 22 frim. an VII, est réduit à 1 %; il sera perçu, comme par le passé, sur la valeur d'une des parts seulement, et celui de 1 1/2 %, fixé par l'art. 54, L. 28 avr. 1816, n'aura lieu également que sur la valeur d'une des parts. — Dans tous les cas, le droit réglé par l'art. 52 de la même loi (le droit de transcription) continuera d'être perçu sur le montant de la soulte ou de la plus-value. »

2100. — L'application de cette loi a donné lieu aux décisions suivantes :

2101. — L'art. 2, L. 16 juin 1824, n'est applicable qu'aux échanges de terrains contigus et non aux échanges de bâtiments situés dans les communes rurales. — Décis. min. fin. 17 août 1826.

2102. — L'échange qui a lieu le jour même qu'une parcelle de la pièce de terre échangée a été acquise est passible du droit proportionnel. — Délib. 18 mai 1825. — *Contrà Dict. des dr. d'enreg.*, v° *Echange*, n° 35.

2103. — La loi du 16 juin 1824 est applicable, alors même que, les échangistes n'ayant aucune propriété contiguë, l'un d'eux achète, peu de jours

ENREGISTREMENT, ch. 6, sect. 2e.

avant l'acte d'échange, une portion de terrain réellement contiguë aux propriétés de l'autre. — *Cass.*, 18 déc. 1828, Talmier et Pontier.

2104. — Lorsque après avoir acquis, non une co-propriété indivise, mais une portion d'immeuble fixe et déterminée, telle qu'un vingtième à prendre de tel ou tel côté, le même acquéreur obtient en échange les dix-neuf autres vingtièmes, il n'y a lieu de percevoir sur cet échange que le droit fixe de 1 fr., établi par la loi du 16 juin 1824, en cas d'échange entre propriétaires contigus, alors d'ailleurs qu'il n'est pas établi qu'on ait voulu frauder les droits. — *Cass.*, 18 août 1829, Noirel.

2105. — Mais la loi du 24 mai 1834 a rétabli l'égalité dans l'assujétissement à l'impôt par son art. 16, ainsi conçu : « La disposition de l'art. 2, L. 16 juin 1824, qui réduit à 1 fr. fixe le droit d'enregistrement des échanges dans lesquels l'une des parties reçoit des biens qui lui sont contigus, est et demeure abrogée. Ces échanges jouiront toutefois de la modération de droit introduite pour les échanges en général dans la seconde disposition du même article. »

2106. — Il y a échange dans l'acte par lequel un immeuble est vendu pour une somme en paiement de laquelle l'acquéreur vend à son tour un autre immeuble de même valeur, mais avec faculté de le reprendre dans cinq ans, en remboursant le prix. Si le rachat s'effectue, il donne ouverture au droit de vente. — Décis. min. fin. 4 sept. 1810.

2107. — Il y a dation en paiement et non échange dans l'abandon fait par un copartageant à un autre, d'un immeuble propre au premier, pour égaliser le lot du second, si l'acte de partage ne fait connaître la masse et la nature des biens, autres que ceux abandonnés. — Délib. 23 avr. 1833.

2108. — Il y a échange, et non pas simple partage, dans l'acte par lequel le donataire de l'usufruit de tous ses biens reçoit des héritiers, pour le remplir de la valeur à laquelle cet usufruit a été porté, des meubles et immeubles en toute propriété. — *Cass.*, 14 août 1838 (t. 2 1838, p. 454), Leblond.

2109. — Une contre-lettre qui a pour objet l'augmentation du prix d'un contrat d'échange participe essentiellement de la nature de ce contrat dont elle est le complément; et dès-lors elle est soumise aux mêmes droits que lui. — *Cass.*, 16 (et non 19) nov. 1813, Sevin.

2110. — Bien qu'un acte d'échange énonce qu'il n'est que provisoire, mais qu'après l'expiration d'un délai fixé il sera définitif, s'il n'est résilié par l'une des parties, le droit d'échange est dû, comme s'il n'y avait point de condition résolutoire. — *Dict. de l'enreg.*, v° *Echange*, n° 60.

2111. — Le droit de retour est exigible encore bien que la soulte ne soit pas exprimée dans l'acte d'échange. Il suffit pour cela que, d'après les évaluations données (ou par le résultat de l'expertise) la valeur des biens cédés par l'un des échangistes, calculée à raison de vingt fois le revenu, soit supérieure à celle des biens qu'il reçoit. — Roland et Trouillet, *Dict. d'enreg.*, v° *Echange*, § 3, n° 2.

2112. — La condition imposée à l'une des parties de payer seule les frais de l'acte ne constitue pas une soulte. — *Dict. des dr. d'enreg.*, v° *Echange*, n° 64.

2113. — Sous l'empire de la loi du 16 juin 1824 (art. 7), qui n'assujétissait qu'au droit fixe l'enregistrement, les acquisitions et donations faites au profit des communes, hospices, etc., décidé que, lorsqu'un hospice reçoit en échange des immeubles produisant un revenu plus considérable que ceux qu'il cède lui-même au contre-échangiste, le droit de soulte est exigible sur la différence du revenu, bien que l'échange ait été consenti sans soulte ni retour, parce que l'excédant de valeur attribué à l'hospice ne présente ni le caractère ni les effets d'une donation, que rien n'annonce une libéralité, et que la portion cédée par l'hospice qui produit un moindre revenu peut compenser l'importance de l'autre par une valeur de convenance particulière. — Délib. 6 mars 1827 ; — Roland et Trouillet, *Dict. d'enreg.*, v° *Echange*, § 3, n° 8.

2114. — Décidé, sous l'empire de la même loi, qu'il n'est dû que le droit fixe de 1 fr. sur l'acte constatant une nouvelle division du territoire d'une commune entre tous ses habitans, par voie d'échange après arpentage, indépendamment du droit proportionnel sur les soultes, et sauf les autres droits de mutation qui pourraient résulter de la vérification des titres de chaque propriétaire. — Décis. min. fin. 7 avr. 1826 ; instr. 1200, § 6.

2115. — L'acte contenant échange d'un immeuble situé dans une colonie française contre un immeuble situé en France, est passible du droit proportionnel fixé par la loi du 15 juin 1824, bien que cet acte ait été passé et enregistré dans les colonies. — Délib. 28 août 1832.

2116. — Le double droit est exigible, lorsque l'acte énonce que les échangistes étaient en possession des biens depuis plus de trois mois. — Délib. 9 nov. 1827.

2117. — La rescision pour lésion n'ayant pas lieu dans l'échange, la rescision d'un contrat d'échange prononcée par jugement pour cause de lésion, opère : — 1o soit un nouvel échange, si elle rétablit les parties dans leurs biens respectivement échangés ; — 2o soit une vente si l'un des échangistes, en rentrant en possession de l'objet par lui cédé, conserve la propriété des biens qui lui ont été attribués en contre-échange ; — 3o ou donne lieu à un supplément à titre de soulte si la partie contre laquelle la lésion est jugée reste propriétaire en payant la plus-value. — Instr. 9 thermid. an XII, 245 ; Dict. des droits d'enregistr., vo Echange, no 77.

2118. — Les échanges de biens composant un majorat sont assujétis aux mêmes droits que les échanges entre particuliers. — Décr. 24 juin 1808, art. 5 ; instr. 413.

2119. — Les lois ne parlant point des échanges de meubles, on concluait de ce silence que les échanges devaient être considérés comme une double vente, chacune des deux choses étant le prix de l'autre (Solut. 5 prair. an VIII). Mais décidé depuis que le droit de 2 % n'est dû que sur la valeur de la plus forte part. — Décis. min. just. et fin. 1er juin, 3 sept. et 5 nov. 1841.

2120. — Les échanges de navires ou bateaux ne sont, comme les ventes, passibles que du droit fixe de 1 fr. — Délib. 8 déc. 1837.

2121. — Engagemens d'immeubles. — Les engagemens de biens immeubles : 2 fr. p. 100 fr. — L. 22 frim. an VII, art. 69, § 5, no 5.

2122. — La jouissance à titre d'engagement d'un immeuble est suffisamment établie pour la demande et la poursuite du paiement des droits des engagemens non enregistrés, par les actes qui le font connaître, ou par le paiement de contributions imposées aux détenteurs temporaires. — L. 22 frim. an VII, art. 43.

2123. — L'abandon d'un immeuble fait par un débiteur à son créancier, pour en jouir jusqu'au remboursement de sa créance et le remplir des intérêts, est une véritable antichrèse, qui ne donne lieu qu'au droit proportionnel de 2 % ; pour les engagemens d'immeubles, lors même qu'il serait dit qu'à défaut de paiement à l'époque convenue, le créancier pourrait disposer de l'immeuble en toute propriété, l'art. 2088, C. civ., faisant obstacle à ce qu'on induise une mutation d'une pareille clause. — Cass., 17 janv. 1816, Cordier.

2124. — ... Ou bien encore lors même qu'il n'est pas dit dans l'acte que les fruits de l'immeuble seront imputables de la manière indiquée par l'art. 2085, C. civ. — Délib. 20 juin 1817.

2125. — Lorsqu'une cession de jouissance a lieu à titre de ferme et pour un temps déterminé, à l'effet de tenir lieu des intérêts, avec stipulation qu'à l'expiration de ce terme la créance sera exigible, la convention n'est qu'un bail. — Délib. 20 oct. 1824 et 15 juin 1827.

2126. — Il n'y a pas non plus antichrèse dans l'acte par lequel un débiteur délègue à son créancier des fermages et loyers pour les percevoir à chaque terme, attendu qu'un pareil acte ne transmet ni la jouissance ni l'administration de l'immeuble. Le droit de 1 % est le seul exigible. — Délib. 18 sept. 1827 et 5 déc. 1828.

2127. — L'acte par lequel un individu emprunte une somme et abandonne à celui qui la lui prête un immeuble à titre d'antichrèse, offrant bien ce caractère et non celui d'un réméré, le jugement qui renvoie le bailleur, même après trente ans, en possession du bien qu'il a ainsi livré, et en se fondant sur ce que cet abandon n'a eu lieu qu'à titre d'antichrèse, ne peut donner lieu au droit de rétrocession. — Cass., 4 nov. 1817, Hausade et Dulac.

2128. — La vente d'un immeuble à titre d'antichrèse toujours rachetable moyennant un prix payable, partie comptant, partie dans un délai déterminé, et avec réserve par le vendeur de faire valoir le bien jusqu'au remboursement qu'il se réserve de faire du prix, doit être considérée, non comme antichrèse, mais comme vente avec faculté de réméré et subir le droit d'enregistrement en conséquence. — Cass., 4 mars 1807, Vincent.

2129. — On ne peut considérer comme une antichrèse passible seulement du droit de 2 %, l'acte par lequel le débiteur d'une rente viagère cède au créancier, jusqu'à son décès, la jouissance d'un immeuble, pour tenir lieu des arrérages de la rente, et sans que le créancier ou ses héritiers puissent rien avoir à répéter du débiteur. C'est là, au contraire, la cession à titre onéreux d'un usufruit ou d'une jouissance à vie dont le prix est l'extinction de la dette, cession passible du droit de 4 ou 5 1/2 %. — Cass., 16 fév. 1831, Azémar et Garrica.

2130. — Lettres de change. — Les lettres de change tirées de place en place, et celles venant de l'étranger ou des colonies françaises, lorsqu'elles sont protestées faute de paiement : 25 c. p. 100 fr. — L. 28 avr. 1816, art. 50.

2131. — Lettres-patentes. — Les lettres-patentes portant institution de majorat, conférant des titres de noblesse ou des armoiries, ou contenant des déclarations de naturalité, des dispenses d'âge ou de parenté pour mariage, etc., sont soumises en général au droit de 20 % du montant du droit de sceau. — L. 28 avr. 1816, art. 55. — V. LETTRES-PATENTES.

2132. — Licitations de biens meubles et immeubles. — Pour les parts et portions acquises par licitation de biens, soit meubles, soit immeubles, V. infrà nos 3328 et suiv.

2133. — Liquidations de sommes et valeurs. — Pour les droits à percevoir sur les liquidations, V. infrà nos 2716 et suiv., et en ce qui concerne les liquidations par actes de partage, nos 3288 et suiv.

2134. — Marchés. — V. suprà nos 1881 et suiv., 4890 et suiv.

2135. — Mutations par décès. — Pour les mutations de biens meubles ou immeubles par décès, en propriété ou usufruit, et entre toutes personnes, V. infrà nos 2839 et suiv.

2136. — Obligations à la grosse aventure. — Les obligations à la grosse aventure ou pour retour de voyage : 50 c. p. 100 fr. — L. 22 frim. an VII, art. 69, § 2, no 10.

2137. — Le droit n'est exigible que sur le capital prêté, et il ne doit pas porter sur le montant du profit maritime ajouté au capital, attendu que ce profit n'est que l'intérêt de la somme prêtée, porté à un taux plus élevé, à raison des chances auxquelles le soumet le bailleur de fonds. — Solut. 1 déc. 1824 ; instr. 1156, § 8.

2138. — La cession par voie d'endossement d'obligations de cette espèce, passées devant notaires, serait passible de 2 %. — Masson-Delongpré, Cod. de l'enreg., no 2541.

2139. — Obligations de sommes. — Les reconnaissances et obligations de sommes sans libéralité et pour autre cause que le prix d'une transmission de meubles ou immeubles non enregistrée : 1 fr. p. 100 fr. — L. 22 frim. an VII, art. 69, § 3, no 3.

2140. — L'acte par lequel un individu déclare que l'obligation par lui souscrite au profit d'une personne désignée n'est pas éteinte, et que la quittance qui lui a été donnée était simulée, constitue une obligation nouvelle passible du droit de 1 %, sans avoir égard à la perception établie sur l'obligation primitive. — Délib. 15 déc. 1837.

2141. — La soumission faite par le débiteur et acceptée par le créancier, dans le cas prévu par l'art. 1912, C. civ., de rembourser à une époque quelconque le capital d'une rente perpétuelle, ne constitue pas une novation dans la créance. Dèslors, il n'y a lieu de percevoir que : 1o le droit fixe de 4 fr. sur la disposition qui règle le délai pour le remboursement du capital ; — 2° le droit d'obligation ou de quittance sur le montant des arrérages, selon que le débiteur s'oblige de les payer, ou les paie par l'acte de soumission. — Avis com. fin., approuvé le 3 fév. 1822 ; instr. 1027, n° 1er.

2142. — Mais si le remboursement de la rente n'est pas obligatoire pour le débiteur, et qu'il ait lieu moyennant réduction du capital par le créancier, le droit d'obligation est dû sur ce nouveau capital, indépendamment du droit de 50 c. p. 100 fr., sur la somme dont la remise est accordée. — Avis com. fin., appr. le 29 sept. 1821 ; instr. 1027, n° 2.

2143. — L'acte notarié qui a pour effet d'ajouter une hypothèque à une créance antérieurement contractée, ne peut être rangé dans la classe des actes qui ne contiennent que l'exécution, le complément ou la consommation d'actes antérieurs, et qui, comme tels, ne sont soumis qu'au droit fixe de 4 fr.— Cet acte renferme au contraire une nouvelle obligation, et, par conséquent, il est soumis au droit proportionnel de 4 fr. p. 100 fr. — Cass., 20 août 1834, Assolant.

2144. — Il y a une obligation civile, passible du droit proportionnel, dans la convention par laquelle un négociant ouvre un crédit de banque et d'acceptations à un autre négociant qui affecte ses biens par hypothèque, pour sûreté des sommes qui pourront lui être avancées. — Cass., 10 mai 1831, Naegely et Weiss.

2145. — Lorsqu'une créance résultant de billets à ordre a été convertie en une obligation notariée avec cautionnement hypothécaire, cette obligation ne saurait être considérée comme l'exécution ou le complément des actes antérieurs. Il y a là novation, et par conséquent ouverture au droit proportionnel de 4 fr. p. 100 fr. — Cass., 1er fév. 1813, Fritz.

2146. — Est assujétie à la perception du droit proportionnel de 4 % la convention d'hypothèque portant reconnaissance de la dette, lors même que le débiteur a souscrit des billets à ordre le même jour et à raison de la même créance.—Cass., 8 avr. 1839 (t. 1er 1839, p. 458), Assolant.

2147. — Lorsque, pour l'exécution d'un billet à ordre enregistré, il est passé une obligation notariée avec des conditions nouvelles, il n'y a pas lieu de déduire, lors de l'enregistrement de cette obligation, le droit perçu sur le billet à ordre. — Cass., 30 mars 1835, Foache.

2148. — L'affectation hypothécaire consentie par le débiteur en faveur de son créancier pour sûreté de billets à ordre en circulation, donne ouverture seulement au droit de 4 %. Il n'y a lieu, ni de percevoir en même temps le droit de 50 cent. p. 100 fr., pour les billets non enregistrés, ni d'exiger du notaire l'amende pour avoir fait un acte en vertu d'actes sous seing-privé non enregistrés ; car les billets ne peuvent être joints à l'acte puisqu'ils sont en circulation, et que d'ailleurs ces billets sont, jusqu'au protêt, exempts de l'enregistrement.—Solut. 9 juill. 1830.

2149.—L'acte notarié contenant reconnaissance de billets purs et simples dont l'enregistrement est relaté, n'opère pas novation de titre comme les reconnaissances d'effets négociables ; il n'est dès-lors passible que du droit fixe. —Délib. 24 janv. 1824.

2150.—L'acte de déclaration d'hypothèque souscrit par le débiteur de lettres de change pour en assurer le paiement est passible du droit de 4 %. — Cass., 17 prair. an XII, Lussie ; 8 pluv. an XIII, Vaucamp ; 22 déc. 1807 (et non 1806), Copal ; 5 août 1833, Maublat.

2151. — ... Et cela encore bien que les lettres de change aient été elles-mêmes enregistrées au droit proportionnel de 25 cent. p. 100 fr. — Cass., 5 août 1833, Maublat.

2152. — Peu importe que l'hypothèque ait été promise ou non par l'acte d'obligation. — Délib. 18-24 avr. 1837.

2153. — Est passible du droit de 4 % comme obligation purement civile, l'acte par lequel l'endosseur d'un effet négociable en circulation constitue une hypothèque pour sûreté de la garantie dont il est tenu envers le porteur. — Délib. 9 nov. 1835.

2154. — L'acte par lequel des créanciers accordent délai à leur débiteur, moyennant l'engagement solidaire de la femme de celui-ci et une affectation hypothécaire, constitue non un simple contrat d'atermoîement passible du droit de 50 cent. p. 100 fr., mais un nouveau titre d'obligation soumis au droit de 4 %. — Cass., 18 août 1835, de Beauvert.

2155. — La clause par laquelle une femme séparée de biens s'engage, dans l'acte de liquidation de ses reprises, à payer certains créanciers envers lesquels elle s'était précédemment obligée solidairement avec son mari, ne peut être considérée comme une obligation nouvelle envers ces créanciers, et donner, sous ce rapport, ouverture à un droit proportionnel. — Si, dans cet acte de liquidation, la femme s'est obligée à garantir son mari de toutes poursuites de la part des mêmes créanciers, cette obligation est affranchie du droit proportionnel établi par l'art. 69, § 3, n° 3, L. 22 frim. an VII, en ce qu'elle n'est que le résultat de la liquidation des reprises de la femme, liquidation effectuée au moyen d'abandons et d'obligations sur lesquels le droit proportionnel a été perçu. — Cass., 6 janv. 1829, Regnault.

2156. — L'autorisation donnée au tuteur par le conseil de famille de garder, moyennant une affectation spéciale et privilégiée de quelques-uns de ses immeubles, la somme formant le reliquat de son compte envers le pupille, constitue de la part de ce tuteur un véritable emprunt qui donne lieu au droit proportionnel de 1 %. — Cass., 13 (et non 16) nov. 1820, de Wendel.

2157. — La fixation des honoraires du tuteur, dans la délibération du conseil de famille, ne peut être considérée comme constituant une obligation qui donne lieu au droit proportionnel. — Cass., 3 janv. 1827, Trubert.

2158.—Est passible du droit d'obligation l'acte de distribution des deniers d'une succession bénéficiaire faite par le tuteur de l'héritier, lorsque les créanciers, mentionnant la quotité de leurs créances, font réserve de ce qui leur reste dû, encore bien que leurs titres non enregistrés, qu'ils déclarent conserver, ne soient pas relatés dans l'acte, et que la réserve par eux faite ne soit pas approuvée par le tuteur. — Délib. 15 déc. 1835. — Cette décision peut être critiquée ; car il n'y a de titre, ni dans la réserve que les créanciers ont pu faire, ni dans le silence gardé par le tuteur.

2159. — Lorsque des déclarations ou reconnaissances de dettes sont faites dans des partages ou liquidations, la régie avait d'abord pensé qu'elles étaient sujettes au droit d'obligation, sauf restitution dans le cas où l'on justifierait d'un titre enregistré. — Instr. 548, n° 4.

2160.—Jugé en ce sens que, si l'acte de partage d'une succession contient les noms des créanciers et le détail des sommes dues à chacun d'eux, mais sans énonciation de titres précédemment enregistrés, et qu'il y soit de plus stipulé que ces dettes seront payées par quelques-uns des héritiers à la décharge des autres, il y a lieu de percevoir un droit proportionnel sur le montant de ces créances.— Bruxelles, 20 juill. 1821, Thierry.

2161. — Le droit d'enregistrement sur les dettes passives ne peut être perçu que sur des obligations réelles établissant ces mêmes dettes, et non sur de simples énonciations contenues dans un acte de partage, surtout lorsque ces énonciations sont faites hors la présence des tiers indiqués comme créanciers, et n'ont point été acceptées par eux. — Cass., 16 mars 1825, Chaudeau ; 7 nov. 1826, Joly ; 25 avr. 1827, Cailleteau ; —Délib. 4 juin 1825 ; instr. 1205, § 10 et 1219, § 4.

2162. — ... Et cela encore bien que l'un des copartageans se charge du paiement de ces dettes. —Cass., 25 avr. 1827, Cailleteau.

2163. — ... Et même que les sommes soient dues par l'un des héritiers ; car alors l'héritier ne comparait pas pour reconnaître ces dettes ; et elles ne sont énoncées que pour établir le montant de la masse et les droits de chacun des copartageans.—Délib. 1er mars 1833.

2164. — En un mot, toute déclaration tendant à faire connaître l'actif de la succession doit être réputée simple énonciation, et non pas obligation, lors même qu'elle est faite par le débiteur présent.—Délib. 2 oct. et 14 déc. 1822.

2165. — Par la même raison, l'énonciation dans un partage qu'une somme a été remise à l'un des cohéritiers pour le paiement des honoraires et déboursés dus au notaire rédacteur, ne donne point ouverture au droit d'obligation. Car une pareille énonciation ne lie ni le notaire, ni les héritiers, et le titre du notaire est dans l'acte même. — Délib. 13 août 1830.

2166. — L'énonciation de dettes non enregistrées, faite dans un partage d'ascendant par testament ou donation entre-vifs, ne donne pas ouverture au droit proportionnel d'obligation. — Délib. 20 juin 1834.

2167. — Décidé, au contraire, qu'un partage anticipé imposant aux donataires l'obligation de payer à des tiers non présens des sommes dues par le donateur, sans qu'on énonce qu'il existe des titres enregistrés, donne lieu à un droit proportionnel ; car alors il y a là novation résultant d'une convention, à la différence du partage ordinaire, où c'est la loi qui charge les donataires d'acquitter les dettes comme représentant le défunt. Délib. 27 juill. 1830.

2168. — ..Que le droit d'obligation est exigible sur la disposition d'un partage d'ascendans par laquelle le donateur charge les donataires de payer une somme qu'il déclare devoir au notaire rédacteur, mais sans titre enregistré. — Délib. 13 fév. 1833. — Cette décision paraît contraire au principe; car si le notaire était présent à l'acte, c'était comme officier ministériel et non comme partie. Pour exiger le droit d'obligation, il eût donc fallu attendre qu'il fît usage de la déclaration faite à son profit.

2169. — Ne donne ouverture à aucun droit proportionnel, la mention dans un contrat de mariage d'un billet non enregistré, souscrit par le père de la future et faisant partie de l'apport de celle-ci, si le père, assistant au contrat seulement pour autoriser sa fille, ne consent point d'obligation relativement au billet. — Délib. 13 oct. 1833.

2170. — De même, la déclaration faite par un notaire, dans son contrat de mariage, qu'il doit encore une partie du prix de son office qu'il se constitue en dot, ne le soumet pas au droit d'obligation pour le reliquat déclaré, encore bien que le créancier, beau-père du titulaire, soit présent au contrat.—Délib. 25 nov. 1842.

2171. — Lorsque, conformément au contrat de mariage, le père du futur reçoit la dot de la future, et que solidairement avec sa femme il s'oblige à la garantie envers celle-ci jusqu'à ce qu'un emploi utile ait été fait au profit des époux, l'acte contenant quittance de la dot est passible d'un droit d'obligation, bien qu'il serait permis au futur d'user des dispositions de l'art. 1595 du C. civ. pour l'emploi de la somme dotale.—Solut. 21 sept. 1832.

2172. — La reconnaissance faite par une femme, dans son contrat de mariage, qu'elle a reçu une somme de son mari, et l'obligation qu'elle contracte de lui en payer les intérêts, constituent un prêt ordinaire passible du droit de 1 %, et non pas un simple apport ou constitution de dot, surtout quand les époux conservent l'administration séparée de leurs biens.—Le jugement qui a décidé que c'était un apport peut être soumis à la censure de la cour de Cassation.—*Cass.*, 16 nov. 1813, Dayreux.

2173. — Lorsque, dans un contrat de mariage, la future, mariée sous le régime dotal, s'engage sur tous ses biens à payer, à la dissolution du mariage, au mari ou à ses héritiers une somme pour la valeur actuelle du mobilier apporté par le futur, une pareille clause constitue non une simple convention d'apport, mais un véritable prêt, qui dès-lors est assujetti au droit proportionnel d'enregistrement. — On ne saurait arguer de ce que le choix aurait été laissé au mari et à ses héritiers d'exiger la somme ou de reprendre en nature le mobilier après estimation préalable, une pareille option étant évidemment illusoire, puisque ce mobilier, mis aux risques et périls de la femme, doit périr ou se détériorer nécessairement par l'usage. — *Cass.*, 7 fév. 1838 (t. 1er 1838, p. 270), Lerat.

2174. — Il n'est dû aucun droit proportionnel sur un acte de liquidation après séparation de biens, à raison des apports stipulés dans le contrat de mariage au profit de l'épouse ; mais il en est autrement pour toute autre créance dont cet acte porte reconnaissance et entraîne obligation de la part du mari.—*Cass.*, 27 juin 1809, Foissy.

2175. — Lorsqu'un mari reconnaît par un acte particulier qu'il a reçu des capitaux provenant des biens paraphernaux de sa femme et que, du consentement de celle-ci, il les conserve ou en fait emploi pour son compte personnel, il contracte par là une obligation passible du droit de 1 %. — Solut. 3 avr. et 12 mai 1829; instr. 1293, § 7.

2176. — L'acte par lequel le mari, mandataire de sa femme, en vertu de son contrat de mariage, se reconnaît débiteur envers elle de sommes provenant de ses apports matrimoniaux, n'est point passible d'un droit proportionnel. — *Cass.*, 18 (et non 21) fév. 1833, Renaud.

2177. — La reconnaissance de dettes dans un testament forme une disposition indépendante, passible du droit de 1 %, quand elle ne résulte pas d'un acte enregistré. — Délib. 2 frim. an XIII, 27 oct. 1829, 20 juill. 1828 ; instr. 290, no 1er.

2178. — Ainsi, le droit d'obligation est exigible, outre le droit fixe, sur le testament d'un mari qui reconnaît avoir reçu de sa femme une somme déterminée pour ses droits dotaux, lorsque la quotité de ces droits n'a pas été établie soit par leur contrat de mariage, soit par tout autre titre antérieur au testament. — Solut. 17 mars 1829 ; instr. 1282, § 9.

2179. — Jugé, cependant, que, si dans un testament un mari reconnaît l'apport mobilier de sa femme, qu'il devait, d'après son contrat de mariage, faire constater par un inventaire et un état en forme, il n'y a point là une obligation nouvelle qui donne ouverture à un droit proportionnel. — *Cass.*, 8 (et non 9) août 1836, Moretin.

2180. — Le testament par lequel le testateur, qui ne laisse aucun héritier à réserve, se reconnaît débiteur envers son légataire universel d'une somme déterminée, n'est point passible d'un droit d'obligation ; attendu que le légataire étant saisi de plein droit de toute la succession au jour du décès, se trouve être tout à la fois débiteur et créancier, et qu'ainsi la disposition n'a point d'effet. — Délib. 5 juill. 1823 et 10 juill. 1824.

2181. — Lorsqu'il est stipulé, dans un acte de société, que le cautionnement qui devait être versé au trésor par l'un des associés, adjudicataire d'un pont, objet de la société, sera fourni par ses coassociés en dehors de leur mise de fonds, et avec intérêts à leur profit, cette clause est passible du droit proportionnel d'obligation, encore bien que ces coassociés aient la faculté de retirer la somme par eux versée. — Délibérat. 19 avr. 1836.

2182. — Est passible du droit proportionnel d'obligation à 1 % le procès-verbal de non-conciliation dans lequel un notaire, nommé depuis la loi du 21 avr. 1832, reconnaît devoir en tout ou en partie le prix de son office dont l'acte de cession n'a point été enregistré. — Solut. 25 août 1836.

2183. — Lorsqu'un titulaire déclarant devoir à un tiers le montant du cautionnement qu'il a versé au trésor, s'oblige à le lui rembourser dans un délai déterminé avec des intérêts plus élevés que ceux que le trésor paie, cet acte est soumis au droit d'obligation. — Délib. 18 sept. 1838.

2184. — Lorsqu'en se reconnaissant débiteur du prix de travaux un individu donne en paiement des sommes déposées chez le notaire qui reçoit l'acte sous la condition que ces sommes ne seront délivrées au créancier qu'après la remise de certaines pièces désignées, un pareil acte constituant un titre obligatoire en faveur du créancier, est passible du droit proportionnel d'obligation, et non de celui de quittance, lequel se trouve suspendu jusqu'à l'événement de la condition. — Délib. 29 déc. 1835.

2185. — L'acte qui, sans énoncer de bail écrit, contient la reconnaissance par un fermier d'avoir reçu du bailleur des pailles et fourrages et l'obligation de laisser la même quantité à sa sortie, donne lieu au droit de 1 %. C'est là un prêt et non une aliénation. — Délib. 10 mars 1828.

2186. — Est passible du droit d'obligation l'acte portant règlement de loyers arriérés, quoique le bail soit enregistré, surtout s'il est stipulé des intérêts et consenti une hypothèque non promise dans le bail. — Délib. 7 sept. 1833.

2187. — Lorsque le procès-verbal d'offres fait titre au créancier, il donne ouverture au droit d'obligation. Ainsi, l'exploit contenant l'offre d'une somme portée dans un arrêt et d'une autre somme pour frais d'exploitation est passible du droit sur cette dernière somme dont l'exigibilité n'est constatée par aucun titre, malgré le défaut d'acceptation du créancier. — Délib. 15 juin 1830.

2188. — Mais le procès-verbal d'offres réelles du prix d'une vente d'immeubles enregistrée et des intérêts échus de ce prix, n'est point passible du droit d'obligation à raison de ces intérêts. — Délib. 7 oct. 1836.

2189. — La déclaration par le tiers-saisi, dans l'exploit de saisie-arrêt, qu'il est redevable d'une somme déterminée, ne donne pas lieu au droit d'obligation, bien qu'il ne soit pas énoncé de titre enregistré. C'est une déclaration affirmative anticipée. — Solut. 13 fév. 1832.

2190. — L'acte par lequel un individu s'oblige à faire pour un autre le service militaire constituant non une obligation ou une quittance pour la partie du prix payé, mais un véritable contrat synallagmatique, est passible du droit de 1 °/₀, et il n'y a pas lieu de réduire ce droit à 1/2 o/° sur la partie de la somme payée comptant par application d'une lettre du directeur général du 10 août 1811 d'après laquelle l'acte portant libération du prix du bail verbal, n'est passible que du droit de quittance. — Solut. 9 mai 1834.

2191. — *Partages.* — Pour les partages de biens meubles et immeubles entre copropriétaires, quand il y a soulte ou retour, V. *infrà* nᵒˢ 3275 et suiv.

2192. — *Promesses de payer.* — Les promesses de payer une somme : 1 fr. p. 100 (L. 22 frim. an VII, art. 69, § 3, nᵒ 3).

2193. — Est passible de 1 fr. °/₀, à titre de promesse de payer, la disposition d'un contrat de mariage par laquelle le futur s'oblige de payer à son beau-père tout ou partie de la somme qu'il se constitue en dot. — Délib. 28 oct. 1834.

2194. — *Quittances et actes de libération.* — Les quittances et tous autres actes et écrits portant libération de sommes et valeurs mobilières : 50 c. p. 100 fr. — L. 22 frim. an VII, art. 69, § 2, nᵒ 11.

2195. — Cependant, il y a des quittances qui dans certains cas ne sont passibles que d'un simple droit fixe. — V. *suprà* nᵒˢ 1725 et suiv.

2196. — Pour qu'il y ait libération et par conséquent ouverture au droit de quittance, il faut qu'il y ait une dette exigible actuellement ou dans un temps donné.

2197. — Le mari, pouvant, comme chef de la communauté, disposer à son gré de la dot de sa femme, en est propriétaire en ce sens que, lorsqu'il la restitue par suite de la dissolution de la communauté, c'est une dette qu'il acquitte. — Dès lors, la décharge qui en est donnée au mari opère libération à son égard et donne ouverture au droit proportionnel. — *Cass.*, 4 août 1841 (t. 2 1841, p. 311). Andry.

2198. — Il en est de même lorsque les sommes que la femme a mises en communauté sont restituées en qualité de créancière ; la décharge qui en est donnée au mari est un acte libératoire. — Même arrêt.

2199. — Dans le cas où le mari était tenu par son contrat de mariage de rendre en nature à sa femme ou à ses héritiers, lors de la dissolution du mariage, les effets mobiliers apportés par celle-ci, la disposition d'une transaction par laquelle les héritiers du mari paient en argent la valeur du mobilier qui se trouve ne plus exister en nature, donne ouverture au droit de libération. — *Cass.*, 2 janv. 1844 (t. 1ᵉʳ 1844, p. 439), Scheult.

2200. — L'acte qui constate que le donateur d'une somme d'argent compte cette somme au donataire au terme fixé par la donation, ou avant ce terme, est passible du droit de quittance. — *Cass.*, 20 nov. 1839 (t. 2 1839, p. 626), Borda. — *Contrà* Championnière et Rigaud, t. 2, nᵒˢ 1543 et 1546.

2201. — Lorsque, dans une vente de navires ou bateaux, le vendeur consent à en compenser le prix avec une créance que l'acquéreur avait contre lui, l'acte est passible du droit de quittance, indépendamment du droit de 1 fr. pour la mutation. En effet, il y a libération de la dette éteinte par la compensation. — Solut. 20 janv. 1837.

2202. — Si, dans un compte entre cohéritiers, celui qui a acquis des biens de la succession compense ce qui lui revenait sur le prix de la vente avec ce qu'il devait lui-même, il n'y a pas lieu de percevoir le droit de quittance sur cette compensation, parce que la dette s'éteint par confusion. — Délib. 13 avr. 1827 ; — Roland et Trouillet, *Dict. d'enreg.*, vᵒ *Compte*, § 2, nᵒ 13.

2203. — Il n'est point dû un droit proportionnel de libération, sur le rapport de succession que fait un héritier de sommes par lui reçues en avancement d'hoirie ou à titre de prêt, surtout si ces sommes excèdent la portion de l'héritier qui fait le rapport, et que l'acte de partage porte quittance de l'excédant remis aux autres héritiers. — *Cass.*, 2 mai 1826, Marcellot. — V. conf. délib. 5 juin 1838.

2204. — Lorsque, dans un acte notarié, un débiteur déclare avoir payé une somme due en vertu d'un billet perdu depuis la remise effectuée par le créancier, et que celui-ci de son côté, pour prévenir l'usage frauduleux qu'un tiers pourrait faire du billet, reconnaît qu'il ne lui est plus rien dû, une pareille déclaration tient lieu de quittance puisqu'elle constate une libération reconnue par le créancier, et par conséquent elle est passible du droit de 50 c. p. 100 fr. — Délib. 27 août 1833.

2205. — Les paiemens faits par les parties aux notaires pour le remboursement des avances par eux faites des droits d'enregistrement dus par ces parties, sont soumis au droit proportionnel établi pour les quittances en général, lorsque ces remboursemens sont constatés par acte notarié ou privé. — *Cass.*, 22 avr. 1823, Buchère.

2206. — Lorsque décharge est donnée à un notaire du prix d'une vente d'immeubles que le procès-verbal d'adjudication chargeait de recevoir des acquéreurs, l'acte est passible du droit de quittance de 50 c. p. 100 fr., alors qu'il n'est fait mention d'aucune quittance précédemment donnée aux adjudicataires, lesquels sont présumés s'être libérés entre les mains du notaire. — Délib. 8 nov. 1835 ; 7 oct. 1836.

2207. — La main-levée d'une inscription hypothécaire n'est passible du droit proportionnel qu'autant que l'acte contient expressément la libération du débiteur. En effet, il n'en est point de la renonciation à une garantie comme de la renonciation au titre même. — Instr. 390, nᵒ 11 ; délib. 16 juill. 1830.

2208. — Mais l'acte par lequel un créancier déclare se désister purement et simplement de tous les droits, noms, raisons et actions résultant à son profit du titre de sa créance, et, par suite, donne main-levée de l'inscription prise à son profit, emporte libération passible du droit proportionnel de 50 c. p. 100 fr. — Délib. 11 sept. 1838.

2209. — Pour qu'il y ait ouverture au droit de quittance, il ne suffit pas qu'il soit déclaré dans l'acte qu'une somme a été payée ; il faut de plus que l'acte établisse la libération du débiteur, et que ce soit un titre que celui-ci puisse invoquer en sa faveur.

2210. — L'énonciation, dans un inventaire ou dans un partage, de sommes portées en recette comme recouvrées sur des débiteurs ne peut donner ouverture au droit de libération, car ce droit n'est jamais dû par le créancier ; et d'un autre côté, le débiteur ne peut voir tourner à son préjudice une déclaration qui n'est point de son fait. — *Journ. de l'enreg.*, art. 4365 ; *Dict. des droits d'enreg.*, vᵒ *Inventaire*, nᵒ 51.

2211. — Jugé, en ce sens, que la simple énonciation, dans un compte ou partage de succession, de sommes payées aux copartageans par des tiers ne peut point, sans l'intervention de ces tiers, constituer à leur égard une libération passible du droit proportionnel. — *Cass.*, 16 mars 1825, Chaudeau.

2212. — ...Que les sommes qui figurent en recette dans un compte, sans énonciation de quittances données aux débiteurs, ne sauraient donc donner ouverture à un droit de quittance, sous prétexte que l'indication faite par le comptable des sommes par lui reçues constitue un titre de libération au profit des débiteurs. — *Cass.*, 11 fév. 1828, Villetard.

2213. —...Que le droit proportionnel de quittance n'est pas exigible sur l'arrêté de compte constatant que l'oyant rembourse au rendant les sommes dont ce dernier se trouve être en avance, si ces sommes sont énoncées dans le compte sans mention de quittances. — Instr. 23 déc. 1836.

2214. — L'énonciation dans un partage de succession qu'une somme a été payée par l'un des copartageans à l'autre est également insuffisante pour motiver la perception d'un droit de libération, lorsque d'ailleurs rien n'annonce que celui qui a reçu fût créancier personnel de la succession, et qu'au contraire il paraît résulter du compte même que la somme ne lui était due qu'en sa qualité de copartageant, et pour avances faites pour la succession. — *Cass.*, 16 mars 1825, Chaudeau.

2215. — Les énonciations de paiemens à des légataires dans un compte-rendu par un exécuteur testamentaire ne peuvent donner lieu à la perception du droit de quittance, bien qu'il ne soit pas rappelé d'actes enregistrés constatant ces paiemens. — Roland et Trouillet, *Dict. d'enreg.*, vo *Compte*, § 2, no 30.

2216. — Mais l'acte, mis à la suite d'une adjudication, par lequel le vendeur donne décharge sans réserve à son mandataire du prix que celui-ci a reçu, en son nom, des mains des adjudicataires, renferme non seulement une décharge au profit du mandataire, passible d'un droit fixe, mais aussi une preuve écrite de la libération des adjudicataires, passible du droit de quittance. — *Cass.*, 5 mai 1840 (t. 1er 1840, p. 692), Couet.

2217. — Les actes constatant des paiemens faits aux créanciers par le dépositaire de biens séquestrés sur le produit de ces biens vendus doivent être considérés comme faits à la décharge des débiteurs et éteignant une dette préexistante; par suite, ils sont passibles du droit de quittance. Ce n'est point là un compte-rendu par le séquestre de son administration ni la décharge d'un reliquat de compte soumis seulement au droit fixe. — Délib. 20 août 1833.

2218. — Lorsque les héritiers bénéficiaires du failli vendent les immeubles de la succession, sous l'assistance des syndics de la masse, avec stipulation qu'une partie du prix versé par l'acquéreur entre les mains des syndics servira à désintéresser un créancier inscrit, dans les droits et actions duquel ceux-ci subrogeront l'acquéreur, il n'y a pas lieu par la régie à percevoir un droit particulier pour ce paiement comme opérant libération du failli envers le créancier. Le droit de quittance, dans ce cas, ne sera exigible contre le débiteur libéré que lorsque le paiement sera effectué entre les mains du créancier. — *Cass.*, 21 juill. 1828, Debruges-Dumesnil.

2219. — Lorsque, dans un partage, un des héritiers tient compte à la succession d'une somme d'argent qui lui avait été déposée par le défunt, l'acte de décharge consenti par ses cohéritiers est un acte de libération passible, non comme décharge, du droit fixe de 2 fr., mais comme quittance, de celui de 50 c. p. 100 fr. — Délib. 19 mars 1833.

2220. — Il n'est dû que 50 c. p. 100 fr., comme quittance et acceptation, et non le droit proportionnel de rétrocession par l'acte par lequel le donataire d'une somme de 20,000 fr. qui était payable au décès du donateur, déclare celui-ci quitte et libéré au moyen de 8,500 fr. qu'il lui paie comptant. — Solut. 15 avr. 1830; — Roland et Trouillet, *Dict. d'enreg.*, vo *Acceptation*, no 6.

2221. — La déclaration par laquelle une mère, tutrice de son fils, reconnaît avoir reçu du tuteur officieux de ce dernier une somme d'argent suffisante pour nourrir le pupille, l'élever et le mettre en état de gagner sa vie, et qu'elle décharge en conséquence le tuteur officieux de toutes les obligations qui lui sont imposées en cette qualité, constitue, non une donation passible du droit de 6 %, mais une simple quittance sujette au droit de 50 cent. p. 100 fr. — Délib. 30 oct. 1843.

2222. — Lorsque, par le contrat de mariage d'une de ses filles, une mère lui a constitué, solidairement avec un autre de ses enfans, une somme provenant de la succession du père décédé, avec stipulation que celui des deux coobligés qui ferait le paiement serait subrogé aux droits de la fille, les quittances des sommes payées ne renfermant point une cession des droits héréditaires et n'étant que l'exécution du contrat de mariage, ne sont passibles que du droit du pour libération. La cession, si elle existe, ayant été opérée par le contrat de mariage, il n'y a plus lieu d'exiger le droit de vente, si depuis ce contrat s'est écoulé le laps de deux ans, requis pour la prescription des droits. — *Cass.*, 4 déc. 1827, Souquières.

2223. — Lorsqu'un débiteur se libère par anticipation, en stipulant qu'il lui sera payé des intérêts jusqu'à l'échéance de sa dette, qui n'en produisait pas, il n'y a lieu de percevoir sur cette libération que le droit de quittance; celui d'obligation n'est pas exigible sur le montant de ces intérêts. — Solut. 17 oct. 1829; — Roland et Trouillet, *Dict. d'enreg.*, vo *Quittance*, no 42.

2224. — Quelquefois une quittance peut donner lieu à un droit autre que celui de quittance, c'est quand elle constate une convention antérieure qui n'a pas été soumise à l'enregistrement.

2225. — Ainsi la quittance du prix d'une vente d'un fonds de commerce est soumise au droit proportionnel de mutation mobilière, si elle n'énonce pas d'acte antérieur enregistré; car pour l'acquéreur cette quittance produit le même effet qu'un contrat de vente, et s'il en était autrement il serait facile d'affranchir du droit de vente toutes les ventes de meubles. — Délib. 18 mai 1838.

2226. — La quittance d'un prix de remplacement militaire donne ouverture au droit de 50 cent. p. 100 fr., lorsqu'elle est donnée par le remplaçant hors de la présence du remplacé. Mais elle serait passible du droit de 1 % comme formant titre de l'engagement de remplacer, si elle était donnée par le remplaçant en présence du remplacé et avec la participation de celui-ci dans l'acte. — Lettre du direct. gén. 21 fév. 1846.

2227. — De plus, il y a lieu, pour les quittances comme pour les autres actes, à la perception d'autant de droits qu'il y a de dispositions indépendantes ou ne dérivant pas nécessairement les unes des autres. — L. 22 frim. an VII, art. 11.

2228. — Lorsqu'un prix de vente d'immeuble garanti par le transport d'une créance que l'acquéreur a sur un tiers, mais dont il ne se dessaisit pas, est payé par ce tiers-débiteur entre les mains du vendeur, comme il y a là deux libérations, il doit être perçu deux droits. — Délib. 18 mars 1836.

2229. — Lorsque l'acquéreur des biens d'une succession vacante vendus judiciairement en paie le prix aux créanciers de cette succession, en présence du curateur, un seul droit de quittance est dû sur ce paiement, qui n'opère qu'une seule libération. — Solut. 10 mars 1837.

2230. — Lorsqu'un acquéreur paie le prix de la vente aux créanciers inscrits de son vendeur, en présence et du consentement de ce dernier, l'acte n'est passible que d'un seul droit de quittance, mais il doit de plus être perçu 2 fr. pour l'intervention et le consentement du vendeur. — Délib. 4 août 1837; instr. 1562, § 24; — Championnière et Rigaud, *Tr. des dr. d'enreg.*, nos 1629 et suiv.

2231. — Si, après avoir délégué le prix de la vente à ses créanciers, le vendeur n'intervient pas dans la quittance, on ne peut, malgré la double libération qui résulte du paiement fait aux créanciers par l'acquéreur, voir qu'une seule disposition dans ce paiement, attendu que la seconde libération n'opère que tacitement et par induction de la première qui fait l'objet réel de l'acte. Dès-lors il n'est dû qu'un seul droit. — Déc. min. fin. et just. 9 et 23 août 1808; instr. 411, nos 11 et 1146. § 12.

2232. — Dans le cas de transmission de biens, la quittance donnée par le même acte pour tout ou partie du prix entre les contractans ne peut être sujette à un droit particulier. — L. 22 frim. an VII, art. 10.

2233. — De même, en matière de cession d'office, il n'est dû aucun droit particulier sur la quittance ou obligation contenue dans l'acte de cession pour tout ou partie du prix, soit de l'office, soit des créances et autres valeurs mobilières. — Instr. 27 juin 1836.

2234. — Lorsqu'une quittance est donnée séparément de l'acte de vente, il y a lieu de percevoir le droit proportionnel d'enregistrement de 1/2 %, encore bien qu'il ait été dit dans l'acte de vente que l'acquéreur ne paierait qu'après la transcription et sur le vu d'un certificat de non-inscription. — *Bruxelles*, 31 déc. 1816, N...; 3 oct. 1817, Hendrick.

2235. — L'art. 10, L. 22 frim. an VII, n'est pas applicable au cas où, le prix ayant été payé en billets souscrits par l'acquéreur à l'ordre du vendeur et causés valeur pour quittance, il intervient un second acte qui constate le paiement de ces billets. Dans ce cas, l'acte constatant le paiement des billets est soumis au droit de quittance. — *Cass.*, 5 nov. 1834, Parenty.

2236. — *Rentes et pensions à titre onéreux.* — Les constitutions de rentes, soit perpétuelles, soit viagères, et de pensions à titre onéreux ; les cessions, transports et délégations qui en sont faits au même titre : 2 fr. p. 100 fr., L. 22 frim. an VII, art. 69, §5, n° 2.

2237. — Il n'est point dû de droit de constitution sur l'acte par lequel un individu se charge de payer une rente déjà constituée et existante. — *Cass.*, 8 nov. 1806, Mazurié.

2238. — A défaut de justification d'un contrat de constitution de rente en due forme, il ne peut être perçu à la fois et le droit de 2 % et le droit fixe de 3 fr.; le premier seul est exigible, même dans le cas ou le second excéderait le montant du droit proportionnel liquidé sur le capital de la rente. — Inst. 24 déc. 1836.

2239. — La délégation d'une partie du prix de la vente d'un immeuble pour acquitter une rente dont il n'est pas justifié que le titre ait été enregistré, est passible de 2 %, sauf restitution, si cette justification est ensuite fournie. — Délib. 27 avr. 1838; Inst. 1577, § 7.

2240. — Le droit de 2 % doit être perçu, à titre de constitution nouvelle de rente, sur l'acte par lequel l'acquéreur d'un immeuble hypothéqué à une rente viagère s'engage sans novation, et seulement comme tiers détenteur, à servir cette rente résultant d'un titre précédemment enregistré. — Délib. 19 juin 1837.

2241. — Si, postérieurement au contrat de vente, sans délégation, d'un immeuble grevé d'une rente foncière, l'acquéreur se charge du service de la rente en conservant le capital dont il est débiteur, cet acte est une délégation de rente passible de 2 %. — Délib. 15 sept. 1837.

2242. — Il y a une véritable novation dans la conversion d'une rente viagère en annuités payable, pendant un temps déterminé. En conséquence, le droit de 1 p. % est exigible, mais seulement sur la nouvelle rente payable à termes fixes. — Avis com. fin. 15 juin 1831, appr. le 7 juill. suiv.

2243. — Lorsqu'une rente foncière a été convertie en un capital payable avec intérêts à une époque déterminée, et que les parties ont déclaré maintenir les droits, priviléges et hypothèques dérivant des actes primitifs, il n'y a point là une novation qui doive entraîner pour la nouvelle dette un droit proportionnel. — Du moins, c'est là une appréciation d'actes qui échappe à la censure de la cour de Cassation. — *Cass.*, 11 août 1836, Laroche.

2244. — Lorsque le prix d'une vente se compose en partie du capital d'une rente perpétuelle que l'acquéreur s'oblige à servir en l'acquit du vendeur, et que le droit de mutation a été perçu sur la totalité de ce prix, la conversion ultérieure de la rente perpétuelle en une rente viagère, opérée entre l'acquéreur et le créancier de la rente, avec réserve de la part du créancier de tous ses droits contre son premier débiteur, constitue simplement un arrangement amiable, qui ne soumet l'acte de conversion à aucun droit proportionnel. — Lors même que l'acte de conversion contiendrait une acceptation, par le créancier de la rente, de la délégation faite à son profit par l'acte de vente, cette conversion ne donnerait lieu qu'au droit fixe de 1 fr. établi par l'art. 68, § 1er, n° 3, L. 22 frim. an VII. — *Cass.*, 5 déc. (et non sept.) 1827, Piétresson.

2245. — En cas de constitution d'une rente pure et simple dont le prix est fourni par un tiers en vertu de l'art. 1973, C. civ., il est dû deux droits : l'un de donation mobilière, l'autre de constitution de rente à 2 %, les deux dispositions étant indépendantes l'une de l'autre. — Solut. 23 août 1833; Inst. 1446, § 3.

2246. — *Rentes (remboursement de).* — Les remboursemens ou rachats de rentes et redevances de toute nature : 50 cent. p. 100 fr., L. 22 frim. an VII, art. 69, § 2, n° 11.

2247. — L'acte de rachat d'un privilége de banalité purement conventionnelle n'est passible que du droit de quittance de 50 c. p. 100 fr. comme redevance rachetable, et non du droit de vente immobilière. — Délib. 9 mars 1838.

2248. — Lorsque le remboursement d'une rente n'est pas obligatoire et indispensable de la part du débiteur, et qu'il est l'effet de son libre consentement, comme lorsque, moyennant une réduction du capital consentie par le créancier, le débiteur s'oblige de rembourser ce capital, ainsi réduit, à une époque déterminée, le droit d'obligation est dû sur ce nouveau capital, indépendamment du droit de 1/2 % sur la somme dont la remise est accordée. — Avis com. fin. appr. 29 sept. 1821; Inst. 1027, n° 2.

2249. — Est passible d'un simple droit fixe de 1 fr., l'acte par lequel le débiteur d'une rente s'oblige à la rembourser dans un délai déterminé, mais avec réserve par le créancier de la force des titres constitutifs de cette rente. — Délib. 14 sept. 1828.

2250. — Le seul droit de 50 cent. p. 100 fr., et non celui de constitution de rente est exigible sur l'acte qui constate le remboursement d'une rente due par convention ancienne, dont les parties ont déclaré ne pouvoir représenter le titre, attendu qu'une telle convention ne doit pas être nécessairement écrite et enregistrée dans un délai fixe. — Délib. 12 juin 1824.

2251. — *Retraits de réméré.* — Il faut distinguer entre les retraits exercés dans les délais ou après l'expiration des délais :

2252. — 1° Les retraits exercés en vertu de réméré, par actes publics, dans les délais stipulés, ou faits sous signature privée et présentés à l'enregistrement avant l'expiration de ces délais : 50 cent. p. 100 fr., L. 22 frim. an VII, art. 69, § 2, n° 11.

2253. — 2° Les retraits exercés après l'expiration des délais convenus par les contrats de vente sous faculté de réméré : 5 fr. 50 c. p. 100, y compris le droit de transcription, L. 28 avr. 1816, art. 54. — (Autrefois 4 fr. p. 100., L. 22 frim. an VII, art. 69, § 7, n° 6).

2254. — Le retrait n'est passible que de 50 cent. p. 100 fr. toutes les fois qu'il s'opère dans un délai moindre de cinq ans, soit que ce délai ait été stipulé dans le contrat de vente, soit qu'il ait été prorogé avant l'expiration du premier délai par acte entre les parties. — Avis com. fin. 13 janv. 1830, appr. le 22 fév.; instr. 1320, § 8.

2255. — Le jour de la vente ne doit pas être compté dans le délai fixé pour le réméré. Ainsi le retrait d'une vente consentie le 1er janvier avec faculté de rachat d'un an n'est passible que de 50 c. p. 100 fr, si le rachat s'exerce le 1er janv. de l'année suivante. — Délib. 16 nov. 1822.

2256. — Le droit proportionnel de 50 cent. p. 100 fr. auquel donne lieu l'exercice de la faculté de réméré pendant le délai convenu doit être perçu uniquement sur les sommes remboursées par le vendeur, de telle sorte que si, au moment où le retrait s'opère, le vendeur n'a à restituer que les frais et loyaux-coûts, parce que l'acquéreur n'a rien payé sur son prix, le droit proportionnel n'est dû que sur le montant de ces frais. — *Cass.*, 26 août 1823, d'Aumont.

2257. — Par la même raison, le retrait de réméré n'est passible que du droit fixe de 1 franc comme acte de complément si, l'acquéreur n'ayant encore rien payé, aucun remboursement ne lui est fait. — Solut. 24 oct. 1834.

2258. — Le retrait n'est passible que de 50 c. p. 100 fr., bien qu'au lieu d'être exercé intégralement, il ne soit opéré que successivement, si d'ailleurs il a été complètement effectué dans le délai convenu. — Délib. 30 janv. 1818.

2259. — Le retrait exercé en vertu du pacte de

réméré n'est soumis au droit proportionnel de 50 cent. p. 100 fr. qu'autant que c'est le vendeur lui-même qui en use. Si c'est un cessionnaire qui exerce ce retrait, il y a lieu au même droit d'enregistrement que pour le cas de vente ordinaire. *Cass.*, 21 germin. an XII, Haesbeyt; 16 avr. 1845 (t. 1ᵉʳ 1845, p. 563), Bardeau et Vitrier.

2260. — De même, le réméré exercé non par le vendeur lui-même, mais de son vivant par son héritier en ligne directe, constitue une mutation de propriété au profit de celui-ci et donne lieu au droit proportionnel de vente, encore bien que le vendeur eût réservé la faculté de réméré au profit des descendans de son nom. — *Cass.*, 5 août 1806, de Montbrun.

2261. — Mais le retrait exercé par le cessionnaire de la faculté de rachat moyennant le remboursement qu'aurait eu à faire le vendeur, et qui forme seul le prix de la cession, n'est passible que de 50 cent. p. 100 fr. — Solut. 19 mai 1830.

2262. — Une prorogation de délai d'un réméré n'est exempte du droit proportionnel de rétrocession qu'autant qu'elle résulte d'un acte qui a acquis date certaine avant l'expiration du délai de réméré. — *Cass.*, 9 juill. 1839 (t. 2 1829, p. 381), Gentils.

2263. — Le vendeur sous pacte de rachat doit être présumé n'avoir repris la chose par lui vendue qu'après l'expiration du délai fixé pour le rachat, lorsque l'époque de la rentrée en possession n'est pas prouvée par un acte ayant acquis date certaine. — En conséquence il est passible du droit de mutation de 4 % (aujourd'hui 5 fr. 50 c., L. 28 avr. 1816, art. 54), comme au cas de revente, au lieu de celui de 50 cent. p. 100 fr. — *Cass.*, 2 août 1808, Jourdan.

2264. — D'après les anciens principes, les tribunaux avaient la faculté de proroger le délai du réméré; c'était du moins une jurisprudence constante dans plusieurs partemens que le vendeur pouvait exercer le retrait pendant trente ans. Le Code civil au contraire interdit expressément au juge de prolonger le terme fixé par la convention. (V. art. 1661.) Un jugement portant prorogation serait donc sans effet, au moins à l'égard des tiers, et dès-lors n'empêcherait pas la perception du droit de mutation sur le retrait exercé après les délais fixés par le contrat de vente. — Championnière et Rigaud, *Traité des dr. d'enregistr.*, t. 3, n° 2105.

2265. — Jugé en ce sens que l'exercice du réméré après le terme fixé par le contrat donne ouverture au même droit proportionnel que la revente, encore bien que la prorogation du terme ait été accordée par l'autorité judiciaire. — *Cass.*, 22 brum. an XIV, Bosion.

2266. — Lorsqu'en vertu d'une clause de l'acte social, portant que la société pourra reprendre, par retrait et préférence, les intérêts de la société qui seraient vendus à des étrangers, les membres de la société ont exercé un pareil rachat, un jugement a pu, sans violer aucune loi, décider que c'était là, non une cession pure et simple, mais l'exercice d'une clause de réméré passible seulement du droit proportionnel de 50 c. par 100 fr. — *Cass.*, 27 juin 1827, Périer.

2267. — Le retrait successoral exercé conformément à l'art. 841, C. civ., n'est assujéti qu'au droit de 50 c. p. 100 fr. sur les sommes à rembourser au cessionnaire, pourvu que les droits soient encore indivis lors du retrait. — L'époque de l'ouverture de la succession est indifférente pour la perception, pourvu que cette succession fût indivise à l'époque de la cession et à celle du retrait. Peu importe d'ailleurs que le non-successible ait été subrogé dans la totalité ou seulement dans une partie des droits de son cédant. — Décis. min. fin. 11 flor. an XII; instr. 245. Circ. 17 messid. an XII.

2268. — *Soultes ou retours d'échanges.* — V. *suprà* n° 2097.

2269. — *Soultes ou retours de partages* — Pour les soultes ou retours de biens meubles et immeubles, V. *infrà* n°ˢ 3275 et suiv.

2270. — *Subrogations.* — La subrogation d'un créancier dans les droits d'un autre n'est par elle-même passible d'aucun droit d'enregistrement. Comme elle n'est que la conséquence d'un acte antérieur, enregistré ou non, c'est d'après la nature de cet acte que doivent être perçus les droits. Ainsi elle doit donner ouverture, suivant les cas, au droit de cession de créance, au droit d'obligation ou à celui de quittance. Elle peut même n'être passible que d'un droit fixe ou ne donner lieu à aucun droit.

2271. — Ainsi jugé en principe que c'est d'après la nature de l'acte que doivent être perçus les droits sur la subrogation d'un créancier hypothécaire dans les droits d'un autre créancier qui le prime et qu'il a payé. — *Cass.*, 27 juin 1842 (t. 2 1842. p. 190), Seillière.

2272. — La subrogation consentie par le créancier au profit d'un tiers qui le paie, donne lieu au droit de cession de créance, indépendamment de celui de libération, non parce que la subrogation est conventionnelle, car la loi ne tarife pas les subrogations, mais parce qu'elle opère un transport de créances. — Roland et Trouillet, *Dict. d'enreg.*, v° *Subrogation*, n° 13.

2273. — Ainsi est passible du droit de transport de créance, l'acte par lequel une femme séparée de biens rembourse une somme due par son mari, et est subrogée dans tous les droits des créanciers, attendu que les intérêts de la femme et du mari sont distincts, et que la subrogation au profit d'un tiers emportant novation du créancier, constitue une cession de créance. — Décis. min. fin. 23 oct. 1826 ; instr. 1205, § 11.

2274. — Mais il n'est dû que le droit de quittance, et non celui de cession de créance, sur l'acte par lequel la caution paie la dette du débiteur principal, en se faisant subroger dans les droits du créancier, parce que la caution étant personnellement tenue au paiement, la subrogation est de plein droit. — Délib. 20 oct. 1829. — Roland et Trouillet, *Dict. d'Enreg.*, v° *Subrogation*, n° 10.

2275. — Lorsque, pour assurer le paiement d'une dot constituée par une mère à sa fille sur ses biens personnels, le père intervient comme caution solidaire et s'oblige à payer, à condition qu'il y aura subrogation à son profit, le paiement effectué par le père donne lieu, indépendamment du droit de donation, à celui de 1 % pour subrogation conventionnelle. — Délib. 27 août 1833. — Roland et Trouillet, *ibid.*, n° 24.

2276. — Le droit de 1 % est exigible sur l'acte par lequel le bailleur des fonds d'un cautionnement fourni par un comptable public reconnaît avoir reçu cette somme d'un tiers et le subroge dans son privilège du second ordre. — Délib. 29 janv. 1823. — Roland et Trouillet, *ibid.*, n° 17.

2277. — Lorsque avant le partage de la succession d'une femme, dévolue au fils et au mari survivant donataire d'un quart en usufruit, celui-ci paie de ses deniers personnels des créanciers chirographaires de la succession qui le subrogent dans leurs droits, l'acte constatant le paiement est passible du droit de 1 % comme transport de créance, en ce qui regarde la portion du cohéritier. — Délib. 27 oct. 1835. — MM. Championnière et Rigaud (t. 2, n° 1270) pensent qu'en pareil cas, la subrogation ayant lieu de plein droit (Toullier, t. 7, n° 454 ; Duranton, t. 12, n° 475), le droit de quittance était seul exigible.

2278. — Le droit d'obligation n'est pas dû sur le consentement donné par le débiteur à la subrogation opérée par le créancier au profit d'un tiers : car ce n'est pas là un emprunt, mais une condition essentielle de la validité de la subrogation. — Solut. 26 juin 1830 et 7 janv. 1833.

2279. — Il est seulement dû 1 %, et point de droit de quittance sur un acte d'obligation auquel le créancier de l'emprunteur intervient pour recevoir son remboursement et subroge le porteur dans ses droits; la libération n'est ici qu'une conséquence de la subrogation. — Délib. 10 juin 1828 et 28 déc. 1832; solut. 6 oct. 1832 et 7 janv. 1833.

2280. — Lorsqu'un tiers paie la dette, en se faisant immédiatement subroger aux droits du créancier, du consentement du débiteur, l'acte n'est passible que du droit de transport. Si le tiers paie pour le débiteur en son absence et sans subrogation, il est seulement dû le droit de quittance. — Délib. 28 déc. 1832.

2281. — Il ne doit être perçu que le droit de 50 cent. p. 100 fr. sur les paiemens emportant subrogation de plein droit faits par l'acquéreur d'un immeuble aux créanciers inscrits, ou par une caution solidaire pour le principal obligé (délib. 21 oct. 1829), ou encore par un créancier hypothécaire postérieur en rang à celui qu'il rembourse. — Délib. 17 déc. 1817, 11 avr. 1818, 2 janv. 1827 et 10 nov. 1829.

2282. — Lorsque, pour le service d'une rente viagère, il a été laissé entre les mains d'un acquéreur une somme à distribuer aux créanciers inscrits dans un rang postérieur à celui du crédirentier, si celui-ci donne à l'acquéreur, moyennant une somme moindre, quittance tant de la rente que des arrérages échus et à échoir, et qu'il le subroge dans son hypothèque et dans sa priorité vis à-vis des autres créanciers, il n'est dû qu'un droit de quittance, la subrogation étant de plein droit et non conventionnelle. C'est là un simple rachat de la rente, et le droit se liquide, non sur le prix stipulé par le rachat, mais sur le capital, au denier dix de la rente, sauf à y ajouter les arrérages échus, dont il est donné quittance expresse. — Solut. 22 mai 1827 ; inst. 1229, § 10.

2283. — Quand, après avoir emprunté une somme pour payer sa dette et sous la condition de subroger le prêteur dans les droits du créancier, un débiteur paie son créancier en déclarant l'origine des deniers, la quittance consentie par ce dernier donne ouverture au droit proportionnel de libération. — Cette quittance ne saurait être considérée comme constituant seulement un acte d'exécution et de complément par rapport à l'acte de prêt antérieur, et, à ce titre, simplement passible du droit fixe de 1 fr.— Cass., 12 mars 1844 (t. 1er 1844, p. 593), Mony de Mornay. — V. conf. délib. 24 sept. 1833.

2284. — En effet, si le paiement et la subrogation sont, entre le prêteur et le débiteur, l'exécution de l'acte d'emprunt, il n'en est pas de même à l'égard du créancier, étranger au premier contrat, et qui n'intervient au second que pour donner quittance. C'est un acte nouveau et indépendant. — Championnière et Rigaud, t. 2, no 1275.

2285. — Il en serait autrement si l'emprunt et le paiement avaient lieu par le même acte. — Délib. 24 sept. 1833; — Roland et Trouillet, *Dict. d'enreg.*, *Subrogation*, no 21.

2286. — Le droit de quittance est seul exigible sur l'acte par lequel un créancier hypothécaire paie un autre créancier qui lui est préférable. La subrogation légale qui en résulte, lors même qu'elle est expressément stipulée, ne donne pas ouverture au droit de 1 %. — Cass., 24 déc. 1839 (t. 1er 1840, p. 88). Ledru.—V. conf. délib. 26 déc. 1834.

2287. — En général, la déclaration prescrite par l'art. 1250, C. civ., pour validité d'une subrogation, ne donne lieu à aucun droit, soit dans l'obligation, soit dans la quittance; car elle est une conséquence forcée de ces actes. — Solut. 26 juin 1830.

2288. — Ainsi, le droit de quittance n'est pas dû sur le paiement fait par le débiteur avec des deniers empruntés au tiers subrogé, et qui a pour effet de substituer un nouveau créancier à l'ancien. — Solut. 7 janv. 1833.

2289. — Lorsque l'acquéreur du quart de plusieurs immeubles hypothéqués à une rente, s'est chargé de payer le quart de cette rente, et que plus tard il rembourse la totalité au créancier qui le subroge dans tous ses droits, il y a lieu de percevoir 50 cent. p. 100 fr. sur le quart du capital de la rente, et 2 % sur les trois quarts. — Roland et Trouillet, *Dict. de l'enreg.*, vo *Subrogation*, no 12.

2290. — Lorsque, pour payer à sa femme la dot qu'il a été condamné à lui restituer, un mari emprunte d'un tiers une somme de 1500 fr., et que dans l'acte de prêt la femme et son avoué reconnaissent avoir reçu des deniers du prêteur, la première une somme de 1200 fr. et le second celle de 300 fr., ils en donnent quittance tant au mari qu'au prêteur, qu'ils subrogent expressément dans tous leurs droits, il y a là une subrogation mixte, passible du droit de 1 %. — Délib. 25 nov. 1814 ;—Roland et Trouillet, *Dict. de l'enreg.*, vo *Subrogation*, no 23.

2291. — Le droit proportionnel est dû sur l'acte de subrogation de privilège et d'hypothèque consenti par l'endosseur d'un billet à ordre enregistré, au profit du porteur de ce billet, parce qu'il importe peu que le billet ait été enregistré relativement à la perception à laquelle l'acte de subrogation donne lieu, dès que cet acte est le transport d'une créance privilégiée et hypothécaire. — Décis. min. fin. 8 vent. an XII ; inst. 214 ;—Roland et Trouillet, *Dict. de l'enreg.*, vo *Subrogation*, no 23.

2292. — Il n'est dû que le droit fixe sur les subrogations consenties par le trésor royal au profit des receveurs et payeurs généraux, sur les receveurs et payeurs particuliers, et autres comptables en débet. — Décis. min. fin. 19 mai 1842.

2293.—*Transactions.*—Les transactions qui contiennent promesse de payer : 1 fr. p. 100, L. 22 frim. an VII, art. 69, § 3, no 3.

2294. — Quand des transactions renferment des stipulations de sommes et de valeurs, le droit proportionnel doit être perçu au taux déterminé par la nature de la disposition, lors même qu'il ne s'élèverait pas en totalité à 3 fr. Ainsi, une transaction qui s'opère par un paiement de 200 fr. ou par une obligation de pareille somme, n'est passible que de 1 fr. ou 2 fr., suivant la quotité des droits établis pour les quittances ou obligations, sauf l'application du *minimum* de 25 cent.— Délib. 10 sept. 1830; inst. 1347, § 9.

2295. — La transaction peut contenir aussi une transmission de propriété, soit mobilière, soit immobilière. — V. *infrà* no 4206. — Alors ce n'est plus le droit d'obligation qui doit être perçu. De deux choses l'une : ou bien la transmission de propriété mobilière ou immobilière est faite moyennant un prix stipulé, et alors on doit percevoir le droit de vente mobilière ou immobilière ; ou bien cette transmission de propriété a lieu sans stipulation de prix ; dans ce cas, il y a lieu de percevoir le droit de donation mobilière ou immobilière. — Solut. 11 avr. 1817, 1er avr. 1818 ; 26 juin 1827 ; délib. 8 oct. 1823 ; inst. 1229, § 11, et 1370, § 7.

2296. — Jugé en ce sens que la transaction sur procès, par suite d'une demande en portion héréditaire, contenant renonciation à cette demande moyennant une somme convenue, peut être considérée comme une cession de droits successifs et donner lieu, par conséquent, à un droit proportionnel. — Délib. 12 juin 1829 ; — Cass., 2 févr. 1808, Thisebaert ou Thermeven.

2297.— ...Que la transaction sur des droits successifs certains, quoique contestés, par laquelle l'héritier renonce à réclamer ses droits moyennant une somme déterminée, doit être considérée, quant à la perception du droit d'enregistrement, comme une cession de droits héréditaires, et qu'en conséquence elle est soumise au droit proportionnel de mutation.— Cass., 7 juin 1820, Cerf.

2298. — ... Que la transaction par laquelle un légataire universel abandonne à l'héritier naturel la moitié de la succession est passible du droit proportionnel. — Cass., 19 nov. 1839 (t. 1er 1840, p. 29), Thiroux de Gervilliers.

2299.— ... Que lorsque, sur la demande en nullité du testament, un légataire universel abandonne par transaction, et sans attendre qu'il y ait jugement, une partie des biens aux héritiers légitimes, il est dû un droit proportionnel pour cette transmission, alors surtout que le légataire avait accepté son legs.—Cass., 15 fév. 1831, Denise et Baugé.

2300. — ...Que si, par une transaction intervenue entre un légataire universel et l'héritier légitime non réservataire, le premier abandonne au second une partie de la succession, cette transaction opère transmission de biens, et par conséquent elle donne ouverture, non pas à un droit fixe seulement, mais au droit proportionnel de mutation. —Cass., 26 juill. 1841 (t. 2 1843, p. 64), Lefebvre ; 21 mars 1842 (t. 2 1842, p. 292), Morand.

2301.— ...Et alors surtout que le légataire avait auparavant obtenu l'envoi en possession des biens du testateur.—Cass., 26 juill. 1841 (t. 2 1843, p. 64), Lefebvre.

2302. — De même quand, sur la demande en nullité, pour cause de captation, du dernier testament d'un individu décédé sans héritier à réserve, le légataire universel, transigeant avec un autre légataire universel nommé par un précédent testament, consent à ce que le dernier testament soit considéré comme nul, et abandonne au premier légataire universel la plus grande partie des biens de la succession, une pareille transaction est translative de propriété de la part du légataire, dont le titre se trouve ainsi annulé autrement que par jugement. Dès-lors, il y a lieu de percevoir le droit proportionnel de mutation, et ce droit est celui de donation.— *Cass.*, 22 avr. 1845 (t. 1er 1845, p. 663), Tiengou.

2303. — Le droit de mutation par décès de 6 °/₀ est dû sur une somme d'argent substituée à un legs immobilier en vertu d'une transaction autorisée par ordonnance royale.— *Cass.*, 23 fév. 1846 (t. 1er 1846, p. 382), de Pontalba.

2304.— La transaction moyennant un prix offre une analogie fort grande avec la stipulation dans laquelle on promet un supplément de prix; cependant ces deux conventions sont assez faciles à distinguer : pour qu'il y ait supplément de prix, il faut que la contestation porte sur la valeur de la chose ou sur une portion de la chose que celui qui reçoit le supplément revendique et abandonne; autrement la somme stipulée n'est pas le prix de la chose, mais celui de l'abandon d'une prétention. — Pocquet de Livonnière, *Des fiefs*, liv. 3, ch. 1er, p. 442; Championnière et Rigaud, *Tr. des dr. d'enregistr.*, no 620; — délib. 16 sept. 1828.

2305. — Lorsque, après avoir acquis des biens de sa mère, le fils cessionnaire est poursuivi par ses cohéritiers, qu'il transige avec eux et qu'il consent à leur payer une somme déterminée, il y a lieu de percevoir à ce sujet, non un droit d'obligation, mais un supplément de droit de cession. —*Cass.*, 4 mars 1807, Dumas.

2306. — Lorsque, après le décès du mari qui a légué à un tiers ce qui ne se trouverait pas compris dans une donation précédemment faite à sa femme, celle-ci renonce à son don, et que sur la contestation que fait l'héritier de la validité de cette renonciation, il intervient une transaction par l'effet de laquelle il abandonne à la veuve la plus grande partie des objets donnés, il ne résulte pas une rétrocession d'un pareil acte, parce que la renonciation, loin d'être maintenue, a été annulée; que la donation originaire a repris tous ses effets, et que c'est d'elle seule que la veuve tient les avantages dont elle jouit. — *Cass.*, 28 fév. 1809, Le Seigneur-de-Saint-Léger.

2307.— Lorsque des époux mariés sous la loi du 17 niv. an 11 (dans le ressort du parlement de Bordeaux) ont stipulé dans leur contrat de mariage une société d'acquêts, en constituant les enfans à naître de leur union propriétaires des biens qui la composeraient, la transaction par laquelle l'époux survivant abandonne à ses enfans la propriété de la totalité des acquêts, en se réservant l'usufruit, n'opérant, à l'égard de ceux-ci, aucune transmission nouvelle de propriété, ne peut donner ouverture à un droit proportionnel.— *Cass.*, 30 août 1837 (t. 2 1837, p. 332), Merle.

2308. — Le droit de rétrocession n'est point exigible sur la transaction par laquelle l'acquéreur de la chose d'autrui se désiste du bénéfice de la vente au profit du véritable propriétaire, mais avec réserve de ses droits contre le vendeur, en remboursement du prix et en dommages-intérêts. — Solut. 11 mai 1838.

2309. — Lorsque deux parties conviennent de demeurer propriétaires par indivis de la pleine propriété d'une chose dont elles se contestent la nu-propriété, et que l'une d'elles consent à abandonner, même par forme de transaction, la moitié de l'usufruit qui avait eu l'intégralité, il y a eu au moins, à cet égard, une véritable cession qui donne lieu à un droit proportionnel. — *Cass.*, 11 avr. 1808, Collart.

2310. — Lorsque, sur l'appel d'un jugement qui reconnaît que des droits de propriété reposent sur la tête d'une des parties, une transaction transporte les mêmes droits à l'autre partie, cette transaction ne peut, quant à la perception des droits d'enregistrement, être assimilée à une décision judiciaire, et considérée comme simplement déclarative de droits préexistans. Elle est, au contraire, attributive de la propriété dont elle opère le déplacement, et par conséquent elle donne ouverture au droit proportionnel, outre le

droit fixe. — *Cass.*, 2 janv. 1844 (t. 1er 1844, p. 139), Schuell.

2311. — *Transmissions de propriété, d'usufruit ou de jouissance.* — Pour les droits à percevoir sur toutes espèces de transmissions de propriété, d'usufruit ou de jouissances de biens meubles et immeubles, soit entre-vifs, soit par décès.— V. les sections suivantes.

Sect. 3e. — *Baux*.

2312. — On peut diviser les baux de toute espèce en deux classes : 1° baux à ferme ou à loyer avec durée limitée ; — 2° tous les baux autres que les précédens.

§ 1er. — *Baux à ferme ou à loyer avec durée limitée.*

2313. — Le droit à percevoir sur les baux à ferme ou à loyer, avec durée limitée, était d'abord ainsi établi : sur le prix de l'année (s'ils s'étaient que d'un an), ou sur le prix cumulé de deux ans (s'ils étaient de deux ans ou plus) : 1 fr. p. 100 fr. (L. 22 frim. an VII, art. 69, § 3, n° 2) ; réduit à 75 cent. p. 100 fr. (L. 27 vent. an IX, art. 8).— Sur le montant des années suivantes : 25 cent. p. 100 fr. (L. 22 frim. an VII, art. 69, § 3, n° 2) ; réduit à 20 cent. p. 100 fr. (L. 27 vent. an IX, art. 8).

2314. — Mais l'art. 1er, L. 16 juin 1824, a réduit le droit sur les baux, qu'il s'agisse de biens meubles ou immeubles, à 20 cent. p. 100 fr. sur le prix cumulé de toutes les années. — Pour le cautionnement de ces mêmes baux, il est dû moitié du droit.

2315. — Les baux faits pour trois, six ou neuf ans, sont, pour la liquidation et le paiement du droit, considérés comme baux de neuf années. — L. 22 frim. an VII, art. 69, § 3, n° 2.

2316. — Les baux à ferme ou à loyer des biens nationaux sont assujétis aux mêmes droits que les autres baux. — L. 22 frim. an VII, art. 69, § 3, n° 2.

2317. — A été passible du droit d'enregistrement, depuis la loi de déc. 1790, tout acte administratif, comme par exemple un bail de perception des contributions qui se trouvait auparavant assujéti au droit de contrôle. — *Cass.*, 23 vent. an X, Poisson.

2318. — Les baux d'octroi sont soumis au droit proportionnel. — *Cass.*, 29 messid. an XI, Coudère.

2319. — Les baux écrits ou adjudications de locations de bancs ou de chaises, soit dans les églises, soit ailleurs, qu'ils appartiennent à des établissemens publics ou à des particuliers, sont soumis aux droits dus sur les baux à loyer. — Déc. min. fin. 29 vent. an XII, 12-17 oct. 1809; instr. 454, n° 17.

2320. — Il en est de même des baux passés pour le logement des autorités ecclésiastiques, civiles ou judiciaires, et dont le prix est payable sur les fonds destinés aux dépenses des départemens. Déc. min. fin. 15 janv. 1823 et 29 nov. 1827.

2321. — Les concessions purement temporaires de terrains dans les cimetières, c'est-à-dire faites pour quinze ans au plus sans pouvoir être renouvelées, sont sujettes au droit de 20 cent. p. 100 fr. (L. 16 juin 1824, art. 1er). — Lettre min. fin. et int. 12 mai 1846; instr. 1757.

2322. — Les baux des bacs et passages de rivière, régis par l'administration des contributions indirectes, ainsi que les cautionnemens qui y sont stipulés, sont assujétis aux droits ordinaires. — Déc. min. fin., 19 janv. 1808; instr. 386, n° 5 et 405, n° 2.

2323. — Décidé cependant qu'il n'est dû que 1 fr. fixe pour les baux des droits de passage aux écluses et ponts mobiles dépendant des ponts et chaussées. — Déc. min. fin., 3 messid. an X; circ. 30 thermid. an X.

2324. — Comme aucun article du Code ne porte que la promesse de bail vaut bail, on ne peut exiger le droit de bail sur une promesse comprise dans un acte dont elle ne forme qu'une disposition accessoire. — Délib. 15 mai 1819.

2325. — Jugé cependant qu'une promesse de bail insérée dans un contrat de mariage est obligatoire, par cela qu'elle fait partie d'un acte synallagmatique, et exécutoire pour toutes les parties contractantes qui ont signé l'acte sans réserve, et que dès-lors cette promesse de bail est passible du droit proportionnel. — *Cass.*, 26 nov. 1822, Frémard.

2326. — Les baux sous seing-privé ne cessent point d'être soumis aux droits par le fait de leur expiration. — *Cass.*, 6 mars (et non 9) 1832, Forget.

2327. — Mais les baux ne sont soumis aux droits d'enregistrement qu'autant qu'ils ont été rédigés par écrit.

2328. — Ainsi jugé que les locations verbales ne sont point assujéties au droit d'enregistrement. — *Cass.*, 12 juin 1811, Delattre; 17 juin 1811, Jacques; 17 juin 1811, Bernard; 17 juin 1811, N...; 24 juin 1811, Goyvaerts; 26 juin 1811, Grospoisson; 3 déc. 1811, Rommens.

2329. — ...Que la jouissance par tacite reconduction ne constituant qu'un bail verbal, ne peut donner lieu à aucune perception de droits, si la régie ne justifie pas d'un nouveau bail écrit. — *Cass.*, 12 juin 1811, Chrétien.

2330. — Comme les droits doivent être perçus d'après la substance des actes et non d'après la qualification que leur ont donnée les parties, si un acte présenté à la formalité, bien que qualifié de bail, déguisait en réalité un autre contrat, ce ne serait pas le droit de bail, mais celui exigible d'après la nature de ce second contrat qu'il faudrait percevoir. Ainsi, le droit de vente mobilière serait dû, et non celui de bail, s'il résultait des clauses de l'acte que c'est réellement une vente mobilière que les contractans ont faite sous la forme d'un bail. — On peut voir plusieurs applications de ce principe *infrà* nos 3720 et suiv.

2331. — Le bail de bois en coupes réglées ne donne ouverture qu'aux droits fixés pour baux ordinaires; mais si la stipulation de bail n'avait pour objet que de déguiser une vente à terme, le droit de 2 % serait dû. — Décis. min. just. et fin. 6 juill. et 16 août 1808; instr. 400, § 3, et 1209, § 5.

2332. — C'est également le droit de bail qui doit être perçu sur un bail comprenant à la fois des forges et une forêt donnée pour l'affouage de l'usine, alors que l'affectation de la forêt à l'affouage établit qu'elle est en coupes réglées et que le bail comprend le tout sans division. En pareil cas, on ne peut ventiler le prix pour exiger le droit de 2 % sur la portion relative aux coupes successives pendant la durée du bail. — Solut. 1er janv. 1835; instr. 1249, § 5.

2333. — Doit être considéré comme bail, et non comme vente de récoltes, l'acte par lequel un notaire a adjugé à bail, publiquement et aux enchères, différentes pièces de pré pour l'adjudicataire en recueillir, soit les récoltes sur pied, soit tous les autres produits comme regain et dépaissance, pendant neuf mois consécutifs, à commencer du jour de l'adjudication. Il en est ainsi encore, bien qu'il soit stipulé dans l'acte que le prix de l'adjudication produira intérêt s'il n'est pas payé à échéance. — *Cass.*, 9 fév. 1837 (t. 1er 1837, p. 73), Guerber.

2334. — Lorsqu'un bail de moulin porte que le preneur paiera au bailleur une somme convenue pour la prisée des agrès et que le bailleur lui paiera lui-même à la fin du bail la prisée qui en sera faite, il doit être perçu, non le droit de 2 % pour vente d'objets mobiliers, mais celui de 50 c. p. 100 fr. comme garantie mobilière. — Délib. 22 déc. 1837.

2335. — Est passible du droit de 20 c. p. 100 fr. comme bail à loyer, et non celui de 1 % comme marché, l'engagement pris par un maître de poste de fournir à un entrepreneur de messageries un relai (c'est-à-dire des chevaux et un postillon) pour un service de diligences pendant un certain temps et pour un prix déterminé par jour. — Instr. gén. 19 juin 1838.

2336. — Le bail fait par les militaires pour tout le temps de leur service aux armées doit être considéré comme fait pour les sept ans fixés par la loi du 21 mars 1832 sur le recrutement, d'après la décision du ministre des finances du 22 avr. 1806. — Roland et Trouillet, *Dict. d'enreg.*, vo *Bail*, § 8, no 33.

2337. — La clause d'un bail portant que la location, stipulée pour vingt ans, pourra, au gré de l'une des parties, être prorogée pour vingt autres années, implique l'existence d'un bail de quarante années. Il en est de cette stipulation comme de celle qui, en fixant à quarante ans la durée nominale d'un bail, accorderait à l'une des parties le droit de le faire cesser à l'expiration de vingt années. — En pareil cas, c'est sur la durée des deux périodes (quarante années), et non pas sur la première seulement, que doit être calculé le droit à percevoir immédiatement. — *Cass.*, 3 juill. 1844 (t. 2 1844, p. 351), Dalouzy.

2338. — Lorsqu'à l'expiration d'une des périodes d'un bail consenti pour trois, six ou neuf ans le prix du bail est réduit par convention entre le bailleur et le preneur, le droit de libération n'est point exigible, attendu qu'on ne peut supposer un paiement que l'acte ne constate pas. — Décis. min. fin. 20 sept. 1827.

2339. — La quittance de partie du prix ou du prix entier du bail, dans l'acte même, ne donne ouverture à aucun droit particulier. — Décis. min. fin. 10 août 1815.

2340. — Ainsi, la clause par laquelle le preneur s'oblige de livrer annuellement au bailleur une certaine quantité de denrées au prix courant étant une partie intégrante du bail, ne donne lieu à aucun droit particulier. — Décis. min. fin. 27 nov. 1810; — Roland et Trouillet, *Dict. d'enreg.*, vo *Bail*, § 2, no 48.

2341. — Le droit de cautionnement n'est pas dû sur la clause d'un bail à ferme ou à loyer, au profit de deux individus solidaires, portant que l'objet affermé et la redevance sont divisés inégalement entre les preneurs. — Délib. 28 mai 1822.

2342. — Le droit de vente et le droit de bail ne peuvent être cumulativement perçus sur un acte contenant à la fois bail d'une maison pour douze années, et promesse de vente du même immeuble, moyennant un prix payable dans le cours des douze années. En effet, si la propriété est transmise, il ne peut plus y avoir transmission de jouissance. — Délib. 25 mai 1837.

2343. — L'acte contenant passation de bail pour neuf ans, et reconnaissance par le fermier du montant de deux années de fermages déjà expirées, est passible du droit d'obligation pour ces deux années, et de celui de bail pour neuf ans. — Délib. 21 et 30 oct. 1824.

2344. — Le droit de 50 c. p. 100 fr. est le seul à percevoir sur l'acte qui réduit le prix d'un bail. — Roland et Trouillet, *Dict. d'enreg.*, vo *Acceptilation*, no 3.

2345. — La jouissance, à titre de ferme, ou de location d'un immeuble, est suffisamment établie, pour la demande et la poursuite du paiement des droits des baux non enregistrés, par les actes qui la font connaître, ou par des paiemens de contributions imposées aux fermiers locataires. — L. 22 frim. an VII, art. 13.

2346. — La régie ne peut pas exiger l'enregistrement d'un bail qui n'est opposé qu'exceptionnellement à une demande intentée par le propriétaire contre son fermier. Si le tribunal auquel est déférée la contestation en ordonne la représentation, c'est le cas pour elle d'attendre que cette représentation ait lieu, et tout au plus de prendre acte de ses dispositions pour décerner sa contrainte. — *Cass.*, 10 prair. an XIII, Castelli.

2347. — Il ne suffit pas de l'énonciation de baux enregistrés, faite dans un compte de fermages sous signatures privées, pour faire admettre par les tribunaux la demande du droit de bail formée contre le fermier, quand il dénie sa signature apposée au bas de ce compte, et que la régie n'a point fait vérifier en justice si le fermier a réellement concouru à sa confection. — *Cass.*, 20 janv. 1811, Aureau.

2348. — Quelle qu'ait été la décision des tribunaux sur l'appréciation des présomptions de jouissance dont la régie prétend induire une jouissance à titre de ferme ou de location, c'est là une question de fait qui échappe à la censure de la cour de Cassation. — *Cass.*, 15 vendém. an XIV, Bigot.

2349. — *Cessions et rétrocessions de baux.* — Le droit sur les sous-baux, subrogations, cessions et rétrocessions de baux avait d'abord été fixé savoir : sur le prix cumulé des deux premières années à courir, à 1 fr. p. 100 fr. (L. 22 frim. an VII, art. 69, § 3, no 2), réduit à 75 c. p. 100 fr. (L. 27 vent. an IX, art. 8), et sur le montant des années suivantes : à 25 c. p. 100 fr. (L. 22 frim. an VII, art. 69, § 3, nº 2), réduit à 20 c. p. 100 fr. (L. 27 vent. an IX, art. 8.

2350. — Mais, bien que ces sous-baux, subrogations, cessions et rétrocessions de baux ne soient pas nommément désignés dans l'art. 7, L. 16 juin 1824, il n'y a nul doute qu'ils doivent jouir de la réduction apportée par cette loi, c'est-à-dire n'être passibles que du droit de 20 c. p. 100 fr. sur le prix cumulé des années restant à courir.

2351. — Ainsi, décidé que les droits d'une rétrocession de bail, consentie par le fermier au propriétaire, sont liquidés au même taux que ceux d'un bail, et proportionnellement au temps qui reste à courir. — Délib. 22 sept. 1824 ; instr. 1249, § 8.

2352. — Bien que, d'après l'art. 69, § 3, nº 2, les baux faits pour trois, six ou neuf ans, doivent être considérés comme baux de neuf ans, pour la liquidation des droits, le droit de rétrocession d'un bail fait pour trois, six ou neuf ans ne peut porter que sur les années restant à courir de la période commencée. — Délib. 4 juill. 1828.

2353. — La preuve de la cession ou de la rétrocession des baux, pour l'exigibilité du droit, peut résulter des mêmes circonstances qui établissaient l'existence des baux eux-mêmes.

2354. — Ainsi, la résiliation d'un bail est suffisamment prouvée, pour la perception du droit, par l'obligation imposée au bailleur de la rapporter à son acquéreur, par la procuration donnée par le preneur de la consentir en son nom, et enfin par le bail passé par l'acquéreur à un nouveau fermier avant l'expiration du premier bail. — *Cass.*, 12 oct. 1808, Gazai.

2355. — De même, lorsque, après avoir fait résilier un bail pour défaut d'exécution des conditions, le propriétaire-locateur subroge aux droits du fermier la caution qui a rempli les obligations de celui-ci, il y a là une véritable cession de bail passible du droit proportionnel. — *Cass.*, 29 oct. 1806, Guille ; 23 fév. 1808, mêmes parties.

2356. — De même, quand un tiers est adjoint à l'exploitation d'un bail, mais en qualité de seul régisseur et avec des clauses qui ont pour résultat de lui conférer tous les droits du preneur, il y a là, quel que soit d'ailleurs le nom donné à l'acte, une véritable cession de bail, passible du droit proportionnel.—*Cass.*, 29 oct. 1806, Guille ; 23 fév. 1808, Guille ; 27 juill. 1810, Guille.

2357.—Mais, si un fermier transporte à un tiers l'effet de son bail, du consentement du propriétaire, qui n'intervient dans l'acte que par suite de la clause qui interdit au preneur de céder sans l'agrément du bailleur, on ne peut dire qu'il y ait là rétrocession au profit du propriétaire, et par conséquent lieu à un droit proportionnel, encore bien que ce propriétaire consente à réduire le montant du fermage en faveur du cessionnaire qu'il accepte. — *Cass.*, 1ᵉʳ août 1815, Perrier.

2358.—Lorsque l'adjudicataire d'une entreprise s'associe un tiers dans les bénéfices et les pertes de cette entreprise, à la charge par ce dernier de faire une mise de fonds et d'apporter son industrie, un pareil acte est passible d'un droit fixe d'enregistrement comme acte de société et non pas du droit proportionnel établi pour cession de bail ou sous-bail.—*Cass.*, 24 déc. 1821, de Chalabre.

2359. — Le jugement qui porte résolution d'un bail pour cause de détérioration et condamnation à des dommages-intérêts pour valeur d'arbres abattus, n'opère point de rétrocession, attendu que l'art. 1741, C. civ., déclare le contrat de louage résolu par le défaut du preneur de remplir ses engagemens. — Délib. 21 avr. 1815.

2360. — En tout cas, pour être passibles des droits d'enregistrement, les cessions et rétrocessions de baux doivent, ainsi que les baux eux-mêmes, être faits par écrit.

2361. — Lorsqu'il n'y a point de preuve écrite de la cession et de la rétrocession d'un bail faite verbalement, il n'y a pas lieu à la demande des droits.— *Cass.*, 24 juin 1811, Legry.

2362. — Il n'y a pas lieu de percevoir de droit pour la résiliation d'un bail qui résulterait de ce que le propriétaire affermerait les mêmes immeubles à un autre fermier. — Décis. min. fin. 6 nov. 1822.

§ 2. — *Baux autres que ceux à ferme ou à loyer avec durée limitée.*

2363. — Quelques uns d'entre ces baux sont sujets au même droit que les baux à ferme ou à loyer avec durée limitée, la règle de perception est la même, et il y a lieu d'appliquer les mêmes décisions. C'est donc uniquement pour la facilité des recherches que donne l'ordre alphabétique que nous les avons rangés sous ce paragraphe.

2364. — *Baux à cheptel et reconnaissances de bestiaux avec durée limitée.*—Le droit sur ces baux était de 25 c. p. 100 fr. (L. 22 frim. an VII art. 69, § 1ᵉʳ, nº 2). — Il a été réduit à 20 c. p. 100 fr. sur le prix cumulé de toutes les années (L. 16 juin 1824, art. 1ᵉʳ). — Pour les cautionnemens de ces baux moitié du droit. — *Ibid.*

2365.—Le droit est perçu sur le prix exprimé dans l'acte, ou, à défaut, d'après l'évaluation du bétail. — L. 22 frim. an VII, art. 69, § 1ᵉʳ, nº 2.

2366. — Le cheptel de fer, dans un bail d'immeubles, ne donne point ouverture à un droit particulier, si les bestiaux font partie des objets affermés, attendu que l'obligation que contracte le fermier de rendre le bétail en valeur égale est une disposition intégrante du bail. — Inst. 290, § 26 ; Roland et Trouillet, *Dict. d'enreg.*, vº *Bail*, § 6, nº 7.

2367. — *Baux à domaine congéable.* — Les édifices baillés à domaine congéable en Bretagne n'étant considérés comme meubles que vis-à-vis du propriétaire foncier, le cessionnaire d'un droit de congément doit, pour l'enregistrement de son titre, les mêmes droits de mutation que ceux auxquels sont soumis les actes translatifs de propriétés immobilières. — *Cass.*, 25 niv. an X, Urboy ; 1ᵉʳ vent. an XII, Briknt et Pilven.

2368. — La fiction légale qui répute *meubles*, à l'égard du propriétaire du fonds, les édifices compris dans une tenue convenancière, cesse à l'instant où ce propriétaire, réunissant ces édifices à son domaine, soit par la voie de congément, soit par acquisition, anéantit le bail à domaine congéable. — Si le propriétaire du fonds n'acquiert que partie des édifices compris dans la tenue, la fiction légale cesse à l'égard de cette partie. — Par suite, la revente de ces édifices, quoique faite par le propriétaire à celui-là même qui avait précédemment acquis le fonds, est réputée, même à l'égard de ce nouveau propriétaire du fonds, vente d'un objet *immobilier*, passible d'un droit proportionnel de 5 1/2 %. — *Cass.*, 28 fév. 1832, Jaffray.

2369. — En matière de domaine congéable, si le congément, d'abord exercé par le propriétaire foncier du domaine ou par ses ayant-cause, devient sans effet, au moyen du désistement donné par un traité portant que les mêmes colons *jouiront comme par le passé*, cette stipulation n'opère aucun changement dans le titre de leur jouissance, et ne donne ouverture à aucun droit proportionnel. — *Cass.*, 8 janv. 1822, Adam.

2370. — En effet, la jouissance des colons est illimitée en ce sens que nonobstant l'expiration d'un bail limité, les colons continuent à jouir légalement du domaine congéable, jusqu'à ce que leur dépossession soit opérée par l'action en congément, de sorte que la confirmation d'une telle jouissance n'ajoute rien à leurs droits. — Teste-Lebeau, *Dict. analyt. des arrêts d'enreg.*, vº *Domaine congéable*, nº 4.

2371. — Il n'y a violation d'aucune des lois qui régissent la matière des domaines congéables dans le jugement qui, appréciant les actes passés entre les parties, décide qu'un bail à domaine congéable ne renfermant point de convention sur la durée, ou n'étant pas représenté, doit, pour la perception du droit d'enregistrement, être considéré d'après les lois alors en vigueur, comme limité à un certain nombre d'années, et non comme illimité ou précaire.—*Cass.*, 19 juin 1828, Mazurié.

2372. — *Baux à durée illimitée.*—Droit dû : sur les meubles : 2 fr. p. 100 fr. (L. 22 frim. an VII, art. 69, § 5, nº 2) ; sur les immeubles : 4 fr. p. 100 fr. (*Ibid.*, § 7, nº 2). — Il se perçoit sur le capital formé de vingt fois le prix annuel et les charges annuelles et autres, ainsi que les deniers d'entrées s'il en est stipulé. (*Ibid.*, art. 15, nº 2). — Quant à l'évaluation des objets en nature, V. *supra* nºˢ 335 et suiv.

2373. — Les concessions à perpétuité de terrains dans les cimetières, ainsi que celles qui sont faites pour trente ans, avec faculté de renouvellement indéfini, sont, comme baux à durée illimitée, passibles du droit de 4 °/₀. — Décis. min. fin. et min. intér. 12 mai 1846; instr. 1757.

2374. — Lorsque, dans un bail de neuf ans, le bailleur s'engage, si le preneur l'exige, à renouveler ce bail de période en période, de manière à dépasser trente ans, il est dû un droit proportionnel de 4 °/₀. — Cass., 18 vendém. an VII, Grados.

2375. — Lorsque, dans un bail fait pour trois ans, il est stipulé que celle des parties qui voudra en faire cesser les effets au bout de ces trois ans, sera tenue d'en avertir l'autre six mois à l'avance, sinon que le bail continuera sans terme aux mêmes clauses et conditions, jusqu'à ce que l'un ou l'autre des contractans fasse connaître sa renonciation de la manière susdite, un pareil bail doit être considéré comme illimité et par suite donner lieu à la perception du droit proportionnel de 4 °/₀. — Cass., 7 germ. an XII, Marsilly.

2376. — Mais le bail pour un an, avec condition qu'il sera renouvelé de plein droit si les parties ne se sont pas averties réciproquement dans un délai déterminé, n'est passible du droit que sur le prix d'une année, attendu qu'il n'y a point dans cette convention aliénation de jouissance, caractère principal du bail à durée illimitée. — Solut. 11 avr. 1832.

2377. — Un bail fait pour cinq ans, avec stipulation qu'à l'expiration de ces cinq années le preneur aura le droit de se perpétuer dans sa jouissance tant que cela lui conviendra, et sans que le bailleur puisse l'en empêcher, constitue un véritable bail illimité, passible du droit proportionnel de 4 °/₀. — Cass., 7 déc. 1813. Volpe.

2378. — Décidé au contraire que le bail pour un nombre d'années déterminé, avec stipulation qu'il sera, à son expiration, prorogé, au gré du preneur, pendant un temps également déterminé, ne donne lieu à aucun droit à raison de cette prorogation, attendu que le bail n'est arrêté que pour la première période, et qu'il reste pour le surplus soumis à une condition suspensive. — Délib. 20 mars 1827.

2379. — Le bail qui porte qu'à l'expiration d'un certain nombre d'années déterminé, il continuera d'année en année, s'il n'y a point de renonciation dans le délai prescrit, doit être considéré comme un bail d'une durée illimitée, et soumis comme tel au paiement du droit proportionnel. — Cass., 18 mars 1826, Vandessel.

2380. — Dans le cas où le bail ne doit être prolongé qu'autant qu'à l'expiration du terme le bailleur vivrait encore, il ne peut être considéré comme bail à durée illimitée; le droit n'est exigible que sur le montant des années indiquées, sauf à demander un supplément si la prolongation a lieu. — Délib. 24 nov. 1824. — Roland et Trouillet, Dict. d'enreg., v° Bail, § 8, n° 30.

2381. — Lorsque le propriétaire d'un immeuble donné à bail à locataire perpétuelle en reprend la possession abandonnée par le preneur, sans que celui-ci ou ses héritiers élèvent aucune réclamation, il est dû un droit de mutation, soit que la transmission se fasse à titre onéreux ou à titre gratuit, et soit qu'il existe ou non un contrat. — Cass., 30 mars 1808, Gimalac.

2382. — Baux à nourriture de personnes. — Il y a lieu de distinguer quand la durée est limitée ou illimitée.

2383. — Quand la durée est limitée, le droit était de 50 c. p. 100 fr. sur le prix cumulé des années du bail; et seulement 25 c. p. 100 fr. s'il s'agissait de mineurs. (L. 22 frim. an VII, art. 69, § 2, n° 5). — Il a été réduit à 20 c. p. 100 fr. sur le prix cumulé de toutes les années (L. 16 juin 1824, art. 1er). — Pour le cautionnement de ces baux, moitié du droit. (Ibid.)

2384. — Quand la durée est illimitée, le droit est de 2 fr. p. 100 fr. (L. 22 frim. an VII, art. 69, § 2, n° 5 et § 5, n° 2). — Il se perçoit sur le capital formé de vingt fois le prix annuel en y ajoutant les charges (Ibid., art. 15, n° 2).

2385. — Le bail à nourriture est passible du droit de 2 °/₀ comme bail d'une durée illimitée, s'il doit n'avoir pour terme que la vie d'une des parties,

bien que celles-ci se réservent la faculté de faire cesser la convention à volonté. — Délib. 22 déc. 1829; — Roland et Trouillet, ibid.

2386. — Le même droit est dû sur l'acte par lequel on l'oblige de payer annuellement une somme déterminée pour subvenir aux besoins d'un interdit; car alors le bail a une durée inconnue comme celle de la cause de l'interdiction. — Solut, 4 août 1832; — Roland et Trouillet, Dict. d'enreg., v° Bail, § 8, n° 41.

2387. — ... Sur l'acte par lequel le débiteur d'une somme de 10,000 fr. s'oblige de nourrir, loger, chauffer et éclairer son créancier, pendant tout le temps qu'il voudra cohabiter avec lui, sous la condition qu'il ne pourra, pendant ce même temps, exiger la somme due, dont les intérêts se compenseront avec la charge qu'il s'impose. Le droit est dû sur 5,000 fr.—Solut. 9 août 1825;—Roland et Trouillet, Dict. d'enreg., v° Bail, § 8, n° 37.

2388. — Il est dû le même droit que pour les baux à nourriture de mineurs, sur les actes volontaires ou judiciaires par lesquels les droits des pupilles sont réglés, après le décès des tuteurs officieux, à défaut par ceux-ci d'avoir fait ce réglement. — C. civ. art. 367. — Décis. min. fin., 23 sept. 1806; circ. 24 nov. 1806.

2389. — Le droit de vente est seul exigible sur une vente d'immeubles moyennant une rente viagère, avec stipulation que, s'il convient au vendeur de demeurer chez l'acquéreur celui-ci le recevra et le nourrira, moyennant une rente annuelle. Cette seconde stipulation étant une condition de la vente, ne donne point ouverture au droit de bail à nourriture. — Solut. 16 sept. 1832.

2390. — Lorsque, pour s'acquitter du prix convenu pour un bail à nourriture, le preneur cède à son bailleur la nu-propriété d'une créance et son mobilier avec évaluation, il n'y a lieu de percevoir le droit proportionnel qu'à raison du prix stipulé pour le bail qui constitue la convention principale; et il n'est pas dû de droit de vente ou de transport à raison de la créance et du mobilier cédés. — Solut. 4 mars 1837.

2391. — Baux à rentes perpétuelles. — Droit dû sur les meubles : 2 fr. p. 100 (L. 22 frim. an VII, art. 69, § 5, n° 2); — sur les immeubles : 4 fr. p. 100 fr. (ibid, § 7, n° 2). Il se perçoit sur le capital formé de vingt fois la rente et les charges annuelles et autres ainsi que les deniers d'entrée, s'il en est stipulé (art. 15, n° 2). — Quant à l'évaluation des objets en nature, V. suprà n°s 335 et suiv.

2392. — Les cessions et rétrocessions des baux à titre héréditaire, usités dans l'ancienne Alsace, sont passibles du droit de vente, et en cas de déguerpissement du détenteur et de rentrée en possession de l'ancien propriétaire ou de ses représentans, ce droit est également exigible. — Instr. 30 juin 1833, 1425, § 8.

2393. — Baux à vie. — Droit dû sur les meubles : 2 fr. p. 100 fr. (L. 22 frim. an VII, art. 69, § 5, n° 2); sur les immeubles : 4 fr. p. 100 fr. (ibid, § 7, n° 2). — Il se perçoit sans distinction de ceux faits sur une ou plusieurs têtes, sur le capital formé de dix fois le prix et les charges annuelles et autres, ainsi que les deniers d'entrée, s'il en est stipulé (ibid., art. 15, n° 3). — Quant à l'évaluation des objets en nature, V. suprà n°s 338 et suiv.

2394 — La jouissance par bail à vie et l'usufruit diffèrent essentiellement dans leur nature et dans leurs effets. — Cass., 18 janv. 1825, Vasseur. — Le bail à vie doit être gouverné par les règles des baux ordinaires, et il doit être considéré comme étant de même nature, à moins que des stipulations particulières ne le convertissent en véritable usufruit. — Instr. de la régie, 1173, § 2, et 1249, § 5; — Proudhon, De l'usuf., t. 1er, p. 103; Toullier, Droit civil, t. 3, n°s 387 et 390; Favard, Rép., v° Bail à vie; Dict. des droits d'enr., v° Bail à vie, n° 3, et Rétrocession, n° 11; Roland et Trouillet, Dict. de l'enreg., v° Rétrocession, § 1er, n° 10. — Contrà Merlin, Rép., v° Usufruit, § 1er, n° 3.

2395. — En conséquence, l'acte par lequel le preneur d'un bail à vie consent à la résiliation de ce bail en faveur du propriétaire de la chose louée, est passible, non du droit fixe de 1 fr. dû sur la réunion qui s'opère de l'usufruit à la propriété, mais du droit proportionnel dû sur les cessions ou rétrocessions de bail. — *Cass.*, 18 janv. 1825, Vasseur.

2396. — Si un bail à vie était stipulé dans les termes d'une vente à vie, c'est à dire si au lieu de constituer un simple louage, il transmettait un véritable usufruit, il serait passible du droit de transcription. — Délib. 6 déc. 1817 et 17 août 1822; circ. 17 déc. 1832.

2397. — On doit, quant à la perception du droit d'enregistrement, considérer comme un bail à vie, et non comme une constitution de pension dotale, la clause par laquelle un père, en mariant sa fille, reste chargé de l'administration et de la jouissance des biens appartenant à celle-ci, jusqu'à la mort de son aïeule, à la charge de lui payer une pension annuelle pour prix de cette jouissance. En conséquence, une pareille stipulation n'est pas seulement passible comme donation mobilière du droit de 62 cent. 1/2 %, mais bien du droit proportionnel de 4 %. — *Cass.*, 10 mars 1819, Deforest.

2398. — La clause d'un contrat de mariage portant qu'en cas de séparation, le futur exploitera tous les immeubles appartenant à son père, à la charge de lui fournir, pendant sa vie, une pension composée en partie des produits de ces immeubles, ne constitue pas, disent les auteurs du *Dict. des droits d'enreg.* (v° *Bail à vie*, n° 12), un bail à vie *actuel*; elle n'est que la conséquence de l'association entre le futur et son père; cependant, si le cas prévu arrivait, le droit de bail à vie deviendrait exigible.

2399. — La clause d'un contrat de mariage par laquelle les père et mère du futur lui font donation d'un immeuble avec réserve d'usufruit, mais à la charge par eux de lui payer durant cet usufruit un loyer annuel déterminé, n'est point passible du droit de bail à vie, indépendamment de celui de donation immobilière.—Délib. 28 janv. 1834.

2400. — Le droit de 2 % à percevoir sur une adjudication, en détail et à vie, des bancs d'une église doit être assis sur le capital au denier dix, de la redevance à payer par chaque adjudication et non sur le prix annuel et total de toutes les concessions faites par le même procès-verbal d'adjudication. — Décis. min fin., 29 vent. an XII; délib., 19 juin 1824.

2401. — Les baux à vie sont passibles du droit proportionnel de 4 %, alors même que, par la suite, ces baux n'auraient pas obtenu tous les effets qu'ils devaient produire. — *Cass.*, 15 nov. 1808, Godin et Matherat.

2402. — *Baux de pâturage et nourriture d'animaux*, avec durée limitée. — Le droit était de 25 cent. p. 100 fr. sur le prix cumulé des deux premières années et demi-droit sur le prix cumulé des années suivantes (L. 22 frim. an VII, art. 69, § 1er, n° 1er). — Il a été réduit à 20 cent. p. 100 fr. sur le prix cumulé de toutes les années (L. 16 juin 1824, art. 1er). — Pour le cautionnement desdits baux, moitié du droit.

2403. — Doivent être rédigés sur papier timbré et enregistrés sur la minute, dans les vingt jours de leur date, comme baux de pâturage, les procès verbaux dressés par les préfets contenant : 1° le recensement par commune des bestiaux qui ont pacagé pendant l'année dans les terrains domaniaux ; — 2° l'obligation par les propriétaires de ces bestiaux et par leurs cautions, de payer la taxe à fixer pour cet objet.—Déc. min. fin., 7 août 1810.

2404. — *Baux d'industrie.* — On doit considérer comme bail d'industrie ou contrat de louage et assimiler, pour la perception aux baux ordinaires, l'acte par lequel un ouvrier s'engage, moyennant salaire, à travailler, pendant un temps déterminé pour un particulier, ou pour un maître qui lui fournit les matières à mettre en œuvre. — Délib. 15 juin 1830; solut. 10 sept. 1830.

2405. — Il en est de même de la convention par laquelle un individu s'oblige de surveiller les travaux d'un atelier ou d'une usine, moyennant un traitement annuel. — Solut. 20 sept. 1825.

2406. — Enfin, la perception doit être la même, encore bien que le traitement ou salaire soit fixé par jour, tant que durera la gestion. Bien que la durée du bail ne soit pas fixée, il n'y a pas lieu de le considérer comme bail à vie passible du droit

de 2 p. 100, attendu qu'on ne peut engager ses services qu'à temps et pour un temps déterminé (C. civ., art. 1780). — Le droit doit donc être perçu à raison de 20 cent. par 100 fr. sur la totalité du prix et des charges, pendant toute la durée du bail, et comme ce bail, loin d'être limité, peut se prolonger pendant toute la vie du gérant, il faut multiplier par 10 le prix et les charges. — Délib. 11 oct. 1831.

2407. — La convention par laquelle un entrepreneur s'oblige à conduire, moyennant un prix et pendant un temps limité, des voitures publiques d'un lieu à un autre, est un bail d'objets mobiliers, en ce qui concerne les chevaux et un bail d'ouvrage et d'industrie, quant à leur conduite par le relayeur ou son préposé. — Délib. 18 août 1837; Instr. 1562, § 2.

2408. — Doit être réputé bail d'industrie et assujéti au droit de 20 cent. p. 100 fr., l'acte par lequel une personne s'engage à conduire des marchandises d'un lieu à un autre, moyennant une somme fixée par jour. — Solut. 9 juill. 1838.

2409. — *Baux emphytéotiques.* — La loi étant muette sur les baux emphytéotiques temporaires, on avait d'abord décidé qu'ils n'étaient passibles que du droit imposé sur les baux ordinaires dont la durée est limitée. — Délib. 14 prair. an VII; circ. 16 messid. an VII, 1609.

2410. — Depuis, la régie a décidé que le bail emphytéotique doit, pour la perception des droits, être assimilé à une concession d'usufruit sur une ou plusieurs têtes. — Solut. 6 oct. 1838.

2411. — Enfin, jugé que le bail emphytéotique (alors même qu'il est limité à quatre-vingt-dix-neuf ans) doit être considéré comme un acte translatif de propriété d'un bien immeuble, et comme soumis, à ce titre, au droit proportionnel établi sur tous les actes de cette nature. — La cession qui en est faite est soumise aux mêmes droits. — *Cass.*, 1er avr. 1840 (t. 1er 1840, p. 645), § 1er, Donat Demessine, § 2, David.

2412. — Mais, le bail consenti pour trente-six ans avec réserve de le résilier sur congé, à l'expiration de la dix-huitième année, est réputé bail ordinaire et non bail emphytéotique. — Délib. 3 août 1841.

2413. — Si le prix d'un bail emphytéotique est payé comptant pour toute sa durée, la privation d'intérêts de ce prix ne saurait être considérée comme une charge susceptible d'y être ajoutée. — Délib. 3 sept. 1833.

Sect. 4e. — *Donations.*

2414. — Les droits à percevoir sur les donations sont proportionnels ou fixes, selon que ces donations sont entre-vifs ou à cause de mort. — Une donation est réputée entre-vifs quand elle emporte transmission actuelle et définitive des objets donnés. — Elle est donation à cause de mort, quand elle n'emporte qu'une transmission éventuelle et subordonnée à l'événement du décès du donateur. — V. *infrà* n°s 2471 et suiv.

2415. — La quotité des droits à percevoir sur les donations entre-vifs a toujours été graduée suivant le degré de parenté entre les donateurs et les donataires. Il y a donc lieu de distinguer entre celles faites : 1° en ligne directe ; — 2° en ligne collatérale; — 3° entre personnes non parentes; — 4° entre époux.

2416. — D'après la loi du 22 frim. an VII le droit dû par les donations entre-vifs en propriété ou en usufruit, en *ligne directe* est de : — Sur les meubles, 1 fr. 25 c. p. 100 fr. (art. 69, § 4, n° 1er); — Sur les immeubles, 2 fr. 50 cent. p. 100 fr. (art. 69, § 6, n° 2.)—Et il n'est perçu que moitié du droit, si les donations sont faites par contrat de mariage aux futurs.—*Ibid*

2417. — Le même droit a été déclaré exigible, au cas de démission de biens en ligne directe. — L. 27 vent. an IX, art. 10.

2418. — Enfin l'art. 3, L. 16 juin 1834, porte que le droit est réduit, en ce qui concerne les donations portant partage, faites par actes entre-vifs, conformément aux art. 1075 et 1076, C. civ., par les père et mère ou autres ascendans, entre leurs enfans et descendans, au droit de 25 cent. p. 100 sur les biens meubles, et de 1 fr. p. 100 sur les mmeubles, ainsi qu'il est réglé pour les successions en ligne directe —Le droit de 1 1/2 o|o, ajouté au droit d'enregistrement par l'art. 54, L. 28 avr. 1816, ne sera perçu pour lesdites donations que lorsque la transcription en sera requise au bureau des hypothèques.

2419. — Les *collatéraux* et les *personnes non parentes* avaient d'abord été confondus par la loi du 22 frim. an VII, relativement au droit à percevoir sur les donations entre-vifs; ce droit était pour tous indistinctement de : 2 fr. 50 cent. p.100fr. sur les meubles (art. 69, § 6, n° 1er); et de 5 fr. o/o sur les immeubles (art. 69, § 8, n 1er). — Par contrat de mariage, moitié du droit seulement. (*Ibid.*)

2420. — La loi du 28 avr. 1826 a distingué entre les collatéraux et les personnes non parentes, en élevant les droits pour celles-ci. D'après cette loi il était dû pour les donations entre-vifs :—1° entre frères, sœurs, oncles, tantes, neveux et nièces et autres parens au degré successible : sur les meubles, 2 fr. 50 p. 100 fr.; sur les immeubles, 5 fr. p. 100 fr.;—2° entre toutes autres personnes : sur les meubles 3 fr. 50 p. 100fr.; sur les immeubles, 7 fr. p. %. — Si les donations étaient faites par contrat de mariage, il était dû seulement moitié du droit. (art. 53.)

2421. — Toutefois si les droits de donations entre-vifs faites par contrat de mariage avaient été fixés à moitié de ceux perçus pour les donations hors contrat de mariage, le droit de transcription devait être ajouté dans son intégralité et non par moitié. — Délib. 17 sept. 1817.

2422. —Enfin l'art. 33, L. 21 avr. 1832, porte : les droits d'enregistrement des donations entre-vifs, en ligne collatérale et entre personnes non parentes sont perçus selon les quotités suivantes : — 1° entre frères et sœurs, oncles et tantes, neveux et nièces; —par contrat de mariage : sur les meubles, 2 fr. p. 100 fr.;—sur les immeubles, 4 fr. 50 p. 100fr.—Hors contrat de mariage : sur les meubles, 3 fr. p. 100 fr. ; sur les immeubles 6 fr. 50 cent.

2423. —...2° Entre grands-oncles et grand'tantes, petits-neveux et petites-nièces, cousins germains, — par contrat de mariage : sur les meubles, 2 fr. 50 c.; sur les immeubles, 5. p. 100 fr.;—hors contrat de mariage : sur les meubles, 4 fr. p. 100 fr.; sur les immeubles, 7 fr. %.

2424. — 3° Entre parens, au-delà du quatrième degré et jusqu'au douzième;—par contrat de mariage, sur les meubles, 3 fr. p. 100 fr; sur les immeubles, 5 fr. 50 c. p. 100 fr. ; — hors contrat, sur les meubles, 5 fr. p. 100 fr.; sur les immeubles, 8 fr. p. 100 fr.

2425. — 4° Entre personnes non parentes. — Par contrat de mariage; sur les meubles, 4 fr. p. %, sur les immeubles, 6 fr. p. 100 fr ;— hors contrat de mariage, sur les meubles 6 p. 100 fr. ; sur les immeubles, 9 fr. p. 100 fr.

2426. — Ces quotités comprennent le droit de transcription de 1 fr. 50 c. p. 100 fr. résultant de l'art 54, L. 28 avr. 1816.—Instr. 30 avr. 1832, 1399, n° 3.

2427. — Les donations entre-vifs entre *époux* sont passibles du droit de 1 fr. 50 p. 100 fr. sur les meubles, et de 3 fr. p. 100 fr. sur les immeubles. Il n'est dû que moitié du droit, quand les donations sont faites par contrat de mariage. — L. 28 avr. 1816, art. 53.

2428. — Tous les actes de libéralité qui ne contiennent que des dispositions soumises à l'événement du décès, et les dispositions de même nature faites par contrat de mariage entre les futurs ou par d'autres personnes, ne sont passibles que du droit fixe : 5 fr., L. 28 avr. 1816, art 45, n° 4 (autrefois 3 fr., L. 22 frim. an VII, art. 68, § 3, n° 5). — Le droit pour ces dispositions par acte de mariage est dû indépendamment de celui du contrat. — L. 22 frim. an VII, *ibid.*

2429. — La loi du 16 juin 1824 avait assujéti seulement à un droit fixe de 10 fr. pour enregistrement et transcription les donations recueillies par les départemens, arrondissemens, communes, hospices, séminaires, etc., et autres établissemens publics, lorsque les immeubles donnés devaient recevoir une destination publique et ne pas produire de revenus. Et le droit était même réductible à 1 fr., quand la valeur des immeubles

donnés n'excédait pas 500 fr. en principal. —Mais cette disposition a été abrogée par l'art. 47, L. 18 avr. 1831, qui déclare ces donations soumises aux droits proportionnels d'enregistrement et de transcription établis par les lois existantes.

2430. —Les droits fixes et proportionnels à percevoir, d'après les art. 68 et 69, L. 22 frim. an VII, pour les donations faites en faveur du mariage par contrat de mariage, sont réduits à moitié de ceux fixés par ladite loi. — Arr. 21 prair an IX.

2431. — Les donations d'immeubles faites par contrat de mariage ou tout autre acte notarié, par le roi, contractant en son nom personnel, sont exemptes de l'enregistrement comme acte émané du souverain et qui aurait pu faire le sujet d'une ordonnance. Mais les droits ordinaires de mutation sont exigibles sur les actes subséquens qui peuvent avoir lieu par suite de la donation, ou de la part des préfets pour la réaliser, si les biens sont purement nationaux, ou de celle des intendans des domaines de Sa Majesté, s'ils proviennent de ses domaines. — Décis. min. fin. 27 mars 1810. — Roland et Trouillet, *Dict. d'enreg.*, v° *Donation*, § 1er, n° 26.

2432. — Les donations d'inscriptions de rentes sur le grand-livre de la dette publique sont, dans certains cas, passibles du droit proportionnel, ainsi qu'on l'a vu *suprá* n°s 830 et suiv.

2433. — Lorsque la transmission d'un office et des objets en dépendant s'opère par suite de disposition gratuite entre-vifs, le droit est perçu comme pour les donations de biens meubles. Mais, dans aucun cas, il ne peut être au-dessous de 2 %, ni inférieur au dixième du cautionnement attaché à la fonction ou à l'emploi. — L. 25 juill. 1841, art. 8 et 10.

§ 1er. — *Donations en général.*

2434. — Les droits proportionnels à percevoir sur les donations contenant transmission actuelle des objets donnés, sont, ainsi qu'on vient de le voir, gradués suivant les degrés de parenté entre le donateur et le donataire.

2435.—Est soumise au droit de 1 fr. 25 c. p. 100fr., comme donation en ligne directe, la constitution d'une pension viagère et alimentaire faite par une mère à son enfant, quand rien ne prouve que celui-ci est dans le besoin. — Solut. 22 août 1832.

2436. — La constitution d'une dot religieuse, constituée à une fille par ses père et mère, et acceptée par la supérieure de la communauté, avec stipulation que cette dot demeurera acquise à ladite communauté dès l'instant de la profession de la novice, n'est passible que du droit de 1 fr. 25 cent. par 100 fr., comme donation à la fille des constituans. — Toutefois l'intervention de l'établissement constitue une association qui donne lieu à un droit fixe de 5 fr. — Délib. 24 juill. 1827.

2437. — La donation d'immeubles par un père à son fils, à la charge de le laisser jouir des revenus maternels, ou même moyennant l'abandon d'immeubles propres au donataire, ne donne lieu qu'au droit de donation en ligne directe. — Délib. 23 avr. 1823 et 27 oct. 1829.

2438. — Les beaux-pères et les gendres, les beaux-frères et les belles-sœurs ne sont point considérés comme parens pour la perception des droits. — Circul. 23 déc. 1791, 202.

2439. — Ainsi, la donation faite par un beau-père à son gendre était soumise au droit de 3 fr. 50 c. établi par l'art. 53, L. 28 avr. 1816, entre personnes non parentes. — *Cass.*, 22 déc. 1829, Vienot. — V. conf. décis. min. fin, 21 juill. 1820; — Roland et Trouillet, *Dict d'enreg.*, v° *Donation*, § 1er, n° 5.

2440. — L'acte par lequel un fils s'oblige à payer une somme à titre d'alimens, tant à son père qu'à sa belle-mère (seconde femme de son père), est passible du droit de 20 cent. par 100 fr. sur la moitié du capital de cette somme, et du droit de donation immobilière entre étrangers sur l'autre moitié. — Solut. 16 août 1833; instr. 1446, § 9.

2441. — La loi du 21 avr. 1832, en tarifant les donations faites par des oncles ou des tantes, n'a pas entendu parler des oncles ou tantes par alliance, qui sont considérés comme des étrangers.

— *Cass.*, 28 janv. 1839 (t. 1er 1839, p. 128), de Moustuéjouls.

2442. — La donation entre-vifs faite à une succession doit être considérée comme faite à ceux auxquels cette succession est échue. — Ainsi, la donation faite par un père à la succession de sa fille est censée faite aux héritiers et aux légataires de cette dernière, et, par conséquent, elle est passible des droits d'enregistrement, suivant le degré de parenté de chacun de ces héritiers et légataires. — Si la fille a laissé des enfans et a légué à son mari la quotité disponible, le droit d'enregistrement de la donation doit être de 1 fr. 25 c. pour la part revenant au mari. — *Cass.*, 22 déc. 1829, Viénot.

2443. — En cas d'omission, dans des actes de donation entre-vifs, de l'indication du degré de parenté, le receveur est autorisé à percevoir les droits suivant le taux fixé pour les donations entre étrangers ; mais cette perception ne peut être réputée régulière, et il y a lieu à restitution des droits excédant ceux exigibles, lorsque la justification du degré de parenté est faite dans les deux ans de l'enregistrement de l'acte. — Délib. 13 nov. 1838.

2444. — La donation faite à une commune antérieurement à la loi du 18 avr. 1831, est passible du droit proportionnel établi par l'art. 17 de cette loi, si l'acceptation n'a été faite que depuis. Car c'est par le fait de l'acceptation que la transmission s'opère, et le droit ne peut être perçu que conformément aux lois existantes à l'époque de la transmission. — Avis com. fin. 14 déc. 1831. — *Contrà* instr. 27 avr. 1831.

2445. — Lorsque antérieurement à la loi du 18 avr. 1831, une donation faite à une fabrique a été acceptée à l'instant même sans l'autorisation du gouvernement, et que le droit proportionnel a été perçu, conformément à la loi alors en vigueur, la nouvelle acceptation intervenue en vertu d'une ordonnance royale, depuis la loi de 1831, ne peut donner lieu à de nouveaux droits. — Délib. 6 juin 1834.

2446. — La déclaration par un membre d'une communauté religieuse qu'un immeuble précédemment acquis en son nom, l'a été pour la communauté et de ses deniers, n'empêche plus la perception du droit proportionnel de mutation, bien que le défaut d'autorisation, l'impossibilité d'acquérir qui en était la conséquence et la jouissance qu'en a eue la communauté corroborent cette déclaration faite dans les six mois de l'autorisation de cette communauté. — Délib. 19 mai 1835 ; décis. min. fin. 10 juin 1835.

2447. — Le droit proportionnel de 9 % est exigible sur la donation faite à une commune d'un immeuble susceptible de recevoir une destination d'utilité publique, telle qu'une maison d'école. — Délib. 19 déc. 1837.

2448. — La constitution d'une rente perpétuelle pour servir au traitement d'un aumônier chargé de servir une chapelle désignée, est passible du droit de donation entre personnes non parentes, et non de celui de 2 %. — Délib. 31 janv. 1834.

2449. — De même, on doit assimiler à une libéralité entre-vifs l'obligation au profit d'une fabrique d'église pour la fondation à perpétuité de services religieux ; en conséquence, il y a lieu de percevoir le droit proportionnel de donation entre non parens sur les sommes que le fondateur s'oblige à payer. — Délib. 17 avr. 1835.

2450. — La donation faite à un séminaire d'une somme de 3,600 fr., dont les intérêts sont affectés au service d'une bourse pour les études d'un jeune homme d'une commune désignée est une donation entre-vifs à titre onéreux, passible du droit de 6 %, et non une constitution directe de rente à titre onéreux. — Délib. 11 et 23 mai 1839.

2451. — Un écrit sous seing-privé, par lequel on constitue une rente viagère pour services rendus est passible du droit de 2 %, et non de celui de donation. — *Journ. de l'enreg.*, n° 4078. — Cependant la jurisprudence n'est pas fixée. — *Dict. des dr. d'enreg.*, v° *Donation entre-vifs*, n° 259.

2452. — Si l'endossement d'un billet à ordre causé pour don était présenté à l'enregistrement, il y aurait lieu de percevoir un droit de donation. — *Dict. des dr. d'enreg.*, v° *Don manuel*, n° 5.

2453. — La remise d'une dette constituant une véritable libéralité est passible du droit de donation mobilière, toutes les fois qu'elle n'est pas faite par composition avec un débiteur en faillite. — Délib. 29 sept. 1824.

2454. — La réduction volontaire d'un douaire de 3,000 fr. de rente viagère à 1,700 fr. de rente aussi viagère, constitue une donation de 1,300 fr. de rente au profit de l'héritier. Il y a donc lieu de percevoir le droit proportionnel pour cette libéralité. Vainement on objecterait qu'il ne s'opère qu'une simple réunion d'usufruit à la nu-propriété ; le douaire qui consiste en une rente n'est qu'une créance dont partie est exigible annuellement et non usufruit. — Délib. 29 sept. 1824, et 14 avr. 1826. — Roland et Trouillet, *Dict. d'enreg.*, v° *Acceptilation*, n° 3.

2455. — Lorsque le titulaire d'un majorat donne entre-vifs la terre affectée au majorat à celui de ses enfans qui doit un jour le recueillir, il n'est dû que le droit d'usufruit en ligne directe. — *Dict. des dr. d'enreg.*, v° *Donation entre-vifs*, n° 239.

2456. — Si dans une donation de somme d'argent il est exprimé, comme condition expresse, que le donateur aura l'usufruit d'un immeuble appartenant au donataire, on ne peut percevoir de droit pour l'abandon d'usufruit. — Délib. 4 oct. 1826 ; — Roland et Trouillet, *Dict. d'enreg.*, v° *Donation*, § 4, n° 9.

2457. — Lorsque des époux donnent à leurs enfans des biens de communauté et des propres, sous la condition que les donataires n'entreront en jouissance qu'après le décès du survivant de leurs père et mère, ceux-ci ne sont censés se faire une donation mutuelle d'usufruit ; car, si par une cause quelconque l'acte vient à être révoqué, le survivant des époux n'aura plus de titre pour conserver l'usufruit. — Délib. 9 avr. 1830.

2458. — Le droit de donation est exigible sur la cession faite par des enfans à leur mère de l'usufruit de biens, meubles et immeubles pour lui tenir lieu de pension alimentaire. — Délib. 8 oct. 1838.

2459. — Lorsque, dans un acte de partage, le père d'enfans mineurs âgés de moins de dix-huit ans consent, au moin de ces derniers, les abandons qui peuvent avoir pour résultat de restreindre la jouissance légale qui lui est accordée par l'art. 384, C. civ., ces abandons ne doivent point être considérés comme renfermant une libéralité, et en conséquence il n'est point dû de droit proportionnel de donation. — *Cass.*, 16 juin 1824, Hemin et Labatte.

2460. — On ne saurait considérer comme un acte de libéralité soumis au droit proportionnel l'abandon qu'une femme divorcée sous l'empire de la loi du 20 sept. 1792 a fait à son mari, pour lui tenir lieu de pension alimentaire, de fruits d'immeubles et d'arrérages de rentes qu'il ne peut percevoir que sur la procuration de sa femme. Par cet acte, la femme n'a fait que se libérer par voie de délégation d'une dette qui résultait de la prononciation même du divorce. — *Cass.*, 18 juill. 1845, de Vento.

2461. — Lorsque, dans le ressort du parlement de Bordeaux, un contrat de mariage avait établi entre les époux une société d'acquêts, avec faculté d'en avantager celui de leurs enfans à naître qu'ils aviseraient, cette clause conférait au moment même du contrat, la propriété des acquêts qui seraient faits aux enfans à naître du mariage, tellement qu'au décès de l'un des conjoints l'autre ne pouvait disposer d'aucune partie des acquêts, et n'avait que l'usufruit. En conséquence, lorsque après le décès de l'un des conjoints qui étaient soumis à cette clause, il intervient, entre le survivant et les enfans issus du mariage, un partage des biens de la succession, d'après lequel on n'attribue au survivant qu'à titre d'usufruit seulement certains acquêts faits pendant le mariage, cette attribution ne constitue pas, de la part de l'époux survivant au profit de ses enfans, une donation de la moitié de ces acquêts en nu-propriété, de telle sorte que la régie puisse percevoir un droit de donation sur cet acte de partage. — *Trib. de Mont-de-Marsan*, 13 août 1830, sous *Cass.*, 11 avr. 1831, Brocha-Perras.

2462. — La donation alternative par une veuve à son fils d'une somme à prendre sur ses reprises mobilières ou immobilières, ne donne ouverture qu'au droit de 62 cent. 1/2 p. 100 fr., sauf à régler la perception sur le pied de donation immobilière, si ultérieurement des immeubles sont attribués au donataire pour le remplir. — Délib. 31 mars 1826.

2463. — Si, pour se libérer de la donation d'une somme d'argent, stipulée payable *en argent ou en immeubles*, au choix du donateur, celui-ci abandonne des immeubles au donataire, un pareil acte doit être considéré, non comme un contrat nouveau, une *dation en paiement*, mais bien comme la suite et l'exécution de la donation même. En conséquence, il n'est passible que du droit fixe de 4 fr., alors surtout qu'il est justifié que, sur l'acte de donation, on a perçu les droits dus pour donation immobilière. — *Cass.*, 27 déc. 1815, Meygret-Collet.

2464. — Lorsque le droit mobilier a été perçu sur un acte contenant donation alternative d'argent ou d'immeubles, et que la donation est plus tard réalisée en immeubles, la liquidation doit se faire en prenant pour base le capital formé de vingt fois le revenu de l'immeuble, sans avoir égard aux énonciations de valeur vénale existant dans l'acte. L'art. 15, n° 7, L. de frim. an VII, est applicable, sans avoir égard à l'imputation du droit payé. — Délib. 20 oct. 1835.

2465. — Lorsqu'un immeuble est donné en paiement d'une somme d'argent promise par une donation antérieure, il n'y a pas lieu d'imputer sur le droit dû pour la dation en paiement celui qui a été perçu lors de l'enregistrement de la donation — Délib. 27 déc. 1833.

2466. — Une fois que le droit proportionnel a été perçu sur la totalité de l'objet de la donation, il n'y a pas lieu de l'exiger sur les diverses sommes que le donataire a été chargé de payer à des tiers. — *Cass.*, 21 (et non 11) janv. 1812 (et non 1808), de Lhuille; — Roland et Trouillet, *Dict. d'enreg.*, v° *Donation*, § 4, n° 5.

2467. — On ne doit pour la perception des droits faire aucune distinction entre les donations à titre onéreux et celles qui sont faites à titre purement gratuit. — *Cass.*, 28 janv. 1818, Harnepont.

2468. — Au sujet de cet arrêt, M. Coin-Delisle (*Comment. analyt. sur les donat.*, n° 9, note sur l'art. 948) fait observer qu'il n'y a point de donations *à titre onéreux*, mais des donations onéreuses ou avec charges (*donationes sub onere solvendi*), puisque ce qui excède la charge est nécessairement une libéralité qui advient gratuitement au donataire. Il ne peut y avoir de titre onéreux que là où la charge serait la cause du contrat, qui alors est commutatif.

2469. — En cas de donation par contrat de mariage, la condition imposée au donataire d'un bien compris dans une emphytéose perpétuelle, de payer une portion de la redevance emphytéotique, n'est pas de nature à faire considérer la donation comme faite à titre onéreux. — *Cass.*, 20 déc. 1837 (t. 1er 1838, p. 28), Schnetz.

2470. — La donation d'un bien-fonds faite à l'un des futurs par ses père et mère, à la charge de payer le prix dû au vendeur, ne peut être considérée comme vente. La charge imposée au donataire ne change pas la nature de la convention. — Délib. 29 avr. 1806; instr. 366, n° 8.

2471. — On a vu plus haut (n° 2414), que les droits à percevoir sur les donations sont proportionnels ou fixes, selon qu'il y a dessaisissement actuel ou éventuel des objets donnés en faveur du donataire.

2472. — Il y a dessaisissement actuel dans la donation d'une somme déterminée *à prendre dans les biens que possède le donateur, mais dont le donataire ne sera payé qu'après son décès*, car au jour de la donation les biens du donateur sont grevés de la charge d'acquitter la libéralité. Mais il n'y a pas dessaisissement dans la donation d'une somme *à prendre dans les biens que laissera le donateur*, parce que dans ce cas le donateur reste libre de disposer de ses biens à son gré, sans qu'aucune obligation actuelle les grève. — Merlin, *Rép.*, v° *Donation*, sect. 3°, § 4, n°s 5 et 6.

2473. — Décidé en conséquence qu'on doit considérer comme passible actuellement du droit proportionnel la donation faite entre-vifs et irrévocable d'une somme à prendre sur les plus clairs et apparens biens de la succession du donateur. — Délib. 12 juill. 1829; — Roland et Trouillet, *Dict. d'enreg.*, v° *Donation*, § 6, n° 3.

2474. — Ainsi, on a dû percevoir le droit proportionnel sur une donation pure, simple, irrévocable et entre-vifs d'une somme déterminée, payable dans l'année qui suivra la mort du donataire, avec intérêts, à partir du jour de ce décès. — Solut. 22 mars 1826; instr. 1189, § 2.

2475. — Jugé également que le droit proportionnel est exigible actuellement sur la donation d'une somme d'argent payable après le décès du donateur, et sous la condition de survie du donataire ou de ses enfans. — Solut. 24 mai 1832.

2476. — ... Qu'une donation avec réserve d'usufruit pendant la vie du donateur, et stipulation de retour en cas de prédécès du donataire, ne doit pas être considérée comme soumise à l'événement du décès, et, par conséquent, donne ouverture au droit proportionnel. — *Cass.*, 12 niv. an XIII, Buzin.

2477. — ... Qu'il y a réellement donation entre vifs, en ce qui concerne le droit d'enregistrement, dans l'acte qualifié de donation entre vifs, par lequel un père donne à sa fille et à son gendre, qui acceptent, une somme dont partie est payée comptant et le restant sera payable après le décès du donateur et de son épouse, et portant cette clause : *Pourront dès aujourd'hui les époux jouir et disposer de ladite somme comme bon leur semblera, le donateur s'en dessaisissant à leur profit actuellement et irrévocablement.* — En conséquence, il y a lieu de percevoir le droit proportionnel de donation. — *Cass.*, 15 mars 1825, Astruc.

2478. — La donation d'une somme à prendre sur la succession du donateur, et ne produisant point d'intérêts payables avant l'ouverture de cette succession, est réputée à cause de mort et ne donne pas lieu à la perception actuelle du droit proportionnel, quand même le donateur stipulerait dès aujourd'hui une hypothèque sur ses biens; car le donateur ne se dessaisit d'aucune valeur, et l'hypothèque n'a pour but que de garantir la donation dans le cas où elle se réalisera. Il peut ne se rien trouver dans la succession. — Décis. min. fin., 1er mai 1810; délib. 9 mars 1809, 1er oct. 1823, 27 juill. et 28 déc. 1827, 25 juin 1830; instr. 1132, § 6; — Roland et Trouillet, *Dict. d'enreg.*, v° *Donation*, § 6, n° 1er.

2479. — ... La donation, quoique qualifiée entre vifs, d'une somme d'argent payable après le décès du donateur et de son épouse, à prendre sur les plus clairs et apparens biens de la succession, sans hypothèque, n'est passible que du droit fixe de 5 fr. lors de l'enregistrement de l'acte. — *Cass.*, 5 nov. 1839 (t. 2 1839, p. 472), Oudin; — délib., 15 janv. 1836.

2480. — Dans tous les cas, si le donateur d'une somme d'argent à prendre sur sa succession s'oblige à en payer pendant sa vie les intérêts, cette stipulation de jouissance ayant un effet actuel et non subordonné à l'événement du décès, le droit proportionnel doit être perçu à raison de la jouissance, sur le capital au denier dix du revenu, sauf la perception sur le capital au denier vingt, lors de l'événement qui saisirait réellement le donataire. — Instr. 1132, § 6; — Roland et Trouillet, *Dict. d'enreg.*, v° *Donation*, § 6, n° 5.

2481. — Lorsque trois individus possédant en commun un immeuble se font une donation mutuelle et irrévocable, et aux survivans d'eux, chacun du tiers indivis lui appartenant, à la condition que les donataires n'entreront successivement en jouissance qu'au décès du premier et ensuite du second mourant, c'est là une donation éventuelle qui, subordonnée pour son effet au décès respectif des donateurs, ne donne lieu à la perception des droits qu'à mesure que les mutations s'accomplissent. — Solut. 3 déc. 1834.

2482. — L'acte contenant donation, 1° d'immeubles dont la propriété est transmise à l'instant même au donataire; 2° de meubles et bestiaux qui existeront au décès du donateur dans les bâtimens donnés, n'est passible, sur cette dernière disposition, que du droit fixe, bien que ces bestiaux soient estimés; car l'évaluation ne lie ni le donataire ni les héritiers, et le donateur peut toujours aliéner tout ou partie des objets donnés. Seulement, lors du décès de celui-ci, il y aura lieu de percevoir le droit proportionnel sur la valeur de ceux des meubles et bestiaux qui se trouveront dans la succession. — Décis. min. fin., 28 juin 1822; — Roland et Trouillet, *Dict. d'enreg.*, v° *Donation*, § 8, n° 2.

2483. — L'acte de réglement par le tuteur officieux des sommes à payer après son décès à son pupille, est passible du droit fixe de donation éventuelle, sous la réserve du droit proportionnel lors de l'ouverture de la succession. — Décis. min. fin. 23 sept. 1806 ; — circul. 24 nov. suiv.

2484. — Le droit de donation éventuelle n'est point dû sur la clause, soit d'une donation, soit d'une vente avec réserve d'usufruit pendant la vie du donateur et d'une autre personne même présente au contrat, s'il n'y a pas donation expresse de cet usufruit; car alors la réserve pure et simple n'a d'autre effet que de faire tomber ultérieurement l'usufruit dans la succession du donateur. — Solut., 22 janv. 1826. — *Contrà* solut. 14 déc. 1825 ; inst. 1187 et 1320, § 6.

2485. — Ainsi, lorsqu'une femme donne un immeuble qui lui est propre, à la charge par le créancier de payer une rente viagère à elle ou à ses ayant-cause, pendant sa vie et celle de son mari, il n'y a pas donation éventuelle au profit de ce dernier. Par conséquent, on ne peut exiger de lui un droit fixe de 5 fr. pour cette stipulation. — Solut. 11 janv. 1832.

2486. — Ainsi encore, la clause d'un contrat de mariage par laquelle le père donne à la fille la nu-propriété d'un immeuble dont il se réserve la jouissance pendant sa vie et celle de son épouse, ne constitue pas au profit de cette dernière une donation éventuelle, et n'est point dès-lors passible, à ce titre, du droit fixe de 5 fr. — Solut. 12 janv. 1836.

2487. — Pour que le droit de donation soit exigible, il faut qu'il y ait donation régulière. — Dès-lors, tant qu'une ordonnance royale n'a pas autorisé l'acceptation définitive d'une donation faite à un établissement public, l'acceptation provisoire faite par les administrateurs ne rend pas exigible le droit proportionnel. S'il a été perçu il doit être restitué. — Délib. 23 mai et 11 juill. 1837.

2488. — Par la même raison, le donateur n'étant pas dessaisi par une acceptation irrégulière de la donation, peut toujours disposer des biens, sans qu'il y ait rétrocession, et alors même qu'il agit ainsi du consentement du donataire.—Délib. 29 nov. 1837.

2489. — On ne doit exiger aucun droit pour les rentrées en possession qui auront lieu au profit de tout donateur, en vertu du retrait expressément réservé dans l'acte de donation. — Décis. min. fin. 29 déc. 1807. — Car le retour à la propriété est un des cas prévus par l'acte primitif qui a payé ce qui était dû pour tous les effets qu'il devait produire. — Inst. 22 fév. 1808, 366, § 18. — On décidait de même sous l'ancien droit. — Dumoulin, § 33, glos. 1er, n° 30; Guyot, *Relief*, ch. 15, n° 36.

2490. — Les donations entre-vifs et celles qui sont faites en vertu des art. 1075 et 1076, C. civ., ne peuvent être révoquées ou déclarées résolues sans donner ouverture au droit proportionnel.—Championnière et Rigaud, *Tr. des dr. d'enreg.*, t. 1er, n°s 280 et 281.

2491. — Lorsqu'un père et ses enfans du premier lit annulent une donation précédente, en se fondant sur la naissance d'un enfant issu du second mariage postérieurement à la donation, il y a là une rétrocession passible du même droit que la donation, et nonobstant l'art. 968, C. civ., attendu qu'il n'y aurait eu de la part des enfans qu'une obligation de rapporter lors du partage de la succession. — Délib. 6 août 1826.

2492. — L'acte qui, rédigé en vertu de l'art. 964, C. civ., fait revivre une donation devenue nulle par survenance d'enfant, d'après l'art. 960, même Code, est passible du droit fixe de 1 fr., si cet acte ne contient pas de nouvelle transmission.—Délib. 16 fév. 1827.

§ 2. — *Donations par contrat de mariage et durant le mariage.*

2493. — On a vu suprà (n°s 2416 et s.) quels sont les droits à percevoir sur les donations par contrat de mariage, selon qu'elles sont faites en ligne directe, entre collatéraux, entre personnes non parentes, ou enfin entre époux.

2494. — Ces donations peuvent même ne donner lieu qu'à un droit fixe quand elles n'opèrent pas un dessaisissement actuel des biens donnés en faveur du donataire.

2495. — On va voir à quelles décisions a donné lieu l'application de la loi, soit relativement aux donations faites par contrat de mariage ou en faveur du mariage, soit relativement aux donations faites entre époux durant le mariage.

2496. — La disposition d'un contrat de mariage par laquelle le père d'un des futurs époux s'oblige de les loger, de les nourrir et de payer à chacun d'eux une somme annuelle, est une libéralité en ligne directe, attendu que les futurs époux sont, aux yeux du donateur, un être collectif, et que celui-ci n'a qu'une pensée de prévoyance pour la nourriture et l'entretien de la nouvelle famille.— Délib. 6 mai 1828.

2497. — La donation d'un immeuble par un père à son fils dans son contrat de mariage, avec stipulation que cet immeuble entrera dans la communauté des futurs époux, est censée faite au fils seul ; dès-lors elle n'est passible que du droit de donation en ligne directe. — Solut. 12 juin 1830 ; délib. 20 mai 1834.

2498. — Le même principe a été consacré par une délibération du 20 mai 1834, dans une espèce où les deux époux avaient accepté la donation. — Roland et Trouillet, *Dict. d'enreg.*, v° *Donation*, § 1er, n° 8.

2499. — Lorsqu'un ascendant donne, par contrat de mariage, à son fils un immeuble, avec stipulation expresse qu'il entrera dans la communauté établie entre le donataire et sa femme, c'est là une clause d'ameublissement qui n'est soumise qu'au droit réglé pour la ligne directe.—Délib. 12 juin 1839.

2500. — Une donation par contrat de mariage ne peut, quant à la perception des droits, être réputée entre-vifs qu'autant qu'elle emporte transmission actuelle et définitive des objets donnés, mais non si elle n'emporte que transmission éventuelle et subordonnée à l'événement du décès du donateur.— *Cass.*, 23 mars 1840 (t. 1er 1840, p. 520), Bellator de Beaumont c. Hardouin.

2501. — La donation faite par contrat de mariage d'une certaine somme dont le donateur déclare se dessaisir, dès ce moment, sur les plus clairs et apparens biens qu'il possède, et qui toutefois ne sera exigible qu'après son décès, constitue, non une simple donation de biens à venir, mais une véritable donation entre-vifs, passible du droit proportionnel. — *Cass.*, 8 juill. 1822, Petit de Beauverger.

2502. — Lorsque, dans un contrat de mariage, le père ou la mère ont déclaré assurer à l'un des époux une portion de leurs biens jusqu'à concurrence d'une certaine somme, pour ses droits de légitime, l'institué acquiert, dès ce moment, un droit sur ses biens, alors même qu'il serait stipulé que l'instituant en aura la jouissance jusqu'à son décès ; et, en conséquence, la démission de ces mêmes biens, faite dans la suite par l'instituant au profit de l'institué, est exempte du droit de mutation. — *Cass.*, 7 avr. 1823, de Barbantane.

2503. — On doit considérer comme une donation entre-vifs, passible du droit proportionnel, la donation faite par contrat de mariage, aux futurs, d'une somme qui ne doit être payée qu'après le décès des donateurs, et sans intérêts jusque-là, mais avec réserve du droit de retour et constitution d'hypothèque sur des biens spécialement désignés. — *Cass.*, 17 avr. 1826, Gas.

2504. — Il y a donation actuelle, passible du droit proportionnel, dans la disposition par laquelle un père assure à sa fille, dans son contrat de mariage, la propriété d'un immeuble après sa mort, à la charge de rapporter une somme déterminée à la masse de sa succession. — Délib. 21 avr. 1826.

2505. — On doit considérer comme donation

actuelle, sujette au droit proportionnel, la disposition par laquelle des père et mère, dans le contrat de mariage de leur fille, lui donnent en dot et par avancement d'hoirie une somme payable six mois après leur décès, avec intérêts jusqu'à cette époque, et réserve du droit de retour au profit des donateurs. — *Cass.*, 3 déc. 1828, d'Estampes.

2506. — Il en est de même de la disposition par laquelle des père et mère, dans le contrat de mariage de leur fille, lui constituent en dot une somme payable six mois après leur décès, avec intérêt jusqu'à cette époque et réserve du droit de retour au profit des donateurs, encore bien que ceux-ci n'aient conféré aucune hypothèque pour sûreté du paiement de cette somme.—*Cass.*, 8 déc. 1831, d'Estampes.

2507. — Jugé également que la donation par contrat de mariage, qualifiée entre-vifs, d'une somme d'argent exigible au décès du donateur, sans intérêts, sans constitution d'hypothèque, et avec clause de retour, est soumise au droit de donation actuellement et sans attendre le décès du donateur. — *Cass.*, 28 janv. 1839 (t. 1er 1839, p. 128), de Monstuéjouls.

2508. — ...Qu'il en est de même d'une donation par contrat de mariage, qualifiée entre-vifs, d'une somme déterminée, exigible seulement au décès du donateur, avec constitution d'une pension annuelle pour tenir lieu d'intérêts jusque-là, et stipulation du droit de retour au profit du donateur. —*Cass.*, 17 janv. 1844 (t. 1er 1844, p. 641), de Saint-Martin.

2509. — Est passible du droit proportionnel, comme donation entre-vifs, la clause d'un contrat de mariage par laquelle les père et mère du futur le dispensent de rapporter à leur succession la somme qu'ils ont payée pour le faire remplacer au service militaire.—Délib. 24 juill. 1837.

2510. — L'obligation que contracte le père du futur époux, dans le contrat du mariage de ce dernier, de payer à son fils une pension ou un capital correspondant, dans le cas où les époux cesseraient de vivre avec lui, est soumise, non au simple droit fixe de 5 fr., mais au droit proportionnel de 62 c. 1/2 p. 100 fr. sur le capital de la pension.—*Cass.*, 18 avr. 1821, Gervais.

2511. — Les donations de biens présens et à venir, faites par contrat de mariage, soient qu'elles aient lieu cumulativement ou par des dispositions séparées, sont passibles du droit proportionnel pour les biens présens, toutes les fois qu'il est stipulé que le donataire entrera de suite en jouissance.—Décis. min. fin. 28 juill. et 8 août 1809. — Avis cons. d'état 19-22 déc. 1809; instr. 463; et 1307, § 4. — Roland et Trouillet, *Dict. d'enreg.*, v° *Donation*, § 7, n° 4.

2512. — Ainsi, en cas de stipulation que le donataire de biens présens et à venir en disposera, savoir : quant à la nu-propriété, à compter de ce jour, et quant à la jouissance, à partir du jour du décès du donateur, l'état des dettes étant d'ailleurs annexé, ou étant déclaré qu'il n'existe pas de dettes, le droit devrait être perçu sur la valeur des immeubles présens, attendu que la transmission actuelle de la nue-propriété résulterait d'une stipulation expresse. — Instr. 8 juin 1830, 1320, § 4.

2513. — Une donation de biens présens et à venir, avec réserve d'usufruit, est passible du droit proportionnel sur les biens présens, si les donateurs déclarent qu'ils n'ont pas de dettes, ou bien s'il est déclaré que les dettes actives compensent les dettes passives. — Délib. 19 fév. 1828, 28 juill. et 27 oct. 1829.

2514. — Lorsqu'une donation par contrat de mariage de biens présens et à venir, faite avec réserve d'usufruit et sous les conditions d'un droit de retour, contient la stipulation que ce retour ne fera point obstacle à ce que le donataire dispose d'une somme déterminée, il y a transmission actuelle de cette somme au profit du donataire, et lieu par conséquent à la perception du droit proportionnel.—*Cass.*, 20 mars 1833, Braux.

2515. — On doit considérer comme donation entre-vifs, et non comme donation à cause de mort, la donation d'un immeuble, faite dans un contrat de mariage, avec réserve au profit du donateur, de l'usufruit de l'immeuble donné, ainsi

que du droit de le vendre, sauf à payer une certaine somme au donataire. En conséquence, si le donateur n'a pas usé de la faculté de vendre, le donataire qui paie les droits de mutation n'est tenu que du demi-droit établi par la loi pour les donations entre-vifs par contrat de mariage, et non du droit dû pour les mutations par décès. — *Cass.*, 17 août 1831, Régnier.

2516.— Mais, ne saurait être considérée comme donation actuelle, sujette au droit proportionnel : 1° la disposition par laquelle des père et mère, par le contrat de mariage de leur fille, lui constituent en dot une somme payable par hypothèque, six mois après leur décès, bien qu'ils s'obligent d'en servir l'intérêt jusqu'à cette époque, et qu'ils se soient réservé le droit de retour.—*Rouen*, 27 juin 1832, d'Estampes.

2517. — ... 2° La donation par contrat de mariage d'une somme d'argent à prendre par préciput sur les biens les plus clairs de la succession du donateur, bien que la donation ait été qualifiée entre-vifs et irrévocable, et que le donataire l'ait acceptée pour lui et ses ayant-cause. — Délib. 15 janv. 1836.

2518. — ... 3° La donation par contrat de mariage d'un immeuble, faite avec réserve d'usufruit par des père et mère au profit de leur enfant et de ses descendans pour recueillir cet immeuble en l'état où ils le laisseront au moment de leur décès, encore bien que l'immeuble soit dit donné en toute propriété, et que les donateurs se soient interdit de le vendre ou hypothéquer. — *Cass.*, 20 nov. 1833, Quatre-Sols.

2519. — La clause par laquelle les père et mère de la future garantissent que la part de celle-ci dans leur succession ne sera pas moindre qu'une somme déterminée, et lui assurent dès à présent et irrévocablement cette part, constitue une véritable institution contractuelle relativement à la perception des droits d'enregistrement.—Délib. 25 juin 1830.

2520. — La clause d'un contrat de mariage par laquelle les père et mère, toujours en se réservant l'usufruit, assurent à leur enfant une quotité de leurs biens, *tels qu'ils se trouveront au jour de leur décès*, ne constitue, quoique stipulée sous l'empire de la cout. de Normandie, qu'une simple institution contractuelle, qui n'opère pas de dépouillement actuel, de telle sorte que si elle est suivie d'un acte de démission, cet acte est passible du droit proportionnel. — *Cass.*, 7 avr. 1823, de Barbantane.

2521. — La clause par laquelle les père et mère du futur lui assurent une part héréditaire égale à celle des autres enfans ou lui promettent de ne point avantager ces derniers est une véritable donation de biens à venir; dès-lors, elle donne ouverture au droit fixe de donation éventuelle. — Solut. 8 déc. 1835; inst. 1513, § 1er.

2522. — Une donation par contrat de mariage qui comprend tous les biens présens et à venir du donateur, avec réserve d'usufruit et de la faculté de disposer d'une somme déterminée, ne donne ouverture au droit de mutation que du jour du décès du donateur, et non de celui où la donation a été faite. — *Cass.*, 28 janv. 1819, Maniglier.

2523. — La donation par contrat de mariage de biens présens et à venir, avec réserve d'usufruit au profit du donateur, et lorsqu'il n'a point été joint à l'acte un état des dettes actuelles, ne saisissant le donataire d'aucune jouissance et ne lui donnant, quant à la propriété, qu'une expectative éventuelle, il n'y a pas lieu au droit proportionnel avant le décès du donateur. — *Cass.*, 17 mai 1815, Brugières.

2524. — Il en est de même : 1° de la donation de biens présens et à venir, lorsqu'il n'a pas été joint à l'acte un état des dettes actuelles. — *Cass.*, 14 mai 1823, Mieussens.

2525. — ... 2° De la donation de biens présens et à venir qui n'attribue au donataire aucune jouissance immédiate et ne lui laisse qu'une simple expectative. On doit le décider ainsi, alors même que l'état des dettes des donateurs aurait été annexé à l'acte de donation. — *Cass.*, 1er déc. 1829, Mempontel.

2526. — Les états désignés dans l'art. 1084, C. civ., ne sont passibles que du droit de 1 fr. —

Décision minist. fin. 7 juin 1808; inst. 386, n° 19.

2527. — La donation de biens présens et à venir, faite par un père à son fils dans le contrat de mariage de celui-ci , avec clause de retour en cas de prédécès du donataire et de sa postérité, et stipulation que le donataire pourra disposer des biens présens, *quant à la nu-propriété, à compter du jour du contrat, et quant à la jouissance, à partir du jour du décès du donateur*, ne doit point être considérée comme opérant la transmission actuelle des biens présens. En conséquence , cette donation ne donne lieu qu'à la perception du droit fixe d'enregistrement, sauf à percevoir le droit proportionnel lors du décès du donateur. — *Cass.*, 15 fév. 1830, Ducayla.

2528. — Lorsqu'une donation par contrat de mariage n'emporte qu'une transmission de biens éventuelle et subordonnée à l'événement du décès du donateur, elle ne peut jouir de l'exemption du demi-droit accordée aux donations entre-vifs faites par contrat de mariage par l'art. 53, § dernier , de la loi du 28 avr. 1816. Et la perception, ne pouvant être immédiate, doit être régie, quant à sa fixation, par la loi existante lors de la mutation et transmission réelle qui s'opère par le fait du décès. — *Cass.* , 23 mars 1840 (t. 1er 1840, p. 520), Bellator de Beaumont, Hardouin, Gravelle.

2529. — Telle est la donation faite par un parent à l'un des époux de biens déterminés pour, par celui-ci, en jouir en toute propriété au jour du décès du donateur, et sous la condition de survie du donataire. — Même arrêt.

2530. — Telle est encore la donation faite par un parent à l'un des époux de tous les biens qui pourront appartenir au donateur et composer sa succession au jour de son décès. Peu importe, d'ailleurs, que cette donation ait été qualifiée par les parties donation entre-vifs. — Même arrêt.

2531. — Les mêmes principes sont applicables lorsqu'il s'agit de donations faites par contrat de mariage entre époux.

2532. — La donation entre époux par contrat de mariage d'une somme à prendre sur les biens que le donateur laissera à son décès est éventuelle, lors même qu'il serait stipulé que la libéralité aurait son effet dans le cas où le donataire viendrait à décéder avant le donateur. Dès-lors , cette donation est passible du droit de 5 fr. — Délib. 11 avr. 1828.

2533. — Lorsque , par leur contrat de mariage, deux époux se sont fait donation au survivant d'eux des biens qu'ils laisseront à leur décès, pour, par le survivant, recueillir l'effet de la disposition à compter du jour du décès du prémourant, il n'y a point là une donation passible actuellement du droit proportionnel de donation par contrat de mariage. C'est là une institution d'héritiers soumise à l'événement du décès, et passible, à cette époque, du droit de mutation par décès. — *Cass.*, 23 mars 1840 (t. 1er 1840, p. 520), Gravelle.

2534. — Jugé, au contraire, qu'il faut étendre aux donations entre-vifs faites par contrat de mariage entre futurs époux les dispositions de l'art. 53, § dernier, L. 28 avr. 1816, qui n'établit qu'un droit proportionnel pour les donations entre-vifs faites par contrat de mariage aux futurs époux, car la donation faite par le mari à sa femme dans leur contrat de mariage, pour être subordonnée au cas où sa femme lui survivra, n'en est pas moins une donation entre-vifs, irrévocable et saisissant la donataire du jour du mariage. — *Cass.*, 15 (et non 16) mai 1834, Rachet.

2535. — ...Que la donation faite par l'un des époux à l'autre, dans le contrat de mariage, de l'usufruit des biens qu'il laissera à son décès, doit jouir de la réduction du droit établie par l'art. 53, L. 28 avr. 1816, pour les donations entre-vifs par contrat de mariage. — *Cass.*, 15 août 1838 (t. 2 1838, p. 153), Leblond.

2536. — ...Que la clause d'un contrat de mariage par laquelle les époux se sont fait don mutuel et réciproque de l'usufruit de tous les biens immeubles dont le prémourant sera propriétaire au jour de son décès, de quelque manière qu'ils lui soient venus ou échus, et sauf réduction en cas de survenance d'enfans, doit être considérée, non comme un gain de société ou communauté soumis seule-

ment au droit fixe d'enregistrement, mais comme une donation au profit du survivant, passible du droit proportionnel. — *Cass.*, 15 fév. 1841 (t. 1er 1841. p. 390), Bertrand-Podevin.

2537. — La clause d'un contrat de mariage portant ameublissement de partie des biens de l'un des époux, et attribution, au profit du survivant, de l'usufruit des biens ameublis, ne peut être considérée par la régie comme une donation faite entre époux, et être passible en conséquence du droit fixe de 5 fr. — *Cass.*, 26 déc. (et non sept.) 1831, Desahes.

2538. — La donation entre époux, par contrat de mariage, au survivant, de l'universalité des biens, meubles et immeubles composant les conquêts de la communauté, et de l'usufruit seulement des biens propres, avec ces circonstances que le préciput stipulé ne se confondra point avec la donation, et que les biens donnés seront indistinctement soumis à la réduction pour cause d'existence d'enfans, doit être réputée non une simple convention du mariage, aux termes de l'art. 1525, C. civ., mais une véritable donation entre époux, dans le sens de l'art. 1091. — Dès-lors, au décès du prémourant, une pareille stipulation opère une mutation de propriété qui donne ouverture au droit d'enregistrement.(— *Cass.*, 15 fév. 1832. Collignon.

2539. — La clause insérée dans un contrat de mariage , et portant que la fortune des futurs époux, ainsi que les acquêts, formeront une masse commune qui appartiendra au survivant, ne constitue qu'une convention matrimoniale et entre associés, bien qu'il soit énoncé que cette convention est acceptée par les époux à titre de donation mutuelle entre vifs l'un à l'autre, qu'en cas d'enfans, le survivant n'aura que l'usufruit de la moitié.— Par suite, la régie n'est pas fondée à réclamer un droit de mutation. — *Cass.*, 24 nov. 1834 , Wetsels.

2540. — Lorsqu'un contrat de mariage attribue au survivant des époux la totalité de la communauté mobilière, une part inégale dans les conquêts et l'usufruit de la totalité des immeubles propres du prédécédé, il y a là tout à la fois convention entre associés à l'égard des biens de la communauté, et donation éventuelle à l'égard des biens propres. C'est sur ces biens que le droit de donation doit être perçu. — Délibérat. 12 janv. 1830.

2541. — N'est passible que du droit fixe, la clause d'un contrat de mariage portant que l'engagement, pris par la mère de la future de nourrir et loger les futurs et leurs enfans, moyennant conservation de la gestion et jouissance des biens de sa fille, devra cesser en cas d'incompatibilité survenue entre les parties et s'il y a séparation. — Délib. 29 sept. 1826. — *Contrôl. de l'enregistr.*, n° 1225.

2542. — Il y a donation éventuelle passible du droit fixe de 5 fr. et, lors de l'événement, du droit proportionnel, dans la stipulation de laisser jouir le survivant, sans lui demander aucun compte des revenus de tous les biens appartenant au prédécédé dans les biens partagés. — Délib. 22 sept. 1837.

2543. — Le nombre de droits fixes de 5 fr. est en raison de celui des donations dont la réalisation est possible. — Solut. 7 nov. 1831 et 12 mai 1832. — Ainsi, il n'est dû qu'un droit fixe de donation éventuelle sur la donation mutuelle que se font les futurs époux par contrat de mariage. — Décis. min. fin. 21 juill. 1820. — Roland et Trouillet, *Dict. d'enregistr.*, v° *Mariage*, § 7, n° 3.

2544. — La disposition d'un contrat de mariage qui porte que le futur a reçu de son père en avancement d'hoirie, une somme de 24,000 fr., à charge par lui de payer à son frère, s'il survit à son père et à dater du décès de celui-ci, une rente viagère de 800 fr. au capital de 12,000 fr., laquelle rente, en cas de prédécès du fils, sera convertie en une rente perpétuelle de 600 fr. au profit de la succession du père, est passible du droit de donation mobilière sur 24,000 fr. et non de celui de 2 p. % sur 12,000 fr.; car il est de principe que, dans les donations des pères aux enfans, le droit d'enregistrement doit porter, non pas sur le capital des stipulations onéreuses, mais seulement sur les valeurs qui sont l'objet de la donation. — Décis. min. fin.

2 nov. 1821.—Roland et Trouillet, *Dict. d'enregistr.*, vo *Donation*, § 4, no 6.

2545.—Lorsqu'une donation mobilière est faite par contrat de mariage au futur, à la charge de payer une somme à un tiers, il est dû deux droits de mutation à raison de la qualité des deux donataires ; et le droit exigible sur la somme donnée au second donataire, ne profite pas de la diminution accordée en faveur du mariage. — Délib. 29 déc. 1837.

2546. — Lorsqu'une dot de 40,000 fr. en argent a été constituée moyennant l'abandon par le futur aux donateurs de la jouissance viagère d'un immeuble valant 14,000 fr., il y a là deux donations distinctes ; mais l'une de ces donations n'étant que la conséquence de l'autre, il ne peut être perçu un droit distinct sur chacune d'elles. Seulement, comme la perception doit se faire de la manière la plus avantageuse pour le trésor, il y a lieu de percevoir le droit de 4 pour 100 sur la donation de la jouissance de l'immeuble de préférence à celui de 62 cent. 1/2 sur les 40,000 fr. Mais si la constitution de la dot avait été faite moyennant le service d'une rente viagère par le donataire, cette charge serait considérée, non comme une donation distincte, mais comme une diminution momentanée de jouissance ; le droit ne serait alors exigible que sur la donation de 40,000 fr. — Solut. 9 janv. 1832.

2547. — La stipulation d'un contrat de mariage par laquelle, d'une part, le père du futur lui constitue une pension annuelle, et de l'autre le futur abandonne l'usufruit de ses droit maternels à son père pendant toute la durée de la pension, ne peut être considérée comme ayant pour fondement une transmission d'usufruit à titre onéreux, donnant ouverture au droit proportionnel de 5 fr. 50 c. %. — Elle doit, au contraire, être réputée avoir pour objet principal une libéralité consistant dans la constitution de pension, et pour accessoire la transmission d'usufruit ; et, comme telle, aux termes de l'art. 11, L. 22 frim. an VII, qui défend toute perception de droit particulier sur la disposition conséquence d'une autre, elle n'est passible que du droit proportionnel de donation de 62 c. 1/2 p. 100 fr. à percevoir sur le capital de la pension. — *Cass.*, 6 janv. 1834, de Perry.

2548. — Toutefois, la régie considère que les clauses de cette nature constituent des donations mutuelles ; qu'on ne peut dire que l'ascendant est plutôt donateur que donataire, et qu'ainsi tout en ne percevant qu'un seul droit, puisque l'une des donations est la conséquence de l'autre, il faut retenir le plus fort. — Délib. 13 déc. 1833; Solut. 13 juin 1834. — Ainsi des père et mère constituent en dot à leur fils une somme de 40,000 fr. à la charge de les laisser jouir d'un bien à lui appartenant et d'un revenu de 1,400 fr.; on doit percevoir 4 % sur 14,000 fr. et non 62 cent. 1/2 p. % sur 40,000 fr. — Solut. 1er 1831 ; — Roland et Trouillet, *Dict. d'enregistr.*, vo *Donation*, § 4, no 10.

2549. — La donation entre-vifs, faite en ligne directe par contrat de mariage, d'une somme payable en argent ou en *effets de l'hoirie*, doit être réputée mobilière, et, comme telle, passible d'un simple droit de 62 c. 1/2 %; en cas de paiement en biens-fonds, il sera dû un droit immobilier pour cette mutation de propriété.—*Cass.*, 15 juin 1808, Grac.

2550. — Lorsque des père et mère s'engagent à payer la dot de leur fille en biens-fonds dans un temps déterminé, s'ils n'aiment mieux se libérer en argent, il y a là une donation mobilière soumise seulement au droit de 62 cent. 1/2 p. 100 fr.—Délib. 20 mai 1833.

2551. — Lorsque, pour s'acquitter d'une donation faite à son fils par contrat de mariage et payable en argent ou en biens fonds au choix du donateur, celui-ci fait l'abandon d'un immeuble au donataire, on a pu décider qu'un pareil abandon n'était que l'exécution et le complément du contrat antérieur, et que, par suite, il n'y avait pas lieu au droit proportionnel. — *Cass.*, 16 brum. an XII, Geoffroy. —Ce jugement, dit M. Teste-Lebeau, semble contraire aux principes ; mais il a été déterminé surtout par ces circonstances, que les faits qui ont donné lieu au procès étaient antérieurs à la publication de l'art. 529, C. civ., et qu'il

était déclaré, en fait, dans le jugement attaqué, que l'acte contenant libération de la dot en biens immeubles n'était que l'exécution de la disposition alternative du contrat qui la renfermait. — *Dict. analyt. des arrêts d'enreg.*, vo *Donation alternative*, no 4.

2552. — Décidé depuis que lorsqu'une dot d'une somme d'argent a été stipulée payable en numéraire ou en immeubles, à la volonté du père, en admettant que la dation d'immeubles en paiement ne soit que l'exécution et le complément de la donation, et ne donne lieu, par conséquent, au droit proportionnel de vente, toujours est-il qu'il doit être perçu sur le nouvel acte, non pas un simple droit fixe, mais bien le droit proportionnel dû pour les donations immobilières, sous la distraction toutefois du droit originairement perçu pour donation mobilière. — *Cass.*, 31 août 1808, Martigné ; 4 oct. 1808, Sahan.

2553. — La donation entre-vifs d'une somme d'argent faite par des père et mère à leur fils dans son contrat de mariage, avec faculté d'exiger, après leur décès, en remplacement de cette somme, un immeuble désigné, ne peut être considérée comme une donation de biens immeubles.—*Cass.*, 20 août 1827, Perrier.

2554. — Il ne faut pas confondre avec les donations de sommes les donations payables en argent ou en immeubles, au choix du donateur (instr. 405 et 766), la donation faite, par contrat de mariage, d'un immeuble avec réserve d'usufruit, ou d'une somme à prendre sur le prix de cet immeuble, si le donateur use de la faculté qu'il se réserve d'en faire la vente. Dans le premier cas, le donataire n'est saisi que d'une simple créance, et il n'est dû que le droit de donation mobilière sur le contrat de mariage, sauf la perception du droit de donation immobilière sur l'acte postérieur portant délivrance des immeubles par le donateur. Dans le second cas, au contraire, la donation saisit actuellement le donataire de l'immeuble, et la réserve de la faculté de vendre n'est qu'une condition résolutoire qui n'empêche pas la transmission immédiate. Le droit de mutation immobilière doit donc être perçu. — Instr. 1388, § 2 ; — Roland et Trouillet, *Dict. d'enreg.*, vo *Donation*, § 3, no 6.

2555. — La donation d'un immeuble à la charge, par le donataire, d'imputer sur sa valeur une constitution de dot en argent que lui a faite précédemment le donateur par son contrat de mariage, substituant à une constitution dotale mobilière la transmission d'une propriété immobilière, ne peut être, pour la perception du droit d'enregistrement, considérée comme l'exécution du contrat de mariage, et dès-lors est passible du droit proportionnel fixé pour la mutation des propriétés immobilières. — *Cass.*, 2 avr. 1828, de Beauffremont.

2556.— La réduction du droit de donation s'applique-t-elle aux donations faites en faveur du mariage, mais par un autre acte que le contrat de mariage lui-même ? —La régie avait d'abord adopté l'affirmative, par le motif que la loi ne détermine pas le protocole d'un tel contrat, et que pourvu que la donation soit faite *avant* et dans la vue du mariage, l'intention de la loi qui a voulu favoriser les mariages, est remplie. D'ailleurs, toute donation en faveur du mariage est caduque si le mariage ne s'ensuit pas. — Délib. 17 juin 1827 ; —Roland et Trouillet, *Dict. d'enrey.*, vo *Mariage*, § 4, no 6.

2557. — Mais jugé, au contraire, que les donations en faveur de mariage, mais hors contrat de mariage, ne jouissent pas de la réduction du droit établie pour les donations par contrat de mariage. — *Cass.*, 30 janv. 1839 (t. 1er 1839, p. 432). Prévost ; 7 nov. 1842 (t. 2 1842, p. 610), mêmes parties.

2558. — ... Et cela encore bien qu'il soit constant que cette donation a eu pour motif déterminant le mariage projeté. — *Cass.*, 7 nov. 1842 (t. 2 1842, p. 610), Prévost.

2559. — De même, la réduction du droit proportionnel accordé aux donations par contrat de mariage n'est point applicable à une donation *en faveur de mariage* faite avant la célébration par un acte autre que le contrat où sont contenues les conventions matrimoniales, alors même que la personne avec laquelle l'établissement doit avoir lieu est désignée, et qu'un contrat de mariage énonce la qualité de futur époux de cette personne. — Délib. 15 mars 1836.

2560. — La réduction du droit ne s'étend pas non plus aux donations qui sont faites à l'occasion du mariage ; dès-lors, la donation immobilière qu'un testament et un partage constatent avoir été faites verbalement par le testateur à l'un de ses enfans, à l'époque de son mariage, est soumis au droit, ou, à défaut d'enregistrement dans les trois mois, au double droit. — Délib. 17 déc. 1836.

2561. — Mais la donation entre-vifs faite par un père à son fils et qui n'est acceptée par celui-ci que postérieurement dans son contrat de mariage, n'est passible que du droit d'enregistrement fixé pour les donations faites en ligne directe par contrat de mariage. — *Cass.*, 9 avr. 1828, Grégori. — V. conf. Wodou, *Comment. sur la loi du 22 frim. an VII*, nº 879.

2562. — Lorsque, dans un contrat de mariage, il est énoncé que le futur a précédemment reçu de son père, présent à l'acte, une somme d'argent à titre d'avancement d'hoirie, cette donation doit être considérée comme faite par contrat de mariage. — *Dict. d'enreg.*, vº *Donation*, nº 121.

2563. — Toutefois, il ne dépendrait pas des parties de changer le caractère d'une libéralité faite antérieurement au contrat de mariage. C'est à sa constitution même qu'il faut se reporter pour déterminer la nature qui lui appartient, et décider si le donateur a eu ou non le mariage en vue dans sa disposition. A cet égard, les règles ordinaires du droit civil et de l'interprétation des conventions doivent être appliquées en les combinant toutefois avec celles de la loi fiscale. — Championnière et Rigaud, *Tr. des droits d'enreg.*, t. 4, nº 2943.

2564. — Un contrat de mariage qui serait passé après la célébration, ne pourrait pas motiver la réduction des droits sur les donations, attendu qu'elles ne seraient plus censées faites en faveur du mariage. — *Dict. des dr. d'enreg.*, vº *Donation*, nº 193.

2565. — Lorsque, par son contrat de mariage, un individu s'est constitué en dot un immeuble dont il s'est dit propriétaire, comme lui provenant de la libéralité de ses père et mère, et que, postérieurement au contrat de mariage, le père déclare dans un acte en forme de donation, qu'il avait entendu donner cet immeuble à son fils pour son mariage, et que c'est par omission que le contrat de mariage ne contient pas cette donation, déclarant la renouveler en tant que de besoin, la donation doit être réputée étrangère au contrat de mariage, et dès-lors elle est passible du droit proportionnel de 2 1/2 %, comme donation en ligne directe faite dans un acte autre que le contrat de mariage, et assujétie au double droit, faute d'avoir été présentée à l'enregistrement dans le délai. — *Cass.*, 2 mai 1820, Chrestien de Chanteloup.

2566. — Les contrats de mariage faits sous seing-privé en Normandie avant la promulgation du Code civil étant valables, et leur date étant assurée lorsqu'ils étaient signés par les parens des parties contractantes, un tribunal a pu appliquer aux donations faites aux futurs époux par un contrat de mariage de cette espèce la faveur accordée par l'art. 69, L. 22 fr. an VII. — *Cass.*, 20 janv. 1809, Gravelle de Sulis.

2567. — Comme les donations entre époux pendant le mariage, essentiellement révocables (C. civ., art. 1096), ne dessaisissent pas le donateur, que celui-ci conserve le droit d'aliéner et d'hypothéquer les biens, et que ce n'est qu'à sa mort que le droit éventuel conféré par la donation se réalisera pour le donataire, il suit de là que ces donations n'opèrent pas de mutation de propriété, et qu'elles ne sont assujéties qu'au droit fixe, sauf, dans le cas de non-révocation de la donation, le paiement du droit proportionnel dans les six mois du décès du donateur. — Instr. 3 fructid. an XIII, 290, nº 27 ; — Championnière et Rigaud, t. 3, nº 2989.

2568. — En tout cas, quand il y a eu donation entre-vifs d'immeubles entre époux, cette donation n'étant passible que du droit de 3 %, il y a lieu de casser le jugement qui a maintenu une perception à raison de 5 % faite sur une pareille donation. — *Cass.*, 22 fév. 1831, Chaliès.

2569. — Il en serait de même encore bien que la donation eût été stipulée avec dessaisissement actuel et irrévocable en faveur du donataire de la nu-propriété des biens donnés. — Délib. 11 fév. 1834 ; décis. min. fin. 26 mars 1838 ; — Roland et Trouillet, *Dict. d'enreg.*, vº *Donation*, § 10, nº 2.

§ 3. — *Dons manuels.*

2570. — Le don manuel, par lui-même et en tant qu'il constitue une transmission de meubles opérée verbalement, n'est soumis par la loi à aucun droit d'enregistrement. — Délib. 19 août 1831; Instr. 1388, § 3.

2571. — La raison en est simple ; le don manuel étant parfait et consommé par la tradition, ne peut plus recevoir un nouveau titre par la déclaration qui en est ultérieurement faite par l'une des parties ou même par toutes les deux. Cette déclaration ne saurait donc donner ouverture à un droit de donation. — Championnière et Rigaud, t. 3, nº 2809.

2572. — Il suit de là que si, après la consommation d'un don manuel, ce don est seulement déclaré ou énoncé dans un acte quelconque par l'une des parties *hors de la présence de l'autre*, ou même après son décès, cette déclaration ou énonciation ne donne ouverture à aucun droit proportionnel. En effet, la mention d'une convention dans un acte postérieur ne pourrait être passible d'un droit proportionnel que dans le cas où la convention par elle-même serait sujette à ce droit. — Délib. 19 août 1831; Instr. 1388, § 3.

2573. — Ainsi, quand la déclaration du don manuel a lieu dans un contrat de mariage comme énonciation de l'origine de l'apport, cette déclaration est une disposition intégrante de l'acte et n'est passible d'aucun droit (Délib. 28 sept. 1825, 8 janv. 1828, 19 août 1831; solut. 6 mai 1830). On ne peut donc dès-lors percevoir le droit sur un don manuel qui n'est connu que par la déclaration faite par la future dans son contrat de mariage qu'elle apporte une somme provenant de divers dons manuels que ses parens lui ont faits. — Solut. 20 fév. 1830 ; — Roland et Trouillet, *Dict. d'enreg.*, vº *Don manuel*, nº 6.

2574. — Le don manuel d'objets mobiliers n'est point passible du droit de donation, bien qu'il soit énoncé postérieurement dans un acte où figurent le donataire et le donataire, quand le donateur assiste au contrat en une autre qualité, et que l'énonciation n'a pas pour but de créer un titre en sa faveur.

2575. — Ainsi jugé que le droit proportionnel de donation n'est pas dû sur la clause d'un contrat de mariage dans laquelle la future déclare se constituer en dot une somme provenant d'un don manuel à elle fait par une personne présente au contrat. — *Cass.*, 2 août 1838 (t. 2 1838, p. 94), d'Yrumberry.

2576. — ... Et alors que cette personne n'assiste au contrat que comme parent et témoin honoraire. — *Cass.*, 21 (et non 20) déc. 1834, Violette. — V. conf. délib. 1er mars 1833.

2577. — ... Que l'énonciation dans un contrat de mariage qu'une somme que le futur se constitue lui a été précédemment donnée manuellement par son père est affranchie du droit de donation mobilière, bien que le père ait figuré au contrat, si d'ailleurs cet acte ne renferme aucune stipulation de sa part, et qu'il n'y a assisté que pour donner son agrément au mariage. — *Cass.*, 18 avr. 1834. Testenoire. — V. contra solut. 9 mai 1835.

2578. — Quand l'énonciation portée dans un contrat de mariage que *la mère de la future fait donation à la future d'une certaine somme*, a été biffée et remplacée, au moyen d'un renvoi, par cette autre, que *la future apporte cette même somme comme provenant d'un don manuel à elle fait par sa mère*, il n'y a pas lieu au droit proportionnel de mutation, encore bien que l'acte constate qu'il a été passé en présence de la mère et de son agrément. — *Cass.*, 19 déc. 1837 (t. 1er 1837, p. 139), Erhardt.

2579. — Mais lorsqu'un don manuel antérieurement consommé est énoncé dans un acte où figurent à la fois le donataire et le donateur, en sa qualité de donateur, le droit proportionnel est dû ; car si la tradition purement manuelle n'est sujette à aucun droit, elle constitue une donation proprement dite, du jour où les parties la constituent dans un acte. — Solut. 30 oct. et 8 déc. 1829; Instr., 1307, § 5, et 1528, § 6.

2580. — Ainsi la reconnaissance faite par une mère dans l'acte de liquidation entre elle et ses enfans, après le décès du père, d'un don manuel qui aurait été fait à l'un de ses enfans par son père et par sa mère, constitue un titre sur lequel il y a lieu de percevoir le droit proportionnel. — *Cass.*, 9 août 1836, Ronot.

2581. — Ainsi jugé encore que la déclaration d'un don manuel faite dans un contrat de mariage en présence du donateur, avec stipulation que, s'il y a lieu, la somme donnée sera imputée sur le reliquat d'un compte de tutelle non encore rendu, doit être considérée comme ayant pour but et pour résultat de créer un titre, tant à l'égard du donateur présent à l'acte que du donataire créancier du compte de tutelle, et que dès-lors elle donne ouverture au droit proportionnel de donation par contrat de mariage. — *Cass.*, 16 mars 1840 (t. 1er 1840, p. 712), Delaporte.

2582. — ... Que la déclaration d'un don manuel dans un acte postérieur de donation entre-vifs d'immeubles passé entre les mêmes parties est passible du droit proportionnel, lorsqu'il en résulte la preuve de la transmission à titre gratuit des objets mobiliers, et, par suite, un titre suffisant pour le donateur, soit pour lui assurer une garantie contre le donataire, soit pour exercer un droit de répétition ou de révocation. — *Cass.*, 12 fév. 1844 (t. 1er 1844, p. 337), Cottin.

2583. — ... Que le droit de donation est dû lorsque la présence du donateur donne à la déclaration du don manuel l'effet d'une stipulation ou d'un titre en faveur de ce donateur du futur époux ou des cohéritiers de celui-ci. — Tel est le cas où, dans son contrat de mariage, le futur déclare en présence de ses père et mère qu'une somme qu'il a reçue d'eux manuellement lui a été comptée à titre d'avancement d'hoirie et par imputation sur ses droits mobiliers et immobiliers dans la succession future des donateurs ou du prémourant de ses auteurs. — *Cass.*, 5 juin 1844 (t. 1er 1844, p. 799), Delahaye; 18 nov. 1845 (t. 2 1845, p. 634), Delor.

2584. — Lorsqu'un contrat de mariage porte que la future, majeure, et assistée de son père, se constitue en dot une somme qu'elle déclare lui provenir d'un don manuel à elle antérieurement fait par sa belle-tante; que de plus celle-ci figure au contrat, non dans la classe des parens et amis, mais comme partie principale, et qu'enfin l'acte est passé dans la demeure même de cette belle-tante, les juges ont pu se fonder sur les circonstances et sur la notoriété publique pour décider que la forme du don manuel n'avait été qu'une simulation pour frauder les droits d'enregistrement, et qu'il y avait eu une véritable donation mobilière. — *Cass.*, 26 mai 1841 (t. 2 1841, p. 100), Robert.

2585. — Lorsqu'après un contrat de mariage où la future a reconnu qu'un don manuel de 59,000 fr. lui avait été fait par une personne indiquée, non présente au contrat, un second acte contenant des changemens à ce contrat de mariage, et passé entre les mêmes parties, plus le donateur et sa femme, constate que celle-ci, autorisée de son mari, fait donation à la future d'une somme dont le mari garantit le paiement, et dont la remise est faite au futur, « qui reconnaît cette somme sur ses biens, comme il a reconnu dans son contrat de mariage celle de 59,000 fr. qu'il a reçue pour les causes y exprimées, » le droit de donation est exigible sur ces 59,000 fr. lors de l'enregistrement du second acte. — Délib. 3 janv. 1837.

2586. — Sous l'empire de la loi du 28 avr. 1816, la clause d'un contrat de mariage par laquelle un tiers intervenant déclare qu'il est chargé par une personne qui ne veut pas être nommée de remettre 3,000 fr. à la future, n'est passible du droit de donation de 4 °/₀, et non de celui de délivrance de legs, puisqu'il n'a pas été perçu de droit de mutation antérieure. — Délib. 31 mars 1826; — Roland et Trouillet, *Dict. d'enreg.*, v° *Don manuel*, n° 8.

2587. — Lorsque la déclaration d'un don manuel a lieu, soit dans un inventaire, soit dans un

partage, pour établir la consistance de la succession, cette déclaration est une disposition intégrante de l'acte, et n'est passible d'aucun droit. — Délib. 12 déc. 1826; solut. 11 mai 1830; — Roland et Trouillet, *Ibid.*, n° 5. — V. *contrà* délib. 11 juill. 1828.

2588. — Le droit proportionnel de donation n'est pas exigible sur la reconnaissance faite par un des héritiers dans l'inventaire des biens d'une succession qu'une somme qu'il avait précédemment déclaré apporter en mariage comme étant le fruit de ses épargnes, lui a été en réalité donnée par le défunt. — Solut. 12 janv. 1838.

2589. — Si, dans un partage de communauté fait entre les enfans et le survivant des époux, on comprend dans la masse un don manuel reçu par l'un des copartageans à titre de supplément de dot, à condition qu'il serait imputé sur la succession du prémourant, le droit de donation ne peut être perçu, puisque le décédé est censé le seul donateur. — Délib. 27 août 1833; — Roland et Trouillet, *Ibid.*, n° 5.

2590. — Bien qu'un don manuel soit reconnu en justice par le donataire sur la demande en nullité pour cause d'ingratitude, il n'est point passible du droit proportionnel, même sur le jugement qui en ordonne le maintien; car il n'existe aucune condamnation qui puisse justifier la perception d'un droit de titre; il n'y a que le simple maintien d'une chose préexistante. — Solut. 6 fév. 1832; Roland et Trouillet, *ibid.*, n° 10.

2591. — Sous l'empire de la loi du 28 avr. 1826, le droit de 3 1/2 % est exigible, à titre de donation mobilière entre étrangers, sur la transaction par laquelle celui qui a reçu un don manuel renonce à une partie de la somme donnée au profit des enfans du donateur décédé, et cela bien que la donation fût attaquable en elle-même. — Délib. 16 avr. 1830.

2592. — Si la déclaration du don manuel hors de la présence de l'une ou de l'autre partie a lieu par un acte exprès, ou si, dans un autre acte, elle constitue une disposition indépendante, elle donne ouverture au droit fixe de 2 fr. — Délib. 19 août 1831; instr. 1388, § 3.

§ 4. — *Donations contenant partage d'ascendant.*

2593. — On a vu plus haut (n° 2418) : 1° que l'art. 3, L. 16 juin 1824, a réduit à 25 cent. p. 100 fr. sur les menbles et à 1 fr. p. 100 sur les immeubles, les donations portant partage, faites par actes entre-vifs, conformément aux art. 1075 et 1076, C. civ., par les père et mère ou autres ascendans entre leurs enfans et descendans; — 2° et que le droit de transcription de 1 1/2 % n'est perçu que lorsque la transcription est requise au bureau des hypothèques.

2594. — Cette disposition de l'art. 3, L. 16 juin 1824, n'est ni une faveur ni une exception; son objet est, au contraire, de rétablir l'uniformité dans le tarif des mutations en ligne directe. — Championnière et Rigaud, t. 3, n° 2606.

2595. — La loi du 16 juin 1824 est applicable lors même qu'il n'existe qu'un héritier présomptif du donateur. — *Dict. des dr. d'enreg.*, v° *Donation*, n° 293.

2596. — Jugé, au contraire, que cette loi n'est pas applicable à une donation d'un seul immeuble faite par des père et mère à leur enfant unique, lors même qu'elle serait déclarée faite dans les termes des art. 1075 et 1076, C. civ. — *Cass.*, 13 août 1838 (t. 2 1838, p. 104), Louvet; — solut. 22 sept. 1824; instr. 1150, § 5.

2597. — Le bénéfice de l'art. 3, L. 16 juin 1824, est applicable à un partage fait par des ascendans entre tous leurs enfans, et dans lequel une part est assignée à un enfant naturel. — Solut. 15 avr. 1831 et 19 mars 1835.

2598. — La donation faite à des petits-enfans durant la vie de leurs père et mère ne pouvant être considérée comme une démission de biens dans le sens de la loi de 1824, est assujétie au droit ordinaire des donations en ligne directe. — Solut. 30 mars 1825, appr. le 13 avr.; — *Dict. des dr. d'enreg.*, v° *Donation*, n° 295. — V. *contrà* solut. 27 oct. 1832.

2599. — Le bénéfice de la loi du 16 juin 1824 doit profiter au petit-fils qui n'est pas appelé à succéder immédiatement à son aïeul, et lors même qu'au partage anticipé fait par cet aïeul il figure comme donataire, en même temps que son auteur immédiat y prend part comme héritier. — *Cass.*, 30 déc. 1834, Pavin Delafarge.

2600. — L'art. 3, L. 16 juin 1824, n'est pas applicable à la donation faite par des enfans nés et à naître, lors même qu'il est dit que la disposition est faite en vertu des art. 1075 et 1076, C. civ., et à titre de partage. — *Cass.*, 20 janv. 1840 (t. 1er 1840, p. 490), Lafitte ; — délib. 22 août 1837.

2601. — La réduction du droit est applicable à une donation à titre de partage anticipé, bien que faite en l'absence de quelques uns des donataires qui l'acceptent provisoirement. Dans ce cas, le droit de 1 °/₀ est exigible à mesure que les acceptations ont lieu. — Délib. 29 mai 1827.

2602. — Mais si le partage anticipé ou la donation faite à tous les enfans ne perd pas son caractère par le défaut d'acceptation, le droit proportionnel doit toujours, dans ce cas, être perçu sur la totalité des biens donnés et compris dans le partage anticipé, tant sur les biens attribués aux enfans présens et acceptant que sur ceux dévolus aux enfans non présens au contrat. — Instr. 31 déc. 1838, 1577, § 9, et 5 fév. 1839.

2603. — L'art. 3 L. 16 juin 1824 est applicable à l'acte par lequel des ascendans donnent à l'un de leurs enfans, présent et acceptant, des immeubles d'une valeur égale à la huitième partie de leurs biens, et forment du surplus un lot destiné indivisément à sept autres de leurs enfans non présens. En conséquence, cet acte n'est soumis qu'au droit de 1 °/₀. — *Cass.*, 11 avr. 1838 (t. 1er 1838, p. 570), Lenoulichet.

2604. — Décidé également que l'art. 3, L. 16 juin 1824 est applicable à l'acte par lequel un père fait donation entre-vifs de ses biens à plusieurs de ses enfans seulement. — *Cass.*, 26 avr. 1836, Domaine privé du roi.—Championnière et Rigaud, t. 3, n° 2605.

2605. — Décidé au contraire que la réduction n'a pas lieu au partage entre-vifs, fait en faveur de tous les enfans du donateur, mais en l'absence de l'un d'eux. Peu importe que l'un des donataires présens ait accepté en se portant fort pour l'un des absens, ou qu'il ait été chargé de lui compter une somme déterminée pour le remplir de sa part. — Délib. 30 sept. 1836.

2606. — La donation faite par une mère à l'un de ses six enfans du sixième d'un domaine, en l'absence des autres enfans, et aux conditions suivantes : *qu'il ne pourra rien prétendre sur les cinq autres sixièmes dudit domaine, et qu'il aura la faculté d'en provoquer le partage quand il lui plaira*, est une donation pure et simple, passible du droit de 2 1/2 °/₀, et non un partage anticipé, tel qu'il est autorisé par les art. 1075, 1076 et 1078, C. civ., et passible seulement du droit de 1 °/₀. — *Cass.*, 23 janv. 1828, Jacquin.

2607. — L'acte par lequel un père donne, à titre de partage anticipé, un domaine déclaré impartageable à l'un de ses enfans, seul présent et acceptant, à la charge de payer aux créanciers de l'autre enfant une somme formant la part de celui-ci, n'est soumis qu'au droit de 1 °/₀. — *Cass.*, 30 déc. 1839 (t. 1er 1840, p. 117), Rigault.

2608. — Un partage anticipé fait sous la forme de donation entre-vifs par des père et mère à leurs enfans, et dans lequel les immeubles sont attribués indivisément à deux d'entre eux, ne cesse point pour cela d'être un véritable partage, dans les termes des art. 1075 et 1076, C. civ., et d'être dispensé à ce titre des droits proportionnels, conformément à l'art. 3, L. 16 juin 1824. — *Cass.*, 28 avr. 1829, Adam.

2609. — On doit considérer comme un partage dans le sens des art. 1075 et 1076, C. civ., et non comme donation pure et simple, l'acte par lequel un père de famille, exprimant l'intention de faire le partage anticipé de ses biens entre tous ses enfans, donne tous ses immeubles à deux d'entre eux, sans attribution de parts, et les charge de payer au troisième une somme d'argent ; en conséquence, cet acte n'est soumis qu'au droit d'enregistrement de 1 °/₀. — Délib. 9 déc. 1830, Poujade. — Conf. délib. 11 avr. 1826, 21 mars 1828 et 6 juill. 1845. — Roland et Trouillet, *Dict. d'Enreg.*, v° *Donation*, § 13, n° 12. — *Contrà* décis. min. fin, 14 sept. 1829.

2610. — La réduction du droit a lieu quand des père et mère font donation d'un immeuble, à titre de partage, à un de leurs enfans majeur, à charge de payer une somme déterminée à ses frères et sœurs mineurs pour lesquels acceptation est faite par un tiers, bien qu'il n'ait pas qualité à cet effet. — Délib. 20 mai 1834.

2611. — L'acte qualifié seulement de donation entre vifs, par lequel un père donne à quelques uns de ses enfans des biens par préciput et avec clause de substitution, à la charge par eux de servir à ses autres enfans soit une rente viagère, soit une pension alimentaire, doit être considéré, pour la perception du droit d'enregistrement, non comme un partage d'ascendant, mais comme une donation ordinaire, alors surtout que les enfans pourvus de rentes viagères n'étaient pas tous présens pour les accepter. — *Cass.*, 8 juin 1841 (t. 1er 1842, p. 267), Viollette.

2612. — Lorsque après avoir doté l'un de leurs enfans, des père et mère partagent le surplus de leurs biens entre trois autres, la loi du 16 juin 1824 est applicable. — Roland et Trouillet, *Dict. d'Enreg.*, v° *Donation*, n° 303.

2613. — Il en est de même dans le cas où les père et mère de cinq enfans partagent entre quatre d'entre eux le restant des biens dont ils ont précédemment donné une partie au cinquième, s'ils ont soin de rappeler cette donation dans l'acte de partage. — Délib. 14 fév. 1834.

2614. — Lorsque, dans un partage d'ascendans, il est fait attribution à l'un des co-partageans, pour la composition fictive de son lot, de sommes qui lui ont été antérieurement données par ses père et mère, sans quittances, et à la charge de rapport, il n'y a pas lieu de percevoir sur ces sommes un droit proportionnel. — *Cass.*, 28 avr. 1829, Adam.

2615. — L'acte par lequel un ascendant, après avoir rappelé les dots constituées à deux de ses enfans en avancement d'hoirie, fait donation aux autres d'une portion de biens *à titre d'égalisation*, doit, alors même que les deux premiers donataires n'y seraient pas parties, et surtout si, loin de l'attaquer, ils l'exécutent, être considéré comme un partage anticipé et jouir dès-lors, quant au droit d'enregistrement, du bénéfice établi pour les actes de cette nature par la loi du 16 juin 1824. — *Cass.*, 9 août 1837 (t. 2 1837, p. 156), Achard.

2616. — La réduction du droit s'étend au cas où, après avoir doté leurs deux enfans d'une manière inégale, les ascendans font postérieurement, par un acte séparé, une nouvelle donation à celui qui a reçu une part moins forte, et cela dans le but d'égaliser les deux lots. — Délib. 20 janv. 1838.

2617. — Lorsque après avoir déjà disposé d'une partie de la quotité disponible au profit de l'un de ses enfans, un père donne le surplus en lots inégaux à chacun des autres, par préciput et hors part, sans énoncer qu'il agit aux termes des art. 1075 et 1076, C. civ., il y a donation et non point partage anticipé ; en conséquence, les donataires ne peuvent invoquer la réduction du droit proportionnel établie en faveur des actes de cette seconde espèce par la loi du 16 juin 1824. — Délib. 11 janv. 1839.

2618. — Lorsque des père et mère donnent à leur fils un immeuble à titre de partage anticipé (C. civ. 1075 et 1076) pour le faire jouir d'un avantage égal à la dot précédemment constituée à sa sœur (ou à ses frères et sœurs), il n'y a point lieu d'appliquer l'art. 3 L. 16 juin 1824. En effet, les caractères distinctifs du partage sont le règlement des droits entre les copartageans et l'établissement de la masse à partager. Or, ces caractères ne sauraient se rencontrer dans un acte contenant au profit de l'un des héritiers seulement la donation d'un seul immeuble, sans aucune fixation de la masse à partager ni des droits des parties.—Délib. 26 janv., et 12 oct. 1838 ; Solut. 1er juin 1838.

2619. — Lorsque le père, débiteur de deux de ses trois enfans, leur fait à tous donation avec partage anticipé de ses biens ; qu'il attribue aux deux enfans créanciers deux lots à titre de prélèvement, à la charge de le tenir quitte, et qu'il fait ensuite, pour le surplus des biens, trois lots qui sont tirés au sort, le prélèvement des deux lots est une dation en paiement passible du droit de vente.

— *Cass.*, 11 déc. 1838, Morleet ; 27 janv. 1840 (t. 1er 1840, p. 719), Goubin.

2620. — Les actes par lesquels des père et mère abandonnent, à titre de donation, leurs biens à leurs enfans, à la charge par ceux-ci de les nourrir ou de leur servir une rente viagère, ou sous d'autres conditions imposées aux démissionnaires, rentrent dans la classe des donations en ligne directe. — Décis. min. fin. 10 avr. 1818; Instr. 832 ; —Roland et Trouillet, *Dict. d'enreg.*, v° *Donation*, § 1er, n° 9.

2621. — Lorsqu'une donation à titre de partage anticipé porte que l'un des donataires entretiendra le donateur, moyennant une pension qui lui sera payée par les autres donataires, c'est là une condition de la donation qui ne donne lieu à aucun droit particulier. — Délib. 13 août 1833.

2622. — Une démission de biens ne peut être considérée comme vente à fonds perdu, par cela qu'une pension viagère a été stipulée au profit de l'ascendant, parce que les enfans sont tenus à des alimens envers leurs père et mère. — *Journ. de l'enreg.*, n° 79. — Car, quelque considérable que soit la charge imposée à la chose, la donation ne cessant pas d'être gratuite, ne saurait être confondue avec un contrat à titre onéreux. — Championnière et Rigaud, t. 3, n° 2248.

2623. — Lorsque des père et mère ont, comme condition d'une donation contenant partage, réservé au survivant d'eux l'usufruit des biens donnés, il doit être perçu un droit fixe de 5 fr. sur l'acte, plus le droit de mutation au décès du premier mourant, à raison de l'usufruit réservé. — Délib. 22 sept. et 10 nov. 1837.

2624. — Par la même raison, la donation faite par une mère à deux de ses enfans, à la charge de nourrir et entretenir un autre fils de la donatrice acceptant, n'est passible du droit proportionnel que sur le capital du revenu des biens donnés, sans qu'il y ait lieu de regarder comme une donation tacite en collatéral le consentement donné par celui-ci à la donation qui semble le priver de ses droits. —Délib. 22 sept. 1824 ;—Roland et Trouillet, *Dict. d'enreg*, v° *Donation*, § 4, n° 7.

2625. — Avant la loi du 16 juin 1824, lors même qu'un père a fait, entre ses enfans présens, le partage de ses immeubles actuels, mais avec réserve d'usufruit en sa faveur, et stipulation que les enfans paieraient les dettes qu'il laisserait à son décès, un tribunal a pu décider qu'il n'y avait point là transmission actuelle de propriété, et, par conséquent ouverture au droit proportionnel. — *Cass.*, 14 juill. 1807, Mercier; — Décis. min. fin. 28 avr. 1818.

2626. — Jugé de même que, lorsque des père et mère font donation, par forme de partage de leurs biens immeubles, à deux de leurs filles, sous réserve d'usufruit, à la charge en outre par les donataires de payer une certaine somme à leurs deux autres sœurs dont l'une est mineure, et sous l'obligation imposée aux quatre enfans d'acquitter les dettes que les donateurs laisseront à leur décès, un pareil acte doit être considéré, non comme une donation entre-vifs irrévocable, sujette au droit proportionnel, mais comme un partage soumis au simple droit fixe. — *Cass.*, 13 avr. 1815, Missol et Dugoujard.

2627. — La donation portant partage entre les enfans des donateurs, sous réserve de la quotité disponible par le même acte, à la petite fille de ceux-ci, doit jouir du bénéfice de l'art. 3, L. 16 juin 1824, même sur cette portion disponible, quoique l'indivision ne cesse pas entre la donataire et son père. — Délib. 3 avr. 1829.

2628. — Toutes les fois que la donation ne contient point partage, il n'y a pas lieu à la réduction du droit, parce qu'une semblable donation n'est pas dans les termes des art. 1075 et 1076, C. civ.— Délib. 22 sept. 1824, et 26 juill. 1836 ; Instr. 1150, § 5.

2629. — Mais le partage matériel n'est pas essentiel à la donation tarifée par la loi de 1824. — Championnière et Rigaud, t. 3, n° 2592.

2630. — Ainsi, il suffit qu'il soit fait attribution aux donataires d'une quotité dans les biens donnés, par exemple, d'une moitié, d'un tiers, d'un quart, etc. — Délib. 15 avr. 1824, et 11 mai 1835.

2631. — Il en est de même de la donation faite par un ascendant à ses deux enfans, *chacun pour*

moitié. —Délib. 12 oct. 1825; instr. 1187, § 4; décis. min. fin. 14 sept. 1829; — Roland et Trouillet; *Dict. d'enregist*, v° *Donation*, § 13, n° 20.

2632. — La loi du 16 juin 1824 est applicable à la donation faite par un père à tous ses enfans, à la charge de lui payer solidairement une pension viagère. L'attribution égale de quotité résulte suffisamment tant de cette charge que de l'absence de toute disposition contraire, et du principe naturel que les enfans succèdent par égales portions quand ils sont tous au premier degré et appelés de leur chef. — C. civ., art. 745 ; — Délib. 6 janv. et 11 août 1837.

2633. — Jugé de même que si l'acte d'une donation faite par des père et mère, à leurs enfans détermine et fixe la part à laquelle les donataires auront droit dans chacun des immeubles donnés, il y a là un partage anticipé dans le sens des art. 1075 et 1076, C. civ., encore bien que, par cet acte, la division ne soit pas opérée entre les donataires. — Dès-lors, cet acte n'est passible que du droit proportionnel de 1 °/° établi par l'art. 3, L. 16 juin 1824. — *Cass.*, 14 (et non 13) fév. 1832, Bernard.

2634. — ... Que l'art. 3, L. 16 juin 1824, est applicable à l'acte par lequel un père fait donation entre-vifs de ses biens à plusieurs de ses enfans seulement et sans les leur partager. — *Cass.*, 26 avr. 1836. Domaine privé du roi.

2635. — ... Que l'acte par lequel un père donne un immeuble à ses deux enfans par portions égales renferme un véritable partage d'ascendant dans le sens des art. 1075 et 1076, C. civ, encore bien que, par le même acte, les enfans aient stipulé que l'immeuble donné resterait indivis entre eux ; dès-lors cet acte est seulement passible du droit proportionnel de 1 °/°. — *Cass.*, 26 mars 1833, Linard.

2636. — Lorsqu'un ascendant fait donation à ses enfans à titre de partage, et à chacun pour une portion, d'un immeuble qui ne peut se diviser, comme il fait là tout ce qu'il lui était possible de faire, le droit n'est que de 1 °/°. — Délib. 3 mai 1826.

2637. — L'acte par lequel un père fait donation à ses enfans de tous les immeubles dont il est propriétaire, soit divisément, soit indivisément avec ses frères et deux de ses filles, à la charge de partager ces biens par portions égales, sauf le prélèvement d'un préciput au profit de l'un des donataires, renferme un véritable partage d'ascendant, dans le sens des art. 1075 et 1076, C. civ., et non une donation d'immeubles mis en commun entre les enfans, donnant seulement à chacun d'eux un droit indivis dans une action en partage. — Dès-lors, cet acte est seulement passible du droit proportionnel de 1 °/°.—*Cass.*, 29 mars 1831, Bordas. — *Contrà* instr. 1370, § 3 ; — Roland et Trouillet, *Dict. d'enregist.*, v° *Donation*, § 13, n° 18.

2638. — La loi du 16 juin 1824 est applicable, bien que le partage soit fait dans le même acte, non par les ascendans, mais par les donataires entre eux. Il en est de même, encore que le partage soit fait par un acte séparé, si l'acte est passé le même jour en présence du donateur, et par suite de la réserve exprimée dans la donation. — Délib. 23 mars 1825, et 14 sept. 1829; instr. 1303, § 7; — *Dict. des dr. d'enregist.*, v° *Donation entre-vifs*, n° 315. — *Contrà* délib. 14 avr. 1826.

2639. — De même, si le partage est fait par acte séparé, en présence et de l'autorité du donateur, soit le jour de la donation, soit même postérieurement et en vertu d'une condition expresse de l'acte de donation, il n'est toujours que le complément de cet acte et la réduction des droits est applicable. — Solut. 30 avr. 1830; Instr. 1336, § 5.

2640. — Ainsi jugé que l'acte par lequel un père donne à tous ses enfans, par portions égales, sa part dans un immeuble qu'il possède indivisément avec eux, renferme un véritable partage d'ascendant, dans le sens des art. 1075 et 1076, C. civ. surtout lorsque, par ce même acte, ses enfans ont procédé entre eux au partage de la portion donnée, sous l'influence et avec l'assentiment de leur père. — *Cass.*, 10 août 1831, Barbier.

2641. — Lorsqu'une veuve donne ses biens à tous ses enfans, sous la condition expresse que tout partage leur est interdit, pendant cinq ans, à compter du jour de l'acte, il n'y a pas lieu à l'application de la loi du 16 juin 1824, attendu qu'une pareille clause ôte à l'acte le caractère de partage anticipé. — Délib. 20 sept. 1837.

2642. — Quand des ascendans donateurs ont, par un premier acte, déclaré surseoir au partage des biens donnés, et qu'ils effectuent ensuite ce partage par un second acte, le droit proportionnel est exigible, non sur le premier acte qui n'est qu'un projet, mais sur le second où se trouvent confirmés la donation et le partage. — Délib. 22 janv. 1830.

2643. — La donation faite dans les termes de la loi de 1824 est passible du droit de 1 % sur la masse des biens donnés, et il n'est dû aucun droit fixe de partage, que l'attribution soit faite par le donateur, ou qu'elle ait lieu à la suite de la donation entre les donataires. — Délib. 6 janv. 1829.

2644. — Mais il est dû un droit particulier de 5 fr., pour le partage des biens possédés indivisément par les donataires avant la donation, et qu'ils confondent volontairement dans la masse des biens donnés. — Délib. 23 déc. 1825.

2645. — Lorsque, dans un partage anticipé, un ascendant abandonne à ses descendans l'usufruit d'une partie des biens de l'ascendant prédécédé, il n'y a pas lieu au droit proportionnel, si les donataires ont précédemment acquitté le droit de mutation sur la valeur entière des biens; un pareil abandon n'est passible que d'un seul droit fixe. — Solut. 12 sept. 1835.

2646. — L'art. 3, L. 16 juin 1824, n'est pas applicable au cas où le partage a lieu au moyen d'un échange par lequel l'un des donataires cède sa part de l'immeuble abandonné. — Solut. 5 nov. 1829.

2647. — Quand il y a soulte dans le partage fait par l'ascendant, il n'est dû aucun droit de mutation à raison des soultes; car elles se confondent avec la libéralité et ne peuvent être considérées comme des cessions entre les copartageans, puisque ceux-ci n'ont jamais eu une copropriété dans les objets que ces soultes représentent. — Délib. 19 sept., 24 nov. 1821; 22 fév. 1822, appr. les 12 oct. 21 déc. 1821 et 8 mars 1822; solut. 30 mars 1832. — Quand même tous les biens seraient attribués à un seul des donataires. — Délib. 24 mars 1828; solut. 30 avr. 1830; instr. 1336, § 5.

2648. — De même, lorsqu'un partage d'ascendant ne comprenant que les biens donnés, attribue tous les immeubles déclarés impartageables à un ou plusieurs des donataires à la charge par eux de payer aux autres leur part en argent, le droit de soulte de 4 % n'est pas dû sur le montant des sommes d'argent. — Délib. 28 fév. 1837.

2649. — De même encore les donations portant partage anticipé ne sont pas soumises à un droit particulier de soulte sur les sommes dont l'un des donataires est chargé de payer aux autres. — Cass., 11 déc. 1838, Moricet; 27 janv. 1840 (t. 1er 1840, p. 719); 6 mars 1844 (t. 1er 1844, p. 373), Richaudeau. — Rigaud et Championnière, t. 3, n° 2379.

2650. — Décidé de même à l'égard de la soulte dont est grevé un lot au profit d'un autre dans l'acte postérieur contenant fixation des lots lorsque cet acte n'est que l'exécution et le complément de la donation. — Cass., 23 fév. 1841 (t. 1er 1841, p. 591), Ugé.

2651. — Lorsque dans un partage testamentaire un père, pour maintenir l'égalité entre ses enfans, charge l'un d'eux de payer aux autres une soulte suffisante, mais non déterminée, le droit proportionnel de soulte n'est point dû sur l'acte ultérieur de liquidation et partage contenant fixation de la quotité de cette soulte entre les cohéritiers. — En pareil cas, la soulte doit être réputée due non par suite de partage entre copropriétaires, mais comme condition de la donation testamentaire. — Cass., 22 mai 1844 (t. 1er 1844, p. 748), Gratiot.

2652. — Décidé au contraire que la loi du 16 juin 1824, qui a réduit les droits de mutation sur les partages anticipés, n'a point dispensé ces actes des droits qui peuvent être dus sur les dispositions accessoires à la disposition et au partage des biens; au contraire, en assimilant les biens ainsi distribués à ceux échus par succession, elle a indiqué l'intention qu'ils fussent soumis aux mêmes

droits; dès-lors le droit de 4 % est exigible sur les soultes ou retours mis à la charge d'un lot pour être payés aux propriétaires des autres lots. — Délib. 15 sept. et 12 déc. 1837.

2653. — Le droit de soulte n'est pas dû, encore bien que le partage d'ascendant comprenne des biens de communauté indivis entre le donateur et les enfans donataires du chef de leur mère. — Cass., 23 fév. 1841 (t. 1er 1841, p. 591), Ugé.

2654. — Mais si les enfans donataires réunissent aux biens donnés des biens leur appartenant personnellement et indivisément, le droit de soulte est dû relativement à ces derniers biens. En effet, à l'égard de ces biens, l'acte n'est qu'un partage ordinaire. — Cass., 11 déc. 1838 (t. 1er 1840, p. 719), Moricet; 27 janv. 1840 (t. 1er 1840, p. 719), Goubin; 7 nov. 1843 (t 1er 1844, p. 330), Duhazé; 6 mars 1844 (t. 1er 1844, p. 373), Richaudeau; — Délib. 4 août 1840; instr. 1582; — Rigaud et Championnière, t. 3, n° 2379.

2655. — L'évaluation de la soulte a lieu soit d'après la déclaration des parties (avant l'enregistrement, au pied de l'acte, inst. 1582), soit d'après une ventilation entre les biens des deux origines. — Cass., 6 mars 1844 (t. 1er 1844, p. 373), Richaudeau.

2656. — Mais lorsque, conformément à la condition d'une donation avec partage anticipé faite par un père à ses enfans, ceux-ci ont confondu dans le partage les biens donnés et ceux qu'ils possédaient par indivis du chef de leur mère, le droit de soulte doit être perçu sur l'excédant des lots en général, sans avoir égard à l'origine des biens qui les composent et à l'inégalité de valeur des seuls biens maternels compris dans chaque lot. — Cass., 29 août 1843 (t. 2 1843, p. 730), Deswarte.

2657. — Dans tous les cas où le partage comprend des biens appartenant aux enfans, le droit fixe de 5 fr. est exigible, indépendamment de tous autres droits. — Instr. 5 fév. 1839, 1582.

2658. — Si le donateur se borne à désigner les quotités attribuées à chaque donataire dans les biens donnés, l'indivision continuant à subsister, le partage auquel les donataires procèdent ultérieurement doit être en tout assimilé, pour la perception du droit d'enregistrement, aux partages faits entre héritiers, par suite les soultes qui sont stipulées sont passibles du droit de 4 %. — Délib. 4 août 1840.

2659. — Si, dans le cas où la donation n'étant faite que par l'ascendant survivant, un des donataires cédait tant sa part dans les biens donnés que ses droits dans la succession de l'ascendant décédé, il serait dû pour cette cession 1 %, indépendamment du droit de la donation. — Solut. 13 oct. 1826; instr. 1205, § 6.

2660. — Une donation portant partage d'ascendant doit jouir de la réduction de droits prononcée par la loi du 16 juin 1824, alors même qu'elle est faite sous seing-privé au lieu de l'être par acte authentique. — Cass., 21 déc. 1831, Rouard; 9 août 1836, Kail; 13 déc. 1837 (t. 1er 1838, p. 13), Garnier.

2661. — ... Ou bien que son existence ne résulte que de conventions verbales exécutées. — Cass., 13 déc. 1837 (t. 1er 1838, p. 13), Garnier.

2662. — Jugé, au contraire, que la loi du 16 juin 1824 est inapplicable lorsque les actes entrevifs portant partage d'ascendans, n'ont pas été passés devant notaire. — Ainsi, lorsque des enfans ont réclamé leur inscription au rôle des contributions, à raison d'immeubles qu'ils ont déclaré avoir acquis, à titre d'héritage, de leurs père et mère, et qu'ils ont acquitté volontairement l'impôt de ces biens, ils doivent un droit proportionnel de 4 %, à raison de cette mutation légalement constatée, si elle n'a point été opérée par acte authentique, encore que les conventions des parties aient été consignées, plus tard, dans un acte notarié où les enfans déclarent n'avoir été jusque là que locataires des immeubles. — Cass., 22 mai 1833, Berger. — Cet arrêt est critiqué par MM. Rigaud et Championnière, t. 3, n° 2615.

2663. — Bien qu'un partage d'ascendans soit nul en la forme, en ce qu'un mineur y a figuré, cette nullité ne peut être invoquée par la régie. — Solut. 4 avr. 1834; délib. 20 mai 1834.

2664. — Décidé, cependant, que la réduction ne peut s'appliquer à une donation faite par une mère à ses enfans et petits-enfans, dont quelques uns sont mineurs, de tous ses biens immeubles, pour les réunir à ceux de leur père et aïeul, afin de pouvoir partager le tout entre eux. — Délib. 27 févr. 1827 ; — Roland et Trouillet, *Dict. d'enreg.*, v° *Donation*, § 13, n° 13.

2665. — Lorsque le mineur devenu majeur ratifie l'acceptation qu'il a faite en minorité d'un partage d'ascendant, cette ratification valide le contrat, bien qu'elle n'ait pas été notifiée à l'ascendant donateur. Dès-lors, si celui-ci, procédant à un nouveau partage, sous prétexte d'acceptation irrégulière, retient les immeubles par lui précédemment donnés au mineur, et lui attribue en remplacement une somme d'argent, il doit être perçu sur ce dernier acte un droit de mutation immobilière pour rétrocession de la part de l'enfant au profit du père, encore bien qu'il fût dit que celui-ci ne s'était jamais dessaisi de l'immeuble donné, et les droits perçus sur le premier partage ne doivent pas être précomptés pour les droits exigibles sur le second. — Délib. 11 déc. 1836.

2666. — On a vu plus haut (n°s 2416 et suiv.) que les droits à percevoir sur les donations étaient généralement réduits à moitié, quand ces donations étaient faites par contrat de mariage. Cette réduction ne peut s'appliquer à la loi du 16 juin 1824, par le motif qu'en accordant une nouvelle diminution de droits à ces donations, cette loi n'a pas reproduit les dispositions de l'art. 69 de la loi du 22 frim. an VII pour le cas de contrat de mariage et qu'elle dit même formellement que les droits à percevoir sur les donations contenant partage seront les mêmes que ceux réglés pour les successions en ligne directe. — Solut. 27 mars 1835.

2667. — La résiliation ultérieure du partage ne peut pas faire revenir sur la perception faite en vertu de la loi du 16 juin 1824. — Solut. 25 juin 1830.

2668. — Le jugement qui prononce la résolution de la donation par le motif que le donataire n'a pas satisfait aux charges qui lui étaient imposées (C. civ., art. 1075 et 1076) est passible du droit proportionnel de rétrocession à raison de 2 fr. 50 c. p. 100 fr. sur les immeubles, et de 1 fr. 25 c. sur les meubles, attendu que la transmission par l'enfant à l'ascendant ne peut jouir d'une faveur attachée spécialement aux donations avec partage par les ascendans à leurs descendans. — Solut. 21 août 1832.

Sect. 5°. — *Jugemens et arrêts.*

2669. — Les jugemens et arrêts sont passibles du droit fixe ou du droit proportionnel. Le droit fixe est dû quand les jugemens et arrêts ne contiennent aucune condamnation, liquidation, transmission de valeurs mobilières ou immobilières, etc. Dans le cas contraire, il y a ouverture au droit proportionnel, sans toutefois que ce droit puisse être inférieur au droit fixe.

2670. — Les jugemens des tribunaux en matière de contributions publiques ou locales, et autres sommes dues à l'état et aux établissemens publics sont assujétis aux mêmes droits que ceux rendus entre particuliers. — L. 28 avr. 1816, art. 39.

2671. — Cette disposition de la loi du 28 avril 1816 ne soumet à la perception du droit de 50 c. pour 100 fr. que les jugemens relatifs aux recouvremens des sommes ou valeurs dues à l'état en vertu de titres antérieurs à la condamnation; par conséquent ce droit n'est pas exigible sur les jugemens prononçant des condamnations d'amendes au profit de l'état. — Avis com. fin. 2 juin 1828; instr. 1256, § 7.

2672. — Cette règle est applicable aux confiscations prononcées par jugemens rendus sur les poursuites des préposés des douanes, ces confiscations étant, comme les amendes, des peines à la charge des contrevenans. — Décis. min. fin. 24 juin 1830; instr. 1336, § 9.

2673. — Les jugemens rendus en France, prononçant l'exécution d'actes reçus par des officiers étrangers et de jugemens rendus par les tribunaux étrangers et donnant force d'hypothèque, sont passibles des droits des jugemens ordinaires. — Déc. min. just. et fin. 13 juin 1809; instr. 436, n° 43.

§ 1er. — *Droit fixe.*

2674. — Le droit fixe varie suivant la nature des jugemens et arrêts et la juridiction dont ils émanent.

2675. — *Jugemens et arrêts préparatoires et interlocutoires.* — Les jugemens préparatoires, interlocutoires ou d'instruction des juges de paix : 1 fr. — L. 22 frim. an VII, art. 68, § 1er, n° 46.

2676. — Les jugemens préparatoires ou d'instruction des tribunaux civils et des arbitres : 3 fr., L. 28 avr. 1816, art. 44, n° 10. — (Autrefois 2 fr., L. 22 frim. an VII, art. 68, § 2, n° 6).

2677. — Les jugemens préparatoires ou d'instruction des tribunaux de commerce : 3 fr., L. 28 avr. 1816, art. 44, n° 10. — (Autrefois 2 fr., L. 22 frim. an VII, art. 68, § 2, n° 7).

2678. — Les arrêts interlocutoires ou préparatoires rendus par les cours royales lorsqu'ils ne sont pas susceptibles d'un droit plus élevé : 5 fr., L. 28 avr. 1816, art. 45, n° 6.

2679. — Les arrêts interlocutoires ou préparatoires de la cour de Cassation et du conseil d'état : 10 fr., L. 28 av. 1816, art. 46, n° 3.

2680. — Les jugemens portant remise de cause ou continuation d'audience n'ordonnant rien, ne sont assujétis à l'enregistrement que lorsqu'ils sont rendus pour la production de pièces ou de preuves ordonnées. Dans tous les autres cas, ils sont exempts de la formalité (instr. 27 fév. 1822, art. 1026). — Ainsi, il n'y a plus lieu de distinguer, comme le prescrivait une instruction du 23 déc. 1816, quand la feuille d'audience constate que la remise n'a été le fait ni des parties, ni des avoués.

2681. — Le jugement qui prononce la radiation d'une cause doit être enregistré, s'il ordonne que la cause ne pourra être replacée au rôle que sur le vu de son expédition. — Solut. 15 juill. 1831.

2682. — Les jugemens des tribunaux de commerce renvoyant les parties devant des arbitres, sont des jugemens d'instruction ou préparatoires. — Délib. 18 mars 1815.

2683. — *Jugemens et arrêts définitifs.* — Les jugemens définitifs des juges de paix portant condamnation de sommes dont le droit proportionnel ne s'élèverait pas à 1 franc : 1 fr., L. 22 frim. an VII, art. 68, § 1, n° 46.

2684. — Les jugemens des juges de paix portant renvoi ou décharge de demande, débouté d'opposition, validité de congé, expulsion, condamnation à réparation d'injures personnelles, et généralement tous ceux qui, contenant des dispositions définitives, ne donnent pas ouverture au droit proportionnel : 2 fr., L. 22 frim. an VII, art. 68, § 2, n° 5.

2685. — Les jugemens définitifs des juges de paix rendus en dernier ressort, d'après la volonté expresse des parties, au-delà des limites de la compétence ordinaire, lorsqu'ils ne contiennent pas de dispositions donnant ouverture à un droit proportionnel supérieur : 3 fr., L. 28 avr. 1816, art. 44, n° 9.

2686. — Les jugemens des tribunaux civils prononçant sur l'appel des juges de paix; ceux desdits tribunaux et des tribunaux de commerce ou d'arbitres rendus en premier ressort, contenant des dispositions définitives qui ne donneraient pas lieu à un droit plus élevé : 5 fr., L. 28 avr. 8116, art. 45, n° 5. — (Autrefois 3 fr., L. 22 frim. an VII, art. 68, § 3, n° 7).

2687. — Les actes et jugemens de la police ordinaire et des tribunaux de police correctionnelle et criminels, soit entre parties, soit sur la poursuite du ministère public, avec partie civile, lorsqu'il n'y a pas condamnation de sommes et valeurs, ou dont le droit proportionnel ne s'élèverait pas à 1 franc : 1 fr., L. 22 frim. an VII, art. 68, § 1, n° 48.

2688. — Les arrêts définitifs des cours royales, quand le droit proportionnel ne s'élève pas à 10 fr. : 10 fr., L. 28 avr. 1816, art. 46, n° 2. — (Autrefois 3 fr., L. 22 frim. an VII, art. 68, § 3, n° 7.)

2689. — Les arrêts définitifs de la cour de Cassation et du conseil d'état : 25 fr., L. 28 avr. 1816, art. 47, n° 3. — (Autrefois 3 fr., L. 22 frim. an VII, art. 68, § 3, n° 7.)

2690. — Doit être considéré comme définitif le jugement d'un juge de paix portant « sursis à prononcer sur une demande en dommages-intérêts jusqu'après jugement au fond par les tribunaux compétens », car ce jugement est un renvoi pur et simple pour incompétence. — Solut. 12 déc. 1830; — Roland et Trouillet, *Dict. d'enreg.*, v° *Jugement*, § 4, n° 7.

2691. — Le jugement qui autorise une femme mariée à ester en justice est définitif, attendu qu'il statue définitivement sur une demande préalable au procès, et non sur l'affaire qui s'instruit. — Solut. 11 sept. 1832.

2692. — Si au bas d'une requête il est rédigé un acte dans la forme d'un jugement, et que ce jugement soit définitif par son objet, on doit percevoir le droit d'enregistrement établi pour les jugemens définitifs, et sur l'expédition le droit de greffe de 4 fr. 25 cent. par rôle. — Solut. 19 mars 1812.

2693. — La disposition de l'art. 45, n° 5, L. 28 avr. 1816, qui tarife à 5 fr. les jugemens en premier ressort des tribunaux de première instance, de commerce ou d'arbitres contenant des dispositions définitives, ne peut être étendue aux jugemens en dernier ressort; ceux-ci restent soumis au droit de 3 fr. — Déc. min. fin. 4 oct. 1816; instr. 758, n° 4.

2694. — On doit s'arrêter à la qualification en premier ou dernier ressort exprimée dans un jugement pour la perception de 3 ou de 5 fr.; et à défaut seulement de qualification expresse, c'est la définition légale des jugemens qui doit être prise pour base de la perception. Ainsi seront sujets au droit fixe de 5 fr., comme étant en premier ressort, les jugemens définitifs non qualifiés rendus dans les affaires personnelles, mobilières, réelles ou mixtes, quand la valeur excède 1,000 fr. (aujourd'hui 1,500 fr., L. 11 avr. 1838), ou que le revenu annuel excède 50 fr. (aujourd'hui 60 fr.), les jugemens d'incompétence, etc. — Délib. 25 janv. 1832; instr 1370, § 5; Roland et Trouillet, *Dict. d'enreg.*, v° *Jugement*, § 4, n° 30.

2695. — Les jugemens d'homologation des actes de notoriété sont passibles du droit de 5 fr., attendu qu'ils sont définitifs et en premier ressort. — Délib. 3 juill. 1822; Roland et Trouillet, *ibid.*, § 4, n° 24.

2696. Le jugement sur requête qui commet un notaire pour représenter un absent dans une succession étant définitif et ne pouvant être réformé que par voie d'appel, est passible du droit fixe de 5 fr. — Solut. 13 déc. 1830.

2697. — Lorsque, par suite d'un compromis dans lequel les parties avaient renoncé à se pourvoir, soit en appel, soit en cassation, des experts ont dressé un procès-verbal de bornage, ce procès-verbal constitue une véritable sentence arbitrale du droit fixe de 10 fr., et non de celui de 2 fr. — Solut. 11 oct. 1832.

2698. — Le jugement prononçant une récusation de juge est passible du droit fixe de 5 fr. — Déc. min. just. et fin. 13 juin 1809; instr. 436, n°s 8 et 32.

2699. — Les jugemens des tribunaux de commerce portant nomination de commissaires, agens ou syndics provisoires de faillites ou prorogeant leurs fonctions, sont définitifs, et comme tels passibles de 5 fr. — Délib. 22 mai 1824.

2700. — *Adoptions.* — Les jugemens de première instance admettant une adoption : 50 fr., L. 28 avr. 1816, art. 48, n° 2; les arrêts confirmatifs : 100 fr. (même loi, art. 49).

2701. — Il doit être perçu autant de droits fixes qu'il y a d'adoptés. — Solut. 15 déc. 1818.

2702. — *Divorces.* — Les jugemens interlocutoires ou préparatoires des divorces : 5 fr., L. 28 avr. 1816, art. 45, n° 8.

2703. — Les jugemens de première instance prononçant un divorce : 50 fr., L. 28 avr. 1816, art. 48, n° 2.

2704. — Les arrêts de cour d'appel prononçant définitivement sur une demande en divorce : 100 fr. (L. 28 avr. 1816, art. 49, n° 2); s'il n'y a pas d'appel, ce droit est perçu sur l'acte de l'officier de l'état civil. — *Ibid.*

2705. — L'art. 68, § 6, n° 1er, L. 22 frim. an VII avait fixé à 15 fr. le droit à percevoir sur l'expédition des actes de divorce dressés par l'officier de l'état civil, mais il ne déterminait pas le droit pour les jugemens et arrêts. On avait décidé que, pour les actes antérieurs à la loi du 28 avr. 1816, les droits établis par les art. 48 et 49 de cette loi devaient être perçus sur les expéditions des jugemens et arrêts et sur celles des actes de divorce précédés d'un jugement non frappé d'appel; quant au droit de 100 fr., qu'il était exigible, ou sur l'arrêt, si le jugement de première instance avait donné lieu à l'appel, ou sur l'expédition de l'acte de divorce dressé en vertu d'un simple jugement contre lequel il n'aurait pas été interjeté appel, et que le droit de 15 fr. devait continuer d'être perçu sur les expéditions des actes de divorce qui, avant le Code civil, avaient eu lieu sans l'intervention de l'autorité judiciaire. — Déc. min. fin. 11 sept. 1816; instr. 758, n° 2.

2706. — Mais décidé depuis que les expéditions des jugemens et arrêts admettant le divorce, antérieurs à la loi du 28 avril 1816, ne sont passibles que des droits établis par la loi du 22 frimaire an VII pour les expéditions des jugemens des tribunaux civils; que le droit de 15 fr. fixé par l'art. 68, § 6, de cette dernière loi, est exigible sur les expéditions des actes de divorce également antérieurs à la loi du 28 avril 1816 et postérieurs ou non au Code civil; enfin que les droits de 50 fr. et de 100 fr., établis par les art. 48 et 49, L. 1816, n'ont dû être perçus que sur les minutes des jugemens et arrêts, et à défaut d'arrêts, sur les actes de l'état civil qui ont admis ou prononcé le divorce dans l'intervalle écoulé entre la publication de la loi du 28 avril 1816 et celle de la loi du 8 mai suivant, portant abolition du divorce. — Décis. min. fin. 21 juill. 1829, instr. 1303, § 3.

2707. — *Interdiction.* — Les jugemens portant interdiction : 15 francs, L. 22 frim. an VII, art. 68, § 6, n° 2; — Les arrêts de cour royale, *id* : — 25 francs, L. 28 avr. 1816, art. 47, n° 2.

2708. — *Séparations de corps et de biens.* — Les jugemens de séparation de biens entre mari et femme, lorsqu'ils ne portent point condamnation de sommes et valeurs, ou lorsque le droit proportionnel ne s'élèvera pas à 15 francs : 15 fr., L. 22 frim. an VII, art. 68, § 6, n° 2.

2709. — Les arrêts des cours royales portant séparation de corps entre mari et femme : 25 fr., L. 28 avr. 1816, art. 47, n° 2.

2710. — Les jugemens de séparation de biens sont restés passibles du même droit fixe de 15 francs depuis la loi du 28 avr. 1816, l'art. 47 n'ayant élevé à 25 francs que les arrêts. — Solut. 13 mars 1830.

2711. — *Bureaux de paix.* — Tous les procès-verbaux des bureaux de paix, desquels il ne résulte aucune disposition donnant lieu au droit proportionnel, ou dont le droit proportionnel ne s'élèverait pas à 1 franc : 1 fr., L. 22 frim. an VII, art. 68, § 1er, n° 47.

2712. — Les procès-verbaux de conciliation et de non conciliation qui ne contiennent aucune disposition donnant ouverture au droit proportionnel doivent être enregistrés au droit de 1 franc, attendu que la loi du 28 avril 1816 n'a point désigné ces actes parmi ceux dont elle a porté les droits à un taux plus élevé. — Décis. min. fin. 10 sept. 1823; instr. 1104.

2713. — Les mentions ou certificats de non comparution au bureau de paix doivent être portés sur le registre du greffe, tenu en papier timbré; mais ces actes ne sont dans aucun cas sujets à l'enregistrement. — Décis. min. fin. 7 juin 1808; instr. 390, n° 9, et 436, n° 10.

2714. — Les jugemens ayant pour objet exclusif la construction, l'entretien et la réparation des chemins vicinaux ne sont passibles que du droit fixe de 1 franc. — L. 21 mai 1836, art. 20.

2715. — On a vu (*suprà* n° 798) que les procès-verbaux, jugemens et actes des prud'hommes devaient être enregistrés gratis lorsqu'ils constataient que l'objet du litige n'excédait pas en total la somme de 25 fr.—S'ils excèdent cette somme, ces actes et jugemens sont passibles des droits réglés pour la justice de paix; enfin, à défaut de désignation de la somme faisant la matière du différend, les procès-verbaux du bureau de conciliation et les jugemens du conseil sont soumis au droit de 1 franc. — Décis. min. fin. 20 juin 1809 ; instr. 437.

§ 2. — *Droit de condamnation, collocation ou liquidation.*

2716. — Sont passibles du droit de 50 cent. p. 100 fr. les jugemens contradictoires ou par défaut des juges de paix, des tribunaux civils, de commerce et d'arbitrage, de la police ordinaire, de la police correctionnelle et des tribunaux criminels, portant condamnation, collocation ou liquidation de sommes et valeurs mobilières, intérêts et dépens entre particuliers, excepté les dommages-intérêts dont le droit proportionnel est fixé à 2 °/₀. — V. *infrà*, n° 2752. — Dans aucun cas et pour aucun de ces jugemens, le droit proportionnel ne peut être au-dessous du droit fixe, tel qu'il est réglé pour les jugemens des divers tribunaux. — L. 22 frim. an VII, art. 69, § 2, n° 9.

2717. — Lorsque le droit proportionnel a été acquitté sur un jugement rendu par défaut, la perception sur le jugement contradictoire qui pourra intervenir, ne doit avoir lieu que sur le supplément des condamnations : il en est de même des jugemens rendus sur appel et des exécutoires. S'il n'y a pas de supplément de condamnation, l'enregistrement a lieu pour le droit fixe qui est toujours le moindre droit à percevoir. — L. 22 frim. an VII, art. 69, § 2, n° 9.

2718. — Le *minimum* du droit à percevoir sur les arrêts et jugemens des cours et tribunaux et sur les procès-verbaux des bureaux de paix est toujours le droit fixe auquel ils sont tarifés suivant leur nature, lorsque le droit proportionnel, réglé par séries de 20 fr. ne s'élèverait pas à la somme produite par ce droit fixe. — Décis. min. fin, 24 mai 1808; instr. 389, n° 1er. — Roland et Trouillet, *Dict. d'enreg.*, v° *Jugement*, § 4, n° 42.

2719. — Le droit proportionnel est exigible sur les jugemens portant condamnation, lors même que les sommes qui en sont l'objet étaient dues en vertu de titres déjà enregistrés. — *Cass.*, 1er vent. an VIII, Sainson ; 24 nov. 1829, Fournès. — Décis. min. fin. 16 germin. an VII. — Roland et Trouillet, *ibid.*, § 4, n° 43.

2720. — Mais on ne peut considérer comme portant condamnation, collocation ou liquidation, et comme sujet au droit de 50 cent. p. 100 fr., le jugement qui, sans qu'il y ait contestation à cet égard, se borne à ordonner le paiement de certaines sommes ou l'acquit de certains droits réclamés en vertu d'un acte précédemment enregistré. — *Cass.*, 24 nov. 1829, de Fournès. — Instr. 1307, § 7.

2721. — A plus forte raison, le jugement qui reconnaît simplement l'existence de billets enregistrés, sans prononcer de condamnation contre le débiteur, n'est point passible du droit proportionnel. — Solut 31 déc. 1832.

2722. — Il n'y a point de collocation utile et par conséquent pas lieu d'exiger le droit de 50 cent. p. 100 fr. sur le jugement qui porte qu'un immeuble sera vendu et que sur le prix il sera payé à un créancier une somme déterminée. — Décis. min. fin. 21 juill. 1818.

2723. — Toutes les fois qu'une condamnation est positive, le droit proportionnel doit être perçu, sans qu'il y ait à examiner si cette condamnation est nécessaire ou surabondante. — Délib. 27 juin 1823.

2724. — Ainsi, il y a lieu de percevoir un droit proportionnel sur un jugement emportant condamnation, quoique ce jugement soit nul à raison de l'incompétence des juges qui l'ont rendu. — *Cass.*, 30 nov. 1807, Caladou.

2725. — Mais le droit proportionnel n'est point exigible quand la condamnation n'est pas positive; par exemple, quand un mari est condamné à garantir sa femme des obligations qu'elle a contractées avec lui, pour le cas où elle serait contrainte à les payer elle-même. — Délib. 27 juin 1828.

2726. — De même, le droit de 50 cent. p. 100 fr. n'est point dû sur le jugement qui déclare que le prix de certains immeubles vendus par le mari demeure affecté au paiement de la dot de la femme. — Délib. 25 nov. 1814.

2727. — ... Sur le jugement qui rejette l'opposition à un commandement fait en vertu d'un titre

exécutoire. — *Cass.*, 20 frim. (et non brum.) an XII, Armand.

2728 — ... Sur les jugemens qui homologuent simplement un partage de succession. — Délib. 7 mars 1834.

2729. — ... Sur le jugement qui autorise un héritier bénéficiaire à toucher par provision des mains des adjudicataires des immeubles de la succession une somme déterminée à valoir sur ses droits. — *Cass.*, 11 avr. 1822, de Valentinois.

2730. — ... Sur le jugement qui règle la part pour laquelle chaque héritier contribuera dans le douaire de la mère commune.—Délib. 14 mars 1834.

2731. — Un jugement, bien qu'il reconnaisse l'existence d'un don manuel, et qu'il en ordonne le maintien, n'est point passible du droit proportionnel. — Solut. 6 fév. 1832.

2732. — Le jugement qui prononce une séparation de biens et condamne le mari à restituer la dot de sa femme est, comme tout jugement portant condamnation, passible d'un droit proportionnel. — Ce droit doit être calculé sur le montant des reprises fixées par la liquidation définitive, et non sur la déclaration faite par les parties lors du jugement. — *Cass.*, 12 nov. 1844 (t. 2 1844, p. 600), Faucheux.

2733.—Mais le jugement qui se borne à réduire, du consentement des époux, le chiffre de la liquidation antérieurement faite entre eux et par devant notaire, à la suite de leur séparation de biens, judiciairement prononcée, ne donne point ouverture au droit proportionnel, il n'est passible que du droit fixe de 5 fr. — *Cass.*, 10 mai 1837 (t. 1er 1837, p. 440), de Bouville.

2734. — N'est point passible du droit de 50 cent. p. 100 fr., le jugement qui ordonne une reddition de compte. — Solut. 12 mai 1819.

2735. — De même, le jugement qui ordonne à l'un des créanciers d'un failli de rendre compte des objets mobiliers qu'il a reconnu avoir en sa possession, n'est assujéti à aucun droit proportionnel, attendu qu'il peut très bien arriver que le résultat du compte démontre qu'aucune mutation ne s'est opérée. Il peut moins encore être exigé, si le détenteur de ces meubles s'est réservé, par un compromis, la faculté de les remettre en nature, faculté qu'on ne lui conteste pas, et dont il peut par conséquent user.—*Cass.*, 16 fév. (et non janv.) 1822. Léorier-Delisle.

2736. — Lorsque, sur la demande en paiement d'une certaine somme, par exemple, de 200,000 fr., formée contre une société faillie, par un individu qui s'en prétendait seulement bailleur de fonds, un jugement a déclaré cet individu associé commanditaire, a fixé le montant de sa mise sociale à 100,000 fr. seulement, et a ordonné que cette mise resterait confondue dans la mase active de la société, ainsi que les intérêts et les bénéfices qui en avaient été le produit, on ne doit considérer ce jugement que comme déterminant un élément du compte à établir entre le réclamant et la société, et non une condamnation ou libération donnant lieu au droit proportionnel. — *Cass.*, 20 juin 1826, Robin.

2737. — Lorsqu'un jugement ou un arrêt se borne à régler les bases d'un compte, et à déterminer les objets ou les sommes dont le comptable devra se charger en recette, ou qu'il devra porter en dépense, on doit voir, non une condamnation ou une liquidation actuelle et définitive donnant lieu au droit proportionnel, mais seulement une condamnation purement éventuelle, dont le droit n'est exigible que sur l'acte qui déterminera le résultat définitif de la balance du compte. — *Cass.*, 27 juin 1826, Cardon.

2738.— Lorsqu'un jugement déclare capitalisés les intérêts d'une dette établie par acte authentique, il y a là non pas un arrêté de compte passible du droit d'obligation sur le montant cumulé de ces intérêts, mais une simple liquidation soumise au droit proportionnel de 50 c. p. 100 fr. — Délib. 24 fév. 1837.

2739. — Le jugement qui, sur le refus de l'héritier de délivrer un legs, condamne l'héritier personnellement à payer le montant de ce legs, est passible du droit de 50 cent. p. 100 fr. — *Dict. des dr. d'enregistr.*, v° *Jugement*, n° 176.

2740. — Une décision arbitrale en dernier ressort, qui règle les jouissances dues par un héritier à chacun des cohéritiers, doit être considérée comme une liquidation dans le sens de l'art. 69, § 2, n° 9, L. 22 frim. an VII, et, comme telle, sujette au droit proportionnel de 50 cent. p. 100 fr., quoiqu'elle ne condamne pas l'héritier à payer les sommes dont il est débiteur. — Cass., 10 mai 1819, Murat.

2741. — Il est dû un droit proportionnel de 50 cent. p. 100 fr. sur le jugement qui reconnaît un héritier créancier d'une succession à laquelle il a renoncé, contradictoirement avec un autre créancier de cette même succession. — Cass., 8 avr. 1812, Rochemore.

2742. — Un jugement qui, sur contestations entre héritiers ou légataires prétendant à certaines valeurs de la succession, se borne à déterminer la quotité appartenant à l'une des parties, n'est passible que d'un droit fixe, comme établissant seulement les bases d'un partage ; mais, s'il fixe le montant des droits contestés, en faisant une liquidation qui dispense les parties de toute opération ultérieure, il donne ouverture au droit de 50 cent p. 100 fr. — Solut. 6 mai 1831; inst. 1381, § 4.

2743. — Dans le cas d'une saisie-arrêt opérée sur soi-même, le jugement qui ordonne la compensation est passible du droit de 50 c. p. 100 fr. comme opérant condamnation, liquidation définitive ou libération. — Décis. min. fin. 6 août 1823; —Dict. des dr. d'enregistr., v° Compensation, n° 13.

2744. — Il y a lieu de rappeler ici ce que nous disions suprà (n°s 2671 et 2672), 1° que comme l'art. 39, L. 28 avr. 1816, ne soumet à la perception du droit de 50 c. p. 100 fr. que les jugemens relatifs au recouvrement de sommes ou valeurs dues à l'état, en vertu de titres antérieurs à la condamnation, ce droit n'est par conséquent pas exigible sur les jugemens prononçant des condamnations d'amendes au profit de l'état. — Décis. min. fin. 2 juin 1828; Inst. 1256, § 7.

2745. — ...,2° Et que cette règle est applicable aux confiscations prononcées par jugemens rendus sur les poursuites des préposés des douanes. — Décis. min. fin. 24 juin 1830; Inst. 1336, § 9.

2746. — Ainsi, de l'art. 39, L. 28 avr. 1816, combiné avec les décisions précédentes, il résulte que le droit proportionnel est exigible, quand les condamnations ont pour objet des droits dus à l'état, et dont la demande faite en son nom se trouve ainsi fondée antérieurement au jugement; mais que ce droit n'est point exigible sur les condamnations pécuniaires dont la partie n'est redevable qu'en vertu du jugement. — Délib. 26 fév. 1833.

2747. — Un jugement contradictoire contenant condamnation n'est point passible du droit proportionnel lorsque ce droit a déjà été perçu sur un jugement par défaut portant la même condamnation, et périmé, faute d'exécution dans les six mois. — Solut. 5 janv. 1831.

2748. — Il ne peut être perçu qu'un droit fixe sur le jugement contradictoire qui intervient ensuite de l'opposition à un jugement par défaut et qui porte une condamnation de moindre valeur ; mais le droit proportionnel perçu sur le jugement par défaut n'est pas restituable. — Délib. 29 janv. 1820.

2749. — Lorsque le droit proportionnel a été perçu sur le montant d'une condamnation prononcée par un jugement par défaut, et qu'ensuite ce jugement ayant été annulé pour incompétence, la même condamnation a été prononcée par un nouveau jugement émané d'un autre tribunal, cette nouvelle décision n'est passible que du droit fixe. — Décis. min. fin. 5 déc. 1824 et 13 mai 1836; Inst. 1528, § 9.

2750. — En matière de prises maritimes, la liquidation particulière et la liquidation générale faites dans les formes établies par le règlement du 2 prair. an XI ne peuvent donner ouverture qu'à un seul droit proportionnel. Si ce droit a été perçu sur l'une d'elles, il n'est plus dû qu'un droit fixe pour l'autre. — Cass., 1er juin 1813, Emmery et Vaulsée; 2 fév. 1814, Basterrèche; 2 fév. 1814, Lacombe ; 19 (et non 2) fév. 1814, Giron.

2751. — Les jugemens rendus en pays étranger et produits en France sont soumis au droit proportionnel de 50 c. p. 100 fr. sur le montant des condamnations qu'ils prononcent, comme les jugemens rendus par les tribunaux français.— Cass., 14 avr. 1834, Stacpoole.

2752. — Les dommages-intérêts prononcés par les tribunaux criminels, correctionnels et de police sont passibles du droit proportionnel de 2 fr. p. 100 fr. (L. 22 frim. an VII, art. 69, § 5, n° 8).—Les dommages-intérêts prononcés par les juges de paix, les tribunaux civils, de commerce et d'arbitrage n'étaient d'abord assujétis qu'au droit de 50 c. p. 100 fr.—Circul. 5 pluv. an VIII, 1749.—Mais l'art. 11, L. 27 vent. an IX, a porté à 2 fr. p. 100 le droit à percevoir sur les dommages-intérêts en matière civile.

2753. — Toute condamnation à des dommages-intérêts à donner par état est passible du droit proportionnel de 2 °/₀ sur la valeur estimative de ces dommages que les parties doivent déclarer conformément à l'art. 16, L. 22 frim. an VII. — Instr. 18 juin 1838.

2754. — Le droit de 2 °/₀ est exigible, à titre de dommages-intérêts, sur un jugement qui condamne un mandataire, pour avoir vendu à vil prix les biens de son commettant, à lui payer la différence de ce prix à la véritable valeur. — Délib. 24 déc. 1833.

2755. — Lorsque le droit de 2 °/₀ a été perçu sur les dommages-intérêts prononcés par une cour d'assises, et que, d'après la cassation de l'arrêt des dommages-intérêts plus considérables sont prononcés pour le même fait par une autre cour d'assises, la perception, pour cette seconde condamnation, doit être limitée au surplus de ces dommages-intérêts. — Délib. 12 fév. 1836.

2756. — Le procès-verbal d'ordre pris dans son ensemble est sujet au droit de 50 c. p. 100 fr. sur le montant des collocations arrêtées définitivement par le juge-commissaire. — Décis. min. fin. 8 déc. 1843; instr. 1704, § 8.

§ 3. — Droit de titre.

2757. — Lorsqu'une condamnation est rendue sur une demande non établie par un titre enregistré et susceptible de l'être, le droit auquel l'objet de la demande aurait donné lieu s'il avait été convenu par acte public, doit être perçu indépendamment du droit dû pour l'acte ou le jugement qui aura prononcé la condamnation. — L. 22 frim. an VII, art. 69, § 2, n° 9.

2758. — Par titres non susceptibles d'être enregistrés, il faut entendre ceux qu'une disposition expresse de la loi dispense de l'enregistrement, comme les transferts d'inscriptions, les quittances de leurs intérêts, les rescriptions, mandats et ordonnances sur les caisses publiques, etc. Les jugemens de condamnation sur les demandes de cette nature ne seraient sujets qu'au droit de condamnation : 50 c. p. 100 fr. — Décis. min. fin. 6 fructid. an X et 29 vent. an XII ; circul. 8 germin. an XII ; — Championnière et Rigaud, t. 2, n° 854.

2759. — De même, quand c'est la loi qui fait le titre des parties, comme dans les jugemens en vertu desquels des alimens sont accordés à des ascendans (C. civ., art. 205), ou à un époux (C. civ., art. 301), il n'est point dû d'autre droit que celui de condamnation. — Décis. min. fin. 28 niv. an XI et 14 juin 1808 ; instr. 390, n° 7.

2760. — En un mot, la disposition de la loi doit être entendue en ce sens que le droit auquel l'objet de la demande aurait donné lieu est exigible sur le jugement, toutes les fois que le jugement est de nature à tenir lieu de titre à une convention qui, rédigée par écrit, serait susceptible d'un droit d'enregistrement. — Championnière et Rigaud, t. 2, n°s 845 et 851.

2761. — Mais lorsqu'un jugement, qui prononce des condamnations sur des conventions verbales, est présenté à la formalité après le délai, il n'y a lieu de percevoir de double droit que sur le montant de la condamnation, et non pas sur la convention, qui n'est passible que du droit simple, à moins qu'elle n'ait pour objet une transmission de propriété, d'usufruit ou de jouissance d'immeubles susceptible par elle-même du double droit, à défaut d'enregistrement dans les délais fixés par la loi. — Avis com. 8 juill. 1809, appr. le 5 août ; instr. 452, n° 2.

2762. — Le droit proportionnel pour titre est

exigible, indépendamment du droit de condamnation, pour les conventions verbales ou prétendues telles, lorsqu'elles sont susceptibles d'être constatées par un titre écrit. — *Cass.*, 21 frim. an XII, Sautel , 22 juill. 1807, Vernet ; 9 août 1809, Billard ; — Championnière et Rigaud, t. 2, n° 85.

2763. — Les condamnations prononcées contre un cohéritier qui avait administré les biens de la succession en vertu d'un mandat ne donnent pas lieu à la perception du droit de titre, lors d'ailleurs que ce mandat n'a pas été suivi, antérieurement aux demandes judiciaires, d'un arrêté de compte établissant un reliquat à la charge du mandataire. — *Cass.*, 8 août 1833, Stacpoole. — En effet, on ne peut présupposer l'existence d'une convention de prêt. — Roland et Trouillet, *Dict. d'enreg.*, v° *Jugement*, § 6, n° 17.

2764. — Le jugement qui condamne à payer ce qui reste dû sur le prix d'une vente verbale d'objets mobiliers n'est point passible du droit de 2 % sur la somme qui fait l'objet de la condamnation. Il en serait autrement s'il s'agissait d'une convention écrite ou d'une convention verbale, relatives à une transmission de propriété, d'usufruit ou de jouissance d'immeubles. — Décis. min. fin. 5 avr. 1818. — Dans ce cas, il n'y a pas lieu de percevoir le droit de quittance sur les sommes dont le paiement n'est pas demandé. — Décis. min. fin. 6 brum. an VIII; solut. 15 oct. 1812. — Cependant, une solution du 19 oct. 1831 porte que le droit de titre est dû sur la somme demandée et non sur le montant seulement de la condamnation. Mais nous pensons, disent MM. Roland et Trouillet (*Dict. d'enreg.*, v° *Jugement*, § 6, n° 43), que le montant de la condamnation forme seul l'objet de la demande, et qu'il y a lieu de prendre pour règle les décisions de l'an VIII et de 1818.

2765. — Lorsqu'une demande en condamnation au paiement du prix d'une vente a été limitée à la moitié du prix du marché originaire, sans qu'il se soit élevé aucune contestation sur l'autre moitié, le droit de titre a dû être perçu dans la proportion déterminée par l'objet de la demande, et non sur le prix total. — *Cass.*, 26 août 1834, Larcher;—Roland et Trouillet, *ibid.*, § 5, n° 19.

2766. — Le droit de vente mobilière n'est pas exigible, indépendamment de celui pour la condamnation aux dommages-intérêts, sur le jugement qui prononce cette condamnation pour défaut d'exécution d'une vente de marchandises convenue verbalement, s'il n'y a pas d'ailleurs de condamnation explicite sur l'objet de la demande relativement à l'exécution ou au prix de cette vente. — Délib. 13 avr. 1838.

2767. — Un jugement arbitral portant condamnation d'une somme déterminée restant due de plus forte somme aussi déterminée pour cause de fournitures de grains, sans énonciation d'aucun titre, n'est sujet qu'au droit de 50 c. p. 100 fr. sur le montant de la condamnation. — *Cass.*, 18 juill. 1815, Lyon.

2768. — Il n'y a pas lieu à restituer le droit de titre perçu sur un jugement, à raison de la somme entière formant l'objet de la demande d'un créancier contre plusieurs débiteurs, lorsque, par suite d'un compte ordonné, le créancier obtient condamnation contre un des débiteurs, pour une somme moindre que celle comprise dans la demande, tous ses droits réservés contre les autres. — *Cass.*, 26 nov. 1822, Derome.

2769. — Le jugement qui condamne à payer le reliquat d'un compte-courant n'est passible du droit de titre et de celui de condamnation que sur ce reliquat, bien qu'il soit mentionné qu'à diverses époques les arrêtés de situation présentaient un résultat plus considérable. — Délib. 15 fév. 1831 ; — Roland et Trouillet, *Dict. d'enreg.*, v° *Jugement*, § 4, n° 57.

2770. — Lorsqu'un jugement ordonne que pour tenir lieu à une veuve des arrérages de son douaire, elle recevra directement et sur sa seule quittance, tant que le douaire existera, les revenus et fermages des biens de ses enfans, à charge par elle de tenir compte annuellement à ceux-ci de l'excédant des fermages sur les arrérages du douaire, et que de plus ce jugement l'autorise à administrer les mêmes biens et à faire les réparations d'entretien, une pareille disposition ne contient

pas une cession d'usufruit, ni un engagement d'immeubles, et ne fait qu'assurer le paiement du douaire sur les fermages ; il n'est donc dû sur ce jugement que le droit de 50 c. p. 100 fr. — Décis. min. fin. 9 nov. 1821 ; — Roland et Trouillet, *Dict. d'enreg.*, v° *Jugement*, § 6, n° 5.

2771. — Lorsque le cessionnaire, par acte enregistré d'une créance dont le titre ne l'a pas été, obtient condamnation contre le débiteur, il y a lieu de percevoir le droit de titre, parce que la condamnation repose, non sur la cession, mais sur le titre non enregistré de la créance. — Solut. 31 mars 1834 ; — Roland et Trouillet, *Dict. d'enreg.*, v° *Jugement*, § 5, n° 13.

2772. — Le jugement portant condamnation de sommes dues pour plusieurs années d'un bail verbal, et résiliement de ce bail pour le nombre d'années restant à courir, est passible, indépendamment du droit de condamnation, du droit de bail, tant sur les années qui restent à courir que sur les sommes dues. — Solut. 19 mars 1831.

2773. — Le jugement qui condamne l'établissement qui exproprie le propriétaire d'une maison à payer une indemnité aux locataires, n'est pas passible du droit de titre, mais seulement de celui de 50 c. p. 100 fr. — Délib. 31 janv. 1834 ; — Roland et Trouillet, *ibid.*, § 5, n° 24.

2774. — Lorsque, en vertu d'une convention avouée par les parties, et suivant laquelle des entrepreneurs se sont chargés de faire des constructions et réparations dans la maison d'un propriétaire, pour être payés par celui-ci sur la production de leurs mémoires, un jugement porte condamnation au paiement d'une somme due pour travaux et fournitures, ce jugement est passible du droit de titre, indépendamment de celui de condamnation, car il y a eu là un marché véritable pour constructions et réparations, lequel eût donné lieu à la perception d'un droit de 1 %. — Délib. 6 déc. 1833, appr. le 11.

2775. — Cependant, on peut dire que les fournitures d'un entrepreneur et sa main-d'œuvre sont deux choses dépendant nécessairement l'une de l'autre. Il n'y avait donc lieu de percevoir que le droit de marché à raison de 1 % sur les condamnations.

2776. — Le jugement qui condamne un entrepreneur de roulage à payer la valeur de marchandises qu'il a perdues n'est point passible du droit de titre; il donne lieu seulement au droit de 50 cent. p. 100 fr., et à pareil droit s'il est accordé à l'entrepreneur une garantie contre les rouliers correspondans. — Solut. 5 oct. 1831.

2777. — Lorsqu'un acte ou jugement fixe une liquidation de société et déclare l'un des associés débiteur des autres, il est dû un droit proportionnel de titre sur le montant de cette obligation, indépendamment du droit de condamnation à percevoir sur le jugement.—*Cass.*, 25 (et non 24) mars 1812, Lambert.

2778. — Décidé cependant que le jugement qui condamne des sociétaires à rembourser à celui d'entre eux chargé des opérations de la société, la portion à leur charge dans les sommes avancées par celui-ci, et d'après les stipulations de l'acte social, n'est pas sujet au droit de titre, et ne donne lieu qu'au droit de condamnation, attendu que la base de cette condamnation est l'acte de société enregistré. — Délib. 11 oct. 1833. — En effet, un pareil jugement contient seulement une liquidation; et un jugement de collocation ou de liquidation ne donne pas ouverture au droit de titre. — Championnière et Rigaud, t. 2, n°s 852 et 853.

2779. — N'est point passible du droit de titre ,le jugement correctionnel qui, statuant sur une plainte en escroquerie, condamne le prévenu à restituer au plaignant divers objets mobiliers que le prévenu s'était fait vendre à crédit pour le compte d'une personne qui ne lui avait donné aucun mandat à cet effet.—*Cass.*, 9 mai 1822, Marlé-Machard.

2780.—De même, lorsqu'un jugement de police correctionnelle condamne un mandataire comme coupable d'abus de confiance à restituer une somme qu'il a touchée pour son mandant, ce jugement ne donne lieu à aucun droit de titre; et il ne doit être perçu que le droit de condamnation. — *Cass.*, 21 nov. 1832, Travot.

2781. — Le montant des dépens liquidés doit être ajouté à celui des autres condamnations pour la perception du droit de 50 cent. p. 100 fr., et ne donne lieu à aucun droit fixe particulier. Lorsque le jugement ne contient pas cette liquidation, le droit est perçu sur l'exécutoire si la partie s'en fait délivrer un. — Délib. 22 niv. an X.

2782. — Le droit de titre ne doit être perçu, indépendamment du droit de condamnation sur les jugemens portant condamnation de dépens au profit des avoués contre leurs cliens, qu'autant que la prescription de deux ans (C. civ., art. 2273) se trouve acquise, en conséquence d'une solution qui, avant la loi du 28 avr. 1816, n'assujétissait ces jugemens à l'enregistrement sur la minute que dans le cas de prescription. — Instr. 3 fructid. an XIII, 290, n° 33.

2783. — Un jugement ne peut donner ouverture au droit proportionnel de libération comme droit de titre. — Championnière et Rigaud, t. 2, n° 1608.

§ 4.—*Jugemens contenant transmission de propriété ou résolution de contrat.*

2784. — Les jugemens qui contiennent transmission de propriété ou résolution de contrat sont passibles du droit proportionnel, lequel varie suivant la nature des objets et l'espèce du titre translatif de propriété. Ce droit proportionnel n'est autre que le droit de titre dont nous avons parlé dans le paragraphe précédent. — L. 22 fructid. an VII, art. 69, § 2, n° 9.

2785. — Les jugemens par défaut, contenant transmission de propriété immobilière sont sujets au droit proportionnel de mutation, de même que s'ils étaient contradictoires.—*Cass.*, 24 (et non 23) thermid) an XIII, Lemeunier Lagirardière; 7 mai 1806, Saint-Aignan; 6 déc. 1820, Mourgues.

2786. — En matière d'expropriation forcée, on avait d'abord décidé que le droit d'enregistrement auquel était sujet le jugement n'était pas exigible durant l'appel interjeté de ce jugement. — *Cass.*, 21 flor. an VIII, Roux.

2787. — ... Et qu'en cas d'appel, il n'y avait lieu de percevoir le droit proportionnel qu'après un arrêt confirmatif. — *Cass.*, 29 oct. 1806, Guilhot.

2788. — ... Qu'en tout cas, si le droit avait été perçu auparavant, il n'avait pu l'être que provisoirement et à charge de restitution en cas d'un arrêt infirmatif. — *Cass.*, 29 oct. 1806, Guilhot.

2789. — Mais, déterminé par ces considérations qu'aucune disposition de loi ne dispensait de l'enregistrement les jugemens dont il était interjeté appel, et que le paiement des droits ne pouvait être différé par aucuns motifs, le conseil d'état a été d'avis que les adjudications d'immeubles faites en justice devaient être enregistrées dans les vingt jours de leur date, soit qu'on en eût ou non interjeté appel, mais que le droit perçu était restituable lorsque l'adjudication était annulée par les voies légales. — Avis cons. d'état, 18 oct. 1808, appr. le 22; — Instr. 429, n° 1er. — V. aussi *infrà* n°s 4207 et suiv.

2790. — Jugé en conséquence que l'appel d'un jugement d'adjudication n'autorise point l'adjudicataire à surseoir au paiement des droits de mutation. — Seulement, si l'adjudication est annulée sur l'appel, il pourra se faire restituer les droits qu'il aura payés. — *Cass.*, 20 (et non 10) déc. 1808, Papineau.

2791. — Tous les actes judiciaires portant transmission de propriété immobilière sont passibles du droit de mutation, sans qu'il y ait lieu de distinguer entre les jugemens susceptibles d'appel et ceux rendus en dernier ressort. — *Cass.*, 14 juill. 1824, Tonnerieu.

2792. — Le jugement qui envoie un individu en possession d'un immeuble qu'un autre a acquis depuis plusieurs années, en vertu d'un acte de vente dont il a payé les droits, est passible du droit proportionnel comme étant translatif de propriété, encore bien qu'il déclare que le possesseur actuel n'a été que le prête-nom de celui qui est reconnu pour le véritable propriétaire. — D'ailleurs, en considérant le jugement dans sa prétendue relation avec l'acte de vente dont on le regarderait comme le complément, il y aurait là une déclara-

tion de command, passible du droit proportionnel, faute d'avoir été notifiée à la régie dans les vingt-quatre heures du contrat. — *Cass.*, 28 janv. 1811, Bordes.

2793.—Lorsqu'un individu a acquis en son nom seul un immeuble sur la totalité duquel il a payé le droit de mutation, le jugement qui déclare ensuite une autre personne copropriétaire de ce même immeuble doit être considéré, à l'égard de celle-ci, comme un titre translatif de propriété, et donnant ouverture à un nouveau droit de mutation, sans qu'il y ait lieu à aucune restitution sur le premier droit régulièrement perçu. — *Cass.*, 6 déc. (et non sept.) 1813, Blaclot.

2794. — Le jugement qui fait passer sur la tête d'un individu une propriété adjugée purement et simplement à un autre donne lieu au droit proportionnel de mutation, quand bien même il déclarerait que l'adjudicataire n'était qu'une personne interposée, qui aurait acquis pour le compte du premier.—*Cass.*, 7 fév. 1838 (t. 1er 1838, p. 288), Levêque.

2795. — Lorsqu'un individu s'est rendu en son nom seul adjudicataire d'un immeuble sur le prix duquel le droit de mutation a été perçu, il est dû un nouveau droit de mutation sur la part qu'un autre individu fait déclarer lui appartenir dans l'immeuble acquis en vertu d'un acte de société qui n'avait point date certaine au moment de l'adjudication. — *Cass.*, 8 juill. 1839 (t. 2 1839, p. 147), Giraud.

2796. — Lorsque le débiteur d'une somme d'argent s'est obligé, à défaut de paiement dans un certain délai, de consentir à son créancier la vente de plusieurs immeubles désignés dans l'acte, le jugement qui, faute de paiement dans le délai fixé, envoie le créancier en possession des immeubles, jusqu'à concurrence de la somme due, contient une transmission de propriété passible du droit proportionnel, encore bien que dans la promesse de vente l'estimation des immeubles eût été laissée à dire d'experts. — *Cass.*, 22 déc. 1813, Sahuguet. — V. *contrà* Championnière et Rigaud, *Tr. des dr. d'enreg.*, t. 3, n° 2074.

2797.—Le jugement qui ordonne de passer acte de vente dans un certain délai après lequel, et à défaut par les parties de ce faire, il vaudra lui-même vente, est translatif de propriété dès avant l'expiration du délai, et donne immédiatement ouverture au droit proportionnel.—*Cass.*, 14 (et non 19) janv. 1836, Charrier.

2798.—Mais lorsqu'un jugement constate l'existence d'une vente avec stipulation d'un dédit, et ordonne à l'acquéreur de passer le contrat ou de payer le dédit, il n'y a point lieu de percevoir sur ce jugement le droit proportionnel de transmission immobilière. — *Cass.*, 19 mars 1839 (t. 1er 1839, p. 455), Marchand; — Championnière et Rigaud, t. 3, n°s 2041, 2051 et 2353.

2799. — Un jugement portant qu'à défaut de paiement par le débiteur, le créancier pourra se mettre en jouissance de ses biens jusqu'à entier paiement de la dette, comme l'autorisaient les constitutions piémontaises, est purement facultatif et ne transmet pas un droit actuel au créancier. Le droit proportionnel n'est dû que sur l'acte de prise de possession. — *Cass.*, 3 avr. 1811, Nigra.

2800. — Comme autres exemples de jugement contenant transmission de propriété, on peut encore, en ce qui concerne les ventes immobilières, consulter *infrà* n°s 3421 et suiv.

2801. — Les jugemens sont encore passibles du droit proportionnel lorsqu'ils constatent qu'il y a eu transmission antérieure de la propriété. — Au surplus V. à cet égard *infrà* n°s 3876 et suiv.

2802. — Ainsi un jugement qui constate l'existence d'une vente verbale d'immeubles et qui autorise le vendeur à revendre aux risques et périls de l'acheteur, fait preuve suffisante de mutation de propriété, et donne lieu au droit proportionnel. — *Cass.*, 6 sept. 1813 (et non 1812), Tandou.

2803. — Lorsque le mari a aliéné les biens dotaux de sa femme, et que, suivant la clause de remploi portée au contrat de mariage, il a acquis d'autres biens, le jugement qui déclare que ceux-ci forment le remploi stipulé, est simplement déclaratif et non translatif de propriété. En conséquence, il n'est passible que d'un droit fixe.—*Cass.*, 29 mai 1816, Campredon.

2804.—Lorsqu'après avoir acquis un immeuble dont il a payé le prix comptant, un individu s'en rend adjudicataire sur l'expropriation poursuivie par les créanciers hypothécaires de son vendeur qui n'a point purgé, il n'est point tenu de payer un second droit proportionnel de mutation, attendu qu'il n'a pas été dépossédé. —Délib. 19 août 1818, appr. le 17 nov. suiv.

2805. — Lorsque des immeubles vendus à un particulier sont saisis à la requête d'un créancier du vendeur, et adjugés à des tiers, le jugement qui, par suite, résilie la première vente, ne peut être considéré comme opérant rétrocession du premier acquéreur au vendeur primitif. (*Jug. trib. Schelestadt*, 28 août 1823). — Délib. 20 mars 1824.

2806. — Le droit proportionnel est dû sur tout jugement par défaut portant résolution d'une vente pour défaut de paiement du prix, lorsque l'acquéreur était entré en jouissance. —*Cass.*, 6 déc. 1320, Mourgues.

2807.—Et il n'y a pas lieu à restitution des droits lorsqu'en suite ces jugemens viennent à être annulés sur l'opposition. — V. *infrà* n°8 4388 et suiv.

2808. — On ne peut, pour se refuser au paiement des droit et double droit proportionnels sur un jugement portant résolution de vente, exciper de ce que le receveur se serait contenté de percevoir le droit fixe, si le double droit était déjà acquis à la régie lors de la présentation de ce jugement à l'enregistrement. — *Cass.*, 11 sept. 1809, Micard-Perrin.

2809. — Lorsque, sur une instance en partage d'une succession, un jugement donne à l'une des parties acte de son consentement à rapporter des biens à elle vendus par l'auteur de la succession, ce jugement constitue une rétrocession au profit de la succession, passible du droit de vente.—*Cass.*, 17 fév. 1840 (t. 1er 1840, p. 732), Fouquier.

2810. — Il n'y a pas lieu de percevoir le droit proportionnel de rétrocession sur un jugement qui prononce la résolution pour cause d'inexécution d'un marché de fournitures, avec condamnation à des dommages-intérêts contre l'une des parties. Il ne doit être perçu qu'un droit fixe sur la résiliation de la convention, et le droit de condamnation sur les dommages-intérêts. — *Cass.*, 29 janv. 1839 (t. 1er 1839. p. 161), Perrier c. Granger-Veyron.

2811. — N'est passible que du droit fixe le jugement qui prononce la résolution d'une acquisition faite par un mineur, attendu que l'incapacité de contracter de la part de celui-ci est une nullité radicale. — Solut. 31 déc. 1830 ; instr. 1354, § 5.

2812. — Il en est de même du jugement portant résolution d'une vente pour cause de dol ou de violence, attendu que le consentement du vendeur est censé n'avoir jamais été donné. — Délib. 19 oct. 1822 et 16 fév. 1825.

2813. — .. Du jugement qui déclare résolue purement et simplement une vente de grains par le motif qu'il y a erreur sur la qualité des grains; car il y a là une nullité qui tombe sur la substance même de l'objet de la convention. — Délib. 16 déc. 1828.

2814. — ...Du jugement qui prononce la résolution d'un legs pour inaccomplissement des conditions. — Championnière et Rigaud, t. 3, n° 2436.

2815. — ...Du jugement qui déclare nulle comme contenant un traité sur une succession future, la donation faite par un père à l'un de ses enfans, de tous ses biens à la charge de payer à ses frères acceptans une somme fixe pour les remplir de ses droits. — Solut. 15 fév. 1832.

2816. — Au surplus et pour tout ce qui concerne les annulations ou résolutions prononcées par jugement, V. *infrà* n°s 4087 et suiv.

§ 5. — *Dispositions indépendantes.*

2817.—Lorsque, dans un acte judiciaire, il y a plusieurs dispositions indépendantes ou ne dérivant pas nécessairement les unes des autres, il est dû pour chacune d'elles et selon son espèce un droit particulier. — L. 22 frim. an VII, art. 11.

2818. — Lorsque des parties comparaissent volontairement devant un juge de paix ou bien qu'elles provoquent sa compétence ou sa juridiction, on avait d'abord pensé que le droit de compromis était dû, soit que la déclaration fût mise en tête du jugement, soit qu'elle fût donnée par acte séparé. — Instr. 435, § 3.

2819.—Mais décidé depuis que si la déclaration des parties n'est constatée que par le contexte même du jugement (quoique signée par les requérans), il n'y a pas lieu de percevoir deux droits. Au contraire, lorsque la déclaration est faite dans un acte particulier, le droit est de 1 fr., si les parties et la cause sont justiciables du juge de paix, et de 3 fr. comme compromis, si les parties provoquent la compétence ou la juridiction du juge de paix. — Décis. min fin. et just. 16 et 27, art. 1820 ; inst 1132, § 4 ;—Roland et Trouillet, *Dict. d'enreg*, v° *Compromis*, n° 3.

2820. — Décidé même que le droit particulier n'est dû qu'autant que la déclaration est sur feuille séparée, ou, si elle se trouve en tête du jugement, qu'autant qu'elle est d'une date différente. — Solut. 21 déc. 1829 ; — Roland et Trouillet, *ibid.*, n°. 4.

2821. — Il n'est dû qu'un seul droit de 3 fr. sur le jugement rendu sur assignation à bref délai et qui donne acte de la constitution de plusieurs avoués. —Solut. 12 juill. 1831.

2822. — Le jugement qui déclare l'absence de plusieurs individus est passible d'autant de droits fixes de 5 fr. qu'il y a de déclarations d'absence ; car ces déclarations sont indépendantes les unes des autres. — Délib. 31 juill. 1834.

2823. — N'est passible que d'un seul droit, le jugement qui ordonne qu'il sera procédé à la liquidation et au partage d'une succession et commet un notaire à cet effet ; en effet, la nomination du notaire se rattache nécessairement à la disposition principale. — Solut. 28 mai 1831.

2824. — Le jugement qui prononce une séparation de biens n'est soumis au droit fixe de 15 fr. qu'autant qu'il se borne à prononcer la séparation. Il est en outre passible du droit proportionnel sur le montant des condamnations de sommes ou valeurs mobilières qu'il contient. Dans ce cas, quoique le jugement statue en vertu du contrat de mariage enregistré, on ne saurait l'assimiler à un acte ayant pour objet l'exécution d'un acte antérieur enregistré, et n'étant point à ce titre passible du droit proportionnel. — *Cass.*, 2 mars 1835, Dufrayer.

2825.—Décidé au contraire qu'il n'est dû qu'un seul droit sur un jugement de séparation de biens qui autorise la femme à retirer sa dot des mains dans lesquelles elle a été déposée, attendu que cette disposition dérive de la séparation (C. civ., art. 449). — Délib. 7 mars 1818.

2826. — Il est dû deux droits sur le jugement qui alloue à une partie ses conclusions, et, en outre, la condamne à une amende pour avoir manqué à la justice. — Solut. 10 août 1831.

2827. — Un jugement qui, avant faire droit, ordonne une expertise et nomme des experts, est un jugement préparatoire qui n'est passible que d'un droit; il devrait être perçu deux droits si les experts avaient été nommés par les parties et que le jugement en donnât acte. — Solut. 13 août 1814.

2828. — Lorsque, sur une adjudication en plusieurs lots, un seul est adjugé et que le juge renvoie l'adjudication des autres après de nouvelles annonces, il n'est dû qu'un seul droit fixe pour les remises de tous les lots ; en effet les remises, bien que signées séparément par le juge et le greffier, étant faites successivement dans une seule et même vente, ne forment qu'un seul et même procès-verbal. — Solut. 3 janv. 1833.

2829.—N'est point passible d'un droit particulier le jugement d'adjudication qui, par suite de surenchère, ordonnant que la somme consignée par la caution du surenchérisseur lui sera restituée, attendu que la deuxième adjudication s'est élevée à plus d'un dixième en sus du prix de la première. — Solut. 19 sept. 1832.

2830. — La disposition d'un jugement d'ordre qui ordonne la radiation des inscriptions qui existent sur l'immeuble dont le prix est distribué, étant une conséquence immédiate et nécessaire de la collocation, laquelle est soumise au droit proportionnel de 1/2 %, il n'est dû aucun autre droit particulier à raison de cette radiation. —*Cass.*, 21 juill. 1818, Montaudouin.

2831. — Il en est de même, soit que la radiation concerne des inscriptions prises d'office ou par des créanciers utilement colloqués, soit qu'elle ait pour objet des inscriptions de créanciers qui n'aient pas produit. — *Cass.*, 21 juill. 1818, Montaudouin.

2832. — La distraction des dépens, en faveur de l'avoué qui en a fait les avances, est une disposition dépendante de la condamnation et ne donne point lieu à un droit particulier. — Délib. 22 niv. an X.

2833. — N'est passible que d'un seul droit, le jugement du tribunal de commerce qui statue sur la compétence et sur le fond par deux dispositions distinctes (C. procéd., art. 425); il en est de même de l'arrêt qui statue en même temps sur l'appel d'un jugement interlocutoire et sur le fond du procès. — *Dict des dr. d'enreg.*, art. 3009.

2834. — En règle générale, le jugement qui prononce une condamnation alternative ne donne lieu au droit que sur l'une des dispositions, et d'abord sur celle qui, étant placée la première, semble avoir un effet actuel. Mais cette perception n'est que provisoire, et lorsque l'option de la partie a été faite, il y a lieu d'exiger un supplément de droit ou de restituer ce qui a été perçu de trop, pourvu que la demande soit faite en temps utile. Ainsi, il n'est dû que le droit fixe sur le jugement qui condamne un mandataire à rendre compte, sinon à payer une somme déterminée. — Délib. 2 août 1833; — Roland et Trouillet, *Dict. d'enreg.*, vo *Jugement*, § 4, no 61.

2835. — Le droit de 2 % pour dommages-intérêts comprend implicitement celui de condamnation de 50 cent. p. 100 fr.; on ne peut donc percevoir l'un et l'autre de ces droits sur le montant des dommages-intérêts. — Solut. 22 niv. an X.

2836. — Le jugement qui condamne dix individus à diverses amendes montant en totalité à 150 fr., n'est passible que d'un seul droit, parce que la pluralité des droits doit porter sur la pluralité des dispositions et non sur le nombre des personnes. — Délib. 16 août 1817.

2837. — Décidé cependant, depuis, que le jugement de simple police qui condamne à l'amende onze contrevenans individuellement et sans solidarité, donne ouverture à onze droits fixes de 1 fr. — Solut. 26 juin 1833.

2838. — Ainsi, il faut distinguer si les contrevenans sont impliqués ou non dans la même affaire. Dans le premier cas, comme ils sont solidaires, pour les frais du moins, ils ne comptent que pour une personne. — Roland et Trouillet, *Ibid.*

Sect. 6e. — *Mutations par décès.*

2839. — Toute transmission de propriété d'usufruit ou de jouissance de biens, meubles et immeubles par décès, est passible du droit proportionnel. — L. 22 frim. an VII, art. 4.

2840. — En règle générale, les droits dus à raison des mutations par décès doivent être perçus d'après la loi existant au moment de la déclaration et non d'après la loi en vigueur lors de l'ouverture de la succession. — Ainsi, c'est d'après le tarif de la loi du 22 frim. an VII que doivent se percevoir les droits de mutation pour une succession ouverte avant la promulgation de cette loi, mais déclarée depuis. — Cass., 26 frim. an XIII, Chevalier.

2841. — Le montant des droits d'enregistrement pour cause de mutation par décès est gradué suivant la proximité des héritiers de celui à qui ils succèdent; ils ont été établis et successivement augmentés ainsi qu'il suit :

2842. — En *ligne directe*, droits des mutations qui s'effectuent par décès, en propriété ou usufruit : — sur les meubles, 25 cent. p. 100 fr. (L. 22 frim. an VII, art. 69, § 1er, no 3); — sur les immeubles, 1 fr. par 100 fr. (art. 69, § 3, no 4) — Ces quotités ont été appliquées aux partages d'ascendans. — L. 16 août 1824, art. 3.

2843. — ... Entre *époux*, droits des mutations en propriété ou usufruit s'effectuant par décès : —sur les meubles, d'abord moitié de 1 fr. 25 c. p. 100 fr. (L. 22 frim. an VII, § 4, art. 69, no 2); aujourd'hui, 1 f. 50 c. p. 100 fr. (L. 28 avr. 1816, art. 53); —sur les

immeubles, d'abord 2 fr. 50 c. p. 100 fr. (L. 22 frim. an VII, art. 69, § 6, no 3); aujourd'hui, 3 fr. p. 100 fr. (L. 28 avr. 1816, art. 53).

2844. — ... Entre *collatéraux* et autres *personnes non parentes*, les droits des mutations en propriété ou usufruit s'effectuant par décès, soit par succession, soit par testament ou autre acte de libéralité à cause de mort, ont successivement subi les augmentations suivantes : — la loi du 22 frim. an VII imposa d'abord sur les meubles 1 fr. 25 c. p. 100 fr. (art. 69, § 4, no 2); sur les immeubles, 5 fr. p. 100 fr. (art. 69, § 8, no 2). — Puis la loi du 28 avr. 1816 (art. 53) établit une distinction : entre les collatéraux parens au degré successible : sur les meubles, 2 fr. 50 c. p. 100 fr.; sur les immeubles, 5 fr. p. 100 fr.; — entre toutes autres personnes : sur les meubles, 3 fr. 50 c. p. 100 fr.; sur les immeubles, 7 fr. p. 100 fr. — Enfin, la loi du 21 avr. 1832 (art. 33) a établi les droits ainsi qu'il suit : 1o entre frères et sœurs, oncles et tantes, neveux et nièces : sur les meubles, 3 fr. p. 100 fr.; sur les immeubles, 6 fr. p. 100 fr.; — 2o entre grand'oncles et grand'tantes, petits neveux et petites nièces, cousins-germains : sur les meubles, 4 fr. p. 100 fr.; sur les immeubles, 7 fr. p. 100 fr.; — 3o entre parens au-delà du quatrième degré et jusqu'au douzième : sur les meubles, 5 fr. p. 100 fr.; sur les immeubles, 8 fr. p. 100 fr.; — 4o entre personnes non parentes : sur les meubles, 6 fr. p. 100 fr.; sur les immeubles, 9 fr. p. 100 fr.

2845. — Ces quotités comprennent le droit de transcription. — Instr. 30 avr. 1832, 1399.

2846. — Les beaux-pères et les gendres, les beaux-frères et les belles-sœurs, en un mot tous les alliés, ne sont point considérés comme parens pour la perception des droits de mutation par décès. — Circ. 23 déc. 1791, 202; — *Dict. des dr. d'enreg.*, vo *Succession*, no 160.

2847. — Lorsque, l'époux survivant, les enfans naturels sont appelés à la succession, à défaut de parens au degré successible, ils sont considérés, quant à la quotité des droits, comme personnes non parentes. — L. 28 avr. 1816, art. 53. — Et il n'y a pas lieu de faire distraction de la part à laquelle les enfans naturels avaient droit. — *Dict. de l'enreg.*, vo *Succession*, no 180.

2848. — On ne saurait considérer comme étrangers l'un à l'autre deux époux divorcés pour cause d'émigration, si depuis ils ont vécu maritalement, ont fait des acquisitions en commun et pris, dans les actes relatifs à leurs affaires, la qualité de mari et de femme. Dès-lors le droit exigible pour un legs fait par l'un des époux à l'autre doit être liquidé au taux fixé pour les mutations par décès entre époux. — Délib. 10 juin 1830.

2849. — Les enfans naturels et leurs représentans ne doivent les droits de mutation pour la portion qui leur est accordée dans la succession de leur auteur qu'au taux fixé pour la ligne directe; sauf lorsqu'ils sont appelés à défaut de successibles. — Déc. min. fin. 7 messid. an XII; délib. 17 juin 1834.

2850. — En cas de concours entre des enfans naturels avec un ascendant et un légataire universel, la renonciation de l'ascendant ne profitant qu'au légataire, c'est d'après la qualité de celui-ci vis-à-vis du défunt que doivent être fixés les droits de mutation pour la portion qui accroît à ce légataire. — Instr. 31 juill. 1835.

2851. — Bien que les héritiers légitimes maintiennent au profit d'un enfant naturel le legs d'une part excédant celle que la loi permet à son égard, la régie peut, sans avoir égard à cet arrangement de famille, se prévaloir de la nullité de la disposition testamentaire pour la liquidation des droits de mutation par décès. — Délib. 18 juill. 1837.

2852. — Lorsque le légataire universel saisi de plein droit (C. civ. art. 1006) a disposé de l'hérédité par une transaction avec les héritiers, il n'en est pas moins tenu de payer les droits de mutation au taux réglé par son degré de parenté avec le défunt, sur la totalité des biens de la succession et c'est à lui de s'entendre avec les héritiers relativement aux portions qu'il leur a abandonnées. — Solut. 28 juin 1826; instr. 1229, § 11.

2853. — Si la succession devenue vacante par la renonciation des héritiers présomptifs, s'est ouverte en ligne directe, il n'est dû que les droits auxquels cette ligne est imposée, à moins que, sur le refus des héritiers directs, des collatéraux ne se présentent pour recueillir (Instr. 290, § 70). — Si la succession est devenue vacante par la renonciation du donataire ou légataire, les droits sont liquidés d'après la ligne en faveur de laquelle la succession s'est ouverte par la renonciation, et la perception est réglée comme s'il n'y avait eu ni testament ni donation. — Décis. min. fin. 7 juin 1808 ; instr. 386, § 33.

2854. — Lorsqu'un défunt n'a laissé ni époux, ni ascendans, ni descendans, ni parens connus, et que le domaine n'a pas réclamé sa succession à titre de déshérence, la déclaration faite par le curateur nommé à la vacance est sujette aux droits fixés pour la ligne collatérale, parce que ce curateur est censé représenter des collatéraux actuellement inconnus, mais aptes à se présenter ultérieurement. — Solut. 6 août 1831. — Dès-lors, on doit percevoir le droit fixé pour les parens du quatrième au douzième degré. — Roland et Trouillet, *Dict. d'enreg.*, vᵒ *Succession*, § 10, nᵒ 37.

2855. — Les héritiers du donateur qui recueillent des biens en vertu du retour conventionnel, doivent acquitter le droit de succession d'après la circul. 1689, puisqu'ils ne deviennent propriétaires des biens donnés que comme successibles. Ce droit est exigible au taux réglé pour la succession de l'auteur, dans les six mois à partir de l'événement. — Délib. 17 avr. 1827 ; — Roland et Trouillet, *Ibid.*, vᵒ *Succession*, § 6, nᵒ 96.

2856. — L'ascendant donateur à titre de partage anticipé succédant seul, à l'exclusion de tous autres, et en l'absence même de toute stipulation du droit de retour, aux biens donnés qui se trouvent encore en nature dans la succession du donataire prédécédé, les droits de mutation par décès relativement à ces biens, ne peuvent excéder le taux fixé pour la ligne directe. — Solut. 3 août 1834.

2857. — Le legs d'immeubles fait par l'adoptant aux enfans de l'adopté doit être considéré comme fait en ligne directe, et dès lors il est seulement passible du droit proportionnel dont sont frappées ces sortes de libéralités, et non du droit auquel sont soumises les mutations par décès entre collatéraux ou entre personnes non parentes. — *Cass.*, 2 déc. 1822, Baduel.

2858. — Si c'est un fils de l'adoptant qui profite du droit de retour réservé par les art. 351 et 352, C. civ., au profit de l'adoptant ou de ses descendans, sur les choses provenues de celui-ci dans la succession de l'adopté, il y a lieu de percevoir les droits au taux fixé pour les successions entre frères. — Délib. 6 fév. 1827.

2859. — Le lien de parenté civile qui se forme entre l'adoptant et l'adopté s'étend aux enfans de ce dernier. Spécialement, si l'adopté meurt avant l'adoptant, mais laissant des descendans légitimes, ceux-ci doivent recueillir par représentation les droits que l'adopté aurait eus dans la succession de l'adoptant. — *Paris*, 27 janv. 1824, Marmio c. Thimister.

2860. — Les créanciers qui acceptent une succession du chef de leur débiteur, ne sont tenus que des mêmes droits que lui, puisqu'ils le représentent. — *Dict. des dr. d'enreg.*, vᵒ *Succession*, nᵒ 170.

2861. — Les mutations par décès des biens composant un majorat ne donnent ouverture qu'à un droit égal à celui qui est perçu pour les transmissions de simple usufruit en ligne directe. — Décr. 24 juin 1808, art. 6.

2862. — Les mutations par décès d'inscriptions sur le grand-livre de la dette publique sont exemptes de tous droits (L. 22 frim. an VII, art. 70, § 3, nᵒ 3). — Et on l'a décidé de même relativement aux mutations par décès antérieures à la loi du 22 frim. an VII. — Décis. min. fin. 10 fruct. an XII ; instr. 290, nᵒ 38.

2863. — Sont exemptes de l'enregistrement les mutations qui se sont opérées par décès dans les pays réunis, avant leur réunion à la France. — L. 22 frim. an VII, art. 70, § 3, nᵒ 16.

2864. — L'art. 78, L. 25 mars 1817, porte : « remise est faite aux héritiers et représentans des propriétaires émigrés dont les biens ont été confisqués, des droits de mutation par décès dus à raison des biens appartenant à leur auteur, et dans la propriété desquels lesdits héritiers et représentans ont été réintégrés en vertu des lois du 5 déc. 1814 et du 28 avr. 1816. — L'effet de cette remise est exclusivement limité aux droits résultant de cette entrée en possession ; toute autre mutation postérieure des mêmes biens, et à quelque titre que ce soit, est et demeure passible des droits d'enregistrement établis par les lois sur chaque nature de mutation. — Quant aux biens qui n'auraient été que séquestrés, la compensation des droits de mutation n'aura lieu que jusqu'à concurrence du montant net des sommes perçues par l'état, et provenant desdits biens. »

2865. — Cet article de la loi du 25 mars 1817 ne s'applique qu'aux héritiers investis directement par l'état de la propriété des biens confisqués sur leurs auteurs. Dès-lors, cette disposition ne peut être invoquée par l'héritier testamentaire de l'émigré dont le droit à la restitution avait été reconnu de son vivant, encore bien que la mise en possession réelle de l'héritier n'ait eu lieu que depuis le décès de son auteur. — *Cass.*, 20 mars 1822, de Vaillac.

2866. — Il n'est dû aucun droit de succession pour les indemnités réclamées par d'anciens émigrés, en vertu des art. 3 et 7, L. 27 avr. 1825. — Instr. 4 mai 1825, 1464.

2867. — Il n'est également dû aucun droit de succession pour l'indemnité attribuée aux anciens colons de Saint-Domingue. — L. 30 avr. 1826, art. 10 ; — instr. 26 juin 1826, 1190.

2868. — Cette exception s'applique à toute mutation opérée avant le paiement effectif de l'indemnité, qu'il s'agisse soit de la succession du colon à qui l'indemnité a été assignée, soit de celle d'un héritier ou cessionnaire. — Délib. 13 nov. 1838.

2869. — La loi du 16 juin 1824 (art. 7) avait déclaré que les legs d'immeubles faits aux départemens, communes, séminaires, etc., et généralement à tous établissemens publics légalement autorisés n'étaient passibles que d'un droit fixe de 10 fr. pour enregistrement et transcription quand les immeubles légués devaient recevoir une destination publique et ne pas produire de revenus ; et que même ce droit de 10 fr. était réduit à 1 fr. quand la valeur des immeubles n'excédait pas 500 fr. en principal. — Mais cette disposition a été révoquée par l'art. 17, L. 18 avr. 1831, qui assujétit les legs en question aux droits d'enregistrement et de transcription ordinaires.

2870. — La régie avait d'abord pensé que l'art. 17, L. 18 avr. 1831, en ce qui concerne les legs, devait s'appliquer à tous les legs dont les droits n'auraient pas été acquittés lors de la publication de cette loi, et quelle que fût l'époque du décès des testateurs. — Instr. 27 avr. 1831, 1562.

2871. — Mais jugé que, la liquidation des droits de mutation devant, comme celle de tous autres impôts, être faite conformément à la loi vivante à l'époque où le droit s'est ouvert et a été acquis au fisc, et non conformément à la loi existante au moment de la perception, le droit d'enregistrement de legs faits à des hospices doit être liquidé (à 1 fr. fixe), conformément à l'arrêté du 15 brum. an XII et à la loi du 16 juin 1824, lorsque la mutation s'est opérée sous l'empire de cet arrêté et de cette loi, encore que le droit ne soit acquitté que sous l'empire de la loi du 18 avr. 1831, qui a abrogé l'exception faite en faveur des hospices par les lois précédentes. — *Cass.*, 4 fév. 1834, hospices de Cambrai ; 4 fév. 1834, institution des sourds-muets ; 4 fév. 1834, hospices de Lyon.

2872. — ....Ou encore bien que l'ordonnance autorisant l'acceptation des legs ne soit rendue et le droit de mutation ne soit acquitté que sous l'empire de la loi du 18 avr. 1831. — *Cass.*, 4 fév. 1834, institution des Jeunes-Aveugles ; 31 mai 1836, hospice de Baume-les-Dames.

2873. — L'institution royale des Jeunes-Aveugles doit être considérée comme un hospice, et peut réclamer à ce titre les droits appartenant aux hospices, en vertu des lois sur l'enregistrement antérieures à celle du 18 avr. 1831, à raison de mutations aussi antérieures. — *Cass.*, 4 fév. 1834, institution des Jeunes-Aveugles.

2874. — Lorsque la transmission d'un office et des objets en dépendant s'opère par suite de disposition à cause de mort, les droits établis pour les donations de biens meubles sont perçus sur l'acte constatant la libéralité. Dans aucun cas, le droit ne peut être au-dessous de 2 °/₀. — L. 25 juin 1841, art. 8.

2875. — Si l'office passe, au moyen d'une mutation par décès, au profit de l'héritier unique du titulaire, le droit est perçu à raison de 2 °/₀ sur le montant de la valeur déclarée de l'office et des objets en dépendant. — Même loi, art. 9.

2876. — Dans aucun cas, le droit de transmission d'un office, soit par suite de dispositions gratuites à cause de mort, soit par suite de décès, ne peut être inférieur au dixième du cautionnement. — Même loi, art. 10.

§ 1er. — *Quand il y a lieu à déclaration de mutation par décès.*

2877. — Il y a lieu à déclaration de succession toutes les fois que des biens sont transmis par décès, soit en vertu de la disposition de la loi, soit par la volonté de l'homme (L. 22 frim. an VII, art. 24), à moins, toutefois, qu'une disposition expresse ne soit écrite dans la loi.

2878. — Sous la coutume de Liége, ce n'était qu'en cas de survie à leur père que les enfans avaient droit aux biens de leur mère prédécédée. En conséquence, lors du décès de celle-ci, ils n'étaient assujétis au paiement d'aucun droit de mutation. — *Cass.*, 18 pluv. an XI, Fossoul.

2879. — N'est contrevenu à aucune loi le jugement qui a décidé que, d'après la coutume de Liége, les enfans ont été saisis de la propriété des biens qui appartenaient à leur père au moment de sa mort, et qu'ils ne doivent point de droit de mutation pour ces biens lors du décès de leur mère survivante. — *Cass.*, 4 fructid. an XI, Simonis.

2880. — Lorsqu'une partie de la succession se trouve dévolue à des enfans naturels en vertu de l'art. 757, C. procéd., les héritiers légitimes ne sont tenus de déclarer que la portion des biens qui leur sont échus et d'en payer le droit suivant leur ligne directe ou collatérale; de leur côté les enfans naturels doivent déclarer la portion de biens que la loi leur accorde et payer le droit résultant d'une mutation par décès en ligne directe. — Décis. min. fin. 7 messid. an XII; instr. 239 et 386, n° 36.

2881. — D'après l'art. 24, L. 22 frim. an VII, les héritiers de l'absent étaient tenus de faire la déclaration de la succession dans les six mois du jour de la *possession*, sans distinguer entre la possession provisoire ou définitive.

2882. — Jugé, en conséquence, sous l'empire de cette loi, que l'héritier présomptif qui s'est mis en possession des biens de l'absent sans avoir fait déclarer l'absence conformément aux art. 115, 116 et 119, C. civ., est passible du droit de mutation pour la nu-propriété et pour l'usufruit, sans pouvoir invoquer les autres dispositions du Code, qui favoriseraient sa prétention de n'être tenu des droits de mutation qu'après l'envoi en possession définitive. — *Cass.*, 22 juin 1808, Delbos.

2883. — ...Que les héritiers présomptifs d'un absent qui se mettent en possession de ses biens, sans avoir rempli les formalités prescrites par le Code civil, et qui les partagent entre eux pour en jouir et disposer à leur gré, ne font pas un simple acte d'administration, mais font au contraire un acte de propriété qui donne ouverture au droit de mutation. — Il importe peu que, par une clause finale, les copartageans aient déclaré qu'ils feraient raison de ces biens à l'absent, dans le cas où il viendrait à reparaître ou à donner de ses nouvelles. — *Cass.*, 26 juill. 1814, Romestant.

2884. — ...Jugé au contraire que l'envoi des héritiers présomptifs de l'absent en possession provisoire de ses biens, n'étant entre leurs mains qu'un dépôt qui n'opère ni transmission de propriété, ni mutation de jouissance, ne peut donner lieu à aucune perception de droits d'enregistrement, d'autant plus que cette espèce de dépôt n'est prévue par aucune disposition des lois sur l'enregistrement. — *Cass.*, 16 janv. 1811, Joossens.

2885. — ...Que l'envoi en possession, sous caution, des biens d'un absent, après l'accomplisse-ment des formalités prescrites par les art. 115 et suiv., C. civ., ne confère à ceux qui l'obtiennent qu'une simple administration, et ne donne point, par conséquent, ouverture au droit de mutation. — *Cass.*, 14 fév. 1811, Van-Acker.

2886. — Alors, a été rendue la loi du 28 avr. 1816, dont l'art. 40 porte : « les héritiers, légataires et tous autres appelés à exercer des droits subordonnés au décès d'un individu dont l'absence est déclarée, sont tenus de faire, dans les six mois du jour de l'envoi en possession provisoire, la déclaration à laquelle ils seraient tenus s'ils étaient appelés par effet de la mort, et d'acquitter les droits sur la valeur entière des biens ou droits qu'ils recueillent. — En cas de retour de l'absent, les droits payés seront restitués, sous la seule déduction de celui auquel aura donné lieu la jouissance des héritiers. »

2887. — A défaut de jugement d'envoi en possession, soit définitive, soit même provisoire, il suffit, pour que les droits de mutation soient exigibles, de la prise de possession des biens de l'absent par ses héritiers présomptifs. — *Cass.*, 12 mai 1834, Delrochers.

2888. — Lorsqu'il résulte d'un acte passé entre les héritiers même bénéficiaires d'un absent qu'ils ont pris possession de ses biens, il y a là présomption suffisante du décès de cet absent, quant à l'exigibilité du droit de succession, sans que la régie soit tenue de rapporter la preuve de ce décès. — *Cass.*, 30 avr. 1821, Renous; 2 juill. 1823, Chaurion.

2889. — Lorsque la régie prétend qu'un militaire absent a dû recueillir des successions, c'est à elle à prouver que ce militaire existait à l'époque de l'ouverture de ces successions. — *Cass.*, 17 fév. 1829, Deschamps.

2890. — Jugé, avant la loi du 28 avr. 1816, que, lorsque les frères et sœurs d'un absent et présumé décédé avant les père et mère communs ont fait le partage de la succession de ceux-ci, et que, prévoyant la possibilité du retour de l'absent, ils ont, dans l'acte, stipulé des mesures conservatoires à son égard, la régie ne saurait exciper de cette clause purement de prévoyance pour prétendre que l'absent a recueilli une part dans la succession de ses père et mère, et qu'ensuite ses frères et sœurs lui ont succédé, ni en conséquence exiger de ceux-ci la déclaration des biens qui auraient appartenu à l'absent, à moins qu'elle ne prouve que l'absent a survécu à ses père et mère. —*Cass.*, 18 avr. 1809, Teillard.

2891. — ...Qu'un tribunal a pu rejeter comme non suffisamment établie, en ce que la régie n'aurait pas prouvé le décès, une demande de droits de succession formée contre les héritiers présomptifs d'un militaire absent qui auraient divisé entre eux, par un partage, ce qui aurait dû lui revenir dans le bien commun. — *Cass.*, 24 déc. 1817, Dejacques.

2892. — Il y a identité parfaite entre la position des héritiers présomptifs d'un absent proprement dit, et celle des héritiers présomptifs d'un contumax. — Roland et Trouillet, *Dict. d'enreg.*, v° *Succession*, § 10, n° 2.

2893. — Les militaires absens pour le service de la patrie ne sont point soumis au délai accordé aux héritiers pour faire leur déclaration et payer le droit de mutation par décès. — *Cass.*, 1er frim. an IX, Richardet. — *Contrà* Merlin, *Quest.*, v° *Droits d'enreg.*, § 14. — Il dit, en rapportant cet arrêt, rendu contrairement à ses conclusions : « J'ai lieu de croire que l'on eût jugé différemment si je n'avais pas oublié de citer à l'appui de mon opinion l'art. 24, L. 6 vent. an VI, aux mots *ce délai sera double pour les défenseurs de la patrie en activité de service.* »

2894. — L'héritier bénéficiaire est tenu comme l'héritier pur et simple de faire dans les six mois du décès la déclaration de succession. — *Cass.*, 5 niv. an XII, Niélys. — Il est également tenu d'acquitter les droits. — V. *infrà* n°s 3175 et suiv.

2895. — Quoique le grevé de substitution ne puisse disposer de la propriété, il doit en faire la déclaration et payer les droits sur la valeur entière. A son décès, l'appelé devra également faire la déclaration des biens et acquitter un nouveau droit de mutation d'après son degré de parenté avec le grevé et non avec le donateur. — *Dict. des dr. d'enregistr.*, v° *Succession*, n° 640.

2896. — Le droit de mutation par décès est dû pour une succession vacante.—*Cass.*, 9 prair. an XII, Bourgeois; 17 pluv. an XIII, Cabrisse; 4 flor. an XIII, Bauwens; 13 juill. 1806, Laprade.

2897. —..Encore bien que la succession se trouve vacante par suite de la renonciation des héritiers. —*Cass.*, 18 niv. an XII, Péridier.

2898. — Le curateur à une succession vacante n'est point tenu de faire la déclaration des biens, s'il est constant qu'il n'a jamais été nanti de deniers dont il aurait pu acquitter les droits. — *Bruxelles*, 4 nov. 1815, Vannieuwenhuysen; — Délib. 2 mars 1832; — Roland et Trouillet, *Dict. d'enreg.*, v° *Succession*, § 10, n° 8.

2899. — L'époux qui réclame et obtient la succession de son conjoint qui est restée vacante pendant plusieurs années, doit déclarer même les biens vendus avant son envoi en possession. — *Dict. des dr. d'enreg.*, v° *Succession*, n° 503 *bis*.

2900.—Il n'y a pas lieu de passer déclaration des biens dépendant d'une succession en deshérence échue à l'état. Mais si l'héritier se présentait, il devrait acquitter le droit de mutation dans le délai de six mois à partir de la décision qui l'autoriserait à prendre possession des biens. — Décis. min. fin. 8 frim. an IX; — Roland et Trouillet, *Dict. d'enreg*, v° *Succession*, § 10, n° 39.

2901. — Ce n'est que comme héritier de son père décédé que le fils peut se prévaloir du décret qui renvoie le père en possession des biens précédemment séquestrés sur lui. Dès-lors le fils est tenu de faire, dans les six mois du décès du père, la déclaration de mutation desdits biens. Il ne saurait prétendre qu'une pareille restitution est l'effet d'un don que lui a fait le gouvernement, car alors il serait tenu d'un droit de mutation plus considérable. — *Cass.*, 27 juin 1809, Basseinheim.

2902. — L'art. 22, L. 27 avr. 1825, portant que le droit fixe de 3 fr. est seul exigible sur les actes translatifs de la propriété des biens confisqués sur les émigrés, passés entre le propriétaire actuel et l'ancien, ou ses héritiers, dans les cinq ans de la promulgation de la loi, est applicable au legs concernant les mêmes personnes et les mêmes biens, et dont la délivrance a été judiciairement ordonnée dans la même période de cinq ans. — Pour que la régie soit mise en demeure de percevoir le droit fixe de 3 fr. sur un legs de cette nature, il est inutile que le légataire fasse une déclaration de mutation par décès dans les six mois de l'ouverture de la succession, et il suffit de la présentation du testament à la formalité de l'enregistrement. — *Cass.*, 17 nov. 1833, Wacrenier.

2903. — Les contributions indirectes, dans la classe desquelles est rangé le droit d'enregistrement et de mutation par succession, sont des charges que les agens des puissances étrangères sont tenus de supporter.—Dès-lors, la succession mobilière de la femme d'un ministre étranger ouverte en France, au profit de ce ministre et de ses enfans, donne lieu au droit de mutation par décès, au moins en ce qui concerne les créances civiles et commerciales.—Lettre min. relat. extér. 29 déc. 1814; — *Dict. des dr. d'enreg*, v° *Succession*, n° 447.

2904. — Mais les meubles et effets mobiliers à l'usage des ambassadeurs étrangers ne sont point assujétis à la déclaration de succession; car l'hotel d'un ambassadeur étant réputé terre étrangère, il se trouve hors des atteintes de la loi française. Il en est de même à l'égard des autres agens diplomatiques. — Décis. min. fin. 9 juill. 1811; 27 mars et 12 sept. 1829; instr. 1303, § 9.

2905. — Bien que les droits d'aubaine et de détraction aient été abolis par la loi du 14 juill. 1819, les mutations par décès au profit d'étrangers, de biens meubles et immeubles situés en France, n'en restent pas moins assujéties aux mêmes droits d'enregistrement que si elles avaient eu lieu en faveur de Français.—Décis. min. fin. 5 prair. an X, et 7 fév. 1834; instr. 290, n° 37, 900 et 1438, § 6.

2906. — Aussi a-t-il été décidé dans le sens que la succession mobilière d'un étranger ouverte en France est passible du droit de mutation par décès, lors même que cet étranger n'y aurait ni domicile ni établissement, et que, d'après les lois de son pays, les valeurs mobilières qu'un Français y

aurait possédées au jour de son décès seraient exemptes de tout droit; l'abolition du droit d'aubaine est sans application dans ce cas. — Délib. 24 janv. 1834.

2907. — ... Que des héritiers étrangers doivent, nonobstant l'abolition du droit d'aubaine, payer les droits de mutation par décès pour des créances que leur auteur étranger possédait en France sur des Français.—*Cass.*, 27 juill. (et non juin) 1819, Pourtalès.

2908. — ... Que l'étranger qui recueille dans la succession de son compatriote mort à l'étranger des créances dues par des Français demeurant en France doit payer le droit de mutation au fisc français.—*Cass.*, 29 août 1837 (t. 2 1837, p. 274), Fraelich.

2909. — ... Que le legs fait à un étranger, par un étranger décédé en pays étranger, sur des fonds mobiliers qui se trouvaient en France, où ils ont été délivrés, est passible des droits de mutation par décès, auxquels les Français sont assujétis.—*Cass.*, 16 juin 1823, Zeltner.

2910. — Le droit de mutation par décès est exigible sur les obligations souscrites en France par des sujets français au profit de sujets étrangers, quoique ceux-ci décèdent en pays étranger, et que lesdites obligations y soient payables, si c'est en monnaie française.—Avis comité des fin. 11 fév. 1829, appr. par le min. fin. le 11 mars 1829; instr. 1282, § 6. — Toutefois, cet avis exempte du paiement du droit de mutation par application d'un avis du conseil d'état du 15 nov.-12 déc. 1806, les créances résultant d'actes passés sous forme authentique en pays étranger, lorsque les prêts ont été faits en objets de ce pays, et que l'obligation est stipulée payable dans le même pays et dans les monnaies qui y ont cours. — Roland et Trouillet, *Dict. d'enreg.*, v° *Succession*, § 10, n° 26.

2911. — Il suit de là que le droit de succession n'est pas dû sur les effets publics à la charge d'un gouvernement étranger, quoiqu'ils fassent partie d'une succession ouverte en France. — Délib. 2 août 1831. — Roland et Trouillet, *ibid.*, § 10, n° 27.

2912. — Mais les arrérages échus des rentes inscrites au nom de l'ambassadeur ou agent diplomatique étranger sur le grand-livre de la dette publique de France, sont passibles de la déclaration, parce que toute rente sur l'état est réellement à la charge des Français. — Décis. min. fin. 27 mars 1822. — Roland et Trouillet, *ibid.*, § 10, n° 15.

2913. — Les meubles et créances situés ou payables en pays étranger ne sont soumis à aucun droit de mutation par décès, bien que dépendant d'une succession ouverte en France. — Délib. 10 avr. 1835; instr. 31 oct. 1835.

2914. — Lorsqu'une personne décède dans un navire, hors de France, ses héritiers ne sont passibles d'aucun droit de mutation pour les effets mobiliers de cette personne qui se trouvent dans le vaisseau.—Décis. min. fin. 29 thermid. an X. — Roland et Trouillet, *ibid.*, § 10, n° 30.

2915. — La transmission, par décès, d'une rente faisant partie d'une succession ouverte dans une colonie française où les lois sur le timbre et l'enregistrement ne sont point en vigueur, mais payable en France et hypothéquée sur des immeubles situés en France, est passible du droit de mutation établi par ces lois. — *Cass.*, 10 nov. 1823, Duchâlais.

2916. — Tout légataire est tenu de fournir dans les six mois de l'ouverture de la succession une déclaration *détaillée* des objets compris dans son legs, encore bien qu'il n'en ait pas encore obtenu la délivrance.—*Cass.*, 16 janv. 1811, Paret.

2917. — On doit, pour la perception des droits, considérer comme libéralité testamentaire la déclaration par laquelle le mari, dans son testament, se reconnaît débiteur envers sa femme d'une somme dont au besoin il lui fait don et legs, alors que cette reconnaissance n'est pas corroborée par des actes ou des faits déterminans. — Délib. 23 avr. 1830.

2918. — Le legs d'une somme d'argent que le testateur fait à son exécuteur testamentaire pour ses peines et soins, est soumis au droit de 8 fr. 50 % (aujourd'hui 6 fr. p. %); car aucune rétribution n'étant attribuée par la loi à l'exécuteur testamentaire, un tel legs constitue une libéralité. —Délib. 24 déc. 1831.

2919. — L'obligation pour le légataire de faire dans le délai de la loi la déclaration de son legs, et de payer les droits, est absolue et n'est nullement subordonnée à la preuve qu'il a connu le testament et qu'il en a fait usage. Il est présumé, jusqu'à renonciation formelle de sa part, vouloir profiter du testament.—*Cass.*, 26 fév. 1823, Saunal.

2920. — Dans le cas où un legs universel fait à un établissement public n'a été accepté que sous la condition de donner aux héritiers, à titre de secours, une partie quelconque de la succession, ces héritiers n'ont aucun droit de mutation à payer sur la valeur de ce qu'ils recueillent, parce que, dans l'espèce, ils tiennent tout de la munificence royale, et que, d'après le testament, ils ont perdu sans retour leur qualité d'héritiers. — Décis. min. fin. 17 déc. 1825.

2921. — Mais si le gouvernement n'autorise que pour une partie l'acceptation d'un legs universel fait en faveur d'un établissement public, les héritiers naturels qui recueillent le surplus de la succession sont tenus d'acquitter les droits de mutation par décès.—Délib. 17 juill. et 1er sept. 1826.

2922. — Un legs fait sous une condition suspensive n'est sujet à déclaration qu'après l'accomplissement de la condition. — Délib. 11 oct. 1831; — Roland et Trouillet, *Dict. d'enregistr.*, vo *Succession*, § 4, no 40. — Il en est autrement si la condition ne fait pas suspendre la disposition, mais en ajourne seulement la réalisation, par exemple, si le testateur lègue une somme payable après le décès d'un individu indiqué. Car, en pareil cas, il y a droit acquis pour le légataire. — Solut. 26 nov. 1833; instr. 2 avr. 1834, 1451, § 4.

2923. — Le legs fait à plusieurs individus pour posséder successivement l'objet légué, est sujet au droit de mutation à chaque événement qui réalise la réversion.—Délib. 14 fév. 1832; instr. 1200, § 11.—Mais il en est autrement quand le legs est conjoint; car alors il n'y a qu'une jouissance transmise sur deux têtes. — Délib. 9 nov. 1830. — Rolland et Trouillet, *ibid*, § 4, nos 47 et 50.

2924. — Lorsque le droit de mutation a été payé par un héritier institué dans un premier testament, et que l'institution devient caduque par la découverte d'un second testament, le droit de mutation par décès ne doit pas être acquitté de nouveau par l'héritier porté dans le dernier testament. —*Cass.*, 13 nov. (et non 12 oct. ni 13 déc.) 1817, Samson. — Il est à remarquer que cet arrêt ne porte pas que le nouvel héritier ne doit pas faire la déclaration; il décide seulement qu'il ne doit pas acquitter un nouveau droit. Cependant, si le nouvel héritier n'était pas au même degré de parenté que le premier, et que la quotité du droit dû à raison de son degré de parenté fût plus considérable, un supplément serait exigible. » —*Dict. des dr. d'enregist.*, vo *Succession*, no 543.

2925. — Un legs fait pour remplacer une donation entre-vifs d'une somme égale en nu-propriété, mais qui n'a pas produit d'effet, n'est pas sujet au droit de mutation, puisque le droit a déjà été acquitté et que le légataire qui ne recueille qu'une somme ne peut pas payer deux droits sur cette même somme.—Délib. 7 déc. 1830.

2926. — Il y a donation à cause de mort dans la clause de réversibilité des acquêts, stipulée au profit des enfans à naître dans un contrat de mariage passé en pays de droit écrit, et cette donation ne produit son effet que pour la moitié des acquêts au décès de l'un des époux. Par suite, lors de ce décès, il ne s'opère en faveur des enfans aucune mutation de la portion revenant à l'époux survivant, et aucune déclaration n'est à faire à ce sujet. — Délib. 30 nov. 1832.

2927. — Quand le légataire à titre universel ou à titre particulier d'un usufruit est décédé sans avoir été saisi, conformément aux art. 1011 et 1014, C. civ., son legs étant tenu caduc ne donne lieu à aucune déclaration. — Déc. min. fin. 7 août 1815; délib. 26 déc. 1826.

2928.—Mais l'époux donataire, soit par contrat de mariage, soit par acte passé durant le mariage, de l'usufruit des biens de l'autre époux, étant saisi de cet usufruit du jour du décès du donateur,

sans être tenu de demander la délivrance, les droits de mutation doivent être payés, bien que l'époux soit décédé sans avoir fait aucun acte d'acceptation et sans être entré en jouissance effective. — Déc. min. fin. 10 août 1830; délib. 20 mai 1834.

2929. — L'héritier n'est pas dispensé de faire la déclaration après décès et de payer les droits, sous prétexte que les biens de la succession se trouvent grevés d'usufruit. — *Cass.*, 20 frim. an XIV, Sage.

2930. — Jugé dans le même sens, quand bien même la succession serait absorbée par l'usufruit dont elle est grevée.—*Cass.*, 29 juin 1809, Osty.

2931. — Mais le propriétaire ne doit aucune déclaration lorsque l'usufruit s'éteint, quand même à l'époque de la mutation, il n'aurait été établi ou perçu aucun droit. — *Dict. des dr. d'enregistr.*, no 649.

2932. — L'usufruit, même constitué par contrat de mariage au profit de l'un des époux, cessant avec l'usufruitier, la régie ne saurait prétendre que, par l'effet du décès postérieur de l'enfant commun, il y a eu dévolution de ce même usufruit au profit de l'époux survivant qui a succédé à cet enfant, et par suite qu'il y a lieu d'exiger le paiement d'un droit de mutation.—*Cass.*, 9 vendém. an XIII, Lagorce.

2933.—Le legs d'usufruit ne donne lieu à aucun droit de mutation lorsqu'il se confond avec l'usufruit légal que le Code accorde aux ascendans sur les biens de leurs enfans mineurs. Il n'en est pas autrement, alors même qu'il se prolonge au-delà du terme de celui-ci, c'est-à-dire au-delà des dix-huit ans fixés par la loi, parce que, dans ce cas, il ne peut, d'après sa limitation expresse, être soumis à la même perception que celui dont parle l'art. 15, no 8, L. 22 frim. an VII. — *Cass.*, 24 mai 1813, Rignon. — Délib. 20 juin 1828; — Roland et Trouillet, *Dict. d'enregistr.*, vo *Succession*, § 12, no 3.

2934. — Mais lorsqu'un mineur, ayant ses père et mère, a été institué légataire universel, et que l'usufruit des biens compris dans l'institution a été légué à la mère jusqu'à la majorité de son enfant, cet usufruit, n'ayant point le caractère légal qu'il aurait eu s'il n'eût pas été légué à la mère, doit être considéré, pour toute sa durée, comme créé par la volonté de l'homme, et est, par conséquent, passible du droit proportionnel. — *Cass.*, 15 juin 1812 (t. 2 1812, p. 458), Cassoulet.

2935.—Comme le droit d'habitation est un droit immobilier qui participe de l'usage et de l'usufruit (C. civ., art. 625, 628, 632 et suiv.), et qu'il forme ainsi un démembrement temporaire, et non une charge de la propriété, il est sujet au droit de mutation par décès comme l'usufruit.— Solut. 2 août 1831; instr. 1388, § 6.

2936. — Le droit de mutation n'est pas dû par l'habile à succéder pour une succession à laquelle il n'a renoncé qu'après les six mois. — *Cass.*, 23 frim. an XI, Vanhollebeke.

2937. — Par cela qu'un partage postérieur à la déclaration de succession attribuerait aux héritiers la totalité des immeubles, les héritiers ne seraient pas tenus de fournir une nouvelle déclaration. — Délib. 8 janv. 1830.

§ 2. — *Délai pour faire la déclaration de mutation par décès.*

2938. — Les délais pour les déclarations que les héritiers, donataires ou légataires ont à passer des biens à eux échus ou transmis par décès, sont, savoir : de six mois, à compter du jour du décès, lorsque celui dont on recueille la succession est décédé en France; de huit mois, s'il est décédé dans toute autre partie de l'Europe; d'une année, s'il est mort en Amérique; et de deux années, si c'est en Afrique ou en Asie. — Si, avant les derniers six mois des délais fixés pour les déclarations des successions de personnes décédées hors de France, les héritiers prennent possession des biens, il ne reste d'autre délai à courir, pour passer déclaration, que celui de six mois, à compter du jour de la prise de possession. — L. 22 frim. an VII, art. 24.

2939. — Deux décisions des ministres de la justice et des finances, des 24 et 30 mai 1809, avaient établi que, relativement aux décès arrivés dans les colonies, le délai pour la déclaration des successions ne devait courir qu'à partir de la mise en possession ; mais cet état de choses a dû cesser à la paix, puisque les registres de l'état civil sont envoyés régulièrement au ministère de la marine ; en conséquence, le délai commence à courir du jour du décès. — Déc. min. fin. 10 mars 1820 ; — Roland et Trouillet, *Dict. d'enregistr.*, v° *Succession*, § 4, n° 29.

2940. — Les délais, soit pour faire les déclarations de mutation, soit pour la poursuite de ces droits, courent, à l'égard des successions des individus décédés hors de France, seulement du jour de l'envoi en possession desdites successions. — *Cass.*, 7 mai 1833, Frampton.

2941. — La régie avait décidé auparavant que, lorsque des héritiers ont constitué un mandataire pour recueillir la succession d'un individu décédé hors de France, le délai pour la déclaration courait du jour de la procuration, et non de celui de l'envoi en possession. — Déc. min. fin. 18 août 1814 ; — *Dict. des dr. d'enregistr.*, v° *Succession*, n° 268.

2942. — Pour la déclaration de succession d'un absent, le délai de six mois ne court que du jour de la mise en possession. — L. 22 frim. an VII, art. 24. — Mais il suffit que ce soit l'envoi en possession provisoire. De plus, la loi de 1816 a accordé un délai de six mois, à partir de la publication, à ceux qui n'avaient pas encore fait de déclaration et acquitté les droits. — L. 28 avr. 1816, art. 40.

2943. — Lorsque l'héritier présomptif de l'absent est envoyé en possession de ses biens, le délai pour le paiement du droit de mutation court à compter du jour de l'envoi en possession, et non à compter du jour où il a fourni la caution ordonnée par l'art. 120, C. civ. — *Cass.*, 9 nov. 1819, Mouroux ; 2 avr. 1823, Gangloff et Steib.

2944. — Le délai de six mois ne court que du jour de la mise en possession, pour la succession d'un condamné, si ses biens sont séquestrés, celle qui aurait été séquestrée pour toute autre cause, celle d'un défenseur de la patrie s'il est mort en activité de service hors de son département, ou enfin celle qui serait recueillie par indivis avec la nation. — L. 22 frim. an VII, art. 24.

2945. — Jugé en conséquence que le délai de six mois, pour faire à la régie la déclaration des biens d'une succession séquestrée par suite de condamnation ou d'émigration, n'a couru que du jour de la levée définitive du séquestre et de la mise en possession réelle des héritiers. — *Cass.*, 9 nov. 1811, Montmorency.

2946. — Mais le délai pour le paiement du droit de mutation dû sur une succession séquestrée, en vertu d'une convention passée entre les divers prétendans, court du jour de l'ouverture de cette succession, et non du jour de la levée du séquestre. — *Cass.*, 6 août 1810, Dandeleux.

2947. — L'héritière présomptive d'un ministre condamné par contumace à la prison perpétuelle et à l'interdiction légale par arrêt de la cour des pairs a dû acquitter les droits de succession dans les six mois du jugement qui l'a envoyée en possession provisoire. — Délib. 3 fév. 1832.

2948. — Sous la loi du 19 déc. 1790, les déclarations de mutation par succession devaient être faites dans le délai prescrit, sans que ce délai pût être étendu, sous prétexte qu'il n'avait été fait entre les héritiers qu'un partage provisoire. — *Cass.*, 7 niv. an VI, François.

2949. — Si l'héritier n'est pas en possession des biens qui lui sont contestés, il doit faire sa soumission d'en passer la déclaration dans les six mois de l'acte ou du jugement par lequel ses droits auront été définitivement reconnus. — Déc. min. fin. 22 avr. 1806 et 3 oct. 1822. — Ce principe a été appliqué aux actions sur les canaux affectés à des majorats. — Roland et Trouillet, *Dict. d'enregistr.*, v° *Succession*, § 4, n° 13.

2950. — Lorsque les biens déclarés par l'héritier en ligne directe passent ensuite, par l'événement d'un procès, à des héritiers collatéraux, le délai de six mois pour faire la déclaration court, pour ces derniers, du jour du jugement, et non du jour de leur appréhension de fait. — *Cass.*, 11 fév. 1807, Sue.

2951. — De même, dans le cas où l'exclusion de l'héritier est provoquée pour cause d'indignité, le sort de la succession reste incertain jusqu'au jour de l'arrêt qui prononce sur l'accusation : alors seulement les héritiers légitimes sont désignés et c'est de cette époque que court le délai pour la déclaration. — Dans le cas de pourvoi en cassation, ceux qui héritent par l'effet de l'exclusion ont six mois, à compter de l'arrêt qui confirme la condamnation, pour acquitter les droits. — Décis. min. fin. 7 juin 1808 ; instr. 386, n° 37.

2952. — Mais le délai pour déclarer la succession court du jour du décès à l'égard des héritiers appelés par l'effet de la renonciation de ceux qui les précèdent. — Solut. 12 frim. an XI ; — Championnière et Rigaud, *Tr. des dr. d'enreg.*, t. 4, n° 3859.

2953. — Ce n'est qu'à partir du jugement d'envoi en possession que court le délai de six mois accordé à l'époux survivant pour déclarer la succession qu'il est appelé à recueillir à défaut d'autres successibles. — Délib. 13 oct. 1829.

2954. — Le délai de six mois court même contre l'enfant successible qui n'est pas encore né, mais qui est conçu, suivant la maxime : *Conceptus pro nato habetur, quoties de commodis ejus agitur.* Toutefois, s'il ne naît pas viable, les droits devront être restitués. — Décis. min. fin. et just. 9 oct. 1840.

2955. — Bien que le tuteur d'un héritier ou légataire n'ait pas encore été autorisé à accepter ou répudier la succession ou le legs, le délai court du jour du décès. — *Dict. de l'enreg.*, v° *Succession*, n° 288.

2956. — Le délai pour la déclaration à faire par les héritiers du vendeur à réméré, lorsqu'ils exercent le retrait en temps utile, est de six mois à partir du retrait. — *Dict. de l'enreg.*, v° *Succession*, n° 271.

2957. — Relativement aux biens rentrés dans l'hérédité au moyen de la renonciation faite par la veuve plus de six mois après le décès de son mari (C. civ., art. 1457 et 1459), le délai pour la déclaration des héritiers ne court que du jour de la renonciation. — Délib. 21 oct. 1814.

2958. — Dans les six mois du jugement qui prononce la séparation de biens, la femme doit passer déclaration du préciput, si le contrat de mariage porte qu'il aura lieu dans tous les cas de dissolution de communauté. — *Dict. des dr. d'enreg.*, v° *Succession*, n° 280.

2959. — Le testament contenant uniquement le legs d'une somme d'argent au curé d'une paroisse, à charge par lui de dire un certain nombre de messes, doit être présenté à l'enregistrement dans les trois mois du décès du testateur, à peine du double droit, exigible du curé désigné, à moins qu'il ne renonce expressément. — Délib. 1er mars 1839 ; — Championnière et Rigaud, t. 3, n°s 2408 et suiv., et t. 4, n° 2905.

2960. — Le délai pour la déclaration des legs contenus dans un testament mystique ne commence à courir que du jour de l'ouverture du testament. — Décis. min. fin., 10 juin 1826 ; instr. 30 sept. 1826, 1200, § 14.

2961. — Dans aucun cas, les juges ne peuvent accorder de surséance pour la déclaration et le paiement des droits, sous prétexte d'un prétendu séquestre, par suite de la faillite d'un tiers. — *Cass.*, 4 fév. 1807, Hircht-Moyse ; — *Dict. des dr. d'enreg.*, v° *Succession*, n° 286.

2962. — Dans les délais fixés pour les déclarations, le jour de l'ouverture de la succession n'est point compté. Si le dernier jour du délai se trouve être un jour de fête, ce jour-là n'est pas compté non plus. — L. 22 frim. an VII, art. 25. — Le jour de l'échéance du délai en fait partie. — Décis. min. fin. 9 déc. 1816 et 16 juill. 1824.

2963. — Les receveurs doivent, relativement aux successions sur lesquelles les registres de leur bureau contiennent des renseignemens, adresser, officieusement et avant l'expiration du délai, un avertissement aux héritiers ou aux légataires, pour leur rappeler qu'ils ont une déclaration à faire et des droits à payer dans les six mois du décès de l'auteur de la succession (instr. 31 juill. 1824, 1141). — Ces avertissemens sont adressés sans frais par les receveurs et sous leur contreseing, aux maires des communes de l'arrondissement de leur bureau, qui les font parvenir également sans frais aux parties intéressées. — Décis. min. fin. 6 avr. 1831 ; instr. 1356 et 1466.

§ 3. — *Bureau où doit se faire la déclaration de mutation par décès. — Forme de cette déclaration.*

2964. — *Bureau.* — La déclaration de mutation par décès des biens immeubles, en propriété ou en usufruit, doit être faite au bureau de la situation des biens. — L. 22 frim. an VII. art. 27.

2965. — Dès lors, si les biens sont situés dans plusieurs arrondissemens, il doit être passé à chaque bureau une déclaration particulière pour tous ceux compris dans son arrondissement; et cela quand bien même il s'agirait d'immeubles appartenant à une même exploitation. — *Dict. des dr. d'enreg.*, vo *Succession*, nos 312 et 313.

2966. — De ce que la déclaration des biens d'une succession doit se faire devant chaque bureau de leur situation, il suit que les droits et les obligations respectifs de la régie et des parties peuvent varier pour les délais, suivant la position des choses dans l'arrondissement de chaque bureau. — Aussi, bien que la demande d'un receveur contre les héritiers d'une succession ait été rejetée par un jugement ayant acquis l'autorité de la chose jugée, on ne pourra opposer ce jugement à la demande du receveur d'un autre bureau faite aux mêmes héritiers et pour la même succession. — *Cass.*, 7 août (et non avr.) 1807, Labaume-Montrevel; 1er août 1808, Labaume-Montrevel.

2967. — La déclaration des mutations de propriété ou d'usufruit de meubles doit être faite au bureau dans l'arrondissement duquel ils se trouvaient au décès de l'auteur de la succession. — Les rentes et les autres biens meubles, sans assiette déterminée lors du décès, sont déclarés au bureau du domicile du décédé. — L. 22 frim. an VII, art. 27.

2968. — Lorsqu'un office est transmis, par suite du décès du titulaire, à son unique héritier, la déclaration estimative de la valeur de cet office et des objets en dépendant doit être faite au bureau de la résidence du titulaire décédé. La quittance du receveur doit être jointe à l'appui de la demande de nomination du successeur. — L. 25 juin 1841, art. 9.

2969. — Les actions de la banque de France immobilisées doivent être déclarées à Paris, quel que soit le domicile du défunt. Celles qui n'ont pas été immobilisées sont déclarées au bureau du domicile du défunt. Il en est de même des actions dans les entreprises de dessèchement de marais ou dans des salines, quand elles ne constituent pas une part dans les immeubles. — *Dict. des dr. d'enreg.*, vo *Succession*, no 315.

2970. — L'intérêt dans une coupe de bois peut être déclaré au bureau dans le ressort duquel les bois sont situés. — Solut. 6 sept. 1810.

2971. — Un coupon d'intérêt dans une entreprise, trouvé dans les papiers du défunt, doit être déclaré au bureau du domicile du décédé. — Il en est de même des actions dans les compagnies d'industrie ou de commerce. — Solut. 5 mars 1841 ; — Roland et Trouillet, *Dict. d'enreg.*, vo *Succession*, § 3, no 8.

2972. — Les marchandises entreposées dans les villes du royaume doivent être déclarées au bureau du domicile du défunt. — Il en est de même des marchandises appartenant à des Français, entreposées dans des villes étrangères. — Solut. 26 mars 1825; 29 juin 1825, 1466, § 7.

2973. — Les legs de sommes d'argent qui n'existent pas dans la succession doivent être déclarés au bureau du domicile du décédé (instr. 1466, § 7), et non au bureau dans l'arrondissement duquel sont situés les immeubles de cette succession. — Solut. 17 sept. 1828; — Roland et Trouillet, *ibid.*, § 3, no 4.

2974. — Lorsque l'auteur d'une succession est mort en pays étranger, laissant des rentes en France, le droit de mutation par décès doit être payé au bureau dans l'arrondissement duquel les rentes sont dues. — Décis. min. fin. 14 pluv., 24 messid.; 12 thermid. an XII; 10 flor.-25 thermid.

an XIII; instr. 290, § 36; — Roland et Trouillet, *ibid.*, § 3, no 3.

2975. — Les rentes et créances qui font partie d'une succession doivent être déclarées au bureau du domicile du défunt, lors même qu'elles seraient affectées par privilége ou hypothéquées sur des immeubles situés hors de France, parce que ni le privilége ni l'hypothèque ne constituent les créances, et qu'ils n'en sont que l'accessoire. — *Cass.*, 21 déc. 1813, Desideri.

2976. — Les testamens faits en pays étranger ne peuvent être exécutés sur les biens situés en France qu'après avoir été enregistrés au bureau du domicile du testateur s'il en a conservé un, sinon au bureau de son dernier domicile connu en France. Si le testament contient des dispositions d'immeubles qui y seraient situés, il doit, en outre, être enregistré au bureau de la situation de ces immeubles, sans qu'il puisse être exigé un double droit. — Roland et Trouillet, vo *Testament*, no 11.

2977. — Il faut décider de même dans le cas où le testament est olographe. — Délib. 30 juin 1819; solut. 6 avr. 1824.

2978. — Lorsqu'un étranger recueille, dans la succession de son compatriote mort à l'étranger, des créances dues par des Français demeurant en France, le droit de mutation est perçu par le receveur du domicile du débiteur. — *Cass.*, 29 août 1837 (t. 2 1837, p. 274), Froelich.

2979. — Les rentes et créances dépendant de la succession d'un mineur doivent être déclarées au domicile du tuteur ou curateur. — Décis. min. fin. 4 sept. 1810; — Roland et Trouillet, *ibid.*, vo *Succession*, § 3, no 5.

2980. — *Forme de la déclaration.* — Les héritiers, donataires ou légataires, leurs tuteurs ou curateurs, sont tenus de passer une déclaration détaillée et de la signer sur le registre du receveur. De plus, ils doivent, à l'appui de leur déclaration de biens meubles, rapporter un inventaire ou état estimatif, article par article, par eux certifié, s'il n'a pas été fait par un officier public; cet inventaire est déposé et annexé à la déclaration, qui est reçue et signée sur le registre. — L. 22 frim. an VII, art. 27.

2981. — La déclaration, devant être enregistrée au bureau de la situation des biens, et signée sur les registres par les déclarans, ne saurait être remplacée par une déclaration contenue dans un acte extrajudiciaire signifié au receveur. — *Cass.*, 14 mars 1814, Rognon; 29 déc. 1841 (t. 1er 1842, p. 498), Rousset et de Belvey.

2982. — La présentation d'un acte de partage, faite par les héritiers au receveur, n'équivaut pas à la déclaration qu'ils doivent faire. — *Cass.*, 23 prair. an IX, Lallemand.

2983. — Toute déclaration est nulle, si elle n'a été écrite et signée sur le registre du receveur, et cette nullité ne peut être couverte par l'allégation que le receveur aurait négligé ou refusé de présenter ses registres, qu'autant que cette négligence ou ce refus ont été constatés légalement et en temps utile. — *Cass.*, 26 avr. 1808, Mergen.

2984. — Mais, lorsqu'un contribuable s'est transporté différentes fois au bureau d'enregistrement pour y déposer et signer sa déclaration d'une mutation entre-vifs, mais qu'il a été empêché inutilement et intempestivement, ou au moins retardé dans l'insertion de cette déclaration, le jugement qui regarde la déclaration faite par la voie d'une signification extrajudiciaire comme nécessaire et suffisante pour prévenir les poursuites ultérieures de la régie, ne se met point en opposition avec l'art. 4, L. 27 vent. an IX. — *Cass.*, 9 août 1822, Clément; — Championnière et Rigaud, *Traité des dr. d'enreg.*, t. 4, no 3254.

2985. — Toute personne qui n'aurait pas qualité suffisante pour passer une déclaration, ne peut être admise à la faire. — Instr. 26 juill. 1809, 443.

2986. — Si la déclaration est faite par un fondé de pouvoir, sa qualité doit être établie. La procuration, de lui certifiée véritable, demeure annexée au registre, et mention en est faite dans la déclaration. Si la déclaration est sous seing-privé, elle doit être sur papier timbré, mais l'enregistrement n'en est pas exigé. — Ord. gén., art. 38; instr. 443;

— Roland et Trouillet, *Dict. d'enreg.*, v° *Succession*, § 2, n° 11.

2987. — Une personne qui n'aurait pas qualité suffisante pour passer la déclaration, ne peut être admise à la faire (Instr. 443). Ainsi, l'usufruitier n'a pas qualité pour faire la déclaration au nom du nu-propriétaire sans procuration ; la déclaration qu'il aurait faite pourrait être désavouée par celui-ci. Dans ce cas, la rectification est permise ; mais, la déclaration étant nulle, le nu-propriétaire est passible du demi-droit en sus, s'il n'a pas fait de déclaration dans les six mois du décès. — Délib. 27 janv. 1826 ; — Roland et Trouillet, *ibid.*, v° *Succession*, § 2, n°s 12 et 32.

2988. — Le mineur émancipé a qualité pour faire la déclaration des successions qui lui échoient. — *Dict. des dr. d'enreg.*, v° *Succession*, n° 332.

2989. — C'est le curateur à la succession vacante qui est tenu de faire la déclaration. — *Cass.*, 3 niv. an XIII, Clerx. — Il est même tenu du paiement des droits. — V. *infrà* n° 3186.

2990. — Si la déclaration faite par un légataire des objets compris dans son legs n'est point détaillée, le receveur peut refuser de l'inscrire sur son registre, même sous la réserve de la contredire ultérieurement. — *Cass.*, 16 janv. 1811, Paret.

2991. — La loi n'ayant pas prescrit comment serait détaillée la déclaration des immeubles, il suffit qu'elle contienne tous les élémens nécessaires pour la vérifier. Ainsi, il suffit qu'on indique le nom particulier sous lequel chaque immeuble peut être connu, la commune où il est situé, et enfin son évaluation, sans qu'il soit nécessaire d'y ajouter le produit annuel, lequel est nécessairement le vingtième de cette évaluation. — *Cass.*, 14 mars (et non mai) 1814, Rognon.

2992. — Les objets litigieux doivent être déclarés pour *mémoire*. — Quant aux objets indivis avec des tiers, on doit en comprendre l'évaluation sans attendre le résultat du partage. — *Journ. de l'enreg*, art. 681.

2993. — Ordinairement chaque déclaration doit énoncer : 1° les noms, prénoms, demeures et professions des héritiers, donataires et légataires ; 2° ceux du décédé ; 3° la date du décès ; 4° le degré de parenté des héritiers ; 5° le détail, article par article, des biens, par nature, consistance et situation ; 6° s'ils sont affermés ou non ; 7° leur produit ou le prix des baux courans ; 8° le capital de ce produit ; 9° enfin, la quotité et le montant du droit perçu. — Instr. 26 juill. 1809, 443, et 2 juin 1830, 1348 ; — Masson Delongpré, *Code annoté de l'enreg.*, n° 659, 2e édit.

2994. — Les déclarans ne sont pas tenus de produire l'acte de décès de l'auteur de la succession ; il suffit qu'ils indiquent la date de ce décès, sauf aux préposés à vérifier l'exactitude de cette déclaration. — Décis. min. fin. 16 nov. 1812.

2995. — Lorsqu'il existe un inventaire authentique, les héritiers peuvent se borner à en faire mention dans leur déclaration en indiquant sa date et l'officier public qui l'a reçu. — Décis. min. fin. 22 prair. an VII.

2996. — Si les héritiers, légataires ou donataires ne savent pas écrire, ils peuvent se dispenser de rapporter à l'appui de leur déclaration l'état estimatif des biens meubles appartenant à la succession ; mais en ce cas, et lorsqu'il n'existe pas d'ailleurs d'inventaire devant notaire, la déclaration doit contenir le détail des objets mobiliers avec l'estimation pour chaque article. Le receveur atteste, par sa signature, la déclaration de la partie portant qu'elle ne sait pas écrire. — Instr. 22 mai 1832, 1400.

2997. — Le receveur ne peut se refuser à recevoir une déclaration qui lui est offerte, lors même qu'elle présente une omission ou une insuffisance d'évaluation. — *Dict. des dr. d'enreg.*, v° *Succession*, n° 353.

§ 4. — *Biens à déclarer.*

2998. — La déclaration doit comprendre tous les biens qui composent la succession, c'est-à-dire tous ceux qui appartenaient au défunt au jour de son décès. Or, ces biens pouvaient lui appartenir par l'effet des différens moyens d'acquérir la propriété résultant de la loi ou des conventions. —

Championnière et Rigaud, *Traité des dr. d'enreg.*, t. 4, n° 3,323.

2999. — *Abandon de biens.* — L'abandon qu'un débiteur fait de tous ses biens à ses créanciers, avec mission de les vendre en direction et pour se payer sur le produit, constitue un mandat irrévocable d'aliéner, mais non une aliénation véritable. En conséquence, si, lors du décès du débiteur, ces biens n'ont pas encore été vendus, ils doivent être compris dans la déclaration de la succession à faire par ses héritiers. — *Cass.*, 3 vent. an XI, Anthennis ; 1er messid. an XII, mêmes parties ; 27 juin 1809, Mabille.

3000. — *Achalandage.* — L'achalandage d'un fonds de commerce doit être compris dans la déclaration. — *Dict. des dr. d'enreg.*, v° *Succession*.

3001. — *Acquisitions.* — Les biens acquis en justice par le défunt doivent être compris dans la déclaration, soit qu'il ait été ou non interjeté appel du jugement d'adjudication, sauf la restitution s'il y a lieu. — Décis. min. just. et fin. 13 juin 1809 ; — Instr. 436, n° 57.

3002. — Il en est autrement de l'immeuble dont le défunt s'était rendu adjudicataire et qui, depuis son décès, a été revendu à sa folle enchère. — *Cass.*, 2 fév. 1819, Gratien. — V. conf. délib. 21 juin 1837.

3003. — Jugé cependant que si les héritiers ou légataires sont, après le décès de leur auteur, expropriés, par suite de folle-enchère, d'un immeuble acquis par celui-ci, ils ne peuvent prétendre que cet immeuble ne fait pas partie de sa succession, alors surtout qu'il y a eu paiement d'à-compte sur le prix, actes de propriété, inscription au rôle de la contribution foncière, suivie de paiemens des impositions ; et enfin, acquiescement à divers jugemens successifs qui ont condamné ces héritiers ou légataires au paiement des droits de mutation. — *Cass.*, 14 fév. 1825, Bigot.

3004. — *Avantages et gains de survie.* — Les avantages faits sur les biens de la communauté à l'un des époux ne peuvent, nonobstant l'art. 1525, C. civ., être considérés comme une simple convention entre associés, ils constituent une donation qui donne lieu au droit de mutation par décès. — Délib. 1er mars 1831.

3005. — Le préciput stipulé sous l'empire des coutumes avait d'abord été déclaré sujet au droit de mutation lors de son ouverture ; et cette règle avait été jugée applicable à tous les préciputs. — Délib. 10 nov. 1824 ; 28 sept. 1825 ; Instr. 1205, § 17. — Mais décidé depuis, par application d'un arrêt de cassation du 30 juill. 1823 (Delahaye), que les préciputs stipulés en exécution de l'art. 1516, C. civ., sont affranchis du droit de mutation ; qu'il existe un seul cas où le préciput devient une véritable donation à cause de mort, c'est celui où il est exercé par la femme qui renonce à la communauté, parce qu'alors, la succession du mari comprenant toute la communauté, le préciput est pris sur cette succession. — Délib. 26 juin 1827 ; — Roland et Trouillet, *Dict. d'enreg.*, v° *Succession*, § 11, n° 9.

3006. — Les avantages et gains de survie entre les époux ne s'ouvrant au profit du survivant que par le décès du prémourant, ce n'est qu'à cette époque que la transmission de propriété s'opère et qu'est dû par conséquent le droit de mutation. — *Cass.*, 20 frim. an XIV, Olivier ; 5 nov. 1806, Simon ; 26 mai 1807, Kampeneers.

3007. — A défaut de représentation d'un contrat de mariage dérogeant aux dispositions d'une coutume, telle que celle du Luxembourg, qui accordait à la femme survivante un droit d'usufruit sur les biens de son mari, il doit être, au décès de celui-ci, fait par sa veuve une déclaration de mutation pour l'usufruit ouvert à son profit, encore bien qu'elle prétende n'avoir recueilli aucun des biens qui en sont l'objet. — *Cass.*, 23 flor. an XIII, Nevers.

3008. — Le douaire étant une simple expectative que le décès seul du mari transforme en droit acquis au profit de la femme, c'est seulement à cette époque qu'il y a mutation de propriété, et par suite ouverture au droit proportionnel. — *Cass.*, 19 août 1806, de Brauwer.

3009. — L'ouverture d'un douaire et d'un préciput donne lieu aux droits de mutation dans les six mois du décès, quoique à l'époque du contrat de mariage les douaires et les préciputs ne fussent sujets à aucun droit d'insinuation. — *Cass.*, 2 juill. 1823, Barbier.

3010. — Lorsque les héritiers du mari ont acquitté les droits de mutation de la succession, sans faire déduction de la somme représentant le fonds du douaire, il n'est dû sur ce douaire que l'excédant, s'il y en a, du droit dont il est passible. — *Cass.*, 2 juill. 1823, Barbier.

3011. — *Baux.* — Les héritiers d'un preneur, tenus de continuer le bail, ne doivent aucune déclaration à cet égard; il en est autrement quand le bail est translatif de propriété. — Championnière et Rigaud, no 3558, t. 4.

3012. — Ainsi, le bail à locatairie perpétuelle étant transmissible de la propriété, le fonds baillé doit être compris dans la succession du preneur, pour la perception du droit de mutation par décès. — *Cass.*, 5 oct. 1808, Tardieu.

3013. — Ainsi encore, la propriété des fonds concédés à titre de bail héréditaire appartenant aux débiteurs des redevances et fermages, à la charge par eux de remplir les conditions de leur bail, ces fonds sont passibles, au décès du détenteur, du droit de mutation. — *Cass.*, 28 janv. 1833, Griès.

3014. — Jugé, au contraire, que, d'après l'usage et la jurisprudence de l'ancienne province d'Alsace, le bailleur par bail héréditaire était considéré comme conservant la propriété du fonds, sur lequel le preneur n'acquérait que les droits d'un simple fermier, sauf la transmission de ces droits à ses héritiers. — Et, qu'en conséquence, la transmission par décès, aux héritiers du preneur, du bénéfice d'un bail héréditaire, n'est pas passible des droits de mutation. — *Cass.*, 24 nov. 1837 (t. 2 1837, p. 544), Griès.

3015. — Les héritiers du colon dans le domaine congéable doivent acquitter les droits de succession pour les édifices et superfices, qui sont immeubles à son égard, comme pour tout autre objet immobilier. Il en est autrement des bestiaux attachés à la culture de la terre, des instrumens aratoires et semences. — Délib. 4 sept. 1806.

3016. — Le droit à un bail emphytéotique (passé en 1780) est un droit immobilier dont la mutation par décès donne ouverture au droit proportionnel. — *Cass.*, 1er avr. 1840 (t. 1er 1840, p. 645), David.

3017. — Jugé également que, le bail emphytéotique ayant pour effet d'aliéner à temps la propriété de l'immeuble baillé au profit du preneur, qui peut le vendre et l'hypothéquer, sauf l'exercice des droits du bailleur à l'expiration du bail, les héritiers ou légataires du preneur au profit desquels s'opère la transmission par décès ou testament de l'immeuble compris dans le bail emphytéotique doivent en faire la déclaration et payer les droits au taux des mutations d'immeubles en propriété ou usufruit. — *Cass.*, 24 juill. 1843 (t. 2 1843, p. 270), Lemaire.

3018. — ...Qu'ainsi, des neveux légataires du preneur d'un bail emphytéotique pour quatre-vingt-dix-neuf ans doivent, à raison de l'immeuble affermé qu'ils recueillent dans la succession de leur auteur, payer le droit de mutation au taux fixé par l'art. 69, § 8, no 2, L. 22 frim. an VII, c'est-à-dire au taux fixé pour les mutations de biens immeubles en propriété ou usufruit entre collatéraux. — *Cass.*, 24 juill. 1843 (t. 2 1843, p. 270), Lemaire.

3019. — Suivant les auteurs du *Dict. des dr. d'enreg.* (vo *Succession*, no 418), lorsque les baux emphytéotiques faits pour un temps déterminé ne transmettent au preneur qu'une simple jouissance des biens, ses héritiers ne sont point tenus de comprendre ces biens dans leur déclaration, parce qu'il ne s'est opéré en leur faveur aucune mutation d'immeubles; le droit de succession doit être acquitté par les héritiers du bailleur. — Et MM. Championnière et Rigaud (*Tr. des dr. d'enreg.*, t. 4, no 3071) pensent qu'en matière fiscale surtout, le bail emphytéotique ne doit être considéré que comme un bail ordinaire.

3020. — Les héritiers du fermier doivent déclarer les récoltes sur pied comme choses mobilières et suivant la valeur qu'elles avaient au jour du dé-

cès. — Inst. gén. 31 déc. 1828, 1263. — V. *contrà* Championnière et Rigaud, t. 4, no 3561.

3021. — Lorsqu'un propriétaire a légué à son fermier la jouissance gratuite pendant plusieurs années des biens affermés, pour cette jouissance ne commencer qu'à l'expiration du bail courant au décès du testateur, un pareil legs doit être considéré, non comme un legs d'usufruit, mais comme une continuation du bail avec dispense de fermages; en conséquence, il doit être déclaré purement mobilier pour la perception du droit de mutation par décès. — Délib. 2 juill. 1832.

3022. — *Cautionnement.* — Lorsque le cautionnement d'un fonctionnaire a été fourni par un tiers avec privilège du second ordre, c'est dans la déclaration de la succession du prêteur et non de celle du fonctionnaire, que ce cautionnement doit être compris. — *Dict. des dr. d'enreg.*, vo *Succession*, no 424.

3023. — *Communauté.* — Comme la propriété des héritiers du prédécédé dans la communauté ne se compose que de la portion qui lui revient après les reprises du survivant, il s'ensuit que les droits de mutation ne sont exigibles que sur cette portion ainsi déterminée. — Par la même raison, si des reprises sont exercées par les héritiers du prédécédé du chef de leur auteur, ils doivent les comprendre dans leur déclaration. — Décis. min. just. et fin. 18 juill. 1817; instr. 809, no 1er.

3024. — Toutefois, il n'y a pas lieu d'appliquer cette règle lorsqu'il s'agit d'époux non communs en biens. — Délib. 5 août 1828; instr. 1263, § 3; — Roland et Trouillet, *Dict. d'enreg.*, vo *Succession*, § 9, no 10.

3025. — Lorsqu'il a été procédé au partage avant la déclaration de succession, les héritiers du prédécédé doivent déclarer la moitié de tous les biens dépendant de la communauté, sans avoir égard aux effets du partage. — Décis. min. fin. 3 juill. 1810; instr. 484.

3026. — Jugé au contraire que le partage entre héritiers ou entre époux communs en biens étant de faire considérer chaque copartageant comme propriétaire *ab initio* des biens à lui dévolus, il s'ensuit que si, par un partage antérieur à la déclaration de succession d'un époux, une part avantageuse dans les conquêts de la communauté est attribuée à l'époux survivant moyennant récompense aux héritiers du prédécédé en valeurs mobilières de la communauté, cette part avantageuse est censée lui appartenir du jour de l'acquisition que les deux époux en avaient faite, et n'est passible d'aucun droit proportionnel de mutation résultant de la dissolution de la communauté. — *Cass.*, 16 juill. 1823, Teissier.

3027. — Lorsque le partage de communauté a précédé la déclaration de succession de l'époux prédécédé, cette déclaration ne doit pas comprendre au nombre des valeurs mobilières de la succession la soulte que l'époux survivant est tenu de payer aux héritiers de son conjoint. Mais on doit faire figurer dans la déclaration la portion des meubles représentée par cette soulte évaluée en revenu. — Délib. 23 mai 1845.

3028. — Le droit de mutation par décès n'est exigible qu'autant qu'il y a transmission à titre purement gratuit. Dès-lors la confusion de tout le mobilier au profit de la communauté ne peut donner lieu à aucun droit pour tout ce que le survivant recueille par l'effet du partage des biens de l'autre époux. — Déc. min. fin. 17 juill. 1826.

3029. — Dans le cas où deux époux se sont rendus acquéreurs sur licitation (C. civ., art. 1408) d'un immeuble dont la femme était propriétaire par indivis, si, après la mort de celle-ci, et par un partage antérieur à la déclaration de sa succession, l'immeuble est attribué comme conquêt à son mari, il n'y a pas lieu de le comprendre dans les biens composant la succession de la femme, à défaut surtout, dans l'acte d'acquisition, d'une acceptation formelle de sa part. — Solut. 27 sept. 1833; instr. 1446, § 4.

3030. — Lorsque le mari a acquis, seul et en son nom personnel, des biens indivis avec sa femme, ces biens ne sont pas censés appartenir au mari (ou à la communauté) tant que la femme n'a point exercé le droit d'option que lui confère l'art. 1408, C. civ. — En conséquence, la succession du mari est tenue d'acquitter le droit de mutation sur ces biens. — *Cass.*, 31 mars 1835, Vincent.

3031. — Si, par leur contrat de mariage stipulant le régime de la communauté, les futurs époux ont, à titre onéreux, acquis chacun une portion déterminée d'un même immeuble, les héritiers du mari ne sont tenus, en cas de renonciation de la femme, de déclarer que la portion acquise par leur auteur. — Délib. 29 nov. 1836.

3032. — Avant le Code, le mari qui, après avoir vendu un de ses propres, achetait un autre immeuble peu de jours après, pouvait être considéré comme ayant eu l'intention de faire et comme ayant effectué un *remploi*, quoique le contrat d'acquisition ne contînt aucune déclaration à cet égard. — Par conséquent, lors du décès de la femme, il n'y avait aucune déclaration à faire relativement à cet immeuble. — *Cass.*, 14 frim. an XII, Lafond.

3033. — La communauté dissoute par l'émigration du mari n'a pas été rétablie pour le passé par la réintégration de l'émigré dans ses droits. — En conséquence, les biens acquis par la femme pendant l'émigration de son mari ont dû être considérés comme à elle propres, et dès-lors les héritiers du mari n'ont pu être tenus d'aucun droit de mutation par décès sur ces biens.—*Cass.*, 12 nov. 1810, Jaurias.

3034. — Par cela qu'une femme est commune en biens avec son mari, elle n'est pas nécessairement partie contractante dans les actes de société passés par celui-ci; dès-lors, elle n'est pas propriétaire des immeubles acquis par la société, et elle n'a droit qu'aux bénéfices pour la portion résultant de l'association distincte formée par son contrat de mariage. Il n'y a donc aucune déclaration à faire de ces immeubles par ses héritiers. — Solut. 19 mai 1824; instr. 1146, § 10.

3035. — Doit être considérée comme partage, la clause qui attribue la nue-propriété de tous les biens de la communauté à l'héritier du mari prédécédé, tandis que la femme survivante aura l'usufruit de ces mêmes biens.—Dès-lors, tous les biens échus à cet héritier doivent entrer dans la déclaration de sa succession et les droits de mutation sont exigibles pour cette nu-propriété, de même que pour la propriété entière, c'est-à-dire sur la valeur intégrale des biens. — Délib. 11 juin 1883; instr. 30 sept. 1833, 1437, § 8.

3036. — Lorsqu'en vertu de l'art. 1477, C. civ., l'époux survivant est privé de sa portion dans les objets de la communauté qu'il a soustraits, la totalité de ces mêmes objets doit être déclarée par les héritiers. — Délib. 19 janv. 1830.

3037. — *Communistes (stipulations entre).*—Lorsqu'une ou plusieurs personnes ont acquis une chose en commun avec stipulation que le survivant restera seul propriétaire de la chose acquise, le dernier survivant n'a point de déclaration à faire; car il ne tient point sa propriété d'une donation, mais en vertu des dispositions du contrat d'acquisition. — Délib. 23 déc. 1825.

3038. — Décidé de même à l'égard de l'usufruit qui, en vertu d'une donation ou d'une vente par deux copropriétaires, sous réserve de cet usufruit en faveur du survivant, échoit à celui-ci, lors du décès de son codonateur ou covendeur. — Délib. 17 août 1822, appr. le 4 oct. suiv.; délib. 12 mai et 28 août 1824.

3039. — De même, lorsque deux individus ont acquis des deniers communs une rente viagère, avec stipulation qu'elle sera reversible en totalité sur la tête du survivant, il n'est dû aucun droit de mutation au décès du premier des deux. Il en serait autrement si l'acquisition n'avait point été faite des deniers communs; il y aurait alors une véritable libéralité donnant ouverture au droit de mutation.— Solut. 10 fruct. an X.

3040. — Lorsqu'une rente viagère a été constituée avec la clause qu'après la mort du créancier elle serait continuée au profit d'un tiers acceptant, ce tiers, institué ensuite légataire universel du créancier, n'est point tenu de comprendre le capital de la rente dans la déclaration des biens du défunt, à l'effet d'acquitter les droits de mutation par décès. — *Cass.*, 19 déc. 1822, Porion.

3041.—Cet arrêt, disent MM. Roland et Trouillet, n'a décidé ainsi que par le motif, principalement,

que la demande des droits avait été formée contre le débiteur en sa qualité de légataire universel, tandis que ce n'était pas à ce titre qu'il possédait la rente. — *Dict. d'enreg.*, v° *Succession*, § 6, n° 99.

3042. —Lorsque le mari et la femme ont vendu solidairement un immeuble de communauté, moyennant une rente réversible sur le dernier survivant, celui-ci ne doit point de droit de mutation à cet égard, au décès de l'autre.—Délib. 9 janv. 1812.

3043. — Lorsqu'un frère a déclaré acheter un immeuble, moitié pour lui, moitié pour son frère absent pour lequel il s'est porté fort, et que ce dernier est décédé sans avoir aucunement manifesté l'intention de profiter de cette acquisition, la régie n'est point fondée à prétendre que la moitié de l'objet acquis fait partie de la succession du défunt, et qu'elle aurait dû être comprise dans la déclaration de ses biens. — *Cass.*, 15 mai 1827, Ligny.

3044. — *Conventions de mariage.* — Il y a convention de mariage et non donation, dans la clause d'un contrat de mariage portant que le survivant des époux recueillera, à titre de gain de survie, l'universalité des biens de la communauté. — Dès-lors, au décès de l'un des époux, le survivant n'est point tenu d'acquitter le droit de mutation sur les biens de la communauté. — Délib. 29 avr. 1834.

3045. —La clause d'un contrat de mariage portant *qu'en cas de prédécès de la femme sans enfans, le mari n'aura rien à rendre à ses héritiers, que ce qu'il aura reçu d'elle ou à cause d'elle*, n'est qu'une modification de la stipulation de communauté portée audit contrat, laquelle n'opère au profit du mari survivant aucune mutation qui donne lieu à un droit proportionnel.—*Cass.*, 6 mars 1822 (et non 1821), Tribard.

3046. — Lorsque, dans un contrat de mariage établissant communauté entre les futurs pour tous leurs biens et apports, il a été stipulé qu'un immeuble faisant partie des apports du futur resterait en toute propriété au survivant des époux pour un prix d'estimation, l'épouse survivante est comptable envers la succession. — Solut. 30 oct. 1832; instr. 1422, § 7.

3047. — La stipulation dans un contrat d'acquisition faite par deux époux, que l'immeuble acquis appartiendra en totalité au survivant, ne donne pas lieu à un droit proportionnel, lors du décès du prémourant, comme renfermant une libéralité au profit du premier. — *Cass.*, 11 germ. an IX, Jusserand.

3048. — La clause d'un contrat de mariage portant que le survivant des époux jouira, sur les biens de la communauté, d'un préciput et de l'usufruit de la part du prémourant, n'est qu'une convention de mariage entre associés, laquelle ne donne lieu à aucun droit de mutation lors du décès du prémourant, qui est censé n'avoir jamais eu de droit acquis audit préciput ni à l'usufruit des biens à lui afférens dans le partage de la communauté. — *Cass.*, 30 juill. 1823, Delahaye.

3049. — Jugé au contraire que, lorsqu'un immeuble a été mis en communauté par l'un des époux, et qu'il a été convenu que le survivant aurait le droit de le conserver à lui seul, au prix de l'estimation, il y a lieu au droit de mutation par décès, lorsque le survivant a déclaré vouloir profiter de cette faculté. — *Cass.*, 4 mars 1807, Moreau.

3050. — *Créances.* — Les créances actives doivent être déclarées telles qu'elles ont été portées dans les inventaires, bien qu'elles aient depuis éprouvé des réductions; car leur quotité a été fixée au jour même du décès. — *Dict. des dr. d'enreg.*, v° *Succession*, n° 450.

3051. — Les héritiers doivent dans leur déclaration comprendre les créances actives sur lesquelles il y a contestation pendante lors du décès, sans qu'ils puissent en être dispensés sous prétexte qu'à ce moment ces créances n'étaient pas en la possession du défunt. — *Bruxelles*, 5 déc. 1822, Guéroult de La Pallière.

3052. — La déclaration doit être faite encore que tous les biens d'un défunt consistassent uniquement dans une créance sur un individu en faillite. — *Cass.*, 4 fév. 1807, Hircht-Moyse.

3053. — Toutefois, les droits devraient n'être pas perçus sur les créances que les héritiers déclareraient renoncer à exiger à raison de l'insolvabilité des débiteurs ou de la prescription dont elles seraient frappées. — Décis. min. fin. 12 août 1806.

3054. — L'héritier débiteur envers la succession doit comprendre sa dette dans sa déclaration; car, bien que cette dette soit éteinte par la confusion, elle n'en a pas moins été transmise à l'héritier, dont elle a augmenté le patrimoine. — Solut. 24 déc. 1821; — Dict. des dr. d'enregistr., v° Succession, n° 452.

3055. — Ne doit pas être comprise dans la déclaration de succession du mari une créance que le titre indique provenir de l'aliénation d'un bien propre de sa femme avec déclaration de remploi au profit de celle-ci. — Délib. 3 avr. 1832.

3056. — Si, au décès du débiteur qui a consigné le montant de sa dette, le créancier n'a pas disposé de la somme consignée, les héritiers du débiteur doivent la comprendre dans les biens de sa succession ou déclarer qu'ils entendent ne point retirer la consignation. — Dict. des dr. d'enregistr., v° Succession, n° 445.

3057. — Donation alternative. — Lorsque, par suite de la donation d'une somme ou d'un immeuble désigné, au choix du donataire, et délivrable seulement au décès du donateur, le donataire fait, lors de cet événement, l'option de l'immeuble qui lui est abandonné par les héritiers, ceux-ci n'ont point de déclaration à faire pour cet immeuble, car il ne fait pas partie de la succession. Il en serait autrement si le donataire avait opté pour la somme. — Solut. 9 avr. 1825; instr. 1173, § 5.

3058. — Donations de biens présents et à venir. — Lors même qu'une donation de tous biens présens et à venir faite par contrat de mariage aurait été contrôlée et insinuée à l'époque du contrat, le donataire n'en est pas moins tenu, lors du décès du donateur, de faire la déclaration des biens qui ont pu advenir à celui-ci dans l'intervalle de la donation au décès. — Cass., 20 frim. an XIV, Ginhoux.

3059. — Une donation par contrat de mariage de tous les biens qu'un individu laissera après son décès, quoique irrévocable de sa nature, ne transmet cependant la propriété de ces biens qu'au décès du donateur. Jusque-là elle repose sur la tête de celui-ci, et ce n'est qu'alors qu'il y a lieu au droit de mutation par décès. — Cass., 5 oct. 1807, Lacoste.

3060. — Il en est de même de la donation par contrat de mariage qui comprend tous les biens présens et à venir du donateur avec réserve d'usufruit et de la faculté de disposer d'une somme déterminée. — Cass., 28 janv. 1819, Maniglier.

3061. — Une donation de tous biens présens et à venir faite par contrat de mariage à un collatéral sous la réserve de l'usufruit par le donateur, a tous les caractères d'une disposition subordonnée au décès, et le droit applicable à cet acte est celui de 5 °/₀, réglé pour les mutations d'immeubles par décès en ligne collatérale par l'art. 69, L. 22 frim. an VII. — Cass., 24 déc. 1811, Maniglier.

3062. — Lorsque par leur contrat de mariage deux époux ont fait donation de la moitié de leurs biens à l'un de leurs enfans à naître, ils restent néanmoins propriétaires des biens, et la donation ne produit d'effet qu'au jour de leur décès. — En conséquence, l'enfant donataire est tenu d'acquitter sur ces biens les droits de mutation par décès quand il est constant d'ailleurs en fait que lors de la donation il n'a été perçu aucun droit de transmission de propriété. — Cass., 2 juin 1813, de Montclar.

3063. — Dans le cas où, par leur contrat de mariage, des époux ont fait donation, avec réserve d'usufruit, de moitié de leurs biens présens et à venir en faveur de l'aîné des enfans mâles à naître du mariage, s'ils décèdent sans avoir appelé un autre de leurs enfans à recueillir l'effet de la libéralité, le donataire n'a été réellement saisi qu'au jour du décès des donateurs, et par conséquent le droit de mutation est dû à cette époque, d'après la loi alors en vigueur. — Cass., 19 nov. 1811, Saint-Exupéry.

3064. — Lorsqu'il a été décidé qu'un donataire par contrat de mariage avait été saisi de la propriété d'immeubles désignés et non du simple droit d'en exiger l'abandon à charge d'en payer le prix, la régie ne peut sans violer la chose jugée prétendre que ces mêmes immeubles doivent être compris dans les autres biens du donateur pour la perception du droit de mutation par décès. — Cass., 21 déc. 1808, Pley.

3065. — Donations entre-vifs. — Les biens donnés entre-vifs avant l'adoption ne doivent pas être déclarés dans la succession du donateur adoptant, dont ils ne font plus partie. — Dict. des dr. d'enreg., v° Succession, n° 393.

3066. — Lorsque les droits ont été perçus sur une donation entre-vifs et actuelle de sommes payables seulement au décès du donateur, la régie avait d'abord décidé qu'il n'y avait lieu, lors de la déclaration de la succession, à aucune déduction, soit que l'on prétendît distraire de l'actif le montant de la donation parce qu'elle ne formait qu'une charge de la succession, soit qu'on imputât sur les droits exigibles les droits payés pour la donation, ce qui serait une véritable restitution de droits régulièrement perçus. — Solut. 26 oct. 1825; instr. 1187, § 6.

3067. — Mais jugé, depuis, que la donation entre-vifs faite par un père à son fils, d'une somme exigible seulement à la mort du donateur, doit être considérée comme ayant immédiatement saisi le donataire, de sorte que la régie ne peut pas, lors du décès du père, comprendre la somme donnée dans le calcul des droits de mutation. — Cass., 18 fév. 1829, de Plas.

3068. — ...Que des sommes d'argent données par acte entre-vifs et d'une manière irrévocable, bien qu'elles ne soient exigibles qu'après la mort du donateur, doivent être déduites sur la valeur de l'actif mobilier de la succession et affranchies du droit de mutation dont les héritiers sont passibles. — Cass., 1er avr. (et non 30 mars) 1829, Briant de Laneuville.

3069. — ...Qu'il y a lieu de distraire de l'actif de la succession les sommes données entre-vifs, payables à la volonté du donateur, si ces sommes n'ont point été payées avant le décès, ce qui doit être vérifié. — Délib. 28 nov. 1837; instr. 1562, § 17.

3070. — Lorsqu'une donation entre-vifs faite par le défunt à ses successibles vient à être annulée, ces derniers, qui recueillent à titre de succession les biens qui leur avaient été donnés et qui ont payé le droit de la donation, ne doivent pas un nouveau droit à raison de la mutation par décès. — Cass., 5 juill. 1820, Cœur.

3071. — Mais, comme en pareil cas le droit payé par le donataire doit être imputé sur celui que doit acquitter l'héritier, jugé que, quand le donataire n'est pas appelé à la succession, le montant des sommes données entre-vifs et payables au décès du donateur ne doit pas être déduit des valeurs héréditaires autres que des sommes d'argent pour établir la perception du droit de mutation exigible après le décès du donateur. — Cass., 2 avr. 1839 (t. 1er 1839, p. 461), Gouvelle de Kiaval.

3072. — Lorsqu'une donation de sommes a été faite sous réserve d'une rente viagère payable à un tiers après le décès du donateur et que les droits de donation ont été acquittés sur l'acte, il n'y a pas lieu, au décès, d'exiger le droit de mutation sur cette rente, si celui qui en profite a été institué légataire universel du donateur. — Délib. 19 juin 1829. — « Mais cette décision n'est pas fondée, » disent MM. Roland et Trouillet (Dict. des dr. d'enreg., v° Succession, § 6, n° 102).

3073. — Donations éventuelles. — La réserve que font deux époux donateurs de l'usufruit de l'immeuble donné en faveur et pendant la vie de chacun d'eux comporte donation éventuelle de cet usufruit au profit du survivant, et donne lieu par conséquent à un droit de mutation lors du décès du prémourant. — Cass., 3 niv. an XIII, Camboulives.

3074. — Le legs fait par un mari à sa femme pour le cas seulement où elle viendrait à se séparer de son fils est réputé fait sous une condition potestative dépendant de la seule volonté de la femme; en conséquence il est actuellement soumis au droit, et non lorsque l'événement se sera réalisé. — Délib. 15 janv. 1833.

3075. — *Dot.* — L'immeuble acquis conjointement par des époux mariés sous le régime dotal appartient par moitié à chacun d'eux, s'il est énoncé que le prix a été payé comptant par les acquéreurs, et alors même qu'il n'est fait aucune mention de l'origine des deniers employés au paiement de la portion qui concernait la femme. Dès-lors, au décès de celle-ci, ses héritiers doivent comprendre dans leur déclaration la moitié de l'immeuble acquis. — Délib. 26 nov. 1830.

3076. — La dot constituée à une femme et reçue dans le contrat de mariage par le futur doit, au décès de cette femme, sans enfans, être déclarée par les héritiers, auxquels le mari est tenu de la restituer d'après la loi civile, et nonobstant toute convention entre eux. — Délib. 11 oct. 1836.

3077. — *Femme normande.* — Il n'est pas dû de droit proportionnel pour le douaire que la femme mariée sous la coutume de Normandie se fait délivrer du vivant de son mari, par suite du jugement de séparation de biens qu'elle a obtenu. — *Cass.*, 27 (et non 22) niv. an XI, Boulai-Bonneville.

3078. — Sous la coutume de Normandie, le douaire s'ouvrait par la déconfiture du mari arrivée de son vivant, aussi bien que par sa mort. Lors donc que, pour cette cause, la femme est envoyée en jouissance des biens sur lesquels son douaire est assis, et que la propriété de ces mêmes biens est attribuée aux enfans, il y a mutation, et la prescription du droit qu'elle entraîne court, non du jour du décès, mais du jour du jugement qui l'opère. — *Cass.*, 30 janv. 1809, Hauvel.

3079. — La coutume de Normandie, qui attribuait à la femme, lors du décès de son mari, une portion des meubles acquis pendant le mariage, les lui accordait à titre correspectif de collaboration commune, et non à titre lucratif de succession. En conséquence, lorsque ce droit s'ouvre au profit de la femme survivante, la régie est non-recevable à exiger le droit proportionnel de mutation. — *Cass.*, 22 juill. 1828, Morand.

3080. — Jugé également que la femme normande mariée avant le Code civil peut réclamer la propriété de la moitié des conquêts immeubles faits par son mari durant le mariage, aux termes de l'art. 329 cout. locale. — En d'autres termes, cet art. 329 n'a point été abrogé par la loi du 17 niv. an II. — *Cass.*, 30 mars 1825, Delannay.

3081. — ... Que l'usufruit de la moitié des conquêts faits *hors bourgage* (ville ou bourg fermé), que l'art. 329, cout. Normandie, accordait à la femme après le décès de son mari, forme, comme la moitié des conquêts faits *en bourgage*, que le même article lui attribuait en propriété, une condition attachée par le statut local à l'association conjugale, un droit acquis comme résultat de cette association; de telle sorte qu'il ne s'opère aucune mutation à son profit à l'époque de la mort du mari, et qu'elle ne peut, à raison de cet usufruit, être soumise au paiement du droit proportionnel de mutation. — *Cass.*, 26 (et non 25) juin 1826, Quertier.

3082. — *Institutions contractuelles.* — L'institution contractuelle ne conférant à l'institué que le titre et la qualité d'héritier, et l'instituant conservant pendant sa vie la propriété effective de ses biens, il s'ensuit qu'au décès de celui-ci il y a mutation de propriété, et par conséquent obligation pour l'institué de déclarer les biens et de payer les droits de succession. — *Cass.*, 8 déc. 1806, Kaulen.

3083. — Décidé de même, à l'égard d'une institution contractuelle faite en pays de droit écrit, et notamment dans le ressort du parlement de Bordeaux. — *Cass.*, 10 pluv. an XI, Broca; 24 niv. an XIII, Norbert-Catuhe.

3084. — ... Et cela quand bien même l'institution aurait été faite sous la réserve d'usufruit des biens qui en étaient l'objet et de la faculté de disposer d'une certaine somme. — *Cass.*, 19 pluv. an XI, Broca.

3085. — Bien que le droit proportionnel ait été perçu mal à propos sur une institution contractuelle qui ne forme qu'une donation éventuelle, la régie est fondée néanmoins à exiger le droit

au décès de l'instituant, sauf à précompter ce qu'elle a reçu lors du contrat de mariage, sans qu'on puisse lui opposer que le receveur a consenti recevoir le droit à l'époque de ce contrat, et que la régie aurait dû réclamer dans les deux ans. — *Cass.*, 13 avr. 1825, Devoisins.

3086. — *Légitime.* — Les légitimaires sont tenus de déclarer ce qu'ils recueillent à titre de légitime, quand bien même ils n'obtiendraient leur légitime que par voie de retranchement sur une donation de tous biens présens et à venir au sujet de laquelle les droits de contrôle auraient été payés. — *Cass.*, 20 frim. an XIV, Ginhoux.

3087. — *Office.* — L'office dont le titulaire se trouve dessaisi par suite de son décès doit être déclaré. — V. *suprà* nos 2874 et suiv.

3088. — En cas de dissolution de la communauté par la mort de la femme, la moitié de la valeur de l'office ne doit pas être déclarée dans sa succession, attendu que cet office n'est pas entré en communauté. Toutefois, si le titre a été donné au mari moyennant une rente viagère à prélever sur les revenus de l'office, il est dû récompense à la communauté de toutes les sommes qui en ont été distraites pour satisfaire à cette charge, ainsi au décès de la femme on doit déclarer la moitié de cette récompense (Délib. 22 juin 1830). Cependant un arrêt de Douai, du 15 nov. 1833 (Ducorroy), a considéré l'office comme un acquêt de communauté, bien qu'il eût été concédé gratuitement au mari. — Roland et Trouillet, *Dict. d'enregistr.*, v° *Succession*, § 6, n° 79.

3089. — *Legs conjoint.* — Lorsqu'un legs d'usufruit a été fait conjointement à deux individus, ce legs diffère essentiellement de celui fait au profit de deux ou de plusieurs personnes pour jouir successivement, et le décès de l'un des légataires ne donne point ouverture à un droit de mutation pour l'accroissement qui a lieu (C. civ., art. 1044) au profit du légataire survivant. — Solut. 9 nov. 1830; instr. 1334, § 6.

3090. — *Société.* — L'héritier de l'associé doit faire sa déclaration et payer les droits dans les six mois du décès. Toutefois, si la société continue, il n'y a lieu de percevoir que le droit déterminé pour les objets mobiliers, attendu que, tant que l'association n'est pas dissoute, les droits de chaque membre se bornent à un intérêt dans l'entreprise. (Décis. min. fin. 8 déc. 1807; instr. 360). Si la société était dissoute et que par suite l'héritier se trouvât saisi de la propriété d'objets mobiliers, les droits devraient être perçus en conséquence. — Délib. 2 juin 1837; instr. 1562, § 20.

3091. — Lorsque, par l'acte d'une société universelle de tous biens présens et de gains, les associés ont abandonné aux survivans d'entre eux les biens qu'ils ont apportés dans la société, cette disposition constitue, au décès de chaque associé, une transmission de biens égale à sa part dans la société, et sur laquelle doit être perçu le droit proportionnel de mutation. Vainement on prétendrait que les droits abandonnés par chaque associé sont devenus communs à toute la société, et que tant qu'une liquidation n'a pas été faite il n'y a point eu attribution de part. — *Cass.*, 22 août 1842 (t. 2 1842, p. 580), dames de la Visitation de la Croix-Rousse.

3092. — *Rapport à succession.* — Une somme reçue en avancement d'hoirie par l'un des successibles sans acte de donation ne fait pas réellement partie des biens de la succession du donateur; elle est seulement sujette à rapport vis-à-vis des co-héritiers. Elle ne doit donc pas être comprise dans la déclaration de succession. — Délib. 26 oct. 1827; — Roland et Trouillet, *Dict. d'enregistr.*, v° *Succession*, n° 113.

3093. — De même, il n'est dû aucun droit de mutation sur les valeurs que les héritiers déclarent avoir reçues manuellement du défunt et qu'ils rapportent à la succession. — Délib. 30 sept. 1845.

3094. — Le rapport des dots ne doit être considéré, pour son objet et pour ses effets, que comme un balancement ou une rectification d'un partage inégal; il ne peut donc être soumis aux droits de déclaration de succession. — Délib. 28 thermid. an IX; — Roland et Trouillet, *Dict. d'enregistr.*, v° *Rapport*, n° 8. — D'ailleurs un droit a été perçu sur la dot ; et il est de principe qu'une même mutation ne peut être assujétie à deux droits.

3095. — *Réserve d'usufruit.* — Sous la cout. de Luxembourg, lorsque les père et mère détenteurs d'une *vouerie* avaient appelé leur fils, en le mariant, à vivre avec eux pour succéder au bien suivant l'usage, mais qu'ils s'étaient réservé la maîtrise et gouverne du ménage, cette disposition équivalait à une réserve d'usufruit qui donnait lieu à la perception du droit de transmission au décès du père prémourant. — *Cass.*, 2 sept. 1806, Peffer.

3096. — Lorsque des père et mère ont fait le partage anticipé de leurs biens entre leurs enfans, avec réserve d'usufruit pour eux et pour le survivant d'eux, non seulement des biens donnés, mais encore de tous ceux qui pourront appartenir au prémourant des deux, il y a lieu de percevoir un droit proportionnel sur l'usufruit ouvert au profit du survivant des donateurs par le prédécès de l'autre, encore bien qu'il ait déjà été perçu un droit proportionnel sur la propriété à l'époque de la donation.— *Cass.*, 27 juin 1837 (t. 2 1837, p. 91), Benoist.

3097. — *Retour et réversion (droit de).* — Il y a lieu à déclarer les rentrées en possession des ascendans dans les biens qu'ils ont donnés, lorsque leurs enfans ou descendans sont prédécédés (C. civ., art. 747); mais aucune déclaration n'est à faire pour les mutations au profit de tout donateur, en vertu du retrait expressément réservé dans l'acte de donation, en vertu de l'art. 951, C. civ. — Circ. 23 brum. an VIII, 1689; décis. min. fin. 29 déc. 1807; instr. 366, n° 18.

3098. — Le droit de réversion, que les lois romaines accordaient au père donateur dont l'enfant prédécédait sans postérité, doit être considéré, quoique ouvert sous l'empire du Code civil, comme un droit de retour conventionnel, et dès lors comme ne donnant ouverture qu'à un droit fixe. — *Cass.*, 8 fév. 1811, Rougerie.

3099. — Si l'enfant du donataire décédé vient à décéder lui-même du vivant des ascendans donateurs, ceux-ci ne pouvant pas réclamer, à titre de retour légal, les biens par eux donnés (*Cass.*, 18 août 1818, Grelle Desprades c. Chantereau), aucune demande de droit de succession à cet égard ne peut leur être faite. Ces biens devant au contraire être recueillis par les héritiers de l'enfant dans l'ordre et la proportion que le Code prescrit au titre des successions, c'est à ces héritiers légaux à acquitter le droit d'après leur degré de parenté. — Roland et Trouillet, *ibid.*, § 6, n° 94.

3100. — Lorsqu'une mère est décédée, laissant deux enfans et des biens grevés de retour conventionnel, et que ceux-ci décèdent ensuite sans postérité, le retour stipulé ayant lieu en faveur de l'ascendant donateur, les droits de succession sont exigibles : 1° pour la mutation qui s'est opérée de la mère à ses deux enfans; 2° et pour celle qui s'est opérée du premier mort des enfans au profit de son frère. — Délib. 3 nov. 1821, appr. le 21 ; — Roland et Trouillet, *Dict. d'enregistr.*, v° *Succession*, § 6, n° 97.

3101. — Le droit de retour, établi par les art. 351, 352, C. civ., en faveur de l'adoptant et de ses descendans sur les choses, provenant de l'adoptant, qui se trouvent dans la succession de l'adopté, constitue un droit de succession et donne ouverture au droit pour mutation par décès. — *Cass.*, 28 déc. 1829, Granet.

3102. — Les héritiers du testateur ne doivent pas comprendre dans leur déclaration des biens dont la jouissance a été léguée à perpétuité à une église et aux pauvres, attendu que, la jouissance de l'église et des pauvres ne devant avoir aucun terme, il ne peut y avoir lieu à aucun retour en faveur des héritiers. — Délib. 8 oct. 1823.

3103. — La réversion au profit du survivant des époux de l'usufruit d'un bien de communauté, en vertu de la réserve d'un acte de donation, ne constitue pas un avantage sujet à déclaration, lors du décès du premier mourant des donateurs. — Délib. 25 oct. 1823.

3104. — *Succession.* — Lorsqu'un mineur décède avant qu'on ait accepté ni répudié pour lui une succession qui lui était échue, ses héritiers ne doivent pas comprendre dans leur déclaration les

biens faisant partie de la première succession, s'ils ne l'acceptent eux-mêmes du chef de leur auteur. — Délib. 5 juill. 1836.

3105. — Lorsque plusieurs personnes, respectivement appelées à la succession l'une de l'autre, périssent dans un même événement, sans qu'on puisse reconnaître laquelle est décédée la première, il y a lieu d'admettre les présomptions établies par les art. 720 et suiv., C. civ. Il y a lieu à autant de déclarations et de droits qu'il y a eu de mutations par décès; et la quotité de chaque droit est déterminée d'après le degré de parenté. — Arr. du direct. 23 flor. an VII.

3106. — Le légataire à titre universel ne pouvant faire les fruits siens qu'à partir du jour de la demande en délivrance, lors même qu'il se serait mis en possession au vu et au su des héritiers, il s'ensuit que, s'il meurt avant d'avoir formé cette demande, aucuns fruits ni revenus échus à raison de son legs, quoique perçus, ne sont susceptibles d'être compris dans la déclaration de sa succession. — Délib. 5 mai 1824. — Il en doit être de même du légataire particulier, sauf l'exception portée par l'art. 1015, C. civ. — Roland et Trouillet, *Dict. d'enregist.*, v° *Succession*, § 7, n° 10.

3107. — Lorsque dans une succession se trouve une part indivise d'un immeuble dépendant d'une autre succession, et que depuis l'expiration du délai pour la déclaration de la mutation, cet immeuble a été adjugé au cohéritier du défunt, les héritiers de celui-ci doivent déclarer l'immeuble, et non le prix. — *Cass.*, 18 déc. 1839 (t. 1er 1840, p. 48), Thomas.

3108. — *Vente.* — Lorsque le débiteur sur qui une saisie immobilière a été pratiquée est décédé avant l'adjudication définitive légalement consommée, les immeubles saisis, faisant toujours partie de sa succession, bien que le défunt n'eût pu les aliéner, doivent être déclarés et sont soumis aux droits. — Décis. min. fin. 7 juin 1809; instr. 336, n° 35.

3109. — Jugé dans le même sens que l'adjudication préparatoire d'un immeuble ne dépouille pas le propriétaire d'une manière définitive et irrévocable; qu'elle est subordonnée à une condition suspensive, et qu'elle n'attribue à l'adjudicataire qu'un droit résoluble; qu'en conséquence, si l'adjudication définitive n'a eu lieu qu'après le décès du propriétaire, c'est l'immeuble même, et non le prix en provenant, que ses héritiers doivent déclarer, pour la perception du droit proportionnel. — *Cass.*, 24 juin 1811, Bazin.

3110. — Le prix d'un immeuble vendu par expropriation forcée, avant le décès de l'exproprié, ne doit être déclaré que pour la part revenant aux héritiers après la distribution entre les créanciers inscrits. — Délib. 14 juin 1833. — La régie a même pensé depuis qu'on devait comprendre dans la déclaration le montant des bordereaux de collocation délivrés aux créanciers. — Instr. 24 déc. 1836.

3111. — Si, depuis la vente d'un immeuble dont le prix a été délégué aux créanciers inscrits, et après l'accomplissement des notifications prescrites par l'art. 2183, C. civ., le vendeur vient à mourir, le prix de cet immeuble ne doit pas être compris dans la déclaration de sa succession; peu importe à cet égard que les créanciers aient usé de la faculté de surenchérir. — Délib. 14 juin 1814.

3112. — Il est dû une déclaration et un droit de succession pour les biens qui rentrent dans les mains des héritiers d'un individu, après qu'ils en ont fait annuler la vente passée par celui-ci de son vivant. — On ne peut compenser ce droit avec celui qui aurait été payé lors de cette vente, parce que ce dernier droit a été régulièrement perçu au moment où la perception a été faite, et qu'il n'y a pas lieu à restitution à cet égard. — *Cass.*, 30 janv. 1809, Laminade.

3113. — Les héritiers du vendeur ne sont pas tenus de comprendre dans leur déclaration la faculté de réméré qui leur est transmise, parce que le droit n'est dû que pour des valeurs réelles. — Délib. 6 vent. an XI. — Ils ne doivent même acquitter aucun droit de mutation lorsqu'ils exercent la faculté de rachat après le décès de leur auteur. Mais s'ils cédaient cette faculté à un tiers ou s'ils y renonçaient en faveur de l'acquéreur, ils devraient en payer le droit de mutation au taux fixé pour les meubles. — Décis. min. fin. 2 juin 1812, et 20 août 1834. — Roland et Trouillet, *Dict. d'enregist.*, v° *Succession*, § 6, n° 84. — *Contrà* instr. 245.

3114. — Dans le cas de résolution volontaire d'une vente à rente viagère, par le motif que le vendeur est mort, dans les vingt jours de la date du contrat, de la maladie dont il était atteint au moment de la vente (C. civ., art. 1975.), les héritiers du vendeur doivent comprendre dans leur déclaration les biens qui rentrent ainsi dans leurs mains. — Délib. 27 mai 1828.

3115. — Bien que le jugement qui donne gain de cause à la demande formée par le défunt en revendication d'un immeuble soit frappé d'appel, les héritiers n'en doivent pas moins faire leur déclaration et payer les droits, sauf restitution. — Décis. min. fin. 16 mai 1809.

3116. — Jugé au contraire que les droits de mutation par décès dus pour des biens échus à des héritiers par suite de la rescision de la vente qu'en avait consentie leur auteur, ne sont ouverts que par l'arrêt qui, sur l'appel, confirme le jugement qui les envoie en possession. — *Cass.*, 20 août 1816, Angron.

3117. — Les enfans d'un interdit qui ont eu l'administration de ses affaires, et qui, sans autorisation, ont vendu une partie de ses biens, ne doivent, lors du décès de l'interdit, aucun droit de succession sur les biens par eux vendus, encore bien que la vente soit nulle. — Solut. 16 juill. 1812; — Roland et Trouillet, *ibid.*, § 10, n° 29.

3118. — L'immeuble vendu par le mandataire, depuis le décès du mandant, doit être déclaré par les héritiers, car il était encore la propriété du mandant au jour de son décès. — Décis. min. fin. 13 août 1814; — *Dict. des dr. d'enregist.*, v° *Succession*, n° 660.

3119. — Lorsqu'un testateur a ordonné que ses biens fussent vendus après son décès, pour le prix être employé à l'acquit de legs particuliers et le surplus être donné aux pauvres, les héritiers légitimes doivent néanmoins acquitter les droits de succession, et cela au taux fixé pour les immeubles. — Instr. 27 déc. 1831.

§ 5. — *Liquidation des droits de mutation par décès.*

3120. — On a vu plus haut que, pour la liquidation et le paiement du droit proportionnel en cas de mutation par décès, la valeur de la propriété, de l'usufruit et de la jouissance des biens était déterminée, savoir : 1° (V. n°s 294 et suiv.) pour les biens meubles, par la déclaration estimative des parties, sans distraction des charges (L. 22 frim. an VII, art. 14, n° 8), et (V. n° 321) que l'usufruit transmis à titre gratuit s'évaluait à la moitié de la valeur entière de l'objet (art. 14, n° 11); — 2° (V. n°s 319 et suiv.) pour les immeubles, par l'évaluation à vingt fois le produit des biens, ou par le prix des baux courans, sans distraction des charges; qu'il n'était rien dû pour la réunion de l'usufruit à la propriété, lorsque ce droit avait été acquitté sur la valeur entière de la propriété (L. 22 frim. an VII, art. 15, n° 7); — et (V. n°s 466 et suiv.) en cas de transmission d'usufruit seulement, par l'évaluation à dix fois le produit des biens ou par le prix des baux courans, aussi sans distraction des charges, et que lorsque l'usufruitier qui a acquitté le droit pour son usufruit acquiert la nu-propriété, il paie le droit sur sa valeur sans qu'il y ait lieu de joindre celle de l'usufruit (art. 15, n° 8). — On a vu aussi à quelles difficultés avait donné lieu l'application de ces dispositions. — Restent quelques décisions à signaler pour compléter la matière.

3121. — Les droits de mutation pour une succession ouverte avant les lois des 14 thermid. an IV et 9 vendém. an VI ont dû être liquidés d'après ces lois, quand bien même l'héritier eût fait sa déclaration et acquitté les droits en conséquence avant la publication de ces mêmes lois. — *Cass.*, 23 vent. an IX, Raymond; 4 messid. an IX, Billardet.

3122. — Il en est de même pour le double droit à raison des omissions dans la déclaration, découvertes postérieurement à ces lois. — *Cass.*, 4 messid. an IX, Billardet.

3123. — Lorsqu'un jugement n'a condamné un héritier à payer pour droits d'enregistrement une somme déterminée, calculée sur le pied des droits de mutation immobilière, que faute par lui de faire, dans un certain délai, la déclaration des biens qu'il a recueillis, ce dernier peut cependant ne payer que sur le taux des mutations mobilières s'il n'a à déclarer que de telles valeurs. — *Cass.*, 24 août 1841 (1, 1er 1842, p. 310), Carré.

3124. — Au surplus, c'est aux juges ordinaires exclusivement chargés par la loi d'interpréter les actes et d'en déterminer le sens, qu'appartient le droit de prononcer entre la règle qui prétend qu'une institution d'héritier s'applique à la propriété comme à l'usufruit, et son adversaire qui soutient qu'elle n'a que cet usufruit pour objet et que la propriété repose sur une autre tête. — *Cass.*, 18 fév. 1806, Maurin.

3125. — Une maison dont la démolition a été, avant le décès du propriétaire, ordonnée pour cause d'utilité publique, ne doit être comprise dans la déclaration de son héritier que pour la valeur des matériaux comme meubles. — Solut. 23 nov. 1809. — Quant au sol, il doit être déclaré comme immeuble. — *Dict. des dr. d'enregist.*, v° *Succession*, n° 459. — V. aussi *infra* n° 3129.

3126. — Le droit acquitté sur la déclaration de l'héritier unique, à qui un office a été transmis par suite de décès du titulaire, ou celui acquitté sur le traité fait entre les cohéritiers doit être imputé, jusqu'à due concurrence, sur celui que les héritiers ont à payer, lors de la déclaration de succession, sur la valeur estimative de l'office, d'après les quotités fixées pour les biens meubles, par les lois en vigueur. — L. 25 juin 1841, art. 9.

3127. — Lorsque le droit de mutation par décès a été perçu sur vingt fois le produit annuel d'une ferme, on ne peut exiger un second droit comme mobilier sur la valeur des ustensiles et bestiaux servant à son exploitation, attendu que ces bestiaux et ces ustensiles font partie intégrante du domaine et n'ajoutent rien au revenu. — Solut. 22 mai 1818; délib. 12 août 1828.

3128. — L'art. 524, C. civ., a abrogé la disposition de la coutume de Normandie qui réputait meubles les animaux attachés à la culture et les ustensiles aratoires. Dès-lors, en cas de mutation par décès, les droits doivent être perçus sur ces objets comme choses immobilières. — *Cass.*, 20 juill. 1812, Renouf.

3129. — C'est comme immeuble, et non comme mobilier, que les héritiers doivent comprendre dans la déclaration de succession de leur auteur un bien dont la vente n'était pas encore effectuée lors du décès du propriétaire, encore bien que cette vente eût été ordonnée. — Décis. min. fin. 13 août 1814. — V. *suprà* n° 3125.

3130. — Bien que, dans un partage testamentaire, un père ait prescrit à ses enfans d'exploiter et de vendre la superficie d'un bois pour acquitter certaines dettes, cette superficie constitue, dans la succession, une valeur immobilière. Toutefois, c'est d'après le capital du revenu du bois, et non d'après le prix de la vente réuni à la valeur du sol, que le droit de succession doit être liquidé. — Délib. 11 nov. 1834.

3131. — Une donation entre époux des meubles et de l'usufruit des immeubles ne peut, à l'égard de la régie, être réduite aux meubles par la femme survivante, sans le concours des héritiers. Dès-lors, la régie est fondée à percevoir le droit sur la totalité de la donation, tant que la femme ne justifie point par un acte que les héritiers ont exercé l'action ou réduction, en optant pour l'abandon de la quotité disponible. — Délib. 24 mars 1832.

3132. — Lorsque l'époux légataire en usufruit de tous les biens de son conjoint décédé déclare se réduire à la moitié de la disposition, cette déclaration suffit pour faire restreindre à cette moitié la perception du droit de mutation par décès; on ne peut opposer le défaut d'option des réservataires, conformément à l'art. 917, C. civ., et cet article ne serait applicable qu'autant que le légataire voudrait retenir l'usufruit entier. — Solut. 28 déc. 1832.

3133. — Dans le cas où l'époux légataire de l'usufruit d'une partie des biens de sa femme a cédé cet usufruit moyennant une rente viagère avant de faire sa déclaration à la régie, il doit néanmoins déclarer l'usufruit et non la rente viagère, et payer le droit au taux fixé pour les mutations par décès de biens immeubles, et non au taux des mutations de valeurs mobilières, encore que la cession de l'enfant ait été faite, à titre de licitation et partage, aux père et mère de la testatrice, qui recueillaient le surplus de ses biens en vertu d'un droit de retour conventionnel; l'art. 883, C. civ., d'après lequel le cohéritier est censé avoir succédé immédiatement à l'objet commis dans son lot, n'étant pas ici applicable.— *Cass.*, 19 nov. 1834, Lockart.

3134. — Si l'héritier de biens grevés d'usufruit acquiert cet usufruit avant d'avoir fait la déclaration relative à la transmission par décès de la nue-propriété, et que le droit de vente ait été perçu sur l'acte d'acquisition, le droit de succession n'en sera pas moins exigible; mais le droit de vente est restituable. — Instr. 386, no 39; — *Dict. des dr. d'enreg.*, vo *Succession*, no 650.

3135. — Lorsque le mari a, avant son décès, abandonné à ses enfans la totalité de ses biens par acte entr-vifs ou partage d'ascendant, le droit exigible sur le douaire qui vient s'ouvrir ne peut être imputé sur ce qui a été payé par les enfans pour la mutation entre-vifs. — Délib. 3 fév. 1832.

3136. — Lorsque, pour la réduction des donations entre-vifs, on réunit à la masse les biens précédemment sortis de la main du donateur (C civ., art. 920), cette réunion, n'étant que fictive, ne donne lieu à aucun droit de mutation; d'ailleurs le droit a été acquitté par le donataire.— *Journal de l'enreg.*, art. 1837.

3137. — Les sommes données en avancement d'hoirie par un père à ses enfans devant être réunies fictivement à la masse des biens composant la succession du donateur pour déterminer la quotité disponible léguée à la veuve, c'est sur cette quotité disponible ainsi fixée que doit être liquidé le droit de mutation par décès pour la portion léguée. — Instr. 31 déc. 1838, 1577, § 12.

3138. — Lorsqu'un mari qui laisse des héritiers à réserve a fait donation à sa femme du quart de ce qu'il possédera à son décès, il faut, pour fixer la quotité du droit de mutation, faire abstraction des biens rapportés à la succession par les héritiers à réserve. — Délib. 19 juill. 1833.

3139. — Les héritiers à qui le défunt a constitué en dot des rentes perpétuelles doivent déduire des valeurs mobilières le capital de ces rentes, attendu que ce capital a déjà supporté le droit de donation. La déduction s'opère suivant le mode tracé par l'instruction générale (1456, § 7).— Délib. 15 janv. 1830.

3140. — La mutation des rentes inscrites sur le grand-livre de la dette publique étant exempte de la formalité de l'enregistrement et de la perception du droit (V. *supra* nos 808 et suiv.), il s'ensuit qu'en cas de décès du propriétaire d'une telle rente, il n'y a point lieu de percevoir le droit sur cette rente, encore bien que le capital soit, par suite d'insuffisance des autres biens de la succession, employé à l'acquittement de legs particuliers de sommes d'argent. — *Cass.*, 6 fév. 1827, Verrier.

3141. — Mais lorsqu'il existe dans une succession des rentes sur l'état exemptes de tous droits et des valeurs imposables, les droits de mutation dus sur les dons et legs ne doivent pas être imputés sur les rentes; autrement le fisc pourrait être privé d'une portion de droits toutes les fois que ceux dus sur les dons et legs excéderaient ceux dus par les héritiers. — Les droits dus sur les dons et legs sont alors liquidés conformément aux diverses dispositions de la loi; et, sur leur montant, il est fait déduction des droits que les héritiers légitimes peuvent avoir payés. — *Cass.*, 22 fév. 1843 (t. 2 1843, p. 31), Delorge.

3142. — Lorsque, pour exécuter une disposition du testament qui ordonne qu'une rente viagère, objet d'un legs particulier, sera prise en partie sur une rente 5 p. o/o, l'héritier institué délivre au légataire l'usufruit d'une rente 3 p. o/o dépendant de la succession, il y a lieu de percevoir sur l'acte le droit de mutation par décès. — Délib. 2 fév. 1838. — Cette décision n'est pas à l'abri de la critique; car l'exemption du droit d'enregistrement s'applique à toutes les rentes sur l'état, quelle que soit leur espèce.

3143. — Si les objets légués à titre particulier se trouvent en nature dans la succession, ils doivent être distraits de la déclaration à faire par l'héritier ou le légataire universel, lequel n'est tenu au paiement des droits de mutation que sur les biens restans; et les légataires particuliers acquittent ceux à leur charge d'après la nature des choses qui leur sont léguées.—Décis. min. fin. 17 fév. 1807; inst. 366, nos 9, 401 et 1432.

3144. — Lorsqu'un legs à titre universel comprend nommément le *mobilier* du testateur avec la clause que, si la somme à laquelle il est évalué ne suffit pas, on y ajoutera celle qui sera nécessaire, on doit, lors de la déclaration de succession, imputer ce legs en entier sur les biens meubles qui en dépendent, s'ils sont suffisans. — *Journal de l'enregistr.*, art. 8186; — Roland et Trouillet, *Dict. d'enreg.*, vo *Succession*, § 7, no 12.

3145. — Lorsque les héritiers ou légataires universels sont grevés de legs particuliers *de sommes d'argent non existantes dans la succession*, et qu'ils ont acquitté le droit proportionnel sur l'intégralité des biens de cette même succession, *le même droit n'est pas dû pour ces legs*; conséquemment, les droits déjà payés par les légataires particuliers *doivent s'imputer sur ceux dus par les héritiers ou légataires universels*. — Car, en pareil cas, les héritiers ou légataires universels ne sont que de simples intermédiaires entre le testateur qui est censé donner lui-même et les légataires particuliers qui reçoivent. De plus, le legs particulier payé d'après la volonté du testateur ne peut être assimilé à une dette de la succession. — Avis cons. d'état 2 sept. 1808, app. le 10; instr. 8 oct. 1808, 401; instr. 26 août 1833, 1432; —Merlin, *Quest.*, vo *Droit d'enregistrement*, § 22.

3146. — Dès avant cet avis du conseil d'état, on avait jugé également que, si les droits de mutation par décès sont dus sur la totalité de la succession sans distraction des charges, les légataires universels n'en sont cependant tenus que sur le montant de leur legs que déduction faite des legs particuliers dont ils sont chargés et pour lesquels le droit a été payé. — *Cass.*, 27 mai 1806, Lioud; 8 sept. 1808, Lioud.

3147. — ... Que, quand l'héritier a acquitté les droits de mutation sur l'universalité de la succession, tant en meubles qu'immeubles, les légataires particuliers ne sont pas tenus d'acquitter un nouveau droit, à raison de la chose qui leur a été léguée. — *Cass.*, 12 (et non 2) avr. 1808, Marchand.

3148. —Jugé également que, les héritiers ou légataires universels n'étant considérés que comme de simples intermédiaires entre le testateur et les légataires particuliers, il en résulte que la délivrance des legs particuliers, soit qu'ils consistent en effets existant réellement dans la succession, soit que les légataires universels doivent les acquitter de leurs propres deniers, n'opère point de mutation de ces derniers aux légataires particuliers. — *Cass.*, 6 fév. 1827, Verrier.

3149. — ... Et que l'acte par lequel le légataire d'une somme d'argent reconnaît avoir reçu le montant de son legs est soumis à un droit fixe et non au droit proportionnel, encore que la somme léguée n'existât pas en nature dans la succession. — *Cass.*, 7 août 1826, Lemor; même jour, Bataille; *Cass.*, 30 août 1826, Chibout.

3150. — Même le legs particulier d'une somme d'argent dont le testateur a remis la délivrance au décès de son légataire universel ne constitue pas une charge de la succession de ce légataire, et à ce titre il n'est point passible du droit de mutation lorsque déjà il en a subi la perception au décès du testateur.—*Cass.*, 18 nov. 1835, Leblanc de Castillon.

3151. — L'avis du conseil d'état du 2 sept. 1808, qui dispense du droit proportionnel d'enregistrement les legs de deniers, lorsque les héritiers ont payé les droits sur la totalité des biens de la succession, s'applique même aux legs de rentes ou pensions viagères. — *Cass.*, 23 nov. (et non sept.) 1841, Anneix; 17 mars 1812, Vaudichon; 24 mai 1813, N...

3152. — ...Et cela lors même qu'une succession

se compose en grande partie de rentes sur l'état, lesquelles ne sont passibles d'aucun droit de mutation, sauf toutefois l'action en supplément de la part de la régie contre ces légataires, si, à raison de leur qualité vis-à-vis du testateur, ils sont passibles d'un droit de mutation plus fort que celui payé par le légataire universel. Dès-lors, il n'y a pas lieu d'exiger du légataire universel aucun droit de mutation sur la valeur de ces rentes, sous prétexte qu'elles serviront à acquitter les legs particuliers de sommes d'argent. — Cass., 28 janv. 1824, Boyenval.

3153. — Le legs particulier d'une somme d'argent à prendre sur le produit de la vente de rentes sur l'état appartenant au testateur n'est point passible d'un droit de mutation par décès, lorsque ce droit a été payé par le légataire universel pour toutes les valeurs composant l'actif de la succession, à l'exception seulement des rentes sur l'état. — Cass., 14 janv. 1829, de Beltesta.

3154. — Lorsqu'une succession ne se compose que d'immeubles et que le défunt a légué une rente viagère, la régie n'est pas fondée à percevoir un droit de mutation mobilière sur le legs et un droit de mutation sur l'entière succession, sauf imputation sur ce droit de celui que l'héritier aurait eu à acquitter, si le capital de la rente léguée se fût trouvé en nature dans la succession. Dans ce cas, le paiement fait par l'héritier des droits dus sur la totalité des immeubles libère le légataire de la rente, sauf une addition de droits si sa qualité à l'égard du testateur le soumet à un droit plus fort que l'héritier. — Cass., 1er déc. 1832, Margerand.

3155. — Le mode de perception à suivre, selon que la déclaration de l'héritier ou du légataire universel précédait ou suivait celle du légataire particulier de sommes d'argent et selon la différence de quotité des droits à percevoir, avait d'abord donné lieu à de nombreuses difficultés; mais par suite de l'arrêt de cassation du 1er déc. 1832, on a arrêté les dispositions suivantes.

3156. — *Première hypothèse. — Déclaration de l'héritier ou du légataire universel antérieure au paiement des droits sur les legs particuliers de sommes d'argent.* — 1° Si les droits résultant des legs particuliers sont d'une quotité inférieure à celle des droits qui ont été acquittés par l'héritier ou le légataire universel, tant sur les immeubles que sur les meubles de la succession, les légataires particuliers sont entièrement libérés, et il n'y a aucune répétition contre eux. — Délib. 12 juill. 1833; instr. 1432. — 2° Si le droit pour les legs particuliers est d'une quotité supérieure à celle des droits payés par l'héritier, soit sur les meubles, soit sur les immeubles, on doit réclamer des légataires particuliers l'excédant résultant de l'imputation sur les droits dont le legs est passible, de ceux qui ont été perçus lors de la déclaration de l'héritier, sur une valeur tant mobilière qu'immobilière égale au montant du legs particulier. — Mêmes délib. et instr.

3157. — 3° Si le droit exigible pour le legs particulier est inférieur en quotité à celui que l'héritier a acquitté sur les immeubles, et supérieur au droit par lui payé sur les meubles de la succession, on doit imputer sur le droit résultant du legs particulier, d'une part celui qui a été perçu lors de la déclaration de l'héritier sur les valeurs mobilières de la succession, d'autre part le droit dû par le légataire particulier lui-même sur la somme formant la différence entre le montant des valeurs mobilières de la succession et le montant du legs particulier. — Mêmes délib. et instr.

3158. — *Deuxième hypothèse. — Déclaration de l'héritier ou du légataire universel postérieure au paiement des droits sur les legs particuliers de sommes d'argent.* — 1° Lorsque le droit payé par le légataire particulier est d'une quotité inférieure à celles des droits dus par l'héritier, tant sur les meubles que sur les immeubles, il y a lieu de déduire du montant de ces droits liquidés sur la totalité des biens de la succession le montant de ceux déjà acquittés par le légataire particulier, et de n'exiger de l'héritier ou du légataire universel que l'excédant. — Délib. 12 juill. 1833, instr. 1432.

3159. — ... 2° Lorsque le droit perçu pour le legs particulier est supérieur en quotité à ceux que l'héritier doit acquitter, soit sur les meubles, soit sur les immeubles, il faut imputer sur le montant de ces droits liquidés sur la totalité des biens de la succession les droits dus par l'héritier sur une valeur tant mobilière qu'immobilière égale au legs particulier; ou, ce qui est la même chose pour les résultats, distraire de la valeur entière des biens de la succession une valeur égale à celle du legs particulier, et ne percevoir le droit de mutation à la charge de l'héritier que sur le restant en immeubles. — Mêmes délib. et instr.

3160. — 3° Enfin, lorsque le droit acquitté pour legs particulier est inférieur en quotité à celui que l'héritier doit payer sur les immeubles, mais supérieur au droit exigible sur les meubles de la succession, il y a lieu d'imputer sur ces droits liquidés sur la totalité des biens de la succession, d'une part celui qui est dû par l'héritier ou le légataire universel sur une valeur égale à celle du mobilier existant dans la succession, d'autre part le droit payé par le légataire particulier sur la somme représentant la différence entre le montant des valeurs mobilières de la succession et le montant du legs particulier; ou, ce qui revient au même pour le trésor, on peut distraire de l'actif total de la succession les valeurs mobilières insuffisantes pour faire face au legs particulier, ne liquider le droit à la charge de l'héritier que sur les immeubles, et imputer sur le montant de ce droit celui qui a été acquitté par le légataire particulier sur une somme égale à la différence existante entre la valeur du mobilier de la succession et celle du legs particulier. — Mêmes délib. et instr.

3161. — Dans le cas où la déclaration de l'héritier et le paiement des droits sur le legs particulier ont lieu simultanément, on doit opérer de la même manière que lorsque la déclaration de l'héritier est postérieure au paiement des droits par le légataire particulier. — Mêmes délib. et instr.

3162. — Lorsqu'une succession est grevée de legs particuliers au profit d'individus parens du défunt, le légataire universel qui acquitte les droits de mutation sur l'intégralité de cette succession ne peut être tenu de payer pour les légataires particuliers qu'il représente alors au-delà de ce que, d'après leurs rapports de parenté avec le défunt, on aurait exigé d'eux s'ils eussent eux-mêmes acquitté l'impôt en ce qui les concernait personnellement, et cela sans distinction du cas où les effets légués ne se trouveraient pas en nature dans la succession. — Cass., 11 mars 1840 (t. 1er 1840, p. 711), Thomas.

3163. — Le legs d'usufruit étant une sorte de propriété nouvelle hors de la consistance réelle de la succession, il reste dans les dispositions générales de la loi, et il est passible du droit de mutation, bien que les héritiers aient payé les droits sur la totalité des biens. L'avis du conseil d'état n'est point applicable en pareil cas. — Cass., 23 nov. 1841, Anneix; — décis. min. fin. 14 avr. 1842; instr. 22 avr. 1842, n° 574.

3164. — La perception du droit proportionnel auquel donnent lieu les legs contenus dans un testament ne fait point obstacle à la perception du droit fixe dû pour le testament lui-même. — Cass., 24 oct. 1810, Ducazeau. — Ce dernier droit est un simple droit fixe de 5 fr. (L. 28 avr. 1816, art. 45, n° 4), et l'acte doit être enregistré dans les trois mois du décès (L. 22 frim. an VII, art. 21); au contraire, le premier est un droit proportionnel et l'on a six mois pour l'acquitter. Les deux perceptions sont donc indépendantes l'une de l'autre.

§ 6. — *Paiement des droits de mutation par décès.*

3165. — Les droits des déclarations des mutations par décès doivent être payés par les héritiers, donataires ou légataires. — L. 22 frim. an VII, art. 32.

3166. — Les droits de mutation par décès ne sont ni une dette de la succession ni une charge imposée sur la propriété, mais une contribution à laquelle les héritiers sont soumis personnellement à partir de la saisine légale. Dès-lors la régie, pour exercer son action contre eux, n'a point à prouver qu'ils ont pris qualité, alors surtout que les délais pour faire inventaire et délibérer sont expirés. —

Cass., 7 mars 1842 (t. 2 1842, p. 260), Debeausset.

3167. — Les héritiers sont censés être en possession des biens de leur auteur par le seul fait de son décès, suivant cette maxime : *Le mort saisit le vif.* Ils ne sauraient donc ni différer au-delà du délai fixé par la loi, ni suspendre le paiement des droits résultant de la mutation. — Décis. min. fin. 12 août 1806.

3168. — Jugé en ce sens que la loi ne laisse point à l'héritier le choix du moment où il doit acquitter les droits ; elle établit seulement qu'il n'est rien dû pour la réunion de l'usufruit à la propriété, lorsque le droit a été acquitté sur la valeur entière de la propriété. — *Cass.*, 18 déc. 1811, Lambrechtz.

3169. — ... Que l'héritier de la nu-propriété ne peut différer le paiement du droit entier de mutation jusqu'au moment de la réunion de l'usufruit à la propriété. — *Cass.*, 11 sept. 1811, Condet.

3170. — ...Que les héritiers ne peuvent différer le paiement des droits de mutation par décès, sous le prétexte qu'il y a un légataire universel en usufruit qui a fait la déclaration pour cet usufruit et payé les droits en conséquence. — *Cass.*, 13 flor. an IX, Wargée et Anssiaux.

3171. — L'héritier qui n'a que la nue-propriété des biens de la succession peut être contraint à acquitter les droits de mutation, encore bien que, pour le paiement de ces droits la régie ait une action sur les revenus de ces mêmes biens. — *Cass.*, 21 mai (et non mars) 1806, Charpentier ; 27 oct. 1806, Gudin.

3172. — Les droits de mutation par décès sont à la charge des héritiers personnellement. L'usufruitier qui en a fait l'avance peut les répéter sans attendre la fin de l'usufruit, et sans être tenu de consentir à la vente d'aucune partie des biens soumis à l'usufruit, pour les acquitter. — *Cass.*, 9 juin 1818, André c. Valadoux.

3173. — Jugé également que le conjoint survivant qui, en sa qualité d'usufruitier, a payé les droits de mutation, tant pour la nu-propriété que pour l'usufruit, peut répéter la somme qu'il a fournie pour la nu-propriété. Il n'est pas obligé d'attendre la fin de l'usufruit ou de souffrir la vente des biens jusqu'à due concurrence. — *Paris*, 4 avr. 1811, Digaud.

3174. — L'usufruitier est redevable du droit de mutation sur la valeur de son usufruit. — *Cass.*, 24 avr. 1833, Lefrançois.

3175. — L'héritier bénéficiaire est, comme l'héritier pur et simple, tenu envers la régie du paiement des droits de succession. — *Cass.*, 29 germin. an XI, Valery ; 5 niv. an XII, Nielys ; 21 avr. 1806, Dauphin ; 28 oct. 1806, Kindt ; 3 fév. 1829, Daripe ; 7 avr. 1835, Vanderberghe ; 12 juill. 1836, Hottot.

3176. — Cette jurisprudence ne fait au surplus que confirmer les anciens principes. — V. Guyot, *Des fiefs*, t. 2, p. 82 ; Hervé, *Th. des matières féodales*, t. 2, p. 324 ; Merlin, *Rép.*, vo *Bénéfice d'inventaire*, no 21, et ses conclusions, *Quest. de droit*, vo *Déclaration au bureau d'enregistrement*, § 2 ; Roland et Trouillet, *Dict. d'enreg.*, vo *Héritier*, nos 14 et suiv.

3177. — L'héritier bénéficiaire est tenu du paiement de ces droits sans distraction des charges. — *Cass.*, 21 avr. 1806, Dauphin.

3178. — ... Lors-même que l'usufruit de la succession appartiendrait à un tiers, donataire ou légataire du défunt, contre lequel la régie aurait une action récursoire. — *Cass.*, 29 germin. an XI, Valery.

3179. — Il en est encore tenu quand même il alléguerait que les biens de la succession ne suffiraient pas pour payer les dettes. — *Cass.*, 28 oct. 1806, Kindt ; 1er fév. 1830, Lagarde.

3180. — En effet, l'héritier bénéficiaire, quoique simple administrateur vis-à-vis des créanciers, n'en est pas moins héritier à tout autre égard, avec saisine à son profit. — *Cass.*, 7 avr. 1835, Vanderberghe.

3181. — Lors donc qu'il s'agit du paiement des droits de mutation dus pour une succession bénéficiaire, la régie peut poursuivre les héritiers bénéficiaires personnellement, comme des héritiers purs et simples, et sans être tenue d'exiger préalablement de ces héritiers leurs comptes de bénéfice d'inventaire. — *Cass.*, 28 août 1837 (t. 2 1837, p. 215), Gibourneau.

3182. — Cependant, bien que l'héritier bénéficiaire soit tenu, comme l'héritier pur et simple, de faire la déclaration de mutation et de payer les droits dans les six mois du décès, la règle est non-recevable à réclamer contre lui, si, depuis qu'il a renoncé, les héritiers collatéraux ont fait cette déclaration et payé les droits en temps utile. — *Cass.*, 24 avr. 1833, Lefrançois.

3183. — D'un autre côté, l'héritier bénéficiaire, n'étant qu'administrateur et non possesseur des biens de la succession, et devant rendre compte aux créanciers de ces biens et des fruits, a le droit de se faire rembourser par eux des dépenses faites, et entre autres des droits qu'il a payés. — Hervé, *Des matières féodales*, t. 2, p. 324 ; Henrys, t. 2 de ses arrêts, liv. 3, quest. 58 ; Pocquet de Livonnière, *Traité des fiefs*, liv. 4, ch. 1er sect. 2e ; Henrion de Pansey, *Ancien rép.*, vo *Relief*, § 2 ; Championnière et Rigaud, t. 4, no 3880.

3184. — Jugé en ce sens que, bien qu'à l'égard du trésor les héritiers bénéficiaires soient tenus personnellement des droits ; cependant, au regard des créanciers de la succession, ils ne peuvent être contraints de les acquitter personnellement et de leurs deniers ; et que, s'il existe des deniers dans la succession, les créanciers ne sont pas fondés à s'opposer à ce que l'héritier bénéficiaire les fasse servir au paiement des droits de mutation. — *Rouen*, 27 déc. 1837 (t. 2 1843, p. 437), Troude c. Devilliers.

3185. — Le fils d'un héritier bénéficiaire ne peut être poursuivi sur ses biens propres, pour le paiement des droits de mutation dus sur la succession à laquelle il est appelé. — *Cass.*, 18 oct. 1809, Boucaret.

3186. — Le curateur d'une succession vacante est tenu, en cette qualité, au paiement du droit de mutation échu par l'ouverture de cette succession. — *Cass.*, 3 niv. an XIII, Clerx ; 19 thermid. an XIII, Cufflery ; 4 août 1807, Vigneron.

3187. — De même, dans le cas où l'état répudie une succession qui lui est dévolue par droit de déshérence, le curateur nommé à la succession vacante reste chargé du paiement des droits. — Inst. gén. 25 vent. an IX.

3188. — Dans tous les cas, la régie a une action contre le curateur, sauf le compte de son administration et les droits des autres créanciers du défunt. — *Cass.*, 4 août (et non avr.) 1807, Vigneron.

3189. — Mais, lorsqu'une succession vacante n'a aucuns deniers, qu'elle n'offre aucuns meubles et qu'il est impossible de mettre en bail les immeubles à cause de leur mauvais état et de leur peu de valeur, le curateur n'est tenu, vis-à-vis de la régie, ni à des versemens pour lesquels les fonds lui manquent, ni à rendre des comptes dont il n'a pardevers lui aucun élément. — *Cass.*, 20 janv. 1807, Durandeau.

3190. — De même, un curateur à succession vacante n'est tenu de payer à la régie aucun droit de mutation, lorsqu'il est établi et non contesté qu'il n'est nanti d'aucuns fonds dépendant de cette succession. — *Cass.*, 29 avr. 1807, Vanderlinden.

3191. — Le curateur à une succession vacante qui a payé de ses deniers les droits de mutation par décès ne peut en demander la restitution qu'en justifiant de l'insuffisance des valeurs de la succession pour payer ces droits, le fisc ayant un privilège sur tous les créanciers. — *Cass.*, 3 déc. 1839 (t. 2, 1839, p. 671), Bidault.

3192. — La régie ne peut réclamer du tuteur personnellement le paiement des droits de mutation par décès dus par son pupille, si elle ne prouve que c'est par le fait du tuteur qu'elle a été mise dans l'impuissance de recouvrer ces droits. — *Cass.*, 1er déc. (et non sept.) 1812, Boucher.

3193. — Le droit de mutation par décès des biens composant un majorat est à la charge du majorat, et payé par l'appelé et la veuve, par proportion, sans qu'il puisse être réclamé contre la succession du titulaire décédé. — Décr. 24 juin 1808, art. 6.

3194. — Lorsqu'un individu soutient qu'il n'est pas héritier d'une personne pour la succession de laquelle on le poursuit, et qu'il est intervenu un jugement interlocutoire qui enjoint à la régie de justifier de cette qualité, la régie doit faire cette preuve, sous peine du rejet de sa demande. — *Cass.*, 26 avr. 1808, Luc de Ronne.

3195. — Quoiqu'une demande en paiement des droits de succession ait été formée contre un héritier, tant pour lui que pour ses cohéritiers, et qu'il ait agi lui-même en cette qualité, dans l'instance engagée, si le jugement qui intervient est rendu contre lui seul et n'est point déclaré commun avec ses cohéritiers, il n'est attaquable en cassation que contre ce seul héritier. On ne peut procéder que par action nouvelle contre ses cohéritiers. — *Cass.*, 17 mars 1823, N...

3196. — S'il suffit d'un acte d'adition d'hérédité pour imprimer la qualité d'héritier, alors même qu'il y aurait renonciation à la succession, il est aussi de principe que, sous une législation qui n'admet pas d'héritiers nécessaires, les actes dont on prétend induire une adition doivent évidemment porter ce caractère. S'il est reconnu et déclaré que cette adition n'existe pas, il n'est dû de la part de ces prétendus héritiers ni déclaration de succession ni droit de mutation. — *Cass.*, 6 mai 1824, Vidal.

3197. — Lorsqu'il est constant qu'un immeuble dépendant de la succession de la mère commune a été, par l'effet du partage, exclusivement attribué à l'un des deux frères, lequel en a toujours joui depuis, un tribunal n'a pu décider que cet immeuble était resté indivis, et que, par suite du décès de l'un des deux frères, celui qui succédait à l'autre devait payer les droits de succession collatérale. — *Cass.*, 7 flor. an X, Leduc-Lillers.

3198. — Lorsque les biens d'un défunt sont possédés par sa fille et son gendre, il y a présomption légale que la première les a recueillis à titre de mutation par décès, encore bien qu'elle allègue, mais sans le justifier par titre, qu'elle a répudié la succession de son père, et que c'est son mari seul qui en possède les biens par l'effet d'arrangemens pris avec l'acquéreur. — *Cass.*, 7 avr. 1807, Navaron.

3199. — Un droit de mutation pour succession ne peut être exigé par la régie que six mois après le décès légalement constaté ou la mise en possession de l'héritier, établie par des transactions ou autres actes constatant sa propriété. Lorsque la régie ne prouve pas le décès et que, quant aux actes de possession, il est déclaré par un tribunal, ainsi qu'il en a le droit, que ce n'est pas comme propriétaire, mais en vertu d'un mandat, que le prétendu héritier a disposé des biens qui auraient appartenu à celui que l'on suppose décédé, il n'y a lieu à la perception d'aucun droit. — *Cass.*, 5 sept. 1808, Boutcilles.

3200. — Les droits de mutation peuvent être exigés des héritiers d'un absent qui ont été simplement nommés administrateurs provisoires des biens de cet absent par un jugement du tribunal. — Décis. min. fin. 26 sept. 1817. — Cependant, on peut dire contre cette décision que c'est l'envoi seul en possession qui rend les droits exigibles.

3201. — Le bail des biens de l'absent suffit, comme le partage, pour autoriser la demande des droits de succession contre l'héritier qui l'a consenti. — Déc. min. fin. 14 août 1818; — Roland et Trouillet, *Dict. d'enreg.*, vo Absence, § 5, no 10.

3202. — La possession de fait, suffisante pour autoriser la demande des droits, résulte encore soit de la substitution du nom de l'héritier à celui de l'absent sur le rôle de la contribution foncière et des paiemens faits pour le compte personnel de cet héritier d'après le rôle, soit de baux par lui passés en son nom privé. — Déc. min. fin. 12 janv. 1808, et 14 août 1818.

3203. — Les héritiers présomptifs de l'absent qui reçoivent, du consentement de son mandataire, une somme qui lui était due, sont censés prendre possession des biens. — *Dict. des dr. d'enreg.*, vo Succession, no 226.

3204. — La nomination d'experts pour procéder au partage des biens d'un absent n'autorise pas à réclamer le droit de mutation par décès. — Délib. 24 sept. 1817; — Roland et Trouillet, *Dict. d'enreg.*, vo Absence, § 5, no 14.

3205. — Dans tous les cas autres que l'envoi en possession, la demande n'étant autorisée que par l'art. 12, L. 22 frim. an VII, on ne peut regarder la succession comme réellement ouverte, ni s'auto-

riser du principe que le droit de succession est indivisible pour poursuivre tous les héritiers présomptifs; la demande ne peut être dirigée que contre celui qui a fait acte de propriétaire et pour la portion qu'il a appréhendée. — Délib. 21 fév. 1821; — Roland et Trouillet, *ibid.*, § 5, no 21.

3206. — En matière de droits de mutation par décès, les contraintes décernées par la régie sont nécessairement provisoires et sujettes à augmentation comme à retranchement, d'après la déclaration détaillée que l'héritier est tenu de faire. — *Cass.*, 27 mars 1811 (et non 1810), Huet-Desmoulins.

3207. — Sur une demande provisoire de droits de mutation par décès, formée par la régie, un tribunal ne peut laisser aux héritiers l'option, ou de payer le montant de la contrainte, ou de faire la déclaration des biens, lors surtout qu'il ne réserve pas à la régie le droit de décerner une nouvelle contrainte en augmentation de la première. — *Cass.*, 30 oct. 1809, Laroche.

3208. — Un héritier poursuivi en paiement des droits de mutation par suite du décès de son auteur, n'est point fondé à prétendre qu'il a payé, s'il ne justifie pas de ce paiement de la manière prescrite par l'art. 57, L. 22 frim. an VII, ni à invoquer la prescription de cinq ans, s'il ne rapporte aucun acte qui constate le décès de son auteur. — *Cass.*, 8 mai 1826, Orth.

3209. — Les cohéritiers sont solidaires pour le paiement des droits de mutation par décès. — L. 22 frim. an VII, art. 32.

3210. — Jugé en ce sens. — *Cass.*, 21 mai 1806, Rivals. — En effet, le titre d'héritier est indivisible, et tout héritier contre lequel la contrainte est décernée représente légalement la succession. — Décis. min. fin. 7 juin 1808; inst. 29 juin 1808, 386, no 36; inst. 29 oct. 1810, 495.

3211. — Mais, lorsqu'une succession est recueillie par un héritier légitime et par un enfant naturel, il n'y a point de solidarité entre eux pour le paiement des droits; car la solidarité n'est établie qu'entre *cohéritiers* (art. 32); or, l'enfant naturel n'est pas héritier. — Décis. min. fin. 7 messid. an XII; inst. 29 messid. an XII, 239.

3212. — Il n'y a non plus aucune solidarité pour le paiement des droits entre les héritiers légitimes et les légataires; ces derniers sont tenus de fournir, en leur nom personnel, déclaration de l'objet de leur legs et d'acquitter les droits en résultant. — Inst. 28 juin 1808, 386, no 36.

3213. — En Belgique, les héritiers et légataires universels sont, d'après la loi du 27 déc. 1817, tenus envers l'état des droits dus pour la totalité de la succession, même pour les legs particuliers, sauf leur recours contre les légataires, en restitution des droits payés à leur décharge. — *Bruxelles*, 16 avr. 1829, Piète.

3214. — Les héritiers ou légataires universels n'étant considérés (ainsi qu'on l'a vu *suprà* nos 3145 et suiv.) que comme de simples intermédiaires entre le testateur et les légataires particuliers, il en résulte que ceux-ci ne peuvent être poursuivis en paiement des droits de mutation pour leurs legs, lorsque l'héritier ou le légataire universel a acquitté la totalité des droits dus sur la succession. — *Cass.*, 6 fév. 1827, Verrier.

3215. — L'état a action sur les revenus des biens à déclarer, en quelques mains qu'ils se trouvent, pour le paiement des droits dont il faudrait poursuivre le recouvrement. — L. 22 frim. an VII, art. 32.

3216. — Ainsi, la régie qui, pour le paiement des droits de mutation par décès, a fait saisir les loyers d'un immeuble dépendant de l'hérédité, doit être payée, par privilége, avant les autres créanciers saisissans. — *Cass.*, 9 vendém. an XIV, Leprêtre.

3217. — Ainsi encore l'acquéreur des biens dépendant d'une succession peut être contraint à acquitter sur les revenus le droit de mutation par décès réclamé par la régie, lorsqu'il n'a point purgé les immeubles suivant le mode prescrit par les lois hypothécaires. — *Cass.*, 29 avr. 1807, Quesnon.

3218. — Cette action que la loi accorde sur les revenus est une sorte de privilége. — Décis. min. just. 25 niv. an XII; inst. 5 vent. an XII. — Elle comprend tout ce qui est dû, le demi-droit en sus comme le principal. — Décis. min. fln. 21 oct. 1806.

3219. — En conséquence des arrêts ci-dessus rapportés, il a été statué que : « ni pour le droit principal dû à cause de la mutation par décès, ni pour le droit en sus, dont la peine est prononcée par l'art. 39, L. 22 frim., l'action accordée par l'art. 32 de cette loi ne peut être exercée au préjudice des tiers acquéreurs. » — Avis cons. d'état 4 sept. 1810, approuvé le 21; inst. 495.

3220. — Jugé dès-lors que l'action accordée pour le paiement des droits de succession ne peut être exercée au préjudice des tiers acquéreurs. — Cass., 20 août 1811, Defoissy. — Toutefois, il ne faut entendre par là que les tiers acquéreurs qui ont rempli toutes les formalités hypothécaires, attendu que les acquéreurs, jusqu'à l'accomplissement de ces formalités, doivent rester saisis du prix des biens, et peuvent retenir une somme égale à celle des droits appartenant au trésor sur les revenus. — Décis. min. fln. 17 juill. 1817; inst. 11 oct. 1817, 809, n° 2.

3221. — La régie ayant, pour le paiement des droits de mutation par décès, un droit de suite sur les revenus des immeubles de la succession, en quelque main que ces immeubles aient passé, le fermier de ces biens ne saurait exciper de ce qu'il a payé le prix de son bail par compensation avec une dette qu'il avait à faire valoir contre la succession. — Cass., 3 janv. 1809, Pipon.

3222. — Mais l'art. 32, L. 22 frim., n'attribue à la régie une action sur les fruits d'immeubles existant en d'autres mains qu'en celles des héritiers, que pour le cas où ils peuvent être regardés comme appartenant à la succession qui donne ouverture au droit de mutation. — Il n'y a donc pas violation de cet article par le jugement qui déclare une telle action mal fondée, en se décidant sur ces allégations de fait non contestées : 1° que l'usage local attribuant la moitié des fruits au colon, il a droit à cette moitié; — 2° que l'autre moitié, qui, selon le droit commun, devait appartenir au propriétaire, n'était pourtant pas sa propriété dans l'espèce, parce que celui dont il avait acheté le bien s'était réservé la jouissance de cette moitié par son contrat de vente; qu'ainsi, aucune portion des fruits sur lesquels la régie avait voulu exercer son action ne tombait réellement dans la succession qui donnait lieu au droit. — Cass., 21 juin 1815, Argoud.

3223. — L'adjudicataire d'immeubles dépendant d'une succession ne peut être recherché pour le paiement des droits de mutation par décès, lorsqu'il a purgé et payé son prix en vertu d'un jugement d'ordre, sans qu'il y ait eu de la part de la régie, soit appel en ce qu'elle n'était pas colloquée, soit opposition à ce que l'adjudicataire payât au préjudice de sa non collocation. — Cass., 15 avr. 1807, Malvielle; 11 mai 1807, Grovet; 27 mai 1807, Legris.

3224. — Si, au lieu d'agir pour empêcher que les immeubles d'une succession, en passant entre les mains de tiers acquéreurs, ne soient soustraits aux droits de mutation, la régie déclare qu'elle n'entend point intervenir dans l'ordre qui a suivi la vente de ces immeubles; ou si, après avoir fait une saisie-arrêt entre les mains de l'adjudicataire, elle manifeste l'intention d'en restreindre l'effet aux sommes qui pourront rester libres, une fois qu'il aura satisfait les créanciers privilégiés et inscrits, tous les paiemens effectués par cet adjudicataire sont valables, et s'il ne lui reste rien, il ne peut être poursuivi pour le paiement des droits de mutation. — Cass., 10 août 1807, Deshaye.

3225. — La régie n'a point d'action pour le paiement des droits de mutation par décès, contre l'adjudicataire des immeubles d'une succession vendus sur expropriation forcée, lequel s'est obligé de payer son prix, suivant l'ordre réglé par le juge. En ce cas, elle doit être renvoyée à l'ordre, dans lequel elle a droit, comme tout autre créancier, de se faire colloquer. — Cass., 9 mars 1808, Messet.

3226. — D'après l'avis du conseil d'état du 4 sept. 1810, les art. 29 et 32, L. 22 frim. an VII, n'atteignent que les héritiers donataires et légataires qui n'ont pas observé, à l'égard de la succession à laquelle ils étaient appelés, les formalités qu'ils devaient remplir; l'action qui en résulte au profit de la régie ne peut être exercée contre le tiers acquéreur des biens dépendans de cette succession, si surtout elle a laissé achever l'ordre du prix de la vente, sans agir pour le recouvrement des droits qu'elle était autorisée à percevoir. — Cass., 17 oct. 1810, Rupé.

3227. — A défaut par le légataire de la nu-propriété de payer les droits de mutation par décès, la régie a action sur les revenus des biens, quoique appartenant au légataire de l'usufruit. Celui-ci n'est pas un tiers acquéreur dans le sens de l'avis du conseil détat du 4 sept. 1810. — Cass., 24 oct. 1814, Bazire.

3228. — Le privilége de la régie, pour le paiement des droits de mutation dus sur une succession vacante ne se borne pas aux fruits d'immeubles; il s'étend encore à la totalité des valeurs mobilières, et même aux immeubles, lorsqu'elle a pris inscription, après les créances inscrites antérieurement. — Cass., 3 déc. 1839 (t. 2 1839, p. 671), Bidault.

3229. — La régie a, pour le paiement des droits de mutation par décès, droit de primer toute espèce de créanciers sur le prix des biens. — Limoges, 18 juin 1808, Lavareille.

3230. — Jugé également qu'elle a, pour le paiement des droits de mutation par décès, un privilége sur les biens à déclarer. — Paris, 25 mai 1835, Guebert.

3231. — Jugé, au contraire, que lorsqu'une succession est vacante, la régie ne peut prétendre un droit de mutation, par préférence à tous les créanciers, sur le prix des immeubles qui en font partie. — Paris, 13 fructid. an XIII, Donis.

3232. — ... Que l'action de la régie sur les revenus des biens dépendans d'une succession, pour le recouvrement des droits de mutation par décès, ne peut s'exercer sur le prix des immeubles de cette même succession, au préjudice des créanciers inscrits antérieurement au décès. — Cass., 6 mai 1816, Maublanc.

3233. — Le privilége du trésor public, pour le recouvrement des droits de mutation par décès, n'est pas dispensé de l'inscription; en conséquence, il est éteint s'il n'est inscrit, conformément à l'art. 834, C. procéd., dans la quinzaine de la transcription. — Cass., 8 mai 1811, Baret c. domaine.

3234. — Les biens qu'un débiteur a abandonnés à ses créanciers, avec mission de les vendre pour se payer sur le produit, devant être déclarés dans la succession du débiteur, la régie peut, s'ils ne se trouvent pas vendus au jour du décès, former, pour sûreté du paiement des droits, des saisies-arrêts entre les mains des créanciers détenteurs de ces biens. — Cass., 3 vent. an XI, Anthennis; 1er messid. an XII, mêmes parties.

3235. — Bien qu'une rente viagère ait été stipulée insaisissable, elle peut cependant être saisie pour le paiement des droits de mutation par décès. — Déc. régl. 5 août 1814.

§ 7. — *Omissions et rectifications dans les déclarations de mutations par décès.*

3236. — Les héritiers donataires ou légataires qui n'ont pas fait, dans les délais prescrits, la déclaration des biens à eux transmis par décès, sont tenus, à titre d'amende, d'un demi-droit en sus du droit dû pour la mutation. — L. 22 frim. an VII, art. 39.

3237. — Le légataire d'un usufruit doit, dans les six mois du décès du testateur, faire sa déclaration ou bien renoncer à son legs, à peine du demi-droit en sus. — Cass., 4 (et non 11) fév. 1812, Malassis.

3238. — L'héritier bénéficiaire qui, dans les six mois de l'ouverture de la succession, n'a point fait la déclaration des biens, et qui, dans le même temps, n'a point payé le droit de mutation, est soumis, comme l'héritier pur et simple, au paiement de l'amende d'un demi-droit en sus; il ne peut être exempté de cette amende sous prétexte qu'il n'y avait pas, dans la succession, de fonds libres pour payer les droits, et lors même qu'il aurait fait la déclaration de mutation par sommation extrajudiciaire. — Cass., 1er fév. 1830, Lagarde.

3239. — Si la plupart des objets dépendant

d'une succession étaient encore incertains, l'héritier ne devrait pas, pour cela, différer de déclarer ceux qu'il a réellement recueillis et dont il est en pleine jouissance, sauf, pour les objets incertains ou contestés, à faire sa soumission d'en souscrire la déclaration dans les six mois de l'acte ou du jugement par lequel les droits de l'héritier sur ces objets auront été définitivement reconnus. — Décis. min. fin. 22 avr. 1806. — *Contrà Dict. des dr. d'enreg.*, v° *Succession*, n° 451.

3240. — Les objets d'une succession soustraits par l'un des héritiers sont, comme tous les autres, sujets à déclaration, et passibles des droits de mutation. — *Cass.*, 22 juin 1822, L...

3241. — L'héritier ne peut se dispenser de faire la déclaration et obtenir son renvoi de la demande en supplément de droit, sous prétexte qu'il aurait acquitté le montant de la contrainte décernée contre lui en paiement de ces droits. — *Cass.*, 27 mars 1811, Huet-Desmoulins.

3242. — Le versement des droits fait au trésor ne dispense pas de faire dans les délais la déclaration de la succession. — Décis. min. fin. 18 messid. an VIII. — Cependant, lorsque, prévoyant l'impossibilité de faire une déclaration dans les six mois, l'héritier verse au trésor un à-compte sur les droits dus, la peine du demi-droit en sus sur les déclarations faites après ce délai ne peut être assise sur la totalité des droits, mais seulement sur le complément à payer. — Décis. min. fin. 11 oct. 1834. — Quand la partie verse ses fonds au trésor, elle en retire un récépissé au nom du receveur qui doit enregistrer la déclaration de succession, et cette pièce est remise à ce receveur comme numéraire. — Roland et Trouillet, *Dict. d'enreg.*, v° *Succession*, § 2, n° 4.

3243. — Lorsque, après le décès d'un failli, les syndics de sa faillite ont fait en temps utile la déclaration de ses biens en se réservant de faire une déclaration supplémentaire après la levée des scellés, le curateur nommé à cette succession n'encourt pas la peine du demi-droit en sus pour n'avoir pas fait cette déclaration supplémentaire dans les six mois de la levée des scellés. — *Cass.*, 26 nov. 1810, Lecamus.

3244. — A défaut de déclaration, dans les six mois du décès du donateur, des biens compris en une donation de tous les biens présens et à venir faite par contrat de mariage à un collatéral, sous la réserve de l'usufruit par le donateur, l'amende est encourue par le donataire, dans le cas même où le receveur, en percevant par erreur, lors de la présentation du contrat de mariage, le droit exigible pour les donations entre-vifs, aurait induit le donataire à penser qu'une nouvelle déclaration, à l'époque du décès, devenait inutile. Toutefois, le redevable a droit de faire imputer sur les droits auxquels la donation est soumise lors de l'ouverture de la succession du donateur ceux qui ont été perçus à raison de cette donation sur le contrat de mariage. — *Cass.*, 24 déc. 1811, Maniglier.

3245. — Si on déclare dans un bureau des biens qui auraient dû être déclarés dans un autre, le receveur de ce second bureau exige un second droit et le demi-droit en sus, si le délai est expiré. Le premier droit est restitué au bureau où il a été perçu. — *Journ. de l'enreg.*, art. 8712.

3246. — En cas d'omissions reconnues faites dans les déclarations, la peine est d'un droit en sus de celui dû pour les objets omis; il en est de même pour les insuffisances constatées dans les estimations des biens déclarés. Si l'insuffisance est établie par un rapport d'experts, les contrevenans sont, en outre, tenus des frais de l'expertise. — L. 22 frim. an VII, art. 39.

3247. — Jugé, en conséquence, que toute omission dans une déclaration de succession donne lieu, non pas à l'amende du demi-droit en sus, mais à la perception du droit en sus de celui qui se trouve dû pour les objets omis. — *Cass.*, 10 mai 1814, Dufayet.

3248. — ... Que quand il y a, soit omission dans la déclaration des biens, soit insuffisance constatée dans leur estimation, la peine est d'un droit en sus de celui dû pour les objets omis dans l'un ou l'autre cas. — *Cass.*, 23 (et non 25) mars 1812, Wanden-Plassche.

3249. — Il y a omission quand l'héritier n'a pas compris dans sa déclaration une action tendant à revendiquer un immeuble. — Déc. min. fin. 29 août 1828.

3250. — La peine du droit en sus n'est pas encourue par des héritiers qui, ayant fait une déclaration, viennent, depuis l'expiration des six mois, déclarer qu'ils ont trouvé une somme d'argent dépendant de la succession. — Solut. 1er juill. 1843.

3251. — La régie est fondée à former la demande des droits simples et en sus pour l'omission de valeurs mobilières constatées par un inventaire postérieur à la déclaration de succession, si les héritiers qui s'étaient engagés, lors de cette déclaration, à y ajouter subséquemment ces valeurs, n'ont pas rempli cet engagement dans les six mois dudit inventaire. — *Cass.*, 18 janv. 1825, N...

3252. — En pareil cas, la régie a pu établir l'insuffisance de la déclaration du revenu des immeubles sur une expertise du fait des parties. — Même arrêt. — Mais il est à remarquer, disent les auteurs du *Dict. des dr. d'enregist.* (v° *Expertise*, n° 63), que les circonstances de la cause donnaient à l'expertise faite dans l'intérêt des parties un caractère suffisant pour établir le *revenu réel*. — Au surplus, ajoute M. Masson-Delongpré (*C. annot. de l'enregist.*, n° 945, 1re édit.), une semblable expertise n'avait que le caractère de simple renseignement à l'égard de l'administration, qui peut toujours en provoquer une autre, à l'effet de constater l'insuffisance de l'évaluation.

3253. — Lorsque des héritiers ne se sont pas conformés au jugement qui leur ordonne de faire, dans un délai déterminé, une déclaration supplémentaire des biens par eux omis dans une précédente déclaration, ils peuvent être valablement condamnés au paiement de la somme réclamée par la contrainte de la régie, sans qu'il soit besoin de motiver autrement cette condamnation ni de recourir à une expertise préalable. — *Cass.*, 29 déc. 1841 (t. 2 1842, p. 498), Rousset c. de Belvey.

3254. — Lorsque, dans une déclaration faite après décès de biens situés sur plusieurs communes, il y a eu omission de l'une de ces communes, et que cette omission a été considérée par les juges comme une simple erreur de fait, non assimilable à une omission véritable, il n'y a pas lieu au paiement du double droit, surtout s'il est reconnu que la partie des immeubles situés sur le territoire de la commune qu'on a omis de désigner se trouvait implicitement comprise dans la déclaration générale des biens qui comprenait le revenu annuel de la totalité des biens, et alors que cette évaluation n'a pas été combattue par la régie, soit par la production des baux, soit par la voie de l'expertise. — *Cass.*, 27 janv. 1823, Grandmaison.

3255. — Lorsqu'il y a eu omission dans une déclaration de succession, les déclarans ne peuvent être affranchis du double droit, sous prétexte que les vices de la déclaration étaient le fait personnel du receveur, à qui ils avaient remis tous les documens propres à rédiger une déclaration conforme à la loi. — *Cass.*, 3 sept. 1810, Messié.

3256. — Le double droit n'est pas dû pour une déclaration insuffisante provenant d'une erreur de calcul commise dans l'inventaire qui a été mis sous les yeux du receveur, attendu que celui-ci aurait pu et dû la relever, et qu'aucune fraude ne peut être reprochée à l'héritier. — Délib. 15 nov. 1823.

3257. — Il en est de même, en cas d'erreur de contenance dans la désignation des biens, si l'héritier les a indiqués tous et s'il a énoncé les lieux de leur situation, de manière que la régie puisse vérifier et estimer l'évaluation qu'il leur a donnée, pour réclamer un supplément de droits en cas d'insuffisance constatée. — *Cass.*, 10 mai (et non mars) 1814, Dufayet.

3258. — Les héritiers d'un officier ministériel qui, dans leur déclaration, ont évalué la charge du défunt et payé sur cette évaluation, ne sont point tenus de payer un supplément, par cela que cette charge aurait été vendue pour un prix supérieur. — Décis. min. fin. 13 août 1822.

3259. — Lorsque l'évaluation donnée à un office

transmis à titre gratuit par décès sera reconnue insuffisante, ou que la simulation du prix exprimé dans l'acte de cession à titre onéreux sera établie d'après des actes émanés des parties ou de l'autorité administrative et judiciaire, il sera perçu, à titre d'amende, un droit en sus de celui qui est dû sur la différence de prix ou d'évaluation. Les parties, leurs héritiers ou ayant-cause sont solidaires pour le paiement de cette amende. — L. 25 juin 1841, art. 11.

3260. — Un acte de notoriété établissant le revenu des biens destinés à former un majorat ne suffit pas pour constater l'insuffisance d'une déclaration de succession ; il résulte seulement de là une forte présomption. — Décis. min. fin. 10 avr. 1810.

3261. — L'insuffisance d'une déclaration de succession ne peut être prouvée à l'aide de la déclaration antérieure d'une succession échue au défunt. Il faut que la régie prouve que les biens précédemment déclarés existent encore dans la nouvelle succession. — Délib. 22 oct. 1833. — Elle ne peut non plus l'être au moyen d'une expertise faite pour le partage des biens. — Délib. 8 nov. 1833.

3262. — Lorsque, d'après un bail à ferme, les juges ont reconnu qu'il y avait eu insuffisance dans une déclaration de mutation par décès, ils ne peuvent pas affranchir du paiement du double droit, sous prétexte qu'un acte de cette nature n'offre qu'une règle d'évaluation incertaine. — Cass., 22 messid. an IX, Giry-Lasserve.

3263. — Lorsqu'en comparant l'inventaire dressé pour constater les forces d'une succession avec la déclaration de cette même succession, faite antérieurement au bureau d'enregistrement, il y a preuve évidente de l'insuffisance d'évaluation dans cette déclaration, on ne peut admettre aucune preuve contre les énonciations formelles de l'inventaire, sous prétexte que la différence qu'il présente provient d'une cause postérieure à la déclaration. — Cass., 11 avr. 1815, Laurette.

3264. — Dès qu'une omission ou une insuffisance dans l'estimation des biens a été constatée par le procès-verbal des préposés de la régie, le double droit est encouru sans que les héritiers puissent se faire décharger en offrant de rectifier leur estimation ou de réparer leur omission. — Délib. 1er vent. an VII.

3265. — Lorsque des héritiers ont compris dans leur déclaration la totalité d'un immeuble, ils ne peuvent pas ensuite, sur la simple allégation d'une erreur, la détruire ou la modifier. Admettre une telle prétention, ce serait autoriser indirectement la restitution d'un droit qui, ayant été régulièrement perçu, n'est pas de nature à être restitué. Si, sous un autre rapport, cette déclaration est insuffisante, il y a lieu à la demande du double droit, et les parties ne peuvent s'en affranchir en offrant de la rectifier postérieurement au jugement qui ordonne l'expertise. — Cass., 14 déc. 1811, Lemoine de Beaumarchais.

3266. — De même, en cas d'insuffisance de déclaration, le double droit est encouru par le fait même de cette déclaration et ne peut être couvert par l'offre d'augmenter les valeurs déclarées, lorsque cette offre n'a été faite que postérieurement au jugement qui a ordonné l'expertise, et qu'elle n'a d'ailleurs pour objet que le tiers de l'immeuble précédemment déclaré pour la totalité. — Cass., 4 déc. 1811, Beaumarchais.

3267. — Mais les héritiers peuvent, sans encourir de peine, rectifier leur déclaration avant l'expiration du délai accordé pour faire cette déclaration, alors même qu'une contrainte aurait été décernée contre eux avant l'expiration de ce délai. — Instr. 338 ; — Journ. de l'enregist. ; Roland et Trouillet, *Dict. d'enreg.*, v° *Succession*, § 2, n° 27, et § 4, n° 54.

3268. — Ainsi, des héritiers qui, par erreur, ont compris dans leur déclaration une créance éteinte, peuvent rectifier leur déclaration en justifiant de cette extinction par un acte qui ait acquis une date certaine. — Décis. min. fin. 5 déc. 1821. — Il en serait de même 1° s'ils avaient compris dans leur déclaration des biens qui n'appartenaient pas au défunt (Décis. min. fin. 7 nov. 1821) ; 2° ou bien encore s'ils avaient attribué aux biens

de la succession un revenu supérieur à celui qu'ils produisent réellement. — Délib. 16 avr. 1823. — Roland et Trouillet, *Dict. d'enreg.*, v° *Succession*, § 2, n°s 28, 29 et 31.

3269. — La rectification d'une déclaration peut avoir lieu en prenant pour base un partage ultérieur. — Délib. 19 juill. 1833.

3270. — Le légataire qui a chargé un fondé de pouvoir de déclarer à la régie les biens soumis aux droits de mutation, et d'acquitter ces droits, ne peut revenir contre la déclaration que son mandataire a faite, soit pour en demander la rectification, soit pour réclamer la restitution d'une partie des droits perçus, en soutenant, sans preuves et sans titres, que quelques uns des biens déclarés n'étaient pas compris dans son legs et lui appartenaient déjà à titre personnel. — Cass., 18 août 1829, de Chazelles.

3271. — Décidé cependant que si, par l'effet d'une erreur matérielle, le mandataire de l'un des époux a, au nom de celui-ci, fait la déclaration de l'usufruit de tous les biens du conjoint prédécédé qui l'en avait institué légataire, au lieu de déclarer la moitié seulement à laquelle ce legs était réduit, le légataire peut être admis à faire une déclaration rectificative qui aura pour résultat de faire restituer la moitié des droits perçus en vertu de la première déclaration. — Solut. 28 déc. 1832.

3272. — Les tuteurs et curateurs sont passibles personnellement des peines, en cas de retard dans la déclaration ou bien d'omission ou d'insuffisance dans l'évaluation (L. 22 frim. an VII, art. 39), c'est-à-dire qu'ils sont tenus personnellement et sur leurs biens propres pour le demi-droit ou le droit en sus ; quant au droit simple, ils n'en sont tenus qu'en leur qualité de tuteurs ou curateurs, et sur les biens de ceux qu'ils représentent. — Décis. min. fin 7 juin 1808 ; instr. 29 juin 1808, 386, n° 34.

3273. — Jugé en conséquence que le tuteur qui, relativement à une succession échue à ses mineurs, n'a pas fait la déclaration des biens héréditaires, est tenu personnellement du demi-droit de mutation en sus ; et il peut, de plus, être obligé au paiement du droit simple, si, ayant fait vendre les effets de la succession sans faire de déclaration, il a mis la régie dans l'impuissance de faire le recouvrement du droit de mutation. — Cass., 25 oct. 1808, Bouillon.

3274. — Si le tuteur ou le curateur n'avait été nommé que depuis l'expiration du délai pour faire la déclaration, et si la déclaration était faite dans les six mois de la nomination, le demi droit en sus ne serait pas exigible. — Décis. min. fin. 7 juin 1808 ; instr. 386, n° 34.

Sect. 7e. — *Partages et licitations.*

§ 1er. — *Partages en général.*

3275. — Les partages de biens meubles et immeubles entre copropriétaires, à quelque titre que ce soit, pourvu qu'il en soit justifié, étaient autrefois soumis au droit fixe de 3 fr. (L. 22 frim. an VII, art. 68, § 3, n° 2). — Ce droit a été porté à 5 fr. — L. 28 août 1816, art. 45, n° 3.

3276. — Quand il y a soulte ou retour, le droit sur ce qui en est l'objet est perçu au taux réglé pour les ventes. — L. 22 frim. an VII, art. 68, § 3, n° 2. — V. *infra* n°s 3302 et suiv.

3277. — La loi du 5-19 déc. 1790 n'assujétissait les partages d'immeubles sans soulte ni retour qu'au droit fixe de 20 sous (Tarif, 3e classe, sect. 4e, n° 1er). Cette perception fut modifiée par la loi du 9 vendém. an VI, dont l'art. 26 tarifait les partages d'immeubles à raison de 1/2 % de l'estimation des biens en capital.

3278. — Jugé en conséquence que le droit proportionnel est dû sur un acte de partage sous seing-privé qui n'a été présenté à l'enregistrement que postérieurement à la loi du 9 vendém. an VI, quand même il porterait une date antérieure. — Cass., 2 vent. an VII, Lerat.

3279. — Lorsque les héritiers d'une femme qui a légué à son mari une portion de ses biens renoncent en faveur de ce dernier à l'usufruit de tout ce qui leur revient dans la succession, et que, de son côté, le mari renonce à la nu-propriété des biens qui lui ont été légués, on ne doit voir là néanmoins qu'un partage soumis à un droit fixe, et non un échange passible du droit proportionnel. — *Cass.*, 16 juin 1824, Hensin c. Labalte.

3280. — De même, l'acte par lequel la femme commune et donataire en usufruit d'une quotité des biens meubles et immeubles de son mari abandonne à ses enfans sa part de communauté et son usufruit, puis reçoit par contre de ceux-ci des valeurs mobilières et immobilières de la succession de leur père, doit être considéré comme un partage, soumis seulement au droit fixe. — On ne peut y voir une cession de créances ni un échange d'immeubles passibles du droit proportionnel. — *Cass.*, 8 août 1836 (t. 1er 1837, p. 96), Loizelot.

3281. — L'acte par lequel le cessionnaire des droits d'un héritier les abandonne aux cohéritiers contre des créances de la succession, est un simple partage. — Solut. 30 juill. 1831.

3282. — Jugé en général que tout premier acte qui intervient entre cohéritiers pour faire cesser l'indivision est réputé acte de partage, quelle que soit la dénomination qu'on lui donne. — *Cass.*, 5 nov. 1822, Sourcil.

3283. — ...Et que l'effet du partage entre héritiers ou époux communs est de faire considérer chaque copartageant comme propriétaire *ab initio* des biens qui lui sont dévolus.—*Cass.*, 16 juill. 1823, Teissier.

3284. — Cependant ces propositions ne doivent pas être prises d'une manière trop absolue. En matière d'enregistrement surtout, la fiction de droit d'après laquelle (C. civ., art. 883) le partage ou la licitation entre cohéritiers est déclaratif et non translatif de propriété, ne s'applique qu'aux actes qui, étant passés entre tous les cohéritiers ou copropriétaires d'une même chose, ont pour objet d'en faire cesser entièrement l'indivision, et en ce qui concerne leur portion virile.—*Cass.*, 27 déc. 1830, Janson de Sailly; 10 juin 1839 (t. 2 1843, p. 269), de Thuizy; 11 juin 1839 (t. 2 1839, p. 31), Tardif Delorme; 26 juin 1839 (t. 2 1839, p. 33), de la Colonilla; 12 août 1839 (t. 2 1839, p. 221), Colombel; 24 mars 1840 (t. 1er 1840, p. 714), Sutterlin; 15 avr. 1840 (t. 1er 1840, p. 574), Lemoine et Coquerel; 1er déc. 1840 (t. 2 1840, p. 780), Burrier (deux arrêts); 19 mai 1843 (t. 2 1843, p. 268), de la Colonilla; 3 janv. 1844 (t. 1er 1844, p. 332), Ferréel; 18 août 1845 (t. 2 1845, p. 755), Duputel.

3285. — Jugé dans le même sens que l'acte par lequel un cohéritier abandonne, avant tout partage, à un ou plusieurs de ses cohéritiers, et moyennant un prix déterminé, un immeuble de la succession, avec stipulation que le prix sera rapportable lors du partage à intervenir ultérieurement, ne saurait être considéré comme un partage partiel, mais renferme une véritable vente, passible du droit proportionnel de mutation. — *Cass.*, 19 nov. 1845 (t. 1er 1846, p. 101), Rigaud. — L'application de ce principe a été consacrée par plusieurs autres décisions en matière de transcription. — V. TRANSCRIPTION (droit de).

3286. — Le partage par le même acte, de plusieurs successions entre les mêmes héritiers, n'est passible que d'un seul droit. — Delib. 8 germin. an VIII.

3287. — Décidé de même, relativement au partage tant de la succession d'un époux que de la communauté ayant existé avec le survivant, les deux opérations étant indivisibles.—Délib. 29 mars 1833.

3288. — La liquidation de reprises contenue dans un partage de succession, de communauté ou de société, en forme une dépendance nécessaire et ne donne ouverture à aucun droit. — Décis. min. fin. 8 déc. 1807; inst. 366, n° 4.

3289. — Le bref état dressé en tête d'un acte de cession de droits successifs passé au profit d'une veuve par les héritiers de son mari n'ayant d'autre but que de faire connaître l'actif et le passif de la succession, ne peut être considéré comme un acte de liquidation et de partage, mais comme un simple acte instructif qui n'est passible d'aucun droit. — Lors même que ce bref état constaterait l'existence d'une société et autoriserait un prélèvement sur l'actif de cette société en faveur

ENREGISTREMENT ch. 6, sect. 7e.

d'un des associés, il n'y a point là un titre de créance sujet à la perception d'un droit d'enregistrement, si, à défaut d'acte de société, cette société (antérieure à la publication du Code de commerce) n'en était pas moins notoire, et si elle était prouvée par des jugemens et autres actes authentiques dont la date écarterait tout soupçon de fraude. — *Cass.*, 5 mai 1817, Savoie.

3290. — Il n'est dû aucun droit particulier pour l'échange, entre les copartageans, des lots qui leur ont été attribués, s'il a lieu avant la signature, et dans le même acte que le partage dont cette stipulation fait alors partie.— Décis. min. fin. 5 nov. 1811.

3291. — Lorsqu'une adjudication d'immeubles faite devant notaire contient division ou partage entre deux individus, d'un lot dont ils se sont conjointement et solidairement rendus adjudicataires, cette disposition ne donne pas lieu au droit particulier de partage. — Délib. 14 avr. 1824; — Roland et Trouillet, *Dict. d'enregist.*, v° *Vente d'immeubles*, § 3, n° 51.

3292. — Il n'est point dû de droit particulier pour la convention par laquelle un immeuble est laissé dans l'indivision. — Délib. 26 oct. 1827.

3293. — Lorsque, dans un acte de partage, des héritiers, pour suppléer au défaut d'inventaire, et seulement comme énonciation des réclamations faites par divers créanciers, déclarent qu'ils ont connaissance qu'il est dû telle somme par la succession pour fourniture de marchandises, sans mention du titre enregistré, il n'y a pas lieu d'exiger le droit d'obligation. — Délib. 4 juin 1825.

3294.—Il en est de même relativement à l'énonciation dans un partage, d'une somme due à l'auteur de la succession par un individu présent à l'acte, en simple qualité de conseil et ami des parties, mais qui ne stipule et ne promet rien relativement à cette somme.—Solut. 24 mai 1831; instr. 1381, § 7.

3295.—Mais si un acte de partage énonce qu'un ou plusieurs des copartageans sont débiteurs personnels de la succession, et si les sommes qu'ils doivent, non payées lors du partage, sont attribuées à d'autres copartageans, il y a reconnaissance de dette passible du droit de 1 °/o. — Délib. 3 mai 1836.

3296. — De même, lorsque, indépendamment d'un réglement de communauté, un acte de partage, contient des dispositions qui en sont indépendantes et n'en dérivent pas nécessairement, comme, par exemple, la libération des enfans envers leur mère des arrérages de son douaire et des frais funéraires qu'elle a avancés, ou encore la délégation sur une créance à terme d'une somme plus forte que celle que la veuve avait le droit de prétendre comme commune, il y a lieu de percevoir un droit particulier sur chacune de ces dispositions. — *Cass.*, 4 juill. 1808, Mortémard.

3297. — Dans le cas où un héritier, créancier de la succession, prélève avant partage le montant de sa créance en immeubles, du consentement de ses cohéritiers, cette stipulation constitue une dation en paiement passible du droit de vente sur le montant de ladite créance, déduction faite de la portion du créancier cessionnaire, comme héritier et obligé aux charges de la succession.—Délib. 1er juin 1825; instr. 1173, § 10.

3298. — Le droit ne serait pas dû si le prélèvement avait lieu pour remplir le copartageant d'un legs à lui fait par le défunt; car alors il n'y aurait point d'action en paiement, mais simple attribution. — Solut. 1er juin 1832.

3299. — Lorsqu'un acte de partage ne contient pas seulement la liquidation et la division des biens qui dépendent de la succession ou de la communauté, mais en outre l'abandon à l'un des ayant-droit de tout ou partie de l'actif mobilier ou immobilier en faisant partie, sous différentes conditions qu'il s'oblige de remplir, il y a lieu de percevoir, non un simple droit fixe, mais un droit proportionnel en raison des stipulations intervenues. — *Cass.*, 12 avr. 1808, Senard.

3300. — Si des biens auxquels l'une des parties a un droit de propriété exclusive sont compris, de son consentement, dans une masse à partager et qu'ils tombent dans le lot de l'autre copartageant, il y a lieu de percevoir, sur la valeur de ces biens, le droit proportionnel de mutation, sans s'arrêter à la qualification de l'acte. — *Cass. belge*, 13 fév. 1833, Bonjean.

3301. — Lorsque parmi les biens partagés il s'en trouve qui avaient été adjugés à un tiers intervenant dans l'acte pour déclarer qu'il n'a aucun droit sur ces biens, lesquels avaient été acquis pour le compte des co-partageans, on doit percevoir sur cet acte le droit proportionnel applicable à la cession qui résulte de la déclaration, indépendamment du droit fixe de 5 fr. — Roland et Trouillet, *Dict. d'enreg.*, v° *Partage*, § 5, n° 52.

§ 2. — *Soultes de partage.*

3302. — Sont passibles du droit proportionnel de 4 fr. pour 100 fr. les soultes ou retours de partages de biens immeubles. — L. 22 frim. an VII, art. 69, § 7, n° 5.

3303. — Tout acte de partage doit porter en lui-même la preuve de l'égalité des lots entre les co-partageans. S'il établit au contraire une inégalité au profit d'un des co-partageans, le droit de soulte est exigible sur l'excédant de la part virile. — *Cass.*, 12 nov. 1844 (t. 1er 1845, p. 192), Rogers.

3304. — ...Et cela quand même le partage ne porterait que sur une partie des biens indivis. — *Cass.*, 29 avr. 1845 (t. 1er 1845, p. 725), Verny.

3305. — ... Et qu'il aurait été stipulé que l'excédant en valeur d'un lot sur les autres servirait à acquitter les dettes de la succession ou de la communauté. — *Cass.*, 6 thermid. an XII, Pautens; 20 déc. 1843 (t. 1er 1844, p. 11), Thury.

3306. — Le droit de soulte est dû au moment même de l'enregistrement du partage, sans que l'exigibilité du droit puisse être subordonnée au réglement ultérieur et définitif de la succession. — *Cass.*, 29 avr. 1845 (t. 1er 1845, p. 725), Verny.

3307. — ... Et nonobstant la clause que l'égalité sera rétablie au moyen de compensations sur le prix de vente des immeubles restés indivis. — *Cass.*, 12 nov. 1844 (t. 1er 1845, p. 192), Rogers.

3308. — La clause d'un partage qui adjuge à l'un des co-partageans l'usufruit et à l'autre la nue-propriété des biens indivis, sans soulte ni retour, n'est passible que du droit fixe. — Décis. min. fin. 24 fév. 1817; instr. 775 et 1437, § 8.

3309. — Ainsi, lorsque, dans le ressort de l'ancien parlement de Bordeaux, deux époux ont stipulé dans leur contrat de mariage, passé sous l'empire de la loi du 17 nivôse an II, une société d'acquêts avec réserve desdits acquêts aux enfans à naître de leur union, ces enfans se trouvant investis définitivement, au décès du prémourant de leurs père et mère, de la propriété de tous les biens acquis pendant le mariage, il en résulte que l'acte de partage qui attribue au conjoint survivant l'usufruit seulement de tous les acquêts et la nu-propriété aux enfans, n'est pas soumis à un droit proportionnel; il n'est passible que du droit fixe de 5 francs. — *Cass.*, 30 août 1837 (t. 2 1837, p. 268), Merle.

3310. — L'abandon à la veuve de tous les biens de la communauté, lesquels sont d'ailleurs insuffisans pour la remplir de ses reprises, et à la charge par elle de payer les dettes, n'autorise point la perception du droit de soulte, attendu que l'obligation qu'elle contracte est une conséquence de l'art. 1471, C. civ. — Solut. 9 janv. 1832.

3311. — L'abandon fait à la veuve d'immeubles de communauté pour la remplir d'une donation de sommes d'argent consentie par le mari dans le contrat de mariage, et pour les frais de deuil, est passible du droit de 4 °/₀. — *Cass.*, 12 fév. 1840 (t. 1er 1840, p. 752), Baudin.

3312. — Le seul fait de l'acceptation de la communauté par la femme au profit de laquelle a été prononcée la séparation de corps et de biens suffit pour saisir celle-ci de la propriété de la moitié des biens meubles et immeubles composant la communauté, et pour entraîner de plein droit également la division des dettes entre les époux. En conséquence, l'abandon que fait la femme au profit de son mari d'une portion de l'actif, à la charge de payer une somme correspondante dans le passif, est passible du droit de soulte. — En

vain, pour écarter la perception de ce droit, soutiendrait-on que la femme, n'étant, suivant l'art. 1483, C. civ., tenue des dettes que jusqu'à concurrence de son émolument, elle ne peut être réputée acquérir ni transmettre que ce qui excéderait l'actif après les dettes payées : la loi du 22 frim. an VII n'admet pas une pareille défalcation de l'actif sur le passif. — *Cass.*, 2 juill. 1844 (t. 1er 1845, p. 33), Logette.

3313. — Quand, par un partage antérieur à la déclaration que les héritiers d'un époux décédé, commun en biens, et l'époux survivant sont tenus de faire des biens à eux échus en ces qualités, une part avantageuse dans les conquêts de la communauté est attribuée à l'époux survivant, moyennant récompense aux héritiers du prédécédé en valeurs mobilières de la communauté, cette part avantageuse est censée lui appartenir du jour de l'acquisition que les deux époux en avaient faite, et n'est passible d'aucun droit proportionnel de mutation résultant de la dissolution de la communauté. — *Cass.*, 16 juill. 1823, Teissier.

3314. — Lorsque, dans un partage, l'héritier donataire ou légataire de la portion disponible paie une somme donnée à un tiers par l'auteur de la succession, il n'y a point là soulte, attendu que cette somme ne peut en aucun cas être prélevée sur la réserve des autres héritiers, et qu'elle est une charge nécessaire de la donation ou du legs par préciput. — Solut. 26 mai 1837.

3315. — Lorsque, dans une succession qui ne se compose que d'un seul immeuble, les héritiers légitimaires appelés à partager avec le légataire universel reçoivent la part à laquelle ils ont droit, plus une portion du bien équivalent soit aux dettes dont ils sont tenus personnellement, soit à celles qui pèsent sur leur co-partageant et qu'ils s'obligent de payer en son acquit, on ne peut considérer cette charge comme une soulte dont ils se reconnaissent débiteurs envers lui et qui donne lieu par conséquent à un droit d'enregistrement. — *Cass.*, 26 (et non 16) août 1816, Defleury.

3316. — Dans le cas où une adjudication d'immeubles faite au profit de deux individus solidairement contient partage entre eux, le droit de soulte est exigible si la soulte est prise hors de l'objet acquis et à partager. — Solut. 28 sept. 1827; instr. 1229, § 7.

3317. — Lorsque, dans un partage de succession où l'un des immeubles est reconnu impartageable et les autres biens sont divisés en lots d'une valeur inégale, il est stipulé que la différence de valeur sera prélevée par celui des co-héritiers auquel ce lot est échu, sur le produit de la vente à opérer ultérieurement de l'immeuble reconnu impartageable, le droit de soulte de 4 °/₀ doit être perçu sur cette différence de valeur. — Délib. 19 avr. 1836.

3318. — Si un immeuble est attribué indivisément à plusieurs des co-partageans moyennant une soulte, il n'est dû que 4 °/₀. — Solut. 19 nov. 1832 et 28 juin 1833.

3319. — Dans les partages d'ascendant ou anticipés, le droit de soulte n'est pas dû sur les inégalités de lots ou sur les sommes dont le paiement est imposé à quelques uns des donataires, attendu que ces inégalités sont considérées comme des conditions de la donation. — Décis. min. fin. 28 avr. 1818, 12 oct. et 21 déc. 1821; délib. 3 avr. 1829.

3320. — Il n'y a pas non plus lieu à la perception du droit sur les soultes imposées par les donateurs dans un partage anticipé, fait en l'absence des enfans et sous réserve d'aliéner, lorsque ce partage n'a été ratifié par les donataires qu'après le décès des donateurs. — Solut. 14 oct. 1825.

3321. — C'est toujours de la manière la plus favorable aux co-partageans débiteurs de la soulte que le montant doit en être imputé. Ainsi lorsque dans un partage de biens de diverses espèces un lot chargé d'une soulte est composé de rentes sur l'état, ou de créances, ou d'effets mobiliers, de rentes et de biens-fonds, la soulte doit d'abord être imputée sur le montant des rentes sur l'état, puis sur les créances, ensuite sur les capitaux de rentes et sur les meubles; enfin, s'il y a lieu, sur les immeubles compris dans ce lot; et les droits proportionnels exigibles à raison de la soulte doi vent être liquidés et perçus dans ce sens. — Décis. min. just. et fin. rapportée dans l'instr. gén. de la régie du 22 sept. 1807, 342.

3322. — Jugé en conséquence que, lorsque dans une succession il existe des valeurs mobilières et immobilières, l'héritier dont la part est fixée à une somme que ses cohéritiers doivent lui payer, n'est réputé recevoir une soulte pour les immeubles dont ceux-ci restent seuls propriétaires que jusqu'à concurrence de ce qui excède l'actif mobilier de la succession; ce n'est par conséquent que sur cet excédant que le droit de soulte immobilière est dû.—Peu importe que les cohéritiers à qui les immeubles sont attribués aient antérieurement, et par un arrangement auquel l'héritier est resté étranger, abandonné une créance, seule valeur mobilière de la succession, au débiteur même de cette créance, lequel se trouve en même temps légataire du défunt, pour le remplir de son legs, et qu'ensuite, par le partage fait avec l'héritier, ses cohéritiers se croient obligés à payer la soulte comme si la créance abandonnée n'avait jamais cessé de faire partie de la succession. — Cass., 6 mars 1843 (t. 2 1843, p. 34), de Préval.

3323. — La loi de l'impôt n'ayant d'empire que dans le territoire du royaume, lorsqu'une succession ouverte en France consiste en biens situés dans le royaume et en biens situés hors de France, la régie de l'enregistrement doit procéder, pour la perception des droits, comme si cette succession n'était composée que des biens situés sur le territoire français. — En conséquence, si dans le partage entre les héritiers il y a eu inégalité dans l'attribution des biens de France à chacun d'eux eu égard à sa portion virile, le droit proportionnel de soulte est dû, bien que l'égalité des lots ait été établie au moyen des biens situés en pays étranger. — Cass., 14 nov. 1838 (t. 2 1838, p. 539), Denedonchel; 8 déc. 1840 (t. 1er 1841, p. 37), Watelet de Messange; 12 déc. 1843 (t. 1er 1844, p. 218), de Bissengen; 3 avr. 1844 (t. 1er 1844, p. 516), Cortambert; 11 nov. 1844 (t. 2 1844, p. 497), Watelet de Messange.

3324. — MM. Rigaud et Championnière (Contrôleur de l'enreg., n° 5381) critiquent cette jurisprudence comme ayant pour résultat de favoriser l'inégalité. La loi du 14 juill. 1819, disent-ils, dispose, pour le cas où une succession composée de biens situés en France et de biens situés à l'étranger s'ouvrirait au profit d'un étranger et d'un Français, que celui-ci prélèverait sur les biens situés en France une portion égale à la valeur des biens situés en pays étranger *dont il serait exclu*. Cette loi a donc voulu que le partage se fît avec tous les biens de manière à assurer l'égalité des lots; et elle ne considère pas la succession comme ne se composant que des biens situés en France. Si tous les biens de la succession doivent être pris en considération pour procéder au partage, il ne peut pas y avoir soulte, lorsqu'à l'un sont attribués les biens de la France, et à l'autre les biens d'une valeur égale situés à l'étranger; chacun n'a que sa part, et dès-lors ne reçoit rien de son cohéritier à titre d'acquisition.

3325. — En matière d'enregistrement, aucune loi ne porte que, lorsque des cohéritiers ou des copropriétaires procèdent au partage de biens de diverses origines tous indivis entre eux, ils doivent être considérés comme ayant fait autant de partages différens qu'il y a d'origines différentes de biens, et dès-lors payer le droit de soulte sur ce que chacun d'eux a de plus que les autres en biens de telle ou telle origine.—Cass., 6 mars 1844 (t. 1er 1844, p. 373), Richaudeau. — Il n'est même dû qu'un seul droit fixe pour le partage de toutes ces successions. — V. suprà n° 3286.

3326. — Sont passibles du droit proportionnel de 2 fr. pour 100 fr. les soultes ou retours de partages de biens meubles. — L. 22 frim. an VII, art. 69, § 5, n° 7.

3327. — L'acte par lequel une communauté israélite distribue les places de sa synagogue à ses membres, moyennant une taxe pécuniaire proportionnelle, doit être considéré, pour la perception des droits, comme contenant, non une vente immobilière, mais une distribution de l'usage d'un objet commun, sauf, s'il y a lieu, les droits de

soultes mobilières d'une place envers l'autre. — Cass., 8 mars 1836, Pfohl.

§ 3. — *Licitations.*

3328. — Sont passibles du droit proportionnel de 4 fr. p. 100 les parts et portions indivises de biens acquises par licitation. — L. 22 frim. an VII, art. 69, § 7, n° 4.

3229. — Dans la licitation, le droit ne doit être liquidé que sur le prix, c'est-à-dire sur ce que l'adjudicataire doit payer aux colicitans. —Championnière et Rigaud, *Tr. des dr. d'enreg.*, n° 3250.

3330. — Aucun droit proportionnel n'est exigible sur l'acte qui attribue à l'un des cohéritiers un immeuble de l'hérédité, lorsqu'il est dit que le prix de l'immeuble adjugé est égal ou inférieur au montant des droits de ce cohéritier dans la succession. — Solut. 6 sept. 1838.

3331.—De même, lorsqu'un héritier bénéficiaire se rend adjudicataire d'immeubles de la succession (eu égard toutefois à sa portion virile), il n'est dû aucun droit de mutation, attendu que ce droit a été acquitté lors du décès, et qu'il ne s'est point opéré une nouvelle transmission depuis, bien que l'héritier ne possède plus au même titre.— Délib. 28 fév. 1817.

3332. — Mais le droit fixe de 5 francs est exigible sur l'acte de licitation par lequel un ou plusieurs colicitans se rendent adjudicataires de lots n'excédant pas leur part ou portion dans les biens licités. — Ce droit est indépendant du droit proportionnel dû pour d'autres adjudicataires compris dans le même acte. — Délib. 17 mai 1836.

3333. — Les acquisitions par licitation de parts et portions indivises de biens immeubles donnent lieu au droit de soulte sans qu'on doive distinguer entre les licitations volontaires et celles ordonnées par justice, et soit que les adjudications aient lieu simultanément ou par des actes séparés. — Cass., 22 avr. 1845 (t. 1er 1845, p. 663), Klose.

3334. — En règle générale, si la licitation entre propriétaires d'une chose commune fait cesser l'indivision, elle n'opère pas nécessairement un partage. — Cass., 18 août 1845 (t. 2 1845, p. 755), Dupatel.

3335.—Dès-lors, jusqu'au partage définitif d'une succession, les divers héritiers étant copropriétaires, proportionnellement à leurs droits, des immeubles qui la composent, il en résulte que, si l'un d'eux se rend adjudicataire d'un de ces immeubles vendus par licitation, le droit proportionnel de 4 % est dû sur les portions de prix appartenant aux autres colicitans. — Cass., 14 nov. 1837 (t. 2 1837, p. 386), Bobée; 1er déc. 1840 (t. 2 1840, p. 780), Burrier; — instr. 31 oct. 1835.

3336.—Et il est ainsi encore, quand on n'excipe en faveur du colicitant adjudicataire d'aucun acte de partage qui lui attribue les immeubles pour le remplir de ses droits.—Cass., 18 août 1845 (t. 2 1845, p. 755), Dupatel.

3337. — Toute licitation entre cohéritiers, faite par un procès-verbal seul et indépendant de tout partage au moment de la perception des droits et ayant pour résultat de rendre l'un des cohéritiers adjudicataire d'un immeuble dépendant de la succession commune, doit être, relativement à la régie, considérée comme un acte translatif de propriété en faveur du cohéritier adjudicataire pour la portion de cet immeuble qui excède celle à laquelle il avait droit. — Cass., 24 mars 1840 (t. 1er 1840, p. 714), Sutterlin.

3338. — Le droit de soulte est dû sur l'excédant de la part héréditaire des cohéritiers colicitans, bien que l'acte de licitation porte que les immeubles sont attribués à ces héritiers sans soulte ni retour à valoir sur leurs parts, et qu'il soit suivi d'un appendice intitulé : *Liquidation des droits des héritiers par suite de la licitation et du partage qui précèdent*, si, dans le fait, cet appendice renvoie à compter pour certaines valeurs lors de la liquidation définitive de la succession. — Cass., 22 avr. 1845 (t. 1er 1845, p. 663), Klose.

3339.— Le droit proportionnel pour licitation se liquide, non sur ce qui excède la portion virile de l'héritier seulement dans l'immeuble qui lui est adjugé, mais sur ce qui excède cette même portion dans tous les immeubles licités par le même acte ou le même jugement. — Solut. 14 avr. 1824, 26 fév. 1833 et 8 sept. 1835; délib. 28 oct. 1834 et 10 juill. 1835; instr. 1146, § 8; 1425, § 7, et 1498, § 5.

3340. — Décidé au contraire que le droit proportionnel de licitation est dû sur ce qui excède la part héréditaire du colicitant dans les immeubles à lui adjugés, encore bien que le prix de cette adjudication soit inférieur au montant de ses droits dans le prix de la totalité des immeubles licités. — Cass., 18 août 1845 (t. 2 1845, p. 755), Duputel.

3341. — Lorsque par un même cahier des charges déposé en vertu d'un même jugement, des immeubles sont mis en adjudication successivement à deux jours différens, l'héritier qui devient adjudicataire de quelques uns des immeubles le second jour doit le droit proportionnel de 4 °/° sur ce qui excède sa part dans les biens adjugés en dernier lieu, sans avoir égard à la valeur des autres biens. — Cass., 18 nov. 1839 (t. 2 1839, p. 595), Huré; 29 juin 1840 (t. 2 1840, p. 88), Lainé.

3342. — ... Et cela, encore bien qu'une clause du cahier des charges lui aurait réservé d'imputer sur son prix la part lui revenant dans les autres adjudications. — Cass., 22 fév. 1841 (t. 1er 1841, p. 592), Rœderer.

3343. — De même, lorsque les biens dépendant d'une communauté ont été licités par plusieurs adjudications faites successivement et à des prix différens, le colicitant qui se rend adjudicataire doit 4 °/° sur ce qui excède sa part dans le bien adjugé le dernier, sans avoir égard aux biens adjugés précédemment. — Cass., 18 nov. 1839 (t. 2 1839, p. 632), Delaporte.

3344. — De même encore, l'héritier qui, avant aucun partage, se rend adjudicataire par licitation d'un immeuble de la succession, est tenu du droit proportionnel de 4 °/° sur la portion du prix de cet immeuble excédant sa part héréditaire, encore bien que la totalité de ce prix soit moindre que la somme qui doit lui être attribuée dans le total de ce même prix et du montant d'adjudications antérieures. — Cass., 28 janv. 1840 (t. 2 1843, p. 770), Duchâtelet.

3345. — Lorsque, sur la mise en vente par licitation de huit immeubles, cinq seulement ont été adjugés, et que depuis, sur nouvelles publications, les trois autres non vendus faute d'enchérisseurs ont été adjugés à l'un des cohéritiers, il n'y a pas lieu, lors de la perception des droits sur cette adjudication, de déduire la part de l'héritier adjudicataire dans la totalité des biens vendus, mais seulement sa part dans l'immeuble par lui acquis. — Délib. 8 déc. 1835.

3346. — Lorsque après un procès-verbal d'adjudication sur licitation que les parties ont déclaré valoir comme ouverture des opérations de liquidation et de partage, l'acte de partage notarié rédigé à la suite et présenté à l'enregistrement en même temps que le procès-verbal d'adjudication attribue à l'un des héritiers la totalité du prix d'une partie des immeubles qui lui ont été adjugés, le droit de 4 °/° est néanmoins exigible sur tout ce qui excède sa part dans les immeubles par lui acquis, et non pas seulement sur la soulte qu'il s'est obligé de payer à ses cohéritiers. — Délib. 30 janv. 1838.

3347. — Lorsque l'un des colicitans s'est rendu adjudicataire, et qu'une liquidation présentée à l'enregistrement en même temps que le procès-verbal d'adjudication constate que le prix de l'adjudication a été abandonné à l'adjudicataire pour ses droits dans les objets à partager, le droit protionnel n'est pas dû sur l'enregistrement de ce procès-verbal. — Cass., 30 janv. 1839 (t. 1er 1839, p. 148), Debray.

3348. — Il en est de même quand la liquidation a été présentée à l'enregistrement avant le procès-verbal d'adjudication. En pareil cas, il n'est dû que le droit fixe sur ce procès-verbal. — Si le droit proportionnel avait été perçu, il devrait être restitué. — Cass., 1er déc. 1840 (t. 1er 1841, p. 5), Singer.

3349. — Mais jugé que le droit proportionnel est dû sur l'excédent de la part du colicitant qui s'est rendu adjudicataire de l'immeuble indivis, lors même qu'on aurait inséré dans le cahier des charges une clause portant que, si l'un des colicitans devient adjudicataire des biens mis en vente, ils lui seront attribués par imputation sur ses droits dans tous les biens de la succession, sauf aux autres colicitans à se remplir de leurs droits sur les autres biens indivis, et qui sont sur le point d'être adjugés. — Cass., 29 déc. 1841 (t. 1er 1842, p. 62), Fieffé et Collinet.

3350. — La raison de différence entre cet arrêt et les deux qui le précèdent, c'est que, dans le cas des deux premiers, tout était consommé lors de la présentation à l'enregistrement de l'acte d'adjudication. L'indivision n'existait plus. L'adjudication ne pouvait pas être prise isolément de l'acte de partage définitif; ces deux actes se confondaient pour la régie. Au contraire, dans le cas de l'arrêt ci-dessus rapporté, la déclaration que contenait le cahier des charges avait été soumise à la régie dans un moment où l'indivision subsistait encore, puisqu'on y annonçait l'adjudication prochaine d'autres biens indivis. Il était dès-lors impossible d'établir un réglement certain et définitif des droits des colicitans avant que cette seconde adjudication eût été prononcée, puisqu'elle devait être un élément nécessaire du partage futur. De là, différence de position, et, par conséquent, différence de décision.

3351. — On avait d'abord pensé que la perception du droit proportionnel pouvait, dans certains cas, n'être que provisoire; que, ne devant frapper que ce qui est réellement acquis par l'héritier au-delà de sa portion virile dans la masse entière de la succession, il pouvait arriver qu'un partage postérieur attribuât à cet héritier, pour le remplir de ses droits, soit le prix total de l'adjudication faite à son profit, soit une portion de ce prix supérieure à celle qu'il avait dans les immeubles licités, et qui avait été déduite pour la perception sur l'acte de licitation. Dans ce cas, et s'il était justifié de ce partage dans les deux ans de l'enregistrement de la licitation, on avait regardé les droits perçus sur cet acte comme susceptibles de restitution jusqu'à due concurrence. — Décis. min. fin. 30 avr. 1821, 21 déc. 1829, 31 déc. 1833; Instr. 1307, § 8; 1451, § 3;— *Dict. des dr. d'enrg.*, vo *Licitation*, no 27;—Masson Delongpré, *C. de l'enreg.*, no 3256.

3352. — Mais depuis on a décidé que la perception faite lors de l'enregistrement des actes de licitation sur ce qui, dans le prix de l'adjudication consentie à l'un des cohéritiers ou copropriétaires, excède sa portion virile dans les immeubles licités, est définitive et irrévocable, et que cette perception ne peut devenir sujette à restitution par l'événement *ultérieur* du partage. — Décis. min. fin. 23 mai 1833; instr. 31 oct. 1835, art. 1498, § 5; 1562, § 35; *Trib. Paris*, 23 juill. 1834, et 16 avr. 1838; *Montpellier*, 30 déc. 1835; *La Rochelle*, 19 mai 1836; *Rouen*, 21 juin 1838.

3353. — Jugé en ce sens qu'aucune restitution ne peut être exigée, quoiqu'un partage ultérieur ait attribué à l'héritier adjudicataire, dans l'immeuble licité, une part plus considérable que celle à laquelle sa qualité d'héritier lui donnait droit. — *Cass.*, 14 nov. 1837 (t. 2 1837, p. 386), Bobée.

3354. — ... Ou bien encore lorsque, par un partage ultérieur, la totalité du prix est attribuée au lot du cohéritier ou du colicitant, Il n'y a lieu d'appliquer en pareil cas ni la disposition de l'art. 60, L. 22 frim. an VII, ni le principe posé dans l'art. 883, C. civ. — *Cass.*, 10 juin 1839 (t. 2 1843, p. 269), de Thuizy; 10 juin 1839 (t. 2 1843, p. 269), Laroche-Lambert; 12 août 1839 (t. 2 1842, p. 269), Vernerey; 19 mai 1843 (t. 2 1843, p. 268), de la Colonilla. — V. au surplus *infrà*, nos 4412 et suiv.

3355. — Si, indépendamment de quelques-uns des colicitans adjudicataires pour des parts excédant leurs droits, des étrangers sont adjudicataires du surplus, il n'est dû que 4 p. °/° sur l'excédant du prix concernant les premiers, et 5 1/2 p. °/° sur le prix des biens acquis par les seconds. — Délib. 28 oct. 1836.

3356. — Lorsque après avoir acquis un immeuble dont partie appartient à un absent, sous la condition qu'à défaut de ratification par celui-ci dans un délai déterminé, l'immeuble vendu sera licité en justice aux frais des vendeurs, l'acquéreur se rend ensuite adjudicataire du même immeuble licité à défaut de la ratification, la seconde vente n'est passible que du droit fixe, indépendamment du droit de greffe et de rédaction, si le droit proportionnel a été payé pour la première vente.— 30 juin 1824.

3357. — Sont passibles du droit proportionnel de 2 p. % les parts et portions acquises par licitation de biens meubles indivis. — L. 22 frim. an VII, art. 69, § 5, n° 6.

3358.—Le droit d'enregistrement des ventes d'immeubles aux enchères, dans lesquelles les héritiers se rendent adjudicataires d'une partie du mobilier pour une somme équivalente tout au plus à leur part héréditaire, est exigible sur le montant total des objets qui leur ont été adjugés. — Décis. min. fin. 10 déc. 1849; délib. 13 nov. 1827.

3359. — Et le droit n'est pas restituable, bien que, par un acte de liquidation ultérieure, le prix de l'adjudication ait été compris dans le lot des adjudicataires, — Délib. 13 mai 1824, et 24 mai 1831.

3360. —Décidé cependant qu'il y a lieu de faire, sur le prix de la vente par licitation d'un fonds de commerce, y compris les objets mobiliers qui y sont attachés, la déduction de la portion qui devait revenir à l'adjudicataire. — Décis. min. fin. 18 déc. 1819; délib. 13 nov. 1827, solut. 18 fév. 1833.

§ 4. — *Partages et licitations entre associés.*

3361. —En règle générale, le partage d'une société est, comme tout partage, déclaratif et non translatif de propriété.—Championnière et Rigaud, *Tr. des dr. d'enreg.*, n° 2790.—Et le partage de société est entièrement assimilé au partage de succession. — Délib. 8 avr. 1837.

3362. — Mais cela suppose que la propriété des biens qu'il s'agit de partager a été transmise à la société considérée comme *être moral*, et que ces mêmes biens avaient cessé d'appartenir à l'associé qui en avait fait l'apport. — V. *suprà* nos 1828 et suiv. — Autrement il y aurait une transmission de propriété sans droit de mutation.

3363. —Jugé en conséquence que, lorsque l'acte de partage d'une société attribue à l'un des associés un immeuble qui a été apporté dans la société par un autre, et sur lequel aucun droit proportionnel de mutation n'a encore été perçu, il y a là transmission de propriété donnant ouverture au droit proportionnel. — *Cass.*, 3 janv. 1832, Ledru; 29 janv. 1840 (t. 2 1842, p. 173), Véron; 13 juill. 1840 (t. 2 1840, p. 585), Grillon; 6 juin 1842 (t. 2 1842, p.174), Véron; 9 nov. 1842 (t. 2 1843, p. 54), Grimm.; Décis. min. fin. 8 déc. 1807, et 3 oct. 1828; instr. 360, 1272, § 3, 1401, § 5, et 1437, § 13.

3364. — De même, si la mise en commun d'un immeuble par les fondateurs d'une société ne constitue pas une mutation de propriété en faveur des actionnaires, et ne donne lieu dès lors qu'à un droit fixe, il n'en est pas de même des abandonnemens de portions de cet immeuble, faits à ces mêmes actionnaires pour les remplir de leurs droits, lors de la dissolution de la société. — Ces abandonnemens, constituent, comme dation en paiement, une véritable transmission de leur propriété, donnent ouverture au droit proportionnel — *Cass.*, 12 août 1839 (t. 2 1839, p. 229), Février.

3365. — L'associé qui, à la dissolution de la société, demeure, par suite de licitation, propriétaire de l'immeuble qui formait sa mise sociale, étant censé avoir toujours possédé ledit immeuble (C. civ., art. 883, 1841 et 1872), ne doit aucun droit d'enregistrement, de transcription, ni de greffe. — Délib. 11 fév. 1834.

3366. — Lorsqu'un associé s'est rendu adjudicataire d'un immeuble provenant de l'actif de la société, il est passible provisoirement du droit de mutation sur l'excédant de sa part dans le prix d'adjudication, encore bien qu'il prétende que le prix de l'immeuble entier n'excède point sa part dans le fonds social. Pour obtenir la restitution du droit, il faut qu'il produise un règlement définitif entre tous les associés ou ayant-droit; il ne suffit pas qu'il présente des calculs émanés de lui seul ou de simples élémens de liquidation. — *Cass.*, 4 août 1835, Fontenilliat.

3367. — Si, lors de la dissolution d'une société, un immeuble est attribué dans le partage à l'associé qui en avait fait l'apport, le droit de soulte est

dû sur l'augmentation de valeur donnée à cet immeuble avec les fonds de la société.—*Cass.*, 17 déc. 1838 (t. 2 1838, p. 664), Cresbron-Delisle et Foucaux.

3368. — N'est passible que du droit fixe l'acte par lequel un associé, usant de la faculté accordée par l'acte de société, retient la totalité des biens communs en payant une somme d'argent à son coassocié. — Délib. 16 juin 1826.

3369. — Lorsque le partage d'une société établie pour des vins comprend en outre un immeuble acquis par les associés, ce partage n'en a pas moins pu être considéré comme partage de société, en ce sens qu'il n'était passible que d'un droit fixe, si le lot d'un des associés s'est trouvé uniquement composé de l'immeuble. Il importerait peu que le partage n'eût pas été fait avec un individu dont le nom figure dans la raison sociale, s'il est constant qu'en réalité cet individu n'avait aucun intérêt dans la société. — *Cass.*, 9 mars 1831, Bouchard.

3370. — Si, lors de la dissolution d'une société, il est convenu qu'un immeuble dont un associé n'a d'abord apporté que l'usage et qui a été mis en suite aux frais, risques et périls de la société, appartiendra à l'autre associé, cette convention est passible du droit proportionnel de mutation immobilière.—*Cass.*, 25 avr. 1833, Scherber c. Schlumberger.

3371. — Lorsque, indépendamment de l'immeuble social servant à l'exploitation d'une brasserie, un des associés se rend adjudicataire de l'achalandage de cet établissement, moyennant un prix distinct, le droit de mutation ne doit être perçu que sur ce qui excède la part de l'associé adjudicataire dans cette valeur provenant de la collaboration commune. — *Cass.*, 13 juill. 1840 (t. 2 1840, p. 585), Grillon.

3372. — L'acte par lequel des cosociétaires vendent à l'un d'entre eux, à la dissolution de la société, leurs parts dans un immeuble faisant partie du fonds social, a le caractère d'une licitation. — Il n'est dû sur un tel acte d'autre droit que celui proportionnel de 4 % à raison de la soulte exprimée. — *Cass.*, 14 janv. 1835, Rabusson-Lamothe.

3373. — De même, l'adjudication sur saisie immobilière d'immeubles composant le fonds social, faite au profit de l'un des associés, a le caractère d'une licitation et n'est passible que du droit de 4 %. — *Cass.*, 17 août 1836, Leroux.

3374. — Si, lors d'un partage de société, l'un des contractans prélève une somme égale au capital d'une vente hypothéquée sur l'un des immeubles communs, au moyen de quoi il se charge d'acquitter seul la totalité de cette rente, il n'est point dû un droit particulier, attendu, d'une part, qu'aucune obligation nouvelle n'est contractée, puisqu'elle existait hypothécairement pour le tout, et d'autre part que, le prélèvement ayant lieu en deniers comptans provenant de la société, il n'y a point de soulte. — Délib. 19 mars 1823.

3375. —Le droit de partage n'est pas dû sur une vente faite à plusieurs acquéreurs qui doivent immédiatement entre eux l'immeuble acquis, et s'obligent à payer le prix au vendeur proportionnellement à la valeur de leurs lots respectifs.—Solut. 19 mars 1823, et 14 avr. 1824; instr. 1229, § 7.

§ 5. — *Rapports à succession.*

3376. — Les rapports à succession ne sont pas expressément tarifés; les droits auxquels ils donnent lieu sont déterminés par les conventions accessoires qu'ils contiennent, soit dans la stipulation qui en est faite, soit dans leur exécution.

3377. — Doit être considéré, non comme opérant libéralité, mais comme l'accomplissement d'une obligation légale, le rapport que fait en nature, dans le partage de succession, l'un des successibles qui avait acquis un immeuble du défunt, lorsque ce rapport est en quelque sorte forcé, en ce sens qu'il est déclaré avoir lieu pour prévenir l'action que le cohéritier se proposait d'intenter pour l'obtenir. — Solut. 30 sept. 1830; — Roland et Trouillet, *Dict. d'enreg.*, v° *Partage*, § 5, n° 39.

3378. — Le donataire qui, après avoir rapporté à la succession du donateur des immeubles sur lesquels le droit a été payé, reçoit ensuite ces mêmes immeubles dans son lot, à la charge de payer une somme d'argent à ses cohéritiers, n'est pas tenu d'un droit de soulte. — Solut. 12 janv. 1832.

3379. — Le droit de soulte n'est pas exigible sur un partage dans lequel l'un des héritiers, rapportant à la masse une somme reçue en avancement d'hoirie, ne recevrait dans son lot que des immeubles. — Solut. 11 janv. 1832; — Roland et Trouillet, *ibid.*, § 5, n° 41.

3380. — Lorsque le cohéritier, donataire, par acte entre-vifs d'un immeuble excédant la quotité disponible, en fait le rapport en argent (C. civ., art. 844), il n'y a lieu à aucun droit de soulte, attendu que le droit de mutation a déjà été, lors de la donation, acquitté sur la valeur active de l'immeuble. — Délib. 24 nov. 1826; solut. 12 juin 1832.

3381. — Lorsque l'héritier qui a reçu une somme d'argent en avancement d'hoirie en fait le rapport par un abandon d'immeubles héréditaires, cet abandon, quoique postérieur au partage de la succession *toute immobilière*, est une délivrance de biens fonds dans le sens de l'art. 869, C. civ., et n'est passible que du droit fixe de 1 fr., comme partage supplémentaire, c'est-à-dire comme acte de complément. — Délib. 23 fév. 1825; — Roland et Trouillet, *ibid.*, § 5, n° 43.

3382. — Lorsque, dans le partage d'une succession commune, l'héritier rapporte à la masse les sommes qu'il a reçues du défunt en avancement d'hoirie, et qu'il paie à ses cohéritiers l'excédant de ces sommes sur sa part héréditaire, bien qu'un pareil paiement opère la libération de celui qui rapporte vis-à-vis de ses cohéritiers, il n'y a là qu'une partie intégrante du partage, laquelle ne donne pas lieu à un droit particulier d'enregistrement. — Délib. 16 mars 1822; — Roland et Trouillet, *ibid.*, § 5, n° 37.

3383. — Aucun droit de quittance n'est dû pour le rapport, soit que la somme rapportée ait été donnée en avancement d'hoirie, soit qu'elle ait été prêtée et déposée, et sous quelque qualification que le remboursement se fasse à la succession, l'art. 829, C. civ., comprenant expressément les sommes dues. — Délib. 25 avr. 1837.

3384. — Décidé, au contraire, que si le rapport avait pour objet une somme d'argent reçue en dépôt, il serait dû un droit de quittance, outre le droit de partage. — Délib. 19 mars 1833; — Roland et Trouillet, *ibid.*, § 5, n° 36.

3385. — Le droit d'obligation n'est pas exigible, lors même que l'héritier prendrait terme pour payer le montant de son rapport, si toutefois ce rapport a pour objet une somme constituée par un contrat de mariage enregistré. — Délib. 27 août 1833.

Sect. 8°. — *Ventes immobilières.*

3386. — D'après l'art. 69, § 7, n° 1er, les adjudications, ventes, reventes, cessions, rétrocessions et tous autres actes civils et judiciaires translatifs de propriété ou d'usufruit de biens immeubles à titre onéreux, étaient soumis au droit proportionnel de 4 p. 100 fr.

3387. — Ce droit a été modifié par l'art. 52, L. 28 avr. 1816, ainsi conçu : « Le droit d'enregistrement des ventes d'immeubles est fixé à 5 1/2 %; mais la formalité de la transcription au bureau de la conservation des hypothèques ne donnera plus lieu à aucun droit proportionnel. »

3388. — Les adjudications à la folle-enchère de biens de même nature sont assujetties au même droit, mais seulement sur ce qui excède le prix de la précédente adjudication, si le droit en a été acquitté. — L. 22 frim. an VII, art. 69, § 7, n° 1er.

3389. — Pour les droits à percevoir sur les ventes passées antérieurement à la loi du 22 frim. an VII, V. *suprà* n°s 70 et suiv.

3390. — Le droit proportionnel de vente immobilière a subi des modifications, et même a été remplacé par un simple droit fixe, dans les cas suivans :

3391. — *Canaux.* — N'ont été assujétis qu'au droit fixe de 1 fr. : le traité relatif à la concession du canal Saint-Martin et de ses annexes, ainsi que les actes de cautionnement. — L. 5 août 1821.

3392. — ... Les actes relatifs au canal des Alpines passés, soit pour la formation de la société, soit pour acquisition de terrains, soit pour adjudication de travaux. — L. 7 juin 1826.

3393. — ... Les actes de vente de terrains pour les perfectionnemens du canal de Saint-Quentin. — L. 29 mai 1827.

3394. — ... Les actes de vente des terrains destinés à l'emplacement du canal de Dijon à Roanne et aux ouvrages en dépendant. — L. 29 mai 1827, art. 3.

3395. — ... Les actes d'achat de terrains pour le canal des Pyrénées. — L. 10 févr. 1832.

3396. — ... Les actes de vente de terrains se rapportant à l'exécution du canal latéral à la Garonne. — L. 22 avr. 1832.

3397. — ... Les actes de vente des terrains devant servir d'emplacement au canal de Vire et aux ouvrages faits par le concessionnaire. — L. 9 mai 1833, art. 4.

3398. — ... Les actes de vente des terrains devant servir à l'emplacement du canal de Sambre à l'Oise et aux ouvrages en dépendant. — L. 10 mai 1833, art. 10.

3399. — Lorsqu'une loi spéciale relative à la construction d'un canal réduit au droit de 1 fr. fixe les acquisitions de terrain nécessaires, cette disposition ne s'étend pas aux stipulations des actes qui ne dérivent pas nécessairement de ces ventes, par exemple à la renonciation à son hypothèque légale par la femme du vendeur intervenue dans l'acte, ni aux quittances de prix données par acte séparé. — Délib. 8 fév. 1833.

3400. — *Chemins vicinaux.* — Les acquisitions de terrains pour chemins vicinaux ne sont passibles que de 1 fr. fixe. — L. 21 mai 1836, art. 20; instr. 1521.

3401. — Si, par un même acte, une commune acquiert plusieurs parcelles de terrains, provenant de divers vendeurs, l'acte n'est passible que d'un seul droit fixe. — Solut. 11 août 1837.

3402. — *Corse.* — Les ventes d'immeubles dans l'île de Corse sont soumises au droit proportionnel de 2 % au lieu de 4 déterminé par la loi du 22 frim. an VII. — Arr. 21 prair. an IX; déc. min. fin. 12 mai 1817.

3403. — L'arrêté ou réglement du 21 prair. an IX est encore en vigueur. Il est applicable même aux actes passés en France; car la raison de décider est la même; dans l'un et l'autre cas, les immeubles ont toujours la minime valeur qui a fait prononcer la réduction du droit. Ainsi décidé au sujet d'une vente faite devant notaire, à Paris, d'une pièce de terre située près d'Ajaccio. — Solut. 11 juin 1835.

3404. — Toutefois, le droit de 1 fr. 50 pour transcription est dû indépendamment du droit de 2 p. 100. — Délib. 31 mai 1823.

3405. — *Domaine privé.* — Les acquisitions faites par le roi pour son domaine privé sont passibles des droits de vente ordinaire. — Décis. min fin. 26 fév. 1831.

3406. — *Emigrés.* — L'art. 22, L. 27 avr. 1825, porte : « Pendant cinq ans à compter de la promulgation de la présente loi, tous actes translatifs de la propriété des biens confisqués sur les émigrés, les déportés et les condamnés révolutionnairement, et qui seraient passés entre le propriétaire actuel desdits biens et l'ancien propriétaire ou ses héritiers, seront enregistrés moyennant un droit fixe de 3 fr. » y compris le droit de transcription. — Instr. 4 mai 1825, 1161.

3407. — Cette disposition est applicable au legs concernant les mêmes personnes et les mêmes biens, et dont la délivrance a été judiciairement ordonnée dans la même période de cinq ans. — *Cass.*, 17 nov. 1835, Wacremier.

3408. — *Etablissemens publics.* — Différentes dispositions de lois, décrets et arrêtés du gouvernement, qu'il est inutile de rapporter, n'avaient assujetti qu'au droit fixe, pour l'enregistrement et la transcription hypothécaire, les actes d'acquisition faits au profit des départemens, arrondissemens, communes, hospices, séminaires, fabriques, congrégations, consistoires et autres établissemens publics.

3409. — Depuis, la loi du 16 juin 1824 porta (art. 7) que tous ces mêmes établissemens publics légalement autorisés paieraient 10 fr. pour droit fixe d'enregistrement et de transcription hypothécaire sur les actes d'acquisition qu'ils feraient lorsque les immeubles acquis devaient recevoir une destination d'utilité publique et ne pas produire de revenus, sans préjudice des exceptions déjà existantes en faveur de quelques uns de ces établissemens. — De plus, ce droit de 40 fr. était réduit à 1 fr., toutes les fois que la valeur des immeubles acquis n'excédait pas 500 fr. en principal.

3410. — Mais l'art. 17, L. 18 avr. 1831, a abrogé toutes ces dispositions, et déclaré que les acquisitions en question seraient soumises aux droits proportionnels d'enregistrement et de transcription établis par les lois existantes.

3411. — *État.* — Le droit d'enregistrement des ventes de biens de l'état a été fixé à 2 fr. p. 100. — L. 26 vendém. an VII. art. 14; 15 flor. an X, art. 6; 5 vent. an XII; circ. 24 brum. an VII, 1417 *bis*; inst. 61 et 215.

3412. — Le même droit de 2 °/₀ a été appliqué aux ventes des bois de l'état aliénés en vertu de la loi du 25 mars 1831. — Instr. 25 avr. 1831, 1361.

3413. — Les adjudications des bois cédés à la caisse d'amortissement, et que la loi du 25 mars 1817 l'a autorisée à aliéner, ont été assujéties au droit de 2 °/₀. — Ord. 10 déc. 1817; instr. 819.

3414. — Quant aux ventes faites au profit de l'état, elles ne donnent lieu à aucun droit. — L. 22 frim. an VII, art. 70, § 2, n° 1er. — V. *suprà* n°ˢ 711 et suiv.

3415. — *Expropriation pour utilité publique.* — Les ventes ou expropriations qui ont lieu pour cause d'utilité publique ne donnent lieu à aucun droit (L. 22 frim. an VII, art. 70, § 2, n° 1er), ainsi qu'on l'a vu *suprà* n°ˢ 727 et suiv.

3416. — *Légion-d'Honneur.* — Les ventes des biens de la Légion-d'Honneur ne sont assujéties qu'au droit de 2 p. °/₀. — Circul. 11 sept. 1807.

3417. — *Majorat* — Ce n'est point d'après les taux des aliénations d'immeubles appartenant à l'état, taux fixé par la loi du 15 flor. an X, mais bien conformément à l'art. 52, L. 28 avr. 1816, relatif à la vente d'immeubles faite par les particuliers, que doit se régler la perception des droits d'enregistrement pour la vente d'un immeuble constituant un majorat. — *Cass.*, 7 fév. 1843 (t. 1er 1843, p. 258), de Boissy.

3418. — *Salines.* — L'enregistrement du contrat de régie, par suite de l'adjudication de l'exploitation des salines de l'Est, n'est passible que du droit fixe de 1 fr. — Ord. 26 oct. 1832.

3419. — *Sénat.* — Les ventes des biens affectés à la donation du sénat n'étaient assujéties qu'au droit de 2 °/₀. — Décr. 28 mars 1806; circul. 1er avr. suiv.

3420. — *Travaux publics.* — Les mutations de propriété résultant de dessèchement de marais ou autres travaux publics opérées en vertu de la loi du 16 sept. 1807 ne donnent ouverture qu'au droit fixe de 1 fr. — Instr. 386, n° 23; 456 et 464.

ART. 1er. — *Ventes immobilières en général.*

3421. — Dès que le consentement est intervenu, d'une manière légale, sur la chose et sur le prix, la vente est consommée à l'égard du fisc, et le droit de mutation est dû, encore bien que cette vente puisse être annulée dans l'intérêt des tiers, comme s'il s'agissait, par exemple, de la vente d'un immeuble saisi et mis en expropriation. — *Cass.*, 5 août 1828, Gardère.

3422. — En ce qui concerne les ventes faites sous une condition suspensive, soit quant à la perfection du contrat, soit quant à la perfection de l'acte, il faut consulter ce que nous avons dit *suprà* n°ˢ 441 et suiv. — A quoi il faut joindre les décisions suivantes.

3423. — Un acte de vente d'immeubles rédigé sous signatures privées peut, quoique parfait dans sa forme extérieure, être considéré, vis-à-vis de la régie, comme un simple projet, ne comportant la perception d'aucun droit, s'il n'a point reçu d'exécution, et si, dans les trois mois de sa date, il a été remplacé par un acte authentique. — En un tel cas, et lorsque le prix porté dans l'acte sous seing-privé est plus élevé que celui exprimé dans l'acte authentique, il n'y a pas lieu à la perception du droit sur la différence. — La régie n'a alors,

si elle prétend qu'il y ait dissimulation et insuffisance dans le prix porté au contrat public, d'autre faculté que celle de provoquer une expertise ou d'établir sa prétention par toute autre voie légale. — *Cass.*, 13 avr. 1836, Birat.

3424. — Lorsqu'un tribunal a, d'après les actes et circonstances, décidé qu'un acte de vente resté sans exécution, et dont la partie à qui la production en a été demandée par un tiers à titre de renseignement, a déclaré ne vouloir point tirer avantage, n'était qu'un simple projet, qui ne pouvait donner ouverture au droit proportionnel, il n'y a là qu'une simple appréciation d'actes et de faits qui échappe à la censure de la cour de Cassation. — *Cass.*, 18 fév. 1829, Planté.

3425. — Un projet de vente non consenti par toutes les parties, n'étant pas une vente ni même une promesse de vente, ne donne pas lieu au droit proportionnel. — Il est dû seulement le droit fixe de 1 fr. par celui qui produit ce projet pour le faire enregistrer. — *Bruxelles*, 4 nov. 1845, Debacker.

3426. — La vente qui a pour objet un immeuble appartenant par indivis à plusieurs propriétaires, et qui est verbalement faite par un seul d'entre eux sans le consentement des autres, est par cela même imparfaite même à l'égard de la régie, et, comme telle, exempte des droits d'enregistrement. — *Cass.*, 12 juill. 1836, Weber.

3427. — Lorsqu'il est découvert dans l'étude d'un notaire deux doubles d'une vente sous seing-privé, signés des parties, et qui a reçu son exécution par l'entrée en jouissance de l'acquéreur et le paiement d'une partie du prix, la règle est fondée à exiger les droits dus sur ces actes; et le jugement qui rejette sa demande doit être cassé, encore bien qu'il ait déclaré, en fait, qu'il n'y a pas eu vente définitive, mais simple projet de vendre, subordonné par les parties à l'événement d'une condition. — *Cass.*, 14 mai 1825, Guyet.

3428. — Par cela que les deux doubles d'un acte de vente sous seing-privé signés par les parties ont été déposés entre les mains d'un notaire, on ne saurait en induire que ces parties n'ont pas eu intention de l'exécuter. — *Cass*, 14 mai 1825, Guyet.

3429. — Un tribunal peut, sans contrevenir à la loi, décider qu'il n'y a pas lieu au droit de mutation, pour une vente qu'il dit être restée imparfaite, en ce que les biens n'ont pas été suffisamment déterminés. — *Cass.*, 6 janv. 1843, Allaguies.

3430. — La promesse de vente valant vente, est passible des mêmes droits. Il n'en est pas de même quand la promesse de vendre est faite avec arrhes; comme ce n'est plus qu'une simple promesse résoluble à la volonté de l'une des parties, elle n'est passible que du droit fixe. — Solut. 2 sept. 1814.

3431. — L'acte par lequel un individu promet de vendre un immeuble désigné à tel autre individu, si celui-ci le requiert, et dans un délai convenu, renferme une condition suspensive, et n'est passible que du droit fixe. Le droit proportionnel ne devient exigible que sur l'acte de consentement ou d'acceptation qui réalise la transmission. — Délib. 26 août 1828.

3432. — La vente faite par un majeur d'un immeuble dont il n'est propriétaire que pour partie, et dont l'autre partie appartient à un mineur, avec condition que le vendeur fera remplir les formalités judiciaires prescrites pour l'aliénation des biens de mineurs, et que, quel que soit le montant des enchères, le prix sera irrévocablement fixé pour l'acquéreur désigné au contrat à une somme déterminée, constitue une vente non point soumise à une condition suspensive, mais complète et assujétie dès-lors au droit proportionnel. — *Cass.*, 20 nov. 1844 (t. 2 1844, p. 566), Gouverneur.

3433. — Il n'y a pas promesse de vente quand les parties, d'accord sur la chose et sur le prix, ne le sont pas sur les termes de paiement. — Délib. 28 mai 1830.

3434. — Le droit de vente ne peut être perçu sur une promesse sous seing-privé portant que celle des parties qui refusera de passer acte public dans un délai convenu, paiera à l'autre une somme déterminée, à titre de dommages-intérêts; car une telle stipulation est suspensive de la vente, — Solut. 20 messid. an X.

3435.—Décidé au contraire que, lorsqu'une promesse de vendre moyennant un prix productif d'intérêts à partir d'une époque, même antérieure à l'acte, contient la stipulation de ne passer acte que dans deux ans, avec réserve pour chacune des parties de se dédire, à charge par celle qui usera de cette faculté de payer à l'autre une somme à titre de dommages-intérêts, à sa première réquisition, le droit proportionnel est dû; seulement il est restituable en cas d'événement.— Toutefois, le droit de 1 °/o sur le dédit n'est à son tour exigible que quand la faculté de se retirer de la vente est exercée par l'une des parties.— Solut. 7 sept. 1830.

3436. — Lorsque, dans une promesse de vente, il y a, de la part des deux parties, une condition potestative qui empêche le lien de se former, le droit proportionnel de mutation ne doit point être perçu; spécialement, la clause d'un contrat de mariage par laquelle le père de la future recevant du futur une somme d'argent, promet, dans le cas où les futurs cesseraient d'habiter avec lui, de lui délivrer en paiement des immeubles qui seraient alors désignés et estimés par experts, est passible du droit d'obligation de 1 p. °/o et non de celui de vente à 5 1/2 °/o. — Délib. 29 janv. 1836.

3437. — Le droit de vente est exigible sur la promesse faite par le nu-propriétaire de vendre un immeuble moyennant un prix à fixer par des experts nommés par les parties, ou, à défaut, par le président du tribunal. — Délib. 27 sept. 1833.

3438. — Une promesse verbale de vente d'immeubles reconnue par un procès-verbal de comparution devant un notaire, duquel il résulte que les parties, d'accord sur le prix principal, ne l'ont point été sur les charges, ne peut être considérée comme parfaite, et, par conséquent, donner ouverture au droit proportionnel de mutation. — *Cass.*, 16 août 1832, Cassier.

3439. — Un tribunal qui estime, d'après les faits de la cause, qu'une vente n'a été que conditionnelle, et qu'elle est restée imparfaite, parce que les conditions sous lesquelles elle avait été consentie n'auraient pas été exécutées, peut, sans violer la loi, en conclure qu'elle n'est assujétie à aucun droit proportionnel. — *Cass.*, 13 (et non 14) nov. 1845, Caston.

3440. — Lorsque, dans un projet de vente d'immeubles sous seing-privé, il est stipulé que la vente ne sera obligatoire pour l'acquéreur qu'à partir d'une époque déterminée, lors de laquelle il écrira au vendeur pour lui faire connaître son acceptation, s'il ne trouve point d'empêchement, et qu'ensuite, à l'époque déterminée, cet acquéreur écrit une lettre qu'il dit contenir son acceptation, mais sous la réserve expresse de modifications à faire à la forme du contrat, une pareille acceptation ne transforme pas le projet de vente en un contrat définitif, et ne donne pas ouverture, par conséquent, au droit proportionnel. — *Cass.*, 4 fév. 1839 (t. 1er 1839, p. 245), Thiébaut.

3441. — Lorsqu'un tribunal établit, d'après les preuves existantes au procès, qu'une vente faite par acte sous-privé, moyennant un prix à fixer par des experts, n'a point été réalisée, parce que l'arbitrage n'a été fait que postérieurement au délai fixé par l'acte, en l'absence et à l'insu de l'acquéreur, et qu'il résulte d'actes authentiques que le vendeur a toujours conservé la propriété de l'immeuble, il juge, en appréciant les faits, déclare qu'il n'y a point eu de vente et qu'il n'est point dû de droit de mutation, ne viole aucune loi. — *Cass.*, 22 juill. 1845, Salze.

3442. — Il n'y a pas lieu au droit proportionnel pour une vente verbale sous condition d'être rédigée par écrit, lorsqu'elle n'est réellement suivie ni de rédaction par écrit ni de possession de la part de l'acquéreur, encore bien que celui-ci ait donné des arrhes et payé des à-compte sur le prix. — *Cass.*, 3 (et non 5) sept. 1806, Gœury et Thill.

3443. — La clause par laquelle un vendeur s'oblige à passer acte de la vente au profit d'un tiers qui lui sera désigné par l'acquéreur est nulle comme ayant pour but de faciliter à l'acquéreur le moyen de transmettre l'immeuble sans avoir payé les droits de mutation. — *Bourges*, 6 août 1842; sous *Cass.*, 23 août 1843 (t. 1er 1844, p. 428), Collin c. David.

3444. — Cette décision ne nous semble pas à l'abri de toute critique. Décider que la nullité de la clause puisse être invoquée par les parties elles-mêmes, c'est aller trop loin. Sans doute la clause peut bien avoir pour but d'éviter le paiement des droits de mutation, mais elle peut aussi avoir un tout autre but. Qu'elle soit considérée comme non avenue à l'égard de la régie; que les deux ventes soient assujéties chacune à un droit de mutation, nous le concevons; mais nous avons peine à concevoir la nullité absolue de la clause entre les parties contractantes.

3445. — Lorsqu'un bien-fonds a été vendu sous la condition qu'une usine y serait élevée, la production de l'acte de vente par l'acquéreur pour son inscription sur les listes électorales et du jury suppose que la condition suspensive a reçu son accomplissement et autorise la régie de l'enregistrement à exiger le droit proportionnel. — *Cass.*, 31 juill. 1838 (t. 2 1838, p. 128), Gradit.

3446.—L'exception tirée de la nullité de la vente de la chose d'autrui n'est pas opposable à l'administration de l'enregistrement qui réclame le montant du droit proportionnel assis sur le contrat. — Dans tous les cas, un pareil moyen ne pourrait être soumis pour la première fois à la cour de Cassation — *Cass.*, 20 nov. 1844 (t. 2 1844, p. 566), Gouverneur.

3447.—*Abandon de biens.*—Le droit de vente est dû, dans le ressort de la ci-devant cout. de Normandie, sur la disposition d'un acte de liquidation par laquelle les héritiers d'un époux consentent au profit de sa veuve, pour lui tenir lieu de ses propres aliénés, l'abandon d'immeubles précédemment affectés à ce remploi. — Délib. 11 août 1820.

3448. — L'acte par lequel un propriétaire s'engage envers d'autres à livrer à la voie publique l'emplacement nécessaire au prolongement d'une rue doit être considéré comme renfermant les caractères d'une vente immobilière, emportant mutation de propriété, et non comme comportant une simple obligation de faire.—Du moins, la décision qui lui reconnaît ces caractères échappe, comme statuant en fait, à la censure de la cour de Cassation.—En conséquence, un pareil acte est soumis au droit proportionnel de 5 1/2 °/o, et non pas seulement à celui de 1 °/o. — *Cass.*, 22 déc. 1835, Dufaud.

3449.—Lorsque le vendeur d'un immeuble dans lequel ont été comprises certaines portions de terrain appartenant à autrui, cède à l'acquéreur une égale portion de terrain en remplacement de celles primitivement cédées à tort, l'acte est passible du droit de mutation, sans qu'il y ait lieu d'imputer le droit déjà perçu. — Délib. 18 nov. 1836. — *Contrà* Championnière et Rigaud, t. 3, n° 2028.

3450. — *Adjudication.* — Quand après avoir acquis par acte notarié un immeuble frappé d'une saisie, un individu s'en rend adjudicataire devant le tribunal procédant en vertu de cette saisie, le droit proportionnel n'est dû que sur l'excédant du prix de la vente. — Décis. min. fin. 7 nov. 1818; délib. 25 mai 1825 et 5 mai 1829; solut. 13 juin 1830.

3451. — Si, après avoir fait à ses créanciers l'abandon de ses biens pour être vendus en direction, le débiteur se rend adjudicataire de ces mêmes biens, l'acte n'est soumis qu'au droit fixe. — Délib. 14 nov. 1834; — Championnière et Rigaud, t. 3, n°s 2022, 2024 et 2159.

3452.—Lorsque dans une adjudication plusieurs lots sont adjugés au même individu, la perception s'établit sur le total des prix réunis. — Délib. 19 mars 1823.

3453.—Quant aux autres adjudications par jugement, V. *suprà* n°s 2784 et suiv., 3328 et suiv.

3454. — *Domaines engagés* — Les détenteurs de domaines engagés qui sont maintenus dans la propriété de ces biens, à la charge de payer le quart de leur valeur, sont passibles d'un droit proportionnel sur ce supplément de prix. — *Cass.*, 12 avr. 1808, Meunier.

3455. — Ce supplément doit être perçu sur la quittance définitive du receveur des domaines opérant la libération de l'engagiste et consommant en sa faveur la mutation de propriété. — Instr. 3 fruct. an XIII, 290, n° 62. — Auparavant la perception se faisait sur l'arrêté du préfet, qui déclarait l'engagiste propriétaire incommutable.—Circ. 19 vend. an VIII, 1592.

3456.— La déchéance encourue faute de paiement de son prix par l'acquéreur de domaines nationaux ne le dispense pas d'acquitter le droit proportionnel sur la vente. —*Cass.*, 24 vent. an X, Vogel ; 4 vent. an XI, Villequers ; *Bruxelles*, 20 juill. 1821, Chevalier.

3457. — ... Et cela encore bien qu'une décision de la régie dispenserait, en pareil cas, du paiement des droits.—*Bruxelles*, 20 juill. 1821, Chevalier.

3458.—Lorsque l'adjudicataire d'un bien national a encouru la déchéance pour n'avoir pas payé son prix dans le délai fixé, la seconde adjudication qui est faite à son profit doit être considérée, non comme une vente sur folle enchère passible seulement d'un droit fixe, mais comme une mutation nouvelle donnant ouverture à un droit proportionnel. —*Cass.*, 18 vend. an XII, Wittouch.

3459.—Sous l'empire du droit écrit, l'estimation des immeubles donnés en paiement d'une dot constituée en argent, valait vente s'il n'y avait convention expresse de rendre en nature les biens ainsi constitués. Dès-lors il y a lieu au droit proportionnel pour mutation immobilière. — *Cass.*, 1er mars 1809, Troin.

3460. — *Dot.*—Dans le cas prévu par l'art. 1551, C. civ., c'est-à-dire lorsque, dans un contrat de mariage sous le régime dotal, la dot ou partie de la dot consiste en objets mobiliers mis à prix sans déclaration que l'estimation n'en fait pas vente, il n'y a pas lieu de percevoir le droit de vente sur la valeur de ce mobilier dont le mari devient propriétaire et dont il doit acquitter le prix. — V. déc. min. fin. 12-22 mai 1810 ; instr. 484, n° 1er.

3461. — *Droits successifs.* — Est passible du droit proportionnel de vente immobilière, et non du droit de cession d'action mobilière, la cession à titre onéreux de l'usufruit des biens d'une succession immobilière. — *Cass.*, 20 août 1806, Hamelinck.

3462. — Toute cession de droits successifs à titre onéreux est passible du droit proportionnel de vente, encore bien que l'acte qui la constate soit qualifié de transaction. — *Cass.*, 19 frim. (et non brumaire) an XIV, Thermeven ; 2 fév. 1808, Thermeven.

3463. — Ce n'est pas une simple transaction, mais bien une cession de droits mobiliers et immobiliers sujette au droit proportionnel de 4 (aujourd'hui 5 1/2 °/°) que renferme l'acte par lequel une sœur cède à son frère, moyennant une somme d'argent, les droits qu'elle a à exercer sur la succession de son père ouverte depuis la loi du 17 niv. an II, et lui abandonne la totalité de ces mêmes biens, dont il était en possession à titre de fidéicommis, en vertu d'un pacte de famille antérieur. —Et si une partie du prix de cette cession consiste en rentes constituées au profit des enfans de la cédante, il y a lieu de percevoir, sur cette disposition, le droit proportionnel de donation.—*Cass.*, 30 oct. 1809, de Hoensbrœck.

3464. — L'épouse survivante devenant, aux termes de l'art. 8 de la coutume de Thionville, propriétaire, par le décès de son mari, des meubles et de tout ce qui était réputé tel, à la charge par elle d'acquitter les dettes de la succession, on ne peut considérer comme renfermant une transmission de propriété soumise au droit proportionnel, l'acte par lequel les héritiers du mari consentent à ce que la veuve dispose des objets mobiliers dépendant de la succession, sous la condition de payer les dettes. — *Cass.*, 25 fév. 1812, Weilande.

3465. — La cession de droits successifs, avec stipulation que le cessionnaire pourra se libérer du prix soit en argent, soit par l'abandon d'un immeuble, si, lors du partage, cet immeuble tombe dans son lot, doit être considérée comme renfermant non une obligation conditionnelle, mais seulement une obligation alternative, laquelle est complète et irrévocable, et il y a lieu, dès lors, de percevoir le droit proportionnel. — *Cass.*, 9 juill. 1839 (t. 2 1839, p. 179), Sadourny.

3466. — Lorsqu'un enfant naturel s'est mis en possession de la succession de son père, et a payé à la régie le droit de mutation en ligne directe, le parent collatéral qui revendique cette succession et qui transige et cède ses droits et actions à cet enfant, moyennant une somme déterminée, ne doit point le droit de mutation en ligne collatérale. — *Cass.*, 24 flor. an XIII, Pailloux.

3467. — Lorsqu'un des enfans entre lesquels le père commun a fait le partage testamentaire de ses biens cède ses droits successifs à ses cohéritiers pour une somme plus élevée que leur valeur, le droit de cession immobilière est dû sur le prix, encore bien que le cessionnaire prétendrait que le surplus de valeur est une ratification du testament. — Solut. 8 avr. 1833.

3468. — Il y a vente passible par conséquent du droit proportionnel, dans l'acte notarié par lequel un enfant majeur, lors du décès de son père, reconnaît avoir reçu de sa mère tout ce qui lui revenait dans la succession paternelle. Si l'enfant eût été mineur à l'époque du décès de son père, c'est le droit de décharge qui eût été perçu. —Délib. 27 oct. 1832.

3469. — Lorsqu'un père a constitué en dot à sa fille une somme qui a été déclarée provenir du chef de la mère de celle-ci, il n'y a pas lieu de supposer pour cela qu'il y a eu vente par la fille à son père de ses droits dans l'hérédité maternelle, et, par suite, qu'il y a ouverture à un droit proportionnel. — *Cass.*, 10 pluv. an XIII, Delmas et Lachaze.

3470. — Un individu qui, déclarant se marier pour les droits qui lui appartiennent dans la succession de sa mère non encore liquidée, reçoit de son père une somme déterminée à compte de ses droits, ne peut être réputé faire à son père une vente à forfait des immeubles dépendans de cette succession. Il n'y a pas lieu, par conséquent, de percevoir sur cette clause le droit proportionnel de mutation immobilière. — *Cass.*, 30 août 1814, Jeannin.

3471. — L'acte par lequel un enfant promet, moyennant un certain prix, de ne jamais rien demander à son père, tant du chef de la communauté que de ses autres droits dans la succession maternelle, ne peut, pour la perception du droit, être considéré comme un acte de partage sujet à un simple droit fixe. — Cet acte, n'ayant été précédé d'aucune des formes constitutives d'un partage, doit être considéré comme une cession de droits héréditaires soumise au droit proportionnel. — *Cass.*, 31 mars 1817, Béneteau.

3472. — Lorsque, par son contrat de mariage, une fille à qui son père constitue une dot consent qu'il jouisse de la succession de sa mère décédée, sans qu'il puisse être astreint à aucun compte ni partage, il y a là cession d'usufruit et, par conséquent, ouverture au droit proportionnel, encore bien qu'il soit dit que la dot est pour remplir la fille de ses droits maternels, et qu'elle donne à son père procuration pour régir les biens qu'elle lui abandonne. — *Cass.*, 7 sept. 1807, Leroy ; — instr. 12 sept. 1830, 1333, § 2, n° 2.

3473. — La convention portée dans un contrat de mariage, par laquelle, d'une part, le père de la future lui paie, à valoir sur ses droits dans la succession de sa mère, une somme dont le rapport devra avoir lieu lors du partage de cette succession, et d'autre part la future renonce, pendant la vie de son père, au droit de demander le partage des biens de sa mère, ne peut être considérée comme une cession d'usufruit à titre onéreux, soumise au droit de 4 (aujourd'hui 5 1/2) °/°. — *Cass.*, 8 juill. 1818, Habonnaud.

3474.— La clause d'un contrat de mariage par laquelle une fille, en recevant, à titre de dot, de son père une somme d'argent, tant en avancement d'hoirie qu'en paiement de ses droits dans la succession de sa mère, renonce à demander aucun compte ni partage de cette succession, sous peine de rapporter l'excédant de la dot, a pu, en l'absence de toute clause formelle, être considérée comme ne renfermant pas une cession d'usufruit de la part de la fille en faveur de son père, et comme ne donnant point, dès-lors, ouverture au droit proportionnel de 5 1/2 °/°. — *Cass.*, 29 mai 1828, Millon.

3475. — Lorsqu'une fille renonce à demander à son père compte et partage de la succession maternelle, moyennant la constitution en dot d'une somme par imputation sur les droits non encore liquidés dans cette succession, avec clause que, si le partage venait à être demandé nonobstant la renonciation, la dot serait alors imputée en totalité sur la part de la fille qui serait tenue de restituer, un mois après la liquidation, tout ce qui, dans la dot, excéderait sa part dans la succession maternelle, une pareille renonciation ne constitue pas une cession d'usufruit. — Délib. 26 mars 1833.

3476. — Lorsqu'un enfant à qui sa mère a constitué en dot une certaine somme en avancement d'hoirie s'est abstenu de rien réclamer dans la succession de celle-ci au-delà de cette somme, et que d'ailleurs aucune transaction n'est intervenue, cette abstention par l'effet de laquelle un co-héritier recueille, *proprio jure*, le surplus de la succession, ne constitue pas une cession proprement dite, passible du droit de vente immobilière. — *Cass.*, 4 déc. 1827, Souquères.

3477. — L'acte par lequel une mère constitue une rente perpétuelle à son fils *pour le remplir de ses droits successifs dans l'hérédité paternelle, et le surplus, s'il y en a, en avancement de la succession future de la mère*, et par lequel le fils consent à laisser à sa mère la jouissance, pendant sa vie, des biens de ladite hérédité, contient une véritable cession d'usufruit à titre onéreux, passible du droit proportionnel. — *Cass.*, 7 avr. 1823, Duvivier.

3478. — Le contrat de mariage par lequel une mère constitue en dot à sa fille une somme d'argent pour lui tenir lieu de ses droits dans la succession paternelle ne peut, lors même que la fille consent que sa mère reste en possession de tous les biens dépendant de la communauté, être considéré comme une cession passible du droit d'enregistrement, si la fille se reconnait remplie de ses droits, et s'il résulte d'un inventaire qu'ils ne sont pas en effet plus considérables. — *Cass.*, 9 mai 1831, Gaberel; — Instr. 12 sept. 1830, 1333, § 1er.

3479. — Lorsqu'il a lieu d'être constituée par le père ou la mère survivant, une dot l'a été par un frère ou toute autre personne pour remplir le futur de ses droits dans une succession échue, cette constitution produit l'effet d'une cession de droits successifs. — Instr. 12 sept. 1830, 1533, § 2.

3480. — Ainsi, la clause par laquelle un frère dans le contrat de mariage de sa sœur lui constitue une dot pour la remplir de ses droits successifs paternels et maternels, sans préjudice pour celle-ci de plus grands droits sur les biens de ses père et mère, constitue, non un simple prêt fait par le frère à sa sœur à valoir sur ses droits successifs et passible seulement du droit de 1 %, mais une véritable cession de droits successifs passible du droit de 4 (aujourd'hui 5 1/2) %. — *Cass.*, 7 nov. 1820, Mathieu.

3481. — Lorsqu'une dot est constituée à un enfant par le survivant de ses père et mère, avec clause que la constitution est faite pour le remplir de ses droits dans la succession du prédécédé, le constituant ne devient pas cessionnaire de la somme à laquelle pourra s'élever la part de l'enfant dans ladite succession non encore liquidée, il est simplement créancier, sur la succession du prédécédé, de la somme à laquelle pourra s'élever la part de l'enfant, de sorte que l'abandonnement d'effets mobiliers fait au constituant, en paiement de cette somme, doit être considéré comme une dation en paiement, passible d'un droit proportionnel. — *Cass.*, 31 juill. 1833, Romanet.

3482. — Lorsque, par divers actes successifs, des co-héritiers cèdent à l'un d'entre eux leurs droits sur un immeuble de la succession, le dernier de ces actes peut seul être considéré comme ayant fait cesser l'indivision; les autres renferment de véritables cessions immobilières. En conséquence, le droit de vente est dû sur celui-ci, et le dernier acte seul n'est passible que du droit de licitation. —*Cass.*, 2 janv. 1844 (t. 1er 1844, p. 439), Scheult.

3483. — *Époux (Ventes entre).* — L'autorisation donnée au mari, par contrat de mariage, d'aliéner les immeubles dotaux de sa femme, à la charge par lui d'en employer le prix en acquisition d'autres immeubles, ne le dispensant pas de faire accepter formellement le remploi par sa femme, l'abandon fait par un mari à sa femme, après séparation de biens, d'un immeuble qu'il avait acheté seul, avec déclaration que cette acquisition devait servir d'emploi, en faveur de sa femme, du prix de ses immeubles dotaux qu'il se proposait d'aliéner, sans que la femme ait formellement accepté le remploi, constitue une véritable vente, passible du droit proportionnel. Cet abandon ne peut être considéré comme la ratification d'un remploi antérieur qui n'emporte pas mutation. — *Cass.*, 15 mai 1839 (t. 2 1839, p. 341), Meunier.

3484. — Le droit proportionnel est-il dû sur la cession faite par un mari à sa femme (C. civ., art. 1595) d'immeubles pour lui tenir lieu de remploi? — Il faut distinguer, suivant que les biens cédés appartiennent à la communauté ou sont propres au mari. —Dans le premier cas, la cession, n'étant qu'attributive et non translative de propriété, ne donne point ouverture au droit proportionnel. — Dans le second cas, l'abandon d'immeubles propres au mari présente les caractères d'une vente sujette au droit de 5 fr. 50 c. p. 100 fr. — Délib. 19 avr. 1828; solut. 2 déc. 1834 et 17 mars 1835; instr. 1490, § 12.

3485. — La même distinction doit être faite relativement à une cession, à titre de remploi, entre époux mariés sous le régime dotal, mais avec société d'acquêts. — Solut. 5 août 1835; délib. 2 fév. 1836.

3486. — L'acte par lequel le mari, en exerçant le réméré d'un immeuble qu'il avait vendu sous cette condition avant son mariage, déclare, d'une part, qu'il paie du prix du rachat avec les deniers provenant de la vente des biens de sa femme, et, de l'autre, qu'il opère le retrait pour remploi dotal, constitue, en cas d'acceptation expresse de la femme, un remploi conforme aux dispositions de l'art. 1435, C. civ., et, comme tel, donne ouverture au droit proportionnel de 5 1/2 %. lors même qu'il apparaîtrait de certaines clauses de l'acte un réméré pur et simple, par exemple s'il y était question d'une possession exclusive de l'immeuble retrayé en faveur du mari, si, en outre, ce dernier avait accordé sur cet immeuble des garanties hypothécaires aux acquéreurs des biens de sa femme, et lors même encore que le contrat de mariage des époux, tout en établissant le régime dotal, aurait autorisé le mari à aliéner les biens dotaux, sous la seule condition d'en employer le prix à réméré à son profit. — *Cass.*, 4 août 1835, Depostis du Houlbec.

3487. — *Folle-enchère.* — Si l'adjudication sur folle-enchère pour un prix supérieur à la première adjudication a été enregistrée, tandis que le délai pour cette première adjudication est expiré, l'acquéreur définitif qui a payé le droit proportionnel de vente sur le prix intégral, est censé avoir avancé, en l'acquit du fol enchérisseur, le droit sur le montant de la première adjudication, et ne payer, pour son propre compte, que le droit sur l'excédant. Dès-lors, la régie n'a plus à répéter du premier adjudicataire que le droit en sus et point de droit simple. — Déc. min. just. et fin. 13 juin 1806; instr. 436, n° 56.

3488. — Lorsque le droit proportionnel a été perçu sur un jugement d'adjudication d'un immeuble, le jugement d'adjudication sur folle enchère de ce même immeuble n'est passible que d'un simple droit fixé, quand bien même le premier adjudicataire serait entré en jouissance de l'immeuble et aurait payé une partie du prix, si l'on n'articule d'ailleurs contre la seconde vente aucun fait de collusion ou de fraude qui lui ôte le caractère d'une adjudication sur folle-enchère. — *Cass.*, 10 (et non 12) déc. 1822, Guyard.

3489. — L'adjudicataire d'un immeuble qui en a été dépouillé par une revente sur folle-enchère est tenu du droit de mutation, à raison de l'excédant du prix de l'adjudication sur celui de la revente. — *Cass.*, 27 mai 1823, Jaudas-Deslices.

3490. — Lorsque après un procès-verbal d'enchère, portant que faute par l'adjudicataire de payer le prix aux termes fixés la revente sera poursuivie à la folle-enchère, l'immeuble, n'ayant pu être adjugé, a été, par acte notarié, vendu aux conditions du procès-verbal d'enchère, et que la revente sur folle-enchère en a été poursuivie faute de paiement, il n'est pas dû un nouveau droit proportionnel sur la folle-enchère, sous prétexte qu'elle ne pouvait avoir lieu qu'après adjudication aux enchères. — Solut. 8 oct. 1834.

3491. — *Jugemens et arrêts.* — Les jugemens et arrêts donnent lieu au droit proportionnel de vente immobilière lorsqu'ils constatent qu'il y a eu transmission à titre onéreux de la propriété d'un immeuble au profit d'une des parties. — V. *suprà* nᵒˢ 2784 et suiv., 3328 et suiv.

3492. — Il en est de même, à plus forte raison, lorsqu'ils contiennent adjudication de cette même propriété à un tiers moyennant un prix. — V. *ibid.*

3493. — *Meubles et immeubles.* — Lorsqu'un même acte de vente a pour objet tout à la fois des immeubles et des meubles, V. pour le mode de perception des droits, *infrà* nᵒˢ 3782 et suiv.

3494. — *Ratification.* — En cas de vente successive d'un immeuble, par le propriétaire, à deux personnes différentes, la ratification de la seconde vente, faite par le premier acquéreur qui en touche le prix, est passible du droit de libération et non de celui de mutation. — Solut. 2 fév. 1836.

3495. — *Réméré (Vente à).* — Lorsqu'un acte de vente à réméré porte que le vendeur restera en jouissance, qu'il paiera pendant ce temps à l'acquéreur les intérêts du prix à 5 0/0; que, dans le cas de non remboursement aux termes convenus, l'acquéreur n'aura que le droit de vendre l'immeuble à sa volonté, sauf à se faire mutuellement raison de la différence du prix entre les deux ventes, cet acte ne constitue pas un contrat pignoratif, ni un bail à antichrèse, mais bien une vente à réméré soumise au droit proportionnel de mutation immobilière. — Délib. 17 déc. 1833.

3496. — Toutefois, le droit de bail n'est pas dû si le vendeur à réméré, auquel le prix a été payé comptant, se réserve la jouissance de l'immeuble comme condition de la vente, à charge de payer l'intérêt du prix. — Délib. 22 mai 1837.

3497. — Quant aux retraits de réméré, V. *suprà* nᵒˢ 2251 et suiv.

3498. — *Résolution.* — La résolution d'une vente ou la rétrocession de l'immeuble vendu donne, dans certains cas, ouverture au droit proportionnel de vente. — V. *infrà* nᵒˢ 4087 et suiv.

3499. — *Servitudes.* — Les servitudes et services fonciers étant réputés immeubles (C. civ., art. 526), les cessions en sont assujéties aux mêmes droits que celles des immeubles. Ainsi sont passibles du droit de vente, la cession du droit de mitoyenneté d'un mur, celle du droit d'adapter des constructions à un mur non mitoyen, etc. — Solut. 27 sept. et 4 oct. 1826 ; instr. 1205, § 13.

3500. — Tel est encore le cas où, pour ne plus recevoir dans sa cour les eaux provenant de la maison d'un voisin, un particulier consent à construire à ses frais un puisard dans la cour de ce dernier. — Délib. 22 oct. 1817.

3501. — Lorsque le propriétaire d'une forêt grevée de droits de pâturage se libère de cette servitude au moyen d'une somme qu'il paie aux usagers, l'acte est assujéti au droit de mutation immobilière et non pas seulement au droit de libération. — Délib. 23 oct. 1834.

3502. — *Surenchère.* — Le droit de mutation est exigible contre l'acquéreur d'un immeuble, nonobstant une surenchère survenue et sans en attendre le résultat. — *Cass.*, 6 juill. 1812, Dumet.

3503. — Lorsque des biens vendus par un débiteur à ses créanciers, pour se libérer, puis délaissés par ces derniers sur la poursuite d'autres créanciers hypothécaires, sont adjugés en justice, par suite de surenchère, cette adjudication forme une seconde vente, indépendante de la première, résolue par le délaissement, et elle est sujette au droit proportionnel sur le jugement qui la prononce. — *Cass.*, 19 avr. 1826, Estien.

3504. — Pour liquider les droits d'une adjudication sur surenchère, il faut déduire le prix de la première adjudication de celui de la seconde, et ajouter au restant les frais et loyaux coûts que le second adjudicataire doit rembourser, à l'exception des droits d'enregistrement et de transcription payés pour la première adjudication, qui ne forment qu'une avance sur ceux à payer par le second adjudicataire. — Délib. 10 vendém. an XIII.

ART. 2. — *Déclarations de command.*

3505. — Dans toute vente volontaire ou judiciaire, celui qui se rend acquéreur peut déclarer qu'il achète pour lui ou pour un autre qu'il se réserve de nommer ultérieurement. L'acte ultérieur par lequel il fait connaître ce dernier s'appelle *Déclaration de command* ou *Élection d'ami.* — Championnière et Rigaud, *Traité des Dr. d'enreg.*, t. 3, nᵒ 1915.

3506. — Celui qui stipule pour un command diffère du mandataire en ce que celui-ci ne comparaît que pour autrui, ne stipule jamais en son nom personnel et doit produire la procuration. Au contraire, le premier n'a pas à justifier de son pouvoir ; le plus souvent il n'en a pas, et il ignore même s'il trouvera un ami qui voudra prendre sa place. — Troplong, *Vente*, nᵒ 65.

3507. — La déclaration de command, étrangère au droit romain, a pris son origine dans les usages français. — V. les autorités citées par MM. Championnière et Rigaud, nᵒˢ 1916 et suiv.

§ 1ᵉʳ. — *Caractères et effets de la déclaration de command.*

3508. — Sont sujettes au droit fixe de 3 fr. (autrefois 1 fr., L. 22 frim. an VII, art. 68, § 1ᵉʳ, nᵒ 24) : « les déclarations ou élections de command ou d'ami, lorsque la faculté d'élire un command a été réservée dans l'acte d'adjudication ou le contrat de vente, et que la déclaration est faite par acte public, et notifiée dans les vingt-quatre heures de l'adjudication ou du contrat. » — L. 28 avr. 1816, art. 44, nᵒ 3.

3509. — Sont soumises au droit de 2 fr. p. 100 fr. « les élections ou déclarations de command ou d'ami, sur adjudication ou contrat de vente de biens meubles, lorsque l'élection est faite après les vingt-quatre heures, ou sans que la faculté d'élire un command ait été réservée dans l'acte d'adjudication ou le contrat de vente. » — L. 22 frim. an VII, art. 69, § 5, nᵒ 4.

3510. — Sont passibles du droit de 4 fr. p. 100 fr. « les déclarations ou élections de command ou d'ami, par suite d'adjudications ou contrats et vente de biens immeubles, autres que celles de domaines nationaux, si la déclaration est faite après les vingt-quatre heures de l'adjudication ou du contrat, ou lorsque la faculté d'élire un command n'y a pas été réservée. » — L. 22 frim. an VII, art. 69, § 7, nᵒ 3. — A quoi il faut ajouter le droit de transcription. — L. 28 avr. 1816, art. 54.

3511. — On excipait d'une décision du 22 germ. an XIII pour prétendre qu'une déclaration de command, non notifiée ni enregistrée dans les vingt-quatre heures de la vente, n'était passible que de 4 °/₀. — Mais il a été reconnu que la distinction faite par cette décision à l'égard du droit de transcription ne pouvait avoir lieu quant au droit de 5 1/2 °/₀ qui forme, dans son intégralité, un droit d'enregistrement de vente. — Solut. 14 juin 1833 ; instr. 1487, § 6 ; — Masson de Longpré, *Code de l'enregistr.*, nᵒ 3711.

3512. — Dans le cas de déclaration de command au profit d'un ou de plusieurs colicitans, le droit n'est que de 4 °/₀. — Délib. 9 fév. 1830.

3513. — Si l'adjudicataire colicitant passe déclaration de command au profit d'une société dont il fait partie, le droit est exigible au taux de 5 1/2 °/₀, attendu que cet adjudicataire ne remplit qu'un mandat à l'égard de la société, entièrement étrangère à la propriété des biens adjugés. — Délib. 15 oct. 1825.

3514. — Bien qu'une déclaration de command ait pour effet, d'après ses termes, de donner le caractère mobilier à une partie des biens vendus comme immeubles, l'adjudication ne donne pas moins lieu à la perception du droit de vente immobilière. — *Cass.*, 6 nov. 1839 (t. 2 1839, p. 470), Renard.

3515. — La déclaration a pour effet de faire disparaître du contrat la personne de l'adjudicataire, et la mutation s'opère directement du vendeur au command. — Championnière et Rigaud, *Tr. des dr. d'enregistr.*, t. 3, nᵒˢ 1926 et 1928.

3516. — De la réserve faite dans un acte par celui qui l'a souscrit d'élire un command, et de la déclaration par laquelle il indique la personne qui doit en profiter, il résulte que ce n'est pas dans son intérêt que cet acte a été passé, mais bien dans l'intérêt d'un tiers dont il n'est que le mandataire. — Du moins, le tribunal qui le juge ainsi et décide qu'il n'y a pas de cession ne contrevient à aucune loi. — *Cass.*, 15 juill. 1806, Carpentier.

3517. — Ainsi, l'adjudicataire ne pouvant être considéré comme ayant acquis personnellement, mais seulement comme simple mandataire, il s'ensuit qu'il n'est pas responsable des droits d'enregistrement de l'adjudication, lorsque le command se trouve insolvable. — Déc. min. fin. 12 thermid. an XII; instr. 290, n° 17.

3518. — La déclaration de command faite au profit du vendeur anéantit le droit à percevoir, et sur l'adjudication, et sur la déclaration. — Délib. 13 vent. an VI, 12 sept. 1818.

3519. — La déclaration de command qui ne réunit pas les conditions prescrites par l'art. 68, n° 21, L. 22 frim. an VII, donne ouverture, comme les mutations, au droit proportionnel, et, à défaut d'enregistrement dans les délais, au double droit. — Spécialement, la déclaration de command sous seing-privé est passible du double droit si, dans les trois mois de sa date, elle n'a pas été soumise à la formalité de l'enregistrement. — *Cass.*, 24 mai 1837 (t. 1er 1837, p. 468), de La Mothe.

3520. — L'acquéreur désigné par l'adjudication comme command ne peut indiquer un autre command, encore bien que les deux déclarations de command aient lieu dans les vingt-quatre heures. — *Cass.*, 22 août 1809, Lachaise.

3521. — Décidé cependant qu'une seconde déclaration de command élu en faveur d'un tiers qui accepte, faite dans l'acte même d'adjudication et avant la signature du notaire, ne forme, avec cet acte et la déclaration, qu'une seule convention d'après laquelle la propriété a été transmise au dernier élu, et n'opère aucun droit particulier. — Délib. 12 mai 1826.

3522. — Lorsque, par suite d'une déclaration de command, une propriété adjugée d'abord à un individu est passée sur la tête d'un autre, ce ne peut être qu'au moyen d'une rétrocession secrète que le premier adjudicataire en est redevenu propriétaire; il y a donc lieu au droit proportionnel, encore bien que l'on aurait prouvé par témoins que le second acquéreur est pauvre et que le bien n'a été acquis que des deniers du premier qui en a toujours joui comme propriétaire. — *Cass.*, 9 mai 1808, Pierrat.

3523. — La déclaration de command faite au profit de celui dont l'enchère a précédé immédiatement celle de l'adjudicataire n'est soumise qu'au droit fixe, et non au droit proportionnel, comme transmission nouvelle, si d'ailleurs elle a été faite dans les vingt-quatre heures de l'adjudication. — Délib. 26 nov. 1841.

3524. — Doit être considéré comme simple déclaration de command passible du droit fixe, l'acte par lequel un particulier déclare que la constitution de rente passée en son nom ou l'obligation consentie à son profit n'est pas pour son propre compte, mais pour celui de la personne dont il n'est que le mandataire. Le droit proportionnel serait exigible si la déclaration n'était pas, en vertu d'une réserve antérieure, faite et notifiée dans les délais de la loi, ou si elle présentait novation de clauses, de conditions ou de prix. — Inst. 5 juin 1809, 432, n° 2; — Masson de Longpré, *Cod. de l'enreg.*, n° 2002.

3525. — La même distinction est à faire relativement aux déclarations de command par les entrepreneurs des ponts-et-chaussées, si la réserve n'a pas eu lieu dans l'adjudication, ou si la déclaration n'a pas été signifiée dans les vingt-quatre heures. — Déc. min. fin. 15 mai 1810.

3526. — Lorsque, d'après les conditions du procès-verbal d'adjudication, l'adjudicataire a dû rester, solidairement avec le command, obligé au paiement du prix, la déclaration de command ne donne pas lieu au droit proportionnel de cautionnement, indépendamment du droit fixe. — Décis. min. fin. 11 sept. 1818; délib. 8 mai 1826; 3 juill. 1827; 9 fév. 1830; 7 juin 1833; solut. 18 déc. 1837.

3527. — L'acte de vente par lequel l'acquéreur qui, ayant traité sous réserve de faire une décla-

ration de command, et à la condition qu'il resterait solidairement responsable du prix, paie pour l'acheteur déclaré, en faisant la déclaration réservée, le prix de l'adjudication au vendeur qui le subroge à ses droits, renferme tout à la fois une déclaration de command, assujettie au droit fixe applicable aux actes de cette nature, et un prêt donnant ouverture au droit proportionnel d'obligation. — *Cass.*, 10 juin 1845 (t. 2 1845, p. 556), Rolloy et Evrard.

§ 2. — *Conditions de la déclaration de command.*

3528. — Ces conditions concernent principalement : 1° la réserve qui doit être faite par l'adjudicataire; — 2° les forme et mode de la déclaration; — 3° la notification de cette déclaration à la régie dans les vingt-quatre heures,

3529. — 1° *Réserve de déclarer command.* — Ainsi qu'on l'a vu *suprà* (n° 3508), la déclaration, pour n'être passible que du droit fixe, doit être faite en vertu de réserves exprimées au contrat de vente. Lorsqu'il n'a point été fait de réserves, la présomption de mutation est de droit commun. — Championnière et Rigaud, *Tr. des dr. d'enreg.*, t. 3, n°s 1936 et 1937. — Toutefois, il n'y a pas nécessité de faire des réserves dans les ventes judiciaires. — V. *infra* n°s 3586 et suiv.

3530. — Avant la loi du 22 frim. an VII, le droit proportionnel d'enregistrement n'était pas dû sur les déclarations de command faites dans les vingt-quatre heures, alors même qu'aucune réserve n'avait été insérée dans le procès-verbal d'adjudication. — *Cass.*, 22 frim. an IX, Duverger.

3531. — La réserve de command doit être insérée dans l'acte même d'adjudication. — Décis. min. fin. 11 janv. 1814. — Cependant il suffirait qu'elle le fût dans le cahier des charges dressé avant cet acte, car ces deux actes n'en font réellement qu'un. — Délib. 29 mars 1819; décis. min. fin. 25 juin 1819.

3532. — La déclaration de command comprise dans l'acte même d'adjudication et non précédée de réserve ne donne point ouverture à un droit particulier (délib. 26 juin 1816 et 5 mai 1824), lors même que cette déclaration serait faite par un renvoi (délib. 6 oct. 1826) et que le command n'accepterait que postérieurement à la clôture de l'acte. — Décis. min. fin. 11 avr. 1831 et 6 fév. 1832.

3533. — La loi n'a point établi de termes dans lesquels la réserve de déclarer command devra être exprimée; il suffit que l'acquéreur manifeste l'intention de stipuler pour un autre à l'égard de tout ou partie de l'objet acheté. — Championnière et Rigaud, t. 3, n° 1949.

3534. — Il y a réserve de la faculté de command dans la déclaration faite par l'acquéreur qu'il achète pour lui, ses héritiers, un ou plusieurs amis à élire dans un délai fixé. Du moins, l'arrêt qui, par interprétation du contrat, décide en ce sens, échappe à la censure de la cour de Cassation. — *Cass.*, 27 janv. 1808, Prevot-Saint-Cyr c. Gauthier de la Villandraye.

3535. — 2° *Forme et mode de la déclaration.* — La déclaration de command doit, ainsi qu'on l'a vu (n° 3508), être faite par acte public. — L. 22 frim. an VII, art. 68, § 1er.

3536. — Cependant, comme un acte sous seing-privé, lorsqu'il est déposé dans l'étude d'un notaire par les parties qui en reconnaissent l'écriture, s'identifie avec l'acte dressé pour le dépôt, ne forme plus qu'un seul et même acte avec lui, et acquiert l'authenticité de l'acte public, il s'ensuit que, quand une déclaration de command faite sous seing-privé a été enregistrée dans les vingt-quatre heures du contrat (ou quarante-huit heures en cas de jour férié), et ensuite déposée pour minute chez un notaire qui n'a fait enregistrer l'acte de dépôt que quelques jours après, une telle déclaration doit être réputée faite par acte public, ne donnant par conséquent ouverture qu'à un simple droit fixe. — *Cass.*, 7 nov. 1843 (t. 2 1843, p. 811), Greffulhe.

3537. — La déclaration ne doit contenir autre chose qu'une subrogation du command aux droits de l'adjudicataire; mais elle comporte toute stipulation, novation ou modification qui n'est pas incompatible avec l'existence de la subrogation.

Championnière et Rigaud, t. 3, n° 1953 et suiv., 1976 et suiv.

3538. — Ce n'est qu'autant qu'une déclaration de command est la simple et nue exécution d'un mandat, qu'elle est exempte du droit proportionnel. Dès-lors, si la déclaration de command n'est pas faite aux mêmes conditions que l'acquisition, elle doit être considérée comme une revente, et donne lieu par conséquent au droit proportionnel. — *Cass.*, 31 janv. 1814, Murignieux. — Déc. min. fin. 15 mars 1808; instr. 386, n° 14, et 1200, § 3.

3539. — Tel est le cas où les termes de paiement sont différens. — *Cass.*, 31 janv. 1814, Murignieux.

3540. — Tel est le cas encore où l'acquéreur, en passant déclaration de command, accorde à ses cessionnaires des conditions différentes de celles qui avaient fait l'objet de l'acte de vente. — *Agen*, 22 mai 1832, Ribes.

3541. — ... Ou bien lorsque la déclaration de command contient un prix plus élevé que celui de l'adjudication. — *Cass.*, 18 fév. 1839 (t. 1er 1839, p. 301), Rohard.

3542. — Des présomptions ne suffisent pas pour prouver l'erreur que les parties disent avoir existé dans l'énonciation des sommes; ces parties doivent en justifier légalement. — Même arrêt.

3543. — Il y a encore revente, quand l'acquéreur se réserve la faculté de reprendre, dans un délai fixé, la propriété et la jouissance des immeubles vendus, moyennant le remboursement du prix et des frais payés par le command. — Déc. min. fin. 30 mai 1826.

3544. — Mais la déclaration de command ne peut être considérée comme une revente, lorsqu'elle a pour objet de diviser les immeubles adjugés et le prix de l'adjudication entre l'adjudicataire et ses commands. — *Cass.*, 19 (et non 11) août 1835, Viénot.

3545. — Jugé de même à l'égard de la déclaration de command qui divise le domaine vendu entre l'adjudicataire et le command, de manière à le dénaturer, attribuant à l'un le sol nu et à l'autre les bâtimens, sous la condition de les démolir, et les bois, sous la condition de les couper. — *Cass.*, 26 nov. 1834, Petit d'Authieulle.

3546. — De même encore, un immeuble peut, par suite d'une déclaration de command, être divisé entre deux personnes, de telle sorte que l'une ait le droit d'extraire les matières propres à la fabrication de la porcelaine, et que l'autre ait le surplus de la propriété en fonds et superficie. — Délib. 15 mars 1844.

3547. — Cependant, décidé que lorsqu'un acquéreur de futaies déclare se réserver la superficie des bois, et ne nomme de command que pour le surplus, non seulement l'effet de la mobilisation des immeubles par nature ne remonte pas au contrat de vente de manière à réduire à 2 % le droit sur les biens ainsi mobilisés, mais qu'une pareille déclaration de command opère le droit de revente. — Délib. 30 déc. 1830; — Roland et Trouillet, *Dict. d'enreg.*, v° Command (*Décl. de*), n° 7.

3548. — Lorsque l'adjudicataire d'immeubles répartit entre les commands, soit les biens adjugés, soit le prix fixé en masse lors de l'adjudication, sans aucun changement, ni dans le prix, ni dans les conditions de la vente, il y a présomption que sa déclaration est conforme au mandat qu'il avait reçu, et on ne peut dire qu'il y ait là une revente. — *Cass.*, 13 avr. 1815 (et non 1817), Canneille.

3549. — Il n'y a pas lieu de percevoir le droit de revente sur la déclaration par laquelle un adjudicataire divise entre plusieurs commands les biens qui lui ont été vendus en un seul lot, sans faire supporter par chacun de ses commands, proportionnellement à la valeur de son lot, l'augmentation que l'adjudication définitive et en bloc a subie sur des adjudications partielles et provisoires. — Délib. 5 mai 1821; — Roland et Trouillet, ibid., § 9, n° 11.

3550. — L'acquéreur qui a déclaré acheter divers immeubles, tant pour lui que pour ses commands à élire, peut, sans qu'il y ait lieu à un droit proportionnel de revente, conserver certaines parties, et attribuer divisément le surplus à plusieurs particuliers, si d'ailleurs il n'apporte aucun changement au prix et aux conditions de la vente. — Délib. 10 oct. 1828.

3551. — Peu importe que le prix fixé dans la déclaration soit supérieur à celui qui serait résulté de la répartition au marc le franc de l'augmentation que les enchères ont apportée sur la mise à prix. — Roland et Trouillet, ibid., § 9, n° 13.

3552. — Lorsque l'acquéreur d'un immeuble passe déclaration de command, avec réserve d'usufruit en sa faveur, le droit de revente n'est pas dû si la déclaration ne change pas les conditions de la vente, dont elle n'est que le complément. Le command élu est censé tenir la nu-propriété du premier contrat. — Délib. 6 févr. 1827; — Roland et Trouillet, ibid., § 9, n° 6.

3553. — Dans le cas où le prix d'une adjudication est compensé avec pareille somme due par l'adjudicataire et que celui-ci en passe déclaration de command au profit d'un tiers qui prend terme pour payer, on ne doit pas induire de cette stipulation qu'il y ait eu revente; c'est là un simple prêt fait au mandant, qui ne donne ouverture qu'au droit de 1 %. — Délib. 15 déc. 1826; — Roland et Trouillet, ibid., § 9, n° 4. — *Contrà* délib. 17 mars 1821.

3554. — Ne peut être considérée comme une charge susceptible de la perception du droit de mutation, l'obligation imposée au déclarataire d'acquitter les frais du contrat d'acquisition, car le droit proportionnel qui résulte de la déclaration de command ne doit être assis que sur ce qui a formé le prix du contrat qui l'a précédée. — Délib. 28 avr. 1826; — Roland et Trouillet, ibid., § 5, n° 2.

3555. — Lorsque l'acquéreur d'un bien que son débiteur vend pour se libérer envers lui, nomme, en vertu d'une réserve expresse dans l'acte d'acquisition, un command qui lui rembourse le montant de sa créance, et qu'un tiers se porte caution pour la validité du paiement, il est dû le droit de revente indépendamment de celui de cautionnement. — Délib. 26 mars 1819; — Roland et Trouillet, ibid., § 9, n° 8.

3556. — La déclaration de command doit être faite par acte public. Faite sous seing-privé, elle ne peut jouir de la faveur du droit fixe, bien que passée avec les conditions voulues et notifiée en temps utile. Cette disposition a pour objet de prévenir les antidates, changemens ou additions. — Décis. min. fin. 15 mars 1808; délib. 26 avr. 1826; — Roland et Trouillet, § 5, n°s 1er et 2. — MM. Championnière et Rigaud (*Tr. des dr. d'enreg.*, t. 3, n° 1982) pensent que par cela seul que la déclaration a été faite sous seing-privé, le droit proportionnel n'est pas dû.

3557. — La déclaration peut être faite en vertu d'un pouvoir donné sous seing-privé; mais elle est passible du droit proportionnel si elle n'est point passée en forme authentique dans les vingt-quatre heures du contrat, notifiée ou enregistrée. — Solut. 20 avr. 1821; — Roland et Trouillet, ibid., § 5, n° 4.

3558. — Toutefois, les dispositions spéciales de la loi du 22 frim. an VII restant étrangères au droit commun, la déclaration peut, en matière civile, être faite sous seing-privé, dans les délais fixés par le contrat; et le vendeur ni les tiers ne pourraient exciper de ce que cette déclaration n'aurait pas été signifiée à la régie. — Championnière et Rigaud, t. 3, n°s 1977 et 1979.

3559. — La quittance du prix de vente insérée dans une déclaration de command régulièrement faite, ne donne point lieu à un droit particulier, parce qu'alors le paiement du prix est censé fait par l'acte de vente même, avec lequel la déclaration de command s'identifie pour ne former qu'un seul et même contrat. — Déc. min. fin. 15 mars 1808; Instr. 386, n° 15.

3560. — 3° *Notification dans les vingt-quatre heures.* — La déclaration n'ayant d'existence, aux yeux de la régie, que par sa notification, doit être nécessairement notifiée dans les vingt-quatre heures. — Championnière et Rigaud, t. 3, n° 1985.

3561. — La notification doit être faite au receveur, nonobstant tout usage contraire. — *Orléans*, 12 juin 1833, Ernoult et Bidault c. Texier.

3562. — Elle doit être faite à la régie et non à l'ami élu. — *Cass.*, 3 thermid. an IX, Troncq et Dème.

3563. — La loi n'a pas déterminé de mode particulier pour la notification ; elle n'exige qu'une connaissance acquise à la régie pourvu qu'elle soit certaine. — Championnière et Rigaud, t. 3, no 1986.

3564. — Ainsi, jugé que la formalité de la notification consiste à dénoncer purement et simplement au receveur que la déclaration de command a été faite conformément à la loi. — Cass., 15 oct. 1806, Philippin.

3565. — La notification ne peut être suppléée par le dépôt de la déclaration au bureau du receveur, si ce dépôt n'a pas été accompagné du paiement des droits dus, puisque, par ce défaut de paiement, la formalité n'a pu être donnée à l'acte, ni assurer la fixité de sa date. — Cass., 15 nov. 1813, Villonck.

3566. — Si, au lieu de faire la notification, un notaire s'est contenté de déposer la déclaration au bureau de l'enregistrement, et qu'elle n'ait été enregistrée qu'après le délai de vingt-quatre heures déterminé par le même article, il ne peut être admis à prouver par témoins, ou au moyen de simples présomptions, alors d'ailleurs qu'il n'existe aucun commencement de preuve par écrit, que le dépôt a eu lieu dans les vingt-quatre heures, et que c'est par la négligence du receveur que l'enregistrement n'a pas eu lieu en temps utile. — Orléans, 12 juin 1833, Ernoult et Bidault c. Texier ; Cass., 23 déc. 1835, Bidault c. Texier et Ernoult.

3567. — Lorsqu'un procès-verbal d'adjudication et la déclaration de command ont été présentés au receveur, dans les vingt-quatre heures, avec la consignation des droits, et que, par suite de son omission de les enregistrer dans le délai, il y a lieu d'exiger le droit proportionnel de revente, le receveur peut être condamné à garantir l'acquéreur, encore bien que la notification de la déclaration de command ne lui ait pas été faite. — Cass., 31 mai 1825, Laplanche c. Avezon.

3568. — L'enregistrement dans les vingt-quatre heures d'une déclaration de command faite par acte sous seing-privé, et ensuite déposée pour minute à un notaire, équivaut pour la régie à notification dans les vingt-quatre heures. — Cass., 7 nov. 1843 (t. 2 1843, p. 811), Greffulhe.

3569. — Toutefois, les registres du receveur constatant qu'une déclaration de command a été enregistrée moyennant le droit fixe, ne peuvent être considérés comme contenant un commencement de preuve par écrit que l'acte a été réellement présenté à l'enregistrement dans le délai de vingt-quatre heures du jour de l'adjudication. — Du moins, l'arrêt qui le décide ainsi n'encourt point la censure de la cour de Cassation. — Cass., 23 déc. 1835, Bidault c. Texier et Ernoult.

3570. — Le pouvoir d'accepter une déclaration de command n'équivaut pas à la déclaration elle-même ; en conséquence, l'enregistrement du pouvoir dans les vingt-quatre heures n'affranchit pas du droit proportionnel l'élection tardive. — Délib. 19 juin 1832.

3571. — Mais la procuration donnée par l'acquéreur pour faire une déclaration de command au profit d'une personne désignée équivaut à cette déclaration même ; dès lors, elle doit être notifiée dans les vingt-quatre heures. — Délib. 21 nov. 1814 ; — Dict. des dr. d'enreg., vo Déclaration d'adjudication, no 67.

3572. — Le visa par le receveur du répertoire du notaire où est inscrite la déclaration de command ne peut tenir lieu de la notification dans le délai prescrit ; la déclaration doit ou être notifiée au receveur dans les vingt-quatre heures par acte d'huissier (instr. 9 mai 1834, 1631), ou être enregistrée réellement dans le même délai. — Délib. 29 janv. 1836, appr. le 18 avr.

3573. — En conséquence, les receveurs doivent refuser d'apposer leur visa sur le répertoire qu'on leur présenterait à l'effet de valoir notification d'une déclaration de command qui y serait inscrite. — Délib. 17 nov. 1837.

3574. — La présence du receveur à l'acte de déclaration de command n'équivaut pas à la notification. — Dict. d'enreg., vo Déclaration d'adjudication, no 63.

3575. — La déclaration faite dans l'acte de vente est dispensée de la notification, car cette notification n'avait aucun objet. — Délib. 26 juin 1816 et 5 mai 1821.

3576. — La notification par huissier est indispensable quand, la déclaration de command étant présentée dans les vingt-quatre heures, le bureau se trouve légalement fermé, aux termes de l'art. 11, tit. 2, L. 27 mai 1791, et de l'art. 14 des ordres généraux de régie. — Décis. min. fin. 15 janv. 1834 ; instr. 1458, § 5.

3577. — La déclaration de command, bien que faite dans les vingt-quatre heures de l'adjudication, est néanmoins passible du droit proportionnel, si elle n'a pas été notifiée dans le même délai au receveur. — Cass., 3 vent. an XI, Joudrier ; 13 (et non 10) janv. 1806, Fessard.

3578. — Le délai de vingt-quatre heures commence à courir du jour de l'acte d'acquisition, et non de l'expiration du délai fixé pour l'enregistrement de la déclaration. — Cass., 19 germin. an XII, Carré.

3579. — Jugé également que la déclaration doit être faite dans les vingt-quatre heures du jugement d'adjudication, et non pas dans les vingt-quatre heures de la signification de ce même jugement. — Cass., 20 (et non 3 ni 22) nov. 1812, Galletti et Bernardi.

3580. — Le délai étant de vingt-quatre heures, et non d'un jour, si la vente est datée *avant midi*, la déclaration doit être faite et notifiée le lendemain *avant midi*. — Championnière et Rigaud, t. 3, no 1991.

3581. — Une déclaration de command doit être enregistrée au droit fixe, alors même qu'elle a été présentée après l'heure de la clôture du bureau, si elle l'a été dans les vingt-quatre heures de sa date. — Délib. 2 août 1833.

3582. — Les actes faits avec réserve de nommer command peuvent être enregistrés avant la notification de ce command dans les vingt-quatre heures à la régie. — Cass., 31 mai 1825, Laplanche c. Avezon. — V. aussi *infrà* nos 1256 et 1287.

3583. — Lorsque le lendemain d'une adjudication est un jour férié, on peut valablement faire le surlendemain, non seulement la notification de la déclaration de command au receveur de l'enregistrement, mais encore l'acte de déclaration de command lui-même. — Cass. belge, 12 fév. 1833, Deschamps; Cass, 15 nov. 1837 (t. 2 1837, p. 436), Cuissard et Hamon ; 13 mars 1838 (t. 2 1843, p. 724), Rayot.

3584. — Jugé également qu'une déclaration de command ne donne pas lieu à un double droit de mutation, lorsque ayant été faite le samedi elle n'a été notifiée à la régie que le lundi. — Cass. belge, 21 fév. 1833, N... — Solut. 10 mai 1832.

3585. — C'est la déclaration qui doit être faite et notifiée dans les vingt-quatre heures ; l'acceptation par le command peut avoir lieu ultérieurement et ne doit pas être notifiée à la régie. Si cette acceptation est constatée par le procès-verbal d'adjudication, elle n'est passible d'aucun droit particulier. — Décis. min. just. 21 mai 1828 ; instr. 24 juill. 1828, 1251, § 1er. — Championnière et Rigaud, t. 3, no 1989.

§ 3. — *Déclaration de command à la suite de ventes judiciaires.*

3586. — Les conditions sous l'exécution desquelles les déclarations de command ne donnent lieu qu'au droit fixe sont également applicables en matière de ventes judiciaires ; sauf en ce qui concerne la mention de la réserve et le cas où l'adjudication est faite au profit des avoués.

3587. — La disposition de la loi qui veut que la faculté d'élire un command ait été réservée dans l'acte n'est point applicable aux déclarations de command sur adjudication par expropriation forcée. — Décis. min. fin. 18 pluv. an X; instr. 290, no 17.

3588. — Les déclarations de command faites par les avoués qui se sont rendus adjudicataires d'immeubles vendus devant un notaire commis par le tribunal ne donnent lieu qu'à un droit fixe, quoiqu'elles n'aient pas été réservées dans l'adjudication. — Cass., 26 fév. 1827, Boucher et Bailleul ; — instr. 30 juin 1827, 1210, § 11.

3589. — Avant le Code de procéd., il y avait nécessité pour les avoués adjudicataires, comme pour tous les autres, de notifier la déclaration de command à la régie de l'enregistrement, dans les vingt-quatre heures de l'adjudication. — *Cass.*, 6 déc. 1808, Rollin.

3590. — L'art. 709, C. procéd., porte : « l'avoué dernier enchérisseur sera tenu dans les trois jours de l'adjudication de déclarer l'adjudicataire et de fournir son acceptation ; sinon de représenter son pouvoir, lequel demeurera annexé à la minute de sa déclaration ; faute de ce faire, il sera réputé adjudicataire en son nom. » — On ne compte pas le jour de l'adjudication, mais la déclaration doit être faite dans l'un des trois jours qui suivent. — Carré, *Lois de la procéd.*, n° 2368 ; Pigeau, *Procéd.*, t. 2, p. 144.

3591. — On avait d'abord pensé que la notification dans le même délai de trois jours était une condition nécessaire, résultant implicitement de la règle générale. — Décis. min. fin. 31 déc. 1808 et 10 janv. 1809 ; décis. min. just. et fin. 13 juin 1809 ; instr. 420, n° 2.

3592. — Mais jugé que les avoués qui se sont rendus derniers enchérisseurs dans les ventes faites en justice, ne peuvent être considérés comme propriétaires, pendant les trois jours qui suivent l'adjudication. La déclaration qu'ils font dans ce délai ne peut être considérée comme une déclaration de command qui doive être notifiée à la régie de l'enregistrement dans les vingt-quatre heures, sous peine de payer un second droit proportionnel. — *Cass.*, 3 sept. 1810, Bataille et Valot ; 3 sept. 1810, Sustrac ; 9 avr. (et non août) 1811, Durand ; 14 août 1811, Picarel ; 20 août 1811, Audebaud.

3593. — De même, l'avoué qui se rend adjudicataire d'un immeuble vendu à la barre du tribunal ne forme qu'une même personne juridique avec l'individu pour lequel il a agi. En conséquence, la déclaration, insérée dans le jugement, que l'adjudication est faite à l'avoué enchérisseur, pour lui ou la personne qu'il désignera, suffit pour que cette dernière ait elle même le droit de faire une déclaration de command. — *Cass.*, 24 avr. 1811, Chastenay.

3594. — De même encore, l'avoué qui se rend adjudicataire d'immeubles vendus par expropriation forcée, n'a pas besoin de se réserver dans le procès verbal d'adjudication la faculté d'élire un command, cette faculté lui appartenant de droit en vertu de l'art. 709, C. procéd. Dès lors, s'il est dit dans le jugement que l'adjudication est faite au profit de l'avoué enchérisseur pour lui ou la personne qu'il désignera, la réserve d'élire command existe au profit de la personne désignée, et celle-ci peut l'exercer au profit d'un tiers, sans que cette déclaration puisse être considérée comme revente, et passible en conséquence du droit proportionnel. — *Cass.*, 23 avr. 1816, Glénard.

3595. — Aucune loi ne défendant à un avoué de se charger d'enchérir pour différens particuliers, dans une vente judiciaire et forcée qui se fait d'un immeuble en bloc, celui qui reste dernier enchérisseur, bien loin de déroger à son mandat, en remplit les obligations, lorsqu'il fait, dans les délais, la déclaration de la portion des droits de chacun de ses commettans dans la chose et dans le prix ; comme il n'en résulte aucun changement dans les conditions de la vente, il n'y a pas lieu à un nouveau droit de mutation, surtout si la régie ne prouve pas la fraude qu'elle allègue. — *Cass.*, 30 août 1814, Harle ; 8 nov. 1815, Lamarque.

3596. — Le délai de trois jours, pendant lequel les avoués qui se sont rendus derniers enchérisseurs, ont la faculté de déclarer command, ne peut être augmenté sous prétexte que les deux derniers jours de ce délai étaient des jours fériés. — *Cass.*, 1er déc. 1830, Violle. — V. *contrà* délib. 10 mai 1832.

3597. — En cas d'urgence, un avoué peut se faire autoriser par le juge à déclarer adjudicataire un jour de fête légale. — *Cass.*, 1er déc. 1830, Violle.

3598. — Lorsque l'avoué dernier enchérisseur n'a déclaré la personne pour laquelle il a enchéri que le troisième jour de l'adjudication, l'adjudicataire conserve encore la faculté de déclarer son command dans les vingt-quatre heures qui suivent. — *Cass.*, 25 janv. 1823, Catonnet ; — délib. 5 juill. 1820.

3599. — L'obligation de notifier dans les vingt-quatre heures à la régie toute déclaration de command s'applique aux déclarations faites par suite d'une adjudication sur expropriation forcée. — *Cass.*, 15 oct. 1806, Philippin.

3600. — La notification de la déclaration de command doit être faite à la régie, non seulement lorsque la déclaration est reçue par un notaire, mais encore lorsqu'elle est faite au greffe du tribunal. — *Cass.*, 18 nov. 1806, Estaque.

3601. — Si, sur une poursuite en expropriation, l'avoué dernier enchérisseur a, dans les trois jours du jugement d'adjudication, déclaré un adjudicataire, lequel a fait en faveur de la partie expropriée une déclaration de command qui, bien que signée dans le délai, n'a été notifiée à la régie que quelques jours après, cette déclaration, tardive quant à la régie, doit être considérée comme une revente et donne ouverture à un droit de mutation. — *Cass.*, 29 nov. 1837 (t. 2 1837, p. 563), Mourgues.

3602. — Si l'individu désigné par l'avoué comme adjudicataire refuse, l'avoué ne peut plus, quoique dans les délais, en nommer un second. — Délib. 2 déc. 1814. — V. *contrà* par le motif que la loi n'impose d'autre condition qu'une déclaration signifiée dans les délais. — Championnière et Rigaud, t. 3, n° 2000.

3603. — La déclaration faite par l'avoué conformément à l'art. 709, C. procéd., n'étant pas une déclaration de command, n'est passible que du droit fixe de 1 fr., outre le droit de greffe de rédaction quand elle est faite en dehors de l'adjudication. — Solut. 3 nov. 1830.

3604. — Si cette déclaration est constatée par le procès-verbal même de l'adjudication, elle n'est passible d'aucun droit particulier. — Solut. 30 nov. 1831.

3605. — On avait d'abord décidé que les règles qui précèdent n'étaient point applicables aux déclarations par des avoués sur ventes devant notaires (Décis. min. fin. 5 avr. 1808 ; instr. 386, n° 17) ; et cela sans distinguer entre les ventes faites devant les notaires commis par le tribunal et les autres ventes volontaires.

3606. — Mais jugé que les avoués ont trois jours pour déclarer l'adjudicataire au nom duquel ils ont acquis des immeubles, par adjudication faite devant un notaire commis par le tribunal, car une pareille adjudication a le caractère de vente judiciaire. — *Cass.*, 26 fév. 1827, Boucher et Bailleul ; — instr. 30 juin 1827, 1210, § 11.

3607. — Il n'en est plus de même quand il s'agit d'adjudications volontaires faites devant notaires. Dans ce cas, l'avoué enchérisseur qui s'est réservé d'élire un command doit faire sa déclaration dans les vingt-quatre heures. — *Cass.*, 13 mars 1838 (t. 2 1843, p. 724), Rayot.

3608. — Toutefois, l'élection de command faite par un particulier adjudicataire en vertu de la réserve insérée au cahier des charges doit être notifiée ou enregistrée dans les vingt-quatre heures de l'adjudication, alors même qu'elle aurait lieu devant un notaire commis par un tribunal. — Délib. 9 mars 1838.

§ 4. — *Déclarations de command sur les adjudications de biens de l'état ou des communes.*

3609. — Les adjudicataires des domaines de l'état peuvent, dans les trois jours de l'adjudication, faire des déclarations de command, sans qu'il y ait lieu à un droit d'enregistrement autre que celui qu'aurait payé l'adjudicataire. — L. 26 vendém. an VII, art. 11 ; circ. 24 brum. an VII, 1417 *bis* ; instr. 386, n° 16.

3610. — Toutefois, les adjudicataires ne sont pas pour cela dispensés de faire à la régie la notification de la déclaration. — A défaut de notification, la déclaration de command donne lieu au droit proportionnel. — *Cass.*, 23 nov. 1811, Pérignon.

3611. — Cette notification doit également être faite dans le délai de trois jours, au lieu de celui de vingt-quatre heures pour les ventes ordinaires. — Décis. min. fin. 3 janv. et 26 avr. 1808 ; instr. 386, n° 16.

3612. — La notification ne peut être suppléée par la circonstance que la déclaration aurait été faite au secrétariat de la préfecture, parce que l'homme du gouvernement n'est pas l'agent du fisc. — *Cass.*, 25 nov. 1811, Pérignon.

3613. — En matière d'adjudication de biens de l'état, la faculté d'élire command ne peut être exercée qu'au profit d'un seul individu. — Avis cons. d'état 24 déc. 1808, appr. le 30 janv. 1809; instr. 422.

3614. — Cependant si l'autorité administrative a admis une déclaration de command au profit de plusieurs, elle est censée avoir renoncé à l'application de la disposition précédente, et la déclaration n'est passible que du droit fixe. — Délib. 29 avr. 1831.

3615. — L'adjudicataire d'un bois de l'état qui s'est réservé la faculté d'élire command pour chaque lot peut en élire deux pour un seul lot en donnant la superficie à l'un et le sol à l'autre — L'exigibilité du droit de vente sur la déclaration pour l'un des lots ne rend pas ce droit exigible pour un autre lot. — *Cass.*, 18 fév. 1839 (t. 1er 1839, p. 299), de Chandennier et Gavelle.

3616. — Les déclarations de command des adjudicataires des bois de l'état vendus en exécution de la loi du 25 mars 1831 ne sont passibles que d'un droit fixe quand la faculté d'élire command a été réservée dans l'acte de vente, que la déclaration a été passée au secrétariat de la préfecture ou de la sous-préfecture, dans les trois jours de l'adjudication, et qu'elle a été notifiée au receveur dans le même délai. — Déc. min. fin. 27 mars 1831; instr 1361.

3617. — Quant aux déclarations de command par suite d'adjudication des communes, elles sont assujéties aux règles générales déterminées par la loi de frimaire. — Déc. min. fin. 27 déc. 1831 et 7 janv. 1832.

3618. — Ainsi, la déclaration de command sur une adjudication d'un immeuble communal vendu devant l'autorité administrative aux enchères publiques est passible du droit proportionnel, si elle n'a pas été faite dans les vingt-quatre heures et dans la forme prescrite. — Délib. 6 et 23 déc. 1831.

3619. — Il n'y a lieu de percevoir que le droit fixe sur la déclaration de command en vertu de la faculté réservée dans un acte d'adjudication devant un maire, lorsqu'elle a été faite et notifiée au receveur dans les vingt-quatre heures de l'acte extra-judiciaire donnant connaissance à l'adjudicataire de l'approbation du préfet, quelle que soit la date de cette approbation. — Délib. 13 fév. 1838.

ART. 3. — *Contre-lettres.*

3620. — Toute contre-lettre faite sous signature privée, qui a pour objet une augmentation du prix stipulé dans un acte sous signature privée, précédemment enregistré, est nulle et de nul effet. — Néanmoins, lorsque l'existence en est constatée, il y a lieu d'exiger, à titre d'amende, une somme triple du droit qui aurait eu lieu sur les sommes et valeurs ainsi stipulées. — L. 22 frim. an VII, art. 40.

3621. — Les principes en matière de contre-lettre sont exposés sous ce mot (V. RÉP. PAL, vo CONTRE-LETTRE). On y examine la question de savoir si la loi du 22 frim. an VII a été abrogée par l'article 1321, C. civ. — Nous ne parlerons ici que des décisions rendues en matière d'enregistrement.

3622. — Un acte séparé, par lequel on renonce à une créance en faveur d'un traité qu'on vient de faire, ne peut être considéré comme contre-lettre dans le sens de l'art. 40, L. 22 frim. an VII. — *Cass.*, 30 oct. (et non août ou nov. 1809), Benard.

3623. — La contre-lettre par laquelle l'acquéreur d'un immeuble en vertu d'un acte authentique s'oblige de céder ce même immeuble à locataire perpétuelle au vendeur, à une époque fixée, et si celui ci y consent, ne donne point lieu au droit proportionnel lorsque le vendeur refuse de s'en prévaloir. — *Cass*, 1er juill. 1807, Faissal.

3624. — Ne saurait être considéré comme contre-lettre l'acte par lequel l'acquéreur d'un immeuble, sous faculté de réméré, reconnaissant que le prix de vente est inférieur à la valeur vé-

nale des biens, s'oblige de payer un supplément de prix, surtout si cet acte est présenté volontairement à la formalité. Dans ce cas, le double droit n'est pas exigible, si l'acte est soumis à l'enregistrement dans les trois mois. — Délib. 24 août 1830.

3625. — La contre-lettre sous seing-privé qui augmente le prix d'une vente n'est pas sujette au triple droit, mais seulement au droit simple, si, étant passée le même jour que la vente, elle est soumise à l'enregistrement en même temps que celle-ci, attendu que l'art. 40, L. 22 frim., n'atteint que la contre-lettre souscrite *postérieurement* à l'enregistrement de l'acte primitif. — Délib. 11 juin 1833.

3626. — Il y a présomption de rétrocession donnant ouverture au droit proportionnel lorsque, postérieurement à la vente d'un immeuble faite par acte notarié, il est déclaré dans une contre-lettre que la vente n'a été que feinte et simulée et alors surtout que le précédent vendeur afferme ou hypothèque l'immeuble vendu. — *Cass.*, 14 vent. an XIII, Gay et Blachier; 7 août 1807, Gay et Blachier.

3627. — Lors même que la contre-lettre serait nulle, la rétrocession ne serait pas moins censée conserver tout son effet vis-à-vis de celui qui annoncerait la prétention de s'en servir en la présentant lui-même à l'enregistrement. — *Cass.*, 7 août 1807, Gay et Blachier.

3628. — Une contre-lettre sous seing-privé par laquelle les parties déclarent qu'un acte de vente authentique passé entre elles n'était pas sérieux et ne devait point recevoir d'exécution doit être considérée comme une véritable rétrocession, qui, faute d'avoir été faite dans les vingt-quatre heures, donne ouverture au droit proportionnel. — *Cass.*, 25 oct. 1808, Treil.

3629. — Lorsqu'un contrat de vente d'immeubles porte quittance du prix, une contre-lettre, avec ou sans date certaine, qui porte que le prix est encore réellement dû et un jugement qui déclare la vente nulle faute de paiement ne peuvent être opposés à des tiers. — Dès-lors la résolution de la vente prononcée par ce jugement peut être considérée par la régie comme une rétrocession déguisée assujétie au droit proportionnel. — *Cass.*, 11 (et non 6) juill. 1814, Dubo.

3630. — Dans les contre-lettres qui ont pour objet de contredire l'existence d'un paiement, la régie n'a rien à prouver, puisqu'il s'agit de l'inexécution des conditions; elle sera donc toujours fondée à méconnaître la déclaration des parties, à moins qu'un jugement contradictoire ne la tienne pour vraie. Mais si la contre-lettre a pour objet de déclarer qu'un contrat n'a pas été sérieux, la cause exprimée et la cause supposée réelle consistent également dans la volonté des parties; ni l'une ni l'autre ne sont des objets extérieurs à l'acte. La régie doit alors prouver. — Championnière et Rigaud, t. 1er, nos 501 et 674.

3631. — Un vendeur qui aurait imprudemment reconnu dans l'acte de vente avoir reçu le prix comptant, tandis qu'une contre-lettre porterait le contraire, ne pourrait plus, faute de paiement, faire résoudre le contrat qu'à la charge de payer à la régie de nouveaux droits de mutation comme s'il y avait eu revente. — Toullier, t. 8, no 182; Plasman, *ibid.*, p. 45 et 68; Championnère et Rigaud, t. 1er, nos 501 et 671; Duranton, t. 13, no 105.

3632. — L'annulation, prononcée par jugement, d'une contre-lettre ayant pour objet une augmentation de prix ne dispense pas d'acquitter les droits qu'on a voulu frauder et ceux en sus pour la peine encourue conformément à l'art. 40, L. 22 frim. an VII. — *Cass.*, 12 (et non 13) nov. 1811, Rigordy.

3633. — Il n'y a lieu de percevoir le double droit sur l'augmentation du prix de vente d'immeubles fixée par un acte postérieur qu'autant que la plus-value a été découverte par l'administration et constatée par une expertise demandée dans l'année. Dès-lors l'art. 5 de la loi du 27 vent. an IX n'est point applicable lorsque l'acquéreur, reconnaissant une lésion au préjudice du vendeur, la répare au moyen d'un supplément de prix. — Solut. 25 janv. 1833.

3634. — Mais le droit simple est exigible sur ce

supplément de prix. — Délib. 4 mai 1833. — *Contrà* délib. 25 oct. 1826 — Toutefois dans ce dernier système il y avait lieu de percevoir le droit d'obligation sur la somme que l'acheteur reconnaît devoir comme complément.

3635. — Les héritiers des auteurs d'une contre-lettre en matière de vente d'immeubles ne doivent pas payer l'amende prononcée par l'art. 40, L. 22 frim. Ils sont seulement obligés d'acquitter le simple droit sur le montant simulé du prix. — Délib. 21 fév. 1827.

3636. — Le triple droit auquel donne ouverture toute contre-lettre sous seing privé qui ajoute au prix stipulé dans un acte authentique ou sous signature privée et enregistré peut être exigé même du tiers-porteur qui présente l'acte à la formalité de l'enregistrement, sauf le recours de ce porteur contre les auteurs de la contre-lettre. — Plus spécialement, si le tiers porteur n'a été soumis lors de l'enregistrement de la contre-lettre qu'au paiement du simple droit proportionnel, il peut ultérieurement être poursuivi par la régie pour le complément du triple droit, sauf son recours. — *Cass.*, 23 fév. 1836, Salomon. — *Contrà* Championnière et Rigaud, t. 3, n° 3852.

Sect. 9°. — *Ventes mobilières.*

3637. — Sont passibles du droit de 2 fr. pour 100 fr. : les adjudications, ventes, reventes, cessions, rétrocessions, marchés, traités et tous autres actes, soit civils soit judiciaires, translatifs de propriété à titre onéreux, de meubles, récoltes de l'année sur pied, coupes de bois taillis et de hautes futaies et autres objets mobiliers généralement quelconques, même les ventes de biens de cette nature faites par l'état. — L. 22 frim. an VII, art. 69, § 5, n° 1er.

3638. — Les adjudications à la folle-enchère de biens meubles sont assujéties au même droit, mais seulement sur ce qui excède le prix de la précédente adjudication, si le droit en a été acquitté. — L. 22 frim. an VII, art. 69, § 5, n° 1er.

3639. — Ce droit de 2 fr. p. 100 fr. a subi des réductions ou même a été remplacé par un simple droit fixe dans différens cas particuliers, ainsi qu'on le verra dans le paragraphe suivant.

§ 1er. — *Ventes mobilières en général.*

3640. — L'existence d'un acte de vente mobilière ne donne pas plus que celle d'une vente verbale ouverture au droit lorsque cet acte n'est pas soumis à la formalité de l'enregistrement. — Délib. 19 fév. 1828 ; — Championnière et Rigaud, *Tr. des dr. d'enregistr.*, t. 3, n° 1829.

3641. — Une reconnaissance dé laquelle il résulte que, plusieurs années auparavant, il a existé une vente d'objets mobiliers, ne donne pas lieu au droit proportionnel, lorsque cette reconnaissance est étrangère au vendeur, qu'elle n'est qu'un précompte entre les acquéreurs associés, et que l'acte de vente n'est ni produit en justice, ni relaté dans aucun acte public. — *Cass.*, 8 oct. 1810, Vidal.

3642. — Toutes les ventes mobilières au profit du trésor public ou des administrations qui en dépendent, sont passibles des mêmes droits que les ventes dans l'intérêt des particuliers. — Déc. min. fin. 10 août 1826 ; instr. 1204, § 9. — On en peut voir l'application dans plusieurs numéros du présent paragraphe.

3643. — *Achalandage.* — La cession de l'achalandage d'une brasserie est passible du droit de 2 % et non de celui de 1 %. — *Cass.*, 13 juill. 1840 (t. 2 1840, p. 585), Grillon.

3644. — *Actions de société.* — A la différence des cessions d'actions mobilières des sociétés, qui ne donnent lieu qu'au droit de 50 cent. p. 100 fr. quand ces actions sont transmissibles par voie de négociation (L. 22 frim. an VII, art. 69, § 2, n° 6), la cession d'une part d'intérêt dans une société qui ne présente pas les mêmes caractères reste passible du droit de 2 p. %, comme vente mobilière (même art. 69, § 5, n° 1er). — V. la jurisprudence à ce sujet *supra* n°s 2033 et suiv.

3645. — *Bateaux.* — Le droit fixe de 2 fr. dont sont seulement passibles les actes ou procès-verbaux constatant les ventes totales ou partielles de navires (L. 21 avr. 1818, art. 64) a été déclaré applicable aux ventes de bateaux servant à la navigation intérieure des rivières. — Délib. 8 déc. 1829 ; — Roland et Trouillet, *ibid.*, § 1er, n°s 34 et 35.

3646. — Un bateau-lavoir ne sert pas à la navigation ; sa vente est donc passible du droit de 2 p. %. — Délib. 14 juill. 1832. — *Contrà* Roland et Trouillet, par le motif qu'un pareil bateau peut servir à la navigation en le dépouillant de la charpente qui le recouvre. — *Ibid.*, § 1er, n° 36.

3647. — L'obligation causée pour le prix de la vente d'un bateau ne peut être assujétie qu'au droit fixe de 1 fr. — Solut. 18 avr. 1827 ; — Roland et Trouillet, *ibid.*, § 1er, n° 39.

3648. — Quant aux autres décisions communes aux bateaux et aux navires, V. *infrà* n°s 3674 et suiv.

3649. — *Brevet d'invention.* — Les ventes de brevets d'invention sont soumises au droit de 2 %. — Délib. 29 mai 1832 ; instr. 1440, § 4.

3650. — *Chevaux.* — Sont sujettes au droit de 2 % les ventes faites par un secrétaire de préfecture, de chevaux du train d'artillerie et du train des équipages réunis pour être placés chez des cultivateurs ; le dépôt du prix de la vente doit être fait à la caisse de service. — Décis. min. fin. 30 nov. 1814 et 6 fév. 1815 ; — Roland et Trouillet, *ibid.*, § 1er, n° 13.

3651. — *Constructions.* — Les ventes de bâtimens ou de baraques faites à la charge de les démolir donnent lieu au droit de 2 %. — *Dict. des dr. d'enreg.*, v° *Vente de meubles*, chap. 3, n° 168.

3652. — *Contributions indirectes.* — Les ventes de tabacs, faites au commerce par les préposés des contributions indirectes, en vertu d'autorisations ministérielles, ne sont passibles que du droit de 50 p. %. — Instr. 940 ; Roland et Trouillet, *ibid.*, § 1er, n° 27.

3653. — *Coupes de bois.* — Toutes adjudications de coupes de bois communaux, faites par les administrations, sont sujetes au droit d'enregistrement. — *Cass.*, 12 déc. 1808, Roche.

3654. — La vente d'une coupe de bois de sapin dans une forêt située à l'étranger ne donne pas lieu au droit proportionnel, bien que l'acte soit passé en France. — Instr. gén. 24 juin 1836, 1513, § 9. — Par conséquent, le droit proportionnel perçu en pareil cas doit être restitué. — Délib. 17 mars 1835.

3655. — *Douanes.* — Sont sujettes au droit de 2 % les ventes de denrées coloniales faites par l'administration des douanes ; le droit doit être acquitté par l'acquéreur et non pas perçu sur le montant des droits de douane acquittés. — Décis. min. fin. 15 déc. 1812 et 5 janv. 1813 ; — Roland et Trouillet, *ibid.*, § 1er, n° 8.

3656. — *Faillite.* — Les ventes de meubles et marchandises faites conformément à l'art. 492, C. comm. (aujourd'hui art. 486, L. 28 mai 1838), ne sont assujéties qu'au droit proportionnel de 50 c. p. 100 fr. — L. 24 mai 1834, art. 12.

3657. — La réduction est applicable aux ventes aux enchères publiques, comme aux ventes faites à l'amiable. — Instr. 17 nov. 1834, 1471.

3658. — La disposition est également applicable au cas où cette vente est faite par un commissaire priseur ou tout autre officier public. — Délib. 1er août 1835.

3659. — L'acte par lequel le failli s'oblige à céder à ses créanciers ses marchandises est une vente passible du droit proportionnel, selon la nature des choses cédées. — *Dict. des dr. d'enreg.*, v° *Vente de meubles*, n° 83.

3660. — *Fonds de commerce.* — La cession d'un fonds de musique comprenant, outre le mobilier matériel, la propriété des ouvrages et manuscrits et le droit de les graver, est passible de 2 % sur la totalité du prix, les objets cédés étant inséparables. — Décis. min. fin. 19 oct. 1821.

3661. — Lorsque l'adjudication volontaire d'un fonds de commerce a été faite sous la condition qu'elle ne produira son effet et qu'il n'y aura transmission qu'autant que les frais auront été payés dans un délai déterminé, et que l'adjudicataire aura fourni caution, il n'y a pas rétrocession et par conséquent ouverture à un droit de mutation, si l'adjudicataire se désiste du bénéfice du contrat qui lui a été consenti, et si, par suite, le fonds de commerce rentre dans les mains du vendeur. — *Cass.*, 8 juill. 1822, Chapuis.

3662. — Lorsqu'un contrat de mariage contient promesse de vente à une fille par les père et mère d'un fonds de commerce qui leur appartient avec stipulation que la dot de 50,000 fr. qu'ils constituent aux futurs époux restera entre leurs mains comme à-compte du prix, le droit doit être perçu, non sur la somme de 3,000 fr. déclarée par les parties être la valeur de l'objet vendu, mais bien sur la constitution de 50,000 fr. à laquelle cette valeur s'élève réellement, puisqu'elle a été présentée comme un à-compte du prix. — *Cass.*, 26 nov. 1822, Fremard.

3663. — *Fumiers.* — L'adjudication, à la diligence d'un sous-intendant militaire, des fumiers existans dans une caserne de cavalerie, et dont le prix doit tourner au profit de la masse du régiment, est passible de 2 °/₀ sur le prix, indépendamment de 50 c. p. 100 fr. sur le cautionnement fourni par l'adjudicataire. — Décis. min. fin. 10 août 1826 et 7 oct. 1834; instr. 1204, § 9, et 1490, § 1er.

3664. — *Manuscrits.* — La vente d'un manuscrit doit être considérée comme une vente ordinaire, et est passible dès-lors du droit de 2 °/₀. — *J. de l'enreg.*, art. 4341.

3665. — *Marchandises avariées.* — Les procès-verbaux de vente publique ou de destruction de marchandises avariées par suite d'événemens de mer rédigés par les courtiers de commerce et officiers publics, ou les commissaires aux classes de marine, ne sont soumis qu'au droit fixe de 1 fr. — L. 21 avr. 1818, art. 56; décis. min. fin. 2 mars 1821; instr. 830 et 978, n° 3.

3666. — L'exception n'a pas lieu en cas d'avaries par d'autres événemens que ceux de mer, tels qu'un incendie de terre. — Délib. 30 oct. 1829.

3667. — Mais le droit proportionnel est dû sur les marchandises intactes. La perception se fait comme pour celle des droits de douanes, c'est-à-dire par séparation et triage; le droit fixe est perçu pour les marchandises qui, en raison de leur dépréciation, ont obtenu une réduction sur les droits de douane, et le droit proportionnel s'applique aux marchandises pour lesquelles les droits de douane ont été intégralement payés. — Décis. min. fin. 12 juin 1827; instr. 1212, § 1er.

3668. — *Marchandises vendues aux enchères par les courtiers de commerce.* — Le droit de 2 °/₀ a été réduit à 50 c. p. 100 fr. pour les ventes publiques de marchandises qui, conformément au décret du 17 avr. 1812, doivent être faites à la Bourse et aux enchères, par le ministère des courtiers de commerce, d'après l'autorisation du tribunal de commerce. — L. 15 mai 1818, art. 74.

3669. — Il ne doit être perçu que 50 c. p. 100 fr. sur les ventes faites par les courtiers de commerce, quelque modique que soit la valeur des lots, si elle a été fixée par les tribunaux de commerce. — Décis. min. fin. 18 mai 1821; instr. 983; — Roland et Trouillet, *Dict. d'enr.*, v° *Vente de meubles*, § 1er, n° 26.

3670. — Lorsqu'un entrepreneur de services publics cède, du consentement de l'administration, le bénéfice de son marché à un tiers, qu'il subroge dans ses droits et obligations, cette cession est passible du droit proportionnel, comme le marché lui-même; et si elle ne contient point de fixation de prix de la part des parties, le droit doit être perçu sur le prix énoncé dans le marché. — *Cass.*, 13 juill. 1836, Costa.

3671. — La cession, faite conformément au cahier des charges, et avec l'agrément de l'autorité municipale, d'un marché pour fournitures passé avec une ville, n'est pas un marché nouveau, et n'est passible que du droit de cession mobilière sur le prix convenu entre le cédant et le cessionnaire. — *Cass.*, 3 déc. 1839 (t. 1er 1840, p. 27), Costa.

3672. — Lorsqu'un entrepreneur cède à un tiers le bénéfice d'un marché pour fournitures ou travaux, le droit d'enregistrement est dû seulement sur le prix spécialement stipulé pour cette cession; et ce droit est de 2 °/₀, comme cession d'objets mobiliers. — Solut. 22 juin 1841; instr. 1661.

3673. — *Mérinos.* — Les ventes de mérinos et laines provenant des bergeries nationales sont passibles du droit ordinaire. — Décis. min. fin. 27 oct. 1807.

3674. — *Navires.* — Les actes ou procès-verbaux constatant les ventes de navires soit totales ou partielles ne sont passibles que du droit fixe de 1 fr. — L. 21 avr. 1818, art 64; instr. 830.

3675. — Cette perception est applicable non seulement aux ventes de navires par les préposés des douanes dans l'intérêt de l'état, mais encore aux ventes totales ou partielles de navires français ou étrangers, quels que soient leur dénomination et leur tonnage. — Déc. min. fin. 2 mars 1824 et 14 sept. 1825; instr. 1132, § 14, et 1180, § 8.

3676. — Le droit fixe a été également appliqué aux ventes de navires même non avariés. — Décis. min. fin. 25 sept. 1818.

3677. — ... Aux ventes de débris de navires naufragés. — Décis. min. fin. 2 mars 1831; instr. 978.

3678. — ...A l'échange d'un navire contre un bateau. — Délib. 8 mars 1838.

3679. — Mais la loi du 21 avr. 1818 ne parlant point des cautionnemens de ces sortes de ventes, ils restent soumis au droit de 1/2 °/₀ établi par la loi du 22 frim. an VII. — Délib. 7 août 1835.

3680. — La vente de marchandises composant la cargaison, faite en même temps que celle du navire, reste soumise au droit proportionnel, sur le prix distinct stipulé pour ces marchandises. — Décis. min. fin. 6 oct. 1820, et 22 août 1823.

3681. — Décidé cependant que la vente de navires ou bateaux est affranchie du droit proportionnel, encore bien qu'elle comprenne d'autres objets mobiliers. Le droit de 2 °/₀ ne doit pas être perçu sur la totalité du prix, par cela que celui des bateaux n'a pas été particulièrement exprimé. L'art. 9, L. 22 frim., ne concerne que les ventes de meubles et d'immeubles comprises dans un même acte. — Délib. 5 mars 1839.

3682. — *Octrois.* — Sont sujettes au droit de 2 fr. p. 100 fr. les ventes d'objets saisis par les préposés des octrois. — Décis. min. fin. 15 nov. 1808.

3683. — *Offices.* — Il avait d'abord paru que la convention par laquelle un officier public cédait sa clientèle ne contenait la livraison d'aucun objet mobilier ou immobilier, et ne présentait ainsi qu'une obligation de sommes tarifée à 1 fr. p. 100 fr. — Décis. min. fin. 31 mai 1808; instr. 386, n° 10.

3684. — Mais un arrêt de cassation du 16 fév. 1831 ayant reconnu que, depuis la loi du 28 avr. 1816, les offices étaient la propriété des titulaires et faisaient partie de leurs biens, on en a conclu qu'une étude n'étant pas un immeuble se trouvait nécessairement classée sous l'expression d'*effets mobiliers*, ce qui rendait la cession de ces offices passible du droit de 2 °/₀, sauf la partie du prix représentative de la valeur des créances et recouvremens cédés avec l'office. — Avis cons. fin. 8 juin 1831, appr. le 24; instr. 1381, § 1er.

3685. — Toutefois, les cessions d'offices faites avant que la décision ministérielle du 24 juin 1831 fût officiellement connue sont seulement passibles du droit de 1 °. — Délib. 21 fév. 1832.

3686. — Puis est venue la loi du 21 avr. 1832 dont l'art. 34 porte « que les ordonnances de nomination des avocats à la cour de Cassation, des notaires, avoués, greffiers, huissiers, agens de change, courtiers et commissaires-priseurs sont assujéties à un droit d'enregistrement de 10 °/₀ sur le montant du cautionnement. Ce droit doit être perçu sur la première expédition de l'ordonnance, dans le mois de sa délivrance sous peine du double droit. Les nouveaux titulaires ne pourront être admis au serment qu'en produisant ladite expédition revêtue de la formalité de l'enregistrement. En cas de délivrance d'une seconde ou subséquente expédition, la relation de l'enregistrement y sera mentionnée sans frais par le receveur du bureau où la formalité aura été remplie et les droits acquittés. »

3687. — Depuis la perception du droit de 10 °/₀ sur le cautionnement des offices de notaires et autres officiers ministériels, il n'y avait pas lieu à percevoir aucune autre espèce de droit sur le prix de ces mêmes offices. — *Cass.*, 24 août 1835, Verpy; 26 avr. 1836, Beaurin et Pottier; 24 déc. 1838 (t. 1er 1839, p. 10), Chaumont-Pelletier.

3688. — De même, l'héritier ou le légataire universel d'un notaire, qui était nommé à l'office vacant par le décès de celui-ci, n'était pas tenu d'acquitter le droit de mutation par décès sur la valeur de l'office, indépendamment du droit de 10 % du cautionnement qu'il avait déjà payé sur l'ordonnance de nomination. — Délib. 14 fév. 1839. — V. *contra* délib. 7 déc. 1835.

3689. — Lorsque, depuis la constitution en dot par un père à sa fille d'un office de notaire pour une somme déterminée rapportable à la succession du constituant, le mari de la donataire était pourvu dudit office, la perception du droit proportionnel de 62 cent. 1/2 p. 100 fr., déjà effectuée sur le contrat de mariage, devait être maintenue, indépendamment du droit de 10 % pour l'enregistrement de l'ordonnance de nomination, attendu que deux transmissions avaient eu lieu : celle de la somme d'argent à la future qui en devra le rapport et celle de l'office à son mari. — Délib. 14 mars 1837; instr. 1539, § 7.

3690. — L'ordonnance qui, en nommant à un office dont le précédent titulaire avait été destitué, imposait au nouveau titulaire l'obligation de verser une somme à la caisse des consignations, n'était point passible d'un droit particulier sur cette somme, mais seulement du droit de 10 % du cautionnement. — Délib. 18 sept. 1835.

3691. — La loi ne faisant pas de distinction pour le cas où l'ordonnance de nomination intéressait un titulaire d'un office de même nature, le droit de 10 % a dû être perçu sur le montant intégral du cautionnement sans considérer si le nouveau cautionnement à fournir excédait ou non celui qui était affecté à ses précédentes fonctions. — Solut. 5 mars 1833; instr. 1425, § 9.

3692. — N'est pas sujette à l'enregistrement, l'ordonnance royale qui autorise un notaire à changer de résidence, sans le placer dans une classe autre que celle où il se trouvait précédemment. — Délib. 28 janv. 1834.

3693. — Lorsque sur la permutation de leurs offices entre deux notaires, deux ordonnances royales les ont nommés à leurs nouvelles résidences et les qualifiaient de démissionnaires sans cependant faire mention de la permutation ni de leurs fonctions antérieures, le droit de 10 % du cautionnement était exigible sur chacune de ces ordonnances. — Délib. 26 juin 1835; 26 juin 1838.

3694. — La cession d'un office, dans le seul but par le cessionnaire, qui d'ailleurs ne remplissait pas les conditions nécessaires pour y être nommé, d'en disposer comme il aviserait, constituait une transmission de chose mobilière non susceptible du droit de 10 % du cautionnement et rentrait dans la catégorie des cessions passibles de 2 %. Mais la cession ultérieure au profit d'un tiers apte à être pourvu de l'office donnerait lieu au droit de 10 %. — Délib. 9 nov. 1838.

3695. — Lorsque les héritiers d'un avoué ont cédé l'office aux avoués de la même résidence qui se proposent d'en demander la suppression avec stipulation que dans le cas où cette suppression ne pourrait être obtenue, les héritiers devraient présenter le candidat désigné par les cessionnaires collectivement, l'acte était passible du droit proportionnel de 2 %, sauf à tenir compte de ce droit lors de la perception de celui de 10 % sur le cautionnement, si la suppression n'étant pas prononcée, un successeur était nommé au titulaire décédé. — Délib. 25 janv. 1838.

3696. — Est passible du droit de 2 % comme vente mobilière, la cession d'un office de notaire en faveur d'un individu qui n'est pas encore majeur, avec stipulation qu'on ne pourra revenir sur les conditions de la vente pour quelque cause que ce soit, et que, dès-lors, le cessionnaire pourra céder à son tour l'office à un tiers. — Délib. 15 mai 1838.

3697. — Il est dû seulement le droit fixe de 1 fr. sur l'acte de cession d'un office portant que l'ordonnance de nomination ne sera provoquée que dans plusieurs années. — Délib. 27 oct. 1837.

3698. — Lorsqu'un office a été cédé sous la condition que la vente serait considérée comme non avenue dans le cas où l'acquéreur ne serait pas nommé, il y a lieu, le cas échéant, de restituer le droit perçu lors de l'enregistrement du traité, encore bien que le cessionnaire n'ait fait aucune démarche pour obtenir sa nomination. — Cass., 24

fév. 1835, Robert. — Toutefois, la demande doit être formée dans les deux ans de l'enregistrement de l'acte. — Instr. 27 juin 1836.

3699. — La cession de partie seulement d'une charge ou d'un office dont le cédant restait titulaire a dû être assujétie au droit de 2 %; attendu que le droit de 10 % sur le cautionnement n'ayant pu être perçu, il fallait nécessairement que la mutation fût frappée du droit de cession de choses mobilières. — Délib. 14 nov. 1837.

3700. — La vente d'objets mobiliers corporels faite par le même acte que la cession de l'office, comme son accessoire, est passible du droit proportionnel. — Cass., 26 avr. 1836, Beaurin et Pottier.

3701. — Ainsi, lorsque le traité de cession d'un office contient en outre celle de créances ou sommes à recouvrer ou la vente d'objets mobiliers corporels, il doit être perçu, indépendamment du droit pour la cession de l'office, le droit proportionnel de 1 % sur le montant des créances et recouvremens, et celui de 2 % sur le prix des objets mobiliers. Si le traité n'exprimait qu'un seul prix, les parties devraient, par une déclaration, indiquer la portion de prix applicable à chaque objet. — Instr. gén. 27 juin 1836.

3702. — Enfin, la loi du 25 juin 1841 porte que : pour la transmission à titre onéreux d'un office et des objets en dépendant, le droit est de 2 % du prix exprimé dans l'acte de cession et du capital des charges qui peuvent ajouter au prix (art. 7).

3703. — Il en est de même quand l'office, ayant été transmis par décès, passe à l'un des héritiers par suite de traité. — Même loi, art. 9.

3704. — Dans aucun cas, le droit d'enregistrement ne peut être inférieur au dixième du cautionnement attaché à la fonction ou à l'emploi. — Même loi, art. 10.

3705. — Si les receveurs de l'enregistrement ont lieu de penser que le droit d'enregistrement de 2 % sur le prix de la cession de l'office est inférieur au dixième du cautionnement, ils sont autorisés à se faire justifier du montant du cautionnement. — Circ. dir. gén. 8 août 1843.

3706. — Lorsque la simulation du prix exprimé dans l'acte de cession à titre onéreux d'un office, vient à être établie d'après des actes émanés des parties ou de l'autorité administrative ou judiciaire, il est perçu, à titre d'amende, un droit en sus de celui qui est dû, sur la différence de prix. — Les parties, leurs héritiers ou ayant-cause sont solidaires pour le paiement de cette amende. — L. 25 juin 1841, art. 11.

3707. — En cas de création nouvelle d'offices, ou en cas de nomination de nouveaux titulaires sans présentation, par suite de destitution ou pour tout autre motif, les ordonnances qui y pourvoiront seront assujéties à un droit de 20 % sur le montant du cautionnement. — Toutefois, si les nouveaux titulaires sont soumis, comme condition de leur nomination, à payer une somme déterminée pour la valeur de l'office, le droit de 2 % sera exigible sur cette somme, sans toutefois que ce droit puisse être inférieur au dixième du cautionnement. — Le droit devra être acquitté avant la prestation de serment du nouveau titulaire, sous peine du double droit. — L. 25 juin 1841, art. 12.

3708. — En cas de suppression d'un titre d'office, lorsqu'à défaut de traité l'ordonnance qui prononcera l'extinction fixera une indemnité à payer au titulaire de l'office supprimé ou à ses héritiers, l'expédition de cette ordonnance devra être enregistrée dans le mois de la délivrance, sous peine du double droit. — Le droit de 2 % sera perçu sur le montant de l'indemnité. — L. 25 juin 1841, art. 13.

3709. — Le traité par lequel les titulaires d'office, dans un arrondissement, s'obligent de payer à la veuve d'un de leurs confrères une indemnité déterminée, s'ils obtiennent la suppression de l'office vacant, est passible du droit de 2 % et non de 10 % du cautionnement. — Délib. 10 oct. 1843.

3710. — Lorsque après destitution, l'ordonnance qui nomme un nouveau titulaire fixe une somme à payer à qui de droit, pour la valeur de l'office, et une autre somme pour les recouvremens dus à l'ancien titulaire, le droit de 2 % n'est

exigible que sur la première de ces sommes. —
— Un jugement du tribunal de Bressuire, en date
du 24 juin 1845, a consacré cette doctrine à laquelle l'administration a acquiescé par délibération du 28 oct. suiv.

3711. — Si, dans le système de la loi du 21 avril 1832, c'était la transmission définitive de l'office qui donnait lieu à la perception du droit d'enregistrement, c'est, d'après la loi du 25 juin 1841, l'exercice même du droit de présentation attribué au titulaire qui donne ouverture à la perception du droit lorsque cet exercice se manifeste par un traité de cession. — *Cass.*, 31 janv. 1844 (t. 1er 1844, p. 331), Decolange; 5 mars 1845 (t. 1er 1845, p. 405), Petit-Bergonz.

3712. — En conséquence, la loi du 25 juin 1841, qui fixe un droit d'enregistrement de 2 °/₀ à percevoir sur le prix de cession des offices, n'est point applicable aux traités qui, lors de la promulgation de cette loi, se trouveraient enregistrés, ou auraient été régulièrement produits devant l'autorité compétente, à l'appui des demandes de nomination. — Il y a lieu d'appliquer encore à cet égard la loi du 21 avr. 1832, qui fixait à 10 °/₀ du cautionnement le droit à percevoir sur l'ordonnance de nomination. — *Cass.*, 31 janv. 1844 (t. 1er 1844, p. 331), Decolange; 6 mars 1844 (t. 1er 1844, p. 386), Groux; 5 mars 1845 (t. 1er 1845, p. 405), Petit-Bergonz. — *Contrà* déc. min. fin. 17 nov. 1841; circ. 28 janv. 1842.

3713. — La transmission, à l'autorité compétente, de la démission du titulaire de l'office, donne, à l'égard de la régie de l'enregistrement, une date certaine à l'acte de cession sous seing privé. — Implic. *Cass.*, 5 mars 1845 (t. 1er 1845, p. 405), Petit Bergonz.

3714. — Les cessions d'offices donnent-elles ouverture au droit proportionnel de vente mobilière, lorsqu'elles n'ont pas été suivies de nomination, si ce défaut de nomination provient, non du fait du prince, mais de la négligence des parties? Non. — Arg. *Cass.*, 24 fév. 1835, Robert; — Championnière et Rigaud, t. 2, n° 1518. — V. cependant *infrà* n° 4136. — V. aussi n°s 4446 et suiv.

3715. — *Papiers de réforme.* — Le droit de 2 °/₀ est dû sur les ventes de papiers de réforme provenant de la cour des comptes. — Déc. min. fin. 8 juin 1814; — Roland et Trouillet, *Dict. d'enr.*, v° *Vente de meubles*, § 1er, n° 15.

3716. — Il en est de même des ventes de papiers provenant des administrations forestières ou de ceux dont le timbre n'est plus en usage. — Circ. 13 sept. 1806.

3717. — *Prises maritimes.* — Les actes ou procès-verbaux de ventes de prises maritimes, faites par les commissaires de la marine ou autres agens ou administrateurs qui les remplacent, ne sont soumis qu'au droit fixe de 1 fr. — Décis. min. fin. 24 juin 1806 et 13 déc. 1808.

§ 2. — *Caractères des ventes mobilières.*

3718. — Comme c'est d'après la substance des actes, et non d'après la qualification que leur ont donnée les parties, que les droits doivent être perçus, le droit de vente mobilière est dû toutes les fois qu'un acte, quels qu'en soient les termes, a réellement pour objet de transmettre la propriété d'une chose-mobilière.

3719. — Ainsi est passible du droit de vente mobilière, la clause d'une transaction par laquelle les héritiers du mari paient en argent la valeur du mobilier que celui-ci était tenu, par son contrat de mariage, de rendre en nature à sa femme ou à ses héritiers, et qui se trouve également exister en nature lors de la dissolution du mariage. — Quant au paiement de la valeur du mobilier qui se trouve ne plus exister en nature, il donne seulement ouverture au droit de libération. — *Cass.*, 2 janv. 1844 (t. 1er 1844, p. 139). Scheull.

3720. — Ainsi encore, le droit de 2 °/o est dû sur le bail par adjudication de plusieurs pièces de terre ensemencées en trèfle, pour commencer le 13 juin et finir le 1er nov. de la même année; car évidemment cette forme n'a été employée que pour déguiser une vente mobilière. — Décis. min. just. 17 juill. 1813. — Toutefois ce n'est pas là un principe invariablement fixé; il doit fléchir, dans l'application, en raison des circonstances. — Délib. 16 nov. 1830; — Roland et Trouillet, *Dict. d'enreg.*, v° *Bail*, § 3, n° 17.

3721. — De même, doit être considéré, non comme bail passible seulement du droit de 20 c. p. 100 fr., mais comme vente de récoltes, passible du droit de vente mobilière de 2 °/o :

3722. — ... 1° Un acte qualifié bail par adjudication des prairies d'un domaine rural, s'il résulte de l'époque où la convention a eu lieu, de la brièveté de sa durée, et des clauses qui y sont insérées, qu'il avait uniquement pour objet la vente des herbes. — Spécialement, si l'acte a été fait pour quatre mois, à l'époque de la fauchaison, et avec exclusion de tout autre mode de jouissance que celui de la fauchaison. — *Cass.*, 26 août 1839 (t. 2 1839, p. 243), de Carbonnière.

3723. — ... 2° L'acte par lequel le propriétaire d'une carrière cède à un individu le droit d'en extraire la masse pendant vingt ans, en se conformant aux réglemens sur la matière, et surtout aux ordres du bailleur relatifs à la direction et à la marche de l'exploitation, alors que le prix de cette cession n'est pas d'une somme fixe par chaque année, mais doit être déterminé, pour chaque quantité des produits de la carrière, d'après un compte tenu par un commis du bailleur, et payé tous les mois sur le lieu de la sortie. — *Cass.*, 22 août 1842 (t. 2 1842, p. 329), Higonnet.

3724. — ... 3° Un acte qui, bien que qualifié d'amodiation, contient l'adjudication des premières et secondes herbes d'une prairie, alors surtout que cette adjudication a lieu à une époque rapprochée de la fauchaison, sous des conditions imposées pour la prompte récolte des foins et regains, et en l'absence d'ailleurs de toute autre concession de jouissance sur la prairie. — Peu importe à cet égard que les regains ne soient encore qu'un produit futur à l'instant de l'acte, ce produit n'en formant pas moins dès-lors une portion déterminée de la récolte de l'année. — *Cass.*, 19 mars 1845 (t. 1er 1845, p. 406), Roudolphi.

3725. — Toutefois l'adjudication, à titre d'amodiation, de la jouissance de prés, même à une époque rapprochée de la fauchaison, et pour quelques mois seulement (du 1er juill. au 11 nov.), ne saurait être considérée par la régie comme une vente de récoltes, alors que l'adjudication comprend en outre tous les autres produits ultérieurs et successifs à recueillir, comme le regain, et enfin le pâturage du sol de la prairie. — Dès-lors cet acte est soumis au droit de bail, et non à celui de vente mobilière. — *Cass.*, 19 mars 1845 (t. 1er 1845, p. 407). Henriet.

3726. — L'adjudication du droit d'extraire, dans un bref délai, toute la tourbe existant dans un terrain désigné, doit être considérée non comme bail, mais comme vente mobilière, pour la perception des droits. — *Cass.*, 31 juill. 1839 (t. 2 1839, p. 463), Janvier.

3727. — Il en est de même d'un acte qui, bien que qualifié bail d'amodiation, contient cession du droit d'extraire, pendant soixante ans, de la houille dans un terrain désigné faisant partie d'une concession de mines, avec stipulation d'une quantité déterminée d'extraction pour chaque année, et d'une redevance annuelle à payer au cédant sur les produits bruts extraits. — Il en est de même encore bien que le cessionnaire se soit réservé la faculté de résilier l'acte en prévenant le prétendu bailleur six mois d'avance. — Dès lors cet acte est passible du droit proportionnel de vente mobilière de 2 °/o et non de celui de bail de 20 c. p. 100 fr. — *Cass.*, 17 janv. 1844 (t. 1er 1844, p. 171). Albert.

3728. — Le principal motif de ces décisions, c'est qu'à la différence du bail qui a pour effet de conserver la substance de la chose et de ne laisser au preneur que les fruits qui se reproduisent, les stipulations dont il s'agit transmettent réellement la propriété des portions de la mine qui sont enlevées annuellement. Les portions extraites ne peuvent plus se reproduire; et, avec le temps, la masse doit être entièrement anéantie au profit du preneur.

3729. — La même perception a été déclarée applicable en matière de bois. — Ainsi décidé que le droit de vente mobilière était dû : — 1° sur des actes qui, sous la forme de baux, avaient eu pour objet des arbres épars ou des bois non en coupe réglée, vendus à la charge de les couper en plusieurs années, et moyennant un prix pour chaque année (déc. min. fin. 6 juill.-46 août 4808; instr. 400, n° 3); — 2° sur la cession de la superficie entière de deux bois aménagés, moyennant une somme déterminée pour chaque année, dont la totalité était payée comptant, encore bien que l'acte portât la dénomination de bail pour cinq ans (Solut. 45 mai 4827; inst. 4219, § 5); — 3° sur un bail pour trois ans, et moyennant un prix total pour les trois années, du droit d'exploiter trois coupes dans des forêts aménagées à dix-huit et vingt-deux ans, avec condition qu'aucune des exploitations n'aurait lieu qu'après un procès-verbal de délivrance, et que les coupes pourraient être remises en adjudication publique, si le fermier ne se libérait pas aux époques fixées pour le paiement. — *Cass.*, 3 déc. 4832, Simon; — inst. 34 déc. 4828, 1263, § 6, et 23 mars 4833, 4422, § 44.

3730. — Si, dans un contrat dénommé bail à ferme, ayant pour objet l'exploitation de coupes de bois, il a été stipulé que le prétendu preneur n'aurait droit à aucune indemnité pour les vaines et vagues qui pourraient se trouver dans l'étendue des coupes, cette stipulation, qui n'eût pas été faite dans un bail, autorise les tribunaux à rendre à l'acte le caractère d'une vente. — *Cass.*, 3 déc. 4832, Simon.

3731. — Bien qu'un acte soit qualifié *bail* de la partie boisée d'une forêt, s'il résulte des stipulations y contenues qu'en refusant aux preneurs la jouissance de cette partie les bailleurs leur ont livré réellement les coupes de bois à y faire, il peut être régulièrement perçu un droit proportionnel de 2 % pour vente des bois livrés à l'exploitation.—*Cass.*, 20 mai 4839 (t. 2 4839, p. 339), compagnie des forges d'Audincourt.

3732. — Toutefois, bien que, dans un bail fait par un propriétaire à un marchand de bois, de tout ou partie de sa forêt, on ait stipulé plusieurs conditions qui se trouvent ordinairement dans les ventes et rarement dans les baux, si l'acte ne contient aucune convention qui soit exclusive de la qualification de bail que lui ont donnée les contractans, et qui soit en opposition avec la nature du louage, il n'y a lieu de percevoir que le droit proportionnel de 20 cent. pour 400 fr. pour bail, et non le droit de 2 % pour vente de coupes de bois. — *Cass.*, 22 fév. 4842 (t. 4er 4842, p. 344), Cibot, Demandre.

3733. — Toutefois, comme les objets dont il s'agit, réputés immeubles tant qu'ils tiennent au fonds, sont vendus pour être détachés du sol, et par conséquent mobilisés, la vente doit être considérée comme mobilière. — *Cass.*, 43 août 4833, Mazard.

3734. — Ainsi, la vente du droit d'exploiter une carrière et des ustensiles qui y sont attachés est une vente purement mobilière; les droits d'enregistrement doivent être perçus en conséquence.—*Cass.*, 49 (et non 28) mars 4846, Merlin et Aubert; 44 janv. 4843 (t. 2 4843, p. 44), Boggio.

3735. — Ainsi, la vente du droit de prendre à perpétuité de la terre à porcelaine dans une carrière déjà ouverte, et même de celui d'ouvrir de nouvelles carrières, est réputée vente de meubles.—*Cass.*, 43 (et non 42) août 4833, Mazard.

3736. — La régie avait d'abord décidé qu'il était dû un droit de vente immobilière ou de bail à durée illimitée sur la cession du droit d'extraire de la tourbe, si la durée de la jouissance n'était pas déterminée, ou s'il était stipulé qu'elle se prolongerait jusqu'à épuisement de la tourbière.—Décis. min. fin. 4er mai 4810; solut. 44 fév. 4834; instr. 4200, § 20, 4236, § 7 et 4458, § 2.

3737.—Mais jugé qu'on doit, pour la perception des droits d'enregistrement, considérer non comme vente immobilière, mais comme vente mobilière, la cession du droit d'exploiter jusqu'à leur épuisement les mines qui se trouvent dans un fonds, et de disposer des matières extraites; et une pareille cession ne saurait être confondue avec un bail d'immeuble à durée illimitée, passible par conséquent du droit de 4 %. — *Cass.*, 44 janv. 4843 (t. 2 4843, p. 44), Boggio.

3738.—Les ventes de bois taillis sont soumises seulement au droit proportionnel de 2 %, soit qu'elles comprennent des bois susceptibles d'une exploitation immédiate, soit qu'elles comprennent des bois dont l'exploitation ne devra avoir lieu que successivement et dans un nombre d'années déterminé.—*Cass.*, 4 avr. 4827, Laget-Valdeson.

3739.—Une concession de prise d'eau, faite pour un temps illimité et moyennant une somme annuelle, mais avec faculté pour le concédant de retirer l'eau quand il le croira convenable, est une concession purement mobilière et ne donne ouverture par conséquent qu'au droit proportionnel de 2 %.—*Cass.*, 48 déc. 4844, Hautpoix.

3740. — Quand la cession du droit d'exploiter une mine est soumise à la condition d'obtenir l'autorisation du gouvernement, elle n'est passible jusque là que du droit fixe. — *Cass.*, 49 juin 4826, Dumaine.

3741. — L'acte par lequel le concessionnaire d'une mine et le propriétaire de la surface règlent le montant de l'indemnité due à ce dernier à raison des travaux à faire sur son terrain est soumis seulement à un droit proportionnel.—Cet acte ne peut être assimilé à un bail ou à une aliénation de jouissance ou de propriété, sous prétexte que le propriétaire de la surface y autorise surabondamment le concessionnaire de la mine à faire sur son terrain tous les travaux nécessaires à l'exploitation.—*Cass.*, 8 nov. 4827, Paillon.

2742.—Lorsque des objets sont réputés immeubles par destination, la vente qui en est faite doit être réputée non plus mobilière, mais bien immobilière; et les droits sont perçus en conséquence.

3743.—On doit comprendre sous les dénominations de *cuves* et *tonnes*, employées dans l'art. 524, C. civ., les vases vinaires qu'on nomme *foudres* dans quelques parties de la France. Et lorsqu'ils sont vendus en bloc avec le *chay* dans lequel ils ont été placés par le propriétaire pour servir à l'exploitation de ce chay, ils doivent être réputés immeubles par destination, de telle sorte qu'il y a lieu de percevoir, sur leur prix, le droit de mutation fixé pour les ventes d'immeubles. — *Cass.*, 30 mai 4826, Bethfort et Damaye. —V. *infrà* n°s 3787.

3744.— Décidé de même, au sujet d'une *brasserie* dite composée *immobilièrement* d'une maison, plus de chaudières, cuves, tonnes et autres objets déclarés immeubles par l'art. 524, C. civ., et *mobilièrement* de marchandises fabriquées, matières propres à la fabrication, en un mot de tout le fonds commercial évalué en *bloc*.— Solut. 25 nov. 4828, et instr. 4272, § 48.

3745.—Lorsque, avec l'immeuble social qui servait à l'exploitation d'une brasserie, l'achalandage de cet établissement est adjugé à l'un des associés même pour un prix distinct, cet achalandage ne peut être considéré comme une valeur mobilière. — *Cass.*, 43 juill. 4840 (t. 2 4840, p. 585) Grillon.

3746. — Dans une filature, les marchandises propres à carder, à filer et autres de cette nature, seront réputées immeubles; mais il en sera autrement des métiers à tisser, qui sont étrangers au service de la filature; et à plus forte raison des meubles meublans et autres objets de ce genre. Si de pareils objets étaient attachés au fonds à perpétuelle demeure, ils deviendraient immeubles, mais par infixation et non comme ustensiles. — Championnière et Rigaud, n° 3190. — V. *infrà* n°s 3800 et suiv.

3747. — Il suffit qu'un moulin à vent soit posé sur piliers en maçonnerie pour qu'il doive être considéré comme immeuble par sa nature, encore bien qu'il ne soit adhérent à aucun bâtiment. En conséquence, la vente d'un tel moulin donne ouverture au droit proportionnel de 5 4/2 %, et non pas seulement au droit de 2 %. — *Cass.*, 42 mai 4834, Mariage.

3748. — Lorsque les agrès d'un moulin sont vendus avec le fonds qui est immeuble, il faut distinguer : s'ils ont été placés par le propriétaire du moulin, ils sont immeubles par destination, et le droit de vente est dû sur le tout. Au contraire, s'ils ont été placés par le meunier ou fermier, avec le droit de les enlever à la sortie, ils sont restés meubles, et le droit n'est que 2 %. — Solut. 18 août 1845.

3749. — La destination qui donne à des objets mobiliers le caractère d'immeubles résulte des faits et circonstances déterminés par la loi elle-même; elle ne peut ni s'établir, ni cesser par de simples déclarations, soit orales, soit écrites, des propriétaires. — *Cass.*, 20 juin 1832, Hourelle Mouras.

3750. — Ainsi, quoique, en vendant une filature avec certaines machines reconnues immeubles par destination, un propriétaire ait désigné comme objets mobiliers, d'autres machines et ustensiles dépendant de cette filature, le droit d'enregistrement de vente immobilière doit être perçu sur tous les objets que la loi déclare immeubles par destination. — Même arrêt.

3751. — Lorsque, dans la vente d'un immeuble, on a compris un objet mobilier qui s'y trouve incorporé de manière à ne pouvoir en être séparé sans briser ou détériorer la partie du fonds à laquelle il est attaché, cet objet peut être considéré comme immeuble par destination, et la régie est autorisée à percevoir le droit dû pour mutation d'immeubles sur la totalité du prix, encore bien que l'objet mobilier n'appartienne pas exclusivement au propriétaire du fonds. — *Cass.*, 8 avr. 1829, Houyeau.

3752. — L'acte par lequel deux époux vendent à un individu un terrain propre à l'un d'eux, et des constructions faites par eux depuis leur mariage, est passible du droit proportionnel immobilier pour le tout, alors même qu'il a été stipulé deux prix, l'un pour le terrain, l'autre pour les constructions. — Délib. 14 fév. 1834.

3753. — Les constructions sur un terrain militaire faites par le particulier à qui le gouvernement a concédé la jouissance de ce terrain pour un temps illimité, moyennant une redevance annuelle, et sous la condition de les démolir à la première réquisition de l'autorité militaire, doivent être réputées immeubles. En conséquence, la vente de ces constructions faites par le concessionnaire à un autre particulier donne ouverture au droit proportionnel d'enregistrement de 5 1/2 %. — *Cass.*, 18 nov. 1835, Vidal.

3754. — Aucune disposition de loi ne fait perdre aux bâtimens le caractère d'immeubles et ne leur attribue la qualité de meubles, par cela qu'ils ont été construits par un autre que le propriétaire du sol, et spécialement par le locataire. — *Cass.*, 3 juill. 1844 (t. 2 1844, p. 351), Dalouzy; 26 août 1844 (t. 2 1844, p. 596), Maire et Delavelaye; 1er juill. 1845 (t. 2 1845, p. 182), Moreau et Chauvin.

3755. — ... Et cela, bien que ces bâtimens soient construits partie en murs pleins, partie sur poteaux en bois, et fermés par une galandure en planches. — *Cass.*, 26 août 1844 (t. 2 1844, p. 596), Maire et Delavelaye.

3756. — Dès-lors, la vente de ces constructions est passible du droit de vente de 5 1/2 %. — *Cass.*, 3 juill. 1844 (t. 2 1844, p. 351), Dalouzy; 26 août 1844 (t. 2 1844, p. 596), Maire et Delavelaye.

3757. — Il en est de même, quand c'est le locataire qui vend ces bâtimens, mais pour n'être pas immédiatement démolis, à un tiers cessionnaire de son droit au bail. — *Cass.*, 26 juill. 1843 (t. 2 1843, p. 303), Fontaine; 1er juill. 1845 (t. 2 1845, p. 182), Moreau et Chauvin.

3758. — Il en est encore ainsi, bien que l'acte de vente impose aux acquéreurs, parmi lesquels se trouve le propriétaire du sol, l'obligation d'enlever ces constructions, consacrées à une fabrique, à leurs risques et périls, si une autre clause les astreint à continuer pour le compte de l'établissement les traités passés par lui, et à exécuter les commandes en cours de fabrication. — *Cass.*, 26 août 1844 (t. 2 1844, p. 596), Maire et Delavelaye.

3759. — La vente d'un terrain sur lequel existent des constructions est, jusqu'à preuve contraire résultant d'une stipulation de réserve de la part du vendeur, censée comprendre ces constructions elles-mêmes. Dès-lors, la régie est fondée à réclamer le droit de mutation sur la totalité de l'immeuble. On ne saurait considérer comme preuve contraire soit l'énonciation dans l'acte qu'une partie des constructions aurait été faite par un tiers à l'égard duquel le vendeur subrogeait l'acquéreur dans ses droits, soit la déclaration des parties que la date de l'aliénation remontait à une époque antérieure à l'éviction de l'autre partie de ces mêmes constructions. — *Cass.*, 15 avr. 1840 (t. 2 1840, p. 72), de Saint-Priest.

3760. — Lorsque le preneur vend à un tiers, à qui il cède son bail, des constructions qu'il a été autorisé à élever sur le terrain affermé, et que le bailleur est tenu de prendre, à la fin du bail, pour le prix de leur estimation, c'est là une vente immobilière passible du droit proportionnel de 5 1/2 %, et non une vente mobilière, sujette seulement au droit de 2 %. — *Cass.*, 2 fév. 1842 (t. 1er 1842, p. 172), Griolet.

3761. — C'est le droit de bail et non celui de vente qui doit être perçu sur l'acte par lequel le propriétaire, en donnant un terrain à bail, s'oblige à conserver, moyennant un prix qui sera déterminé par expertise, une maison que le preneur a bâtie sur le terrain loué. — Solut. 6 oct. 1832.

3762. — Cependant, il y a certains immeubles qui peuvent être mobilisés par la volonté de l'homme; or, pourquoi cette volonté ne produirait-elle pas son effet immédiatement, et par cela seul qu'elle serait exprimée? La mobilisation doit donc avoir lieu, quels que soient les événemens ultérieurs qui pourront immobiliser de nouveau les biens redevenus meubles. — Championnière et Rigaud, *Traité des dr. d'enreg.*, no 3193.

3763. — Jugé en ce sens que si, en vendant un domaine, un individu se réserve les meubles et les immeubles par destination qui peuvent s'y trouver, ces immeubles par destination, ainsi séparés du fonds, reprennent leur qualité première de propriété mobilière, nonobstant la vente qui en serait faite plus tard à l'acquéreur du domaine ; il n'en serait autrement qu'autant qu'une telle opération serait le résultat de la simulation ou de la fraude. Mais si cette simulation n'est pas justifiée, et comme elle ne se présume pas, ce n'est que le droit mobilier d'enregistrement qui doit être perçu sur la seconde vente. — *Cass.*, 23 avr. 1822, Lavergne.

3764. — ...Que des outils, des objets de mécanique, des instrumens servant à l'exploitation d'une fabrique d'horlogerie perdent leur caractère d'*immeubles par destination* lorsqu'ils sont détachés et et vendus séparément de la fabrique; et que la vente qui est faite par acte séparé, et sans fraude, ne donne ouverture qu'au droit proportionnel dont la mutation des objets mobiliers est passible. — *Cass.*, 19 nov. 1823, Japy.

3765. — Jugé également qu'un propriétaire qui a mis en adjudication une manufacture et ses accessoires a pu restituer à ces derniers objets réputés immeubles par destination leur nature de meubles, et que la régie est, aussi bien que les parties, liée par cette volonté. — Il y a preuve suffisante de cette volonté, par cela que la manufacture et ses accessoires ont été désignés et estimés article par article dans le procès-verbal d'adjudication, avec stipulation d'un prix distinct pour ces mêmes objets, et que rien ne fait présumer qu'on a agi ainsi pour frauder les droits du fisc. — *Cass.*, 23 avr. 1833, Mandel.

3766. — Lorsque les fruits d'un fonds ou les accessoires réputés immeubles par destination sont, avec le fonds lui-même, l'objet de deux ventes séparées, le droit immobilier est dû sur le tout lorsqu'il est reconnu que cette double vente est ainsi faite pour frauder le fisc. C'est d'après les circonstances que la fraude se présume et se prouve.

3767. — Ainsi, la vente séparée d'objets réputés immeubles, parce qu'ils font partie intégrante d'une chose immobilière par sa nature, a pu être jugée conserver le caractère d'une vente d'immeubles, et, en conséquence, elle est passible du droit d'enregistrement de 5 1/2 %, si elle a été faite au même individu qui s'est rendu acquéreur de l'immeuble principal, et qu'ainsi les objets vendus n'aient pas dû en être détachés. — *Cass.*, 25 (et non 23) fév. 1824, Rousseau.

3768. — Ainsi, après avoir consenti un bail de la faculté d'extraire de la tourbe dans une prairie moyennant une somme de 17.000 fr.. le propriétaire vend le lendemain le fonds de cette même prairie au même individu moyennant 3,000 fr. Décidé que le droit de vente immobilière est dû sur 20,000 fr. — Solut. 11 fév. 1834; instr. 1422, § 13, et 1438, § 2.

3769. — Un propriétaire vend son terrain, et le même jour, par un second acte passé devant le même notaire, le constructeur vend les constructions à l'acquéreur du sol : il est stipulé dans l'un et l'autre contrat que le prix sera payé au vendeur du sol, après l'accomplissement des formalités hypothécaires : les constructions doivent être considérées comme immobilisées, le mode adopté pour la vente étant le résultat de la fraude. — Délib. 21 mars 1834.

3770. — Cependant, le droit de vente immobilière n'est pas dû lorsqu'il y a impossibilité d'établir que la réunion des deux ventes a eu lieu pour frauder les droits d'enregistrement. — Délib. 23 avr. 1833. — Ce principe avait déjà été consacré depuis longtemps par la jurisprudence suivante :

3771. — ...Une vente de bois taillis et de haute futaie n'est soumise qu'au droit de 2 %, lors même qu'elle a été suivie de la vente du sol faite à la même personne, mais par un acte séparé, à une date différente et sans fraude. — Cass., 8 (et non 7) sept. (et non déc.) 1813, de Rocquigny.

3772. — ...Lorsqu'un individu achète par deux actes différens, à deux dates différentes, d'abord la superficie mobilière d'un fonds, puis ce fonds lui-même, sans qu'il soit allégué aucune fraude, ces deux actes sont soumis au droit qui est propre à chacun, c'est-à-dire que le premier donne lieu au droit établi en matière mobilière et le second seulement est sujet à celui qui est dû pour vente immobilière. — Cass., 20 frim. (et non brum.) an XIV, Labert.

3773. — ...Lorsque le sol et la superficie d'un bois ont été vendus au même individu par deux actes séparés, il n'y a lieu de percevoir, sur le prix total, le droit proportionnel de vente immobilière qu'autant qu'il existe des circonstances qui font présumer qu'on a eu l'intention d'éluder cette perception. A cet égard, l'appréciation des faits échappe à la censure de la cour de Cassation. — Cass., 28 mai 1806, Nicaise et Lecoq.

3774. — ...On peut considérer comme vente mobilière, en ce qui concerne le droit d'enregistrement, la vente de la carcasse et des agrès d'un moulin, achetés par celui qui, par l'événement d'un partage antérieur, était devenu propriétaire du sol, lorsqu'on ne prouve pas de fraude, de la part de l'acquéreur. — Cass., 23 avr. 1822, Alloux.

3775. — ...Il n'y a lieu de percevoir que le droit proportionnel de vente purement mobilière sur la vente de la superficie d'une forêt, faite à celui qui était déjà acquéreur du sol, lorsqu'il est reconnu, en fait, par le tribunal, que les deux ventes ne paraissent pas avoir été simulées, et ne sont accompagnées d'aucune circonstance qui indique l'intention de frauder les droits. — Cass., 21 avr. 1823, Prailleur.

3776. — ...La vente de la superficie et la vente du fonds d'un même bois, consenties le même jour, par deux actes séparés, ne doivent pas être nécessairement considérées comme une seule et même convention, et soumises, en conséquence, au même droit d'enregistrement. — Les tribunaux peuvent, au contraire, reconnaître entre ces deux ventes une distinction réelle, surtout quand la propriété des choses qui en font l'objet ne résidait pas dans la même main. — Cass., 21 mars 1820, Richard-d'Ivry.

3777. — ...Lorsqu'en exécution d'un arrêt, il a été procédé à la vente aux enchères, et par deux lots séparés, de la superficie et du fonds d'un bois, au profit du même individu, sous la condition qu'on recevrait ensuite les enchères sur les deux prix cumulés, s'il ne se présente pas d'enchérisseur sur le tout, les droits d'enregistrement à percevoir sur les deux adjudications distinctes qui se trouvent maintenues doivent être, savoir : de 2 % sur le prix de la superficie, et de 5 1/2 % sur le prix du fonds. — Cass., 17 janv. 1827, Péricouche.

3778. — ...La circonstance que l'adjudicataire d'une coupe de bois est devenu, par un acte séparé de celui de l'adjudication, propriétaire du fonds de ces mêmes bois, ne suffit pas pour autoriser la régie à percevoir sur l'adjudication de la superficie le droit proportionnel établi pour les ventes d'immeubles, lorsqu'il n'est point prouvé que les deux ventes ont été faites par actes séparés, afin d'échapper à la perception de ce droit. — Cass., 4 avr. 1827, Lagel-Valdeson.

3779. — « Ainsi, ajoutent MM. Championnière et Rigaud (t. 4, n° 3170), pour rendre exigible le droit de vente immobilière, il faudrait qu'il y eût fraude constatée. Mais il sera toujours difficile de la démontrer; car il n'y a pas de fraude à faire dans tout ce que la loi civile permet. Sans doute une vente simultanée du tout serait plus profitable au trésor; mais elle serait plus onéreuse aux parties, et rien n'oblige celles-ci à préférer l'intérêt du fisc à leur intérêt propre. »

3780. — Dans le cas d'une adjudication d'une coupe de bois comprenant des taillis et des futaies vendus cumulativement et moyennant un prix déterminé par hectare, sans distinction des taillis et des futaies, un tribunal, interprétant l'acte de vente, peut, sans contrevenir à aucune loi, décider que l'augmentation du prix due par l'adjudicataire, à raison de la surmesure, ne doit porter que sur les taillis et non sur les grands arbres, dont le nombre, fixé par le cahier d'enchères, n'avait pas été dépassé. — Cass., 31 mars 1829. Simon.

3781. — L'acte contenant fixation de la redevance due par les concessionnaires d'une mine au propriétaire du terrain ne peut être considéré comme opérant une mutation de propriété, et dès-lors, il ne donne point ouverture à un droit proportionnel. — Cass., 26 mai 1834, comp. des mines de la Roche la Molière et Firminy.

§ 3. — *Vente de meubles et d'immeubles par un même acte.*

3782. — On a vu n°s 219 et 220 que, « lorsqu'un acte translatif de propriété ou d'usufruit comprend des meubles et immeubles, le droit d'enregistrement est perçu sur la totalité du prix au taux réglé pour les immeubles, à moins qu'il ne soit stipulé un prix particulier pour les objets mobiliers, et qu'ils ne soient désignés et estimés article par article dans le contrat (L. 22 frim. an VII, art. 9) », et que cette disposition n'avait pour objet que les transmissions à titre de vente, comme l'indiquait le mot *prix*. — Délib. 1er juin 1837.

3783. — Lorsqu'un même acte contient vente de meubles et d'immeubles sans que les meubles soient désignés et estimés article par article, le droit d'enregistrement doit être perçu pour la totalité au taux fixé pour les immeubles, bien que les meubles et les immeubles soient vendus par deux dispositions distinctes, et qu'on ait stipulé un prix particulier pour chacune des deux ventes. — Cass., 5 mai 1817, Savoie; 12 déc. 1842 (t. 1er 1843, p. 278), Remondet.

3784. — A plus forte raison en est-il de même quand l'acte ne contient pas stipulation d'un prix particulier pour les objets mobiliers. — Cass., 26 août 1844 (t. 2 1844, p. 596), Maire et Delavelaye.

3785. — Une pareille jurisprudence est-elle trop rigoureuse? et quand il y a deux dispositions distinctes, n'y a-t-il pas présomption de bonne foi en faveur des parties, sauf à la régie à provoquer une expertise, si elle soupçonne qu'il y a eu fraude? Non; car, en matière fiscale, toutes les dispositions sont de rigueur; et l'on ne saurait contraindre la régie à rien prouver quand elle a pour elle le texte de la loi. — V. dissertation sous Cass., 12 déc. 1842 (t. 1er 1843, p. 278), Remondet.

3786. — Dans un contrat de vente ayant pour objet un domaine et des bestiaux, il ne suffit pas de dire que ceux-ci ne font pas partie du domaine et de leur donner un prix distinct; il faut encore que l'évaluation soit faite tête par tête : sinon le droit sur le prix particulier de ces bestiaux est exigible au taux établi pour les ventes d'immeubles. — Délib. 15 avr. 1836.

3787. — En supposant qu'on pût considérer comme objets mobiliers des vases vinaires connus dans quelques parties de la France sous le nom de *foudres*, et vendus en bloc avec le *chay* où ils ont été placés par le propriétaire pour servir à l'exploitation (V. *suprà* n°s 3743), si ces objets n'ont pas été distingués de l'immeuble dans l'acte de vente, et qu'il n'en ait pas été fait une estimation particulière, la perception du droit réglé pour les immeubles, sur la totalité du prix d'une telle vente opérée en bloc, aurait été régulièrement faite. — *Cass.*, 30 mai 1826, Belhfort et Damaye.

3788. — L'évaluation article par article des meubles est de rigueur, même dans une adjudication en justice où les enchères auraient été portées distinctement sur les immeubles et sur les objets mobiliers. —Solut. 25 nov. 1828; instr. 1272, § 18.

3789. — Il y a lieu de décider de même à l'égard d'une vente verbale. Ainsi, lorsqu'une vente verbale de meubles et d'immeubles a été énoncée dans un acte comme ayant été faite en même temps pour un prix que cet acte détermine en bloc, et sans exprimer qu'il y ait eu un prix particulier pour les meubles, le droit est dû sur la totalité du prix au taux réglé pour les ventes immobilières. — *Cass.*, 25 nov. 1839 (t. 2 1839, p. 601), de Jarnac.

3790. — Bien que l'art. 9, L. 22 frim., exige que l'estimation des objets mobiliers soit faite dans le contrat, cependant on pourrait s'en référer pour cette estimation à un inventaire authentique: dans ce cas, il suffit qu'un prix particulier soit fixé pour la vente du mobilier. — Délib. 8 oct. 1823 et 5 juill. 1826; solut. 15 janv. 1830; instr. 1320, § 40.

3791. — La cession de droits successifs faite pendant l'existence des scellés sans le détail estimatif des objets mobiliers qui y sont compris, donne lieu au droit de vente d'immeubles sur tout le prix; mais la demande que fait la régie de ce droit peut être écartée par la production de l'état du mobilier après la levée des scellés. — *Cass.*, 7 janv. 1839 (t. 1er 1839, p. 28), Veissière.

3792. — Un état sous seing-privé contenant le détail et l'estimation, article par article, des meubles vendus cumulativement avec des immeubles, bien que présenté à la formalité en même temps que la vente, ne saurait remplacer, soit la désignation dans le contrat même, soit un inventaire authentique. — Délib 6 fév. 1838.

3793. — La disposition de l'art. 9, L. 22 frim. an VII, n'est applicable qu'aux meubles qui par leur nature et leur forme extérieure peuvent être détaillés, désignés et évalués.—*Cass.*, 21 oct. 1811, Duchatelet.

3794. — Ainsi, lorsqu'un acte de cession a pour objet des immeubles et des créances mobilières, telles que des revenus arriérés et litigieux, dont l'indication est difficile, il n'y a pas lieu de percevoir le droit de vente immobilière sur le tout, à défaut de ventilation, article par article, des objets mobiliers estimés seulement en masse. La régie n'a, dans ce cas, que la voie de l'expertise pour faire vérifier la valeur donnée aux immeubles par le contrat. — *Cass.*, 21 oct. 1811, Ducluzel.

3795. — Toutefois, le droit de 1 % étant exigible, dans ce cas, sur le capital des créances cédées, il est nécessaire qu'une ventilation détermine la partie du prix attribuée aux immeubles. — Solut. 11 mai 1832.

3796. — De même, quand une vente comprend des immeubles et des rentes moyennant un seul prix, on ne peut exiger que 2 % sur le capital des rentes, et il y a lieu de faire déclarer la portion du prix applicable aux immeubles, cette portion pouvant ne pas être rigoureusement du montant de la différence entre le prix total et le capital des rentes. — Décis. min. fin. 40 oct. 1821; délib. 21 nov. 1828.

3797. — La double condition imposée par l'article 9, L. 22 frim., n'est également applicable que lorsque les meubles vendus avec les immeubles se composent de plusieurs objets; mais s'il s'agit de matériaux formant une masse, il suffit d'une estimation intégrale ou de la stipulation d'un prix particulier, quant à ces matériaux.—Solut. 29 sept. et 28 nov. 1838.

3798. — Lorsqu'un bien-fonds est vendu avec les objets destinés à l'exploitation, le droit est dû au taux fixé pour les immeubles, sur le prix cumulé de l'immeuble par sa nature et des objets qui, par leur destination, sont de nature immobilière, lors même qu'on les aurait estimés article par article.

C'est une conséquence de la qualification d'immeubles attribuée à ces objets par l'art. 524, C. civ. (instr. 3 fruct. an XIII, p. 290, n° 26). — Ainsi, la vente d'un cheval et des animaux de culture faite en même temps que celle du fonds auquel ils sont attachés, est passible du droit de vente immobilière sur le prix total. — Délib. 12 janv. 1827 et 20 janv. 1829; — Masson-Delongpré, *Code de l'enreg.*, n° 58.

3799. — Doivent être également désignés article par article, les agrès d'un moulin vendus avec le fonds, dans le cas où ils peuvent être conférés comme meubles, ainsi qu'on l'a vu *suprà* n° 3748.

3800. — L'adjudication en un seul lot d'une manufacture et de ses accessoires, réputés comme tels immeubles par destination, ne donne lieu qu'au droit d'enregistrement de 2 % sur ces accessoires, lorsqu'ils ont été désignés et estimés article par article dans le procès-verbal d'adjudication avec stipulation d'un prix distinct pour ces mêmes objets, et que rien ne fait présumer qu'on a agi ainsi pour frauder les droits du fisc. C'est là une preuve suffisante que le propriétaire a voulu restituer aux objets réputés immeubles par destination leur nature de meubles. — *Cass.*, 23 avr. 1833. Mandel. — V. *suprà* n° 3746.

3801. — Néanmoins, la régie a persisté dans l'opinion contraire, relativement à l'enregistrement de la vente d'une manufacture en activité et affermée, avec les machines et ustensiles servant à son exploitation, quand même le bail courant de cette propriété contiendrait également deux prix distincts, l'un pour les immeubles réels, et l'autre pour les objets réputés immeubles par destination. — Délib. 13 déc. 1833.

3802. — Les machines, décorations, partitions de musique et autres objets mobiliers d'un théâtre n'étant pas de la même nature que les objets qui sont déclarés immeubles par destination (C. civ., art. 524), la perception ne doit avoir lieu, à leur égard, qu'à raison des quotités réglées pour les meubles, à moins qu'ils ne soient pas estimés article par article, ou qu'ils ne rentrent dans l'application de l'art. 525, C. civ., comme ayant été attachés au fonds à perpétuelle demeure.—Décis. min. fin. 4 mars 1806, et instr. 366, n° 12.

3803. — Lorsque l'acte de vente d'une maison avec les glaces qui la garnissent contient la désignation et l'estimation de ces glaces article par article, et qu'il leur est attribué un prix particulier, le droit de 2 % doit être exigé sur ce prix, sans que la régie soit autorisée à vérifier si ces glaces sont immeubles par destination suivant l'art. 525, C. civ. — Solut. 19 juin 1832 et 16 janv. 1833.

3804. — Il y a lieu à la perception distincte des droits de vente immobilière et mobilière sur la vente, par le même acte, d'un immeuble et d'un fonds de commerce, moyennant un prix distinct pour chaque objet, sans qu'il soit besoin que les effets mobiliers composant le fonds soient estimés article par article, attendu que le mot *meubles* (C. civ., art. 533) ne s'entend pas de ce qui fait l'objet d'un commerce. — Délib. 13 avr. 1822.

§ 4. — *Ventes publiques de meubles.*

3805. — D'après l'art. 1er, L. 22 pluv. an VII, les meubles, effets, marchandises, bois, fruits, récoltes, et tous autres objets mobiliers ne peuvent être vendus publiquement et par enchères, qu'en présence et par le ministère d'officiers publics ayant qualité pour y procéder. En cas de contravention, l'amende est de 50 fr. à 1,000 fr. pour chaque vente, indépendamment des droits (art. 7). — Cette amende n'a pas été réduite par l'art. 10, L. 16 juin 1824, attendu qu'elle n'est point fixe. — Délib. 8 fév. 1826.

3806. — On peut voir au mot VENTE PUBLIQUE DE MEUBLES (V. RÉP. PAL.) à quelle espèce d'officiers publics a été attribué le droit de vendre chaque espèce d'objets mobiliers.

3807. — Un particulier non revêtu du caractère d'officier public n'a pu, sous peine d'une amende de 1,000 fr., faire une vente publique de meubles aux enchères. — *Cass.*, 30 messid. an X, de Cock.

3808. — Décidé également, avant la loi du 22 pluv. an VII, qu'une vente publique de mobilier faite par un particulier sans le ministère d'officier public, le rendait passible d'une amende de 1,000 f. indépendamment du droit d'enregistrement sur le montant de la vente. — Edit de fév. 1771, art 9; lettres-patentes 16 juill. 1771 ; décr. 26 juill. 1790 et 17 sept. 1793 ; — *Cass.*, 8 niv. an VII, Ploger.

3809. — Lorsque, sans le concours d'un officier public, un particulier fait, dans sa chambre, les portes ouvertes, et en présence d'un certain nombre de marchands appelés par lui, une vente de coupe de bois au plus offrant, il y a la une vente publique aux enchères, en contravention à la loi du 22 pluv. an VII, et punissable des peines établies par cette loi. — *Cass.*, 22 mai 1822, Warnier.

3810. — Mais la vente que fait un libraire de livres de fonds et d'assortiment à un certain nombre de ses confrères convoqués à cet effet, à l'amiable et de gré à gré, au prix par lui annoncé et sans enchères (ces sortes de ventes sont connues en librairie sous le nom de *partages*), ne peut être considérée comme une *vente publique*, soumise au droit d'enregistrement. — *Cass.*, 4 nov. 1818, Leclère.

3811. — La vente des meubles et marchandises d'un failli faite à l'amiable par les syndics sur simples notes, n'est pas soumise à l'enregistrement. Il en serait autrement si la vente était faite publiquement aux enchères et par le ministère d'un officier public. — Solut. 11 fév. 1830.

3812. — Lorsqu'une vente aux enchères d'objets mobiliers a été faite sans le ministère d'officiers publics, et que la régie de l'enregistrement n'a pas pu constater cette contravention par un procès-verbal, elle est recevable à en faire la preuve par témoins. — *Cass.*, 17 juill. 1827, Leroy. — V. *infrà* nos 3872 et suiv.

3813. — Comme l'intention du législateur a été d'atteindre les propriétaires des objets vendus, l'action de la régie doit être dirigée contre les propriétaires et non contre les individus qui ont procédé aux ventes. — Solut. 12 janv. 1835 et 18 nov. 1836.

3814. — Aucun officier public ne peut procéder à une vente publique et par enchères d'objets mobiliers qu'il n'en ait préalablement fait la déclaration au bureau de l'enregistrement dans l'arrondissement duquel la vente doit avoir lieu. — L. 22 pluv. an VII, art 2. — Et cela sous peine d'une amende de 20 fr. — Même loi, art. 7, et L. 16 juin 1824, art. 10.

3815. — Ainsi, un notaire ne peut, à peine d'amende, procéder à la vente publique et aux enchères de bois taillis ou de haute futaie, sans en avoir préalablement fait la déclaration. — *Cass.*, 23 (et non 22) janv. 1809, Cayre.

3816. — Il en est de même pour une vente de matériaux provenant de démolition de bâtimens à abattre. — *Bruxelles*, 23 juin 1824, N...

3817. — ... Et pour la vente aux enchères d'un fonds de commerce ou d'un achalandage. — Décis. min. fin. 12 janv. 1832.

3818. — Les ventes des effets mobiliers et des marchandises d'un failli faites publiquement et aux enchères, soit par un officier public, soit par le syndic, doivent être précédées de la déclaration. — Décis. min. just. et fin. 26 mai et 9 juin 1812.

3819. — Les courtiers de commerce sont tenus de faire, au bureau où leurs actes reçoivent la formalité, la déclaration préalable prescrite par la loi, avant de procéder aux ventes dont ils sont chargés par le décret du 17 avr. 1812. — Décis. min. fin. 22 sept. 1812 ; instr. 602.

3820. — Sont dispensés de la déclaration les officiers publics qui ont à procéder aux ventes du mobilier national et à celles des effets des Monts-de-Piété. — L. 22 pluv. an VII, art. 9.

3821. — Sont également dispensées de la déclaration : les ventes de mobilier communal. — Décis. min. fin. 26 germ. an VII et 17 frim. an VIII ; circ. 11 niv. an VIII, 1732. — Ou départemental ; instr. 9 mars 1825, 1155.

3822. — ... Les ventes de mobilier des fabriques et des hospices. — Décis. min. fin. 16 avr. 1811 ; solut. 5 juill. et 17 nov. 1838.

3823. — ... Les ventes des effets mobiliers de la marine jugés inutiles. — Décis. min. fin. 10 avr. 1818 ; instr. 18 avr. 1818, 829.

3824. — ... Ou des effets des marins et passa-

gers morts en mer, et dont la succession n'est pas réclamée. — Décis. min. fin. 22 messid. an VII.

3825. — ...Ou des marchandises avariées — L. 21 avr. 1818, art. 56 ; décis. 12 juin 1827.

3826. — ...Les ventes d'effets militaires jugés inutiles au service, tels que chevaux, vivres-pain, etc. — Circ. 6 vent. et 6 prair. an XI ; ord. 27 sept. 1817 ; décis. min. fin. 21 juin 1820, 19 avr. 1822, 24 janv. 1828.

3827. — ...Les ventes d'objets hors de service provenant des administrations des contributions indirectes, des douanes, des forêts, etc. — Décis. min. fin. 29 août 1823 ; instr. 10 sept. 1823 et 20 nov. 1833.

3828. — ...Les adjudications de coupes de bois de la couronne faites devant notaires en présence des préfets ou de leurs délégués. — Déc. min. fin. 14 sept. 1826.

3829. — ...Les ventes d'arbres à abattre sur les routes royales. — Décis. min. fin. 15 sept. 1827 ; ord. 18 mai 1831.

3830. — ...Les ventes d'effets mobiliers provenant des canaux en construction. — Décis. min. fin. 28 nov. 1823.

3831. — ...Les ventes d'objets saisis par les préposés des douanes. — Délib. 3 flor. an VII.

3832. — ...Les ventes d'objets déposés dans les greffes. — Décis. min. fin. 20 sept. 1820, 29 juin 1821 ; ord. 23 janv. 1824, 22 fév. 1829, 9 juin 1831.

3833. — ... La vente des objets confiés aux entrepreneurs de messageries, lorsqu'ils n'ont pas été réclamés. — Décr. 13 août 1810 ; instr. 493.

3834. — ...Les ventes publiques et aux enchères de poisson soit frais, soit sec et salé. — Avis Cons. d'état, 3 juin 1820 ; instr. 28 oct. 1819, 904 et 14 juill. 1820, art 940.

3835. — La déclaration doit être inscrite sur un registre spécial et elle est datée. Elle contient les noms, qualité et domicile de l'officier, ceux du requérant, ceux de la personne dont le mobilier est mis en vente et l'indication de l'endroit et du jour de l'ouverture de la vente. Elle est signée par l'officier public à qui il en est fourni une copie sans autre frais que le prix du papier timbré. — Elle ne peut servir que pour le mobilier de celui qui y est dénommé. — L. 22 pluv. an VII, art. 3.

3836. — Une simple lettre ne saurait suppléer à cette déclaration. — *Cass.*, 24 nov. 1806, Pugeau.

3837. — Par conséquent, le receveur ou préposé compromettrait sa responsabilité en enregistrant la déclaration d'après une telle lettre. — Instr. 31 août 1808, 396.

3838. — Une seule déclaration préalable est nécessaire pour une vente de meubles dans plusieurs communes dépendant du même bureau d'enregistrement, à la requête de plusieurs particuliers non coïntéressés, lorsque cette vente a lieu par le même procès-verbal, pourvu que cette déclaration transcrite en tête du procès-verbal indique les noms des divers requérans et le lieu où les enchères seront ouvertes. — Solut. 16 juin 1824 ; instr. 1146, § 15.

3839. — La déclaration peut être faite par un mandataire muni d'une procuration spéciale (instr. 31 août 1808). Cette procuration doit être sur papier timbré ; mais quand elle est sous seing privé et qu'elle n'a pas d'autre objet que la déclaration préalable, elle est exempte de l'enregistrement. — Décis. min. fin. 17 mai 1830 ; instr. 1336, § 11.

3840. — L'officier qui doit procéder le même jour, dans l'arrondissement du même bureau, à plusieurs ventes de meubles, et chacune à la requête d'un vendeur différent, peut ne donner qu'un seul pouvoir pour faire en son nom les déclarations préalables. — Délib. 30 janv. 1838.

3841. — L'officier public qui remet la continuation d'une vente de meubles à des jour et heure non précisés dans le procès-verbal de ses premières opérations, doit, sous peine d'amende, déclarer au receveur de l'enregistrement le jour auquel cette continuation aura lieu. — *Cass.*, 28 juill. 1828, Daufresne. — Délib. 18 avr. 1817.

3842. — Mais une nouvelle déclaration n'est pas nécessaire lorsque la vente est remise à jour fixe (Déc. min. fin. 24 mars 1820), et encore bien que le procès-verbal de cette remise n'ait pas encore été enregistré le jour où la vente est continuée. — Délib. 21 déc. 1822.

3843. — La déclaration préalable d'une vente de matériaux doit se faire, encore bien qu'il ne soit procédé ultérieurement qu'à une adjudication préparatoire. — *Bruxelles*, 23 juin 1824, N...

3844. — Le receveur n'est pas tenu de recevoir de déclaration le dimanche. — Décis. min. fin. 30 mars 1815.

3845. — Le registre des déclarations est sur papier non timbré ; il est coté et paraphé, sans frais, par le juge de paix dans l'arrondissement duquel est le bureau d'enregistrement (L. 22 pluv. an VII, art. 4). — Ce registre doit être arrêté jour par jour. — Instr. 26 juill. 1809, 443.

3846. — Les officiers publics sont tenus de transcrire en tête de leurs procès-verbaux de vente les copies de leurs déclarations (L. 22 pluv. an VII, art. 5). — Et cela sous peine d'une amende de 5 francs. — Même loi, art. 7, et L. 16 juin 1824, art. 10.

3847. — Si la déclaration n'a pas été faite ou ne se trouve pas transcrite en tête de l'acte, le receveur ne doit enregistrer la vente que sous la réserve de l'amende, et ne remettre l'acte qu'après en avoir tiré une copie certifiée de l'officier public, à moins que celui-ci n'acquitte immédiatement l'amende. — Circ. 1er vent. an VII, 1498.

3848. — Lors de la vente, chaque objet adjugé doit être porté de suite au procès-verbal ; le prix y est écrit en toutes lettres et tiré hors ligne en chiffres. — L. 22 pluv. an VII, art. 5.

3849. — Il y a lieu à une amende : 1° de 20 francs pour chaque article adjugé et non porté au procès-verbal, outre la restitution du droit ; — 2° également de 20 francs pour chaque altération de prix, indépendamment de la restitution du droit et des peines de faux ; — 3° enfin de 5 francs pour chaque article dont le prix ne serait pas écrit en toutes lettres. — L. 22 pluv. an VII, art. 7 ; 16 juin 1824, art. 10.

3850. — Il est dû autant d'amendes (de 5 francs) qu'on a omis de fois d'énoncer en toutes lettres le prix des adjudications dans le procès-verbal, bien que ce soit un notaire qui ait commis la contravention. En pareil cas, ce n'est pas la loi du 25 vent. an XI qui est applicable. — *Dict. des dr. d'enreg.*, v° *Vente* (meubles), chap. 3, n° 62.

3851. — Un arrêt du conseil d'état du 13 nov. 1778 obligeait les officiers publics ayant droit de procéder aux ventes mobilières, de comprendre dans leurs procès-verbaux tous les articles exposés en vente, tant ceux adjugés en totalité ou sur simple échantillon, que ceux retirés ou livrés par les propriétaires ou les héritiers pour le prix de l'enchère ou de la prisée. — Cette disposition a été remise en vigueur par une ordonnance du 1er mai 1816, sous peine d'une amende de 100 fr. (réduite à 20 fr. L. 16 juin 1824, art. 10) — Instr. 1er juin 1816, 725.

3852. — Le droit d'enregistrement n'est dû que sur le prix des objets adjugés, et non sur le prix des objets exposés en vente et retirés faute d'adjudication, même après enchères. Le procès-verbal doit donc contenir les explications nécessaires pour distinguer les objets non adjugés. — Déc. min. fin. 29 fév. 1819 ; instr. 882.

3853. — Les ratures d'articles dans les procès-verbaux de ventes publiques, ne constituent pas de contravention à l'art. 5 de la loi du 22 pluv. an VII. — Délib., 25 oct. 1824.

3854. — Chaque séance du procès-verbal doit être close et signée par l'officier public et deux témoins domiciliés. — L. 22 pluv. an VII, art. 5.

3855. — Ainsi, lorsqu'une vente mobilière se compose de plusieurs séances ou vacations, chaque séance forme un procès-verbal séparé qui doit être enregistré dans les délais prescrits. — Cass., 13 messid. an XIII, André.

3856. — Lorsque la vente a lieu par suite d'inventaire, il en est fait mention au procès-verbal avec indication de la date de l'inventaire, du nom du notaire qui y a procédé, et de la quittance de l'enregistrement. — L. 22 pluv. an VII, art. 5.

3857. — Les procès-verbaux de vente ne peuvent être enregistrés qu'aux bureaux où les déclarations ont été faites. — L. 22 pluv. an VII, art. 6.

3858. — Par conséquent, l'officier public qui procède à une vente hors du bureau dont il dépend pour l'enregistrement de ses actes, ne peut l'y faire enregistrer. — Circ. 1er vent. an VII, 1498 ; instr. 326, § 5.

3859. — Les actes de ventes d'achalandage et de marchandises faites en même temps par un notaire et par un commissaire priseur, doivent être enregistrés au seul bureau des actes civils, où le notaire est tenu de faire la déclaration préalable et d'acquitter ensuite les droits d'enregistrement de la vente entière. — Délib. 6 nov. 1815.

3860. — Les procès-verbaux doivent être enregistrés dans les délais prescrits par la loi sur l'enregistrement. — L. 22 pluv. an VII, art. 6.

3861. — Dès-lors, les notaires qui n'ont que dix jours pour faire enregistrer leurs actes, en ont quinze pour une vente mobilière faite hors du bureau de l'enregistrement de leurs actes. — A l'égard des greffiers et des huissiers, le délai reste tel qu'il est fixé par l'art. 20 de la loi du 22 frim. an VII (Circ. 1er vent. an VIII, 1498) — Le délai est de quatre jours pour les ventes faites par les commissaires-priseurs. — Av. cons. d'état, 7 oct. 1809, appr. le 21.

3862. — Les actes de ventes de mobilier de l'état auxquelles procèdent les préposés des domaines s'enregistrent dans les quatre jours de leur date, au bureau des actes d'huissiers (solut. 14 janv. 1812). — Il en est de même pour les ventes faites par les préposés des douanes et par ceux des contributions indirectes. — Déc. min. fin., 21 août 1810.

3863. — Les décharges de prix de ventes publiques de meubles, mises à la suite des procès-verbaux de vente, doivent, ainsi qu'on l'a déjà vu, être enregistrées dans le délai fixé par l'art. 20, L. 22 frim. an VII. — Avis cons. d'état, 21 oct. 1809.

3864. — Cet avis du cons. d'état ne fait point obstacle à ce que la décharge soit énoncée par acte distinct du procès-verbal de vente et sous seing-privé. A cet égard, les parties restent dans le droit commun, et si la décharge est faite sous seing-privé, elle ne peut être portée au répertoire, et n'est assujétie à l'enregistrement que lorsqu'on veut en faire usage. — Solut. 16 mars 1830.

3865. — Le droit d'enregistrement doit être perçu sur le montant des sommes que contient cumulativement le procès-verbal des séances. — L. 22 pluv. an VII, art. 6.

3866. — Ainsi, le droit d'enregistrement dont est passible une vente d'objets mobiliers faite au comptant ou à terme, doit être perçu cumulativement sur le montant intégral du prix et non sur chaque lot séparément. — Cass., 5 fév. 1810, Gosselin. — V. décis. min. fin. 28 niv. an IX et 4 juin 1811 ; circul. 7 germin. an IX, art. 1981 ; délib. 17 juill. 1835.

3867. — L'adjudication sur licitation d'objets mobiliers, prononcée au profit de l'un des héritiers donne lieu au droit proportionnel d'enregistrement de 2 °/₀, encore bien que la valeur des objets adjugés n'excède pas la part héréditaire de l'adjudicataire. — A cet égard, les art. 6 et 10, L. 22 pluv. an VII ont abrogé la disposition du n° 6, § 5, art. 69, L. 22 frim. an VII. — Cass., 9 mai 1832, Queulain.

3868. — Cependant, on a pensé que cela ne s'appliquait qu'aux rentes, aux coupes de bois et autres objets qui ne peuvent facilement être partagés et non aux meubles meublans dont la vente publique aux enchères ne peut être considérée comme licitation. — Solut. 13 nov. 1822 et 19 janv. 1827 ; — *Dict. des dr. d'enreg.*, v° *Ventes* (*Meubles*), chap. 3, n° 22.

3869. — Les centimes en sus du prix imposés à l'adjudication de biens meubles vendus publiquement, ne sont censés faire partie du prix qu'autant qu'ils dépassent 5 cent. par fr. Au-dessous, ils représentent les frais d'acte. — Solut. 19 avr. 1826, *Dict. d'enreg.*, v° *Vente*, chap. 3, n° 27.

3870. — Les préposés de la régie sont autorisés à se transporter dans tous les lieux où se font des ventes publiques et par enchères, et à s'y faire représenter les procès-verbaux de vente et les copies des déclarations préalables. — Ils dressent des procès-verbaux des contraventions qu'ils ont reconnues et constatées ; ils peuvent même requérir l'assistance de l'autorité municipale du lieu où se fait la vente. — L. 22 pluv. an VII, art. 8.

3871. — Les poursuites et instances ont lieu de la manière prescrite par la loi du 22 frim. an VII. —L. 22 pluv. an VII, art. 8.— V. *infrà* nos 4504 et suiv.

3872. — Indépendamment des procès-verbaux que les préposés de la régie ont le droit de dresser, les ventes faites en contravention à la loi peuvent encore être constatées au moyen de la preuve testimoniale. — L. 22 pluv. an VII, art. 8.—V. aussi *suprà* no 3812.

3873.—Mais la contravention ne peut être constatée que de deux manières, par un procès-verbal ou par une enquête. Elle ne saurait être prouvée par la déclaration de témoins non assermentés, faite après la vente au bureau du receveur. — *Cass.*, 4 juill. 1810, Brocard.

3874. — Les huissiers doivent conserver les minutes de leurs procès-verbaux de vente qu'aucune loi n'astreint à déposer au greffe. — Décis. min. just. et fin. 11 et 19 oct 1813.

3875. — Décidé également que les officiers publics qui procèdent a des ventes publiques de meubles à l'encan, sont dans l'obligation de conserver les minutes des procès-verbaux de ces ventes. — Édit mars 1713; circ. garde des sceaux 8 fév. 1830; instr. 1319.

CHAPITRE VII. — *Mutations secrètes.*

3876. — Ce n'est qu'autant qu'il s'agit d'immeubles que la loi fiscale prohibe les mutations secrètes entre les parties, et qu'elle les présume dans certaines circonstances, en ce qui concerne le paiement des droits.

3877. — Ces mutations secrètes peuvent avoir pour objet soit la propriété ou l'usufruit d'un immeuble, soit la jouissance de ce même immeuble.

Sect. 1re. — *Mutations présumées de propriété ou d'usufruit.*

§ 1er. — *Lois antérieures.—Dispositions générales.*

3878. — D'après l'art. 33, L. 2 vendém. an VI, la mutation d'un immeuble en propriété et en usufruit était suffisamment établie relativement à la demande des droits, soit par des paiemens faits d'après le rôle de la contribution foncière soit par des baux passés par le nouveau possesseur, soit enfin par des transactions ou tous autres actes constatant la propriété ou jouissance.

3879. — Cette disposition a été presque textuellement reproduite par l'art. 12, L. 22 frim. an VII, qui porte : « la mutation d'un immeuble en propriété ou usufruit sera suffisamment établie, pour la demande du droit d'enregistrement et la poursuite du paiement contre le nouveau possesseur, soit par l'inscription de son nom au rôle de la contribution foncière et des paiemens par lui faits d'après ce rôle, soit par des baux par lui passés, ou enfin, par des transactions ou autres actes constatant la propriété ou son usufruit.

3880. — L'art. 12, L. 22 frim. an VII, a été lui-même complété par l'art. 4, L. 27 vent. an IX, lequel est ainsi conçu : « Sont soumises aux dispositions des art. 22 et 38, L. 22 frim. VII (c'est-à-dire doivent être enregistrées dans les trois mois à peine du double droit), les mutations entre-vifs de propriété ou d'usufruit de biens immeubles, lors même que les nouveaux possesseurs prétendraient qu'il n'existe pas de conventions écrites entre eux et les précédens propriétaires ou usufruitiers.

3881.—Sous la législation antérieure à la loi du 19 déc. 1790, la preuve de la réalité d'une mutation soumise aux droits d'insinuation et de centième denier, se déduisait, à défaut d'acte, des mêmes circonstances que celles désignées par l'art. 33, L. 9 vendém. an VI, et l'art. 12, L. 22 frim. an VII, par conséquent de l'inscription du nouveau possesseur au rôle de la contribution foncière. — Edit déc. 1703; décl. 19 juill. 1704, art. 20 et 22.— *Cass.*, 16 nov. 1813, Sévin; 8 juin 1814, Marmot.

3882. — Si le possesseur d'un immeuble, poursuivi en paiement du droit proportionnel de mutation, prétend que la mutation remonte à une époque régie par la loi du 8 janv. 1793, qui n'assujétissait pendant cinq ans les ventes et reventes des biens nationaux qu'à un droit fixe de 75 cent., il est tenu de justifier que cette mutation avait acquis une date certaine à cette époque ou au moins dans les cinq ans déterminés par la loi.— *Cass.*, 26 juill. 1813, Revel.

3883.—Dans l'intervalle qui s'est écoulé depuis la loi du 5-19 déc. 1790, à l'époque de la mise en activité de celle du 9 vend. an VI, il fallait, pour autoriser la réclamation d'un droit de mutation, qu'il y eût un acte authentique ou sous signatures privées ; et, si l'acte était seulement de cette dernière espèce, qu'il en eût été fait usage en justice. Lorsque ces circonstances ne se rencontraient pas, et s'il n'y avait, par exemple, qu'inscription sur les rôles et paiement des contributions en conséquence, il ne pouvait y avoir lieu à aucune perception. — *Cass.*, 27 janv. 1812, Cazeaux.

3884. — Les mutations d'immeubles effectuées par conventions verbales ou par acte sous-seing privé antérieurement à la loi du 5-19 déc. 1790, ou postérieurement aux lois du 9 vend. an VI, 22 frim. an VII et 27 vent. an IX, lorsque la preuve en est acquise, sont sujettes au paiement des droits d'enregistrement, même avant que les possesseurs aient fait usage de leurs titres ; mais celles qui ont eu lieu sous l'empire de la loi du 5-19 déc. 1790 n'en sont devenues passibles qu'autant que le titre en a été produit en justice ou relaté dans un acte authentique.— *Cass.*, 9 oct. 1811, Santerre.

3885. — L'art. 11, L. 5-19 déc. 1790, n'autorisant point à rechercher les mutations secrètes, à défaut des actes constatant la transmission de propriété, et à exiger les droits de ceux de ces actes qui, non enregistrés dans les six mois de leur date, seraient produits en justice ou énoncés dans un acte authentique, on ne peut, à l'égard des actes passés depuis cette loi jusqu'à celle du 9 vend. an VI, donner un effet rétroactif aux lois des 22 frim. an VII et 27 vent. an IX.—*Cass.*, 29 avr. 1807, Lachatterie; 14 nov. 1808, Lachatterie.

3886. — La loi du 5-19 déc. 1790 n'assujétissant aux droit et double droit les mutations qui ont eu lieu sous-seing privé, sous son empire, qu'autant qu'il serait fait usage de cet acte en justice, ou qu'il serait annexé à un acte authentique, il n'est point dû de droit, même depuis les lois des 9 vend. an VI et 22 frim. an VII, dont les dispositions ne rétroagissent pas, si cette énonciation n'a pas été faite, ou si on ne s'en est pas servi judiciairement. — *Cass.*, 11 avr. 1811, Suin.

3887.—Sous la loi du 9 vend. an VI, la mutation de propriété était suffisamment établie, par le paiement du prix de vente en nom personnel, et par la colisation au rôle de la contribution foncière. — *Cass.*, 13 flor. an X, Lacroix.

3888.—Mais cette loi n'était pas applicable aux mutations opérées avant sa publication. — *Cass.*, 12 brum. an IX, Arnaut.

3889. — Un jugement ne viole pas l'art. 33, L. 9 vend. an VI, en rejetant comme insuffisante la preuve d'une mutation tirée de la déclaration faite par un frère et ses sœurs, en l'an VI, sur le livre des mutations d'une commune, et par suite de laquelle des biens appartenant à ces dernières, auraient été compris sur le rôle en un seul article avec ceux de leur frère et inscrits sous son nom, lorsque cette inscription n'a été suivie d'aucun paiement par lui des impositions afférentes aux biens de ses sœurs, et qu'il a été jugé dans une autre instance où la régie n'a point été partie, que ces biens n'ont jamais cessé d'appartenir à leurs anciens propriétaires.—*Cass.*, 31 janv. 1845, Ducayla.

3890. — Sous la loi du 9 vend. an VI, lorsque la preuve de la mutation résultait des énonciations consignées dans un acte, il n'était pas besoin, pour la perception du droit d'enregistrement, que l'acte translatif de propriété fût représenté.—*Cass.*, 13 thermid. an XII, Laroque.

3891.—Sous l'empire de la même loi, un acte de partage entre cohéritiers ne devant pas être assimilé à un contrat translatif de propriété, lorsque cet acte n'était pas représenté, on ne pouvait en exiger les droits d'après les présomptions légales établies pour les cas de mutation.—*Cass.*, 14 messid. an IX, Coustard et Champagne.

3892.—La régie a pu, depuis la loi du 22 frim.

an VII, exiger les droits d'enregistrement sur les actes de mutation de propriété passés antérieurement, et cela avant même que les parties en eussent fait usage, lorsque ces droits n'avaient point été acquittés d'après les anciens réglemens. — Cass., 24 flor. an XIII, Huard-Duplessis.

3893. — Lorsque, pour le paiement du droit d'une mutation secrète, un jugement a reconnu en fait les circonstances desquelles l'art. 12. L. 22 frim. an VII, tire une présomption légale de mutation, il y a appréciation souveraine qui échappe à la censure de la cour de Cassation. — Cass., 18 nov. 1835, Furet; 18 juill. 1838 (t. 2 1838, p. 92), Duguéchaire.

3894. — Les droits exigibles sur une mutation dont l'existence est constatée sont, selon les circonstances, ceux de vente, de donation, ou de mutation par décès.

3895. — La déclaration faite dans un partage par un gendre de l'auteur de la succession, portant qu'une vente à lui consentie par son beau-père, était simulée, doit être regardée comme opérant une rétrocession au profit des héritiers et non une donation entre étrangers. — Délib. 24 mars 1828.

3896. — La déclaration faite par un possesseur de biens provenant d'émigré, portant qu'il n'en avait fait l'acquisition que pour les conserver à cet émigré auquel il les remet, est une rétrocession. — Délib. 29 août 1821.

3897. — La demande de la régie peut avoir, en outre, pour objet le paiement du double droit, quand la mutation dont la preuve est établie, a réellement existé plus de trois mois auparavant.

3898. — Ainsi, les héritiers qui, avant le décès de leur auteur, ont joui de ses biens en vertu d'une donation verbale, sont tenus d'acquitter les droit et double droit dus à cet égard, sauf à leur tenir compte de ceux qui auraient été payés pour la mutation des mêmes biens à titre de succession. — Décis. min. fin., 8 déc. 1814.

3899. — Ainsi encore, il y a lieu à la perception du double droit, lorsqu'un acte de vente passé en vertu de conventions verbales préexistantes fait remonter à plus de trois mois l'entrée en jouissance de l'acquéreur. — Délib. 6 août 1833.

3900. — Mais il n'y a point preuve de mutation secrète qui donne ouverture à un double droit, dans la déclaration du détenteur d'un immeuble, qu'il en est propriétaire depuis plus de trois mois, s'il est constant, en fait, qu'il n'y a point eu prise de possession de sa part. — Cass., 17 vendém. an XIII. Dilh.

3901. — Dans le système consitué par la loi du 27 vent. an IX, disent MM. Championnière et Rigaud (t. 2, nos 1661 et 1662), « l'acquéreur par convention verbale doit le droit de mutation; mais il a, pour le payer, trois mois, à partir de son entrée en possession; il peut être admis à déclarer dès le jour de la convention; il n'est obligé pour cela ni d'attendre ni de prouver sa prise de possession, mais la régie ne peut le forcer à payer s'il n'entre pas en jouissance : non-seulement pour exiger le droit, elle doit prouver la possession, mais encore elle doit établir que cette possession remonte à plus de trois mois. »

3902. — Mais décidé que la reconnaissance, dans un acte de vente, que l'acquéreur est en jouissance depuis plus de trois mois suffit pour donner ouverture au double droit, bien que les parties déclarent dans le même acte que les droits de l'acquéreur à la propriété ne commencent que du jour où l'acte de vente est passé. — Délib. de la régie, 13 sept. 1837.

3903. — Jugé cependant qu'un tribunal a pu décider que la déclaration qui, dans un contrat de vente, fait remonter à plus de trois mois la jouissance de l'acquéreur et la stipulation des intérêts à partir de la même époque, ne prouve pas qu'il y ait eu alors mutation de propriété, et qu'il est dû par conséquent un double droit. — Cass., 1er mars 1815, Poirier.

3904. — Si, à défaut d'acte constatant la vente, les droits ne sont dus qu'à compter de l'entrée en possession, cette entrée en possession est un fait laissé à l'appréciation des tribunaux, et dont la constatation ne peut donner ouverture à cassation. — Cass., 8 nov. 1841 (t. 2 1841, p. 686), Marioton-Barluet.

3905. — Lorsqu'un acte de vente déposé à l'enregistrement constate que l'acquéreur était en possession de l'objet vendu, l'assertion contraire de sa part *qu'il ne s'est opéré aucune mutation*, ne peut arrêter l'effet de la contrainte. — Cass., 12 mars 1817, Donge.

3906. — La déclaration insérée dans un acte de vente, que l'acquéreur qui achète présentement et en payant à l'instant même seulement un à-compte, a joui depuis une époque antérieure à cet acte, conformément aux conventions verbales faites entre lui et son vendeur, ne supposant pas nécessairement qu'il y a eu dès-lors vente simulée, et pouvant s'interpréter en ce sens que cet acquéreur a voulu connaître par là la véritable valeur de l'immeuble qu'il désirait acquérir, ne peut servir de preuve d'une mutation secrète, aux termes de l'art. 12, L. 22 frim. an VII, s'il n'y a eu surtout ni inscription du nom du nouveau propriétaire sur les rôles, ni paiement par lui de la contribution. — Cass., 7 nov. 1809, Odde.

3907. — L'art. 12 de la loi de frimaire supplée à l'existence d'un acte de mutation par des présomptions tirées : 1o soit de l'inscription du nouveau possesseur au rôle de la contribution foncière et des paiemens par lui faits d'après ce rôle; — 2o soit des actes constatant sa propriété ou son usufruit. — Nous suivrons cette division.

3908. — Toutefois, nous devons faire remarquer que dans l'application cette division ne saurait être rigoureusement suivie, attendu que plusieurs des arrêts rapportés sous un paragraphe se trouvent réunir quelques uns des caractères propres aux arrêts classés sous l'autre paragraphe, et qu'il était impossible de scinder le sommaire de ces arrêts sans leur faire perdre leur physionomie particulière.

§ 2. — *Présomptions de mutation résultant de l'inscription au rôle des contributions et des paiemens faits en conséquence.*

3909. — La présomption de mutation d'un immeuble en propriété ou en usufruit est, ainsi qu'on l'a vu (no 3879) suffisamment établie contre le nouveau possesseur, pour la demande et la poursuite du droit d'enregistrement, par l'inscription de son nom au rôle de la contribution foncière et des paiemens par lui faits d'après ce rôle. — L. 22 frim. an VII, art. 12.

3910. — Les mutations foncières sur les matrices des rôles sont, en conformité de la loi du 3 frim. an VII, recueillies d'après les déclarations des parties intéressées, qui font connaître à quel titre la mutation a lieu, sans qu'on soit obligé de produire l'acte qui la justifie; à défaut de ces déclarations, qui doivent être provoquées par les maires des communes, sur les indications des percepteurs ou de la notoriété publique, il est procédé d'office à l'établissement de la mutation sur la matrice et sur le rôle, lorsque le changement survenu dans la propriété est constant par l'enregistrement de l'acte. — Décis. min. fin. 10 juin 1831; inst. 3 juill. 1831, 1371.

3911. — Il y a présomption légale de mutation de propriété, pour la perception des droits d'enregistrement par l'inscription d'un individu au rôle de la contribution foncière et les paiemens faits en conséquence. — Cass., 3 (et non 15) août 1808, Kerpaen-Kersallo.

3912. — Il en est surtout ainsi quand les paiemens ont été faits pendant plusieurs années. — Cass., 20 juill. 1829, Decorde.

3913. — ... Ou que le nouveau possesseur a payé sans réclamation. — Cass., 22 oct. 1844, Ducros; 9 fév. 1842 (t. 1er 1842, p. 367), Letourmy.

3914. — ... Ou bien que sa réclamation n'a pas été admise par l'autorité administrative. — Cass., 1er sept. 1806, Laligant.

3915. — La présomption légale de mutation existe à plus forte raison quand la double circonstance de l'inscription au rôle et du paiement des contributions se trouve corroborée par d'autres actes.

3916. — Tel est le cas où il existe un acte dont la date, évidemment surchargée, indique une vente bien antérieure à la contrainte. — Cass., 2 fév. 1807, Brun.

3917. — ... Ou lorsqu'il résulte d'un extrait des registres de l'enregistrement qu'il a été signifié par le nouveau possesseur, en qualité de propriétaire, un congé à l'un des locataires de la maison, objet de la mutation. — *Cass.*, 15 mars 1814, Lausac.

3918. — ... Ou qu'il y a eu de la part du nouveau possesseur vente de coupes de bois dépendant des immeubles. — *Cass.*, 19 (et non 18) frim. an XIV, Claude.

3919. — ... Ou que ce nouveau possesseur a fait des réparations à l'immeuble et une déclaration à l'administration forestière pour abattre des bois en dépendant, à moins qu'il ne prouve par des procurations, des quittances d'ouvriers ou toute autre pièce, qu'il n'a agi qu'en qualité de mandataire. — *Cass.*, 31 août 1814, Soulès.

3920. — ... Ou s'il y a eu une reconnaissance émanée ultérieurement de toutes les parties intéressées. — *Cass.*, 22 déc. 1819, Sardet.

3921. — ... Ou quand le nouveau possesseur a nommé des gardes pour veiller à la conservation des biens, et que dans une instance en revendication, il n'a point dénié sa qualité de propriétaire. — *Cass.*, 12 oct. 1808, Pathiot.

3922. — ... Ou bien si le nouveau possesseur a fait la réception des fermages de l'immeuble, ainsi que la vente des bois en dépendant. La vente de l'immeuble faite depuis par acte public par l'ancien propriétaire, n'exclut nullement une propriété ou un usufruit intermédiaires. — *Cass.*, 4 pluv. an XII, Renusson-Dumesnil.

3923. — Toutefois, jugé que la mutation secrète doit d'autant moins facilement être présumée que l'individu a depuis acquis l'immeuble par acte authentique. — *Cass.*, 5 fév. 1810, Imbert.

3924. — La présomption de mutation résultant de l'inscription d'un nouveau possesseur au rôle de la contribution foncière, et des paiemens en conséquence, ne peut être déclarée insuffisante par cela que le droit du possesseur est litigieux. — *Cass. belge*, 30 sept. 1833, Amory.

3925. — Jugé de même à l'égard d'une commune, encore bien qu'elle prétende n'avoir pas valablement acquis, faute d'autorisation. — *Cass.*, 27 déc. 1809, comm. de Thous.

3926. — La vente d'un immeuble, avec clause qu'à défaut de paiement du prix dans un délai fixé, elle sera considérée comme non avenue, est faite, non sous une condition suspensive, mais sous une condition résolutoire. En conséquence il est dû un droit de mutation par l'acquéreur, quand d'ailleurs celui-ci est entré en jouissance de l'immeuble, qu'il a fait inscrire son nom sur le rôle foncier et qu'il a payé les contributions. — *Cass.*, 14 nov. 1809, Montant.

3927. — Lorsqu'un individu est inscrit sur les rôles de la contribution foncière a fait plusieurs paiemens en conséquence, et que de plus sommation lui a été faite par l'ancien propriétaire de réaliser la vente qu'il lui a verbalement consentie, il y a là preuve légale et suffisante de mutation, sans que la régie soit tenue de justifier de l'existence d'une convention écrite constatant cette même mutation. — *Cass.*, 4 déc. 1810, Tournal.

3928. — Il y a également preuve suffisante de mutation par l'inscription du nom d'un individu au rôle de la contribution foncière et les paiemens par lui faits en conséquence, encore bien que, postérieurement, dans l'acte de réalisation de la vente, le vendeur et l'acquéreur déclareraient que les paiemens n'ont été faits par le second qu'au nom du premier. — *Cass.*, 13 avr. 1814, Borda.

3929. — La présomption légale de mutation résultant de l'inscription au rôle des contributions foncières et des paiemens faits en conséquence, s'applique également, et au particulier inscrit pour la première fois comme nouveau possesseur, et à celui qui, après s'être dessaisi de la propriété d'un immeuble, ne laisse pas de continuer à être inscrit sur le rôle et de payer les contributions. Cette présomption légale ne peut être détruite par un acte authentique contenant rétrocession, parce qu'il n'a rien d'incompatible avec une rétrocession antérieure célée à la régie. — *Cass.*, 18 nov. 1818, Caplchon.

3930. — Lorsqu'un immeuble a été adjugé par suite de saisie immobilière, et que néanmoins l'exproprié est resté en possession, l'inscription de celui-ci au rôle de la contribution, les paiemens par lui effectués, et la disposition qu'il a faite par testament de cet immeuble, établissent qu'il y a eu rétrocession par l'adjudicataire à son profit, alors même qu'une folle enchère a été poursuivie et exécutée sur l'adjudicataire par un créancier inscrit. Le fait que la folle-enchère aurait eu lieu, dans ce cas, après le décès de l'exproprié, sur un autre que lui ou ses héritiers, ne suffit pas pour empêcher que l'immeuble ne puisse être considéré comme ayant été dans sa succession, et comme soumis dès-lors à ce titre aux droits de succession. — *Cass.*, 18 nov. 1835, Furet.

3931. — Il y a présomption légale de rétrocession lorsqu'un individu, après avoir été exproprié d'un immeuble, est cependant resté inscrit au rôle foncier pendant plusieurs années et a payé les contributions. — *Cass.*, 20 juin 1813, Clavé; 28 (et non 22) déc. 1813, Vaissouze; 18 (et non 13) avr. 1821, Orihac.

3932. — Jugé de même quand l'acquéreur reste imposé au rôle et que le vendeur vend le même immeuble à un tiers avec stipulation que celui-ci n'entrera en jouissance qu'après le décès du premier acquéreur dépossédé. — *Cass.*, 13 nov. 1810, Touraille.

3933. — ... Ou lorsque après la vente ou l'expropriation de l'immeuble, le vendeur continue d'être inscrit au rôle de la contribution foncière et d'acquitter l'impôt, et qu'en outre il hypothèque l'immeuble en tout ou en partie. — *Cass.*, 2 fév. 1813, Sivière et Lelac; 29 mars 1820, Raboleau.

3934. — Lorsque le vendeur d'un immeuble a continué d'être inscrit au rôle foncier, comme propriétaire, et d'acquitter les contributions, la présomption légale de rétrocession qui en résulte, pour la perception du droit proportionnel, ne peut être détruite par cette circonstance que, depuis la contrainte décernée par la régie, un jugement aurait, sur les déclarations et le consentement des parties, annulé la vente comme simulée. — *Cass.*, 13 mai 1822, Andréa.

3935. — Il y a également preuve suffisante de rétrocession au profit du vendeur par le bail que, postérieurement à l'aliénation, il a passé des immeubles vendus, par l'inscription de son nom au rôle de la contribution foncière et les paiemens faits en conséquence, et enfin par la vente qu'il a consentie de partie des immeubles précédemment sortis de ses mains. — *Cass.*, 3 avr. 1814, Bazin.

3936. — Mais il n'y a pas preuve suffisante de mutation secrète lorsque, après avoir fait substituer son nom sur la matrice du rôle, la partie intéressée hypothèque l'immeuble à la sûreté d'une obligation, si le prétendu vendeur continue à payer les contributions et si, d'une part, dans l'acte constitutif d'hypothèque, celui que l'on présume avoir acquis n'a pas désigné l'immeuble comme étant sa propriété, et que, d'une autre part, cet acte ait été passé dans un pays anciennement de droit écrit, régi sans statut dérogatoire par les lois romaines qui autorisaient l'hypothèque d'un bien non encore acquis, mais qu'on se proposait d'acquérir. — *Cass.*, 24 nov. 1806, Pingen.

3937. — Il y a présomption suffisante de mutation par l'inscription des enfans au rôle foncier aux lieu et place de leur père, et par les paiemens faits en conséquence, sans que cette présomption puisse être détruite par la production d'un acte sous seing privé contenant partage anticipé par le père à ses enfans des biens devant composer sa succession, si cet acte n'a point acquis, avant le décès du père, une date certaine à laquelle on puisse rattacher l'inscription des enfans sur le rôle. — *Cass.*, 1er déc. (et non nov.) 1812, Fauconneau-Dufresne.

3938. — La présomption légale résultant de l'inscription des enfans au rôle foncier et des paiemens par eux faits, ne saurait être combattue par la simple allégation d'un usage local qui permettrait à un père parvenu à un grand âge de délaisser verbalement à ses enfans la culture de ses terres, à la charge d'une quotité proportionnelle des fruits pour son entretien et du paiement de la contribution, sous la réserve toutefois de reprendre ses biens à son gré. — *Cass.*, 24 juin 1822 (et non 1821), Christ et Brenckel.

3939. — En pareil cas, la régie ne peut être tenue de prouver que l'inscription a été faite sur la représentation des titres translatifs de propriété, et la présomption légale ne saurait être détruite par cette circonstance, qu'après la mort du père les biens dont s'agit auraient été compris dans un partage entre les cohéritiers. — *Cass.*, 2 août 1809, Fournès.

3940. — Dès l'instant que des enfans ont hypothéqué un immeuble ayant appartenu jusque-là à leur père, que, de plus, ils se sont fait inscrire au rôle de la contribution foncière et ont payé en conséquence, il y a présomption légale de mutation, sans qu'on puisse prétendre qu'il a été dérogé à la loi du 22 frim. an VII par les dispositions du Code civ., sur les manières de transmettre la propriété. — *Cass.*, 23 (et non 25) nov. 1807, Leist.

3941. — Lorsque les héritiers ou légataires sont, après le décès de leur auteur, expropriés, par suite de folle enchère, d'un immeuble acquis par celui-ci, ils ne peuvent prétendre que cet immeuble ne fait pas partie de sa succession, alors surtout qu'il y a eu paiement d'à-compte sur le prix, actes de propriété, inscription au rôle de la contribution foncière, suivie de paiemens des impositions, et enfin acquiescemens à divers jugemens successifs qui ont condamné ces héritiers ou légataires au paiement des droits de mutation. — *Cass.*, 14 fév. 1825, Bigot.

3942. — Il y a présomption légale de mutation, par l'inscription d'un héritier au rôle de la contribution foncière, à raison des biens ayant appartenu à son auteur, militaire absent, et par les paiemens faits en conséquence. — Cet héritier, poursuivi en paiement des droits, n'est point fondé à prétendre qu'il a payé, s'il ne justifie pas de ce paiement de la manière prescrite par l'art. 57, L. 22 frim. an VII, ni à invoquer la prescription de cinq ans, s'il ne rapporte aucun acte qui constate le décès de son auteur. — *Cass.*, 8 mai 1826, Orth.

3943. — Il ne peut y avoir mutation d'un beau-père à son gendre des biens par lesquels ce dernier est inscrit sur les rôles de la contribution, lorsque ces biens ont été légalement transmis à sa femme, et qu'ils l'ont été surtout du chef de sa mère. Cette inscription du nom du mari sur les rôles ne peut avoir été faite qu'en sa qualité d'administrateur des biens de sa femme. — *Cass.*, 15 juin 1813, Dannoderie.

3944. — Mais il y a présomption légale de mutation dans la déclaration faite à la mairie par un individu qu'il a acquis de sa belle-mère un immeuble appartenant à celle-ci, l'inscription de cet individu au rôle de la contribution foncière et le paiement de cette contribution pendant plusieurs années. — Cette présomption ne saurait être détruite par la production d'un testament notarié antérieur à la contrainte, dans lequel la belle-mère institue sa fille légataire de l'immeuble, cette disposition éventuelle et officielle n'ayant rien d'incompatible avec la mutation secrète attestée par les indices légaux. — *Cass.*, 14 janv. 1824, Heimbourger et Meyer.

3945. — Lorsqu'un individu a joui des biens d'une succession, que ces biens ont été inscrits en son nom, et qu'il en a payé l'impôt, il en est justement présumé propriétaire, et ses héritiers ne sont pas fondés à prétendre que l'on doit en distraire une partie comme leur revenant du chef de leur mère, et ayant été à tort confondue avec ceux du défunt, si surtout leur mère a, par son contrat de mariage, reçu tout ce à quoi elle avait droit et qu'elle ait renoncé au reste. — *Cass.*, 11 avr. 1815, Doat et Laborde.

3946. — Dans le cas où un immeuble est resté indivis entre cohéritiers, la régie de l'enregistrement a pu, sans violer l'art. 883, C. civ., exiger contre l'un d'eux le droit proportionnel de mutation, si de la double circonstance de la mention du nom seul de ce dernier sur la matrice du rôle et des paiemens par lui effectués des contributions résulte la présomption qu'il a, par un acte tenu secret, acquis de ses cosuccessibles les droits qu'ils avaient à cet immeuble. — Le principe que les partages ou licitations entre cohéritiers sont déclaratifs et non translatifs de propriété, ne rend pas la régie non recevable à exiger le paiement de ce droit. — *Cass.*, 6 mars 1834, Merlet.

3947. — La présomption légale d'une mutation secrète de la propriété d'un immeuble dépendant d'une succession, au profit exclusif de l'un des cohéritiers, est suffisamment établie par l'inscription du nom de ce cohéritier seul au rôle de la contribution foncière, et les paiemens par lui faits d'après ce rôle. — Cette présomption ne peut être détruite par la renonciation sous seing-privé des autres cohéritiers à la succession. — *Cass.*, 15 juill. 1840 (t. 2 1840, p. 247), Chauvin.

3948. — Lorsqu'un individu a acquis un immeuble en son nom personnel, qu'il a été inscrit au rôle foncier et qu'il a acquitté la contribution, la présomption légale résultant de tous ces faits qu'il est seul propriétaire ne peut être détruite par la production d'actes sous seing-privé, sans date certaine, constatant l'association de plusieurs individus pour l'acquisition de ce même immeuble. — Dès-lors la substitution sur le rôle foncier du nom de ces prétendus associés à celui de l'acquéreur, seul en nom, fait présumer une rétrocession de la part de ce dernier. — *Cass.*, 16 (et non 6) oct. 1810, Jourdain et Pinelle.

3949. — Pour que la présomption légale de mutation existe contre un nouveau possesseur, il faut le concours simultané de l'inscription de son nom au rôle et des paiemens par lui faits d'après ce rôle. — *Cass.*, 31 janv. 1833, Aubertin.

3950. — L'inscription seule ne suffirait pas; car elle pourrait avoir été faite à l'insu du nouvel inscrit : il faut qu'il s'y joigne *des paiemens*, c'est-à-dire plus d'un paiement, cette circonstance seule prouvant qu'il a connu l'inscription et qu'il y a adhéré. — Masson-Delongpré, *C. de l'enreg.*, n° 409, édit. 1re. — Toutefois, comme on le verra plus bas, la circonstance *des paiemens faits* pourrait être remplacée par quelque autre acte qui viendrait se joindre à l'inscripton au rôle foncier.

3951. — Jugé en ce sens que l'inscription du nom d'un individu au rôle de la contribution foncière ne suffit pas pour prouver une mutation secrète, s'il est établi que cet individu n'a ni payé ni donné l'ordre ou le pouvoir de payer pour lui en vertu de cette inscription. — *Cass.*, 20 mars 1816, Baillot.

3952. — ... Que, si les paiemens ont été faits par un tiers, il faut qu'il soit prouvé que ce tiers a agi pour le nouveau possesseur et à sa connaissance. — *Cass.*, 31 janv. 1833, Aubertin.

3953. — Par la même raison, l'art. 12, L. 22 frim. an VII, n'est pas applicable, s'il y a seulement paiement des impositions, sans inscription au rôle du nom du nouveau possesseur. — *Cass.*, 26 (et non 25 ou 29) nov. 1825, Legrand.

3954. — Jugé également que la présomption de mutation n'a pas lieu lorsqu'il est constaté que le nouvel inscrit a ignoré son inscription et les paiemens faits en son nom par le fermier. — *Cass.*, 4 mars 1839 (t. 1er 1839, p. 452), Guibal.

3955. — Mais il faudrait décider autrement à l'égard d'un individu qui aurait payé pendant plusieurs années les impositions foncières des immeubles, quand bien même son nom ne serait pas inscrit au rôle foncier, si toutefois cette inscription existe au nom d'un tiers et consorts. — *Cass.*, 12 oct. 1808, Pathiot.

3956. — La mutation secrète n'est pas prouvée lorsque le nom du prétendu nouveau possesseur n'est réellement pas inscrit au rôle, que ce rôle porte qu'il s'en est seulement chargé pour le propriétaire, et que ce n'est pas à ce titre qu'il a fait les paiemens qu'exige la loi. — *Cass.*, 10 fév. 1813, Landes.

3957. — Il n'y a pas non plus preuve suffisante de mutation de propriété, par cela qu'une personne aurait payé une partie de la contribution foncière, et serait indiquée comme propriétaire dans un acte, si cet acte lui est étranger, et si elle n'est pas inscrite sur les rôles de la contribution. — *Cass.*, 6 frim. an XIV, Despral-Carhoué.

3958. — En effet, le paiement de la contribution ne supplée pas au défaut de l'inscription : il faut qu'il soit fait *en conséquence* de l'inscription, laquelle ne serait pas non plus efficacement remplacée par d'autres actes ne constatant pas la propriété du nouveau possesseur et n'émanant pas de lui. — Championnière et Rigaud, t. 2, n° 1684.

3959. — De ce que le nouveau possesseur d'un immeuble est inscrit au rôle foncier il résulte une présomption légale de mutation telle que les tribunaux ne peuvent avoir égard à la déclaration de ce possesseur, que l'acte translatif de propriété est resté sans exécution, et que lui, possesseur, ne jouit qu'à titre de fermier.—*Cass.*, 21 flor. an VIII, Veillet.

3960.—La présomption de mutation existe donc contre le possesseur, encore bien qu'il prétende n'avoir payé que comme fermier, et que les modifications du rôle n'ont point été opérées sur des titres réguliers. — *Cass.*, 19 août 1806, Roger.

3961. — Des paiemens de la contribution foncière sont réputés faits par le nouveau possesseur lorsqu'ils ont été effectués en son nom par ses fermiers. — *Cass.*, 7 (et non 6) nov. 1832, Maloiseau.

3962. — Mais il n'y a plus présomption légale suffisante lorsque les paiemens ont été faits, non par le nouveau possesseur, mais par le fermier et au nom du propriétaire.—*Cass.*, 19 oct. 1814, Siraud.

3963. — Il n'y a point non plus présomption légale de mutation, lorsque l'individu inscrit au rôle foncier déclare que l'inscription a été faite à son insu, et que c'est comme fermier qu'il a payé l'impôt. — Solut. 19 nov. 1832.

3964.— Mais jugé que la présomption légale de mutation résultant de l'inscription au rôle et du paiement des contributions sans réclamation conserve toute sa force, bien que le possesseur, qui avait été précédemment fermier des immeubles, allègue qu'il continue d'en jouir par tacite reconduction, et qu'il a payé les contributions en sa qualité de fermier, conformément à une clause du bail expiré, bien qu'il allègue en outre que l'inscription de son nom sur le rôle n'a pas été faite sur sa demande, et qu'il oppose un acte de vente des mêmes immeubles pour lequel il a payé le droit avant la contrainte décernée contre lui, mais postérieurement à l'avis qui lui avait été donné de payer par suite de la présomption légale de mutation. — *Cass.*, 26 nov. 1833, Molmy.

3965. — Lorsqu'il y a présomption de mutation de propriété d'un immeuble en faveur d'un individu, d'après son inscription au rôle de la contribution foncière depuis plusieurs années, et d'après le paiement de l'impôt fait en son nom par un sous fermier qu'il n'a point désavoué, que de plus il est énoncé dans l'acte de sous-bail que l'immeuble lui appartient, il y a lieu de supposer une mutation intermédiaire lorsque le même immeuble a été vendu par le frère de cet individu, encore bien que ce frère prétende avoir recueilli seul cet immeuble dans la succession de la mère commune, et que ce n'est que par erreur que son propre nom n'a pas été porté sur le rôle. — *Cass.*, 14 vent. an XIII, Méat.

3966.—Provision étant due au titre, il y a preuve suffisante de mutation lorsque la régie établit par des certificats qu'il y a substitution d'un nom à un autre sur le rôle foncier et que le nouvel inscrit a payé pour son propre compte le montant des contributions, quoique d'ailleurs on ne produise aucun acte, et que le nouvel inscrit dénie la propriété qu'on met à sa charge.—*Cass.*, 25 avr. 1808, Knapp.

3967. —Par la même raison, la régie n'est pas tenue de prouver que l'individu inscrit est propriétaire de l'immeuble, et qu'il a demandé à être porté sur le rôle de la contribution foncière.— *Cass.*, 24 fév. 1807, Tribruck.

3968. — Mais si, d'après l'art. 12, L. 22 frim., il y a preuve suffisante de mutation d'un immeuble pour la perception des droits par l'inscription du nouveau possesseur au rôle de la contribution foncière et les paiemens faits en conséquence, cet article n'exclut pas néanmoins la preuve du contraire. — *Cass.*, 2 août 1814, Lefebvre; *Bruxelles*, 14 fév. 1820, Vanlooy *Cass.*, 18 juin 1823, Lanta et Puntis.—V. aussi *infrà* n° 4083.

3969. — Lors donc qu'il résulte d'actes authentiques non argués de fraude que celui que l'on suppose nouveau possesseur, parce qu'il a été inscrit sur les rôles de la contribution foncière, et qu'il a fait des paiemens en conséquence, n'a jamais eu d'autre qualité que celle de régisseur du propriétaire, il n'y a lieu par suite de percevoir le droit proportionnel.— *Cass.*, 18 juin 1823, Lanta et Puntis.—V. *infrà* n° 4083.

3970. — Ainsi encore, lorsque des enfans qui se sont fait imposer à la place de leur père étaient ses fermiers suivant un bail authentique antérieur à leur imposition ; que, par une clause de ce bail, ils devaient acquitter la contribution foncière, à la décharge de leur père, jusqu'à concurrence d'une somme déterminée, et que l'imposition qu'ils ont subie et acquittée n'excède pas cette somme, toutes ces circonstances et celle de la minorité d'un des enfans concourent à écarter l'idée d'une démission et d'un partage de propriété.— *Cass.*, 2 août 1814, Lefebvre.

3971. — La présomption légale de mutation résultant de l'inscription d'un individu au rôle foncier et des paiemens des contributions qu'il a faits en son nom ne peut être détruite : —ni par des actes qui tendraient à établir que l'individu n'a pas été propriétaire de l'immeuble, quelque authentique d'ailleurs que soit la forme de ces actes. — *Cass.*, 10 oct. 1808, Sevelinges.

3972. — ... Ni par cela que le vendeur aurait aliéné une partie des biens, lors surtout que le prix en provenant aurait été par lui remis à l'acquéreur. Il importe peu que la transmission se soit opérée sans convention écrite, cette circonstance ne mettant aucun obstacle à l'exigibilité du droit. — *Cass.*, 22 déc. 1819, Sardet.

3973. — ... Ni par l'allégation du nouveau possesseur qu'il n'a jamais été propriétaire de l'immeuble, et que les ventes partielles qu'il en a faites ne l'ont été qu'en sa qualité de mandataire du véritable propriétaire, ainsi que cela est constaté par les actes de vente produits au procès. — *Cass.*, 30 juill. 1823, Robin.

3974. — ... Ni par des actes sous seing-privé, et à plus forte raison par un bail verbal passé par les parties contre lesquelles la présomption est établie. — *Cass.*, 17 août 1824, Palluel.

3975. — ... Ni par la représentation que fait l'individu imposé d'une procuration qui lui a été donnée par l'ancien propriétaire à l'effet d'affermer l'immeuble, et du bail fait en conséquence avant l'inscription au rôle, ni par la vente qui, depuis les poursuites de la régie, a été consentie au prétendu fermier par l'ancien propriétaire. — *Cass.*, 5 janv. 1825 (et non 1824), de Valory et Legry.

3976. — ... Ni par aucune allégation qui est dénuée de toute preuve légale, et alors surtout que cette allégation est démentie par un certificat du directeur des contributions directes.— *Cass.*, 6 fév. 1826. Levesque.

3977.— ... Ni par l'allégation d'une procuration notariée à l'effet d'administrer et de vendre, ni par celle d'une erreur sur les rôles des contributions, quand cette erreur est seulement constatée par le certificat privé d'un contrôleur, délivré après la confection du rôle. — *Cass.*, 3 déc. 1835, Berton.

3978. — ... Ni par l'allégation que les faits de l'inscription et du paiement sont le résultat d'une erreur, si cette erreur n'est nullement justifiée. —*Cass.*, 9 fév. 1842 (t. 1er 1842, p. 367), Lefourmy.

3979.— De ce que le retrait lignager a été exercé par l'époux survivant au nom de ses enfans mineurs, et qu'il a payé pour eux la rente qui en est le prix. il résulte la preuve qu'ils sont propriétaires et même possesseurs des biens qui ont donné lieu au retrait. Cette propriété, ainsi établie, ne peut être détruite, ni par l'existence du bail passé par cet époux en son nom personnel, lorsqu'il avait la tutelle de ses enfans, ni par l'inscription de ce même nom sur le rôle de la contribution foncière; ces deux faits ne suffisent pas pour faire croire à une revente de ces biens, à son profit, de la part des enfans auxquels il est reconnu qu'ils appartiennent. — *Cass.*, 3 fév. 1812, Teyssot.

3980.—Toutefois, la loi du 22 frim. n'a entendu créer qu'une présomption qui peut cesser s'il est justifié que l'inscription et les paiemens desquels on la fait résulter sont dus à une erreur.— *Cass.*, 7 avr. 1840 (t. 1er 1840. p. 733), Graury.

3981. — Ainsi, jugé que la présomption de mutation cesse lorsque ces paiemens n'ont eu lieu que par une erreur, et que l'inscription n'a été faite que d'une manière vague et générale.— *Cass.*, 13 avr. 1825, Jogand.

3982.— ... Qu'il en est de même, lorsque l'inscription d'un individu au rôle de la contribution foncière comme propriétaire d'une maison a été faite à son insu, et qu'il n'a payé les contributions relatives à cet immeuble qu'en croyant acquitter celles qui grevaient d'autres immeubles qu'il possédait depuis long-temps. — *Cass.*, 26 juill. 1830, Cottenest.

3983. — Jugé également que les deux conditions exigées par l'art. 12, L. 22 frim., manquent lorsqu'il est reconnu, en fait, que le nom porté sur les rôles de la contribution foncière est celui du père et non celui du fils, comme le prétend la régie, et que les paiemens faits par ce dernier ne l'ont été que comme fermier du nouveau propriétaire. — *Cass.*, 22 janv. 1824, Barbier.

3984. — L'inscription au rôle de la contribution foncière, qui peut s'appliquer également à plusieurs individus du même nom, et les paiemens faits en conséquence, surtout s'ils l'ont été par les fermiers, ne sauraient fournir une présomption légale de mutation. Dans tous les cas, cette présomption ne pourrait servir à prouver une donation dont la date serait bien postérieure à l'acte dont on veut la tirer. — Dès-lors, un tribunal a pu, sans violer la loi, repousser une pareille présomption, surtout en déclarant que les réserves que fait un tiers, présent à un acte de partage, de tous les droits de propriété qu'il a sur les biens que les parties intéressées à cet acte se divisent entre eux, sont sérieuses et doivent produire leur effet, en telle sorte qu'il est alors censé ne rien donner, et qu'à sa mort un nouveau partage de ces mêmes biens sera nécessaire. — *Cass.*, 30 mars 1814, Sébille.

3985. — Pour qu'il y ait présomption légale de mutation de propriété en faveur d'un individu, il ne suffit pas qu'il ait été inscrit au rôle de la contribution foncière, il faut encore qu'outre des paiemens par lui faits en conséquence son inscription, soit régulière. — *Cass.*, 5 fév. 1810, Imbert.

3986. — En effet, disent MM. Championnière et Rigaud (t. 2, n° 1687), il est contraire à la raison d'admettre que le législateur, en exigeant la preuve de l'accomplissement d'une formalité dont les conditions sont tracées par la loi, ait entendu parler de cette formalité irrégulièrement accomplie.

3987. — Jugé, au contraire, qu'il y a présomption légale de mutation par l'inscription du nouveau possesseur au rôle de la contribution foncière et les paiemens faits en conséquence, abstraction faite de toute recherche sur la régularité ou l'irrégularité de ladite inscription, et encore bien qu'un arrêté du préfet, postérieur à l'action de la régie, aurait annulé cette inscription, comme dénuée des formalités prescrites par la loi du 3 frim. an VII. — *Cass.*, 22 août (et non avr.) 1821, Bonneau-Destouches.

3988. — .. Que la présomption de mutation existe, bien que l'inscription au rôle de la contribution foncière n'ait pas été faite suivant le mode prescrit par la loi du 3 frim. an VII. — *Cass.*, 24 juin 1822 (et non 1821), Christ et Brenckel ; 7 (et non 6) nov. 1832, Maloiseau.

3989. — ... Que la présomption légale de mutation conserve toute sa force, quoique l'inscription au rôle n'ait point été accompagnée de la signature du nouveau possesseur, et quoique ce dernier allègue qu'il était dans l'usage de payer les contributions du prétendu vendeur avec les siennes. — *Cass.*, 11 mai 1825, Quiot.

3990. — .. Que l'erreur dans le prénom de la personne inscrite au rôle de la contribution foncière ne vicie pas l'inscription, et par suite ne détruit pas la présomption de mutation qui en résulte, si cette erreur peut être corrigée et rectifiée par les autres énonciations de l'inscription. — *Cass.*, 15 juill. 1840 (t. 2 1840, p. 247), Chauvin.

3991. — On avait d'abord décidé que des changemens ne pouvaient être faits aux rôles de la contribution foncière qu'autant qu'ils seraient justifiés par acte authentique. — Circul. min. fin. 12 juin 1829. — Mais décidé depuis que les mutations foncières pouvaient avoir lieu, soit sur les déclarations des parties intéressées, soit sur les indications des percepteurs ou la notoriété publique. — Instr. 9 juill. 1831.

3992. — La présomption légale de mutation doit produire son effet à compter du moment où le

nouveau possesseur a été inscrit au rôle de la contribution foncière, et que des paiemens ont été par lui faits en conséquence.

3993. — Dès-lors, on ne peut pas ne faire partir la mutation que du jour de l'acte public d'acquisition qui aurait été passé plus tard. — *Cass.*, 11 mai 1808, Gelay.

3994. — De ce qu'un individu a consenti une hypothèque sur un immeuble pour lequel rien n'établit qu'il fût régulièrement inscrit au rôle des contributions foncières, et qu'il fait des paiemens en conséquence, la régie n'est pas fondée à conclure qu'il est propriétaire de cet immeuble, et à le poursuivre en paiement du droit de mutation, alors surtout que, par un jugement intervenu entre d'autres parties, et que la régie n'a point attaqué, il a été reconnu que l'une d'elles avait recueilli l'héritage à titre successif, et qu'elle en avait toujours conservé la propriété. — *Cass.*, 24 août 1827, Fressinet.

3995. — Le jugement qui adjuge la demande formée par la régie à fin de paiement des droits de mutation résultant de l'inscription au rôle foncier, et par suite duquel il a été fait des saisies-brandon sur les immeubles, objets de la mutation présumée, peut être attaqué par la voie de la tierce-opposition de la part de l'ancien propriétaire. — *Cass.*, 13 fév. 1815, Ducayla.

§ 3. — *Présomptions de mutation résultant des baux, transactions et autres actes.*

3996. — La présomption de mutation d'un immeuble en propriété ou en usufruit est encore, ainsi qu'on l'a vu (*suprà* n° 3879), suffisamment établie contre le nouveau possesseur pour la demande et la poursuite du droit d'enregistrement, par des baux par lui passés. — L. 22 frim. an VII, art. 12.

3997. — Ainsi jugé, que le bail passé par un fils à ses père et mère conjointement d'un immeuble dont le fils seul s'était rendu adjudicataire, fait présumer une mutation secrète de la part du fils à ses père et mère. — *Cass.*, 29 juin 1813, Lebenaff.

3998. — ... Qu'il y a preuve légale de mutation de propriété, lorsque, après s'être dit acquéreur d'un domaine, un individu a donné congé au fermier, réglé l'indemnité due à celui-ci pour sa non jouissance, et pris l'engagement de la payer, sans qu'une pareille preuve puisse être balancée par ces circonstances, que l'acquéreur n'aurait pas été inscrit au rôle de la contribution foncière, ou que le domaine aurait été revendu depuis par l'ancien propriétaire. — *Cass.*, 30 nov. 1807, Paulet ; 3 août 1808, Mêmes parties.

3999. — Il y a preuve suffisante de mutation de propriété par la passation du bail d'un domaine, encore bien qu'il soit dit que le bailleur n'est acquéreur que par un acte *non encore en forme*, et qu'ensuite le bail soit résilié faute de réalisation du projet d'acquisition. — *Cass.*, 23 fév. 1807, Hubert.

4000. — Lorsque, après avoir baillé à ferme un immeuble appartenant à autrui, sous des conditions qui ne peuvent émaner que d'un propriétaire, un individu acquiert ultérieurement ce même immeuble de l'ancien propriétaire, et que des dispositions de l'acte on peut faire remonter la vente à l'époque du bail, il y a présomption que la vente est antérieure au bail. — *Cass.*, 22 déc. 1807, Julhes.

4001. — Cependant la présomption de mutation de propriété que l'art. 12, L. 22 frim., attache à la représentation d'un bail émané du nouveau possesseur, n'est pas de nature à établir, d'une manière irrévocable, la réalité de la mutation. Cette présomption doit disparaître devant des preuves matérielles de la non existence de cette prétendue mutation. — *Cass.*, 29 juill. 1816, Schaenbrun.

4002. — De ce qu'une personne qui a acquis un bien l'a reçu ensuite d'une autre à bail à domaine congéable, il résulte à son décès la preuve de deux mutations, l'une opérée entre elle et son vendeur, l'autre d'elle à ses héritiers, mutation qui donne ouverture à deux droits, si elle n'a été combattue par aucun titre propre à établir qu'elle n'a réellement pas existé. — *Cass.*, 14 nov. 1815, de Guéry.

4003. — La présomption de mutation d'un immeuble en propriété ou en usufruit est encore suffisamment établie contre le nouveau possesseur pour la demande du droit d'enregistrement, par des transactions ou autres actes constatant sa propriété ou son usufruit. — L. 22 frim. an VII, art. 12.

4004. — En indiquant un certain nombre d'actes comme formant présomption suffisante de mutation de propriété pour la perception du droit d'enregistrement, l'art. 12, L. 22 frim. an VII, n'est point limitatif, et les juges peuvent admettre cette présomption, quelle que soit la nature de l'acte dont ils la font résulter. — *Cass.*, 11 juill. 1840 (t. 1er 1841, p. 123), David ; 23 nov. 1840 (t. 2 1840, p. 783), Saussier ; 2 fév. 1841 (t. 1er 1841, p. 414), Douillet.

4005. — Ainsi, lorsque, à défaut des preuves indiquées en première ligne par l'art. 12, la régie fonde sur différens actes sa demande des droits d'une mutation présumée, les juges peuvent, en appréciant ces actes et en interprétant leurs termes, décider, sans violer la loi, que cette mutation n'est pas suffisamment établie. — *Cass.*, 1er mai 1816, Vauey ; — Championnière et Rigaud, t. 2, n° 1695.

4006. — Lorsqu'un acte d'adjudication ne porte qu'un seul acquéreur, et que cependant partie de l'immeuble se trouve entre les mains d'un tiers, il y a présomption légale de mutation de propriété, et le tiers ne saurait s'en affranchir en disant que la vente lui a été commune avec le premier adjudicataire, et que c'est par erreur qu'il n'en a pas été fait mention dans le procès-verbal d'adjudication. — *Cass.*, 7 mars 1808, Groc.

4007. — Lorsqu'un individu, agissant tant en son nom qu'en celui de ses coassociés, vend un immeuble à un tiers sans qu'il apparaisse du titre en vertu duquel il en est possesseur, il y a présomption, pour la régie, qu'il l'a acquis par un acte secret de celui qui s'en était rendu précédemment adjudicataire, encore bien qu'il prétende avoir été intéressé dans cette adjudication, si le contrat ne fait aucune mention de lui. — *Cass.*, 24 janv. 1815, Deis et Mangold.

4008. — Le coacquéreur d'un domaine pour un tiers, qui revend la totalité en son nom personnel, est présumé avoir acquis des trois communistes les deux autres tiers. — *Cass.*, 26 oct. 1812, Scheppman.

4009. — De même, le coassocié qui afferme et vend en son nom personnel une partie de l'immeuble acquis en commun, est censé en être devenu propriétaire. — *Cass.*, 29 juill. 1816, Baruch Lewy.

4010. — Il en serait autrement si le coassocié n'exprimait pas positivement sa qualité de seul propriétaire ; dans ce cas, il serait censé avoir agi pour la société ou la commandite. — Roland et Trouillet, *Dict. d'enreg.*, v° *Mutation*, § 3, n° 18.

4011. — Il y a présomption légale de mutation secrète, lorsqu'il résulte d'un acte qu'un individu s'est rendu adjudicataire d'une propriété, et qu'ensuite, dans un acte postérieur, c'est une autre personne qui, après s'en être déclarée propriétaire, en vend, en cette qualité, une partie, soit à des tiers, soit à celui-là même qui avait primitivement figuré dans l'adjudication, et cela quand bien même les actes seraient du même jour, alors surtout que ces actes sont enregistrés sous des dates différentes. — *Cass.*, 20 avr. 1813, Rovel.

4012. — ...Lorsqu'un individu vend un immeuble à un autre, sans qu'il apparaisse d'un titre qui lui en ait transféré à lui-même la propriété. En pareil cas, il ne saurait être présumé avoir vendu la chose d'autrui. — *Cass.*, 22 juill. 1807, Maisonnade.

4013. — ... Si un individu a vendu un immeuble dont un autre était proprié aire. Cette présomption ne peut être détruite ni par la production d'un acte de partage d'après lequel l'immeuble proviendrait d'une succession commune, lorsqu'il est prouvé que l'immeuble n'a été acquis par celui des deux qui en a été le premier propriétaire que postérieurement à l'ouverture de la succession, ni par la supposition d'une société tacite qui aurait existé entre eux au moment de l'acquisition, lorsque l'une des deux était, à cette épo-

que, sous la tutelle de l'autre, ce qui exclut toute idée de société, et lorsque d'ailleurs l'acquisition a été faite en nom personnel et non pour le compte d'une société. — *Cass.*, 9 oct. 1810, Bertrand.

4014. — .. Lorsque, après l'avoir vendu à un tiers, le propriétaire d'un immeuble l'échange de nouveau en son nom personnel avec un autre individu. Si les juges ont reconnu, en fait, l'existence de la première vente, ils ne peuvent méconnaître la présomption légale de rétrocession résultant de l'échange, en déclarant que l'échange a eu lieu dans l'intérêt de l'acquéreur, et que, s'il a été passé au nom du propriétaire originaire, c'est qu'il n'apparaissait aucun acte translatif de propriété au profit de l'acquéreur, et que celui-ci ne pouvait avoir qualité pour figurer personnellement dans l'acte d'échange. — *Cass.*, 21 déc. 1808, Liébault.

4015. — ... Si postérieurement à l'adjudication publique d'un immeuble au profit d'un individu, il est présenté à l'enregistrement un acte sous seing-privé, daté du même jour et d'après lequel un tiers s'associe d'autres individus pour l'acquisition du même immeuble. Cette preuve ne saurait être écartée par le motif que l'acte sous seing-privé ne renfermait qu'une société pour acquérir, formée avant l'adjudication, mais qui n'aurait été suivie d'aucun effet. — *Cass.*, 20 avr. 1807, Coudère et Revel.

4016. — Le donateur qui vend l'immeuble donné, et qui, par un réglement entre lui et le donataire, attribue à ce dernier la presque totalité du prix de la vente, est légalement présumé être rentré dans la propriété de cet immeuble par suite d'une rétrocession intermédiaire. — *Cass.*, 26 (et non 25) mai 1836, Allut.

4017. — La demande en résolution d'un acte de vente en prouve l'existence. En conséquence, il y a lieu de percevoir le droit de mutation, quand bien même la vente ne serait annulée qu'autant qu'elle existerait ou pourrait exister. — *Cass.*, 26 août 1806, Verlisen.

4018. — Jugé également qu'il y a preuve de mutation par une demande en conciliation introduite par le nouveau possesseur à l'effet d'obtenir un acte authentique de la vente sous seing-privé qui lui a été passée. — *Cass.*, 17 fév. 1813, Volant.

4019. — Néanmoins, la sommation pour passer *contrat de vente* pourrait n'être pas suffisante pour la demande des droits à l'acquéreur : 1° si c'était le vendeur qui agit, car ses actes ne peuvent faire preuve contre l'acquéreur ; 2° ou si le vendeur, dans le cas où l'acquéreur intenterait l'action, nierait avoir vendu, ou prétendrait n'avoir vendu qu'une partie, et qu'il n'y eût point eu entrée en possession. Les tribunaux devraient surtout rejeter la demande, lorsqu'il y aurait doute si, dans l'intervalle, les parties avaient acquitté les droits en réalisant les conventions. — *Dict. des droits d'enreg.*, v° *Mutation*, n° 154.

4020. — Celui qui a pris possession d'un immeuble à titre de propriétaire, ne peut être contraint au paiement des droits de mutation, s'il est expulsé par un jugement portant que la vente verbale qu'il prétendait avoir été faite en sa faveur n'existe point. — *Cass.*, 1er avr. 1822, Canonet.

4021. — L'acquéreur d'après un acte de vente passé en vertu de conventions verbales préexistantes est présumé être entré en jouissance depuis plus de trois mois, s'il y a eu paiement des contributions, remise des titres de propriété et stipulation du service d'une rente pour le prix de la vente. — Délib. 6 août 1833.

4022. — Si le droit porté par la loi du 22 frim. an VII pour les actes sous signature privée est dû pour toute transmission de propriété, et si la loi du 27 vent. an IX veut qu'il soit payé, lors même que les nouveaux possesseurs prétendraient qu'il n'y a pas de convention écrite, il ne peut être perçu lorsque, le vendeur ayant conservé la jouissance du bien vendu, il n'y a pas de nouveau possesseur, et surtout lorsque les constitutions locales prononcent la nullité de l'acte qui donne lieu à la contestation. — *Cass.*, 20 messid. an XIII, Restagno.

4023. — Il y a présomption suffisante de rétrocession de propriété, pour la perception d'un second droit proportionnel, dans la déclaration faite

par un acquéreur que la vente à lui consentie n'é-
tait pas simulée, et qu'elle avait pour objet de
transmettre les biens de son vendeur à l'un de
ses enfans au préjudice des autres, la simulation
n'étant pas un vice radical de la première vente
quand les parties pouvaient la laisser subsister.—
Cass., 1er mars 1815, Reynes.

4024. — Lorsque la régie poursuit des cohéritiers
comme détenteurs d'une portion des biens ayant
appartenu à l'un d'eux, et qu'elle fonde son action
sur la supposition que ce dernier a survécu à son
père et recueilli par conséquent dans sa succession
les biens qui font l'objet de cette instance, la déclaration faite par l'un des ayant-droit de ce dont
cette succession se compose, tant en son nom qu'au
nom de son cohéritier absent, sans son aveu et
sans son intervention, ne prouve pas qu'il y ait recueilli sa part, si ce fait n'est pas établi d'ailleurs;
ce n'est là tout au plus qu'une présomption que
le juge a le droit d'apprécier, et il peut la repousser, c'est-à-dire révoquer en doute la survie prétendue, sans violer l'art. 12, L. 22 frim. an VII. —
Cass., 2 août 1809, Chonipe.

4025. — La déclaration faite par un mari, après
le décès de sa femme, qu'un immeuble fait partie
de la succession de celle-ci comme lui ayant été
donné par ses père et mère, constate suffisamment
qu'il s'est opéré une mutation en sa faveur ; et
dès-lors le droit en est dû, à moins que l'on ne
rapporte la preuve qu'il a été perçu.—*Cass.*, 31 janv.
1814, Pendaries.

4026. — Il y a présomption légale de mutation,
par cela que des immeubles ont été compris dans
des actes de donation et de partage, ou dans une
déclaration de succession, sans que cette présomption puisse être détruite par la vente ultérieurement faite de ces mêmes immeubles au nouveau
possesseur. — *Cass.*, 31 mai 1826, Langlet.

4027. — La partie qui, dans le cours d'une instance, invoque une démission de biens faite en sa
faveur, ne peut se soustraire au paiement des
droits dus sur cet acte, sous prétexte que la démission n'aurait eu qu'une existence momentanée,
et qu'au décès de la mère démettante, les effets en
auraient cessé par d'autres arrangemens de famille qui auraient autrement disposé des mêmes
biens. — *Cass.*, 18 déc. 1811, Rupère.

4028. —Lorsque, après la mort de son père, un
individu a, tant en son nom qu'en celui de sa sœur,
déclaré les biens composant la succession, dans
laquelle chacun d'eux a des droits égaux, et que
plus tard, après le décès de ce même individu, il
est fait dans l'inventaire déclaration des mêmes
biens, comme lui appartenant en totalité, il y a là
preuve d'une mutation secrète qui s'est opérée,
verbalement ou par écrit, de la sœur à son frère, et
par suite lieu de percevoir les droits de cette mutation. — *Cass.*, 23 mai 1808, Foucaud.

4029. — Le cohéritier qui possède, à titre de
propriétaire, des immeubles de la succession au-
delà de sa part héréditaire, et sans qu'il y ait, dans
cette succession, assez de biens pour remplir ses
cohéritiers de leurs droits, est légalement présumé
tenir cet excédant par suite d'une cession ou d'une
vente qui a été célée à la régie. En conséquence,
celle-ci est fondée à lui demander le droit de
vente sur la valeur de cet excédant. — *Cass.*, 13
mars 1816, Gauthier ; 4 août 1818, Gauthier.

4030. —... Sans que la présomption légale puisse
être détruite par un acte de partage postérieur au
procès. — *Cass.*, 4 août 1818, Gauthier.

4031. — De même, l'acte par lequel un individu
affecte et hypothèque des biens qu'il déclare provenir de la succession de son père, mais dont la
valeur excède de plus de moitié sa part héardi-
taire, suffit pour faire supposer une cession au
profit de cet individu de la part de ses cohéritiers. —
Cass., 15 mars 1825, de Moyria.

4032. — Jugé cependant que le cohéritier qui,
n'ayant recueilli qu'un quart dans une succession, a cependant vendu à un tiers les trois quarts
des biens héréditaires restés indivis, n'est pas pour
cela présumé avoir acquis de ses cohéritiers la
moitié dont il a disposé. Par suite, il n'y a pas lieu
à la perception d'un droit de mutation pour cette
moitié. — *Cass.*, 20 vendém. an XI, Dutil.

4033. — On donne pour raison de cette décision
qu'en principe il ne suffit pas d'indiquer deux
propriétaires, qu'il faut encore désigner deux possesseurs ; que dans l'espèce il n'y a pas eu de possession intermédiaire. — *Journ. de l'enregist.*,
art. 997. — Ce motif ne nous semble pas fondé.
L'indication d'un possesseur n'est exigée que
comme présomption de mutation de la propriété.
Ce n'est pas la possession que la loi veut atteindre, mais la transmission de propriété, et le droit
est dû quelque courte qu'ait été la possession, et
lors même qu'elle n'aurait pas du tout existé. Du
moment qu'il est constant que la chose que vous
vendez ne vous appartenait pas en tout ou en partie, en vertu du titre dont vous excipez, il y a présomption que vous l'avez acquise antérieurement
en tout ou en partie, le droit de mutation est par
conséquent dû.

4034. — Le partage et la vente que les enfans
font des biens de leur mère du vivant de celle-ci,
et l'inscription de leurs noms au rôle de la contribution foncière prouvent suffisamment la mutation de propriété. — *Cass.*, 22 déc. 1806, Rovel.

4035. — Un acte de partage supposant nécessairement que ceux entre lesquels il a lieu étaient
antérieurement copropriétaires, il s'ensuit que le
partage fait entre les enfans des biens appartenant à leur père encore vivant, les fait réputer
démissionnaires de celui-ci, ou ses acquéreurs à
quelque autre titre qui rend exigible le droit de
mutation. Cette présomption ne saurait, en ce qui
concerne la régie, être détruite par la circonstance
que le père n'aurait point paru à l'acte de partage.
— *Cass.*, 13 avr. 1811, Beguère.

4036. — Lorsqu'il est constant qu'il y a eu démission de biens par une mère au profit de ses
enfans, et que les biens délaissés ont été partagés
entre eux, il y a présomption suffisante de mutation à l'égard de chacun des enfans, encore bien
que l'un d'eux prétende n'avoir reçu dans son lot
aucun des immeubles compris dans l'acte de délaissement, s'il en a d'ailleurs reçu la représentation en argent. — *Cass.*, 28 août 1816, Vée.

4037. — Lorsque des cohéritiers déclarent dans
un acte de partage verbal fait sans soulte ni
retour a assigné à l'un d'eux certains immeubles
de la succession à condition d'acquitter les charges qui les grèvent, un pareil acte doit être considéré comme contenant transmission de propriété, et par suite donner ouverture au droit proportionnel de mutation, si la réalité du partage
n'est pas autrement établie. — *Cass. belge*, 25 fév.
1835, de Renesse.

4038. — Il y a preuve suffisante de mutation
par un acte sous seing-privé de partage, dans lequel le nouveau possesseur s'est présenté au lieu
et place de celui des copartageans aux droits duquel il se trouve. On ne peut subordonner la preuve
de cette mutation à la reconnaissance de la signature de ce cessionnaire, lorsque le partage a été
exécuté et qu'il jouit d'une partie des biens. On ne
saurait non plus opposer pour fin de non-recevoir que le nouveau possesseur n'est que fermier
de ces biens, lorsque cette qualité a été remplacée
par celle de propriétaire en vertu du partage. —
Cass., 17 fév. 1843, Volant.

4039. — ...Jugé de même lorsque plusieurs individus partagent des biens qu'ils avaient précédemment aliénés. — *Cass.*, 21 mai 1806, Kœriger.

4040. — Lorsque des biens sont partagés comme
étant indivis, et que cependant l'un des copartageans avait acquis seul, à titre onéreux ou autrement, tout ou partie de ces biens, le partage est
une preuve suffisante de mutation.—*Cass.*, 4 mars
1823, N...

4041. — De même, quand deux individus ont
acheté des biens en commun, sans plus de désignation, ces biens sont réputés leur appartenir par
égale portion. En conséquence, si, lors du partage, les lots sont inégaux, il y a lieu au droit proportionnel de vente sur la valeur de l'excédant
qui forme soulte. — *Cass.*, 2 mai 1808, Lemer-
cier.

4042. — Il y a présomption légale de mutation
de propriété, lorsque, nonobstant la qualification
de mandat donnée à un acte, à l'effet de vendre un
domaine, il est dit que le prétendu mandataire a,
moyennant une somme à payer au mandant, acquis le droit d'en disposer à son gré ; que, de plus,
ce mandataire a personnellement garanti la vente

aux acquéreurs, et enfin qu'il a été stipulé que les parties non vendues du domaine tourneraient à son profit. — *Cass.*, 90 janv. 1808, Willeaume.

4043. — Lorsqu'un individu s'est engagé à vendre en détail le domaine appartenant à un autre, en lui garantissant que le prix s'élèverait à une somme déterminée ; que de plus le mandataire s'est réservé pour lui-même l'excédant du prix si la somme garantie est dépassée par les ventes particiles, et qu'enfin le propriétaire s'est obligé à passer acte de vente au mandataire des domaines qu'il voudrait conserver, et au prix que fixerait ce dernier, une telle convention peut, à l'égard de la régie, être considérée, non comme un mandat, mais comme une vente passible, par conséquent, du double droit à défaut de déclaration dans les trois mois. — Du moins, le jugement qui, par appréciation des faits et des actes de la cause, le décide ainsi, échappe à la censure de la cour de Cassation. — *Cass.*, 8 nov. 1841 (t. 2 1841, p. 686), Marioton-Barluet.

4044. — Est à l'abri de la cassation le jugement qui, par appréciation des faits et documens de la cause, décide qu'un mandat pour vendre donné à un tiers avait pour objet de dissimuler une vente faite au prétendu mandataire, et qu'ainsi il y avait lieu de percevoir le droit proportionnel de mutation. — *Cass.*, 22 août 1842 (t. 2 1842, p. 581), Guillaume.

4045. — Jugé cependant qu'on ne saurait considérer comme prouvant une mutation secrète l'acte par lequel des enfans autorisent leur père à vendre une propriété qui leur appartient, et celui par lequel il opère en effet cette vente. — *Cass.*, 9 pluv. an XIII, Rivière.

4046. — ...Que lorsqu'une procuration n'a été donnée par un vendeur à son acquéreur, par acte sous seing-privé, que dans le but de se dispenser de présenter cet acte à l'enregistrement, que cependant il a subi cette formalité et en a payé les droits, un tribunal appréciant les faits peut, sans violer la loi, surtout si le vendeur n'a pas de nouveau été inscrit sur les rôles et payé la contribution, déclarer qu'il ne s'est point opéré de mutation nouvelle ou rétrocession entre l'acquéreur dont cette procuration est émanée. — *Cass.*, 18 janv. 1816, Sirey.

4047. — ...Que l'acte notarié, par lequel plusieurs individus se chargent, comme mandataires, de vendre un immeuble en détail, avec cession à leur profit du prix évalué de la vente, moyennant une somme déterminée qu'ils s'obligent à compter au propriétaire, et pour sûreté de laquelle l'un d'eux hypothèque ses propres biens, ne présente pas la preuve suffisante d'une mutation intervenue entre les contractans ; du moins le jugement qui le décide ainsi ne viole aucune loi. — *Cass.*, 47 août 4817, Denaux.

4048. — Lorsque l'un des deux copropriétaires indivis d'un immeuble est investi du droit de vendre cet immeuble en totalité ou en partie à ses risques et périls, au moyen d'une somme déterminée portant intérêt qu'il s'oblige de payer à l'autre dans tous les cas et quels que soient les événemens, un pareil acte contient transmission de propriété de la moitié de l'immeuble, et le droit est dû sur la somme stipulée. — Délib. 6 mars 1838.

4049. — Il y a présomption légale de mutation, lorsqu'un individu étant propriétaire d'un immeuble, un tiers afferme cependant cet immeuble en son nom personnel et le charge d'affectations hypothécaires. Et de plus, il y a encore présomption légale d'une rétrocession ultérieure, si le tiers emploie plus tard le nom du propriétaire originaire pour vendre le même bien avec un pouvoir de lui. — *Cass.*, 8 oct. 1810, Leborgne.

4050. — Lorsque, après avoir aliéné un immeuble, un individu l'affecte au cautionnement d'un tiers, il est légalement présumé avoir racheté ces immeubles ; en conséquence, il est passible du droit proportionnel résultant de cette mutation secrète. — Les juges n'ont pu, sous prétexte de rechercher l'intention des parties, transformer la nature des actes, par exemple, admettre que l'affectation hypothécaire n'avait eu lieu que par suite d'un arrangement entre le vendeur et l'acquéreur, et par pure complaisance de la part du

premier envers le second. — *Cass.*, 2 juill. 1816, Perrin et Godin.

4051. — Si, d'après des circonstances particulières, l'inscription au rôle de la contribution foncière et les paiemens de l'impôt peuvent ne pas établir qu'il y ait eu mutation de propriété, il n'en est pas de même si l'on a donné l'immeuble en hypothèque par un acte public dans lequel on s'en est déclaré propriétaire. — *Cass.*, 24 (et non 26) thermid. an XIII, Laurey.

4052. — Lorsque deux frères hypothèquent conjointement un immeuble qu'ils déclarent leur appartenir, bien qu'il ait été originairement acquis par l'un d'eux, cela seul suffit pour faire présumer légalement une mutation de propriété de l'un des deux frères à l'autre. — *Cass.*, 14 mai 1822, Gauthier.

4053. — Il y a présomption de revente ou de rétrocession, lorsque le vendeur hypothèque ou afferme l'immeuble qu'il a précédemment vendu par acte notarié, encore bien qu'une contre-lettre sous seing-privé constaterait que la vente n'a été que feinte et simulée. — *Cass.*, 14 vent. an XIII, Gay et Blachier ; 7 août 1807, mêmes parties.

4054. — Lors même que la contre-lettre serait nulle, la rétrocession ne serait pas moins censée conserver tout son effet vis-à-vis de celui qui annoncerait la prétention de s'en servir, en la présentant lui-même à l'enregistrement. — *Cass.*, 7 août 1807, Gay et Blachier.

4055. — Lorsque rien ne constate autrement qu'une mère ait cédé à ses enfans sa moitié dans un immeuble indivis entre elle et eux, il n'y a pas présomption suffisante de mutation de propriété de cette même moitié, par cette seule circonstance que les enfans auraient ultérieurement hypothéqué l'immeuble. Il y a lieu de croire qu'ils n'ont hypothéqué que leur portion. — *Cass.*, 23 avr. 1808, Paulet.

4056. — Un jugement qui se borne à maintenir un particulier en jouissance d'un immeuble fait bien connaître que cet individu se considérait comme propriétaire, mais ne prouve pas qu'il y ait eu mutation de propriété. La transmission proprement dite ne pouvant être constatée que par la désignation d'un précédent et d'un nouveau propriétaire, un jugement au possessoire, isolé et indépendant, ne suffit pas pour fournir cette preuve. — *Cass.*, 10 fév. 1813, Sacerdote.

4057. — En décidant que l'administration devait indiquer un précédent *propriétaire*, disent MM. Championnière et Rigaud (t. 2, n° 1665), la cour de Cassation constate une règle qu'il est important de ne jamais perdre de vue. Cette règle n'est pas exprimée textuellement par l'art. 12 mais elle est manifestement dans son esprit. Ce n'est pas la mutation de la possession que le droit proportionnel atteint, c'est celle de la propriété ou de l'usufruit, c'est-à-dire le passage de ces droits d'une tête sur l'autre. Si donc la régie prouve seulement que le possesseur actuel a été précédé par un autre possesseur, elle n'aura pas établi la condition du droit.

4058. — Lorsqu'un jugement passé en force de chose jugée déclare qu'il n'y a point eu vente parfaite d'un immeuble à défaut de consentement réciproque des parties, et qu'en conséquence il condamne l'acquéreur à des dommages-intérêts pour s'être illégalement mis en possession de cet immeuble, la régie ne peut arguer de ces faits pour prétendre qu'il y a eu une mutation immobilière donnant ouverture au droit proportionnel. — *Cass.*, 6 mai 1822, Canouet.

4059. — L'énonciation, faite dans un inventaire, de deux actes sous seing-privé portant cession d'immeubles, autorise la demande des droits de mutation, surtout lorsqu'un bail et le rôle des contributions prouvent que l'acquéreur s'est mis en possession. — *Cass.*, 21 août 1811, Truol et Lépine.

4060. — Les copies des actes annexés à une sentence arbitrale délivrées et certifiées par les arbitres peuvent faire foi pour établir, à l'égard de l'administration de l'enregistrement, l'existence d'une mutation dissimulée. — *Cass.*, 22 août 1842 (t. 2 1842, p. 581), Guillaume et Hérin.

4061. — Mais un tribunal ne contrevient pas à la loi, lorsqu'après avoir jugé qu'il n'est pas constant qu'une vente d'immeubles ait été consommée, il décide que la régie ne peut pas, pour l'exercice d'une contrainte, s'aider d'un procès-verbal de non-conciliation dans lequel les parties, d'accord sur l'existence de cette vente, sont seulement divisées sur le prix et les conditions auxquels elle a eu lieu. — *Cass.*, 24 fructid. an XIII, Valette.

4062. — Il y a preuve suffisante de mutation lorsqu'un individu déjà inscrit au rôle de la contribution foncière comme propriétaire de deux métairies a, par une lettre adressée à l'agent du cadastre, réclamé contre la contenance attribuée à *ses métairies*. — *Cass.*, 11 juill. 1840 (t. 1er 1841, p. 123), David.

4063. — Jugé même que la preuve de la mutation peut résulter de la commission de garde particulier donnée par le nouveau propriétaire pour le domaine qu'il a secrètement acquis. — *Cass.*, 2 fév. 1841 (t. 1er 1841, p. 414), Douillet.

4064. — Spécialement, on a pu déclarer qu'il y avait présomption suffisante de mutation dans l'acte extrajudiciaire par lequel un individu expose à un tiers avoir acheté de celui-ci verbalement un immeuble et le somme de lui tenir compte d'une différence en moins dans la contenance déclarée conformément à la disposition de l'art 1619, C. civ. — *Cass.*, 23 nov. 1840 (t. 2 1840, p. 783), Saussier.

4065. — La preuve de la mutation peut résulter : de l'aveu judiciaire d'une partie, quelque allégation contraire qu'on puisse présenter. — *Cass.*, 1er avr. 1822, André.

4066. — ... D'un aveu consigné dans un exploit extrajudiciaire signifié à la requête de celui au profit duquel la régie prétend que la mutation s'est opérée. — *Cass.*, 9 juill. 1834, Dapeysset.

4067. — D'aveux faits dans un interrogatoire sur faits et articles et des faits constatés par les décisions rendues en suite de ces interrogatoires. — *Cass.*, 20 août 1839 (t. 2 1839, p. 293). Seillière.

4068. — ... Des requêtes signifiées entre les parties dans une instance en garantie, suite de l'action principale formée par la régie contre l'une d'elles en recouvrement de droits de mutation après décès; et l'acquéreur peut être condamné au paiement du droit et du double droit, bien qu'il n'ait pas encore été statué sur le procès en garantie. — *Cass.*, 8 nov. 1842 (t. 2 1843, p. 52), Burlin.

4069. — Lorsque dans un procès-verbal de non-conciliation, les parties ont reconnu l'existence d'une vente verbale résiliée depuis par jugement, il y a lieu de percevoir le droit proportionnel d'enregistrement, surtout si l'acquéreur était entré en possession et avait payé une partie du prix, et cela encore bien qu'il prétende que la résiliation n'a été prononcée que parce que les parties ne se sont pas entendues sur les conditions de la vente quand il s'est agi d'en passer l'acte. — *Cass.*, 9 nov. 1843, Nourrisson.

4070. — Mais la déclaration de l'existence d'un acte de vente immobilière sous seing-privé faite par l'acquéreur seulement dans une pétition qu'il a adressée au ministre des finances pour obtenir la remise du double droit encouru à l'occasion de cet acte, ne constitue pas à elle seule une preuve suffisante pour autoriser la régie à réclamer les droits de mutation, alors surtout que depuis la pétition le même immeuble a été vendu à un tiers par le précédent propriétaire sans le concours du pétitionnaire se disant acquéreur. — Délib. de la régie, 8 avr. 1834.

4071. — Il y a preuve suffisante de mutation de propriété au profit d'un individu lorsque, assigné comme détenteur d'un immeuble en paiement d'une rente hypothéquée sur cet immeuble, il ne dénie point sa qualité d'acquéreur et se laisse même condamner comme tel. — *Cass.*, 21 prair. an XIII, Geley.

4072. — Si les parties, tout en avouant une vente qui n'est pas constatée par un acte, déclarent qu'elle avait eu lieu sous une condition suspensive, la régie ne prouve pas suffisamment qu'elle a été faite au contraire sous une condition résolutoire, en alléguant un à-compte donné sur le prix de l'acquisition, une résiliation de bail obtenue par l'acquéreur et enfin un inventaire dressé par les syndics de la faillite de cet acqué-

reur portant l'immeuble dans son actif. — *Cass.*, 15 déc. 1832, Bella.

4073. — Lorsque la date des conventions verbales contenant mutation d'immeubles ne résulte que de la déclaration faite par les contribuables, la régie ne peut pas scinder cette déclaration pour changer la date déclarée. — *Cass.*, 12 juill. 1836, Weber.

4074. — Si la non-existence d'une démission en ligne directe présumée faite secrètement paraît résulter des actes et des faits énoncés dans un jugement de première instance, la régie n'est pas recevable à se pourvoir lorsqu'elle ne produit ni cette démission ni aucun acte qui en démontre l'existence. — *Cass.*, 11 juin 1811, N...

4075. — La mutation ne saurait être établie au moyen de la preuve testimoniale. Par exemple, bien que plusieurs personnes déclarent qu'un tiers s'est rendu adjudicataire d'un immeuble lors d'une vente aux enchères devant un notaire, s'il n'y a point d'autre acte pour constater la mutation et si le prétendu adjudicataire n'est point entré en possession et n'est point inscrit au rôle, on ne peut le poursuivre en paiement des droits de mutation. — *Dict. des dr. d'enregistr.*, v° *Mutation*, n° 38.

4076. — Il y a preuve suffisante de mutation, par la représentation que fait la régie d'un acte de vente sous seing-privé dont l'acquéreur ne dénie pas la signature. — *Cass.*, 7 fév. (et non janvier) 1814, Morin ; 20 déc. 1814, N...

4077. — ... Et cela encore bien que l'acquéreur prétende n'avoir pas été mis en possession de l'immeuble vendu. — *Cass.*, 7 fév. 1814, Morin.

4078. — Jugé même qu'un acte de vente sous seing-privé, signé seulement de l'acquéreur, fait preuve légale et suffisante de mutation de propriété, pour la perception des droits. — *Cass.*, 13 oct. 1806, Carrier.

4079. — « On se demande, disent MM. Championnière et Rigaud (t. 1er, n° 170), comment la cour de Cassation a pu voir dans un acte non signé de tous les contractans la preuve suffisante et légale de la mutation. Nulle disposition de la loi fiscale n'a dérogé à la règle du droit civil, qu'il n'y a point de contrat sans le double consentement des parties, et, il faut en convenir, une dérogation semblable serait l'oubli des règles du bon sens et de la raison. Aussi, l'administration n'ayant pu parvenir au paiement du droit, attendu l'insolvabilité des époux Carrier, dirigea ses poursuites contre le supposé vendeur et voulut saisir les revenus de l'immeuble, objet de la vente, en faisant emploi de l'acte, contre le sieur Blachon, qui n'avait jamais cessé d'être en possession. Mais la cour de Cassation elle-même repoussa cette prétention par l'arrêt suivant. »

4080. — Jugé donc, au contraire, que si un acte de vente sous seing-privé, signé seulement par l'acquéreur, fait contre lui preuve légale et suffisante de mutation de propriété, il n'en est pas de même contre le vendeur qui n'a pas signé l'acte. Celui-ci peut arguer la vente de nullité, et, par suite, s'opposer à la saisie pratiquée par la régie, sur l'immeuble prétendu aliéné, pour le paiement des droits de mutation. — *Cass.*, 22 (et non 8) mai 1811, Blachon; — Merlin, *Répertoire*, v° *Vente*, § 9.

4081. — Mais jugé qu'il y a preuve suffisante de mutation contre le vendeur, par la représentation de l'acte qui la constate, encore bien que cet acte ne serait signé que du vendeur, lors surtout qu'il n'a point contesté cette vente, ni dans une instance, ni dans une transaction qui ont eu lieu à cet objet, entre l'acquéreur et lui. — *Cass.*, 11 nov. 1822, Soroste.

4082. — Les preuves de mutation de propriété résultant des baux, transactions et actes, ne sauraient être détruites par de simples présomptions et bien moins encore par les dires des parties. *Spécialement*, lorsque, postérieurement à l'expropriation de ses biens, le saisi en vend une partie avec la ratification de l'adjudicataire, il y a preuve légale d'une rétrocession de l'adjudicataire au saisi, et les juges ne peuvent repousser cette preuve sur l'allégation que ce dernier n'a pris la qualité de vendeur que pour inspirer plus de confiance aux acquéreurs, en leur donnant la garantie de l'ancien et du nouveau propriétaire. — *Cass.*, 4 mars 1807, Caubert.

4083. — Mais (ainsi qu'on l'a déjà vu n° 3968) la présomption légale de mutation n'est point exclusive de la preuve contraire. — Si donc il a été reconnu par un arrêt définitif que la possesion d'un individu qui détient un immeuble n'est que précaire et qu'un autre en a la propriété, le jugement qui oppose ces faits à la régie ne viole point l'article de la loi précitée. — *Cass.*, 15 juin 1814, Noel.

4084. — Les actes sous seing-privé produits pour combattre la présomption de mutation ne sont admissibles qu'autant qu'ils ont acquis date certaine. — Championnière et Rigaud, t. 3, n°s 1713 et 1718.

Sect. 2e. — *Mutations présumées de jouissance.*

4085. — La jouissance à titre de ferme, ou de location ou d'engagement d'un immeuble est suffisamment établie, pour la demande et la poursuite des droits des baux ou engagemens non enregistrés par les actes qui la font connaître, ou par le paiement des contributions imposées aux fermiers locataires et détenteurs temporaires. — L. 22 frim. an VII, art. 13.

4086. — On sent que l'application des principes aux différens cas qui peuvent se présenter devra se faire de la même manière que dans la section précédente ; il faudra donc s'y reporter au besoin. — De plus, il faut consulter en ce qui concerne les baux *suprà* n°s 2327 et suiv., et en ce qui regarde les engagemens d'immeubles *suprà* n°s 2121 et suiv.

CHAPITRE VIII. — *Annulations ou résolutions de mutations. — Renonciations.*

4087. — En matière d'enregistrement, le terme de *résolution* est employé comme synonyme de celui de *annulation*. Ils indiquent l'un et l'autre l'anéantissement d'un acte soit pour des causes de nullité prévues par la loi, soit pour cause d'inexécution des conventions, soit enfin par suite de volontés contraires de la part des parties.

4088. — En règle générale, les nullités entraînant la résolution ou l'annulation des actes ne sauraient être opposées à la régie de l'enregistrement. Car, ainsi que nous l'avons vu (*suprà* n°s 101 et suiv.), les droits se perçoivent d'après la substance des actes et leurs formes extrinsèques sans avoir égard aux vues et aux rapports particuliers entre les parties.

4089. — Jugé en conséquence qu'on ne saurait opposer à la régie la nullité d'une donation pour défaut de transcription, ou bien la ratification de la vente par le donataire, comme établissant qu'elle avait été faite à *non domino*. — *Cass.*, 26 (et non 25) mai 1836, Allut.

4090. — Par la même raison, une vente sous seing-privé, annulable comme n'ayant pas été faite en double original, est passible lors du droit proportionnel lorsque la nullité n'en a pas encore été prononcée par les tribunaux. — *Cass.*, 24 juin 1806, d'Hanins.

4091. — D'un autre côté, quand une fois l'acte a été annulé, la régie ne peut plus en réclamer les droits, s'il n'y a pas eu droit acquis pour elle.

4092. — Ainsi, un droit de mutation dû par une sentence arbitrale, et non perçu lors de l'enregistrement, ne peut plus être réclamé après qu'un arrêt postérieur a déclaré cette sentence nulle et de nul effet. — Délib. 7 déc. 1832.

Sect. 1re. — *Résolutions pour cause de nullité radicale.*

4093. — L'art. 68, § 3, n° 7, L. 22 frim. an VII, n'assujétit qu'au droit fixe les jugemens des tribunaux civils portant résolution de contrat ou de clause de contrat, pour cause de nullité radicale.

4094. — Cette disposition n'est ni une exception, ni une exemption. C'est, au contraire, l'application de deux règles générales : l'une tirée du droit civil, qui veut que toute nullité radicale efface le contrat dès son origine ; l'autre appartenant au droit fiscal, suivant laquelle toute disposition qui n'est pas translative n'est passible que du droit fixe. — Championnière et Rigaud, t. 1er, n° 373.

4095. — La nullité est radicale lorsque le contrat se trouve anéanti rétroactivement et dès son origine, que la nullité soit relative ou absolue. Par nullité radicale, la loi fiscale ne comprend pas les nullités de plein droit qui ne permettent pas au contrat de prendre naissance, mais seulement les vices qui soumettent l'acte à l'action en nullité et dont l'annulation remonte au jour de la convention par une fiction qui suppose le contrat nul dans son origine. — Championnière et Rigaud, t. 1er, n° 326.

4096. — Ainsi, il n'y a pas lieu au droit proportionnel de rétrocession lorsque la vente est résolue, pour nullité radicale, par exemple, pour inobservation des formalités prescrites pour l'aliénation des biens de mineur, encore bien que cette nullité ne soit pas textuellement prononcée contre l'acquéreur dépossédé, si elle l'est toutefois contre un individu dont le titre est semblable au sien, et que cet acquéreur ne consente à la résiliation du contrat que pour éviter un procès dont l'issue n'est plus douteuse. — *Cass.*, 13 fruct. an XI, Lacroix.

4097. — Le jugement qui prononce la résolution d'une donation pour défaut de transcription ne donne ouverture qu'à un droit fixe. — Délib. 19 nov. 1844.

4098. — Le jugement qui déclare nulle la vente de la chose d'autrui n'est point passible du droit proportionnel. — Délib. 12-16 juill. 1836.

4099. — Jugé toutefois que l'annulation d'un contrat de vente d'immeubles pour cause de nullité radicale, par exemple, comme ayant pour objet la vente de la chose d'autrui, ne dispense pas d'acquitter les droits de mutation sur l'acte annulé, lors surtout que la contrainte de la régie est antérieure au jugement qui prononce l'annulation du contrat. — *Cass.*, 12 fév. 1822, Sanson.

4100. — Lorsqu'un jugement prononce la résolution de l'aliénation d'un bien dotal, il s'agit là d'une nullité radicale et absolue ; par conséquent le droit fixe est seul dû. — Solut. 16 déc. 1831 et 15 avr. 1834 ; délib. 14 sept. 1832 ; instr. 7 nov. 1834, p. 1467, § 3.

4101. — Mais l'acte ou le jugement par lequel le détenteur d'un immeuble dotal, actionné par la femme normande, qui n'a pas été remplie de la valeur de cet immeuble sur les biens de son mari, consent ou est condamné à le lui délaisser, doit être considéré, non comme un acte ou un jugement contenant résolution de contrat pour cause de nullité radicale, et passible, comme tel, du simple droit fixe de 3 fr., mais bien comme l'effet d'une clause purement résolutoire, et donnant lieu par conséquent au droit proportionnel. — *Cass.*, 10 mars 1823, Leverrier.

4102. — Lorsque, pour une cause antérieure et existante lors du contrat, un jugement résilie une vente et remet les parties au même état qu'elles étaient auparavant, il n'y a point là de transmission de propriété qui donne ouverture au droit proportionnel. — *Cass.*, 8 avr. 1811, Doux.

4103. — Il n'est dû que le droit fixe sur le jugement portant résolution d'une vente consentie par un interdit, quand bien même l'interdiction n'aurait été prononcée que postérieurement à cette vente, si le jugement de résolution a été rendu conformément à l'art. 503, C. civ., qui permet l'annulation des actes antérieurs à l'interdiction, si la cause de l'interdiction existait notoirement à l'époque où ils ont été faits. — Solut. 4 nov. 1831 ; instr. 1398, § 3.

4104. — La vente faite à un mineur n'est point radicalement nulle ; elle est seulement sujette à rescision. En conséquence, la résiliation d'une vente de cette nature doit être considérée comme une rétrocession sujette au droit proportionnel. — *Cass.*, 5 germ. an XIII, Michaud ; — conf. Merlin, *Rép.*, v° *Enregistrement*, § 2. — *Contrà* Toullier, t. 7, n°s 546 et 547 ; Troplong, *Vente*, n° 852.

4105. — La lésion, en matière de vente, n'est qu'un simple moyen de rescision et ne constitue pas une nullité radicale. — *Cass.*, 17 (et non 1er) déc. 1811, Nano; — conf. déc. min. fin. 23 sept. 1830; instr. 1347, § 4, et 1451, § 2.

4106. — Tout acte translatif de propriété (et notamment une démission de biens d'un père à ses enfans) donne ouverture au droit de mutation, encore bien que ultérieurement l'acte soit déclaré nul par jugement, sauf le cas prévu par l'avis du conseil d'état du 22 oct. 1808 relatif aux adjudications faites en justice. — *Cass.*, 24 mars 1813, Leflacher.

4107. — Lorsque, dans une instance où la régie n'était pas en cause, une promesse de vente d'immeuble saisi a été annulée, faute par le saisi de rapporter main-levée de la saisie, comme il s'y était obligé, le droit de mutation n'en est pas moins dû sur la promesse de vente. En pareil cas, la nullité doit être réputée relative et non absolue. — *Cass.*, 27 mars 1832, Beaucire et Legiret.

4108. — La simulation volontaire d'une vente n'en opère pas la nullité radicale et absolue, lors même que cette simulation n'a pour objet, ni d'éluder une incapacité légale, ni de nuire à des tiers. — *Cass.*, 23 (et non 27) août 1813, Devalois; 29 (et non 19) déc. 1821, Devalois.

4109. — Dès-lors, la simulation intervenue dans un acte de vente ne peut être considérée comme un vice radical, qui, lorsque la nullité de l'acte vient à être prononcée sur la demande de l'une des parties, ne permette pas à la régie d'exiger un nouveau droit de mutation sur le jugement qui prononce cette nullité. — *Cass.*, 5 janv. 1810, Devalois; 23 (et non 27) août 1813, Devalois; 2 juill. 1823, Vasseur.

4110. — D'ailleurs, un jugement arbitral qui déclare un contrat simulé ne saurait être opposé à la régie, au moins comme un commencement de preuve par écrit, à l'effet de faire admettre la preuve vocale de la simulation, pour échapper au paiement du droit mutation. — *Cass.*, 8 (et non 4) janv. 1817, Devalois.

4111. — Et le jugement arbitral qui, sur la reconnaissance faite par les parties de la simulation, déclare la vente nulle, ne doit être considéré, par rapport à la régie, que comme l'instrument d'une rétrocession volontaire, sujette comme mutation nouvelle, à un second droit proportionnel. — *Cass.*, 29 (et non 19) déc. 1821; Devalois; — solut. 15 juin 1830; instr. 1354, § 4, et 1481, § 5.

4112. — L'acte qui renferme un contrat pignoratif déguisé sous la forme d'une vente à réméré pour là se trouve entaché de simulation, a néanmoins les caractères de la vente à l'égard des tiers, et notamment par rapport à la régie, de telle sorte que celle-ci peut percevoir le droit proportionnel de rétrocession sur l'acte subséquent qui réintègre le vendeur dans sa propriété. — *Cass.*, 23 nov. 1836, Cibiel; — instr. 1539, § 5.

4113. — Lorsqu'en se fondant seulement sur les aveux ou interrogatoires des parties, un jugement a prononcé, pour simulation de paiement de prix, la nullité d'une vente reconnue valable dans sa forme extérieure, il y a là, non une nullité radicale, mais une véritable rétrocession, passible par conséquent du droit proportionnel. — *Cass.*, 12 nov. 1834, Ducou.

4114. — Lorsqu'il a été reconnu, en fait, qu'un contrat de vente à réméré n'était en réalité qu'un contrat pignoratif ayant pour cause un prêt d'argent, que le vendeur est toujours resté en possession de la chose vendue, et que la demande en déguerpissement formée par les acquéreurs a été rejetée, sous la condition qu'on leur rembourserait le prix de la vente, qu'ils avaient déjà reçu en partie, la régie n'est point fondée à prétendre qu'il y a eu rétrocession immobilière de l'acquéreur à son vendeur, et par suite à exiger les droits de mutation dus en conséquence. — *Cass.*, 10 nov. 1824, Oberlin.

4115. — Mais pour qu'une résolution ne donne lieu qu'à la perception du droit fixe, il ne suffit pas qu'elle soit le résultat d'une nullité radicale, il faut encore qu'elle soit prononcée par jugement.

4116. — Ainsi, la résolution d'une vente d'immeubles pour cause de nullité radicale n'est exempte du droit proportionnel qu'autant qu'elle a été prononcée par jugement. Il en est autrement lorsque cette résolution a été consentie de

gré à gré ou par transaction. — *Cass.*, 30 janv. 1815, Bariol; 21 (et non 15) mars 1820, Carrie. — Conf. Merlin, *Rép.*, v° *Enregistrement*, § 2. — *Contrà* Toullier, t. 7, nos 546 et 547; Troplong, *Vente*, n° 852. — Et encore comme on le verra (*infrà* nos 4147 et suiv.), il ne faut pas que ce soit un jugement d'expédient.

4117. — La disposition de la loi qui ne soumet qu'à un droit fixe les jugemens des tribunaux civils, portant résolution de contrat pour cause de nullité radicale, ne s'étend point aux jugemens des tribunaux de commerce et aux sentences arbitrales. — *Cass.*, 17 (et non 1er) déc. 1811, Nano.

4118. — Nonobstant cette décision, et conformément à une décision du ministre des finances du 22 nov. 1808, l'administration a pensé que, par la désignation de *tribunaux civils*, la loi n'avait pas entendu excepter les *arbitres*, et qu'elle avait compris dans cette expression tous les tribunaux qui connaissent des matières purement *civiles*, parmi lesquels devaient être rangés les tribunaux d'arbitrage. — *Dict. des dr. d'enregistr.*, v° *Résolution*, § 1er, n° 18.

4119. — Il y a lieu à un nouveau droit de mutation, lorsque, après l'annulation d'une première vente, celui auquel elle avait été consentie devient de nouveau acquéreur du même bien. On ne saurait l'en dispenser par aucun motif, et surtout parce qu'il aurait attaqué devant la cour de Cassation la décision qui l'aurait privé du bénéfice de son premier acte. — *Cass.*, 24 nov. 1806, Ardent.

Sect. 2e. — *Résolutions pour défaut de paiement du prix ou pour inexécution des conditions.*

4120. — D'après les anciennes lois fiscales et l'ancienne jurisprudence, le vendeur qui rentrait dans le fonds vendu, faute de paiement du prix, n'était tenu de payer de droit de centième denier qu'autant qu'il avait reçu un à-compte de l'acquéreur, S'il n'avait rien touché, il ne devait point de droit. La vente n'était point alors réputée parfaite à défaut d'exécution, au moins en partie.

4121. — D'abord la loi du 22 frim. an VII ne fit aucune distinction; d'où l'on concluait qu'il suffisait que le contrat fût constant pour qu'il y eût ouverture au droit proportionnel, en cas de résolution faute de paiement du prix. — Championnière et Rigaud, t. 1er, n° 479 et suiv.

4122. — Jugé en conséquence qu'avant la loi du 27 vent. an IX, la résolution d'un contrat de vente prononcée en justice pour défaut de paiement du prix, donnait ouverture au droit proportionnel. — *Cass.*, 13 vendém. an X, Boizot.

4123. — Alors a été rendue la loi du 27 vent. an XII, dont l'art. 12 est ainsi conçu : « Les jugemens portant résolution de contrats de vente pour défaut de paiement quelconque sur le prix de l'acquisition, lorsque l'acquéreur ne sera point entré en jouissance, ne seront assujétis qu'au droit fixe d'enregistrement, tel qu'il est réglé par l'art. 68, § 3, n° 7, L. 22 frim. an VII, pour les jugemens portant résolution de contrat pour cause de nullité radicale. »

4124. — Par *l'entrée en jouissance* dont parle l'art. 12, L. 27 vent. an IX, il faut entendre une prise de possession réelle, soit matérielle, soit symbolique, mais non une tradition fictive qui ne transmet aucune jouissance utile et ne consiste dans aucun fait d'exécution susceptible de tomber sous le sens. — Championnière et Rigaud, t. 1er, n° 489 à 493.

4125. — Ainsi, il n'y a pas lieu à la perception du droit proportionnel, lorsque la vente est annulée pour défaut de paiement du prix par l'acquéreur, et qu'il est constant en fait que ce dernier n'a jamais été dessaisi du bien vendu. — *Cass.*, 15 mai 1813, Duval.

4126. — De même, le jugement qui annulle une adjudication par le motif que l'adjudicataire qui n'est pas entré en jouissance n'a payé ni le prix, ni les droits d'enregistrement conformément au cahier des charges n'est passible que d'un droit fixe. — Délib. 17 nov. 1829.

4127. — Mais s'il a été fait un paiement quelconque sur le prix, ou si l'acquéreur a commencé de jouir, la résolution du contrat donne ouverture au droit de vente. — Circ. 17 germin. an IX, art. 1992.

4128. — Il y a paiement du prix, lorsqu'il y a eu novation, compensation, paiement d'intérêts ou arrérages, dation d'arrhes comme partie du prix. Mais il n'en est pas de même de la dation d'une caution ou d'arrhes à titre d'épingles ou pot de vin. — Championnière et Rigaud, t. 1er, nos 495 à 499.

4129. — Jugé par suite que, lorsque l'acquéreur n'a payé aucune partie du prix de son adjudication, et qu'il s'est néanmoins mis en possession de l'immeuble, le jugement qui prononce la résolution de la vente donne lieu au droit proportionnel. — Cass., 5 mars 1844, Moren; 31 déc. 1823, Gaudefroy.

4130. — Il en serait de même à plus forte raison si l'acquéreur était entré à la fois en jouissance et avait payé un à compte sur le prix. — Cass., 21 vendem. an IX, Grandjouan; 18 nov. 1822, Rose.

4131. — La preuve de la mise en possession de l'acquéreur peut résulter de cette simple énonciation insérée dans l'acte, qu'il entrera en jouissance du jour même du contrat. — Cass., 31 déc. 1823, Gaudefroy.

4132. — Lorsque, dans un contrat de vente, il a été stipulé qu'à défaut de paiement du prix, le vendeur rentrerait dans la propriété de l'immeuble vendu, il y a lieu de percevoir le droit proportionnel de rétrocession sur le jugement qui a prononcé la résolution de la vente, si l'acquéreur était déjà entré en jouissance. — Cass., 27 frim. an XIV, Brousse.

4133. — Lorsqu'il est dit dans un acte de vente qu'à défaut de paiement de tout ou partie du prix, le contrat sera résolu de plein droit, et sans qu'il soit besoin d'en faire prononcer la nullité en justice, il n'y a pas moins lieu de percevoir un second droit proportionnel, si par suite la vente est résiliée en vertu de cette cause, et non pour nullité radicale, et avant que l'acquéreur soit entré en jouissance. — Cass., 15 avr. (et non 13) 1823, Hérisson.

4134. — Le jugement qui, faute de paiement des arrérages d'une rente stipulée comme prix d'un immeuble, renvoie le vendeur en possession du fonds vendu, est passible du droit de mutation, avant même qu'il ait été exécuté par la rentrée du vendeur dans la possession du fonds. — Cass., 26 frim. an XIV, Thillard.

4135. — Lorsqu'un jugement annule un contrat d'échange par ce double motif que le mandataire de l'un des échangistes n'a point passé l'acte devant le notaire qui lui avait été désigné, et qu'il n'a point observé, relativement au prix, une condition sous laquelle l'immeuble du mandant pouvait être aliéné, il n'y a point là résolution pour cause de nullité radicale, mais bien par suite de la faute des parties. En conséquence ce jugement est passible non du simple droit fixe, mais du droit proportionnel de mutation. — Cass., 24 janv. 1844 (t. 1er 1844, p. 242), Chauroud.

4136. — Lorsqu'à défaut par l'acquéreur d'un office de notaire d'avoir exécuté le traité, le vendeur a été obligé de faire résilier ce traité par jugement, le droit proportionnel de rétrocession est dû. — Solut. 11 févr. 1832. — V. suprà no 3714.

4137. — Un jugement par défaut qui déclare une vente résiliée à défaut par l'acheteur d'avoir satisfait aux conditions du contrat, n'opère pas mutation de propriété, et ne donne pas ouverture au droit proportionnel lorsque, sur l'opposition par lui formée à ce jugement, l'acquéreur justifie de l'acquit des charges et continue à rester en possession de l'immeuble. — Cass., 22 août 1815, Ledeux.

4138. — La résiliation d'un bail, prononcée en justice, pour cause d'inexécution des engagemens du preneur, constitue une véritable rétrocession qui donne ouverture au droit proportionnel. — Cass., 14 août 1822, Hoclet; — instr. 1414, § 2.

4139. — Mais un jugement qui porte résolution d'un bail pour cause de détérioration, et condamnation à des dommages-intérêts pour valeur d'arbres abattus, n'opère point de rétrocession, attendu la disposition de l'art. 1741, C. civ., qui dé-

clare le contrat de louage résolu, à défaut par le preneur de remplir ses engagemens. — Délib. 21 avr. 1815.

4140. — Lorsqu'une donation est résolue pour cause d'inexécution volontaire, de la part du donataire comme de celle du donateur, des conditions respectives de la donation, il y a eu au profit du donateur une véritable rétrocession qui donne lieu au droit proportionnel. Ce n'est pas comme si le contrat était résolu pour cause d'une nullité radicale existant dans l'essence même de l'acte. — Cass., 14 nov. 1815, Calas; 22 mai 1844 (t. 1er 1844, p. 741), Vanhens; 30 déc. 1844 (t. 1er 1845, p. 52), Sentex. — V. conf. Diction. des dr. d'enreg., vo Donation entre-vifs, no 388; Roland et Trouillet, Dict. d'enreg., vo Résolution, § 7, no 2; Championnière et Rigaud, t. 1er, no 474.

4141. — Mais, en pareil cas, la transmission de propriété ayant lieu à titre de réparation du préjudice résultant pour le donataire de l'inaccomplissement des conditions qu'il a imposées à sa libéralité, c'est-à-dire ayant lieu à titre onéreux, c'est le droit de 4 % qui doit être perçu, et non le droit proportionnel de donation. — Cass., 22 mai 1844 (t. 1er 1844, p. 741), Vanhens.

4142. — Si la donation avait été faite avec réserve d'usufruit, la résolution judiciaire pour cause d'inexécution des conditions, n'ayant pour objet qu'une rétrocession de nu-propriété, ne serait passible du droit proportionnel que sur la moitié de la valeur des biens. — Délib. 23 juin 1837; instr. 1562, § 14.

4143. — L'annulation d'une donation pour cause d'ingratitude n'opère pas une rétrocession, et ne fait que remettre les choses dans l'état où elles étaient par l'effet d'une résolution prévue par la loi. Le jugement qui prononce cette résolution n'est donc passible que du droit fixe de 5 fr. — Délib. 30 janv. 1829.

Sect. 3e. — Résolutions volontaires.

4144. — La résolution volontaire de toute espèce de contrat translatif de propriété d'une chose soit mobilière, soit immobilière, constitue une rétrocession; c'est un nouveau contrat de même nature que le premier, et il donne lieu, par conséquent, à la perception des mêmes droits. — Championnière et Rigaud, t. 1er, no 278.

4145. — Jugé, en conséquence, que la résolution d'un contrat de vente consentie au bureau de conciliation doit être considérée comme une rétrocession volontaire passible du droit proportionnel. — Cass., 1er frim. an IX, Miquelis; 19 germ. an XIII, Dejon.

4146. — ... Qu'il y a lieu de percevoir le droit de mutation sur un acte qui, sans être annulé par jugement, est simplement résilié par le consentement des parties. — Cass., 10 pluv. an XIII, Besselièvre.

4147. — ... Qu'il y a également lieu de percevoir le droit proportionnel sur un jugement qui ne fait que sanctionner une résolution de vente d'immeubles volontairement proposée et acceptée sous des conditions purement facultatives et abstractives de toute nullité radicale. — Cass., 16 prair. an XIII, de Thiennes.

4148. — ... Qu'un jugement d'expédient contenant rétrocession d'immeubles par l'acquéreur à son vendeur, quand il a reçu son exécution au moins pour une partie des biens, par la mise en possession du rétrocessionnaire, est passible du droit proportionnel, encore bien que les parties soient convenues de passer dans un certain délai acte public de cette rétrocession. — Cass., 9 oct. 1809, Secchi et Molines; 11 déc. 1810, mêmes parties.

4149. — ... Que lorsqu'un acte de vente par l'un des cohéritiers à l'autre, de ses droits successifs, a été rescindé par jugement, mais résilié volontairement entre les parties et suivi ensuite d'un partage, ce partage ne peut être considéré que comme rétrocession et donne lieu par conséquent au droit proportionnel. — Cass., 10 oct. 1810, Saint-Blancard.

4150. — ... Que lorsque, sur une demande en nullité d'une vente pour cause de dol et d'usure, le défendeur consent à l'annulation, le jugement qui déclare alors la vente résolue doit être considéré, à l'égard de la régie de l'enregistrement, non comme prononçant la nullité radicale, mais comme rétrocession volontaire soumise au droit proportionnel. — *Cass.*, 24 avr. 1822, Raffoux.

4151. — ...Que le jugement qui prononce la rescision d'une vente pour lésion de plus des sept douzièmes est passible du droit de rétrocession, alors surtout que ce jugement a été rendu du consentement de toutes les parties. — *Cass.*, 14 nov. 1833, Cuenot et Perrenot.

4152. — ...Que, lorsque dans une instance en partage d'une succession, un jugement donne à l'une des parties acte de son consentement à rapporter des biens à elle vendus par l'auteur de la succession, ce jugement constitue une rétrocession au profit de la succession passible du droit de vente. — *Cass.*, 17 fév. 1840 (t. 1er 1840, p. 732), Fouquier.

4153. — Mais lorsqu'une vente verbale faite sous condition d'être rédigée par écrit n'a été réellement suivie ni de rédaction par écrit, ni de possession de la part de l'acquéreur, la résolution qui en a lieu volontairement ne constitue pas une rétrocession passible du droit proportionnel. — *Cass.*, 3 (et non 5) sept. 1806, Gœury et Thill.

4154. — Jugé de même, lorsqu'à défaut de la ratification promise par un individu qui avait acquis au nom d'un tiers, la résolution de la vente est convenue entre cet individu et le vendeur, il n'est point dû de droit de rétrocession, puisque le tiers n'a point été saisi de la propriété. — Délib. 14 avr. 1829.

4155. — ...Qu'on ne peut considérer comme rétrocession l'acte par lequel celui qui a vendu deux fois le même immeuble s'oblige à payer à titre d'indemnité une somme à l'acquéreur dont le contrat ne peut être exécuté. Le droit de 1 °_° est exigible sur le montant de l'indemnité ou des dommages-intérêts. — Solut. 2 fév. 1836.

4156. — ... Que lorsque, sur la demande d'un créancier, un jugement déclare qu'un adjudicataire n'étant que le prête-nom du vendeur, celui-ci n'a pas cessé d'être propriétaire de l'immeuble et qu'il condamne solidairement le vendeur et le prétendu acquéreur à désintéresser le créancier, ce jugement ne consacre pas une rétrocession, et, par suite, n'est pas soumis au droit proportionnel de mutation. — Délib. 19 avr. 1836.

4157. — Le droit proportionnel de mutation est exigible sur la résolution *volontaire* de la vente d'un immeuble appartenant à autrui; attendu que la loi de frimaire ne dispense du droit proportionnel que quand la nullité radicale est prononcée par jugement, à moins que la résolution volontaire n'ait été consentie dans les vingt-quatres heures du contrat primitif. — Solut. 8 juin 1831.

4158. — En cas de résiliation volontaire de la cession d'un office de notaire, non seulement il n'y a pas lieu à restitution du droit perçu sur la cession, mais il est dû un droit proportionnel de rétrocession, bien que l'acte contint des clauses qui s'opposaient à ce que le procureur général donnât un avis favorable. — Solut. 26 mai 1832.

4159. — La résolution d'une cession de créance ou d'action forme une rétrocession comprise sous la dénomination de cession et est passible du droit de ce dernier contrat. — Mais la résolution d'une convention portant obligation de sommes n'en est pas la cession et ne peut donner ouverture qu'au droit de quittance ou à celui d'obligation s'il y a novation. — Championnière et Rigaud, t. 1er, nos 285 et 288.

4160. — La résolution d'un bail ayant pour effet, non de transporter le bail, mais seulement de l'éteindre, le droit de bail ou de cession de bail n'est pas exigible. — Championnière et Rigaud, t. 1er, no 291 et suiv., et t. 4, no 3048.

4161. — De même, la résolution d'un marché, d'un cheptel, d'un bail à nourriture, d'un brevet d'apprentissage, d'un cautionnement et généralement de tous les contrats qui ne sont pas translatifs, ne forme pas un nouveau contrat tarifé et n'est dès-lors passible que d'un droit fixe. — Championnière et Rigaud, t. 1er, no 301; t. 2, no 4494, et t. 3, no 4733.

4162. — La résolution pure et simple d'un partage ne transmettant rien individuellement ne donne ouverture à aucun droit proportionnel. — *Dict. des dr. d'enreg.*, v° *Résolution*, n° 76.

4163. — *Résiliement dans les vingt-quatre heures.* — On a vu (V. *suprà* nos 1749 et suiv.) que la loi du 22 frim. an VII et celle du 28 avr. 1816 ne soumettent qu'au droit fixe les résiliemens purs et simples faits par actes authentiques dans les vingt-quatre heures des actes résiliés.

4164. — Les résiliations ou résiliemens purs et simples ne donnent ouverture au droit fixe que lorsqu'ils sont faits par acte authentique et dans les vingt-quatre heures des actes résiliés; passé ce délai, et si l'on n'a point procédé dans cette forme, il y a lieu au droit proportionnel. — *Cass.*, 12 oct. 1808, Gazai.

4165. — Le résiliement sous seing-privé, même enregistré dans les vingt-quatre heures, ne jouirait pas du droit fixe. — Championnière et Rigaud, t. 1er, no 340.

4166. — Le résiliement doit être pur et simple, c'est-à-dire que les choses doivent être remises au même état où elles étaient avant l'acte résilié. — Championnière et Rigaud, t. 1er, no 341.

4167. — L'affranchissement du droit proportionnel, établi pour les résiliemens opérés dans les vingt-quatre heures, s'étend aux actes résiliés. — Championnière et Rigaud, t. 1er, nos 352 et 354.

4168. — Il suffit que la vente soit avouée judiciairement par l'acquéreur, quoiqu'il ajoute qu'elle lui a été faite sous des conditions qui, n'ayant pas été accomplies, ont amené la résiliation du contrat dans les vingt-quatre heures, pour qu'il y ait ouverture au droit de mutation, si la résiliation n'est pas autrement prouvée. — *Cass.*, 5 août 1828, Gardère.

4169. — Lorsqu'une adjudication d'immeubles a été, dans les vingt-quatre heures, et par acte authentique, annulée entre les parties, sur le motif que ces biens, appartenant en partie à des mineurs, avaient été, par erreur, adjugés pour un prix inférieur à l'estimation des experts, l'acte d'adjudication, même présenté à l'enregistrement en même temps que l'acte d'annulation, est néanmoins passible du droit proportionnel de mutation. L'acte d'annulation jouit seul du bénéfice du droit fixe. — *Cass.*, 9 avr. 1844 (t. 2 1844, p. 188), Verneray.

Sect. 4e. — *Renonciations.*

4170. — En principe général, chacun peut renoncer à un droit introduit en sa faveur. — L. 29, Cod., *De pactis.* — Par suite, la renonciation conventionnelle, ou stipulation d'une renonciation, est obligatoire et donne ouverture au droit proportionnel suivant la nature du contrat qu'elle contient. — Championnière et Rigaud, t. 1er, nos 506 et 510.

4171. — Comme la renonciation ou répudiation n'est que la simple manifestation de ne pas vouloir qu'une chose nous appartienne, elle n'opère ni obligation, ni mutation, tant qu'elle n'est pas acceptée, et dès-lors elle ne peut donner ouverture qu'à un droit fixe; mais lorsque l'acceptation a lieu, la mutation s'opère et le droit proportionnel est exigible. — Championnière et Rigaud, nos 507, 510 et 583.

4172. — Celui qui renonce à un droit qui ne lui appartient pas ne fait rien, et l'acte ne peut donner ouverture au droit proportionnel, quelle que soit l'erreur des parties. — Championnière et Rigaud, no 568.

4173. — On a vu (*suprà* no 1737 et suiv.) que la loi du 22 frim. an VII (art. 68, § 1er, n° 1er), assujétit au droit fixe de 1 fr. « Les abstentions, répudiations et renonciations à successions, legs ou communautés, lorsqu'elles sont pures et simples, si elles ne sont pas faites en justice; » et (*suprà* nos 1439 et suiv.) que la loi du 28 avr. 1816 (art. 44, n° 10) soumet au droit fixe de 3 fr. (autrefois 2 fr. L. 22 frim. an VII, art. 68, § 2, n° 6) les actes faits ou passés aux greffes des tribunaux portant renonciation à communautés, successions ou legs. »

4174. — L'art. 6 de la coutume réformée de Paris portait : « Il est aussi dû droit de relief pour la renonciation faite par aucun des enfans à l'hérédité de leurs père et mère, aïeul et aïeule, encore que, par ladite renonciation, il y ait accroissement au profit des autres enfans, pourvu toutefois que, pour faire ladite renonciation, il n'y ait argent baillé, ni autre chose équipolente. » — La raison en était que les acceptans tenaient tout de la loi et non des renonçans. — Poquet de Livonières, liv. 4, chap. 1er, sect. 3e ; Guyot, *Du relief*, chap. 15, n° 42 ; Championnière et Rigaud, t. 1er, n° 513.

4175. — Sous la législation existante en l'an VII, les mots *abstentions, répudiations et renonciations* avaient une signification particulière. Le premier était employé à l'égard des héritiers en ligne collatérale qui, n'étant pas considérés comme nécessaires, ne pouvaient se dispenser de faire un acte de renonciation ; il leur suffisait de s'abstenir. Au contraire, les héritiers en ligne directe étant réputés héritiers nécessaires, ils devaient faire une renonciation par acte authentique. La répudiation signifiait la même chose que la renonciation ; seulement la première était employée en pays de droit écrit, et la seconde en pays de droit coutumier.

4176. — Aujourd'hui que la loi n'accorde au successible que trois partis, savoir : accepter purement et simplement, accepter sous bénéfice d'inventaire ou renoncer, sans pouvoir s'abstenir, les distinctions énoncées dans la loi de frimaire sont sans objet. — Championnière et Rigaud, t. 1er, n°s 515 et 516.

4177. — La renonciation doit se faire au greffe du tribunal (C. civ., art. 784). Cependant il n'est nullement défendu à l'un ou à plusieurs des successibles de s'obliger en vertu de contrats particuliers, et notamment par voie de transaction, envers les autres successibles, de ne pas se porter héritiers. — *Cass.*, 11 août 1825, Revy. — Or, ces deux espèces de renonciation ont des effets différens et dont l'influence est grande sur la perception.

4178. — La principale différence consiste en ce que la renonciation faite au greffe produit son effet à l'égard de tous , tandis que celle qui a lieu par acte civil n'a de force qu'entre les parties. Or, toutes les fois que la régie agit comme tiers , par exemple, lorsqu'elle réclame de l'héritier les droits de mutation par décès, on ne peut lui opposer une renonciation que dans la première forme. — Cependant , en cas de présentation d'une renonciation par acte notarié, il est enjoint aux préposés d'arrêter les poursuites (décis. min. fin. et just. 20 avr. et 7 mai 1808, instr. gén. 386, § 27). Cette instruction s'applique, d'après ses motifs, aux héritiers légitimes comme aux légataires ; mais elle ne s'étend point aux renonciations par acte sous seing-privé. — Championnière et Rigaud, n° 517.

4179. — Lorsque l'héritier bénéficiaire, ou son héritier, de son chef, exerce le droit d'abandon, on ne peut pas dire qu'il y ait là une mutation qui donne lieu au droit proportionnel. — *Cass.*, 6 juin 1815, Blanchet.

4180. — Mais, de ce que l'abandon autorisé par l'art. 802, C. civ., doit être fait à tous les légataires et créanciers sans exception, il suit que l'abandon par un héritier bénéficiaire de tous les biens de la succession à un autre héritier créancier de cette succession, mais qui a renoncé, à la charge par celui-ci de payer les dettes et les legs particuliers, est passible du droit de 5 1/2 % sur la valeur des biens abandonnés. — Délib. 29 juin 1838.

4181. — Le frère d'un émigré qui, renonçant à se prévaloir de la mort civile encourue par celui-ci, consent à partager avec lui la succession paternelle, ne peut être réputé faire une libéralité qui doive donner lieu au droit proportionnel. — *Cass.*, 3 août 1814, Coustin de Masnadeau.

4182. — En effet, disent MM. Championnière et Rigaud (t. 3, n°s 2221 et 2633), « l'obligation naturelle suffit pour enlever à la disposition le caractère de gratuité, essentiel à la donation entre-vifs. » — La même règle est applicable au cas où l'émigré qui n'était pas réintégré dans ses droits civils, avait des enfans régnicoles ; ceux-ci le représentaient, ou étaient censés venir de leur chef à la succession de leur aïeux ; et la part qu'ils prenaient au partage n'était pas considérée comme l'effet d'une donation de la part de leurs copartageans. — *Dict. des dr. d'enreg.*, v° *Émigré*, n° 29.

4183. — On ne doit considérer ni comme cession, ni comme donation , la clause d'un partage par laquelle l'un des héritiers déclare ne pas vouloir se prévaloir du legs fait en sa faveur ; c'est là une abstention pure et simple , passible du droit de 1 fr. — Délib. 22 mai 1827.

4184. — Lorsque le défunt n'ayant point laissé d'héritiers à réserve le légataire universel renonce purement et simplement à une partie de son legs en faveur des héritiers naturels, cette renonciation est passible du droit de donation. — Délib. 11 avr. 1817 , 1er avr. 1818 , 20 juin 1827 et 2 juin 1829.

4185. — L'acte par lequel le survivant des époux légataire de l'usufruit de tous les biens de son conjoint, déclare, avant toute acceptation, renoncer à une partie de ce legs pour s'en tenir au surplus, n'est passible que du droit fixe de 1 fr., attendu que l'existence d'enfans a empêché le survivant d'être saisi de plein droit ; en pareil cas, il n'y a ni cession ni donation au profit des enfans, mais renonciation pure et simple. — Délib. 7 oct. 1834.

4186. — La renonciation partielle d'un légataire à titre universel n'est soumise qu'au droit fixe ; car bien que partielle, elle est cependant pure et simple, puisqu'elle n'est pas faite moyennant un prix ni sous des conditions onéreuses. — Délib. 19 fév. 1828, *Control. de l'enreg.*, art. 1533.

4187. — Mais la renonciation partielle du légataire universel est passible du droit proportionnel ; car puisqu'il a été saisi de plein droit de la totalité des biens de la succession, sa renonciation équivaut à transmission en faveur des héritiers. La renonciation n'étant que partielle, il n'y a plus lieu d'appliquer le principe que celui qui renonce n'a jamais été héritier. — Délib. 2 juin 1829.

4188. — Le double droit dû pour défaut d'enregistrement dans le délai ne peut être exigé d'un légataire qui a renoncé aux effets du testament, sous le prétexte que la renonciation n'aurait pas été faite dans les trois mois du décès. — Délib. 16 déc. 1836.

4189. — La renonciation partielle à un legs particulier, avant tout acte de propriété sur ce legs, dispense du paiement des droits de mutation sur la portion à laquelle il a été renoncé. — Délib. 14 avr. 1837.

4190. — La répudiation d'une donation d'abord acceptée doit être considérée comme une rétrocession passible du droit proportionnel. — *Cass.*, 22 frim. au XI , Despeyroux ; 9 juin 1806, Despeyroux. — Conf. Merlin, *Rép.*, v^{is} *Donation* , § 7, et *Enreg. (droits d')*.

4191. — De même la répudiation d'une donation de biens présens , faite et acceptée par contrat de mariage, doit être considérée comme une rétrocession passible du droit proportionnel. — *Cass.*, 28 juill. 1806, Guisquet. — Conf. Championnière et Rigaud, t. 1er, n° 289.

4192. — Mais, tant que la renonciation à une donation parfaite n'est pas acceptée par le donateur , il n'est dû que le droit de 1 fr. — Solut. 8 oct. 1835.

4193. — Le droit de donation n'est pas exigible sur la renonciation gratuite à l'usufruit d'une somme d'argent sur laquelle les droits de mutation par décès ont été perçus. — Délib. 28 juill. 1829.

4194. — Lorsqu'un époux , donataire par contrat de mariage de la portion disponible des biens de son conjoint, renonce purement et simplement à ces avantages, il n'a ni déclaration à faire, ni droit à payer, pourvu qu'il n'ait fait préalablement aucun acte emportant acceptation expresse ou tacite de ces avantages. — Solut. 23 juill. 1833 ; instr. 1446, § 5.

4195. — Lorsque, par suite de sa renonciation à la communauté, la femme exerce son action en reprise sur les biens de cette même communauté, elle agit à titre de créancière, et non de copropriétaire, sur des biens devenus personnels au mari, et il y a une mutation qui donne lieu au droit proportionnel. — *Cass.*, 22 nov. 1837 (t. 2e 1837, p. 566) ; 28 août 1838 (t. 2e 1838, p. 251), Butel.

4196. — L'abandon fait par la veuve aux héritiers du mari, d'après l'art. 1483, C. civ., de toutes les valeurs de la communauté, pour être dispensée de sa contribution aux dettes n'est point passible du droit de mutation. — Délib. 20 mai 1834.

4197. — La renonciation à la communauté faite par une veuve en faveur des héritiers de son mari, à la condition que ceux-ci paieront le montant de ses reprises n'est passible que du droit fixe de 4 fr. Toutefois le droit d'obligation serait exigible, s'il n'était pas justifié d'actes enregistrés. — Solut. 19 août 1830.

4198. — Lorsque, par une liquidation de communauté, établissant que, déduction faite des reprises de la femme et de celles du mari les biens qui restent à partager ne suffisent pas pour payer les dettes, la veuve abandonne aux héritiers de son mari tous les biens restés indivis après le prélèvement des reprises, le droit n'est dû que sur la valeur de la moitié de ces biens, et non sur la moitié des dettes passives; car la femme n'étant tenue des dettes que jusqu'à concurrence de son émolument (C. civ., art. 1483), tout ce qui excède la valeur de la moitié des biens à partager tombe de droit à la charge des héritiers du mari.—Délib. 22 juill. 1836.

4199. — Lorsque le mari légataire universel de sa femme avec laquelle il était commun en biens, a, du chef de celle-ci, renoncé à la communauté avant de déclarer la succession, il ne doit pas les droits de mutation sur la moitié de cette communauté. — Solut. 3 janv. 1836.

4200. — La renonciation au bénéfice d'un jugement passé en force de chose jugée donne ouverture au droit proportionnel; mais ce droit n'est pas dû si le jugement est susceptible d'opposition ou d'appel.

4201. — *Transaction.* — La transaction étant un contrat par lequel les parties terminent une contestation née ou préviennent une contestation à naître (C. civ., art. 2044), il en résulte qu'elle doit contenir le plus souvent renonciation à des droits préexistans.

4202. — La transaction, disent MM. Championnière et Rigaud (n°597), est de sa nature purement déclarative, mais elle peut contenir des stipulations libératoires, obligatoires ou translatives.

4203. — « La loi fiscale, dit Merlin (*Rép.*, v° *Partage*, § 11), ne voit dans la transaction sur des droits immobiliers que la fin d'un procès douteux; elle ne se permet pas de peser les prétentions dont les parties ont fait respectivement sacrifice; elle ne se permet pas de dire : *Telle prétention était fondée, et en y renonçant celui qui la formait en a aliéné l'objet.* La transaction est pour elle un voile sacré; elle le respecte religieusement, et ne souffre pas qu'on le soulève. »

4204. — Telle a été, à toutes les époques de notre jurisprudence, la règle qui a guidé les jurisconsultes et les tribunaux. « La transaction, dit Dumoulin (sur l'ancienne cout. de Paris, § 33, glos. 4, n° 67), est par elle-même exempte de lods, comme du retrait, parce que son objet n'est pas une aliénation, mais la terminaison d'un procès. » — Conf. D'Argentré, *De Laudimiis*, § 55; Pocquet de Livonnière, liv. 4, chap. 4, sect. 7e; Louet, lettre T, § 5; Graverol, *Des dr. seigneuriaux*, chap. 38, § 3; un grand nombre d'arrêts des parlemens de Paris, de Toulouse et de Grenoble ont solennellement consacré cette doctrine. — La loi du 22 frim. an VII, ajoute Merlin, *ibid.*, n'a donc fait, sur les transactions, qu'adapter aux droits d'enregistrement ce qui était précédemment établi pour le retrait et les lods.

4205. — Il suit de là que la transaction, bien que contenant implicitement renonciation à un droit, n'est passible que du droit fixe. — V. *suprà* n°s 1857 et suiv. — Cependant, s'il était évident que la transaction rédigée sous la forme de renonciation à un droit préexistant contenait en réalité obligation, libération ou mutation, le droit proportionnel serait exigible. — V. *suprà* n°s 2293 et suiv.

4206. — Ainsi, si, par la transaction, l'une des parties abandonnait à l'autre un objet non litigieux pour l'indemniser des sacrifices de ses prétentions sur les choses en litige, l'abandon de cet objet constituerait une mutation de propriété qui donnerait ouverture au droit proportionnel. — Merlin, *Rép.*, v° *Transaction.*

CHAPITRE IX. — *Paiement et restitution des droits.*

Sect. 1re. — *Paiement des droits.*

§ 1er. — *Quand et comment les droits doivent être payés.*

4207. — Les droits des actes et ceux des mutations par décès doivent être payés avant l'enregistrement. — L. 22 frim. an VII, art. 28.

4208. — De plus, le paiement des droits doit se faire, à peine d'amende, dans les différens délais qui ont été fixés pour chaque espèce d'actes ou de mutation. — V. *suprà* n°s 1012 et suiv.

4209. — Avant la loi du 22 frim. an VII, les tribunaux ne devaient accueillir les réclamations contre la régie de l'enregistrement qu'autant que les droits avaient été préalablement payés.—*Cass.*, 1er niv. an VI, Viardot.

4210. — De même aujourd'hui, nul ne peut atténuer ni différer le paiement des droits, sous le prétexte de contestation sur la quotité ni pour quelque autre motif que ce soit, sauf à se pourvoir en restitution, s'il y a lieu.—L. 22 frim. an VII, art. 28.

4211. — Cependant, quand on se pourvoit par opposition contre une contrainte décernée par la régie, comme cette opposition a pour effet d'interrompre l'exécution de la contrainte, les tribunaux doivent statuer, quand bien même les droits réclamés n'auraient pas été payés. — V. *infrà* n° 4575.

4212. — Aucune autorité publique, ni la régie, ni ses préposés ne peuvent, à peine d'en devenir personnellement responsables : 1° suspendre ou faire suspendre le paiement des droits. — L. 22 frim. an VII, art. 59.

4213. — Ainsi, les préfets ne peuvent, sans excès de pouvoir, ordonner un sursis aux recouvremens des droits d'enregistrement. — Lett. min. fin. 28 prair. an VIII.

4214. — Jugé, en conséquence, qu'un tribunal ne peut surseoir à statuer sur une demande en supplément de droit formée par la régie, au sujet d'une vente soumise à la formalité, sous prétexte qu'il existe relativement à l'objet vendu une contestation par suite de laquelle les droits du vendeur pourraient être anéantis. — *Cass.*, 20 mars 1832, Garnier.

4215. — ...Ou bien encore ordonner un sursis jusqu'à la décision à intervenir sur un procès étranger à la régie, qui ne doit pas même y être partie. — *Cass.*, 20 mars 1833, Garnier.

4216. — ...Que, lorsque les droits d'enregistrement sont réclamés à propos des contrats d'acquisition, à l'occasion de l'établissement des chemins de fer, les tribunaux ne peuvent, sans excès de pouvoir, surseoir à en prononcer la condamnation jusqu'au moment où le bornage définitif opéré contradictoirement entre l'état et la compagnie établira si les immeubles acquis doivent être compris dans le périmètre du chemin de fer, sauf toutefois l'action de la compagnie en restitution des droits, s'il y a lieu. — *Cass.*, 16 août 1843 (t. 1er 1844, p. 179), Comp. du chemin de fer de Versailles (rive droite).

4217. — ...2° Ni accorder de remise ou modération des droits d'enregistrement et des peines encourues. — L. 22 frim. an VII, art 59.

4218. — Jugé, sous l'empire de la loi du 5-19 déc. 1790, que les tribunaux ne pouvaient faire remise de l'amende encourue par un huissier que le mauvais temps avait empêché de faire enregistrer ses exploits dans le délai prescrit. — *Cass.*, 5 oct. 1793, Petit.

4219. — ...Qu'ils ne pouvaient non plus, en matière de mutation par décès, faire remise de la peine du demi-droit en sus, sous prétexte qu'on n'avait pas eu intention de frauder les droits.—*Cass.*, 7 niv. an VI, François.

4220 — ...Qu'en matière d'enregistrement, les juges ne peuvent dispenser du double droit lorsqu'il était encouru. — *Cass.*, 2 niv. an VII, Duprat.

4221. — En effet, en matière de lois fiscales, la contravention ne saurait être excusée par l'intention.—*Cass.*, 11 fév. 1807, Sue; 3 sept. 1810, Messié.

4222. — Ainsi, les tribunaux ne peuvent, sous prétexte de bonne foi, accorder ni remise, ni modération des droits d'enregistrement et des peines encourues en cette matière. — *Cass.*, 17 prair. an XI, Vider.

4223. — ...Ni modérer les peines encourues par les parties pour déclarations insuffisantes. — *Cass.*, 20 mai 1806, Larregny.

4224. — ...Ni dispenser un notaire de l'amende par lui encourue pour contravention en matière d'enregistrement. — *Cass.*, 11 nov. 1842, Potge.

4225. — Les tribunaux ne peuvent, d'après des considérations plus ou moins favorables, modérer en faveur des redevables les droits d'enregistrement fixés par une loi. — *Cass.*, 21 mars 1825, Nicolas.

4226. — Le droit d'enregistrement en débet des rapports et procès-verbaux des agens et officiers de police étant à la charge des contrevenans reconnus coupables, les tribunaux ne peuvent se dispenser de le comprendre dans la taxe des frais sur le motif qu'ils étaient inutiles, l'inculpé ayant fait l'aveu de la contravention qui lui était imputée. — *Cass.*, 16 avr. 1842 (t. 2 1842, p. 211), Hamelin.

4227. — Un tribunal ne peut, sans contrevenir à la loi refuser le droit d'enregistrement et l'amende réclamés par la régie pour un acte qui n'est point enregistré. — *Cass.*, 26 oct. 1814, Verneau.

4228. — Dans l'usage, la prohibition absolue de l'art. 59, L. 22 frim., a cessé pour le ministre des finances en ce qui concerne seulement les droits en sus et les amendes. — Instr. 23 oct. 1821, art. 1002.

4229. — Elle a également cessé pour le roi depuis que le droit de grâce lui a été attribué. — Charte de 1830, art. 58. — Ce droit de grâce, qui s'applique aux peines afflictives et infamantes, s'étend à plus forte raison aux peines moindres, c'est-à-dire aux amendes et autres peines pécuniaires, aux lois sur l'enregistrement et le timbre et autres lois d'impôts. Le ministre des finances exerce ce droit de grâce par délégation de la puissance royale.

4230. — La remise du double droit d'enregistrement accordée par les ordonnances des 18 nov. 1814 et 8 nov. 1815 doit être étendue aux cas où les droits simples ont été payés antérieurement à ces ordonnances. — *Cass.*, 5 fév. 1817, Goffart.

§ 2. — *Par qui les droits doivent être payés.*

4231. — Les notaires sont tenus du paiement des droits pour les actes passés devant eux, sauf leur recours contre les parties dans les cas où ils ne sont pas tenus personnellement des droits à titre d'amende. — L. 22 frim. an VII, art. 29 et 33.

4232. — Les droits des actes reçus par deux notaires, c'est-à-dire faits à double minute, doivent être acquittés par le plus ancien ou par celui qui est domicilié dans le ressort du bureau où l'acte est passé. — Décis. min. fin. et just., 16 août 1808; instr. 13 août 1808.

4233. — Toutefois, lorsque, dans un acte reçu en double minute, un des notaires est chargé d'acquitter les droits d'enregistrement, cette stipulation doit être suivie de préférence. — Délib. 27 nov. 1832.

4234. — Un notaire ne peut être contraint au paiement des droits d'enregistrement pour un acte qui n'est point signé de lui, quoique revêtu de la signature des parties intéressées. — *Cass.*, 2 nov. 1807, Passemard. — *Contrà* délib. 24 vent. an XIII et 3 niv. an XIV.

4235. — Les notaires n'étant tenus d'avancer que les droits d'enregistrement dus suivant la nature des actes passés devant eux, lorsque la régie croit devoir refuser à ces actes les effets résultant de leur forme extérieure et soutenir notamment qu'un acte de partage sans soulte ni retour renferme une mutation, c'est contre les parties et non contre le notaire qu'elle doit intenter son action. — *Cass.*, 12 fév. 1834, Hailig. — Ainsi les notaires sont tenus de faire l'avance des droits selon la nature de l'acte et non selon celle de la convention. — Championnière et Rigaud, *Traité des droits d'enregistr.*, t. 1er, no 135.

4236. — Par la même raison, lorsqu'il est établi que l'acquéreur d'un immeuble par acte notarié était depuis long-temps inscrit au rôle de la contribution foncière et qu'il avait payé les impositions, la régie ne peut poursuivre le double droit pour défaut d'enregistrement que contre l'acquéreur et non contre le notaire qui a passé l'acte de vente. — Délib. 11 fév. 1834.

4237. — Toute action en paiement d'un droit non perçu par une disposition dans un acte notarié ou d'un supplément de perception insuffisamment faite doit être dirigée contre les parties; car lorsque l'acte, après le paiement des droits réglés par le receveur, a reçu la formalité, les devoirs du notaire à cet égard sont entièrement remplis. — Déc. min. fin. 17 juin 1808; instr. 386, no 28.

4238. — Le double droit et les amendes ne sont pas dus par les héritiers d'un notaire contrevenant, à moins que la condamnation n'ait été prononcée du vivant du notaire ou qu'il n'ait souscrit une obligation. — Décis. min. just. et fin. 11 brum. et 26 frim. an XIV et 1er sept. 1807; décis. min. fin. 7 mars 1837; instr. 17 sept. 1807. — *Dict. des dr. d'enreg.*, vo *Acte du notaire*, § 5, no 15.

4239. — Si, au moment de la levée des scellés apposés sur les minutes et papiers de l'étude d'un notaire par suite de son décès, le délai pour l'enregistrement de plusieurs actes et pour la présentation du répertoire au visa trimestriel se trouve expiré, la régie ne peut exiger du successeur de ce notaire les amendes ou droits en sus encourus, car on ne peut imputer à ce successeur un retard qui n'est pas de son fait. En présentant au receveur les actes et le répertoire aussitôt que la remise lui en a été faite à lui-même, il fait tout ce qu'il lui est possible. — Déc. min. just. 7 mai 1837.

4240. — Lorsque les notaires dressent des actes en vertu et par suite d'actes sous seing-privé non enregistrés, en mentionnant que ces actes sous seing-privé demeureront annexés à ceux dans lesquels ils sont mentionnés et seront soumis avant eux à la formalité de l'enregistrement, ces notaires sont, ainsi qu'on l'a vu (*suprà* no 1244), personnellement responsables non seulement des droits d'enregistrement et de timbre, mais encore des amendes auxquelles les actes sous seing-privé se trouvent assujétis. — L. 16 juin 1824, art. 13.

4241. — Décidé, avant la loi du 16 juin 1824, que lorsqu'un notaire s'était rendu passible d'amende pour avoir rédigé un acte en vertu d'un autre acte sous seing-privé non enregistré, il ne pouvait être poursuivi en paiement du droit d'enregistrement dû pour cet acte qu'après la discussion de la partie qui devait l'acquitter. — *Cass.*, 3 juill. 1811, Boudet.

4242. — Les greffiers sont tenus d'acquitter les droits des actes qu'ils dressent, sauf leur recours contre la partie quand ils ne sont pas tenus personnellement à titre d'amende. — L. 22 frim. an VII, art. 29 et 35.

4243. — Il est fait exception à cet égard quant aux jugemens rendus à l'audience et aux actes d'adjudication passés en séance publique, lorsque les parties n'ont pas consigné aux mains du greffier, dans le délai prescrit pour l'enregistrement, le montant des droits fixés par la loi. Dans ce cas, le recouvrement doit en être poursuivi contre les parties par les receveurs; elles supportent en outre la peine du droit en sus. A cet effet, le greffier est tenu (V. *suprà* nos 1077 et 1377) de remettre au receveur de l'enregistrement, dans les dix jours qui suivent l'expiration du délai, des extraits par lui certifiés des jugemens dont les droits ne lui auraient pas été remis par les parties, à peine d'une amende de 10 fr. pour chaque décade de retard (réduite à une seule amende de 10 fr., quelle que soit la durée du retard, L. 16 juin 1824), et pour chaque jugement, et d'être en outre personnellement contraint au paiement des doubles droits. — LL. 22 frim. an VII, art. 37; 28 avr. 1816, art. 38.

4244. — Jugé, sous l'empire de la loi du 5-19 déc. 1790, que le greffier qui n'a point, dans le délai prescrit, acquitté le droit d'enregistrement dû sur un jugement, ou envoyé au receveur un extrait de cet acte, doit être condamné à payer le double droit. — *Cass.*, 11 brum. an VII, Robbe.

4245. — La partie qui ne justifie pas avoir consigné entre les mains du greffier le montant du droit avant l'expiration du délai, ne peut rendre le greffier responsable du défaut d'enregistrement. — *Cass.*, 14 sept. 1809, Micard-Perrin.

4246. — En supposant qu'un jugement contenant résiliation de vente soit mal rendu en droit en ce qu'il décide que cette résiliation, pour une cause antérieure et existante lors du contrat, ne contient point une transmission de propriété donnant ouverture au droit proportionnel, le greffier ne saurait être poursuivi en paiement du droit. — *Cass.*, 8 avr. 1811, Doux.

4247. — À défaut de remise des extraits des jugemens dont les droits n'ont point été consignés par les parties entre ses mains, le greffier doit personnellement le double droit en outre de l'amende. Le recouvrement du droit simple est alors poursuivi contre les parties ; mais si celles-ci ont consigné les droits du jugement, le greffier doit être poursuivi pour le paiement tant du droit simple que du double droit, et il n'a point d'extrait à remettre ni d'amende à payer. — Décis. min. fin. 22 juill. 1837; instr. 1562, § 12.

4248. — La rentrée des droits d'enregistrement des actes, procès-verbaux et jugemens visés pour timbre et enregistrés en débet, doit être suivie, contre les parties condamnées, d'après les extraits des jugemens qui sont fournis aux préposés de la régie par les greffiers. — L. 22 frim. an VII, art. 70, § 1er, n° 5.

4249. — Faute par le command, qui a accepté l'adjudication faite pour lui par un avoué, d'acquitter le droit du jugement d'adjudication, l'avoué n'est pas tenu d'avancer ce droit, et le greffier ne peut refuser de recevoir sa déclaration, sauf au receveur à réclamer du command, à l'expiration des vingt jours, les droit et double droit tant pour l'adjudication que pour la déclaration de command. — Décis. min. fin. 22 sept. 1807; instr. 357.

4250. — Les secrétaires des administrations centrales et municipales sont tenus du paiement des droits des actes qu'il leur est prescrit de faire enregistrer, sauf leur recours contre les parties, à l'exception du double droit dont ils sont tenus personnellement à titre d'amende. — L. 22 frim. an VII, art. 29 et 36. — Toutefois cette obligation n'a lieu qu'avec la restriction admise pour les greffiers (V. *suprà* n°s 1096, 1377 et 1243) relativement aux actes dont ils doivent fournir des extraits aux receveurs. — Même loi, art. 37.

4251. — Les frais d'enregistrement d'un marché fait de gré à gré par acte sous seing-privé entre une administration publique et un particulier sont à la charge de ce dernier. — *Cass.*, 22 janv. 1845 (t. 1er 1845, p. 249), Comp. de Londres.

4252. — Les huissiers et autres ayant pouvoir de faire des exploits et des procès-verbaux doivent acquitter les droits d'enregistrement des actes de leur ministère (L. 22 frim. an VII, art. 29), sauf leur recours contre les parties dans les cas où ils ne sont pas tenus personnellement des droits à titre d'amende. — *Ibid.*, art. 34.

4253. — Les officiers publics qui, aux termes des dispositions de la loi du 22 frim. an VII, ont fait pour les parties l'avance des droits d'enregistrement peuvent prendre exécutoire du juge de paix de leur canton pour leur remboursement. L'opposition formée contre cet exécutoire, ainsi que toutes les contestations qui peuvent s'élever à cet égard, doivent être jugées conformément aux dispositions de l'art. 75, sur les instances poursuivies au nom de la régie. — L. 22 frim. an VII, art. 30. — V. *infrà* n° 4578 et suiv.

4254. — Le privilége que la loi accorde dans certains cas à la régie pour le paiement des droits ne passe pas aux officiers publics qui les ont acquittés. Ils n'en ont point pour le recouvrement des droits qu'ils ont avancés. L'exécutoire qu'ils peuvent prendre ne leur confère pas même d'hypothèque. — *Dict. des dr. d'enreg.*, v° *Privilége*, n° 17.

4255. — Les juges et arbitres et les administrations centrales et municipales sont personnellement responsables des droits lorsque les premiers rendent un jugement et que les secondes prennent un arrêté en faveur de particuliers sur des actes non enregistrés. — L. 22 frim. an VII, art. 47.

4256. — Lorsqu'il a été compromis sur une mu-

tation d'immeubles dont l'acte n'est point représenté, la décision arbitrale qui n'a pour base aucun acte, mais seulement l'audition des parties, ne rend pas l'arbitre passible des droits résultant de la non représentation de l'acte de mutation. — *Cass*, 25 (et non 23) prair. an X, Henry.

4257. — Les parties sont tenues d'acquitter les droits pour les actes sous signature privée, et ceux passés en pays étranger qu'elles font enregistrer, pour les ordonnances sur requêtes ou mémoires et les certificats qui leur sont immédiatement délivrés par les juges, et pour les actes et décisions qu'elles obtiennent des arbitres, si ceux-ci ne les ont pas fait enregistrer. — L. 22 frim. an VII, art. 29.

4258. — Lorsque, pour la fixation d'un droit d'enregistrement, la régie argue d'un acte sous seing-privé, et que cet acte est désavoué par le prétendu signataire, les juges ne doivent pas pour cela écarter l'acte du procès ; ils doivent seulement ordonner d'office la vérification de l'écriture. — *Cass.*, 30 juin 1806, Blanche.

4259. — Les syndics d'une faillite sont obligés de faire enregistrer l'inventaire des effets mobiliers du failli, qu'ils dressent même sans le concours d'un officier ministériel, et de payer les droits sauf leur recours contre la faillite. — *Cass.*, 20 août 1834, Baudron.

4260. — Toutefois, ces syndics ne sont pas tenus directement et personnellement des droits d'enregistrement. — Solut. 7 fév. 1838.

4261. — Comme les communes ne peuvent rien payer qu'après y avoir été autorisées par leur budget annuel, il n'y a lieu, à l'égard d'une commune débitrice de droits, ni à délivrance de contrainte contre son receveur, ni à citation devant les tribunaux, ni à saisie arrêt entre les mains dudit receveur ou des débiteurs de la commune ; mais le directeur de la régie doit se pourvoir par-devant le préfet pour qu'il porte au budget la somme réclamée contre la commune, et autorise le paiement par le receveur. — Avis cons. d'état, 11 mai 1813, appr. le 26; inst. 642.

4262. — Les droits des actes civils et judiciaires emportant obligation, libération ou translation de propriété, ou d'usufruit de meubles ou immeubles, sont supportés par les débiteurs et nouveaux possesseurs; et ceux de tous les autres actes le sont par les parties auxquelles les actes profitent, lorsque, dans ces divers cas, il n'a pas été stipulé de dispositions contraires dans les actes. — L. 22 frim. an VII, art. 31.

4263. — En thèse générale, dès qu'un jugement, quel qu'il soit, est sujet à l'enregistrement sur la minute, c'est celui qui doit la faire revêtir de cette formalité qui est tenu d'acquitter les droits, et la peine du double droit lui est personnelle. — Décis. min. fin. 16 juin 1807; instr. 386, n° 2; — Roland et Trouillet, *Dict., d'enreg.*, v° *Débiteur*, n° 11.

4264. — Toutefois, la régie n'a pas, pour le paiement des droits dont est passible un jugement par défaut ou un jugement contradictoire attaqué par appel, une action directe contre la partie condamnée. — *Cass.*, 24 (et non 28) août 1808, Perrochain.

4265. — Les droits d'enregistrement, dus à raison d'un jugement quelconque prononçant des condamnations, doivent être payés par celle des parties au profit de laquelle les condamnations ont été prononcées, et non par la partie condamnée. — *Cass.*, 10 mars 1812, Gavard.

4266. — Si la partie au profit de laquelle le jugement a été rendu n'acquitte pas le droit dans le délai prescrit, elle doit payer personnellement le double droit à titre d'amende; la partie condamnée n'étant tenue, dans ce cas, qu'au remboursement du droit. — *Cass.*, 30 avr. 1833, Cécile c. Gallain.

4267. — Lorsque, après avoir acheté des marchandises, un individu cède son traité à un tiers, qu'ensuite il actionne le cessionnaire pour qu'il ait à prendre livraison; qu'à l'audience le cessionnaire déclare renoncer à toute action, soit principale contre le vendeur, soit de garantie contre le cédant, et demande à être mis hors de cause, le jugement qui adjuge au cessionnaire ses conclusions, et condamne le cédant à tous les frais, doit être considéré comme profitant au cessionnaire. Dès-lors, celui-ci est tenu de le faire enregistrer et d'en payer les droits dans les délais, sauf son recours contre la partie condamnée. — *Cass.*, 23 fév. 1824, Imbert.

4268. — Lorsque le tiers-saisi assigné en déclaration se reconnaît débiteur en vertu d'une obligation non enregistrée, le droit de condamnation dû sur le jugement qui ordonne le paiement entre les mains du créancier saisissant est dû par ce dernier. — *Cass.*, 24 vent. an X, Huet-Renard.

4269. — Le paiement des droits d'enregistrement dus sur une sentence arbitrale rendue au profit d'une société, peut être poursuivi contre l'un des associés, encore bien qu'il soutienne avoir été étranger à la sentence, s'il n'en a pas demandé la nullité en ce qui le concerne. — *Cass.*, 16 fév. 1854, Morel.

4270. — Lorsqu'un acte sous seing-privé est présenté à l'enregistrement par la partie qui n'est pas tenue personnellement des droits, ce n'est néanmoins que contre celle qui en est passible que le receveur peut réclamer le paiement de ces droits. — *Cass.*, 15 niv. an XI, Faure.

4271. — Jugé, au contraire, que la régie peut, lorsqu'un acte sous seing-privé est présenté à l'enregistrement, s'adresser directement à celle des parties qui est obligée d'acquitter les droits, quoique l'acte n'ait pas été déposé par elle. — *Cass.*, 26 oct. 1813, Donge.

4272. — Ainsi, le paiement des droits de mutation dus pour une vente d'immeubles sous seing-privé peut être poursuivi par la régie contre l'acquéreur, encore bien que l'acte soit présenté à l'enregistrement par le vendeur. — *Cass.*, 10 pluv. an XIII, Bessellèvre; 26 oct. 1813, Donge; 10 avr. 1816, Laville; 12 mars 1817, Donge; 12 janv. 1822, Donge.

4273. — Lorsqu'un jugement condamne à payer une obligation dite pour *prêt* dans les poursuites préalables, et qu'ensuite il est reconnu que cette obligation est causée pour prix d'une vente d'immeubles sous seing-privé, les droit et double droit de ces actes ne peuvent être répétés que contre l'acquéreur. — Délib. 27 fév. 1812.

4274. — Les droits de mutation sont à la charge de l'acquéreur, s'il n'a été fait de stipulation contraire entre lui et le vendeur. — La circonstance que le vendeur aurait volontairement donné connaissance au receveur de l'acte de vente, ne saurait être un motif pour le condamner au paiement de ces droits. — *Cass.*, 30 juin 1813, Mœvus c. Vieil.

4275. — Si le droit d'enregistrement d'un acte de vente sous seing-privé doit être, à moins de convention contraire, payé par l'acquéreur, le double droit peut être mis à la charge du vendeur, si c'est par sa faute que ce double droit a été encouru. — *Bourges*, 29 avr. 1814, Rameau c. Guinguat.

4276. — Les droits de mutation d'immeubles sont à la charge du nouveau possesseur, encore bien qu'il n'en soit devenu propriétaire qu'au moyen d'une cession que lui en a faite son débiteur, à titre de paiement. — *Spécialement*, lorsque l'état abandonne des propriétés foncières à la femme d'un émigré pour la remplir des droits matrimoniaux qu'elle avait à exercer contre son mari, cette femme est tenue d'acquitter les droits de mutation auxquels la cession donne lieu. — *Cass.*, 13 mai 1817, Polignac.

4277. — L'adjudicataire d'un immeuble qui en a été dépouillé par une revente sur folle enchère peut être poursuivi en paiement du double droit dû pour la première adjudication, s'il ne l'a pas fait enregistrer dans le délai. — *Cass.*, 27 mai 1823, Jaudas-Deslices.

4278. — La régie est fondée à percevoir le droit proportionnel sur la partie au profit de laquelle la déclaration de command a été tardivement passée, alors que cette partie ne conteste pas la réalité de la mutation faite à son profit. — *Cass.*, 29 nov. 1837 (t. 2 1837, p. 563), Mourgues.

4279. — Les différentes décisions qu'on vient de rapporter ne font point obstacle au droit qu'ont les parties de faire telles stipulations que bon leur semble relativement au paiement des droits d'enregistrement.

4280. — Est licite la clause d'un contrat de vente sous seing-privé par laquelle les parties conviennent que les droits d'enregistrement seront à la

charge de celle des parties qui en rendra la perception nécessaire. — *Cass.*, 13 mars 1839 (t. 1er 1839, p. 357), Baisseau c. Pellerav; *Bourges.* 6 août 1842 (V. sous *Cass.*, 25 août 1843, t. 2 1844, p. 428), Collin c. David.

4281. — Mais le vendeur ne peut être condamné à payer ces droits, bien qu'il ait donné lieu à leur perception en portant devant les tribunaux une contestation relative à l'exécution de l'acte, si les prétentions de l'acquéreur ont été déclarées mal fondées. — *Bourges*, 6 août 1842, sous *Cass.*, 23 août 1843 (t. 1er 1844, p. 428), Collin c. David.

4282. — Le vendeur qui, par son fait, a encouru le paiement des droits d'enregistrement, n'est pas fondé à demander la nullité de la clause, sous prétexte que l'acte qui la renferme, se liant à une procuration donnée à l'acquéreur d'aliéner sous le nom du vendeur les immeubles acquis, n'avait pour but que de frustrer la régie des droits auxquels la vente ainsi dissimulée pourrait donner ouverture. — *Cass.*, 13 mars 1839 (t. 1er 1839, p. 357), Boisseau c. Pelleray.

4283. — Si la clause qui met l'obligation de payer les droits à la charge de celle des parties qui donnerait lieu à la publicité d'un acte de vente sous seing-privé n'est pas rigoureusement une infraction à la loi, il n'en est pas de même de celle qui a pour objet de soustraire à la connaissance du fisc et par suite à la perception des droits une convention renfermée dans un acte sous seing-privé; une pareille cause est illicite et nulle. — *Bourges*, 10 mars 1830, sous *Cass.*, 16 août 1831, Michonnet c. Clavier.

4284. — Lorsqu'il a été stipulé, dans un acte de vente sous seing-privé, que les droits d'enregistrement de l'acte seraient à la charge de la partie qui y donnerait lieu par des contestations mal fondées, s'il est reconnu que la perception des droits a eu lieu par le fait ou la faute des deux parties, en ce cas les tribunaux peuvent, appliquant le droit commun, condamner l'acquéreur à supporter seul les droits. Peu importe que la contestation qui a donné à la régie de l'enregistrement connaissance de l'acte ait été soulevée par le vendeur. — *Cass.*, 16 août 1831, Michonnet c. Clavier.

4285. — Celui qui, refusant de remplir les obligations par lui contractées au moyen d'un blancseing, donne lieu à son enregistrement, est tenu d'en rembourser les droits. — *Rennes*, 28 avr. 1848, Chardol c. Bernard Delisle.

4286. — En l'absence d'une stipulation spéciale, la caution du preneur ne peut être poursuivie en paiement des droits d'enregistrement auxquels un bail peut donner lieu. — *Cass.*, 6 oct. 1806, Archinard.

4287. — Les droits d'enregistrement auxquels donne lieu une renonciation éventuelle contenue dans une transaction ayant pour objet le réglement des intérêts respectifs de deux époux, doivent être supportés exclusivement par celui qui profite des effets de cette renonciation, quoique la transaction contienne désemparation, en faveur de l'autre, d'une portion de biens en acquittement d'une partie de ce qui lui est dû. — *Cass.*, 12 août 1823, d'Asnières.

4288. — Les droits d'enregistrement doivent être acquittés avant l'enregistrement des actes par les personnes désignées dans l'art. 29, L. 22 frim. an VII. Ces droits sont indivisibles, et l'art. 31 n'est relatif qu'à la manière dont ces droits doivent être supportés par les parties entre elles. — *Cass.*, 20 mars 1839 (t. 1er 1839, p. 464), Lobgeois et Thuret.

4289. — Ainsi, en ce qui concerne la régie, l'acquéreur et le vendeur peuvent être condamnés solidairement au paiement d'un supplément de droit. — Même arrêt.

4290. — Jugé, d'après le même principe, que, la perception des droits d'enregistrement étant indivisible, l'un des acquéreurs de biens indivis, acquis par un même contrat, sans solidarité, peut être valablement poursuivi en paiement de la totalité des droits exigibles sur le contrat. — *Cass.*, 7 nov. 1821, Deroucy.

4291. — … Que les coacquéreurs ou coadjudicataires d'un immeuble sont tenus solidairement au paiement du droit d'enregistrement de l'acte de vente ou du jugement d'adjudication, encore que la solidarité n'ait pas été stipulée dans ces actes. — *Cass.*, 19 (et non 10) nov. 1831, Labasse.

4292. — ... Que le copartageant qui reçoit un lot plus fort que celui des autres, à la charge d'une soulte, peut être contraint à payer la totalité du droit d'enregistrement dont l'excédant de ce lot est passible, sauf son recours contre ses copartageans. — *Cass.*, 9 fructid. an XII, Huguier.

4293. — Lorsque la preuve d'une mutation de propriété résulte d'un jugement qui constate l'existence d'une vente verbale d'immeubles, et qui autorise le vendeur à revendre aux risques et périls de l'acquéreur, le droit proportionnel peut être exigé du vendeur, sauf le recours contre l'acquéreur. — *Cass.*, 6 sept. 1843, Tandou.

4294. — Les droits d'un échange doivent être payés en totalité par l'un des échangistes, sauf son recours pour la portion des droits qui est due par l'autre. — Décis. min. fin. 14 vent. an VII et 8 fructid. an VIII.

4295. — Les droits des déclarations des mutations par décès doivent être payés par les héritiers, donataires ou légataires. Les cohéritiers sont solidaires. — L. 22 frim. an VII, art. 32. — V. ce que nous avons dit à ce sujet *suprà* nos 3465 et suiv.

4296. — Les parties, leurs héritiers ou ayant-cause sont solidaires pour le paiement de l'amende du droit en sus, encourue pour insuffisance dans l'évaluation d'un office transmis à titre gratuit ou par décès, ou pour simulation du prix exprimé dans l'acte de cession à titre onéreux. — L. 25 juin 1841, art. 14.

4297. — Mais cette disposition de la loi du 25 juin 1841, qui condamne les héritiers personnellement au paiement du droit en sus exigible à titre d'amende, est spéciale en matière d'offices. — Une pareille disposition est-elle applicable en général, et la régie peut-elle toujours réclamer contre les héritiers le paiement des amendes encourues par leurs auteurs ?

4298. — En règle générale, l'action en condamnation à une amende ne saurait être exercée contre l'héritier du contrevenant par la raison que les peines sont personnelles. Mais si une condamnation a été prononcée, le recouvrement peut être poursuivi sur les biens du contrevenant condamné jusqu'à ce que la prescription soit acquise. — Merlin, *Rép.*, vo *Délit.* — Dans ce cas l'amende est une charge de la succession. — Délib. 13 et 21 août 1833.

4299. — Il en doit être de même quand l'amende a été encourue et que le paiement peut en être poursuivi sans qu'il soit besoin de jugement, et, par conséquent, sans qu'il y ait condamnation. Tel est le cas où le contrevenant aurait souscrit l'obligation de la payer. — V. Bosquet (*Dict. des domaines*), qui cite en ce sens des décisions du conseil des 5 mars 1729 et 4 janv. 1775 ; Merlin, *Rép.*, vo *Amende*.

4300. — Mais *quid* s'il n'y a point de soumission de payer l'amende ? Il faut distinguer : — Si l'amende a été demandée au contrevenant par une contrainte dûment exécutoire et signifiée, il y a titre suffisant pour que le décès arrivé postérieurement à la signification non suivie d'opposition, ne puisse empêcher l'effet de la contrainte contre l'héritier, c'est-à-dire la succession. On ne saurait reprocher à l'administration de n'avoir pas obtenu de jugement : car dès qu'il n'y a point d'opposition à la contrainte, elle ne peut appeler le contrevenant devant les tribunaux, et le juge n'aurait rien à prononcer. — Si, au contraire, aucune demande n'a été formée pendant la vie du contrevenant, l'amende se trouve éteinte par le décès de celui-ci. — *Dict. des dr. d'enreg.*, vo *Héritier*, no 12.

4301. — Le droit en sus pour les actes sous seing privé non enregistrés dans le délai prescrit, est dû par les héritiers des contractans ; car ce n'est point là une peine proprement dite. — Avis cons. d'état 3 fév. 1810 ; instr. 470.

4302. — Il en est de même quand les héritiers, au lieu de représenter un acte, font une déclaration de la mutation aux termes de la loi du 27 vent. an IX. — Solut. 10 juill. 1824 ; instr. 1150, § 9.

4303. — Quant aux amendes encourues par un notaire, on a vu (*suprà* no 4238) qu'elles ne pou-

vaient être demandées à ses héritiers, à moins qu'il n'y eût jugement ou soumission.

4304. — Le double droit pour défaut d'enregistrement dans le délai ne peut être prononcé contre l'héritier de celui qui a contracté, lorsqu'il ne fait lui-même aucun usage de l'acte soustrait à l'impôt. Ce double droit a un caractère pénal qui le rend personnel. — *Cass. belge*, 27 janv. 1834, Weekers.

4305. — En fait de déclaration de succession, si l'héritier décède avant d'avoir fait la déclaration, mais dans le délai qui lui était accordé, son obligation passe à ses héritiers ; et si ceux-ci laissent expirer ce délai, ils sont passibles de l'amende ou du demi droit en sus. — Mais si le délai pour la déclaration était expiré au décès de l'héritier, l'amende est éteinte et les siens ne sont tenus que du paiement des droits dus pour la succession qui lui était échue. — Déc. min. fin. 15 juill. 1806.

4306. — La régie ne peut s'adresser qu'aux parties pour le paiement des droits d'enregistrement auxquels un acte donne ouverture, sauf le recours des parties contre les tiers qui doivent, en définitive, supporter ces droits. — *Cass.*, 2 mai 1837 (t. 1er 1837, p. 406), Douzel.

4307. — Elle peut également poursuivre en paiement du droit de mutation celui qui a acquis un immeuble par l'entremise d'un fondé de pouvoirs, encore bien qu'il prétende n'avoir pas donné à son mandataire pouvoir d'acquérir, s'il ne justifie d'aucun désaveu judiciaire, d'autant plus que, quand il parviendrait à faire déclarer cette vente nulle, ce ne pourrait être que pour une nullité relative qui ne donnerait par conséquent point lieu à la restitution du droit perçu. — *Cass.*, 9 fév. 1814, Cagnier.

4308. — Celui qui, étant poursuivi comme acquéreur d'un immeuble en paiement des droits de mutation, ne nie pas son acquisition et soutient seulement qu'elle est nulle, ne saurait être déchargé de la contrainte par les juges, sous prétexte que ce n'est pas lui, mais un tiers qui est acquéreur. — *Cass.*, 7 août 1807, Gay et Blachier.

4309. — Les droits extraordinaires dus à la régie de l'enregistrement pour dissimulation du prix d'un acte de vente ne peuvent être considérés comme la peine d'un crime ou d'un délit. Dès-lors, l'action en garantie pour de pareilles condamnations est recevable. — *Cass.*, 24 mars 1835, Despierres c. de Cairon.

4310. — La compensation n'a pas lieu entre les droits de mutation par décès dus par un émigré, et les sommes qui peuvent lui être dues par l'état, à raison de la vente de ses biens. — *Cass.*, 8 vendém. an XIV, Leroi de Neuville.

4311. — De même, les héritiers de l'émigré ne peuvent compenser le droit de mutation par décès avec le prix des biens vendus et les fruits des biens séquestrés, perçus par l'état. — *Cass.*, 11 mai 1807, Gohin de Montreuil.

4312. — Les sommes qu'un notaire a pu avancer à un receveur d'enregistrement ne sont pas opposables en compensation avec les droits dus par ce notaire pour l'enregistrement des actes qu'il a soumis à cette formalité. — *Cass.*, 26 (et non 27) mai 1807, Capion.

4313. — Les droits d'enregistrement ne peuvent se compenser avec les prétentions que peuvent avoir contre l'état les débiteurs de ces droits, sauf à ceux-ci à se pourvoir auprès du gouvernement, s'ils ont des répétitions à former. — *Cass.*, 1er août 1808, Labaume-Montrevel ; — Merlin, *Rép.*, vo *Compensation*, § 3.

4314. — Mais il y a compensation légale entre la somme pour laquelle la régie de l'enregistrement et des domaines a été colloquée sur le prix d'une vente aux enchères et celle qui est réclamée contre elle comme irrégulièrement perçue sur l'adjudication par suite de folle-enchère du premier acquéreur. — En pareil cas, la régie est non-recevable à opposer la prescription biennale prononcée par l'art. 61, L. 22 frim. an VII, si d'ailleurs la compensation avait éteint la dette avant l'expiration de deux années. — *Cass.*, 6 fév. 1833, Carde.

4315. — Les cautionnemens des notaires et autres officiers ministériels étant spécialement et par premier privilége affectés à la garantie des condamnations prononcées contre ceux-ci par suite de l'exercice de leurs fonctions (L. 25 vent. an XI, art. 88 ; L. 25 niv. an XIII, art. 1er), il s'ensuit que le trésor a un privilège sur le cautionnement des notaires pour le paiement des droits d'enregistrement dus à raison de tous les actes passés devant eux. — *Cass.*, 25 juill. 1827, Smith.

4316. — L'effet de ce privilège ne peut être restreint aux droits d'enregistrement dont les notaires ont reçu le montant de la part des parties contractantes. — Même arrêt.

4317. — MM. Rigaud et Championnière (*Traité des dr. d'enreg.*, t. 4, n° 3906) nient l'existence de ce privilège. « Pour jouir du privilège accordé par les lois des 25 vent. an XI et 25 niv. an XIII, il faut, disent-ils, être porteur d'un jugement. Or, les droits d'enregistrement sont recouvrés par voie de contrainte, et la régie ne peut obtenir aucune condamnation lorsqu'il n'y a pas d'opposition aux poursuites. De là il suit que le privilège ne pourrait être exercé qu'à l'égard des droits litigieux, et jamais pour ceux dont l'exigibilité ne serait pas contestée. Or, cela serait absurde, et c'est un motif de croire que les lois précitées n'ont pas eu en vue les perceptions confiées à la régie. »

4318. — Lorsque, pour parvenir au recouvrement de droits d'enregistrement dus par un avoué ou un autre officier ministériel, la régie a fait saisir son cautionnement, elle a droit d'exiger le versement actuel, dans ses mains, des sommes formant ce cautionnement. — *Cass.*, 26 mars 1821, Guyot ; 4 fév. 1822, Delanoe.

4319. — Le versement ne saurait être différé jusqu'au décès ou à la démission de l'officier ministériel. — *Cass.*, 4 fév. 1822, Delanoe.

4320. — L'exercice de l'action de la régie ne saurait non plus être restreint aux seuls intérêts du cautionnement. — *Cass.*, 26 mars 1821, Guyot.

4321. — De même, la régie a droit de former saisie-arrêt, non seulement sur les intérêts, mais encore sur le capital du cautionnement d'un huissier, pour le recouvrement des amendes qu'il a encourues. — *Cass.*, 1er juin 1814, Vinette.

4322. — La régie n'a point de privilège pour le recouvrement de droits et amendes d'actes non enregistrés sur la valeur de l'office du notaire destitué. Sa condition est la même que celle des autres créanciers, et elle peut seulement, ainsi qu'eux, provoquer la distribution du prix par contribution, sauf à suivre contre les parties le recouvrement des droits simples. — Avis com. fin. 29 juill. 1829, appr. le 31 août ; — décis. min. fin. 7 déc. 1835.

4323. — A l'égard des mutations par décès, l'état a action sur les revenus des biens à déclarer, en quelques mains qu'ils se trouvent, pour le paiement des droits dont il faudrait poursuivre le recouvrement. — L. 22 frim. an VII, art. 32. — V. ce que nous avons dit à ce sujet, *supra* n° 3215 et suiv.

4324. — Le droit de suite, établi par l'art. 32, L. 22 frim., n'a lieu que contre les personnes dénommées dans cet article, c'est-à-dire contre les héritiers, donataires et légataires. D'où il suit que les récoltes d'un fermier ne peuvent être saisies pour le paiement des droits de mutation par décès. — Décis. régl. 13 oct. 1814.

4325. — Les quittances délivrées par les receveurs d'enregistrement font contre la régie preuve du paiement des droits, encore bien que les sommiers ne contiennent aucune indication à cet égard. — *Cass.*, 24 niv. an XIII, Mareille.

4326. — Un sommier d'ordre peut faire foi en justice d'un paiement fait à la régie, lorsque l'individu qui a fait ce paiement ne justifie d'aucune quittance à l'appui. — *Cass.*, 20 messid. an XIII, Lallemand.

4327. — Quoiqu'en thèse générale on ne puisse prouver le paiement fait à un receveur d'enregistrement qu'au moyen d'une preuve par écrit résultant de la quittance qu'il a délivrée, néanmoins un tribunal a pu, sans violer la loi, admettre le contribuable à prouver par témoins les versemens qu'il a faits au receveur, en prenant pour base de cette preuve et comme commencement de preuve par écrit le jugement qui a condamné ce fonctionnaire comme prévaricateur. — *Cass.*, 23 flor. an XIII, Bonnety.

Sect. 2e. — Restitution des droits.

§ 1er. — Dispositions générales.

4328. — L'art. 60, L. 22 frim. an VII, porte : « Tout droit d'enregistrement perçu régulièrement en conformité de la présente loi, ne peut être restitué quels que soient les événemens ultérieurs, sauf les cas prévus par la présente. »

4329. — Le droit régulièrement perçu est celui qui, au moment où la formalité a été donnée, était exactement déterminé par la véritable nature de l'acte ou de la mutation. Tout autre n'est pas légal et il y a lieu de le restituer, parce que tout paiement suppose une dette, et que ce qui a été payé sans être dû est sujet à répétition. — Championnière et Rigaud, *Tr. des dr. d'enreg.*, n° 3952.

4330. — Ainsi, jugé que si un créancier refuse de recevoir une somme offerte par un tiers qui prétend l'avoir reçue en dépôt pour acquitter la dette du débiteur, il ne peut être passible du droit proportionnel d'enregistrement, à raison de cette reconnaissance de dépôt, qui n'ajoute rien à la sûreté de sa créance. Il y a lieu, dès-lors, à la restitution du droit perçu. — *Cass.*, 2 mai 1815, Denisart.

4331. — Les art. 48 et 69, § 3, n° 3, L. 22 frim. an VII, présentent deux cas de restitution ordonnée ; c'est lorsqu'on justifie ultérieurement de titres enregistrés dont l'omission avait donné lieu à la perception des droits. Ces exceptions au principe de la non-restitution sont la conséquence de la règle générale qu'une convention ne peut subir deux droits.

4332. — Le droit proportionnel perçu sur une disposition soumise à une condition suspensive, étant illégalement exigé, et par conséquent irrégulièrement perçu, doit être restitué. — Championnière et Rigaud, t. 4, n° 3969.

4333. — Ainsi, lorsqu'un acte soumis à l'approbation administrative, a été enregistré prématurément avant l'approbation, et que cette approbation est annulée, les droits sont restituables, attendu que la perception a été faite irrégulièrement, alors surtout qu'il n'est pas constant que l'approbation soit parvenue à la mairie, ce qui aurait pu couvrir l'irrégularité. — Délib. 30 oct. 1837.

4334. — Mais l'accomplissement des conditions résolutoires apposées au contrat ne rend pas restituable le droit perçu antérieurement, car, quoique leur effet rétroactif remonte au jour du contrat résolu, elles n'empêchent pas le contrat d'avoir existé, et par conséquent d'avoir donné naissance au droit qui se trouve avoir été régulièrement perçu. — Championnière et Rigaud, t. 4, n° 3962.

4335. — Lorsqu'un acte de prêt porte que le prêteur pourra exiger son remboursement en grains, la régie n'est pas pour cela autorisée à percevoir le droit de vente. Car la vente se trouve soumise à une condition purement potestative dépendant de la volonté du créancier. Le droit de vente, s'il a été perçu, doit donc être restitué. — Solut. 24 mai 1832.

4336. — A l'égard des actes frappés de nullité, les principes sur l'exigibilité du droit doivent servir de guide pour la restitution. Ainsi, la restitution doit avoir lieu en faveur des actes nuls de plein droit, car une telle nullité résulte d'un fait contenu dans l'acte ou la convention auquel elle enlève toute existence. Mais dans les actes anéantis par l'action en nullité, c'est cette action qui cause l'anéantissement, car sans elle l'acte eût continué d'être valable, c'est donc un événement ultérieur sans influence sur la perception du droit, qui ne peut pas être restitué. — Championnière et Rigaud, n°s 3958 et suiv. ; — instr. 30 déc. 1825, 1840, § 4.

4337. — Ainsi, jugé que l'annulation d'un acte ne donne pas lieu au remboursement du droit d'enregistrement qui a été régulièrement perçu à son occasion. — *Cass.*, 2 fév. 1809, Mascrany.

4338. — Sans doute, dit Toullier (t. 7, n° 535), le législateur a pensé que celui qui souffre de cette décision rigoureuse doit s'imputer d'avoir fait un contrat nul ou susceptible d'être annulé par la rescision. La perte de la somme qu'il a payée pour le droit acquitté est la peine d'un fait qui lui est personnel et qu'on est toujours plus ou moins fondé à lui reprocher. — V. aussi Merlin, *Rép.*, v° *Restitution de droits indûment perçus*, n° 2.

4339. — Le droit de mutation légalement acquis à la régie ne peut lui être enlevé par aucun événement postérieur qui lui est étranger. — *Cass.*, 17 août 1824, Palluel.

4340. — Des droits d'enregistrement perçus en vertu d'une loi sont restituables, lorsqu'un avis postérieur du conseil d'état a décidé que cette loi n'en autorisait pas la perception. — Spécialement, lorsqu'en vertu de la loi du 22 frim. an VII, il a été perçu un droit proportionnel d'enregistrement sur des actes authentiques passés dans les colonies et dont on voulait faire usage en France, il y a lieu à la restitution de ce droit, depuis que les avis du conseil d'état des 10 brum. an XIV et 12 déc. 1806 ont décidé, par interprétation de la loi même du 22 frim. an VII, qu'il n'était dû qu'un droit fixe de 1 fr. — *Cass.*, 19 oct. 1808, Chaudurié.

4341. — Les doubles droits sont régis par les mêmes règles que les droits principaux sur la nécessité ou l'impossibilité de la restitution. — Solut. 27 juill. 1809.

4342. — Le droit d'enregistrement qui n'a été payé que depuis la prescription de l'action en paiement, ne peut être l'objet d'une demande en restitution, car quoique le débiteur eût pu invoquer la prescription, sa dette existait. S'il l'a payée sans se prévaloir de l'exception de prescription, il ne peut alléguer avoir payé par erreur ou avoir payé une dette éteinte. — Toutefois, il y a lieu, dans ce cas, d'exiger la restitution de ce qui a été payé à titre de double droit. — *Bruxelles*, 7 fév. 1829, Lodens ; — Décis. min. fin. 3 janv. 1820 ; solut. 3 janv. 1824 ; — *Dict. des dr. d'enreg.*, v° *Paiement*, n° 22, et *Prescription*, n° 4.

4343. — Le redevable qui a payé le droit le jour même de la mutation ne serait pas recevable à en demander la répétition, sous prétexte qu'il avait encore un délai de trois ou de six mois pour se libérer. — Championnière et Rigaud, t. 1er, n° 48.

4344. — En règle générale, les droits perçus par suite d'une déclaration qui n'est que le résultat d'une erreur de fait doivent être restitués. — Solut. 17 oct. 1811.

4345. — Les amendes encourues pour contravention aux lois sur l'enregistrement ne constituent pas la matière d'une obligation naturelle, mais bien une peine de laquelle il ne résulte qu'une obligation civile. On peut en demander la restitution, encore qu'elles fussent prescrites au moment où le notaire qui les devait en a effectué le paiement ; il n'y a pas violation de la loi, surtout lorsque le tribunal dont émane le jugement attaqué, a décidé, en fait, que ce paiement n'a pas été de la part du redevable une renonciation au bénéfice de la prescription. — *Cass.*, 20 déc. 1844, Cumont. — *Nota.* Cet arrêt qui n'est rapporté qu'en sommaire d'après M. Teste-Lebeau (*Dict. analyt. des arrêts d'enreg.*, v° *Restitution*, n° 12), aurait besoin d'être revu sur le texte même.

4346. — Lorsque la perception des droits a été faite conformément à la déclaration du redevable, il n'y a pas lieu à restitution ultérieure pour droits indûment perçus, sous prétexte qu'il résulterait d'un acte ou d'un jugement postérieur à la perception qu'on avait compris par erreur dans la déclaration des immeubles sur lesquels le droit de mutation a été perçu. — *Cass.*, 1er déc. 1835, Nazeaze.

4347. — On peut voir dans le paragraphe suivant différens exemples des cas où l'erreur autorise ou non la restitution des droits perçus.

§ 2. — *Différens cas de restitution et de non-restitution.*

4348. — *Adjudication en justice.* — Le droit perçu sur les adjudications d'immeubles faites en justice est restituable, lorsque l'adjudication est annulée par les voies légales. — Avis cons. d'état 10 oct. 1808, appr. le 22; instr. 429, n° 1er.

4349. — L'avis du conseil d'état du 18-22 oct. 1808 n'est relatif qu'au seul cas d'un jugement d'adjudication faite en justice et infirmé sur l'appel. — *Cass.*, 7 nov. 1824, Hélie de Combray; 15 nov. 1828, mêmes parties; *Rouen*, 14 juin 1835 mêmes parties. — V. *infrà* n° 4394.

4350. — Il ne saurait être étendu à d'autres cas. — *Cass.*, 2 févr. 1809, Mascrany.

4351. — ... Par conséquent à une adjudication volontaire. — *Cass.*, 10 févr. 1812, Michiels.

4352. — Décidé, toutefois, que les droits d'enregistrement perçus sur une adjudication d'immeubles, faite devant un notaire commis par le tribunal sont restituables, lorsque l'adjudication est annulée par les voies légales. — Délib. 14 févr. 1834.

4353. — L'annulation d'une adjudication d'immeubles appartenant à des mineurs, prononcée pour défaut d'accomplissement de formalités, ne donne pas lieu à la restitution du droit perçu sur cette adjudication. — *Cass.*, 13 prair. an IX, Ligier.

4354. — De même, le droit proportionnel de vente ayant été régulièrement perçu sur l'adjudication d'un immeuble au profit d'une femme séparée de corps et de biens, quoiqu'elle n'ait pas été autorisée par son mari, l'annulation de l'adjudication pour défaut d'autorisation du mari est un événement ultérieur qui ne donne pas lieu à la restitution du droit perçu. — *Cass.*, 23 avr. 1845 (t. 1er 1845, p. 603), Lescure.

4355. — En cas d'appel d'un jugement d'adjudication sur expropriation forcée, il n'y a lieu de percevoir le droit proportionnel qu'après un arrêt confirmatif. Si le droit a été perçu auparavant, il n'a pu l'être que provisoirement et à charge de restitution en cas d'un arrêt infirmatif. — *Cass.*, 29 oct. 1806, Guilhot.

4356. — Il y a lieu à restitution d'une partie des droits perçus sur une adjudication judiciaire d'immeubles, lorsque, postérieurement, le prix de la vente est réduit judiciairement à une moindre somme, par la distraction des biens compris par erreur dans l'adjudication. — Décis. min. fin. 6 juill. 1813; délib. 14 juin 1836.

4357. — Lorsque l'adjudication volontaire d'un immeuble a été annulée en justice par le motif que la vente n'aurait été faite que postérieurement à la saisie de cet immeuble, il n'y a pas lieu à la restitution des droits perçus — *Cass.*, 10 févr. 1812, Michiels.

4358. — Lorsque le saisi à qui on a dénoncé la saisie immobilière vend de gré à gré les biens saisis, sous la condition expresse que les ventes seront considérées comme non avenues dans le cas où l'expropriation forcée aurait lieu, le droit proportionnel perçu sur ces mêmes ventes est restituable si l'événement prévu se réalise. — Décis. min. fin. 16 janv. 1822.

4359. — Le droit de mutation perçu sur la vente d'immeubles saisis, consentie par le saisi après la dénonciation qui lui a été faite de la saisie, ne doit pas être restitué, encore bien que, l'acquéreur n'ayant pas consigné somme suffisante pour acquitter les créances inscrites, la vente soit nulle vis-à-vis des créanciers. — *Cass.*, 17 avr. 1833, Boissier.

4360. — Le droit d'enregistrement perçu sur une adjudication n'est pas restituable jusqu'à due concurrence, lorsque le prix de la revente sur folle-enchère est inférieur à celui de l'adjudication. — *Cass.*, 6 févr. 1833, Carde.

4361. — Les droits perçus sur une vente faite par un adjudicataire de biens en justice, de partie des biens à lui adjugés, ne sont point restituables, par cela qu'une surenchère aurait annulé l'adjudication et par suite la vente. — Délib. 19 juill. 1836.

4362. — Comme la déclaration de surenchère n'empêche pas que la propriété ne continue à résider sur la tête de l'adjudicataire ou de l'acquéreur, la perception opérée sur l'adjudication ne peut être sujette à restitution par l'effet de l'événement ultérieur de la surenchère. Dès-lors quand, par suite d'une surenchère, les immeubles d'une succession ont été adjugés à un cohéritier, les droits perçus sur la première adjudication faite à une personne étrangère à la succession, ne sont pas sujets à restitution, en cas d'excédant de prix sur ceux dont est passible la seconde adjudication. — Solut. avr. 1843; instr. 1697, § 2.

4363. — Il en serait de même, si la dépossession de l'adjudicataire et l'annulation de la vente par lui consentie avaient lieu par suite de folle enchère. — Délib. 3 oct. 1837.

4364. — Lorsque le prix d'adjudication des biens abandonnés par un failli à ses créanciers est inférieur à l'estimation que ces créanciers avaient donnée à ces biens et sur laquelle le droit proportionnel avait été perçu, les créanciers peuvent demander ce qui a été perçu sur l'excédant du prix d'adjudication. — Solut. 28 déc. 1831.

4365. — Il n'y a pas lieu à restitution dans le cas de déchéance encourue par l'adjudicataire de biens nationaux qui n'en a pas payé le prix. — *Cass.*, 14 mars 1837 (t. 1er 1840, p. 525), Ducros.

4366. — Mais, les droits d'une adjudication de domaine de l'état déclarée nulle sont restituables. — Délib. 19 frim. an VII, et 28 germin. an VIII; déc. min. fin. 18 pluv. an VIII.

4367. — *Bail.* — Les droits perçus pour l'enregistrement d'un bail, à raison du quart ajouté au prix comme représentant la charge des contributions, peuvent être restitués, s'il est justifié, dans les deux ans de la perception, que la somme ajoutée excède le montant réel de ces contributions. — Délib. 19 juin 1825.

4368. — *Brevet.* — En matière de cession de brevet, il y a lieu de décider de la même manière qu'en matière de cession d'office. — V. *infrà* nos 4446 et suiv.

4369. — *Concordat.* — Lorsqu'un concordat est annulé judiciairement, comme n'étant pas consenti et signé par tous les créanciers dans le délai légal, il n'y a pas lieu de restituer les droits perçus. — Délib. 28 juill. 1829.

4370. — *Contrat de mariage.* — Les droits perçus sur les contrats de mariage doivent être restitués, quand il est constant que la célébration n'a pas eu et n'aura pas lieu, et que la demande en restitution est formée en temps utile, sauf à conserver le droit fixe comme salaire de la formalité donnée au contrat. — Déc. min. fin. 7 juin 1808; délib. 9 août 1820; solut. 18 et 28 oct. 1831.

4371. — Les droits perçus sur un contrat de mariage non encore célébré sont restituables sur la représentation de l'acte de résiliement. — Cet acte de résiliement ne peut être remplacé : — 1° ni par un acte de notoriété dans lequel toutes les parties contractantes ne figurent pas (délib. 22 avr. 1822; solut. 9 juin 1831); — 2° ni par le jugement qui ordonne que la dot sera remboursée, et le certificat du maire attestant que le mariage n'a pas été célébré (solut. 8 sept. 1832); — 3° ni par la déclaration de l'un des futurs, sans le concours de l'autre, que le mariage projeté n'aura pas lieu (solut. 14 sept. 1832).

4372. — Mais la preuve de la caducité d'un contrat résultant suffisamment de la justification du mariage de l'un des futurs avec une autre personne, cette justification supplée à un acte de résiliement pour obtenir la restitution des droits. — Délib. 23 févr. 1838.

4373. — Est restituable le droit d'enregistrement auquel a été soumise une disposition du contrat de mariage, changée par un acte postérieur au contrat, mais antérieure à la célébration du mariage. — Solut. 24 sept. 1812; délib. 27 oct. 1829.

4374. — La donation faite en faveur du mariage étant caduque, si le mariage ne s'ensuit pas (C. civ., art. 1088), il en résulte que l'absence, dans l'acte de résiliement, de toute stipulation relative aux donations que contenait le contrat, n'empêche point la restitution des droits perçus pour ces donations. — Délib. 3 oct. 1834.

4375. — Lorsque, après deux contrats de mariage successivement résiliés, avant la célébration du mariage, un troisième a lieu entre les mêmes parties, le receveur n'est pas fondé à réclamer la réintégration des droits restitués sur les deux premiers contrats. — Déc. min. fin. 13 août 1819.

4376. — La restitution des droits perçus sur une donation par contrat de mariage, devenue caduque pour défaut de célébration de mariage, ne peut avoir lieu qu'autant que la demande en est faite dans les deux ans de l'enregistrement du contrat et sur la représentation de toutes les pièces justificatives. Cette dérogation à la règle générale établie par l'art. 60 de la loi de frimaire est expressément limitée aux actes de l'espèce. — Délib. 12-30 janv. 1836.

4377. — Les droits perçus sur un contrat de mariage ne sont point restituables, lors même que l'acte de célébration de mariage est annulé pour cause de violence, de dol ou d'erreur. — *Cass.*, 25 mai 1841 (t. 2 1841, p. 91), Vionnois.

4378. — *Droits successifs.* — Si dans une cession de droits successifs se composant de meubles et de créances, les parties, ne stipulant qu'un seul prix, ont déclaré qu'une liquidation ultérieure déterminerait dans quelle proportion il s'appliquait aux créances et aux meubles, et que lors de l'enregistrement de l'acte il ait été perçu le droit de 2 % comme cession de meubles, il y a lieu de restituer ce qui a été perçu au delà de 1 % sur le montant des créances quand la liquidation a déterminé la portion du prix qui y est affectée. — Délib. 5 avr. 1833.

4379. — *Donation.* — Le droit d'enregistrement perçu sur donation entre vifs, revêtue de toutes les formes apparentes exigées par la loi, ne doit pas être restitué si, plus tard, l'acte est annulé parce que l'un des témoins instrumentaires n'était pas Français. — *Cass.*, 16 juin 1835, Budin.

4380. — Les droits perçus sur une donation ne sont pas restituables, bien qu'elle soit annulée pour survenance d'enfant, cette cause étant un événement ultérieur. — Délib. 17 juill. 1824.

4381. — Il n'y a pas lieu à restitution des droits perçus sur un acte de donation entre-vifs, faite par erreur au gendre au lieu de l'être à la fille du donateur, bien que, quelques jours après, les parties représentent un second acte notarié par lequel elles se sont empressées de rectifier leur erreur. — Délib. 22 nov. 1836.

4382. — Lorsqu'à défaut d'indication du degré de parenté dans un acte de donation entre-vifs, les droits ont été perçus suivant le taux fixé pour les donations entre étrangers, il y a lieu à restitution des droits excédant ceux exigibles, si la justification du degré de parenté est faite dans les deux ans de l'enregistrement de l'acte. — Délib. 13 nov. 1838.

4383. — L'époux donataire d'une quotité excédant la quotité disponible, et qui prétend que c'est par erreur qu'il a déclaré, au décès du donateur, avoir recueilli le montant de la donation, ne peut obtenir la restitution des droits perçus en trop qu'en justifiant par un acte régulier que la réduction a eu lieu, et qu'il y a erreur dans la déclaration. — Délib. 24 avr. 1832.

4384. — Lorsqu'en présentant à l'enregistrement un acte de donation immobilière, les parties ont par erreur évalué l'immeuble même au lieu du revenu, il n'y a pas lieu à restitution du droit perçu, quand bien même l'erreur serait démontrée par la production du rôle des contributions foncières. — Délib. 9 oct. 1835.

4385. — *Échange.* — Lorsqu'un acte d'échange a été annulé, comme ayant pour objets des biens dotaux, le droit perçu sur la mutation ne doit pas être restitué, par le motif que cette nullité aurait été prononcée pour vice radical. — *Cass.*, 10 mars 1823, Portallier et Chaptal.

4386. — Une erreur constatée dans l'évaluation du revenu d'immeubles échangés n'autorise point la demande en restitution d'une partie des droits perçus d'après cette évaluation. — Délib. 25 juill. 1832.

4387. — *Expropriation pour utilité publique.* — Lorsque des droits ont été perçus sur les acquisitions amiables d'immeubles destinés à un but d'utilité publique, mais faites antérieurement aux arrêtés du préfet, ils doivent être restitués si, dans le délai de deux ans, à partir de la perception, il est justifié que les immeubles acquis sont compris dans ces arrêtés. Toutefois, la restitution des droits ne peut s'appliquer qu'à la portion des immeubles qui a été reconnue nécessaire à l'exécution des travaux. — L. 3 mai 1841, art. 58.

4388. — *Jugement.* — Les jugemens par défaut qui contiennent transmission de propriété immobilière étant passibles du droit proportionnel, de même que s'ils étaient contradictoires, les droits perçus ne peuvent être restitués si ces jugemens sont rétractés sur l'opposition. — *Cass.*, 24 (et non

23) thermid. an XIII, Lemeunier-Lagirardière ; 14 janv. 1836, Charrier.

4389. — Tel est le cas où un jugement par défaut, portant résolution de vente pour défaut de paiement du prix, a été rétracté sur l'opposition. — *Cass.*, 6 déc. 1820, Mourgues ; 11 déc. 1824, N...

4390. — Il en serait de même si le jugement par défaut portant résolution d'une vente pour défaut de paiement du prix devenait sans effet par le paiement ultérieur de ce même prix. — *Cass.*, 7 mai 1806, Saint-Agnan.

4391. — Jugé cependant que le droit proportionnel de rétrocession, perçu sur un jugement par défaut portant condamnation de payer dans un certain délai le prix de la vente, ou résolution de ce dernier acte, à défaut par l'acquéreur de satisfaire à cette obligation, est susceptible de restitution s'il a été formé opposition à ce jugement, et si plus tard il est intervenu un jugement contradictoire qui annule la disposition résolutoire du premier. — *Cass.*, 23 fév. 1818, Montalent.

4392. — Il n'y a pas lieu à la restitution du droit de mutation perçu sur un jugement par défaut qui prononce la résolution pure et simple d'un contrat de louage, lorsque, sur l'appel, ce jugement est modifié par un sursis accordé au détenteur pour payer les arrérages dus, et pendant lequel ce détenteur se libère effectivement. — *Cass.*, 19 fév. 1823, Rupalley.

4393. — Tous les actes judiciaires portant transmission de propriété immobilière étant passibles du droit de mutation, sans distinction entre les jugemens susceptibles d'appel et ceux rendus en dernier ressort, le droit perçu sur un jugement de première instance qui reconnaît l'existence d'une vente verbale n'est pas restituable, encore bien que, sur l'appel, le jugement soit réformé et qu'il soit déclaré qu'il n'y avait jamais eu qu'un projet conditionnel de vente. — *Cass.*, 14 juill. 1824, Tonnerieu.

4394. — Lors même qu'un jugement par défaut qui prononçait la résolution d'une adjudication volontaire d'immeubles, pour défaut de paiement des arrérages en constituant le prix, a été réformé sur l'appel, et qu'il a été établi et nullement contesté par le vendeur que l'acquéreur ne devait rien au moment des poursuites exercées contre lui, il n'y a pas lieu de restituer le droit de mutation perçu sur ce jugement. — Ce n'est pas le cas d'appliquer l'avis du cons. d'état des 18-22 oct. 1808. — *Cass.*, 7 nov. 1821, Hélie de Combray ; 15 nov. 1828, Hélie de Combray ; 11 juin 1835, Hélie de Combray. — V. *suprà* n° 4349.

4395. — Le droit proportionnel perçu sur un' jugement ayant opéré transmission de la propriété d'un domaine n'est pas sujet à restitution, quoique ce jugement ait été ultérieurement infirmé sur l'appel. — *Cass.*, 17 avr. 1826, de Nieuport.

4396. — De même, le droit proportionnel perçu sur un jugement portant résolution d'une vente d'immeubles, à défaut de paiement du prix, ne doit pas être restitué, quoique le jugement ait été infirmé sur l'appel, et la vente maintenue. — *Cass.*, 7 (et non 2) août 1826, Loubeau.

4397. — Lorsque, dans une instance en partage d'une succession, un jugement a donné à l'une des parties acte de son consentement à rapporter des biens à elle vendus par l'auteur de la succession, le droit proportionnel de vente perçu sur ce jugement n'est pas restituable, lors même que le jugement est infirmé par un arrêt qui déclare que les offres étaient conditionnelles, et qu'elles n'avaient pas été acceptées. — *Cass.*, 17 fév. 1840 (t. 1er 1840, p. 732), Fouquier.

4398. — Lorsqu'il intervient une condamnation après un jugement qui a rejeté un déclinatoire, et qu'en appel l'incompétence du tribunal qui a statué est admise, il y a lieu de restituer le droit d'enregistrement qui a été perçu sur la condamnation. — *Cass.*, 16 vend. an XIV, Cahen. — En pareil cas, le jugement de condamnation est considéré comme n'ayant jamais existé.

4399. — La convention verbale par laquelle l'acquéreur d'un immeuble s'est obligé de le rétrocéder à un tiers, qui a payé des à-comptes et est entré en jouissance, et le jugement qui a résilié cette convention faute de paiement du prix entier, restent passibles des droits proportionnels de muta-

tion, encore bien qu'un arrêt infirmatif du jugement ait déclaré ultérieurement qu'il n'y avait pas eu de rétrocession. — *Cass.*, 11 avr. 1825, Vernoy.

4400. — Les droits régulièrement perçus sur un jugement qui a déclaré qu'une propriété appartenait à un individu, bien qu'elle eût été adjugée à un autre qui n'était qu'un prête-nom, ne sont pas restituables lorsque ce jugement vient à être infirmé sur l'appel. — *Cass.*, 7 fév. 1838 (t. 1er 1838, p. 288), Levêque.

4401. — Le droit proportionnel perçu à raison d'une vente verbale et conditionnelle dont un jugement ordonnait qu'il serait passé acte, attendu que la condition était accomplie, ne doit pas être restitué, lorsque ce jugement est infirmé sur l'appel, et qu'il a été jugé par la cour royale que la vente n'a jamais existé, à défaut d'accomplissement de la condition à laquelle elle était subordonnée. — Ce serait là ordonner la restitution d'un droit régulièrement perçu, en ayant égard à un événement ultérieur. — *Cass.*, 28 avr. 1835, Vernazobres.

4402. — Lorsqu'un jugement, reconnaissant qu'une vente verbale a existé entre les parties, et qu'elle a même déjà reçu un commencement d'exécution, ordonne que le vendeur passera titre authentique à l'acquéreur, sinon que le jugement lui en tiendra lieu, il y a lieu de percevoir sur ce jugement le droit proportionnel d'enregistrement de 5 1/2 °/°, et la restitution de ce droit ne saurait être ultérieurement ordonnée, sous prétexte que, les parties ne s'étant pas accordées sur les conditions et le mode de paiement, la résolution de la vente a été prononcée par jugement rendu de leur consentement réciproque. — *Cass.*, 14 janv. 1824, Migevant.

4403. — Lorsqu'un jugement contradictoire a condamné au paiement du prix d'une vente verbale, sauf une preuve réservée à l'acheteur, le droit perçu doit être restitué en partie, si, la preuve faite, un second jugement réduit la condamnation. — Solut. 28 juin 1830.

4404. — Il n'y a pas lieu à restituer le droit proportionnel perçu sur un jugement qui prononce dès à présent la résolution d'un contrat de vente à défaut par l'acquéreur de payer le prix dans un délai déterminé, si l'acquéreur ne paie qu'après ce délai, encore bien que ce paiement ait eu pour effet de le maintenir dans la propriété de l'immeuble. — *Cass.*, 8 fév. (et non janv.) 1813, Gallien.

4405. — Lorsqu'un jugement ne prononce la résolution d'une vente d'immeubles, à défaut de paiement du prix, que conditionnellement, par exemple, si l'acquéreur ne se libère pas dans le délai de quinzaine, le droit perçu est restituable si l'acquéreur a exécuté le jugement dans le délai. — Solut. 18 oct. 1820.

4406. — En pareil cas, si dans le délai déterminé l'acquéreur avait souscrit au profit de son vendeur une obligation à terme, le droit de mutation perçu sur le jugement devrait être restitué. — Délib. 6 nov. 1829.

4407. — Il n'y a pas lieu à restituer le droit de titre perçu sur un jugement, à raison de la somme entière formant l'objet de la demande d'un créancier contre plusieurs débiteurs, lorsque, par suite d'un compte ordonné, le créancier obtient condamnation contre un des débiteurs, pour une somme moindre que celle comprise dans la demande, *tous ses droits réservés* contre les autres. — *Cass.*, 26 nov. 1822, Derome.

4408. — Le droit perçu sur le montant de dommages-intérêts à donner par état ne doit pas être restitué par suite de l'annulation ultérieure de la condamnation. — Instr. 18 juin 1838.

4409. — *Licitation, partage.* — Lorsque, par un partage sous seing-privé, fait entre un beau-père et les enfans mineurs d'un premier lit, tous les immeubles de la communauté ont été abandonnés au premier, et que néanmoins, postérieurement à ce partage, on a compris la moitié de ces immeubles dans une déclaration faite au nom des mineurs de la succession de leur mère, ce partage, ne pouvant être réputé qu'un simple règlement de jouissance provisoire, puisqu'il n'était point revêtu des formalités nécessaires pour la validité d'un partage définitif, ne saurait être une raison pour demander la restitution du droit perçu sur la déclaration. — *Cass.*, 4 juin 1817, Vander-Borglot.

4410. — Les droits perçus sur la vente faite par un cohéritier de ses droits immobiliers dans une succession où il n'existe qu'un seul immeuble, ne sont pas sujets à restitution, lorsque cet immeuble, déclaré impartageable, a été depuis vendu sur licitation. — *Cass.*, 6 juill. 1825, Daure.

4411. — Pour que le droit perçu sur l'adjudication d'un immeuble faite au profit d'un colicitant doive être restitué, lorsque, par un acte postérieur, le prix lui est abandonné pour le remplir de sa part dans la masse commune, il n'est pas besoin qu'il ait été fait de réserves à cet égard. — Délib. 8 janv. 1830.

4412. — Le colicitant qui a payé le droit de mutation sur l'adjudication faite à son profit peut en demander la restitution lorsqu'un partage postérieur, pour le remplir de sa part, lui attribue le prix des objets adjugés, alors même que le partage aurait lieu plus de deux ans après l'adjudication. Dans ce cas, la prescription biennale ne court qu'à dater du partage et non de l'adjudication. — Délib. 27 sept. 1831. — Mais, ainsi qu'on l'a vu plus haut (nos 3351 et suiv.), cette jurisprudence a changé; et le principe de la non restitution a été consacré par les arrêts suivants :

4413. — Lorsque le droit proportionnel de 4 % a été perçu sur le prix de la portion des immeubles excédant la part héréditaire du colicitant adjudicataire, il n'y a lieu à aucune restitution, par cela qu'un partage ultérieur a attribué à l'héritier adjudicataire une part dans l'immeuble licité plus considérable que celle à laquelle sa qualité d'héritier lui donnait droit. — *Cass.*, 14 nov. 1837 (t. 2 1837, p. 386), Robée.

4414. — Lorsque, par suite d'une licitation dans laquelle des cohéritiers se sont rendus adjudicataires, il a été perçu un droit proportionnel sur les valeurs excédant les parts héréditaires des colicitans adjudicataires dans tous les immeubles licités, il n'y a pas lieu à restitution de ce droit quand, par l'effet de la liquidation ultérieure, les colicitans ont été autorisés à retenir une somme plus forte sur le prix de leur adjudication pour se remplir de leurs droits dans la succession. — *Cass.*, 12 août 1839 (t. 2 1839, p. 221), Colombel.

4415. — Comme toute licitation entre cohéritiers, faite par un procès-verbal seul et indépendant de tout partage au moment de la perception des droits et ayant eu pour résultat de rendre l'un des cohéritiers adjudicataire d'un immeuble dépendant de la succession commune, doit être, relativement à la régie, considérée comme un acte translatif de propriété en faveur du cohéritier adjudicataire, pour la portion de cet immeuble qui excède celle à laquelle il avait droit, il n'y a pas lieu à restitution si, par l'effet d'un partage ultérieur, l'immeuble licité ou son prix a été attribué au colicitant pour le remplir de sa part dans l'hérédité. — *Cass.*, 24 mars 1840 (t. 1er 1840, p. 714), Sutterlin.

4416. — Il n'y a pas lieu à restitution des droits proportionnels perçus sur une licitation, lors même que, postérieurement, il est établi que l'adjudicataire n'a rien acquis au delà de sa part héréditaire, et quoiqu'il ait été dit dans l'adjudication qu'elle serait imputable sur l'avenant de l'héritier acquéreur dans la succession. — *Cass.*, 17 avr. 1839 (t. 1er 1839, p. 567), Poncelet.

4417. — Lorsque, par suite d'une vente par licitation amiable, il a été perçu le droit proportionnel de 4 % sur les valeurs excédant la part héréditaire du colicitant acquéreur dans l'immeuble vendu, il n'y a pas lieu à restitution de ce droit, quand, par l'effet du partage ultérieurement fait, la totalité du prix de l'immeuble est abandonnée au colicitant pour le remplir de ses droits dans la succession. — *Cass.*, 11 juin 1839 (t. 2 1839, p. 31), Tardif-Delorme; 26 juin 1839 (t. 2 1839, p. 35). La Colonilla.

4418. — Il en est ainsi, lors même que la vente a été faite sous la condition par l'acquéreur de rapporter le prix à la masse lors du partage qui sera fait ultérieurement. — *Cass.*, 26 juin 1839 (t. 2 1839, p. 35). La Colonilla.

4419. — Jugé de même quand, par suite de l'adjudication ultérieure d'autres immeubles, les co-

licitans se trouvent avoir droit, en définitive, sur la masse totale, à titre héréditaire, à une somme supérieure au montant de leur adjudication. — *Cass.*, 15 avr. 1840 (t. 1er 1840, p. 374), Lemoine et Coquerel.

4420. — Bien que le prix de l'adjudication d'un immeuble de la succession que l'un des cohéritiers a acquis par licitation et avant le partage soit inférieur au montant des droits de l'adjudicataire dans la masse commune, il n'y a pas lieu à restitution ultérieure. — *Cass.*, 1er déc. 1840 (t. 2 1840, p. 780), Burrier.

4421. — *Marché.* — Les droits d'enregistrement des marchés de fournitures passés avec le gouvernement deviennent restituables, lorsque ces marchés sont annulés par sa volonté. — Décis. min. fin. 8 niv. an IX.

4422. — *Mutation par décès.* — Lorsque l'héritier a librement payé les droits de mutation par décès d'après le mode d'évaluation en vigueur à cette époque, ainsi qu'à celle de son envoi en possession, il ne saurait être admis à réclamer contre cette perception sous prétexte que les biens auraient été portés à une moindre valeur dans un partage antérieur fait avec l'état. — *Cass.*, 4 frim. an X, Mora.

4423. — Les droits de mutation par décès, pour des biens acquis en justice par l'auteur de la succession, sont restituables si le jugement d'adjudication est infirmé. — Instr. 4 juill. 1809, 436, no 57.

4424. — Il y a lieu à restitution des droits de succession payés pour le résultat d'une erreur de fait, comme lorsque des héritiers ont déclaré des biens qui seraient légalement reconnus étrangers à la succession ; mais il faut que cette restitution soit demandée dans les deux ans, et elle ne peut être effectuée que d'après les ordres de l'administration. — Décis. min. fin. 12 avr. 1806 ; instr. 386, no 30.

4425. — De plus, il faut prouver l'erreur. Ainsi lorsque, dans une déclaration de succession, des héritiers ont compris un immeuble pour la totalité et ont acquitté le droit en conséquence, ils ne peuvent se faire restituer ultérieurement une partie de ce droit comme trop perçue, sous prétexte que l'immeuble n'appartenait au défunt que pour un tiers et leur appartenait à eux-mêmes pour le surplus, si cette allégation n'est justifiée par aucune preuve légale. — *Cass.*, 4 déc. 1821, de Beaumarchais.

4426. — Lorsqu'on a, par erreur, fait la déclaration et le paiement des droits de la succession d'un enfant qui n'était pas né viable et qui par conséquent était incapable de succéder, les droits payés doivent être restitués. — Solut. 24 nov. 1829 ; instr. 1307, § 10.

4427. — Il y a lieu à restitution de droits en faveur de l'héritier présomptif d'un absent qui, après avoir obtenu l'envoi en possession de biens (C. civ., art. 130), se trouverait évincé par l'héritier plus proche à l'époque du décès légalement prouvé. Alors, on devrait exiger de ce dernier une nouvelle déclaration et un nouveau droit pour la mutation qui s'opérerait irrévocablement en sa faveur. — Décis. min. fin. 7 juin 1808 ; instr. 290, no 72, et 386, no 32.

4428. — La disposition de l'art. 10, L. 28 avr. 1816, qui, en cas de retour de l'absent, autorise la régie à retenir sur le droit payé pour sa succession et qu'elle est tenue de restituer, celui auquel donne ouverture la jouissance des héritiers, n'est applicable qu'au cas où des héritiers auraient fait déclarer l'absence et obtenu légalement l'envoi en possession des biens de l'absent. Mais il n'y a lieu à aucune déduction, si les droits de succession qui sont restitués avaient été payés par suite d'une prise de possession de fait par les héritiers présomptifs. — Solut. 9 fév. 1837.

4429. — Lorsque le mineur devenu majeur renonce à la succession qu'on avait acceptée bénéficiairement en son nom, les droits payés sont restituables. — Solut. 6 juin 1826. — Une pareille décision suppose que l'acceptation n'a pas été régulièrement faite ; car, quand les formes légales ont été observées, le mineur est lié par l'acceptation qu'on en a faite en son nom, et il ne peut plus renoncer à la succession.

4430.—Les droits de mutation par décès perçus sur des biens de communauté au nom d'enfans mineurs, ne sont pas restituables, lorsque postérieurement à la déclaration, les mineurs renoncent à la communauté. — Délib. 16 juill. 1835.

4431.—Il n'y a lieu à aucune restitution sur les droits de mutation par décès qu'ont payés les héritiers du mari, quoique l'importance de la succession se trouve diminuée par l'effet de jugemens ultérieurs qui annulent la renonciation à la communauté que la femme avait faite avant le décès à la suite d'une séparation de corps.—Il en est ainsi, encore bien que le procès fût pendant au moment de la déclaration de succession, et que les héritiers aient, en payant, fait toutes réserves de se pourvoir en restitution. — Cass., 2 août 1843 (t. 2 1843, p. 421), Béchaud.

4432. — Si le droit de mutation a été payé d'après une évaluation exagérée donnée par les parties aux biens déclarés, celles-ci peuvent, quand l'exagération est prouvée, obtenir une restitution proportionnelle. — Décis. réglem. 29 germin. an VII.

4433.—De même, il y a lieu de restituer en partie les droits de mutation par décès perçus sur la déclaration faite d'après un bail consenti par le défunt, lorsque avant que la prescription ne soit acquise, les parties produisent un bail courant dont le prix est moins élevé que le premier. — Délib. 21 oct. 1836.

4434.—La découverte d'un testament après la déclaration de l'héritier qui a payé les droits de mutation sur la totalité de la succession est suffisante pour autoriser la restitution des droits acquittés sur la portion de biens dont l'héritier se trouve dépouillé. — Délib. 30 avr. 1825.

4435.—Les héritiers d'un légataire qui ont compris la chose léguée dans leur déclaration peuvent aussi obtenir la restitution du droit, si le legs est ensuite annulé, en justifiant que le jugement qui annule le testament a acquis la force de chose jugée. — Délib. 18 août et 27 sept. 1826.

4436.—Lorsque, après avoir acquitté les droits de mutation par décès sur l'intégralité des biens de la succession, un légataire universel est condamné, en qualité d'enfant naturel du testateur, à subir la réduction de son legs, la restitution des droits ne peut avoir lieu si la prescription est acquise contre ce légataire; mais alors l'héritier légitime ne doit pas de nouveaux droits; s'il en a payé, ils doivent lui être restitués. — Délib. 10 et 27 juill. 1835.

4437.—Lorsque, pendant l'instance relative à la validité d'un testament, un administrateur provisoire est nommé à la succession, le paiement que fait cet administrateur des droits de succession dans la proportion indiquée par la loi pour les héritiers ou légataires non parens ou successibles, est essentiellement réductible dans le cas où, par suite de l'événement de l'instance, la succession se trouve assise sur la tête d'un héritier ou légataire, parent ou successible; et la prescription de la demande en restitution ne court que du jour du jugement qui a tranché la contestation et fixé les qualités des parties. C'est seulement à partir de ce moment que le droit à la réduction a été ouvert. — Cass., 18 juin 1839 (t. 2 1839, p. 114), d'Hosier.

4438. — Les droits perçus sur un legs d'usufruit qui, par un événement prévu, peut se convertir en une institution d'héritier pour la toute-propriété, ne sont point restituables dans le cas où l'événement prévu arrive. — Cass., 30 juin 1841 (t. 2 1841, p. 228), Gèze.

4439.—Les droits de mutation par décès payés par un légataire ne sont pas restituables lorsque le testament est annulé. — Cass., 1er juill. 1840 (t. 2 1840, p. 525), Gruchet.

4440. — Car, lorsque l'annulation d'un testament a été prononcée depuis que ce testament a été enregistré, c'est là un événement ultérieur qui ne permet pas de demander la restitution ou la réduction des droits régulièrement perçus. — Cass., 7 avr. 1840 (t. 1er 1840, p. 730), de Gouttes et de Rozières.

4441.—Décidé, au contraire, qu'il y a lieu à restitution des droits perçus sur un legs lorsqu'un jugement postérieur annule le testament et remet les héritiers en possession des biens légués. Ce n'est pas là un des événemens ultérieurs dont parle l'art. 60; car l'annulation du testament remonte au jour du décès du testateur; toutefois, la restitution doit être demandée dans les deux ans de l'annulation du legs. — Délib. 4 mai 1830.

4442.—...Que les droits de mutation par décès perçus d'après un testament qu'un jugement a postérieurement annulé en reconnaissant aux légataires la qualité d'héritiers en ligne directe doivent être restitués, lorsque la demande en est formée dans les deux ans de la déclaration de succession. — Délib. 17 juin 1834.

4443. — La perception des droits sur un testament révoqué formellement ou devenu caduc par un testament postérieur n'étant pas régulière, il y a lieu à restitution, si la demande est faite dans les deux ans de la formalité. — Solut. 23 déc. 1837.

4444. — Les droits de mutation acquittés par les héritiers légitimes sous la foi de la révocation d'un testament qui léguait un immeuble à une domestique et le surplus de la succession à un hospice sont restituables dans le délai de deux ans de l'arrêt qui annule l'acte révocatoire. — Délib. 11 déc. 1829.

4445. — Lorsque le testament d'une personne encore vivante a été présenté à l'enregistrement, le droit perçu n'est pas restituable, bien que ce testament devienne caduc par le décès du légataire. — Délib. 9 déc. 1834 et 19 sept. 1835. — En pareil cas, on est non-recevable à invoquer l'erreur. — Solut. 4 avr. 1821.

4446. — Office. — Les droits perçus sur un traité de cession de brevet d'office ou d'étude sont restituables, si l'acheteur n'est point agréé par le gouvernement. — Délib. 25 mars 1827; 5 fév. 1828 et 13 déc. 1833.

4447. — Cette restitution peut être demandée, même après le délai de deux ans, lorsque le successeur désigné n'a pas été nommé. — Délib. 31 janv. 1832.

4448. — Comme l'ordonnance royale qui nomme aux fonctions de greffier d'un tribunal est un acte définitif dépendant entièrement, pour son exécution, de celui qui a été nommé, la non-acceptation de celui-ci et sa déclaration formelle qu'il renonce n'autorisent point la restitution du droit. — Délib. 16 juill. 1833.

4449. — Lorqu'un office a été cédé sous la condition que la vente serait considérée comme non avenue dans le cas où l'acquéreur ne serait pas nommé, il y a lieu, le cas échéant, de restituer le droit perçu lors de l'enregistrement du traité, encore bien que le cessionnaire n'ait fait aucune démarche pour obtenir sa nomination. — Cass., 24 fév. 1835, Robert.

4450. — Le droit et le double droit d'une ordonnance de nomination d'huissier présentée à l'enregistrement après le délai ont dû être restitués par suite de la révocation du titulaire avant qu'il ait prêté serment, attendu qu'il n'avait jamais pris possession et qu'il n'avait pu le faire, une seconde ordonnance ayant annulé la première. — Délib. 7 oct. 1834.

4451. — La loi du 25 juin 1841, qui assujétit les cessions d'offices à titre onéreux au droit proportionnel de 2 %, porte (art. 15) que les droits perçus seront sujets à restitution toutes les fois que la transmission n'aura pas été suivie d'effet. S'il y a lieu seulement à réduction du prix, tout ce qui aura été perçu sur l'excédant sera également restitué. La demande doit être formée dans les deux ans de l'enregistrement du traité ou de la déclaration. — Il en est de même à l'égard des droits perçus sur les transmissions d'office à titre gratuit entre-vifs ou par décès.

4452. — Pour obtenir la restitution des droits d'enregistrement perçus sur les traités portant cession d'office, et qui n'ont pas été suivis d'effet, il n'est plus besoin du certificat ministériel précédemment exigé, constatant le défaut de nomination; il suffit de produire la lettre officielle du procureur du roi qui annonce aux parties le refus de nomination ou la réduction du prix de cession proposé. — Solut. 20 sept. 1844; instr. 1677.

4453. — La demande en restitution des droits d'enregistrement perçus sur des traités portant cession d'office et non suivis d'effet, doit être formée dans le délai de deux ans à compter du jour de l'enregistrement du traité ou de la déclaration. — Instr. 22 oct. 1842, 1677.

4454. — *Partage d'ascendans.* — Lorsque le droit de 4 %, a été perçu sur une donation entre-vifs d'immeubles faite par un père à ses enfans, sous la réserve d'effectuer entre eux le partage dans un délai fixé, il y a lieu de restituer ce qui a été perçu au-delà de 4 %, droit dont sont passibles les partages d'ascendans, si le partage a été fait même après le terme fixé. Le partage n'est alors que le complément de la donation. — Délib. 1er oct. 1833.

4455. — Les droits de soulte à 4 % perçus sur les partages d'ascendans, antérieurement à l'arrêt de la cour de Cassation du 11 déc. 1838 (V. no 2649), et à l'instruction de la régie du 5 fév. 1839, doivent être restitués. — Délib. 26 mars 1839.

4456. — *Réméré.* — L'exercice de la faculté de réméré stipulée dans une vente ne donne pas lieu à la restitution du droit perçu sur la vente.—Instr. 29 juin 1808, 386, no 40.

4457. — *Remplacement militaire.* — L'annulation d'un traité de remplacement militaire avant le tirage ne rend pas restituables les droits perçus sur ce traité. — Solut. 27 janv. 1830.

4458. — Ou avait d'abord décidé qu'il y avait lieu de restituer les droits perçus sur un acte de remplacement devenu nul par le défaut d'admission du remplaçant (décis. min. fin. 10 août 1813); et par suite que, dans le cas où deux sommes sont stipulées, la plus faible devant former le prix, si la personne à remplacer vient à être dispensée du service, il y avait lieu de réduire proportionnellement la perception du droit assise d'abord sur la somme la plus forte. — Délib. 30 avr. 1823, et 16 avr. 1827.

4459. — Mais depuis, jugé au contraire qu'il n'y a plus lieu à la restitution des droits perçus sur un traité de remplacement non suivi d'exécution par la non admission du remplaçant. — Décis. min. fin. 4 sept. 1835; délib. 10 nov. 1837.

4460. — ...Encore bien que cette circonstance ait été prévue et stipulée comme condition résolutoire du traité. — Décis. min. fin. 12 nov. 1838.

4461. — *Rente viagère.* — Lorsqu'un contrat de rente viagère est déclaré nul, par suite du décès, dans les vingt jours, de la personne sur la tête de laquelle cette rente était constituée, cette annulation n'autorise point la demande en restitution du droit perçu sur l'acte de constitution. — *Cass.*, 31 déc. 1823, Lartois.

4462. — Il n'y a pas lieu de restituer le droit exigé sur une constitution de rente viagère stipulée pour prix de la cession d'une créance sur l'état, bien que les conventions des parties basées sur une fausse cause soient restées sans effet.—Décis. min. fin. 14 sept. 1825.

4463. — *Société.* — Les droits perçus sur les dispositions d'un acte de société anonyme doivent être restitués, lorsqu'il est constant que la société n'a point été autorisée par le gouvernement. — Délib. 29 août 1834.

4464. — *Vente.* — On ne peut, dans une vente d'immeubles, considérer comme une condition suspensive l'obligation imposée à l'acquéreur de payer les créances inscrites, de sorte que, si les créances ne sont pas acquittées, la vente doive rester sans effet et les droits de mutation être restitués. — Une pareille vente est pure et simple, et renferme seulement la condition résolutoire dans la supposition que l'acquéreur ne remplisse pas ses engagemens. — *Cass.*, 28 août 1815, Fournier.

4465. — Lorsque, dans un contrat de vente d'immeubles indivis, la vente n'est parfaite qu'à l'égard de l'un des copropriétaires vendeurs, et qu'à l'égard des autres elle n'a lieu que sous une condition suspensive, le droit de mutation ne devant être perçu que sur la portion de la vente qui est parfaite et définitive, le droit qui aurait été perçu sur la portion de vente contractée sous une condition suspensive est sujet à répétition. — *Cass.*, 13 juin 1827, Antholne.

4466. — Lorsqu'une chose désignée a été vendue moyennant un prix déterminé, mais avec réserve facultative pour l'acquéreur de résilier, si la chose n'existe pas telle qu'elle a été garantie, et dans ce cas à la charge par le vendeur de lui rembour-

ser tout ce qu'il aura reçu et tous les frais, et de laisser à ce dernier tous les produits qu'il en a recueillis, on ne saurait dire qu'une pareille vente est faite avec condition suspensive, et par suite condamner la régie à restituer les droits de mutation. — *Cass.*, 23 juill. 1833, Chave.

4467. — Les droits perçus sur un acte de vente comprenant des biens dont une partie a été ensuite reconnue ne pas appartenir au vendeur, ne sont pas restituables, attendu que la nullité dont était viciée la vente n'est d'aucune considération à l'égard des préposés et que la reconnaissance de cette nullité est un événement postérieur. — Délib. 16 oct. 1815.

4468. — Lorsqu'un immeuble a été vendu moyennant un prix à fixer par des experts nommés par les parties, et que cependant une évaluation provisoire lui a été donnée pour l'assiette des droits, il n'y a pas lieu à la restitution du droit perçu, dans le cas où la vente serait résolue par suite du refus que l'un des experts ferait de procéder à l'estimation de l'immeuble. — *Cass.*, 14 avr. 1807, Courmet et Tournemine.

4469. — Jugé cependant que, lorsqu'une vente dont le prix devait être fixé par un tiers est demeurée imparfaite par le refus de celui-ci de remplir son mandat, il y a lieu de restituer intégralement le droit perçu sur la déclaration estimative insérée au contrat, ainsi que le droit de transcription, qui forme un tout indivisible avec le droit de mutation. — Délib. 12 déc. 1834 et 25 sept. 1841.

4470. — Le droit proportionnel perçu sur une vente dont le prix devait être fixé par experts n'est pas restituable, bien que le délai dans lequel les experts devaient prononcer soit écoulé. — Solut. 5 mai 1832.

4471. — Lorsqu'une vente a été faite sous la condition qu'il y aurait lieu à une réduction proportionnelle du prix, si, d'après le rapport d'un expert désigné, il se trouvait en moins une différence entre la mesure réelle et celle exprimée au contrat, le droit perçu sur la partie réduite doit être restitué, bien que l'expert n'ait procédé qu'après l'expiration d'une année, alors que les parties ont renoncé à se prévaloir de ce délai. — Délib. 11 juin 1833.

4472. — Les droits perçus sur la vente d'un immeuble vendu à tant la mesure sont passibles de restitution par suite de l'arpentage convenu, et lorsqu'un acte authentique fixe la réduction du prix, pourvu que la demande soit faite dans les deux ans de l'enregistrement de la vente. — Délib. 16 févr. 1836.

4473. — Lorsque celui qui a acquis un immeuble par l'entremise d'un mandataire prétend n'avoir pas donné pouvoir d'acquérir, sans cependant justifier d'aucun désaveu judiciaire, et qu'il parvient cependant à faire déclarer cette acquisition nulle, ce ne peut être alors que pour une nullité relative, qui ne donne par conséquent point lieu à la restitution du droit perçu.—*Cass.*, 9 fév. 1814, Cagnien.

4474. — Le droit proportionnel perçu sur l'acquisition faite par un individu tant pour lui que pour deux personnes absentes, sous la condition qu'à défaut de ratification par ces dernières dans un délai fixé, la vente sera nulle et non avenue, doit être restitué lorsqu'il est constant que la vente a été annulée pour défaut de ratification dans le délai indiqué. — Délib. 12 juill. 1836.

4475. — Mais l'acte de vente par une personne qui s'est portée fort pour une autre constituant une vente parfaite, la ratification promise n'est point une condition suspensive. Dès-lors la perception des droits est définitive, et il n'y a pas lieu à restitution à défaut de ratification. — Délib. 16 août 1833.

4476. — Lorsqu'un immeuble est vendu par deux actes séparés par le propriétaire à un acquéreur, et par une personne se portant fort pour le propriétaire à un autre acquéreur, le droit perçu sur ce second acte annulé par les parties n'est pas restituable. — *Cass.*, 4 fév. 1839 (t. 1er 1839, p. 156), Tollin.

4477. — Il en serait de même si l'acte était annulé judiciairement. — Délib. 17 mars 1819 et 20 oct. 1824.

4478. — Mais il faudrait décider autrement si les ventes ou l'une d'elles avait été stipulée sous une condition suspensive, subordonnant la validité de la vente au cas où il n'aurait pas été déjà traité pour le même objet. — Décis. min. fin. 31 juill. 1821.

4479. — La vente d'un même immeuble par deux vendeurs différens au même acquéreur suivant deux actes séparés ayant été régulièrement frappée du droit proportionnel lors de l'enregistrement de chaque acte, il n'y a lieu à la restitution d'aucun droit quand même un arrêt ou un jugement ne reconnaîtrait comme valable que l'une des deux ventes. — Délib. 23 fév. 1838.

4480. — Un droit de mutation perçu légalement sur la vente d'un immeuble n'est pas restituable, lors même que cette vente a été annulée, comme faite par un failli auquel l'administration de ses biens avait été enlevée. — *Cass.*, 24 nov. 1806, Ardent.

4481. — De même, lorsqu'un acte de vente a été annulé en vertu d'un jugement qui a déclaré le vendeur en état de faillite, et en a fait remonter l'ouverture à une époque de beaucoup antérieure au contrat, il n'y a pas lieu à la restitution des droits de mutation régulièrement perçus sur cet acte. La résolution, dans ce cas, n'a d'autre effet que d'exempter du droit proportionnel de mutation le jugement qui la prononce. — *Cass.*, 31 déc. 1823, Meyer.

4482. — Lorsque, dans un acte de vente, le prix a été porté par erreur à une somme plus élevée que celle convenue entre les parties, les droits perçus ne peuvent être restitués, alors même que l'erreur est matériellement prouvée. — Délib. 22 août 1834.

§ 3. — *Qui peut demander la restitution. — Forme et objet de la demande.*

4483. — En règle générale, la demande en restitution de droits indûment perçus peut être formée par toute personne contre laquelle la régie avait une action en paiement des droits.

4484. — L'héritier bénéficiaire étant tenu, envers la régie, du paiement des droits de succession, il n'y a lieu d'accueillir l'action en restitution dirigée contre elle par cet héritier bénéficiaire qui n'a pu être colloqué sur le prix de la vente de biens immeubles de la succession pour le montant des droits qu'il a volontairement acquittés. — Le bénéfice de n'être tenu des charges que jusqu'à concurrence des forces de la succession peut bien ouvrir une action récursoire sur les revenus ou capitaux de cette succession, mais non une action en restitution de droits légitimement perçus. — *Cass.*, 3 fév. 1829, Daripe.

4485. — Les notaires ont qualité pour se pourvoir eux-mêmes en restitution des droits qu'ils ont payés de trop pour les parties, sur les actes passés devant eux. — *Cass.*, 5 fév. 1810, Gosselin ; 1er mars 1825, notaires de Lyon. — V. contr. *Bruxelles*, 4 oct. 1817, Angillis.

4486. — La régie avait d'abord pensé que, les notaires ne pouvant être poursuivis pour les supplémens de droit auxquels les actes pouvaient donner lieu, ils étaient sans qualité pour réclamer le trop perçu sur les droits. — Instr. 336, § 28. — Par suite de l'arrêt de cassation du 1er mars 1825 précité, le ministre des finances a décidé le 5 juill. 1830 que les restitutions des droits d'enregistrement indûment perçus sur les actes des notaires pouvaient être indistinctement ordonnancées au profit, soit de ces officiers publics, soit des parties ; que cependant, pour prévenir tout abus de nature à compromettre les intérêts respectifs des parties et des notaires, les directeurs devraient informer simultanément les uns et les autres des restitutions autorisées. — Instr. 1328.

4487. — Le notaire qui a cessé ses fonctions a toujours qualité pour obtenir la restitution des droits indûment perçus sur les actes qu'il a reçus. — Solut. 6 mai et 13 juin 1813.

4488. — Le notaire qui a acquitté de ses deniers les droits d'enregistrement d'une vente ou autres actes passés devant lui, a une action solidaire contre toutes les parties contractantes, pour s'en faire rembourser. — *Cass.*, 26 juin 1820, Thomassin

c. Revel ; 13 nov. 1820, Demametz c. Liard ; 19 avr. 1826, Lenoble c. Petit.

4489. — Par la même raison, le notaire qui a négligé de se faire rembourser le droit d'enregistrement d'un acte de vente peut, lorsque l'acquéreur devient insolvable, agir contre le vendeur, comme cobligé solidaire. — *Cass.*, 20 mai 1829, Guèrinet c. Bailly.

4490. — Un tiers peut, en vertu d'une procuration sous seing-privé, toucher une somme que la régie est tenue de restituer à un contribuable pour droits perçus ; mais il faut que la signature du mandat soit légalisée par le juge de paix du canton de son domicile. — Solut. 3 fév. 1815.

4491. — C'est contre l'administration de l'enregistrement que doit être demandée la restitution d'un droit indûment perçu dans un département autrefois dépendant et depuis détaché de la France. — *Cass.*, 5 déc. 1815, Tiesset. — V. aussi *infrà* no 4597.

4492. — Dans le cas où il est formé opposition à un exécutoire délivré par une cour royale, sous prétexte qu'il a été perçu des droits d'enregistrement non dus, c'est à la partie condamnée, et non à celle qui a obtenu l'exécutoire, à former devant le tribunal de première instance une demande en restitution des droits qu'elle prétend avoir été indûment perçus. — Cette même partie ne peut demander un sursis pour le paiement des frais, jusqu'à ce qu'il ait été statué sur la question de savoir si les droits ont été indûment perçus. — *Metz*, 26 avr. 1816, Verseveaux c. Recouvreur.

4493. — Les demandes en restitution se font, soit par pétition, soit judiciairement ; la voie administrative n'est point un préliminaire nécessaire à l'introduction de l'instance. — Instr. 5 juin 1837, 1537, sect. 2e, no 1er.

4494. — Les réclamations présentées par la voie administrative peuvent l'être, soit au secrétariat du ministère des finances, soit à celui de la régie de l'enregistrement. — Décis. min. fin. 27 sept. 1827 et 2 mars 1831.

4495. — Les inspecteurs et vérificateurs de l'enregistrement peuvent d'office ordonner une restitution, lorsque la perception est évidemment illégale, et quand la liquidation est entachée d'une erreur de fait ; toutefois, il ne faut pas que la prescription soit acquise. — Instr. gén. 24 juin 1828, 1248.

4496. — Les délais pour former les demandes en restitution des droits indûment perçus varient suivant la nature de ces droits. — V. *infrà* nos 4785 et suiv.

4497. — Quant au mode à suivre, si la demande est suivie judiciairement, V. le chap. suivant, nos 4504 et suiv.

4498. — La régie de l'enregistrement ne peut être condamnée à payer les intérêts des sommes dont la restitution est prononcée contre elle. — *Cass.*, 2 flor. an XIII, Nogarède ; 11 (et non 17) fév. 1806, Dufour ; 23 nov. (et non sept.) 1811, Anneix ; 13 mai (et non août) 1817, Raverot ; 28 janv. 1818, Harnepont ; 28 fév. 1818, Chatel ; 31 mars 1819, Jousselin ; 3 avr. 1822, Muhe ; 6 nov. 1827, Imbault ; 26 avr. 1836, Beaurin et Pottier ; 31 mai 1836, hospice de Baume-les-Dames ; 31 mai 1836, Harnegaray ; 8 (et non 9) août 1836, Moretin ; 26 août 1839 (t. 2 1839, p. 243), de Carbonnière ; 16 mars 1840 (t. 1er 1840, p. 712), Delaporte ; 21 mars 1842 (t. 2 1842, p. 292), Morand ; 26 août 1844 (t. 2 1844, p. 596), Maire et Delavelaye.

4499. — Par conséquent il n'y a pas lieu de la condamner à payer les intérêts à partir du jour de la perception. — *Cass.*, 18 (et non 12) juin 1819, Ramus.

4500. — ... Ni même à partir du jugement qui ordonne la restitution. — *Cass.*, 8 mai 1840, Limerac.

4501. — D'un autre côté, les droits d'enregistrement ne produisent pas d'intérêts au profit de l'état. — *Cass.*, 21 mars 1842 (t. 2 1842, p. 292), Morand.

4502. — Car, en règle générale, les condamnations prononcées soit contre le trésor public, soit en sa faveur, pour restitution ou supplément de droits, ne peuvent être, sans excès de pouvoir, accompagnées de la condamnation en paiement des intérêts. — *Cass.*, 21 janv. 1840 (t. 1er 1840, p. 411), Mauger et Auguy.

4503. — Bien qu'une demande en restitution de droits indûment perçus, faite par voie de réclamation administrative, ait été accueillie, la régie n'est pas cependant tenue de rembourser au réclamant le droit de timbre de sa pétition, impôt qui est toujours à la charge du réclamant. Il en est autrement des frais de poursuites, s'ils ont été mal à propos dirigés contre la partie. — Décis. min. fin. 25 juill., 9 nov. et 21 déc. 1821 ; Délib. 4 mars 1828. — Il n'y avait pas lieu à restitution des frais faits pour le paiement de droits plus élevés que ceux qui étaient dus. — Délib. 30 oct. 1834.

CHAPITRE X. — *Poursuites et instances.*

Sect. 1re. — *Poursuites.*

§ 1er. — *Dispositions générales.*

4504. — La solution des difficultés qui peuvent s'élever relativement à la perception des droits d'enregistrement, avant l'introduction des instances, appartient à la régie. — L. 22 frim. an VII, art. 63.

4505. — Les parties peuvent donc s'adresser d'abord à la régie elle-même, c'est-à-dire soit au directeur du département, soit à l'administration supérieure dans la personne du directeur-général, soit enfin au ministre des finances.

4506. — Toutefois ce n'est pas au ministre des finances, mais à l'administration, que doivent être adressées les réclamations contre des perceptions de *droits simples*, puisque c'est à elle qu'appartient, avant l'introduction des instances, la solution des difficultés sur la matière. Les réclamations peuvent être remises aux directeurs, qui les transmettent, avec leurs observations motivées, à l'administration. Dans les trois jours de la solution, les directeurs doivent écrire à la partie réclamante pour l'en informer et lui en faire connaître les motifs. En même temps ils donnent l'ordre au receveur, soit d'effectuer la restitution, soit de suivre le recouvrement. — Décis. min. fin. 11 janv. 1822; circ. 28 oct. 1834; instr. 1018.

4507. — En tout cas, la disposition de l'art. 63 de la loi du 22 frim. n'attribue pas à l'administration une juridiction nécessaire. — Championnière et Rigaud , *Traité des Dr. d'enreg.*, t. 1, nos 4014 et 4015.

4508. — Les solutions données par le ministre des finances ne sont que des instructions qui ont pour objet de guider les préposés dans le mode de perception des droits, et l'administration dans le sens de sa défense devant les tribunaux. — Cons. d'état, 29 mai 1808, Marserany; 17 janv. 1814, Siébert et Pleyel. — *Dict. des dr. d'enreg.*, vo *Décision*, no 2; Cormenin, *Dr. admin.*, vo *Rejet des requêtes*, t. 1er, p. 96.

4509. — Les intéressés qui se prétendent lésés par ces solutions doivent porter leurs réclamations devant les tribunaux, qui seuls peuvent et doivent statuer selon leur conviction. — *Cons. d'état*, 29 mai 1808, Maserany; 17 janv. 1814, Siébert et Pleyel; 14 sept. 1814, Boitard; 17 juill. 1816, Lesseps (corsaire *le Basque*). — Instr. 1537, sect. 2, no 6.

4510. — Antérieurement à la loi du 5 pluv. an XIII, la régie de l'enregistrement n'était autorisée par aucune loi à poursuivre, même en matière de police correctionnelle, sur la partie plaignante, le recouvrement des frais d'instruction dont la condamnation avait été prononcée à son profit, sauf son recours contre les condamnés. Ces frais, aux termes de l'art. 1er, L. 20 déc. 1790, étant dans tous les cas à la charge du trésor public, il n'était pas permis de distinguer entre les poursuites faites à la requête du ministère public ou d'office et celles où il y avait une partie plaignante ou civile. — *Cass.*, 1er brum. an XIV, de Castellane.

4511. — L'art. 197, C. inst. crim., qui prescrit à la régie de l'enregistrement de poursuivre, au nom du procureur du roi, le paiement des amendes prononcées par les tribunaux correctionnels, n'est pas applicable lorsqu'il s'agit pour la régie de se pourvoir en cassation contre une décision judiciaire portant contre elle des condamnations de frais et dépens à raison de ses poursuites en paiement d'une amende prescrite. — La régie peut, en

ce cas, se pourvoir devant la cour suprême en son nom personnel. — *Cass.*, 17 juin 1835, Pascault Dubuissonnet.

4512. — A la différence des amendes en matière d'enregistrement, dont la poursuite appartient aux employés de la régie, et se fait par voie de contrainte, la poursuite des amendes encourues par les notaires pour contravention à la loi du 25 vent. an XI, est réservée au ministère public.— *Cass.*, 24 juin 1822, Boucaud.

4513. — C'est à l'administration de l'enregistrement et des domaines qu'appartient la poursuite des infractions résultant d'actes et écritures soumis à son contrôle. Le même droit appartient aux officiers de police, en ce qui concerne les affiches-journaux et autres publications. — Circul. min. 30 nov. 1832.

4514. — Le recouvrement des mandats délivrés aux agens des ponts et chaussées doit être poursuivi à la requête de l'administration de l'enregistrement, et non à celle de l'administration des contributions directes. — *Cass.*, 23 mai 1838 (t. 2 1838, p. 189), Tavenaux.

4515. — Les poursuites doivent être faites à la requête de la régie et non à celle du procureur du roi. — Instr. gén. 16 juin 1826, 1189, § 13, et 5 juin 1837, 1537, sect. 2e, § 222. — Dès-lors, bien que les qualités d'un jugement en matière d'enregistrement énoncent que le directeur de la régie était *demandeur par le ministère public*, il ne s'ensuit pas que celui-ci ait été partie principale, lorsqu'il est constant que la régie était demanderesse, et qu'il n'a fait que donner des conclusions. — *Cass.*, 8 nov. 1842 (t. 2 1843, p. 52), Ricotin.

4516. — Les poursuites dirigées contre un individu condamné correctionnellement, pour le recouvrement de l'amende prononcée et des frais, doivent être faites à la requête de la direction générale de l'enregistrement, *agissant au nom du procureur du roi*, et non à celles du procureur du roi, *poursuites et diligences de la direction de l'enregistrement*. — *Cass.*, 30 janv. 1816, Gauchot.

4517. — Toutefois, lorsque les amendes et dommages-intérêts adjugés à la régie de l'enregistrement ont été liquidés par le jugement qui les prononce, le directeur de la régie peut en poursuivre le recouvrement par tel préposé qu'il juge convenable. Il n'est pas nécessaire que cette poursuite soit faite au nom du procureur du roi. — *Cass.*, 6 juin 1809, Chaix.

4518. — La régie ne peut subroger des tiers en son lieu et place, pour le recouvrement des droits qui lui sont dus, et pour la poursuite desquels il existe des formes spéciales de procédure dont les particuliers ne sauraient être autorisés à se servir. — Décis. min. fin. 4 fév. 1826; iustr. 1189, § 14; et 1537, sect. 2e, no 7.

4519. — Un procès-verbal n'est pas nécessaire pour constater les contraventions en matière d'enregistrement. — *Cass.*, 2 août 1808, Hermite.

4520. — Toutefois, un procès-verbal préalable à la contrainte est nécessaire lorsqu'il est commandé par les circonstances, soit parce qu'il doit y avoir concours d'un fonctionnaire public avec le préposé, soit parce qu'il s'agit de constater des faits dont il n'existe pas de preuve matérielle et que le procès-verbal en fait foi jusqu'à inscription de faux. Tel est, par exemple, le cas de contraventions reconnues par les préposés dans les ventes publiques d'objets mobiliers, auxquelles ils sont autorisés à assister. Tel est le cas encore du refus d'un officier ministériel ou d'un dépositaire public de communiquer son répertoire, ses minutes ou les pièces déposées entre ses mains.—Instr. 18 déc. 1824, 1150, § 17.

4521. — Il est encore d'usage de dresser un procès-verbal, lorsque la loi exige une condamnation préalable au recouvrement de peines pécuniaires résultant de la contravention, ainsi qu'en matière de lois sur le notariat, sur les patentes, etc. — Même instr.

4522. — Les procès-verbaux des préposés de l'enregistrement ne sont point assujétis à la formalité de l'affirmation.—*Cass.*, 26 juin 1820, Chancognie.

§ 2. — *Contraintes.*

4523. — Le premier acte de poursuite pour le

recouvrement des droits d'enregistrement et le paiement des peines et amendes prononcées par la loi du 22 frim. an VII, est une contrainte. — L. 22 frim. an VII, art. 64.

4524. — Ainsi, s'il y a lieu de poursuivre le recouvrement des droits d'un acte non enregistré, d'une succession non déclarée, ou qui peuvent être dus par suite d'une erreur de perception, le premier acte doit être une contrainte pure et simple, mais suffisamment libellée pour motiver l'exigibilité des sommes réclamées. — Délib. 18 août 1824; instr. 1150, § 17, et 1337, sect. 2e, n° 9.

4525. — La régie a le droit de poursuivre, par la voie de la contrainte, et sans observer les formes prescrites par le Code de procédure, le recouvrement des amendes prononcées par les tribunaux en matière civile, par exemple, dans le cas de dénégation de signature. — Cass., 16 juin 1823, Hamerel.

4526. — La voie de la contrainte ayant pour objet le recouvrement prompt et certain des droits, dans l'intérêt du service public, les tribunaux n'ont pu décider que la régie avait eu tort de recourir à cette voie et qu'elle aurait dû suivre la marche tracée pour les actions ordinaires. — Cass., 5 frim. an VII, Vanoutrive.

4528. — La régie de l'enregistrement et des domaines a pu décerner valablement une contrainte pour le recouvrement d'une créance appartenant à l'état. — Cass., 30 juin 1828, Bergeron; 6 août 1828, Marchand.

4529. — Toutefois, un arrêt ne viole aucune loi, lorsqu'en statuant sur l'opposition à la contrainte, il décide que, attendu que le titre est contesté au fond, la poursuite n'appartient plus à la régie, mais au préfet, seul représentant de l'état en matière de propriété, lequel doit suivre soit par intervention, soit par action, et non plus par mémoires, mais dans les formes ordinaires. — Cass., 30 juin 1828, Bergeron; 6 août 1828, Marchand.

4530. — Le sous-concessionnaire d'un bien rentré dans le domaine de l'état, par suite de la nullité de la concession primitive, est devenu débiteur direct du domaine, à raison des arrérages de la redevance stipulée par son bail, et peut, en cas de non paiement, être poursuivi par voie de contrainte. — Cass., 30 janv. 1826, Vidal.

4531. — La régie de l'enregistrement et des domaines peut décerner une contrainte pour exiger en argent le paiement d'une prestation en nature à laquelle avait droit une ancienne communauté religieuse. — Paris, 8 août 1828, Plotho et Montblanc.

4532. — Jugé au contraire que la régie ne peut pas agir, par voie de contrainte, dans d'autres cas que ceux qui sont déterminés par les lois. — Ainsi, elle ne peut réclamer, par cette voie extraordinaire, les droits qu'elle prétend appartenir à l'état comme représentant une corporation supprimée. — Nancy, 29 juill. 1828, Domaine c. Roux, sous Cass., 30 déc. 1829.

4533. — Une demande en supplément de droits d'enregistrement peut être formée autrement que par voie de contrainte. — Cass., 20 mars 1839 (t. 1er 1839, p. 464), Lobgeois et Thuret.

4534. — C'est par voie de contrainte que doit être recouvrée l'amende encourue par un avoué de cour royale pour défaut de consignation d'amende. — Solut. 3 mars 1832.

4535. — Les contraintes décernées par la régie en matière de droits de mutation par décès sont nécessairement provisoires et sujettes à augmentation comme à retranchement, d'après la déclaration détaillée que l'héritier est tenu de faire. — Cass., 27 mars 1811, Huet-Desmoulins.

4536. — La plus-pétition de la part de la régie ne donne pas lieu d'annuler la contrainte qu'elle a décernée, lorsqu'il est reconnu qu'il était dû un droit quelconque. — Cass., 24 juin 1811, Carles.

4537. — Si une contrainte décernée par la régie peut être annulée en ce qui concerne le double droit, ce n'est pas une raison pour qu'elle le soit relativement à la demande du droit principal. — Cass., 8 fév. 1813, Jousselin.

4538. — La contrainte n'est le premier acte de poursuite pour le paiement d'une amende, en matière d'enregistremen', qu'autant qu'il s'agit d'une contravention bien constante : il en est autrement si le fait même de la contravention est à constater. Alors, le premier acte de poursuite doit être un procès-verbal, lequel est suivi d'une assignation pour lier l'instance. — Cass., 30 messid. an X, de Cock.

4539. — La contrainte décernée par la régie à fin de paiement de droits, n'est pas un acte introductif d'instance. Il n'y a véritablement d'instance que sur l'opposition à l'exécution de cette contrainte. — Cass., 5 frim. an VII, Vanoutrive.

4540. — Lorsqu'il y a contestation sur le droit à percevoir, le redevable ne peut saisir les tribunaux tant que la régie n'a pas décerné de contrainte. — Cass., 7 mai 1806, Blanc.

4541. — Lorsqu'une contrainte est décernée contre l'héritier à fin de paiement des droits de mutation dont l'évaluation est provisoirement fixée, celui-ci peut, en offrant la somme demandée, faire cesser, quant à présent, les poursuites dont il est l'objet, sauf au receveur à décerner plus ample contrainte, s'il y a lieu, dans le cas où l'héritier se refuserait à faire la déclaration des biens de la succession. — Cass., 2 déc. 1806, Fayn.

4542. — Est nulle une contrainte dirigée contre une veuve personnellement pour le paiement des droits dont elle n'est débitrice que comme tutrice, et cette nullité peut être opposée en tout état de cause. — Cass., 19 juill. 1813, Farges.

4543. — Une contrainte décernée contre une femme est nulle si elle n'a pas été en même temps décernée contre le mari. — Bruxelles, 7 mars 1828, G.....

4544. — La contrainte doit être décernée par le receveur ou préposé de la régie. — L. 22 frim. an VII, art. 64.

4545. — Ainsi, elle est valablement décernée par un préposé autre que le receveur, par exemple, par un vérificateur. — Cass., 2 août 1808, Hermite.

4546. — La contrainte doit être visée et déclarée exécutoire par le juge de paix du canton où le bureau est établi, et elle doit être signifiée. — L. 22 frim. an VII, art. 64.

4547. — Et c'est à peine de nullité qu'elle doit être visée et déclarée exécutoire par le juge de paix avant d'être mise à exécution. — Cass., 8 mai 1809, Dumoulin; 10 nov. 1812, Coppez.

4548. — En cas d'empêchement du juge de paix et de ses suppléans, la contrainte est visée par un juge de paix voisin que désigne le tribunal de première instance, sur la réquisition du procureur du roi. — Dict. des dr. d'enregistr., v° Contrainte, n° 9.

4549. — Lorsqu'un immeuble se trouve affecté au service d'une rente due à une ancienne communauté religieuse, le président du tribunal dans le ressort duquel est situé cet immeuble peut viser la contrainte de la régie. — Paris, 8 août 1828, Plotho et Montblanc.

4550. — Mais le défaut de visa par le juge de paix n'opère qu'une fin de non-recevoir qui doit être proposée avant que de plaider au fond. — Cass., 14 nov. 1813, de Guéry.

4551. — Lorsque la contrainte est devenue exécutoire par le visa du juge de paix, l'exécution doit en être poursuivie comme celle de tout jugement. — Instr. gén. 5 juin 1837, 1537, sect. 2e, § 39. — Championnière et Rigaud, Traité des droits d'enregistr., t. 4, n° 4016.

4552. — Elle n'emporte cependant pas hypothèque. — Championnière et Rigaud, t. 4, n° 4016. — Contrà décis. min. fin. 14 et 20 avr. 1813.

4553. — En conséquence, la régie ne peut valablement prendre une inscription hypothécaire en vertu de la contrainte décernée par un receveur. — Cass., 28 janv. 1828, Scellier.

4554. — La contrainte n'interrompt point la prescription, puisqu'elle ne produit point d'effet par elle-même; mais la signification qui en est faite opère cette interruption. — Dict. des dr. d'enreg., v° Contrainte, n° 37.

4555. — La notification de la contrainte doit être faite par un huissier de la justice de paix, et les poursuites ultérieures par les huissiers près les tribunaux civils. — Décis. min. fin. 15 fructid. an IX; déc. min. just. 27 pluv. an XI; instr. 23 brum. an X, n° 12, et 8 germin. an XI, n° 129.

4556. — Il n'y a pas de délai de rigueur pour signifier les contraintes décernées par les préposés de la régie. — *Cass.*, 2 août 1808, Hermite. — Ainsi elle peut l'être, quoique le visa du juge de paix ait plus d'une année de date. — *Dict. des dr. d'enreg.*, vo *Contrainte*, no 10.

4557. — Les contraintes doivent, à peine de nullité, être signifiées à personne ou domicile. — *Cass.*, 23 fév. 1807, Valence.

4558. — Elles ne peuvent être faites au domicile du gérant ou de tout autre ayant la possession réelle de la chose, sous prétexte que la régie a une action sur les revenus des biens, à raison desquels le droit est dû. — *Même arrêt.*

4559. — Le jugement qui valide une contrainte signifiée, non au domicile de celui contre lequel i est décernée, mais au domicile de son mandataire, échappe à la censure de la cour de Cassation s'il constate en point de fait que ce dernier avait pouvoir à cet effet. — *Cass.*, 24 juin 1806, d'Hanins.

4560. — Aucun mode spécial n'est prescrit pour le libellé de la contrainte ; cependant il faut qu'elle indique suffisamment la somme demandée et les causes de la demande. Autrement, le juge de paix pourrait refuser de la rendre exécutoire.— *Dict. des dr. d'enreg.*, vo *Contrainte*, no 2.

4561. — Une contrainte n'est pas nulle par cela qu'il y a erreur dans la date qu'on a donnée au titre sur lequel elle est fondée. — *Cass.*, 25 juill. 1814, Anneix.

4562. — La contrainte pour double droit d'un jugement rendu à l'audience doit énoncer que l'extrait du jugement a été remis par le greffier dans le délai légal. — *Dict. des dr. d'enreg.*, vo *Contrainte*, no 26.

4563. — Est nulle la signification d'une contrainte, si dans la copie laissée à la partie on a omis de mentionner, à la suite de la transcription de cette contrainte, la signature du receveur dont l'original doit être revêtu. — *Délib.* 29 oct. 1833.

4564. — C. procéd.. qui prescrit que le commandement fait par un créancier à son débiteur contienne élection de domicile dans le lieu où doit se faire l'exécution, n'est pas applicable aux contraintes avec commandement décernées par la régie de l'enregistrement. — *Cass.*, 16 fév. 1831, Castel.

4565. — Une contrainte est nulle lorsque l'huissier n'indique pas le tribunal où il est immatriculé. — *Cass.*, 14 août 1814, Gastey.

4566. — Les nullités de forme d'une contrainte se couvrent par la défense au fond de la part du contribuable. — *Cass.*, 7 août 1807, Gay et Blachier.

4567. — La partie qui a demandé d'abord la nullité de la contrainte par des moyens tirés du fond, n'est pas non recevable à la demander ensuite par le motif que la régie aurait procédé par voie de mémoires, au lieu de procéder selon les formes ordinaires. Ici ne s'applique pas l'art. 173, C. procéd. — *Cass.*, 6 août 1828, Marchand.

4568 — Lorsque le liquidateur d'une maison de commerce a assigné la régie en restitution d'un droit perçu sur un acte fait par cette maison, que la régie a demandé à son tour un supplément de droit sur cet acte en signifiant la contrainte à un tiers non liquidateur, et que ce tiers a formé opposition en faisant connaître son défaut de qualité, cette contrainte a pu être déclarée valable à l'égard du liquidateur, par cela seul que celui-ci n'en a pas opposé la nullité devant le tribunal. — Le tribunal, qui n'était saisi de l'opposition à la contrainte que par le tiers non liquidateur, a même pu ne pas s'occuper de ce tiers, ne pas le faire figurer dans le jugement, et repousser l'opposition à l'égard du liquidateur, qui ne l'avait pas faite, sans donner de motifs sur la nullité opposée par le tiers non liquidateur. — *Cass.*, 13 nov. 1838 (t. 2 1838, p. 542), Laffitte.

4569. — La nullité du procès-verbal dressé contre un notaire pour contraventions n'entraîne point celle de la contrainte qui est ensuite décernée, si d'ailleurs cette contrainte est revêtue de toutes les formalités prescrites par la loi. — *Cass.*, 9 juin 1813, Dunal.

4570. — Le désistement que donne la régie d'une contrainte n'emporte pas désistement de son ac-

tion, s'il résulte des faits de la cause qu'en se désistant elle n'a entendu renoncer qu'à un acte qui pouvait être déclaré irrégulier. — *Cass.*, 16 mai 1821, Roussel.

4571. — Lorsque la régie s'est désistée, pour vices de formes, de poursuites qu'elle avait commencées, la nouvelle contrainte décernée par elle n'est pas nulle, parce qu'elle serait d'une date antérieure au désistement, si elle n'a été signifiée que depuis. — *Cass.*, 8 mars 1808, Robin.

4572. — La régie est non-recevable, pour cause de litispendance, dans la suite d'une action qu'elle a intentée par une seconde contrainte, lorsqu'elle ne s'est pas désistée de la première, dont la nouvelle procédure avait pour objet de couvrir la nullité. — *Cass.*, 10 nov. 1812, Coppez.

4573. — Le désistement d'une première contrainte donné par la régie est valable, encore bien qu'il n'ait pas été accepté.— *Liège*, 15 oct. 1823, N..

4574. — L'exécution de la contrainte ne peut être interrompue que par une opposition formée par le recevable et motivée avec assignation à jour fixé devant le tribunal civil de l'arrondissement. Dans ce cas, l'opposant est tenu d'élire domicile dans la commune où siége le tribunal.—*L.* 22 frim. an VII, art. 64.

4575. — Celui qui forme opposition à une contrainte décernée par la régie n'est pas tenu, pour être admis à proposer ses moyens, de payer provisoirement la somme réclamée. — *Cass.*, 15 prair. an XIII, Vandenbrouk (V. *suprà* no 4214). — Il en serait autrement si le redevable actionnait la régie en restitution des droits qu'il prétend n'être pas dus.

4576. — Il y a poursuite régulière contre la régie, lorsqu'une contrainte décernée par elle et suivie d'une saisie mobilière, a donné lieu, de la part de son adversaire, à une assignation qu'il a, ainsi qu'elle, considérée comme une véritable opposition à cette contrainte. — *Cass.*, 28 août 1809, Collot.

4577. — La régie a pu, nonobstant l'opposition du redevable saisi, faire vendre valablement des fruits par suite de saisie-brandon, si cette opposition, au lieu d'être signifiée au domicile élu chez le receveur de l'enregistrement, l'a été au domicile du directeur.—*Cass.*, 10 déc. 1821, Pinard.

Sect. 2e. — *Instances.*

§ 1er — *Compétence.*

4578. — C'est aux tribunaux civils d'arrondissemens qu'il appartient de connaître des affaires relatives à la perception des droits d'enregistrement ; la connaissance et la décision en sont interdites à toutes autorités constituées et administratives. — *L.* 22 frim. an VII, art. 65.

4579. — Ainsi, lorsqu'il est formé opposition à un exécutoire délivré par une cour royale, sous prétexte qu'il a été perçu des droits d'enregistrement non dus, la cour est incompétente pour décider si ces droits doivent ou non être restitués. La solution de cette difficulté est exclusivement attribuée au tribunal civil de première instance.— *Metz*, 26 avr. 1816, Verseveaux c. Recouvreur.

4580. — Un tribunal de première instance constitué en police correctionnelle est incompétent pour connaître des matières d'enregistrement.— *Cass.*, 28 janv. 1835, Merlivas.

4581. — Un tribunal correctionnel ou criminel est incompétent pour prononcer contre un garde-champêtre l'amende par lui encourue pour n'avoir pas fait enregistrer son procès-verbal dans le délai de la loi. — *Cass.*, 4 vent. an XIII, Bonhoure;.— Merlin, *Rép.*, vo *Enregistrement*, § 52.

4582. — Les tribunaux de commerce n'ont aucune espèce de juridiction ni de surveillance sur la matière des droits d'enregistrement. — *Cass.*, 4 pluv. an XII, Lavaux (intérêt de la loi).

4583. — Ainsi, la régie qui poursuit le paiement de droits contre un failli, n'est pas tenue de former sa demande devant le tribunal de commerce et par les voies ordinaires. C'est au tribunal civil qu'il appartient de connaître de cette action, et dans ce cas la régie peut agir par voie de contrainte. — *Cass.*, 10 mai 1815, Godin.

4584. — C'est aux tribunaux civils, et non aux

tribunaux administratifs, à statuer sur la difficulté qui s'élève relativement à une remise de pièces entre un particulier et l'administration de l'enregistrement à la suite d'un jugement qui a déclaré cette administration mal fondée dans une contestation et l'a condamnée aux dépens. — *Agen*, 20 janv. 1845 (t. 1er 1846, p. 344), Passerieu.

4585. — Les contestations relatives à la perception des droits doivent être portées devant le tribunal du lieu où ces droits ont été perçus. — *Cass.*, 30 messid. an X, Isnard; 14 niv. an XI, même partie.

4586. — … Ou bien devant le tribunal du lieu où le bureau est établi, et non pas devant celui du domicile du défendeur. — *Cass.*, 23 flor. an XIII, Duc.

4587. — Lorsqu'un acte de cession a été présenté au bureau d'enregistrement d'un département, et que dans un autre les parties demandent une expertise préjudicielle, c'est le tribunal du bureau où l'acte a été présenté qui est seul compétent pour juger la quotité des droits auxquels il doit donner lieu. — *Cass.*, 6 brum. an XIV, Demarey.

4588. — Les actions que la régie a le droit d'exercer contre ses préposés, continuent, même depuis le Code de procédure, d'être de la compétence du tribunal dans le ressort duquel le bureau du comptable était situé, quel que soit le changement de domicile de ce comptable. — *Cass.*, 23 janv. 1822, Désormeaux.

4589. — L'opposition à une contrainte décernée par la régie doit être portée devant le tribunal dans le ressort duquel se trouve le bureau d'où elle est émanée. — *Cass.*, 5 mai 1806, Lessore.

4590. — … Et non devant le tribunal du domicile de l'opposant. — *Cass.*, 30 mai 1826, Fuzier.

4591. — De même, le tribunal de première instance du ressort où les droits d'enregistrement doivent se percevoir, est le seul compétent pour prononcer sur l'opposition à la perception de ces droits, quel que soit le domicile du redevable. — *Cass.*, 30 déc. 1806, Baton.

4592. — Jugé également que c'est le tribunal de la situation des biens qui n'ont pas été compris dans une déclaration de succession, et non celui du domicile de l'héritier, qui doit statuer sur l'opposition formée par celui-ci à la contrainte de la régie. — *Cass.*, 1er messid. an XII, Anthennis.

4593. — Si le contribuable porte son opposition devant le tribunal de son domicile, et que la régie procède devant ce tribunal sans opposer l'incompétence, elle n'est plus recevable à l'invoquer plus tard. — *Cass.*, 12 thermid. an XIII, Jouine.

4594. — Relativement aux demandes en restitution, c'est devant le tribunal de l'arrondissement du bureau où la perception a été faite que l'action doit être portée.

4595. — Les règles de compétence pour cause de connexité ne sont point applicables en matière d'enregistrement. Spécialement, la demande en restitution des droits de mutation par décès ne peut être portée devant un tribunal autre que celui dans le ressort duquel ils ont été perçus. — *Cass.*, 1er juill. 1840 (t. 2 1840, p. 525), Gruchet.

4596. — Lorsque les créanciers et les acquéreurs des biens d'une succession demandent la restitution des paiemens faits, à valoir sur les droits de mutation, par les fermiers, avec les revenus postérieurs de la vente, l'action est de la compétence du tribunal du domicile des défendeurs. — *Cass.*, 20 août 1811, Defoissy.

4597. — Lorsqu'on forme contre la régie la demande en restitution d'un droit indûment perçu dans un département autrefois dépendant et depuis détaché de la France, le tribunal du lieu où est le siége principal de cette administration est valablement saisi de cette demande. Dès-lors, son jugement ne peut être attaqué pour incompétence, surtout si la régie n'a point décliné sa juridiction. — *Cass.*, 5 déc. 1815, Tiessel.

4598. — La demande en validité d'une saisie-arrêt formée à la requête de la régie doit être portée devant le tribunal du lieu où se trouve le bureau du receveur, et non devant le tribunal du domicile du redevable sur lequel elle est formée, lors même qu'il n'y a pas eu d'opposition à la contrainte. — *Cass.*, 14 déc. 1819, Meyer.

4599. — Un tribunal n'excède pas ses pouvoirs lorsque, ayant à prononcer sur une demande de droits de mutation réclamée pour une adjudication administrative, il examine et applique cet acte administratif uniquement sous le rapport de la perception des droits. — *Cass.*, 14 mars 1837 (t. 1er 1840, p. 525), Ducros c. Eurey.

§ 2. — *Instruction.*

4600. — L'instruction des instances que la régie a à suivre pour toutes les perceptions qui lui sont confiées se fait par simples mémoires respectivement signifiés sans plaidoiries. Les parties ne sont pas obligées d'employer le ministère des avoués. — L. 27 vent. an IX, art. 17.

4601. — Les tribunaux peuvent accorder, soit aux parties, soit aux préposés de la régie qui suivent les instances, le délai qu'ils leur demandent pour produire leurs défenses; ce délai ne peut néanmoins être de plus de trois décades (V. RÉP. PAL., v° DÉCADE). — L. 22 frim. an VII, art. 65.

4602. — La régie est assujétie, pour ses actions de droit commun, aux formes ordinaires. — *Cass.*, 17 juin 1835, Pascault-Dubuissonnet.

4603. — L'abrogation prononcée par l'art. 1041, C. procéd., n'a eu pour objet que de déclarer qu'il n'y aurait désormais qu'une seule loi commune pour la procédure, mais n'a pas porté atteinte aux formes de procéder dans les affaires d'enregistrement. — Avis cons. d'état, 1er juin 1807.

4604. — La régie n'est pas tenue de constituer avoué dans les affaires qui ont pour objet le recouvrement des revenus des domaines nationaux. — *Cass.*, 20 niv. an XI, Lefèvre et Neveu.

4605. — De même, elle est dispensée de constituer avoué dans les instances où il s'agit du recouvrement des frais dus au trésor en matière criminelle, quoique ces instances soient dirigées contre des tiers débiteurs de la partie condamnée. — *Cass.*, 28 juill. 1812, Bougué.

4606. — Les instances suivies par la régie pour le recouvrement des amendes prononcées à la requête de l'administration forestière doivent être, comme les autres instances de la régie, instruites et jugées sur simples mémoires respectivement signifiés et sans plaidoiries. — *Cass.*, 11 mars 1828, Valhaire-Billy.

4607. — La demande en validité de saisie-arrêt formée par la régie contre un redevable doit être instruite sur simples mémoires et sans constitution d'avoué. — *Bruxelles*, 4 oct. 1817, Vanlooy; *Cass.*, 7 janv. 1848, Bildé.

4608. — Et elle doit, en outre, être instruite sans plaidoirie et jugée sur le rapport d'un juge. — *Cass.*, 9 fév. 1814, Lebris.

4609. — De même, la régie qui demande la validité d'une saisie-arrêt formée pour sûreté des droits qui lui sont dus n'est pas tenue de se faire représenter par un avoué, lorsqu'il ne s'élève aucune difficulté sur la déclaration affirmative du tiers-saisi. — *Cass.*, 2 (et non 27) juin 1823, Cardelus.

4610. — Mais la régie autorisée à procéder contre les redevables par de simples mémoires et sans le ministère d'avoué, ne peut invoquer le bénéfice de cette législation spéciale, à l'égard du redevable lui-même, lorsqu'une saisie-arrêt a été faite entre les mains de ce tiers débiteur, et qu'il est poursuivi par voie d'exécution. — La régie est au contraire obligée, dans ce cas, de procéder par le ministère d'un avoué, et dans les formes introduites par le droit commun, soit que le tiers débiteur conteste la saisie-arrêt formée dans ses mains, soit que l'on procède contre lui par voie de saisie-exécution ou de saisie-immobilière. — *Cass.*, 29 avr. 1818, Boy.

4611. — Les formes spéciales de procédure, telles que la dispense de constitution d'avoué et l'obligation de juger sur rapport, établies pour le jugement des affaires en matière d'enregistrement sont applicables à l'instance engagée entre la régie et un gardien judiciaire, sur la taxe du salaire de celui-ci pour garde des meubles saisis sur un redevable par suite d'une contrainte. — *Cass.*, 23 août 1830, Balançon.

4612. — La forme exceptionnelle de procédure établie pour les contestations relatives aux droits d'enregistrement ne peut être appliquée à l'instruction d'une instance entre des particuliers et un conservateur des hypothèques. — *Bruxelles*, 11 juin 1812, Levasseur c. Labarre d'Erqueline.

4613. — Les formes à suivre relativement aux contestations qui concernent la perception des droits d'enregistrement ne s'appliquent pas aux cas où la régie se présente dans un ordre pour y être colloquée. — *Rennes*, 24 janv. 1820, Grybouska.

4614. — Ainsi, elle ne peut intervenir dans un ordre que par le ministère d'un avoué. — *Bruxelles*, 11 avr. 1810, Staplaton.

4615. — Lors de son opposition à une contrainte décernée par la régie, une partie peut présenter ses moyens de défense dans des mémoires signifiés à la diligence d'un avoué constitué. — *Rennes*, 11 avr. 1814, N...

4616. — Mais alors le ministère des avoués étant purement facultatif, la partie qui les emploie est seule obligée de les payer. — Décis. min. fin. 26 nov. 1808 ; — Championnière et Rigaud, *Traité des droits d'enregistr.*, t. 4, n° 4019.

4617. — Le défendeur à une instance liée avec la régie de l'enregistrement n'est pas recevable à exciper, comme moyen de cassation, de ce qu'il a procédé avec l'assistance d'un avoué. — *Cass.*, 9 juill. 1834, Dupeysset.

4618. — Tous les mémoires produits doivent être signifiés, à peine de nullité. — *Cass.*, 31 janv. 1814, Milhet.

4619. — Ainsi un jugement est nul lorsque le tribunal a admis un défenseur à lui présenter une consultation qui n'a point été signifiée à la régie. — *Cass.*, 18 janv. 1808, Galerne.

4620. — Un jugement est également nul lorsqu'il a été rendu sur mémoires qui n'ont été ni communiqués ni signifiés à la régie. — *Cass.*, 20 oct. 1813, Denaix et Roussel ; 26 avr. 1843 (t. 2 1843, p. 418), Roques et de Tauriac.

4621. — Il faut décider de même s'il n'est justifié, par aucun des actes produits devant la cour de cassation, que chacun des mémoires ou pièces dont une partie a fait usage a été signifié à l'autre partie. — *Cass.*, 10 fév. 1819, Sacquin.

4622. — Mais un jugement ne peut être annulé lorsqu'il ne constate nullement que l'avoué de la partie ait présenté un mémoire non signifié à la régie. — *Cass.*, 26 mars 1833, Linard.

4623. — De ce qu'un jugement porte dans son dispositif qu'il a été rendu sur le vu des mémoires *produits* par la régie et par la partie, il ne s'ensuit pas que le mémoire de la partie n'ait pas été signifié à la régie, alors surtout que les qualités constatent que le mémoire a été réellement signifié. — *Cass.*, 11 janv. 1843 (t. 2 1843, p. 44), Boggio.

4624. — Jugé cependant qu'il y a justification suffisante du défaut de signification du mémoire quand l'expédition de ce mémoire produite ne porte aucune mention de signification. — *Cass.*, 26 avr. 1843 (t. 2 1843, p. 418). Roques et de Tauriac.

4625. — Cette décision ne nous semble pas à l'abri de la critique. Comment le défaut de mention sur l'expédition peut-il prouver qu'il n'y a point eu de signification ? Est-ce que la signification ne pourrait pas fort bien exister sans cette mention ?

4626. — La signification des mémoires doit être faite à la régie, et non pas au procureur du roi : il n'a pas qualité pour la représenter à cet égard. — *Cass.*, 28 mai 1823, Castanier.

4627. — Les mémoires signifiés par la régie doivent être signés par le directeur. — Instr. 25 oct. 1812, 606, § 2, n° 7 ; 5 juin 1837, 1537, sect. 3°, § 2.

4628. — Il suffit que les parties se soient respectivement signifié leurs conclusions pour qu'elles aient été dispensées de se signifier supplémentairement leurs mémoires, surtout si ces mémoires ne contiennent aucun moyen nouveau. — *Cass.*, 30 avr. 1834, préfet de Tarn-et-Garonne c. Sabathié.

4629. — La régie peut, par des conclusions signifiées, ajouter à la demande de droits pour le paiement desquels elle a décerné une contrainte, et le tribunal peut statuer sur ces conclusions, alors surtout que le contribuable défend au fond.

—*Cass.*, 14 nov. 1838 (t. 2 1838, p. 539), Nedouchel.

4630. — Lorsque l'adversaire de la régie a défendu au fond sur une demande à fin d'expertise, il est non recevable à invoquer ultérieurement la nullité de la procédure. — *Cass.*, 13 août 1838 (t. 2 1838, p. 413), Delamotte.

4631. — Dans la poursuite des contraventions en matière d'enregistrement, les formes établies par le Code de procédure sont le complément nécessaire des formes spéciales réglées par la loi du 22 frim. an VII, et on peut appliquer successivement l'une ou l'autre législation, selon que le comporte chaque partie de l'instruction de la cause. — Ainsi, après avoir, pour une enquête, suivi les formes de la procédure ordinaire, on peut continuer l'instruction d'après les formes spéciales établies par la loi du 22 frim. an VII, c'est-à-dire poursuivre le jugement sur simple mémoire et sans plaidoiries. — *Cass.*, 17 juill. 1827, Leroy.

4632. — Les dispositions des art. 337 et 464, C. procéd., relativement aux demandes incidentes à former en matière ordinaire, ne sont point applicables aux instances entre la régie et les redevables au sujet des droits d'enregistrement. — Ainsi, dans le cas où la régie a assigné devant un tribunal à fin de paiement d'un supplément de droit, on ne peut opposer en défense à cette action une demande incidente en restitution d'un droit perçu en trop sur un acte enregistré dans un bureau sis dans le ressort d'un autre tribunal, alors surtout qu'il n'y a aucune connexité entre les deux actes. — *Cass.*, 21 fév. 1831, Verdun.

4633. — Lorsque la régie poursuit un huissier en paiement, tout à la fois, d'un droit auquel peut donner lieu une lettre qu'il a énoncée dans son exploit, et de l'amende encourue par lui pour cette énonciation, le tribunal devant lequel l'action est portée ne viole aucune loi lorsqu'il ordonne, avant faire droit, la mise en cause de la partie qui est intéressée à cette lettre, et qui peut être recherchée pour le droit auquel elle est assujétie. — *Cass.*, 24 oct. 1808, Estelle.

4634. — La régie peut intervenir en tout état de cause, même en appel, et demander à se faire autoriser à poursuivre elle-même le débiteur, à l'effet d'opérer le versement. — *Cass.*, 6 juin 1809, Bourdier et Dubois.

4635. — Le désistement d'une demande fait sans l'aveu de la régie n'anéantit pas les droits qui peuvent être exercés par une nouvelle demande. — *Cass.*, 10 déc. 1816, N...

4636. — Les poursuites exercées par la régie sont périmées lorsqu'elles ont été suspendues pendant une année. Il en résulte non seulement l'annulation de la contrainte, mais encore prescription des droits réclamés, et cette prescription atteint toute procédure faite sous le régime de la loi du 22 frim. an VII, lors même que l'action prendrait sa source dans un fait ou dans des actes antérieurs. — *Cass.*, 7 déc. 1807, Duport. — V. au surplus *infrà* n°s 4796 et suiv.

4637. — Le Code de procédure étant applicable dans tous les cas qui n'ont pas été réglés par des dispositions spéciales de la loi, la péremption n'a pas lieu de plein droit, et elle est couverte par tout acte valable fait avant la demande en péremption. — *Cass.*, 18 avr. 1821, Galdemar.

4638. — On ne peut opposer à la régie l'acquiescement qu'aurait donné un de ses préposés inférieurs qu'autant que celui-ci aurait reçu un mandat spécial — *Cass.*, 21 germin. an XII, Haesbeyt.

4639. — La régie n'est pas liée par les acquiescemens donnés par ses agens au-delà de leur mandat et par les mauvaises défenses qu'ils peuvent présenter. — *Cass.*, 21 avr. 1806, Dauphin.

§ 3. — *Jugement et jugement par défaut.*

4640. — Les jugemens doivent être rendus dans les trois mois au plus tard, à compter de l'introduction des instances. — L. 22 frim. an VII, art. 65.

4641. — Toutefois cette disposition est purement réglementaire. Il n'y a ni péremption ni déchéance attachée au cas de prolongation au-delà de ce terme. — *Cass.*, 4 (et non 14) mars 1807, Portzampart ; 12 juin 1809, Morland-Lagnichardière; 1er juill. 1840 (t. 2 1843, p. 740), de Poudeux; — Instr., 606, §2, n° 8; 1427 et 1537, sect. 1re, n° 74.

4642. — De même, lorsqu'il n'a pas été statué dans les trois mois sur une action intentée par la régie, il n'y a pas lieu de la rejeter par une fin de non-recevoir. Les juges peuvent seulement prononcer par défaut. — *Cass.*, 2 août 1808, Hermite.

4643. — Les jugemens doivent être rendus sur le rapport d'un juge fait en audience publique et sur les conclusions du ministère public. — L. 22 frim. an VII, art. 65.

4644. — C'est à peine de nullité que le jugement doit être rendu sur le rapport préalable d'un juge. — *Cass.*, 6 vendém. an XI, Boilève; 4 fructid. an XI, Carton; 10 pluv. an XIII, Delmas et Lachaze; 8 mai 1810, Limerac; 23 déc. 1810, N...; 5 mars 1811, Laurent; 2 juill. 1811, Robin et Mathieu; 19 août 1811, Tassier; 21 déc. 1813, Stupffel; 22 mars 1814, Delannoy; 1er juin 1814, Humbert et Antoine; 3 oct. 1811, Gausselle-Barbier; 25 janv. 1815, Gilbert; 13 nov. 1816, Mouchet; 10 déc. 1817, N...; 5 août 1833, Clouchet; 4 août 1834, Marchant; 15 juill. 1835, Badonel et Rouberdon; 6 avr. 1841 (t. 2 1841, p. 8), Leclerc.

4645. — Il en est de même dans toute instance suivie en conséquence des dispositions de la loi du 22 frim. an VII, par exemple sur la question de savoir si un notaire est tenu de communiquer aux préposés de l'enregistrement un acte qui lui a été remis en dépôt. — *Cass.*, 13 (et non 23) déc. 1809, Pérignon.

4646. — ... Et cela encore bien que le ministère public ait été entendu. — *Cass.*, 2 avr. 1817, Bohn.

4647. — Le jugement qui, sur une demande ou expertise formée pour la régie, statue sur le mode de l'estimation à faire par les experts, doit également, à peine de nullité, être précédé du rapport fait par l'un des juges, en audience publique. — *Cass.*, 22 mai 1832, Pony.

4648. — Mais si tout jugement doit être précédé du rapport d'un juge, aucune loi n'exige que ce rapport soit écrit. — *Cass.*, 18 janv. 1825, N...

4649. — Le jugement est nul si, après avoir mis la cause en délibéré, les juges ont prononcé de suite, sans avoir désigné préalablement un juge rapporteur. — *Cass.*, 19 août 1811, Tassier.

4650. — Toutefois, la nomination et l'audition préalables d'un juge-rapporteur ne sont pas indispensables, quand le tribunal est en état de prononcer, sans désemparer, d'après le mérite d'une enquête faite à l'audience même. — *Cass.*, 30 messid. an X, de Cock.

4651. — Un jugement est nul, si le rapport de l'affaire a été fait par un juge suppléant qui ne pouvait concourir au jugement en qualité de juge. — *Cass.*, 23 avr. 1827, Languillet.

4652. — Le rapport du juge doit, à peine de nullité, être fait en audience publique. — *Cass.*, 2 juill. 1811, Morin et Mathieu; 19 août 1811, Tassier; 25 janv. 1815, Gilbert; 7 janv. 1818, Collette; 5 août 1833, Clouchet; 6 avr. 1841 (t. 2 1841, p. 8), Leclerc.

4653. — De plus, le jugement est nul, s'il ne constate pas qu'il ait été rendu sur le rapport préalable d'un juge. — *Cass.*, 23 avr. 1808, Dubois; 19 déc. 1809, Hallot-Deshayes; 14 août 1825, Gouzens; 22 janv. 1827, Oumarias; 10 fév. 1819, Flamant; *Bruxelles*, 11 fév. 1820, Breun-Larcherie; *Cass.*, 6 déc. 1820, Flahaut; 2 juin 1823, Cardelus; 5 mai 1824, Bay; 24 juin 1829, de Cambray; 17 août 1820, Cossins; 12 août 1834, Duchastel; 1er août 1837 (t. 1er 1840, p. 506), Petit-Cuenot.

4654. — Toutefois, cette constatation n'a pas besoin d'être faite en termes formels; il suffit qu'elle résulte du rapprochement des diverses dispositions du jugement. — *Cass.*, 14 août 1832, Hoclet.

4655. — Il n'y a pas mention suffisante du rapport, par cela qu'un des juges qui ont concouru au jugement y est désigné ainsi, M. N....., *juge d'instruction, rapporteur.* — *Cass.*, 5 mars 1822, Laville.

4656. — Tout jugement devant porter avec lui les preuves de l'observation des formalités prescrites pour sa validité, si le jugement ne fait pas mention qu'il ait été rendu sur le rapport préalable d'un juge, il ne peut être suppléé à cette mention ni par un certificat du greffier, constatant que le rapport a eu lieu. — *Cass.*, 3 janv. 1820, Robin; 8 août 1836, duc d'Aumale.

4657. — ... Ni même par un certificat extrajudiciaire délivré à cet effet par le président du tribunal. — *Cass.*, 25 avr. 1808, Dubois.

4658. — De plus, le jugement doit encore, à peine de nullité, constater que le rapport a été fait en audience publique. — *Cass.*, 15 juill. 1813, de Montbreuil; 26 nov. 1821, de Cossé; 5 mars 1822, Laville; 5 mai 1824, Bay; 20 mai 1834, d'Oherty et Wingham Smith; 24 août 1835, Servant.

4659. — Un jugement rendu en audience publique ne peut être annulé, sous prétexte que le rapport de l'affaire aurait été fait dans la chambre du conseil, lorsque ce jugement énonce en même temps que ce rapport a été fait *à bureau ouvert au public.* — *Cass.*, 23 juill. 1828, Daufresne.

4660. — Le jugement doit, à peine de nullité, être précédé des conclusions du ministère public. — *Cass.*, 10 pluv. an XIII, Delmas et Lachaze; 8 mai 1810, Limerac; 23 déc. 1810, N...; 5 mars 1811, Laurent; 15 (et non 14) mars 1814, Bonneau; 15 juill. 1835, Badonel et Rouberdon.

4661. — Ces conclusions sont données verbalement; mais il faut, à peine de nullité, qu'elles aient été ouïes et données en audience publique. — *Bruxelles*, 24 juin 1828, B...

4662. — Le jugement est nul, s'il ne constate pas que le ministère public a été préalablement entendu dans ses conclusions. — *Cass.*, 19 déc. (et non sept.) 1809, Hallot-Deshayes; 12 août 1834, Duchastel; 24 août 1835, Servant; 8 août 1837 (t. 1er 1840, p. 519), Miquel.

4663. — Il est également nul, s'il ne fait qu'énoncer la présence du ministère public, sans constater qu'il ait été entendu dans ses conclusions. — *Cass.*, 26 pluv. an 11, Labac; 10 fév. 1819, Mouchet; 30 avr. 1822, Berlié; 20 juill. 1836, Douay; 6 juin 1837 (t. 1er 1840, p 520), Guillemin; 7 nov. 1842 (t. 1er 1844, p. 478), Morand.

4664. — Il ne suffirait pas que le ministère public eût donné auparavant des conclusions par écrit ou que le jugement constatât qu'il a été rendu sur le vu de ces conclusions. — *Cass.*, 14 mars 1821, Godin; 14 avr. 1830, Claudel; 16 mai 1831, Lalande; 17 déc. 1833, Lebailly de la Falaise; 6 juin 1837 (t. 1er 1840, p. 520), Guillemin.

4665. — Mais, lorsque le juge rapporteur et le ministère public ont été entendus à une première audience, dans leurs rapport et conclusions, il n'est pas nécessaire qu'ils soient entendus de nouveau le jour de la prononciation du jugement. — *Cass.*, 23 avr. 1816, Glenard.

4666. — Le jugement est nul, lorsqu'il a été rendu sur la plaidoirie de la partie ou de son avoué. — *Cass.*, 4 déc. 1810, Tournal; 5 mars 1811, Laurent; 28 fév. 1814, Galiche; 13 nov. 1816, Mouchet; 5 fév. 1817, Boulogne.

4667. — ...Ou même lorsqu'il est constant que la partie ou son avoué ont présenté des observations à l'audience. — *Cass.*, 13 janv. 1807, Raimbault; 18 janv. 1808, Galerne; 19 oct. 1808, Leborgne; 26 fév. 1816, Michot; 7 mai 1817, Chandèze; 15 janv. 1838 (t. 1er 1838, p. 211), Barne; 8 mars 1841 (t. 1er 1841, p. 510), Douzel.

4668. — ...Ou bien lorsque le jugement constate que l'avoué de la partie a été entendu à l'audience dans ses observations et a persisté dans les conclusions prises par cette partie dans la requête écrite. — *Cass.*, 28 juin 1830, de Béarn.

4669. — ...Ou qu'un avoué a, dans l'intérêt de son client, donné au tribunal les explications nécessaires. — *Cass.*, 8 avr. 1845 (t. 1er 1845, p. 562), de Berthier.

4670. — Mais un jugement ne peut être annulé lorsqu'il ne constate nullement que l'avoué de la partie ait plaidé. — *Cass.*, 26 mars 1833, Linard.

4671. — Cette énonciation : *Oui Me ..., avoué de.... qui a conclu*, insérée dans un jugement ne suffit pas pour constater qu'il ait été rendu sur plaidoirie. — *Cass.*, 11 juill. 1813, Coeffe; 1er août 1836, Barnier.

4672. — Comme c'est la plaidoirie seule qui est interdite, des conclusions peuvent être prises à l'audience par les avoués des parties. — *Cass.*, 1er août 1836, Barnier.

4673. — De même, n'est pas nul le jugement rendu sur les conclusions prises par la partie dans son mémoire et répétées seulement à l'audience par son avoué, sans qu'il les ait développées dans une plaidoirie. — *Cass.*, 9 juill. 1815, N...

4674. — De même encore, on ne contrevient pas à la loi lorsqu'on emploie des avoués qui se bornent à prendre des conclusions sans plaidoirie, surtout si ces conclusions sont signées des parties elles-mêmes. — *Cass.*, 20 mars 1826, Giard-Duclos.

4675. — En tout cas, lorsque l'avoué d'une partie a été entendu, cette partie est non recevable à se prévaloir de cette audition.

4676. — Ainsi le défendeur à une instance liée avec la régie de l'enregistrement n'est pas recevable à exciper, comme moyen de cassation, de ce qu'il a procédé avec l'assistance d'un avoué qui a été ouï. — *Cass.*, 9 juill. 1834, Dupeysset.

4677. — Le greffier ne doit pas faire figurer dans les qualités du jugement comme ayant plaidé pour les redevables, les avoués qui ont produit ou signé des mémoires en leur nom, toutefois il doit se conformer aux dispositions de l'art. 141, C. procéd., sur la rédaction des qualités. — Circ. min. just. 21 déc. 1836.

4678. — Les parties peuvent être entendues en personne à l'audience, si le tribunal le croit nécessaire. — *Cass.*, 20 mars 1846, Baillot.

4679. — Les lois qui interdisent les plaidoiries dans les affaires concernant l'administration de l'enregistrement, ne sont point applicables aux instances qui ont pour objet la propriété d'une redevance foncière, et dont la poursuite est faite à la diligence du préfet. — *Cass.*, 25 mars 1812, Marguillers de Canaples.

4680. — Jugé également que la plaidoirie est admise dans une instance sur requête civile engagée avec la régie de l'enregistrement. — *Cass.*, 30 août 1809, Deflorenne.

4681. — Jugé au contraire que l'instance sur requête civile doit être suivie dans la même forme que celle suivie pour le jugement attaqué, c'est-à-dire sans plaidoiries. — *Cass.*, 11 juill. 1822, Daguin.

4682. — Après avoir accordé à une partie un premier délai pour produire ses moyens de défense, les tribunaux ne sont pas tenus de lui en accorder un second, surtout si le premier était suffisant. — *Cass.*, 30 messid. an X, de Cock.

4683. — Les juges ont pu, sans violer aucune loi, refuser de statuer sur une pièce produite, alors que l'instance avait reçu une instruction complète, que le rapport de l'affaire avait été fait, le ministère public entendu, et la cause mise en délibéré à jour fixe pour le prononcé du jugement. — *Cass.*, 30 juill. 1823, Robin.

4684. — Il y a lieu à renvoi devant un autre tribunal, lorsqu'un des juges de la cause a été récusé, et que les autres sont parens des adversaires de la régie. — *Cass.*, 4 frim. an XIV, Taillard.

4685. — Le jugement n'est point nul pour n'avoir pas été précédé d'un acte d'avenir signifié par la régie. — *Cass.*, 20 fév. 1809, Quirin.

4686. — Mais le jugement est nul lorsqu'il a été rendu en l'absence des parties à une audience plus rapprochée que le jour fixe auquel elles avaient été assignées pour être présentes au rapport. — *Cass.*, 3 (et non 23) fév. (et non janv.) 1817, Jousselin.

4687. — Un jugement rendu sur rapport qui constate qu'il a été rendu à l'audience tenue publiquement, que les parties ont pris leurs conclusions, et qu'après qu'elles ont eu clos et déposé leurs pièces, l'un des juges a fait le rapport de l'affaire au tribunal, ne peut être attaqué, sous prétexte qu'il ne dit pas que le jour du rapport ait été indiqué aux parties, ni que ce rapport ait été fait à l'audience en présence des parties ou de leurs défenseurs. — *Cass*, 5 avr. 1831, Ridray.

4688. — Les dispositions des art. 64 et 65, L. 22 frim. an VII, et 17, L. 27 vent. an IX, sur les formes à suivre dans les procès d'enregistrement, ne sont pas d'ordre public, de telle sorte que leur inobservation puisse donner ouverture à cassation quand leur application n'a pas été réclamée devant les juges du fond. — *Cass.*, 17 juin 1835, Pascault-Dubuissonnet.

4689. — Jugé également que les délais que l'art. 65, L. 22 frim. an VII, donne aux parties pour produire leurs défenses, et aux juges pour rendre

leur jugement, ne sont pas prescrits, à peine de nullité. — *Cass. belge*, 13 fév. 1833, Bonjean.

4690. — Le juge rapporteur de l'affaire doit concourir par son vote au jugement, et ce fait doit être constaté par le jugement même, sans pouvoir être établi par aucun acte quelconque ayant une existence distincte de ce jugement. — *Bruxelles*, 5 déc. 1822, Beyts.

4691. — Le rapport ne peut être fait par un juge suppléant que ce suppléant pourrait concourir au jugement en qualité de juge. — *Cass.*, 14 juin 1836 (t. 1er 1837, p. 31), de Sassenay.

4692. — Ainsi, un jugement est nul lorsqu'il a été rendu sur le rapport d'un juge suppléant dont le concours au jugement n'était pas nécessaire, attendu la présence de trois juges. — *Cass.*, 23 juill. 1823, Baron ; 15 mars 1825, Bidault et Maune ; 23 avr. 1827, Languillet ; 24 nov. 1824, Dupart, 4 janv. 1836, Houette ; 8 fév. 1836, Javal ; 20 juill. 1836, Brault ; 8 nov. 1836, Gillet ; 21 nov. 1836, N... 1er déc. 1840 (t. 2 1840, p. 787), Beville.

4693. — Si le décret du 27 mai 1811 autorise le président du tribunal civil de la Seine à charger les suppléans près ce tribunal du rapport des ordres et des contributions et de quelques autres matières spéciales, et s'il en résulte qu'ils soient aptes, en pareils cas, à concourir aux jugemens, il n'en est pas de même dans les autres affaires, et notamment, en matière d'enregistrement. — *Cass.*, 23 juill. 1823, Baron ; 15 mars 1825, Bidault et Manne.

4694. — Jugé également, qu'un jugement rendu par un nombre suffisant de juges titulaires est nul, lorsqu'il constate qu'un juge suppléant y a concouru comme rapporteur ayant voix délibérative. C'est en vain qu'on prétendrait qu'il y a eu erreur, et, qu'en réalité, le juge suppléant n'avait eu que voix consultative. — *Cass.*, 11 avr. 1837 (t. 1er 1840, p. 519), Lonnet de Terouenne.

4695. — Mais un juge suppléant ayant le caractère de juge, peut concourir à un jugement, quand le nombre des juges titulaires est insuffisant, sans qu'il soit nécessaire de constater la cause de l'absence du titulaire qu'il remplace. Dans ce cas, le juge suppléant a pu être chargé du rapport de l'affaire. — *Cass.*, 27 juin 1827, Périer.

4696. — Le greffier doit toujours mentionner sur les feuilles d'audience à quels titres siègent les juges-suppléans qui complètent le tribunal appelé à juger une affaire en matière d'enregistrement. — Circ. min. just. 21 déc. 1836.

4697. — Le jugement devant être public, il ne peut être rendu en la chambre du conseil, à peine de nullité. — *Cass.*, 14 août 1815, Gouzens ; 16 mars 1823, Moutin.

4698. Toutefois, il n'est pas nécessaire, à peine de nullité, que le jugement soit rendu dans le local même où le tribunal tient ordinairement ses audiences. — Il est valablement rendu en la chambre du conseil, lorsqu'il est constant que les lieux ont été ouverts au public. — *Cass.*, 4 août 1835, Fontenilliat.

4699. — Le jugement doit, à peine de nullité, constater qu'il a été prononcé en audience publique. — *Bruxelles*, 11 fév. 1820, Breun-Larcherie *Cass.*, 26 nov. 1821, de Cossé ; 5 mars 1822, Laville ; 16 mars 1825, Moutin ; 20 mai 1834, D'Oherty et Tringham Smith.

4700. — Mais un jugement énonce suffisamment qu'il a été rendu publiquement, s'il fait mention qu'il a été prononcé à l'audience. — *Cass.*, 26 juin 1817, Testu.

4701. — Le tribunal de première instance saisi de l'opposition à une contrainte de la régie pour une amende prononcée par le juge de simple police, ne peut examiner si l'amende était ou non encourue. — *Cass.*, 18 thermid. an XII Gnichard.

4702. — Les juges ne peuvent admettre un fait comme base de leur décision, qu'autant qu'il est établi par la voie d'une instruction régulière. Ainsi, ils ne pourraient se déterminer d'après un fait établi dans une plaidoirie ou dans un mémoire non signifié. — *Cass.*, 1er avr. 1822, Duslou.

4703. — Il n'y a d'autres frais à supporter pour la partie qui succombe que ceux du papier timbré, des significations et du droit d'enregistrement des jugemens. — L. 22 frim. an VII, art. 65.

4704. — Sous la loi du 19 déc. 1790, art. 25, les

frais auxquels la régie pouvait être condamnée ne devaient comprendre que le coût du papier timbré et des significations de jugemens — *Cass.*, 12 pluv. an II, Truc.

4705. — La régie qui succombe dans une partie de sa prétention peut être condamnée à une partie des dépens. — *Cass.*, 31 déc. 1823, de Beaumarchais.

4706. — Dans les causes qui intéressent la régie, lorsqu'un tiers saisi a demandé qu'il fût procédé suivant les formes ordinaires, et que les arrêts passés en force de chose jugée ont accueilli sa demande et l'ont condamné, en définitive, aux frais de première instance et d'appel, ce tiers saisi ne peut pas demander que les frais soient taxés comme en matière d'enregistrement, au lieu de l'être comme en matière ordinaire. — *Cass.*, 19 mai 1824, Lafabrègue.

4707. — Le ministère des avoués n'étant pas admis en matière d'enregistrement, les qualités de tout jugement sont valablement rédigées par la partie qui veut lever ce jugement, sans qu'elle soit tenue de les signifier à son adversaire. — *Cass.*, 18 août 1842 (t. 2 1842, p. 716), Giroud. — Conf. décis. min. just. et fin., 1er mars 1808 ; instr. 369 et 1537, sect. 2e, n° 115.

4708. — Cependant ce mode de procéder, sans inconvénient pour la régie, qui veille constamment à ses intérêts, le sera-t-il toujours pour la partie contre laquelle on voudra lever le jugement ? En effet, comment s'opposer à des qualités dont elle n'a point eu connaissance ? — V. au surplus, sur cette question, les observations présentées par la régie elle-même devant la cour de Cassation (sous *Cass.*, 8 mars 1842 [t. 2 1842, p. 261], Pion).

4709. — Bien que, dans les lois d'enregistrement, il existe des dispositions spéciales quant à l'instruction des affaires, on n'en trouve aucune qui modifie les caractères essentiels et constitutifs du jugement tels que la loi les a déterminés. En conséquence, il y a lieu d'appliquer les règles en vertu desquelles tout jugement doit porter avec lui, et sans qu'il soit besoin de recourir à aucune pièce étrangère, l'indication des demandes des parties, la constitution du fait en litige, et la mention des questions de droit. — *Cass.*, 8 mars 1842 (t. 2 1842, p. 261), Pion ; — circ. min. just, 21 déc. 1836.

4710. — Ainsi, est nul, tout jugement qui ne contient pas l'exposition sommaire des points de fait et de droit. — *Cass.*, 30 déc. 1834, Morisset ; 4 août 1834, Marchant ; 7 juill. 1835, Marchand ; 12 août 1835, Payen ; 2 fév. 1842 (t. 1er 1842, p. 374), Kielhm-Schœttel ; 7 mars 1842 (t. 2 1842, p. 262), Bricourt.

4711. — Jugé de même qu'un jugement est nul lorsqu'il ne contient ni les faits de la cause ni les clauses des actes formant l'objet de la perception réclamée par la régie. — *Cass.*, 1er mars 1831, Gondal.

4712. — Le jugement est nul s'il ne contient pas les conclusions des parties. — *Bruxelles*, 5 déc. 1822, Beyts ; *Cass.*, 4 août 1834, Marchant ; 30 déc. 1834, Morisset ; 7 juill. 1835, Marchand ; 12 août 1835, Payen ; 2 fév. 1842 (t. 1er 1842, p. 374), Kielhm-Schoettel ; 8 mars 1842 (t. 2 1842, p. 261), Pion.

4713. — ...Ou bien s'il ne fait pas connaître suffisamment les conclusions des parties ni l'objet précis du litige. Tel est le jugement où le point de fait est conçu en ces seuls termes : *Il est établi dans les considérations et les motifs qui suivent : Point de droit.* — *Cass.*, 25 janv. 1843 (t. 2 1843, p. 56), Delangle.

4714. — Jugé cependant qu'un jugement ne doit point, sous peine de nullité, contenir l'exposé sommaire des points de fait et de droit lorsque, d'ailleurs, il renferme les conclusions respectives des parties où se trouve cet exposé. — *Cass.*, 9 août 1836, Kail.

4715. — ...Que les conclusions de la régie sont suffisamment comprises dans le jugement par l'insertion de la contrainte motivée et la mention que la régie y a persisté. — *Cass. belge*, 13 fév. 1833, Bonjean.

4716. — ...Que bien que l'omission des formes prescrites par l'art. 141, C. proc. civ. ne puisse

pas être suppléée par les mémoires que les parties se sont respectivement signifiés, lesquels ne font pas partie intégrante du jugement, cependant la connaissance des conclusions respectivement prises par les parties peut résulter suffisamment de l'ensemble du jugement qui se compose du point de fait, du point de droit, des motifs et du dispositif. — *Cass.*, 7 mars 1842 (t. 2 1842, p. 260), de Beausset.

4717. — ...Que l'art. 141, C. procéd. doit se concilier avec les dispositions spéciales, L. 22 frim. an VII ; qu'ainsi il suffit que l'énonciation des conclusions des parties et des points de fait et de droit résulte du jugement. — *Cass.*, 7 fév. 1843 (t. 1er 1843, p. 258), de Boissy ; 24 mai 1843 (t. 2 1843, p. 732), Rozét.

4718. — Le jugement doit être cassé, lorsqu'il ne contient point sur l'expédition les noms des juges qui y ont concouru. — *Cass.*, 24 nov. 1834, Poinsot.

4719. — L'action en garantie formée contre la régie par des adjudicataires dont on conteste la collocation pour des droits qu'on prétend avoir été indûment perçus par elle, quoique accessoire à une instance d'ordre n'en est pas moins, entre les parties, une action principale qui, ayant pour objet l'application d'un droit d'enregistrement, doit être instruite et jugée d'après les formes spéciales réglées en cette matière. Dès-lors, si la régie a, plusieurs jours avant le jugement, déposé au greffe sa défense et les pièces à l'appui, le tribunal ne saurait prononcer par défaut contre elle, quand même un règlement émané de ce tribunal imposerait aux préposés de la régie l'obligation de remettre leurs pièces au juge rapporteur à une époque déterminée avant le jour d'audience, si d'ailleurs ce règlement n'a pas été révêtu de l'approbation du gouvernement. — *Cass.*, 24 (et non 21) déc. 1822, Martin.

4720. — La forme spéciale et sommaire de procéder tracée par les lois des 22 frim. an VII et 27 vent. an IX pour les instances relatives à la perception des droits d'enregistrement et de transcription n'est pas exclusive des principes généraux qui se rattachent à l'administration de la justice, et qui règlent dans un intérêt d'ordre public le mode et les effets de toutes les instances portées devant les tribunaux. Dès-lors il y a lieu d'observer dans ces instances les dispositions de l'art. 153, C. proc. civ. ; en conséquence, de donner défaut contre celui des défendeurs qui ne comparait pas, et, avant d'adjuger le profit du défaut sur le fond, d'ordonner sa réassignation par huissier commis. Est nul le jugement rendu sur le fond sans que le tribunal ait ordonné la jonction du profit du défaut et la réassignation du défaillant par huissier commis. — *Cass.*, 25 fév. 1846 (t. 1er 1846, p. 257), compagnie du chemin de fer de Rouen.

4721. — Les jugemens par défaut sont toujours susceptibles d'opposition, lorsqu'ils ont été rendus sur la seule production du mémoire et des pièces de l'une des parties. — L'art. 113, C. procéd., n'est pas applicable en pareil cas. — *Cass.*, 4 (et non 14) mars 1807, Portzampart ; 17 juill. 1811, Gros Lebailly ; 8 juin 1812, Sombret.

4722. — Il en serait de même bien que la partie défaillante eût défendu dans plusieurs incidens du procès. — *Cass.*, 17 juill. 1811, Gros-Lebailly.

4723. — Jugé, au contraire, qu'il y a lieu d'appliquer l'art. 113, C. procéd., qui porte que les jugemens rendus, dans le cas d'instruction par écrit, sur les pièces de l'une des parties, faute par l'autre partie d'avoir produit, ne sont pas susceptibles d'opposition. — *Cass.*, 24 août 1835, Charlet.

4724. — Un jugement ne saurait être réputé par défaut, et par suite, susceptible d'opposition, lorsque les moyens respectifs des parties y sont relatés. — *Cass.*, 24 (et non 14) fév. 1808, Balague.

4725. — Les jugemens rendus contre la régie sans qu'elle ait fourni ses défenses, sont par défaut et susceptibles d'opposition, quand même le ministère public aurait été entendu. — *Cass.*, 11 mars 1812, Cazals.

4726. — Un jugement n'est pas susceptible d'opposition, par cela que la régie n'aurait point répondu au mémoire en défense que lui aurait signifié le redevable la veille même du jour du jugement, si d'ailleurs elle n'a demandé aucun délai pour fournir cette réponse. — *Cass.*, 13 fév. 1815, Mianme.

4727. — L'opposition motivée, formée par un redevable à une contrainte décernée contre lui par la régie, suffit pour faire réputer contradictoire le jugement qui intervient sur cette opposition, encore bien que le redevable n'ait fourni, dans le cours de l'instance, aucun mémoire en défense. — Les juges peuvent rejeter d'office l'opposition à ce jugement qui avait épuisé leur juridiction. — *Cass.*, 24 avr. 1822, de Serdobin. — *Contrà*, décis. min. fin. 10 janv. 1809.

4728. — Jugé de même que lorsqu'une partie a formé une opposition motivée à une contrainte décernée contre elle par la régie, le jugement intervenu sur cette opposition est réputé contradictoire, encore bien que l'opposant n'ait point signifié de mémoire en défense, et que le tribunal ait qualifié sa décision de jugement par défaut. — *Cass.*, 24 août 1835, Charlet.

4729. — La régie n'est pas fondée à se plaindre qu'un jugement rendu sur son opposition à un jugement par défaut, est contradictoire à son égard. — *Cass.*, 28 août 1809, Collot.

§ 4. — *Recours contre les jugemens. — Exécution.*

4730. — Les jugemens rendus sur les instances, en matière d'enregistrement, sont sans appel, et ne peuvent être attaqués que par voie de cassation. — L. 22 frim. an VII, art. 65.

4731. — Sous la loi des 6, 7 et 11 sept. 1790, les juges de première instance avaient également le droit de statuer en premier et dernier ressort en matière d'enregistrement. — *Cass.*, 19 thermid. an V, Leblanc.

4732. — Mais ce n'est que lorsque la régie de l'enregistrement poursuit le recouvrement de l'impôt indirect qui lui est confié que les tribunaux de première instance prononcent en dernier ressort. — *Cass.*, 4 pluv. an X, Lebrie; 11 oct. 1808, Frère.

4733. — En conséquence la juridiction d'un seul degré ne doit pas être étendue aux actions étrangères à l'enregistrement et qui sont de droit commun. Alors il y a lieu aux deux degrés de juridiction. — *Cass.*, 17 juin 1825, Pascault-Dubuissonnet.

4734. — Jugé d'après cela que l'action de la régie à fin de paiement d'un déficit trouvé dans la caisse d'un receveur, après son décès, est susceptible des deux degrés de juridiction. — *Cass.*, 4 pluv. an X, Lebrie.

4735. — ...Que s'il s'agit du paiement d'une rente foncière, le jugement est sujet à appel et ne peut pas être, par conséquent, attaqué devant la cour de Cassation. — *Cass.*, 11 oct. 1808, Frère.

4736. — ...Qu'il y a lieu à appel et non au recours en cassation contre un jugement qui, en matière domaniale, et sur le motif de la suppression des rentes féodales, annule une contrainte décernée par la régie pour recouvrer les arrérages d'une redevance dont le capital excède 1,000 fr. — *Cass.*, 10 juill. 1816, Gehan-Chevalier.

4737. — ...Que c'est par la voie de l'appel et non par le recours en cassation qu'on doit attaquer un jugement qui renvoie la régie à se pourvoir par les voies ordinaires de droit, sur la demande en paiement d'un billet de 1,200 fr. souscrit par un tiers pour acquitter le débet d'un receveur. — *Cass.*, 10 août 1814, Bernard.

4738. — ...Que la demande formée par la régie de l'enregistrement et des domaines en paiement de coupes de bois nationaux est susceptible de deux degrés de juridiction, si elle excède 1,000 fr. — *Cass.*, 9 juill. 1812, Baudouin.

4739. — ...Qu'un jugement qui prononce la déchéance d'un adjudicataire de biens nationaux, dont la valeur s'élève à plus de 1,000 fr. ne peut être attaqué que par l'appel et non par la voie du recours en cassation. — *Cass.*, 16 avr. 1818, Angevin.

4740. — ...Que la question de savoir si le copropriétaire d'un bois indivis avec l'état a droit à la moitié du décime ou franc payé par les adjudicataires des coupes étant une question de propriété, le jugement qui statue à cet égard doit être

attaqué par la voie d'appel et non par le recours en cassation. — *Cass.*, 16 mars 1825, Monier.

4741. — ...Que le jugement rendu sur une demande en subrogation de poursuite de saisie mobilière, formée par la régie doit être attaqué par la voie de l'appel et non par celle du recours en cassation, quand il s'agit d'une somme excédant 1,000 fr. — *Cass.*, 25 janv. 1815, Bour.

4742. — Lorsque la régie procède pour le recouvrement des droits qu'elle est chargée de percevoir par voie de saisie-arrêt, entre les mains des locataires de ses contribuables, et qu'ils ne contestent point devoir la somme réclamée par elle, le tribunal peut et doit même prononcer en dernier ressort, encore que le montant de la réclamation soit de plus de 1,000 fr. — *Cass.*, 9 vendém. an XIV, Jubin.

4743. — Toutefois, n'est pas recevable l'appel interjeté par un individu contre le jugement qui le condamne au paiement d'une somme dont il est redevable envers la régie, en raison de la perception qu'il a eue comme receveur, lorsque d'ailleurs l'instance a été introduite par une opposition formée par l'appelant à la contrainte décernée contre lui, et instruite dans les formes tracées par les art. 64 et 65, L. 22 frim. an VII. — *Bruxelles*, 28 déc. 1822, N...

4744. — La disposition de l'art. 65, L. 22 frim. an VII, qui porte que les jugemens rendus sur les instances d'opposition aux contraintes ne sont susceptibles que du pourvoi en cassation, n'est point applicable aux garans des redevables. — *Orléans*, 30 sept. 1832, Texier c. Bidault et Ernoult.

4745. — Lorsqu'un individu, sur des poursuites dirigées par la régie contre des tiers, intervient, et prend le fait et cause de ces derniers, il se constitue par là débiteur direct et redevable personnel des droits d'enregistrement qui peuvent être dus par eux, de telle sorte qu'il y a lieu de procéder sur cette action d'après les affaires relatives aux droits d'enregistrement par la loi du 22 frim. an VII, et qu'ainsi, celui qui a pris fait et cause n'a que la voie du recours en cassation, et non celle de l'appel. — *Cass.*, 27 juin 1826, Cardon.

4746. — Celui qui n'a formé aucun pourvoi contre un arrêt par lequel il était ordonné qu'une affaire instruite en première instance comme matière ordinaire serait instruite en appel, suivant la forme prescrite en matière de droit d'enregistrement, est non-recevable à soutenir devant la cour de Cassation, que c'est la forme ordinaire qui aurait dû être suivie. — *Cass.*, 14 nov. 1832, Dequinnemare.

4747. — Sous la loi du 11 sept. 1790 comme depuis, le recours contre les jugemens rendus par les tribunaux de première instance, en matière d'enregistrement, ne pouvait être porté qu'en cassation. — *Cass.*, 13 prair. an X (intér. de la loi), Chicoteau; 1er brum. an XIII, Nicolas Saint-Jacques.

4748. — Néanmoins, le recours en cassation serait inadmissible si, après avoir gardé le silence sur un premier jugement qui aurait déclaré recevable l'appel en pareille matière, on ne venait ensuite se pourvoir que contre le second jugement qui aurait statué au fond. — Toutefois, les deux décisions doivent être cassées dans l'intérêt de la loi. — *Cass.*, 13 prair. an X (intér. de la loi), Chicoteau.

4749. — Le jugement qui, contrairement aux conclusions de la régie, ordonne une expertise, n'est pas un jugement simplement préparatoire, contre lequel on ne puisse se pourvoir en cassation. — *Cass.*, 9 vendém. an XIII, Gehard.

4750. — Le jugement qui dans la liquidation des droits de mutation par décès dus par une veuve comme héritière de son mari, ordonne qu'il sera fait distraction de ses reprises sur la succession, détermine ainsi la valeur sur laquelle des droits doivent être assis, et par conséquent n'est pas simplement préparatoire. Il peut donc être déféré à la cour de Cassation avant le jugement définitif. — *Cass.*, 2 oct. 1840, Chambré.

4751. — Est interlocutoire, et par cela même susceptible du pourvoi en cassation, le jugement qui, contrairement à l'art. 12, L. 22 frim. an VII, ordonne la preuve littérale de la mutation non déclarée que la régie présume s'être opérée entre les parties. — *Cass.*, 19 mars 1806, Frichon.

4752. — Ce n'est pas un jugement purement préparatoire, mais bien un jugement interlocutoire, que celui qui ordonne à la régie de prouver que le survivant des époux s'est déclaré héritier en usufruit du prédécédé pour avoir cette qualité, la coutume d'alors ne l'accordant qu'à celui qui a fait appréhension des biens. — *Cass.*, 28 nov. 1808, Souckaert.

4753. — Un jugement qui, avant faire droit, et sans rien préjuger au fond sur une demande de droits d'enregistrement dus sur une vente d'immeubles, prescrit d'office à la régie de prouver que la vente faite par acte sous seing-privé, moyennant le prix à fixer par experts, a été suivie d'exécution, n'est que préparatoire. Il ne fait à aucune des parties un grief irréparable en définitive. Il ne lie pas non plus les juges et ne les empêche pas de revenir aux moyens de droit sur lesquels ils auraient d'abord pu prononcer. — *Cass.*, 13 janv. 1818, Bouchet.

4754. — Lorsque deux parties ont été condamnées solidairement, le pourvoi de l'une fait en temps utile conserve les droits de l'autre, dont le pourvoi est fait après les délais. — *Cass.*, 20 mars 1889 (t. 1er 1839, p. 464), Lobgeois et Thuret.

4755. — Lorsque deux parties condamnées solidairement se sont pourvues séparément en faisant valoir les mêmes moyens, il y a lieu de joindre les deux pourvois, et d'ordonner, en cas de rejet, la restitution d'une amende. — Même arrêt.

4756. — La signification d'un jugement faite à la régie au domicile élu par elle chez son receveur doit être considérée comme régulière. Par conséquent, le pourvoi contre ce jugement est non-recevable s'il est fait après trois mois de cette signification. — *Cass.*, 23 vendém. an XIV, Millot.

4757. — La régie qui ne fait pas signifier dans les trois mois un arrêt d'admission qu'elle a obtenu, ou qui ne produit, dans le délai prescrit par l'art. 1er, tit. 5, réglem. 1738, ni son expédition, ni la signification qui en a été faite, est déchue et forclose. — *Cass.*, 26 août 1818, Chazel.

4758. — La régie n'est pas recevable à se pourvoir contre un jugement qui a été signifié, nommément à sa requête ou à celle de ses administrateurs, sans réserves et avec sommation de l'exécuter. — *Cass.*, 23 déc. 1807, Arbey.

4759. — De ce qu'une partie, condamnée en appel à payer un droit proportionnel, a demandé à la régie un sursis à l'exécution de l'arrêt, pour produire une décision ministérielle qui autorise la perception d'un droit moins élevé, il n'en résulte pas qu'il y ait, pour cette partie, acquiescement à l'arrêt, et qu'elle soit non-recevable à se pourvoir en cassation. — *Cass.*, 24 (et non 21) janv. 1827, Desaunay.

4760. — Lorsqu'en acquittant les condamnations prononcées contre la régie, son receveur s'est fait remettre les pièces du procès, cette remise ne rend pas la régie non-recevable à se pourvoir en cassation contre le jugement. — *Cass.*, 31 mars 1819, Jousselin.

4761. — Lorsqu'une veuve, usufruitière avec dispense d'inventaire et de caution, propose de faire la déclaration des biens dont elle doit jouir, sous le double rapport de la propriété et de l'usufruit ; que la régie n'exige d'elle les droits que sous ce dernier point de vue, et refuse de les percevoir ; quant à la propriété, elle est sans intérêt dans le pourvoi qu'elle dirige contre le jugement qui a écarté sa demande, si d'ailleurs il réserve les droits contre ses héritiers. — *Cass.*, 7 déc. 1808, Lambrecht.

4762. — En Belgique, la régie de l'enregistrement n'est pas tenue d'employer le ministère d'un avoué devant la cour de Cassation ; et elle peut, mais sans y être obligée, faire plaider ses moyens par l'organe d'un avocat de la cour de Cassation. — Mais la partie adverse de l'administration n'est pas dispensée de constituer avoué ; seulement elle est libre de se faire défendre par un avocat. — *Bruxelles*, 10 juill. 1819, N... — Cette décision est fondée sur la disposition générale de la loi du 27 vent. an IX. En France la régie se fait représenter et défendre par un avocat à la cour de Cassation dans toutes sortes d'affaires.

4763. — Une demande ou un moyen qui n'a point été soumis aux premiers juges ne peut former ouverture à cassation. — *Cass.*, 14 germin. an XI, Baroud du Soleil ; 21 avr. 1810, Dauphin ; 6 janv. 1813, de Guissaud.

4764. — Ainsi jugé, que des héritiers légitimes poursuivis en paiement de droit de mutation ne sauraient opposer pour la première fois qu'ils ont été évincés par un héritier testamentaire qui s'est fait envoyer en possession des biens, et contre lequel la régie avait même décerné une contrainte pour le paiement des mêmes droits. — *Cass.*, 14 germin. an XI, Baroud-du-Soleil.

4765. — ... Que la régie ne peut invoquer, pour la première fois en cassation, la nullité tirée de ce qu'un redevable, en attaquant une contrainte décernée contre lui, n'a pas suivi la marche prescrite par l'art. 64, L. 22 frim. an VII, c'est-à-dire formé opposition et donné assignation à jour fixe. — *Cass.*, 19 flor. an XII, Lafon.

4766. — ... Que la régie est non-recevable à se plaindre qu'un tribunal ait eu égard à la preuve qu'il a autorisée contre les faits portés dans le procès-verbal d'un vérificateur, lorsqu'elle n'a pas dénoncé à la cour de Cassation le jugement qui a permis cette preuve. — *Cass.*, 5 mai 1806, Latreuve.

4767. — ... Que si la régie a réclamé deux droits en première instance, que devant la cour elle convient qu'il ne lui en est dû qu'un seul, mais qu'elle prétend qu'il aurait dû être plus fort que celui qu'elle a perçu, elle doit être déclarée non-recevable dans cette prétention. — *Cass.*, 6 janv. 1813, de Guissaud.

4768. — ... Que la régie ne peut réclamer en cassation un supplément de droits qu'elle n'a point jusqu'alors demandé, sauf à le réclamer ultérieurement, si elle s'y croit encore recevable. — *Cass.*, 16 juin 1824, Hemin et Labatte.

4769. — ... Que la régie ne peut tirer un moyen de cassation de ce qu'un tribunal a violé un article de loi, en n'ordonnant pas la perception d'un droit en vertu de cet article, si elle n'en a pas réclamé le paiement devant ce tribunal. — *Cass.*, 26 janv. 1831, Détourbet.

4770. — De même, on ne peut exciper, devant la cour de Cassation, d'un acte dont il n'a point été fait usage devant les premiers juges. — *Cass.*, 20 avr. 1818, Archambaud.

4771. — Mais la régie peut, devant la cour de Cassation, restreindre ses conclusions à un droit moindre que celui réclamé devant les premiers juges. — *Cass.*, 10 mai 1819, Murat.

4772. — En matière d'enregistrement, il appartient à la cour de Cassation d'interpréter et de qualifier les actes, parce que c'est sur cette interprétation que repose l'application de la loi fiscale, et que c'est là une matière d'ordre public. — *Cass.*, 24 mars 1846 (t. 2 1846,), de Verdière et Guyon. — V. aussi RÉP. PAL., v° CASSATION (mat. civ.), nos 565 et suiv.

4773. — Bien que la cour de Cassation ait le droit, en matière d'enregistrement, de réviser l'appréciation des actes pour leur conserver leur vrai caractère, elle ne doit cependant s'y livrer qu'autant que l'appréciation des premiers juges est en contradiction avec les règles légales d'interprétation et présente une contravention à la loi. — *Cass.*, 7 janv. 1835, Roccaserra.

4774. — La disposition de l'art. 65, L. 22 frim. an VII, qui porte que, dans les instances en matière d'enregistrement, il n'y a d'autres frais à supporter pour la partie qui succombe que ceux de timbre, des significations, et du droit d'enregistrement du jugement, n'est point applicable à l'affaire portée en cassation. — *Liége*, 11 fév. 1829, N...

4775. — La régie ne peut se pourvoir en Cassation contre un arrêt ou un jugement en dernier ressort dans lequel elle n'a point été partie ; si elle se croit lésée, elle n'a qu'à l'attaquer par voie de tierce-opposition ou de toute autre manière. — *Cass.*, 23 juin 1807, Leroy et Fléchard.

4776. — Lorsqu'un jugement a déclaré qu'une mutation secrète a eu lieu au profit d'un individu, le précédent propriétaire peut former tierce-opposition à ce jugement pour faire cesser une saisie-brandon, pratiquée sur l'immeuble en litige. — *Cass.*, 13 fév. 1815, Ducayla.

4777.—La voie de la requête civile est ouverte contre les jugemens en matière d'enregistrement, comme contre tous autres.—*Cass.*, 14 mai 1811, Vanovervelt.

4778.—En pareil cas, il y a lieu à la consultation de trois avocats. — *Cass.*, 30 août 1809, Deflorenne. —Quant au mode d'instruction, V. *suprà* n°s 4600 et suiv.

4779. — Toutefois, les directeurs ne peuvent recourir à la requête civile que d'après un ordre spécial de l'administration. — Instr. 25 oct. 1812, 606, § 2, n° 10.

4780.—Lorsque des poursuites originaires exercées par la régie ont été suivies d'opposition, citation et jugement dans toutes les formes prescrites par l'art. 64, L. 22 frim. an VII, les poursuites d'exécution, en ce qui n'est point prévu par la loi de frim. an VII, rentrent sous l'empire des lois générales.—*Cass.*, 9 août 1832, Clément.

4781. — Aucune disposition de loi ne dispense la régie de suivre, à l'égard des tiers sur lesquels elle exerce les saisies-arrêts de deniers dus par ceux-ci à ses redevables, la disposition générale de l'art. 559, C. procéd., qui prescrit au saisissant de faire, dans l'exploit de saisie, élection de domicile dans le lieu où demeure le tiers saisi. La déclaration du mois de mars 1668, qui autorise les receveurs des deniers publics à n'élire domicile que dans leur bureau n'ayant trait qu'à la saisie-exécution qui se fait contre le redevable, ne peut être étendue à la saisie-arrêt que l'on dirige contre un tiers qui ne doit rien au trésor. — *Cass.*, 1er (et non 2) juill. 1822, Vicquenault.

4782. — La régie ne fait aucun paiement en vertu des jugemens qu'elle attaque par la voie de cassation, sans qu'au préalable ceux au profit desquels les jugemens ont été rendus, n'aient donné caution pour sûreté des sommes qu'on leur verse. — Circ. 22 août 1793, n° 441; Inst. 16 juill. 1808, n° 399; Inst. 5 juin 1837, 1537, sect. 3e, n° 5.

4783. — Mais la régie n'est pas obligée de fournir caution pour l'exécution provisoire des jugemens rendus à son profit. — Inst. 5 juin 1837, 1537, sect. 2e, n° 118.

4784. — Les droits d'enregistrement ne peuvent être saisis-arrêtés entre les mains des redevables, pour le paiement des sommes que la régie peut avoir été condamnée à restituer. —*Cass.*, 16 thermid. an X, Metz. — Merlin, *Quest.*, v° *Nation*; Roger, *Saisie-arrêt*, n°s 250 et suiv.

CHAPITRE XI. — *Prescription.*

4785. — L'art. 61, L. 22 frim. an VII, porte : il y a prescription pour la demande des droits, savoir : 1° après deux années, à compter du jour de l'enregistrement, s'il s'agit d'un droit non perçu sur une disposition particulière dans un acte, ou d'un supplément de perception insuffisamment faite, ou d'une fausse évaluation dans une déclaration, et pour la constater par voie d'expertise. Les parties sont également non-recevables, après le même délai, pour toute demande en restitution de droits perçus;— 2° après trois années, aussi à compter du jour de l'enregistrement, s'il s'agit d'une omission de biens, dans une déclaration faite après décès ; — 3° après cinq années, à compter du jour du décès, pour les successions non déclarées.

4786. — Ces prescriptions sont suspendues par des demandes signifiées et enregistrées avant l'expiration des délais ; mais elles sont acquises irrévocablement, si les poursuites commencées sont interrompues pendant une année, sans qu'il y ait d'instance devant les juges compétens, quand même le premier délai pour la prescription ne serait pas expiré. — L. 22 frim. an VII, même article.

4787.—L'art. 62 de la même loi ajoute : la date des actes sous signature privée ne peut cependant être opposée à la république pour prescription des droits et peines encourues, à moins que ces actes n'aient acquis une date certaine par le décès de l'une des parties ou autrement.

4788. —Depuis, un avis du conseil d'état du 18-22 août 1810 a statué en ces termes : « Toutes les fois que les receveurs de l'enregistrement sont à portée de découvrir, par des actes présentés à la formalité, des contraventions aux lois des 22 frim. et 22 pluv. an VII sujettes à l'amende, ils doivent, dans les deux ans de la formalité donnée à l'acte, exercer des poursuites pour le recouvrement de l'amende à peine de prescription.

4789.—Enfin, la loi du 16 juin 1824 porte, dans son art. 14, que la prescription de deux ans, établie par le n° 1er de l'art. 61, L. 22 frim. an VII, est applicable, tant aux amendes de contravention aux dispositions de ladite loi, qu'aux amendes pour contraventions aux lois sur le timbre et sur les ventes de meubles. — Elle court du jour où les préposés ont été mis à portée de constater les contraventions, au vu de chaque acte soumis à l'enregistrement, ou du jour de la présentation des répertoires à leur visa. — Dans tous les cas, la prescription pour le recouvrement des droits simples d'enregistrement et des droits de timbre qui auraient été dus indépendamment des amendes, reste réglée par les lois existantes.

4790. — L'action pour faire condamner aux amendes est prescrite par deux ans, à compter du jour où les contraventions ont été commises, dans les cas déterminés : 1° par l'art. 1er, L. 16 flor. an IV, concernant le dépôt des répertoires; — 2° par l'art. 37, L. 1er brum. an VII, pour la mention à faire des patentes; — 3° par la loi du 25 vent. an XI, concernant organisation du notariat; — 4° par l'art. 68, C. comm., pour la publication des contrats de mariage de commerçans. — L. 16 juin 1824, même art.

4791. — Dans le silence de ces lois spéciales, ce sont les règles générales de la prescription qu'il faut appliquer. — V. RÉP. PAL., v° PRESCRIPTION.

4792. — La prescription opère le même effet que le paiement; dès-lors les actes et mutations dont les droits sont prescrits doivent être considérés comme enregistrés. — Championnière et Rigaud, t. 4, n° 3994.

4793. — En ce qui concerne la matière exceptionnelle de la prescription appliquée à l'enregistrement, il y a lieu de voir : 1° quelles sont les différentes espèces de prescriptions, (2° quels actes interrompent ou suspendent la prescription.

Sect. 1re.— *Différentes espèces de prescription.*

§ 1er.— *Prescription annale.*

4794. — La loi du 5-19 déc. 1790, art 18, n'avait accordé qu'un an pour les demandes en supplément ou en restitution de droits; mais ce délai a été porté à deux ans par la loi du 22 frim. an VII.

4795. — Aujourd'hui la prescription annale a lieu dans deux cas : 1° quand la régie requiert l'expertise pour constater la valeur des biens transmis par un contrat à titre onéreux. Dans ce cas, l'action de la régie ne peut être exercée que dans l'année à partir du jour de l'enregistrement. — L. 22 frim. an VII, art. 17. — Nous avons traité de cette prescription au sujet de l'expertise. — V. *suprà* n°s 469 et suiv.

4796. — ... 2° Quand, après avoir fait des actes de poursuites pour le recouvrement ou la restitution des droits, la régie ou les parties les interrompent pendant une année, alors la prescription est acquise, quand même le premier délai pour la prescription ne serait pas expiré. — Art. 61.

4797. — Lorsque après avoir formé la demande des droits dus sur un acte de vente sous seing-privé qui lui a été célé, la régie a cessé ses poursuites pendant plus d'une année, la prescription est acquise contre elle, et par suite son action se trouve éteinte. — *Cass.*, 5 déc. 1821, Deux.

4798. — Pour pouvoir invoquer la prescription résultant de la cessation des poursuites, il faut que non seulement l'objet, mais encore le motif des poursuites soient les mêmes. — Ainsi, lorsqu'elle a décerné une contrainte en paiement de droits d'une mutation verbale qu'elle établissait à l'aide des présomptions autorisées par l'art. 12, L. 22 frim. an VII, la régie peut, après la découverte de l'acte sous seing-privé de cette même mutation, déposé chez un notaire et non enregistré, décerner une nouvelle contrainte, quoiqu'il se soit écoulé un an sans poursuites depuis la première. — *Cass.*, 14 août 1813, Descourts.

4799. — L'opposition avec assignation, formée par la régie, introduit une instance qui suspend la prescription. — *Cass.*, 27 juill. 1813, Lenti.

4800. — Le commandement fait par la régie avant l'expiration de l'année qui a suivi la contrainte interrompt la prescription. — En ce cas, il n'est pas nécessaire qu'une instance ait été introduite dans le cours de cette année.—*Cass.*, 1er avr. 1834, Pons-Dejean.

4801. — Il y a interruption de poursuites pendant une année et par conséquent prescription lorsqu'une demande en restitution, signifiée le 30 juin 1827, sans qu'aucune instance ait été ouverte, n'a été renouvelée que le 30 juin 1828. — Délib., 9 fév. 1830.

4802. — Lorsqu'un jugement définitif a été rendu, on n'est pas tenu d'agir dans le délai d'un an, car on rentre alors dans le droit commun. La régie ou les parties ont un nouveau titre qui est le fondement d'une nouvelle action.

4803. — Mais la prescription d'un an n'est pas interrompue par un pourvoi en cassation rejeté par la section des requêtes ; car le pourvoi en cassation n'est pas une instance proprement dite. — *Cass.*, 13 nov. 1815, Mareille.

4804. — L'art. 61 de la loi du 22 frim. an VII, qui prononce la déchéance pour interruption de poursuites pendant une année, ne s'applique qu'au cas où les poursuites sont interrompues sans qu'il y ait d'instance commencée. — Mais l'instance engagée devant les juges compétens par une assignation en restitution de droits perçus ne peut être déclarée périmée, la discontinuation des poursuites fût-elle de dix ans, si le réclamant a repris l'instance par une seconde assignation avant que la péremption fût requise par l'administration. — *Cass.*, 6 mai 1844 (t. 2 1844, p. 101), Bordet.

4805. — La prescription annale ne s'appliquant qu'au cas où les poursuites de la régie n'ont pas été suivies dans l'année d'une instance devant le juge compétent, le redevable qui n'a point fait signifier à la régie le jugement qui lui a donné gain de cause ne peut pas, après que ce jugement a été cassé, prétendre devant le tribunal où l'affaire est renvoyée que le pourvoi de la régie ayant été formé plus d'un an depuis le jugement, il y a eu interruption de poursuites pendant un temps suffisant pour opérer la prescription. — *Bruxelles*, 20 juill. 1821, Verdonck.

4806. — La prescription annale résultant de l'interruption de poursuites, sans instance engagée, ne peut être invoquée que contre les demandes soumises aux prescriptions spéciales prononcées par l'art. 61 de la loi de frimaire. Elle ne pourrait être opposée à une demande qui ne serait susceptible d'être prescrite que par trente ans. — Délib. 22 sept. 1835.

4807. — N'est pas applicable aux poursuites exercées contre un notaire pour contravention aux lois sur le notariat, la prescription établie par l'art. 61, L. frim. an VII, pour les cas où la régie a laissé plus d'une année sans exécuter une contrainte par elle décernée. Il en est surtout ainsi quand le redevable a réclamé auprès du ministre des finances pour obtenir la remise ou la modération des condamnations par lui encourues, qu'il a payé des à-compte et fait d'autres actes qui constituent de sa part un acquiescement formel auxdites condamnations et même une véritable novation du titre de la régie.—*Cass.*, 10 déc. 1821, Pinard. — La loi du 16 juin 1824, en bornant à deux ans l'action en condamnation, ne change point la législation sur l'action en recouvrement. — *Dict. des dr. d'enregistr.*, vo *Prescription*, no 39.

§ 2. — *Prescription de deux ans.*

4808. — La prescription biennale a lieu, comme on l'a vu (nos 4785 et suiv.), savoir : 1o contre la régie pour toute demande en paiement d'un droit non perçu sur une disposition particulière dans un acte ; pour toute demande en supplément de droit à raison d'une perception insuffisamment faite et pour toute demande à raison d'une fausse évaluation dans une déclaration et pour la constater par voie d'expertise ; 2o contre le contribuable pour toute demande en restitution de droits indûment perçus. — De plus, la loi du 16 juin 1824 (V. nos 4789 et 4790) a appliqué cette prescription à différentes amendes.

4809. — La prescription de deux ans est seulement applicable au cas où la perception du droit a été entamée et où il ne s'agit que du recouvrement d'un droit supplémentaire, et non lorsqu'il s'agit d'un droit entier à recouvrer sur un acte non encore présenté à l'enregistrement. — *Cass.*, 12 mai 1806, Audigé ; 31 août 1808, Perrot ; 14 août 1813, Descourts.

4810. — Les droits dus sur les actes translatifs de propriété non enregistrés sont prescrits par deux ans sans réclamation de la part de la régie à partir du jour où elle a pu connaître l'existence de ces actes par l'énonciation de leur substance dans d'autres actes présentés à l'enregistrement. — *Cass.*, 20 mars 1816, Lavolley ; 21 mai 1816, de Kergorlay ; 12 déc. 1814, Arlet dit Metges.

4811. — Ce n'est que du jour où la régie a pu connaître l'existence d'un acte que court la prescription des droits auxquels il donne lieu, encore bien que ce même acte eût acquis une date certaine longtemps auparavant. — *Cass.*, 16 (et non 19) nov. 1813, Sevin.

4812. — Dès-lors, tant que l'acte constatant la mutation n'a pas été présenté à l'enregistrement, on ne saurait invoquer la prescription biennale.— *Cass.*, 22 nov. 1842 (t. 1er 1843, p. 54), d'Espagnac.

4813. — Dans les mutations immobilières dont l'acte n'a pas été soumis à l'enregistrement il faut distinguer le droit simple et le double droit.

4814. — Pour le paiement du droit simple la prescription est de trente ans ; mais pour le paiement du double droit la prescription est de deux ans. Cette prescription ne court que du jour où le receveur a été mis à portée de constater la contravention sur le vu d'un acte présenté à l'enregistrement. — *Cass.*, 5 juin 1837 (t. 1er 1837, p. 575), Pinette ; 17 juill. 1838 (t. 2 1838, p. 90), Louvrier ; 22 avr. 1839 (t. 1er 1839, p. 570), Pantous ; 27 fév. 1840 (t. 1er 1840, p. 414), Bataille-Duberthier ; 13 mai 1840 (t. 2 1842, p. 729), Charpentier.

4815. — Ainsi la prescription biennale établie par l'art. 61, § 1er, L. 22 frim. an VII, n'a pu être acquise relativement au double droit d'une mutation immobilière, si le receveur n'a pu avoir connaissance de la mutation que moins de deux ans avant la poursuite. — *Cass.*, 9 fév. 1842 (t. 1er 1842, p. 367), Letourmy.

4816. — Jugé également que la prescription établie par l'art. 61, ne s'applique pas au cas de mutation secrète (en ce qui concerne le droit simple), mais seulement au cas d'omission de perception d'un droit ou à celui d'un supplément de droit à percevoir sur un acte présenté à l'enregistrement. —*Cass.*, 16 oct. 1810, Jourdain et Pinelle.

4817. — Ainsi, dans tous les exemples qui vont suivre et relatifs aux mutations secrètes, il ne faut pas perdre de vue que c'est eu égard au double droit et non au droit simple que la prescription biennale doit être considérée, quoique quelques-uns des arrêts paraissent appliquer et appliquent, en effet, cette même prescription au droit simple.

4818. — La prescription biennale à partir de l'enregistrement des actes dans lesquels la régie aurait pu découvrir la preuve de la mutation dont les droits n'ont pas été acquittés, court à compter des actes qui donnent lieu de présumer la contravention, lorsque cette présomption suffit pour fonder l'action de la régie. — *Cass.*, 25 juill. 1820 (et non 1810), Crucy.

4819. — Pour mettre la régie en demeure de percevoir un droit de mutation et faire courir contre elle la prescription biennale, il n'est pas nécessaire que l'acte soumis à la formalité énonce en termes exprès qu'il y a eu mutation, il suffit que la preuve de la mutation résulte de l'ensemble de stipulations de l'acte. — *Cass.*, 6 mai 1834, Monteau.

4820. — Des énonciations d'actes et de faits, dans des conclusions signifiées dans le cours d'une instance, peuvent, selon les circonstances, être considérées comme un acte de nature à mettre la régie à même de découvrir une mutation déguisée. — *Cass.*, 4 mai 1830, Diert.

4821. — La prescription biennale ne court pas

du jour où la mutation secrète est constatée par l'inscription de l'acquéreur au rôle de la contribution foncière. — *Cass.*, 17 fév. 1840 (t. 1er 1840, p. 444), Bataille-Daberthier.

4822. — L'art. 61, L. 22 frim. an VII, suppose nécessairement que par la présentation de l'acte de mutation la régie a été mise à même de réclamer et de percevoir le droit. — *Cass.*, 5 juill. 1837 (t. 1er 1837, p. 573), Pinette.

4823. — Dès-lors, on ne peut considérer comme tenant lieu de la présentation de cet acte, et comme servant de base à la prescription biennale, celle d'un autre acte de mutation postérieur, dans lequel le premier acquéreur, vendant le même objet à une autre personne, prendrait la qualité de propriétaire de l'immeuble vendu. — Même arrêt.

4824. — En cas de présentation à l'enregistrement d'un acte de vente dans lequel il n'est fait aucune mention du titre en vertu duquel le vendeur est devenu propriétaire, cet acte ne peut être réputé avoir mis suffisamment la régie à portée de connaître cette mutation, et le jugement qui, par ce motif, déclare prescrite son action en paiement du droit simple de mutation contre le vendeur ou ses héritiers, doit être cassé. — *Cass.*, 16 juin 1828, Roussey.

4825. — La prescription ne courrait pas même dans le cas où il aurait été présenté à l'enregistrement un acte qui pouvait faire soupçonner à l'administration une mutation secrète, si la preuve de cette mutation ne ressortait pas évidemment de cette production. — *Spécialement*, lorsqu'une mention relative à une mutation se trouve à la fois et dans un inventaire et dans l'acte de liquidation de communauté et succession qui l'a suivi, les tribunaux peuvent décider, sans encourir la censure de la cour de Cassation, que ce n'est que dans l'acte de liquidation que l'on trouve le complément de notoriété nécessaire pour faire courir la prescription. — *Cass.*, 22 nov. 1842 (t. 1er 1843, p. 54), d'Espagnac.

4826. — La simple présentation à l'enregistrement d'un bail fait par le possesseur actuel ne suffit pas pour faire connaître à la régie, sans recherches ultérieures, la mutation de propriété opérée au profit du bailleur, si le bail ne donne aucune trace de cette mutation ; dès-lors, il n'y a pas lieu à l'application de la prescription de deux ans. — *Cass.*, 27 mars 1817, Lengiler.

4827. — De même, ne saurait être considéré comme acte suffisant un bail notarié consenti par le nouveau possesseur stipulant comme propriétaire de l'immeuble. — *Cass.*, 13 mai 1840 (t. 2 1843, p. 729), Charpentier.

4828. — Lorsque après avoir vendu un immeuble, un individu l'a, en qualité de propriétaire, affermé par bail notarié, et qu'il l'a ensuite racheté de l'acquéreur par un autre acte public, ni ce bail notarié, ni cet acte public de rétrocession, ne peuvent être considérés comme des actes qui, par leur présentation à l'enregistrement, ont mis le receveur à même de découvrir, sans recherches ultérieures et indépendantes desdits actes, la mutation de propriété qui est présumée avoir précédé le bail notarié, et, par suite, ils ne peuvent être invoqués comme ayant fait courir la prescription. — *Cass.*, 29 juin 1813, Vergnaud.

4829. — L'acte par lequel un individu afferme et hypothèque des biens qu'il déclare provenir de la succession de son père, mais dont la valeur excède de plus de moitié sa part héréditaire, suffit pour faire supposer une cession au profit de cet individu, de la part de ses cohéritiers et pour autoriser la régie à poursuivre le recouvrement des droits de la mutation présumée ; par suite, si la régie a laissé passer deux ans sans poursuites depuis l'enregistrement de l'acte, son action est prescrite. — *Cass.*, 15 mars 1825, de Moyria.

4830. — L'hypothèque consentie par un nouveau possesseur et une saisie faite à sa requête contre un fermier, sur l'immeuble par lui acquis, suffisent pour faire connaître sa qualité de propriétaire et, par suite, faire courir la prescription biennale du droit de mutation à partir de la date de leur enregistrement. — *Cass.*, 7 juill. 1830, Dubiez.

4831. — L'énonciation dans un inventaire d'un acte contenant mutation de propriété immobilière suffit pour donner connaissance de cet acte au receveur de l'enregistrement, et le mettre à même d'en réclamer les droits. En conséquence, il y a lieu de déclarer le droit prescrit, pour n'avoir pas été poursuivi dans les deux ans de l'enregistrement de l'inventaire. — *Cass.*, 1er juin 1814, Roux.

4832. — Lorsque après avoir fait à la régie la déclaration que la succession de leur père était composée de partie d'immeubles dont l'autre partie appartient à leur mère, des héritiers ont fait entre eux le partage de la totalité de ces immeubles par un acte qui a été enregistré, c'est à partir de cet acte qu'a commencé à courir contre la régie la prescription biennale des droits de mutation relative à la transmission aux enfans de la part de leur mère. — *Cass.*, 28 avr. 1830, Mignot.

4833. — Lorsque la régie n'a connu qu'au moyen d'une déclaration de succession, une mutation antérieure qui lui avait été dissimulée dans un acte enregistré, c'est du jour de la déclaration de succession, et non de celui de l'acte contenant la mutation que court la prescription de deux ans. — *Cass.*, 21 mai 1834, Cottin.

4834. — Le partage d'une succession, dans lequel on comprend un immeuble qui avait été vendu par l'un des héritiers à un tiers, établit, à l'égard de la régie, une autorisation suffisante pour exiger le droit proportionnel de mutation. Dès-lors, faute par la régie d'intenter son action dans les deux ans, elle encourt la prescription. — *Cass.*, 14 août 1826, Moreau.

4835. — Il y a prescription des droits de mutation dus sur un acte de partage d'immeubles fait entre plusieurs individus, dont un seul s'était précédemment rendu adjudicataire, si la régie est restée plus de deux ans sans les réclamer, depuis qu'on a présenté à la formalité de l'enregistrement des actes où cette adjudication était énoncée, et qui mettaient le receveur à même de connaître la mutation secrète. — *Cass.*, 5 mars 1823, Pallot.

4836. — Jugé, au contraire, que le partage d'un immeuble, comme acquêt de communauté, entre un père et ses enfans, lorsque le premier avait, à une époque antérieure, consenti à l'un de ses fils la vente de sa moitié, ne peut être considéré comme un acte qui suffise pour donner par lui seul une connaissance légale de la rétrocession qui est présumée avoir eu lieu avant l'acte de partage. — *Cass.*, 17 août 1813, Frotin.

4837. — ... Que la présentation à l'enregistrement d'un acte par lequel deux individus partagent entre eux un immeuble dont un seul s'était rendu précédemment adjudicataire ne suffit point pour donner au receveur connaissance de la mutation qui a dû avoir lieu et pour faire courir la prescription des droits. — *Cass.*, 9 mai 1814, Roudanes.

4838. — Un jugement qui, en reconnaissant l'existence d'une association formée entre les acquéreurs d'un immeuble et le vendeur, à l'effet de revendre cet immeuble en détail, prononce la dissolution de la société et ordonne le partage de l'immeuble en nature, signale suffisamment à la régie, lorsqu'il est soumis à l'enregistrement, la rétrocession non enregistrée d'une partie de l'immeuble au profit du vendeur, bien qu'il n'indique pas la mise sociale de ce dernier, de telle sorte que la prescription du droit de mutation soit encourue, si la régie laisse écouler deux ans à partir de l'enregistrement du jugement, sans décerner de contrainte contre le vendeur. — *Cass.*, 12 fév. 1834, Hailig.

4839. — La simple qualification de *copropriétaire* prise par un tiers dans un exploit signifié collectivement par lui et par celui qui, auparavant s'était rendu seul adjudicataire d'un immeuble n'équivaut pas à un acte de transmission de copropriété au profit de ce tiers. Par conséquent, il n'y a pas eu lieu de percevoir sur cet exploit un droit de mutation, et par suite la prescription n'a pu courir contre la régie. — *Cass.*, 24 thermid. an XIII, Groc.

4840. — La présentation à l'enregistrement, d'un contrat de mariage où le futur se déclare propriétaire, par suite d'acquisition à titre onéreux d'un immeuble qui y est désigné, suffit pour faire connaître, sans recherches ultérieures, au préposé de la régie qu'il y a eu antérieurement une mutation de propriété, et l'autoriser à demander le paiement des droits. — En conséquence, à défaut de poursuites dans les deux ans de l'enregistrement de cet acte, l'action de la régie peut être repoussée par la prescription. — *Cass.*, 6 fév. 1826, Ohl.

4841. — Jugé également que la présentation à l'enregistrement d'un contrat de mariage portant qu'un fils a déclaré se constituer en dot des immeubles, du consentement de sa mère, suffit pour autoriser la régie à demander la justification de l'enregistrement des actes par lesquels la mutation de cet immeuble a été opérée. Dès-lors cet acte a pu, avec raison, être pris pour point de départ de la prescription biennale invoquée contre les poursuites ultérieures de la régie en paiement des droits. — *Cass.*, 14 mars 1826, Mariloux.

4842. — Lorsque dans l'acte de donation le donateur s'est déclaré propriétaire de l'objet donné en vertu d'un acte qu'il énonce, si cette énonciation est reconnue fausse, elle est insuffisante pour mettre la régie à portée de découvrir sans recherches ultérieures et indépendantes, si le prétendu acte a été enregistré ; dès-lors, cet acte ne saurait servir de point de départ pour la prescription des droits réclamés par la régie. — *Cass.*, 10 janv. 1821, Vincent.

4843. — Des affiches et des publications dans les journaux, annonçant des adjudications, ne peuvent être considérées comme ayant mis par elles seules les préposés de la régie à portée de découvrir ces adjudications ; en conséquence, un jugement n'a pu faire partir de ces affiches et publications la prescription de deux ans, relativement aux droits dus sur les actes d'adjudication. —*Cass.*, 23 mai 1832, Morel ; même jour, Pinel.

4844. — Encore bien que des adjudications de fournitures pour un établissement aient été publiques, et que la régie ait eu le droit de vérifier les registres de cet établissement, la prescription biennale des droits dus sur les actes de ces adjudications ne court qu'à partir de la présentation à l'enregistrement, soit de ces actes, soit d'actes qui les relatent et non du jour où les adjudications ont eu lieu. — *Cass.*, 17 avr. 1833, Bonnet.

4845. — La présentation à l'enregistrement d'un acte contenant transmission, sous forme de donation, d'immeubles vendus précédemment au prétendu donataire par convention verbale, ne fait pas courir la prescription du droit de vente. — *Cass.*, 25 nov. 1839 (t. 2 1839, p. 601), de Jarnac.

4846. — Lorsqu'un jugement d'adjudication d'immeubles se trouve mentionné dans un autre jugement rendu sur folle-enchère et soumis à l'enregistrement, les agens de la régie sont suffisamment mis par là à portée de connaître la contravention résultant du défaut d'enregistrement du premier de ces deux jugemens, et il y a lieu dès-lors d'opposer à la régie la prescription biennale. — *Cass.*, 23 juill. 1822, Lambert.

4847. — Lorsqu'une transmission de propriété est constatée par un jugement qui a été ensuite confirmé sur l'appel, le délai pour la perception du droit de mutation court, non à partir de l'arrêt, mais à partir de l'enregistrement du jugement, alors surtout que l'appel n'a porté que sur un chef étranger à la question de propriété. — Dès-lors, si la régie a laissé passer deux ans, à partir de l'enregistrement du jugement, sans exiger le droit, elle peut être repoussée par la prescription. — *Cass.*, 6 juin 1827, Mollin.

4848. — Si des actes soumis à l'enregistrement ne mettent pas le receveur sur la voie d'une mutation qui s'est opérée secrètement, il est certain du moins qu'elle lui a été connue, lorsqu'il a décerné une contrainte ayant pour objet de recouvrer les droits. S'il se désiste ensuite de cette contrainte, et n'en délivre une autre que plus de deux ans après, l'action de la régie se trouvant prescrite ne doit avoir aucun résultat. — *Cass.*, 30 déc. 1819, Amat.

4849. — Un droit de mutation à percevoir sur un acte qui a été déposé entre les mains d'un receveur, est prescrit, lorsque après avoir décerné

une contrainte pour le recouvrer, la régie laisse expirer deux années sans y donner suite, parce qu'ayant été mise à même d'effectuer la perception, elle doit s'imputer de ne l'avoir pas fait. — *Cass.*, 25 janv. 1820, Klein.

4850. — L'avis du conseil d'état du 22 août 1810, qui décide que toutes les fois que, par l'enregistrement d'un acte, la régie a été mise à portée de découvrir une contravention, elle doit, dans les deux ans suivans, exercer des poursuites pour le recouvrement des droits dus, ne s'étend pas aux droits à l'égard desquels la loi a fixé un délai plus long pour la prescription, par exemple, aux droits de mutation par décès, lesquels ne sont soumis qu'à la prescription de cinq ans. — *Cass.*, 29 mai 1832, Perroncel.

4851. — Aux termes de l'avis du conseil d'état du 22 août 1810 et de la loi du 16 juin 1824, les demi droit et double droit dus en sus du droit de mutation par décès, dans le cas de déclaration tardive et insuffisante, se prescrivent par deux ans, quoique la prescription du droit simple soit d'une période de temps plus étendue. — *Cass.*, 20 avr. 1836, Vivé.—Peut-être dans cette espèce y avait-il lieu à l'application, au moins pour partie, de la prescription de trois ans et non de deux ans, puisqu'il y avait *insuffisance* et par conséquent *omission* dans la déclaration. — V. *infrá* nos 4899 et suiv.

4852. — Lorsqu'il s'agit d'une succession déclarée, la prescription de deux ans établie par l'art. 61, L. 22 frim., ne court contre la perception des droits de mutation qu'à partir du jour des déclarations. — *Cass.*, 21 avr. (et non août) 1806, Dauphin.

4853. — Si, dans l'inventaire des effets mobiliers d'une communauté, il est dit qu'ils sont restés en la possession de la veuve pour en représenter la valeur, une pareille mention doit être considérée comme constatant un dépôt et non une transmission de propriété ; dès-lors, si la veuve, après avoir renoncé à la communauté, est saisie, à titre d'abandon, et pour le paiement de ses reprises, des mêmes effets compris dans l'inventaire, elle est tenue de payer le droit sur l'acte d'abandon, sans pouvoir invoquer la prescription de deux ans qui se trouvent écoulés depuis l'inventaire. — Délib. 25 janv. 1833.

4854. — Bien que le droit proportionnel ait été perçu mal à propos sur une institution contractuelle qui ne forme qu'une donation éventuelle, la régie est fondée néanmoins à exiger le droit au décès de l'instituant, sauf à précompter ce qu'elle a reçu lors du contrat de mariage, sans qu'on puisse lui opposer que le receveur a consenti à recevoir le droit à l'époque de ce contrat, et que la régie aurait dû réclamer dans les deux ans. — *Cass.*, 13 avr. 1825, Devoisins.

4855. — Tant que l'acte constatant la mutation n'a pas été présenté à l'enregistrement, on ne saurait invoquer la prescription établie par l'art. 61, L. 22 frim., lorsqu'il s'agit d'un droit non perçu sur une disposition particulière, ou bien d'un supplément de perception insuffisante. — *Cass.*, 24 therm. an XIII, Groc.

4856. — Jugé de même qu'aucune prescription ne peut courir contre la régie, pour supplément de droits non perçus ou amendes, lors du premier enregistrement, que du jour où l'acte a été réellement enregistré. Cette prescription ne saurait partir du jour de la présentation même de l'acte à l'enregistrement, parce qu'il n'y a pas d'autre preuve pour constater le fait de cette présentation que celle qui résulte de l'enregistrement de l'acte lui-même. — *Cass.*, 15 juin 1813, Bobotti.

4857. — Lorsque la régie n'a réclamé par erreur qu'une partie du droit proportionnel, le paiement volontaire de cette partie du droit ne peut pas être considéré comme une reconnaissance de la dette entière de la part du redevable, et n'a point l'effet de suspendre la prescription de la demande en supplément du droit. — *Cass.*, 28 avr. 1830, Mignot.

4858. — A l'égard des demandes en supplément de droits des cessions de créances sur l'état, en valeurs de l'arriéré non liquidées définitivement au moment des cessions, la prescription ne court que du jour de la liquidation définitive. — Déc. min. fin. 27 déc. 1822.

4859. — Si le droit proportionnel sur la cession, moyennant une somme déterminée, d'une indemnité due par le gouvernement et non liquidée, a été assis provisoirement sur le prix, le supplément de perception qui peut être dû, à raison du capital transporté, doit être réclamé dans les deux ans de l'enregistrement de l'acte de cession. — Solut. 10 juin 1834 ; instr. 1467, § 6.

4860. — Lorsqu'un acte contenant échange d'un immeuble situé dans une colonie française, contre un immeuble situé en France, n'a été présenté à l'enregistrement que dans la colonie, la régie peut, en France, exiger un supplément de droits, même après l'expiration des deux ans, à partir de l'enregistrement effectué dans les colonies. En pareil cas, la régie n'ayant pu avoir connaissance de l'acte d'échange, on ne peut lui opposer la prescription de deux ans. — Délib. 28 août 1832.

4861. — Lorsque le retour, stipulé dans un contrat d'échange, est inférieur à la valeur réelle de l'objet qui donne lieu à la soulte, la régie a deux ans pour demander le supplément de droit et l'amende. — Cass., 13 déc. 1809, Quentin.

4862. — Lorsque l'échangiste a, dans un acte quelconque, tel qu'un testament, déclaré que la soulte de l'échange est supérieure à la somme portée dans le contrat enregistré, la régie ne peut exiger de ses héritiers le paiement d'un droit supplémentaire sur l'excédant, s'il s'est écoulé plus d'un ou deux ans depuis l'enregistrement de l'acte d'échange. — Délib. 11 mai 1836. — *Contrà* délib. 20 oct. 1835.

4863. — Toutefois, si la donation de l'usufruit des biens composant un majorat n'a été soumise qu'au droit fixe de 1 fr. avant l'ordonnance d'autorisation, la prescription biennale à compter de la date de cette ordonnance ne peut être opposée à la demande du droit proportionnel, quand cette ordonnance n'a été ni insérée au bulletin des lois ni enregistré dans les cours et tribunaux, et que dès-lors les préposés n'ont pu en avoir connaissance. — Décis. min fin., 10 juill. 1827 ; inst. 1229, § 1er.

4864. — Lorsqu'il n'a été perçu qu'un droit fixe sur un acte susceptible du droit proportionnel, on ne peut réclamer ce droit proportionnel plus de deux ans après la formalité de l'enregistrement. — Décis. min. fin., 9 janv. 1822 ; délib. 5 mai 1824.

4865. — Si, en cas d'aliénation de l'usufruit et de la propriété faite par le même acte au profit de deux acquéreurs distincts, le nu-propriétaire n'a payé le droit de vente que sur le prix stipulé, la prescription biennale, pour le recouvrement du supplément de droit, à raison de la réunion de l'usufruit, ne court que du jour de cette réunion, et non pas de celui de l'enregistrement de la vente. — Solut. 24 déc. 1831.

4866. — Lorsqu'un supplément de droits a été exigé mal à propos, la prescription pour la demande en restitution court de la date de l'enregistrement en recette de ce supplément, et non de l'enregistrement de l'acte. — Délib. 9 mai 1837.

4867. — Toute action en restitution de droits indûment perçus se prescrit par deux ans, quand bien même le paiement des droits aurait été accompagné de réserves. — Cass., 21 avr. (et non août) 1806, Dauphin.

4868. — Est soumise à la prescription de deux ans, comme toute autre demande en restitution de droit d'enregistrement, la demande en restitution du droit perçu sur une adjudication d'immeubles faite en justice, et annulée depuis par les voies légales. — Cass., 16 fév. 1813, Macaire.

4869. — Le délai pour former une demande en restitution du droit perçu sur une adjudication de biens d'un interdit, faite devant un notaire commis, court depuis l'enregistrement, et non depuis le jugement qui a annulé cette adjudication. — Cass., 31 déc. 1839 (t. 1er 1840, p. 119), Desbaires.

4870. — Jugé cependant que si, en percevant un droit proportionnel de résolution sur un contrat qui ne devra se résoudre que si l'acquéreur ne se libère pas dans un délai fixé par un jugement, la régie a reconnu que cette perception n'était que *provisoire*, le délai de la prescription biennale contre l'action en restitution ne court qu'à partir

du jour où il devient certain que la résolution n'aura pas lieu. — Cass., 29 déc. 1836 (t. 1er 1837, p. 89), Icard.

4871. — Il résulte des termes de cet arrêt que la cour de Cassation n'a entendu statuer que dans *l'espèce particulière*, en raison des engagemens pris par la régie et par ses préposés, et qu'elle n'a pas eu pour but de résoudre en principe, contre la régie, la question de savoir si, en cas de perception anticipée d'un droit dont l'ouverture est subordonnée à une condition, la prescription de l'action en restitution court à partir du jour de l'enregistrement, ou seulement à partir du jour où le droit à la restitution a pris naissance. Il est même permis de croire, d'après les derniers mots de l'arrêt, que, si la question se fût présentée dégagée de toutes circonstances de fait, la cour aurait pu se considérer comme liée par la rigueur du principe posé par l'art. 61, L. 22 frim. an VII, d'après lequel *toute* demande en restitution de droits doit être formée dans les deux mois, à partir *du jour de l'enregistrement.*

4872. — En admettant qu'il y eût lieu à restitution des droits perçus sur un acte d'échange, parce que cet acte ayant pour objet des biens dotaux, aurait été annulé pour vice radical, la demande en restitution se prescrit par deux ans depuis l'enregistrement du contrat d'échange. — Cass., 10 mars 1823, Portallier et Chaptal.

4873. — La régie ne peut opposer la prescription de deux ans aux créanciers et aux tiers acquéreurs des biens de la succession, qui demandent la restitution des paiemens faits à valoir sur les droits de mutation, sur les fermiers, avec les revenus postérieurs de la vente. — Cass., 20 août 1811, Defoissy.

4874. — Lorsque les droits de succession ont été acquittés *en ligne directe* par un enfant adultérin ; que les collatéraux ont obtenu, en première instance, l'envoi en possession des biens à son préjudice, et que, par une transaction sur l'appel, ils lui ont abandonné l'hérédité, la perception du droit de cession, assise sur cette transaction, n'est pas restituable, si la demande n'en a pas été faite dans les deux ans. Mais, de son côté, la régie n'est pas recevable à réclamer contre les collatéraux un supplément de droits de succession. — Cass., 5 juin 1811, Thiéry.

4875. — La prescription biennale prononcée par l'art. 61 contre celui qui a payé des droits de mutation après décès sur un immeuble qu'il croyait appartenir à la succession, court du jour du paiement du droit, et non du jour où il a été constant, par une décision judiciaire, que l'immeuble n'appartenait pas à la succession. — Cass., 23 janv. 1839 (t. 1er 1839, p. 91), Sapet.

4876. — De même, lorsque les droits ont été perçus 1° sur une mutation d'immeubles, que les décisions postérieures ont annulée comme entachée du vice d'incapacité ; 2° et à raison d'immeubles qui semblaient exister dans une succession, et qu'une décision postérieure en a fait sortir comme acquis irrégulièrement par la personne décédée, la demande en restitution peut être repoussée par la prescription si elle n'a eu lieu dans les deux années de la perception. — On ne peut dire que la prescription ne court que du jour où les aliénations ont été déclarées nulles. La maxime *Contrà non valentem agere non currit præscriptio* n'est pas applicable en matière fiscale. — Cass., 24 juill. 1839 (t. 2 1839, p. 115), de Villequier.

4877. — La restitution des droits perçus sur une adjudication annulée par les voies légales peut être exigée dans les deux ans, non de la date de l'enregistrement, mais du jugement ou de l'arrêt qui a prononcé l'annulation. — Délib. 14-21 juin 1836.

4878. — En admettant que les droits payés par le légataire institué fussent restituables par suite de l'annulation du testament, cette restitution ne pourrait être demandée après deux années de la date de la perception. Vainement on soutiendrait que la prescription a été interrompue, par suite de l'impossibilité d'agir pendant l'instance relative à la validité du testament. — Cass., 7 avr. 1840 (t. 1er 1840, p. 730), de Goultes et de Rozières,

4879. — Jugé également que si des héritiers naturels qui ont acquitté le droit de mutation découvrent un testament d'après lequel des immeubles pas eux déclarés ont été légués à un autre, le délai pour la restitution du droit court du jour du paiement, et non du jour de la découverte du testament. — *Cass.*, 10 juin 1839 (t. 2 1839, p. 112), Lanfard de Vigola.

4880. — Lorsqu'il s'est écoulé plus de deux ans depuis le jour de l'enregistrement d'un testament, il y a prescription de l'action en restitution des droits perçus sur ce testament ultérieurement annulé, et cela quand bien même l'instance sur la validité du testament n'aurait pas été terminée avant ce délai de deux ans. — *Cass.*, 11 mai 1840 (t. 1er 1840, p. 701), Gagneur.

4881. — L'action en restitution des droits perçus sur un contrat de mariage est, en cas de non célébration, prescriptible par deux ans, à partir de l'enregistrement du contrat. — Solut. 8 sept. 1832.

4882. — La prescription de la demande en restitution du droit perçu sur un contrat de mariage non suivi du mariage court du jour de l'enregistrement, et non pas seulement du jour où il est certain que le mariage ne s'accomplira pas.—Mais, tant que le mariage n'a pas été célébré, les parties peuvent demander la restitution des droits perçus, sauf à les acquitter de nouveau si le mariage vient à recevoir son effet.— *Cass.*, 10 déc. 1838 (t. 2 1838, p. 528), Dumas.

4883. — Encore bien que le droit proportionnel d'enregistrement sur une donation conditionnelle contenue dans un contrat de mariage et subordonnée au décès de l'époux donateur ne soit exigible que lors de l'événement de cette condition, cependant, si le receveur, considérant à tort cette donation comme actuelle, a exigé le droit proportionnel de 3 1/2 %, le délai de deux ans fixé par l'art. 61, no 1er, L. 2 frim., pour l'action en restitution du trop-perçu, commence à dater du jour de l'enregistrement du contrat de mariage, et non pas seulement à compter du décès de l'époux donateur.— *Cass.*, 27 (et non 22) déc. 1830, Warion.

4884. — La demande en restitution des droits perçus sur une transmission d'office non suivie d'effet, doit être faite dans le délai de deux ans à compter du jour de l'enregistrement de l'acte de cession ou de la déclaration qui a été faite de la valeur. — L. 25 juin 1841, art. 15.

4885. — Dans le délai de deux ans; à compter du jour de l'enregistrement, dans lequel doit être formée la demande en restitution d'un droit indûment perçu, on doit comprendre le jour même de l'enregistrement.—Ainsi, la demande en restitution d'un droit perçu le 20 oct. 1825, a dû être formée au plus tard le 19 oct. 1827.— *Cass.*, 1er août 1831, Auger.

4886 —La prescription est acquise contre toute demande en restitution des anciens droits de contrainte, insinuation, centième denier et autres, abolis par la loi du 19 déc. 1790, comme contre toute réclamation de droits ou de supplémens de droits de cette nature, par la régie. — Circ. 23 mars 1792, art. 247. — Autrefois, le droit de centième denier, de contrôle et d'insinuation étaient imprescriptibles, ainsi que les peines encourues faute de paiement de ces mêmes droits. — Arrêts du conseil, 28 mars 1719 et 24 oct. 1724.

4887. — La prescription biennale n'est pas applicable à la demande par la régie des droits d'enregistrement des actes auxquels la formalité a été donnée en débet. — Instr. 30 juin 1827, 1210, § 15.

4888. —L'enregistrement en débet ne fait courir la prescription de l'action en réduction des droits qu'autant qu'il en énonce la liquidation; et c'est du jour seulement où la liquidation est connue du redevable que cette prescription commence à courir. — *Cass.*, 26 avr. 1836, Domaine privé du roi.

4889. — La prescription de deux ans s'applique à l'amende encourue par un notaire pour n'avoir pas fait au bureau de l'enregistrement la déclaration préalable à une vente publique de meubles, comme aux droits d'enregistrement eux-mêmes. — *Cass.*, 23 (et non 22) janv. 1809, Cayre.

4890. — Lorsqu'un acte notarié non enregistré est depuis plus de deux ans inscrit à sa date sur le répertoire qui a été visé par le receveur, l'a-

mende ni le droit ne peuvent plus être exigés. En pareil cas, le délai de la prescription ne court que du jour du visa du répertoire pour le trimestre dans lequel a été compris l'acte en contravention. — Décis. min. fin. 26 août 1819.

4891. — Mais jugé que la prescription de deux ans ne s'applique pas au cas d'amendes encourues par un notaire, pour le défaut d'inscription, sur son répertoire, des actes qu'il a reçus. — *Cass.*, 6 mars 1809, Locamus. — Cette jurisprudence a changé, ainsi qu'on va le voir.

4892. — Si la prescription établie par l'art. 61, L. 22 frim. an VII, n'est pas applicable au cas où il s'agit de poursuivre isolément le recouvrement d'une amende, il n'en est pas de même de la peine du double droit, ou de l'amende, lorsqu'elle devient l'accessoire du droit principal, un supplément de ce droit, puisque, par l'enregistrement de l'acte qui y donne lieu, la régie a été suffisamment avertie de la contravention, et qu'elle s'est trouvée par-là mise en demeure de percevoir tout ce qu'elle peut exiger. — *Cass.*, 14 août 1809, Ysebrant.

4893. — C'est une disposition particulière d'un acte que la relation que l'on y rencontre d'un autre acte non enregistré. En conséquence, il y a prescription de l'amende encourue par le notaire qui a eu l'imprudence de faire cette relation, si la régie n'a pas exercé contre lui des poursuites dans l'espace de deux ans, à partir de l'enregistrement de l'acte qui contient cette relation. — *Cass.*, 26 fév. 1810, Barthès; 9 avr. 1810, Boulade.

4894. — L'art. 14, L. 16 juin 1824, qui a appliqué aux amendes la prescription de deux ans établie par l'art. 61, L. 22 frim. an VII, a converti en disposition législative la doctrine de l'avis du conseil d'état du 22 août 1810, d'après laquelle la prescription de deux ans s'applique aux amendes comme aux droits simples, lorsqu'il y a insuffisance de perception ou fausse évaluation dans un acte dont la régie a eu connaissance. — *Cass.*, 16 juin 1828, Roussey.

4895. — L'avis du conseil d'état du 22 août 1810 et l'art. 14, L. 16 juin 1824, relatifs à la prescription des amendes pour contravention aux lois sur l'enregistrement, le timbre et les ventes de meubles, sont spéciaux pour ces cas, et ne s'appliquent point aux mutations d'immeubles. — *Cass.*, 13 mai 1840 (t. 2 1843, p. 729), Charpentier.

4896. — Les greffiers sont affranchis par le laps de deux ans des amendes encourues pour défaut d'enregistrement des jugemens qui doivent être enregistrés sur minute, lors même qu'ils ont omis de porter ces jugemens sur leur répertoire.— *Cass.*, 4 janv. 1814, Ferrand.

4897. — Lorsque la régie n'a point exigé les droits dus sur des actes sous seing-privé, non enregistrés, qui ont été mentionnés dans des actes authentiques, la prescription acquise par le laps de deux ans a pour effet d'éteindre l'action de la régie en paiement du droit proportionnel; et il n'est plus dû qu'un simple droit fixe pour l'enregistrement de ces actes, s'ils sont plus tard produits en justice. — *Cass.*, 24 juin 1832, Badereau.

4898. — Les auteurs du *Dict. des dr. d'enregist.* (vo Prescription, no 20) critiquent cet arrêt. «Il contient, disent-ils, une distinction qui ne se trouve nulle part dans la loi. Ne pouvant refuser de reconnaître que les actes devaient être enregistrés d'après les dispositions de l'art. 23, L. 21 frim. an VII, puisqu'ils étaient produits en justice, la cour a jugé qu'ils ne devaient pas l'être pour le droit proportionnel auquel le droit les tarife, mais seulement pour un droit fixe. Elle a divisé ce qui ne peut être divisé; elle a séparé l'obligation de l'enregistrement de l'impôt, qui est l'effet ou l'objet de cet enregistrement; en un mot, elle a substitué sa jurisprudence à la loi. Quoi qu'il en soit, un principe est reconnu, tout acte produit en justice doit être soumis à la formalité, quelle que soit sa date. »

§ 3. — *Prescription de trois ans.*

4899. — La prescription de trois ans, ainsi qu'on l'a vu (no 4785), a lieu lorsqu'il s'agit d'une omission de biens dans une déclaration faite après décès. — L. 22 frim. an VII, art. 61, no 2. — Le délai court à compter du jour de l'enregistrement, c'est-à-dire de la déclaration.

4900. — La prescription de trois ans ne s'applique qu'aux omissions de biens dans les déclarations faites après décès. Mais elle s'applique à tous les biens omis, quelle que soit leur nature, et elle embrasse le droit simple, comme le droit en sus à raison de l'omission. — *Dict. des dr. d'enreg.*, vº *Prescription*, nº 400.

4901. — Lorsque les héritiers ne comprennent pas dans leur déclaration tous les biens de leur auteur, il y a omission de biens, et non omission de perception; alors l'action de la régie dure trois ans. Au contraire, si les héritiers ont compris dans la déclaration tous les biens qui devaient y entrer, et que le receveur n'ait perçu les droits que sur une partie, la prescription biennale pourra être opposée à la demande d'un supplément. — *Dict. des dr. d'enreg.*, vº *Prescription*, nº 401.

4902. — Si, à l'époque de l'ouverture de la succession, l'auteur avait intenté une action en revendication d'immeubles, la prescription de trois ans pour l'omission de cette action dans la déclaration de succession se compte du jour de cette déclaration; car l'action existant au jour du décès, il y a eu omission. — Décis. min. fin. 28 août 1828.

4903. — Jugé même que la prescription de trois ans, à partir du jour de la déclaration, était applicable à des objets d'une succession omis dans la déclaration, parce qu'ils avaient été divertis par l'un des héritiers. — *Cass.*, 22 juin 1822, L...

4904. — Les auteurs du *Dict. d'enreg.* (vº *Prescription*, nº 404) critiquent cet arrêt. Comment, disent-ils, l'administration pouvait-elle agir? car elle n'avait point d'action contre l'héritier pour l'obliger à déclarer les objets divertis. La prescription de trois ans s'applique aux omissions; mais il faut que le préposé ait pu constater ces omissions.

4905. — Lorsque, dans la déclaration des biens d'une succession, les héritiers n'ont pas compris un immeuble qui ne devait pas d'ailleurs en faire partie, parce qu'il était situé hors de l'arrondissement du bureau, il y a, non pas omission, mais absence de déclaration relativement à cet immeuble, et dès-lors l'action de la régie en paiement du droit se prescrit non par trois ans, mais par cinq ans. — *Cass.*, 28 juin 1820, Constant. — En effet, les déclarations doivent être faites dans chaque bureau où se trouvent des biens. Autant de bureaux, autant de déclarations distinctes les unes des autres.

§ 4. — *Prescription de cinq ans.*

4906. — La prescription de cinq ans ne s'applique qu'aux droits des successions non déclarées (V. nº 4785), comme celle de trois ans ne s'applique qu'aux omissions dans les successions déclarées. — L. 22 frim. an VII, art. 61, nº 3. — Le délai de la prescription de cinq ans court du jour du décès, à moins qu'on ne se trouve dans le cas d'appliquer la maxime que l'on ne prescrit point contre qui ne peut agir.

4907. — La loi du 22 frim. an VII n'a pas porté atteinte au sort des mutations par décès effectuées avant sa publication. — Ainsi, à une demande en paiement de droits pour une mutation opérée sous l'empire de la loi du 19 déc. 1790, on ne peut appliquer la déchéance portée dans l'art. 61, L. frim. an VII, quoique le litige auquel elle donne lieu se poursuive depuis la promulgation de cette dernière loi. — *Cass.*, 22 vendém. an IX, Bonneau.

4908. — La prescription de cinq ans, établie par l'art. 18, L. 19 déc. 1790, ne concernait que les mutations opérées par successions directes ou collatérales. Pour les mutations qui ont eu lieu de toute autre manière, il n'y avait lieu qu'à la prescription de trente ans. — *Cass.*, 26 août 1807, Huard-Duplessis.

4909. — Jugé, cependant, qu'on doit appliquer aux successions ouvertes antérieurement à la loi du 22 frim. au VII, dans un pays réuni à la France, la prescription de cinq ans établie par l'art. 61 de cette loi pour le recouvrement des droits de mutation par décès, lorsqu'il s'est écoulé plus de cinq années sans réclamation de la part de la régie, depuis que la loi de frimaire a été promulguée dans ce pays, et cela quand même, d'après la loi auparavant en vigueur, les droits de mutation ne seraient prescriptibles que par trente ans. — *Cass.*, 3 (et non 30) nov. 1813, Frola.

4910. — La prescription de cinq ans, relativement aux droits de mutation par décès, ne court contre la régie qu'à compter de l'inscription du décès sur les registres de l'état civil. — *Cass.*, 30 juin 1806, Coural.

4911. — On ne peut donc opposer à la régie la prescription de cinq ans, lorsque le décès n'a pas été inscrit sur ces registres, ou constaté d'après le mode réglé par les lois du pays à l'époque de ce décès. — *Cass.*, 3 nov. 1813, Hoensbrock.

4912. — Jugé cependant que, lorsqu'un individu est décédé hors du lieu de son domicile et dans un hôpital, la prescription de cinq ans commence à courir pour les droits de mutation, à compter du jour du décès, et non pas seulement à partir du jour où ce décès a été inscrit sur les registres de l'état civil du domicile du défunt. — *Cass.*, 21 (et non 7) fév. 1809, Durand.

4913. — En tout cas, la prescription ne court contre la régie que du jour où elle a pu légalement connaître le décès. — Ainsi, en cas de décès d'un individu propriétaire de biens situés à l'île Bourbon, la prescription n'a couru contre la régie que du jour où elle a pu légalement connaître ce décès, par exemple, par la procuration à l'effet de vendre ou gérer ces biens, déposée par les héritiers dans l'étude d'un notaire. — *Cass.*, 24 (et non 21) janv. 1827, Desaunay.

4914. — L'avis du conseil d'état du 22 août 1810, qui n'admet la mise en demeure de la régie, et l'obligation d'exercer des poursuites dans les deux ans, que pour les cas où les receveurs ont été à portée de découvrir, par des actes présentés à l'enregistrement, des contraventions aux lois des 22 frim. et 22 pluv. an VII, est spécial pour les amendes, et n'est point applicable au recouvrement des droits de mutation par décès. — *Cass.*, 7 mai 1833, Frampton.

4915. — Lorsque l'acte de décès n'a pas été porté sur le registre de l'état civil, la prescription ne peut courir, pour une succession non déclarée, que du jour de l'acte de notoriété qui a été dressé pour en tenir lieu. — *Cass.*, 23 janv. 1815, Gilbert.

4916. — Une enquête ordonnée ne saurait, à l'égard de la régie, suppléer au défaut d'inscription du décès sur les registres de l'état civil, et ce ne serait au surplus qu'à partir de cette enquête que la prescription commencerait à courir. — *Cass.*, 30 juin 1806, Coural.

4917. — Comme preuve du décès arrivé plus de cinq ans avant la contrainte, on ne peut avoir égard à un extrait délivré par le curé de la paroisse et produit pour la première fois devant la cour de Cassation, cet extrait ne paraissant pas avoir été tiré d'un registre tenu dans les formes voulues par la loi d'alors, et d'ailleurs ayant été délivré par un fonctionnaire sans qualité. — *Cass.*, 3 nov. 1813, Hoensbrock.

4918. — Un acte de décès a été légalement inscrit par le curé d'une paroisse sur les registres courans de l'état civil, dont parle la loi du 20 sept. 1792, tant que ces registres n'ont pas été clos, arrêtés et portés à la maison commune. En conséquence, jusqu'à justification de la clôture et du transport de ces registres, un pareil acte fait preuve légale du décès d'un individu, et à partir de cette époque a couru la prescription de cinq ans pour les droits de mutation dus par la succession. — *Cass.*, 28 août 1810, Schools.

4919. — Lorsque la régie ne justifie d'aucune déclaration de succession, qu'elle-même produit un certificat qui établit que le décès du défunt remonte à plus de cinq ans, et qu'elle ne se prévaut d'aucun acte ayant pour effet d'interrompre la prescription, cette prescription est légalement acquise, et le jugement qui l'accueille ne fait qu'une juste application de la loi. — *Cass.*, 6 mai 1822, Gros et Coussin.

4920. — La prescription de cinq ans, pour les droits de déclaration d'une succession séquestrée au profit de l'état par suite d'émigration ou de condamnation, a été suspendue jusqu'à la levée *définitive* du séquestre et à la mise en possession *réelle* des héritiers. — *Cass.*, 3 therm. an IX, Blonay; 20 prair. an X, Servanteau; 3 vent. an XI,

Veymeranges; 14 germin. an XI, Baroud du Soleil; 3 messid. an XI, Soustras; 14 frim. an XII, Lamballe, 30 pluv. an XII, Labaume-Montrevel; 19 therm. an XII, Labaume-Montrevel; 23 brum. an XIII, Guenet Saint-Just; 24 niv. an XIII, Labaume-Montrevel; 22 déc. 1806, Langier; 11 mai 1807, Gohin de Montreuil; 7 août (et non avril) 1807, Labaume-Montrevel; 1er août 1808, Labaume-Montrevel; 14 août 1811, Montmans. — Merlin, *Quest.*, v° *Enregistrement*, § 17.

4921. — ... Et la prescription de cinq ans n'a pu courir tant que ce séquestre a subsisté, non seulement de droit, mais encore de fait. — *Cass.*, 9 nov. 1813, Boulliers.

4922. — ... Car c'est du jour seul de la radiation de leurs auteurs de la liste des émigrés que les héritiers sont devenus habiles à succéder. — Décis. min. fin. 18 brum. an XI; instr. 290, n° 71.

4923. — Jugé également que la prescription de cinq ans a été suspendue pendant le séquestre apposé sur les biens de la succession, par suite de l'émigration de plusieurs des héritiers. — *Cass.*, 6 flor. an X, Brancas.

4924. — ... Que la prescription du droit de mutation dû sur un immeuble dépendant d'une succession séquestrée, mais qui n'y est rentré qu'au moyen d'un réméré exercé par l'héritier qui la recueille, commence, non du jour où l'acte en est passé, mais de celui où a été rendu l'arrêt portant main-levée définitive du séquestre. — *Cass.*, 18 déc. 1816, Chapelle de Jumilhac.

4925. — Jugé au contraire que la prescription des droits de mutation par décès n'a pas été suspendue pendant la durée du séquestre apposé sur les biens par suite de l'émigration de quelques une des ayant-droit. — *Cass.*, 26 frim. an VIII, Morisseau, 9 vent. an VIII, Nicolaï.

4926. — ... Que de ce que les ayant-droit ont un délai de six mois depuis la levée du séquestre pour faire leur déclaration, il ne s'ensuit pas que la prescription ne doive courir contre la régie depuis le jour du décès. — *Cass.*, 9 vent. an VIII, Nicolaï.

4927. — Lorsque les héritiers d'un prêtre déporté sont restés en possession de ses biens soit pendant le temps qu'ils ont été confisqués, soit depuis la loi du 22 fructid. an III, qui a ordonné la restitution des biens séquestrés aux propriétaires ou à leurs héritiers présomptifs, ils ne peuvent invoquer cette possession comme faisant courir la prescription des droits de mutation par décès, parce que, pendant la durée de la confiscation, ils n'avaient pas la saisie légale des biens, et que, depuis la loi du 22 fructid., l'alternative qui en résulte pour la restitution a mis la régie dans l'impossibilité d'agir pour le recouvrement des droits, tant qu'il n'existait pas un acte quelconque de nature à faire connaître la mutation qui avait eu lieu. — On ne peut considérer ainsi l'inscription des héritiers au rôle de la contribution foncière, parce que la régie est bien autorisée, mais non obligée, sous peine de déchéance, d'y puiser des preuves de mutation, lors surtout qu'il y a insuffisance dans les déclarations du rôle. — *Cass.*, 7 (et non 17) janv. (et non fév.) 1818, Faucon.

4928. — La prescription des droits de mutation dus pour la succession d'un militaire décédé en activité de service ne court contre la régie de l'enregistrement qu'à compter du jour de la mise en possession *réelle* des héritiers. — *Cass.*, 19 thermid. an XIII, Lebas; 22 brum. an XIV, Cense.

3929. — Jugé également que la prescription pour les droits de mutation de la succession d'un militaire décédé hors du royaume, et dont le décès est mentionné sur les registres matriculés de l'armée, court seulement du jour où les héritiers de ce militaire ont été mis en possession de ses biens, et non du jour où ils ont eu connaissance de son décès. — *Cass.*, 29 avr. 1818, Archambault.

4930. — La prise de possession d'une succession est suffisamment justifiée, à l'effet d'autoriser la régie à percevoir les droits, par l'exploit de demande en partage de cette succession formée par l'un des héritiers contre ses cohéritiers. — Cet acte peut dès-lors être pris par les redevables pour point de départ de la prescription qu'ils opposent à la régie. — *Cass.*, 5 nov. 1821, Archambault.

4931. — La prescription à défaut de déclaration de la succession par les héritiers, ou bien de poursuites dirigées contre eux, n'est pas interrompue par le retard apporté à leur mise en possession par une contestation survenue entre eux et un tiers. — *Cass.*, 8 germin. an XI, Maussacri.

4932. — La prescription des droits de mutation dus pour la succession d'un militaire mort en activité de service hors de son département, ne court contre la régie qu'à partir du jour où elle a pu avoir connaissance de ce décès. — *Cass.*, 20 avr. 1807, Mercadier.

4933. — A cet égard, la mention faite sur les registres matricules de l'armée de la mort d'un militaire décédé hors du royaume, n'est pas suffisante. — *Cass.*, 29 avr. 1818, Archambault.

4934. — Jugé, en conséquence, que la prescription pour le paiement des droits de mutation dus sur la succession d'un militaire décédé aux armées n'a pu courir contre la régie, lorsque le décès n'a pas été inscrit sur les registres de l'état civil, ni même constaté d'une manière légale. — La circonstance que les successibles auraient pris la qualité d'héritiers dans des actes publics n'est pas suffisante pour faire courir cette prescription. — *Cass.*, 26 nov. 1810, Blanchet.

4935. — L'énonciation contenue dans un inventaire qu'un militaire est décédé et que son décès est attesté par un certificat du ministre de la guerre, suffit à la régie pour réclamer les droits de mutation résultant de ce décès. Par la même raison, cet acte peut être pris par les redevables pour point de départ de la prescription qu'ils opposent à la régie. — *Cass.*, 5 nov. 1821, Archambault.

4936. — La prescription de cinq ans relativement aux droits de mutation dus sur la succession d'un militaire décédé hors de France, ne court contre la régie qu'à partir du jour où l'acte de décès a été déposé chez un notaire en France, lorsqu'il est constant que les héritiers n'ont pris possession des biens que postérieurement à ce dépôt. — *Cass.*, 25 juin 1806, Gilloire.

4937. — L'héritier d'un militaire absent poursuivi en paiement des droits de mutation n'est point fondé à invoquer la prescription de cinq ans, s'il ne rapporte aucun acte qui constate le décès de son auteur. — *Cass.*, 8 mai 1826, Orth.

4938. — Lorsqu'un individu est décédé en pays étranger, la prescription des droits de mutation dus sur ses biens n'a commencé à courir que du jour où son décès a été connu, par la prise de possession de la part de ses héritiers. — *Cass.*, 8 mai 1809, Renette.

4939. — ... Ou du jour de leur envoi en possession. — *Cass.*, 7 mai 1833, Frampton; — décis. min. just. et fin. 24 et 30 mai 1809.

4940. — On peut opposer à la régie la prescription de cinq ans, pour les droits de mutation dus sur des biens situés en France et dépendant de la succession d'un individu décédé dans une colonie française, lorsque le décès a été inscrit sur les registres de l'état civil de la colonie, et que ces registres sont restés pendant dix ans au dépôt de la marine en France, parce que, indépendamment des renseignemens que la régie a reçus ou dû recevoir de ses agens dans la colonie, elle a pu prendre connaissance de l'acte de décès aux archives de la marine. — *Cass.*, 9 juin 1817 (et non 1807), de Clamousse.

4941. — La prescription de cinq ans pour les droits de mutation dus sur la succession d'un individu décédé dans une colonie française court contre la régie, soit à partir du jour où le décès a été inscrit sur les registres de l'état civil de la colonie, soit à partir de l'époque où les communications ont été établies avec la France, si elles se trouvaient interrompues par la guerre au moment du décès. — *Cass*, 21 (et non 12) nov. 1822, Grizol.

4942. — Lorsque la régie n'a pas réclamé les droits de mutation dans les cinq ans qui ont suivi le décès d'un individu, la prescription peut lui être opposée, même à l'égard des biens qui ne seraient rentrés dans la succession que postérieurement au décès, par suite d'une action intentée par l'héritier. — *Cass.*, 20 frim. an XIV, Vivian.

4943. — ... Par exemple, en vertu d'une action

résolutoire. — *Cass.*, 20 août 1827, de Pierreclau.

4944. — ...Ou par l'effet d'un jugement prononçant la rescision d'un acte de vente d'immeubles dont il rendrait la propriété aux héritiers.— *Cass.*, 8 mars 1826, Lafiteau.

4945. — Par la même raison, la régie ne saurait échapper à la prescription en prétendant que les biens de la succession étaient en grande partie vendus, qu'ils faisaient l'objet d'une contestation sérieuse entre les cohéritiers au moment où la déclaration aurait pu se faire, et qu'ils ne sont rentrés que plus tard dans leurs mains. — *Cass.*, 29 oct. 1806, Guilhen.

4946. — Jugé dans le même sens, lors même que tous les biens qui composent la succession auraient été vendus par le défunt et ne seraient rentrés dans sa succession que bien plus de cinq ans après son décès, si la régie n'a, dans l'intervalle, fait aucun acte ou intenté aucune action pour la conservation de ses droits. — *Cass.*, 3 sept. 1810, Aldebert.

4947. — Jugé au contraire que si, après avoir acquitté, dans le délai, les droits de mutation sur les biens qui existaient lors du décès de leur auteur, les héritiers obtiennent un jugement qui fait rentrer dans sa succession des immeubles qui en étaient sortis de son vivant, ce jugement forme un nouveau droit et un état de choses tel que les héritiers sont assujétis à faire une nouvelle déclaration, et le droit qui est dû en pareil cas n'est prescriptible que par cinq ans. — *Cass.*, 30 mars 1813, Delard.

4948. — ... Que lorsque des biens litigieux sont, en vertu d'un arrêt, rentrés dans une succession dont la déclaration a été faite par les héritiers, la prescription des droits de mutation pour ces biens ne court qu'à compter du jour de la décision. — *Cass.*, 24 août 1841 (t. 1er 1842, p. 310), Carré et Gamelin.

4949. — La prescription quinquennale concernant les droits de mutation peut seule être opposée à la régie dans le cas où des héritiers se sont mis en possession des biens d'un absent par un acte de partage enregistré. — *Cass.*, 12 mai 1834, Delrochers.

4950. — La régie n'a pas le droit de rechercher et de poursuivre, pour le paiement des droits de mutation par décès ceux qui peuvent prétendre à une hérédité dont ils s'abstiennent, lorsque, faute de réclamation de leur part, cette hérédité a été appréhendée par d'autres. D'où il suit que ce n'est qu'à partir de l'acte en vertu duquel les véritables successibles rentrent en possession de l'hérédité et non du jour du décès, que la prescription des droits de mutation dus par ces derniers peut courir contre la régie, lorsque d'ailleurs il y a eu droits de mutation payés par l'héritier apparent.—*Cass.*, 5 sept. 1809, Ouvrard-Pelleterie.

4951. — De même, quand un individu revendique comme héritier une succession dévolue à l'état par droit de déshérence, les cinq ans accordés à la régie pour réclamer le droit de mutation ne courent qu'à dater de cette revendication (décis. min. fin. 8 frim. an IX). Ce n'est, par conséquent, que de la même époque que la prescription commence à courir.

4952. — Tant que la veuve n'a pas formellement renoncé à son douaire et à ses gains de survie, la régie peut réclamer les droits de mutation dus pour ces avantages. — *Cass.*, 3 août 1808, Dursel.

4953. — Relativement aux successions testamentaires, la prescription ne court que du jour où le testament a été présenté à l'enregistrement.— Décis. min. fin. 11 oct. 1808. — Le droit proportionnel dû sur les legs est soumis à la prescription de cinq ans; mais le droit fixe dû sur le testament comme acte n'est prescriptible que par trente ans. — Décis. min. fin. 8 prair. an IX.

4954. — Dans le cas où un testament mystique, ouvert plus de cinq ans après le décès du testateur, fait connaître un legs d'usufruit grevant les immeubles de sa succession, les droits de ce legs sont exigibles, lors même qu'aucune déclaration n'avait été faite pour la mutation de la propriété de ces immeubles, et la prescription quinquennale ne court que du jour de l'ouverture du testament. — Décis. min. fin. 10 juin 1826; instr. 1200, § 14.

4955. — Dans toute transmission de propriété par décès le droit de mutation étant dû sur la valeur entière des biens, à l'instant du décès, encore bien que l'usufruit soit séparé de la propriété, la régie qui n'a point agi dans les cinq ans, à partir du décès, n'est plus fondée à réclamer le droit de mutation dû sur l'usufruit, et quoiqu'il se soit écoulé moins de cinq ans depuis la réunion de l'usufruit à la nu-propriété. — *Cass.*, 31 juillet 1815, Harostegny.

4956. — Lorsque le légataire d'un usufruit ne doit en jouir qu'après le décès d'un premier usufruitier, c'est seulement à partir de cette époque que court la prescription du droit de mutation dû par le légataire. — *Cass.*, 30 déc. 1834, Chevrier. — En pareil cas, la jouissance du légataire est éventuelle; elle est subordonnée à la condition de survie de ce légataire à l'usufruitier.

4957. — Mais le legs d'une somme d'argent payable seulement après le décès du légataire universel par ses héritiers étant un legs à terme et non éventuel, la prescription est acquise contre la régie, s'il s'est écoulé cinq ans sans poursuites de sa part, depuis qu'elle a eu connaissance de la disposition. — Délib. 26 nov. 1833.—A la différence de l'espèce rapportée dans le numéro précédent, le légataire est dessaisi d'un droit certain, et transmissible à ses héritiers, en cas de prédécès.

4958. — Bien qu'un légataire ait fait sa déclaration, si le testament est annulé, et la succession déférée à d'autres en tout ou en partie, la prescription contre la demande des droits à ceux qui ont obtenu l'annulation du testament ne court que du jour du jugement. Il en serait de même si l'annulation du testament résultait d'une transaction. —*Dict. des dr. d'enregistr*, v° *Prescription*, n° 132.

4959. — Lorsqu'un legs universel fait à un établissement public est réduit par l'ordonnance d'acceptation, le délai pour le paiement du droit de mutation sur la portion que les héritiers recouvrent court, non de la date du décès, mais de la date de l'ordonnance; car ce n'est qu'à partir de la date de l'ordonnance que les établissemens publics sont envoyés en possession de leurs legs; par analogie, on doit dire que ce n'est qu'au moment de l'ordonnance d'envoi en possession au profit de l'hospice que les héritiers ont été dépossédés.— Délib. 11 déc. 1829.

4960. — La prescription de cinq ans établie par l'art. 636, C. instr. crim., n'est applicable qu'aux peines correctionnelles et non aux fais prononcés accessoirement. Ces frais ne se prescrivent que par trente ans. — *Cass.*, 23 janv. 1828, Boulard; Décis. min. just. et fin. 28 août et 6 sept. 1816; inst. 748 et 1249, § 13.

4961. — La prescription des peines correctionnelles fixée à cinq ans par l'art. 636, C. instr. crim., ne peut être interrompue, pour les amendes infligées à ce titre, par un commandement de la régie de l'enregistrement. Cette prescription ne peut être interrompue que par la décision correctionnelle en dernier ressort, commencée dans les cinq ans. —*Cass.*, 17 juin 1835, Pascault-Duhuissonnet.

4962.—Le mode d'interruption de la prescription des frais de justice est soumis aux règles qui régissent les condamnations purement civiles. — Instr. 16 janv. 1836, n° 2503.

§ 5. *Prescription de trente ans.*

4963. — Les prescriptions particulières établies par l'art. 61, L. 22 frim. an VII, doivent être renfermées dans leurs termes. Dès-lors, dans tout autre cas, la régie a trente ans pour réclamer un droit d'enregistrement non perçu. —*Cass.*, 28 août 1816, Vée.

4964. — Ainsi, celui contre lequel existe une présomption légale de mutation secrète de propriété ne peut pas opposer à la régie la prescription du droit pour défaut de poursuite pendant cinq ans à partir de son inscription au rôle, suivie du paiement des contributions. Les prescriptions spéciales en matière d'enregistrement ne sont pas applicables en pareil cas.—*Cass.*, 20 juill. 1829, Decorde.

4965. — L'action de la régie pour demander le droit d'enregistrement sur un acte qui ne lui a pas été présenté est réglée par le droit commun et dure trente ans.—*Cass.*, 12 oct. 1808, Roche.

4966. — De même, l'action de la régie pour le

paiement du droit simple d'une mutation secrète ne se prescrit que par trente ans. — *Cass.*, 18 mars 1806, Malassagny ; 17 août 1813, Sthul ; 5 juin 1837 (t. 1er 1837, p. 575), Pinette ; 17 juill. 1838 (t. 2 1838, p. 90), Louvrier ; 22 avr. 1839 (t. 1er 1839, p. 570), Pantous ; 17 fév. 1840 (t. 1er 1840, p. 414), Bataille-Daberthier.

4967. — Par conséquent, on ne peut opposer que la prescription de trente ans à la régie qui réclame non un supplément de droit, mais bien le droit d'une mutation dont le contrat est resté secret. — *Cass.*, 22 déc. 1806, Rovel.

4968. — C'est par trente ans, et non par deux ans, que se prescrivent les droits d'enregistrement dus sur une mutation secrète, lorsque les actes présentés à la formalité ne pouvaient mettre le receveur à portée de découvrir la mutation, sans recherches ultérieures et indépendantes de ces actes. — *Cass.*, 17 août 1813, Frotin.

4969. — Dans le cas d'une mutation secrète que fait présumer le bail passé par un fils à ses père et mère conjointement d'un immeuble dont le fils seul s'était rendu adjudicataire, la régie a, non pas deux ans, mais trente ans pour réclamer le droit dû à raison de cette mutation, parce que ni l'acte d'adjudication au profit du fils seul, ni le bail passé depuis par lui et ses père et mère conjointement, n'ont pu mettre le préposé à portée de découvrir, sans recherches ultérieures et indépendantes desdits actes, s'il y avait eu mutation du fils à ses père et mère et si les droits en avaient été payés.—*Cass.*, 29 juin 1813, Le Henaff.

4970. — Lorsqu'un individu a été inscrit sur le rôle de la contribution foncière, aux lieu et place de celui qui s'est rendu adjudicataire de l'immeuble en son nom personnel, la régie a trente ans pour réclamer le droit de rétrocession, quand même dans l'intervalle il aurait été enregistré des procès-verbaux de saisie immobilière, de vente et d'ordre sur le nouveau possesseur, parce que ces divers actes étaient insuffisans par eux-mêmes, et sans des recherches ultérieures, pour mettre les préposés à même de découvrir si la mutation qu'ils faisaient supposer avait été déclarée et si les droits en avaient été acquittés. — *Cass.*, 30 juin 1813, Clavé.

4971.—La demande du droit pour une mutation dont le contrat est resté secret et inconnu à la régie ne se prescrit que par trente ans à compter du jour où l'acte a acquis une date certaine.— *Cass.*, 17 mai 1808, Litière.

4972.—Et il faut que les actes sous seing-privé aient acquis date certaine de l'une des manières énoncées en l'art. 1328, C. civ. — *Cass.*, 17 août 1831, Vincendon ; 23 mai (et non mars) 1832, Joly.

4973.—En conséquence, la possession constante dont des ventes sous seing-privé non enregistrées auraient été suivies, le caractère de vétusté de l'écriture, la différence du timbre, la nature des stipulations renfermées dans les actes, ne sont pas des circonstances qui puissent donner à ces actes une date certaine et autoriser les parties à opposer à la régie la prescription trentenaire contre la demande des droits. — Même arrêt.

4974. — Jugé également qu'on ne saurait opposer à la régie une possession trentenaire d'un fonds acquis en vertu d'un acte sous seing-privé qui n'a point date certaine, alors que la régie n'a pas été mise en demeure de contester cette possession. — *Cass.*, 23 mai 1832, Joly.

4975. — ...Qu'un acte sous seing-privé non enregistré ne peut être opposé à la régie pour justifier une possession trentenaire et par suite la prescription des droits qu'à partir du jour où cet acte a acquis date certaine par le décès de l'un des signataires. — *Cass.*, 28 août 1809, Lamarre.

4976. — Lors même que l'acte sous seing-privé aurait acquis une date certaine, la prescription trentenaire ne s'oppose pas à ce qu'on exige le droit proportionnel si cet acte est présenté volontairement à l'enregistrement ; elle s'oppose seulement à ce que la régie puisse poursuivre le paiement des droits de cet acte dans le cas où il serait découvert par un préposé en suite de sa mention dans un autre acte ou autrement. — Décis. min. fin. 17 avr. 1834 ; délib. 13 fév. 1835.

4977. — Il y a prescription acquise contre la régie au profit de celui contre qui elle a décerné une contrainte à fin de paiement des droits dus pour une mutation secrète, s'il a une possession au moins trentenaire et non contestée des biens qui en sont l'objet. — *Cass.*, 6 nov. 1810, Sely.

4978. — Lors même que, par la présentation d'actes soumis à l'enregistrement, la régie n'a point été mise à portée de connaître une mutation secrète, son action en paiement des droits se prescrit par trente ans à compter du jour où l'acquéreur a pris possession des biens et a été inscrit au rôle de la contribution foncière. — *Cass.*, 24 juill. 1833, Trouvé.

4979. — Un tribunal qui refuse d'admettre la prescription trentenaire contre une demande de droits dus sur une mutation célée à la régie ne contrevient point aux art. 2227 et 2262, C. civ., lorsqu'il est établi devant lui par des pièces produites, et qu'il déclare en fait que le nouveau possesseur ne jouit même pas depuis vingt ans. — *Cass.*, 16 août 1819, Guitter-Demonti.

4980. — Les droits d'enregistrement dont les testamens sont passibles ne se prescrivent que par trente ans à compter du jour de l'ouverture de ces actes. — *Cass.*, 13 oct. 1806, Hérisson.

4981. — Mais le droit proportionnel sur les legs n'en demeure pas moins soumis à la prescription de cinq ans. — Décis. min. fin. 8 prair. an IX ; circ. 21 prair. an IX, 2013.

4982. — Les prescriptions particulières mentionnées en l'art. 61 ne s'appliquent qu'aux cas pour lesquels elles ont été établies. — On ne peut les opposer à l'action de la régie qui a pour objet de réclamer les droits dus sur un jugement soumis à l'enregistrement sur la minute et qui n'a point été présenté à la formalité dans les vingt jours de sa date. — *Cass.*, 10 août 1807, Garnier ; 20 janv. 1808, Gautier ; 25 avr. 1808, Bridoux ; 14 mai 1816, Vigier.

4983. — Cette action n'a d'autre terme que celui des prescriptions générales, c'est-à-dire de trente ans, quelque moyen que la régie ait eu de connaître l'existence du jugement. — *Cass.*, 14 mai 1816, Vigier.

4984. — Avant la loi du 16 juin 1824, jugé qu'encore bien que la recherche et la découverte des contraventions. de la part des notaires, à la loi du 25 vent. an XI puisse avoir lieu par le fait des agens de la régie, la durée de l'action appartenant au ministère public pour la répression de ces mêmes contraventions n'est point assujétie à la prescription de deux ans établie par l'art. 61, L. 22 frim. an VII. Cette action n'a d'autres bornes que celles que la loi générale assigne à toutes les autres actions civiles ordinaires. — *Cass.*, 5 déc. 1821, Allaire.

4985. — Jugé également que la prescription de trente ans est seule applicable : 1° à l'amende encourue par le notaire, pour n'avoir pas transcrit au bas de l'expédition d'un acte la mention littérale de l'enregistrement sur la minute. — *Cass.* 18 nov. 1816, Courtois ; — décis. min. fin. 7 juin 1808 ; instr. 386, n° 25.

4986. — ...2° Aux amendes encourues par un notaire pour défaut d'inscription sur son répertoire d'actes par lui reçus. — *Cass.*, 10 déc. 1806, Loucongain.

4987. — ...3° Aux amendes encourues par les notaires pour contravention à la loi du 25 vent. an XI. — *Cass.*, 24 juin 1813, Boucaud.

4988. — Mais depuis, en vertu de l'avis du conseil d'état du 18-22 fév. 1810, et de l'art. 14, L. 16 juin 1824, on n'a appliqué que la prescription de deux ans. — V. *supra* n°s 4788 et suiv.

4989. — L'action en paiement des amendes adjugées pour non-comparution au bureau de paix n'est prescriptible que par trente ans. — *Cass.*, 11 nov. 1816, Cunaud et Condrin ; 11 nov. 1808, Cunaud.

4990. — Les prescriptions établies par la loi du 22 frim. an VII ne s'appliquent pas aux amendes de fol-appel. En pareil cas, l'art. 2262, C. civ, est seul applicable. — *Bruxelles*, 4 oct. 1817, Benoit et Debœr.

4991. — La prescription pour le recouvrement des amendes en matière criminelle, correctionnelle et de police et des amendes forestières, ne se règle pas d'après la loi du 22 frim. an VII, elle est déterminée par les Codes d'instr. crim. et forest. — Instr. 12 oct. 1816, 748, et 16 janv. 1836, 1503.

4992. — Les droits sur la quittance définitive du quart des domaines engagés ne se prescrivent que par trente ans. — Délib. 9 août 1826.

4993. — L'action de la régie contre ses préposés au sujet de leur comptabilité ne se prescrit que par trente ans, bien que le déficit du comptable soit la suite de dilapidations pour raison desquelles une action criminelle avait été entamée et que cette action se trouve prescrite. — *Cass.*, 23 janv. 1822, Désormeaux ; — Mangin, *De l'action publique*, t. 2, nº 367.

4994. — Les trente ans ne commencent à courir que du jour où la gestion des préposés a cessé. — L. 5 sept. 1807 ; instr. 350.

Sect. 2e. — *Actes interruptifs et suspensifs de la prescription.*

4995. — On a déjà vu en partie, sous chacun des paragraphes de la section précédente, quand il y avait interruption ou suspension à l'égard de chacune des différentes espèces de prescriptions. Reste à voir quelques règles générales communes à toutes ces prescriptions.

4996. — En matière d'enregistrement, les principes du droit commun relatifs aux causes qui suspendent le cours de la prescription ne sont pas applicables sur les points où il y a des dispositions spéciales. — *Cass.*, 23 janv. 1839 (t. 1er 1839, p. 91), Sapet.

4997. — Dans le calcul d'une prescription, il faut partir du point où l'on prétend qu'elle commence et arriver au premier acte qui l'aurait fait cesser, sans s'attacher uniquement à un acte postérieur qui ne serait qu'un itératif commandement de payer. — *Cass.*, 23 avr. 1808, Bridoux.

4998. — Pour empêcher la prescription de l'action de la régie, il suffit que, dans l'année de la contrainte décernée contre le redevable, assignation lui ait été donnée devant un tribunal compétent. — *Cass.*, 19 juin 1809, Merland-Laguichardière.

4999. — La prescription est même interrompue par une demande en restitution de droits portée devant un tribunal incompétent, attendu qu'aux termes de l'art. 61, L. 22 frim., une demande signifiée et enregistrée avant le terme de la prescription en interrompt le cours, sauf ensuite à la partie à introduire une instance devant les juges compétens dans le délai d'une année si elle ne juge point convenable d'agir par pétition auprès de la régie même ou si le résultat de cette démarche ne la satisfait pas. — Délib. 21 août 1824.

5000. — La signification par acte d'huissier d'une demande en restitution, sans assignation devant un tribunal, interrompt la prescription. — Délib. 14 avr. 1819.

5001. — Les cohéritiers étant solidaires pour le paiement des droits de mutation par décès, il suffit que l'assignation donnée à l'un d'eux soit régulière pour que l'on ne puisse exciper de l'irrégularité des autres. — *Cass.*, 7 août 1807, Labaume-Montrevel.

5002. — La prescription n'est point interrompue par de simples réserves qui n'ont pas été suivies d'une action intentée en temps utile. — *Cass.*, 23 (et non 22) janv. 1809, Gavre.

5003. — Des actes extra-judiciaires renfermant des nullités ne peuvent interrompre la prescription. — *Cass.*, 14 août (et non déc.) 1811, Gatley.

5004. — La régie avait d'abord décidé que la prescription biennale contre la demande en restitution de droits formée par les parties n'était point, à l'égard du trésor, interrompue par des réclamations administratives ; qu'il fallait pour cela une demande signifiée et enregistrée dans les délais. — Déc. min. fin. 12 fév. 1811 ; instr. 21 fév. 1811, 509.

5005. — Depuis elle décida que la prescription était valablement interrompue : 1º par le visa, au secrétariat de l'administration, de l'exploit contenant demande en restitution, lors même que l'exploit ne serait enregistré qu'après l'expiration du délai. — Solut. 14 fév. 1817 ; 5 juill. 1820 ; 19 août 1823.

5006. — ... 2º Par une réclamation administrative, lorsque cette réclamation avait été enregistrée, soit au secrétariat du ministère des finances, soit à celui de la direction générale de l'enregistrement avant l'expiration du délai de deux ans. — Déc. min. fin. 27 sept. 1827 ; instr. 1226.

5007. — ... 3º Même par l'enregistrement pour ordre de la réclamation, fait au bureau où le droit contesté avait été perçu, et en cas d'urgence au bureau du chef-lieu de département. — Déc. min. fin. 2 mars 1831 ; instr. 1332.

5008. — ... 4º Par la lettre même d'un directeur qui ordonnait la restitution d'un droit, laquelle lettre constituait une solution administrative interrompant la prescription en faveur de la partie intéressée. En pareil cas, le remboursement pouvait être exigé pendant trente ans, à partir de la date du droit indûment perçu. — Solut. 22 déc. 1832.

5009. — Jugé dans le même sens que la réclamation administrative d'un droit d'enregistrement qu'on prétend illégalement perçu n'interrompt la prescription de l'action en restitution qu'autant qu'elle a été enregistrée ou au secrétariat du ministère des finances, ou à celui de la direction générale de l'enregistrement, dans les deux ans de la perception, conformément à la décision du ministre des finances, en date du 27 sept. 1827. — *Cass.*, 18 (et non 21) fév. 1833, Renaud.

5010. — Jugé au contraire que la prescription de deux ans établie en faveur de la régie, contre les demandes en restitution de droits indûment perçus, n'est point interrompue par une demande administrative qui a été rejetée. — *Cass.*, 14 (et non 19) janv. 1836, Charrier.

5011. — En conséquence de cet arrêt, les décisions de la régie ci-dessus rapportées ont été abrogées, sauf facilité accordée aux personnes qui avaient formé des réclamations administratives sur lesquelles il n'avait point encore été statué, de suspendre la prescription par les moyens établis par la loi jusqu'au 1er janv. 1837. — Déc. min. fin. 8 nov. 1836 ; instr. 1524.

5012. — Mais lorsqu'une restitution a été ordonnée dans le délai légal par une décision administrative, elle doit être réalisée avant comme après l'expiration de ce délai, lors même que sa demande n'aurait pas été signifiée ni enregistrée, et la prescription ne peut plus s'obtenir contre les parties que par le laps de trente ans. — Déc. min. fin. 22 juin 1825.

5013. — Une contrainte, nulle en ce qu'au lieu de requérir l'expertise pour insuffisance dans l'évaluation des revenus d'immeubles donnés, la régie aurait réclamé une somme pour supplément de droit, ne saurait interrompre la prescription de deux ans. — Délib. 13 fév. 1844.

5014. — La prescription de deux ans établie en faveur de la régie contre les demandes en restitution de droits indûment perçus n'est point interrompue par une saisie-arrêt dont la procédure, postérieurement au jugement de validité, a été suspendue pendant une année. — *Cass.*, 14 janv. 1836, Charrier.

5015. — En matière de restitution de droits indûment perçus, la prescription n'est pas suspendue par un jugement qui a rejeté la demande quant à présent, en déclarant l'action en restitution subordonnée à la production de pièces justificatives telles qu'une liquidation et un partage ; c'est en vain que le demandeur exciperait de l'impossibilité de rapporter à temps les pièces exigées, si, par appréciation des circonstances de la cause, les juges ont déclaré qu'il y avait négligence et morosité de sa part. — *Cass.*, 4 août 1835, Fontenilliat.

5016. — Une inscription aux hypothèques n'interrompt pas la prescription. — Délib. 4 mars 1816.

5017. — L'interruption civile de la prescription ne profite qu'à celui qui la forme. Lors donc que la régie a empêché que l'on ne prescrivît contre elle l'action en supplément de droits qui était ouverte à son profit, elle n'a pas interrompu par cela même, en faveur du contribuable, l'action en restitution des droits perçus qui pouvaient lui appartenir. — *Cass.*, 30 mars 1808, Copelle ; — décis. min. fin. 12 fév. 1814.

5018. — La transaction à laquelle le contribuable a consenti par suite de poursuites illégales n'empêche pas celui-ci d'invoquer la prescription, si cette prescription était déjà acquise au moment de la transaction, et si le contribuable ignorait que les poursuites fussent nulles.—Délib. 13 fév. 1844

CONSERVATEUR DES HYPOTHÈQUES.

Table alphabétique.

CONSERVATEUR DES HYPOTHÈQUES. — 1. — Préposé chargé de la tenue et de la conservation des registres destinés à constater les formalités hypothécaires.

§ 1er.—*Institution des conservateurs* (n° 2).

§ 2. — *Cautionnemens des conservateurs en France et dans les colonies* (n° 29).

§ 3. — *Obligations des conservateurs. — Tenue des registres et des bureaux* (n° 60).

§ 4. — *Traitement, remises et salaires du conservateur* (n° 115).

§ 5. — *Responsabilité des conservateurs.— Domicile compétence et procédure* (n° 177).

—

§ 1er. — *Institution des conservateurs.*

2. — Il y avait anciennement plusieurs sortes de conservateurs des hypothèques.

3. — Ainsi, un édit de mars 1706 avait créé dans chaque généralité un conservateur des hypothèques sur les offices qui pouvaient être exercés sans provision. L'abolition de la venalité des charges a entraîné la suppression de ces emplois.

4. — Les conservateurs des hypothèques sur les rentes étaient des officiers établis par un édit de mars 1673, pour la conservation des hypothèques que les particuliers pouvaient avoir sur les rentes dues par le roi à leurs débiteurs. Ces officiers ont

été supprimés avant que les rentes, par leur changement de nature, n'eussent été soustraites à l'hypothèque.

5. — L'édit de juin 1771 avait créé, dans chaque bailliage et sénéchaussée, des officiers nommés *conservateurs des hypothèques sur les immeubles* pour recevoir les oppositions des créanciers qui prétendaient quelque droit d'hypothèque ou de privilége sur les immeubles réels ou fictifs de leur débiteur. Ces officiers furent supprimés de droit par la loi du 9 messid. an III, art. 227; mais comme la mise en vigueur a été successivement différée, ce n'est réellement que par la loi du 11 brum. an VII, art. 1er, que les conservateurs institués par l'édit de 1771 ont été supprimés.

6. — La loi du 21 vent. an VII règle, d'après le nouveau régime hypothécaire, l'organisation de la conservation des hypothèques. Cette loi, jointe à certains articles du Code civil, forme toute la législation sur cette matière.

7. — Aujourd'hui, et d'après l'art. 1er de la loi du 21 vent. an VII, la conservation des hypothèques est remise à la régie de l'enregistrement; elle en confie l'exécution aux receveurs de l'enregistrement dans les lieux et suivant les formes déterminés par la loi. La direction générale de l'enregistrement doit donc donner des instructions pour assurer l'exécution des lois et la régularité des opérations hypothécaires.

8. — Les conservateurs des hypothèques, commissionnés dans le principe par la régie de l'enregistrement (L. 21 vent. an VII, art. 1er, no 12), doivent être aujourd'hui nommés directement par le ministre des finances, sur la proposition du directeur général de l'enregistrement et des domaines. — Ord. 3 juin 1831, art. 8. — Mais ils n'en restent pas moins soumis aux mêmes réglemens que les autres employés de l'administration de l'enregistrement.

9. — Il y a un bureau de la conservation des hypothèques par chaque arrondissement du tribunal civil de première instance. Il est placé dans la commune où siége le tribunal civil de première instance. — L. 21 vent. an VII, art. 2, et 7 vent. an VIII, art. 6 et 7.

10. — Cependant, par exception, le département de la Seine n'a qu'un tribunal de première instance; mais, à cause de sa nombreuse population, il a trois conservateurs des hypothèques, dont l'un pour Paris seulement, le second pour l'arrondissement de Saint-Denis, et le troisième pour l'arrondissement de Sceaux.

11. — Comme il est dit RÉP. PAL., vo COLONIES, no 359, la conservation des hypothèques a été organisée à la Martinique, à la Guadeloupe et à la Guyane, par ord. 14 juin 1829, et à l'île Bourbon, par les ord. 22 nov. 1829, et 7 sept.-22 nov. 1831. D'après l'art. 28 de la première de ces deux ordonnances, les fonctions de conservateurs sont remplies par les receveurs de l'enregistrement.

12. — Les conservateurs des hypothèques sont tenus de faire enregistrer leurs commissions au greffe du tribunal de l'arrondissement où ils sont placés, *avant d'entrer en fonctions*. Ils y prêtent le serment de remplir avec fidélité et exactitude les fonctions qui leur sont confiées. — L. 21 vent. an VII, art. 4. — V. RÉP. PAL., vo SERMENT DES FONCTIONNAIRES ET POLITIQUE.

13. — L'employé supérieur ou le receveur d'enregistrement qui est nommé conservateur, doit prêter un nouveau serment avant son installation. — Instruction génér. des dom. 10 nov. 1819, no 910; Despréaux, *Dict. génér. des hypoth.,* vo *Conservateur,* no 2.

14. — Mais il n'y a pas de nouveau serment à prêter quand un conservateur change seulement de bureau; il suffit alors qu'il fasse enregistrer l'acte de serment de sa première nomination au greffe du nouveau tribunal dans le ressort duquel il va exercer, et de justifier au directeur du département du versement de son cautionnement en numéraire. — Décis. min. just. et fin. 4 août 1820.

15. — En cas d'absence ou d'empêchement d'un préposé, il est suppléé par le vérificateur ou l'inspecteur de l'enregistrement dans le département, ou bien, à leur défaut, par le plus ancien surnuméraire du bureau; le conservateur demeure garant de la gestion du suppléant, sauf son recours contre celui-ci. — L. 21 vent. an VII, art. 12.

16. — Le conservateur des hypothèques est responsable du défaut de mention sur son registre de l'une des énonciations contenues dans les bordereaux d'inscription, lors même que cette omission ne procède pas de son fait, mais a été commise en son absence par un préposé de la régie qui était censé le remplacer. — *Bordeaux*, 24 juin 1813, Moulinard c. Pouyadon. — Grenier, t. 2, no 524.

17. — S'il y a vacance d'un bureau, par mort ou autrement, le cas de démission excepté. le bureau est rempli provisoirement par le vérificateur ou l'inspecteur de l'enregistrement, ou bien, à leur défaut, par le plus ancien surnuméraire du bureau, lesquels (à la différence du numéro précédent) demeurent responsables de leur gestion. La régie pourvoit sur-le-champ à la place vacante. — L. 21 vent. an VII, art. 13.

18. — Nul préposé démissionnaire ne peut quitter ses fonctions avant l'installation de son successeur, à peine de répondre de tous les dommages-intérêts auxquels la vacance momentanée du bureau pourrait donner lieu. — L. 21 vent. an VII, art. 14.

19. — L'employé appelé à régir une conservation des hypothèques, doit, avant de signer l'inventaire du bureau, s'assurer que tous les registres de formalités hypothécaires, tous les volumes de la table du répertoire, et tous ceux du répertoire existent réellement. — Hervieu, *Résumé de jurisp. hypoth.,* vo *Conservateur,* no 4; Despréaux, vo *Conservateur,* no 3.

20. — Jugé, en effet, que lorsqu'un conservateur est empêché de délivrer un certificat de transcription, parce que son prédécesseur a négligé de tenir un répertoire, comme le voulait la loi, et lorsque par suite il est actionné en dommages et intérêts, il ne peut recourir en garantie contre les héritiers de son prédécesseur, s'il leur a donné sans réserve un récépissé de tous les registres et répertoires que les conservateurs sont chargés de tenir. — *Cass.*, 22 fév. 1831, Roux c. Lesueur.

21. — Les fonctions des conservateurs des hypothèques sont incompatibles avec celles de juges ou suppléans, de juges de paix et avec celles de maires et adjoints. — Décis. min. fin. 15 avr. 1820; ordres généraux de la régie, art. 40; — Hervieu, vo *Conservateur,* no 17.

22. — Dans les travaux provoqués par la circulaire de M. Martin (du Nord), garde des sceaux, en date du 7 mai 1841, sur la réforme hypothécaire, on trouve relativement à la conservation des hypothèques, des propositions d'organisation sur des bases nouvelles et de changement de circonscription.

23. — On a émis, dans le sein de la cour royale d'Angers, une opinion qui n'a pas été adoptée par cette cour et d'après laquelle tout receveur de l'enregistrement serait en même temps conservateur des hypothèques, en sorte que la circonscription territoriale serait établie par canton et par arrondissement; qu'en outre, les registres hypothécaires seraient tenus au domicile des débiteurs et au canton de la situation des biens et complétés dans l'un et l'autre bureau au moyen de renvois expédiés par le préposé qui aurait enregistré l'acte.

24. — Les cours royales de Bastia, de Dijon, Grenoble, Metz, Montpellier et Nancy ont indiqué un système dont l'enregistrement serait le pivot et autour duquel viendraient se grouper les travaux du cadastre ou des contributions directes, de façon que tous ces documens concourussent pour établir la situation de chaque propriétaire relativement à son crédit immobilier.

25. — L'agent de l'enregistrement auquel presque tous les contrats translatifs de propriété sont soumis dans un délai très voisin de leur date, et entre les mains duquel sont acquittés les droits dus au fisc pour la mutation et la transcription, ferait, selon les cours de Bastia et de Nîmes, d'office la transcription s'il y avait autant de bureaux d'hypothèques qu'il y a de cantons; on expédierait l'acte au bureau central d'arrondissement, si l'on n'augmentait pas le nombre actuel des bureaux de conservation des hypothèques.

26.—D'après un autre plan exposé par la faculté de droit de Caen, les inscriptions seraient prises et les certificats délivrés, non sur les personnes, mais sur l'immeuble dont les opérations du cadastre ont précisé les parcelles par section et par numéro, en sorte qu'à côté des registres des transcriptions et des inscriptions hypothécaires, il serait établi des registres où chaque parcelle cadastrale aurait un compte ouvert au numéro sous lequel elle figure au plan cadastral.— Documens sur le régime hypothécaire publiés par ordre de M. Martin (du Nord), garde-des-sceaux, t. 1er, p. 400.

27.—Mais la cour de Cassation a considéré que le cadastre serait une base souvent inexacte et toujours incertaine de la délimitation des propriétés et de l'état des propriétaires, que dans la pratique les contrats sont la meilleure et la plus sûre base d'un tableau fidèle de la possession, de la propriété et des limites des immeubles, et que si des renseignemens verbaux recueillis par les ingénieurs, les arpenteurs-géomètres et les commis étaient suffisans pour la formation des rôles des contributions, sauf les réclamations des contribuables, ils ne sauraient suffire pour constituer le grand livre des propriétés immobilières. Par suite la cour de Cassation a arrêté que les dispositions du Code civil qui déterminent les formalités hypothécaires sont sages et qu'il serait plutôt nuisible qu'utile d'y faire des changemens. — Docum. *relatifs au régime hypothéc.*, t. 2, p. 475.

28. — Le moment n'a pas paru à la faculté de droit de Strasbourg être encore venu pour tenter des innovations pareilles à celles qui étaient proposées. Cette faculté a d'ailleurs combattu le système tendant à introduire l'inscription pour chaque parcelle cadastrale, comme ayant l'inconvénient de rester incomplet, quant aux mutations *ab intestat* que personne n'a prétendu soumettre à la transcription.

§ 2.—*Cautionnemens des conservateurs en France et dans les colonies.*

29. — Les conservateurs des hypothèques étant soumis à des obligations envers l'état et envers les tiers sont tenus de fournir deux cautionnemens, l'un en numéraire pour garantie de leur gestion envers le trésor (L. 7 vent. an VIII et 28 avr. 1816, ord. 25 juin 1835); l'autre en immeubles. Ce dernier cautionnement demeure spécialement et exclusivement affecté à la responsabilité du conservateur pour les erreurs et omissions dont la loi le rend garant envers les citoyens. — L. 21 vent. an VII, art. 5 et 8; circ., no 1539.

30.— Comme on l'a dit (RÉP. PAL., vo CAUTIONNEMENT [fonctionnaires, etc.], no 38), la loi du 28 avr. 1816, art. 26, statue que le cautionnement en numéraire des conservateurs des hypothèques serait établi suivant le tableau no 5 annexé à cette loi et par conséquent variable selon les localités.

31. — Le cautionnement en immeubles est de 20,000 fr. pour une population de 50,000 individus et au-dessous; de 30,000 fr. pour une population de 50,000 à 100,000 individus; de 40,000 fr. pour une population de 100,000 à 150,000 individus; de 50,000 fr. pour une population de 150,000 à 200,000 individus et au-dessus.— Il est de 100,000 fr. pour la commune de Paris. — L. 21 vent. an VII, art. 11.

32.—Pour les nouveaux conservateurs, le chiffre est fixé d'après le dernier recensement de la population. Les conservateurs en exercice n'ont rien à ajouter à leur cautionnement, à raison de l'augmentation que le recensement pourrait révéler. Ils ne sont tenus de fournir un supplément de cautionnement qu'autant que l'augmentation de population résulterait de l'adjonction à la circonscription du bureau des hypothèques d'un canton ou d'une commune.— Décis. min. fin. 29 juill. 1806 et 22 oct. 1828; instr. gén. 11 sept. 1806, no 316, et 8 nov. 1828, no 1260.

33. — Les maisons qui composent ce cautionnement en immeubles doivent être assurées contre l'incendie, lors même que cette obligation n'aurait pas été imposée par les jugemens prononçant l'ad-

mission des cautionnemens. — Décis. min. fin. 3 sept. 1831; instr. gén. 20 sept. 1831, no 1382.

34. — L'acte qui établit le cautionnement doit être passé devant notaire; il est enregistré moyennant le droit fixe d'un franc.—L. 21 vent. an VII, art. 2; instr. gén. 4 juin 1822, no 1045.

35. — Aux termes d'une circulaire du ministre de la justice, du 1er juin 1822, l'acte de cautionnement doit exprimer la qualité de celui qui fournit le cautionnement, l'objet, la durée, l'étendue du cautionnement, la nature, la valeur, l'origine des immeubles hypothéqués, s'ils sont libres, si le prix en a été payé, si les formalités de purge ont été remplies. Lorsque ces immeubles sont grevés de l'hypothèque légale de la femme, celle-ci doit intervenir à l'acte et faire, jusqu'à due concurrence, le transport de son hypothèque légale.

36 — Le cautionnement en immeubles d'un conservateur fourni par lui-même ou par un tiers, ne peut être limité soit à un nombre d'années déterminé, soit à la gestion d'un seul bureau. Il doit être consenti pour toute la durée des fonctions et dix ans après. — Décis. min. fin. et just. 17 oct. 1840; instr. gén. 31 oct. 1840, no 1619.

37. — Le cautionnement est reçu par le tribunal civil de la situation des biens, contradictoirement avec le procureur du roi. — L. 21 vent. an VII, art. 5.

38.— Le conservateur est tenu de faire recevoir son cautionnement et d'en justifier à la régie dans le mois de l'enregistrement de sa commission; il doit déposer dans le même délai une expédition de la réception dudit cautionnement au greffe du tribunal civil dans l'arrondissement duquel il remplit ses fonctions. — L. 21 vent. an VII, art. 6.

39. — L'inscription du cautionnement est faite à la diligence et aux frais du conservateur. — L. 21 vent. au VII, art. 7.

40. — L'art. 7, L. 21 vent. an VII, disposait, par son second alinéa, que l'inscription subsistait pendant toute la durée de la responsabilité du conservateur, sans avoir besoin d'être renouvelée. Mais l'art. 2154, C. civ., ayant décidé que toutes les inscriptions, indistinctement, se périmeraient par dix ans, il en résulte que les conservateurs sont tenus de renouveler les inscriptions sur leurs cautionnemens et sur ceux de leurs prédécesseurs, avant l'expiration du délai de dix ans.—Avis cons. d'état 18 avr. et 4 juin 1809; instr. gén. 8 août 1809, no 445; 1er juill. 1821, no 386, et 12 mars 1833, no 1420.

41 —Si ce renouvellement n'a pas été fait avant les dix ans, et que de nouvelles hypothèques militant au profit des tiers soient venues grever les immeubles, le conservateur ou ses héritiers sont tenus de fournir un nouveau cautionnement ou un supplément de cautionnement. — Même instr.

42. — Tout employé nommé à une conservation par suite de décès, retraite, révocation, est obligé de renouveler l'inscription prise sur les biens affectés à la garantie de la gestion du conservateur qu'il remplace, dans les trois mois, à partir du jour où ce dernier a cessé ses fonctions. — Instr. gén. 12 mars 1822, no 1420. — Hervieu, vo *Conservateur*, no 20.

43. — Le passage d'un bureau dans un autre n'emporte pas l'obligation d'un nouveau cautionnement : celui déjà fourni subsiste pour le nouveau bureau, sauf à suppléer s'il y a lieu. — L. 21 vent. an VII, art. 10.

44. — A chaque mutation d'emploi de conservateur, une copie de l'acte de cautionnement qui a été souscrit, ou de celui préexistant, et dont on proposera de continuer l'effet, doit être adressée au directeur général de la régie. Le directeur du département y joint ses observations et fait connaître les dates tant de la réception du cautionnement par le tribunal de la situation des biens, que du dépôt de l'acte de réception au greffe du tribunal, dans l'arrondissement duquel le conservateur exerce ses fonctions, et de l'inscription prise au bureau des hypothèques de la situation.— Instr. gén. 1er juill. 1821, no 986.

45.—Un cautionnement peut être remplacé par un autre; mais lorsqu'un nouveau cautionnement substitué à l'ancien dans tous ses effets est reçu par le tribunal de la situation des biens, contradictoirement avec le procureur du roi, et inscrit aux hypothèques, la radiation de l'inscription prise en vertu du dernier cautionnement ne peut être opérée qu'autant que le jugement qui admet le nouveau cautionnement a acquis force de chose jugée. — Inst. gén. 1er juin 1811, no 526.

46. — Le cautionnement est affecté à la responsabilité du conservateur pendant toute la durée des fonctions de ce préposé et même dix ans après ; passé ce délai, les biens servant de cautionnement sont affranchis, de plein droit, de toutes actions de recours qui n'auraient pas été intentées dans cet intervalle. — L. 21 vent. an VII, art. 8.

47. — Le conservateur qui, dix ans après la cessation de ses fonctions, veut obtenir la radiation de l'inscription prise sur les immeubles affectés à son cautionnement, doit justifier qu'aucune circonstance ne s'oppose à l'affranchissement de plein droit mentionné dans l'art. 8, L. 21 vent. an VII ; à cet effet, il est tenu de produire : 1o un certificat délivré par le directeur de l'enregistrement du département où il a exercé ses fonctions et légalisé par le préfet, constatant le jour précis où il a cessé ses fonctions ; — 2o un deuxième certificat délivré par le greffier du tribunal civil de la situation du bureau et légalisé par le président dudit tribunal, constatant que ce tribunal ne se trouve saisi d'aucune action en responsabilité et garantie contre le conservateur et sur les biens affectés au cautionnement ; sur le vu de ces pièces, le tribunal de la situation des biens prononce la radiation. — Décis. min. just. 5 avr. 1825.

48. — Lorsqu'un conservateur a délivré un certificat constatant faussement qu'il n'y a pas d'inscription sur un immeuble qu'il avait vendu, ce n'est pas là un fait de charge, dont les cautions du conservateur soient responsables. — *Paris*, 13 nov. 1811, Sulaine c. Beffroy.

49. — Les cautions hypothécaires d'un conservateur ne sont obligées par les faits de charge que jusqu'à concurrence de la somme désignée dans l'acte de cautionnement, et non personnellement, à moins de stipulation contraire. — *Paris*, 31 août 1847 (t. 1er 1841, p. 327), Duperret et Treignac c. Bruyer-Drouot.

50. — La loi du 21 vent. an VII, art. 7, en accordant aux créanciers d'un conservateur des hypothèques, pour faits de charge, une action en recours, laquelle peut être intentée pendant le délai des dix années qui suivent la cessation des fonctions du conservateur, n'a pas réduit les créanciers, pendant le délai précité, au droit de mettre simplement en demeure la caution afin d'éviter la déchéance. — Dans ce cas, comme en règle générale, le créancier porteur d'un titre exécutoire est investi d'un droit d'exécution immédiate sur les biens affectés au cautionnement. — *Paris*, 22 août 1839 (t. 1er 1841, p. 328), Duperret c. Bruyer-Drouot.

51. — *Colonies*. — Pour les préposés remplissant dans les colonies les fonctions de conservateurs des hypothèques, leur cautionnement peut être fourni soit en immeubles situés en France ou dans les colonies, soit en rentes sur l'état, ou en actions de la banque de France ou de celles des colonies. — Ord. 14 juin 1829, art. 34 ; — Despréaux, vo *Colonies*, no 34.

52. — Leur cautionnement ne peut être consenti que par acte authentique. S'il est fourni en immeubles, il est reçu par le tribunal de première instance de leur situation, contradictoirement avec le procureur du roi près ce tribunal. Les pièces établissant la valeur de l'immeuble sont produites par le conservateur. — Ord. 14 juin 1829, art. 35 ; — Despréaux, vo *Colonies*, no 35.

53. — Si le cautionnement est fourni en rentes sur l'état ou en actions de la banque de France ou de celles des colonies, il est reçu dans la même forme par le tribunal de première instance du lieu de la résidence du conservateur, sur la justification préalable que lesdites rentes ou actions ont été immobilisées ou affectées spécialement au cautionnement. — Ord. 14 juin 1829, art. 36.

54. — Le conservateur est tenu de faire recevoir son cautionnement dans les délais suivants, savoir : 1o dans un mois, si le cautionnement doit être reçu par un tribunal de la colonie ; — 2o dans trois mois, si le cautionnement consiste en immeubles situés hors de la colonie. Ces délais courent du jour de l'enregistrement de la commission du conservateur au greffe du tribunal de première instance du lieu de sa résidence. — Ord. 14 juin 1829, art. 37.

55. — Si le cautionnement a été reçu par un tribunal autre que celui du lieu de la résidence du conservateur, l'expédition tant de l'acte de cautionnement que du jugement de réception est déposée au greffe du tribunal de cette résidence, à la diligence du conservateur, dans le mois, à partir de la date de ce paiement s'il a été rendu dans la colonie, et dans les trois mois à partir de la même date s'il a été rendu hors de la colonie. — Ord. 14 juin 1829, art. 38.

56. — Dans tous les cas, l'expédition tant de l'acte de cautionnement que du jugement de réception est adressée par le conservateur au directeur de l'intérieur de la colonie dans les délais prescrits par les art. 37 et 38 précités. — Ord. 14 juin 1829, art. 39.

57. — Immédiatement après la réception de son cautionnement, le conservateur est tenu de prendre inscription sur les immeubles affectés à ce cautionnement et de la renouveler six mois avant l'expiration de chaque période de dix ans. Le double du bordereau d'inscription et de renouvellement est adressé par le conservateur au directeur de l'intérieur. — Ord. 14 juin 1829, art. 40.

58. — Si le conservateur vient à passer d'un bureau à un autre, le premier cautionnement continue de subsister, sauf à le compléter, en cas d'insuffisance, dans les formes prescrites pour la réception du cautionnement. Toutefois, si le cautionnement a été fourni par un tiers et seulement pour un bureau déterminé, le conservateur doit rapporter le consentement de la caution à la nouvelle affectation. Ce consentement est donné par acte authentique, dans le délai d'un mois si la caution demeure dans la colonie, et dans le délai de six mois si elle demeure hors de la colonie. — Ces délais courent du jour de l'enregistrement de la nouvelle commission du conservateur au greffe du tribunal de première instance du lieu de la nouvelle résidence. En vertu du consentement de la caution, il est pris une nouvelle inscription sur les immeubles affectés ; si le cautionnement consiste en rentes sur l'état ou en actions de la banque de France, le conservateur est tenu d'y faire mentionner, dans les délais d'un mois ou de six mois ci-dessus fixés, que ces effets continuent d'être affectés à la garantie des nouvelles fonctions du conservateur, et il doit justifier au directeur de l'accomplissement de cette formalité.

59. — La main-levée des inscriptions ne peut être ordonnée que par le tribunal qui a reçu le cautionnement. La requête en main-levée présentée après dix années, à partir de la cessation des fonctions du conservateur, sera appuyée : 1o d'un certificat du directeur de l'intérieur constatant le jour précis de cette cessation ; — 2o d'un certificat du greffier du tribunal de première instance du lieu de la résidence du conservateur constatant qu'il n'existe aucune poursuite personnelle en garantie contre le conservateur ni aucune action sur les biens affectés. — Si les immeubles affectés ne sont pas situés dans l'arrondissement du tribunal du lieu de la résidence du conservateur, il doit être en outre produit un certificat, dans la même forme, du greffier du tribunal de la situation desdits immeubles. — Ord. 14 juin 1829, art. 45.

§ 3. — *Obligations des conservateurs. — Tenue des registres et des bureaux.*

60. — Les conservateurs des hypothèques sont chargés : 1o de l'exécution des formalités civiles prescrites pour la conservation des hypothèques et la consolidation des mutations des propriétés immobilières ; — 2o de la perception des droits établis au profit du trésor public pour chacune de ces formalités.

61. — Les diverses formalités dont on vient de parler sont les inscriptions, soit d'office, soit sur réquisition des intéressés, des privilèges et hypothèques, les transcriptions d'actes de mutation ou de procès-verbaux de saisie immobilière, l'enregistrement des dénonciations de ces actes et des notifications de placards, les mentions de chan-

gemens de domicile, de subrogation et autres, la délivrance de copies d'actes transcrits, d'états d'inscriptions, de certificats négatifs, les radiations, etc. — V. RÉP. PAL., v[is] ÉTAT D'INSCRIPTIONS, HYPOTHÈQUE, INSCRIPTION HYPOTHÉCAIRE, ORDRE, PURGE, RADIATION, SAISIE IMMOBILIÈRE, TRANSCRIPTION.

62. — Les conservateurs sont tenus, à peine de destitution et de dommages-intérêts, de prendre une inscription au profit du trésor public, au vu des actes translatifs de propriété que peuvent passer tous receveurs généraux et particuliers, ainsi que les payeurs des armées, des ports et des départemens, et tous receveurs trésoriers et payeurs du trésor de la couronne. — L. 5 sept. 1807, art. 7; avis cons. d'état 14 fév. 1808; instr. gén. 15 nov. 1807, n° 350; 22 juill. 1809, n° 442; 4 nov. 1814, n° 663; 5 déc. 1818, n° 868. — Toutes les fois qu'il y a lieu de prendre inscription contre ces divers comptables, il est dressé trois bordereaux, dont un est transmis à l'agent judiciaire du trésor, un autre est adressé au procureur du roi près le tribunal d'où ressortit le bureau des hypothèques, et le troisième reste déposé au bureau du conservateur. — Hervieu, *Résume de jur. hyp.*, v° *Conservateur*, n° 18.

63. — Le conservateur des hypothèques ne peut délivrer un certificat de *non inscription* dans une affaire qui le concerne personnellement. — *Paris*, 22 janv. 1810, Sutaine c. Beffroy. — La loi du 11 brum. an VII et le Code civil avaient gardé le silence sur le cas qui fait l'objet de cet arrêt. — On trouve seulement, dans l'art. 12. L. 21 vent. an VII, une disposition qui veut qu'en cas d'absence ou d'*empêchement*, le conservateur soit remplacé par un inspecteur, un vérificateur ou un surnuméraire; mais l'empêchement dont parle cette loi doit-il s'entendre des empêchemens moraux ou seulement des empêchemens physiques?—M. Troplong (t. 4, n° 999), M. Persil (*Régime hypoth.*, art. 2196, n° 5) et Grenier (*Tr. des hypoth.*, t. 2, p. 477) adoptent les principes de cet arrêt Ces jurisconsultes comparent avec raison le conservateur au notaire, qui ne pourrait être le ministre des conventions qui le concerneraient personnellement. Leur intérêt privé rend suspecte la déclaration qu'ils font en faveur de leur libération, et ils cessent d'être fonctionnaires publics quand c'est leur propre affaire qu'ils traitent.

64. — C'est parce qu'il n'y avait pas les mêmes raisons de suspicion qu'on a décidé qu'une inscription prise sur les biens d'un conservateur des hypothèques ne peut être annulée par cela seul que ce conservateur a reçu lui-même les bordereaux et les a portés sur son registre. — *Paris*, 13 nov. 1811, Sutaine c. Beffroy.

65. — ... Et qu'il peut transcrire des inscriptions ou délivrer des certificats sur lui-même. — Si donc un conservateur délivre un certificat incomplet sur lui-même, c'est là un fait de charge dont ses cautions sont responsables. — *Paris*, 31 août 1837 (t. 1er 1841, p. 327), Duperret c. Bruyer.

66. — Dans aucun cas, les conservateurs ne peuvent refuser ou retarder la transcription des actes de mutation, l'inscription des droits hypothécaires ni la délivrance des certificats requis, sous peine de dommages-intérêts des parties; à l'effet de quoi procès-verbaux du refus ou retardement seront, à la diligence des requérans, dressés sur-le-champ, soit par un juge de paix, soit par un huissier audiencier du tribunal, soit par un autre huissier ou un notaire assisté de deux témoins. — C. civ., art. 2199.

67. — L'art. 54, L. 11 brum. an VII, portait une disposition presque identique dans sa première partie. Mais elle exigeait que les actes requis *fussent requis conformément aux lois;* et des conservateurs avaient conclu de ce texte qu'une irrégularité dans les bordereaux leur donnait le droit de refuser l'inscription. Aujourd'hui, en présence de la rédaction absolue du Code, les conservateurs des hypothèques ne peuvent, dans aucun cas, refuser ni retarder une formalité. — Seloire et Carteret, *Encycl. du dr.*, v° *Conservateur des hypothèques*, n° 35.

68. — Ainsi le conservateur n'est pas juge de la validité des actes dont la transcription est requise, et il suffit qu'un acte emporte mutation, fût-il sous

seing-privé, pour qu'il soit tenu d'en opérer la transcription.

69. — Cependant le conservateur des hypothèques n'est pas tenu de transcrire l'expédition d'un contrat de vente qui n'est pas la copie fidèle de la minute, et dans laquelle, notamment, plusieurs clauses de la vente ont été omises. — *Orléans*, 6 juin 1839 (t. 2 1839), p. 393, Transon c. Androu et Enreg. — V. au surplus TRANSCRIPTION (droits de), n°s 101 et suiv.

70. — Egalement un conservateur des hypothèques peut se refuser à transcrire un procès verbal d'adjudication devant notaire, lequel lui est représenté par l'un des adjudicataires non en entier, mais par extrait. — Vainement cet adjudicataire alléguerait-il qu'il ne saurait être tenu de faire transcrire ce qui concerne les autres acquéreurs, et lui est conséquemment étranger.—*Paris*, 28 juin 1840 (t. 2 1840, p. 127), Enreg. c. Legros.

71. — Il est défendu aux conservateurs de prévenir les créanciers des dispositions légales que ceux-ci ne doivent pas ignorer. — Décis. du cons. de l'admin. des dom. 27 nov. 1828; — Despréaux, v° *Conservateur*, n° 17.

72. — Il n'a pas non plus à relever les inexactitudes que peuvent contenir les bordereaux dont des créanciers requièrent l'inscription. Il doit se borner à les reproduire sur ses registres fidèlement, même avec les irrégularités dont ils peuvent être entachés.

73. — Le conservateur des hypothèques n'est pas, en principe, juge du mérite des inscriptions ni de leur validité intrinsèque au point de vue d'un état dont la délivrance lui est demandée. — *Paris*, 21 avr. 1842 (t. 1er 1842, p. 565), Perrault c. Gallos; 18 janv. 1845 (t. 1er 1845, p. 115), Ardant du Pic c. Lefortier.

74. — C'est en les circonscrivant dans ce rôle purement passif et pour empêcher aussi que le public ne se méprenne sur l'étendue de la responsabilité qui résulte, à la charge des conservateurs, des fonctions que la loi leur attribue, qu'il leur a été défendu, ainsi qu'à leurs commis, de dresser des bordereaux d'inscription. — Décis. min. fin. 11 août 1828; instr. gén. 22 août 1828, n° 1253; — Hervieu, *Rés. de jurisp. hyp.*, v° *Conservateur*, n° 13.

75. — Quelque impérieuse que soit la disposition de l'art. 2199, C. civ., nous pensons cependant que le conservateur serait fondé à refuser la transcription d'un acte ou l'inscription d'un bordereau qui, par leur nature, ne rentreraient pas dans la classe des actes indiqués dans cet art. 2199.

76. — A plus forte raison, le conservateur a intérêt et qualité pour s'assurer si celui qui a consenti une radiation d'hypothèque avait capacité à cet effet, et en cas de contestation il peut et doit, dans l'intérêt de sa responsabilité, déférer à la justice la question relative à cette capacité.—*Cass.*, 9 juin 1841 (t. 2 1841, p. 33), Souffron c. Catalogue.— V. au surplus RÉP. PAL., v° RADIATOIN D'INSCRIPTION.

77. — « Les conservateurs, porte l'art. 2200, C. civ., seront tenus d'avoir un registre sur lequel ils inscriront jour par jour et par ordre numérique les remises qui leur seront faites d'actes de mutation pour être transcrits, ou de bordereaux pour être inscrits: ils donneront au requérant une reconnaissance sur papier timbré qui rappellera le numéro du registre sur lequel la remise aura été inscrite, et ils ne pourront transcrire les actes de mutation ni inscrire les bordereaux sur les registres à ce destinés, qu'à la date et dans l'ordre des remises qui leur en auront été faites. »

78. — On comprend que, si la formalité hypothécaire requise par un particulier pouvait s'accomplir à l'instant même où elle est requise, il n'y aurait pas besoin de délivrer à la partie la reconnaissance sur papier timbré dont parle l'art. 2200, C. civ.; mais comme il n'en peut presque jamais être ainsi, et que d'ailleurs c'est le conservateur qui peut être seul juge, soit du temps que peut employer une opération, soit de son concours avec les formalités requises par d'autres personnes, il a été décidé avec raison que le conservateur peut obliger le requérant à prendre la reconnaissance et à payer le timbre. Cette pièce une fois délivrée, sa représentation est nécessaire pour réclamer l'acte inscrit ou transcrit. — Décis. min. just.

et fin. 14 et 28 vent. an XIII; décis. min. fin. 8 août 1821; 22 août 1823; lett. du dir. gén. 25 sept. 1827; instr., 1303, § 24.

79. — Les bulletins ainsi représentés par les parties doivent être conservés par le préposé, qui, à défaut de représentation du bulletin, doit faire souscrire par les parties, à la marge du registre de dépôt, une décharge constatant le retrait des pièces. — Instr. gén. 17 juin 1835.

80. — La publicité étant une des principales bases de notre système hypothécaire, les conservateurs des hypothèques sont tenus de délivrer à tous ceux qui le requièrent copie des actes transcrits sur leurs registres et celle des inscriptions subsistantes ou certificats qu'il n'en existe aucune. — C. civ., art. 2196.

81. — Le conservateur doit délivrer l'état des inscriptions qui lui est demandé même immédiatement après la transcription du contrat de vente. — Décis. min. just. 21 sept. 1808.

82. — Toutefois, l'instr. gén. 11 sept. 1806, no 316, qui, inspirée principalement par un intérêt de fiscalité, a eu pour but d'augmenter les revenus du trésor, mais qui cependant peut être, jusqu'à un certain point, considérée comme une restriction apportée au principe de la publicité des registres, a condamné l'usage qui s'était introduit dans certains bureaux de donner aux requérans la communication matérielle et directe des registres; en conséquence, elle a défendu aux conservateurs de donner cette communication de leurs registres et de laisser prendre ou de donner aucune note. — Instr. gén. 11 sept. 1806, no 316.

83. — Les conservateurs ne sont tenus que de délivrer *des copies* des inscriptions qui se trouvent sur leurs registres; on ne peut exiger d'eux qu'ils en délivrent des *extraits* ou *analyses*. — Solut. 19 déc. 1831; Hervieu, v° *Conservateur*, n° 31.

84. — La cour royale de Montpellier, dans ses observations sur le régime hypothécaire, a exprimé le vœu qu'en attendant que le cadastre pût recevoir une organisation plus développée et concourir, avec les registres des conservations hypothécaires, à la manifestation des mutations et des charges de la propriété, on donnât plus d'extension à la publicité des registres hypothécaires en autorisant des recherches analogues à celles qui se pratiquent dans les greffes; et moyennant une rétribution modérée, ces recherches n'auraient pour objet que de fournir à toute partie requérante soit l'assurance qu'il n'existe pas de charges, soit l'indication de l'importance approximative des charges existantes, sans détail. Le détail positif des charges et la désignation de la nature des créances et de la personne des créanciers continueraient à n'être donnés que dans les extraits en forme auxquels seuls serait attachée la responsabilité des conservateurs. Ce serait, suivant la cour de Montpellier, une amélioration importante, puisqu'on ne serait plus, comme aujourd'hui, dans l'alternative de traiter sur des conjectures fournies par les notaires ou les parties intéressées et acceptées de confiance, ou de prendre avant de traiter un extrait fort coûteux. — *Docum. relatifs au rég. hypothéc.* t. 3, p. 493.

85. — Les conservateurs ne sont tenus que d'obtempérer qu'aux réquisitions qui en sont faites par écrit (Déc. min. just. et fin., 16 janv. 1841; Instr. 1751, §1), à moins que la partie requérante ne déclare ne savoir signer, auquel cas le conservateur est tenu de transcrire, en tête des copies, états ou certificats délivrés, les termes dans lesquels la demande a été faite; à défaut par la partie de se conformer à cette demande, le conservateur ne doit pas déférer à sa réquisition. Ce genre de réquisition n'est pas soumis au timbre; ces réquisitions doivent être annotées du numéro de l'article du registre des salaires où sont inscrits la copie, l'état ou le certificat délivré; elles sont enliassées par ordre de date et de réception, et représentées aux employés supérieurs lors des vérifications.—Instr. gén. 17 janv. 1841, no 1626.

86. — La faculté de droit de Caen, pour prévenir la délivrance d'inscriptions ou de réalisations inutiles à connaître, voudrait que le conservateur ne pût pas excéder la réquisition écrite qui lui serait adressée par celui qui veut avoir copie d'actes transcrits ou d'inscriptions. — *Docum. relatifs au rég. hypoth.*, t. 5, p. 498.

87. — Une instruction générale du 29 déc. 1829, no 1303, décide qu'on ne peut exiger d'un conservateur le certificat qu'une inscription n'a pas été renouvelée dans les six mois de sa date. Cette instruction reconnaît, au surplus, que la question est du ressort des tribunaux.

88. — Les conservateurs sont obligés de tenir : 1o un registre de dépôt sur lequel ils inscrivent jour par jour et par ordre numérique les remises qui leur sont faites d'actes de mutation pour être transcrits, ou de bordereaux pour être inscrits C. civ. (art. 2200-2203). — 2o un registre des inscriptions sur lequel sont portés les bordereaux d'inscription des privilèges et hypothèques; — 3o un registre de transcription pour transcrire en entier les actes translatifs de propriété d'immeubles soumis à cette formalité.— C. civ., art. 2184 et 2203.

89. — Le conservateur tiendra, en outre, un registre destiné à la transcription des procès-verbaux des saisies immobilières des biens situés dans l'arrondissement. — C. pr. civ., art. 678.

90. — Outre les registres mentionnés en l'art. 46, L. 21 vent. an VII, et rappelés ci-dessus (nos 88 et 89), les préposés tiendront un registre sur *papier libre*, dans lequel seront portés par extrait au fur et à mesure des actes, sur le nom de chaque grevé et à la case qui lui sera destinée, les inscriptions à sa charge, les transcriptions, les radiations et les autres actes qui le concernent, ainsi que l'indication des registres où chacun de ces actes sera porté, et les numéros sous lesquels ils seront consignés (art. 48). — Ce livre, qu'on appelle *Répertoire des formalités hypothécaires*, est accompagné d'une *table alphabétique* des noms des individus qui figurent dans ce répertoire.

91. — A ce registre, sur lequel sont portés les noms des individus sur lesquels il a été pris inscription, la Faculté de droit de Caen, qui a proposé l'inscription sur parcelle, substitue des registres indiquant pour chaque commune de l'arrondissement les sections et numéros des parcelles, leur contenance et leur nature. Ces registres serviraient de tables, et de simples renvois aux inscriptions et aux réalisations feraient connaître en peu de temps, selon la faculté, de quelles dettes la parcelle est grevée et quels en ont été les propriétaires successifs.— *Doc. relatifs au rég. hypoth.*, t. 3, p. 495.

92. — Le conservateur qui possède des élémens ou documens servant d'auxiliaires à ses pièces officielles est tenu, quel que soit leur titre, de les remettre à son successeur sans indemnité de la part de ce dernier. — Instr. gén. 7 juin 1823, no 1087. — Despréaux, v° *Conservateur*, n° 16; Hervieu, v° *Conservateur*, n° 5.

93. — Les registres servant à recevoir les actes du régime hypothécaire sont en papier timbré. — L. 21 vent. an VII, art. 6; C. civ., art. 2204.

94. — La formalité du timbre étant un mode de perception d'impôt et non une condition substantielle de la validité des actes, il ne résulterait pas de nullité de ce que le conservateur aurait accompli sur papier non timbré les formalités hypothécaires; mais ce préposé serait passible d'une amende. — V. TIMBRE, nos 34 et suiv.

95. — Les préposés doivent faire coter et parapher ces registres à chaque page, par première et dernière, par l'un des juges du tribunal dans le ressort duquel le bureau est établi. — C. civ., art. 2204.

96. — D'après la loi du 21 vent. an VII, art 6, cette formalité était remplie par le président de l'administration municipale du lieu. Elle devait être remplie dans les trois jours de la présentation des registres et sans frais.

97. — La disposition relative au délai n'a pas été reproduite par le Code civil; mais l'immunité des frais résulte de ce qu'en France la justice s'administre gratuitement, et que le juge n'est jamais rétribué par les parties pour accomplir un acte de ses fonctions.

98. — Les actes sont datés et consignés de suite, sans blanc et jour par jour; ils sont numérotés suivant le rang qu'ils tiennent dans les registres, et signés du préposé. — L. 21 vent. an VII, art. 17.

99. — Une disposition analogue est reproduite par l'art. 2203, C. civ., qui porte : « Les mentions de dépôt, les inscriptions et transcriptions sont faites sur les registres, de suite, sans aucun blanc ni interligne, à peine, pour le conservateur, de mille à deux mille francs d'amende et des dommages-intérêts des parties, payables aussi par préférence à l'amende. »

100. — Pour faciliter les employés supérieurs dans leur vérification, il convient de porter en gros caractères, sur les registres, les sommes sur lesquelles a été établie la perception des droits.— Hervieu, *Résumé de jurispr. hyp.*, n° 15.

101. — Le conservateur doit faire mention sur le registre des inscriptions de ce qui est énoncé dans chaque bordereau. Ce registre doit contenir trente-cinq lignes à la page et treize syllabes à la ligne.

102. — Le registre de transcription des actes de mutation doit contenir trente-cinq lignes à la page et dix-huit syllabes à la ligne. En marge de chaque acte transcrit, le conservateur doit indiquer les noms des parties, le prix porté en l'acte, les droits proportionnels qu'il a perçus lors de la transcription, le volume et le registre où existe l'inscription d'office, le montant des salaires qu'il a reçus et, enfin, le numéro du journal où ces salaires ont été inscrits. — Inst. gén. 31 avr. 1833, n° 1433.

103.— Les copies des actes transcrits et des inscriptions dont parle l'art. 2196, C. civ., devront être expédiées, comme les actes notariés, sur du papier timbré à 1 fr. 25 c. la feuille. — Décis. min. 10 fév. 1807 ; — Hervieu, v° *Conservateur*, n° 30.

104. — Les états, extraits et certificats délivrés par les conservateurs sont considérés comme simples quittances de droits et salaires, et, par conséquent, dispensés de la formalité de l'enregistrement. — Décis. min. fin. 21 mai 1809.

105. — Les registres seront arrêtés chaque jour comme ceux d'enregistrement des actes.— C. civ., art. 2201.—Or, les arrêtés mis sur ces derniers registres devaient être signés lorsque le titre des hypothèques a été publié ; l'art. 61 des *Ordres généraux de régie*, imprimés en 1792, le prescrivait et cet article paraît la conséquence de l'art. 11, L. 27 mai 1791.

106. — L'art. 2001, C. civ., qui ordonne que les registres des conservateurs des hypothèques seront arrêtés chaque jour comme ceux d'enregistrement des actes, exige les mêmes formalités qui ont lieu pour arrêter les registres de l'enregistrement. — Spécialement, les conservateurs des hypothèques sont, comme les receveurs de l'enregistrement, obligés de signer les arrêtés de leurs registres. — Le défaut d'accomplissement de cette formalité fait encourir au conservateur la peine que porte l'art. 2202, C. civ.— *Bruxelles*, 17 juill. 1833, Xau.. c. Pol.; — Troplong, *Comment. sur les hypoth.*, t 4, n° 1010.

107. — La faculté de droit de Caen (*Observ. sur le régime hyp.*) a demandé qu'on comblât la lacune que présente le Code civil en n'indiquant pas comment les registres doivent être arrêtés, et elle a proposé la rédaction suivante : « Les registres qui doivent être en papier timbré sont arrêtés jour par jour par le conservateur, aux termes de l'art. 11, L. 18-27 mai 1791. » — *Docum. relatifs au rég. hypoth.*, t. 3, p. 504.

108. — Aux termes de deux instructions générales des 26 juill. 1809 (n° 443) et 12 juill. 1816 (n° 730), le registre des dépôts, ceux des formalités hypothécaires et le registre des salaires doivent être arrêtés jour par jour, avec indication de la date du mois et mention des dimanches et fêtes; ces diverses mentions et indications doivent être écrites de la main du conservateur et signées par lui.

109. — Les conservateurs doivent tenir leurs bureaux ouverts huit heures par jour. Les heures doivent être indiquées au public par une affiche ostensible. — Ordres gén. de la régie, art. 14. — L. 27 mai 1791, art. 11 ; — Hervieu, *Résumé de jurisprudence hyp.*, v° *Conservateur*, n° 6.

110. — Dans les colonies, la durée de l'ouverture quotidienne du bureau est de six heures. Les heures de séance doivent être affichées à la porte du bureau; elles sont les mêmes que pour l'enregistrement. — Ord. 14 juin 1829, art. 32; 22 nov. 1829, art. 31.

111. — Aucune formalité hypothécaire ne doit être opérée les jours de dimanches ou de fêtes reconnues par la loi. — Inst. gén. 11 janv. 1808, n° 362; 6 juin 1809, n° 433; 10 déc. 1809, n° 492; — Despréaux, v° *Conservateur*, n° 9; Hervieu, v° *Conservateur*, n° 8.

112. — Jugé, toutefois, que la transcription d'un acte translatif de propriété n'est pas nulle pour avoir été faite un jour férié, aucune loi n'en ayant prononcé la nullité. — Cass., 18 fév. 1808, Guillot c. La Béraudière.

113. — Il sera placé, dit l'art. 39 L. 21 vent. an VII, dans chaque bureau de la conservation des hypothèques un tableau dressé en trois colonnes. La première contiendra, par ordre alphabétique, les noms des communes de l'arrondissement. — La deuxième désignera l'ancien arrondissement dont chacune d'elles fait partie. — La troisième indiquera dans quel bureau de la nouvelle organisation hypothécaire auront été déposés les registres des inscriptions et transcriptions antérieures à la mise en activité et relatives à chaque commune. — Circul. 7 juin 1809;—Hervieu, v° *Conservateur*, n° 7.

114. — Les conservateurs doivent avoir le nombre nécessaire de *bons commis* pour que toutes les parties du service soient toujours tenues au courant et dans le plus grand ordre; les commis doivent d'ailleurs rester étrangers à toute discussion avec les contribuables, et ne rien recevoir d'eux à titre de prompte expédition ou autrement. — Instr. gén. 16 oct. 1810, n° 494; — Despréaux, v° *Conservateur*, n° 5; Hervieu, v° *Conservateur*, n° 11.

§ 4. — *Traitement, remises et salaires des conservateurs.*

115.—L'art. 45, L. 21 vent. an VII, portait : « Le traitement des préposés à la conservation des hypothèques est réglé ainsi qu'il suit : 1° ils auront sur la recette des droits d'hypothèque, jointe aux autres recettes dont ils sont chargés, les remises accordées sur les droits d'enregistrement et autres par le tarif compris en l'art. 9, L. 14 août 1793. »

116. — Aux termes du décret du 25 mai 1810 et d'une ordonnance royale du 8 déc. 1819, le traitement des conservateurs sur la remise ordinaire a été ainsi fixé : sur les premiers 10,000 fr. de recettes, 8 °/₀ ; de 10,000 fr. à 50,000 fr., 5 °/₀ ; de 50,000 fr. à 150,000 fr., 2 °/₀ ; de 150,000 à 300,000 fr., 1 °/₀ ; de 300,000 fr. à 700,000 fr., 1/2 °/₀ ; au-dessus de 700,000 fr. indéfiniment, 1/4 °/₀.

117. — Ces remises ne sont allouées qu'aux conservateurs qui réunissent d'autres attributions. Ces préposés ne peuvent prétendre au minimum fixé par le décret du 23 mai 1810. — Baudot, *Tr des formalités hypoth.*, n° 1606; Hervieu, v° *Conservateur*, n° 23.

118. — Quant aux conservateurs qui n'ont que la conservation des hypothèques pour attribution, ils jouissent d'une remise de 2 °/₀ sur le montant des recettes qu'ils font annuellement pour le trésor. — Ord. 24 fév. 1832 ; — Despréaux, v° *Conservateur*, n° 42 ; Hervieu, v° *Conservateur*, n° 23.

119. — Outre ces remises, les salaires des conservateurs pour les fonctions dont ils sont chargés sont payés ainsi qu'il suit :

120. — ... 1° Pour l'enregistrement et la reconnaissance des dépôts d'actes de mutation pour être transcrits, ou de bordereaux pour être inscrits, 25 cent. — Décr. 21 sept. 1810.

121. — ... 2° Pour l'inscription de chaque droit d'hypothèque ou privilège, quel que soit le nombre des créanciers, si la formalité est requise par le même bordereau, 1 fr. — 21 sept. 1810.

122. — Il n'est payé qu'un seul droit d'inscription pour chaque créance, quel que soit d'ailleurs le nombre des créanciers requérans et celui des débiteurs grevés — L. 21 vent. an VII, art. 21.

123. — Ainsi, il n'est dû qu'un salaire pour l'inscription d'un bordereau contenant plusieurs créances, s'il y a unité de créanciers et de débiteurs. — Décis. min. 9 juill. 1809. — V. conf. *Cass.*, 17 déc. 1845 (t. 1er 1846. p. 50), Saint Mauris. — Au surplus, V. HYPOTHÈQUES (Droits d'), n°s 59 et suiv.

124.— ... 3° Pour chaque inscription faite d'office par le conservateur en vertu d'un acte translatif de propriété soumis à la *transcription*, 1 fr. — Décr. 21 sept. 1810.

125. — Il est prescrit aux conservateurs de ne percevoir qu'un *seul salaire d'un franc* lorsqu'une inscription d'office comprend, outre le vendeur, des prêteurs de fonds et des créanciers auxquels il a été fait des délégations dans le contrat de vente. — Décis. min. fin. 10 août 1834.

126. — ...4° Pour chaque déclaration, soit de changement de domicile, d'époque d'exigibilité ou de subrogation, soit de tous telles deux par le même acte, 50 c. — Décr. 21 sept. 1810.

127. — Le conservateur, requis de faire en marge d'une inscription mention d'une subrogation, n'est pas fondé à exiger, outre le salaire de 50 centimes, un salaire de 1 franc, pour relater cette formalité sur la grosse du titre que le requérant lui représente. — *Cons. d'état*, 10 sept. 1811; instr. génér. 19 oct. 1811, n° 547.

128. — ...5° Pour chaque radiation d'inscription, 1 fr. — Décr. 21 sept. 1810.

129. — L'accomplissement d'une même formalité ne peut donner lieu à un cumul de salaires, (avis cons. d'ét., 16 sept. 1811) ; dès lors, la radiation et le certificat qui l'attestent ne donnent lieu qu'à un seul salaire. Mais le droit serait dû pour le nouveau certificat qui serait requis pour constater la radiation. — Instr. gén. 19 oct. 1811, n° 494.

130. — ...6° Pour chaque extrait d'inscription ou certificat qu'il n'en existe aucune, 1 fr. — Décr. 21 sept. 1810.

131. — Le tableau des salaires des conservateurs a paru, à la cour royale d'Angers, susceptible de modification sur quelques points. » Nous citerons notamment, a-t-elle dit, les certificats attestant qu'il n'existe aucune inscription. Le préposé perçoit 1 franc pour chaque nom sur lequel portent ses recherches; quand le nombre en est assez limité, cet émolument ne dépasse pas de justes bornes ; mais, dans le cas contraire, les investigations des parties deviennent trop dispendieuses. Nous estimerions que, par exemple, tout certificat qui contient plus de cinq noms ne fût payé, au delà de ce nombre, que 50 centimes au lieu de 1 franc pour chaque individu désigné dans l'état.» — *Docum. sur le reg. hyp.*, t. 3, p. 500.

132. — Tout extrait d'inscription doit être délivré avec les modifications, telles que mentions de subrogation, radiations partielles, changement d'élection de domicile, et il n'est dû qu'un seul droit pour le tout. — Inst. gén. 19 oct. 1811, n° 902.

133. — Un avis du conseil d'état, du 10 sept. 1811, porte que tout certificat de clôture mis à la suite d'un état pour attester que les inscriptions délivrées sont seules subsistantes, ne donne ouverture à aucun salaire; mais que, lorsque l'état est requis sur plusieurs individus, dont les uns se trouvent grevés de charges hypothécaires, et dont les autres ne le sont pas, il y a lieu, indépendamment du salaire de 1 franc par chaque extrait d'inscription contenu dans l'état, de percevoir le droit de certificat négatif à raison de 1 franc par chacun des individus sur lesquels il est attesté qu'il n'existe aucune inscription. — Despréaux, v° *Conservateur*, n° 46; inst. gén. 19 oct. 1811, n° 547.

134. — Il faut entendre cet avis du conseil d'état en ce sens que le conservateur ne peut cumuler deux salaires, mais choisir celui des salaires exigible en raison du nombre des grevés, quand celui dû par extraits d'inscription se trouve moins élevé. — Despréaux, n° 46.

135. — Beaucoup de conservateurs ont eu l'habitude d'expédier à toute personne déposant un contrat pour transcrire le relevé des inscriptions grevant le bien au jour de la remise de l'acte à leurs bureaux, et un nouvel état des mêmes charges à l'expiration de la quinzaine. Depuis cette époque, presque jamais cette délivrance de deux certificats n'est dans l'intérêt des acquéreurs. La cour royale d'Angers insiste pour que cette pratique vexatoire soit entièrement extirpée dans les localités où elle peut exister encore. — *Docum. sur le reg. hyp.*, t. 3, p 500. — L'administration supérieure avait, au surplus, depuis long-temps donné des instructions conformes à ce que vient de réclamer récemment la cour royale d'Angers. En effet, l'instruction générale n° 530 porte que le second état ne doit pas comprendre les inscriptions qui figurent au premier, mais seulement celles qui sont survenues durant cette quinzaine, et que le conservateur ne doit pas percevoir, sur ce second état qui n'est que supplémentaire, le droit de 1 franc par individu non grevé.

136. — Le droit de 1 franc par chaque individu non grevé est dû sur l'état sur exposition pour la purge des hypothèques légales; cet état ne doit pas non plus comprendre les inscriptions qui ont déjà été délivrées dans l'état sur transcriptions. — Délib. 18 mars 1818.

137. — Les conservateurs des hypothèques doivent, dans les certificats d'inscriptions qu'ils délivrent, omettre celles qui, n'ayant pas été renouvelées dans les dix ans, sont périmées de droit, ou qui ne concernent pas l'individu à l'égard duquel l'état d'inscriptions est requis. — *Paris*, 29 mars 1822, Jeunesse c. Dumaine. — Ils peuvent donc être contraints à supprimer celles de ces inscriptions qu'ils ont comprises dans leur état, et à la restitution des droits qu'ils ont perçus à cette occasion. — *Paris*, 21 janv. 1814, Petit c. Tupigny ; — Troplong, *Comment. sur les hypoth.*, t. 3, n° 717.

138. — Cependant, si une expresse réquisition leur est adressée relativement à cette délivrance, il leur est dû un salaire pour chaque extrait. — Décis. min. 13 sept. 1819; décis. min. just. 24 sept. 1819; instr. gén. 24 oct. 1819, n° 902.

139. — ...7° Pour la transcription de chaque acte de mutation, par rôle d'écriture du conservateur contenant vingt-cinq lignes à la page et dix-huit syllabes à la ligne, 1 fr. — Décr. 21 sept. 1810. — Depuis la loi du 28 avr. 1816, le papier employé pour les registres de transcription et des procès-verbaux de saisies étant plus grand que le papier qui était en usage au moment du décret de 1810, chaque rôle doit maintenant contenir soixante-dix lignes et chaque page trente-cinq lignes, de sorte qu'en suivant la proportion, d'après le taux fixé par le décret 21 sept. 1810, il est alloué pour un rôle qui est aujourd'hui de soixante-dix-lignes, 1 fr. 40 cent.

140. — Les droits de transcription sont acquis irrévocablement au trésor par le fait du dépôt du contrat, et la partie ne peut retirer son titre et se dispenser de payer les droits, si le dépôt est inscrit sur les registres du conservateur. — L. 21 vent. an VII, art. 8 et 17 ; C. civ., art. 2203 : — *Cass.*, 10 avr. 1833, Regnard c. Enreg. et conserv. des hypoth. d'Arcis. — Le droit de transcription est considéré comme le salaire d'une formalité ; c'est pourquoi, lorsque la transcription d'une licitation a été requise par erreur, le droit perçu par le conservateur n'est pas restituable. — V. délib. 15 mai 1829 ; décis. min. fin. 31 août 1829, et le *Dict. des droits d'enreg.*, v° *Transcription*, n° 23. — V. au surplus TRANSCRIPTION (droits de), n°s 174 et suiv.

141. — Les conservateurs des hypothèques, n'étant pas juges de la nécessité de la transcription des actes, ne peuvent ni refuser de revêtir de la formalité les actes dont la transcription est requise, ni se dispenser de percevoir les droits dus en conséquence. — C. civ., art. 2199. — V. TRANSCRIPTION (droits de), n°s 108 et suiv., 143 et suiv. — Ainsi, par exemple, lorsqu'il résulte du cahier des charges dressé pour la vente d'immeubles appartenant à une société, que les associés vendeurs ont reconnu que, dans leur intérêt, le jugement était de nature à être transcrit, et que, par suite, ils ont imposé à l'adjudicataire du plus fort lot l'obligation de faire transcrire pour tous les adjudicataires, c'est avec raison que le conservateur a, sur la réquisition de transcription faite par un des adjudicataires étrangers, perçu le droit de transcription sur les lots adjugés à quelques uns des associés, bien que ceux-ci n'eussent pas requis la formalité. — L. 28 avr. 1816, art. 54. — *Cass.*, 26 avr. 1843 (t. 2 1843, p. 75), Enreg. c. Rohaut.

142. — ...8° Pour chaque certificat de non transcription d'actes de mutation, 1 fr. — Décr. 21 sept. 1810.

143. — La cour royale d'Angers, à propos des certificats que doivent délivrer les conservateurs, a dit : « Le tarif des salaires des conservateurs fixe bien un droit pour certificat de non transcription d'un acte de mutation, mais il garde le silence sur le certificat qui aurait pour objet de constater uniquement la transcription d'un contrat d'aliénation par tel à tel. Cependant, l'intérêt des citoyens exige que, sans être astreint à faire les frais de la copie entière d'un contrat, on puisse s'assurer qu'il a été transcrit aux hypothèques. Pour éviter tout refus d'un pareil certificat, nous voudrions que cette pièce fût expressément relatée au nombre de celles qui peuvent être requises du conservateur. » — *Docum. sur le rég. hypoth.* t. 3, p. 499.

144. —...9° Pour les copies collationnées des actes déposés ou transcrits dans les bureaux des hypothèques, par rôle d'écriture du conservateur contenant vingt-cinq lignes à la page et dix-huit syllabes à la ligne, 1 fr. — Décr. 21 sept. 1810.

145. —...10° Pour chaque duplicata de quittance, 25 c.—Décr. 21 sept. 1810.

146. — ...11° Pour la transcription de chaque procès-verbal de saisie immobilière et de chaque exploit de dénonciation de ce procès-verbal ou saisie, par rôle d'écriture du conservateur contenant vingt-cinq lignes à la page et dix-huit syllabes à la ligne, 1 fr.—Décr. 21 sept. 1810 et tarif du 10 oct. 1841.

147. —...12° Le décret du 21 sept. 1810 allouait en outre pour l'enregistrement de la dénonciation de la saisie immobilière au saisi et la mention qui en est faite en marge du registre, 1 fr. — V. RÉP. PAL., v° SAISIE IMMOBILIÈRE.

148. — Mais, aux termes de l'art. 678, nouveau C. procéd., le procès-verbal de saisie immobilière et l'exploit de dénonciation sont transcrits simultanément et donnent, proportionnellement à leur étendue, lieu au droit alloué au n° 146.

149. — ...13° Pour l'enregistrement de chaque exploit de notification de placards aux créanciers inscrits (C. procéd. civ. de 1807, art. 696), tenant lieu de l'inscription des exploits de notification des procès verbaux d'affiches, le décret du 21 sept. 1810 allouait 1 fr. Le même salaire est attribué par l'art. 2 du tarif 10 oct. 1841, pour la mention des deux notifications prescrites par les art. 691 et 692, C. procéd.

150. — ...14° Pour chaque extrait d'inscription ou mention qu'il n'en existe aucune (Arg. de l'art. 692, C. procéd. civ.), 1 fr. — Tarif 10 oct. 1841, art. 2.

151. — ...15° Pour l'acte du conservateur constatant son refus de transcription en cas de précédente saisie, 1 fr. — Décr. 21 sept. 1810, et tarif 10 oct. 1841, art. 2.

152. —... 16° Pour la radiation de la saisie immobilière, 1 fr.—Décr. 21 sept. 1810, et tarif 10 oct. 1841, art. 2.

153. —...17° Pour la mention du jugement d'adjudication, 1 fr.—Tarif 10 oct. 1841, art. 2.

154. —... 18° Pour la mention du jugement de conversion, 1 fr.—Tarif 10 oct. 1841, art. 2.

155. —Depuis la loi du 28 avr. 1816 et par suite de l'ordonnance royale du 1er mai 1816, art. 1er, les conservateurs des hypothèques sont tenus de porter en recette pour le compte du trésor royal la moitié des salaires fixés par n° 7 du tableau annexé au décret du 21 sept. 1816 pour la transcription des actes de mutation. — Cette moitié des salaires produit remise au conservateur comme recette ordinaire.—Délib. 4 sept. 1816.

156. — L'employé qui remplit l'intérim d'un conservateur n'a pas droit aux salaires lorsque ce dernier lui a souscrit une déclaration par laquelle il s'est interdit d'exercer aucun recours contre lui, à raison de sa gestion temporaire. — Délib. 5 oct. 1832.

157.—Les états et certificats requis par l'administration, par les comptables ou leurs cautions, sont exempts du salaire des conservateurs (Circ. 2034), ainsi que les inscriptions prises par les procureurs du roi dans divers cas, sauf le recours contre les débiteurs, s'il y a lieu.—Solut. 28 pluv. an IX, et décr. 18 juin 1811, art. 124 et 125.

158.—Deux décisions du ministre des finances, des 24 juill. 1837 et 16 nov. 1842, enjoignent aux conservateurs de n'exiger aucun salaire pour les actes relatifs aux expropriations pour utilité publique, dans les cas où les acquisitions sont faites pour le compte de l'état et à la charge du budget général, et quelle que soit la participation des départemens à la dépense.

159.—Deux décisions ministérielles, des 25 mai 1825 et 31 mars 1826, avaient fixé le salaire des conservateurs sur les états délivrés à l'administration pour la transcription des actes d'acquisition pour travaux publics, et aux communes pour la confection des chemins, à un franc, sans autres droits, quel que fût le nombre des vendeurs ou anciens propriétaires non grevés.

160. — D'après l'art. 58. § 2, L. 3 mai 1841, il n'est perçu aucun droit pour la transcription au bureau des hypothèques des actes translatifs de propriété en matière d'expropriation pour utilité publique.

161. — Jugé toutefois que cet article ne dispense pas les concessionnaires de travaux publics du paiement de la moitié de ce droit formant le salaire des conservateurs des hypothèques. — *Cass.,* 25 fév. 1846 (t. 1er 1846, p. 260), comp. du chemin de fer de Rouen c. Emeg.

162.—L'art. 58 précité ajoute : Les droits perçus sur les acquisitions amiables faites antérieurement aux arrêtés du préfet, sont restitués lorsque, dans le délai de deux ans, à partir de la perception, il sera justifié que les immeubles acquis sont compris dans ces arrêtés. — La restitution des droits ne pourra s'appliquer qu'à la portion des immeubles qui aura été reconnue nécessaire à l'exécution des travaux.

163. — Les salaires dus pour les formalités hypothécaires sont payables comptant et d'avance aux conservateurs. — L. 21 vent. an VII, art. 27 ; C. civ., art. 2155 : — Despréaux, v° *Conservateur,* n° 43.

164. — Toutefois, lorsqu'il s'agit des formalités hypothécaires qui intéressent l'état, le trésor ou un département pour cause d'utilité publique, les conservateurs ne peuvent exiger que leurs salaires soient payés au moment ou immédiatement après l'accomplissement des formalités. En matière d'expropriation pour utilité publique, leurs salaires sont acquittés sur un mandat délivré au préfet. — Instr. gén. 4 sept. 1834, n° 1463.

165. — Les conservateurs doivent, sur les actes ou certificats remis aux parties, libeller, dater et signer les quittances des droits; ils ne doivent pas confondre les droits perçus au profit du trésor avec ceux du timbre des registres et des salaires. Il faut aussi donner quittance du timbre de la reconnaissance de dépôt, lorsqu'elle a été délivrée. Enfin, il est de leur intérêt de parapher les feuilles des états d'inscriptions qu'ils délivrent et celles des actes transcrits; ils doivent également, pour leur sûreté personnelle, constater et parapher les renvois existans dans leurs états ou dans les actes revêtus d'une formalité hypothécaire. — Hervieu, v° *Conservateur,* n° 21.

166. — Les salaires des conservateurs ayant été fixés par le décret du 21 sept. 1810, ils ne peuvent en réclamer d'autres. — Instr. gén. 16 oct. 1810, n° 494; 12 oct. 1811, n° 547 ; — Despréaux, n° 47.

167. — Les conservateurs sont obligés d'afficher dans un endroit apparent de leurs bureaux le tableau de leurs salaires. — Circ. 7 juin 1819.

168. — Le conservateur des hypothèques doit examiner avec attention les actes qui sont présentés à la transcription et les bordereaux d'inscription, afin d'éviter des erreurs dans la liquidation des droits. — Hervieu, *Résumé de jurispr. hyp.,* v° *Conservateur,* n° 15.

169. — Les droits perçus indûment doivent être restitués aux intéressés (V. cependant TRANSCRIPTION (Droits de), n°s 174 et suiv.); mais les conservateurs ne sont tenus d'effectuer les restitutions que les employés supérieurs auraient ordonnées, que sur l'autorisation du directeur de leur département.— Circ. de la comptab. des fin., n° 14; — Despréaux, v° *Conservateur,* n° 20.

170. — Le directeur de département ne doit approuver la restitution que sur le vu d'une copie certifiée par le conservateur, tant de l'enregistrement que de l'ordre de restitution donné par l'employé supérieur. Cette copie et l'ordre de restitution, certifiée par le comptable et revêtue du visa du directeur, est destinée à justifier la dépense. Elle doit par conséquent être jointe au mandat de paiement. — Hervieu, v° *Conservateur,* n° 24.

171. — Les conservateurs doivent tenir registre de leurs salaires, et y porter article par article, jour par jour, et ordre de numéro, les salaires qu'ils perçoivent; cependant ils ne sont tenus de porter qu'à la fin de chaque mois et en une seule ligne, 4° le nombre des articles portés pendant ce mois aux registres de dépôt des bordereaux à inscrire et des actes de mutations à transcrire; en outre, en indiquant le montant total des salaires de ces articles; — 2° le nombre des inscriptions faites pendant le mois et la totalité des salaires dus pour ces inscriptions. — Voici des exemples des articles à passer à la fin de chaque mois:

Enregistrement de dépôts faits pendant le mois, 400 articles à fr. 25 c., ci. . . . . . . 25 fr.

Inscriptions pendant le même mois, 80 à 1 fr.; ci. . . . . 80 fr.

Quant à tous les autres salaires, les conservateurs les portent sur leurs registres, jour par jour, article par article. — Si pendant le courant du mois, il a été enregistré des actes ou bordereaux concernant le trésor ou le département, il en est nécessairement fait déduction. — Tout conservateur qui se permettrait des omissions ou déguisemens au sujet des salaires inscrits sur son registre et qui en serait convaincu, serait destitué. — Despreaux, v° *Conservateur*, n° 48.

172. — Les actes et procès-verbaux soumis à la transcription ne doivent être inscrits au registre des salaires qu'après l'accomplissement de la transcription; mais ils doivent l'être aussitôt que cette formalité est remplie.

173. — Les conservateurs doivent indiquer en marge de chaque transcription le montant des salaires auxquels elles ont donné lieu et le numéro du registre-journal dans lequel ces salaires ont été portés en recette; ils doivent, en outre, faire mention au registre des salaires de la date, du numéro de la transcription et du nombre des lignes employées pour l'accomplissement de cette formalité. — Inst. gén. 31 août 1833, n° 1433.

174 — En matière d'hypothèques, comme en matière d'enregistrement, la régie peut poursuivre par voie de contrainte, et les conservateurs, dans ce cas, ont qualité pour intervenir et poursuivre, par la même voie, les droits dus au fisc. — *Cass.*, 10 avr. 1833, Regnard c. Enreg. et conserv. des hypoth. d'Arcis.

175. — M. Hervieu (*Résumé de jurispr. hyp.*, v° *Conservateur*, n° 27) et M. Despréaux (*Dict. gén. des hyp.*, v° *Conservateur*, n° 33) émettent l'opinion que le conservateur, comme tout autre fonctionnaire public qui charge, à raison de ses fonctions, un huissier de poursuivre des redevables n'est pas tenu personnellement des frais dus à cet huissier, et que le mandat donné en cette circonstance ne donne pas lieu à l'action personnelle contre le mandant. La cour de Cassation (par arrêt du 24 mars 1835, Matrieu c. Marty) l'a, en effet, jugé en ce sens dans une espèce où il s'agissait d'un receveur de l'enregistrement; mais la règle posée pour les conservateurs que les droits n'ont pas été payables d'avance nous paraît dicter à leur égard une règle différente, dans le cas où c'est par leur négligence que les droits n'ont pas été préalablement acquittés et qu'il y a lieu de recourir à des poursuites du ministère d'un huissier.

176. — Les conservateurs qui n'ont pas d'autres attributions peuvent ne faire leurs versemens que tous les dix jours, lorsqu'ils ont entre les mains une somme moindre de 500 fr. — Décis. min. fin. 25 juin 1829, rapportée dans l'Inst. gén. 8 juill. 1829. n° 1283. — Despréaux, v° *Conservateur*, n° 11; Hervieu, v° *Conservateur*, n° 28.

§5. — *Responsabilité. — Domicile. — Compétence. — Procédure.*

177. — Les conservateurs des hypothèques sont soumis à une double responsabilité : 4° envers l'état; — 2° envers les particuliers. Nous avons dit *suprà* (n°s 29 et suiv.) comment le législateur avait assuré l'effet de cette responsabilité par la prestation d'un double cautionnement.

178. — La responsabilité des conservateurs envers l'état se réfère d'abord à l'exercice matériel et comptable de leurs fonctions, et sous ce rapport, ils sont régis par les art. 2202 et 2203, C. civ.

179. — L'art. 2202 est ainsi conçu : « Les conservateurs sont tenus de se conformer, dans l'exer-

cice de leurs fonctions, à toutes les dispositions des art. 2496 à 2204, C. civ. à peine d'une amende de 200 à 1.000 fr. pour la première contravention, et de destitution pour la seconde, sans préjudice des dommages-intérêts des parties, lesquels seront payés avant l'amende.

180. — L'amende infligée en vertu de l'art. 2202 est indépendante des dommages-intérêts et sujette au décime. — Despréaux, v° *Conservateur*, n° 25.

181. — La faculté de droit de Caen a proposé d'étendre la pénalité de l'art. 2203, non pas seulement aux contraventions contre les art. 2496 à 2201, C. civ., mais contre toutes les dispositions de tout le titre 18, liv. 3, C. civ., des *Priviléges et hypothèques.* — *Documens relatifs au régime hypothécaire*, publiés par ordre de M. Martin (du Nord), garde des sceaux, t. 3, p. 505.

182. — L'art. 2203, C. civ., est ainsi conçu : « Les mentions de dépôt, les inscriptions et transcriptions sont faites sur les registres, de suite, sans aucun blanc ni interlignes, à peine contre le conservateur de 1.000 à 2.000 fr. d'amende et des dommages-intérêts des parties, payables aussi par préférence à l'amende. — C. civ., art. 2203.

183. — La destitution dont l'art. 2202 contient la menace est prononcée par le gouvernement et non par les tribunaux. Il eût été plus logique, puisqu'il s'agit de la répression d'une infraction, de laisser le soin d'appliquer la peine de la destitution aux tribunaux qui déjà avaient eu à appliquer la peine de l'amende.

184. — Les conservateurs sont aussi responsables envers l'état des recettes qu'ils font pour son compte. Ils sont, pour ce qui concerne leur comptabilité à raison de leurs recettes, soumis aux mêmes règles que les autres comptables de l'administration.

185. — La responsabilité des conservateurs envers les particuliers se traduit en dommages-intérêts, et cette responsabilité est celle qui pèse le plus lourdement sur les conservateurs, puisqu'elle peut les obliger parfois à payer les sommes considérables que les droits hypothécaires ont souvent pour objet de conserver.

186. — La responsabilité est encourue par le conservateur, non seulement quand il y a de sa part intention de causer un préjudice, mais encore quand il y a omission involontaire, retard, inexactitude ou irrégularité dans l'accomplissement des formalités hypothécaires.

187. — Ainsi, si les blancs et les interlignes dans les mentions de dépôt des titres, dans les inscriptions ou les transcriptions, sont les moins graves des infractions des conservateurs, il en peut néanmoins résulter, dans plus d'un cas, un préjudice dont la réparation incombe au conservateur. — Par exemple, en cas d'omission d'une ou plusieurs inscriptions dans un état de charges qu'il a délivré pour un ordre. (*Bruxelles*, 15 janv. 1812, Brison c. Watier et Catry), ou encore en cas d'erreur dans l'état des inscriptions délivrées. — *Amiens*, 7 janv. 1843. Boucher c. Léger.

188. — En matière d'inscription hypothécaire, le défaut d'inscription sur les registres du bordereau déposé par le créancier, le retard, l'inexactitude dans la copie du bordereau, peuvent faire perdre à une partie le rang et la préférence auxquels elle a droit.

189. — Les mêmes préjudices peuvent découler de l'inexactitude commise dans les certificats dont la délivrance est requise, et surtout des omissions commises dans l'état des inscriptions. Le prêteur, l'acquéreur qui, sur la foi de l'attestation délivrée par le conservateur, ont cru n'avoir à traiter qu'avec un nombre déterminé de créanciers, sont évidemment lésés quand inopinément il se révèle un créancier sur les droits antérieurs duquel ils n'avaient pas dû compter.

190. — Sous la loi du 11 brum. an VII, d'après laquelle la propriété n'était tranférée vis-à-vis des tiers qu'après la transcription, l'état des inscriptions que délivrait un conservateur sur la transcription d'une vente, devait comprendre les inscriptions qui auraient été prises sur le vendeur, même avant une précédente transcription, à peine, par le conservateur, de répondre de tous les dommages-intérêts des créanciers omis. — *Paris*, 9 messid. an XII, Dambremé c. Heudelet.

191. — En matière de transcription d'un titre translatif de propriété, le défaut de cette formalité, le retard à l'exécuter, l'inexactitude dans la copie du titre, peuvent exposer l'acquéreur à voir s'augmenter les charges grevant l'immeuble acquis, l'obliger à payer ainsi deux fois son prix, ou le jeter dans de longues formalités, et amener ainsi de graves irrégularités dans les procédures nécessitées par l'exercice du droit hypothécaire.

192. — La radiation d'une inscription hypothécaire irrégulièrement opérée peut entraîner aussi pour le créancier un grand préjudice.

193. — Selon M. Hervieu (v° *Conservateur*, n° 25), le conservateur doit obtempérer à l'acte extrajudiciaire qui lui défend de procéder à la radiation d'une inscription. Il n'est pas juge, en pareil cas, de la validité d'un tel acte. — Il ne l'est pas non plus de la validité de la signification du jugement par défaut qui ordonnerait cette radiation.— *Paris*, 26 août 1808, Ringard c. Filière; 17 juill. 1813, Delorme c. conserv. des hypoth. de Versailles.—Toutefois, on ne saurait refuser au conservateur qualité pour vérifier le mérite des actes en vertu desquels il doit procéder, et pour s'assurer de la capacité des parties requérantes. — *Cass*., 29 août 1815, Varry c. Régnier; *Pau*, 21 janv. 1834, Hubert c. conserv. des hypoth. de N...; *Paris*, 17 août 1843 (t. 2 1843, p. 699), Porquet c. Barrera — V. cependant *Cass*., 19 août 1845 (t. 2 1845, p. 167), Picart c. Béroujon.

194. — Mais il importe d'ajouter que le conservateur qui s'est refusé à radier une inscription doit supporter les dépens de l'instance si sa résistance est déclarée mal fondée. — *Rouen*, 13 janv. 1845 (t. 1er 1845, p. 369), Devieux c. Viris.—A moins qu'il n'ait agi de bonne foi, et pour mettre sa responsabilité à couvert. — *Douai*, 8 juin 1841 (t. 1er 1842, p. 78), Gruson-David c. Dangicourt. — V. au surplus, RÉP. PAL., v° RADIATION D'INSCRIPTION.

195. — Si les peines d'amende et même de destitution peuvent être encourues par le conservateur à raison de l'existence seule d'une infraction à ses devoirs, on conçoit que sa responsabilité envers les particuliers n'est pas toujours également engagée, et que les dommages-intérêts, en cette matière, comme dans tous les cas où ils peuvent être dus, doivent se proportionner au préjudice éprouvé par la partie lésée.

196 — Jugé que la responsabilité du conservateur est restreinte au dommage que l'omission peut causer au créancier.—C. civ., art. 2150 et 2197. —*Bordeaux*, 24 juin 1813, Moulinard c. Pouvadon; — Hervieu, *Résumé de jurisp. hypoth.*, v° *Responsabilité*, n° 6; Persil, *Régime hypoth.*, t. 2, art. 1297, n° 3; Grenier, *Traité des hypoth.*, n° 533; Troplong, *Hypoth.*, t. 4, n° 1001; Duranton, t. 10, n° 427.

197. — Par conséquent, quand un ordre est mal à propos ouvert par celui auquel une inscription a été indûment délivrée par le conservateur, il doit être condamné à supporter les frais de cette mauvaise procédure et à les restituer à ceux qui en ont fait les avances. — *Orléans*, 17 juill. 1818, Herpin c. Julienne.

198. — Dans quel esprit doit être appréciée la faute du conservateur relativement à sa responsabilité envers des particuliers? Selon Grenier (t. 2, n° 52) et selon M. Troplong (t. 4, n° 101), les conservateurs sont soumis à une responsabilité dont les conséquences peuvent être si considérables qu'il faut apporter un juste tempérament dans l'application des lois qui les concernent.— Nous ne saurions nous ranger à cette opinion, qui, en favorisant les conservateurs, pourrait avoir pour résultat de laisser des particuliers exposés à un préjudice dont ils n'ont pu se garantir, puisque la vérification matérielle du registre leur est interdite. Le conservateur reçoit un salaire pour l'accomplissement de ses fonctions; dès-lors sa responsabilité doit être plus étroite. La faute ou la négligence du conservateur une fois bien avouée, les parties lésées doivent être tenues indemnes de tout préjudice.

199. — L'immeuble à l'égard duquel le conservateur aurait omis dans ses certificats une ou plusieurs des charges inscrites en demeure, sauf la responsabilité du conservateur, affranchi dans les mains du nouveau possesseur, pourvu qu'il ait requis ce certificat depuis la transcription de son titre.

200. — Ainsi l'art. 2198, C. civ., bien que conçu en termes généraux, doit être restreint au cas où l'acquéreur a rempli les formalités nécessaires pour purger l'immeuble hypothéqué. — *Bruxelles*, 3 mars 1815, Dubrencq c. Cornélis. — Telle paraît être aussi l'opinion de Tarrible (*Rép.*, v° *Transcription*, § 7, n° 43), Delvincourt (t. 3, p. 465, note 3°), Persil (*Régime hyp.*, sur l'art. 2198, n°s 1er et 2) et Troplong (*Comment. sur les hyp.*, t. 4, n° 1004).

201. — Si l'acquéreur avait requis le certificat des inscriptions grevant l'immeuble avant d'avoir fait transcrire son titre, on comprend que le créancier dont l'inscription aurait été omise n'é-prouverait le plus souvent aucun préjudice, puisqu'il conserverait toujours le droit de suite. L'acquéreur seul aurait pu être lésé, si, s'étant libéré de son prix sur la foi du certificat du conservateur, il se voyait obligé de payer une seconde fois.

202. — Aussi a-t-il été jugé que l'immeuble à l'égard duquel le conservateur a omis dans son certificat une ou plusieurs des charges inscrites, n'en est pas affranchi dans les mains du nouveau possesseur, si le certificat a été requis antérieurement à la transcription du titre; mais le conservateur n'en est pas moins responsable du préjudice résultant de l'omission, bien que ce certificat ait été requis *avant* la transcription. — C. civ., art. 2198. — *Grenoble*, 21 août 1822, Chauvin c. Girard et Perrard.

203. — Décidé, avant le Code de procédure dont l'art. 834 a accordé aux créanciers hypothécaires la faculté de s'inscrire dans la quinzaine de la transcription, que l'omission faite par le conservateur des hypothèques de l'inscription d'un créancier, par suite de dissemblances dans les prénoms et le domicile du débiteur, opère l'affranchissement de l'immeuble grevé, en telle sorte que le créancier est irrévocablement déchu du droit de surenchère, et qu'il en serait de même bien que le créancier omis par le conservateur eût fait, dans le mois de la délivrance du certificat du conservateur, notifier son inscription à l'acquéreur qui a soldé le prix de son acquisition. — *Paris*, 2 pluv. an XIII, Stuber c. Biers et Dewinck; — *Cass.*, 9 niv. an XIV, Biers c. Hubert et ses créanciers.

204. — Si, d'après le Code de procédure, le certificat contenant l'omission est postérieur à la transcription, mais que le délai de quinzaine depuis cette formalité ne soit pas écoulé, le créancier pourra profiter de ce laps de temps accordé par l'art. 834, C. procéd., pour échapper à la déchéance qui le menaçait. Le conservateur lui-même pourrait, dans le certificat délivré après la quinzaine de la transcription, réparer son omission, et le créancier passé une première fois sous silence pourrait ainsi ressaisir son droit de suite et son droit d'exercer la surenchère; mais après la quinzaine de la transcription l'immeuble serait complétement affranchi.

205. — Néanmoins, d'après l'art. 2198, C. civ., les créanciers dont les inscriptions ont été omises par le conservateur, ont encore le droit de se faire colloquer suivant l'ordre qui leur appartient, tant que le prix n'a pas été payé par l'acquéreur, ou tant que l'ordre fait entre les créanciers n'a pas été homologué. De là, il suit que le créancier omis serait non-recevable s'il se présentait : 1° après le règlement amiable arrêté entre les créanciers (C. procéd., art. 749); 2° après la clôture intégrale de l'ordre, prononcée en l'absence de toutes contestations par le juge commissaire; 3° après la clôture partielle de l'ordre pour les créances colloquées antérieurement à celles qui sont l'objet des contredits (C. procéd., art. 758). Dans ce cas le créancier omis peut, relativement aux créances contestées, pour lesquelles l'ordre est encore ouvert, intervenir même en appel, et agir pour faire reconnaître ses droits jusqu'au règlement définitif de collocation qu'arrête le juge commissaire après la décision qui a statué souverainement sur les contredits.

206. — Néanmoins, la garantie à laquelle donne lieu, au profit de l'ancien acquéreur, l'omission faite par le conservateur, demeure suspendue jusqu'à ce qu'il ait été établi par un ordre définitif, précédé d'examen et de contredits (même de la part du conservateur), que le créancier dont l'inscription a été omise serait en ordre utile , et que l'acquéreur ne peut , par aucun moyen quelconque , se procurer la restitution des sommes indûment payées. — *Grenoble,* , 21 août 1822, Chauvin c. Girard , et Girard c. Perrard ; — Persil, *Régime hypoth.*, sur l'art. 2198, n°s 3 et 4 ; Grenier , t. 2, n° 441.

207. — Si , au lieu d'avoir été seulement omise par le conservateur, une inscription avait été viciée de nullité par sa faute, le créancier n'aurait plus de rang parmi les créanciers hypothécaires, et il ne lui resterait que son recours contre le conservateur.

208. — Lorsque , par suite d'une irrégularité commise par un conservateur, une inscription est annulée, le conservateur peut cependant échapper à toute garantie et responsabilité , en prouvant qu'indépendamment du fait qui lui est reproché , l'inscription est entachée d'une nullité imputable au créancier. Il y a alors chez le créancier un défaut d'intérêt qui peut lui être opposé en tout état de cause.—V. par exemple, *Cass.*, 4 avr. 1810, Fasciaux c. conserv. des hyp. de Bruxelles.

209. — L'art. 2197, C. civ, a encore affranchi les conservateurs de la responsabilité que leur impose le défaut de mention dans leurs certificats d'une ou de plusieurs des inscriptions existantes , lorsque, dans ce dernier cas, ils prouvent que l'erreur provient de désignations insuffisantes qui ne peuvent leur être imputées, et qui se rapportent soit à la personne du débiteur, soit à l'immeuble hypothéqué. — V. aussi *Paris* , 10 août 1837 (t. 2 1837, p. 446), Dupin c. Philippot.

210. — L'inscription que, dans l'état délivré après la transcription, le conservateur omet parce que le contrat de vente transcrit n'énonce pas les noms vulgaires du vendeur , sous lesquels il était le plus connu , doit être rayée. Le conservateur qui a été induit en erreur par la différence des noms , et auquel aucune faute ne peut être reprochée, n'est pas garant de cette omission.—*Paris*, 5 déc. 1810, Courrault c. Audou, de Lavalette et Mille.

211. — Mais le créancier dont l'inscription est ainsi rayée par suite du dol de son débiteur a droit d'obtenir contre celui-ci une condamnation à titre de dommages-intérêts et *par corps*, pour une somme égale au montant de sa créance, principal , intérêts et frais. — Même arrêt. — Persil, *Régime hypoth.*, sur l'art. 2197, n° 1er ; Rolland de Villargues , v° *Conservateur des hypothèques* , t. 4 , n° 1000; Grenier, t. 2, n° 53.

212.—Quelque différence entre les énonciations de l'inscription et celles du contrat de vente ne suffit pas pour justifier l'omission de l'inscription dans le certificat du conservateur des hypothèques, si cette différence néanmoins laisse bien apercevoir l'identité des personnes et des immeubles.—*Paris*, 13 fév. 1813, Comynet c. Larcher ; — Grenier , *Hypoth.*, t. 2, n° 53; Troplong, *Hypoth.*, t. 4, n°s 1000 et 1001.

213. — Le conservateur des hypothèques auquel une partie intéressée demande la délivrance d'un certificat des inscriptions frappant sur un propriétaire qu'elle ne désigne que par l'un de ses prénoms , peut être déclaré responsable, s'il omet de mentionner dans son certificat d'autres inscriptions frappant sur le même propriétaire désigné par d'autres prénoms , alors d'ailleurs que l'identité ne pouvait être douteuse.—On dirait en vain, dans ce cas, pour relever le conservateur de la responsabilité résultant de l'art. 2197 du code, que l'erreur est provenue de désignations insuffisantes.—*Cass.* , 8 mai 1843 (t. 2 1843 , p. 60), Orieulx c. Varlot.

214. — Il est responsable des conséquences d'une radiation mal à propos opérée par suite d'une erreur qu'il avait commise dans le bordereau par lui rendu au créancier. —*Cass.*, 18 juill. 1838 (t. 2 1838 , p. 491), David c. Guttin ; — Persil , *Comm.*, sur l'art. 2197; Troplong, *Hyp.*, t. 4, n° 1000; Rolland de Villargues , v° *Conservateur des hypothèques:* Grenier. *Hyp.*, n° 440.

215. — Toutefois les effets de cette responsabilité peuvent être tempérés, en ce que le créancier porteur du bordereau rendu aurait été à même de découvrir l'erreur et de la faire rectifier. —

Grenoble, 23 juin 1836, sous *Cass.*, 18 juill. 1838 (t. 2 1838, p. 491), David c. Guttin. —V. au surplus RÉP. PAL., v° INSCRIPTION HYPOTHÉCAIRE.

216. —En matière d'inscription, lorsque le débiteur ou le vendeur porte un nom commun à plusieurs familles, le conservateur ne doit pas délivrer à l'acquéreur qui fait transcrire les inscriptions existant dans son bureau sur tous les individus portant le même nom, quoique leurs prénoms soient donnés à l'ancien propriétaire dans l'acte de vente. — Le conservateur, dans ce cas, n'est pas responsable, à l'égard du créancier qui a mal énoncé dans son inscription les prénoms de son débiteur, du défaut de mention de cette inscription dans le certificat délivré à l'acquéreur après la transcription. — *Cass.*, 25 juin 1821, Petit c. Depréscau ; — Troplong, *Comment. sur les hyp.*, t. 4, n° 1000; Grenier, t. 2, n° 53.

217. — La déclaration écrite par le conservateur en marge d'une inscription dans un certificat sur transcription, et par laquelle cette inscription a été rejetée d'une manière générale et absolue, a pour effet d'effacer légalement ladite inscription du certificat, et de remettre les choses dans le même état que si elle n'y eût jamais été portée, alors même qu'en comparant les diverses énonciations de l'inscription avec les motifs du rejet, l'acquéreur eût pu reconnaître que le conservateur était dans l'erreur. — La loi n'oblige pas l'acquéreur à faire un pareil examen et à se rendre juge des déclarations du conservateur. Le certificat délivré par celui-ci fait sa règle. — Toutefois, le conservateur n'est responsable que jusqu'à concurrence de la somme qui eût été allouée au créancier dans l'ordre.—Le conservateur n'est, en pareil cas, fondé à exercer aucun recours contre les intéressés dont les observations ont déterminé la déclaration en question, si ces observations ont été faites sans fraude. — *Caen*, 16 mars 1842 (t. 2 1842, p. 601), Michel c. Daufresne.

218 — Une cour royale qui reconnaît que la mention apposée par un conservateur des hypothèques en marge d'une inscription, dans un certificat sur transcription, énonçait faussement que cette inscription ne frappait pas un immeuble vendu, et qui constate que cette mention a dû entraîner le rejet absolu de ladite inscription, peut déclarer le conservateur responsable jusqu'à concurrence de la somme qui eût été allouée au créancier dans l'ordre, sans que son arrêt tombe sous la censure de la cour de Cassation.—*Cass.*, 11 juill. 1843 (t. 2 1843, p. 218), Michel c. Daufresne.

219. — Jugé de même qu'une cour royale peut déclarer un conservateur des hypothèques responsable, lorsque son refus de radier une inscription prise pour sûreté d'une rente due à une femme mariée sous le régime dotal, et dont elle a reçu le remboursement, n'est fondé sur aucun doute sérieux, et que la condamnation qu'elle prononce dans ces circonstances par l'interprétation des actes et l'appréciation des faits ne saurait donner ouverture à cassation.—*Cass.*, 11 juill. 1843 (t. 2 1843, p. 219), Michel c. Morel.

220.—Le conservateur ne pourrait se faire, contre la responsabilité résultant d'une omission, une arme de l'irrégularité de l'inscription, dans le cas où la créance omise serait seule ou serait la dernière des créances inscrites ; car personne n'ayant eu intérêt ou qualité pour la contester, elle eût été colloquée en ordre utile.

221. — Lorsque deux bordereaux d'inscription hypothécaire, l'un régulier, l'autre irrégulier, ont été remis au conservateur, et que celui-ci a fait l'inscription sur son registre, d'après le bordereau irrégulier, et remis l'autre régulier au créancier hypothécaire (car c'est le registre du conservateur qui doit être consulté pour la validité de l'inscription. — V. RÉP. PAL., v° INSCRIPTION HYPOTHÉCAIRE), si la créance vient à être rejetée de l'ordre, à raison du vice de l'inscription, le conservateur est garant de ce rejet envers le cessionnaire porteur de la créance, qui a été étranger au vice du bordereau. — Mais le conservateur, de son côté, a un recours contre le créancier hypothécaire qui lui a remis le bordereau irrégulier, et qui par conséquent a été la cause première du vice de l'inscription prise d'après ce bordereau. Lors même qu'il existerait une autre cause de nullité,

ce créancier ne serait point dispensé de réparer le dommage résultant, par son fait, du rejet de la demande en collocation. — *Cass.*, 17 nov. 1824, Soubeyraud c. Bachelard; — Troplong, t. 4, n° 1001; Grenier, t. 2, n° 53.

222. — Mais, dans une espèce semblable, il a été jugé que le conservateur ne peut se soustraire à la responsabilité du préjudice qu'il a porté au créancier en faisant une inscription irrégulière, sur le fondement qu'il a été induit en erreur par le bordereau qui lui était resté et auquel il s'était conformé dans cette inscription. — *Angers*, 16 août 1826, Blanchet et Lieutaud c. Mondain. — Et la cour de Cassation a décidé que la cour royale d'Angers avait pu, sans contrevenir formellement à aucune loi, se fonder sur ces faits pour déc'arer le conservateur responsable du préjudice qu'il a porté au créancier en faisant une inscription irrégulière, encore que le conservateur oppose qu'il avait été induit en erreur par le bordereau qui était resté entre ses mains, et auquel il s'était conformé dans l'inscription. — *Cass.*, 29 avr. 1829, Lieutaud c. Blanchet.

223. — Lorsque, dans un acte de main-levée, le notaire a énoncé par erreur le numéro d'une autre inscription que celle à radier, militant au profit du même créancier contre le débiteur, le conservateur des hypothèques qui a opéré la radiation de l'hypothèque a pu être déclaré responsable avec le notaire quand la lecture entière de l'acte de main-levée a pu lui faire apercevoir l'espèce d'erreur qu'il contenait. — *Lyon*, 16 avr. 1832; *Cass.*, 19 avr. 1836, Guyon c. Travers et Charbogne.

224. — Le notaire et le conservateur des hypothèques doivent, dans ce cas, être condamnés solidairement. — Même arrêt.

225. — Le conservateur des hypothèques, poursuivi en garantie pour avoir omis dans une inscription une formalité qui en entraîne la nullité, ne peut se prévaloir de ce que la radiation des inscriptions annulées avait été consentie et effectuée par suite d'une distribution faite à l'amiable entre les créanciers inscrits, dans la fausse opinion que l'ordre n'aurait pas lieu. Dans cette hypothèse, et lorsque la nullité de l'inscription résulte du défaut de mention de l'époque de l'exigibilité de la créance, le conservateur n'est pas dégagé de toute responsabilité, par cela seul que la radiation volontaire de l'inscription est antérieure à la loi du 4 sept. 1807, qui accordait un délai de six mois pour rectifier les inscriptions où cette mention avait été omise. — *Cass.*, 22 avr. 1818, Gossin c. Jobal.

226. — La demande adressée au conservateur de faire connaître l'état des inscriptions qui grèvent un immeuble ne renferme pas implicitement celle de faire connaître les transcriptions de donations ou autres qui frappent le même immeuble. Le conservateur qui, sur une telle demande, ne comprend pas ces transcriptions dans l'état qu'il délivre, n'est pas responsable du tort que l'ignorance de cette transcription a pu lui causer. — *Cass.*, 18 mars 1835, Lemonnier et Leduc c. Prévost; — Bioche et Goujet, *Dict. de procéd.*, v° *Inscription hypothécaire*, n° 104.

227. — Le conservateur des hypothèques, n'étant pas le juge du mérite des inscriptions, est tenu de les délivrer dans ses états telles qu'elles existent sur ses registres (V. *suprà* n° 73), et c'est à tort qu'on l'assignerait en réduction sous le prétexte que quelques-unes ont été irrégulièrement conservées, en ce que, par exemple, elles auraient été prises sur un cohéritier devenu étranger à l'immeuble par suite de la licitation. — *Angers*, 9 fév. 1827, Lieutaud c. Mondain.

228. — Jugé de même, dans une espèce où l'immeuble vendu n'avait point été compris dans le lot d'un cohéritier, mais où ce dernier figurait, dans l'établissement de propriété de l'acte de vente transcrit, comme ayant été partie à l'acte de partage. — *Paris*, 18 janv. 1845 (t. 1er 1845, p. 114). Ardant du Picq c. Leforlier; 9 août 1845 (t. 1er 1846, p. 110), Ardant du Picq c. Lecomte.

229. — Nous avons vu (*suprà* n° 16) que le conservateur est responsable de l'employé qui le remplace momentanément, en cas d'empêchement.

230. — Aux termes de l'art. 54, L. 11 brum. an VII, le conservateur qui, par suite de sa responsabilité, était obligé de désintéresser un créancier omis, était de plein droit subrogé aux droits de ce créancier. La même décision doit résulter, selon MM. Sebire et Carteret (*Encycl. du dr.*, v° *Conservateur*, n° 72), de l'art. 1251, 3° C. civ., puisque le conservateur est tenu avec le débiteur à payer le créancier inscrit.

231. — Lorsque après la remise faite par un créancier de son bordereau, ou après la délivrance d'un état d'inscriptions, le conservateur découvre des erreurs commises par lui-même, il peut en faire la rectification en opérant sur ses registres une nouvelle inscription conforme aux bordereaux qui lui ont été remis par le créancier. Cette nouvelle inscription ne doit avoir d'autre date que celle courante; elle doit être accompagnée d'une note relatant l'inscription qu'elle a pour but de rectifier, et toutes les fois qu'on demande au conservateur un extrait de l'inscription rectifiée, il doit délivrer en même temps un extrait de la première et de la dernière inscription. — Av. cons. d'état 11 nov. 1810; — *Turin*, 16 mars 1811, Barutti c. Bacchi; — Hervieu, *Résumé de jurispr. hypoth.*, n° 16.

232. — Les dommages-intérêts dont la condamnation est prononcée contre le conservateur sont payables sur son cautionnement par préférence aux amendes encourues. — C. civ., art. 2202 et 2203. — La contrainte par corps peut en outre être prononcée pour en assurer le recouvrement. — C. procéd., art. 126.

233. — La durée de la responsabilité des conservateurs, à raison de leurs fonctions, a été restreinte, par la loi du 21 vent. an VII, au délai de dix ans après la cessation de leurs fonctions. On ne doit pas faire de distinction entre les biens affectés au cautionnement et les autres biens libres du conservateur. — *Cass.*, 22 juill. 1816, Lemarié c. Robers.

234. — Mais il importe d'ajouter que l'action en garantie contre le conservateur, pour raison d'une inscription dont la nullité lui est imputée, n'est pas prescrite après dix ans de la date de l'inscription lorsque d'ailleurs il ne s'est pas écoulé dix ans depuis la cessation des fonctions du conservateur. — *Cass.*, 2 déc. 1816, Mariette c. Clément.

235. — *Domicile et compétence.* — Les préposés à la conservation des hypothèques ont domicile dans le bureau où ils remplissent leurs fonctions pour les actions auxquelles leur responsabilité donnera lieu. Ce domicile est de droit; il dure aussi long-temps que la responsabilité des préposés. Toutes les poursuites à cet égard pourront être dirigées contre eux, quand même ils seraient sortis de place ou contre leurs ayant-cause. — L. 21 vent. an VII, art. 3.

236. — Les parties qui ont un recours à exercer contre un ancien conservateur décédé doivent l'assigner, non pas à l'ancien domicile de ce conservateur remplacé, mais au bureau où il remplissait ses fonctions. — *Rouen*, 7 nov. 1826, Berrubé c. Palpray. — Grenier, *Hypoth.*, t. 2, p. 478; Troplong, *Des hypoth.*, t. 4, n° 1003.

237. — Les poursuites dirigées contre un ancien conservateur à raison d'une omission par lui commise dans une inscription peuvent être, au gré des parties lésées, portées devant le tribunal du domicile réel du conservateur, ou devant le tribunal du lieu où il exerçait ses fonctions. — *Bruxelles*, 5 mai 1820, Faucheux c. Pluchart.

238. — Le créancier dont l'inscription a été omise dans l'état délivré à l'acquéreur peut appeler le conservateur en garantie, incidemment à l'action en déclaration d'hypothèque formée contre le détenteur. — *Liége*, 13 juin 1808, Bassompierre c. Lemarié.

239. — ... Par conséquent sans tentative de conciliation. — *Liége*, 30 juin 1810, Bassompierre c. Lemarié; Grenier, t. 2, n° 536; Troplong, n° 1003; Hervieu, v° *Conservateur*, n° 29.

240. — Jugé au contraire qu'un conservateur des hypothèques n'est tenu de répondre des faits de sa gestion que devant le juge de l'arrondissement de son bureau, et il n'en peut être distrait sous prétexte d'une action en garantie, qui n'est contre lui qu'une action principale en dommages-intérêts. Ainsi, lorsque dans une contestation relative aux irrégularités reprochées à un état d'inscriptions hypothécaires, la mise en cause du conservateur est ordonnée, celui-ci ne peut être distrait des juges de son bureau par la demande en garantie dirigée contre lui. — *Paris*, 28 mars 1814, de Jonsac c. Lecordier; — Troplong, *Comment. sur les hypoth.*, t. 4, n° 1003.

241. — *Procédure.* — La forme exceptionnelle de procédure établie pour les contestations relatives aux droits d'enregistrement ne peut être appliquée à l'instruction d'une instance entre des particuliers et un conservateur des hypothèques. — *Bruxelles*, 11 juin 1812, Levasseur c. Labarre d'Esqueline. — Décis. min. fin. et just. 2 déc. 1807 et 21 mai 1809; instr. gén. 22 nov. 1820, n° 959.

242. — Il en serait autrement si l'instance s'engageait sur des faits relatifs à la perception des droits à établir au profit du trésor pour les formalités hypothécaires. — Instr. de la régie, n° 359, et instr. gén. 11 janv. 1808, n° 362.

243. — Cependant lorsqu'un conservateur, forcé en recette, acquitte les droits dus au trésor pour une transcription, il ne peut agir par voie de contrainte contre le notaire qui a déposé l'acte au bureau des hypothèques. — *Bourges*, 17 mars 1829. Vidosène c. Rasle.

244. — Les contestations entre les particuliers et les conservateurs des hypothèques doivent être jugées sur plaidoiries et en audience publique toutes les fois qu'il ne s'agit pas de perception de droits. Spécialement, un conservateur des hypothèques assigné pour voir ordonner la radiation d'une inscription n'est pas fondé à demander que l'instance soit instruite par mémoires et jugée à la chambre du conseil, comme en matière d'enregistrement. — *Orléans*, 16 janv. 1827, Bouchet c. Dorbis; — Grenier, *Tr. des hyp.*, n° 536.

245. — La faculté de droit de Caen a demandé qu'il fût déclaré que tous les jugemens qui interviendraient en vertu des art. 2202 et 2203 fussent toujours susceptibles d'appel, attendu qu'on ne doit pas refuser au conservateur le recours accordé aux notaires. — L. 25 vent. an XI, art. 53. — *Docum. relatifs au régime hypoth.*, t. 3, p. 505.

246. — La compétence commerciale établie par l'art. 654, C. comm., s'applique aux billets souscrits par des conservateurs d'hypothèques. — V. RÉP. PAL., v° COMPÉTENCE COMMERCIALE.

DÉCIME DE GUERRE.

1. — Impôt extraordinaire d'un décime par franc à percevoir sur certains droits.

2. — L'art. 1er L. 6 prair., an VII, porte : « A compter du jour de la publication de la présente loi, il sera perçu au profit de la république, à titre de subvention extraordinaire de guerre, pour l'an VII, un décime par franc en sus des droits d'enregistrement, de timbre, hypothèque, droits de greffe, droit de voitures publiques, de garantie sur les matières d'or et d'argent, amendes et condamnations pécuniaires, ainsi que sur les droits de douane à l'importation, l'exportation et la navigation.

3. — Sont, en conséquence, assujétis au décime par franc : 1° les amendes attribuées aux communes. — Instr. de la rég. de l'enreg., 24 vent. an X. n° 48.

4. — ... 2° Les amendes en matière de droit de pêche. — Instr. 16 therm. an XII, n° 246.

5. — ... 3° Celles concernant la voirie et le roulage. — Décis. min. fin. 21 oct. 1806; instr. 345.

6. — ... 4° La totalité de l'amende prononcée au profit du trésor public par la loi du 3 fruct. an III. — *Rouen*, 13 oct. 1806, Enreg. c. Juliot. — ... Et même la moitié de cette amende qui est attribuée à la partie civile. — *Cass.*, 29 mai 1806, Enreg. c. Juliot; *Rouen*, 13 oct. 1806, mêmes parties.

7. — ... 5° Les perceptions de droits de timbre, d'enregistrement, de greffe et d'hypothèques relatives aux majorats. — Av. cons. d'état, 13 sept. 1808; inst. 413, § 10.

8. — ... 6° Les droits perçus par le secrétaire général du conseil d'état, en vertu de l'ord. du 18 janv. 1826, sous le titre de frais de greffe, qui doivent être versés par lui dans la caisse du receveur de l'enregistrement et profitent à l'état. — L. 24 avr. et 28 juin 1833; inst. 1431.

9. — Le décime a dû être perçu, même sur les amendes prononcées antérieurement à la loi du 6 prair. an VII. — Décis. min. 20 fruct. an X; instr. 37.

10. — Mais le décime par franc ne se perçoit pas : 1° sur les dommages-intérêts prononcés en même temps que les amendes, notamment en matière de délits forestiers. — Circ. de la rég. 2 fruct. an VII, n° 1643.

11. — ... 2° Sur les amendes prononcées contre les adjudicataires de coupes de bois qui ne se libèrent pas à l'échéance. — Instr. 24 messid. an XII, n° 236.

12. — ... 3° Sur l'indemnité de 150 fr. payable au défendeur en cassation, par suite de rejet du pourvoi. — Circ. de la régie, 2 sept. 1809; instr. 1537, sect. 3, n° 7. — *Secùs* pour l'amende.

13. — Aujourd'hui, la majeure partie des droits de timbre n'est plus sujette au décime pour franc, d'après les lois des 28 avr. 1816, art. 67 et 14 déc. 1830, art. 2. — Masson de Longpré, *C. de l'enreg.*, n°s 3288 et suiv.

14. — Le décime de guerre établi par la loi du 6 prair. an VII sur le dixième du prix des voitures publiques a été supprimé par l'ord. du 27 avril 1814. — *Cass.*, 3 mars 1817, Contrib. c. Messag.

15. — Et il n'a pas été maintenu par la loi du 21 déc. 1814. — *Cass.*, 6 juill. 1818, Contrib. indir. c. admin. des mess.

16. — La subvention du décime par franc doit être perçue en même temps que le principal et par les mêmes préposés, sans donner lieu à aucune retenue pour ceux-ci. — L. 6 prair. an VII, art. 2.

17. — Les receveurs de l'enregistrement doivent donner quittance du décime, en le distinguant du droit principal. — Circ. de la régie 11 prair. an VII, n° 1574.

18. — Jugé que la subvention de guerre du décime par franc établie par la loi du 6 prair. an VII, étant de sa nature temporaire, le souverain avait pu l'abroger seul, sans le concours du pouvoir législatif. — *Cass.*, 3 mars 1817, Contr. indir. c. adm. des mess.

19. — Mais une pareille décision ne saurait être rendue aujourd'hui que la perception du décime de guerre a été formellement ou autorisée ou établie par différentes lois sur des matières spéciales et que les dispositions de ces lois sont maintenues par les lois annuelles de finances.

20. — Ainsi, la loi des finances du 19 juill. 1845 porte (art. 9) : Continuera d'être faite, pour 1846, au profit de l'état et conformément aux lois existantes, la perception d'un décime par franc sur les droits qui n'en sont point affranchis, y compris les amendes et condamnations pécuniaires, et sur les droits de greffe perçus en vertu de l'ord. du 18 janv. 1829, par le secrétaire-général du conseil d'état. — Même disposition dans la loi des fin. du 3 juill. 1846 (art. 7).

GREFFE (Droits de).

Table alphabétique.

GREFFE (Droits de). — 1. — Droits perçus sur certains actes judiciaires et sur les actes passés ou reçus dans les greffes.—Ce mot s'emploie aussi pour désigner les émolumens propres aux greffiers.

SECT. 1re.—*Historique.—Dispositions générales* (nº 1).

SECT. 2e.—*Droits de greffe dans les cours royales et dans les tribunaux de première instance et de commerce* (nº 17).

§ 1er. — *Droit de mise au rôle* (nº 18).

§ 2. — *Droit de rédaction et de transcription* (nº 44).

§ 3. — *Droit d'expédition* (nº 96).

SECT. 3e.—*Affaires exemptes des droits de greffe* (nº 129).

SECT. 4e. — *Règles générales sur la perception des droits de greffe.—Obligations particulières des greffiers* (nº 138).

SECT. 5e. — *Remise accordée aux greffiers* (nº 160).

SECT. 6e. — *Émolumens des greffiers* (nº 166).

§ 1er.—*Greffiers des cours royales* (nº 167).

§ 2. — *Greffiers des tribunaux de première instance* (nº 174).

§ 3.—*Greffiers des tribunaux de commerce* (nº 185).

§ 4.—*Greffiers des justices de paix* (nº 199).

§ 5. — *Secrétaires des conseils de prud'hommes* (nº 229).

SECT. 7e. — *Droits de greffe à la cour de Cassation et à la cour des Comptes* (nº 236).

—

Sect. 1re. — *Historique. — Dispositions générales.*

2. — Les droits de greffe sont les plus anciens des droits perçus sur les actes judiciaires. — Bosquet (*Dict. des domaines*, vº *Droits de greffe*) cite une ordonnance de Philippe-le-Long de 1319, qui déclare que les greffes étaient du domaine royal, et que par conséquent il appartenait au roi d'en régler les émolumens et de s'en attribuer tout en partie. — *Dict. des droits d'enreg.*, vº *Greffe (droit de)*, nº 1er.

3. — Les droits de greffe n'étaient pas les seuls qui fussent perçus sur les actes judiciaires. Il y

avait encore les droits de *scel*, ceux d'*insinuation* dans certains cas, enfin les *épices* des juges qui s'élevaient à une somme bien plus considérable que tous les autres droits ensemble, et sur lesquels on retenait une portion au profit du roi. — V. ces mots au REP. PAL.

4. — Quant aux greffiers, ils furent jusqu'au commencement du XVe siècle rétribués par ceux de qui dépendaient les juridictions auxquelles ils étaient attachés. Depuis, ils furent payés par les parties, même dans les domaines du roi et au parlement de Paris, bien qu'une ordonnance de Charles VII, du mois d'avr. 1454, leur eût assigné un traitement fixe, et défendu de rien exiger pour la délivrance des arrêts et jugemens. — Fournel, *Histoire des avocats*, t. 2, p. 134; Legier, *Rapport au conseil des Cinq Cents*, 13 vendém. an VII. — V. *Moniteur*, 17 vendém.

5. — A partir de 1490, les droits à percevoir par les greffiers furent réglés par des ordonnances. Enfin, leurs fonctions furent érigées en titres d'office, moyennant finances. — Fournel et Legier, *ibid.*

6. — Les droits de greffe, de scel, d'insinuation, les épices, les droits réservés, furent tous supprimés par l'assemblée constituante (décr. 5-19 déc. 1790, art. 1er), qui voulait que la justice fût rendue gratuitement, et elle les remplaça par un seul droit d'enregistrement. Un traitement fixe fut assigné à tous les greffiers.

7. — Depuis, néanmoins, comme en instituant le tribunal de Cassation, on lui avait déclaré applicable le règlement du 28 juin 1738, sur la forme de procéder devant le conseil des parties que ce tribunal remplaçait, on se crut autorisé par là à percevoir au greffe du tribunal de Cassation les droits précédemment perçus à celui du conseil des parties, bien que ces droits fussent, pour la plupart, fixés non par le règlement de 1738, mais par celui du 12 sept. 1739. — La loi du 29 frim. an IV assigna aux frais du trésor un traitement au greffier, aux commis-greffiers et à tous les employés du greffe du tribunal de Cassation, puis elle ajouta (art. 4) que les droits et émolumens du greffe seraient perçus pour le compte de la nation. — Enfin, un arrêté du 19 vent. an XI a rendu applicable aux actes et jugemens concernant les affaires de la nature de celles mentionnées en l'art. 9, L. 1er déc. 1790, le droit d'expédition dû pour toutes celles de la compétence de ce tribunal.

8. — Cependant, le besoin d'impôts avait fait rétablir les droits de greffe. — La loi du 21 vent. an VII en ordonna la perception dans les greffes des tribunaux civils et de commerce. Pour repousser cette loi on disait qu'elle violait la constitution de l'an III, dont l'art. 205 portait que la justice serait rendue gratuitement. Mais on répondit que cette disposition ne s'appliquait qu'aux juges qui ne pourraient rien recevoir des parties, et ne s'opposait pas plus à l'établissement des droits de greffe qu'elle n'avait empêché celui des droits de timbre et d'enregistrement. — *Monit.*, 21 et 24 niv. an VII. — La loi du 22 prair. an VII a complété celle du 21 vent. précédent et réglé les droits de greffe en matière de vente volontaire et d'expropriation forcée.

9. — Quant aux droits de greffe dans les tribunaux criminels et correctionnels, l'art. 27, L. 21 vent. an VII, portait qu'il serait statué à cet égard par une résolution particulière. Le projet présenté à ce sujet fut rejeté le 22 prair. an VII, et depuis il n'a pas été reproduit. Seulement, le décret du 18 juin 1811 a fixé les émolumens des greffiers en matière criminelle, correctionnelle et de police.

10. — Depuis la promulgation du Code civ. et du Code de procéd., qui apportaient des changemens à plusieurs des actes désignés par les lois des 21 vent. et 22 prair. an VII, les droits de greffe ont été de nouveau fixés en partie par le décret du 12 juill. 1808.

11. — Aux différens droits de greffe il doit être ajouté un décime par franc établi, à titre de subvention de guerre, par la loi du 6 prair. an VII, comme sur ceux d'enregistrement, de timbre, etc. — V. DÉCIME DE GUERRE.

12. — Des droits de greffe spéciaux ont été établis sur l'enregistrement dans les tribunaux des lettres patentes portant institution de majorats,

ou conférant des titres de noblesse, ou accordant des dispenses d'âge ou de parenté pour mariage, etc. — V. LETTRES PATENTES.

13. — La loi du 21 avr. 1832, art. 7 prescrit que les droits perçus au conseil d'état en vertu de l'ord. du 18 janv. 1826, sous le titre de *frais de greffe* soient versés au trésor public.

14. — En Algérie, les droits de greffe et d'expédition fixés par les tarifs de France sont perçus au profit du trésor. — Ord. 10 août 1834, art. 22; 19 oct. 1841. art. 1, 3 et 7; 28 fév. 1844, art. 28; 26 1842, art. 28.

15. — Chaque année, la loi qui fixe le budget des recettes autorise la perception des droits de greffe, comme celle des droits d'enregistrement, de timbre, d'hypothèques, etc. — Ainsi, pour le budget de 1847, V. L. 3 juill. 1846, art. 7.

16. — Les greffiers des cours royales et des tribunaux civils et de commerce ont droit, indépendamment du traitement fixe qu'ils reçoivent du gouvernement : 1° à une remise sur les différens droits de greffe, 2° et à des émolumens. Cette seconde disposition est applicable aussi aux greffiers des justices de paix et aux secrétaires des conseils de prud'hommes.

Sect. 2e. — *Droits de greffe dans les cours royales et dans les tribunaux de première instance et de commerce.*

17. — En matière civile et commerciale, il y a trois sortes de droits de greffe proprement dits : 1° le droit de mise au rôle ; 2° le droit de rédaction et de transcription; 3° et le droit d'expédition.

§ 1er. — *Droit de mise au rôle.*

18. — Le droit de mise au rôle « est la rétribution due pour la formation et la tenue des rôles et l'inscription de chaque cause sur le rôle auquel elle appartient. » — L. 21 vent. an VII, art. 3. — « Il semble, disent MM. Bioche et Goujet, que l'on ait voulu ici dissimuler l'impôt; mais il suffit, pour le mettre en évidence, de faire observer que le greffier n'a qu'une faible remise sur ce droit. » — *Dict. de procéd.*, v° *Greffe (Droit de)*, n° 15.

19. — Depuis la publication du Code de procédure, ce droit a dû continuer d'être perçu conformément à la loi du 21 vent. an VII. — Décis. min. just. et fin., 30 juin et 14 juill. 1807; décr. 12 juill. 1808, art. 5.

20. — Le droit de mise au rôle est de 5 francs pour les causes sur appel des tribunaux civils et de commerce portées devant les tribunaux d'appel; de 3 francs pour les causes ordinaires portées devant les tribunaux civils en première instance ou sur appel des juges de paix; de 1 fr. 50 cent. pour les causes sommaires et provisoires et pour celles portées devant le tribunal de commerce. — L. 21 vent. an VII, art. 3.

21. — Lorsqu'à défaut de tribunal de commerce dans un arrondissement, les affaires sont portées devant le tribunal civil, le droit de mise au rôle est de 1 fr. 50 c. et non de 3 fr., parce qu'alors le tribunal civil fait les fonctions de tribunal de commerce.—Arg. C. comm., 640 et 641; circ. min., 11 prair. an VII, n° 1577.

22. — Bien que l'art. 404, C. procéd., répute matières sommaires les appels des juges de paix, ils doivent donner lieu au droit de 3 fr., car la loi de vent. an VII les y a nominativement soumis, quoique la loi du 24 août 1790, tit. 3, art. 12, les eût déjà rangés parmi les causes sommaires. — Déc. min. just. et fin., 30 juin et 14 juill. 1807.

23. — Mais le droit de 1 fr. 50 c. est seul applicable pour les causes déclarées sommaires par le Code, même pour celles non considérées comme telles auparavant, car c'est la nature de la cause, telle que la loi la fixe, qui détermine la quotité du droit dans tous les cas où il n'y a pas d'exception. — V. *Journ. enreg.*, art. 2814. — Il y a même raison de décider pour les causes désignées par l'art. 1er, L. 11 avr. 1838. — Bioche et Goujet, *Dict. de procéd.*, v° *Greffe (droit de)*, n° 19.

24. — Il suit de l'art. 404, C. procéd., qu'il n'est dû que le droit de 1 fr. 50 c. pour les causes qu

n'excèdent pas 1,000 fr. (1,500 fr., L. 11 avr. 1838, art. 1er), qu'il y ait titre ou non. Quant à celles dont l'objet excède 1,000 fr. (1,500 fr.) lorsqu'il y a titre, la perception est aussi de 1 fr. 50 c. ; mais le greffier doit exiger le supplément lorsque le titre est contesté. — Décis. min. just. et fin., 6 et 16 fév. 1843; instr. 626; — Roland et Trouillet, *Dict. d'enregistr.*, v° *Greffe* (droit de), § 1, n° 3.

25. — Après avoir fixé les droits de mise au rôle, l'art. 3, L. 21 vent. an VII, ajoute : « Le tout sans préjudice du droit de 25 c. qui est accordé aux huissiers audienciers pour chaque placement de cause. » — Cette disposition n'a plus d'effet aujourd'hui, car ce sont les avoués qui font inscrire les causes aux rôles, et les huissiers audienciers n'ont un émolument que pour l'appel des causes à l'audience — Tarif, 16 fév. 1807, art. 152 et 157 ; décr. 30 mars 1808, art. 19, 21, 56 et 59.

26. — Le même art. 3, L. 21 vent. an VII, ajoute : « L'usage des placets pour appeler les causes est interdit ; elles ne pourront l'être que sur les rôles et dans l'ordre de placement. » — Néanmoins à Paris on a conservé l'usage des placets. Mais la loi n'a eu pour but que d'empêcher que des causes fussent soustraites au droit de mise au rôle ; or, la prohibition de la loi n'est pas éludée, car, nonobstant les placets, les causes y sont portées sur le rôle général. — Bioche et Goujet, *Dict. de procéd.*, v° *Greffe* (droits de), n° 24. — Les placets portent la mention de la mise au rôle.

27. — Le droit de mise au rôle est perçu par le greffier avant d'inscrire la cause au rôle ; il en donne une quittance qui n'est assujétie à d'autre droit qu'à celui de timbre. — L. 21 vent. an VII, art. 4 et 24.

28. — Dès-lors est illégal l'usage où quelques greffiers de faire imprimer ces quittances et d'en faire supporter les frais aux parties, au moyen d'une légère rétribution. — Bioche et Goujet, *ibid.*, n° 23.

29. — A Paris, l'usage est de faire représenter, lors de la mise au rôle, l'original de l'exploit d'assignation, et d'y porter en marge une mention signée du greffier ou de son commis, indiquant seulement le numéro de la cause et la date de son inscription. — Bioche et Goujet, n° 23.

30. — Le droit de mise au rôle se perçoit pour les causes qui sont jugées par défaut, comme pour celles qui sont jugées contradictoirement — Décis. min. fin., 30 Juin-11 juill.-22 oct. 1807 ; inst. gén., 25 mars 1808, n° 368.

31. — Les causes intentées par les procureurs du roi en exécution de la loi du 4 vent. an IX, concernant les rentes et domaines usurpés, abandonnés aux hospices, sont passibles du droit de mise au rôle. — Avis cons. d'état, 5 niv. an XII, instr. 201 ; — Roland et Trouillet, *Dict. d'enregistr.*, v° *Greffe* (droit de), § 1er, n° 7.

32. — Ne sont point assujétis au droit de mise au rôle : 1° les référés. — Décr. 12 juill. 1808, art. 5.

33. — ... 2° Les affaires renvoyées à l'audience en état de référé ; car elles ne sont point portées au rôle. — Décr. 30 mars 1808, art. 66.

34. — ... 3° Les appels des ordonnances ou des jugemens de référé. — Décr. 12 juill. 1808, art. 5. — Car les affaires qui y donnent lieu ne changent pas de nature pour être soumises à un second degré de juridiction — Bioche et Goujet, *ibid.*, n° 25.

35. — ... 4° Les demandes portées devant le juge par simple requête, et qui ont pour objet, soit de faire autoriser une femme mariée, à défaut de l'autorisation de son mari, à la poursuite de ses droits et actions, soit de faire procéder à une saisie d'effets mobiliers, soit de faire nommer un curateur à une succession vacante, etc. Car ces affaires ne présentant rien de contentieux et appartenant à la juridiction volontaire ne sont pas de nature à être inscrites sur le rôle. Toutefois si la demande est suivie d'opposition ou donne lieu à des débats judiciaires, elle doit être inscrite sur le rôle, et le droit acquitté avant l'appel de la cause. — Circul. 14 prair. an VII, n° 1577.

36. — Le droit de mise au rôle ne peut être exigé qu'une fois. — L. 21 vent. an VII, art. 3. — De ce principes découlent les conséquences suivantes :

37. — Si la cause a été rayée, elle doit être pla-

cée gratuitement à la fin du rôle avec mention du premier placement (L. 21 vent. an VII, art. 3), sauf à l'avoué à payer personnellement le coût de l'expédition du jugement de radiation dans le cas de l'art. 29, Décr. 20 mars 1808. — Bioche et Goujet, *ibid.*, n° 26.

38. — Les causes qui auraient acquitté le droit de mise au rôle dans un tribunal supprimé depuis, n'en devraient pas un autre au nouveau tribunal où elles seraient portées. — Décis. min. fin. 28 vendém. an IX.

39. — L'instance sur une opposition ne donne pas lieu à la perception du droit de mise au rôle, quand le droit a été acquitté pour la cause principale. — Circul. 14 prair. an VII, n° 1577.

40. — Il n'est pas dû non plus pour des demandes incidentes (arg. L. 21 vent. an VII, art. 3) ; car elles sont des accessoires de causes qui l'ont déjà acquittée.

41. — Il y a même raison de décider pour les demandes en intervention ou en mise en cause pour garantie. — Décis. min. fin. 2 fruct. an VII. — Quant aux demandes en garantie qui n'ayant pas été jointes à la demande principale sont instruites séparément, M. Dalloz (v° *Droits de greffe*, § 1er, n° 8) pense que le droit est dû. Mais, disent MM. Bioche et Goujet, cela suppose qu'il a été préalablement rendu un jugement déclarant qu'il n'y a pas lieu à la jonction des deux instances ou prononçant leur disjonction, sinon le greffier ne pourrait savoir s'il doit exiger le droit de mise au rôle. Il leur semble donc que le droit n'est pas dû quand la demande se rattache à une affaire déjà pendante devant le tribunal ; mais qu'il en doit être autrement quand la demande en garantie est formée après le jugement de la contestation originaire. — *Dict. de procéd.*, v° *Greffe* (droit de), n° 29.

42. — La même distinction est à faire pour les demandes en déclaration de jugement commun. — Bioche et Goujet, *ibid.*, n° 30.

43. — Le droit de mise au rôle n'est pas dû pour la requête civile et la tierce-opposition incidente ; mais il doit être perçu pour la tierce-opposition principale ; car c'est alors une nouvelle constestation qui s'élève. — Bioche et Goujet, *ibid.*, n° 27.

§ 2. — *Droit de rédaction et de transcription.*

44. — Le droit de rédaction et de transcription est dû pour les actes rédigés ou transcrits au greffe ; il est le salaire de la formalité. Ce droit établi par les lois des 21 vent. et 22 prair. an VII a été réglé définitivement par le décret du 12 juill. 1808.

45. — La perception de ce droit se fait au profit du trésor sur la minute des actes qui y sont sujets. — L. 21 vent. an VII, art. 5 et 10 ; décr. 12 juill. 1808, art. 1er.

46. — La perception a lieu par l'intermédiaire du greffier qui donne quittance aux parties. — L. 21 vent. an VII, art. 4 ; L. 23 juill. 1820, art. 2. — Cette quittance n'est soumise à aucun autre droit qu'à celui du timbre. — L. 21 vent. an VII, art. 24.

47. — Les greffiers étant censés avoir reçu le droit de rédaction et de transcription au moment où ils rédigent ou transcrivent les actes, ce droit est dès-lors même acquis au trésor. — Circ. enreg. 16 germin. an VII, n° 1587.

48. — Les droits de rédaction et de transcription sont ou proportionnels ou fixes, et leur quotité varie suivant la nature des actes.

49. — 1° *Actes sujets au droit proportionnel de rédaction et de transcription.* — Les actes soumis au droit proportionnel de rédaction sont : 1° les adjudications faites en justice ; — 2° les mandemens ou bordereaux de collocation. — Décr. 12 juill. 1808, art. 1er, n° 2.

50. — *Adjudications faites en justice.* — Elles sont soumises à un droit de un demi pour cent sur les cinq premiers 4,000 fr., et de 25 cent. par 100 fr. sur ce qui excède 5,000 fr. — Décr. 12 juill. 1808, art. 1er, n° 2.

51. — Le décret du 12 juill. 1808 n'a point distingué, comme l'avait fait la loi du 22 prair. an VII, les adjudications volontaires, les licitations, ni les expropriations. Par ces mots : *Adjudications faites en justice*, il les comprend toutes. — *Dict. des dr. d'enregistr.*, v° *Greffe* (droits de), n° 184.

52. — Les adjudications de biens meubles sont passibles des mêmes droits de rédaction que celles des immeubles. — *Dict. des droits d'enregistr.*, v° *Greffe* (droits de), n° 204. — Il en est de même des adjudications de baux emphytéotiques. — Roland et Trouillet, *Dict. d'enregistr.*, v° *Greffe* (droits de), § 2, n° 63.

53. — Si les biens adjugés sont situés en pays étranger, il n'y a pas lieu à la perception du droit proportionnel d'enregistrement; mais il y a lieu à celle du droit proportionnel de rédaction. — *Cass.*, 11 déc. 1820, Enreg. c. Kohlaas,

54. — En cas de revente sur folle enchère, le droit n'est dû que sur ce qui excède la première adjudication. — Décr. 12 juill. 1808, art. 3. — Au contraire, le droit à percevoir sur une surenchère, par suite de vente volontaire, doit porter sur la totalité du prix. — Solut. 12 mars 1832; — Roland et Trouillet, *Dict. d'enregistr.*, v° *Greffe* (droits de), § 2, nos 69 et 78.

55. — Pour les licitations, le droit n'est exigible que sur la valeur de la part acquise par le colicitant, s'il reste adjudicataire. — Décr. 12 juill. 1808, art. 3.

56. — Dans aucun cas, la perception ne peut être au-dessous du droit fixe de 1 fr. 25 c., déterminé, pour les moindres actes, par l'art. 5, L. 21 vent. an VII. — Décr. 12 juill. 1808, art. 3.

57. — Quant aux adjudications de jouissances emphytéotiques, créées par actes antérieurs au Code civil, il faut, pour la perception du droit de rédaction, établir le capital sur dix fois le prix annuel, pour tout bail dont la durée n'excède pas trente ans, et sur vingt fois pour ceux au-dessus de ce terme, en y joignant les deniers d'entrée. — Déc. min. fin., 5 mai 1812; —Roland et Trouillet, *Dict. d'enreg.*, v° *Greffe* (droits de), § 2, n° 64.

58. — Quand l'adjudication est faite en plusieurs lots, on avait d'abord pensé que le droit devait être perçu sur le prix cumulé des différens lots. — *J. enregistr.*, art. 925. — Mais depuis on a reconnu qu'il y avait autant d'adjudications particulières et indépendantes qu'il y avait de lots; qu'ainsi le droit doit être liquidé séparément, à raison de 50 c. pour 100 fr. sur les cinq premiers 100 fr. et de 25 cent. sur le surplus du prix de chaque lot; que toutefois on devait réunir les lots adjugés à la même personne. — *J. enregistr.*, art. 7104; *Dict. des dr. d'enreg.*, v° *Greffe* (droits de), n° 186.

59. — Le droit proportionnel de rédaction doit porter non seulement sur le prix de l'adjudication, mais encore sur les frais et autres charges, notamment sur la valeur de l'usufruit lorsqu'il est réservé. — Délib. 4 sept. 1822; —Roland et Trouillet, *Dict. d'enregistr.*, v° *Greffe* (droits de), § 2, n° 6.

60.—Le décret de 1808 et la décision du ministre des finances du 12 juill. 1810, voulant que les droits proportionnels de greffe soient perçus comme ceux d'enregistrement, on doit suivre les sommes de 20 fr. en 20 fr. inclusivement et sans fraction.— Roland et Trouillet, *Dict. d'enregistr.*, v° *Greffe* (droits de), § 2, n° 59.

61. — Lorsque, par suite d'appel, une adjudication est annulée, il y a lieu de restituer le droit proportionnel de rédaction. — Décr. 12 juill. 1808, art. 4.

62. — Le droit de rédaction n'est pas dû sur un jugement portant résolution de vente pour défaut de paiement du prix, bien qu'il soit soumis au droit proportionnel de mutation comme opérant une rétrocession de propriété. La loi n'y soumet que les adjudications faites en justice, parce que c'est le greffier qui les rédige. — *Paris*, 3 mars 1820. — Décis. min. fin. 21 juill. 1820. — *Dict. des dr. d'enreg.*, v° *Greffe* (droits de), n° 205.

63. — Par la même raison, lorsqu'une déclaration de command est faite après le délai utile, le droit proportionnel de rédaction n'est point dû, bien que le droit proportionnel d'enregistrement soit exigible en pareil cas; car il n'y a pas lieu à la rédaction d'une seconde adjudication. — *Dict. des dr. d'enreg.*, v° *Greffe* (droits de), n° 195; Bioche et Goujet, *eod. verb.*, nos 45 et 46. — *Contrà Journ. Enreg.*, art. 3143.

64. — Si plusieurs lots ont été adjugés à un avoué, et qu'il nomme un command par lot, il est dû autant de droits qu'il y a de commands; mais s'il n'était adjudicataire que d'un lot, il ne serait

dû qu'un droit, quoiqu'il déclarât plusieurs communds. — Solut. 7 déc. 1822. — *Dict. des dr. d'enreg.*, v° *Greffe* (droits de), n° 147.

65. — Si les droits de rédaction sur les adjudications n'ont pas été consignés dans les vingt jours entre les mains du greffier, le recouvrement en est poursuivi contre les parties par le receveur de l'enregistrement. — L. 22 frim. an VII, art. 37; 28 avr. 1816, art. 38. — *Dict. des dr. d'enreg.*, v° *Greffe* (droits de), n° 187.

66. — *Mandemens ou bordereaux de collocation.* — Il est dû sur chacun un droit de 25 c. par 100 fr. du montant de la créance colloquée. — Déc. 12 juill. 1808, art. 1er, n° 2; décis. min. fin. 8 déc. 1842; inst. 1704, § 9.

67. — 2° *Actes sujets au droit fixe de rédaction et de transcription.* — Sont soumis à un droit fixe de 3 fr.: 1° La transcription au greffe d'une saisie immobilière. — Décr. 12 juill. 1808, art. 1er, n° 5.

68. — ...2° Le dépôt de l'extrait, certifié par le conservateur des hypothèques des inscriptions existantes, lequel doit être annexé au procès-verbal d'ordre. — C. procéd., art. 752. — Décr. 12 juill., 1808, art. 1er, n° 2. — Dans l'usage, on annexe l'état des inscriptions au procès-verbal sans dresser d'acte de dépôt. — Bioche et Goujet, *Dict. de procéd.*, v° *Greffe* (droits de), n° 32.

69. — Si la transcription d'une saisie immobilière constate en même temps que l'extrait en a été inséré au tableau, il est dû 3 fr. pour la transcription et 1 fr. 25 pour publication. — *Dict. des dr. d'enreg.*, v° *Greffe* (droits de), n° 173. — Dans l'usage, on fait un acte de dépôt séparé pour l'extrait de la saisie. — Bioche et Goujet, n° 52.

70. — Sont soumis au droit fixe de 1 fr. 50 c.: 1° l'acte de dépôt de titres pour la distribution de deniers par contribution ou par ordre, et ce pour chaque production. — L. 22 prairial an VII, art. 1er, n° 1; décr. 12 juill. 1808, art. 1er, n° 2; décis. min. fin. 8 déc. 1843; instr. 1707, § 3. — Mais il n'est pas exigible pour chacune des pièces produites. — Bioche et Goujet, *ibid.*, n° 53. — Si le dépôt ou la production n'est constaté que sur le procès-verbal du juge-commissaire, c'est sur ce procès-verbal que le droit est perçu. — *Dict. des dr. d'enreg.*, eod. verb., n° 134. — 2° La surenchère faite au greffe. — Décr. 12 juill 1808, art. 1er, n° 2.—3° La radiation de saisie immobilière.—*Ibid.*

71. — Sont soumis au droit fixe de 1 fr. 25 c. dans tous les cas où un droit plus fort n'est pas exigé, tous les actes, procès-verbaux et rapports faits ou rédigés par le greffier (décr. 12 juill. 1808, art. 1er, n° 1er). Cette disposition par sa généralité prévient toutes les objections tirées de ce que certains actes n'auraient pas été spécialement désignés par la loi (instr. gén. 3 sept. 1808, n° 398). — Nous ne présenterons donc pas la nomenclature de tous les actes désignés ou non, qui sont assujétis au droit. Nous parlerons seulement de ceux à l'égard desquels la perception donne lieu à quelques observations.

72. — Les actes de dépôt doivent être transcrits à la suite les uns des autres sur un registre en pa pier timbré, coté et paraphé par le président du tribunal. — Les actes de décharge de ces mêmes dépôts sont portés sur le registre en marge de l'acte de dépôt. — Décr. 12 juill. 1808, art. 2.

73. — *Certificats délivrés en brevet.* — On avait d'abord pensé que ces actes étaient exempts du droit de rédaction que la loi prescrit de percevoir sur la minute (instr. gén. 3 sept. 1808, n° 398). Mais, depuis, décidé qu'il y sont soumis, comme compris dans les termes généraux de l'art. 1er, décr. 12 juill. 1808. — Délib. 8 oct. 1832.

74. — *Déclarations faites au greffe, etc.* — Pour l'acte d'affirmation de voyage, il est dû autant de droits de rédaction qu'il y a d'individus. — Décis. min. fin. 18 niv. an VII; circ., n° 1774.

75.—*Dépôt de signature et paraphe de notaires.*— Le droit est dû lors même que le dépôt est fait par le procureur du roi; mais il n'est dû qu'un seul droit, quoique la feuille déposée contienne la signature de plusieurs notaires de la même résidence. — Décis. min. fin. 11 thermid. an XII et 3 vendém. an XIII, instr. gén. 3 fructid. an XIII et 3 sept. 1808, nos 290 et 398.

76. — *Dépôt de registres, répertoires et autres titres et pièces* de quelque nature et pour quelque

cause que ce soit. Le droit est applicable au dépôt que les notaires sont obligés de faire au greffe chaque année du double de leur répertoire. Il doit être dressé autant d'actes de dépôt qu'il y a de notaires déposans. — Instr. gén. 9 oct. 1806, 26 juill. et 3 sept. 1808, nos 318, 390 et 398, *J. Enreg.*, art. 3547.

77. — *Enquêtes.* — Outre le droit de 1 fr. 25 c. perçu pour les procès-verbaux, elles sont passibles d'un droit de 50 cent. pour chaque déposition de témoin. — L. 21 vent. an VII, art. 5; Décr. 12 juill. 1808, art. 1er, no 1er.

78. — En matière sommaire ou de commerce, pour affaires non susceptibles d'appel (C. pén., art. 410 et 432), les deux droits ne sont pas dus puisqu'il n'est pas rédigé de procès-verbal; et on ne peut les percevoir sur le jugement *Dict. des dr. d'enreg.*, vo *Greffe* (Dr. de), no 150). — Mais ils sont dus, dans les mêmes matières, pour les procès-verbaux qui sont dressés lorsqu'il s'agit d'affaires susceptibles d'appel. — Bioche et Goujet, *eod. verb.*, no 60.

79. — Le droit de 1 fr. 25 cent. n'est dû que sur l'ensemble du procès-verbal d'enquête et non par vacation. — Inst. gén. 30 déc. 1825, 1180, § 7, *Dict. des dr. d'enreg.*, vo *Greffe* (Droits de), no 149.

80. — *Insertions d'actes au tableau placé dans l'auditoire.* — Il n'est dû aucun droit de dépôt pour la remise au greffe des actes dont la publication est ordonnée par la loi : mais le droit de rédaction est dû pour leur publication. — Décr. 12 juill. 1808 art. 1er, no 1er.

81. — Les insertions doivent être constatées par un acte dont il reste minute. C'est sur cet acte, en quelque forme qu'il soit rédigé, que le droit est perçu. — Instr. gén. 3 sept. 1808, no 398; décis. min. fin. 19 oct. 1828; circul. min. just. 2 mars 1829.

82. — Dans le cas prévu par l'art. 2194, C. civ., pour la purge des hypothèques, il n'est pas dû plusieurs droits de greffe pour une adjudication consentie à plusieurs personnes (Délib. admin. enreg., 18 juill. 1828). — Il en serait autrement, si l'on avait réuni en un cahier les expéditions de plusieurs contrats de ventes faites séparément par le même individu à divers particuliers. — Décis. min. fin. 14 nov. 1829.

83. — *Récusations de juges.* — Il s'agit seulement ici des récusations régies par l'art. 384, C. procéd. (Instr. gén. 3 sept. 1808, no 398). Le droit n'est point applicable aux récusations de juges de paix. — Chauveau, *Comm. du tarif*, t. 1er, p. 40.

84. — *Transcription et enregistrement sur les registres du greffe d'oppositions et autres actes* désignés par les Codes (à l'exception de la saisie immobilière). — Le droit n'est dû qu'autant qu'il est délivré expédition de la transcription (Décr. 12 juill. 1808, art. 1er, no 1er). — Les simples mentions sur les registres du greffe sont considérées comme des enregistremens, et passibles du droit lorsqu'il en est délivré expédition. — Instr. gén. 3 sept. 1808, no 398.

85. — *Vérifications de créances.* — Le droit de 1 fr. 25 c. est dû pour les procès-verbaux de vérification de créances rédigés par le greffier sous la dictée du juge-commissaire. — En matière de faillite, la vérification des créances doit se faire par un seul procès-verbal (Arg. C. comm., 1838, art. 493). — Mais il n'est dû qu'un droit de rédaction pour un procès-verbal de vérification de plusieurs créances, affirmées par chacun des créanciers. — *J. Enreg.*, art. 1553.

86. — Le droit de rédaction n'est pas exigible dans les cas et pour les actes suivans:

87. — *Actes passés devant les juges de paix et leurs greffiers ou par les notaires*, en qualité de commissaires délégués par les tribunaux civils ou de commerce; car le droit représentant le salaire des greffiers de ces tribunaux ne peut être dû à ceux-ci pour des actes qu'ils n'ont pas rédigés (Décis. min. fin. 21 mars 1809; instr. 28 avr. 1809, no 429). — Décidé de même à l'égard des procès-verbaux des juges-commissaires ou délégués. — Décis. min. fin. et just. 10 et 17 nov. 1824; instr. gén. 1156, § 13.

88. — *Communication des pièces par la voie du greffe*; car elle ne donne lieu, de la part du greffier, à aucune rédaction ou transcription — C. procéd., art. 106, 108, 109, 114 et 115; — *Dict. des dr. d'enreg.*, vo *Greffe* (Droits de), no 144.

89. — *Dépôt des registres de l'état civil.* — C'est là

une mesure d'ordre public qui ne doit pas être onéreuse pour les communes. — Décis. min. fin. 24 sept. 1808; instr. 10 nov. suiv., no 405.

90. — *Dépôt de timbre.* — Ce dépôt est fait par mesure d'ordre public et dans l'intérêt du trésor. — *J. Enreg.*, no 2386.

91. — *Dépôt des titres de créances à vérifier.* — Lorsque ces titres sont déposés au greffe (C. com., 494), le greffier en donne seulement récépissé, sans être tenu de dresser un acte de dépôt. — Inst. gén., 9 mars 1808, no 420.

92. — *Prestation de serment.* — Les déclarations affirmatives dont parle le décret de 1808 ne doivent s'entendre que de celles faites au greffe par les tiers-saisis ou autres, et non des sermens qui se prêtent à l'audience par les parties ou par les fonctionnaires publics. — Déc. min. fin., 11 août 1807; *J. enregistr.*, art. 1062 et 2661

93. — Il en est de même de la prestation de serment que font des experts devant le juge-commissaire, en vertu de l'art. 305, C. proc.: le juge ne fait alors que remplacer le tribunal. — *J. enreg.*, art. 2.599.

94. — Il n'est dû non plus aucun droit pour la mention faite sur la commission des employés appartenant à la régie des contributions indirectes et autres administrations, de la prestation de serment de ces employés. — Décis. min. just. et fin., 21 mai 1811.

95. — *Succession vacante.* — Les mandats ou ordonnances sont délivrés à des créanciers d'une succession vacante sur le produit des biens, sans qu'il y ait eu ordre ou distribution. — Décis. min. fin., 26 déc. 1809; *Dict. des droits d'enregistr.*, vo *Greffe* (droits de), no 207.

§ 3. — *Droit d'expédition.*

96. — Le droit d'expédition est la rétribution due pour l'expédition des jugemens et actes faits ou déposés au greffe. — La perception de ce droit, établie par les art. 7, 8 et 9 de la loi 21 vent. an VII, a été maintenue par l'art. 5 du décr. du 12 juill. 1808.

97. — Le droit d'expédition est perçu des parties ou de leurs représentans par l'intermédiaire du greffier. C'est le receveur d'enregistrement qui en donne quittance en marge des expéditions. — L. 21 vent. an VII, art. 10 et 24; L. 23 juill. 1820, art. 2.

98 — Le greffier ne peut délivrer aucune expédition que les droits n'aient été acquittés sous peine de restitution du droit et de 100 fr. d'amende, sauf, en cas de fraude et de malversation évidentes, à être poursuivi devant les tribunaux, conformément aux lois. — L. 21 vent. an VII, art. 11.

99. — Les greffiers ne peuvent exiger aucun droit de recherche des actes et jugemens dont ils font l'expédition, ni des actes et jugemens rendus dans l'année. — L. 21 vent. an VII, art. 14.

100. — Lorsqu'un rôle ne se trouve écrit qu'en partie, le droit est dû comme pour un rôle entier. — Circ. enreg. 16 germin. an VII, no 1537; instr. gén. 3 sept. 1808, no 398.

101. — Chaque expédition doit contenir vingt lignes à la page, et huit à dix syllabes à la ligne, compensation faite des unes avec les autres. — L. 21 vent. an VII, art. 6.

102. — La peine de 100 fr. d'amende et de la destitution est applicable aux greffiers qui délivrent des expéditions des jugemens qui ne contiennent pas le nombre de lignes à la page et de syllabes à la ligne prescrit par l'art. 5, L. 21 vent. an VII. — La destitution peut être prononcée par le tribunal qui constate la contravention. — *Cass.*, 16 mai 1806, Wauters c. min. publ.

103. — Dans les actes où il est permis d'énoncer les sommes et les dates en chiffres, pourvu que l'expédition ne contienne que le nombre de lignes voulues à la page, compensation faite des unes avec les autres, on peut insérer dans chaque ligne autant de chiffres qu'elle peut en comporter, indépendamment du nombre de syllabes fixé par la loi. — Inst. 20 juill. 1820, no 942.

104. — Dans les expéditions des actes renfermant des tableaux de chiffres qui ne peuvent être syncopés, sans en détruire l'intelligence, on peut reproduire ces tableaux, sauf aux greffiers à établir à la fin, par une récapitulation certifiée, le nombre de lignes y contenue, pour qu'après vérification les droits de timbre et de greffe soient perçus à raison du nombre de lignes fixé par la loi.—Inst. 20 juill. 1820, n° 942.

105.—Les droits d'expédition sont de trois sortes : de 2 fr., de 1 fr. 25 c. ou de 1 fr. par rôle, suivant la nature des actes.

106. — *Sont soumises au droit de 2 fr. par rôle* les expéditions d'arrêts définitifs, soit contradictoires, soit par défaut rendus sur appel des tribunaux civils et de commerce. — L. 21 vent. an VII, art. 7.

107. — Lorsqu'un arrêt contient tout à la fois des dispositions préparatoires et d'autres qui sont définitives, les droits de greffe à percevoir sur l'expédition doivent être les mêmes que si l'arrêt était définitif. Il n'est pas permis de n'exiger que sur une moitié des rôles le droit de 2 fr. fixé pour les arrêts définitifs, et sur l'autre moitié celui de 1 fr. fixé pour les arrêts et jugemens préparatoires. — *Cass.*, 20 juin 1810, Enreg. c. Lambert

108.—*Sont soumises au droit de 1 fr. 25 c. par rôle :* 1° Les expéditions des jugemens définitifs rendus par les tribunaux civils soit par défaut, soit contradictoires, en dernier ressort ou sujets à l'appel, en première instance ou sur appel des juges de paix. — L. 21 vent. an VII, art. 8. — On doit y comprendre celles des jugemens qui homologuent des délibérations des chambres de discipline (décis. min. fin. 3 janv. 1823) et des jugemens qui condamnent des avoués à des remises de pièces (*J. enreg.*, art. 2314); — 2° celles des décisions arbitrales; — 3° celles des ventes et baux judiciaires. — L. 21 vent. an VII, art. 8. — Dans le cas de leur résiliation par jugement, le même droit est dû.—Décis. min. fin. 3 mai 1812; *J. enreg.*, art. 4664.

109. — *Sont soumises au droit de 1 fr. par rôle :* 1° les expéditions des arrêts et jugemens interlocutoires, préparatoires et d'instruction. — L. 21 vent. an VII, art. 9.

110. — ... 2° Celles de tous les jugemens, quels qu'ils soient, des tribunaux de commerce (L. 21 vent. an VII, art. 9) ou des tribunaux de première instance lorsqu'ils en remplissent les fonctions.— *J. enreg.*, art. 2588. — Telles sont celles des jugemens qui déclarent l'ouverture de la faillite. — C. comm. 1838, art. 440 ; *J. enreg.*, art. 2920.

111.—... 3° Celles des enquêtes, interrogatoires, rapports d'experts, délibérations, avis de parens, dépôts de bilan, pièces et registres, déclarations affirmatives, renonciations à communauté ou à succession, et généralement *de tous actes faits ou déposés au greffe*, pour lesquels il n'est pas exigé un droit d'expédition de 2 fr. ou de 1 fr. 25.—L. 21 vent. an VII, art. 9.

112. — Tous les procès-verbaux du ministère du juge assisté du greffier constituant des actes du greffe (C. procéd., art. 1040), les expéditions qui en sont délivrées sont passibles du droit de 1 fr. — Décidé ainsi au sujet des procès-verbaux de vérification de créances en matière de faillite.—Décis. min. fin. 30 oct. 1810.

113. — Les minutes des enquêtes et interrogatoires sur faits et articles ne doivent pas sortir du greffe pour être lues à l'audience; c'est aux parties à s'en faire délivrer des expéditions en forme. — Décis. min. fin. 17 thermid. an VII; L. 14 vent. an IX, n° 1974; instr. gén. 3 sept. 1808, n° 398.

114. — Un exécutoire de dépens étant moins un jugement qu'une ordonnance, l'expédition rentre sous la disposition de l'art. 9, L. 21 vent. an VII, et n'est soumise qu'au droit de 1 fr. par rôle. — *J. enreg.*, art. 1053.

115. — Les ordonnances de référé étant de leur nature provisoires (C. procéd., art. 809), les expéditions qui en sont délivrées ne sont passibles que du droit de 1 fr. — Lorsque, dans le cas d'absolue nécessité, le juge ordonne l'exécution de son ordonnance sur la minute (C. procéd., art. 811), le receveur règle provisoirement le droit sur le nombre des rôles présumés, sauf la perception définitive sur l'expédition, qui est ensuite délivrée. — Décis. min. just. et fin. 12 juin 1810; instr. gén. 12 juill. suiv., n° 482. — Cela est applicable aux jugemens intervenus sur affaires renvoyées à l'au-

dience en état de référé, et même aux arrêts qui statuent sur appel en cette matière. — Bioche et Goujet, *Dict. de procéd.*, v° *Greffe* (droits de), n° 92.

116. — Le même droit est dû : 1° pour l'expédition de la mention sommaire de l'opposition à un jugement par défaut, ou de l'appel, sur le registre tenu au greffe. — C. procéd., art. 463 et 549. — *J. enreg.*, art. 2376.

117. — ... 2° Pour celles des actes de présentation et d'enregistrement au greffe des lettres de réception des médecins, officiers de santé et sages-femmes, et des titres de réception des notaires. — L. 19 et 25 vent. an XI; instr. gén. 28 pluv. an XII, n° 204; — *J. enreg.*, art. 1554.

118. — ... 3° Pour celles de l'enregistrement au greffe des dispenses d'âge ou de parenté pour mariage. — *Dict. des dr. d'enreg.*, v° *Greffe* (droits de), n° 236.

119. — Les expéditions des jugemens et actes des anciens tribunaux supprimés en 1790 ou depuis, et dont les minutes sont déposées aux greffes des cours et tribunaux, sont passibles du droit suivant leur espèce. — *J. enreg.*, art. 418 et 2404.

120. — Dans le cas où, par suite d'une instance en faux incident civil, des actes et registres se trouvent déposés au greffe, les greffiers ne peuvent délivrer aucune copie ni expédition des pièces prétendues fausses, si ce n'est en vertu d'un jugement (C. procéd., art. 245); l'expédition est alors passible du droit de 1 fr. par rôle.—*J. enreg.*, art. 2905.

121. — Quant aux actes non argués de faux, les greffiers peuvent sans jugement en délivrer des expéditions aux parties qui ont droit d'en demander; mais il ne peuvent prendre de plus grands droits que ceux qui seraient dus aux dépositaires des minutes et registres. — C. procéd., art. 245. — Le droit de 1 franc par rôle doit être encore perçu, et lorsqu'il s'agit d'actes de notaires, le droit est toujours moindre que celui attribué à ces officiers publics pour leurs expéditions. — *J. enreg.*, art. 2,905.

122. — S'il a été fait par les dépositaires des minutes des expéditions pour tenir lieu desdites minutes, en exécution de l'art. 203, C. procéd., ces actes ne peuvent être expédiés que par lesdits dépositaires. — C. proc., art. 245.

123. — Les expéditions que les greffiers des juges de paix délivreraient d'actes qu'ils auraient faits en vertu de commissions rogatoires des cours et tribunaux ne sont point passibles du droit de greffe dont il s'agit ici ; mais si elles sont délivrées par le greffier du tribunal qui a délégué les pouvoirs, les droits sont exigibles suivant la nature de l'acte et la qualité du tribunal. — Décis. min. fin. 21 mars 1809.

124. — Ne sont point passibles du droit d'expédition : — 1° les ordonnances rendues par le juge sur requête des parties, car elles ne doivent point être expédiées. — Décis. min. just. et fin. 12 juin 1810; instr. gén. 12 juill. suiv., n° 482.

125. — ... 2° Les arrêts de délégation rendus par les cours royales à l'effet de commettre un tribunal civil pour recevoir le serment des juges de commerce. — C. comm., art. 629.

126. — ... 3° Les certificats de non-opposition au remboursement des cautionnemens. Il n'en reste pas de minute au greffe. — Décis. min. fin. 21 oct. 1805, circ. 11 déc. suiv.; déc. min. fin. et just. 1er et 8 avr. 1836.

127. — ... 4° Les extraits délivrés par les greffiers des actes de l'état civil; car ceux délivrés par l'autorité administrative n'y étant pas soumis, il y a identité de raison. D'ailleurs ils sont exempts de l'enregistrement. — *J. enreg.*, art. 1974; décis. min. fin. 2 janv. 1836.

128. — En aucun cas le droit d'expédition n'est restituable. — Déc. min. fin. 21 oct. 1896; décr. 12 juill. 1808, art. 4; *Dict. des dr. d'enregistr.*, v° *Greffe* (droits de), n° 234.

Sect. 3°. — *Affaires exemptes des droits de greffe.*

129. — Ne sont point passibles des droits de greffe : — les affaires criminelles et correctionnelles. — Bioche et Goujet, *Dict. de procéd.*, v° *Greffe* (droits de), n° 100.

130. — ... Les appels des décisions des juges de paix sur les contestations civiles en matière de douanes. — L. 4 germin. an 11, tit. 8, art. 17. — Bioche et Goujet, *ibid.*, no 104.

131. — ... Les instances relatives aux droits d'enregistrement (Loi 22 frim. an VII, art. 65, no 5). Il en est de même, en raison de l'analogie, des instances civiles , concernant les droits de timbre, de greffe, d'hypothèques et de contributions indirectes , proprement dites. (Arg. l. 27 vent. an IX, art. 17 , et L. 5 vent. an XII, art. 88); Bioche et Goujet, *ibid.*, no 103.

132. — ... Les affaires civiles qui doivent être poursuivies d'office par le ministère public, lors même que les parties sont solvables (Décr. 18 juin 1811 , art. 2, no 14 , 118 et suiv.) Les frais doivent être taxés conformément à ce décret (*ibid.*). — Mais il en est autrement pour les affaires où le ministère public agit dans l'intérêt du domaine de l'état , ou de la couronne , ou d'un établissement public. — Avis cons. d'état, 5 niv. an XII; Instr. gén., 9 pluv. suiv. , no 201.

133. — ... Les copies ou expéditions des actes de procédure, jugemens et arrêts dont la production est nécessaire pour la célébration du mariage des personnes indigentes et pour la légitimation de leurs enfans. — Toutefois, les actes, extraits, copies ou expéditions ainsi délivrés ne peuvent servir que pour les causes ci-dessus indiquées. — L. 3 juill. 1846. art. 8.

134. — ... Tous les actes judiciaires faits en matière d'expropriation pour cause d'utilité publique dans les cas prévus par les lois des 30 mars 1831 et 7 juill. 1833. L'ord. du 18 sept. 1833 contient pour eux un tarif particulier. — Bioche et Goujet, *ibid.*, no 107. — Il en doit être de même depuis la loi du 3 mai 1841.

135. — Il avait déjà été décidé que les adjudications faites au sénat, à la Légion-d'Honneur, ainsi que celles faites à l'administration de l'enregistrement par suite d'expropriation forcée étaient exemptes des droits de greffe. (Instr. gén, 21 pluv. an XII, no 202). Toutefois cette décision, dans les cas où elle est encore applicable aujourd'hui, ne doit pas priver les greffiers des remises que la loi leur accorde sur les droits de greffe ; car ces remises sont pour eux le salaire de leurs actes. — Bioche et Goujet, *ibid.*, no 107 et 108.

136. — ... Les actes judiciaires, les arrêts des cours royales et de la cour de Cassation relatifs aux contestations concernant les inscriptions sur les listes pour l'élection des membres de la chambre des députés. — Décis. min. fin. 24 mai 1838 ; Instr. 24 déc 1838.

137. — Mais les déclarations de translation du domicile politique sont passibles des droits de greffe. — Décis. min. fin. 23 mai 1831 ; circ. min. just. 29 juin 1831.

Sect. 4e. — *Règles générales sur la perception des droits de greffe.—Obligations particulières des greffiers.*

138. — Tous les droits de greffe sont, ainsi qu'on l'a vu, perçus par l'intermédiaire des greffiers, qui doivent ensuite en verser le produit entre les mains des receveurs de l'enregistrement. — L. 21 vent. an VII, art. 1er, 4, 10 et 24 ; L. 23 juill. 1820 , art. 2.

139. — Les droits sont alloués aux parties dans la taxe des dépens, sur les quittances des receveurs de l'enregistrement mises au bas des expéditions, et sur celles données par les greffiers , de l'acquit du droit de mise au rôle et de rédaction. — L. 21 vent. an VII, art. 21.

140. — Les droits sont avancés par la partie qui requiert soit la mise au rôle , soit la rédaction ou transcription, soit l'expédition des actes qui y sont sujets.

141. — L'art. 4, déc. 12 juill. 1808, porte : « Le droit fixe de rédaction et de transcription et celui d'expédition étant le salaire de la formalité, ne seront, en aucun cas, restituables. » — Il en est de même du droit de mise au rôle. Bioche et Goujet, *Dict. de procéd.*, vo *Greffe (Dr. de)*, no 112.

142. — Il est défendu aux greffiers et à leurs commis d'exiger ni de recevoir d'autres droits de greffe, ni aucun droit de prompte expédition à peine de 100 fr. d'amende et de destitution. — L. 21 vent. an VII, art. 23 ; 22 prair. an VII, art. 5. — On a vu (no 102) que les mêmes peines étaient encourues par le greffier qui délivrait des expéditions ne contenant pas le nombre de lignes à la page et de syllabes à la ligne prescrit par l'art. 6 L. 21 vent. an VII.

143. — Après avoir parlé des droits de mise au rôle, de rédaction et transcription et d'expédition, la loi du 21 vent. an VII ajoute, art. 2 : « Ne sont pas compris dans les droits ci-dessus fixés, le papier timbré et l'enregistrement qui continueront d'être perçus conformément aux lois existantes. » —Ainsi les greffiers peuvent faire payer aux parties le papier timbré employé soit pour les expéditions qu'ils leur délivrent, soit pour les minutes d'actes et procès-verbaux qui ne sont pas portés sur les registres du greffe.

144. — Mais ils ne peuvent répéter des parties le coût du papier timbré des répertoires pour les actes qui y sont inscrits. — Déc. min. fin. 7 germin. an VII.

145. — Quant au papier timbré employé pour les feuilles d'audience et les minutes de jugemens, on avait d'abord pensé qu'il était à la charge des greffiers, vu la difficulté de déterminer exactement dans quelle proportion les parties en rembourseraient le prix. — Avis com. du content. *Cons. d'État*, 14 déc. 1822; Déc. min. just. 13 fév. 1823. — Mais décidé depuis « que les greffiers ne doivent pas supporter le prix du papier timbré employé aux feuilles d'audience; qu'il convient de le mettre à la charge de la partie qui succombe, conformément à l'art. 130, C. procéd. » — Avis, *Cons. d'État*, 30 août 1828 ; Déc. min. just. 15 sept. et suiv. — En cela on s'est basé sur l'art. 12 précité de la loi du 21 vent. an VII, et sur l'art. 16 qui ne parle que du papier libre parmi les dépenses dont les greffiers sont chargés. — Dans un grand nombre de tribunaux, il est alloué au greffier, pour cet objet, un droit fixe par chaque jugement. Ce mode, malgré ses inconvéniens, a été adopté à cause de l'impossibilité de proportionner exactement le droit à la quantité de papier timbré réellement employé. Le droit fixe, ajoutent MM. Bioche et Goujet, ne devrait du reste s'élever nulle part au-dessus de 70 cent. — *Dict. de procéd.* vo *Greffe (Dr. de)*, no 117.

146. — D'après l'art. 11, L. 21 vent. an VII, ainsi qu'on l'a vu, les greffiers ne peuvent délivrer aucune expédition que les droits de greffe n'aient été acquittés sous peine de restitution du droit et de 100 fr. d'amende. Or, aucune peine n'étant prononcée pour défaut de paiement de ces droits, il en résulte que les actes judiciaires ne sont point passibles d'un double droit de greffe, quoiqu'ils soient sujets à l'enregistrement dans un délai fixé. — *J. enreg.*, art. 2,005.

147. — Les prescriptions établies par l'art. 61, L. 22 frim. an VII, sont applicables aux droits de greffe comme à ceux d'enregistrement. — Décr. 12 juill. 1808, art. 6.

148. — Antérieurement à ce décret, jugé que la prescription annale avait lieu, pour les poursuites en recouvrement de droits de greffe, de même que quand il s'agissait de droits d'enregistrement. — *Cass.*, 23 germin. an XI, Enreg. c. Minne ; 14 brum. an XIII, Enreg. c. Champas et Mesnage. — Inst. 398.

149. — Toutefois cette prescription ne saurait être applicable à une demande judiciaire portée devant un juge compétent, et interrompue pendant plus d'une année. — *Cass.*, 23 germin. an XI, Enreg. c. Minne.

150. — D'après l'art. 6 du déc. 12 juill. 1808, il y a lieu d'appliquer, par analogie, à l'amende prononcée par l'art. 11, L. 21 vent. an VII, pour la délivrance des expéditions avant le paiement des droits de greffe, l'art. 14, L. 16 juin 1824, relative à la prescription des amendes et de l'action pour les faire prononcer en matière d'enregistrement et de timbre, bien que cet article ne parle pas des droits de greffe. — Dalloz, vo *Droits d'enregistrement*, chap. 1er, sect. 17e, art. 1er, no 12. — Toutefois un greffier ne saurait invoquer la prescription biennale relativement au droit de mise au rôle dont il doit compte au trésor. — Déc. min. fin. 3 juin 1824 ;

Inst. 1763.—Et la prescription ne peut non plus être appliquée au cas où d'autres droits que ceux fixés par la loi auraient été perçus (L. 21 vent. an VII, art. 23); car dans ce cas l'amende est la peine d'un délit, et doit être régie par les lois criminelles. — Dalloz, *ibid.*, n° 13.

151. — Par la même raison, l'art. 10, L. 16 juin 1824, qui réduit à 20 fr. les amendes de 100 fr. prononcées par les lois sur l'enregistrement, le timbre et le notariat modifie l'art. 11, mais non l'art. 23, L. 21 vent. an VII.—Bioche et Goujet, *Dict. de proc.*, v° *Greffe (droits de)*, n° 120.

152. — Les droits de greffe et les amendes encourues par les greffiers peuvent être recouvrées par la voie de contrainte. — *J. enreg.*, art. 7110, *Dict. des dr. d'enregistr.*, v° *Greffe (droits de)*, n° 17.

153.—Les greffiers des cours royales et des tribunaux civils et de commerce sont tenus de verser, à la caisse du receveur de l'enregistrement : 1° Chaque mois, le montant des mises au rôle sur la représentation des rôles cotés et paraphés par le président (L. 21 vent. an VII, art. 4); — 2° le montant des droits de rédaction et de transcription, en représentant les minutes des actes qui y sont sujets; — 3° enfin, le montant des droits d'expédition, en représentant des expéditions avant de les délivrer. (Id., art. 10). Ces versemens ont lieu déduction faite des remises accordées aux greffiers.—L. 23 juill. 1820, art. 2.

154. — Le receveur de l'enregistrement donne quittance pour le premier de ces droits sur le rôle, pour le second sur les minutes, et pour le troisième sur les expéditions.—L. 23 juill. 1820, art. 2.

155. — Avant la loi du 23 juill. 1820, les remises du greffier étaient versées au receveur de l'enregistrement, avec le droit perçu au profit du trésor. Le premier de chaque mois, le receveur de l'enregistrement comptait avec le greffier du produit des remises à lui accordées par la loi, il lui en payait le montant sur le mandat qui lui était délivré au bas du compte par le président du tribunal.—L. 21 vent. an VII, art. 21.

156.—Aujourd'hui, l'art 2, L. 23 juill. 1820, porte que les droits et remises des greffiers seront perçus par eux directement des parties qui en sont tenues. Mais les receveurs de l'enregistrement devront mentionner, en toutes lettres, dans la relation au pied de chaque acte : 1° Le montant des droits de greffe appartenant au trésor; — 2° le montant de la remise qui revient au greffier pour l'indemnité qui lui est allouée par la loi.—Cette mesure, disent MM. Roland et Trouillet, n'a eu pour but que d'économiser sur la remise des receveurs de l'enregistrement, à raison des émolumens des greffiers, mais elle a l'inconvénient de compliquer davantage la perception et la comptabilité; de plus, il s'agit de savoir si, comme le prétendent certains avoués, ce n'est pas à tort que l'on perçoit encore aujourd'hui le dixième sur la remise des greffiers, alors que cette remise n'entre plus dans les caisses du trésor, *Dict. d'enreg.*, v° *Greffe (droits de)*, § 6, n° 7.—Ces raisons, ajoutent MM. Bioche et Goujet (*Dict. de procéd.*, v° *Greffe (droits de)*, n° 124), pourraient déterminer à rétablir l'ancien mode de perception des droits de greffe. Toutefois, les greffiers préfèrent le mode actuel qui leur procure l'avantage de toucher plus promptement le montant de leurs remises.

157. — Les greffiers des cours et des tribunaux civils et de commerce doivent tenir un registre coté et paraphé par le président, sur lequel ils inscrivent, jour par jour, les actes sujets aux droits de greffe, les expéditions qu'ils délivrent, la nature de chaque expédition, le nombre des rôles, le nom des parties, avec mention de celle à laquelle l'expédition est délivrée.—Ils sont tenus de communiquer ce registre aux préposés de l'enregistrement, toutes les fois qu'ils en sont requis.—L. 21 vent. an VII, art. 13.

158. — Ce registre n'ayant pour objet que d'assurer le recouvrement des droits de greffe au profit de l'état, participe à l'exemption du timbre prononcée par l'art. 16, L. 13 brum. an VII (décis. min. fin., 6 frim. an VII; inst. gén. 398.)—Ce registre, qui doit toujours concorder avec celui du receveur de l'enregistrement, n'est pas aussi utile depuis que les greffiers perçoivent directement la remise qui leur est accordée.—Autrefois, il servait

au greffier à dresser l'état de sa remise, et le receveur de l'enregistrement ne l'arrêtait qu'autant qu'il le trouvait d'accord avec le sien. — Bioche et Goujet, *ibid.*, n° 126.

159. — L'art. 16, L. 21 vent. an VII, portait qu'elle devait être affichée dans tous les greffes des tribunaux civils et de commerce. Mais cette disposition n'ayant pas été répétée par celle du 22 prair. suivant et par le décret du 12 juill. 1808, a cessé d'être mise en pratique, ou du moins ne l'est pas généralement. —Bioche et Goujet, *ibid.*, n° 127.

Sect. 5°. — *Remise accordée aux greffiers.*

160.—Il est accordé aux greffiers une remise :— 1° De 30 cent. par chaque rôle d'expédition; — 2° et de 10 cent. ou 1 décime par franc sur le produit du droit de mise au rôle et de celui de rédaction et de transcription. — L. 21 vent. an VII, art. 19; L. 22 prair. suiv., art. 3.

161. — La remise de 30 cent. sur les droits des expéditions est réduite à 20 cent. pour toutes les expéditions que les agens du gouvernement demandent en son nom pour soutenir ses droits, et ils ne sont tenus à cet égard à aucune avance. Ces expéditions sont portées pour mémoire sur le registre du receveur de l'enregistrement, et il en est fait un compte particulier.—L. 21 vent. an VII, art. 20.

162. — Les remises des greffiers ne se prélèvent que sur le droit principal. Le décime par franc perçu à titre de subvention, d'après la loi du 6 prair. an VII, appartient en entier à l'état. — Solut. 6 vendém. an XI. — D'ailleurs, l'art. 2, L. 6 prair., porte que la subvention sera perçue en même temps que le principal et par les mêmes préposés, *sans donner lieu à aucune retenue pour ceux-ci.* — *J. enreg.*, art. 134. — *Contrà* Chauveau, *Comment. tarif*, t. 1er, introd., p. 104.

163. — Les droits et remises attribués aux greffiers par la loi du 21 vent. an VII sont perçus par eux directement des parties qui en sont tenues. —L. 20 juill. 1820, art. 2.

164. — On vient de voir (n° 161) que, d'après l'art. 20, L. 21 vent. an VII, les agens du gouvernement n'étaient pas tenus d'avancer la remise des greffiers. Cependant, les préposés des douanes, des contributions indirectes doivent acquitter cette remise directement au greffier. Quant à celle due pour les actes délivrés au ministère public et à l'administration de l'enregistrement, il en est formé chaque mois un état dont le montant est payé sans attendre les événemens ultérieurs du recouvrement. — Déc. min. just. et fin. 12 août et 27 sept. 1806 ; Circ. 24 oct. 1809.

165. — Quant aux frais et charges que doivent supporter les greffiers au moyen de ces remises et de leur traitement fixe, V. RÉP. PAL., v° GREFFIER.

Sect. 6°. — *Émolumens des greffiers.*

166. — On indique ici les honoraires alloués aux greffiers, sans aucune perception au profit du trésor, dans certaines parties de leurs fonctions. —A l'égard de la remise qui est faite aux greffiers dans certains cas, V. *suprà* n°ˢ 160 et suiv. — Enfin, relativement aux honoraires auxquels ils ont droit lorsqu'ils procèdent comme officiers ministériels à une vente publique de meubles, V. RÉP. PAL., v° VENTE PUBLIQUE DE MEUBLES.

§ 1er. — *Greffiers des cours royales.*

167. — *Recherche des actes.* — Les greffiers, ainsi qu'on l'a vu (n° 99), ne peuvent exiger de droit de recherche pour les actes et jugemens dont il leur est demandé expédition, non plus que pour ceux faits et rendus dans l'année. — L. 21 vent. an VII, art. 14. — Par l'*année*, il faut entendre l'espace d'un an à partir du moment où l'acte est demandé, et non l'année civile ou judiciaire. — Déc. min. just. 12 nov. 1838. — Hors ces deux cas, le droit de recherche est de 50 cent. pour la première année indiquée, et de 25 cent. par chacune des années suivantes.

168. — *Représentation des pièces dont les greffiers*

sont dépositaires *en matière de vérification d'écriture ou d'inscription de faux incident.* — Il est alloué, indépendamment des frais de voyage, par chaque vacation de trois heures, 12 fr. aux greffiers des cours royales de Paris, Lyon, Bordeaux et Rouen, et 10 fr. 50 c. à ceux des autres cours royales. — Décr. 16 fév. 1807, art. 166; 3e décr. *ibid.*, art. 1er.

169. — *Transport des greffiers hors de leur résidence.* — Lorsque ce transport a lieu en matière d'interdiction (C. civ. art. 496), il est dû par jour aux greffiers, pour tous frais de voyage, de nourriture et de séjour (Décr. 18 mai 1811, art. 88 et 89), 6 fr. s'ils se transportent à plus de cinq kilomètres, et 8 fr. s'ils se transportent à plus de deux myriamètres. — Ord. 4 août 1824.

170. — Quand le transport a lieu pour *enquête* ou *descente sur les lieux,* le Code ni le tarif ne fixant l'indemnité, elle varie suivant les lieux et la distance. — Favard, *Rép.,* vo *Descente sur les lieux,* no 6.

171. — *Expéditions des actes et jugemens dans les affaires poursuivies d'office par le ministère public.* — Il est dû pour ces expéditions 40 cent. par rôle de vingt-huit lignes à la page, et de quatorze à seize syllabes à la ligne. — Décr. 18 juin 1811, art. 88, qui déroge à l'art. 20 de la loi du 13 brum. an VII, sur le timbre.

172. — Mais il n'est dû aucun droit aux greffiers, quand les poursuites sont dirigées contre des indigens dont l'état est constaté par un certificat visé et approuvé par le sous-préfet et par le préfet. — Décr. 18 juin 1811, art. 120. — V. aussi *suprá* no 133.

173. — *Copies des états de liquidation dans ces mêmes affaires.* — Il est dû pour celles qui sont délivrées par les greffiers, 05 cent. par article.— Décr. 18 juin 1811, art. 51.

§ 2. — *Greffiers des tribunaux de première instance.*

174. — Ces greffiers ont droit aux mêmes honoraires et indemnités que les greffiers des cours royales pour *recherche des actes, transport hors du lieu de leur résidence, expéditions des actes et jugemens dans les affaires poursuivies d'office par le ministère public et copies des états de liquidation de frais dans ces sortes d'affaires.*

175. — *Actes de l'état civil.* — Les émolumens dus aux greffiers pour les extraits qu'ils délivrent des registres de l'état civil déposés au greffe, sont les mêmes que ceux fixés pour les officiers de l'état civil par le décret du 12 juillet 1807, savoir : Pour chaque expédition d'un acte de naissance, de décès, ou de publication de mariage, 0, 30 c. — Pour celles des actes de mariage, d'adoption et de divorce, 0,60 c. — Dans les villes de 50,000 âmes et au-dessus, pour chaque expédition d'un acte de naissance, de décès ou de publication de mariage, 0,50 c. — Pour celles des actes de mariage, d'adoption et de divorce, 1 fr. — A Paris, pour chaque expédition d'un acte de naissance, de décès et de publication de mariage, 0,75 c. — Pour celles des actes de mariage, de divorce et d'adoption, 1 fr. 50 c., il est défendu d'exiger d'autres taxes et droits à peine de concussion, sauf le remboursement du papier timbré employé pour les expéditions. — Décr. 12 juill. 1807, art. 4; L. 28 avr. 1816, art. 63.

176. — Toutefois MM. Bioche et Goujet (*Dict. de Procéd.,* vo *Greffe (Droits de),* no 148, pensent que, nonobstant cette défense, les greffiers ont droit d'exiger un droit pour la recherche des actes de l'état civil, lorsqu'ils n'en délivrent pas expédition. Car la même raison qui a fait considérer le décret du 12 juillet 1807 comme applicable aux expéditions délivrées par les greffiers, doit faire recourir à la loi générale pour les recherches dont ce décret ne parle pas. Il est dû un émolument à ces fonctionnaires, toutes les fois qu'une partie de leur temps est réclamée dans un intérêt privé en dehors de leurs fonctions auprès des juges. — Cependant il devrait y avoir une disposition spéciale à cet égard ; car maintenant le droit de recherche se trouve le plus souvent égal ou même supérieur au droit d'expédition.

177. — Lorsque les greffiers délivrent les copies d'actes de l'état civil, en cas de perte de registres d'une commune, ils n'ont droit qu'à 20 cent. par acte, sans distinction. — Déc. min..., instr. 17 déc. 1817.

178. — *Bulletins de distribution.* — Dans certains tribunaux, les greffiers reçoivent 10 et 15 c. pour de pareils bulletins qu'ils remettent aux avoués. Le président Carré (*Taxe en matière civile,* nos 16 et 60) pense que ce faible droit doit être alloué en raison de l'utilité des bulletins. — Il est certain que dans une grande ville, et notamment à Paris, la multiplicité des affaires rend l'avertissement par bulletin nécessaire, indépendamment du rôle général, du rôle particulier et de l'affiche prescrits par les art. 55, 62 et 68 du décr. du 30 mars 1808. —Bioche et Goujet, *Dict. de procéd.,* vo *Greffe (Droits de),* no 142.

179. — *Certificats de non opposition aux cautionnemens des notaires, officiers ministériels et fonctionnaires publics.* — Il n'est dû aux greffiers aucun droit de recherche pour la délivrance de ces certificats. Ils ne peuvent exiger à cet égard que le droit de légalisation. — Déc. min. et just., 1er et 8 avr. 1836.

180. — *Communication du procès-verbal d'ouverture d'ordre, de l'extrait des inscriptions et des titres et pièces produits.*—Il est dû pour cette communication à chaque créancier 75 c. — L. 22 prair. an VII, art. 4.

181. — *Expropriation pour utilité publique.* — Il est attribué aux greffiers des émolumens particuliers dans ces instances.—V. RÉP. PAL., vo EXPROPRIATION POUR UTILITÉ PUBLIQUE.

182. — *Légalisation.* — Il est dû pour chaque acte de légalisation 0 fr. 25 c. — L. 21 vent. an VII, art. 14.

183. — *Représentation devant un autre tribunal des pièces dont les greffiers sont dépositaires.*—Il est dû, pour chaque vacation de trois heures, aux greffiers des tribunaux de première instance de Paris, Lyon, Bordeaux et Rouen, 10 fr., et à ceux des autres tribunaux de première instance, 9 fr. — Décr. 9 fév. 1807, 3e Décr. id., art. 2.

184. — *Tables décennales.* — Il est dû aux greffiers pour l'expédition destinée à chaque commune et pour celle qui est envoyée à la préfecture, un centime par nom; chaque feuille doit contenir quatre-vingt-seize noms ou lignes.—Décr. 20 juill. 1807.

§ 3. — *Greffiers des tribunaux de commerce.*

185. — D'après l'art. 624, C. comm., les droits, vacations et devoirs des greffiers des tribunaux de commerce devaient être fixés par un réglement d'administration publique. Un décret, 6 juin 1814, rendu en conséquence, attribua des droits particuliers au greffier du tribunal de commerce de Paris. Postérieurement, une ordonnance, 9 nov. 1825, a abrogé ce décret et établi un tarif pour les greffiers de tous les tribunaux de commerce.

186. — Voici ce tarif avec les modifications rendues nécessaires par la loi du 28 mai 1838 sur les faillites : 1o *Jugement.* — No 1, pour chaque jugement interlocutoire et préparatoire porté sur la feuille d'audience, ceux de simple remise exceptés, 0, 50 c.; — pour chaque jugement expédié et dont les qualités se rédigent dans le greffe, savoir : s'il est par défaut, 1 fr., et s'il est contradictoire, 2 fr.

187. — 2o *Procès-verbaux.* — Pour chaque procès-verbal—no 2, de compulsoire (C. procéd., art. 849 et suiv.; C. comm., art. 15 et 16), 4 fr.; — no 3, d'interrogatoire sur faits et articles (C. procéd., art. 428), 2 fr.; — no 4, de l'assemblée des créanciers pour la composition de l'état des créances présumées et la nomination définitive des syndics (C. comm., art. 462), 2 fr.; — no 5 (sans objet depuis la nouvelle loi;—no 6, de vérification et affirmation des créances (C. comm., art. 493) pour chaque créancier, 0 fr. 50 c., et pour un contredit consigné au procès-verbal et sur lequel il y aurait renvoi à l'audience, 0 fr. 50 c.;— no 7 (sans objet); —no 8, de l'assemblée des créanciers dont les créances ont été admises pour passer au concordat ou au contrat d'union (C. comm., art. 504, 506), 4 fr.; —no 9, de reddition du compte définitif des syndics provisoires au failli, en cas de concordat (C. comm., art. 519), 4 fr.;—no 10, de reddition de compte des syndics qui ne seraient pas maintenus aux nouveaux syndics en cas d'union (C. comm., art. 529),

4 fr.:— no 11, de reddition du compte définitif des syndics aux créanciers de l'union (C. comm., art. 537), 4 fr.; — no 12, de l'assemblée des créanciers pour prendre une délibération quelconque non prévue par les dispositions précédentes, 3 fr.

188. — 3o *Actes spéciaux aux tribunaux de commerce des villes maritimes.* — No 13, pour la rédaction du rapport d'un capitaine de navire à l'arrivée d'un voyage de long-cours ou de grand cabotage (C. comm., art. 242 et 243), 3 fr.;—no 14, pour la rédaction de la déclaration des causes de relâche dans le cours d'un voyage (C. comm., art. 243), 2 fr.;— no 15, pour la rédaction du rapport du capitaine en cas de naufrage ou échouement, 3 fr.

189. — 4o *Formalités diverses.* — No 16, pour l'affiche et l'insertion à faire dans les journaux aux cas prévus par les art. 442, 492, 504 et 322, C. comm., 1 fr.; — no 17, pour la rédaction, l'impression et l'envoi des lettres individuelles de convocation aux créanciers d'une faillite, dans le cas prévu par les art. 462, 492, 504 et 522, C. comm., par chaque lettre, 0 fr. 20 c.: — no 18, pour la rédaction des certificats délivrés par le greffier, dans les cas prévus par les lois, réglemens ou jugemens, 1 fr.

190. — Le droit de 1 fr., alloué par le no 16 du tarif, n'est dû qu'une fois pour chacun des cas prévus par les articles du Code cités, et il s'applique à la fois à l'affiche et à toutes les formalités relatives à l'insertion dans les journaux; mais il suffit pour le percevoir qu'il y ait insertion dans les journaux, quoiqu'il n'y ait pas affiche. Il est juste aussi d'allouer le droit fixé par le no 17, dans tous les cas où doit avoir lieu aujourd'hui la convocation par lettres. — Bioche et Goujet, *Dict. de procéd.*, vo *Greffe* (droits de), no 153.

191. — Relativement aux autorisations accordées par le juge-commissaire dans les cas prévus par les art. 470, 486, 487 et 533, C. comm., comme le tarif garde le silence à cet égard, il s'ensuit qu'il n'est dû aucun droit pour ces actes, qu'ils soient rédigés par le juge lui-même ou par le greffier. — Bioche et Goujet, *ibid.*, no 154.

192. — Les émolumens énoncés dans le tarif ci-dessus rapporté sont indépendans des droits et remises accordés aux greffiers des tribunaux de commerce par la loi du 21 vent. an VII et par le décret du 12 juill. 1808. — Ord. 9 oct. 1825, art. 1er.

193. — Ils ne sont pas dus aux greffiers des tribunaux civils qui exercent la juridiction commerciale, ni à ceux des justices de paix pour les actes spécifiés dans ce tarif, que les juges de paix sont autorisés à recevoir. — Ord. 9 oct. 1825, art. 3.

194. — *Recherche des actes.* — Les greffiers de tribunaux de commerce ont droit à cet égard aux mêmes honoraires que les greffiers des tribunaux de première instance. — V. *suprà* no 167.

195. — *Représentation devant un autre tribunal des pièces dont ils sont dépositaires.* — Il est dû par chaque vacation de trois heures, 6 fr. — Décr. 16 fév. 1807, art. 166, no 5.

196. — *Procès verbal constatant le dépôt du modèle d'une marque.* — Il est dû aux greffiers pour l'expédition de ce procès-verbal, 3 fr. — Décr. 20 fév. 1810, art. 60.

197. — Les greffiers des tribunaux de commerce doivent inscrire le détail des déboursés et des droits auxquels chaque acte a donné lieu au pied des expéditions qu'ils délivrent aux parties, ou, à défaut d'expédition, sur des états signés d'eux et qu'ils remettent aux parties (Ord. 9 oct. 1825, art. 2). Ils doivent de plus porter sur le registre prescrit par l'art. 13, L. 21 vent. an VII, toutes les sommes qu'ils perçoivent, soit en vertu du tarif ci-dessus, soit en vertu des lois et réglemens antérieurs. — *Ibid.*

198. — Les greffiers des tribunaux de commerce sont passibles des peines prononcées par l'art. 23, L. 21 vent. an VII, dans le cas où , sous quelque prétexte que ce soit, ils recevraient d'autres ou de plus forts droits que ceux qui leur sont attribués. Les présidens des tribunaux de commerce sont tenus d'en informer immédiatement le procureur général, et il en doit être fait rapport au garde des sceaux. — *Ibid.*, art. 5.

§ 4. — *Greffiers des justices de paix.*

199. — Les émolumens des greffiers des justices

de paix sont réglés par le décret du 16 fév. 1807 contenant le tarif des frais et dépens, en matière civile, pour le ressort de la cour royale de Paris. Ce tarif a été, par un autre décret du même jour, rendu commun aux cours royales de Lyon, Bordeaux et Rouen (art. 2). Toutes les sommes portées au tarif doivent être réduites d'un dixième pour les justices de paix dans les villes où siège une cour royale, ou dont la population excède 30.000 âmes (*ibid.*). Enfin dans toutes les autres justices de paix, le tarif est le même que celui des justices de paix du ressort de la cour royale de Paris, autres que celles établies dans cette même ville. — Art. 3.

200. — Il n'est dû aucun émolument aux greffiers, non plus qu'aux juges de paix eux-mêmes, pour la délivrance d'une cédule. — Tarif, art. 7. — Chauveau, *Comment. tarif*, t. 1er, p. 7.

201. — En règle générale, il n'est attribué aux greffiers aucun émolument pour la rédaction des minutes d'actes du greffe, et spécialement pour celle de la déclaration des parties qui demandent à être jugées par le juge de paix.—Tarif, C. procéd., art. 7; Tarif, art. 11.

202. — Les parties devant être appelées sans frais devant le juge de paix (L. 25 mai 1838, art. 17), le greffier ne peut, quand il est chargé de délivrer les lettres d'avertissemens préalables, en faire l'objet d'aucune rétribution à son profit. Ainsi l'usage contraire qui existait avant la loi de 1838 ne peut plus être toléré. — Lett. min just. 30 août 1838.

203. — Il est dû aux greffiers des justices de paix (Nous indiquerons les uns à la suite des autres et dans l'ordre du tarif les droits dus : 1o à Paris; 2o dans les villes où il y a un tribunal de première instance; 3o dans les autres villes et cantons ruraux), par chaque rôle d'expédition qu'ils délivrent et qui doivent contenir vingt lignes à la page et dix syllabes à la ligne : 50 c., — 40 c., — 40 c. — Tarif, art. 9.

204. — Dans le cas de citation ou conciliation pour l'expédition du procès-verbal qui constate sommairement que les parties n'ont pu s'accorder (C. procéd., art. 54) : 1 fr., — 80 c., — 80 c.— Tarif, art. 10. — Il n'est rien alloué pour la mention sur le registre du greffe et sur l'original ou la copie de la citation en conciliation quand l'une des parties ne comparaît pas. — C. procéd., art. 58; Tarif, art. 13.

205. — Si, après s'être conciliées, les parties demandent une expédition du procès verbal qui le constate, elles doivent acquitter le droit fixé par l'art. 9 du tarif pour les expéditions de tous autres actes. — Chauveau, *Comm. du tarif*, t. 1er, p. 43; Vervoort, p. 10, note A; Sudrand, no 68, § 2.

206. — Dans le cas de récusation, pour la transmission au procureur du roi de l'acte de récusation et de la réponse du juge (C. procéd., art. 45 et 47), tous frais de port compris : 5 fr., — 5 fr., — 5 fr. — Tarif, art. 14.

207. — Indépendamment de cette allocation, il est dû au greffier, pour l'expédition qu'il doit faire (C. procéd., art. 9), l'émolument fixé par l'art. 9 du tarif. — De plus, le greffier a le droit, avant de faire l'envoi, d'exiger que le requérant lui remette le montant des émolumens qui lui sont alloués et consigne une somme pour les frais du jugement à intervenir et du renvoi des pièces. — Chauveau, *Comment. du tarif*, t. 1er, p. 39.

208. — Les greffiers ont droit à des vacations comme les juges de paix : ces vacations doivent, pour les uns comme pour les autres, être de trois heures au moins.

209. — Il est alloué aux greffiers les deux tiers de la taxe des juges de paix, savoir : pour transport sur les lieux contentieux (C. procéd., art. 30 et 38), 3 fr. 35., — 2 fr. 50 c., — 1 fr. 67 c. — Tarif, art. 8 et 12.

210. —... Pour transport devant le président du tribunal de première instance, par chaque myriamètre, 1 fr. 35 c.; autant pour le retour; et par journée de cinq myriamètres, 6 fr. 65 c. — Il n'est alloué qu'une seule journée quand la distance n'est pas de plus de deux myriamètres et demi, y compris la vacation devant le président du tribunal. Si la distance est de plus de deux myriamètres et demi, il est payé deux journées pour l'aller, le retour et la vacation devant le président. — Tarif, art. 3 et 16, alin. 7.

211. — ... Pour transport à l'effet d'être présent à l'ouverture des portes, en cas de saisie-exécution (C. procéd. 587) par chaque vacation 3 fr. 35 c., — 2 fr. 50 c., — 1 fr. 67 c. — Tarif, art 6 et 16, alin. 7.

212. — ... Pour transport à l'effet d'être présent à l'arrestation d'un débiteur condamné par corps dans le domicile où celui-ci se trouve (C. procéd. 781), par chaque vacation, 6 fr. 65 c., — 5 fr., — 3 fr. 25 c. — Tarif, art. 6 et 16, alin. 7.

213. — ... Pour assistance aux conseils de famille (C. procéd. 406), par chaque vacation, 3 fr. 35 c., — 2 fr. 50 c., — 1 fr. 67 c. — Tarif, art. 1er et 16.

214. — ... Pour assistance aux appositions, reconnaissances et levées de scellés (C. procéd. 909 et 932), par chaque vacation, 3 fr. 35 c., — 2 fr. 50 c , — 1 fr. 67 c. — Dans la première vacation sont compris les temps du transport et du retour ; s'il n'y a qu'une seule vacation, elle est payée comme complète, encore qu'elle n'ait pas été de trois heures. — Tarif, art. 1er et 16.

215. — ... Pour assistance aux référés (C. procéd. 916, 921 et 935), les vacations sont les mêmes que ci-dessus. — Tarif, art. 2 et 12.

216. — ... Pour assistance aux actes de notoriété destinés à remplacer l'acte de naissance en cas de mariage, et qui sont dressés sur la déclaration de sept témoins (C. procéd. 70 à 71), 3 fr. 35 c., — 2 fr. 50 c. , — 1 fr. 67 c. — Tarif, art. 5 et 16.

217. — ... Pour assistance à tous autres actes de notoriété délivrés par le juge de paix, 0, 70 c., 0, 50 c., — 0, 37 c. — Tarif, art. 5 et 16.

218. — Les greffiers ne peuvent délivrer d'expéditions entières des procès-verbaux d'apposition, reconnaissance et levée de scellés qu'autant qu'ils en sont expressément requis par écrit. — Ils sont tenus de délivrer les extraits qui leur sont demandés, quoique l'expédition entière n'ait été ni demandée, ni délivrée. — Tarif, art. 16, alin. 8 et 9.

219. — Il est, en outre, alloué au greffier du juge de paix pour la déclaration de l'apposition des scellés au greffe du tribunal de première instance, dans les villes où elle est prescrite (C. procéd. 925), les deux tiers d'une vacation du juge de paix, c'est-à-dire 3 fr. 25 c., — 2 fr. 50 c., — 1 fr. 67 c. — Tarif, art. 1er, 12 et 17.

220. — ... Pour chaque opposition aux scellés formée par déclaration sur le procès-verbal de scellés (C. procéd. 926), — 0, 50 c., — 0, 40 c., — 0,40 c. — Tarif, art. 18. — La même taxe est allouée pour chaque extrait des oppositions, et par chaque opposition. — Tarif, art. 20.

221. — Il n'est rien alloué pour les oppositions formées par le ministère des huissiers et visées par le greffier. — C. procéd., art. 1039 ; Tarif, art. 19.

222. — ... Pour représentation devant un autre tribunal des pièces dont il est dépositaire (V. *suprà* n° 183) pour chaque vacation, 6 fr. — Tarif, art. 166, n° 5.

223. — En cas d'expertise si tous les experts ne savent pas écrire, la rédaction du rapport doit être écrite et signée par le greffier de la justice de paix du lieu où ils auront procédé. — C. procéd., art. 317. — Dans ce cas, celui-ci a droit aux deux tiers des vacations allouées à un expert. — Tarif, art. 13. — Ces dispositions sont applicables, bien que les experts sachent écrire, si aucun d'eux n'est capable de le faire d'une manière correcte et lisible. — Chauveau, *Comment. tarif*, t. 1er, p. 35.

224. — Les greffiers ont droit de faire payer aux parties le papier timbré qu'ils emploient pour les expéditions, procès-verbaux, certificats et autres actes qui ne sont pas portés sur les registres du greffe. Ils peuvent également se faire rembourser par les parties le papier timbré des feuilles d'audience. — Toutefois, les juges de paix doivent veiller à ce que les greffiers ne fassent pas de cet objet un moyen de bénéfice et de spéculation. — Chauveau, *Comment. tarif*, t. 1er, p. 3 et 14 ; Bioche et Goujet, *Dict. de procéd.*, v° *Greffe (droits de)*, n° 176.

225. — Aucuns frais ni émolumens ne peuvent être perçus par les greffiers des justices de paix que sur des états dressés par eux, et qui sont vérifiés et visés par le juge de paix. Ces états sont écrits au bas de l'expédition délivrée par le greffier. À défaut d'expédition, il est fait un état séparé. — Ord. 17 juill. 1825, art. 1er.

226. — Ces greffiers doivent tenir un registre sur lequel ils inscrivent, par ordre de date et sans aucun blanc, toutes les sommes qu'ils reçoivent pour les actes de leur ministère. Les déboursés et les émolumens sont inscrits dans des colonnes séparées. — Même ord., art. 2. — Ce registre est exempt du timbre, comme n'ayant pour objet qu'une mesure d'ordre et de discipline. — Circul. min. Inst. 20 janv. 1827. — Il doit être coté et paraphé par le juge de paix, et tenu sous la surveillance de ce magistrat qui, à chaque trimestre, et plus souvent, s'il le juge convenable, le vérifie, l'arrête et en dresse un procès-verbal dans lequel il consigne ses observations. Ce procès-verbal est envoyé au procureur du roi près le tribunal civil qui en rend compte au procureur-général près la cour royale. — Même ord., art. 3 — Les procureurs du roi peuvent, en outre, lorsqu'ils l'ont reconnu nécessaire, procéder à cette vérification par eux-mêmes ou par leurs substituts. — Art. 4. — En cas d'infraction aux règles ci-dessus, il en est fait rapport au garde des sceaux pour être pris, à l'égard des contrevenans, telle mesure qu'il appartiendra. — Art. 5.

227. — Si les greffiers ou leurs commis reçoivent, sous quelque prétexte que ce soit, d'autres ou plus forts droits que ceux qui leur sont attribués par les lois et réglemens, il est enjoint aux juges de paix d'en informer les procureurs du roi, et il en doit être fait rapport au garde des sceaux. — Même ord., art. 6.

228. — Les contrevenans sont, selon la gravité des circonstances, destitués de leur emploi, traduits devant la police correctionnelle pour être condamnés aux amendes déterminées par les lois ou poursuivis extraordinairement en vertu de l'art. 174, C. pén., sans préjudice, dans tous les cas, de la restitution des sommes indûment perçues, et des intérêts quand il y a lieu. — *Ibid.*

§ 5. — *Secrétaires des conseils de prud'hommes.*

229. — Leurs émolumens sont fixés par le décret du 20 fév. 1810, qui rectifie celui du 11 juin 1809. — Ses dispositions sont limitatives ; c'est surtout pour cette juridiction que l'on a eu en vue d'économiser les frais. — Bioche et Goujet, *Dict. de procédure*, v° *Greffe (droits de)*, n° 184.

230. — Les secrétaires des conseils de prud'hommes ne peuvent rien réclamer des parties pour la déclaration de celles-ci, qu'elles se présentent volontairement devant les prud'hommes à l'effet d'être conciliées par eux. — Décr. 20 fév. 1810, art. 58.

231. — Il leur est alloué : pour la lettre d'invitation de se rendre au conseil, 0 fr. 30 cent ; — pour chaque rôle d'expédition qu'ils délivrent et qui doit contenir vingt lignes à la page et dix syllabes à la ligne, 0 fr. 40 cent. ; — pour l'expédition du procès-verbal constatant par une mention sommaire que les parties n'ont pu se concilier, 0 fr. 80 cent. ; — pour l'expédition du procès-verbal constatant le dépôt du modèle d'une marque, 3 fr. (décr. 20 fév. 1810, art. 59) ; pour représentation devant un tribunal des pièces dont ils sont dépositaires (V. *suprà*, n° 183), par chaque vacation de trois heures, 6 fr. — Tarif, 16 fév. 1807, art. 166, n° 5.

232. — L'art. 62, décr. 20 fév. 1810, porte : « Au moyen de la taxation dont il est question dans les art. 56, 60 et 61, les frais de papier, de registre et d'expédition seront à la charge des secrétaires des conseils des prud'hommes et des greffiers des tribunaux de commerce. » — Il est évident, par la ponctuation seule, que les greffiers et secrétaires ne sont pas tenus de fournir le papier des expéditions. — Chauveau, *Comment. tarif*, t. 1er, intr., p. 55 ; Vervoort, p. 237, note *a*.

233. — Mais de quel papier l'article entend-il parler ? M. Chauveau, *ibid.*, pense qu'on n'a pas pu mettre à la charge de ces greffiers le papier timbré nécessaire pour les feuilles d'audience, les minutes des procès-verbaux, etc. « Nous pencherions, dit-il, à croire, avec M. Vervoort, qu'il ne s'agit que du papier des lettres d'invitation dont parle l'art. 9. » — Cette disposition, ajoutent MM. Bioche

Goujet, s'applique d'abord au papier libre, pour quelque objet qu'il soit employé; quant au papier timbré, elle ne peut être expliquée, à raison de l'analogie par les art. 12 et 16, L. 21 vent. an VII. Du reste, on ne sait ce que l'art. 62 veut dire par les *frais d'expédition*, à moins qu'il ne faille entendre par là le salaire du copiste; mais cela était inutile à exprimer. — *Dict. de procéd.*, v° *Greffe* (*droits de*), n° 184.

234. — En faisant mention des greffiers des tribunaux de commerce, l'art. 62, décr. 20 fév. 1810, n'a trait qu'au cas prévu par l'art. 60, où ils reçoivent le dépôt du modèle d'une marque, et non pas, comme paraît le supposer Chauveau (*loc. cit.*) aux affaires qui, après avoir été soumises aux conseils de prud'hommes, sont portées en appel devant les tribunaux de commerce: ces affaires rentrant dans la classe de celles jugées en première instance par ces tribunaux donnent lieu aux mêmes droits de greffe et aux mêmes émolumens par les greffiers. — Bioche et Goujet, *ibid.*, n° 185.

235. — Tout secrétaire de conseils de prud'hommes convaincu d'avoir exigé une taxe plus forte que celle qui lui est allouée, est puni comme concussionnaire. — Décr. 20 fév. 1810, art. 63.

Sect. 7e. — *Droits de greffe à la cour de Cassation et à la cour des Comptes.*

236. — Les droits suivans sont perçus à la cour de Cassation conformément aux réglemens des 18 juin 1738 et 12 sept. 1739. — *Dict. de dr. d'enreg.*, v° *Greffe* (*Droits de*), n°s 266 et 268.

237. — Savoir.

Enregistrement de chaque production, 4 fr. 00 c.
On y a ajouté le droit attribué par le réglement de 1738 au secrétaire du rapporteur pour entrée des pièces, 3
Port de production, 1
Retrait de chaque production à la chambre des requêtes, 3
Id. à la chambre civile, 4
Ordonnance de *committitur* ou de *subrogatur* d'un rapporteur, 3
Signature de l'expédition d'un arrêt sur demande en Cassation ou en prise à partie, 12

Droit de recherche................ 3 fr. 00 c.
Certificats de toute nature............ 4
Contrôle des requêtes et des arrêts d'admission, par chaque rôle... « 20
Droit d'expédition par chaque rôle... » 50
— Bioche et Goujet, *Dict. de procéd.*, v° *Greffe* (*droits de*), n° 40; *Dict. des dr. d'enreg.*, *eod. verb.*, n° 270.

238. — En matière criminelle, il est dû un droit de signature d'arrêt, de 12 fr. pour les expéditions requises par les parties. Mais ce droit n'est dû que par les parties civiles. — Délib. cons. d'admin., 17 juin 1827. — *Dict. des dr. d'enreg.*, v° *Greffe* (*Droits de*), n° 270.

239. — Bien que les demandes en renvoi, les conflits de juridiction et les réglemens de juges doivent être jugés sans frais (L. 27 nov. 1er déc. 1790, art. 9), les expéditions des arrêts sont passibles, comme les autres, du droit de 50 cent. par rôle. — Arrêté du gouvernement 19 vent. an XI. — *Dict. des dr. d'enreg.*, v° *Greffe* (*Droits de*), n° 269.

240. — Il faut en outre à chacun des droits ci-dessus énoncés ajouter le décime pour franc. — L. 6 prair. an VII. — *Dict. des dr. d'enreg.*, *ibid.*, (*Droit de*), n° 270.

241. — Les droits et émolumens sont perçus pour le compte de l'état; le greffier est tenu d'en arrêter l'état à l'expiration de chaque mois, de le faire viser par le premier président de la cour, et d'en verser, sans délai, le montant entre les mains du receveur de l'enregistrement. — L. 29 frim. an IV.

242. — La plupart des règles générales concernant les droits de greffe perçus dans les cours royales et dans les tribunaux civils et de commerce sont applicables aux droits perçus à la cour de Cassation. — Bioche et Goujet,, *Dict. de procéd.*, v° *Greffe* (*Droits de*), n° 13.

243. — Les premières expéditions des actes et arrêts de la cour des comptes sont délivrées gratuitement aux parties; les autres sont soumises à un droit d'expédition de 75 cent. par rôle (décr. 28 sept. 1807, art. 51). Le produit de ce droit est compté tous les mois au receveur de l'enregistrement sur un état qui lui est remis par le greffier de la cour. — *Dict. des dr. d'enreg.*, v° *Greffe* (*Droits de*), n°s 273 et 274.

HYPOTHÈQUES (Droits d').

Table alphabétique.

HYPOTHÈQUES (Droits d'). — **1.** — Ce sont les droits perçus à raison des formalités hypothécaires données aux actes.

§ 3. — *Renouvellement d'inscriptions. — Rectifications. — Subrogations* (n° 47).

§ 4. — *Liquidation des droits* (n° 59).

§ 5.—*Paiement, restitution et prescription des droits* (n° 76).

—

Sect. 1re. — *Dispositions générales.*

2. — Les droits d'hypothèques créés par la loi du 9 vendém. an VI (art. 62) ont été maintenus par celle du 21 vent. an VII, qui a organisé les conservations d'hypothèques.

3. — La loi du 21 ventôse an VII a elle-même subi des modifications, en ce qui concerne les droits d'hypothèques, par différentes lois, notamment celles des 6 messid. an VII, 24 mars 1806 et 28 avr. 1816.

4. — Chaque année, la loi des finances fixant le budget de recettes, porte que la perception des droits d'hypothèques continuera d'être faites au profit de l'état, conformément aux lois existantes. — Ainsi, pour le budget de 1847, V. L. 3 juill. 1846, art. 7.

5. — La perception des droits d'hypothèques n'avait pas d'abord été attribuée aux conservateurs. D'après un arrêté du gouvernement du 5 frim. an VII (Circ. 1454), elle devait être faite par le receveur des droits d'enregistrement. Il en résultait l'inconvénient d'obliger les particuliers à se transporter dans deux bureaux différens. — *Dict. des dr. d'enreg.*, v° *Hypothèque*, n° 749.

6. — La loi du 21 vent. an VII a confié aux conservateurs la perception des droits dus pour les formalités hypothécaires. — V. CONSERVATEUR DES HYPOTHÈQUES.

7. — D'après la loi du 9 vendém. an VI, et ensuite celle du 21 vent. an VII, les droits d'hypothèques sont de deux sortes : 1° les uns sont perçus lors de l'inscription des créances hypothécaires ; 2° les autres, lors de la transcription des actes emportant mutation de propriétés immobilières.

8. — De plus, chacun de ces deux droits se compose : 1° du *droit* proprement dit, perçu au profit du trésor ; 2° et du *salaire* du conservateur.

9. — Pour tout ce qui concerne les salaires du conservateur, à raison soit des inscriptions, soit des transcriptions, V. CONSERVATEUR DES HYPOTHÈQUES, n°s 119 et suiv.

10. — Toutefois, nous devons ajouter que, comme les registres tenus par le conservateur doivent être sur papier timbré, ainsi que tous les actes, certificats et copies qu'il délivre (V. TIMBRE), il a droit au remboursement du papier timbré qu'il a employé.

11. — Le timbre des registres doit être payé en proportion de la place que les enregistremens, les inscriptions et les transcriptions ont remplie. — Circ. 23 sept. 1809.

12. — Enfin, dans toutes les quittances qu'il délivre, le conservateur doit indiquer les droits perçus pour le timbre du papier employé, ainsi qu'on l'a vu v° CONSERVATEUR DES HYPOTHÈQUES, n° 165.

13. — Ce qui concerne les droits de transcription, abstraction faite des salaires du conservateur, est traité v° TRANSCRIPTION (droits de). — V. ce mot.

14. — Nous n'aurons donc à nous occuper ici que de ce qui regarde les droits d'inscription.

Sect. 2e. — *Droits d'inscription.*

§ 1er. — *Droits à percevoir.*

15. — Le droit d'inscription proprement dit, c'est-à-dire abstraction faite du salaire du conservateur, est ou proportionnel ou fixe. — Quelquefois même, l'inscription doit se faire *gratis*. — Enfin, dans certains cas, elle a lieu en *débet* ou sans avance de droits et salaires.

16. — D'après la loi du 21 vent. an VII (art. 20), qui ne faisait que reproduire la disposition de la loi du 9 vendém. an VI, le droit d'inscription des créances hypothécaires était : de 1 pour 2,000 du capital de chaque créance antérieure à la promulgation de la loi du 11 brumaire précédent ; — 2° et de 1 pour 1,000 du capital des créances postérieures à ladite époque.

17. — Mais suivant l'art. 60, L. 28 avr. 1816, le droit d'inscription des créances hypothécaires est de 1 pour 1,000, sans distinction des créances antérieures ou postérieures à la loi du 11 brum. an VII.

18.—Ne sont passibles que du droit fixe de 1 fr., outre le salaire du conservateur : 1° les inscriptions prises pour sûreté des rentes d'indemnité, d'après les art. 22 et 31, L. 16 sept. 1807.—Décis. min. 19 déc. 1809 ; instr. 464.

19. — ... 2° Les inscriptions faites d'après l'art. 2, décr. 27 fév. 1811, relatif à la vente des maisons urbaines des hospices de Paris, lorsque les créanciers consentent à transférer leur hypothèque sur des biens ruraux.—Même décret, art. 4.

20. — L'inscription des créances appartenant à l'état, aux hospices civils et autres établissemens publics, devait être faite sans avance du droit d'hypothèque et des salaires des préposés.—L. 21 vent. an VII, art. 23. — Mais cette disposition se trouve modifiée par le Code civil.

21.—Aujourd'hui se font sans avance des droits d'hypothèque et du salaire des conservateurs, c'est-à-dire, *en débet* : 1° l'inscription des créances appartenant à l'état ; celle des hypothèques légales des communes et des établissemens publics sur les biens de leurs receveurs et administrateurs comptables ; celle des mineurs, des interdits sur leurs tuteurs ; celle des femmes mariées sur leurs époux. — C. civ., art. 2153 et 2155 ; — Roland et Trouillet, *Dict. des hypoth.*, v° *Droits*, § 1er, n° 14.

22. — ... 2° Les inscriptions prises par le trésor public et le domaine, lorsqu'elles sont nécessaires pour le recouvrement des droits et amendes. Ces cas sont ordinairement ceux où l'enregistrement et le visa pour timbre ont lieu en débet. — V. ENREGISTREMENT, n°s 664 et suiv. ; TIMBRE, n°s 284 et suiv.

23. — Les inscriptions dont on vient de parler dans les deux numéros qui précèdent sont les seules pour lesquelles on ne soit point obligé de payer d'avance les droits et salaires. — Déc. min. fin. 25 niv. et 4 thermid. an XIII ; inst. 316.

24. — L'inscription n'est passible que du droit fixe, quand, ainsi qu'on le verra dans le paragraphe suivant, elle est indéfinie ou qu'elle est prise pour sûreté d'une créance éventuelle et indéterminée.

25. — Les inscriptions d'offices prises par le conservateur ne donnent lieu à aucun droit proportionnel, lorsque le titre de mutation constate qu'il est dû quelque chose au vendeur. — Circ. 1539 et 1653.

26. — L'inscription prise par un vendeur pour sûreté du prix et de ses autres droits, lorsque le contrat n'a pas été enregistré, est passible du droit proportionnel d'hypothèque. — Déc. min. fin. 31 juill. 1810 ; instr. 467.

27. — De même, lorsqu'en vertu d'une clause de son contrat le vendeur requiert, outre l'inscription d'office, l'inscription d'une hypothèque spéciale sur les biens de l'acquéreur pour sûreté du prix de la vente, il y a lieu de percevoir le droit de 1,000, qui, dans ce cas, ne doit pas se confondre avec le droit proportionnel de l'inscription, comme cela a lieu pour l'inscription d'office. — Délib. 24 fév. 1837.

28. — Il n'est dû aucun droit d'hypothèque pour les inscriptions ou les renouvellemens relatifs aux rentes comprises dans les dotations des majorats. — Inst. 423 ; — Rolland et Trouillet, *Dict. des hypoth.*, v° *Droits*, § 1er, n° 17.

§ 2. — *Inscriptions indéfinies. — Créances éventuelles.*

29. — L'inscription *indéfinie* qui a pour objet la conservation d'un simple droit d'hypothèque éventuel, sans créance existante, n'est point sujette au droit proportionnel.—L. 6 messid. an VII, art. 1er.

30. — Cette expression *indéfinie* employée par

la loi du 6 messid., disent les auteurs du *Dict. des dr. d'enreg.* (v° *Hypothèque*, n° 771), est une expression impropre. Loin que les inscriptions soient *indéfinies*, elles ne durent que dix ans Ce terme ne peut pas davantage s'appliquer à la créance, car il ne peut y avoir de créance *indéfinie*. La somme due peut n'être point déterminée; sa quotité peut dépendre d'une liquidation, d'un événement quelconque, mais elle n'est point *indéfinie*.

31. — Doivent être considérées comme indéfinies et comme telles passibles seulement du timbre des bordereaux et des registres ainsi que du salaire du conservateur : 1° les inscriptions prises par l'administration des contributions indirectes sur les biens affectés au cautionnement de ses préposés pour sûreté de leur gestion, sauf à percevoir le droit proportionnel en cas de débet constaté. — Instr. 333.

32. — ...2° Les inscriptions prises sur les entrepreneurs pour le compte de l'état qui n'ont pas rempli les engagemens pour lesquels ils ont reçu des avances, ainsi que sur leurs cautions. — Circ. 1761.

33. — ...3° L'inscription requise par un subrogé-tuteur ou curateur sur un tuteur pour sûreté de sa gestion avant qu'elle soit terminée et que le compte en soit réglé; celle faite par un père sur le mari de sa fille pour restitution de la dot ou des apports de celle-ci en cas de décès ou de divorce. — Circ. 1676.

34. — ...4° Les inscriptions prises sur les immeubles d'un failli, au nom de la masse des créanciers, conformément à l'art. 500, C. comm. (aujourd'hui art. 490, L. 28 mai 1838). — Instr. 6 déc. 1808, art. 409. — Et même le droit proportionnel n'est pas exigible bien que le concordat n'ait pas dispensé les syndics de faire inscrire le jugement d'homologation. — Jugem. trib. Strasbourg, 15 juin 1830 et 4 juin 1832; délib. 5 oct. 1832; — Roland et Trouillet, *Dict. des hypothèques*, v° *Droits*, § 1er, n° 31.

35. — L'inscription est également exempte du droit proportionnel lorsqu'elle est prise pour sûreté d'une créance éventuelle et indéterminée.

36. — On doit considérer comme telle la créance résultant pour l'un des cohéritiers de l'obligation consentie par un autre, dans l'acte de partage, d'acquitter toutes les dettes de la succession. — *Cass.*, 23 août 1830, Enreg. c. Defolleville. — *Contrô. solut.* 4 juill. 1828.

37. — Décidé dans le même sens que le droit proportionnel n'est pas dû sur l'inscription requise par un acquéreur contre son vendeur pour sûreté de restitution du prix au cas d'éviction, attendu qu'il s'agit là d'une créance éventuelle et non d'une créance existante. — Déc. min. fin. 31 juill. 1810 et 22 mai 1833.

38. — Par la même raison, l'inscription prise en vertu d'un acte d'ouverture de crédit n'est pas sujette au droit proportionnel. — Solut. 24 sept. et 13 oct. 1832; délib. 11 déc. 1832.

39. — Si le droit éventuel qui a donné lieu à l'inscription indéfinie se convertit en créance réelle, le droit proportionnel est dû sur le capital de la créance. — L. 6 messid. an VII, art. 2.

40. — Ainsi dans les cas prévus *suprà* n° 33, le droit éventuel se convertit en créance réelle : 1° lorsque le tuteur est constaté réliquataire par un compte rendu à l'amiable ou en justice, ou pour la valeur des aliénations des biens du mineur qu'il aurait faites sans l'accomplissement des formalités prescrites; 2° lorsque la femme au décès de son mari a fait établir ce qui lui est dû, par un acte de liquidation, soit des biens et dettes de la communauté, etc., alors le droit devient exigible sur le capital de la créance fixée par ces actes, et le conservateur doit en poursuivre le recouvrement. — Circ. 1676.

41. — Tout acte quelconque de nature à faire connaître aux préposés que la créance éventuelle s'est convertie en créance réelle suffit pour autoriser la perception du droit d'inscription. Il en est ainsi de la quittance, donnée par des héritiers devenus majeurs, d'une somme à imputer sur leurs droits dans la succession de leur mère, avec consentement à la radiation de l'inscription prise contre leur père tuteur, pour conserver l'hypo-

thèque légale. — Délib. 31 mars 1826; instr. 1189, § 11.

42. — Mais le droit ne serait pas dû dans le cas où le reliquat du compte de tutelle aurait été immédiatement acquitté. — *Contrôl. de l'enreg.*, art. 1145.

43. — Si les actes qui doivent faire connaître l'existence de la créance sont enregistrés dans un autre bureau que celui des hypothèques, le receveur de l'enregistrement doit en faire le renvoi au bureau de la conservation dans le ressort duquel sont situés les biens des femmes ou des mineurs. Ces dispositions s'appliquent également aux déclarations après décès et autres actes qui constateraient une créance certaine au profit de la femme sur les biens de son mari, à raison de son contrat de mariage, ou pour tout autre avantage dérivant des coutumes ou de la loi. — Circ. 1676; — Roland et Trouillet, *Dict. des hypoth.* v° *Droits*, § 1er, n° 22.

44. — Le droit proportionnel est exigible sur l'inscription prise pour sûreté de fermages échus ou non échus, ou pour assurer l'exécution des conditions du bail; cette inscription doit énoncer la somme pour laquelle elle est prise, et ne peut être considérée comme indéterminée. — Déc. min. fin. 29 sept. 1820.

45. — L'enregistrement d'aucune transaction ou quittance de paiement de ladite créance ne peut être requis que le droit proportionnel d'inscription n'ait été préalablement acquitté. — L. 6 messid. an VII, art. 3.

46. — Le droit d'hypothèque sur l'inscription indéfinie, prise par l'agent judiciaire du trésor, n'est pas exigible, s'il est établi que les causes de l'inscription ne subsistaient plus avant qu'elle fût prise; il en est de même pour les droits de timbre et le salaire du conservateur. — Déc. min. fin. 24 août 1821.

§ 3. *Renouvellement d'inscriptions.* — *Rectifications.* — *Subrogations.*

47. — Le renouvellement d'une inscription qui a acquitté le droit proportionnel est passible du droit proportionnel, soit qu'il y ait novation à l'égard des grevés, soit qu'une hypothèque générale soit remplacée par une spéciale, soit que la durée de l'inscription primitive soit prolongée par une subséquente; autrement il en résulterait qu'en prévenant l'expiration du terme de dix ans pendant lequel la première inscription conserve son effet, la créance se trouverait perpétuellement assurée sans frais; ce qui n'a pas été dans l'intention de la loi. — Déc. min. fin. 29 juill. 1806; instr. gén. 316, n° 5.

48. — Il n'y a d'exception qu'à l'égard des inscriptions prises par les conservateurs pour rectifier les irrégularités qu'ils auraient commises. Le droit proportionnel ne serait dû que dans le cas où la nouvelle inscription constaterait un excédant de créance. — Inst. 505; - Roland et Trouillet, *Dict. des hypoth.* v° *Droits*, § 1er, n° 37.

49. — Si à dix-huit mois d'intervalle il est pris deux inscriptions pour la même créance, le droit de 1 p. 1,000 est dû sur la seconde comme sur la première. — Solut. 21 avril 1829.

50. — L'inscription rectificative d'une précédente à laquelle elle n'apporte d'autre changement que de réparer une omission n'est passible d'aucun droit. — Solut. 4 juin 1812; déc. min. fin. 15 mai 1816; délib. 24 févr. 1819.

51. — Une pareille rectification peut être faite sur l'avis des erreurs ou irrégularités que donne le conservateur aux parties. La nouvelle inscription doit être accompagnée d'une note relatant la première formalité qu'elle a pour but de rectifier, et il doit être donné aux parties requérantes des extraits tant de la première que de la seconde inscription. —Avis Cons. d'état, 11-26 déc. 1810. — De plus, la loi du 4 sept. 1807 avait accordé un délai de six mois pour rectifier les inscriptions anciennes qui ne contiendraient pas la mention de l'époque de l'exigibilité de la créance.—V. REP. PAL., v° INSCRIPTION HYPOTHÉCAIRE.

52. — Un nouveau droit proportionnel est dû sur les inscriptions supplétives qui, bien que concernant les mêmes créances, frappent néanmoins sur d'autres immeubles que ceux désignés dans les premières inscriptions. Peu importe que ces inscriptions ne soient pas périmées (Décis. min fin. 29 juill. 1816, instr. 316, § 6), et que la nouvelle inscription soit prise sur les biens d'une caution solidaire. — Décis. min. fin. 28 déc. 1813.

53. — Une déclaration de changement de domicile ne peut donner lieu au droit d'inscription ; et il n'est dû que le salaire du conservateur. — Décis. min. 28 pluv. an IX.

54. — Il est dû un droit proportionnel d'hypothèque sur la subrogation d'inscription au profit du nouveau propriétaire, si on fait une nouvelle inscription. — Décis. min. fin., 28 pluv. an IX.

55. — Mais la subrogation dans l'effet d'une inscription d'office n'est plus passible du droit proportionnel que l'inscription d'office elle-même. — *Journ. de l'enreg.*, art. 2168.

56. — La mention de subrogation dans l'effet d'une hypothèque légale inscrite n'est passible d'aucun droit, bien qu'il n'ait été rien payé lors de l'inscription de cette hypothèque légale, parce que le droit d'inscription est à la charge du mari grevé, et il n'en est dû aucun pour la mention dont il s'agit. — Décis. min. fin. 31 août 1821.

57. — Le droit de 1 pour 1,000 n'est pas dû sur la simple mention d'un transport de créance et d'une prorogation de délai, mise en marge de l'inscription hypothécaire. En effet, cette mention, qui assure simplement au créancier subrogé l'effet de l'inscription tel qu'il était garanti au cédant lui-même, ne le dispense point de requérir le renouvellement avant l'expiration des dix années de cette inscription pour en conserver le rang. — Arg. *Cass.*, 14 janv. 1818, Danglemont c. Dumesnil ; Délib. 31 juill. 1824.

58. — La délégation faite au trésor par un comptable du prix d'un immeuble pour sûreté de sa gestion, ne le dispense pas de payer ensuite les droits des inscriptions. Ces droits doivent même frapper sur les intérêts du prix qui ont couru depuis la délégation. — Délib. 30 mars 1818.

§ 4. — *Liquidation des droits.*

59. — Il ne doit être payé qu'un seul droit d'inscription pour chaque créance, quel que soit d'ailleurs le nombre des créanciers requérans ou celui des débiteurs grevés. — L. 21 vent. an VII, art. 21.

60. — L'art. 2148, C. civ., non plus que la loi du 21 vent. an VII, art. 21, ou le décret du 21 sept. 1810, uniquement relatif au salaire du conservateur, ne mettent pas obstacle à ce que les créanciers compris pour des créances distinctes dans un même acte de prêt qui leur confère hypothèque sur les mêmes biens, présentent au conservateur, en prenant inscription, un seul bordereau en double. — *Cass.*, 17 déc. 1845 (t. 1er 1846, p. 50), de Saint-Mauris.

61. — Et c'est à tort que le conservateur des hypothèques refuserait d'opérer l'inscription ainsi requise, sous prétexte que, s'agissant de créances distinctes, il doit être joint à l'expédition de l'acte autant de bordereaux doubles qu'il y a de créances. — Même arrêt.

62. — Il y aurait lieu de décider de même dans le cas où il s'agirait d'un bordereau présenté par un individu créancier de plusieurs débiteurs non solidaires

63. — Mais, dans ces différens cas, il y a lieu à la pluralité des droits, tant au profit du trésor qu'à celui du conservateur, attendu que chaque inscription doit son droit particulier. — Décis. min. fin. 16 flor. an VII ; circ. 1571.

64. — Toutefois, il n'est dû qu'un seul droit proportionnel : 1° quand plusieurs obligations, consenties par une même personne au profit du même créancier, ont été inscrites par un seul et même bordereau ; — 2° Et que l'inscription de ces obligations ayant eu lieu originairement par bordereaux séparés, est plus tard renouvelée par un seul et même bordereau. — Décis. min. fin. 12 janv. 1813.

65. — Quoique les immeubles soient situés dans plusieurs bureaux, il n'est dû qu'un seul droit (V. infrà, n° 84), parce qu'il n'existe qu'une seule créance et qu'il ne s'agit de conserver que cette

seule créance. — Arg. L. 21 vent. an VII, art. 22 ; décis. min. fin. 21 sept. 1810 ; instr. gén. 16 oct. 1810, n° 494.

66. — Et il en est ainsi, encore bien qu'il se serait écoulé un certain temps entre la première inscription et les autres. — Décis. min. fin. 7 juill. 1819.

67. — Le droit d'inscription des créances hypothécaires n'est dû que sur le capital de ces créances, et non sur les arrérages à échoir, que ces arrérages soient liquidés ou non par le bordereau. — Décis. min. fin. 10 sept. 1823.

68. — Si le bordereau désigne et liquide les arrérages échus, ces arrérages, formant un accroissement de créance, donnent ouverture au droit, comme le capital originaire. — Si les arrérages sont réservés par le bordereau, sans être liquidés (mais toujours s'il s'agit d'arrérages échus), le droit est dû sur le montant de deux années, comme s'il était pris, d'après l'art. 2151, C. civ., une inscription particulière pour ces deux années. — Même décision.

69. — Dans le cas où le bordereau d'une inscription prise plus de deux années après la date du titre, ferait mention de deux années d'intérêts, sans indiquer si elles sont échues ou à échoir, ces deux années doivent être considérées comme échues pour la perception du droit. — Même décision.

70. — Bien que cette décision n'ait point statué sur les autres accessoires qui peuvent être compris dans les bordereaux, tels que frais et mise à exécution, les mêmes principes doivent recevoir leur application ; ainsi les frais faits sont sujets à la perception et les frais à faire éventuellement en sont exempts. — Instr. 1146, § 14 ; — Roland et Trouillet, *Dict. des hypothèques*, v° *Droits*, § 1er, n° 5.

71. — A l'égard des prêts faits par la caisse hypothécaire, qui consent à n'être payée de son capital qu'au moyen d'annuités où se trouvent confondues les intérêts de la somme prêtée, de telle sorte que chacune de ces annuités constitue un capital distinct, le droit d'inscription doit être perçu sur la somme totale produite par l'addition de toutes les annuités. — Délib. 4 nov. 1836.

72. — S'il est dit dans un bordereau que l'hypothèque a pour objet une rente viagère de 2,568 fr. et que le capital présumé nécessaire pour assurer le service de cette rente, a été fixé à la somme de 52,000 fr. jusqu'à concurrence de laquelle l'inscription est requise, le droit de 1 p. 1000 est exigible sur cette somme capitale. En effet, l'art. 14, L. 22 frim. an VII, ne régissant pas le droit d'hypothèque, le conservateur ne peut, d'après l'art. 20 de celle du 21 vent. an VII, et les art. 2132 et 2148, C. civ., prendre pour base de sa perception que le capital énoncé, jusqu'à concurrence duquel les biens se trouvent réellement grevés par l'inscription. — Délib. 27 juill. 1824 ; inst. 1150, § 14.

73. — A défaut d'évaluation du capital des rentes viagères pour lesquelles les inscriptions sont requises, le conservateur doit exiger que cette évaluation soit faite par l'inscrivant, à moins toutefois qu'il ne s'agisse d'une inscription indéfinie. — Si l'évaluation du capital a été faite d'office par le conservateur à vingt fois le montant des rentes viagères, cette évaluation ne saurait être réduite, et par suite les droits d'inscription ne devraient être proportionnellement restitués qu'en vertu d'un consentement authentique des réquérans à la réduction de l'inscription. — Délib. 11 juin 1833.

74. — Lorsqu'il a été accordé une remise sur une créance pour sûreté de laquelle une inscription avait été prise en débet à la requête de l'agent judiciaire du trésor, le droit proportionnel d'hypothèque est réductible dans la même proportion, c'est-à-dire qu'il n'est dû que sur la somme qui doit être payée. — Déc. min fin. 31 janv. 1824.

75. — La perception de ces droits suit les sommes et valeurs de 20 fr. en 20 fr. inclusivement, et sans fraction. — L. 28 avr. 1816, art. 60.

§. 4. — *Paiement, restitution et prescription des droits.*

76. — *Paiement des droits.* — Hors les cas d'exception prononcés par les lois, les droits et salaires dus pour les formalités hypothécaires et par conséquent pour les inscriptions, doivent être payés d'avance par les réquérans. — L. 21 vent. an VII, art. 27.

77. — Cette disposition de la loi du 21 vent. an VII a été renouvelée et complétée par l'art. 2155, C. civ., qui porte que « les frais des inscriptions sont à la charge du débiteur, s'il n'y a stipulation contraire; l'avance en est faite par l'inscrivant, si ce n'est quant aux hypothèques légales, pour l'inscription desquelles le conservateur a son recours contre le débiteur. »

78. — Les hospices et les fabriques sont tenus de faire l'avance des droits et salaires des inscriptions prises dans leur intérêt. Ils ne sont dispensés de faire cette avance que pour les inscriptions prises sur les biens de leurs receveurs et administrateurs comptables. — Inst. 316. — Les fabriques sont également tenues de restituer à l'administration les droits avancés par elle à raison des inscriptions prises pour sûreté des créances qui leur ont été restituées. — Déc. min. fin. 25 niv. an XIII ; instr. 274 et 316.

79. — Toutes les fois que l'inscription a lieu sans avance du droit et des salaires, le préposé est tenu : 1º d'énoncer, tant sur les registres que sur le bordereau à remettre au requérant, que les droits et salaires sont dus ; — 2º d'en poursuivre le recouvrement sur les débiteurs dans deux décades (V. RÉP. PAL., Vº DÉCADE), après la date de l'inscription. — L. 21 vent. an VII, art. 24.

80. — Ces poursuites s'exercent suivant les formes établies pour le recouvrement des droits d'enregistrement. — L. 21 vent. an VII, art. 24. — V. ENREGISTREMENT, nᵒˢ 4504 et suiv.

81. — Le recouvrement des droits en débet peut être poursuivi sur tous les biens, soit meubles, soit immeubles, du débiteur, sans qu'on puisse prétendre que l'immeuble hypothéqué était le seul gage du paiement. — *Journ. enreg.*, art. 8007 ; décis. min. fin. 8 mai 1827.

82. — La radiation de toute inscription prise en débet ne peut avoir lieu qu'après paiement préalable des droits qui sont exigibles. — Solut. 8 sept. 1821.

83. — Dans le cas où les débiteurs sur lesquels les inscriptions ont été prises en débet seraient insolvables, ou encore si les inscriptions étaient sans fondement, il n'y a pas lieu au recouvrement des droits en débet ; seulement le timbre des registres est remboursé au conservateur. — *Journ. enreg.*, art. 8005 ; décis. min. fin., 8 mai 1827.

84. — S'il y a lieu à inscription d'une même créance dans plusieurs bureaux, le droit est acquitté en totalité dans le premier bureau ; il n'est payé, pour chacune des autres inscriptions, que le simple salaire du préposé , sur la représentation de la quittance constatant le paiement du droit, lors de la première inscription. En conséquence, le préposé dans le premier bureau est tenu de délivrer à celui qui paie le droit, indépendamment de la quittance au pied du bordereau d'inscription, autant de *duplicata* de ladite quittance qu'il lui en est demandé. — L. 21 vent. an VII, art. 22.

85. — Les préposés qui reçoivent les droits d'inscription doivent en expédier quittance au pied des actes et certificats par eux remis et délivrés; chaque somme y doit être mentionnée séparément et en toutes lettres. — L. 21 vent. an VII, art. 27.

86. — *Restitution des droits.* — Il y a lieu d'appliquer ici les principes en vigueur en matière d'enregistrement. — V. ENREGISTREMENT, nᵒˢ 4328 et suiv.

87. — Les droits perçus doivent être restitués quand le paiement n'a été fait que par erreur, ou sous une condition suspensive qui ne s'est pas réalisée.

88. — Ainsi , quand le créancier et son mandataire renouvellent la même inscription , le droit perçu sur l'une des inscriptions en renouvellement doit être restitué. — Délib. 26 juill. 1833.

89. — Ainsi encore, lorsque l'exécution d'un contrat est subordonnée à l'approbation de l'autorité administrative et que le contrat est résolu pour défaut de cette approbation, les droits de l'inscription qui aurait été prise dans l'intervalle devraient être restitués. — Solut. 25 fév. 1828.

90. — Mais il n'y a pas lieu à restitution, quand l'inscription à l'égard de laquelle on demande la restitution des droits comme ayant été prise par erreur, n'en devra pas moins produire un effet.

91. — Ainsi le droit perçu sur chacune de deux inscriptions pour la même créance, prises à dix-huit mois ou trois ans d'intervalle, n'est pas restituable en ce qui concerne la seconde, quand même il serait reconnu que cette seconde inscription est le résultat d'une erreur et qu'elle demeurera sans effet ; car cette seconde inscription n'en subsiste pas moins et ne prolonge pas moins les droits du créancier. — Délib. 7 juill. 1819 ; solut. 21 avr. 1829.

92. — Il n'y a pas lieu non plus à restitution, quand il y a droit acquis pour le trésor au moment où l'inscription a été prise, et que la cause de la restitution résulte d'un événement ultérieur.

93. — Ainsi, bien que l'inscription dont on a requis le renouvellement ait été rayée en vertu d'un jugement, et que la nouvelle doive rester sans effet, le droit perçu n'est pas restituable ; car il est acquis au trésor par l'inscription faite sur les registres. — Délib. 29 mars 1820.

94. — *Prescription des droits.* — Les dispositions de l'art. 61, L. 22 frim. an VII, sur la prescription des droits d'enregistrement, sont applicables aux perceptions des droits d'inscription établis par la loi du 21 vent. an VII. — L. 24 mars 1806.

95. — La prescription biennale ne s'applique pas aux droits dont le recouvrement a été suspendu, par exemple, 1º à ceux applicables à une inscription prise par l'agent judiciaire du trésor pour assurer le paiement d'un débet. — Décis. min. fin. 19 fév. 1827 ; instr. 1210, § 15 ; 2º ou à ceux de l'inscription d'une créance éventuelle et indéterminée, suspendus par une condition du contrat ; c'est la prescription trentenaire qui doit être alors appliquée. — Solut. 25 mai 1844.

96. — Mais les droits sont prescrits par un laps de deux années à partir du jour où les préposés ont pu les réclamer.

97. — Ainsi la prescription est acquise, lorsque le recouvrement d'un droit résultant d'une inscription prise en débet n'a pas été poursuivie dans les deux ans à partir de l'accomplissement de la formalité, s'il s'agit d'une créance connue et liquidée, ou dans les deux ans du jour où le conservateur a eu connaissance de l'acte qui a fixé le montant de d'inscription, si l'inscription avait pour objet la conservation d'une créance éventuelle et indéterminée. — Délib. 28 oct. 1831.

LETTRES-PATENTES.

1. — Ce sont des actes ou ordonnances émanés du roi qui confèrent des titres de noblesse , qui instituent des majorats, qui accordent des dispenses d'âge ou de parenté pour mariage etc. — Ces actes s'expédient à la chancellerie.

2. — Deux ordonnances des 8 oct. et 26 déc. 1814 avaient réglé les droits à payer pour le sceau et l'expédition des lettres patentes.

3. — Cette perception a été régularisée par l'art. 55, L. 28 av. 1816 ainsi conçu : Il sera perçu, au profit du trésor royal, un droit d'enregistrement suivant le tableau ci-après. Aucune expédition desdites lettres patentes ne pourra être délivrée par le conseil du sceau des titres, que le droit d'enregistrement n'ait préalablement été payé.

4. — *(Suit le tableau) :*

NATURE DES LETTRES-PATENTES SCELLÉES.	DROIT du SCEAU.	DROIT d'enregistrem. à 20 p. %.
Renouvellement de lettres-patentes, portant confirmation du même titre et changement d'armoiries — de comte,	100	20
de baron.	50	10
de chevalier.	15	3
Collation du titre de duc	»	3,000
Collation du titre héréditaire de marquis, comte, vicomte et baron, lettres-patentes de chevalier et lettres de noblesse — de marquis et comte.	6,000	1,200
de vicomte.	4,000	800
de baron.	3,000	600
de chevalier	60	12
Lettres de noblesse.	600	120
Grandes lettres de naturalisation.	gratis	»
Lettre de déclaration de naturalité	100	20
Lettre portant autorisation de se faire naturaliser ou de servir à l'étranger	500	100
Dispense d'âge pour mariage.	100	20
Dispense de parenté pour mariage	200	40
Lettres portant renouvellement d'anciennes armoiries. — pour les villes de 1re classe	150	30
pour les villes de 2e id.	100	20
villes et communes de 3e id.	50	10
Lettres accordant des armoiries aux villes qui n'en ont pas encore — Les villes de 1re classe	600	120
Celles de 2e id.	400	80
Celles de 3e id.	200	40

5. — Les lettres patentes de dispense d'âge pour mariage sont exemptes du droit établi par l'art. 55, L. 28 av. 1816, lorsqu'elles sont délivrées aux personnes reconnues indigentes. Dans ce cas, la formalité de l'enregistrement doit être donnée gratis. — Ord. 25 juin 1817 ; L. 15 mai 1818, art. 77.

6. — La loi du 21 avr. 1832 porte (art. 1er) : que remise de tout ou partie des droits de sceau pour la délivrance des lettres de naturalité et des dispenses d'âge et de parenté pour mariage, peut être accordée par ordonnance du roi, sur la proposition du garde des sceaux, lorsque les impétrans ont dûment justifié qu'ils sont hors d'état d'acquitter les droits fixés par la loi du 28 avr. 1816.

7. — Depuis, le droit d'enregistrement établi pour lesdites lettres par la même loi, a été réduit proportionnellement à la remise prononcée sur le droit de sceau. — LL. 15 mai 1818, art. 77 ; 21 avr. 1832, art. 1er.

8. — Enfin, l'art. 12. L. 20 juill. 1837, porte : Les lettres-patentes portant réintégration dans la qualité de Français sont assimilées, en ce qui concerne les droits de sceau et d'enregistrement à percevoir, aux lettres de naturalité. Il sera exigé, pour les autorisations relatives aux changemens et additions de nom, un droit de sceau fixé à six cents francs. — Néanmoins, les droits ci-dessus établis peuvent être remis en tout ou en partie, conformément aux dispositions de la L. 21 avr. 1832. Ces dispositions sont également étendues aux autorisations de service militaire ou d'acceptation de fonctions publiques à l'étranger.

9. — Les droits de greffe à percevoir pour l'enregistrement des lettres patentes portant institution de majorat sont fixés, savoir : 1° dans les cours royales, pour les majorats duchés, 72 fr.; — pour les majorats comtés, 48 fr. ; — pour les majorats baronnies, 24 fr. — 2° Il n'est dû que la moitié pour l'enregistrement dans les tribunaux de 1re instance. — Décr. 24 juin 1808, art. 2. — Les lettres patentes portant institution des majorats de marquis et vicomte donnent lieu aux mêmes droits que celles portant institution des majorats de comte et de baron.

10. — Ces droits sont perçus sur la minute de l'arrêt ou du jugement qui ordonne l'enregistrement. — Décr. 2 févr. 1809. — Les deux tiers sont pour l'enregistrement, et l'autre tiers pour le greffe, et ils sont passibles du décime par franc. — Décr. 24 juin 1808 ; avis cons. d'état 13 sept. 1808, appr. le 16.

11. — De plus, les greffiers sont autorisés à percevoir, pour frais de transcription des lettres patentes et des procès-verbaux ou actes de constitution des biens composant les majorats, un droit non sujet au décime de 3 fr. par rôle de l'expédition délivrée au conseil du sceau des titres. Il est fait mention du nombre des rôles au bas de chaque expédition. — Décr. 2 fév. 1809, art. 2; Ord. 7 oct. 1818, art. 2.

12 — Quant aux dispenses d'âge et de parenté pour contracter mariage, il a été décidé que 1° le registre tenu au greffe des tribunaux pour la transcription des lettres patentes prescrite par l'art. 5 de l'arrêté du 20 prair. an XI, doit être en papier timbré ; 2° l'expédition de cette transcription délivrée par le greffier, doit également être sur papier timbré, et soumise au droit de greffe de 1 fr. par rôle, y compris la remise du greffier : — 3° La requête du procureur du roi à fin de transcription, et l'ordonnance du président qui prescrit cette transcription, doivent être visées pour timbre en débet ; — 4° Cette ordonnance doit être enregistrée en débet au droit fixe de 3 fr., sauf à recouvrer les droits de timbre et d'enregistrement sur les parties. — Déc. min. fin. et just. 25 mars 1829 ; instr. 1282, § 4.

REGISTRE DE PROTÊTS.

1. — Les notaires et les huissiers sont tenus, à peine de destitution, dépens, dommages-intérêts envers les parties, d'inscrire les protêts en entier, jour par jour et par ordre de dates, dans un registre particulier, coté, paraphé et tenu dans les formes prescrites pour les répertoires. — C. com., art. 176. — V. RÉPERTOIRE.

2. — L'objet de ce registre est de fournir, en cas

de perte de l'original, le moyen de prouver qu'un protêt a été fait. — Pardessus, *Dr. comm.*, nº 419.

3. — Bien que la loi dise que le registre des protêts devra être tenu dans la forme prescrite pour les répertoires, il est cependant impossible de le diviser en colonnes, de la même manière que les répertoires. Comme il doit contenir la transcription entière des protêts, la copie fournit tous les renseignemens sur la nature ou l'espèce de l'acte. Néanmoins, pour conserver, autant que possible, l'analogie prescrite par la loi, il convient de laisser à la marge une ou deux colonnes dans lesquelles on mettra en regard de la copie dont il s'agit : 1º le numéro du protêt ; — 2º sa date ; — 3º les noms du porteur et du débiteur de l'effet protesté ; — 4º la date de l'enregistrement de l'original. — Rolland de Villargues, *Rép. du notar.*, vº *Registre de protêts*, nº 5.

4. — Les notaires et les huissiers doivent communiquer aux préposés de l'enregistrement, sur leur réquisition, le registre de protêts que l'art. 176. C. comm., leur enjoint de tenir.—*Cass.*, 8 juil. 1839 (t. 2 1839, p. 141), Flesselle.

5. — Le registre des protêts n'est pas soumis au *visa* trimestriel du receveur de l'enregistrement ; mais les actes qui y sont transcrits doivent encore être portés sur le répertoire. — Décis. min. fin. ; instr., 9 mars 1809, 20, § 1er.

6. — L'omission du registre ou de protêts sur ce registre peut être constatée par les préposés de l'enregistrement, qui remettent leurs procès-verbaux au procureur du roi. — Lett. direct. gén., 16 août 1823 ; inst. 1293, § 18, et 1537, sect. 2, nº 246.

7. — C'est à la régie de l'enregistrement, et non au ministère public, qu'il appartient de poursuivre contre un huissier la condamnation à l'amende pour n'avoir pas transcrit des protêts sur le registre, ou pour avoir refusé de communiquer ce registre. — *Cass.*, 30 janvier 1840 (t. 2 1843, p. 771), Bourges.

8. — Le notaire ou l'huissier qui n'ont point fait de protêts ne sont pas en contravention, pour n'avoir pas tenu de registre de protêts. — Déc. min. just. et fin., 6 juin 1829 ; inst. 1293, § 18.

9. — Mais le notaire ou l'huissier doit se pourvoir du registre avant la date du premier protêt qu'il a à faire ; autrement il serait en contravention, puisque le registre serait paraphé à une date postérieure à celle du protêt. — *Dict. des dr. d'enreg.*, vº *Protêt*, nº 11.

10. — Les notaires ne sont pas tenus de faire au greffe du tribunal de leur arrondissement le dépôt annuel d'un double du registre, puisque la loi ne l'exige pas. — Rolland de Villargues, *Rép. du notar.*, vº *Registre de protêts*, nº 7.

RÉPERTOIRE.

Table alphabétique.

RÉPERTOIRE. — 1. — Registre sur lequel certains fonctionnaires ou officiers publics doivent inscrire, sommairement et dans l'ordre chronologique, tous les actes qu'ils reçoivent.

2. — Cette mesure a pour but tout à la fois d'assurer la perception des droits d'enregistrement, de garantir les antidates et la conservation des actes, et d'aider dans certains cas à la preuve de leur existence. — Toullier, *Dr. civ.*, t. 8, nº 470; Rolland de Villargues, *Rép. du notar.*, vº *Répertoire*, nº 2.

3. — Ainsi, d'après l'art. 1336, C. civ., l'inscription d'un acte sur le répertoire d'un notaire peut concourir pour former avec d'autres circonstances un commencement de preuve par écrit. V. REP. PAL., vº COMMENCEMENT DE PREUVE PAR ÉCRIT.

4. — Jugé, par application de ce principe, que lorsque, par acte notarié, deux sœurs mariées ont transigé sur la succession de leur mère commune, que la transaction ne se trouve plus dans les minutes du notaire et qu'elle est déniée par l'une des parties, les tribunaux peuvent considérer comme formant un commencement de preuve par écrit et établissant des présomptions graves de l'existence de l'acte, un billet souscrit par le mari de l'une des deux sœurs, le jour même de la transaction, et payé par lui, ainsi que la

mention de la transaction sur le répertoire du notaire et le registre de l'enregistrement. Dans ce cas, les tribunaux peuvent, même sans ordonner la preuve testimoniale, prononcer que la transaction sera refaite. — *Cass.*, 17 mars 1825, Denivelle c. Saunier.

5. — Les répertoires furent substitués aux registres et protocoles que les notaires devaient tenir suivant les ordonnances de Louis XII et de François 1er, des années 1512 et 1539.

6. — L'obligation de tenir des répertoires fut imposée aux notaires de Paris par un arrêt du 27 février 1655 et renouvelée par un autre arrêt du 21 juillet 1693.

7. — La loi du 29 sept. - 6 oct. 1791, tit. 3, art. 46 enjoignit aux notaires, non par mesure fiscale, mais comme mesure d'ordre public, de déposer dans les deux premiers mois de l'année le double de leur répertoire au greffe du tribunal de leur arrondissement — et cette disposition fut répétée par l'art. 1er, L. 16 flor. an IV.

8. — La loi du 22 frim. an VII (art. 49) a prescrit alors la tenue des répertoires pour les notaires, les huissiers, les greffiers et les secrétaires des administrations centrales et municipales.

9. — La même obligation a été imposée aux commissaires priseurs par l'ord. du 26 juin 1816 (art. 13) et aux mêmes commissaires priseurs ainsi qu'aux courtiers de commerce par l'art. 11, L. 16 juin 1824.

10. — La tenue des répertoires a été prescrite pour les notaires, huissiers, greffiers, commissaires priseurs et tous autres officiers publics et ministériels en Algérie, à partir du 1er janv. 1842. — Ord. 19 oct. 1841, art. 1er.

§ 1er. — *Par qui et pour quels actes les répertoires doivent être tenus* (n° 11).

§ 2. — *Forme et tenue des répertoires* (n° 60).

§ 3. — *Visa et communication des répertoires.* — *Dépôt du double* (n° 93).

§ 4. — *Poursuites.* — *Prescription* (n° 129).

—

§ 1er — *Par qui et pour quels actes les répertoires doivent être tenus.*

11. — Les notaires, huissiers, greffiers et secrétaires des administrations centrales et municipales doivent, à peine d'une amende de 5 fr. (L. 16 juin 1824, art. 10), tenir des répertoires où ils inscrivent (L. 22 frim. an VII. art. 49), savoir :

12. — *Notaires....* — Les notaires, tous les actes et contrats qu'ils déclarent, même ceux qui sont passés en brevet. — L. 22 frim. an VII, art. 49.

13. — La loi du 22 frim. an VII n'a point abrogé, pour le passé, l'obligation de la loi du 19 déc. 1790 imposait aux notaires d'inscrire, jour par jour, sur leurs répertoires les testamens et actes de dépôts qu'ils recevaient. — *Cass.*, 19 déc. 1808, Pascaud.

14. — Quant aux testamens olographes qui leur sont déposés, les notaires les inscrivent sur leur répertoire à la date de l'ordonnance qui en a prescrit le dépôt, si cette ordonnance leur est remise immédiatement, et, dans le cas contraire, à la date de l'acte de dépôt qu'ils rédigent. — Décis. min. instr., 9 sept. 1812 ; solut. 2 et 24 sept. 1831.

15. — Doivent être portés sur les répertoires des notaires : les collations et extraits d'actes délivrés par les notaires et par eux certifiés. — Décis. min. fin. 9 prair. et 26 messid. an XII ; instr. 232.

16. — ... Les minutes des actes de vente de biens de mineurs, reçus par les notaires comme délégués par les tribunaux, lesquelles doivent, comme toutes les autres minutes, leur rester en dépôt. — Circ., 8 prair. an XII.

17. — ... Le projet de liquidation rédigé par le notaire commis en justice pour dresser la liquidation d'une succession. Il ne suffirait pas que le procès-verbal auquel le projet est annexé fût répertorié. — Délib. 18 fév. 1834.

18. — ... Le procès-verbal qu'un notaire commis pour faire une visite de lieux a dressé pour constater cette opération. — Décis. min. fin., 24 nov. 1817 ; *Dict. des droits d'enreg.*, v° *Répertoire*, n° 103.

19. — ... Les endossemens de billets à ordre ou de lettres de change, s'il en était fait devant notaires, comme les billets même ou les lettres de change ; en effet, il suffit qu'il y ait acte (*instrumentum*) pour qu'il y ait obligation de l'inscrire au répertoire. — Rolland de Villargues, v° *Répertoire*, n° 63.

20. — ... Les protêts faits par les notaires, quoiqu'ils doivent être inscrits sur le registre particulier prescrit par l'art. 176, C. comm. — Décis. minist. fin., 19 mars 1809 ; instr. 420. — V. REGISTRE DE PROTÊTS.

21. — ... Les décharges des prix de vente de meubles données aux notaires à la suite des procès-verbaux de vente.—Solut. 2 janv. 1848.

22. — ... Les certificats de vie rédigés dans la forme ordinaire des actes notariés. — L. 22 frim. an VII, art. 49, et 25 vent. an XI, art. 29.

23. — Mais tous les certificats de vie exempts de l'enregistrement sont dispensés de l'inscription au répertoire. — Instr. 20 fév. 1822, art. 1021. — V. ENREGISTREMENT, nos 925 et suiv.

24. — Il en est de même de l'état estimatif des meubles, annexé à un acte de donation. — Déc. min. fin. 19 oct. 1807 ; instr. 351.

25. — Lorsqu'un notaire reçoit un acte comme remplaçant son confrère, l'acte doit être inscrit à la fois sur le répertoire du notaire substitué et sur celui du notaire substituant avec mention par celui-ci que la minute est restée au notaire suppléé et qu'elle sera enregistrée au bureau de l'enregistrement de ce dernier. — Déc. min. just. et fin. ; instr. 11 nov. 1819, 909.

26. — Mais la quittance ou décharge donnée personnellement à un notaire à la suite d'un acte qu'il a reçu et signée par un autre notaire, peut n'être inscrite que sur le répertoire de ce dernier, avec mention que l'autre la garde, sans qu'il soit besoin de l'inscrire sur le répertoire de celui-ci. — Mêmes décis. et inst.

27. — Les actes passés en double minute doivent être portés sur le répertoire des deux notaires. — Rolland de Villargues, n° 75.

28. — Les notaires ne sont pas tenus de porter sur leur répertoire les actes qu'ils n'ont pas signés, encore bien que ces actes soient signés par les parties et les témoins. — *Cass. belge*, 2 avr. 1833, Enreg. c. Van-Overschelde.

29. — De même, ils ne sont pas tenus de porter sur leur répertoire les actes restés imparfaits par défaut de signature du notaire en second ou des témoins. — *Cass.*, 25 mars 1834, Enreg. c. Chaulin ; — *contrà* instr. 21 frim. an XIII, 263 ; Rolland de Villargues, n° 78.

30. — Un tribunal ne contrevient à aucune loi, lorsqu'il déclare, en fait, que c'est par erreur qu'un acte, resté dans les termes d'un simple projet, a été porté sur le répertoire d'un notaire sans avoir été enregistré, lorsque surtout le droit auquel il aurait donné lieu est si minime, que l'on ne peut pas supposer au notaire l'intention de le frauder, et que d'ailleurs l'enregistrement a eu lieu plus tard et dès que les parties ont été d'accord sur les stipulations que renferme l'acte.—*Cass.*, 23 janv. 1809, Enreg. c. Cayre.

31. — *Huissiers.* — ... Les huissiers, tous les actes et exploits de leur ministère.—L. 22 frim. an VII, art. 49.

32. — Sous la dénomination d'huissiers sont compris tous ceux qui remplissent les fonctions d'huissier, tels que les gardes de commerce, les individus qui exploitent près les conseils de prud'hommes, et les porteurs de contraintes. — Déc. min. fin., 13 nov. 1807, et 20 juin 1809 ; instr. 18 fév. 1808, et 5 juill. 1809.

33. — Les huissiers sont tenus d'inscrire sur leurs répertoires les protêts qu'ils transcrivent sur le registre particulier prescrit par l'art. 176, C. comm. — Décis. min. fin., 19 mars 1809 ; instr. 420. — — V. REGISTRE DE PROTÊTS.

34. — La même obligation existe à l'égard de tous les actes et exploits soumis à l'enregistrement, soit qu'ils acquittent ou n'acquittent pas immédiatement les droits, soit enfin que la formalité ait lieu *gratis*. Dès-lors, les huissiers près les cours d'assises ne peuvent se dispenser de porter sur leurs répertoires les actes de leur ministère qui s'enregistrent *gratis* ou en *débet*. — Décis. min. fin., 9 déc. 1808 ; instr. 388, n° 1.

35. — De plus, les huissiers doivent mentionner sur leurs répertoires, comme au pied de leurs exploits, s'ils ont remis au créancier les sommes par eux reçues soit des débiteurs contraints par corps, à l'effet par ceux-ci d'éviter leur arrestation, soit des débiteurs incarcérés pour être mis en liberté. — Ord. 3 juill. 1816 ; instr. 736.

36. — Les huissiers audienciers près les cours et tribunaux peuvent tenir deux répertoires ; l'un pour les actes qu'ils font comme huissiers audienciers ; l'autre pour les actes ordinaires. — Décis. min. fin., 19 fév. 1823 ; instr. 1075 : solut., 24 oct. 1831.

37. — *Greffiers.* — ... Les greffiers, tous les actes et jugemens qui doivent être enregistrés sur minute. — L. 22 frim. an VII, art. 49.

38. — Ainsi, les greffiers doivent porter sur leur répertoire : — tous les actes assujétis à l'enregistrement sur la minute. — Instr. 23 frim. an X, 24.

39. — ... Tous les jugemens et actes du greffe, bien que les droits n'aient pas été consignés, ou que l'enregistrement doive avoir lieu *gratis* ou en *débet.* — Instr., 388.

40. — ... Les récépissés d'extraits de jugemens qui leur sont délivrés par le receveur de l'enregistrement. — L. 28 avr. 1816, art. 38. — Toutefois, c'est là une simple mesure d'ordre pour laquelle aucune peine n'a été prononcée. — Décis. min. fin., 27 mars 1819.

41. — ... Le procès-verbal de reconnaissance et celui d'apposition des scellés, chacun à leur date respective. — Solut. 15 mai 1816.

42. — ... L'exécutoire de dépens rédigé en minute et qu'ils ont signé. — Solut. 5 oct. 1832.

43. — ... Les actes qu'ils délivrent en brevet. — *Cass.*, 14 nov. 1837 (t. 2 1837, p. 611), Chauchot.

44. — Mais ils ne sont point tenus d'y porter : — les actes non rédigés ni signés par eux, et qui émanent immédiatement des juges, tels que les ordonnances sur requête et autres actes de même espèce. — Délib. 9 août 1817.

45. — ... L'acte de dépôt du double du répertoire, attendu que cet acte est exempt de l'enregistrement. — Délib., 8 germin. an XI, et 15 avr. 1817 ; *Dict. des droits d'enreg.*, v° *Répertoire*, n° 58.

46. — Les jugemens de remise de causes qui sont exemptés de l'enregistrement, peuvent ne pas être portés sur le répertoire. — Solut. 3 juin 1831.

47. — Les greffiers des tribunaux de première instance et des cours royales doivent tenir deux répertoires pour y inscrire séparément les actes et les jugemens en matière civile et ceux de la police correctionnelle. Ces répertoires sont tenus conformément aux art. 49 et 50, L. 22 frim. an VII. — Décis. min. inst. et fin., 1er déc. 1819, inst. 920.

48. — *Secrétaires d'administration.* — ... Les secrétaires des administrations centrales et municipales, tous les actes des administrations qui doivent être enregistrés sur les minutes. — L. 22 frim. an VII, art. 49.

49. — Les secrétaires des mairies ont été spécialement assujétis à la tenue d'un répertoire. — Décis. min. fin., 17 oct. 1809 ; inst. 454.

50. — ... Ainsi que les secrétaires des préfectures. — Déc. min. fin., 27 frim. an XIII.

51. — Depuis la loi du 15 mai 1818 (art. 82), les actes translatifs de propriété, d'usufruit ou de jouissance, et les adjudications ou marchés et les cautionnemens, sont les seuls que les secrétaires aient à porter sur le répertoire, et dont les préposés puissent demander communication. — Inst. 18 mai 1818, 834, n° 7.

52. — Bien que les baux des établissemens publics ne s'enregistrent que dans le délai de quinze jours à partir de celui où l'approbation du préfet est parvenue à la mairie, ils doivent néanmoins être inscrits au répertoire immédiatement après leur rédaction. — Décis. min. fin. 11 août 1827.

53. — Cette décision est applicable à tous les actes qui ne sont susceptibles de l'enregistrement qu'après l'approbation de l'autorité administrative. Il est fait mention sur le répertoire de l'attestation du maire constatant le jour où l'approbation est parvenue, et qui règle le délai pour l'enregistrement. — Inst. 386, n° 6 et 561.

54. — *Commissaires-priseurs, courtiers de commerce.* — ... Déjà l'ordonnance du 26 juin 1816 (art. 13) avait assujéti les commissaires-priseurs à l'obligation de tenir un répertoire.

55. — Puis est venue la loi du 16 juin 1824, dont l'art. 11 porte que les dispositions des lois relatives à la tenue et au dépôt des répertoires sont applicables aux commissaires-priseurs et aux courtiers de commerce, mais seulement pour les procès-verbaux de ventes de meubles et de marchandises, et pour les actes faits en conséquence de ces ventes.

56. — Les courtiers de commerce d'une même ville ne sauraient être admis à ne tenir pour eux tous qu'un seul répertoire qui serait confié au syndic de la compagnie, car ce serait n'atteindre qu'imparfaitement le but de la loi qui est d'assurer la date des actes ; d'ailleurs c'est la tenue d'un répertoire individuel qui est imposée par la loi. — Décis. min. fin. 4 mars 1833.

57. — Un procès-verbal constatant qu'une vente de meubles n'a pu avoir lieu au jour fixé faute d'enchérisseurs, doit être porté sur le répertoire. — Rolland de Villargues, v° *Répertoire*, n° 38.

58. — Ne sont pas assujétis à la tenue d'un répertoire, les agens et commissaires de la marine, même pour les actes sujets à l'enregistrement. — Décis. min. fin. 8 nov. 1808.

59. — ... Non plus que les gardes et agens forestiers. — Décis. min. fin. 12 déc. 1809.

§ 2. — *Forme et tenue des répertoires.*

60. — Les répertoires doivent être sur papier timbré. — L. 13 brum. an VII, art. 12, n° 2. — V. TIMBRE., nos 98 et suiv., 103 et suiv.

61. — Ils doivent être cotés et paraphés, savoir :

62. — ... Ceux des notaires, autrefois par le juge de paix de leur domicile (L. 22 frim. an VII, art. 53), aujourd'hui par le président du tribunal civil, ou à son défaut par un autre juge. — L. 25 vent. an XI, art. 30. — Circ. 22 niv. an XII.

63. — ... Ceux des huissiers, par le juge de paix du canton de leur résidence (L. 22 frim. an VII, art. 53). — Mais il y a eu dérogation à cet égard : 1° pour les répertoires des huissiers audienciers ; ils doivent être cotés et paraphés par le président de la cour ou du tribunal ; 2° et, pour les répertoires des huissiers ordinaires résidant dans les villes où siègent les tribunaux de première instance, ils doivent être cotés et paraphés par le président du tribunal ou par le juge qu'il a commis. — Avis cons. d'état, 3 juill. 1810, appr. le 6 ; décr. 14 juin 1813, art. 47 ; instr. 486 et 659.

64. — ... Ceux des commissaires-priseurs, par le président du tribunal civil. — Ord. 26 juin 1816, art. 13.

65. — ... Ceux des courtiers de commerce, par le président du tribunal civil. — Arg. ord. 26 juin 1816, art. 13, et L. 16 juin 1824, art. 11.

66. — ... Ceux des greffiers de la justice de paix, par le juge de paix de leur domicile. — L. 22 frim. an VII, art. 53.

67. — ... Ceux des greffiers des tribunaux, par le président du tribunal. — L. 22 frim. an VII, art. 53.

68. — ... Ceux des secrétaires des administrations, par le président de l'administration. — L. 22 frim. an VII, art. 53.

69. — ... Ceux des secrétaires généraux de préfecture, par les préfets. — Décis. min. fin. 9 sept. 1806 ; instr. 318.

70. — ... Ceux des sous-préfets, par les préfets. — Décis. min. fin. 9 sept. 1806 ; instr. 318.

71. — Ceux des maires, par les sous-préfets. — Décis. min. fin. 9 sept. 1806 ; instr. 318.

72. — Il n'y a point contravention passible d'amende, par cela que des actes ont été repertoriés jour par jour, sans qu'au préalable le répertoire ait été coté et paraphé ; c'est seulement là une irrégularité susceptible d'être réprimée par voie de discipline. — Solut. 24 oct. 1834 ; instr. 486.

73. — Toutefois, on peut dire que, tant que la formalité n'a pas été remplie, il n'y a pas, à proprement parler, de répertoire : il n'y a qu'un registre ou un cahier de papier timbré destiné à servir de répertoire. — Rolland de Villargues, n° 15.

74.—Les répertoires sont à colonnes (L. 22 frim. an VII. art. 49).

75. — Chaque article du répertoire doit contenir : — 1° son numéro ; — 2° la date de l'acte ; — 3° sa nature ; — 4° les noms et prénoms des parties et leur domicile ; — 5° l'indication des biens, leur situation et le prix, lorsqu'il s'agit d'actes qui ont pour objet la propriété, l'usufruit ou la jouissance des biens-fonds ; — 6° la relation de l'enregistrement. (L. 22 frim. an VII, art. 50.) — Cette forme n'a point été changée par l'art. 30, L. 25 vent. an XI, qui, en ce qui concerne les notaires, exige seulement l'indication de l'espèce de l'acte, c'est-à-dire s'il est passé en minute ou en brevet. — Décis. min. fin. 20 germ. an XII.

76. — On avait d'abord décidé que le numéro d'ordre pouvait être écrit en chiffres, mais que la date des actes devait être en toutes lettres, et qu'en outre il était nécessaire que la relation de l'enregistrement fût littéralement transcrite. — Décis. min. fin. 5 mai 1807; instr. 363.

77. — Mais cette règle a été modifiée, et les notaires peuvent écrire en chiffres la date des actes, le montant des droits perçus et la date de l'enregistrement. — Décis. min. fin. 10 mai 1808; instr. 382.

78. —De ce que la loi ne prononce d'amende que pour l'omission d'un acte sur le répertoire, il suit que le défaut de l'une des indications prescrites ne peut être considéré que comme un vice de rédaction et ne peut donner lieu à l'amende. — Rolland de Villargues, v° *Répertoire*. n° 30.

79. — Un notaire qui, dans l'intervalle écoulé de la loi du 25 vent. an XI à l'époque où ont été rendues les décisions des ministres de la justice et des finances qui l'ont suivie, n'a porté sur son répertoire que les mentions prescrites par cette loi, en omettant celles du domicile des parties et de la situation des biens, selon le vœu de la loi du 22 frim. an VII, n'est point passible d'amende, lorsque d'ailleurs il est reconnu qu'il a complété ces indications depuis que ces décisions ont été connues de lui.—*Cass.*, 14 mai 1811, Enreg. c. Congoul.

80.—Indépendamment des mentions prescrites, les huissiers sont tenus de marquer sur leurs répertoires, dans une colonne particulière, le coût de chaque acte ou exploit, déduction faite de leurs déboursés. — Déc. 14 juin 1813, art. 47 ; instr. 639.

81. —En marge des articles soumis à l'approbation du préfet, les secrétaires des mairies doivent écrire sur le répertoire ces mots ; *Soumis à l'approbation du préfet* et indiquer de même, soit en marge, soit dans une colonne ajoutée au répertoire, la date du jour où l'approbation est parvenue. — Les mêmes dispositions s'appliquent aux actes passés à la préfecture et dont l'exécution est subordonnée à l'approbation des ministres. — Décis. min. fin. 27 frim. an XIII; instr. 290, n° 5; Favard, *Rép.*, v° *Répertoire*, art. 2.

82. — Les actes doivent être inscrits sur le répertoire, jour par jour, sans blanc ni interligne et par ordre de numéros. — L. 22 frim. an VII, art. 49.

83. — Ainsi, les notaires doivent, à peine d'amende, inscrire jour par jour sur leurs répertoires les actes qu'ils reçoivent, quoique ces actes n'aient pas encore été enregistrés. L'art. 69, L. 25 vent. an XI, ne les a point affranchis de cette obligation, et ils n'ont qu'à laisser en blanc la colonne qui doit contenir la relation de l'enregistrement, jusqu'à ce que cette relation puisse être faite et inscrite.—*Cass.*, 5 (et non 3) fév. 1811, Dunat.

84. — De même, l'obligation pour les huissiers d'inscrire jour par jour sur leur répertoire les actes de leur ministère, ne se borne pas à ce que cette inscription soit faite dans le délai accordé pour les faire enregistrer ; il faut qu'elle ait lieu le jour même que ces actes sont signifiés. Alors l'huissier laisse en blanc sur son répertoire la mention de l'enregistrement pour la remplir plus tard lorsque cette formalité a été remplie. — *Cass.*, 4 déc. 1816, Lemaître.

85. — L'inscription des actes des huissiers sur leurs répertoires doit être faite dans l'ordre des dates respectives de ces actes. Ainsi, tout acte fait un tel jour doit être inscrit avant tous autres actes des jours postérieurs. Dès-lors, s'il est constaté que des actes à la date des 22 et 23, après avoir été inscrits à la date du 19, ont été rayés par l'huissier et réinscrits dans l'ordre de leurs dates respectives, il y a lieu de prononcer contre l'huissier l'amende de 5 fr. et de casser le jugement qui le décharge de cette amende, sans alléguer que cette intervertion ait été le résultat d'une simple erreur involontaire et dénuée de toute intention de contrevenir à la loi. — *Cass.*, 28 mars 1827, Loiseau ; — Solut. 11 avr. 1831.

86. — Les inventaires et autres procès-verbaux qui contiennent plusieurs séances, tels que les procès-verbaux de vente de meubles doivent être inscrits à la date de la première vacation seulement. — Décis. min. fin. 18 août 1812; instr. 596.

87. Mais il n'est pas nécessaire d'inscrire chacune de ces vacations sur le répertoire. — Circul. 4 niv. an VIII. — Cependant il est utile de rappeler la date successive de ces vacations à la suite et dans le contexte de l'article inscrit. — Décis. min. fin. 18 août 1812; instr. 596.

88. — Mais *quid* si un acte n'avait pas été signé par toutes les parties dans un même jour ? Devrait-il être porté à la date du premier ou du dernier jour ? — On avait d'abord décidé qu'il devait être porté au répertoire à sa première date. (Décis. min. just. et fin. 27 avr. et 7 mai 1809). — Mais décidé depuis qu'en ordonnant l'inscription des actes au répertoire, le législateur n'a pu avoir en vue que les actes et contrats susceptibles de produire l'effet qui leur est propre, et que comme les actes ne deviennent parfaits que par la signature de toutes les parties, c'est à la date seulement du jour où a été apposée la dernière signature qu'ils doivent être inscrits. — Délib. 26 sept. 1813, 22 mars 1823 et 29 mars 1831.

89 — Toute intercalation d'un acte sur le répertoire annonce que cet acte n'y a pas été inscrit à sa date. — *Cass.*, 19 déc. 1808, Pascaud.

90. — Il est dû autant d'amendes qu'il y a d'intercalations. — Solut. 26 germ. an XIII.

91. — Les rectifications faites sur le répertoire, lorsqu'elles prouvent une omission réparée après coup, donnent lieu à l'amende établie pour les omissions. — Décis. min. fin. 16 déc. 1824 ; inst. 1156, § 10.

92. — Mais il n'est pas dû d'amende pour les ratures et surcharges dans les répertoires, pourvu que la série des numéros ne soit pas interrompue — Délib. 6 mars 1824, appr. le 8 avril suivant.

§ 3. — *Visa et communication des répertoires. — Dépôt du double.*

93. — *Visa.* — Les notaires, huissiers greffiers et les secrétaires des administrations centrales et municipales doivent présenter tous les trois mois leurs répertoires aux receveurs de l'enregistrement pour les viser. — L. 22 frim. an VII, art. 51.

94. — Même obligation est imposée aux commissaires-priseurs (ord. 26 juin 1816, art. 13), et aux courtiers de commerce. — Arg., ord. 26 juin 1816, art. 13, et L. 16 juin 1824, art. 11.

95. — La présentation des répertoires au visa devait autrefois se faire chaque année dans la première décade de chacun des mois de nivôse, germinal, messidor et vendémiaire, à peine d'une amende de 10 fr. (5 fr., L. 16 juin 1824. art. 10) pour chaque décade de retard. — L. 22 frim. an VII, art. 51.

96. — Aujourd'hui, la présentation au visa du receveur doit avoir lieu dans les dix premiers jours de janvier, avril, juillet et octobre. — Circ. 22 nivôse an XII ; décis. minist. fin., 9 sept. 1806 ; instr. 318. — Cependant il est à remarquer que ce ne sont là que des dispositions purement ministérielles qui n'ont pu modifier le texte précis d'une loi.

97.— Il n'a pas été dérogé par la loi du 25 vent. an XI à l'art. 51, L. 22 frim. an VII, qui impose aux notaires l'obligation de faire tous les trois mois viser leur répertoire par le receveur de l'enregistrement. — *Cass.*, 24 avr. 1809, Bouville ; — circ. 22 niv. an XII; décis. min. fin. 9 sept. 1806.

98. — Dans le cas de décès d'un notaire, le successeur n'est pas responsable du retard dans la présentation du répertoire au visa, alors que le répertoire de son prédécesseur est encore sous les scellés. — Décis. min. fin., 18 avril 1837.

99. — En faisant viser dans les dix premiers jours de janvier le répertoire de l'année précédente, les officiers publics ne sont pas tenus de soumettre au visa le répertoire nouvellement ouvert pour les actes reçus depuis le 1er janvier de l'année courante. — Décis. min. fin., 20 nov. 1827.

100. — Si le jour de l'expiration du délai pour la présentation du répertoire au visa est un jour férié, ce visa peut n'être donné que le lendemain. — Solut. 2 sept. 1814, et 30 juill. 1835.

101 — Les receveurs doivent apposer le visa, le jour même de la présentation, et ce visa ne peut influer sur les actes qui auraient été reçus ce jour-là. Ils ne peuvent retenir les répertoires plus de vingt-quatre heures. — Lettre de l'admin. 8 avr. 1812.

102. — La présentation au visa du receveur et la vérification qu'il fait du répertoire sont constatées par un enregistrement dans une case particulière, à la date du jour de la présentation, comme il est prescrit pour les actes. Cet enregistrement indique le nombre des actes reçus depuis le dernier visa, les omissions, doubles emplois, renvois, intercalations et ratures, ainsi que la date des procès-verbaux, s'il en a été rapporté. — Les mêmes mentions sont également faites dans le certificat du visa, apposé au bas du dernier article inscrit au répertoire. — Décis. min. fin. 9 sept. 1806; instr. 318.

103. — L'huissier qui n'a point présenté son répertoire au visa du receveur dans les dix premiers jours du mois de janvier, est passible de l'amende, quand même il ne serait en retard que de quelques jours. — Cass., 31 janv. 1809, Bories.

104. — L'imbécillité ne saurait faire relever un huissier de l'amende par lui encourue pour n'avoir pas présenté dans les délais son répertoire au receveur, lorsque malgré cette infirmité il a signifié une quantité assez nombreuse d'actes qu'il a fait enregistrer. — Cass., 31 janv. 1814, Annet-Crohet.

105. — Lorsque le répertoire d'un huissier indique comme ayant été enregistrés des actes dont il n'est point fait mention sur les registres du receveur, ce défaut de mention, joint au défaut d'exhibition d'aucun des originaux de ces actes, établit la présomption légale que ces mêmes actes n'ont point subi la formalité de l'enregistrement. — Cass., 2 oct. 1810, Millard.

106. — Il n'est dû qu'une seule amende pour défaut de présentation au visa des deux répertoires tenus par les greffiers. — Décis. min. fin. 25 mai 1827.

107. — *Communication.* — Indépendamment de la présentation de leur répertoire au visa du receveur, les notaires, greffiers, huissiers et secrétaires sont tenus de les communiquer à toute réquisition aux préposés de l'enregistrement qui se présentent chez eux pour les vérifier, à peine d'une amende de 30 f. (aujourd'hui 10 fr., L. 16 juin 1824, art. 10), en cas de refus.—L. 22 frim. an VII, art. 52.

108. — La même obligation est imposée aux commissaires priseurs et aux courtiers de commerce. — Arg. L. 16 juin 1824, art. 11.

109 — Le préposé de l'enregistrement doit, en cas de refus, requérir l'assistance d'un officier municipal, et dresser procès-verbal du refus. — L. 22 frim. an VII, art. 52.

110. — Il n'y aurait pas moins contravention si, en l'absence d'un officier public, son clerc refusait de faire la communication à un employé de l'enregistrement. L'employé devrait encore, avec l'assistance du maire ou de l'adjoint, dresser procès-verbal du refus. — Délib. 1er mai 1829, app. le 6.

111. — Un huissier ne saurait se refuser à représenter son répertoire sous prétexte que, ce répertoire remontant à plus de deux ans, il y a prescription des amendes qu'il pourrait avoir encourues, car ce n'est pas à la recherche de ces seules amendes que doit se restreindre l'investigation des préposés. — Décis. min. fin. 16 mai 1819.

112. — *Dépôt du double.* — Les notaires doivent, dans les deux premiers mois de chaque année, déposer au greffe du tribunal de leur immatriculation un double, par eux certifié, du répertoire des actes qu'ils ont reçus dans le cours des années précédentes, à peine de 100 liv. d'amende par chaque mois de retard. — L. 29 sept. — 6 oct. 1791, tit. 3, art. 16.

113. — Cette disposition est toujours en vigueur. — Circul. min. just. 8 brum. an XII, 9 sept. 1806; instr., 318.

114. — La même obligation a été imposée aux commissaires-priseurs (ord. 26 juin 1816, art. 13) et aux courtiers. — Arg. L. 16 juin 1824, art. 11.

115. — Ainsi, les commissaires-priseurs sont tenus, à peine de 10 fr. d'amende par chaque mois de retard, de déposer leurs répertoires au greffe du tribunal civil de l'arrondissement dans les deux premiers mois de l'année qui suit celle à laquelle ces répertoires se rapportent. — Cass., 7 fév. 1843 (t. 1er 1843, p. 524), commissaires-priseurs de Paris.

116. — L'amende prononcée, par chaque mois de retard, contre le notaire qui, dans les deux premiers mois de l'année, n'a pas déposé au greffe le double de son répertoire, est encourue pour la totalité, encore bien que le mois de retard ne soit que commencé. — Cass., 6 juin 1809, Anselme et Ripert; 12 juin 1811, Andrieux et Chalogne; 15 juill. 1811, Winand-Ferber; 4 sept. 1811, Prat; 30 juill. 1816, Salicetti; 30 juill. 1816, Falconnetti; 10 mai 1819, Didier et Clemenceau; 4 juill. 1820, Colisson; 15 mai 1822, Goubot. — Déc. min. fin. 5 mai 1807; — Merlin, *quest.*, vo *Notaire*, § 11; *Dict. des dr. d'enreg.*, vo *Répertoire*, no 123.

117. — Ainsi l'amende est encourue pour un mois dès le premier jour qui suit l'expiration des deux premiers mois de l'année, pour deux mois dès le premier jour qui suit l'expiration du troisième; et ainsi de suite pour les mois suivans. — Cass., 30 juill. 1816, Salicetti; 30 juill. 1816, Falconetti; 15 mai 1822, Goubot.

118. — Aujourd'hui l'amende progressive prononcée pour retard dans le dépôt des répertoires, est réduite à une seule amende de 10 fr. quelle que soit la durée du retard. — L. 16 juin 1824, art. 10.

119. — Le notaire successeur n'est point passible de l'amende encourue par son prédécesseur qui n'a pas déposé, dans le temps prescrit par la loi, le double de son répertoire au greffe du tribunal. — Cass., 7 déc. 1820, Guyard.

120. — « Toutefois, disent les auteurs du *Dict. des droits d'enreg.*, vo *Répertoire*, no 121, les notaires en exercice doivent déposer le double du répertoire des actes de l'année entière, sans distinction de leur exercice d'avec celui de leur prédécesseur, car ou le propriétaire est décédé, ou il est démissionnaire. Dans le premier cas, il ne peut faire le dépôt ordonné; dans le second, il n'a plus qualité pour le faire. » — V. Décis. min. fin., 12 nov. 1817. — « De là, ajoute M. Rolland de Villargues, se tire la conséquence que, dans les traités qui ont pour objet la transmission d'une étude, le cédant doit stipuler que le dépôt du double de son répertoire sera fait par son successeur. — V. *Rép. du not.*, vo *Répertoire*, no 86.

121. — Le notaire ne saurait être dispensé de l'amende sous le prétexte qu'il aurait remis, dans le délai, à la poste de son domicile et à l'adresse du greffier le paquet contenant le double de son répertoire. — Cass., 6 juin 1809, Anselme et Ripert.

122. — Le double du répertoire doit être sur papier timbré comme le répertoire même. — Déc. min. fin. 14 vendém. an VII; circ. 6 brum. suivant, no 1110.

123. — Les greffiers doivent dresser acte, sur un registre particulier, de la remise qui leur est faite annuellement du double des répertoires. — Décis. min. just. et fin. 24 mai et 27 juin 1808; décis. min. fin. 18 mai 1819; inst. 390, no 12.

124. — Il doit être dressé un acte de dépôt pour chaque double de répertoire, et plusieurs officiers publics ne pourraient se réunir et exiger qu'il ne fût rédigé qu'un acte pour tous. — Décis. min. fin. et just. 24 mai et 27 juin 1808; inst. 590.

125. — Le dépôt au greffe du double du répertoire d'un notaire peut être justifié autrement que par l'inscription sur le registre à ce destiné, par exemple, par les récépissés délivrés par le greffier sur une feuille volante, ou au bas du double conservé par le notaire. — *Cass.*, 11 janv. 1816, procureur du roi de Corté c. Vicensini.

126. — Mais il est plus prudent de veiller à ce qu'il soit dressé acte du dépôt, car un récépissé peut se perdre.

127. — Ces actes de dépôt sont exempts de l'enregistrement ; mais il est dû au greffier, pour droit de greffe, 1 fr. 25 c... — *Décr.* 12 juillet 1808.

128. — Si aucun acte n'a été reçu dans le cours de l'année, il n'y a pas lieu, à défaut du double du répertoire, de déposer au greffe un certificat négatif.— Déc. min. just. et fin., 2-14 juill. 1812.

§ 4. — *Poursuites. — Prescription.*

129. — *Poursuites.* — Les préposés de l'enregistrement peuvent poursuivre, par voie de contrainte, sans dresser procès-verbal et sans condamnation préalable, le recouvrement des amendes encourues par les officiers publics, pour avoir tenu leurs répertoires sur papier non timbré, pour y avoir fait des omissions, et pour ne les avoir pas fait viser chaque trimestre par le receveur de l'enregistrement. — L. 22 frim. an VII , art. 64 ; inst. 1150, § 17.

130. — Jugé également que les préposés de l'enregistrement ont non-seulement le droit de se faire communiquer les répertoires des notaires, mais encore celui de constater les contraventions par des procès-verbaux. — *Rennes*, 22 avr. 1833, Pinot.

131. — Au surplus, en ce qui concerne la communication, comme les formes sont les mêmes qu'en matière d'enregistrement, V., pour plus de détails, **ENREGISTREMENT**, nos 1387 et suiv.

132. — Toutefois les poursuites pour défaut de communication des répertoires ne pourraient avoir lieu qu'autant que le refus aurait été préalablement constaté, ainsi qu'on l'a vu *suprà*.. nos 109 et suiv.—Rolland de Villargues, nos 123 et 124.

133. — Quant au défaut de dépôt annuel du double du répertoire, les préposés ne sont chargés que de constater la contravention par un procès-verbal qu'ils remettent au procureur du roi ; c'est à lui de poursuivre la condamnation de l'officier public. Les préposés de l'enregistrement ne peuvent agir contre lui qu'en vertu du jugement de condamnation. — L. 16 flor. an IV, art. 2; Déc. min. just. et fin. 13 mars et 25 avr. 1808.

134. — *Prescription.* — Les amendes se prescrivent par deux ans, à compter du jour où les préposés ont été à portée de constater les contraventions. — L. 16 juin 1824, art. 14.

135. — Mais avant la loi du 16 juin 1824, les amendes encourues par un notaire pour défaut d'inscription sur son répertoire d'actes par lui reçus, n'étaient prescriptibles que par trente ans. — *Cass.*, 10 déc. 1806, Enreg. c. Loucongain.

136. — Si les préposés n'ont pas été à même de connaître et de constater la contravention, la prescription n'est encourue que par le laps de trente ans Tel serait le cas où un acte n'aurait pas été inscrit au répertoire. — Rolland de Villargues, no 128.

137. — Il en serait de même s'il était intervenu un jugement de condamnation. — Rolland de Villargues, no 130.

138. — Les tribunaux ne peuvent faire remise aux notaires de l'amende qu'ils ont encourue pour n'avoir point, en temps utile, déposé le double de leur répertoire au greffe. — *Cass.*, 12 pluv. an VII, Vidal.

139. — Les receveurs sont responsables des amendes encourues par les officiers publics pour irrégularité dans la tenue des répertoires, toutes les fois que ces amendes n'ont point été constatées et que la demande n'en a pas été formée dans le délai de deux ans à compter du jour de la contravention. — Décis. min. fin. 23 juill. 1811; inst. 548, no 7.; L. 16 juin 1824, art. 14.

TIMBRE. — TIMBRE (Droits de).

Table alphabétique.

TIMBRE, TIMBRE (Droits de). — 1. — Le timbre est une marque ou empreinte particulière apposée sur un papier ou parchemin.

2. — Bien que l'apposition d'un timbre soit prescrite dans certains cas, même par des dispositions légales, au sujet d'actes émanés d'administrations publiques, nous ne considérons ici le timbre que comme empreinte apposée au nom de l'état sur les papiers et parchemins qu'il fait débiter ou dont il permet l'usage.

3. — Le droit de timbre est la contribution indirecte perçue à l'occasion du timbre apposé.

—

CHAPITRE Ier. — *Historique. — Dispositions générales.*

Sect. 1re. — *Historique.*

4. — L'impôt du timbre est plus ancien et plus généralement établi que celui de l'enregistrement. Il existait sous Justinien (nov. 44). Il produit des sommes considérables en Angleterre, en Hollande, et c'est en s'opposant à son établissement que les Américains du nord ont conquis la liberté. — Il ne fut établi en France que sous Louis XIV. — *Dict. des droits d'enreg.*, vo Timbre, no 5.

5. — A un édit du 19 mars 1673, qui avait ordonné l'impression de modèles ou formules, succéda un édit du mois d'avr. 1674 qui remplaça ces formules par une marque ou empreinte appliquée sur les papiers et parchemins que les officiers publics devaient employer pour leurs actes. Ces papiers conservèrent pendant un temps le nom de *formules*; on les appela ensuite *papiers marqués*, et enfin *papiers timbrés*, de la marque à laquelle on a donné le nom de *timbre*.

6. — Le timbre n'était d'abord qu'une empreinte à l'encre, facile à contrefaire. Dans la suite on imprima dans la pâte même du papier une seconde marque appelée *filigrane*. Enfin, au timbre à l'encre on ajouta un timbre sec pour rendre la contrefaçon encore plus difficile. — *Dict. des droits d'enreg. — Ibid.*, no 7.

7. — La quotité du droit fixée par l'édit de 1674 à un taux modéré fut successivement augmentée en 1690 et 1748.

8. — La loi du 7 18 fév. 1791 abolit l'ancien timbre et divisa l'impôt en deux espèces de timbre encore admises aujourd'hui : l'un fixe, en raison de la dimension des papiers: l'autre proportionnel, en rai-

son des sommes. — Circ. 19 mars 1791, no 36. — *Dict. de l'enregistr.*, vo *Timbre*, no 11.

9. — La législation introduite par cette loi fut successivement modifiée par d'autres lois, et, entr'autres celles des 10-17 juin 1791, 13 messid. an III, 11 niv. et 14 thermid. an IV, 5 flor. an V, 9 vend. an VI, et enfin par la loi du 13 brum. an VII.

10. — Nous ne rappellerons pas les dispositions de ces différentes lois, puisque d'après la loi du 13 brum. an VII, fondamentale sur la matière, toutes lois et dispositions d'autres lois sur le timbre des actes civils et judiciaires et des registres ont été abrogés pour l'avenir (art. 39). Toutefois ont été maintenues les dispositions de la loi du 9 vendém. an VI relatives au timbre des journaux, gazettes, feuilles périodiques ou papiers nouvelles, feuilles de papier musique, affiches et cartes à jouer (*Id.*)

11. — La loi du 13 brum. an VII a été elle-même modifiée successivement, ainsi qu'on le verra, soit par la loi du 28 avr. 1816, soit par différentes dispositions des lois de finances ou budgets.

12. — Les lois, décrets et ordonnances sur le timbre ont été déclarés : 1o à l'île Bourbon, par un arrêté du gouverneur, du 28 vendém. an XII, maintenu par ord. du 13 juin 1815. — 2o Et en Algérie par deux ordonn. royales des 10 janvier et 10 mars 1833. — .... Les actes et effets de commerce non timbrés venant de ces colonies sont sujets, en France, aux droits et amendes exigibles suivant les dispositions en vigueur dans ces mêmes colonies. — Inst. 11 mai 1846, 1754.

13. — Chaque année la loi des finances contenant fixation du budget des recettes porte, indépendamment des dispositions particulières qu'elle peut contenir, que la perception des droits de timbre et autres droits continuera d'être faite au profit de l'état, conformément aux lois existantes. Ainsi, pour le budget de 1847, V. L. 3 juill. 1846, art. 7.

Sect. 2e. — *Dispositions générales.*

14. — La contribution du timbre est établie sur tous les papiers destinés aux actes civils judiciaires et aux écritures qui peuvent être produites en justice et y faire foi. Il n'y a d'autres exceptions que celles nommément exprimées dans la loi. — L. 13 brum. an VII, art. 1er.

15. — La contribution du timbre est de deux sortes : la première est le droit de timbre imposé et tarifé en raison de la dimension du papier; c'est le *timbre de dimension* : la seconde est le droit de timbre créé pour les effets négociables ou de commerce, et gradué en raison des sommes à y exprimer, sans avoir égard à la dimension du papier; c'est le *timbre proportionnel*. — L. 13 brum. an VII, art. 2.

16. — Il y a des timbres particuliers pour les différentes sortes de papiers. Ils sont gravés, les uns pour être appliqués en noir, et les autres pour être frappés à sec. Chaque timbre porte son prix. (L. 13 brum. an VII, art. 4). — Quant aux empreintes, elles ont nécessairement subi de nombreux changemens à raison des gouvernemens qui se sont succédé et des modifications qui ont eu lieu dans les lois.

17. — Le timbre est ou *ordinaire* ou *extraordinaire* : le premier est celui qui est appliqué sur les papiers que la régie fait débiter, et le second est celui qui sert pour les papiers autres que ceux de la débite et pour les parchemins que les fonctionnaires sont admis à faire timbrer.

18. — Avant la loi du 13 brum. an VII, les empreintes des timbres étaient apposées au haut du milieu de chaque feuille et demi-feuille du papier de la régie et au côté gauche du papier que les parties faisaient timbrer. — Circul. 848.

19. — Depuis la loi du 13 brum. an VII, l'empreinte du timbre ordinaire a été apposée au haut de la partie gauche de la feuille pliée, de la demi-feuille et du papier pour effet de commerce, et l'empreinte du timbre extraordinaire au haut du côté droit de la feuille. — L. 13 brum. an VII, art. 6 et 7. — Roland et Trouillet, *Dict. d'enreg.*, vo *Timbre*, § 7, nos 9 et 12.

20. — Le timbre supplémentaire et le contre-timbre se placent au milieu de la partie supérieure de la feuille. — Instr. 716. — Roland et Trouillet, *ibid.*, § 6, no 13.

21. — La régie fait déposer au greffe des cours et tribunaux, lors de chaque changement de timbre, les empreintes nouvellement établies. Ces empreintes sont sur papier filigrané. Il est dressé, sans frais, procès-verbal de chaque dépôt. — L. 13 brum. an VII, art. 38; Arr. gouv. 7 fructid. an X, art. 8, et 16 messid. an XI, art. 5; Décr. 17 avr. 1806, art. 13; Ord. 17 mai 1814; 1er mai 1816, art. 7; 8 juill. 1827, art. 10, et 5 août 1834, art. 4.

22. — Les modifications ordonnées dans les formes des timbres à raison des changemens de gouvernement ne peuvent préjudicier à ceux qui se sont approvisionnés de papier timbré. Aussi les lois ont toujours accordé un délai, soit pour l'échange des papiers de débite, soit pour le contre-timbre gratuit de ceux frappés du timbre extraordinaire. En cas d'augmentation de droits, un délai a été également accordé pour appliquer un timbre supplémentaire et acquitter l'augmentation. — *Dict. des dr. d'enregistr.*, vo *Timbre*, no 43.

23. — La faculté du contre-timbre gratuit a même été étendue aux formules imprimées et non remplies, à l'usage des administrations ou des particuliers, tant pour le timbre de dimension que pour le timbre proportionnel. — irc. 7 mars 1808, et 10 avr. 1828 : Instr. 28 août et 24 déc. 1827, 1217 et 1230, et 30 mai 1828, 1243.

24. — On n'admet point l'échange des papiers aux timbres supprimés sur lesquels des notaires, huissiers et avoués ont fait imprimer des formules pour les actes de leur ministère, ni l'échange des papiers frappés du timbre extraordinaire. — Circ. 30 mai 1806, 24 fév. 1807. — On n'a que la faculté de les employer jusqu'à l'époque fixée, ou de les faire contre-timbrer *gratis*, ou avec supplément, selon les cas. — *Dict. des dr. d'enregistr.*, vo *Timbre*, no 45.

25. — D'après l'art. 5 de l'ord. du 11 nov. 1814, l'échange des papiers timbrés au type supprimé n'a pu être requis par chaque possesseur qu'au bureau de son domicile. — Roland et Trouillet, *Dict. d'enregistr.*, vo *Timbre*, § 7, no 13.

26. — Il suffit que la demande d'échange n'ait pas été faite ou constatée dans le délai prescrit pour que toute réclamation doive être rejetée. — Ord. 23 janv. 1820. — Roland et Trouillet, *Dict. d'enregistr.*, vo *Timbre*, no 16.

27. — L'ordonnance du 11 nov. 1814, qui admet les papiers timbrés en échange ou au contre-timbre, ne s'applique pas à une quantité considérable de papier timbré présumée provenir de spoliation dans les dépôts publics. — *Cons. d'état*, 20 nov. 1816, Richebraque c. Enreg.

28. — L'ordonnance rendue le 5 août 1834 pour l'exécution de la loi du 24 mai 1834 (art. 18), qui réduit le droit proportionnel sur les effets négociables et non négociables, porte que jusqu'au 1er avr. 1835, les particuliers à qui il reste des papiers aux anciens timbres seront admis à les échanger contre d'autres papiers aux nouveaux timbres. Les particuliers devront payer l'excédant ou appoint, s'il y a lieu; mais dans tous les cas l'échange doit s'opérer de manière que le trésor n'ait à faire aucun remboursement (art. 3). — Déjà une décision du ministre des finances du 23 juil. 1827 avait prescrit des mesures analogues dans l'intérêt du commerce. — Roland et Trouillet, *Dict. d'enregistr.*, vo *Timbre*, § 2, no 5.

29. — S'il n'y a point eu de changement de timbre, les particuliers ne sont fondés, en aucun cas, à demander l'échange ou le remboursement de papiers qu'ils auraient achetés, et qui ne pourraient pas servir à l'usage auquel on les destinait, ou qui excéderaient les besoins de l'acheteur. — Avis com. fin. 28 sept. 1821, appr. le 20 oct. suiv. — *Dict. des droits d'enregistr.*, vo *Timbre*, no 46.

30. — Lorsque les dispositions de la loi permettent d'écrire un acte à la suite d'un autre, on peut user de cette faculté, quoique le timbre dont le premier papier a été frappé soit supprimé. — Déc. min. fin. 4 brum. an XI; instr. 137. — Roland et Trouillet, *Dict. d'enregistr.*, vo *Timbre*, § 5, no 78.

31. — En général, on peut continuer sur du papier à l'ancien timbre les répertoires, registres et procès-verbaux d'affirmation et de vérification de créances sur un failli, commencés avant l'etablissement du nouveau timbre. — Délib., 19 juill. 1816; décis. minist. fin., 11 nov. 1816; ord. 8 juill.

1827; solut. 16 avr. 1828; — Roland et Trouillet, *Dict. d'enreg.*, v° *Timbre*, § 7, n° 1, 2, 3 et 4.

32. — Cependant des expéditions préparées et non signées par un notaire ne peuvent pas être signées par son successeur, lorsque depuis qu'elles sont faites le timbre a changé; car l'époque où l'expédition a été faite ne peut être constatée que par la signature du notaire. — Délib. 3 janv. 1830; *Dict. des droits d'enreg.*, v° *Timbre*, n° 50.

33. — L'ordonnance du 5 août 1834, relative à l'échange des papiers aux anciens timbres proportionnels contre des papiers aux timbres nouveaux, ne fait que limiter le délai dans lequel l'échange doit s'effectuer, mais ne prohibe pas l'usage, après ce délai, des papiers aux timbres anciens. — Délib. 21 août 1838.

34. — Le défaut de timbre donne lieu à des amendes; mais les actes non timbrés ne laissent pas que d'être valables. — Merlin, *Quest.*, v° *Mariage*, § 4. — V. *infrà* n° 446.

35. — Ainsi jugé que, sous l'empire de la loi du 20 sept. 1792, un mariage n'était pas nul, par cela que l'acte n'en aurait pas été inscrit sur registre timbré. — *Cass.*, 13 fruct. an X, Lanefranque.

36. — ... Que le défaut de timbre est toujours réparable et n'empêche pas l'existence de l'acte écrit sur papier libre; la peine contre le contrevenant se résout en une amende. — *Cass.* (dans ses motifs), 20 janv. 1845 (t. 1er 1845, p. 493), Préfet de la Seine c. Finot.

37. — L'administration du timbre est la même que celle de l'enregistrement (V. EXREGISTREMENT, n°s 24 et suiv.). Toutefois, à Paris, il y a un directeur spécial pour le timbre, indépendamment du directeur de l'enregistrement.

38. — De plus, à l'administration du timbre sont attachés quelques employés spéciaux, tels que garde-magasins, contrôleurs du timbre, qui ont sous eux des timbreurs ou des tournefeuilles.

39. — Les garde-magasins, controleurs du timbre, au nombre de quatre-vingt-six, ont la garde de l'entrepôt du papier timbré et contrôlent la recette du timbre extraordinaire. Ces emplois sont donnés le plus souvent aux anciens receveurs de l'enregistrement, pour lesquels le travail de leur bureau est devenu fatigant. — Arrêté gouvern., 7 fruct. an X.

40. — A la régie seule appartient le droit de fabriquer les papiers timbrés. Nul ne peut en vendre ou distribuer qu'en vertu d'une commission de la régie, à peine d'une amende de 100 fr. pour la première fois, et de 300 fr. en cas de récidive. Le papier est en outre confisqué au profit de l'état. — L. 13 brum. an VII, art. 27. — La première de ces amendes a été réduite à 20 fr., par la loi du 16 juin 1824.

41. — Les employés de l'enregistrement dans les départemens et les veuves d'employés à Paris sont chargés exclusivement de la débite des papiers timbrés. — Décis. min. fin. 8 août 1824; — Roland et Trouillet, *Dict. d'enreg.*, v⁵ *Bureaux de distribution et Timbre*, § 2, n° 2.

42. — Toutefois, le papier pour affiches, avis ou annonces n'ayant plus été, à compter du 1er janv. 1848, fourni par la régie (L. 15 mai 1848), les particuliers ont eu le droit de faire timbrer telle quantité qu'il leur plaît de papier de cette espèce, dont ils veulent faire usage soit par eux-mêmes, soit par d'autres à qui ils peuvent le céder. Ce n'est qu'au papier de la débite ordinaire que s'applique la défense portée par l'art. 27, L. de brum. — Solut. 19 sept. 1823; Roland et Trouillet, *Dict. d'enreg.*, v° *Timbre*, § 2, n° 3.

43. — La régie est autorisée, sur la proposition du préfet du département, à charger les percepteurs des contributions directes résidant dans les communes où il n'existe pas de bureau de l'enregistrement, du débit, au prix du tarif, de papier au timbre proportionnel de 25 et 50 cent., et de papier au timbre de dimension de 25 cent., 70 cent. et 1 fr. 25 cent. (Instr. 10 juin 1836). — Depuis la loi du 20 juill. 1837, ils ont été autorisés à débiter également du papier au timbre de 15 cent. pour les effets et billets négociables ou non négociables d'une somme de 300 fr. et au-dessous. — Mais il leur est interdit de vendre du papier de dimension de 1 fr. 25 cent. la feuille. — Instr. 18 févr. 1841.

44. — Il est enjoint aux receveurs de l'enregistrement de faire débiter à leur domicile le matin, une heure avant l'ouverture de leur bureau, et le soir deux heures après la clôture, et les dimanches et jours fériés, jusqu'à deux heures de l'après-midi, des papiers au timbre proportionnel de 25 cent. et au-dessous, et au timbre de dimension de 35 cent. — Instr. 4 juill. 1841.

45. — Ceux qui contrefont ou falsifient le timbre de l'état, ou qui auraient fait des papiers falsifiés ou contrefaits, sont punis des travaux forcés à temps, dont le maximum est toujours appliqué dans ce cas. Est puni de la réclusion celui qui s'étant indûment procuré les vrais timbres en a fait une application ou un usage préjudiciable aux droits ou intérêts de l'état (C. pén., art. 140 et 141). — L'art. 2, L. 23 vent. an XII, prononçait la peine de mort contre les préposés à la vente et à la distribution du papier timbré, convaincus d'en avoir timbré sciemment avec un faux timbre, ou même d'avoir distribué ce papier.

46. — Toutes les amendes fixes prononcées par les lois sur le timbre sont réduites, savoir : celles de 500 fr. à 50 fr.; celle de 100 fr. à 20 fr., celles de 50 fr. à 10 fr. et toutes celles au-dessous de 50 fr. à 5 fr. — L. 16 juin 1824, art. 10.

47. — Dans les différens cas où la loi prononce la condamnation à une amende pour contravention à la loi du timbre, les contrevenans sont toujours tenus de payer, s'il y a lieu, les droits de timbre. — L. 13 brum. an VII, art. 26.

CHAPITRE II. — *Timbre ordinaire.*

Sect 1re. — *Droits de timbre. — Actes et registres soumis au timbre.*

48. — On a vu *suprà* n° 15 que le droit de timbre ordinaire est de deux espèces : 1° *de dimension;* 2° ou *proportionnel.*

§ 1er. — *Timbre de dimension. — Actes et registres qui y sont soumis.*

49. — Les droits du timbre de dimension, d'abord déterminés par l'art. 8, L. 13 brum. an VII, ont été ensuite fixés par la loi du 28 avr. 1816, ainsi qu'il suit : — 1° demi-feuille de petit papier, 35 c.; — 2° feuille id., 70 cent.; — 3° feuille de moyen papier, 1 fr. 25 cent.; — 4° feuille de grand papier, 1 fr. 50 cent.; — 5° feuille de dimension supérieure, 2 fr. — L. 28 avr. 1816, art. 62. — La subvention du dixième n'est point ajoutée à ces droits. — Art. 67.

50. — Il n'y a point de droit supérieur à 2 fr., ni inférieur à 35 cent., quelle que soit la dimension du papier. — L. 13 brum. an VII, art. 8.

51. — Relativement aux actes qui étaient soumis à la formalité du timbre, ils avaient, antérieurement à la loi du 13 brum. an VII, été déterminés par les lois entre autres des 7-11 flor. 1791; 29 sept.-9 oct. 1791, 5 flor. an V et 9 vendém. an VI. — Jugé en conséquence par application de ces lois :

52. — ... Qu'un acte de cautionnement était assujéti au timbre, bien qu'il fût reçu en exécution d'un jugement qui était lui-même dispensé de cette formalité. — *Cass.*, 13 pluv. an 11, Chicot.

53. — ... Que sous la loi du 29 sept.-9 oct. 1791, les actes de tutelle, les procès-verbaux de nomination de tuteur, ainsi que ceux d'apposition de scellés devaient être rédigés sur papier timbré. — *Cass.*, 17 fév. 1806, Bon; 16 août 1809, Reboulin; 28 août 1809, Reboulin.

54. — ... Qu'un acte de partage et un procès-verbal de nomination d'experts, rédigés par un greffier de justice de paix étant des actes soumis, d'après la loi du 9 vend. an VI, à l'enregistrement sur la minute, ont dû être écrits sur papier timbré, à peine d'amende. — *Cass.*, 19 déc. 1809, Bonnefoy.

55. — D'après la loi du 13 brum. an VII, sont assujétis au droit de timbre établi en raison de la dimension tous les papiers à employer pour les actes et écritures, soit publics, soit privés, savoir :

56. — ... 1° Les actes des notaires et les extraits,

copies et expéditions qui en sont délivrés. — L. 13 brum. an VII, art. 12, n° 1er.

57. — ...2° Les actes des huissiers et les copies et expéditions qu'ils en délivrent. — L. 13 brum. an VII, art. 12, n° 1er.

58. — Les copies d'actes d'huissiers faits à la requête du ministère public, dans l'intérêt de la vindicte publique, sont, tout comme les originaux, assujétis à la formalité du timbre ou doivent être visés pour timbre. — *Cass.*, 28 janv. 1833, Hidel.

59. — Le certificat délivré par une chambre d'huissiers à l'effet de constater qu'un huissier cité pour procéder à une taxe n'a pas comparu, est assujéti au timbre. — *Cass.*, 17 juill. 1815, secrétaire et chambre des huissiers de Paris.

60. — ... 3° Les actes et les procès-verbaux des gardes et de tous les autres employés ou agens ayant droit de verbaliser, et les copies qui en sont délivrées. — L. 13 brum. an VII, art. 12, n° 1er.

61. — Les procès-verbaux assujétis à l'enregistrement sont astreints à la formalité préalable du timbre. — *Cass.*, 22 juin 1842 (t. 2 1842 p. 588), Rieux et Ségé.

62 — ...4° Les actes et jugemens de la justice de paix, des bureaux de paix et de conciliation, de la police ordinaire, des tribunaux et des arbitres, et les extraits, copies et expéditions qui en sont délivrés. — L. 13 brum. an VII, art. 12, n° 1er.

63. — Des actes de la justice de paix rédigés par le juge sur papier non timbré donnent lieu à l'amende, quoique non signés par le greffier. — *Cass.*, 7 mars 1808, Brewer.

64. — ...5° Les actes particuliers des juges de paix et de leurs greffiers, ceux des autres juges et des commissaires du directoire exécutif (les officiers du ministère public) et ceux reçus aux greffes et par les greffiers, ainsi que les extraits, copies et expéditions qui s'en délivrent. — L. 13 brum. an VII, art. 12, n° 1er.

65. — Tels sont les registres d'écrou en matière civile. — Décis. min. just. et fin. 9 et 22 mars 1808; décis. min. fin. 24 sept. 1808.

66. — En cas d'opposition ou d'appel d'un individu condamné par un jugement correctionnel sur les poursuites du ministère public, il doit écrire ces actes sur papier timbré, à moins qu'il ne soit emprisonné. — L. 25 mars 1817, art. 74 ; solut. 5 janv. 1832.

67. — Le récépissé délivré par le greffier de la chambre des notaires, pour constater le dépôt d'un extrait de contrat de mariage ou de jugement de séparation entre époux dont l'un est négociant peut être délivré sur papier timbré de petite dimension. — *Cass.*, 16 fév. 1824, Barazet.

68. — ...6° Les actes des avoués ou défenseurs officieux près les tribunaux et les copies ou expéditions qui en sont faites ou signifiées. — L. 13 brum. an VII, art. 12, n° 1er.

69. — Les écritures des parties signées par des avocats au conseil d'état sont assujéties au timbre. — Décr. 22 juill. 1806, art. 48.

70. — ...7° Les consultations, mémoires, observations et précis signés des hommes de loi et défenseurs officieux. — L. 13 brum, an VII, art. 12, n° 1er.

71. — L'art. 12. L. de brum. an VII, soumettant au timbre les consultations, mémoires, observations et précis signés des hommes de loi et défenseurs officieux, cette disposition s'applique évidemment aux consultations etc., des avocats. — Lettre min. just., 28 janv. 1809.

72. — Il en est ainsi, encore bien que les consultations ne soient pas destinées à être produites en justice. — Avis com. fin , 17 août 1829.

73. — ... Et qu'il n'en ait été fait aucun usage. — *Cass.*, 23 nov. 1824, Lahougue.

74 — Jugé, en conséquence, qu'une consultation sur papier non timbré, signée d'un avocat et trouvée jointe à un dossier déposé au greffe du tribunal, donne lieu à l'amende. — *Cass.*, 6 fév. 1815, Chauffon ; 19 nov. 1839 (t. 2 1839, p. 638), Dunay.

75. — ... Qu'une consultation signée d'un avocat, bien qu'elle ne soit qu'un simple modèle de conclusions motivées à prendre par l'avoué, doit être considérée en soi, et indépendamment de la circonstance qu'elle aurait été trouvée au greffe du tribunal où l'instance était pendante, comme un écrit pouvant être produit pour la défense du client, et par conséquent comme soumise au timbre. — *Cass.*, 8 janv. 1822, Jouhaud.

76. — Jugé, au contraire, qu'on ne doit pas considérer comme assujétie au timbre la consultation d'un avocat qui n'était qu'un écrit confidentiel, et n'a jamais été produite en justice. — *Cass.*, 14 juin 1808, Pagès.

77. — Toutefois « cet arrêt, dit Merlin (*Rép.*, v° Timbre, n° 8), n'a nullement décidé, comme l'avait fait d'une manière générale et absolue le jugement attaqué, que les consultations d'avocats ne sont assujéties au timbre que lorsqu'elles sont produites en justice: les motifs du rejet, fondé sur ce que la consultation dont il s'agissait au procès n'était qu'un *écrit confidentiel*, prouvent, au contraire, que la cour de Cassation a improuvé, *formâ negandi*, les considérans du jugement. »

78. — La distinction que fait ensuite Merlin (*ibid.*) nous paraît mieux fondée. — « S'il n'est pas nécessaire, dit-il, pour qu'une consultation soit sujette au timbre qu'elle soit produite en justice, il faut du moins qu'elle soit de nature à pouvoir y être produite, et c'est ce que fait entendre la loi elle-même en assujétissant au timbre *tous actes... devant ou pouvant faire titre, ou être produits pour obligation, décharge, justification, demande ou défense* (art. 12). — Or, une consultation que donne un avocat au désavantage de la partie qui le consulte, ne peut jamais être produite devant une autorité constituée ; elle est donc essentiellement un écrit confidentiel entre l'avocat et sa partie. »

79. — ...8° Les actes des autorités constituées administratives, qui sont assujétis à l'enregistrement, ou qui se délivrent aux citoyens, et toutes les expéditions et extraits de ces actes, arrêtés et délibérations, desdites autorités qui sont délivrés aux citoyens. — L. 13 brum. an VII, art. 12, n° 1.

80. — D'après la loi du 15 mai 1818, art. 78, sont demeurés assujétis au timbre : 1° les actes des autorités administratives et des établissemens publics, portant transmission de propriété, d'usufruit et de jouissance; 2° les adjudications et marchés de toute nature aux enchères, au rabais ou sur soumissions ; 3° les cautionnemens relatifs à ces actes.

81. — Les expéditions des arrêtés des préfets qui autorisent les fabriques des églises à accepter des donations doivent-être délivrées sur papier timbré. — Décis. min. fin. 9 nov. 1831.

82. — Le recours contre les arrêtés du conseil de préfecture rendus sur les réclamations en matière de contributions directes, et qui doit être transmis au gouvernement par l'intermédiaire du préfet, est cependant soumis au droit de timbre — L. 21 avr. 1832, art. 30.

83. — Doivent être délivrées sur papier timbré, les expéditions des arrêtés des préfets qui autorisent une commune à acquérir ou aliéner des terrains qui doivent faire partie ou être distraits d'un chemin vicinal, bien que cette délivrance soit requise par la commune elle-même. — Décis. min, 24 fév. 1837.

84. — Ne sont pas exempts de la formalité du timbre les expéditions d'actes de l'état civil, délivrées au trésorier d'un conseil de fabrique, et ce dernier ne saurait être assimilé à un fonctionnaire public. — *Cass.*, 6 nov. 1832. Combeau.

85. — Une ordonnance du roi du 19 oct. 1844 porte que les expéditions et quittances délivrées par les administrations financières de l'Algérie sont soumises au timbre.

86. — ...9° Les pétitions et mémoires, même en forme de lettres, présentés au directoire exécutif (chef du gouvernement), aux ministres, à toutes autorités constituées, au commissaire de la trésorerie nationale, au directeur de la liquidation générale et aux administrations ou établissemens publics. — L. 13 brum an VII, art. 12. n° 1.

87. — ... 10 Les actes entre particuliers sous signature privée, et les doubles des compt s de recette ou gestion particulière. — L. 13 brum. an VII, art. 12, n° 1er.

88. — ...11° Et généralement tous actes et écritures, extraits, copies et expéditions soit publics, soit privés, devant ou pouvant faire titre ou être produits pour obligation, décharge, justification, demande ou défense. — L. 13 brum. an VII, art. 12, n° 1er.

89. — Il y a contravention lorsque les décharges de prix de ventes publiques de meubles, jointes aux procès-verbaux de vente, sont écrites sur papier non timbré. Elles ne sauraient être considérées comme des pièces confidentielles dont la communication puisse être refusée. — *Dict. de l'enreg.*, v° *Timbre*, n° 741.

90. — Les billets émis par un particulier pour la mise en loterie d'un de ses immeubles sont assujétis au timbre, parce qu'ils sont pour celui qui les achète, un titre, soit pour se faire passer contrat de l'immeuble, s'il le gagne, soit pour se faire rembourser le montant des billets, si la loterie n'a pas lieu. — *Cass.*, 30 nov. 1807, Gouly.

91. — Les lettres de voitures, connaissemens, chartes-parties et polices d'assurances devaient, d'après l'art. 5, L. 6 prair. an VII, être inscrits sur du papier au timbre de 1 fr.

92. — Jugé dès-lors que les lettres de voitures sont assujéties au timbre. — *Cass.*, 13 messid. an IX, Jacquier ; 2 brum. an X, Bimard et Glaize ; 2 brum. an X, Coste.

93. — D'après un décret du 3 janv. 1809, les lettres de voitures, connaissemens, chartes-parties et polices d'assurance ont pu être rédigées sur telle dimension de papier timbré que les parties jugeaient convenable. Elles ne sont plus tenues d'employer exclusivement du papier frappé du timbre de 1 fr. (art. 1er).

94. — Toutefois, ne sont point assujétis à se pourvoir de lettres de voitures timbrées, les propriétaires qui font conduire par leurs voituriers et leurs propres domestiques ou fermiers, les produits de leurs récoltes —Décr. 3 janv. 1809, art. 2.

95. — Le souscripteur d'une lettre de voiture, faite depuis le 1er janv. 1815 sur du papier à l'ancien timbre au type royal, est passible de l'amende prononcée par la loi du 13 brum. an VII. — *Cass.*, 23 juin 1817, Buisset.

96. — Depuis la loi du 11 juin 1842, les lettres de voiture et les connaissemens ne peuvent être rédigés que sur du papier fourni par l'administration ou sur du papier timbré à l'extraordinaire, sous peine de 30 fr. d'amende. — L. 11 juin 1842, art. 6.

97. — Sont sujets au timbre les feuilles, bulletins ou factures de transport remis par l'expéditeur à un voiturier ou par les compagnies de chemins de fer aux conducteurs des trains de marchandises et contenant les caractères essentiels des lettres de voiture, alors même qu'ils ne porteraient aucune signature, ainsi que toute autre, n'a eu lieu que pour soustraire les pièces à l'exécution de la loi sur le timbre.—*Cass.*, 5 mai 1846 (t. 2 1846, p. 60), chemin de fer de Paris à Rouen ; 17 juin 1846 (t. 2 1846, p. 508), Lévesque ; 24 juin 1846 (t. 2 1846, p. 508), Chemin de fer d'Orléans.

98. — ... 12° Les registres de l'autorité judiciaire où s'écrivent des actes sujets à l'enregistrement sur les minutes et les répertoires des greffiers. — L. 13 brum. an VII, art. 12, n° 2.

99. — Ainsi, le répertoire des actes relatifs à la police correctionnelle, doit être sur papier timbré. — Déc. min. fin. 25 mai 1827 ; — Roland et Trouillet, *Dict. d'enreg.*, v° *Répertoire*, § 2, n° 8.

100. — 13° Les registres des administrations centrales et municipales tenus pour objets qui leur sont particuliers, et n'ayant point de rapport avec l'administration générale, et les répertoires de leurs secrétaires. — L. 13 brum. an VII, art. 12, n° 2.

101. — Est assujetti au timbre le répertoire qui doit être tenu dans les préfectures, sous-préfectures et mairies, relativement : — 1° aux actes portant transmission de propriété, d'usufruit et de jouissance ; — 2° aux adjudications ou marchés de toute nature aux enchères, ou rabais ou sur soumissions ; — 3° et aux cautionnemens relatifs à ces actes. — L. 13 mai 1818, art. 82.

102. — Les communes sont tenues de payer comptant le papier timbré nécessaire pour la formation des registres de l'état civil. — Déc. min. fin. 20 déc. 1832.

103. —... 14° Les registres des notaires, huissiers et autres officiers publics et ministériels, et leurs

répertoires. — L. 13 brum. an VII, art. 12, n° 2.

104. — Sous la loi du 11 fév. 1791, comme sous celle du 13 brum. an VII, les notaires ont dû tenir leurs répertoires sur papier timbré, sous peine de 100 fr. d'amende (aujourd'hui 20 fr. L. 16 juin 1824, art. 40), indépendamment du droit de timbre. — *Cass.*, 19 déc. 1808, Pascaud.

105. — Sont assujétis au timbre : — 1° le registre tenu dans les chambres des notaires sur lequel seraient inscrits des actes de la nature de ceux que l'art. 78, L. 15 mai 1818, déclare sujets à l'enregistrement ; — 2° le registre de recettes et dépenses du trésorier de la chambre. — Déc. min. fin., 28 sept. 1829 ; inst. 1303, § 11 ; — Roland et Trouillet, *Dict. d'enreg.*, v° *Chambres de discipline*, n° 28.

106. — Le registre de recettes et dépenses tenu par les syndics des chambres de discipline des huissiers doit être timbré avant d'être présenté au visa du président du tribunal. — Délib. 4 juin 1823 ; décis. min. fin. 25 juin 1823 ; inst. 1099.

107. — Les registres des avoués doivent être formés avec du papier du timbre de dimension et non du timbre spécial aux registres de commerce. — Décis. min. fin. 27 déc. 1833 ; — Roland et Trouillet, *Dict. d'enreg.*, v° *Registre*, § 4, n° 3.

108. — ... 15° Les registres des receveurs des droits et des revenus de communes et des établissemens publics. — L. 13 brum. an VII, art. 12 n° 2 ; décr. 4 messid. an XIII.

109. — ... Tels que les registres des droits de voirie. — Décis. min. fin. 14 fév. 1809.

110. — ... Ou le livre à souche des recettes. — Arrêté min. fin. 7 nov. 1821 ; instr. 1263, § 7.

111. — Sont également assujétis au timbre : les registres de perception des octrois d'une ville. — *Cass.*, 14 messid. an IX. comm. de Rennes ; 11 prair. an X. octr. de Lyon ; 12 nov. 1810, Tiffy.

112. — ... Les registres où sont inscrites les délibérations d'un hospice. — *Cass.*, 23 nov. 1807, hospice de Rochefort.

113. — ... Alors surtout qu'il s'agit d'actes de l'administration temporelle et extérieure.—Décis. min. fin., 21 janv. 1820 et 25 juill. 1821.

114. — Il y a contravention et, par suite, lieu à amende, dans l'intercalation de feuilles non timbrées dans un registre destiné à la recette d'un octroi, et cela quand même il serait allégué que les feuilles originaires portaient l'empreinte d'un double timbre. — *Cass.*, 11 prair. an X, Enreg. c. octroi de Lyon.

115. —... 16° Les registres des fermiers des postes et messageries.—L. 13 brum. an VII, art. 12, n° 2.

116. — ... 17° Ceux des compagnies et sociétés d'actionnaires.— L. 13 brum. an VII, art. 12, n° 2.

117. — ... Tels sont les registres tenus par une société d'actionnaires pour la perception des droits de péage sur un pont. — *Cass.*, 23 vent. an X, actionn. du pont Morand.

118. — ... 18° Ceux des établissemens particuliers et des maisons particulières d'éducation. — L. 13 brum. an VII, art. 12, n° 2.

119. — ... 19° Ceux des agens d'affaires, directeurs, régisseurs, syndics de créanciers et entrepreneurs de travaux et fournitures. — L. 13 brum. an VII, art. 12, n° 2.

120. — ... 20° Ceux des banquiers et négocians, armateurs, marchands, fabricans, commissionnaires, agens de change, courtiers, ouvriers et artisans. — L. 13 brum. an VII, art. 12, n° 2.

121. — Mais la plupart des dispositions qui précèdent ayant trait à des registres ou livres de commerce, se trouvent aujourd'hui abrogées par l'art. 4, L. 20 juill. 1837, qui porte qu'à partir du 1er janv. 1838 les livres de commerce ont été affranchis du droit de timbre par suite de l'addition de trois centimes additionnels au principal des patentes.

122. — Avant la loi du 20 juill. 1837, les livres de commerce avaient été l'objet des dispositions suivantes :

123. — Les livres de commerce devaient être timbrés à tous les feuillets d'un timbre spécial et dont le prix était, indépendamment du papier que les parties devaient fournir, pour les registres de papier petit ou moyen par chaque feuillet recto et verso, 5 cent., et pour les formats de dimension supérieure, 10 cent (LL. 28 avr. 1816, art. 72 ; 16 juill. 1824, art. 9). — Le décime pour franc était maintenu sur ce droit (L. 28 avril 1816, art. 77). — Enfin, chaque contravention donnait lieu à une amende de 500 fr. (L. 28 avr. 1816, art. 72), réduite à 50 fr. par la loi du 16 juin 1824, art. 10.

124. — C'était du timbre spécial dont on vient de parler que devaient être frappés les registres des aubergistes, imprimeurs, entrepreneurs de messageries et de roulage, des horlogers, armuriers, débitans de poudre, droguistes, etc. — Déc. min. just. et fin., Instr. 774. — Roland et Trouillet, *Dr. d'enreg.*, v° *Livre de commerce*, n° 40.

125. — Le droit de timbre était dû par feuillet, et non par feuille. — Déc. min. fin. 17 juin 1830.

126. — Le livre de commerce tenu par un négociant sous le nom de *mémorial* n'était point soumis au droit de timbre établi par l'art, 72, L. 28 avr. 1816, lorsque les énonciations qu'il contenait étaient insuffisantes pour constituer l'équivalent soit du livre-journal prescrit par l'art. 8, C. comm., soit du livre d'inventaire exigé par l'art. 9, même Code. — *Cass.*, 15 janv. 1833, Enreg. c. Delon-Delacombe.

127. — ... 21° Ceux des aubergistes, maîtres d'hôtels garnis et logeurs, sur lesquels ils doivent inscrire les noms des personnes qu'ils logent (L. 15 brum. an VII, art. 12, n° 2). — Mais V. ce qui vient d'être dit *suprà* n° 121 au sujet des livres de commerce.

128. — ... 22° Et généralement tous livres, registres et minutes de lettres qui sont de nature à être produits en justice et dans le cas d'y faire foi, ainsi que les extraits, copies et expéditions qui sont délivrés desdits livres et registres. — L. 13 brum. an VII, art. 12, n° 2. — Mais V. également ce qui vient d'être dit *suprà* n° 121 au sujet des livres de commerce.

129. — Tout acte passé en pays étranger ou dans les îles et colonies françaises, où le timbre n'aurait pas encore été établi, est soumis au timbre avant qu'il puisse en être fait aucun usage en France, soit dans un acte public, soit dans une déclaration quelconque, soit devant une autorité judiciaire ou administrative. — L. 13 brum. an VII, art. 13.

130. Une décision du 17 mai 1817, spéciale à l'île de Corse, porte que les actes passés en Corse ont leur effet en France sans être assujétis aux tarifs français, et que la continuation de l'état de choses en Corse, tel qu'il existait avant la loi du 28 avr. 1816, résulte implicitement de l'art. 77 de cette loi. — Roland et Trouillet, *Dict. d'enreg.*, v° *Effet négociable*, n° 40.

131. — Le même principe a été étendu aux actes et effets souscrits à l'île Bourbon où le timbre a été établi par des réglemens particuliers. — Déc. min. fin., 22 fév. 1822.

§ 2. *Timbre proportionnel.* — *Actes qui y sont soumis.*

132. — Les droits de timbre proportionnel établis par les lois antérieures à celles du 13 brum. an VII, n'offrant plus d'intérêt aujourd'hui, nous n'en parlerons pas.

133. — Les droits du timbre proportionnel ont été déterminés avec beaucoup de détails par l'art. 40, L. 13 brum. an VII. — Depuis ces mêmes droits ont été augmentés des deux cinquièmes par l'art. 64, L. 28 avr. 1816. De plus, l'art. 8, L. 16 juin 1824, a réduit à 35 cent. au lieu de 70 cent. le droit de timbre proportionnel pour les effets et obligations de 500 fr. et au-dessus.

134. — Enfin, l'art. 18, L. 24 mai 1834, porte que le droit proportionnel de timbre sur les lettres de change et billets à ordre, sur les billets et obligations non négociables, est réduit ainsi qu'il suit : à 25 cent. au lieu de 35 pour ceux de 500 fr. et au-dessous ; à 50 cent. au lieu de 70, pour ceux de 500 fr. jusqu'à 1,000 fr. ; à 50 cent. par 1,000 fr. au lieu de 70 cent. pour ceux au-dessus de 1,000 fr. Le décime par franc n'est point ajouté aux droits ainsi réduits.

135. — La loi du 20 juill. 1837 (art. 16) a encore réduit à 15 cent., au lieu de 25 cent., le droit proportionnel de timbre sur les lettres de change et billets à ordre, sur les billets et obligations non négociables de 300 fr. et au-dessous.

136. — Il n'est point fabriqué de papier au timbre proportionnel pour billets excédant 20,000 fr.; les effets au-dessus de cette somme sont présentés au visa pour timbre, et le droit est de 50 cent. par 1,000 fr. sans fraction. — L. 13 brum. an VII, art. 11.

137. — D'après l'art. 14, L. 13 brum. an VII, sont assujétis au droit de timbre, à raison des sommes et valeurs, les billets à ordre ou au porteur, les rescriptions, mandats, mandemens, ordonnances, et tous autres effets négociables ou de commerce, même les lettres de change tirées par seconde, troisième et duplicata, et ceux faits en France et payables chez l'étranger.

138. — Cette disposition a été depuis déclarée applicable aux billets et obligations non négociables et aux mandats à terme ou de place en place. — L. 6 prair. an VII, art. 6.

139. — Les obligations pour simple prêt non négociables, et même souscrites par des particuliers non commerçans, doivent être faites sur papier du timbre proportionnel. — *Cass.*, 1er mai 1809, Enreg. c. Vanderbruggen.

140. — On ne peut considérer comme de simples quittances soumises au timbre de dimension des reçus ou récépissés de sommes avec cette clause : *dont nous lui ferons compte* ou *valeur de telle date.* Ce sont de véritables obligations qui doivent être, en conséquence, écrites sur du papier du timbre proportionnel. — *Cass.*, 24 (et non 14) mars 1843, Enreg. c. Garnier-Laboissière.

141. — Les reconnaissances de dépôt entre simples particuliers n'étant pas des effets donnés dans le commerce, ne sont point assujéties au timbre proportionnel. — Enreg. c. Brunet.

142. — Il en serait autrement si ces reconnaissances avaient pour objet de déguiser soit un prêt, soit une obligation. — Avis cons. d'état, 1er avr. 1808.

143. — De même, les actes sous seing-privé contenant reconnaissance sur dépôt ou consignation de marchandises ou valeurs, peuvent être écrits sur papier du timbre de dimension. — Délib. 10 mai 1831.

144. — Bien qu'un acte sous seing-privé contenant reconnaissance de somme porte que le remboursement n'en pourra être fait qu'en la demeure du prêteur, en monnaie décimale, et que l'emprunteur supportera, s'il y a lieu, les frais d'enregistrement, un tel acte, même rédigé en double minute, constitue un acte unilatéral, et par conséquent il doit, à raison de l'obligation qu'il contient, être écrit sur papier au timbre proportionnel. — Décis. min. fin. 29 nov. 1832.

145. — De même encore, l'acte sous seing-privé par lequel le débiteur reconnaît des sommes antérieurement exigibles, et le créancier donne quittance d'une partie des intérêts à échoir et consent en outre une prorogation de délai pour le paiement, est une convention purement synallagmatique qui peut, par conséquent, être écrite sur papier au timbre de dimension. — Délib. 25 oct 1836.

146. — Un arrêté de compte ne peut être placé dans la classe des obligations assujéties au timbre proportionnel. — Instr. 374, § 1er. — *Dict. des droits d'enregistrement*, v° *Timbre*, n° 545.

147. — On peut, sans contravention, ajouter du papier non timbré à un effet de commerce sur papier timbré, lorsqu'il ne peut contenir tous les endossemens. — *Dict. des droits d'enreg.*, v° *Timbre*, n° 549.

148. — Les effets négociables venant de l'étranger ou des îles et colonies françaises où le timbre n'aurait pas encore été établi doivent, avant de pouvoir être négociés, acceptés ou acquittés en France, être soumis au timbre ou au visa pour timbre. — L. 13 brum. an VII, art. 15.

149. — Toutefois, la négociation ne serait pas nulle à défaut de timbre ou de visa pour timbre. — *Cass.*, 24 mai 1809, Mortier c. Van Outryve.

150. — Mais la signature mise au dos d'une lettre de change n'en constituant ni l'acquit ni la négociation, il s'ensuit qu'une lettre venant de l'étranger a pu être revêtue d'un endossement en blanc avant d'être présentée au visa pour timbre. *Cass.*, 2 brum. an X. — Enreg. c. Déona.

151. — Quant aux amendes encourues pour contravention au timbre proportionnel, si des dispositions nouvelles ont été introduites par la loi du 24 mai 1834, nous devons cependant rappeler les dis-

positions des lois précédentes pour l'intelligence des décisions rapportées.

152. — Les art. 26 de la loi du 13 brum. an VII, et 6 de la loi du 6 prair. suivant, prononcent une amende du vingtième de la somme exprimée dans un effet négociable, s'il est écrit sur papier non timbré ou sur un papier timbré d'un timbre inférieur à celui qui aurait dû être employé. L'amende est de 30 fr., dans les mêmes cas, pour les effets au-dessous de 600. Dans tous les cas, les contrevenans doivent payer en outre les droits du timbre. — Cette amende de 30 fr., pour les effets au-dessous de 600 fr., a été depuis réduite au vingtième du montant de ces effets, sans pouvoir, dans aucun cas, être inférieur à 5 fr. — L. 16 juin 1824, art. 12.

153. — Jugé que le signataire d'un billet de commerce écrit sur papier non timbré devait seul supporter l'amende, sans qu'on pût la diviser par moitié entre celui au profit de qui l'effet avait été souscrit. — *Cass.*, 8 oct. 1810, *Enreg. c. Montant.*

154. — Le débiteur d'un billet à ordre souscrit sur papier non timbré devait supporter les frais de visa pour timbre, enregistrement et amende, encore bien que ces frais eussent été faits sans qu'il eût été mis en demeure de payer. — *Lyon*, 23 nov. 1825. *Ponson c. Joly.*

155. — Une femme mariée ne pouvait se soustraire à l'amende qu'elle avait encourue pour avoir souscrit des billets sur du papier timbré d'un timbre inférieur à celui prescrit à raison des sommes, en alléguant que ces billets étaient nuls comme ayant été souscrits par elle sans l'autorisation de son mari, si cette nullité n'avait point été prononcée avec la partie légitime. — *Cass.*, 13 fév. 1815, *Enreg. c. Miaume.*

156. — Sous l'ordonnance de 1673, la signature en blanc mise au dos d'une lettre de change n'en constituant nécessairement ni l'acquit ni la négociation, de ce qu'une lettre de change venant de l'étranger était assujetie au timbre avant de pouvoir être négociée il ne s'ensuivait pas (ainsi qu'on l'a vu n° 150) qu'elle dût être timbrée avant de pouvoir être endossée en blanc. — *Cass.*, 2 brum. an X, *Enreg. c. Déona.*

157. — Mais jugé que le porteur d'un effet de commerce venant de l'étranger est passible de l'amende encourue à raison de l'endossement qui en a été fait à son profit en France, avant que le billet fût timbré. — *Cass.*, 16 juillet 1806, *Enreg. c. Ogez.*

158. — Lorsqu'un effet de commerce venant de l'étranger a été négocié en France et a circulé dans plusieurs mains avant d'avoir été soumis au timbre, l'amende encourue par suite de cette contravention est due par celui qui, le premier, a négocié l'effet, et non par les tiers-porteurs. — *Paris*, 11 mai 1816, Behic, Mesnard c. Barillon.

159. — Le porteur d'une lettre de change écrite sur papier non timbré, devait, quoiqu'il ne fût point l'auteur de la contravention, payer l'amende encourue, avant d'être admis à faire enregistrer le protêt. — *Cass.*, 5 juin 1811, *Enreg. c. Maglione et Musso.*

160. — Il n'est dû aucune amende lorsqu'on s'est servi d'un papier de dimension du même prix que le timbre proportionnel qui aurait été employé. — *Dict. des droits d'enreg.*, v° *Timbre*, n° 548.

161. — Jugé cependant, avant la loi du 13 brum. an VII, que lorsqu'un effet de commerce était souscrit sur un papier qui n'était pas du timbre proportionnel, l'amende devait être perçue non pas seulement sur l'excédant de la somme, mais sur le montant total du billet. — *Cass.*, 24 therm. an VI, *Enreg. c. Jehu.*

162. — Il faudrait décider le contraire sous la loi du 16 juin 1824, dont l'art. 12 est ainsi conçu : « Lorsqu'un effet, un billet ou une obligation aura été écrit sur du papier timbré d'un timbre inférieur à celui qui aurait dû être employé, l'amende du vingtième ne sera perçu que sur la somme excédant celle qui aurait pu être exprimée sans contravention dans le papier employé, mais sans qu'elle puisse, dans aucun cas, être inférieure à 5 fr. — Les effets, billets ou obligations écrits sur papier portant le timbre de dimension ne seront assujétis à aucune amende, si ce n'est dans le cas d'insuffisance du prix du timbre, et dans la proportion ci-dessus fixée. »

163. — Les lettres de change tirées par seconde, troisième ou quatrième peuvent, quoique étant écrites sur papier non timbré, être enregistrées dans le cas de protêt, sans qu'il y ait lieu au droit de timbre et à l'amende, pourvu que la première, écrite sur papier timbré proportionnel, soit représentée conjointement au receveur de l'enregistrement. — L. 1er mai 1822, art. 6.

164. — Mais la lettre de change tirée par duplicata et qui a été mise en circulation séparément, est assujétie au timbre. — Délib. 16 nov. 1832.

165. — La loi du 24 mai 1834 a introduit de nouvelles dispositions sur le timbre proportionnel. — L'art. 19 porte : « L'amende due, en cas de contravention aux lois sur le timbre proportionnel par le souscripteur d'une lettre de change ou d'un billet à ordre, d'un billet ou obligation non négociable, et qui était fixée au vingtième (5 %) du montant des sommes exprimées dans les actes est portée à 6 % du montant des mêmes sommes. L'accepteur d'une lettre de change qui n'aura pas été écrite sur du papier du timbre prescrit, ou qui n'aura pas été visée pour timbre, sera soumis à une amende de même quotité, indépendamment de celle encourue par le souscripteur. A défaut d'accepteur, cette amende sera due par le premier endosseur. — Une amende semblable est due par le premier endosseur d'un billet à ordre et par le premier cessionnaire d'un billet ou obligation non négociable qui aura été souscrit en contravention aux lois sur le timbre. (L. 24 mai 1834, art. 19). » — Aucune de ces amendes ne peut être au-dessous de 5 fr. (art. 21).

166. — « Lorsqu'une lettre de change ou un billet d'ordre venant soit de l'étranger, soit des îles ou des colonies dans lesquelles le timbre ne serait pas encore établi, aura été accepté ou négocié en France avant d'avoir été soumis au timbre, l'accepteur et le premier endosseur résidant en France seront tenus chacun d'une amende de 6 p. % du montant de l'effet (L. 24 mai 1834, art. 20). Aucune de ces amendes ne peut être au-dessous de 5 fr. — Art. 21.

167. — » Les contrevenans aux dispositions de la loi sur le timbre, en ce qui regarde les lettres de change et billets à ordre et les billets et obligations non négociables, sont solidaires pour le paiement des droits et amendes, sauf le recours de celui qui en aura fait l'avance, pour ce qui ne sera pas à sa charge personnelle. » — L. 24 mai 1834, art. 21.

168. — » Les dispositions des art. 19, 20 et 21, L. 24 mai 1834, concernant les accepteurs et endosseurs et l'augmentation de la quotité de l'amende, ne sont applicables qu'aux effets et obligations souscrits depuis le 1er janv. 1835. Quant à ceux souscrits antérieurement, ils sont régis par les lois alors en vigueur. » — L. 24 mai 1834, art. 22.

169. — Lorsqu'un créancier au profit de qui des billets ont été souscrits, a fait timbrer et enregistrer ces billets avant leur échéance, à l'effet d'exercer une action en séparation de patrimoines contre la succession de son débiteur, les frais de timbre et l'amende encourue doivent lui être remboursés par les héritiers, mais le remboursement des frais d'enregistrement n'est dû qu'autant que les héritiers ne paieraient pas les billets à l'échéance. — *Lyon*, 24 juill. 1835, Lacour c. Chavot.

170 — Le porteur d'un effet négociable écrit sur papier non timbré qui, avant d'en exiger le paiement, le soumet au timbre, est fondé à réclamer le remboursement de la somme qu'il a avancée pour le droit et l'amende, sans que le débiteur puisse refuser et les juges ratifier ce refus par le motif que ce porteur aurait, en présentant l'effet au timbre, agi méchamment et à dessein de nuire. — *Cass.*, 20 juill. 1841 (t. 2 1841, p. 165). — Car l'obligation d'acquitter le timbre n'existe pas seulement au moment où l'effet est produit. — Horson, *Quest. sur le C. comm.*, n°s 127 et 128.

171. — Le tireur d'une lettre de change écrite sur papier non timbré n'est point, quoiqu'elle soit faite à son ordre, passible de la deuxième amende établie contre l'accepteur. — En ce cas, si l'accepteur est étranger, et par suite non justiciable des tribunaux français, cette seconde amende doit être prononcée contre le premier endosseur. — *Pau*, 17 avr. 1837 (t. 2 1837, p. 420), Lahirigoyen c. Nunez et Bastiat.

172. — Le souscripteur et l'accepteur de lettres de change ne sont passibles d'amende pour s'être servis de papier au timbre antérieur à la loi du 24 mai 1834 qu'autant que ce papier est d'un timbre inférieur à celui prescrit par la loi. Dans le cas contraire, il n'y a point contravention de la part du notaire ou de l'huissier qui a fait le protêt. — Délib. 21 août 1838.

173. — L'art. 4, ord. 10 oct. 1834, porte que tous les mandats n'ayant pas pour objet un service public qui seront tirés par les receveurs généraux, soit sur les départemens, soit sur la caisse centrale à Paris, sont soumis à l'impôt établi par l'art. 18, L. 24 mai 1834. La perception en est faite par le trésor au moyen d'un débit porté au compte courant de chaque receveur général.

174. — Les lettres de change, billets à ordre et valeurs de commerce qui sont remis par les receveurs généraux au trésor doivent être timbrés et avoir acquitté le droit proportionnel fixé par l'art. 18, L. 24 mai 1834; sinon, ils sont visés pour timbre et soumis aux amendes prononcées par l'art. 19, pour le compte du receveur général qui en aura fait l'envoi. — Ord. 10 oct. 1834, art. 7 et 8.

175. — D'après la loi du 24 germin. an XI, art. 35, il pouvait être fait un abonnement annuel avec les banques privilégiées pour le timbre de leurs billets. Cette disposition avait pour but de ne pas nuire, par des conditions trop rigoureuses, au développement d'institutions naissantes. Mais ces considérations n'existent plus aujourd'hui.

176. — Aussi la loi du 30 juin 1840, sur la prorogation du privilége de la Banque de France, porte (art. 9) : « A dater de la promulgation de la présente loi, les droits de timbre à la charge de la banque seront perçus sur la moyenne des billets au porteur ou à ordre qu'elle aura tenus en circulation pendant le cours de l'année. — A partir du 1er janv. 1841, le même mode de perception sera appliqué aux banques autorisées dans les départemens. »

177. — De la sorte, la Banque de France qui, par abonnement, ne payait chaque année que 14 à 15,000 fr. pour le timbre de ses effets, est obligée de payer 100,000 fr., eu égard à la moyenne de sa circulation, évaluée à 200 millions.

Sect. 2e. — *Actes et registres non soumis au timbre.*

178. — Sont exceptés du droit et de la formalité du timbre, savoir : 1° les actes du corps législatif et ceux du directoire exécutif (des deux chambres et du gouvernement). — L. 13 brum. an VII, art. 16, n° 1er.

179. — Mais sont assujéties au timbre, lorsqu'elles sont destinées aux parties, les expéditions des ordonnances portant nomination des avocats à la cour de Cassation, notaires, avoués, greffiers, huissiers, agens de change, courtiers et commissaires-priseurs. — L. 21 avr. 1832, art. 34.

180. — ... 2° Les minutes de tous les actes, arrêtés, décisions et délibérations de l'administration publique en général, et de tous les établissemens publics, dans tous les cas où aucun de ces actes n'est sujet à l'enregistrement sur la minute, et les extraits, copies et expéditions qui s'expédient ou se délivrent par une administration ou un fonctionnaire public à une autre administration publique ou à un fonctionnaire public, lorsqu'il y est fait mention de cette destination. — L. 13 brum. an VII, art. 16, n° 1er.

181. — Il en est de même des minutes de tous les actes, arrêtés et décisions des autorités administratives qui ne contiennent ni transmission de propriété, d'usufruit ou jouissance, ni adjudication ou marchés aux enchères, au rabais ou sur soumission, ni cautionnemens relatifs à ces actes. — L. 15 mai 1818, art. 78. — Toutefois, aucune expédition ne peut être délivrée aux parties que sur papier timbré, si ce n'est à des individus indigens et à la charge d'en faire mention dans l'expédition. — Même loi, art. 80.

182. — Cette exemption est applicable aux actes des autorités administratives antérieurs à la publication de la loi. — Même loi, art. 81.

183. — ... 3° Les inscriptions sur le grand-livre de la dette nationale et les effets publics. — L. 13 brum. an VII, art. 16, n° 1er.

184. — Doivent être considérés comme effets publics, les extraits d'inscriptions de rentes sur le grand-livre, les bons royaux, les mandats et les traites du trésor sur les départemens, les traites du caissier central du trésor sur lui-même pour le service des armées et des colonies, et tous autres effets ou valeurs négociables créés et émis directement par le trésor public. — Ord. 10 oct. 1834, art. 1er.

185. — Il en est de même des mandats tirés par les receveurs généraux et servant de moyens de transmission ou de viremens des sommes affectées aux services publics. — Ord. 10 oct. 1834, art. 2.

186. — ... 4° Tous les comptes rendus par des comptables publics. — L. 13 brum. an VII, art. 16, n° 1er.

187. — ... 5° Les doubles, autres que celui du comptable, de chaque compte de recette ou gestion particulière ou privée. — L. 13 brum. an VII, art. 16, n° 1er.

188. — ...6° Les quittances de traitemens et émolumens des fonctionnaires et employés salariés par le gouvernement. — L. 13 brum. an VII, art. 16, n° 1er.

189. — De même, n'est point assujétie au timbre la procuration que les sous-officiers et soldats en retraite donnent à l'effet de toucher pour eux, à la caisse du payeur, les arrérages de pension qui leur sont dus, alors que cette procuration ne concerne point d'autres intérêts. — Déc. 21 déc. 1808; Instr. 419, n° 1er.

190. — Ne sont point non plus soumis au timbre, les certificats de vie délivrés par les notaires aux titulaires de pensions militaires définitives ou soldes de retraite. — Ord. 20 juin 1817; Instr. 787. — Mais cette exemption ne s'applique pas aux certificats relatifs aux rentes sur l'état. — Décr. 21 août 1806, art. 10; décr. min. fin., 23 mai 1821.

191. — ...Les certificats de vie délivrés aux membres de la Légion d'Honneur pour toucher leurs traitemens. — Décis. min. fin. 22 août 1817 et 28 févr. 1826.

192. — ...Les certificats de vie délivrés aux veuves de militaires ou de marins pour toucher en cette qualité les pensions dont elles jouissent sur le trésor. — Décis. min. fin. 17 juill. et 28 août 1822.

193. — ...Les certificats de vie délivrés par les maires pour être joints à l'appui des mandats de paiement des mois de nourrices et des pensions des enfans trouvés. — Décis. min. fin. 26 janv. 1832; inst. 1401, § 9.

194. — Si l'on faisait des certificats de vie qui jouissent d'une exception spéciale, un usage auquel ils n'étaient point destinés, ils redeviendraient sujets au timbre. — Circ. 1604; Roland et Trouillet, *Dict. d'enreg.* v° *Certificat de vie*, n° 20.

195. — ... 7° Les quittances ou récépissés délivrés aux collecteurs et receveurs de deniers publics ; celles que les collecteurs des contributions directes peuvent délivrer aux contribuables; celles des contributions indirectes qui s'expédient sur les actes, et celles de toutes autres contributions qui se délivrent sur feuilles particulières et qui n'excèdent pas dix francs. — L. 13 brum. an VII, art. 16, n° 1er.

196. — Les quittances de restitution de droits d'enregistrement ou de timbre indûment perçus ne sont point soumises au timbre. — Décis. min. fin. 16 août 1809; instr. 397, n° 3.

197. — ...8° Les quittances des secours payés aux indigens et des indemnités pour incendies, inondations, épizooties et autres cas fortuits. — L. 13 brum. an VII, art. 16, n° 1er.

198. — ... 9° Toutes autres quittances, même celles entre particuliers, pour créances en sommes non excédant 10 fr., quand il ne s'agit pas d'un à-compte ou d'une quittance finale sur une plus forte somme. — L. 13 brum. an VII, art. 16 n° 1er.

199. — ... 10° Les engagemens, enrôlemens, congés, certificats, cartouches, passeports, quittances pour prêt et fournitures, billets d'étape, de subsistance et de logement, et autres pièces ou écritures concernant les gens de guerre, tant pour le service de terre que pour le service de mer. — L. 13 brum. an VII, art. 16, n° 1er.

200. — L'acte de remplacement militaire est exempt de timbre quand il est passé devant l'autorité administrative et qu'il n'est que la substitution pure et simple d'un individu à la place d'un autre. — Décis. min. fin. 3 flor. an XIII ; instr. 207 et 290, n° 74 ; L. 15 mai 1848, art. 80.

201. — Sont également exceptés du timbre : Les actes de notoriété et les procès-verbaux rédigés par les juges de paix pour constater la disparition des militaires, et la privation des moyens d'existence de leurs veuves et orphelins. — Décr. min. fin. 26 janv. 1824 ; instr. 1124.

202. — 11° Les pétitions présentées au corps législatif ; celles qui ont pour objet des demandes de congés absolus et limités et de secours et les pétitions des déportés et réfugiés des colonies, tendant à obtenir des certificats de résidence, passeports et passages pour retourner dans leur pays. — L. 13 brum. an VII, art. 16, n° 1er.

203. — 12° Les certificats d'indigence. — L. 13 brum. an VII, art. 16, n° 1er.

204. — 13... Les rôles qui sont fournis pour l'appel des causes. — L. 13 brum. an VII. art. 16, n° 1er.

205. — 14° Les actes de police générale et de vindicte publique, des commissaires du directoire exécutif (les officiers du ministère public) non soumis à la formalité de l'enregistrement, et les copies des pièces de procédure criminelle qui doivent être délivrées sans frais. — L. 13 brum. an VII, art. 16, n° 1er.

206. — On a considéré actes de vindicte publique, non soumis, par conséquent, à la formalité du timbre :

207. — Les décharges de pièces de conviction données par des particuliers en matière criminelle, et lorsqu'il n'y a pas de partie civile en cause. — Déc. min. fin., 11 août 1820 ; inst. 952.

208. — Les procès-verbaux et actes destinés à constater et réprimer simultanément un délit et une contravention de simple police. — Toutefois, en matière de délit, restent maintenues les dispositions spéciales qui ont assujéti à la formalité du timbre ou du visa pour timbre en débet les jugemens correctionnels, les procès-verbaux d'infraction aux réglemens de police et d'impositions, les procès-verbaux des gardes ruraux et forestiers et les exploits des huissiers et gendarmes. — Déc. min. fin., 13 fév. 1829 ; instr. 1271.

209. — Les copies collationnées et le procès-verbal de vérification de ces copies, dressé conformément à l'art. 455, C. inst. crim., lors même qu'il y a partie civile en cause, à moins qu'ils n'aient été faits à la requête spéciale et personnelle de cette partie civile. — Déc. min. fin., 26 août 1842 ; instr. 1723.

210. — Les mandats délivrés par les maires et quittancés par les receveurs municipaux pour le remboursement de frais de poursuites dont ces derniers ont fait l'avance en matière de contributions pour les chemins vicinaux. — Déc. min. fin., 27 oct. 1837.

211. — En matière de roulage, les procès-verbaux de contravention des préposés et des décisions des maires et conseillers de préfecture. Il en est autrement des actes postérieurs. — Ord. 22 fév. 1838.

212. — De même, ont été considérés comme actes de police générale et par conséquent exempts de la formalité du timbre.

213. — L'acte de prestation du serment purement politique qui consiste dans celui de fidélité au gouvernement établi, lorsqu'il se prête indépendamment de celui d'exactitude et de probité dans l'exercice des fonctions. (Déc. min. fin., 3 flor. an XIII ; instr. 290 n°s 56 et 1331). Mais l'exemption du timbre ne s'applique pas aux prestations de serment des comptables justiciables de la cour des comptes, reçus par l'autorité administrative. — Déc. min. fin., 18 fév. 1820 ; inst. 922.

214. — Les certificats de mariage délivrés par l'officier de l'état civil pour que les ministres du culte puissent procéder à la bénédiction religieuse. — L. 18 germ. an X, art. 54 ; déc. min. fin., 7 juin 1832 et 28 sept. 1833. — Contrà, décr. 9 déc. 1840.

215. — Les passavans délivrés dans les bureaux des douanes pour le transport et la circulation des denrées et marchandises dans les deux myriamètres des frontières ; les acquits à caution pour la circulation des grains, et les certificats des maires et adjoints relatifs au transport de ces grains. — Arr. gouvern., 30 frim. an XII ; instr. 193.

216. — Les acquits à caution pour la circulation des bestiaux dans un rayon déterminé des douanes. — Déc. min. fin., 28 juin 1828 ; ord. 28 juill. 1832, art. 7.

217. — Les brevets de capitaine au long cours et de maître de cabotage, et les lettres de pilote lamaneur, délivrés par le ministre de la marine. — Délib., 13 juill. 1831.

218. — Les procès-verbaux de saisie relative à l'octroi, lorsque la valeur des objets saisis est présumée de dix francs et au-dessous. — Déc. min. fin...; instr. 5 juin 1809, 432, n° 6.

219. — Il n'est point contrevenu à la loi sur le timbre par le jugement qui déclare que ce n'est pas pour frauder les droits dus à la régie qu'un maire, qui n'était pas autorisé à accorder une permission de chasse sur des biens communaux, a donné, par lettre missive, non pas cette permission, mais un simple avis, portant que cette lettre suffirait à ceux qui désireraient l'obtenir. — Cass. 25 oct. 1813, Enreg. c. Baud. — V. Infrà n° 231.

220. — L'acte de dépôt au greffe de l'empreinte des marteaux des agens forestiers. — Mais cette disposition n'est plus applicable quand il s'agit du dépôt de l'empreinte des marteaux des adjudicataires de coupes de bois ou des gardes des particuliers. — Solut, 8 juin 1830 ; instr. 1336, § 4.

221. — Les actes des agens forestiers portant simplement délivrance ou permis d'exploiter et ayant pour objet les coupes ordinaires des bois communaux, délivrés aux habitans pour leur affouage. — Déc. min., fin. 3 déc. 1822 ; instr. 1187, § 11.

222. — Les mandats de paiement délivrés par les conservateurs des forêts aux gardes forestiers pour rétribution à raison de leur concours aux estimations des forêts à aliéner. — Délib. 22 mars 1833, appr. le 27.

223. — Les minutes des arrêtés par lesquels les sous-préfets agréent les gardes champêtres nommés ou présentés par des particuliers. — Déc. min. fin. 2 sept. 1830 : inst. 1847, § 7.

224. — Les procès-verbaux de vérification de régies des préposés de l'enregistrement et des domaines. — Déc. min. fin., 22 août 1821 ; inst. 995.

225. — Les procès-verbaux dressés aux secrétariats des préfectures pour constater : 1° le dépôt des pièces concernant les demandes de brevet d'invention, de perfectionnement et d'importation ; 2° la présentation d'actes passés devant notaires, et contenant cession ou transport des droits attachés à ces brevets. — Déc. min. fin., 20 oct. 1828 ; inst. 1272, § 11.

226. — Les rapports faits en matière de faillite par le juge commissaire au tribunal de commerce. — Déc. min. fin., 10 mai 1832 ; inst. 1440, § 7.

227. — Les requêtes présentées au président du tribunal et les ordonnances rendues (ord. 22 fév. 1829), à fin de remise par les greffiers aux préposés des domaines, et pour être vendus, des effets déposés dans les greffes. — Déc. min. fin., 3 déc. 1820.

228. — Les copies des conclusions que les avoués sont dans l'usage de remettre au greffier, même dans les matières civiles. — Déc. min. fin., 30 nov. 1830.

229. — Les réquisitions que les conservateurs des hypothèques sont tenus d'exiger par écrit, pour la délivrance de copies des actes ou inscriptions (C. civ., art. 2196). — Déc. min. fin. et just., 6 janv. 1844 ; inst. 1626.

230. — Les avertissemens que les employés d'enregistrement envoient aux redevables pour les inviter à venir payer les droits. — Dict. des dr. d'enreg., v° Avertissement, n° 2.

231. — Les demandes de permis de chasse. — Inst. 12 mars 1846. — V. suprà n° 219.

232. — 15° Les registres de toutes les administrations publiques et des établissemens publics, pour ordre et administration générale. — L. 13 brum. an VII, art. 16, n° 2. — Tels sont :

233. — ...Les registres à souche sur lesquels s'inscrivent les permis de construire ou de réparer, seulement pour la partie réservée aux minutes; mais ils sont sujets au timbre de 1 fr. 25 c. pour celle destinée aux expéditions. — Décis. min. fin., 14 fév. 1809.

234. — ...Les registres des fabriques (Décr. 30 déc. 1809, art. 81).—Mais les actes dans lesquels des tiers concourent avec les fabriques ne pourraient y être inscrits. — L. 15 mai 1818, art. 78; déc. min. fin., 12 mars 1827; inst. 1210, § 14.

235. — ...Les registres tenus dans les chambres des notaires, soit en exécution des lois et réglemens, soit pour l'ordre intérieur. — Déc. min. fin., 28 sept. 1829; inst. 1303, § 11; Roland et Trouillet, *Dict. d'enreg.*, v° *Chambres de discipline*, n° 28.

236. — Les délibérations des chambres de discipline des huissiers portant fixation de la somme qu'ils doivent verser annuellement à la bourse commune. — Déc. min. fin. 3 janv. 1823; inst. 1068.

237. — Les délibérations des chambres des notaires n'étant que de simples actes d'administration d'ordre ou de discipline intérieure ne sont pas sujettes au timbre. Il en serait autrement si elles constataient des conventions avec des particuliers. Arrêté du gouv., 2 niv. an XII; déc. min., just. et fin. ; instr. 608). — Roland et Trouillet, *ibid.*, n° 15.

238. — Les seules expéditions de ces délibérations qui soient exemptes du timbre sont celles délivrées aux procureurs du roi dans l'intérêt de l'administration. Les expéditions des délibérations prises dans l'intérêt des candidats et remises pour être envoyées au ministre de la justice, etc., sont assujéties au timbre. — Déc. min., just. et fin. (inst. 608). La même distinction est à suivre pour tous les extraits ou certificats délivrés.— Déc. min. fin., 28 sept. 1829; inst. 1303, § 11. — Roland et Trouillet, *ibid.*, n° 17 et 18.

239. — Ces dispositions sont communes aux registres et actes des chambres des avoués et des notaires. — Déc. min. fin., 27 déc. 1830; inst. 1354, § 8.

240. — Ne sont pas assujétis au timbre, les registres tenus en vertu de réglemens spéciaux et notamment des ord. des 4 fév. 1820 et 16 juill. 1828, concernant les messageries et voitures publiques. — Quant aux extraits qui sont délivrés aux voyageurs, ils ne doivent être exemptés du timbre que lorsque, n'étant pas signés, ils ne peuvent faire titre aux voyageurs à qui ils sont délivrés. A cet égard la loi du 20 juill. 1827 n'a pas dérogé à l'art. 12, loi 13 brum. an VII. — Délib., 16 janv. 1829, appr. par le min. le 27.

241. — Les registres des monts-de-piété avaient d'abord été considérés comme assujétis au timbre d'après les lois nouvelles. — *Cass.*, 14 vendém. an X, Enreg. c. Mont-de-piété de Paris ; 12 prair. an X, Enreg. c. Mont-de-piété de Paris.

242. — Depuis, des décrets ont déclaré exempts du timbre les registres ainsi que tous les actes relatifs à l'administration des monts-de-piété dans les villes suivantes : Paris, décr. 8 thermid. an XIII; Bordeaux, décr. 30 juin 1806; Marseille, décr. 10 mars 1807; Versailles, 31 mai 1807; Plaisance, décr. 15 janv. 1813; Nîmes, ord. 6 mars 1828. — V. aussi déc. min., 19 juin 1813.

243. —Toutefois, l'exemption ne s'étend pas aux actes personnels aux préposés de ces établissemens. — Déc. min. fin., 20 oct. 1812 ; — Roland et Trouillet, *Dict. d'enreg.*, v° *Mont-de-piété*.

244. — ... 16° Les registres des tribunaux, des accusateurs publics et des commissaires du directoire exécutif (officiers du ministère public), où il ne se transcrit aucune minute d'actes soumis à la formalité de l'enregistrement. L. 13 brum. an VII, art. 16, n° 2.

245. — Tels sont les registres d'écrou en matière correctionnelle ou criminelle. — Déc. min. fin., 4 juill. 1820.

246. — ... 17° Les registres des receveurs des contributions publiques et autres préposés publics. — L. 13 brum. an VII, art. 16, n° 2.

247. — Cette exemption est applicable aux registres que les receveurs-généraux tiennent pour leurs opérations particulières, relativement aux achats et reventes d'effets publics auxquels ils peuvent se livrer. — Déc. min. fin., 6 déc. 1820. — Roland et Trouillet, *Dict. d'enreg.*, v° *Livres de commerce*, n° 19.

248. — Ultérieurement, quelques lois ou ordonnances spéciales ont encore établi des exemptions du timbre dans certains cas. — Ainsi, ont été déclarés affranchis du timbre :

249. — ... 1° Les actes sous seing-privé tendant uniquement à la liquidation de l'indemnité accordée aux anciens émigrés par la loi du 27 avr. 1825, et en tant qu'ils devaient, en conformité de la loi du 26 frim. an VIII, servir aux opérations de la liquidation. — Ord. 1er mars 1825, art. 61 ; inst. 1161.

250. —... 2° Les titres et actes de tout genre produits par les réclamans de l'indemnité attribuée aux anciens colons de St-Domingue ou par leurs créanciers, pour justifier de leurs qualités et de leurs droits. — L. 30 avr. 1826, art. 10.

251. — Cette exemption s'applique aux procurations données par les anciens colons ou par ceux qui les représentent, pourvu qu'elles soient spéciales pour suivre les demandes en liquidation de l'indemnité. — Déc. min. fin., 11 janv. 1827; instr. 1210, § 7.

252. — La disposition de l'art. 10, L. 30 avr. 1826, a été déclarée, par la loi du 18 mai 1840 (art. 10), applicable aux sommes versées ou à verser par le gouvernement d'Haïti à la caisse des dépôts et consignations, ainsi qu'aux titres produits soit devant les tribunaux, soit devant la caisse pour l'exécution de ladite loi.

253. — ... 3° Tous les actes de poursuites devant les conseils de discipline, et tous les jugemens, recours et arrêts en matière de garde nationale.— L. 22 mars 1831, art. 121 ; instr. 1357.

254. — Cette disposition concerne tous les actes de procédure, tant en action qu'en défense.— Déc. min. fin., 5 janv. 1832; instr. 1442.

255. — ...4° Les actes de procédure et des jugemens rendus dans toutes les causes portées devant les juges des droits de navigation du Rhin. — Les parties ne doivent supporter d'autres frais que ceux portés aux art. 21 à 25, décr. 16 fév. 1811. — L. 21 avr. 1832, art. 2.

256. — ... 5° Les manifestes des navires et les déclarations des marchandises qui doivent être fournies aux douanes. — L. 2 juill. 1836, art 7. — Cette dispense avait déjà été prononcée par l'art. 16, ord. 8 juill. 1834.

257. —...6° Les états que les instituteurs produisent, mois par mois, des élèves, conformément à l'art. 14. L. 28 juin 1833, les rôles de recouvrement de la rétribution scolaire et les quittances des instituteurs. — L. 3 juill. 1846, art. 9.

Sect. 3e. — *Actes visés pour timbre.*

258 — Le visa pour timbre ne peut avoir lieu que pour les actes indiqués et dans les cas prévus par la loi.— Circ. 40, 930 et 1419. — Il est, de plus, donné aux actes et écrits en contravention aux lois du timbre.

259. — Dans toutes les villes où il existe un ou plusieurs receveurs des actes civils et un ou plusieurs receveurs des actes judiciaires, il est établi, dans chacun de ces bureaux, un registre du visa pour valoir timbre, savoir un au bureau des actes judiciaires pour tous les papiers à timbrer en débet, destinés aux actes qui s'y enregistrent aussi en débet ; et au bureau des actes civils, un registre du visa pour tous les autres papiers et actes susceptibles d'être visés pour timbre, moyennant le paiement des droits au comptant. — Circ. 7 juin 1806; — Roland et Trouillet, *Dict. d'enreg.*, v° *Visa pour timbre*, n° 2.

260 — Dans le cas où un timbre ou contre-timbre ne peut être mis en activité au moment de la publication d'une nouvelle loi, le receveur y supplée par un visa énonciatif de la quotité ou du supplément de droit. — Instr. 716; — Roland et Trouillet, *Dict. d'enreg.*, v° *Visa pour timbre*, n° 3.

261. — On vise pour timbre au comptant, en débet ou gratis.

§ 1er. — *Visa pour timbre au comptant.*

262. — Comme les visas pour timbre au comptant sont autorisés ou défendus à peu près dans les mêmes cas que le timbre extraordinaire, il faut se reporter à ce que nous avons dit à ce sujet.— V. *infrà* nos 336 et suiv.

263. — Le visa pour timbre est donné par le receveur de l'enregistrement aux papiers destinés à des effets de commerce qui excèdent 20,000 fr. — L. 13 brum. an VII, art. 11.

264. — Le visa doit alors énoncer la forme pour laquelle chaque effet peut être tiré, le montant du supplément de droit et la date de la perception.— *Circ.* 1419.

265. — En présentant à la formalité du timbre des effets négociables écrits en langue étrangère, le porteur doit inscrire sur ces effets une déclaration en langue française, certifiée et signée par lui, du montant des sommes qu'ils ont pour objet. — Décis. min. fin., 28 nov. 1831.

266. — Les billets à émettre par la banque de Bordeaux peuvent être visés pour timbre avec mention du droit perçu qui sera porté en recette sur le registre du visa.—Déc. min. fin. 25 juin 1819. —Même disposition à l'égard des billets de banque de Nantes.—Déc. min. fin. 14 nov. 1821.

267. — On ne peut viser pour timbre ni les minutes ni les expéditions des actes administratifs, car elles sont assujéties au timbre. — Circ. 1566, § 9, instr. 72, § 1er.

268. —Cependant, les devis concernant les établissemens publics, peuvent être visés pour timbre après leur approbation.— Déc. min. fin. 8 fév. 1830.—Décidé de même, au sujet des adjudications concernant l'administration militaire.—Déc. min. fin. 30 sept. 1830; Roland et Trouillet, *Dict. d'enreg.*, vo *Visa pour timbre*, no 4.

269. —Les traités des adjudicataires des coupes de bois de l'état ne peuvent être visés pour timbre après leur confection.—Décis. min. fin. 28 avr. 1820, et 15 nov. 1830.

270. —Les marchés et adjudications concernant l'administration militaire qui ne peuvent avoir d'effet que par l'approbation du ministre de la guerre, peuvent être rédigés sur papier libre; mais après cette approbation ils doivent être soumis au visa pour timbre, aux frais des adjudicataires.— Déc. min. fin. 30 sept. 1830; instr. 1347, § 10; Roland et Trouillet, *Dict. d'enreg.*, vo *Visa pour timbre*, no 11.

271. —Les journaux ne peuvent être visés pour timbre. — Circ. 1105. — Roland et Trouillet, *ibid.*, no 15 bis.

272. —Les affiches sujettes au timbre ne peuvent être visées pour valoir timbre. — Circ. 1105; Roland et Trouillet, no 7.

273. —Un testament olographe ne peut être visé pour timbre sans amende. — *Dict. des droits d'enreg.*, vo *Timbre*, no 680.

274 — Un écrit non signé n'est point un acte; ainsi il peut être visé pour timbre.—Délib. 12 oct. 1827.— V. *infrà* no 347.

275. —Les mandats des maires pour les dépenses communales excédant 10 fr. et qui jusqu'ici devaient être timbrés à l'extraordinaire peuvent, avant d'être quittancés, être admis, moyennant le droit de 35 cent., à la formalité du visa pour timbre dans les bureaux autres que ceux du chef-lieu de département.—Déc. min. fin. 4 oct. 1834; instr. 1398, § 5. — La même faculté existe pour les mandats délivrés par les divers ministères, et il y a lieu d'appliquer la décision aux mandats de paiement délivrés par les commissions administratives des hospices et des établissemens de charité. — Roland et Trouillet, *Dict. d'enreg.*, vo *Visa pour timbre*, no 10.

276. —On peut viser pour timbre, dans les chefs-lieux de sous-préfecture et moyennant le paiement du droit, l'expédition des comptes des receveurs municipaux qui est destinée à servir de décharge à ces comptables. — Déc. min. fin. 14 mai 1819, et 14 août 1825; instr. 1180, § 9.— A cet effet, les sous-préfets ne doivent remettre les doubles aux receveurs municipaux qu'après l'accomplissement de cette formalité. — Roland et Trouillet, *Dict. d'enreg.*, vo *Visa pour timbre*, no 10.

277. —Les receveurs qui ont le registre du visa pour valoir timbre, doivent admettre à la formalité les formules imprimées des procès-verbaux de saisie et des transactions en matière de contri-

butions indirectes, pourvu que les droits soient acquittés à l'instant même.—Déc. min. fin. 8 fév. 1814.—Il en est de même pour les formules de contraintes.—Lettr. du dir. gén. 19 févr. 1822.—Toutefois, la faculté est toujours interdite au chef-lieu du département, attendu que là il existe des poinçons pour l'apposition du timbre extraordinaire.—Lettr. du direct. gén. 3 mars 1821.

278. — Même autorisation pour les formules imprimées, destinées au service de l'administration des douanes; elles peuvent être, moyennant le paiement des droits, et avant qu'il en soit fait usage, timbrées à l'extraordinaire ou visées pour timbre, sans qu'on puisse opposer l'art. 18, L. 13 brum. an VII, à l'huissier qui signera la signification à la suite.—Déc. min. fin. 18 janv. 1828; inst. 1219, § 1. — La disposition a été étendue aux formules imprimées pour les actes de poursuites en matière de contributions directes.—Déc. min. fin. 28 janv. 1830; instr. 1320, § 11; Roland et Trouillet, *Dict. d'enreg.*, vo *Visa pour timbre*, no 6.

279. —Les formules imprimées pour les procès-verbaux constatant la saisie des lettres et paquets transportés en fraude doivent, avant que ces procès-verbaux soient remis au procureur du roi, être timbrées à l'extraordinaire ou visées pour timbre, moyennant le paiement des droits, suivant la dimension du papier.—Déc. min. fin. 4 août 1826; Roland et Trouillet, *ibid.*, no 6.

280. —Les sous-préfets peuvent écrire sur papier non timbré les commissions des gardes-champêtres, lesquelles doivent contenir en marge l'avis qu'elles ne seront délivrées qu'après avoir été revêtues soit du timbre extraordinaire, soit du visa pour timbre, et à la charge en outre par les sous-préfets ou les maires de ne délivrer ces commissions que lorsqu'elles auront reçu la formalité avec paiement du droit dans les bureaux du chef-lieu ou du canton.—Déc. min. fin. 17 nov. 1831; Roland et Trouillet, *ibid.*, no 9.

281. — Les commissions des débitans de tabac et de poudre et autres employés subalternes des contributions indirectes peuvent être visées pour timbre, moyennant le paiement immédiat du droit, dans les chefs-lieux d'arrondissement.— Déc. min. fin., 30 juin 1827; instr. 1214. — On peut également y viser pour timbre les commissions des officiers publics et ministériels. — Instr. 1399; — Roland et Trouillet, *ibid.*, no 9.

282. — On peut viser pour timbre au comptant ou timbrer à l'extraordinaire les états de frais de justice en matière de délits forestiers, qui sont rédigés par les greffiers et huissiers pour être annexés aux mandats de paiement à leur profit.— Déc. min. fin., 7 mars, 1834; circul., no 36; — Roland et Trouillet, *ibid.*, no 15.

283. — On ne peut viser pour timbre les procès-verbaux des gardes des particuliers. — Déc. min. fin., 26 germ. an VII; — Roland et Trouillet, *ibid.*, no 16.

§ 2. — *Visa pour timbre en débet.*

284. — Le visa pour timbre en débet est ordinairement accordé aux actes que la loi a soumis à l'enregistrement également en débet. — V. ENREGISTREMENT, nos 664 et suiv.

285. — Les actes et procès-verbaux des huissiers, gendarmes, préposés, gardes champêtres ou forestiers (autres que ceux des particuliers), et généralement tous actes et procès-verbaux concernant la police ordinaire, et qui ont pour objet la poursuite et la répression des délits et contraventions aux règlemens généraux de police et d'impositions, sont visés pour timbre en débet, lorsqu'il n'y a pas de partie civile poursuivante, sauf à suivre le recouvrement des droits contre les condamnés. — L. 25 mars 1817, art. 74.

286. — Dès lors, par application du principe qui a dicté l'art. 74 L. 25 mars 1817, on a déclaré, aussi bien avant la publication de cette loi qu'après, qu'il y avait lieu de viser pour timbre en débet.

287. — ... Les actes et procédures de poursuite d'office par le ministère public: 1o en demande d'interdiction (C. civ., art. 491); — 2o en condamnation pour défaut des formes légales, en matière d'actes de l'état civil et en rectification de ces mêmes actes; — 3o pour contravention à la loi sur le notariat; — 4° et généralement dans tous les cas où le ministère public agit dans l'intérêt de la loi. — Décr. 18 juin 1811; instr. 531.

288. — ... En matière de roulage, tous les actes postérieurs aux procès-verbaux de contravention, ainsi que les poursuites faites devant les tribunaux, et le droit est recouvré sur les condamnés. — Ordonn. 30 déc. 1822; décis. min. fin., 14 mai 1835; instr. 345 et 1498, § 8.

289. — Les procès-verbaux des gardes champêtres constatant des délits ruraux ou forestiers, sont, comme tous les actes ayant pour but la poursuite et la répression des délits et contraventions, soumis au visa pour timbre en débet. — *Cass.*, 24 juin 1842 (t. 2, 1842, p. 461). min. publ. c. Bourge et Rouault.

290. — ... Les procès-verbaux d'assiette, d'arpentage, de balivage, réarpentage et récolement des coupes des bois de l'état et des coupes de bois communaux, sauf le recouvrement du droit contre les adjudicataires. — Décis. min. fin. 19 germ. an XIII; instr. 281 et 1075.

291. — ... Les procès-verbaux des délits commis dans les bois vendus par l'état, lorsque ces procès-verbaux sont dressés par les agens forestiers avant que le prix en ait été soldé; car l'adjudicataire n'est propriétaire incommutable qu'après le paiement intégral de son prix. — Solut. 2 août 1832.

292. — ... Les actes et procès-verbaux relatifs aux coupes et arbres délivrés en nature dans les bois des communes et des établissemens publics, parce qu'il n'y a lieu à la perception des droits que dans le cas de poursuite devant les tribunaux (C. forest., art. 104). — Instr. 10 fév. 1836, 1304, § 5.

293 — ...Les procès-verbaux pour contravention en matière de grande voirie, sauf recouvrement des droits sur les parties condamnées ou par lesquelles les délits ont été reconnus. — Décis. min. fin., 11 frim. et 4 germ. an XI; instr. 290, nos 64 et 415, n° 1.

294. — ...Les procès-verbaux des gardes du génie pour contraventions relatives aux servitudes imposées à la propriété pour la défense de l'état, sauf recouvrement ultérieur des droits sur les contrevenans. — L. 29 mars 1806; ord. 1er août 1821; instr. 998.

295. — ... Les procès-verbaux des agens-voyers (L. 21 mai 1836, art. 14) et de tous autres officiers de police judiciaire, constatant des délits ou contraventions commis sur les chemins vicinaux. — Décis. min. fin. 3 juill. 1837; instr. 1562.

296. — ... Les procès-verbaux des agens des ponts et chaussées, lesquels sont, relativement à leurs fonctions, assimilés aux gardes forestiers et ruraux. — Décis. min. fin. 16 frim. an XI, et 25 dé.. 1812.

297. — De même, les gardes-pêche sont assimilés aux agens forestiers quant au timbre de leurs actes et procès-verbaux. — Inst. 63 et 246.

298. — Mais les procès-verbaux des gardes des particuliers, lors même qu'ils ont pour objet des délits poursuivis d'office par le ministère public, ne peuvent être visés pour timbre en débet; à cet égard la prohibition de la loi du 23 mars 1817 est formelle. — Décis. min. fin. 2 mai 1828.

299. — Les inspecteurs de la salubrité publique se trouvent compris sous les dénominations de *préposés* et d'*employés* dont se sert la loi; en conséquence leurs procès-verbaux sont assujétis au visa pour timbre en débet. — *Cass.*, 22 juin 1842 (t. 2 1842, p. 588)., Rieux Segré c. Enreg.

300. — Les actes de signification des arrêtés des préfets relatifs à la délimitation des bois des communes et des établissemens publics peuvent être visés pour timbre en débet, sauf le recouvrement du droit contre les communes et les établissemens propriétaires des bois. — Décis. min. fin. 7 nov. 1828; instr. 1263. § 1er.

301. — Il en est de même des délibérations des conseils municipaux portant nomination d'entrepreneurs pour l'exploitation des coupes affouagères délivrées aux communes, lorsqu'elles ne contiennent aucune autre convention arrêtée entre la commune et l'entrepreneur. Elles seraient assujéties au paiement immédiat du droit, si elles renfermaient en outre une convention de salaire

TIMBRE, ch. 2, sect. 3e.

accordé à cet entrepreneur. — Décis. min. fin. 17 avr. 1843; instr. 1627, § 1er.

302. — Les communes n'ont pas droit au visa pour timbre en débet pour les actes relatifs aux chemins vicinaux. — Décis. min. fin. 8 janv. 1841; instr. 1627.

303. — Doivent être visés pour timbre en débet les actes d'apposition et levée de scellés dans lesquels les juges de paix agissent d'office (C. procéd., art. 911), quand des successions s'ouvrent au profit d'héritiers absens et non représentés ou de mineurs qui n'ont ni tuteurs ni curateurs. — Décis. min. fin. 20 fructid. an X, et 1er prair. an XIII; inst. 290, n° 3.

304. — ... Ou bien encore quand le juge de paix agit d'office, soit pour une nomination de subrogé-tuteur dans une tutelle antérieure au Code, soit pour provoquer le retrait de la tutelle dans le cas de l'art. 421, C. civ. — Décis. min. 28 juin 1808; instr. 390, n° 1er.

305. — Les actes de procédures suivies dans l'intérêt de l'université ne peuvent être admis au visa pour timbre. — Décis. min. fin. 2 févr. 1843; instr. 621.

306. — Sont également visées pour timbre en débet les déclarations d'appel de tous jugemens rendus en matière de police correctionnelle lorsque l'appelant est emprisonné. — L. 25 mars 1817, art. 74.

307. — La rentrée des droits des actes, procès-verbaux et jugemens visés pour timbre en débet, doit être suivie contre les parties condamnées d'après les extraits des jugemens qui sont fournis aux préposés de la régie par les greffiers. — L. 22 frim. an VII, art. 70, § 1er, n° 5. — A ce sujet V. ENREGISTREMENT, nos 1877 et suiv.

308. — Le coût du visa en débet pour procès-verbaux des gardes-champêtres constatant des délits ruraux ou forestiers doit être compris dans la liquidation des frais. — *Cass.*, 24 juin 1842 (t. 2 1842, p. 461), Min. publ. c. Bourge et Rouault.

309. — Les droits de visa pour timbre des rapports et procès-verbaux des agens et officiers de police étant à la charge des contrevenans reconnus coupables, les tribunaux ne peuvent se dispenser de les comprendre dans la taxe des frais, sur le motif qu'ils étaient inutiles, l'inculpé ayant fait l'aveu de la contravention à lui imputée. — *Cass.*, 16 avr. 1842 (t. 2 1842, p. 211), Min. publ. c. Hamelin.

§ 3. — *Visa pour timbre gratis.*

310. — Sont visés pour timbre gratis, les actes et procédures et les jugemens à la requête du ministère public, ayant pour objet : 1° de réparer les omissions et de faire les rectifications sur les registres de l'état civil d'actes qui intéressent les indigens; 2° de remplacer les registres de l'état civil perdus par les événemens de la guerre, et de suppléer aux registres qui n'auraient pas été tenus. — L. 25 mars 1817, art. 75.

311. — Ainsi doivent être visés pour timbre gratis, lorsqu'ils concernent des individus qui justifient par un certificat du maire de leur commune, légalisé par le sous-préfet, qu'ils sont dans l'indigence: 1° l'acte de notoriété rédigé dans la forme prescrite par les art. 70 et 71 C. civ., pour remplacer l'acte de naissance de chacun des futurs époux;—2° le jugement d'homologation de cet acte de notoriété, exigé par l'art. 72, C. civ., ainsi que les actes de procédure auxquels le jugement peut donner lieu, à la requête du ministère public; — 3° L'acte de notoriété prescrit par l'art. 155, C. civ., dans le cas d'absence des pères et mères des futurs époux; — 4° La délibération du conseil de famille portant consentement au mariage des fils ou filles mineurs de vingt-un ans, conformément à l'art. 160, C. civ.—Décis. min. fin et just. 11 nov. 1824, 4 oct. 1839; 24 fév. 1840, et 23 août 1844; inst. 1699.

312. — Ces dispositions ont depuis été consacrées par l'art. 8 de la loi du 3 juill. 1846, qui porte qu'on doit viser pour timbre gratis les extraits des registres de l'état civil, les actes de notoriété, de consentement, de publication, les délibérations des conseils de famille, les actes de procédure, les jugemens et arrêts dont la production est nécessaire pour la célébration du mariage des person-

nes indigentes et pour la légitimation de leurs enfans, lorsqu'il y a lieu à l'enregistrement. Les actes, extraits, copies ou expéditions ainsi délivrés ne peuvent servir que pour les causes ci-dessus indiquées.

313. — Doivent être également visés pour timbre gratis, tous les actes dont les droits, s'ils étaient exigés, seraient à la charge de l'état, ou devraient être remboursés par lui. — Tels sont :

314. — ... Les actes pour acquisitions au profit du ministère de la guerre. — Ord. 1ᵉʳ août 1821, art. 64, instr. 998.

315. — ... Les actes pour l'achat des terrains pour l'agrandissement des routes royales ou départementales. — Instr 1303. § 16 ; *Dict. des droits d'enregistr.*, vº *Timbre*, nº 650.

316. — ... Les arrêtés rendus par les préfets pour l'alignement des constructions sur la voie publique, s'il en résulte une concession de terrain qui tourne au profit de l'état. — Instr. 860 ; *Dict. des droits d'enregistr.*, vº *Timbre*, nº 660.

317. — ... Les baux des bâtimens et terrains dont le prix est à la charge de l'état. — Décis. min. fin., 22 juin 1830.

318. — ... Les procès-verbaux d'estimation des bois dumaniaux, sol et superficie qui ont dû être vendus en vertu des lois des 25 mars 1817 et 25 mars 1831. — Arr. min. fin. 27 mars 1831 ; nstr. 819 et 1361.

319. — ... Les certificats délivrés par les conservateurs des hypothèques sur une expropriation forcée poursuivie par l'administration des domaines, lorsqu'elle se rend adjudicataire pour le compte de l'état, faute d'enchérisseurs. — Instr. 21 pluv. an XII, 202.

320. — ... Les expéditions des arrêtés des préfets qui autorisent la main-levée d'inscriptions prises par erreur sur la réquisition des agens du gouvernement. — Instr. 176 ; *Dict. des droits d'enregistr.*, vº *Timbre*, nº 656.

321. — ... Les extraits ou états d'inscription et certificats de non inscription aux hypothèques, requis par les préfets, dans l'intérêt du trésor, pour connaître si les biens des comptables et de leurs cautions sont libres ou grevés d'hypothèque. — Circ. 2034, *Dict. des dr. d'enreg.*, vº *Timbre*, nº 637.

322. — ... Les répertoires des porteurs de contrainte. — Instr. 363 et 382, § 2, *Dict. des droits d'enreg.* vº *Timbre*, nº 658.

323. — ... Les commissions nouvelles délivrées dans un but purement politique, et dans l'intérêt du trésor, aux employés du gouvernement qui ne changent ni de grade ni de résidence. — Décis. min. fin. 11 fév. 1830.

324. — ... Les délibérations des conseils de famille ayant pour objet d'autoriser les tuteurs à consentir à l'engagement volontaire des mineurs âgés de moins de vingt ans. — Décis. min. fin. 9 nov 1812 ; instr. 1422, § 3.

325. — Sont visés pour timbre gratis, les actes judiciaires, les arrêts des cours royales et de la cour de Cassation, relativement aux contestations en matière d'inscription sur les listes d'élection des membres de la chambre des députés. — L. 19 avr. 1832, art. 33 ; — Décis. min. fin. 24 mai 1838 ; Instr. 24 déc. 1838.

326. — Les plans, procès-verbaux, certificats, significations, jugemens, contrats, quittances et autres actes faits en vertu de la loi sur l'expropriation pour cause d'utilité publique sont visés pour timbre gratis, lorsqu'il y a lieu à la formalité de l'enregistrement. — L. 7 juill. 1833, art. 58. — Cette disposition a été reproduite textuellement dans l'art. 58, L. 3 mai 1841.

327. — Sur la question de savoir quand ces différens actes doivent être réputés faits en vertu de la loi sur l'expropriation publique, il faut consulter le mot ENREGISTREMENT, nºˢ 727 et suiv. — Toutefois, nous rapporterons quelques décisions rendues en ce qui concerne le timbre spécialement.

328. — Les seules acquisitions exemptées de droits ou admises conformément à l'art. 58, L. 3 mai 1841 à la restitution de ceux qui ont été précédemment payés, sont celles qui se réfèrent aux propriétés désignées dans l'arrêté préfectoral pris en vertu des art. 2 et 11, L. 3 mai 1841 — Instr. 1660. 14 mars 1842.

329. — L'exemption n'est point applicable aux acquisitions, significations et autres actes qui sont le résultat d'une procédure en expropriation concernant les chemins vicinaux. — Décis. min. fin. 12 janv. 1843 ; inst. 1684.

330. — Avant les lois de 1833 et 1841, on avait décidé que les actes passés dans l'intérêt des départemens et portant acquisition de terrains pour l'alignement ou le prolongement des routes départementales devaient être rédigés sur papier timbré. — Décis. min. fin. 29 mars et 10 oct. 1825, 7 janv. et 21 mai 1828 ; instr. 1249, § 1ᵉʳ.

331. — Décidé également, depuis la loi de 1841, que les acquisitions faites à l'amiable par les départemens, telles que des terrains nécessaires pour les routes départementales, sont soumises au droit ordinaire de timbre, lorsqu'elles sont antérieures à l'arrêté du préfet qui détermine les propriétés soumises à l'expropriation, sauf la restitution de ces droits, si, dans le délai de deux ans à partir de l'acquisition, les immeubles acquis se sont trouvés compris dans ces arrêtés. — Déc. min. fin., 20 nov. 1843 ; instr. 1698.

332. — Mais doivent être visés pour timbre gratis les acquisitions faites par les communes, à l'amiable, pour des travaux d'utilité publique et relatant la loi spéciale ou l'ordonnance d'autorisation de ces travaux et la poursuite en exproⁱration de ces propriétés. — Déc. min. fin., 21 mai 1833 ; instr. 1485.

333. — Les acquisitions faites par une ville des terrains de propriétaires qui démolissent volontairement ou sur injonction faite par suite de vétusté, quand le plan d'alignement a été approuvé par ordonnance royale. Si le propriétaire vendait avant le temps ou si la vétusté l'obligeait à démolir, il faudrait, pour que l'acquisition jouît de l'exemption du droit, qu'une ordonnance royale antérieure eût autorisé l'acquisition pour cause d'utilité publique. — Délib. 20 sept. 1844 ; instr. 1720.

334. — ... Les arrêtés d'alignement, lorsque les constructions auxquelles ils sont relatifs doivent être faites sur les mêmes fondations. — Déc. min. fin., 5 sept. 1818 ; instr. 860.

335. — Lorsque les droits de timbre sont réclamés à propos des contrats d'acquisition à l'occasion de l'établissement de chemins de fer, les tribunaux ne peuvent, sans excès de pouvoir, surseoir à en prononcer la condamnation jusqu'au moment où le bornage définitif opéré contradictoirement entre l'état et la compagnie établira si les immeubles acquis doivent être compris dans le périmètre du chemin de fer, sauf, toutefois, l'action de la compagnie en restitution de droits s'il y a lieu. — Cass., 16 août 1843 (t. 1ᵉʳ 1844, p. 179). Enreg. c. comp. du chemin de fer de Versailles (rive droite).

CHAPITRE III. — *Timbre extraordinaire.*

336. — Il n'y a point, à proprement parler, de timbre extraordinaire ; mais la loi s'étant servie de cette expression, on a contracté l'usage d'appeler *timbre extraordinaire* celui qui s'applique sur les papiers que les particuliers présentent eux-mêmes aux préposés chargés de la perception ou sur les actes qui viennent des colonies et des pays étrangers. — *Dict. des dr. d'enreg.* vº *Timbre*, nº 572.

337. — De plus, comme la régie a cessé, en vertu de l'art. 76, L. 15 mai 1818, de fournir le papier des avis, annonces et affiches, et qu'elle ne fournit pas non plus le papier des journaux et écrits périodiques, nous considérerons ces différentes matières comme se rattachant au timbre extraordinaire.

Sect. 1ʳᵉ. — *Dispositions générales.*

338. — Les particuliers et les administrations publiques qui veulent se servir de papiers autres que ceux de la régie ou de parchemins, sont admis à les faire timbrer avant d'en faire usage. Si les papiers ou le parchemin se trouvent être de dimension différente du papier de la régie, le timbre, quant au droit établi en raison de la dimension, doit être payé au prix du format supérieur. — L. 13 brum. an VII, art. 7 et 18 ; circ. 1105.

339. — Cette faculté est interdite aux notaires, huissiers, greffiers, arbitres, avoués ou défenseurs officieux et à tous autres officiers ou fonctionnaires publics; ils sont tenus, sous peine d'une amende de 100 francs. (20 fr. L. 16 juin 1834, art. 10) de se servir du papier timbré débité par la régie. — L. 13 brum. an VII, art. 18 et 26.

340. — Ainsi, un greffier est passible d'amende pour avoir rédigé un acte de tutelle sur du papier timbré à l'extraordinaire. — *Cass.*, 15 mess. an XI, Enreg. c. Sarrazin.

341. — Mais un huissier peut, à la suite d'une contrainte décernée par la régie sur une feuille de papier timbré à l'extraordinaire, écrire l'exploit de signification de cette contrainte. — *Cass.*, 15 juill. 1806. Enreg. c. Thoinard de Jouy.

342. — Il peut aussi rédiger l'original d'une signification à la suite d'actes ou pièces écrites et signées par la partie requérante sur papier timbré à l'extraordinaire. — Délib. 4 juin 1833.

343. — Néanmoins, les notaires et autres officiers publics peuvent faire timbrer à l'extraordinaire du parchemin lorsqu'ils sont dans le cas d'en employer. — L. 13 brum. an VII, art. 18.

344. — Les écritures privées qui auraient été faites sur papier libre sans contravention aux lois du timbre, quoique non comprises nommément dans les exceptions, ne peuvent être produites en justice sans avoir été soumises au timbre extraordinaire ou au visa pour timbre, à peine d'une amende de 30 fr. (5 fr. L. 16 juin 1824, art. 10) outre le droit de timbre. — L. 13 brum. an VII, art. 30.

345. — Il est défendu aux imprimeurs, sous peine d'une amende de 500 fr. (30 fr. L. 16 juin 1824, art. 10), de tirer aucun exemplaire d'annonces, affiches ou avis sur papier non timbré, sous prétexte de les faire frapper d'un timbre extraordinaire. — L. 28 avr. 1816, art. 68.

346. — Les pétitions et autres pièces assujéties au timbre ne peuvent être admises au timbre extraordinaire ou visa pour timbre sans acquitter l'amende. — Circ. 1402; — Roland et Trouillet, *Dict. d'enreg.*, v° *Timbre*, § 6, n° 10.

347. — Un acte non signé n'est pas un acte; ainsi, il peut être timbré à l'extraordinaire sans amende. — Délib. 12 oct. 1827. — V. *suprà* n° 274.

348. — Les conservateurs des hypothèques ont la faculté de faire timbrer à l'extraordinaire leurs bulletins de dépôt, car ils ne sont ni officiers ni fonctionnaires publics, mais préposés d'une administration publique. — Solut. 9 fév. 1832.

349. — Les mandats donnés par lettres ne sont point passibles de l'amende, lorsqu'avant de s'en servir dans un acte public, on les fait timbrer à l'extraordinaire ou viser pour timbre. — Déc. min. fin. 25 oct. 1808.

350. — Les papiers destinés aux effets de commerce ne peuvent être timbrés à l'extraordinaire qu'à Paris. — Décr. 17 avr. 1806; ord. 8 juill. 1827; déc. min. fin. mars 1832.

351. — Les lettres de voiture et les connaissemens ne peuvent, sous peine d'une amende de 30 fr., être rédigés que sur du papier timbré fourni par l'administration ou sur du papier timbré à l'extraordinaire et frappé d'un timbre noir et d'un timbre sec. — L. 11 juin 1842, art. 6 et 7.

352. — Les droits de timbre extraordinaire de dimension sont les mêmes que ceux du timbre ordinaire de dimension. — L. 28 avr. 1816, art. 62.

353. — Il en est de même des droits du timbre proportionnel. — Arg. L. 13 brum., an VII, art. 15.

354. — Dans les lieux où le timbre extraordinaire ne peut être apposé sur les papiers ou actes, ils sont visés pour timbre.

355. — Le timbre extraordinaire ne peut être donné qu'au comptant. — *Dict. des dr. d'enreg.*, v° *Timbre*, n° 572.

356. — En ce qui concerne les lettres de voitures et les connaissemens, les particuliers qui, dans les départemens autres que celui de la Seine, veulent faire timbrer à l'extraordinaire des papiers destinés aux lettres de voiture ou aux connaissemens, sont admis à les remettre, en payant préalablement les droits, au receveur du timbre à l'extraordinaire établi au chef-lieu de chaque département. Ces papiers sont transmis par le directeur à l'administration, qui les fait timbrer et les renvoie immédiatement. — Les frais de transport sont à la charge de l'administration. — L. 11 juin 1842, art. 6.

TIMBRE, ch. 3, sect. 2e.

Sect. 2e. — *Journaux, affiches et avis.*

§ 1er. — *Journaux et écrits périodiques.*

357. — Les journaux, gazettes, feuilles périodiques ou papiers-nouvelles, ont été assujétis à un timbre fixe de dimension, par la loi du 9 vendém. an VI, art. 56. Toutefois, l'art. 57 a excepté les ouvrages périodiques relatifs aux sciences et aux arts qui ne paraissent qu'une fois par mois, et qui contiennent au moins deux feuilles d'impression.

358. — L'art. 60 de la même loi du 9 vendém. an VI porte que ceux qui répandent des journaux ou papiers-nouvelles sans avoir fait timbrer leur papier seront condamnés à une amende de 100 fr. (20 fr. L. 16 juin 1824, art. 10) pour chaque contravention, et que les objets soustraits seront lacérés. — Les auteurs, distributeurs et imprimeurs sont solidairement tenus de l'amende, sauf leur recours les uns contre les autres. — Art. 61.

359. — La loi du 6 prair. an VII ajoute : Art. 3, les feuilles de supplément jointes aux journaux paieront le droit de timbre comme les journaux eux-mêmes.

360. — Jugé, par suite, que si l'éditeur d'un journal quotidien joint à la feuille du journal une feuille supplémentaire non timbrée, il doit être condamné, non seulement à l'amende, mais en outre à la restitution des droits de timbre fraudés. — *Cass.*, 31 déc. 1823, Enreg. c. Martinville et Dentu.

361. — Les contraventions aux dispositions de la loi du 6 prair. an VII sont punies, indépendamment des droits fraudés, d'une amende de 25 fr. (5 fr. L. 16 juin 1824, art. 10) pour la première fois, et de 50 fr. (10 fr., même loi) pour chacune des autres récidives. — L. 6 prair. an VII, art. 4.

362. — Les dispositions des lois qui concernent le timbre des journaux s'appliquent à tous ouvrages, de quelque étendue qu'ils soient, qui paraissent soit régulièrement, soit irrégulièrement par semaine, soit par numéros, quand même le service n'en serait pas régulier. — L. 28 avr. 1816, art. 70.

363. — Ainsi jugé que des feuilles d'impression publiant chaque jour le compte-rendu des séances d'un tribunal ne peuvent être imprimées et surtout distribuées, sans avoir reçu la formalité du timbre. — *Cass.*, 13 avr. 1835, Enreg. c. Dezairs.

364. — ... Que les extraits imprimés d'un journal soumis au timbre doivent, pour être émis dans le public, être timbrés comme le journal lui-même, encore bien qu'ils ne reproduiraient que le texte d'un jugement ou arrêt. — *Cass.*, 22 déc. 1834, Enreg. c. Bousquet.

365. — ... Que la loi qui assujétit à la formalité du timbre les journaux et écrits périodiques s'applique à tous écrits formant une série de publications sous un même titre et par ordre de numéros, bien qu'ils paraissent irrégulièrement. — *Cass.*, 1er mars 1836, Cabet c. Enreg.

366. — Toutefois l'exemption du timbre a été prononcée en faveur des ouvrages périodiques relatifs aux sciences et aux arts ne paraissant qu'une fois par mois ou à des intervalles plus éloignés et contenant au moins deux feuilles d'impression. — L. 25 mars 1817, art. 76.

367. — Le bulletin d'une société d'avances mutuelles sur garantie, contenant des notions sur le résultat de l'entreprise et des moyens d'en accélérer le développement ne doit pas être considéré comme une feuille périodique consacrée aux sciences et aux arts. C'est plutôt une feuille destinée à favoriser une opération commerciale et soumise, à ce titre, à la formalité du timbre prescrite par l'art. 56, L. 9 vendém. an VI. — *Cass.*, 14 (et non 13 ou 15) juill. 1829, Enreg. c. Lambert.

368. — A dater du 1er janv. 1841, le timbre a cessé d'être exigé des écrits périodiques consacrés à l'agriculture, lors même qu'ils paraîtront plus d'une fois par mois, pourvu qu'ils restent étrangers à la politique. — L. 16 juill. 1840, art. 4.

369. — La dimension des papiers pour les journaux avait été réglée par l'art. 58, L. 9 vendém. an VI ; mais l'art. 3, L. 13 même mois, l'a modifié ainsi : « Le droit de timbre fixe ou de dimension pour les journaux sera de 5 centimes pour chaque feuille de 25 décimètres carrés de superficie (ou

341 pouces carrés), et de 3 centimes pour chaque demi-feuille de même espèce. Ceux qui voudraient user, pour lesdites impressions, de papier dont la superficie serait plus grande que 25 décimètres carrés pour la feuille entière, et 12 décimètres et demi carrés pour la demi-feuille, paieront 1 centime en sus du droit fixé pour chaque 5 décimètres carrés (ou 68 pouces carrés) d'excédant. Le papier sera fourni, dans tous les cas, par les citoyens auxquels il sera nécessaire. »

370. — Plus tard, et indépendamment du droit de timbre, il fut perçu sur les journaux le droit d'un centime et demi par feuille sur ceux imprimés à Paris, et d'un demi-centime sur ceux imprimés dans les départemens. — L. 15 mai 1818, art. 89 ; L. 17 juill. 1849, art. 2 ; L. 23 juill. 1820, art. 5.

371. — Enfin la loi du 14 déc. 1830 porte, art. 2: « Le droit de timbre fixe ou de dimension sur les journaux ou écrits périodiques sera de 6 cent. pour chaque feuille de trente décimètres carrés et au-dessus, et de trois cent. pour chaque demi-feuille de quinze décimètres carrés et au-dessous. — Tout journal ou écrit périodique imprimé sur une feuille de plus de quinze décimètres, et de moins de trente décimètres carrés, paiera un centime en sus pour chaque cinq décimètres carrés. Il ne sera perçu aucune augmentation de droit pour fractions au dessous de cinq décimètres carrés. — Il ne sera perçu aucun droit pour un supplément qui n'excédera pas trente décimètres carrés, publié par les journaux imprimés sur une feuille de trente décimètres carrés et au-dessus. — La loi du 9 vendém. an VI et l'art. 89 de la loi du 15 mai 1818 demeurent abrogés. La loi du 6 prair. an VII est abrogée en ce qui concerne le droit de timbre sur les journaux ou feuilles périodiques. »

372. — Le supplément d'un journal est exempt du timbre, bien qu'il ne paraisse pas en même temps que le journal, s'il n'excède pas trente décimètres carrés, et si le journal lui-même est imprimé sur une feuille de même dimension, ayant acquitté le droit de 6 cent., pourvu toutefois que ce supplément soit distribué aux abonnés seulement. — Délib., 11 juin 1833.

373. — Une feuille qui fait habituellement suite aux livraisons d'un journal ou d'un écrit périodique et forme un même corps d'ouvrage avec ces livraisons, ne peut être considérée comme un supplément de ce journal ou de cet écrit, et par conséquent exemptée du timbre. — Le supplément exempté des droits du timbre par la loi est seulement une publication accidentelle qui vient s'adjoindre à des époques indéterminées et imprévues, et qui n'en est pas une partie nécessaire. — *Cass.*, 13 avr. 1835, Enreg. c. journal la *Mode*.

374. — Le jugement qui décide à tort que la feuille imprimée d'un journal est un supplément exempt du timbre confient autre chose qu'une appréciation de fait, et donne ouverture à cassation. — *Cass.*, 13 avr. 1835, Enreg. c. journal la *Mode*.

375. — Un écrit imprimé traitant de matières politiques, destiné à être vendu sur la voie publique, mais n'ayant pas le caractère de la périodicité, n'est pas soumis au timbre comme les annonces ou avis. — *Paris*, 11 oct. 1835, min. publ. c. Delente (V. sous *Cass.*, 22 nov. 1833).

376. — En cas de contravention aux lois du timbre, en matière de journaux et écrits périodiques, l'amende doit être appliquée à chaque exemplaire saisi dont le papier n'a pas été soumis au timbre. — *Cass.* 1er août 1836. Cabet c. Enreg.

377. — La défense que l'art. 23 de la loi du 13 brum. an VII fait de mettre deux actes sur la même feuille de papier est applicable aux journaux. Ainsi deux journaux qui diffèrent entre eux de date et de numéro ne peuvent être imprimés sur la même feuille de papier timbré. — Solut. 29 pluv. an VIII.

378. — Les œuvres de musique étaient assujéties au timbre par l'art. 56 de la loi du 9 vendém. an VI. Toutefois la loi du 2 flor. suivant avait excepté de la formalité les œuvres de musique non périodiques, contenant plus de deux feuilles d'impression.

379. — Par *œuvres de musique* on entendait la réunion des diverses parties destinées aux instrumens pour lesquels cette musique avait été composée, ces parties étant inséparables et n'ayant

aucune valeur l'une sans l'autre. — Solut., 25 oct. 1831 ; Roland et Trouillet, *Dict. d'enreg.*, v° *Musique*, n° 4.

380. — Les droits de timbre pour la musique gravée en France et qui était exportée à l'étranger devaient être remboursés sur la représentation du certificat de sortie. — Décr. 30 thermid. an XIII, art. 1er ; circul. 1re brum. an XIII et 9 frim. an XIV.

381. — Les papiers-musique venant de l'étranger étaient également assujétis au timbre ; la formalité avait lieu au chef-lieu du département par lequel ils arrivaient ; et les directeurs de poste et de messageries ne pouvaient, sous peine d'amende, se charger de ces papiers s'ils n'étaient pas timbrés. — Décis. min. fin. 22 frim. an VI ; circ. 1153, instr., n° 326.

382. — Aujourd'hui, l'art. 3, L. 16 juill. 1840, porte : « Sont et demeurent abrogés, à partir du 1er janv. 1841, les dispositions de l'art. 56, L. 9 vendém. an VI, et de l'art. 1er, L. 2 flor. suivant, qui assujétissaient au timbre les œuvres de musique. — Les dispositions de l'art. 76, L. 25 mars 1817, et de l'art. 2, L. 14 déc. 1830, continueront d'être appliquées aux journaux et écrits périodiques consacrés à l'art musical. »

§ 2. — *Affiches.*

383. — Suivant la loi du 9 vendém. an VI (art. 56), toutes les affiches autres que celles émanées de l'autorité publique, doivent être sur papier timbré. Les auteurs, afficheurs, distributeurs et imprimeurs sont solidairement tenus de l'amende. — Art. 61.

384. — Jugé, sous l'empire de cette loi, que l'imprimeur d'une affiche non timbrée, placardée même sans sa participation, est passible de l'amende, sauf son recours contre qui de droit. — *Cass.*, 23 vent. an X, Enreg. c. Laurent.

385. — La loi du 28 août 1816, qui forme aujourd'hui l'unique règle de perception du droit de timbre sur les affiches, porte (art. 65) : « Toutes les affiches, quel qu'en soit l'objet, seront sur papier timbré. . »

386. — Le prix de la feuille du papier des affiches portant vingt-cinq décimètres carrés de superficie est de 10 centimes ; celui de la demi-feuille, de 5 centimes. — L. 28 avr. 1816. art. 65. — La subvention du dixième n'est pas ajoutée à ces droits. — Art. 67.

387. — Ainsi, on n'a pas conservé la progression d'un centime en sus que la loi du 9 vendém. an VI avait établie par chaque cinq décimètres carrés. Il n'existe donc plus que deux quotités de droits de timbre pour les affiches, l'une de cinq centimes pour chaque demi-feuille de douze centimètres et demi carrés et au-dessous, l'autre de dix centimes pour les papiers qui excèdent cette dimension. — Décis. min. fin. 12 juill. 1833, qui abroge celle du 11 août 1818. — Roland et Trouillet. *Dict. d'enregist.*, v° *Affiches*, n° 7.

388. — Il avait d'abord été dit que le papier timbré pour affiches serait fourni par la régie (L. 28 avr. 1816, art. 65) ; mais depuis faculté a été accordée aux particuliers de faire timbrer avant l'impression du papier autre que celui de l'administration dont ils voudraient se servir pour affiches. — L. 25 mars 1817, art. 77.

389. — Enfin l'art. 76, L. 1er juill. 1818, a déclaré que le papier ne serait plus fourni par la régie et que les particuliers seraient tenus de le présenter au timbre avant l'impression, sous les peines portées par l'art. 69, L. 28 avr. 1816.

390. — La contravention d'un imprimeur aux dispositions qui précédent est punie d'une amende de 500 fr. (50 fr., L. 16 juin 1824, art. 10), sans préjudice du retrait de sa commission. Ceux qui sont convaincus d'avoir ainsi fait afficher et distribuer des imprimés non timbrés sont condamnés à une amende de 100 fr. (20 fr., L. 16 juin 1824, art. 10), et de plus aux peines de simple police (C. pén., art. 474). L'amende est solidaire et emporte contrainte par corps. — L. 28 avr. 1816, art. 69.

391. — Le papier des affiches ne peut être de couleur blanche ; il doit porter le même filigrane

que les autres papiers timbrés. — L. 28 juill. 1791, 28 avr. 1816, art. 65.

392. — Si on s'est servi de papier de couleur blanche, il y a lieu à une contravention de 100 fr. (20 fr., L. 16 juin 1824, art. 16) à la charge de l'imprimeur qui est toujours tenu d'indiquer son nom et sa demeure au bas de l'affiche. (L. 25 mars 1817, art. 77). — Cette amende de 100 fr. contre l'imprimeur a été maintenue par l'art. 76, L. 15 mai 1818.

393. — Toutefois, ces dispositions générales de la loi relativement au timbre et à la couleur des affiches souffrent quelques exceptions; ainsi, elles ne concernent pas :

394. — . Les affiches manuscrites sur papier ou sur bois que les particuliers apposent sur leurs demeures pour annoncer une location, un genre de commerce ou d'industrie, ou la vente de la maison même. — Déc. min. fin., 7 brum. an VI et 7 déc. 1813, circ. 1124. — Ces affiches peuvent donc être écrites sur papier blanc. — Roland et Trouillet, *Dict. d'enreg.*, v° *Affiche*, n° 11.

395. — ...Les affiches émanées de l'autorité publique. (L. 9 vendém. an VI, art. 56). — Cette disposition s'applique aux affiches que l'autorité administrative fait apposer pour annoncer des ventes, baux et adjudications au nom de l'état (Circ. 1133). — La loi du 28 avr. 1816 n'a rien changé à ces dispositions. — Décis. min. fin. 17 nov. 1816, Roland et Trouillet, *ibid.*, n°s 16 et 17.

396. — ...Les affiches annonçant les foires et les fêtes patronales ; car elles doivent être considérées comme tenant à l'ordre public que l'autorité doit maintenir dans les réunions. — Décis. min. fin. 28 mai 1819, Roland et Trouillet, *ibid.*, n° 19.

397. — ...Les affiches apposées au nom de l'administration des postes (circ. 1161) ou de celle des douanes pour vente d'effets saisis par ses préposés. — Même circ., Roland et Trouillet, *ibid.*, n° 18.

398. — ...Les affiches annonçant la vente de coupes de bois des communes et établissemens publics, par interprétation de l'art. 104, C. forest. (Solut. 6 janv. 1832). — Cette solution est critiquée avec raison par le journal de l'enregistrement, art. 10,288 et par le mémorial, art. 2272. — Roland et Trouillet, *ibid.*, n° 13.

399. — ...Les affiches annonçant la location des biens affectés aux haras. — Solut. 1er juill. 1830, Roland et Trouillet, *ibid.*, n° 15.

400. — ...Les affiches qui ont pour objet de donner connaissance d'une faillite (C. comm. 457); car elles rentrent dans la classe de celles qui sont apposées par mesure d'ordre public (Décis. min. fin. 15 mars 1814). — D'où il suit que les affiches contenant l'extrait d'un jugement de déclaration de faillite peuvent être annexées au procès-verbal de l'huissier constatant l'apposition de cet extrait quoiqu'elles soient sur papier libre. — Décis. min. fin. 26 juill. 1832, Rolland et Trouillet, *ibid.*, n° 32.

401. — Mais l'exemption du timbre, accordée aux affiches des actes émanés de l'autorité publique, ne s'applique qu'aux affiches des actes uniquement faits dans l'intérêt public. Dès-lors, celui qui fait afficher un jugement qui prononce une condamnation en sa faveur, est passible de l'amende, solidairement avec l'imprimeur, si les affiches ne sont point faites sur papier timbré. — Cass., 16 juill. 1811, Enreg. c. Duverger.

402. — On tolère l'apposition des placards imprimés sur papier blanc et sans timbre, destinés à indiquer à la porte ou dans l'intérieur des églises l'ordre des offices, des sermons, des prières, les noms des prédicateurs, etc. Il en est de même des mandemens des évêques. — Pic, *Code des imprimeurs et des libraires*, n° 244, à la note *in fine*, t. 1er, n° 217.

403. — Mais on a considéré comme étant assujétis au timbre : les affiches pour adjudication des biens des hôpitaux et maisons de charité. — Déc. min. fin. 28 vendém. an IX.

404. — ...Celles pour la location des biens de la Légion-d'Honneur. — Décis. min. fin. 24 vendém. an XIII, inst. 326 ; Roland et Trouillet, *ibid.*, n° 14.

405. — ...Celles apposées dans l'intérêt des communes pour annoncer des adjudications aux enchères ou au rabais. — Décis. min. fin. 24 nov. 1826, instr. 1205, § 15 ; Roland et Trouillet, *ibid.*, n° 12.

406. — ...Les affiches imprimées par le procédé lithographique. — Déc. min. fin. 20 fév. 1818 et 24 déc. 1819, inst. 287 ; Roland et Trouillet, *ibid.*, n° 10.

407. — ... Les affiches à la brosse. — Déc. min. fin., 13 juill. 1831, inst. 1374 ; Roland et Trouillet, *ibid.*, n° 9. — *Contrà* décis. min. 24 sept. 1819, 18 juill. 1820 et 8 mai 1824.

408. — Des affiches faites à l'aide de planches de cuivre noircies avec un pinceau, et qu'on applique ensuite à la main sur le papier, ne sont pas assujéties aux formalités prescrites par la loi pour les affiches imprimées. — *Paris*, 13 mai 1836, min. publ. c. Delachanterie.

409. — Les affiches manuscrites annonçant une vente d'immeubles dans l'étude d'un notaire, et apposées dans des lieux publics, sont assujetties au timbre. — *Cass.*, 18 janv. 1842 (t. 1er 1842, p. 338), Enreg. c. Ansart.

410. — Il y a même des cas où les affiches ayant un caractère légal doivent porter non plus le timbre à affiches, mais le timbre même de dimension. (L. 13 brum. an VII, art. 12).

411. Ainsi on doit considérer comme des actes assujétis au timbre de dimension les affiches ou placards dont le Code de procédure ordonne l'apposition pour annoncer au public la vente en justice des biens immeubles. — L'huissier qui dresse le procès-verbal de ces affiches ou placards commet une contravention qui le rend responsable de l'excédant du droit de timbre et passible d'une amende par cela seul que les affiches ou placards ont été imprimés sur du papier au timbre de 10 et de 5 centimes. — *Cass.*, 2 avr. 1818, Jardin c. Enregistr. — V. conf. déc. min. fin., 18 vendém. an IX, instr. 1667.

412. — Décidé de même que les affiches relatives à la vente des biens des mineurs à faire devant un notaire délégué par le tribunal sont sujettes au timbre de dimension comme étant ordonnées par les lois. — Déc. min. fin., 16 fév. 1818, confirmée par déc. min. just. et fin. 5 et 15 fév. 1818.

413. — Toutefois il n'y a que les affiches apposées aux lieux indiqués par la loi par ordre de justice qui soient sujettes au timbre de dimension. Celles que l'on destine à donner plus de publicité à une vente, non certifiées par un officier public et qui relatent seulement le nom de l'officier, ne comportent que le timbre à affiches. — Délib. 4 mars 1813, instr. 1667.

§ 3. — *Avis et annonces.*

414. — L'art. 1er, L. 6 prair. an VII, porte : « Les avis imprimés, quel qu'en soit l'objet, qui se crient et distribuent dans les rues et lieux publics ou que l'on fait circuler de toute autre manière sont assujétis au droit de timbre, à l'exception des adresses contenant la simple indication de domicile ou le simple avis de changement. »

415. — Ainsi les avis imprimés qui circulent dans le public par voie et sous la forme de lettres missives sont assujettis au timbre. — *Cass.*, 12 sept. 1809, Enreg. c. Ducommun.

416. — Il en est de même des avis et annonces imprimés par le procédé lithographique. — Déc. min. fin. 20 fév. 1818 et 24 déc. 1819; instr. 287; — Roland et Trouillet, *Dict. d'enreg.*, v° *Affiche*, n° 10.

417. — Toute adresse qui contient d'autres indications que le nom, la qualité et la demeure ancienne et nouvelle de l'individu est un avis, une annonce sujette au timbre. — Déc. min. fin., 8 germin. an VIII.

418. — Les feuilles imprimées qui circulent publiquement dans des villes maritimes et de commerce pour annoncer le prix courant des marchandises et l'arrivée des bâtimens dans la rade sont soumises au timbre. — Déc. min. fin., 25 flor. an XII, 9 fév. 1838 et 31 janv. 1817. — Mais les bulletins des changes et du prix des marchandises, qui circulent de la main à la main ou par lettres cachetées, sont exempts du timbre. — Déc. min. fin., 23 sept. 1806.

419. — Sont assujétis au timbre : 1° les prospectus relatifs à l'administration de la tontine perpétuelle d'amortissement (déc. min. fin., 12 janv. 1821); 2° les titres des actions de cette même tontine (avis cons. fin., 19 nov. 1819, appr. le 31 janv. suiv.); 3° les prospectus de l'agence générale des placemens temporaires et viagers sur les fonds publics (délib. 19 avr. 1826). — Roland et Trouillet, *Dict. d'enregistr.*, v° *Avis*, n° 44.

420. — L'art. 1er, L. 6 prair. an VII, ne s'entendant que des annonces faites dans un intérêt privé, ne s'applique pas aux imprimés qui ne contiennent que la narration d'un fait isolé, comme ceux qui se crient dans les rues pour annoncer l'arrestation d'un criminel. — Délib. 8 avr. 1834, appr. le 24. — Roland et Trouillet, *ibid.*, n° 17.

421. — Les arrêtés et actes de la cour criminelle peuvent s'imprimer et se distribuer sur papier libre, lorsqu'il est constant que ces impressions et distributions ont lieu sous la surveillance du procureur général. — Déc. min. fin, 27 mars 1810.

422. — Les prospectus des proviseurs des colléges royaux annonçant le prix de la pension et le mode d'enseignement ne sont pas sujets au timbre. — Lettre du dir. gén., 10 oct. 1817.

423. — Il en est de même des prospectus des colléges communaux et des écoles secondaires ecclésiastiques. — Délib. 22 déc. 1845; déc. min. fin., 9 janv. 1846.

424. — Mais les prospectus des colléges particuliers et ceux des institutions et pensions particulières sont soumises au timbre. — Déc. min. fin., 5 oct. 1825; 18 avr. 1826; 9 janv. 1846; délib. 22 déc. 1845.

425. — L'art. 2 de la loi du 6 prairial an VII détermine le droit à payer en raison de la grandeur de la feuille d'impression. Puis l'art. 3 de la même loi ajoute : « Les contraventions aux dispositions de la présente seront, indépendamment de la restitution des droits fraudés d'une amende de 25 fr. (5 fr., L. 16 juin 1824, art. 10) pour la première fois, de 50 fr. (10 fr.) pour la seconde, et de 100 fr. (20 fr.) pour chacune des autres récidives.

426. — Les avis et autres annonces, de quelque nature qu'ils soient, assujétis au timbre par la loi du 6 prair. an VII, qui ne sont pas destinés à être affichés peuvent être imprimés sur papier blanc. — L. 28 avr. 1816, art. 66.

427. — Le prix de la feuille est de 10 c.; celui de la demi-feuille de 5 c.; celui du quart de feuille de 2 cent. et demi; celui du demi-quart, cartes et autres de plus petite dimension, est de 1 c. — L. 28 avr. 1816, art. 66. — La subvention du dixième n'est point ajoutée à ces droits. — Art. 67.

428. — L'art. 66, L. 28 avr. 1816, porte que le papier pour avis et annonces sera fourni par la régie, et que les cartes seront fournies par les particuliers, mais timbrées avant tout emploi. — Depuis, l'art. 77, L. 25 mars 1817 a donné aux particuliers qui voudraient se servir, pour avis et annonces, d'autre papier que celui de l'administration, la faculté de le faire timbrer avant l'impression. — Enfin, l'art. 76, L. 15 mai 1818, porte que le papier pour avis ou annonces ne sera plus fourni par la régie; que les particuliers feront timbrer le papier dont ils voudront faire usage, et que le papier sera présenté au timbre avant l'impression, sous les peines portées par l'art. 69, L. 28 avr. 1816. — V. *supra* n°s 387 et suiv.

429. — Sont exempts du timbre, les annonces, prospectus et catalogues de librairie. — L. 25 mars 1817, art. 76.

430. — Ainsi, le prospectus d'un journal est, comme ceux de tout autre ouvrage politique et littéraire, exempté du timbre. — Déc. min. fin., 5 mars 1820; solut. 5 mars 1831. — *Contrà* déc. min. fin., 20 déc. 1832.

431. — L'exemption a été étendue aux annonces, prospectus et catalogues d'objets relatifs aux sciences et aux arts. — L. 15 mai 1818, art. 83.

432. — ... Et cela, soit qu'il s'agisse des arts libéraux ou des arts mécaniques, attendu que la loi ne distingue pas. — Décis. min. fin. 27 sept. 1822; instr. 1058.

433. — Sont dispensés du timbre les avis contenant le catalogue et les prix-courans des arbres et plantes que cultive le propriétaire d'un établissement d'horticulture. — Déc. min. fin. 13 avr. 1829; — Roland et Trouillet, *Dict. d'enreg.*, v° *Avis*, n° 27.

434. — Mais l'exemption n'est point applicable à l'avis imprimé et distribué par lequel un marchand grainetier annonce au public des grains, graines de fleurs, légumes secs et fourrages qu'il vend et dont il indique le prix. — *Cass.*, 10 juill. 1839 (t. 2 1843, p. 273), Enreg. c. Eloy.

435. — L'avis annonçant qu'on met des livres en lecture, qu'on abonne aux journaux et qu'on fait des reliures, ne doit pas être assimilé à un ouvrage périodique sur les sciences et arts, ou à un catalogue de librairie, et comme tel est dispensé du timbre. — En conséquence, l'imprimeur qui l'a imprimé et le libraire qui l'a distribué sur papier non timbré sont passibles de l'amende prononcée par les lois. — *Cass.*, 7 fév. 1832, Enreg. c. Prud'homme.

436. — Jugé également que, dans les avis imprimés assujétis au droit de timbre par la loi du 6 prair. an VII on doit comprendre les descriptions bibliographiques ou catalogues de livres qui se distribuent avec une page imprimée séparément, annonçant le jour et le local de la vente publique. — *Bruxelles*, 2 fév. 1822, Demat c. Enreg.

437. — L'écrit imprimé et distribué contenant la nomenclature de diverses maladies, et l'annonce d'un remède qui doit en assurer la guérison, renfermant les initiales des noms des personnes traitées ou guéries, et divers articles médicaux, enfin indiquant l'adresse et les heures de consultation du docteur en médecine qui en est l'auteur, n'est pas exempt du droit de timbre comme prospectus relatif aux sciences. — *Cass.*, 16 nov. 1835, Enreg. c. Benech de Saint-Cirq.

438. — Jugé de même au sujet de l'avis imprimé par lequel un médecin prévient le public qu'il donne des consultations à des heures déterminées, et énumère les cures qu'il prétend avoir faites par une méthode de son invention. — *Cass.*, 12 juill. 1842 (t. 2 1842, p. 480), Enreg. c. Payerne.

439. — Est sujet au timbre, comme étant un objet de spéculation, l'avis par lequel on annonce l'intention de céder le droit d'enseigner une méthode utile aux arts et aux sciences, par exemple une méthode de calligraphie. — Délib. 9 oct. 1827.

440. — Une circulaire imprimée par laquelle un notaire donne connaissance au public de sa nomination, de son entrée en exercice et de sa demeure, n'est pas assujétie au timbre. — Délib. 7 avr. 1824 ; — Roland et Trouillet, *Dict. d'enreg.*, v° *Avis*, n° 31.

CHAPITRE IV. — *Obligations des particuliers et des officiers ou fonctionnaires publics, relativement au timbre.*

441. — Les obligations des particuliers et des officiers ou fonctionnaires publics, relativement au timbre, consistent à : 1° se servir du timbre prescrit, en raison de la nature des actes ; 2° ne pas employer un papier timbré ayant déjà servi ; 3° ne pas altérer l'empreinte du timbre ; 4° ne pas écrire deux ou plusieurs actes à la suite l'un de l'autre sur la même feuille de papier timbré ; 5° enfin ne faire aucun acte ou rendre aucun jugement en vertu d'un acte écrit sur papier non timbré.

Sect. 1re. — *Emploi du timbre en raison de la nature des actes.*

442. — Les officiers et fonctionnaires publics ne peuvent rédiger aucun acte public ou délivrer aucune expédition sur papier non timbré, sous peine d'une amende de 100 fr. (aujourd'hui 20 fr., L. 16 juin 1824, art. 10); L. 13 brum. an VII, art. 17 et 26, n° 5.

443. — Ainsi, un notaire ne peut, sous peine d'amende, délivrer sur papier libre un extrait d'un acte par lui précédemment reçu. — *Cass.*, 23 (et non 25) mai 1808, Enreg. c. Barthélemy.

444. — On l'avait décidé de même, sous la loi du 7-18 févr. 1791. — *Cass.*, 15 brum. an II. Enreg. c. Pilette.

445. — Le récépissé par lequel le secrétaire de la chambre des notaires constate le dépôt d'un extrait de contrat de mariage ou de jugement de séparation entre époux dont l'un est négociant, peut être délivré sur papier timbré de petite dimension. — *Cass.*, 16 févr. 1824. Enreg. c. Barazer.

446. — Un exploit n'est pas nul pour n'être pas écrit sur un papier timbré de la qualité prescrite

et la contravention ne donne lieu qu'à un amende. — *Cass.*, 22 messid. an XII, Vigier c. Margerin et Velys. — V. *suprà* n° 34.

447. — Chaque acte ou écrit sous signature privée fait sur papier non timbré donne lieu à une amende de 30 fr. (aujourd'hui 5 fr.). — L. 13 brum. an VII, art. 26, n° 3; L. 16 juin 1824, art. 10.

448. — Quoiqu'un acte sous seing-privé ait été rédigé en plusieurs doubles sur papier non timbré, il n'est dû qu'une seule amende, car il ne s'agit que d'un seul acte. — Solut. 2 juill. 1812; décis. minist. fin., 11 août 1812; *Dict. des droits d'enreg.* v° *Timbre*, n° 674.

449. — Tous individus assujétis à tenir des livres par les lois et réglemens sont tenus de les faire timbrer sous peine d'une amende de 500 fr. (aujourd'hui 50 fr., L. 16 juin 1824, art. 10) pour chaque contravention. — L. 28 avr. 1816, art. 72. — Il y a dérogation à cet égard en ce qui concerne les livres de commerce qui, comme on l'a vu *suprà* n° 421, ont été affranchis du timbre par la loi du 20 juill. 1837.

450. — Les notaires, greffiers, arbitres et secrétaires des administrations ne peuvent, sous peine d'une amende de 50 fr. (10 fr., L. 16 juin 1824, art. 10), employer, pour les expéditions qu'ils délivrent, des actes retenus en minute et de ceux déposés ou annexés, de papier timbré d'un format inférieur à celui appelé *moyen papier*. — L. 13 brum. an VII, art. 19 et 26, n° 4.

451. — Les huissiers et autres officiers publics ou ministériels ne peuvent non plus, sous la même peine, employer du papier timbré d'une dimension inférieure à celle du moyen papier pour les expéditions des procès-verbaux de ventes de mobilier. — L. 13 brum. an VII, art. 19 et 26, n° 4.

452. — D'après l'art. 63, L. 28 avr. 1816, aucune expédition, copie ou extrait d'actes reçus par les notaires, greffiers, ou autres dépositaires publics, ne peut être délivré que sur du papier de 1 fr. 25 cent. Et il n'a point été dérogé à ce qui a lieu pour les certificats de vie des rentiers et des pensionnaires de l'état ou des administrations et établissemens publics.

453. — Les receveurs de l'enregistrement peuvent délivrer des extraits de leurs registres sur papier timbré de toute dimension, même sur celui d'un format inférieur au papier de 1 fr. 25 cent. la feuille établi pour les expéditions. — Délib. 1er fév. 1839.

454. — Les papiers employés à des expéditions ne peuvent contenir, compensation faite d'une feuille à l'autre, savoir : plus de vingt-cinq lignes par page de moyen papier, plus de trente lignes par page de grand papier, et plus de trente-cinq lignes par page de grand-registre. — L. 13 brum. an VII, art. 20.

455. — ...Et cela à peine d'une amende de 25 fr. (5 fr. L. 16 juin 1824, art. 10) pour contravention par les officiers et fonctionnaires publics. — L. 13 brum. an VII, art. 26, n° 2. — V. Toutefois GREFFE (droits de), n° 171.

456. — Les conservateurs qui portent sur leurs registres d'inscription et de transcription plus de trente-cinq lignes à la page et dix-huit syllabes à la ligne, sont responsables des droits de timbre résultant de l'excédant des lignes. Toutefois, si à raison de son cadre resserré le registre des inscriptions contenait moins de dix-huit syllabes à la ligne, la page peut contenir plus de trente-cinq lignes, pourvu que le nombre total des syllabes par page n'excède pas six cent trente, produit du nombre des syllabes multiplié par celui des lignes. — Circul. 16 février 1807 et 23 sept. 1809; décis. min. fin. 11 avr. 1815; délib. 14 déc. 1822; solut. 28 juin 1832. — V. au surplus, CONSERVATEUR DES HYPOTHÈQUES, n° 139.

457. — Les copies des actes du ministère de l'huissier ne doivent pas, non plus que celles des actes qui y sont étrangers, contenir, à peine d'amende, plus de trente-cinq lignes par page de petit papier. — Décr. 29 août 1813, art. 1er; — *Cass.*, 10 janv. 1838 (t. 1er 1838, p. 168), Enreg. c. Jeanson.

Sect. 2e. — *Emploi d'un papier timbré ayant déjà servi.*

458. — Le papier timbré qui a été employé à un acte quelconque, ne peut plus servir pour un autre acte, quand même le premier n'aurait pas été achevé. — L. 13 brum. an VII, art. 22.

459. — ...Et cela sous peine d'une amende de 30 fr. (aujourd'hui 5 fr., L. 16 juin 1824. art. 10), s'il s'agit d'acte sous seing privé; et 100 fr. (aujourd'hui 20 fr., même loi) s'il s'agit d'actes reçus par des officiers et fonctionnaires publics. — L. 13 brum. an VII, art. 26, nos 3 et 5.

460. — Ainsi, un huissier est en contravention lorsque, pour un acte de son ministère, il se sert de papier timbré qui a déjà été employé à un autre acte, quand bien même il n'y aurait eu que quelques lignes écrites et que ces lignes auraient été rayées. — *Cass.*, 1er frim. an X, Enreg. c. Hureau.

461. — Mais il n'y a pas lieu à l'amende, parce qu'un exploit qui devait être signifié par un huissier, dont il portait l'immatricule, l'a été par un autre qui a effacé cette immatricule pour y substituer la sienne. — *Cass.*, 11 juill. 1815, Enreg. c. Coeffe.

462. — L'amende n'est pas non plus encourue pour un acte qui a été recommencé à la suite d'un premier dont la rédaction a été biffée comme présentant des irrégularités que le second a pour objet de rectifier. — Délibér. 3 déc. 1816, Roland et Trouillet, *Dict. d'enregistr.*, v° *Timbre*, § 4, n° 3.

463. — Il n'y a point contravention de la part d'un officier public qui a rédigé un acte à la suite de lignes biffées n'ayant aucun rapport avec cet acte, si les mots rayés ne constituent pas le commencement d'acte. — Délib, 29 juill. 1828, Roland et Trouillet, *Dict. d'enregistr.*, v° *Timbre*, § 4, n° 5.

464. — Si, à la suite d'une vente, un notaire a écrit quelques lignes relatives à un autre acte, et qu'après les avoir rayées il a rédigé sur la même feuille la quittance du prix de cette vente, ces ratures constituent une méprise et non une contravention. — Solut. 1er juin 1832, Roland et Trouillet, *Dict. d'enregist.*, v° *Timbre*, § 4, n° 6.

465. — Les jugemens pouvant être écrits à la suite les uns des autres, un greffier peut rédiger un jugement à la suite d'un autre de la même audience qui n'a point été achevé et qui même se trouve rayé. — Déc. min. fin. 12 nov. 1817, Roland et Trouillet, *Dict. d'enregistr.*, v° *Timbre*, § 5, nos 43 et 44.

466. — La prohibition d'employer à la rédaction d'un acte du papier timbré qui a déjà servi à un autre acte, même non achevé, n'est pas applicable à l'emploi d'une feuille de papier contenant quelques lignes raturées étrangères à cet acte, lorsque ces lignes ne portent aucune des indications, soit de date, soit d'objet de convention, soit de faits qui peuvent constituer un acte quelconque commencé. — *Cass.*, 27 janv. 1836, Enreg. c. Boulineau.

467. — Il y a contravention lorsque la feuille employée n'est pas entière, ou au moins lorsque la partie qui en a été enlevée est assez grande pour faire présumer qu'elle a servi à un premier acte; spécialement, si un notaire a employé une feuille de papier de format dit *moyen papier*, n'ayant que les cinq huitièmes à peu près de la dimension légale, même en conservant les empreintes du timbre. — *Cass.*, 10 avr. 1839 (t. 1er 1839, p. 567), Enreg. c. Quincerot.

468. — Bien que l'enlèvement, par un procédé chimique, de l'écriture existant sur des feuilles de papier timbré déjà employées pour les faire servir une seconde fois, ne constitue ni crime, ni délit, la distribution et la vente de ce papier donne lieu à une amende dont le recouvrement doit être effectué par voie de contrainte. — *Cass.*, 11 juill. 1834, Monié.

Sect. 3e. — *Altération du timbre.*

469. — L'empreinte du timbre ne peut être couverte d'écriture, ni altérée. — L. 13 brum. an VII, art. 21.

470. — ... A peine d'une amende de 15 fr. (5 fr.) pour les particuliers, et de 25 fr. (5 fr.) pour les officiers et fonctionnaires publics. — L. 13 brum. an VII, art. 26, nos 1 et 2; L. 16 juin 1824, art. 10.

471. — Lorsque le timbre du papier employé aux répertoires des officiers publics est couvert par l'impression des colonnes, il n'y a contravention, ni de fait, ni d'intention. — Déc. min. fin. 26 mai 1820 ; — Roland et Trouillet, *Dict. d'enreg.*, v° *Timbre*, § 3, n° 4. — *Contr.* Si les chiffres du répertoire couvraient l'empreinte du timbre. — Déc. min. fin. 1er mai 1832 ; — Roland et Trouillet, *ibid.*, n° 5.

472. — Pour qu'il y ait altération du timbre dans le sens de la loi, il faut qu'il soit constant que l'altération a eu pour but de falsifier l'empreinte des timbres ; ainsi il n'y a point contravention quand sur l'empreinte du timbre noir de son répertoire un huissier a écrit des chiffres dans la colonne des numéros d'ordre. — Solut. 3 déc. 1834.

473. — Décidé de même, quand quelques lignes traversent l'empreinte du timbre d'un répertoire, ou que quelques chiffres d'un tableau contenus dans une liquidation sont écrits sur cette même empreinte. — Solut. 6 août 1832 ; — Roland et Trouillet, *Dict. d'enreg.*, v° *Timbre*, § 3, n° 6.

474. — Toutefois, comme la défense ne s'applique qu'à la face des empreintes, il n'y a pas contravention lorsque le *verso* des empreintes du timbre noir et du timbre sec est couvert d'écriture ou de traits de plume. — Déc. min. fin. 16 juin 1807.

<h3>Sect. 4e. — Acte à la suite d'un autre sur un même papier timbré.</h3>

475. — Il ne peut être fait ni expédié deux actes à la suite l'un de l'autre sur la même feuille de papier timbré. — L. 13 brum. an VII, art. 23.

476. — ... Et cela, sous peine d'une amende de 30 fr. (aujourd'hui 5 fr., L. 16 juin 1824, art. 40), s'il s'agit d'actes sous signature privée, et de 100 fr. (aujourd'hui 20 fr., même loi), en cas de contravention par des officiers et fonctionnaires publics. — L. 13 brum. an VII, art. 26, n°s 3 et 5.

477. — Ainsi, deux billets ou promesses de payer ne peuvent, sans contravention, être écrits l'un à la suite de l'autre, sur la même feuille de papier timbré. — Roland et Trouillet, *Dict. d'enreg.*, v° *Billet*, n° 17.

478. — On ne peut écrire sur la même feuille deux polices d'assurances relatives au même bien, l'une au profit du propriétaire, et la seconde au bénéfice de son acquéreur agréé par la compagnie. — Délib. 26 août 1831 ; — Roland et Trouillet, *Dict. d'enreg.*, v° *Timbre*, § 5, n° 47.

479. — Lorsque deux actes qui devaient être tous deux séparément sur timbre, sont écrits sur une même feuille de papier libre, il y a lieu à une double amende, parce qu'il y a une double contravention. — *Journ. de l'enreg.*, art. 2471.

480. — Toutefois sont exceptées de la prohibition : les ratifications des actes passés en l'absence des parties, les quittances de prix de ventes et celles de remboursement de contrats de constitution ou obligation, les inventaires, procès-verbaux et autres actes qui ne peuvent être consommés dans un même jour et dans la même vacation, les procès-verbaux de reconnaissance et levée des scellés qu'on peut faire à la suite du procès-verbal d'apposition, et les significations des huissiers, qui peuvent également être écrites à la suite des jugemens et autres pièces dont il est délivré copie. — L. 13 brum. an VII, art. 23. — L'application de cet article a donné lieu aux décisions suivantes :

481. — On peut, à la suite d'un acte de société, rédiger les adhésions données par de nouveaux associés, en vertu d'une stipulation du contrat. — Décis. min. fin. 5 janv. 1829 ; — Roland et Trouillet, *Dict. d'enreg.*, v° *Timbre*, § 5, n° 73.

482. — La ratification sous seing-privé d'un acte authentique peut être écrite sur l'expédition de cet acte. — *Journ. de l'enreg.*, art. 224.

483. — Mais ne saurait être considérée comme ratification, l'adhésion donnée par un individu à un procès-verbal d'expertise auquel il est étranger et où personne n'a paru pour lui ; dès-lors, une pareille adhésion ne peut, sans contravention, être écrite à la suite du procès-verbal. — Solut. 7 mai 1833.

484. — Un acte notarié portant délivrance de legs peut-il, sans contravention, être écrit à la suite de l'acte de consentement à l'exécution de ce testament ? non. — Décis. min. fin. 1er juin 1829. — Décidé, au contraire, que l'acte d'acceptation et de délivrance d'un legs peut être mis à la suite du testament. — Solut. 27 fév. 1821 ; — Roland et Trouillet. *Dict. d'enreg.*, v° *Timbre*, § 5, n° 29.

485. — Un notaire peut, sans contravention, rédiger : 1° l'acte de dépôt d'une ratification reçue par un autre notaire à la suite de la vente notifiée ; — 2° l'acte de dépôt d'une quittance reçue également par un autre notaire, à la suite d'une vente contenant obligation du prix stipulé ; — 3° et à la suite d'un testament, l'acte de dépôt de la quittance d'un legs qu'il contient, bien que cette quittance n'ait pas été passée dans son étude. — Délib. 11 fév. 1834 ; — Roland et Trouillet, *Dict. d'enreg.*, v° *Timbre*, § 5, n° 30.

486. — Comme la loi ne distingue pas, on peut, sans contravention, écrire tant sur la minute que sur l'expédition des actes de vente les quittances du prix de ces mêmes ventes, soit que ces quittances aient la forme authentique ou celle d'actes sous seing-privé ; toutefois, ces dernières ne peuvent se mettre que sur l'expédition. — Décis. min. fin. 19 mars 1824, qui a abrogé la délib. 20 fév. 1819 ; Roland et Trouillet, *Dict. d'enreg.*, v° *Timbre*, § 5, n° 52.

487. — Bien que l'acte de ratification d'une vente puisse être écrit sur l'acte de vente même, il ne s'ensuit pas que la quittance du prix de vente puisse être écrite sur la ratification même quand celle-ci est rédigée sur une feuille de papier séparée. — Décis. min. fin. 7 août 1832.

488. — Les quittances d'arrérages de rentes ne peuvent, sans contravention, être écrites à la suite de l'acte de constitution. — Décis. min. fin. 12 mars 1833.

489. — Il y a contravention quand la quittance d'un prix de vente est rédigée à la suite de l'acte de ratification de cette vente, écrit sur une feuille séparée du contrat d'acquisition. — Décis. min. fin. 7 août 1832 ; — Roland et Trouillet, *Dict. d'enreg.*, v° *Timbre*, § 5, n° 59.

490. — Un notaire peut, sans contravention, rédiger un retrait de réméré à la suite de l'acte de vente, parce que l'acte de retrait ne constate qu'un paiement, effectué par le vendeur ou son créancier, d'une somme qu'on doit nécessairement considérer comme prix de vente ou comme montant d'obligation. — Décis. min. fin. 5 déc. 1823 ; — Roland et Trouillet, *Dict. d'enreg.*, v° *Timbre*, § 5, n° 64.

491. — Les quittances ou décharges du prix des ventes mobilières faites par les notaires, greffiers, commissaires-priseurs et huissiers peuvent être mises à la suite ou en marge des procès-verbaux de vente. — Avis cons. d'état, 7-24 oct. 1809.

492. — L'officier public chargé de vendre les meubles de divers particuliers peut rédiger de la vente un seul procès-verbal précédé d'une seule déclaration. — Délib. 16 juin 1824 ; instr. 1146, § 13 ; Roland et Trouillet, *Dict. d'enregistr.*, v° *Timbre*, § 5, n° 80.

493. — Les décharges données aux officiers publics des titres ou sommes d'argent déposés entre leurs mains peuvent être rédigées à la suite ou en marge des actes de dépôt. — Décis. min. fin., 23 févr. 1826 ; instr. 1189, § 8.

494. — Le notaire qui sur la minute d'un de ses actes a fait mention du montant des frais que lui ont avancés les parties, peut, sans contravention, écrire à la suite de cette mention la quittance de ce qu'il a restitué aux parties sur ces frais ; car une pareille quittance n'est qu'une mention d'ordre. — Décis. min. fin. 21 fév. 1824.

495. — On peut mettre l'acquit d'un paiement à la suite du mandat que ce paiement concerne. — Décis. min. fin. 11 févr. 1806 ; — Roland et Trouillet, *Dict. d'enregistr.*, v° *Timbre*. § 5, n° 7.

496. — Les transports, cession ou endossement peuvent être écrits sur des promesses de payer ou simples billets faits sur du papier de la qualité prescrite. — Décis. min. 21 août 1813 ; instr. 648.

497. — On peut, sans contravention, mettre au bas d'une lettre de voiture l'accusé de réception, parce qu'il peut être assimilé à l'acquit d'une lettre de change ou d'un billet à ordre. — Délib. 2 vendém. an XIV ; Roland et Trouillet, *ibid.*, v° *Lettre de voiture*, n° 4.

498. — Une prorogation de délai ne peut, sans contravention, être écrite à la suite du titre de la créance dont le terme est prorogé. — Décis. min. fin., 11 août 1831. — *Contrà* délib., 6 oct. 1815.

499. — Il y a contravention, quand le donataire d'une créance à terme en délivre quittance au débiteur sur la feuille de papier timbré qui contient la donation. — Décis. min. fin., 10 juill. 1832.

500. — Le notaire qui, dans un même contexte, rédige, sous forme de procès-verbal, l'inventaire d'une succession ainsi que la vente publique des immeubles et effets qui en dépendent, agit sans doute d'une manière irrégulière; mais il ne commet pas de contravention s'il est dit, dans le préambule de l'acte, que les parties entendaient ne rédiger qu'un seul acte. — Délib. 4 déc. 1832.

501. — Mais un partage ne peut être rédigé à la suite d'un inventaire qui a été clos. — Délib. 12 août 1831.

502. — Un notaire peut, sans contravention, rédiger à la suite d'un acte d'atermoiement et sur la même feuille de papier timbré les actes constatant l'acceptation des créanciers et les paiemens faits par le débiteur. — Délib. 24 avr 1838.

503. — De même, les délibérations de créanciers unis peuvent être rédigées sur un seul cahier de papier, à la suite les unes des autres. — Roland et Trouillet, *Dict. d'enreg.*, v° *Timbre*, § 5, n° 79.

504. — La réquisition de l'acte respectueux et sa notification à l'ascendant peuvent être écrites sur la même feuille de papier timbré, car il n'y a en réalité qu'un seul procès-verbal en deux parties. — Solut. 16 juin 1832.

505. — Mais les seconde et troisième notifications d'un acte respectueux ne peuvent, sans contravention, être écrites à la suite de la première. — Délib. 3 fév. 1832.

506. — Un notaire peut rédiger un arrêté de compte de tutelle à la suite du projet de compte. — Solut. 12 et 20 fév. 1830; — Roland et Trouillet, *ibid*, n° 25.

507. — On peut rédiger, à la suite de l'acte de présentation d'un compte de tutelle, la quittance du reliquat qu'il présente, puisque le reliquat du compte peut être envisagé comme une obligation en faveur de l'oyant. — Décis. min. fin. 28 juin 1825; délib. 8 sept. 1838; — Roland et Trouillet, *ibid*, n° 61.

508. — Un notaire ne peut, sans contravention à la loi du timbre, écrire à la suite d'un acte de transport de créance l'acte d'acceptation de la part du débiteur. — Cass., 16 juill. 1838 (t. 2 1838, p. 43), Enreg. c. Brulé. — V. conf. délib. 11 fév. 1825 et 29 mars 1830, par le motif que les deux actes ne peuvent être consommés dans la même vacation.

509. — Un notaire ne peut rédiger l'acte de dépôt d'un procès-verbal d'arpentage à la suite de l'acte d'adjudication des biens arpentés. — Instr. 1446, § 13; Roland et Trouillet, *Dict. d'enreg.*, v° *Timbre*, § 5, n° 32.

510. — Un greffier ne peut, sans contravention, rédiger l'acte du cahier des charges pour parvenir à une adjudication immobilière, à la suite de ce cahier des charges. — Délib. 20 oct. 1816; décis. min. fin. 15 mars 1818; — Roland et Trouillet, *ibid.*, n° 31.

511. — De même le notaire chargé par justice de procéder à une vente d'immeubles ne peut, sans encourir l'amende, écrire sur la même feuille de papier timbré les actes de dépôt en ses mains du procès-verbal d'expertise et du cahier des charges. — Cass., 25 janv. 1836, Enreg. c. Chevalier.

512. — ... Ni écrire à la suite de l'acte de dépôt du cahier des charges, et sur la même feuille de papier timbré, des modifications à ce même cahier des charges, ainsi que le renvoi de l'adjudication à un autre jour. — Cass., 24 mars 1829, Garnier c. Enreg.

513. — ... Ni dresser le procès-verbal d'adjudication préparatoire à la suite de l'acte de dépôt du cahier des charges, ou du rapport d'experts, et sur la même feuille de papier timbré. — Cass., 8 janv. 1838 (t. 1er 1838, p. 219), Enreg. c. Michel.

514. — On ne peut non plus, sans contravention, rédiger le procès-verbal d'adjudication d'im-

meubles à la suite de l'acte de dépôt du cahier des charges et du rapport des experts, lors même que cet acte de dépôt contient dans le même contexte la réquisition des parties pour l'indication du jour de l'adjudication préparatoire et cette indication faite par le notaire. — Cass., 5 nov. 1839 (t. 2 1839, p. 468), Enregist. c. Michel.

515. — Mais un acte qui contient des modifications à un cahier des charges déposé par un avoué dans l'étude d'un notaire (C. procéd., art. 699) peut être rédigé à la suite du cahier et sur la même feuille de papier timbré. — Solut. 8 sept. 1831.

516. — On peut, sans contravention, rédiger les procès-verbaux d'adjudication à la suite des procès-verbaux de criées ou du cahier des charges, attendu que ces actes ne forment ensemble qu'un seul tout par leur connexité et par le besoin de recourir constamment au cahier des charges pour l'enregistrement des adjudications. — Délib. 31 déc. 1817. — Peu importe que le cahier des charges ait été rédigé par un avoué. — Délib. 6 avr. 1829. — Roland et Trouillet, *Dict. d'enregist.*, v° *Timbre*, § 5, n° 15.

517. — Sous la loi du 2 janv. 1841 comme sous l'ancien Code de procédure, le procès-verbal d'adjudication d'immeubles peut, sans contravention à la loi sur le timbre, être écrit à la suite du cahier des charges et des dires des parties. cette disposition résultant virtuellement de la loi nouvelle qui a été de réunir dans un même contexte tous les élémens de l'acte judiciaire de l'aliénation. — Inst. direct. gén. 29 juin 1842, art. 1667.

518. — ... Et il en est ainsi, non seulement en matière de vente sur saisie immobilière, mais encore pour les ventes de bien appartenant à des mineurs, ou indivis entre copropriétaires ou cohéritiers ou dépendant d'une succession bénéficiaire. — Même instr.

519. — ... Toutefois l'acte de dépôt du cahier des charges ne peut être rédigé à la suite de ce cahier et sur la même feuille de papier timbré. — Même instr.

520. — Un greffier ne peut, sans contravention, rédiger, sur le même état, plusieurs extraits de jugemens portant condamnation de dommages-intérêts au profit des communes. — Déc. min. fin. 1er mars 1808. — Roland et Trouillet, *Dict. d'enregist.*, v° *Timbre*, § 5, n° 87.

521. — Les actes de cautionnement et ceux de déclaration de command en matière de vente de bois de la caisse d'amortissement peuvent être rédigés à la suite des procès-verbaux d'adjudication dont ils sont le complément. — Déc. min. fin., 19 fév. 1819 qui a abrogé celle du 9 nov. 1813; Roland et Trouillet, *ibid*, n° 20.

522. — Il suit de cette décision qu'en général, toutes les fois que l'obligation de fournir caution est imposée par l'acte d'adjudication, l'acte de cautionnement étant le complément du premier, et étant indispensable pour son exécution, peut être mis à la suite sans contravention. — Délib. 11 fév. 1824, Roland et Trouillet, *ibid*, n° 21.

523. — L'extrait du procès-verbal d'adjudication de coupes de bois de l'état et du cautionnement qui est délivré à l'adjudicataire, peut être écrit à la suite d'un exemplaire du cahier des charges. — Instr. 789. — Roland et Trouillet, *ibid*, n° 36.

524. — En cas de surenchère sur aliénation volontaire, le cahier des charges additionnelles peut, sans contravention, être rédigé à la suite de l'acte qui donne lieu à la surenchère. — Déc. min. fin. et just. 6 et 11 déc. 1822; Roland et Trouillet, *ibid.*, n° 75.

525. — L'adjudication qui a lieu par suite de la surenchère autorisée par l'art. 708, C. procéd. nouveau, et celle prononcée par suite de cette surenchère peuvent, sans qu'il y ait contravention à la loi du timbre, être mises à la suite de la première adjudication et du cahier des charges. — Instr. direc. gén. 29 juin 1842, 1667.

526. — L'ordonnance et le procès-verbal de levée de scellés peuvent être mis à la suite du procès-verbal d'apposition. — Déc. min. fin., 20 avr. 1813.

527. — Les huissiers peuvent, sans contravention, rédiger, à la suite du protêt, la dénonciation à l'endosseur ; car cette dénonciation est la suite nécessaire et obligée du protêt. — Délib. 22 oct. 1807.

528. — Deux exploits de signification d'un même jugement faits à la même requête et aux mêmes personnes, l'un au domicile élu et l'autre au domicile réel, par deux huissiers différens, peuvent être écrits à la suite de l'expédition de ce jugement. — Solut., 27 août 1812; Roland et Trouillet, vo *Timbre*, § 5, no 71.

529. — Une feuille de papier timbré à l'extraordinaire peut contenir à la fois une contrainte décernée par la régie de l'enregistrement, le visa du juge de paix et l'exploit de signification de la contrainte. — *Cass.*, 15 juill. 1806, Enreg. c. Thoinard de Jouy.

530. — Les commandemens et autres actes collectifs en matière de contribution de toute espèce peuvent, sans contravention, être rédigés sur la même feuille de papier timbré. — Déc. min. fin., 15 oct. 1829; Roland et Trouillet, vo *Timbre*, § 5, no 26.

531. — Un huissier ne peut rédiger un procès-verbal d'apposition de placards à la suite d'un exemplaire de cette affiche, soit qu'il s'agisse de saisie immobilière (Décis. min. fin. 30 janv. 1840; Inst. 468), soit dans le cas de vente de biens de mineurs. — Décis. min. fin. 13 déc. 1832.

532. — Décidé au contraire que, d'après l'art. 699 C. procéd. nouveau, qui a abrogé en cela l'art. 683 de l'ancien C. procéd., le procès-verbal de l'huissier constatant que l'apposition des affiches pour ventes judiciaires d'immeubles a été faite aux lieux déterminés par la loi, peut être rédigé sur un exemplaire du placard. — Inst. direct. gén. 29 juin 1842.

533. — ... Et que ce mode de constater l'apposition des affiches est également permis pour les ventes sur licitation, pour celles des biens de successions bénéficiaires, enfin pour les adjudications par suite de surenchère ou de folle-enchère. — Même instr.

534. — On peut mettre le certificat d'insertion au tableau des interdictions, ou le procès-verbal de nomination du conseil de l'interdit sur l'expédition du jugement d'interdiction. — Décis. min. fin. 23 juin. 1807.

535. — La main-levée sous seing-privé des oppositions signifiées au trésor ne peut pas être donnée à la suite des exploits d'opposition. — Décis. min. fin. 28 oct. 1841.

536. — Le mandat pour plaider devant le tribunal de commerce peut être donné au bas de l'original ou de la copie de l'assignation (C. procéd., art. 414); mais cette exception ne peut s'étendre aux procurations données pour plaider à la justice de paix. — Roland et Trouillet, *Dict. d'enregistr.*, vo *Timbre*, § 5, no 48.

537. — Les actes ou extraits d'actes et des procurations en vertu desquelles ils ont été passés et qui doivent y demeurer annexées, peuvent être expédiés sur la même feuille de papier timbré. — Décis. min. fin. 11 oct. 1808; inst. 403, Roland et Trouiller, *ibid.*, no 34.

538. — Il en est de même du consentement à la radiation d'une inscription hypothécaire et de la procuration en vertu de laquelle cet acte a été rédigé, quoique cette procuration ne soit point annexée à l'acte de consentement, pourvu qu'elle soit annexée à un acte antérieur de la même étude. — Décis. min. fin. 17 nov. 1819; Roland et Trouillet. *ibid.*, no 35.

539. — L'art. 35, ord. 1er août 1821, relative aux servitudes imposées à la propriété pour la défense de l'état, autorise les gardes du génie à expédier la copie de chaque procès-verbal de contravention et la notification qui en est faite à la suite l'une de l'autre, sur du papier visé pour timbre. — Inst. 998; Roland et Trouillet, *ibid.*, no 73.

540. — Il peut être donné plusieurs quittances sur une même feuille de papier timbré pour à-comptes d'une seule et même créance, ou d'un seul terme de fermage ou loyer. Toutes autres quittances qui sont données sur une même feuille de papier timbré n'ont pas plus d'effet que si elles étaient sur papier non timbré. — L. 13 brum. an VII, art. 23.

541. — Ainsi on ne peut rédiger à la suite les unes des autres et sur la même feuille de papier les quittances que les créanciers donnent séparément à la caisse des consignations, des sommes appartenant à leur débiteur et qui leur ont été distribuées, car les droits des créanciers sont distincts comme si le débiteur payait directement. — Décis. min. fin. 17 mai 1831; Roland et Trouilliet, *ibid.*, no 53.

542. — Il y a contravention, quand douze quittances ont été écrites sur quatre feuilles seulement de papier timbré, à la suite d'un procès-verbal d'adjudication, bien qu'il y eût plusieurs vendeurs et plusieurs adjudicataires ayant un intérêt distinct. — *Cass.*, 12 mars 1844 (t. 1er 1844, p. 564), Vigneau c. Enreg.

543. — Des quittances de prix de vente ne peuvent, sans contravention, être écrites à la suite d'une première quittance donnée à l'acquéreur et énonçant que la somme reçue a été remise au notaire pour être payée aux créanciers en présence du vendeur et à la suite de ladite quittance. — Délib. 8 août 1834; — Roland et Trouillet, *ibid.*, no 58.

544. — On n'a pu, sans contravention, écrire à la suite d'un acte de vente, comme constituant de simples quittances, des quittances constatant des paiemens successifs faits par un tiers avec subrogation à la décharge de l'acquéreur, mais sans libération de ce dernier. — *Cass.*, 12 mars 1844 (t. 1er 1844, p. 564), Vigneau c. Enreg.

545. — Les receveurs de l'enregistrement peuvent écrire plusieurs extraits sur la même feuille de papier, pourvu que ces extraits soient compris dans un même certificat. — Délib. 1er fév. 1839.

546. — Les révocations de procurations et de testamens peuvent être faites et expédiées sur la même feuille que les actes. — Décr. 15 juin 1812; instr. 591; — Roland et Trouillet, *Dict. d'enreg.*, vo *Timbre*, § 5, no 65.

547. — Plusieurs codiciles peuvent être écrits à la suite du testament auquel ils se rapportent, car ils peuvent être considérés ou comme des ratifications ou comme des révocations. — Délib. 11 juin 1823.

Sect. 5e. — 5° *Acte en conséquence d'un autre rédigé sur papier non timbré.*

548. — Il est fait défense, sous peine d'une amende de 100 fr. (aujourd'hui 20 fr., L 16 juin 1824, art. 10) aux notaires, huissiers, greffiers, arbitres et experts d'agir, aux juges de prononcer aucun jugement, et aux administrations publiques de rendre aucun arrêté sur un acte, registre, ou effet de commerce non écrit sur papier timbré du timbre prescrit ou non visé pour timbre. — L. 13 brum. an VII, art. 24 et 26, no 5.

549. — Il est également défendu à tout receveur d'enregistrement, sous peine d'une amende de 50 fr. (aujourd'hui 10 fr., L. 16 juin 1824, art. 10) 1° d'enregistrer aucun acte qui ne serait pas sur papier timbré du timbre prescrit, ou qui n'aurait pas été visé pour timbre; 2° d'admettre à la formalité de l'enregistrement des protêts d'effets négociables, sans se faire représenter ces effets en bonne forme. — L. 13 brum. an VII, art. 25.

550. — Les notaires peuvent décrire, dans un inventaire, des actes sur papier non timbré, mais le paiement des droits et amendes doit être poursuivi contre les signataires. — *Dict. des droits d'enreg.*, vo *Timbre*, no 185.

551. — Un notaire peut, sans encourir d'amende, faire mention dans un ses actes d'un acte passé en pays étranger et non timbré ou visé pour timbre, pourvu que ce dernier acte soit soumis à la formalité avant celui dans lequel il est mentionné. L'art. 13, loi 13 brum. an VII, a été modifié à cet égard par l'art. 13, loi 16 juin 1824. — Délib., 7 sept. 1832; Déc. min. fin., 18 sept. 1832.

552. — Si des billets non timbrés sont produits au cours d'instance, les juges ne peuvent se refuser à faire mention de cette circonstance dans le jugement. — Déc. min. just. et fin., 19 juill. 1822; — *Dict. des droits d'enreg.*, vo *Timbre*, no 187.

553. — Un greffier peut recevoir, quoique écrits sur papier non timbré, les livres et tous titres actifs faits par le débiteur réclamant le bénéfice de la

cession judiciaire (C. civ., art. 1268; C. procéd., art. 898), sauf aux préposés à poursuivre le recouvrement des droits et amendes. — Déc. min. fin., 7 juin 1807; inst. 386, n° 18. et 436, n° 74.

554. — De même, le greffier qui reçoit en dépôt des effets sur papier non timbré qu'on déclare avoir trouvés, ne commet aucune contravention et n'est point responsable des amendes encourues par les souscripteurs. — Délib., 12 mai 1829; — Dict. des droits d'enreg., v° Timbre, n° 47.

555. — Lorsqu'un billet est déclaré adiré dans l'exploit par lequel on en demande le paiement, il est présumé avoir été fait sur papier timbré. — Inst. 348, n° 2; Dict. des droits d'enreg. v° Timbre, n° 490.

556. — Avant la loi du 24 mai 1834, les notaires pouvaient, par application de l'art. 13, L. 16 juin 1824, rédiger des protêts d'effets de commerce écrits sur papier non timbré, sans faire viser préalablement ces effets pour timbre, pourvu qu'ils acquittassent les droits de timbre et d'amende au moment de l'enregistrement du protêt. — Délib., 2 fév. 1830.

557. — Mais, d'après l'art. 23, L. 24 nov. 1834, aucun notaire ou huissier ne peut protester un effet négociable ou de commerce non écrit sur le papier du timbre prescrit, ou non visé pour timbre, sous peine de supporter personnellement une amende de 20 fr. par chaque contravention; il est tenu en outre d'avancer le droit de timbre et les amendes encourues, sauf son recours contre les contrevenans. — Enfin, il y a abrogation à cet égard de l'art. 13, L. 16 juin 1824.

558. — Par cela qu'un testament authentique énonce que le testateur possède des billets écrits sur papier non timbré, il n'y a pas lieu d'exiger les droits et amendes, si le testament ne constate ni que les effets ont été représentés au notaire ni qu'ils existaient entre les mains du testateur, et que d'ailleurs l'on ne prouve pas qu'ils aient été acquittés dans l'intervalle du testament au décès. — Délib., 9 sept., 24 oct. 1836.

559. — Le juge commissaire d'une faillite peut admettre à la vérification et recevoir l'affirmation des créanciers, bien que leurs titres ne soient pas sur papier timbré; car la loi ne défend que de rendre des jugemens sur les actes non timbrés. — Dict. des droits d'enreg., v° Timbre, n° 482.

560. — Les maires agissant en qualité d'officiers de l'état civil, ne peuvent annexer aux actes de l'état civil aucun acte, même passé en pays étranger, sans qu'il ait été préalablement à cet annexe revêtu de la formalité du timbre, s'il n'en est pas exempt par sa nature. — Av. com. fin., 20 sept. 1833, appr. le 17 oct.

561. — Un officier public qui a passé plusieurs actes en conséquence d'un acte sur papier non timbré a encouru autant d'amendes qu'il a passé d'actes. — Dict. des droits d'enregistr., v° Timbre, n° 486.

562. — Aucun juge ou officier public ne peut, sous peine d'une amende de 100 fr. (aujourd'hui 20 fr., L. 16 juin 1824, art. 10), coter ou parapher un registre assujéti au timbre, si les feuilles n'en sont timbrées. — L. 13 brum. an VII, art. 24 et 26, n° 5.

563. — Aucun livre assujéti au timbre par les lois ne peut être produit en justice ou devant des arbitres, déposé à un greffe en cas de faillite, ni énoncé dans aucun acte, s'il n'est timbré ou si l'amende n'a été acquittée. — L. 28 avr. 1816, art. 74.

564. — Aucun concordat ne peut être rédigé, sans énoncer si les livres du failli sont timbrés, ni recevoir d'exécution avant que les amendes aient été payées. — L. 28 avr. 1816, art. 74. — Mais cette disposition, non plus que les précédentes, ne peuvent plus être appliquées depuis la mise à exécution de la loi du 20 juill. 1837, qui, comme on l'a vu supra, n° 121, a affranchi du droit de timbre les livres de commerce.

CHAPITRE V. — *Recouvrement des droits et amendes.*

Sect. 1re.—*Paiement des droits et amendes.*

565.—Sont solidaires pour le paiement des droits de timbre et des amendes : tous les signataires, pour les actes synallagmatiques; les prêteurs et emprunteurs, pour les obligations; les créanciers et les débiteurs, pour les quittances; les officiers ministériels qui ont reçu ou rédigé des actes énonçant des actes ou livres non timbrés. — L. 28 avr. 1816, art. 75.

566. — Avant la loi du 28 avr. 1816, décidé que le timbre d'une quittance était à la charge, non du créancier qui l'avait écrite, mais du débiteur dont elle constatait la libération.—Cass., 2 fructid. an IX, Enreg. c. Poussaux; 11 fructid. an IX, Enreg. c. Lacour.

567.—...Que les frais d'une quittance étant à la charge de celui qui l'exigeait, il était passible de l'amende, lorsque cette quittance avait été écrite sur papier libre.—Cass., 28 (et non 24) août 1809, Enreg. c. Ratier.

568. — ... Que la production en justice d'une quittance écrite sur papier libre ne pouvait donner lieu d'exiger l'amende non plus que les droits de timbre de celui qui n'avait ni écrit ni produit cette quittance. — Cass., 17 fév. 1807, Bonnecarrère c. Roucolle.

569. — Le timbre des quittances fournies à l'Etat est à la charge des particuliers qui les donnent ou les reçoivent; il en est de même pour tous les autres actes entre l'Etat et les citoyens. — L. 13 brum. an VII, art. 29.—Cette disposition est toujours en vigueur, nonobstant l'art. 1248, C. civ. et l'art. 75 de la loi du 28 avr. 1816.—Décis. min. fin., 13 oct. 1832.

570. — Ainsi, le timbre des quittances notariées données aux payeurs du trésor par des fournisseurs de l'Etat qui ne savent pas signer, est à la charge de ces derniers, ainsi que celui des expéditions. — Décis. min. fin., 12 sept. 1835.

571. — Lorsque des quittances sujettes au timbre et écrites sur papier non timbré sont jointes aux comptes d'un receveur municipal, c'est contre ce receveur et non contre le maire qu'on doit poursuivre le recouvrement des droits dus et des amendes encourues. — Décis. min. fin. 24 mai 1819. — Dict. des droits d'enreg., v° Timbre, n° 755.

572. — Les notaires qui font des actes en vertu et par suite d'actes non timbrés sont personnellement responsables non seulement des droits de timbre, mais encore des amendes. — L. 26 juin 1824, art. 13.

573. — Si l'enveloppe d'un testament mystique sur laquelle a été rédigé l'acte de suscription, est sur papier non timbré, le notaire n'est point responsable de l'amende encourue; car l'enveloppe est l'œuvre du testateur. — Délib. 17 sept. 1807; décis. min. fin. 3 nov. 1807; instr. 359. — Mais les deux actes ne formant qu'un seul tout, il n'est dû qu'une seule amende, s'ils sont l'un et l'autre sur papier non timbré. — Dict. des droits d'enreg., v° Timbre, n° 682.

574. — La révocation d'un testament olographe écrit sur papier non timbré n'a pu annihiler la contravention. L'amende est due, et en cas de décès du testateur, elle peut être exigée de ses héritiers. — Délib. 31 mai 1823.

575. — Lorsqu'une affiche manuscrite sans signature porte qu'une vente et un bail auront lieu dans l'étude du notaire désigné, lequel est chargé de donner tous les renseignemens, cette indication ne suffit pas par elle-même pour faire réputer le notaire auteur de cette affiche et de cette apposition; en conséquence, on ne peut le poursuivre en paiement du droit et de l'amende pour défaut de timbre. — Solut. 15 mars 1838.

576. — Un procès-verbal, portant saisie d'un avis imprimé et non timbré, qui annonce une vente, et indique l'avoué chez lequel on pourra prendre des renseignemens, ne donne pas lieu à prononcer l'amende contre cet avoué, lorsqu'on n'établit pas que l'avis a été distribué et a circulé dans le public, et qu'on ne prouve pas que l'auteur de cet avis est l'avoué lui-même qui n'est pas tenu à cet acte parmi ceux de son ministère. —Cass., 11 juin 1811. Enreg. c. Barey de Saint-Marc.

577. — L'apposition de placards non timbrés, annonçant une vente d'immeubles en justice, n'est pas nécessairement présumée le fait de la partie poursuivante ou de son avoué, et ne suffit pas pour leur faire encourir l'amende, surtout

lorsque le poursuivant offre de prouver par les procès-verbaux d'apposition que les affiches qu'il a fait apposer étaient timbrées et conformes à la loi. — *Cass.*, 28 mai 1816, Enreg. c. Hourbette et Tanton.

578. — En cas de décès des contrevenans, les droits et amendes sont dus par leurs successeurs, et jouissent, soit dans les successions, soit dans les faillites ou tous autres cas, du privilége des contributions directes. — L. 28 avr. 1816, art. 76.

579. — Ainsi, lorsque des billets écrits sur papier libre sont compris dans un inventaire, le recouvrement des droits de timbre et d'amende peuvent être poursuivis contre les héritiers du souscripteur. — Décis. min. fin. 23 déc. 1831.

580. — Des experts et des héritiers qui ont rédigé et signé sur papier non timbré le partage sous signature privée d'une succession, sont tenus solidairement au paiement de l'amende. — *Dict. des droits d'enreg.*, vᵒ *Timbre*, nᵒ 670.

581. — Lorsqu'une consultation est écrite sur papier non timbré, l'avocat qui l'a signée est personnellement passible de l'amende. — *Cass.*, 6 fév. 1815, Enreg. c. Chaufton; 23 nov. 1824, Enreg. c. Lahougue; 19 nov. 1839 (t. 2, 1839, p. 638, Dumay c. Enreg.

582. — On a vu plus haut contre qui le paiement des amendes pouvait être exigé en cas de contravention aux dispositions de la loi sur les effets négociables (V. nᵒˢ 165 et suiv.), sur les journaux (V. nᵒ 358), sur les affiches (V. nᵒˢ 383 et 390) et sur les avis et annonces. — V. nᵒˢ 425 et 428.

583. — L'amende de 30 fr. encourue pour toute lettre de voiture ou connaissement non frappé du timbre noir et du timbre sec, est payable solidairement par l'expéditeur et par le voiturier, s'il s'agit d'une lettre de voiture, et par le chargeur et capitaine, s'il s'agit d'un connaissement. — L. 11 juin 1842, art. 7.

584. — L'amende encourue pour défaut de timbre est due, bien que l'acte puisse être annulé, car il n'y a point d'exception pour les actes nuls, et les préposés ne sauraient être juges de ces nullités. — *Dict. des droits d'enreg.*, vᵒ *Timbre*, nᵒ 675.

585. — La régie ne doit pas la restitution du droit de timbre des pétitions. — Instr. 24 sept. 1829, 1291, et 20 sept. 1831, 1381, § 10.

Sect. 2ᵉ. — *Poursuites et instances.*

586. — La contravention pour les actes assujétis au timbre est indépendante de leur production en justice; l'amende est encourue du moment que la contravention est légalement constatée. — Déc. min. fin. 24 sept. 1808.

587. — Toute contravention aux lois sur le timbre, découverte et légalement constatée par les préposés de la régie, peut être l'objet de poursuites, encore bien que les pièces qui y donnent lieu ne leur aient été communiquées par aucun des fonctionnaires que la loi charge spécialement de cette communication, dès-lors que les agens de la régie n'ont employé dans cette découverte aucun moyen insidieux ni désavoué par la loi. — *Cass.*, 16 mai 1815, Enreg. c. Montcharmont.

588. — Le souscripteur d'un effet négociable, écrit sur papier non timbré, est passible de l'amende, encore bien qu'il n'ait été fait aucun usage de ce billet, si d'ailleurs, pour le découvrir, la régie n'a employé aucun moyen insidieux ou désavoué par la loi. — *Cass.*, 1ᵉʳ juill. 1811, Enreg. c. Rambault.

589. — La mention, dans un exploit d'assignation, que le titre de la créance a été mis sous les yeux du débiteur autorise le receveur de l'enregistrement à requérir l'exhibition de ce titre et à dresser procès-verbal constatant qu'il est fait sur papier non timbré. — *Cass.*, 18 janvier 1825, Enreg. c. Villain.

590. — Quand un notaire s'est officieusement chargé des titres, papiers, argenterie et autres objets décrits dans un inventaire par lui reçu, en s'obligeant de les représenter quand et à qui il appartiendra, il est tenu de communiquer aux préposés de la régie tous les billets inventoriés à l'égard desquels ceux-ci veulent poursuivre contre les parties le paiement des droits et amendes pour défaut de timbre. — Délib. 2 janv. 1835.

591. — Lorsqu'il est énoncé dans un inventaire que, parmi les papiers inventoriés, se trouvent des obligations *que le notaire déclare être sur papier libre*, cette déclaration est suffisante pour autoriser, par voie de contrainte, contre les héritiers, la poursuite en paiement des amendes. — Déjà il avait été décidé que la description, dans un inventaire authentique, d'actes, effets et obligations non timbrés suffisait pour mettre à même de réclamer le paiement des droits de timbre et des amendes. — Décis. min. fin. 30 avr. 1819; 23 déc. 1831. — Vainement on oppose que ces actes peuvent avoir été passés en pays étranger ou dans les colonies, ou bien avoir été visés pour timbre (Contrôl., art. 1541). Il est clair que si ces justifications étaient faites, l'amende ne serait pas exigée. — Roland et Trouillet, *Dict. d'enreg.*, vᵒ *Timbre*, § 9, nᵒ 7.

592. — On ne peut réclamer ni les droits ni l'amende de timbre pour une reconnaissance sous seing-privé, écrite sur papier libre et trouvée dans l'étude d'un notaire décédé, par un vérificateur *présent à l'inventaire*. Une pareille découverte n'est point licite, puisqu'elle n'entre pas dans les attributions de cet employé. — Décis. min. fin. 12 janv. 1818; — Roland et Trouillet, *ibid.*, § 9, nᵒ 8.

593. — On ne peut poursuivre, contre un officier public, le paiement d'amendes pour contravention au timbre relevées sur des expéditions qu'on s'est procurées au moyen d'avertissemens adressés aux parties sans indiquer le but de la communication demandée. — Délib. 30 sept. 1834; — Roland et Trouillet, *ibid.*, § 9, nᵒ 9.

594. — On n'est point autorisé à se présenter chez les particuliers, même chez les marchands, pour s'assurer s'ils se sont conformés aux dispositions de la loi sur le timbre. — *Dict. des dr. d'enreg.*, vᵒ *Timbre*, nᵒ 740.

595. — Lorsqu'un procès-verbal constate l'absence des feuilles d'un registre à souche, destinées à contenir les quittances que les fermiers de l'octroi sont tenus de délivrer pour le paiement des droits excédant 15 fr., et que d'ailleurs le contrevenant en a fait la reconnaissance et l'aveu dans ce procès-verbal qu'il a signé, il y a preuve suffisante de contravention aux lois du timbre, sans que la régie soit tenue d'en justifier par la représentation des feuilles non timbrées. — *Cass.*, 12 nov. 1810, Enreg. c. Tiffy.

596. — Les préposés de la régie à qui il est présenté des actes, registres ou effets en contravention à la loi du timbre sont autorisés à les retenir, et à les joindre aux procès-verbaux qu'ils doivent dresser. — L. 13 brum. an VII, art. 31. — Ils doivent même désigner ces pièces d'une manière exacte et circonstanciée pour suppléer à leur perte. — Inst. 19 juill. 1834.

597. — Ainsi, lorsqu'un acte contenant une contravention au timbre est présenté aux hypothèques, le conservateur doit donner la formalité requise, sauf à retenir l'acte pour faire le recouvrement de l'amende dans le cas où le requérant se refuse à l'acquitter. — Décis. min. fin. 21 mai 1809; — *Dict. des dr. d'enreg.*, vᵒ *Timbre*, nᵒ 744.

598. — Mais les préposés de la régie ne sont autorisés à retenir les actes qui contreviennent à la loi du timbre que dans le cas où ces actes leur sont présentés. S'ils ne sont que joints accidentellement à un autre acte que l'on soumet à la formalité de l'enregistrement, un tribunal, après avoir établi ce fait, peut se refuser à prononcer l'amende contre celui auquel il serait imputé. — *Cass.*, 14 avr. 1807, Enreg. c. Barang.

599. — Les préposés peuvent ne pas retenir les actes en contravention à la loi du timbre, si les contrevenans consentent à signer les procès-verbaux ou à acquitter sur-le-champ l'amende encourue et le droit de timbre. — L. 13 brum. an VII, art. 31.

600. — Toutefois, s'il s'agissait d'actes existant dans un dépôt public, le préposé de la régie ne pourrait les retenir malgré le refus du contrevenant de signer le procès-verbal (L. 22 frim. an VII, art. 54); il devrait seulement exposer les faits dans son procès-verbal. — *Dict. des dr. d'enreg.*, vᵒ *Timbre*, nᵒ 745.

601. — En cas de refus de la part des contrevenans de signer le procès-verbal ou d'acquitter sur le-champ l'amende encourue et le droit de timbre, les préposés leur font signifier dans les trois jours le procès-verbal dressé, avec assignation devant le tribunal civil. — L. 13 brum. an VII, art. 32.

602. — Lorsque les contrevenans ont leur domicile hors de l'arrondissement du bureau où les procès-verbaux ont été dressés, le délai est de huit jours jusqu'à cinq myriamètres de distance, et d'un jour de plus par cinq myriamètres au-delà de cette distance. — L. 25 germ. an XI; — Roland et Trouillet, *Dict. d'enreg.*, vo *Timbre*, § 9, no 15.

603. — Le procès-verbal qui constate la distribution d'avis imprimés, non timbrés, doit être rédigé au moment où le délit vient de se commettre et être notifié au contrevenant dans les trois jours. — Délib. 16 oct. 1829; — Roland et Trouillet, *ibid.*, § 9, no 15.

604. — Le procès-verbal qui constate la distribution ou le dépôt dans les bureaux de la poste d'avis imprimés sur papier libre doit mentionner le nom de la personne qui a fait cette distribution ou ce dépôt. — Délib. 20 août 1833. — Il doit être accompagné des pièces non timbrées, ou du moins y suppléer par des explications détaillées. — Délib. 4 fév. 1834; instr. 1458, § 11.

605. — Dans le cas de contravention au timbre des affiches, il ne faut jamais enlever l'affiche; il suffit d'affirmer le procès-verbal. — Solut. 4 mars 1813; — Roland et Trouillet, *ibid.*, § 9, no 18.

606. — Les préposés des douanes, des contributions indirectes et des octrois, les gendarmes, garde-ports et jurés-compteurs, sont autorisés à constater les contraventions au timbre en ce qui concerne les lettres de voiture. — Décis. min. fin. 14 fév. 1817 et 3 nov. 1820; instr. 573; — Roland et Trouillet, vo *Lettre de voiture*, nos 13, 14 et 15.

607. — Les juges ainsi que les membres des parquets doivent veiller à ce qu'on ne produise pas en justice des actes revêtus du timbre. — Circ. min. just., 6 mars 1815 et 25 mai 1834; lettre min. fin., 19 juill. 1822.

608. — Le recouvrement des droits de timbre et des amendes de contravention y relatives est poursuivi par voie de contrainte. — L. 28 avr. 1816, art. 76.

609. — Toutefois, la voie des contraintes substituée aux assignations n'est pas exclusive des procès-verbaux. — Les procès verbaux doivent au contraire servir de base aux contraintes. — *Cass.*, 26 fév. 1835, Enreg. c. Cahen.

610. — Et les contraventions ne peuvent devenir l'objet de poursuites qu'après avoir été constatées par des procès-verbaux. — Même arrêt.

611. — Une déclaration annexée à la minute d'un acte notarié, signée de la partie et portant que le notaire a délivré une expédition de l'acte sur papier timbré, ne suffit pas pour constater la contravention. — *Dict. des dr. d'enreg.*, vo *Timbre*, no 746.

612. — Si l'on reconnaît en même temps des contraventions au timbre et d'autres aux lois sur l'enregistrement, il faut rapporter deux procès-verbaux. — *Dict. des dr. d'enreg.*, vo *Timbre*, no 747 bis.

613. — Les procès-verbaux dressés par les préposés de la régie en cas de contravention aux lois sur le timbre n'ont pas besoin d'être affirmés. — *Cass.*, 12 messid. an IX, Enreg. c. Jacquier; 2 brum. an X, Enreg. c. Coste; 2 brum. an X, Enreg. c. Bimard et Glaize; 13 brum. an XX, Enreg. c. Gerleier; 1er vent. an X, Enreg. c. Mallet.

614. — Par conséquent ils ne sont point nuls à défaut de cette affirmation. — *Cass.*, 21 germ. an X, Enreg. c. Coste; 26 frim. an XII, Enreg. c. Caille.

615. — Cependant, il est toujours prudent d'affirmer devant le juge de paix, dans les vingt-quatre heures, les procès-verbaux de contravention qui ne sont pas appuyés de pièces probantes, par exemple quand il s'agit de distribution d'avis, c'est-à-dire d'une contravention fugitive et d'un fait susceptible d'être nié. — Roland et Trouillet, vo *Procès-verbal de contravention*, no 6.

616. — En général, on doit se dispenser de dresser procès-verbal, toutes les fois que la contravention est constante, sauf à insérer dans la contrainte tous les développemens qui seraient de nature à entrer dans le procès-verbal. — Délib.

18 août 1834; instr. 1150, § 17; — Roland et Trouillet, vo *Timbre*, § 9, no 12.

617. — En cas d'opposition aux contraintes, les instances sont instruites et jugées selon les formes prescrites par les lois des 22 frim. an VII et 27 vent. an IX, sur l'enregistrement. — L. 28 avr. 1816, art. 76. — V. ENREGISTREMENT, nos 4578 et suiv.

618. — La connaissance d'une contravention sur le timbre appartient au tribunal dans l'arrondissement duquel cette contravention a été commise, et non à celui du domicile du contrevenant. — *Bruxelles*, 27 fév. 1828, J..... c. Enreg.

619. — Il en est de même dans le cas d'une contravention aux lois sur le timbre, commise dans la publication d'un journal; le tribunal du lieu où la contravention a été constatée et poursuivie, est compétent pour connaître de l'opposition aux poursuites, à l'exclusion de celui du lieu où le journal est publié. — *Cass.*, 30 mai 1826, Enreg. c. Fuzier.

620. — C'est au tribunal civil et non au tribunal de police correctionnelle qu'il appartient de connaître de la contravention commise par un individu qui a distribué du papier timbré sans commission de la régie. — *Cass.*, 17 messid. an VII, min. public c. Oudet.

621. — C'est également devant le tribunal civil et non devant le tribunal de simple police que doit être poursuivie la contravention résultant de la publication d'un écrit périodique sur papier non timbré. — *Paris*, 11 oct. 1833, Delente (V. sous *Cass.*, 22 nov. 1833).

622. — Toutefois, la chambre correctionnelle d'un tribunal, constituée en chambre civile, peut juger les contraventions à la loi du timbre, comme toutes affaires civiles; elle est présumée, à moins de preuve contraire, en avoir reçu la délégation du président. — *Cass.*, 16 juill. 1838 (t. 2 1838, p. 48), Enreg. c. Brulé.

623. — Le tribunal de simple police ne peut se déclarer incompétent pour connaître de la contravention commise par un individu qui a affiché ou distribué des adresses imprimées non timbrées, sous le prétexte que la loi prononce une amende de 100 fr. — *Cass.*, 16 avr. 1829 (Régl. de juges), Cabassol; 16 avr. 1829, Berteau.

624. — Lorsqu'une action est intentée contre un greffier pour s'être servi de papier timbré à l'extraordinaire, le tribunal ne peut pas dire que la contravention n'est pas suffisamment constatée, lorsque indépendamment du procès-verbal dressé à ce sujet, il suffit de l'inspection du papier pour voir qu'il ne porte pas le filigrane de la régie. — *Cass.*, 13 messid. an XI, Enreg. c. Sarrazin.

625. — Si un registre assujéti au timbre a été écrit sur papier libre, les tribunaux ne peuvent décharger le contrevenant de l'amende, lors même que ce serait celui-ci qui aurait présenté le registre à l'enregistrement pour le faire viser et timbrer. — *Cass.*, 2 nov. 1808, Enreg. c. Locis.

626. — Le juge ne peut faire remise ni modération de l'amende encourue par un huissier pour avoir signifié un acte sur une feuille de papier timbré qui avait déjà servi à d'autres actes. — *Cass.*, 19 pluv. an 11, Enreg. c. Roger.

627 — Quand la contravention est constante, les tribunaux ne peuvent refuser de prononcer l'amende encourue. — *Cass.*, 26 oct. 1814, Enreg. c. Verneau.

628. — ... Ni en faire la remise. — *Cass.*, 17 messid. an VII, Oudet.

629. — Il en était de même sous la loi des 29 sept.-9 oct. 1791. — *Cass*, 17 fév. 1806, Enreg. c. Bon.

630 — Ils ne peuvent non plus excuser le contrevenant sous prétexte qu'il a été de bonne foi. — *Cass.*, 22 nov. 1807, Enreg. c. hosp. de Rochefort.

631. — ... Ni modérer l'amende pour la même raison. — *Cass.*, 23 (et non 25) mai 1808, Enreg. c. Barthélemi.

632. — Mais un tribunal peut, sans violer la loi, décharger un huissier de l'amende poursuivie contre lui, lorsqu'il a décidé, en fait, qu'une pièce non timbrée et considérée par la régie comme la copie d'un exploit signifié à avoué, n'en est que le modèle et que la véritable copie se trouve dans les mains de cet avoué écrite sur le timbre. — *Cass.*, 28 nov. 1814, Enreg. c. Daniot.

Sect. 3e. — *Prescription.*

633. — La prescription de deux ans établie par le § 1er, art. 61, L. 22 frim. an VII, s'applique aux amendes pour contravention sur le timbre. — Elle court du jour où les préposés ont été mis à portée de constater les contraventions, au vu de chaque acte soumis à l'enregistrement. — L. 16 juin 1824, art. 14.

634. — Jugé par la cour supérieure de Bruxelles qu'un notaire dont les actes ont été écrits sur papier non timbré peut invoquer la prescription de l'amende, encore bien que la régie ait ignoré l'existence de cette contravention. — *Bruxelles,* 7 oct. 1822, Dom. c. Pollenus.

635. — Mais, sous notre législation, peu importe que la régie ait ou n'ait pas ignoré, il faut qu'elle ait été à même de connaître la contravention.

636. — Ainsi, à la différence des contraventions en matière d'enregistrement, à l'égard desquelles la prescription de deux ans court contre la régie lorsqu'elle a été mise à portée, par la présentation d'autres actes, de découvrir la contravention, la prescription de l'amende, en matière de contravention aux lois sur le timbre, ne court que du jour où la régie a été mise à portée de constater la contravention par la présentation à l'enregistrement de l'acte même soumis au droit. — *Cass.,* 11 nov. 1834, Enreg. c. Auger. — Conf. Déc. min. fin. 4 nov. 1844; inst., art. 1721.

637. — La prescription biennale relative à la contravention commise par un huissier qui, dans la copie d'un procès verbal de saisie immobilière, a dépassé le nombre de lignes déterminé par le décret du 29 août 1813, court du jour de l'enregistrement de l'original constatant que la copie incriminée a été déposée dans un lieu public (au greffe de la justice de paix) où les préposés de l'enregistrement pouvaient vérifier cette copie et constater la contravention. — *Cass.,* 7 août 1844 (t. 2 1844, p. 363), Enreg. c. Castoul.

638. — Lorsque les préposés n'ont pas été mis à portée de constater les contraventions, les amendes ne se prescrivent que par trente ans. — Déc. min. fin. 12 sept. 1825.

639. — Les demandes en restitution des amendes sont soumises à la prescription de deux ans. — Déc. min. fin. 4 nov. 1844. inst. 1721.

640. — Dans tous les cas, la prescription pour le recouvrement des droits de timbre dus indépendamment des amendes, reste réglée par les lois existantes. — L. 16 juin 1824. art. 14.

641. — Ainsi, la loi du 13 brum. an VII n'ayant déterminé aucune prescription particulière pour la demande des droits, il y a lieu de suivre les règles établies par le Code civil pour les prescriptions. Il s'agit là d'une action personnelle qui est, par conséquent, prescriptible par trente ans. — Déc. min. fin. 4 nov 1844, inst. 1721; — *Dict. des dr. d'enreg.,* vo *Timbre,* no 756.

TRANSCRIPTION (Droits de).

Table alphabétique.

TRANSCRIPTION (Droits de). — **1.** — Droits à percevoir sur les actes qui sont transcrits ou doivent être transcrits au bureau de la conservation des hypothèques. — Ils se composent : 1o du droit de transcription proprement dit ; 2o et, dans certains cas, des salaires du conservateur.

2. — Nous ne nous occuperons ici que du droit de transcription proprement dit. — Pour ce qui concerne les salaires du conservateur, V. CONSERVATEUR DES HYPOTHÈQUES, nos 115 et suiv.

3. — Le droit de transcription établi par l'art. 62, L. 9 vendém. an VI, a été de nouveau consacré par celle du 21 vent. an VII (art. 15) à l'égard des actes emportant mutation de propriétés immobilières.

4. — Après avoir fixé le droit d'enregistrement

des ventes d'immeubles à 5 1/2 pour %, l'art. 52, L. 28 avr. 1816, porte que « la formalité de la transcription au bureau des hypothèques ne donnera plus lieu à aucun droit proportionnel. » — Puis l'art. 54 de la même loi ajoute que « dans tous les cas où les actes sont de nature à être transcrits au bureau des hypothèques, le droit doit être augmenté de 1 1/2 pour %, et que la transcription ne donne plus lieu à aucun droit proportionnel.»

5. — Cette augmentation de 1 1/2 pour %, s'applique à toutes les transmissions immobilières susceptibles de la transcription, lors même que les nouveaux possesseurs prétendent qu'il n'existe pas de conventions écrites et que, pour y suppléer, il faut la déclaration prescrite par l'art. 4, L. 27 vent. an IX. — Déc. min. fin., 18 mai 1821.

6. — Les actes de transmission d'immeubles et droits immobiliers ne sont assujétis à la transcription que pour un droit fixe de 1 fr., outre le droit du conservateur, lorsque les droits en ont été acquittés lors de l'enregistrement. — L. 28 avr. 1816, art. 61.

§ 1er. — *Actes de nature à être transcrits* (nº 7).

§ 2. — *Formes de la transcription, relativement à la perception des droits* (nº 97).

§ 3. — *Droits à percevoir* (nº 114).

§ 4. — *Paiement, restitution et prescription des droits* (nº 165).

—

§ 1er. — *Actes de nature à être transcrits.*

7. — Les actes de nature à être transcrits sont ceux qui emportent mutation de propriété immobilière. — L. 9 vend. an VI, art. 62, nº 2 ; L. 21 vent. an VII. art. 19 et 25.

8. — Les actes sous seings-privés dûment enregistrés peuvent être valablement transcrits quoique les signatures ne soient pas reconnues devant notaire ou par jugement. — Avis cons. d'état, 3-12 flor. an XIII ; instr. 3161.

9. — Les actes contenant donation entre-vifs et acceptation de biens immeubles sont susceptibles d'être transcrits, ainsi que la notification de l'acceptation qui aurait lieu par acte séparé. — C. civ. art. 939.

10. — La donation que le survivant des époux a faite à ses enfans, ses cohéritiers, de sa part indivise dans les immeubles de la communauté, est passible du droit de transcription, sans qu'on puisse prétendre qu'un pareil acte fait seulement cesser l'indivision. — Délib. 14 janv. 1834.

11. — La donation entre-vifs de partie d'un immeuble indivis, faite au propriétaire de l'autre, est passible du droit de transcription. — Délib. 6 fév. 1835.

12. — La donation par contrat de mariage d'immeubles indivis entre le donateur et le donataire est de nature à être transcrite, bien que l'un de ses effets soit de faire cesser entièrement l'indivision. — Cass., 5 mai 1841 (t. 2 1841, p. 47), Enreg. c. Louet de Terrouenne ; — Championnière et Rigaud, Tr. des dr. d'enreg., t. 3, nº 2723.

13. — Si l'on présente à la transcription une donation éventuelle, le droit proportionnel est exigible, bien qu'il puisse arriver que la transmission n'ait pas lieu. — Solut. 2 mars 1825 ; — Dict. des dr. d'enreg., vº Hypothèque, nº 854.

14. — La transcription d'une donation de biens présens et à venir faite par contrat de mariage est passible du droit proportionnel sur la valeur des biens présens. — Délib. 16 oct. 1838.

15. — Avant la loi du 16 juin 1824, on avait décidé que les démissions de biens devaient, comme les donations entre-vifs, être transcrites, et qu'elles étaient sujettes à l'augmentation du droit de 1 fr. 50 c. %. — Décis. min. fin. 10 avr. 1818 ; instr. 832, nº 2.

16. — L'art. 3, L. 16 juin 1824, porte que le droit proportionnel de transcription auquel sont soumises les donations portant partage et faites par actes entre-vifs par des père et mère ou autres ascendans à leurs enfans et descendans, ne doit être perçu que lorsque la transcription de ces donations est requise au bureau des hypothèques.

17. — Toutefois, des donations entre-vifs contenant partage d'ascendans ne sont soumises qu'au droit fixe pour la transcription, si elles sont antérieures à la loi du 16 juin 1824. — Instr. 1150, § 15.

18. — Lorsqu'un testament contient un legs d'immeubles à charge de restitution, le droit de transcription est exigible en même temps que le droit d'enregistrement par une conséquence de l'art. 1069, C. civ. — Délib. 22 avr. 1836 ; instr. 1528, § 14.

19. — Jugé, au contraire, que le droit de 1 1/2 % établi par l'art. 25, L. 21 vent. an VII, sur la transcription des actes emportant mutation de propriété immobilière, n'est pas dû sur la transcription prescrite par l'art. 1069, C. civ., d'un testament renfermant des dispositions à charge de restitution. — Cass. belge, 30 mai 1826, Coppyu c. Enreg.

20. — Du moment qu'un usufruit est susceptible d'hypothèque, il y a lieu de faire transcrire le contrat qui en renferme la cession. — Cass., 6 août 1823, Sourda c. Enreg.

21. — L'acte contenant renonciation à l'usufruit d'un immeuble au profit du nu-propriétaire, avant l'expiration du terme fixé pour la durée de cet usufruit, est de sa nature sujet à transcription et, comme tel, passible du droit supplémentaire de 1 1/2 %. — Cass., 6 janv. 1830, Enreg. c. Bertrand ; 10 août 1830, Enreg. c. Dagoville.

22. — Toutefois, il faut que la renonciation par l'usufruitier ait été acceptée par le nu-propriétaire. Si la renonciation était pure, simple et unilatérale le droit de transcription ne serait pas exigible. Il ne le deviendrait que si la formalité était requise au bureau des hypothèques ou bien encore sur un acte ultérieur d'acceptation. — Délib. 28 janv. 1835.

23. — De même, le droit de transcription est dû sur l'acte par lequel le légataire à titre universel d'un usufruit y renonce moyennant une somme d'argent. — Cass., 2 déc. 1839 (t. 1er 1840, p. 31), Enreg. c. Thiroux de Gervilliers.

24. — La renonciation par un ascendant à l'usufruit qu'il s'est réservé dans le partage anticipé qu'il a fait de ses biens entre ses enfans, n'est, comme la donation de la nu-propriété, passible du droit de transcription qu'autant que la formalité est requise. — Délib. 28 juill. 1830 ; 1er mars et 19 avr. 1833.

25. — Bien que le droit de transcription ait été perçu sur la valeur entière des immeubles vendus ou donnés sous réserve d'usufruit, et sur l'acte de vente ou de donation même, il est dû un nouveau droit de transcription sur l'acte ultérieur par lequel le vendeur ou donateur renonce à cet usufruit au profit de l'acquéreur ou donataire, moyennant une rente viagère. — Délib. 31 mai 1836.

26. — Mais décidé que, lorsqu'à la présentation d'un acte de donation d'immeuble avec réserve d'usufruit, les droits d'enregistrement et de transcription ont été perçus sur la valeur *entière* de l'immeuble, la renonciation à l'usufruit n'est passible que d'un droit fixe de transcription. — Délib. 27 oct. 1843.

27. — Le droit de transcription est dû quand la réunion de l'usufruit à la nu-propriété a lieu par l'effet d'une donation de la part de l'usufruitier. — Délib. 21 mai 1825 ; inst. 1173, 30 sept. 1825, § 13.

28. — ... Ou bien lorsque cette réunion a eu lieu par suite de décès ; attendu que l'usufruit a pu avoir été grevé d'hypothèque. — Délib. 19 fév. et 11 oct. 1823.

29. — ... Ou bien encore quand cette réunion s'est effectuée par une vente, par exemple, dans le cas où un père usufruitier de la moitié d'un domaine provenant de la succession de sa femme a cédé pour un prix stipulé cet usufruit à ses enfans possédant la nu-propriété de cette moitié. — Délib. 18 mars 1836.

30. — Les concessions de terrains pour sépulture n'étant pas des ventes proprement dites ne sont point de nature à être transcrites. — Solut. 4 nov. 1837.

31. — Le droit proportionnel de 5 1/2 % est dû

sur les adjudications sur poursuites judiciaires comme sur les ventes volontaires —*Cass.*, 25 juill. 1821, Cornudet c. Enreg. — Autrefois, les droits de lods et ventes étaient toujours perçus sur les adjudications faites par suite de saisies immobilières. — V. Dargentré, *de Laudimiis*, chap. 1er, § 23; Despeisses, *des Lods*, part. 5e, n° 3, et Cout. de Paris, art. 83; Championnière et Rigaud, *Traité des dr. d'enreg.*, t. 3, n°s 1729 et suiv.

32. — Avant la loi du 28 avr. 1816, l'acquéreur qui, par suite d'une surenchère, était resté adjudicataire pour un prix plus considérable que celui de la vente, et qui n'avait pas fait transcrire le jugement d'adjudication, ne devait pas un supplément de droit de transcription. — L'art. 25, L. 21 vent. an VII, ne contient que la règle ordinaire à laquelle il a été dérogé par l'art. 2189, C. civ. — *Cass.*, 10 juin 1812, Enreg. c. Chiron de Caly.

33. — Mais depuis la loi du 28 avr. 1816, qui élève à 5 1/2 % le droit des ventes, etc., la difficulté n'existe plus, par ce que les jugemens d'adjudication, même par suite de surenchère, ne peuvent être considérés que comme des ventes. — *Dict. des dr. d'enreg.* v^is *Supplément*, n° 10, *Surenchère*, § 1er, n° 16 et *Transcription*, § 2, n° 75.

34. — Lorsqu'une déclaration de command produit l'effet d'une nouvelle mutation, le droit proportionnel de transcription est exigible; mais il ne l'est pas dans le cas contraire lors même que la déclaration est transcrite après l'acte de vente ou que la notification de la déclaration n'a pas été faite dans les vingt-quatre heures au receveur de l'enregistrement. — Décis. min. fin. 22 germin, et 3 flor. an XIII, instr. 316, n° 6, *Dict. des dr. d'enreg.*, v° *Hypothèque*, n° 848.

35. — Les résolutions de ventes prononcées en justice pour défaut de paiement du prix ne sont pas de nature à être transcrites. — Décis. min. fin. 7 nov. 1823; solut. 31 juill. 1828.

36. — Le jugement qui prononce la résolution d'une vente pour défaut de paiement du prix n'est exempt du droit de mutation et de transcription qu'autant que la résolution est prononcée au profit du vendeur. Il n'en est pas de même lorsqu'elle est prononcée au profit d'un créancier subrogé dans tous les droits du vendeur. — *Cass.*, 26 août 1839 (t. 2 1839, p. 240, Enreg. c. Charrier. —Solut. 3 sept. 1832 ; Délib. 22 mai 1836.

37. — Le retrait d'un immeuble dans le délai fixé pour l'exercice du réméré n'est point passible du droit de transcription, quand le délai n'excède pas cinq ans. — Instr. 11 sept. 1806, n° 316.

38. — Lorsque le délai d'une vente à réméré est prorogé au-delà de cinq ans, ou bien que la prorogation n'est consentie qu'après l'expiration du terme stipulé, comme les charges dont l'acquéreur a pu grever l'immeuble dans l'intervalle se sont consolidées, l'acte est sujet à la transcription.— Solut. 7 mai 1830.

39. — L'adjudication au profit de l'héritier bénéficiaire d'immeubles dépendant de la succession a besoin d'être transcrite soit pour faire fixer le prix de la vente relativement aux créanciers inscrits, soit pour purger les hypothèques du chef de l'auteur de la succession. De plus, l'héritier bénéficiaire qui s'est rendu adjudicataire demeure comptable du prix et a intérêt à faire fixer ce prix et payer les privilèges et hypothèques. L'acte d'adjudication est donc passible du droit de transcription. —*Cass.*, 26 déc. 1831, Lambert c. Enreg.; 15 (et non 11) janv. 1831, Enreg. c. De Béarn; 21 juill. 1839 (t. 1er 1839, p. 46). Enreg. c. Boyer; 12 août 1839 (t. 2 1839, p. 221). Colombel c. Enreg.; 12 août 1839 (t. 2 1843, p. 776), Enreg. c. Crépon ; 15 avr. 1840 (t. 1er 1840, p. 574), Enreg. c. Lemoine et Coquerel; 10 mai 1841 (t. 2 1841, p. 95, Enreg. c. Sannet; 16 fév. 1842 (t. 1er 1842, p. 320), Enreg. c. Roderer.

40. — Il n'y a point de distinction à faire à cet égard entre les héritiers majeurs et les héritiers mineurs. — *Cass.*, 21 janv. 1839 (t. 1er 1839, p. 46), Enreg. c. Boyer; 16 fév. 1842 (t. 1er 1842, p. 320), Enreg. c. Roderer(2 arrêts).

41. — Le droit de transcription est dû, soit que l'héritier bénéficiaire requière la transcription du jugement d'adjudication qui a eu lieu à son profit. — *Cass.*, 12 nov. 1823, Enreg. c. Duroure.

42. — ... Soit qu'il ne le requière pas. — *Cass.*, 26 (et non 29) déc. 1831, Lambert. c. Enreg.; 12 août 1839 (t. 2 1843, p. 776), Enreg. c. Crépon.

43. — Le droit de transcription est dû sur l'adjudication au profit d'un héritier bénéficiaire, d'immeubles rapportés à la succession par un autre héritier qui en était donataire en vertu d'un acte sur lequel le droit de transcription a été perçu. — Délib. 22 juill. 1836.

44. — Mais le droit n'est pas dû sur l'adjudication d'un immeuble prononcée au profit d'un héritier bénéficiaire si au moment de l'enregistrement il était devenu héritier pur et simple. Le droit qui aurait été perçu devrait être restitué, car l'art. 60 de la loi du 22 frim. an VII ne s'applique pas à une perception irrégulière. — Délib. 12 oct. 1838.

45.—Si l'héritier bénéficiaire, adjudicataire des biens provenant de la succession, en possède une partie comme héritier pur et simple, il est tenu de payer le droit de transcription sur la portion revenant à la succession bénéficiaire. — Délib. 8 nov. 1833.

46. — Les licitations et les partages, même avec soulte, de biens immeubles entre copropriétaires sont exempts du droit de transcription, parce qu'ils sont déclaratifs et non attributifs de propriété.

47. — Ainsi jugé que les actes de partage et de licitation ne sont pas du nombre de ceux sujets par leur nature à la transcription. — *Cass.*, 27 juill. 1819, Enreg. c. Gonin.

48 —... Que si la loi du 22 frim. an VII assimile aux ventes, quant à la perception du droit d'enregistrement, les soultes ou retours de lots, il ne s'ensuit pas qu'ils soient assujétis, de même que les ventes, au droit de 5 1/2 % établi par la loi du 28 avr. 1816. — Ces soultes et retours demeurent seulement soumis au droit de 4 % établi par l'art. 69, L. 22 frim. — *Cass.*, 27 juill. 1819, Enreg. c. Gonin.

49. — ... Que les licitations entre copropriétaires de biens immeubles acquis par donation en avancement d'hoirie sont soumises non au droit de 5 1/2 %, mais à celui de 4 % *Cass.*, 27 nov. 1821, d'Argence c. Enreg.

50. — Lorsqu'une licitation est présentée à la transcription par des adjudicataires étrangers à la succession, le droit proportionnel de transcription ne peut être exigé sur les lots adjugés aux colicitans. — Délib. 28 nov. 1828. — Roland et Trouillet, *Dict. des hypothèques*, v° *Droits*, § 2, n° 26.

51. — Lorsqu'un procès-verbal de licitation porte qu'une expédition générale de l'adjudication sera transcrite, la formalité de la transcription donnée sur la réquisition du notaire ne rend pas exigible la perception du droit proportionnel sur les lots adjugés à des cohéritiers, parce que cette formalité a dû être requise indépendamment de leur volonté, et quoiqu'ils n'eussent personnellement aucun intérêt à faire transcrire. — Délib. 13 nov. 1824;—Roland et Trouillet, *ibid.*, § 2, n° 27.

52. — L'acte de partage, avec soulte, passé entre deux copropriétaires d'immeubles qu'ils possédaient en commun, ne peut être considéré comme vente, et passible dès-lors du droit de transcription. — *Cass.*, 10 août (et non avril) 1824, Enreg. c. Jardin.

53. — L'acquisition d'un immeuble faite en commun par plusieurs acquéreurs formant entre eux une société particulière, et l'art. 1872, C. civ., déclarant applicables aux partages entre associés les règles établies pour les partages et licitations entre cohéritiers, il en résulte qu'à l'instar de ce qui a lieu entre cohéritiers, l'effet du partage ou de la licitation entre conquéreurs d'un immeuble commun est que le colicitant qui se rend adjudicataire est censé avoir seul acquis et possédé l'immeuble en entier. Dès-lors cet acte, ou pareil acte de licitation n'est point assujéti au droit proportionnel de transcription, si l'acquéreur ne fait point transcrire son contrat.—*Cass.*, 14 (et non 4) juill. 1821, Enreg. c. Leclercq.

54. — Mais le droit de transcription est exigible sur les soultes d'un partage, si la formalité est requise. — Déc. min. fin. 8 oct. 1819; instr., 903.

55. — L'acte par lequel une veuve, usufruitière en partie des immeubles de son mari, se rend ad-

judicataire sur licitation de quelques uns de ces immeubles, est un acte de nature à être transcrit, et par conséquent il y a lieu de percevoir, lors de l'enregistrement, le droit de 5 fr. 50 c., et non celui de 4 fr. pour 100.—*Cass.*, 30 mars 1841 (t. 1er 1841, p. 682), Enreg. c. Delaremanichère.

56. — Décidé, au contraire, qu'un tel acte est un acte de partage non susceptible d'être transcrit.—Délib. 23 oct. 1838.

57. — Lorsque par suite d'un partage sous seing-privé un immeuble formant deux lots est resté à deux cohéritiers qui le possèdent par indivis à la charge par eux de payer une soulte, chacun par moitié aux autres lots également composés d'immeubles, mais distincts et séparés, le droit de transcription n'est pas dû pour un pareil acte.—Solut. 19 nov. 1832.

58. — L'acte par lequel les copropriétaires indivis d'un immeuble font cesser l'indivision entre eux est un véritable acte de partage, non sujet au droit additionnel de transcription. — Il en est de même dans le cas où un tiers, s'étant rendu acquéreur ou cessionnaire des droits de l'un des copropriétaires primitifs, devient, par l'acte qui fait cesser l'indivision, propriétaire de la totalité de l'immeuble. — *Cass.*, 22 fév. 1827, Enreg. c. Bouzenot.

59. — L'acte par lequel le copropriétaire d'un immeuble indivis en acquiert l'entière propriété, est affranchi du droit additionnel pour transcription, soit que la vente ait lieu entre les copropriétaires primitifs de l'immeuble, soit qu'elle s'effectue entre l'un des copropriétaires primitifs et le cessionnaire de l'autre. — *Cass.*, 6 nov. 1827, Enreg. c. Imbault.

60. — Tout premier acte qui intervient entre cohéritiers pour faire cesser l'indivision est réputé acte de partage, quelle que soit la dénomination qu'on lui donne.—Ainsi doit être considéré comme partage, et par conséquent comme exempt du droit de transcription, l'acte qualifié *de vente à forfait*, par lequel un cohéritier cède à son cohéritier, moyennant un prix déterminé, mais à ses risques et périls, tous ses droits dans la succession commune. — *Cass.*, 5 nov. 1822, Enreg. c. Soureil.

61. — La cession faite par un héritier à ses cohéritiers de tous ses droits héréditaires, moyennant un certain prix et à la charge d'acquitter sa portion de dettes dans la succession, doit être considérée comme une vente à forfait susceptible de transcription, et par conséquent donnant en sus ouverture au droit proportionnel d'enregistrement de 4/2 p. %, non seulement sur le prix principal des immeubles, mais encore sur la portion de dettes mise à la charge des cessionnaires. — Il y a d'autant moins lieu de considérer cette cession comme une licitation entre cohéritiers, qu'il a été déclaré dans l'acte même par les parties qu'il était impossible de partager la succession, et que de plus le cédant a promis de garantir de toutes les hypothèques qui pourraient exister, de son chef ou de celui de sa mère, sur les biens vendus. — *Cass.*, 4 fév. 1822, Enreg. c. d'Espinchal.

62. — La vente faite par un cohéritier à ses cohéritiers de sa part dans un immeuble indivis entre eux ne faisant pas cesser l'effet des hypothèques du chef du vendeur, il en résulte que ce contrat est de nature à être transcrit, et qu'il y a lieu, lors de l'enregistrement, de percevoir le droit de transcription. — *Cass.*, 16 mai 1832, Enreg. c. Desabes.

63. — Jugé également que l'acte par lequel un cohéritier cède la totalité de ses droits successifs à un ou plusieurs de ses cohéritiers, ne peut être assimilé à un partage ayant pour effet de priver les créanciers du cédant des hypothèques à eux conférés sur sa part qu'autant que cet acte fait cesser entièrement l'indivision entre les cohéritiers. Autrement l'acte doit être réputé contenir une véritable vente, et est passible, par conséquent, du droit de transcription. — *Cass.*, 6 nov. 1832, Enreg. c. Buchère.

64. — ... Que dans le cas où un immeuble est indivis entre plusieurs copropriétaires, dont l'un seulement vend sa portion à un autre, cet acte, qui ne fait réellement pas cesser l'indivision de l'immeuble dont une portion a été transmise, a le caractère d'une vente, et ne peut être considéré comme un partage ou une licitation. — Dès-lors, un tel acte est soumis au droit proportionnel de 5 1/2 p. %, comme étant sujet à être transcrit. — *Cass.*, 16 janv. 1827, Enreg. c. Janson de Sailly; 27 déc. 1830, mêmes parties; 31 janv. 1832 (et non 1831), Enreg. c. Paillard.

65. — Il en est de même lorsque deux cohéritiers vendent à un troisième leurs parts dans un immeuble indivis entre eux, l'acheteur et un quatrième cohéritier. — *Cass.*, 24 août 1829, Enreg. c. Duprel.

66. — Dans tous ces différens cas, on ne saurait appliquer la fiction de droit établie par l'art. 883, C. civ., d'après laquelle chaque communiste est censé avoir été propriétaire *ab initio* des objets à lui échus par le partage; elle n'a lieu que pour les actes qui font cesser d'une manière absolue l'indivision préexistante. — *Cass.*, 27 déc. 1830, Enreg. c. Janson de Sailly; 31 janv. 1832 (et non 1831), Enreg. c. Paillard, 24 janv. 1844 (t. 1er 1844, p. 332), Ferréol c. Enreg.

67. — Et même jugé que la vente de la moitié indivise d'un immeuble, faite par un copropriétaire à un tiers qui s'était déjà rendu acquéreur de l'autre moitié, est, quoique faisant cesser l'indivision, sujette au droit de transcription. — *Cass.*, 21 janv. 1840 (t. 1er 1842, p. 411), Enreg. c. Mauger, Auzny et Ogier; 19 déc. 1845 (t. 2 1846, p. 186), mêmes parties.

68. — Il en est de même de la vente des trois quarts indivis d'un immeuble faite par des copropriétaires à un tiers qui s'était déjà rendu acquéreur de l'autre quart. — *Cass.*, 11 fév. 1846 (t. 1er 1846, p. 283), Enreg. c. Gaudry.

69. — Lorsque, après avoir acquis, par acte enregistré, la part de l'un des copropriétaires d'un immeuble indivis, des tiers se sont rendus conjointement adjudicataires du surplus de cet immeuble sur la licitation poursuivie entre eux et les autres copropriétaires, le droit de transcription est dû sur le montant du prix d'adjudication, déduction faite du prix de l'acquisition partielle antérieurement faite. — *Cass.*, 24 janv. 1844 (t. 1er 1844, p. 332), Ferréol c. Enreg.

70. — Si, après le partage d'une succession, deux des cohéritiers abandonnent aux autres une maison reconnue impartageable et exploitée en commun comme maison de ferme, à la condition par eux de payer pour les cédans une part des dettes à leur charge dans la succession, une pareille disposition conserve le caractère de partage et ne donne pas lieu au droit de transcription.—Délib. 28 juin 1833.

71. — Dans le cas où un acte contenant abandon par un père à ses enfans d'immeubles de la communauté pour les remplir des droits de leur mère a été volontairement présenté à la transcription, cette transcription pouvant importer à la libération des immeubles, et les parties ayant jugé elles-mêmes qu'elles y avaient intérêt, il en résulte que le droit de transcription doit être perçu. — *Cass.*, 6 mars 1840 (t. 2 1840, p. 527), Enreg. c. Sarrebourse; 13 mai 1844 (t. 1er 1844, p. 672), Enreg. c. Sarrebourse.

72. — Lorsqu'un mari et sa femme acquièrent des parties d'un immeuble dont le mari possédait déjà une portion indivise et déclarent que l'objet acquis appartiendra à la femme à titre de remploi de ses propres aliénés, un tel acte ne peut être considéré comme une licitation, et le droit de transcription est dû sans que le mari puisse invoquer l'art. 1408, C. civ. — Délib. 5 mars 1833.

73. — Mais la cession par un mari pour remploi de deniers appartenant à sa femme lorsqu'elle ne porte que sur des conquêts n'est pas sujette au droit proportionnel de transcription, indépendamment du droit fixe d'enregistrement. — Solut. 2 déc. 1834 et 17 mars 1835; inst. 1490, § 12.

74. — De même, lorsqu'un mari a, conjointement avec sa femme avec laquelle il est commun en biens, acquis un immeuble dont il était copropriétaire par indivis, cette acquisition est exempte du droit de transcription, si le mari l'a faite pour lui tenir lieu de propre et s'il réunit la totalité de l'immeuble dans ses biens. — Délib. 15 sept. 1837.

75. — Le droit de transcription n'est pas exigi-

ble sur le contrat de mariage contenant clause d'ameublissement ; car il n'y a pas mutation. — Délib. 15 déc. 1843.

76. — Lorsque l'apport d'un immeuble en société n'entraîne point de transmission de propriété, et qu'en conséquence l'acte qui le complète ne donne lieu qu'au droit fixe, le droit de transmission n'est point exigible, alors que la transcription de l'acte n'est point requise. — *Cass.*, 23 mars 1846 (t. 2 1846, p. 52), Aubry et Guillemin c. Enreg ; 8 juill. 1846 (t. 2 1846, p. 381), Houel c. Enreg.

77. — Mais la mise en société d'un immeuble par un associé qui s'engage d'en purger les hypothèques donne ouverture au droit proportionnel de transcription. — *Cass.*, 13 déc. 1843 (t. 1er 1844, p. 350), Enreg. c. Leclerc et Duval. — En effet, comme il est de l'intérêt de la société de n'ê tre pas troublée dans son droit, il est indispensable de faire transcrire. — Décis. min. fin. 20 janv. 1843 ; inst. 1686.

78. — Le transport d'une rente constituée avant la loi du 11 brum. an VII, sous l'empire d'une coutume qui déclarait les rentes susceptibles d'être affectées par hypothèque, est un acte susceptible d'être transcrit, et, comme tel, passible du droit de 1 1j2 %. — *Cass.*, 22 déc. 1823, Enreg. c. Thomas.

79. — Jugé également que les rentes constituées avant la loi du 11 brum. an VII, ou par la législation d'alors se trouvaient susceptibles d'hypothèque, sont restées grevées des hypothèques alors existantes, tant que les nouveaux possesseurs n'ont pas fait purger leur titre par la transcription. Dès-lors, les transports ou cessions de ces rentes, depuis la loi du 28 avr. 1816, sont, comme tous les actes de nature à être transcrits, passibles du droit additionnel de 1 1j2 %, lorsqu'ils reçoivent la formalité de l'enregistrement. — *Cass.*, 12 mai 1824, Enreg. c. Boilleau.

80. — ... Que les rentes constituées sous l'empire d'une coutume qui les réputait immeubles n'ont pas été affranchies des hypothèques qui les grevaient, par le seul effet de la loi qui a déclaré les rentes meubles. — Au contraire, les rentes anciennement constituées sont restées grevées des hypothèques lors existantes, et ne peuvent en être affranchies que par la transcription des nouveaux possesseurs, de telle sorte que le transport d'une rente de cette nature, étant susceptible d'être transcrit, est passible, lors de son enregistrement, du droit additionnel de transcription. — *Cass.*, 4 mars 1828, Enregistr. c. Montaiglon.

81. — Décidé cependant qu'un jugement a pu, sans violer aucune loi, et contrairement à l'assertion de la règle qui ne cite à cet égard aucun texte, décider que, dans l'ancien comtat Venaissin, régi par le droit civil, les rentes constituées étaient mobilières, et que dès-lors le transport de pareilles rentes ne donne pas lieu au droit de transcription. — *Cass.*, 11 nov. 1823, Enreg. c. Dumas ; — Déc. min. fin. 8 fév. 1819.

82. — Le droit de transcription n'est pas dû sur l'acte qui constate le remboursement d'une rente ancienne susceptible d'hypothèque. — Délib. 25 juill. 1818 ; 7 avr. 1819 et 10 janv. 1824.

83. — Les baux à rente perpétuelle de biens immeubles étant de véritables aliénations de la propriété (L. 22 frim. an VII, art. 69, § 7, n° 2) donnent lieu au droit proportionnel de transcription.

84. — Avant le Code civil, les jouissances emphytéotiques étant susceptibles d'hypothèque, le droit était réglé d'après un capital formé de dix fois le prix annuel du bail, lorsque la durée du bail ou de ce qui restait à courir n'excédait pas trente années, et de vingt fois pour ceux au-dessus de trente années, en y joignant les charges et deniers d'entrée. — Décis. min. fin. 19 niv. an XII ; instr. 198. — Depuis, la régie a pensé que les baux emphytéotiques temporaires n'opérant pas de mutation, n'étaient soumis à aucun droit de transcription. — Délib. 20 sept. 1816 ; — trib. *Versailles*, 21 déc. 1826 (sous *Cass.*, 11 mars 1829), Enreg. c. Bidault et Manne. — Aujourd'hui que la jurisprudence décide que les baux emphytéotiques sont susceptibles d'hypothèques, cette dernière décision ne peut plus être suivie.

85. — Comme le propriétaire foncier ou ses cessionnaires ne peuvent grever d'hypothèque les

édifices et superfices d'un domaine congéable pendant la durée du bail, et que les hypothèques dont les édifices et superfices auraient pu être grevés par le preneur, n'étant que conventionnelles, sont anéanties par le congément, la quittance du prix des édifices et superfices d'un domaine congéable, payé par le cessionnaire du droit de congément au premier preneur ou domanier n'est pas de nature à être transcrite, et ne peut en conséquence autoriser la régie à percevoir un 1/2 % sur la somme portée en cette quittance pour droit de transcription. — *Cass.*, 11 nov. 1833, Enreg. c. Leguyader.

86. — De même, la quittance de congément donnée au propriétaire ou cessionnaire d'un domaine congéable n'est pas, en outre et indépendamment du droit de 4 % sur le prix des sommes y énoncées, passible du droit de 1/2 % pour droit de transcription. — Spécialement, l'acte énonçant le prix au moyen duquel le colon a vendu au foncier ou à son cessionnaire les édifices et superfices en bâtimens qu'il a construits sur ledit domaine sont réputés meubles à son égard, et comme tels non soumis au droit de transcription. — *Cass.*, 5 mai 1834, Enreg. c. Leroux.

87. — Les actes d'antichrèse sont dispensés de la transcription. — Arg. *Cass.*, 21 juin 1809, Moreu Gozenflot c. Foucault.

88. — Lorsqu'un bail à vie est stipulé dans les termes d'une *vente à vie*, c'est-à-dire s'il transmet un véritable usufruit, et qu'il ne constitue point un simple louage, le droit de transcription doit être exigé lors de l'enregistrement. Dans ce cas, il n'y a pas lieu d'ajouter à la redevance annuelle le montant des contributions, attendu qu'elles sont une charge de la propriété. — Délib. 6 déc. 1817 et 17 août 1822. — Mais si le bail à vie reste dans les termes d'un louage, il n'est passible que du droit de 4 %. — Circul. 17 déc. 1832.

89. — Les actions des canaux du Midi, de Loing et d'Orléans ayant été immobilisées (décr. 16 mars 1810), le transfert qui en est fait donne lieu au droit de transcription. — *Dict. des dr. d'enreg.*, v° *Transcription*, n° 28.

90. — Les propriétaires d'actions immobilisées de la Banque de France, qui veulent rendre à ces actions leur qualité première d'effets mobiliers, sont tenus d'en faire la déclaration à la Banque. Cette déclaration doit être transcrite au bureau des hypothèques à Paris. — L. 17 mai 1834, art. 5.

91. — Lorsqu'un majorat est constitué en rentes sur l'état ou en actions de la Banque de France, il n'y a lieu à aucune transcription hypothécaire. — Décr. 1er mars 1808 ; instr. 12 janv. 1809, 413 ; — Roland et Trouillet, *Dict. des hypoth.*, v° *Majorat*, n° 10.

92. — Quand des immeubles sont proposés pour la formation des majorats de ceux qui ont la faculté de transmettre leur titre, l'acte indicatif doit être transcrit. Le salaire de cette transcription est celui déterminé pour les transcriptions ordinaires. — Si la demande en création du majorat n'est pas admise, la transcription est payée par le conservateur ; le salaire et les droits sont recouvrés sur la partie. — Décr. 17 mars 1808 ; instr. 12 janv. 1809, 413 ; — Roland et Trouillet, *ibid.*, n°s 13 et 18.

93. — L'acte de constitution ou le procès-verbal de désignation des biens composant les majorats de propre mouvement, doit être transcrit sur le registre de la situation des biens, et le conservateur a droit au salaire fixé par la loi du 21 vent. an VII, et le décr. du 21 sept. 1810. — Instr. 12 janv. 1809, 413.

94. — Relativement aux majorats constitués sur la demande de ceux qui n'ont pas le droit de requérir la transmission, les formalités et le salaire du conservateur pour la transcription, la radiation, si elle a lieu, et la transcription des lettres-patentes sont les mêmes que si le majorat était formé par ceux qui ont le droit de transmettre leur titre. — Instr. 12 janv. 1809, 413.

95. — La concession, pour un temps illimité, d'un droit de passage, d'une prise d'eau, d'une partie d'eau provenant d'une pompe à feu est susceptible de transcription. — Décis. min. 29 nov. 1809 ; — Roland et Trouillet, *ibid.*, v° *Transcription*, § 3, n° 33.

96.—Il n'en est pas de même de l'acte contenant cession du droit d'exploiter temporairement une mine. En conséquence, si l'acte a été, par suite d'une stipulation y insérée, présenté à la formalité, elle doit être accomplie au droit fixe de 1 fr. — Délib. 20 oct. 1843.

§ 2.—*Formes de la transcription, relativement à la perception des droits.*

97. — La transcription des actes translatifs de propriété immobilière doit se faire au bureau des hypothèques de l'arrondissement où les biens sont situés. — C. civ., art. 939 et 2181.

98. — Il n'y a point de délai fixé par la loi pour la transcription tant que le nouveau possesseur n'a pas essuyé de poursuites de la part des créanciers hypothécaires. — Roland et Trouillet, *Dict. des hypoth.*, v° *Transcription*, § 3. n° 2.

99.—Les actes contenant mutation immobilière, à l'égard desquels on a laissé expirer le délai sans les faire enregistrer sont passibles non seulement du double droit d'enregistrement, mais encore du double droit de transcription.—Délib. 17 déc. 1836.

100. — Bien que la transcription d'un acte ne doive pas se faire les jours de dimanche ou de fêtes reconnues par la loi (V. CONSERVATEUR DES HYPOTHÈQUES, n° 111), cependant elle ne serait pas nulle pour cela. — *Cass.*, 18 fév. 1808, Guillot c. La Béraudière.

101. — Le but de la transcription étant de donner au public une connaissance exacte des charges dont les conventions peuvent grever les immeubles, le conservateur a droit de refuser de faire la transcription d'une manière inexacte ou incomplète. — Ainsi (comme on l'a vu v° CONSERVATEUR DES HYPOTHÈQUES, n° 169), le conservateur n'est pas tenu de transcrire l'expédition d'un contrat de vente qui n'est pas la copie fidèle de la minute, et dans laquelle notamment plusieurs clauses de la vente ont été omises. — *Orléans*, 6 juin 1839 (t. 2 1839, p. 393), Transou c. Androu et Enreg.

102. — Lorsqu'une vente d'immeubles est faite *in globo*, soit par plusieurs copropriétaires à un seul acquéreur ou à plusieurs acquéreurs par un ou plusieurs vendeurs, la transcription n'en peut être faite partiellement, parce que la formalité doit faire connaître toutes les dispositions de l'acte. — Délib. 6 messid. an VII; instr. 6 juin 1809, art. 433.

103. — La faculté de syncoper un acte de mutation d'immeubles pour ne présenter à la formalité de la transcription que la partie du contrat qui intéresse particulièrement le requérant a donné lieu à quelques notaires de penser que, lorsqu'il s'agissait d'un contrat volumineux, on pouvait, par la même raison, n'en faire transcrire que l'analyse exacte. Cette espèce de dérogation à l'art. 2181, C. civ., qui veut que le contrat soit transcrit en entier, a fourni l'occasion de demander à la régie si les actes de mutation de propriétés pouvaient être transcrits seulement par extrait analytique. Sa réponse du 4 sept. 1825 laisse la question indécise. — Roland et Trouillet, *ibid.*, § 3, n° 5.

104. — Mais la cour royale de Paris a décidé (ainsi qu'on l'a vu v° CONSERVATEUR DES HYPOTHÈQUES, n° 70) que le conservateur pouvait se refuser à transcrire un procès-verbal d'adjudication notarié, dont l'expédition lui était représentée par l'un des adjudicataires, non en entier, mais par extrait. — *Paris*, 28 juin 1840 (t. 2 1840, p. 127), Enreg. c. Legros.

105. — De même, un simple extrait analytique ou même littéral d'un acte de mutation ne suffit pas pour la transcription à fin de purge hypothécaire; il faut produire une expédition entière de l'acte. — Décis. min. fin. 8 août 1838.

106. — Décidé cependant que, s'il s'agit d'un procès-verbal d'adjudication d'immeubles en plusieurs lots ou d'un partage d'ascendant, l'extrait littéral suffit pour la transcription du lot de l'adjudicataire ou du donataire, car cet extrait est à leur égard une copie entière de l'acte. — Décis. min. fin. 8 août 1838.

107. — Lorsque, dans un partage d'ascendant,

la transcription est requise à l'égard de l'un des lots seulement, il ne suffit pas de produire l'extrait du partage, il faut encore que cet extrait soit accompagné de la déclaration par ventilation de la valeur du lot à transcrire. — Délib. 19 août 1845.

108. — Le conservateur des hypothèques à qui la transcription d'un acte est demandée ne pouvant se rendre juge de l'utilité de cette transcription (V. CONSERVATEUR DES HYPOTHÈQUES, n°s 68 et suiv.) est tenu de déférer à cette réquisition. — *Cass.*, 1 mars 1829, Enreg. c. Bidault et Mame; 26 avr. 1843 (t. 2 1843, p. 75), Enreg. c. Rohaut.

109. — ... Et il doit transcrire le titre tel qu'on le lui présente. — Décis. min. just. et fin., 25 mai et 7 juin 1808.

110. — Lorsqu'un acte susceptible tout à la fois d'inscription et de transcription est déposé, avec deux bordereaux, entre les mains du conservateur, ce fonctionnaire doit en opérer la transcription si le déposant ne lui a pas annoncé une intention contraire. — *Bourges*, 27 mars 1829 Vidasène c. Rasle.

111.—Lorsque le même acte donne lieu à transcription dans plusieurs bureaux, le droit est acquitté en totalité dans le premier bureau, et il n'est payé dans les autres que le simple salaire du conservateur, sur la représentation de la quittance, constatant le paiement entier du droit. — L. 21 vent. an VII, art. 26.

112.—Si un contrat de vente avait été présenté et transcrit à un bureau des hypothèques, qui n'était pas celui de la situation des biens, on pourrait rectifier cette erreur en le faisant transcrire de nouveau au bureau dans l'arrondissement duquel les biens sont situés. Dans ce cas, il n'est dû pour frais de la seconde transcription que les droits attribués au conservateur et le timbre de la partie du registre employée à la nouvelle formalité. — Déc. min. fin. 26 sept. 1809; Roland et Trouillet, *Dict. des hypothèques*, v° *Droits*, § 3, n° 9.

113.—Les conservateurs doivent donner quittance des droits et salaires qui leur sont payés, au pied des actes et certificats par eux remis et délivrés; chaque somme y est mentionnée séparément et en toutes lettres. — L. 21 vent. an VII, art. 27.

§ 3. — *Droits à percevoir.*

114.— Le droit de transcription est, ainsi qu'on l'a déjà vu, ou proportionnel ou fixe. — Quelquefois même la transcription doit se faire gratis.

115.—En règle générale, le droit sur la transcription des actes emportant mutation des propriétés immobilières est de 1/2 °/₀ du prix intégral desdites mutations, suivant qu'il a été réglé à l'enregistrement. — L. 21 vent. an VII, art. 25.— Il en était de même sous la loi du 9 vend. an VI, art. 62, n° 2.

116.— Ce même droit proportionnel de 1 1/2 °/₀ a été conservé par les art, 52 et 54, L. 28 avr. 1816.

117.—Le droit fixe de transcription est de 1 fr.— Il est dû avec le salaire du conservateur, quand le droit proportionnel de transcription a été acquitté avec celui d'enregistrement. — L. 28 avr. 1816, art. 61.

118. — D'après l'art. 7, L. 16 juin 1824, les actes d'acquisitions à titre onéreux ou gratuit faits par les départemens, communes, hospices, séminaires et généralement tous établissemens publics autorisés n'étaient passibles que d'un droit fixe de 10 fr., pour enregistrement et transcription, quand les immeubles acquis ou donnés avaient une destination d'utilité publique et ne produisaient pas de revenus; et encore ce droit était-il réductible à 5 fr. quand la valeur des immeubles n'excédait pas 500 fr. — Mais cette disposition a été abrogée par l'art. 17, L. 18 avr. 1831, qui a déclaré ces acquisitions, donations ou legs soumis aux droits proportionnels d'enregistrement et de transcription établis par les lois existantes.

119. — La transcription des acquisitions faites par le domaine extraordinaire ne donnait lieu qu'au droit de 3 fr.—Décr. 28 mars 1812, instr. 580.

120.—Il n'est dû qu'un droit fixe pour la transcription des actes de concession à des particuliers de marais à dessécher, ou de la cession par les propriétaires d'une portion des terrains en paiement de l'indemnité due pour le desséchement — L. 16 sept. 1807, art. 23 et 31. — Décis. min. fin 19 déc. 1809.—Le directeur doit s'entendre à cet effet avec le préfet.—Instr. 386, 456 et 464.

121. — Jusqu'au 1er mai 1830, les acquisitions faites par les émigrés des biens dont ils ont été dépossédés par les lois de la révolution ont pu être transcrites moyennant le droit fixe, outre les salaires. —Déc. min. fin. 23 août et 26 sept. 1825; instr. 1180, § 11 et 1280; — Roland et Trouillet, *Dict. des hypothèques*, v° *Droits.* § 2, n° 5.

122. — La transcription de lettres-patentes portant institution de majorats n'est possible que d'un droit fixe. — Décr. 24 juin 1808; ord. 7 oct. 1808; instr. 12 janv. 1809, art. 413.

123. — Bien que les donations entre-vifs par contrat de mariage jouissent d'une réduction du droit, cette réduction ne s'étend pas au droit proportionnel de transcription. En pareil cas, il est toujours de 1 1/2 %. — Solut. 17 sept. 1817.

124. — Il ne doit être perçu qu'un seul droit fixe pour les donations renfermées dans un contrat de mariage soumis à la transcription, en quelque nombre que soient les donations faites en faveur des futurs époux. — Délib. 7 juill. 1824; instr. 1150, § 15; — Roland et Trouillet, *ibid.*, § 2, n° 29.

125. — L'art. 33, L. 21 avr. 1832, a établi de nouvelles quotités de droits sur les donations entre-vifs dans la ligne collatérale et entre personnes non parentes. Le droit de transcription ne doit pas être ajouté à ces droits. — Instr. 1399; — Roland et Trouillet, v° *Mariage*, § 4, n° 2.

126. — Il suit de là que la donation d'une rente créée antérieurement à la loi du 13 brum. an VII, faite par une tante à son neveu dans son contrat de mariage, n'est passible que du droit de 2 %, lors même qu'il n'est pas justifié qu'il n'existe aucune inscription sur cette rente au moment de la donation. — Solut. 2 mars 1837.

127. — La cession d'action dans une mine avait d'abord été considérée comme chose mobilière, ne donnant lieu qu'à un droit fixe de 1 fr. pour transcription. — Solut. 6 mai 1818.—Mais il a été décidé depuis que c'est une vente immobilière, passible par conséquent du droit de 1 1/2 %. — Déc. min. just. et fin. 5 et 18 déc. 1818.

128. — Avant la loi du 28 avr. 1816, l'échangiste qui requérait la transcription de son contrat ne pouvait contraindre son coéchangiste à faire transcrire de son côté, et n'était tenu de payer le droit que par rapport à l'immeuble qu'il avait acquis, et cela surtout lorsque les immeubles respectivement échangés étaient situés dans des arrondissemens différens. — Cass., 15 fév. 1813, Enreg. c. Trégomain.

129. — On avait d'abord pensé qu'en matière d'échange il était conforme à l'esprit de la loi de faire porter le droit de transcription sur les deux parts. — Déc. min. fin. 25 sept. 1816; inst. 758, n° 7.

130. — Mais on a reconnu depuis que ce droit n'était exigible que sur l'une des parts; que la transcription était facultative pour chaque échangiste, et que chacun d'eux devait, lorsqu'il requérait cette formalité, payer le droit fixe de 1 fr. — Déc. min. fin. 1er juin 1821; instr. 983.

131. — Enfin la loi du 16 juin 1824 (art. 2) a déclaré que le droit de transcription ne devait être pris que sur l'une des deux parts, et que ce droit était en outre dû sur la soulte ou plus-value.

132. — L'art. 2, L. 16 juin 1824, ne soumettait qu'au droit fixe de 1 franc pour tous droits d'enregistrement et de transcription, l'échange entre immeubles ruraux dont l'un était contigu aux propriétés de celui des échangistes qui le recevait. — Une pareille disposition avait été déclarée applicable alors même que la transcription était requise dans l'intérêt des deux échangistes. — Solut. 10 mars 1832. — Mais la disposition de la loi du 16 juin 1824 a été depuis abrogée par les art. 16 et 17, L. 24 mai 1834.

133. — La transcription d'un acte d'échange qui a subi le droit proportionnel d'enregistrement, n'est passible que d'un seul droit fixe de 1 fr. quoique la formalité soit requise dans l'intérêt des deux échangistes, — Solut. 10 mars 1832.

134. — Enfin il y a des actes qui doivent être transcrits gratis; ce sont: 1° les contrats d'échange faits avec l'état. — L. 22 frim. an VII, art. 70, § 2, n° 1er, ordonn. 12 déc. 1827, art. 8; instr. 1233.

135. — ... 2° Les échanges de biens du domaine de la couronne. — L. 22 trim. an VII, art. 70, § 2, n° 1er; décr. 11 juill. 1812, art. 7. — Par le domaine de la couronne, il faut entendre les biens affectés à la liste civile. Si le roi fait des acquisitions pour son compte particulier, le droit de transcription est dû comme pour les actes des particuliers. — Dict. des dr. d'enreg., v° *Hypothèques*, n° 845 *bis*.

136. — ... 3° Les lettres d'investiture des dotations en biens situés en France, ainsi que les actes d'acquisition ou d'échange en remplacement des biens affectés à ces dotations.— Décr. 22 déc. 1812; instr. 25 fév. 1813, art. 625.

137. — ... 4° En matière d'expropriation pour utilité publique, les actes faits en vertu de la loi du 7 juill. 1833 (art. 58). — Il en est de même sous la loi du 3 mai 1841, art. 58.

138. — Mais, dans ces divers cas, le salaire du conservateur lui est payé, et le timbre des registres remboursé. — Instr. 22 juill. 1836; — *Dict. des dr. d'enregistr.*, v° *Hypothèques*, n° 845.

139. — Ainsi, spécialement, à l'égard des actes relatifs à l'expropriation pour cause d'utilité publique, l'exemption des droits de timbre et d'enregistrement s'applique seulement aux droits qui doivent profiter au trésor, mais non aux salaires dus aux conservateurs pour la formalité de la transcription. — Inst. 14 mars 1842, 1660.

140. — Jugé, dans le même sens, que l'art. 58, L. 3 mai 1841, ne dispense pas les concessionnaires de travaux publics du paiement de la moitié du droit formant le salaire des conservateurs. — Cass., 25 fév. 1846 (t. 1er 1846, p. 260), compagnie du chemin de fer de Rouen c. Enreg.

141. — Toutefois quand, par suite d'expropriation pour utilité publique, les acquisitions sont faites pour le compte de l'état et à la charge du budget général, les conservateurs n'ont le droit d'exiger aucun salaire pour la transcription des actes. — Décis. min. fin. 24 juill. 1837 et 16 nov. 1843; instr. 1664.

142. — Il n'est dû pour la transcription d'une adjudication consentie en faveur de la régie de l'enregistrement, sur des poursuites de saisie immobilière, ni droit d'hypothèque, ni salaire du conservateur, ni timbre des registres dont le montant doit être déduit de la débite. — Instr 202; — Roland et Trouillet, *Dict. des hypothèques*, v° *Droits.*

143. — Il suffit qu'une partie ait, dans son intérêt bien ou mal entendu, requis la transcription d'un acte (V. *suprà* n°s 108 et suiv.) pour que le droit exigible à raison de cette formalité soit régulièrement perçu. — *Cass.*, 25 juill. 1827, Enreg. c. Decrès.

144. —Il en est ainsi, alors même qu'on alléguerait que le contrat n'est point translatif de propriété, s'agissant, par exemple, de la mise en société d'un immeuble. — *Cass.*, 13 déc. 1843 (t. 1er 1844, p. 350), Enreg. c. Leclerc et Duval; 23 juin 1846 (t. 2 1846, p. 407), Adam c. Enreg.

145. — De même, le préposé à qui la transcription d'un acte est demandée, n'étant pas juge de l'utilité de cette transcription, perçoit valablement le droit que la loi applique à cette formalité. — *Cass.*, 11 avr. 1829, Enreg. c. Bidault et Manne; 26 avr. 1843 (t. 2 1843, p. 75), Enreg. c. Rohaut.

146. —Ainsi bien que l'acquisition des immeubles indivis d'une succession faite sur licitation par l'un des cohéritiers ne soit pas assujétie au droit additionnel pour transcription, néanmoins lorsque le cohéritier acquéreur a requis volontairement la transcription de son contrat, il y a lieu de percevoir le droit additionnel de 1 1/2 %. — *Cass.*, 30 août 1826, Dufour c. Enreg.

147. —Ainsi encore, lorsqu'il résulte du cahier des charges dressé pour la vente d'immeubles appartenant à une société, que les associés vendeurs ont reconnu que, dans leur intérêt, le jugement était de nature à être transcrit, et que par suite ils ont imposé à l'adjudicataire du plus fort lot l'obligation de faire transcrire pour tous les adjudicataires, c'est avec raison que le conservateur

a, sur la réquisition de transcription faite par un des adjudicataires étrangers, perçu le droit de transcription sur les lots adjugés à quelques-uns des associés, bien que ceux-ci n'eussent pas requis la formalité. — *Cass.*, 26 avr. 1843 (t. 2 1843, p. 75), Enreg. c. Rohaut.

148. — Quand, dans un acte où la femme agissant en vertu de l'autorisation qui lui en a été accordée par son contrat de mariage, a substitué d'autres immeubles à ceux de ses immeubles stipulés dotaux, les parties sont expressément convenues que l'acte serait soumis à la transcription, le droit proportionnel de transcription doit être perçu, soit sur cet acte, soit sur le jugement qui l'a homologué, sans que le receveur ait à s'enquérir de l'utilité de cette formalité. — *Cass.*, 28 mai 1845 (t. 2 1845, p. 29), Enreg. c. de Castellane.

149. — Si la transcription d'une donation, d'une vente ou de tout autre acte portant transmission d'objets mobiliers était requise, il y aurait lieu de percevoir le droit de 1 fr. 50; car la formalité ne peut être donnée gratis, et d'un autre côté si les nouveaux possesseurs assimilent les objets mobiliers qui leur sont transmis à des immeubles, le conservateur ne peut y trouver à redire. — *Dict. des dr. d'enreg.*, v° *Hypothèque*, n° 865. — Cependant il résulte d'une solut. du 6 mai 1818 qu'en pareil cas, il ne devrait être perçu que le droit fixe de 1 fr.

150. — Lorsque le créancier d'un donataire requiert la transcription partielle d'une donation contenant partage, la transcription ne peut se diviser, et le droit est dû sur la totalité des biens donnés. — Délib. 19 mars 1825 et 28 mars 1827. — V. *contrà* délib. 17 fév. 1829.

151. — Lorsqu'à la suite de l'adjudication de biens licités la déclaration de command en a attribué une partie à des colicitans et l'autre partie à des étrangers, le droit de transcription ne peut être exigé sur la part des colicitans qu'autant qu'ils présentent volontairement leur grosse à la formalité. — Délib. 28 oct. 1836.

152. — Si une vente comprenant des meubles et des immeubles ne contient pas l'estimation des objets mobiliers article par article, le droit est dû comme vente d'immeubles sur le tout, et lors même qu'avant la transcription les objets mobiliers auraient été estimés par un acte supplémentaire. — Déc. min. fin. 30 mai 1809.

153. — Le prix qui a servi de base à la perception du droit d'enregistrement doit servir de type à la perception du droit de transcription. — L. 21 vent. an VII, art. 25 ; déc. min. fin. et just. 21 mars 1809.

154. — Le droit de transcription d'une vente de la nu-propriété, avec réserve de l'usufruit par un tiers, ne se perçoit que sur le prix stipulé. Car l'usufruit étant lui-même susceptible d'hypothèque, on ne peut, pour la transcription, en ajouter la valeur au prix. — Solut. 7 niv. an XIII : Roland et Trouillet, *Dict. des hypothèques*, v° *Droits*, § 2, n° 41.

155. — Dans le cas de réunion d'usufruit par acte de cession, le droit de transcription doit être assis, non sur le capital au denier dix du revenu des biens, mais sur le prix de la cession. — Délib. 30 janv. 1834.

156. — Si le droit de transcription d'un acte de mutation immobilière doit être perçu sur le prix principal, ainsi que ce prix a été réglé lors de l'enregistrement, il ne s'ensuit pas que le droit de transcription ne puisse être exigé que sur la somme même qui a été soumise au droit d'enregistrement. Dès-lors, si par des motifs particuliers à l'acte aucun droit proportionnel n'a été perçu pour l'enregistrement, il y a toujours lieu de percevoir le droit lors de la transcription. — Spécialement, encore bien que l'adjudicataire colicitant n'ait eu à payer le droit d'enregistrement que sur le quart du prix de l'immeuble, il n'en doit pas moins le droit proportionnel de 1 1/2 °/o sur le prix intégral, s'il requiert la transcription de l'acte d'adjudication. — *Cass.*, 15 juin 1840 (t. 2 1840, p. 103), Enreg. c. Caron.

157. — Jugé, également, que si le copropriétaire qui achète l'immeuble commun, ne doit le droit d'enregistrement que sur la portion de l'immeuble qu'il acquiert, il n'en est pas de même du droit de transcription. Ce droit doit être perçu par le conservateur sur le prix intégral lors de la transcription du contrat. — *Cass.*, 15 nov. 1841 (t. 2 1841, p. 693), Leroux c. Enreg.

158. — ... Que la transcription d'un jugement d'adjudication étant un fait indivisible de sa nature, le droit est dû non pas seulement sur les parts nouvellement acquises par les colicitans, mais sur le prix intégral des immeubles, alors surtout que les adjudicataires ont volontairement et conjointement requis cette transcription. — *Cass.*, 3 mai 1841 (t. 2 1841, p. 31), Enreg. c. de Balzan ; 17 janv. 1842 (t. 1er 1842, p. 185). Enreg. c. Marsilly.

159. — Lorsque les immeubles d'une succession échue à deux héritiers dont l'un n'a accepté que sous bénéfice d'inventaire leur ont été conjointement et par indivis adjugés moyennant un seul prix dû par eux solidairement, le droit de transcription doit être perçu sur la totalité de ce prix, et non pas seulement sur la portion correspondant à la part des biens acquis par l'héritier bénéficiaire. — *Cass.*, 17 janv. 1842 (t. 1er 1842, p. 184), Enreg. c. de Verdun.

160. — Bien que, par suite de contestation entre l'acquéreur et le vendeur, le prix d'une vente ait été réduit depuis l'enregistrement de l'acte, le droit de transcription n'en doit pas moins être exigé sur le prix stipulé au contrat, c'est-à-dire sur la somme qui a servi de base au droit d'enregistrement. — *Dict. des dr. d'enreg.*, v° *Hypothèque*, n° 874.

161. — Le droit proportionnel de transcription étant entièrement assimilé à celui d'enregistrement suit les séries de 20 fr. à 20 fr. sans fraction. — L. 21 vent. an VII, art. 25 ; 28 avr. 1816, art. 60 ; Solut. 13 mars 1829 ; *Dict. des dr. d'enreg.*, v° *Transcription*, n° 27.

162. — Le conservateur qui soupçonne que la véritable valeur des biens a été déguisée n'a pas, comme le receveur de l'enregistrement, le droit de requérir l'expertise. — Décis. min. just. 14 mars 1809 ; instr. 433.

163. — Lors de la transcription d'un contrat au profit de plusieurs acquéreurs non solidaires qui ont payé distinctement les droits d'enregistrement à raison de 5 1/2 °/o sur leurs acquisitions respectives, il est dû autant de droits fixes qu'il y a d'acquéreurs qui requièrent la transcription ou auxquels cette formalité profite. — Délib. 16 juil. 1819 ; Décis. min. fin. 18 mai et 14 août 1821 ; instr. 31 mai 1821, art. 950.

164. — Toutefois, il n'y a pas lieu d'appliquer ce principe de la pluralité des droits au cas où un seul acquéreur a fait transcrire un contrat de vente consenti à son profit par plusieurs particuliers non solidaires : la transcription est uniquement dans son intérêt ; elle ne profite qu'à lui seul. — Solut. 28 déc. 1832 ; Roland et Trouillet, *Dict. des hypothèques*, v° *Droits*, § 2, n°s 8 et 9.

§ 4. — *Paiement, restitution et prescription des droits.*

165. — *Paiement.* — Les droits de transcription et les salaires du conservateur doivent être payés d'avance par les requérans, sauf les cas d'exception expressément établis. — L. 21 vent. an VII, art. 27. — Toutefois, les frais de la transcription qui peut être requise par le vendeur, sont à la charge de l'acquéreur. — C. civ., art. 2155.

166. — Le notaire qui a déposé un acte au bureau des hypothèques est responsable des droits. — *Bourges*, 27 mars 1829, Vidusène c. Rasle.

167. — De même, les notaires sont responsables envers la régie des droits de transcription des actes passés devant eux, qui sont déposés par leurs soins aux bureaux des hypothèques pour être transcrits. — *Cass.*, 10 avr. 1833, Regnard c. Enreg. et conserv. des hypoth. d'Arcis.

168. — Mais les notaires ne sont pas, dans tous les cas, responsables des frais de transcription comme de ceux d'enregistrement des actes passés devant eux. — V. Dissertation au *Journ. du palais*, note sous l'arrêt précédent, t. 25, p. 352.

169. — Les droits de transcription sont (ainsi qu'on l'a vu v° CONSERVATEUR DES HYPOTHÈQUES, n° 160) acquis irrévocablement au trésor, par le fait du dépôt du contrat, et la partie ne peut retirer son titre et se dispenser de payer des droits,

si le dépôt est inscrit sur les registres du conservateur. —*Cass.*, 10 avr. 1833, Regnard c. Enreg. et conserv. des hypoth. d'Arcis.

170. — Si les employés omettaient de percevoir un droit de transcription évidemment exigible, ils en seraient responsables. — Délib. 22 déc. 1807, *Dict. des dr. d'enreg*, vo *Transcription*, no 24.

171.—Le conservateur, forcé en recette, qui acquitte les droits du trésor, ne peut agir contre le notaire par voie de contrainte.— *Bourges*, 27 mars 1829, Vidasène c. Rasle.

172. — Peut-on agir par voie de contrainte pour recouvrer les droits de transcription? Oui; et (ainsi qu'on l'a vu vo CONSERVATEUR DES HYPOTHÈQUES, no 471) les conservateurs, dans ce cas, ont qualité pour intervenir. — *Cass.*, 10 avr. 1833, Regnard c. Enreg. et conserv. des hypoth. d'Arcis. — V. toutefois nos observations *loc. cit.*

173.— La régie ne peut se faire un moyen de cassation de ce que le jugement qu'elle attaque a annulé une contrainte pour le tout, au lieu de la maintenir en ce qui concerne un droit supplémentaire de transcription, lorsque, ni dans la contrainte, ni dans les conclusions prises devant le tribunal, la régie n'avait demandé le paiement de ce droit supplémentaire. — *Cass.*, 15 fév. 1830, Enreg. c. Ducayla.

174. — *Restitution.* — Le droit perçu pour transcription requise par une partie dans son intérêt bien ou mal entendu ne peut être restitué, alors même qu'il serait prouvé que la transcription était inutile. — *Cass.*, 23 juill. 1827, Enreg. c. Decrès; 28 mai 1845 (t. 2 1845, p. 29), Enreg. c. de Castellane; 23 juin 1846 (t. 2 1846, p. 407), Adam c. Enreg.

175. — Comme le préposé à qui la transcription d'un acte a été demandée n'était pas juge de l'utilité de cette transcription, et qu'il en a perçu les droits, il n'y a pas lieu d'ordonner la restitution du droit perçu sur l'acte d'adjudication d'un bail emphytéotique pour le temps qui en reste à courir, sous prétexte que cette adjudication ne constituant qu'un droit mobilier, n'était pas de nature à être transcrite pour purger les hypothèques. — *Cass.*, 11 mars 1829, Enreg. c. Bidault et Manne.

176.— Lorsqu'une licitation a été transcrite par suite de l'erreur où on a laissé le conservateur, il n'y a pas lieu à restitution du droit perçu. Car le conservateur n'était pas juge de la validité de la transcription, et le déposant doit s'imputer de n'avoir pas clairement expliqué sa volonté. — Délib. 31 mars 1829.

177. — Décidé, cependant, qu'il y a lieu à restitution des droits même déjà consignés, si d'ailleurs la transcription n'a pas encore été faite, lorsque la réquisition de la transcription a été le résultat d'une erreur manifeste, par exemple, si la formalité avait été requise sur l'adjudication de biens faite au profit d'un copropriétaire à titre commun de ces biens, tel qu'un colégataire et que l'erreur ait été aussitôt reconnue. — Délib. 47 déc. 1844.

178. — Le droit de transcription perçu sur une licitation soumise à la formalité n'est pas restituable, alors même que le droit proportionnel perçu pour l'enregistrement de l'acte, le deviendrait, si, dans les deux ans, il est justifié d'un partage définitif. — Solut. 30 juin 1832. — Cette décision est sans importance aujourd'hui qu'une jurisprudence constante déclare le droit d'enregistrement non restituable en pareil cas.

179. — Lorsqu'un cohéritier, adjudicataire sur licitation des immeubles de la succession, a volontairement requis la transcription de son contrat et en a acquitté le droit additionnel, il ne peut se faire restituer le montant de cette perception dans le cas même où, la totalité du prix d'adjudication lui ayant été abandonnée par ses cohéritiers pour complément de sa part héréditaire, il a obtenu la restitution du droit proportionnel d'enregistrement perçu sur la licitation. — *Cass.*, 9 mai 1837 (t. 1er 1837, p. 446), Enreg. c. Giraudeau.

180. — Le droit de transcription perçu lors de l'enregistrement de l'adjudication sur licitation d'un immeuble de la succession au profit d'un héritier bénéficiaire, n'est point restituable par suite de la renonciation au bénéfice d'inventaire et de l'acceptation pure et simple de l'hérédité, faites ultérieurement par l'héritier adjudicataire. — *Cass.*, 12 août 1839 (t. 2 1843, p. 776). Enreg. c. Crépon.

181. — Le droit de transcription perçu sur une adjudication d'immeubles faite en justice, doit être restitué, lorsque l'adjudication est annulée par les voies légales.—Décis. min. fin. 21 oct. 1806.

182. — Mais quand la transcription d'un procès-verbal d'adjudication et la délivrance de l'état des inscriptions ont eu lieu sur la réquisition des parties, il n'y a pas lieu à restitution des salaires et droits de timbre perçus, alors même que l'adjudication est annulée par les voies légales. — Délib. 14 fév. 1834.

183. — Le droit de transcription n'est pas restituable dans le cas de rescision d'une vente pour cause de nullité radicale ou de lésion. — *Dict. des dr. d'enreg.*, vo *Transcription*, no 21.

184. — Lorsque après avoir déposé un contrat pour être transcrit et avoir acquitté les droits de transcription, les parties déclarent changer d'intention et vouloir retirer leur contrat avant qu'il soit transcrit, le droit perçu ne peut pas être restitué. — Solut. 28 juin 1824. — Néanmoins le contrat ne devra pas être transcrit; car le conservateur doit obtempérer à l'opposition qui lui a été signifiée.—*Dict. des dr. d'enreg.*, vo *Hypothèque*, no 837.

185. — *Prescription.* — Les dispositions de l'art. 61, L. 22 frim. an VII, concernant la prescription des droits d'enregistrement, sont applicables aux perceptions des droits de transcription. — L. 24 mars 1806.

186.—Ainsi, c'est relativement à une demande en restitution d'un droit de transcription indûment perçu, qu'on a vu (vo ENREGISTREMENT, no 4885) que la prescription de deux ans était encourue, si le droit ayant été perçu le 20 oct. 1825, la demande avait été formée plus tard que le 19 oct. 1827. —*Cass.*, 1er août 1831, Auger.